# DAS BUCH DER DEUTSCHEN STÄDTE

# DAS BUCH DER DEUTSCHEN STÄDTE

## 162 Porträts der schönsten und beliebtesten Städte

RV VERLAG

Erich Andres: 18li, 19u, 65mu; Beeldbank en Uitgeefprojekten: 54o, 157ol, 157ur, 169, 236li, 236or, 267ol; Prof. Dr. G. Bersick: 67ul; Bildarchiv Huber: 98li, 98mu, R. Schmid: 98mo; Jutta Brüdern: 46ro, 46ru; Prof. Dr. H. Buchholz: 18r, 19ol, 19or, 104li, 110/111, 156o, 182li, 182r; Peter Fischer: 105r; Foto Berthold 66u; Barbara v. Girard: 61mo, 217li, 217ur, 224li, 225mr, 256mr, 255li; Greiner & Meyer: 65mo; Harksheider Verlagsgesellschaft: 20mu, 21li, 21mo, 21mu, 22mo, 22r, 23mo, 23r, 36li, 45mu, 52li, 53mo, 61r, 69, 78or, 78ur, 79ml, 90ul, 94r, 97u, 100m, 102mu, 102r, 103ol, 103ul, 107ol, 107ul, 128ml, 128mr, 128u, 129ml, 130r, 135ur, 138mr, 144li, 152or, 162ur, 163ur, 166ul, 166ur, 170ml, 170m, 170ul, 175ur, 175ml, 197r, 203mo, 204li, 211mo, 220mu, 226mr, 226ur, 230r, 232mu, 238ol, 241li, 242li, 250ur, 254or, 255ol, 256ur, 266ml, 266mr, 269ol, 273or, 276ml; Ifa/Breigner: 225ml, Comnet: 112li, Löhr: 223, Ludwigs: 212u; Interhotel: 31u; Jürgens Ost + Europa Photo: 60li, 76l, 104r, 110u, 158o, 168u, 222li, 222mo, 222u; Rainer Kiedrowski: 8m, 8or, 8ur, 9, 12ol, 12ul, 12m, 14ol, 14mo, 14ro, 14ur, 16u, 17ul, 22mu, 24/25, 25 mr, 28ml, 28mo, 28mr, 28/29, 29or, 29m, 30ml, 38ro, 38mu, 38ru, 40li, 40r, 42u, 42/43, 43or, 43m, 44mo, 46li, 46m, 48li, 48u, 50li, 50/51, 51r, 51mu, 51ru, 52mo, 52mu, 56li, 56ur, 58mr, 59ol, 59ul, 62mu, 68r, 70o, 70u, 72/73, 73mo, 73mu, 73r, 74or, 84/85, 85mo, 85m, 88/89, 89m, 89mr, 89mu, 95lo, 95lu, 95m, 97m, 99ul, 99ur, 107r, 108li, 108m, 109u, 109r, 114/115, 114ml, 114mr, 118li, 118u, 118/119, 119m, 120mo, 122/123, 123, 124/125, 125o, 125m, 126ol, 126ul, 126r, 131li, 134m, 137mu 138li, 138u, 140ol, 140ul, 142or, 142ur, 144m, 144or, 146/147, 147ml, 147mr, 147u, 150ml, 150m, 151ul, 151r, 154li, 154m, 155ul, 162or, 164li, 164ur, 165, 166m, 170ur, 172or, 172ur, 172mo, 176u, 176r, 177ol, 178li, 180mo, 184/185, 185m, 185mu, 185r, 188li, 188m, 188mu, 188/189, 190, 190/191, 191mo, 191mu, 191r, 192, 193u, 193r, 195u, 196ur, 196mu, 197mo, 198li, 198u, 200/201, 201ml, 201mr, 201ur, 207mu, 208u, 230mo, 242mo, 242mu, 243mo, 243mu, 245mu, 245r, 246/247, 247ml, 247mr, 248mr, 248mu, 248/249, 252li, 252u, 269ur, 274li, 274/275, 275ol, 276mr, Bergmann: 53r, 83u, 120mu, 180ur, 207r, Koshofer: 10li, 10mo, 10mu, 23mu, 45mr, 74ur, 90ml, 90mr, 90ur, 100u, 106mo, 108u, 161mo, 161mu, 161r, 194li, 195ol, 195r, 210ur, 227mo, 244ro, 245mo, 251ul, 260ur, 260mu, 278u, 279mr; Dr. H. Kramarz: 136li, 158m, 236ur, 259; Klaus Lehnartz: 24o, 25or, 28ul, 30u, 31o, 54u, 56ur, 60r, 105, 110o, 111ol, 111ur, 112r, 136r, 156u, 157ul, 168o, 212mo, 213u, 258o, 267ul; Mainbild/Busch: 76r, Lorenz: 58ur, 65r, Schindler: 67ur, Schultes: 203mu; S. Meyer-Büser: 152ol, 152ur, 205mo, 205mu, 205r; Mirschel: 64/65, 66o; Werner Neumeister: 158u, 225u; Dieter Noske: 68mu, 129mr, 218mu; Max Oberdorfer: 94u; W. Otto: 8li, 11mo, 11mu, 11r, 16ml, 16m, 38ml, 38m, 44li, 44mu, 53mu, 58li, 61mu, 62li, 62mo, 68mo, 74ml, 80li, 80mo, 80mu, 92/93, 93m, 93r, 94mo, 97o, 99mo, 100r, 103mu, 109m, 120li, 121ml, 121m, 121mu, 129u, 130mu, 132o, 133mu, 135ol, 135ul, 140ur, 144ur, 160ml, 160mr, 162m, 167mr, 167ul, 174ml, 177ul, 179ul, 179ur, 180mu, 183li, 183mo, 183mu, 194mo, 194mu, 196or, 197mu, 202li, 202mo, 202mu, 203r, 206li, 206mu, 207mo, 214mo, 214mu, 214r, 215li, 215mo, 215mu, 216mo, 218ul, 219u, 219ur, 226li, 228ol, 228or, 228ul, 228ur, 231mo, 231mu, 234u, 234mr, 238ur, 239mu, 240mu, 240or, 240ur, 241mu, 251or, 251ur, 256or, 260or, 261mu, 261ur, 262li, 262or, 262ur, 265li, 265mu, 266u, 268li, 268mu, 273ol, 276u, 277, 279mu; Photopress/Mill: 25ml; Presse- und Informationsamt der Stadt Solingen: 241r; Prisma Fotoservice NN: 25ol, 267r; Dr. Dieter Richter: 111or, 213r; Silvestris: 14ul, 17ol, 208ml, 210ml, 270ol, 163mu, 163or, 160mu, 258u, Bauer: 217mu, Eckhardt: 204r, 231r, Heine: 78li, 79u, 82li, 82m, 82r, 96li, 96mo, 96mu, 100mo, 102mo, 106mu, 106r, 130mo, 131mo, 131mu, 132u, 133li, 133mo, 134ul, 134ur, 137li, 137mo, 167ml, 174mr, 174mu, 206mo, 208mr, 208u, 209, 210ul, 211li, 218ml, 219or, 220li, 221li, 221u, 227r, 227mu, 230mu, 232ol, 232ul, 232or, 232ur, 238ul, 239mo, 239r, 243r, 250ol, 250ul, 254mu, 254/255, 255mu, 261li, 264mu, 265mo, 268mo, 269ul, 270ul, 270mo, 270mu, 271, 278ml, 278mr, 279mo, Hofmann: 216li, Kerscher: 216mu, Koch: 234ml, Kottall: 172mu, 175ul, Lange: 178mo, 178mu, Merten: 138ml, Münker: 264mo, 264li, Pietzker: 36mo, 36mu, Rudolph: 155ur, Schilgen : 154u, 181ml, 181mr, 181u, Scholz: 83o, 155mr, Schramm: 20mo, 20r, Spaeth: 235, Stadler: 45ml, 145, 177or, 244ur, 244mu, Teegeber: 142ol, 142ul, TH Foto-Werbung: 152ul, 211mu, Wagner: 74m; H. H. Skupy: 34ml; Ullstein/Calabar: 212mr, Frentz: 34mr, 34ul, 34/35, 35ml, 35ru; Zefa/Schroeter: 224u.
Schutzumschlag, Vorderseite: Image Bank (großes Bild; Motiv: Römerberg, Frankfurt am Main), Ifa (kleines Bild unten links; Motiv: Gendarmenmarkt, Berlin), Bavaria (kleines Bild unten Mitte; Motiv: Zwinger, Dresden); Schutzumschlag, Rückseite (von oben nach unten): Klaus Lehnartz, Foto Berthold, Rainer Kiedrowski, Greiner & Meyer.



Autoren: Dr. Christian Berthold, Münster, Dr. Dieter Maier, Weßling/Hochstadt, topic Verlag GmbH, Karlsfeld, Dr. Renate Zeltner, Niederndorf.

Kartographie: RV Reise- und Verkehrsverlag GmbH, Berlin • Gütersloh • Leipzig • München • Potsdam/Werder Stuttgart.

Redaktion und Koordination: Volker Busch, Prisma Verlag GmbH, München.
Umschlaggestaltung: Pro Design, München.
Gestaltung, Layout und Satz: Micropress GmbH, Taufkirchen.
Grundlayout: Grafik-Design Krön, München.
Reproduktion: Worldscan, München.
Druck und Verarbeitung: Neef und Stumme, Wittingen.

Printed in Germany
ISBN 3-575-11057-3

# Inhalt


Aachen ..... 8
Altötting ..... 10
Aschaffenburg ..... 11
Augsburg ..... 12

Baden-Baden ..... 14
Bamberg ..... 16
Bautzen ..... 18
Bayreuth ..... 20
Bad Bentheim ..... 21
Berchtesgaden ..... 22
Bergisch Gladbach ..... 23
Berlin ..... 24
Bielefeld ..... 36
Bochum ..... 38
Bonn ..... 40
Bottrop ..... 44
Brandenburg ..... 45
Braunschweig ..... 46
Bremen ..... 48
Bremerhaven ..... 52

Celle ..... 53
Chemnitz ..... 54
Cottbus ..... 56

Darmstadt ..... 58
Dessau ..... 60
Dinkelsbühl ..... 61
Dortmund ..... 62
Dresden ..... 64
Duisburg ..... 68
Düsseldorf ..... 70

Eisenach ..... 74
Erfurt ..... 76
Erlangen ..... 78
Essen ..... 80
Esslingen ..... 82

Flensburg ..... 83
Frankfurt am Main ..... 84
Frankfurt an der Oder ..... 90
Freiburg im Breisgau ..... 92
Friedrichshafen ..... 94
Fulda ..... 95
Fürth ..... 96
Füssen ..... 97

Garmisch-Partenkirchen ..... 98
Gelsenkirchen ..... 99
Gera ..... 100
Gießen ..... 102
Goslar ..... 103
Gotha ..... 104
Görlitz ..... 106
Göttingen ..... 107
Greifswald ..... 108

Hagen ... 109
Halberstadt ... 110
Halle ... 112
Hamburg ... 114
Hameln ... 120
Hamm ... 121
Hannover ... 122
Heidelberg ... 126
Heilbronn ... 128
Herne ... 129
Hildesheim ... 130
Bad Homburg ... 131
Höxter ... 132
Husum ... 133

Idar-Oberstein ... 134
Ingolstadt ... 135

Jena ... 136

Kaiserslautern ... 137
Karlsruhe ... 138
Kassel ... 140
Kiel ... 142
Koblenz ... 144
Köln ... 146
Konstanz ... 152
Krefeld ... 154

Landshut ... 155
Leipzig ... 156
Lemgo ... 160
Leverkusen ... 161
Limburg ... 162
Lindau ... 163
Lübeck ... 164
Ludwigsburg ... 166
Ludwigshafen ... 167

Magdeburg ... 168
Mainz ... 170
Mannheim ... 172
Marburg ... 174
Meiningen ... 175
Meißen ... 176
Merseburg ... 178
Minden ... 179
Moers ... 180
Mönchengladbach ... 181
Mühlhausen ... 182
Mülheim an der Ruhr ... 183
München ... 184
Münster ... 192

Naumburg ... 194
Neubrandenburg ... 195
Neuss ... 196
Nördlingen ... 197
Nürnberg ... 198

Oberhausen ... 202
Offenbach ... 203
Oldenburg ... 204
Osnabrück ... 205

Paderborn ... 206
Passau ... 207
Pforzheim ... 208
Pirna ... 210
Plauen ... 211
Potsdam ... 212

Quedlinburg ... 214

Recklinghausen ... 215
Regensburg ... 216
Bad Reichenhall ... 217
Remscheid ... 218
Reutlingen ... 219
Rosenheim ... 220
Rostock ... 222
Rothenburg ob der Tauber ... 224
Rottweil ... 226
Rudolstadt ... 227

Saarbrücken ... 228
Salzgitter ... 230
Schleswig ... 231
Schwäbisch Gmünd ... 232
Schwäbisch Hall ... 234
Schwerin ... 236
Siegen ... 238
Sigmaringen ... 239
Soest ... 240
Solingen ... 241
Speyer ... 242
Stade ... 243
Stendal ... 244
Stralsund ... 245
Stuttgart ... 246
Suhl ... 250

Torgau ... 251
Trier ... 252
Tübingen ... 254

Ulm ... 256

Weimar ... 258
Wernigerode ... 260
Wetzlar ... 261
Wiesbaden ... 262
Wilhelmshaven ... 264
Wismar ... 265
Witten ... 266
Wittenberg ... 267
Wolfenbüttel ... 268
Wolfsburg ... 269
Worms ... 270
Wuppertal ... 272
Würzburg ... 274

Xanten ... 276

Zittau ... 278
Zwickau ... 279

Ergänzendes Städte-Abc ... 280

Kartenübersicht ... 292
Zeichenerklärung ... 293
Autoatlas Deutschland 1:500.000 ... 294
Autokennzeichen ... 335
Ortsregister zum Autoatlas Deutschland ... 336
Entfernungen ... 349
Autobahnen und Fernstraßen ... 350

# Aachen – Eine europäische Großstadt

**Die Kaiserstadt hat alles, was eine Großstadt im zusammenwachsenden Europa gebrauchen kann: Geschichte, Kultur, Wissenschaft, Weltoffenheit, Kunst. In europäischem Geist wird hier auch der Internationale Karlspreis für Verdienste um die Einigung Europas verliehen.**

Aachen liegt wirklich im Herzen Europas, unmittelbar an der Grenze zu den Niederlanden und zu Belgien. Schon Karl der Große hatte es zum Mittelpunkt seines europäischen Reiches machen wollen. Entsprechend bemühen sich die Aachener heute wieder darum, ein europäisches Zentrum zu sein. Und tatsächlich besitzt die lebensfrohe Stadt mit den vielen Plätzen und Brunnen reichlich internationales Flair. Dabei ist Aachen mit seinen 250 000 Einwohnern eher eine kleine unter Europas großen Städten.

## Geschichte

Schon die Römer hatten die Heilkraft der hier befindlichen heißen, schwefelhaltigen Kochsalzquellen erkannt und ein Militärbad errichtet. Der Name Aquae Granni, Wasser des Grannus, deutet auf einen keltischen Gott, den die Römer Grannus nannten. In den Jahren 89 bis 120 entstand die römische Anlage, die gegen 500 wieder verlassen wurde. Allerdings gab es zu dieser Zeit offenbar schon eine kleine christliche Gemeinde. Mit der großen Geschichte Aachens begann es erst im 8. Jh., zunächst durch die Errichtung eines fränkischen Königshofs durch Pippin den Kurzen. Das hatte noch nicht so viel zu bedeuten, denn mit solchen Pfalzen war das ganze Reich überzogen – und die Könige waren gewohnt, von einer zur anderen zu ziehen. Pippins Sohn Karl der Große hatte durch viele erfolgreiche und mitunter sehr blutige Christianisierungsfeldzüge sich das Wohlwollen des Papstes verdient, der ihn im Jahre 800 zum ersten römischen Kaiser seit dem letzten Caesaren krönte. Um die Bedeutung und die Legitimation des so neu entstandenen Römischen Reiches zu untermauern, baute Karl Aachen zur Residenzstadt aus. Dazu griff man auf antike römische Formen zurück, besorgte sich wichtige Reliquien, um den Monumentalbauten auch ihre rechte Würde zu verleihen. Später machten es andere deutsche Kaiser insofern ähnlich, als sie nun Aachen selbst als Legitimationsmittel benutzten und sich in der Pfalzkapelle Karls krönen ließen. Die propagandistische Vereinnahmung Karls ging sogar soweit, daß Friedrich Barbarossa die Heiligsprechung des Reichsgründers beim Papst erreichte. Außerdem gab er den Karlsschrein in Auftrag, das prunkvollste Kunstwerk seiner Zeit. Von nun an setzte ein reger Pilgerstrom ein, der sowohl den heiligen Kaiser als auch die einst nach Aachen geschafften Reliquien verehren wollte. Seit dem 13. Jh. galt Aachen als einer der drei wichtigsten Wallfahrtsorte Europas. Dieser Fremdenverkehr bescherte der inzwischen freien Reichsstadt eine wirtschaftliche Blüte, die allerdings mit dem Mittelalter zu Ende ging. Nach 1531 wurde in Aachen kein Kaiser mehr gekrönt, und unglücklicherweise brannten 1656 80 % aller Häuser ab. Mit Beginn des 18. Jh. wurde Aachen dann wieder zu einem vornehmen und beliebten Bad.

## Sehenswürdigkeiten

Der **Dom** wurde 768 bis 800 als Pfalzkapelle von Karl dem Großen über der älteren Anlage von Pippin errichtet. Kernstück des Baus ist ein Achteck, das nach antiken Vorbildern und teils sogar mit eigens importierten antiken Säulen gebaut wurde. Die Deckenwölbung mit der einst größten Kuppel nördlich der Alpen ist mit kostbaren Mosaiken geschmückt. Im Laufe der Jahrhunderte sind immer wieder Veränderungen an der Kirche vorgenommen worden – teilweise Erweiterungen für die Krönungszeremonien oder zur besseren Bewältigung der Pilgerströme. In dem Oktogon steht auch der steinerne **Thron** Karls des Großen. Den riesigen Radleuchter mit einem Durchmesser von 4,20 m ließ 1165 Kaiser Barbarossa aufhängen. Neben dem berühmten Karlsschrein sind die vergoldete Evangelienkanzel (1014 von Heinrich gestiftet) und das Grab Ottos III. von Bedeutung. Mit ganz außerordentlichen Reichtümern

Am Rathaus der Gasthof „Postwagen" (links außen).

Ältestes funktionierendes Brunnendenkmal : der Kaiserbrunnen (links Mitte).

Der um 800 von Karl dem Großen als Pfalzkapelle errichtete Dom (links, innen oben).

Im Oktogon befindet sich der Kaiserthron (links, innen unten).

Das Spielkasino (rechts).

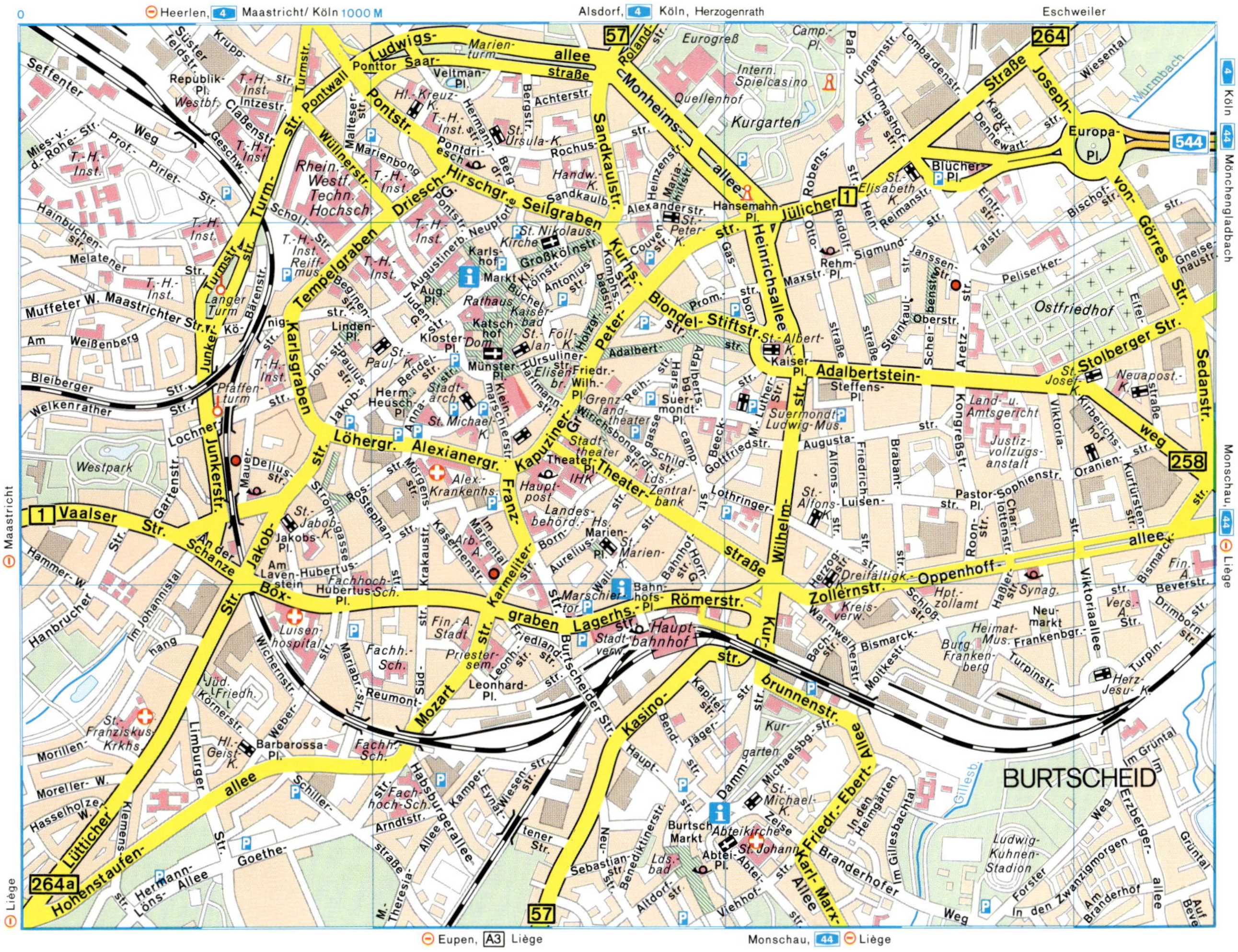


ist auch die **Schatzkammer** des Doms bestückt. Direkt neben dem Münster die **Foillankirche**, die heute etwa die 1482 erhaltene Gestalt wiedergibt. Im Innern steht die 2,10 m hohe Schöne Madonna von 1411. Direkt neben dem Dom liegt auch ein dreieckiger Platz namens »**Hof**«, auf dem ein antiker **Portikus** darauf hinweist, daß hier schon römische Gebäude standen. Hier finden sich auch einige restaurierte Häuser aus dem 17. Jh. Das Stadtbild Aachens wird

insgesamt stark geprägt durch die vielen Brunnen, bei denen alte mit neuen Formen miteinander kontrastieren.
In der Innenstadt verdient auch das **Rathaus** besondere Aufmerksamkeit, das auf einen Umbau der alten Palastaula Karls im 14. Jh. zurückgeht, seither aber viele Veränderungen erfahren hat. Im **Reichssaal** fanden die Festmahle nach den Kaiserkrönungen statt, hier befindet sich heute auch das Original der über 2 m großen Bronzestatue Karls des Großen vom **Marktbrunnen**. Der reiche Figurenschmuck an der Nordfassade des Rathauses stammt erst aus dem letzten Jahrhundert, obwohl schon vor 500 Jahren hier gotische Figuren geprangt haben müssen. Eine kleine Besichtigungspause absolviert man in dem an das Rathaus in barocker Holzbauweise angefügten »**Postwagen**«. Hier wie überall muß man Printen probieren. Entlang dem heutigen **Grabenring** um die Innenstadt herum verlief die kurz nach 1171 erbaute Stadtmauer, von der man am Driescher Gäßchen noch ein Stück besichtigen kann. Das **Ponttor** (spätes 13. Jh.) ist eine der wenigen erhaltenen mittelalterlichen Doppeltoranlagen des ganzen Rheinlandes und gehörte zu der äußeren Mauer.
Im **Kur- und Stadtgarten** kann man nicht nur spazierengehen, sondern abends auch der Spielleidenschaft im neoklassizistischen **Casino** frönen. Um andere, nämlich wissenschaftliche Leidenschaften geht es im **Polytechnikum**, dem Hauptgebäude der TH (1827). Noch klassizistischer ist das **Stadttheater**, das wie so viele alte Gebäude Aachens nach dem Krieg rekonstruiert wurde. Davor weist eine moderne **Pferdeplastik** aus Bronze auf Aachens Bedeutung für den Pferdesport hin. Überhaupt haben die Stadtväter hier stets viel Sinn für Gegenwartskunst bewiesen und manches moderne Werk aufstellen lassen – das allerdings nicht immer eines jeden Zustimmung fand. Vielleicht sollte man unter solchem Gesichtspunkt das futuristische **Klinikum** betrachten. In der **Neuen Galerie-Sammlung Ludwig** findet man eine der größten privaten Sammlungen moderner Kunst in Europa. Herrliche Übersicht über Stadt und Aachener Kessel gewährt das **Drehturmrestaurant** Belvedere auf dem Lousberg.

**Information**
Verkehrsverein
aachen tourist information
Bahnhofplatz 5
W-5100 Aachen
Tel. (0241) 1802965

**Festkalender**
Karneval. Kunst- und Bildermarkt (Mai). Historischer Jahrmarkt im Kornelimünster (Juni). Kunsthandwerksmarkt (September). Europäisches Grenzlandtreffen in Bitburg (Juli). Weinfeste im Ahrtal (September, Oktober).

**Tips**
Internationales Reitturnier im Juni. Im Malteserkeller kann man Jazz, Rock, Blues und Folk hören. Im Südosten der Stadt liegt der Deutsch-Belgische Naturpark, dessen Besuch man mit einem Abstecher nach Monschau krönt.

# Altötting Das »Herz« Bayerns

**Natürlich ist hier nicht die Rede von der wirtschaftlichen oder kulturellen Bedeutung der Kleinstadt, sondern von ihrem Rang als Wallfahrtsort. Dabei pilgern die Gläubigen nicht nur zur »Schwarzen Muttergottes«, sondern ebenso zum Grab des heiligen Bruders Konrad von Parzham.**

Nicht nur für alle gläubigen Bayern ist Altötting ein Muß – auch so berühmte Pilger wie Maria Theresia und Papst Johannes Paul II. haben den ältesten deutschen Wallfahrtsort aufgesucht. Dabei besitzt das unweit des Inns auf einer Anhöhe gelegene Städtchen mit der Gnadenkapelle auch einen der ältesten deutschen Sakralbauten. Das Stadtbild leidet ein wenig unter dem Pilgertourismus. Doch vor allem den Gläubigen gelingt es, die Unmenge von Devotionalien- und Andenkenläden zu übersehen.

## Geschichte

Schon im 8. Jh. ist mit dem Bau einer Taufkapelle begonnen worden, nachdem das Gebiet zuvor vom heiligen Rupert missioniert worden war. Möglicherweise stand an der Stelle schon eine ältere heidnische Kultstätte. Der karolingische König Karlmann gewann 788 Altötting, er liegt in der Stiftskirche begraben. Die Wittelsbacher regierten den Ort zwischen 1180 und 1918, entsprechend ruhen etliche Familienmitglieder hier. Für das Jahr 1489 ist das Wunder überliefert, von dem die Marienverehrung in Altötting herrührt: Eine Mutter legte ihren ertrunkenen dreijährigen Sohn zu Füßen des Muttergottes-Schnitzwerkes, das von unbekannter Hand um 1300 geschaffen wurde und seit 1360 hier aufbewahrt wird. Seit das Kind wieder zum Leben erweckt ward, ist die rußgeschwärzte Madonna Ziel unzähliger Pilger geworden. Besonders durch den innigen Marienverehrer Kurfürst Maximilian I. (1598 bis 1654) bekam die Wallfahrt in Altötting einen großen Auftrieb. König Ludwig I. mußte sie dann nach der Säkularisation 1803 neu beleben, was ihm mit großem Erfolg gelang.

## Sehenswürdigkeiten

Anziehungspunkt des Wallfahrtsstroms ist die **Gnadenkapelle** am Kapellplatz. Direkt nach dem Beginn der Wallfahrt wurde 1494 die ursprüngliche runde Kapelle durch einen spätgotischen Anbau erweitert. Außerdem umschloß man beides mit einem Bogengang. In ihm sind heute Hunderte von Votivtafeln zu bestaunen, auf denen sich die Danksagungen und Gelöbnisse aus früheren oder neueren Zeiten finden. Die »**Liebe Frau von Altötting**« ist aus Lindenholz, allerdings kann man die eigentliche Figur unter dem Brokatornat nur erahnen, das ihr im 17. Jh. zusammen mit einem Zepter angelegt wurde. Die gesamte Kapelle ist heute mit schwarzem Stuckmarmor ausgekleidet, zugleich aber mit einer Fülle von Schmuck und Verzierungen fast überladen. Rechts vor dem Madonnen-Altar steht die in Silber gehaltene Rokoko-Figur des zehnjährigen Kurfürsten Maximilian Joseph von 1737. Links vor dem Altar ist 1931 eine Statue des heiligen Bruders Konrad errichtet worden. Etwas zurückliegend im Langhaus steht als spätgotisches Schnitzwerk der heilige Rupert. Außerdem befinden sich in der Kapelle die Urnen mit den Herzen von 21 Wittelsbachern.

Fast doppelt so groß wie die Gnadenkapelle ist die **Stiftskirche St. Philipp und Jakob**, die ursprünglich aus dem 13. Jh. stammt. In ihr sind König Karlmann und Feldmarschall Tilly, der im 30jährigen Krieg auf katholischer Seite focht, beigesetzt. Vor allem hat die Kirche aber Bedeutung wegen ihrer **Schatzkammer**, in der die Weihegaben der Schwarzen Madonna gesammelt werden (zur Wallfahrtszeit geöffnet, 10.15, 14, 15.30 Uhr, sonntags 9.30 bis 12 und 13 bis 16.30 Uhr; im Winter nach Bedarf). Im städtischen **Heimatmuseum** kann man sich ausführlich über die Geschichte der Altöttinger Wallfahrt informieren.

Zahlreiche Votivtafeln im Bogengang bezeugen Gelöbnisse und Danksagungen der Pilger (links).

Unter Kurfürst Maximilian erlebte die Marienverehrung eine hohe Blütezeit: Mariensäule (oben).

Die Gnadenkapelle mit der „Schwarzen Madonna" zieht jährlich 500 000 Pilger an (unten).

**Information**
Verkehrsbüro
Kapellplatz 2a
W-8262 Altötting
Tel. (08671) 8068

**Festkalender**
Fronleichnamsprozession Ende Mai; die andere Hauptpilgerzeit ist August.

**Tips**
Wem der Wallfahrtstrubel zu viel wird, der geht im Öttinger Forst spazieren. Neuötting ist bekannt für den 76 m hohen Turm von St. Nikolaus und für die Laubengänge am Markt. In Burghausen findet sich die größte deutsche Burg (hier kann man auch eine Fahrt auf der Salzach unternehmen). Abstecher nach Neumarkt-St. Veit und zur Innstadt Mühldorf, wo man besonders schön die in der Region übliche Fachwerkbauweise studieren kann (Grabendächer).

# Aschaffenburg Spessart-Residenz

Mitten in einer Mainschleife liegt die Stadt, die sozusagen gerade noch bayerisch ist – und das auch erst seit 1814. Die uralte Siedlung hat so viel Charme und ein so mildes Klima, daß Ludwig I. vom »bayerischen Nizza« sprach.

Das »Tor zum Spessart« ist Mittelpunkt des Untermaingebiets. Und der Besucher dankt es der liebevollen Mühe langfristiger Renovierungsarbeiten nach den schweren Zerstörungen im Zweiten Weltkrieg, daß die Stadt heute einen so lebendigen Eindruck ihrer Vergangenheit vermittelt. Dabei künden viele Baudenkmäler von der einstigen Rolle als Residenz.

## Geschichte

Schon im 5. Jh. wurde eine alemannische Siedlung an der Mainschleife mit »Ascapha« bezeichnet. Das Aschaffenburger Kollegiatstift St. Peter und Alexander gründete Herzog Liudolf von Schwaben, Sohn Ottos des Großen, 957. Nach kurzer Zeit ging das Stift dann in den Machtbereich des Erzbischofs von Mainz über. Rund um die Stiftskirche entwickelte sich auf einem kleinen Hügel die Oberstadt, begünstigt durch eine bereits 989 angelegte hölzerne Mainbrücke. Die Bedeutung des Ortes nahm zu wegen der günstigen Lage an einer alten Handelsstraße. Im 12. Jh. dann folgten eine neue Stadtbefestigung, Markt-, Münz- und Stadtrechte und das Entstehen einer Unterstadt.
Wichtiger noch als der Handel wurde Aschaffenburgs Bedeutung als zweite Residenz des Mainzer Erzbischofs, der in dieser Funktion zugleich Erzkanzler des Heiligen Römischen Reiches Deutscher Nation war. Als angemessenen Repräsentationssitz ließ er sich 1607 bis 1614 das Schloß Johannisburg errichten, heute eine der wichtigsten deutschen Renaissance-Bauten. Im 17. Jh. fiel die Stadt gewissermaßen in einen Provinzschlaf. Dafür begann im 18. eine erneute Phase großer wirtschaftlicher und kultureller Bedeutung. Nach der Säkularisation 1803 entstand ein Fürstentum Aschaffenburg (bis 1810). Besonders Napoleons Günstling Karl Theodor von Dalberg begann damit, Aschaffenburgs heute noch bestehenden Ruf als Schul- und Bildungsstadt zu begründen. Als Aschaffenburg dann 1814 nach Bayern kam, ging allerdings zusammen mit manchen Verwaltungsbehörden auch die gerade gegründete Universität wieder verloren. Im 19. Jh. folgte dann allmählich ein neuer wirtschaftlicher und kultureller Aufschwung.

**Information**
Tourist-Information
Dalbergstraße 6
W-8750 Aschaffenburg
Tel. (06021) 30426

**Festkalender**
Volks- und Heimatfest (Mitte Juni). Internationale Aschaffenburger Gitarrenwoche. Schloßkonzerte. Jazz im Park Schönbusch. Anspruchsvolle Gastspiele im Stadttheater.

**Tips**
Spaziergänge im Park Schönbusch, wo man neben dem klassizistischen Schlößchen Kaffee trinkt. Im Sommer Dampferfahrten bis Miltenberg, wo der Besucher ein typisches Beispiel altfränkischen Städtebaus kennenlernt. Über die Spessart-Höhenstraße fährt man durch einsame Wälder. Ein Zwischenstop läßt sich in Bad Orb einlegen.

## Sehenswürdigkeiten

Das imposante **Schloß** gibt nach gründlicher Wiederherstellung heute einen ziemlich getreuen Eindruck seiner ursprünglichen Form. Auf dem festungsartigen Sockel erhebt sich eine mächtige Vierflügelanlage mit auffälligen Ecktürmen. Der ganze Bau ist in rotem Sandstein gehalten. Im Inneren sind umfangreiche Sammlungen aufbewahrt, im Erdgeschoß des Mainflügels befindet sich die wertvolle Hof- und Stiftsbibliothek. Auch direkt am Main, nach Norden zu, ist ein Stück der alten Stadtmauer mit dem **Theoderichstor** erhalten. Noch etwas weiter am Main entlang trifft man im Park des Kapuzinerklosters das von Ludwig I. 1840 bis 1850 errichtete **Pompejanische Haus**, eine Nachbildung des Hauses von Castor und Pollux in Pompeji.
Die **Stiftskirche** auf dem etwas erhöhten **Stiftsplatz** stammt aus dem 12. Jh. In ihrer langen Geschichte haben viele Stilepochen der Kirche ihren heutigen Charakter gegeben. Im Innern der kreuzförmigen Basilika mit Langhaus werden eine Menge bedeutender Kunstschätze aufbewahrt (die »Beweinung Christi« von Mathias Grünewald). Von hier aus schlendert es sich hervorragend zur malerischen **Dalbergstraße** mit ihren vielen schmukken Fachwerkhäusern. Der durstige oder hungrige Besucher wird in einer der vielen Weinstuben leicht Erholung finden.

Die Fußgängerzone mit traditionellen Geschäftsstraßen und historischen Bauwerken (oben).

Schloß Johannisburg: eine der wichtigsten Renaissancebauten in Deutschland (unten).

Monopteros im Park Nilkheim (rechts).

# Augsburg Alte Handelsstadt

Schwäbischer Gewerbefleiß, ein reiches Kunstschaffen und die weltweit tätigen Handelshäuser der Fugger und Welser begründeten Wohlstand und Ausstrahlung der einstigen Freien Reichsstadt.

Nicht nur an Rhein und Mosel gibt es in Deutschland Städte, deren Geschichte bis in die Römerzeit zurückreicht. Nur wenige können auf eine ebenso glanzvolle Vergangenheit zurückblicken wie die Fuggerstadt.

## Geschichte

1985 konnte Augsburg die 2000-Jahr-Feier seiner Gründung begehen. 15 v. Chr. beauftragte Kaiser Augustus seine Stiefsöhne Drusus und Tiberius, das Gebiet nördlich der Alpen bis zur Donau dem Imperium einzuverleiben. Drusus errichtete im Gebiet der keltischen Vindeliker, am Zusammenfluß von Wertach und Lech, ein Militärlager. Die benachbarte Siedlung erhielt den Namen „Augusta Vindelicorum" und wurde Hauptstadt der neuen Provinz „Raetia secunda". Das Feldzeichen der hier stationierten Legion, der Pinienzapfen, ist noch heute die „Zirbelnuß" des Augsburger Stadtwappens. Als die Alemannen dann im frühen 5. Jh. die Stadt besetzten, war sie bereits Bischofssitz. Der bedeutendste in der Reihe der Augsburger Bischöfe, der hl. Ulrich aus dem Geschlecht der Grafen von Dillingen, ist durch seinen Anteil am Sieg Kaiser Ottos d. Gr. auf dem Lechfeld im Jahre 955, mit dem der Ungarngefahr Einhalt geboten wurde, in die Geschichte eingegangen.

Um die Bischofskirche am Platz des Forums entwickelte sich die mittelalterliche Stadt, die 1278 die Reichsfreiheit erhielt. Durch seine Lage an der alten „Via Claudia" eng mit dem Mittelmeerraum verbunden, wurde Augsburg zu einem der tätigsten Handels- und Gewerbezentren Europas. 1390 entstand hier die erste deutsche Papiermühle, und um 1500 arbeiteten an die 2000 Webmeister in der Stadt am Lech, dessen Kanäle die Wasserräder der zahlreichen Werkstätten in den Handwerkervierteln betrieben. Die führenden Unternehmerfamilien, die Fugger und Welser, engagierten sich im großen Geldgeschäft und finanzierten die Politik der Habsburger und deren Aufstieg zur ersten Dynastie Europas. Während die Fugger das gesamte europäische Bergwerkswesen unter ihre Kontrolle brachten, erhielten die Welser, die über eine riesige Reederei verfügten, von der Krone Spaniens ganz Venezuela zur Kolonisation. Kaiser Maximilian I. hielt sich so oft in Augsburg auf, daß er wegen seiner Vorliebe für diese Stadt als „Bürgermeister von Augsburg" bezeichnet wurde. Unter seinem Nachfolger Karl V. fanden hier so wichtige Reichstage statt wie der von 1530 mit dem „Augsburger Bekenntnis", der Reichstag des „Interims" von 1548 und der von 1555, auf dem dann der „Augsburger Religionsfriede" geschlossen wurde.

Für die kulturelle Hochblüte dieser Zeit stehen die Künstlernamen der Holbein, Burgkmair, Breu, Anberger, Erhart und Daucher. Kaum geringeres Ansehen genossen die Edelhandwerke der Goldschmiede und Plattner. Früher als jede andere deutsche Stadt öffnete sich Augsburg der italienischen Renaissance.

Als die Stadtrepublik am Vorabend des Dreißigjährigen Krieges die ihre – damals freilich schon fragwürdig gewordene – Macht repräsentierenden Monumente errichtete, stand ihr zur rechten Zeit ein großer Baumeister zur Verfügung: Elias Holl. Selbst während des folgenden Niedergangs erlebten Künste und Edelgewerbe noch eine erstaunliche Nachblüte. Die Augsburger Goldschmiede belieferten die Höfe ganz Europas, und auch die Malerakademie, dirigiert von so bedeutenden Künstlern wie Bergmüller und Günther, besaß eine hohe Reputation.

Seit dem Verlust der Reichsfreiheit an Bayern im Jahre 1805 trat Augsburg zwar hinter der benachbarten Landeshauptstadt München zurück, konnte aber schon früh eine leistungsfähige Industrie entwickeln. 1840 wurde die „Maschinenfabrik Augsburg-Nürnberg" (M.A.N.) gegründet. Im Bombenhagel von 1944 ging ein Großteil der Altstadt zugrunde. Doch konnten die Augsburg prägenden Monumente gerettet werden. Die Stadt zählt heute rund 250000 Einwohner, etwa fünfmal soviel wie in ihrer Glanzzeit um 1500.

**Information**
Verkehrsverein Augsburg, Touristik-Information
Bahnhofstraße 7
W–8900 Augsburg
Telefon: (0821) 50 20 70

**Festkalender**
Volksfest „Plärrer" jeweils 14 Tage ab Ostern und im September. Aufführungen auf der Freilichtbühne am „Roten Tor" im Juni und Juli. Mozart-Konzerte im Schaezler-Palais im August und September.

**Tips**
Schlemmen und Trinken auf altdeutsche Art in der „Welser Kuche" (Maximilianstraße 83). Restaurants mit Atmosphäre: „Bauerntanz" (Bauerngasse 1), „Vierunddreißig" (Hunoldsgraben 34), „Sieben-Schwaben-Stuben" (Bürgermeister-Fischer-Straße 12).

Bronzestatuette der Göttin Venus im Römischen Museum von Augsburg (links oben).

Ein Städtchen für sich ist die Fuggerei in der Jakobervorstadt (links unten).

Das Rathaus und der Augustusbrunnen (rechts).

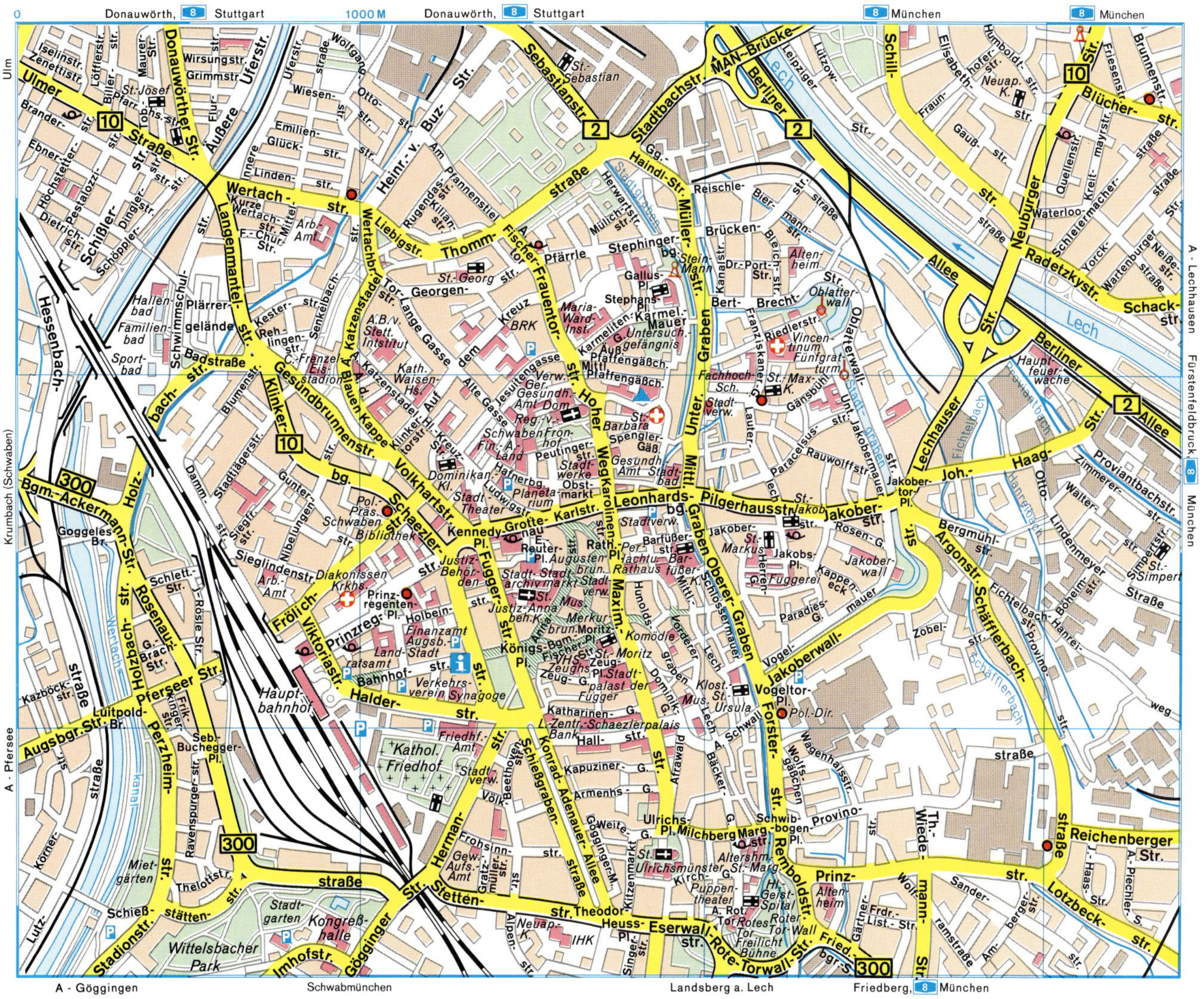


## Sehenswürdigkeiten

Den Mittelpunkt Augsburgs bildet das 1609-1618 erbaute **Rathaus**, das Meisterwerk Elias Holls und wohl der bedeutendste Profanbau der deutschen Renaissance. Keine andere deutsche Stadt hat sich ein so stolzes und nobles Symbol bürgerlicher Macht und Freiheit geschaffen. Die prunkvolle Ausstattung des „Goldenen Saales" soll vollständig rekonstruiert werden. Als eine Art städtisches Hoheitszeichen ist der **Perlachturm** über dem Westbau der romanischen Peterskirche dem Rathaus beigeordnet. Der **Augustusbrunnen** auf dem Rathausplatz wurde anläßlich des 1600jährigen Stadtjubiläums zu Ehren des Stadtgründers errichtet. Hubert Gerhard schuf das Bronzestandbild des Kaisers und die Allegorien der vier Augsburger Flüsse.

Auf der vom Rathaus nach Süden führenden **Maximilianstraße**, der der römischen „Via Claudia" folgenden Hauptachse der Stadt, wurde um 1600 noch zwei weitere monumentale **Brunnen** gesetzt. Der eine ist Merkur, dem Gott des Handels, der andere Herkules, dem Sinnbild der Kraft, gewidmet. Die Modelle der Bronzen lieferte der am Prager Hof tätige Adriaen de Vries. Ein anderes großartiges Bronzebildwerk schmückt die Fassade des **Zeughauses**. Es stellt den Kampf des Erzengels Michael mit Luzifer dar und ist ein Werk Hans Reichlers. Zwischen Zeughaus und Maximilianstraße liegen die **Fuggerhäuser**, deren Höfe Säulenarkaden nach dem Vorbild italienischer Renaissancepaläste besitzen. Etwas weiter südlich steht das 1765-1767 für den Bankier von Liebert erbaute **Schaezler-Palais**. Sein mit brillantem Rokokodekor ausgestatteter Festsaal ist Teil der **Deutschen Barockgalerie**.

Den südlichen Abschluß der Maximilianstraße bildet die ehemalige Benediktinerstiftskirche **St. Ulrich und Afra**. Das Grab der frühchristlichen Märtyrerin Afra war schon im 6. Jh. Wallfahrtsziel, dessen Anziehungskraft durch die Beisetzung des hl. Ulrich 973 in der Afra-Basilika noch wuchs. Das Innere des 1467 begonnenen spätgotischen Münsters beherrscht die 1604-1607 von dem Weilheimer Bildschnitzer Johann Degler geschaffene Dreiergruppe riesiger Altäre. Hans Reichle ist der Meister der bronzenen Kreuzigungsgruppe in der Vierung.

Das zweite geistliche Zentrum der Altstadt, der **Dom**, befindet sich im Norden der Altstadt. Die romanische Basilika des 11. Jh.s erhielt drei Jahrhunderte später gotische Gewölbe und einen hohen Umgangschor. Zu den Hauptwerken der reichen Ausstattung gehören die Bronzetüren des 11. Jh.s, die fünf romanischen Glasgemälde von Propheten im Langhaus, die hochgotische Bronzegrabplatte des Bischofs Wolfhart Rot und vier Tafeln mit Darstellungen aus dem Marienleben von der Hand Hans Holbeins des Älteren.

Die 1509 von Jakob und Ulrich Fugger bei der Kirche des ehemaligen Karmeliterklosters St. Anna gestiftete **Fuggerkapelle** ist eines der frühesten Denkmäler der deutschen Renaissance. Hans Daucher schuf die schöne Fronleichnamsgruppe des Altars. Die Vorlagen für die Reliefs der Sarkophage stammen von Albrecht Dürer.

Die von Dominikus Böhm wiederaufgebaute Stiftskirche **St. Moritz** lohnt einen Besuch wegen der beiden Statuen des hl. Christophorus und des Erlösers von Georg Petel, dem genialen Bildhauer, der 1633 in Augsburg an der Pest starb.

Als älteste Sozialsiedlung der Welt gilt die 1519-1525 von Jakob Fugger dem Reichen errichtete **Fuggerei** in der Jakobvorstadt. Sie umfaßt 53 Häuser mit 106 Wohnungen und bildet ein Städtchen für sich. Noch heute bezahlen die Bewohner die im Stiftungsbrief festgesetzte Jahresmiete in Höhe eines Gulden.

Einen Eindruck vom Reichtum des Augsburger Kunstschaffens vermitteln das **Maximilianmuseum** und die **Staatsgalerie**. Aber die Lechstadt hat nicht nur bildende Künstler hervorgebracht. Auch Leopold Mozart und Bert Brecht sind hier geboren.

# Baden-Baden Königin der Bäder

Vor allem seit dem letzten Jahrhundert treffen sich hier die Großen dieser Welt, als die Könige und Kaiser, die Fürsten und Zaren sich in Baden-Baden die Hände reichten. Dabei wußten schon die Römer um die heilsame Wirkung der Quellen in »Aquae Aureliae«.

Zu dem besonderen Erfolg Baden-Badens trägt nicht unwesentlich die günstige Lage am Westabfall des nördlichen Schwarzwaldes bei. Nach Norden durch den Battert und nach Osten durch den Merkur geschützt, gestattet das milde Klima eine fast mediterrane Vegetation. Zeitiges Frühjahr und warmer Herbst erlauben den Empfindlichen und Angeschlagenen, sich hier in den Übergangszeiten den rauhen Witterungen zu entziehen. Den Anfang unter den berühmten und mächtigen Kurgästen machte übrigens der römische Kaiser Caracalla im Jahre 217.

## Geschichte

Aquae Aureliae, wie die Römer den Ort im Oostal nannten, war eine Gauhauptstadt. Nachdem man hier bereits Ende des 1. Jh. die radioaktiven heißen Quellen entdeckt hatte, baute das römische Militär 117 ein Bad für die Soldaten und ein weiteres für die Gäste. Als die Alemannen im 3. Jh. die Stadt übernahmen, zerstörten sie die Badeanlagen weitgehend. Auch die nachfolgenden Franken hatten keinen Sinn für Heilbäder. Und außer daß die heißen Quellen 712 noch einmal erwähnt werden, hört man über einige Jahrhunderte nichts mehr von dem Ort. Gegen Ende des 11. Jh.s allerdings begannen die Zähringer mit dem Bau der Burg Hohenbaden und nannten sich seit 1112 Markgrafen von Baden. Zu dieser Zeit begann auch das Badewesen wieder. Aus dem 14. Jh. stammt eine Stadtmauer, und von 1501 ist eine Badeordnung überliefert, bei der es um eine Art Kurtaxe geht. Zu dieser Zeit verbrachte auch Kaiser Friedrich III. eine siebenwöchige Badekur hier.

1479 hatte Markgraf Christoph I. das Neue Schloß bauen lassen, das bis 1689 Residenz blieb. Dann nämlich fiel im Pfälzischen Erbfolgekrieg neben manchen anderen Gebäuden auch dieses Schloß der Zerstörung anheim. Zuvor hatte der 30jährige Krieg Baden-Baden auch schon schwer zugesetzt, so daß gegen Ende des 17. Jh. von der Stadt nicht mehr viel übrig war. Daher verlegte Markgraf Ludwig Wilhelm seine Residenz nach Rastatt, wo er das prachtvolle Schloß errichten ließ, das heute noch in originaler Gestalt bewundert werden kann. Der Rastätter Kongreß von 1797 bis 1799 war es, der dem benachbarten Badeort neuen Auftrieb bescherte: Der europäische Adel entdeckte die Vorzüge Baden-Badens, das sich im 19. Jh. den Titel »Sommerhauptstadt Europas« verdiente.

## Sehenswürdigkeiten

Am **Alten Dampfbad** von Heinrich Hübsch fallen vor allem die roten Klinkergliederungen und die Terrakotta-Dekorationen auf. Großherzog Friedrich gab 1771 das **Friedrichsbad** in Auftrag, in dem heute aus 2000 m Tiefe die heißesten Quellen Europas sprudeln. In der Form erinnert das Bad an den Grundriß der römischen Badeanlagen, über deren Fundamenten es errichtet ist. Aus diesem Jahrhundert stammen das **Augustabad** und die **Caracalla-Therme**. In den **römischen Baderuinen** kann man den historischen Ursprüngen des Kurbetriebs nachspüren. Die **Neue Trinkhalle** dagegen zeugt von dem enormen Aufschwung im Badebetrieb des 19. Jh., denn sie löste 1842 die erst 1824 eröffnete alte Trinkhalle ab. Klassizistisch ist auch das 1824 fertiggestellte **Kurhaus** von Weinbrenner. Allerdings wollte man in Baden-Baden nicht nur baden, so ist das 1808 eingerichtete **Kasino** 1838 sinnigerweise gleich ins Kurhaus umgezogen. Der Spielbetrieb

Detail der grandiosen Kurbad-Architektur: das Kurhaus im klassizistischen Stil (links).

Den Ursprüngen des Kurbetriebs auf der Spur: römische Baderuinen (links oben).

Gäste wie Gogol, Balzac und Wilhelm I. verschafften dem Spielcasino Weltruhm (Mitte oben).

Kurgäste bei einem Schachduell im Freien (rechts oben).

Das Stadttheater wurde 1860-1862 mit Unterstützung des Spielbankpächters Edouard Bénazet erbaut (unten).

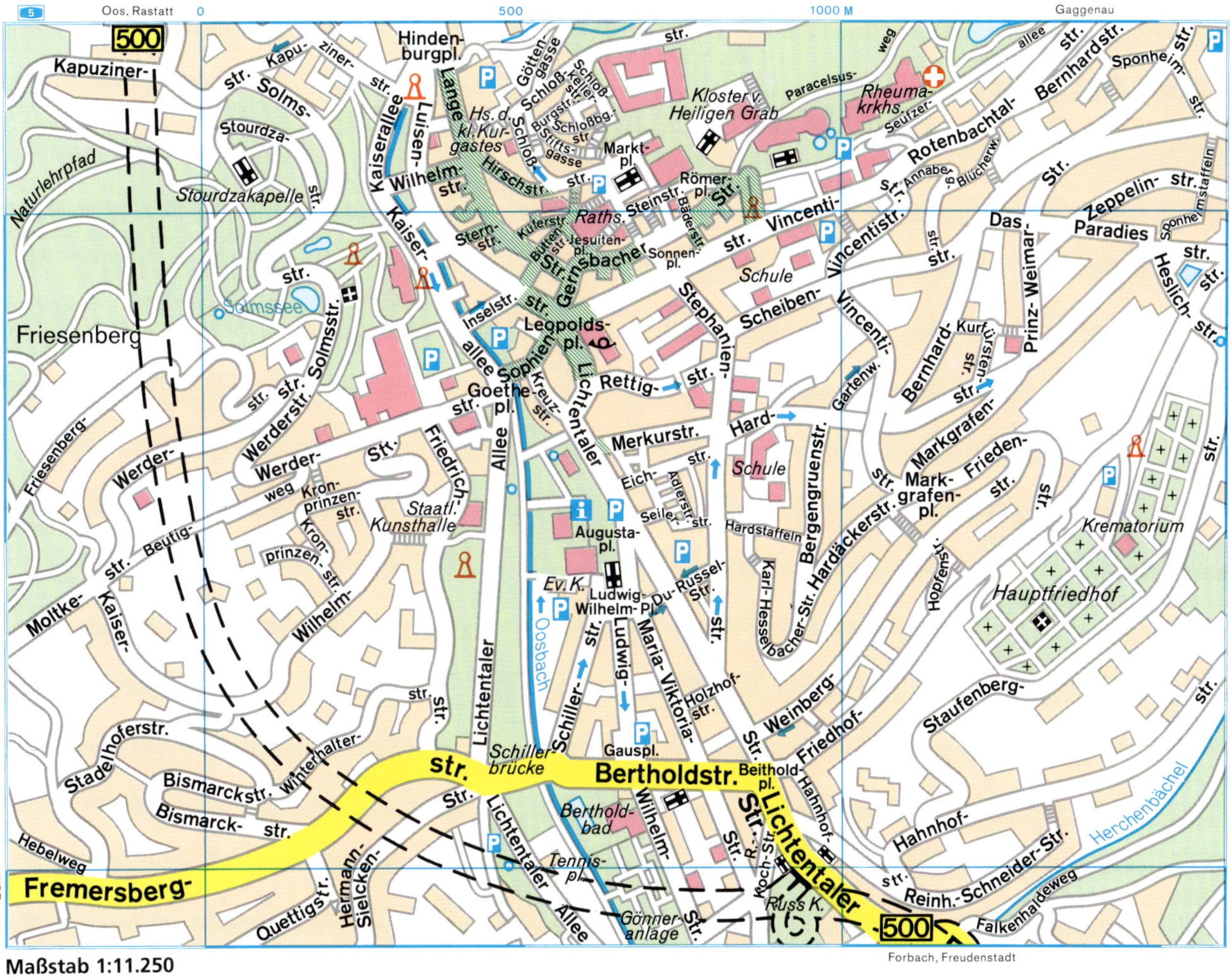


**Maßstab 1:11.250**

profitierte spürbar davon, daß man in Paris nicht mehr spielen durfte. Der Pächter der ehemaligen Pariser Spielbank betrieb diejenige von Baden-Baden, und sein Sohn kam dann 1858 auch auf die Idee mit dem Pferderennen in Iffezheim.

Die Burgruine **Hohenbaden** liegt auf einer Anhöhe, von der man einen wunderhübschen Blick über das Rheintal hat. Vom Burgaufgang, dem Bergfried und der Umfassungsmauer der alten Anlage aus dem 12. Jh. existieren heute noch Teile. Auf die sogenannte Tiefburg aus dem 14. Jh. geht das **Neue Schloß** am Fuße des Battert zurück. Seine heutige Gestalt erhielt es allerdings vorwiegend im 18. Jh. In Teilen des Neuen Schlosses ist das **Zähringer Museum** angesiedelt, das unter anderem wertvolle Teile der ehemaligen großherzoglichen Sammlung ausstellt.

Unter den Sakralbauten verdient zuerst die ehemalige **Stiftskirche Unserer Lieben Frau** Aufmerksamkeit. Schon auf dem Marktplatz davor kann man in der Pflasterung Grundrisse der römischen Badeanlagen erkennen, über deren Fundamenten auch diese Kirche (auch: St. Peter und Paul) errichtet worden ist. Die spätgotischen Umbauten lassen vom ursprünglich romanischen Bau (bereits 1245 erwähnt) allerdings nichts mehr erkennen. Im Innern beeindrucken vor allem ein 5,60 m großes Sandsteinkreuz und das Grabmal für den Markgrafen Ludwig Wilhelm I., der wegen seiner erfolgreichen Kriege gegen die Türken »Türkenlouis« genannt wurde. Die zu dem 1670 gestifteten **Kloster vom Heiligen Grab** gehörende Kirche hat als einzige den berühmten Franzosenbrand 1689 überlebt. Schon 1243 wurde das **Zisterzienser-Nonnenkloster** in Lichtental gestiftet. Neben der Abtei ist hier vor allem die Fürstenkapelle von Bedeutung, in der die Flügel eines 1496 entstandenen Altars zu sehen sind (Führungen ab 5 Personen, nicht Sonntag vormittag und am ersten Sonntag im Monat). In Lichtental liegt auch das **Brahmshaus**, in dem Brahms 1865 bis 1874 seine Sommer verlebte. Hier entstand die Lichtentaler (die »zweite«) Sinfonie.

Für sehr bedeutende Kurgäste wurden im 19. Jh. sogar eigene Kirchen angelegt. So konstruierte Leo von Klenze für den rumänischen Fürsten **Stourdza** 1864 eine rumänisch-orthodoxe Kapelle. Als eines der schönsten deutschen Theater wird das 1860 bis 1862 im neubarocken Stil der Pariser Oper am Goetheplatz errichtete gehandelt. Das Ensemble hier gilt als recht anspruchsvoll. An der **Lichtentaler Allee** liegt die **Staatliche Kunsthalle**, die mit wichtigen Ausstellungen auf sich aufmerksam machte. Die Allee selbst ist im Jahre 1850 als englischer Garten angelegt worden – hier trafen sich die vornehmsten Gäste, zu denen Kaiser Franz Joseph, Napoléon III., Zar Alexander II., Kaiser Wilhelm I., Bismarck und, als besonders treuer Gast, Kaiserin Augusta gehörten.

In Ebersteinburg steht eine Burgruine, die auf eine der bedeutendsten Festungen dieser Gegend hinweist. Von der knapp 500 m hohen Anhöhe hat man einen herrlichen Blick. Der von seinen Unternehmungen ermattete Besucher kann sich darüber hinaus in der Gaststätte stärken. In Baden-Baden findet man die feine Küche unter anderem im Stahlbad, im Restaurant von Brenners Parkhotel oder im Europäischen Hof.

**Information**
Kurverwaltung
Augustaplatz 8
W-7570 Baden-Baden
Tel. (07221) 275200

**Festkalender**
Internationale Rosenschau. Kurkonzerte (dreimal täglich). Serenaden in den Gönneranlagen.

**Tips**
Die Große Woche auf der Galopprennbahn in Iffezheim. Wichtige internationale Kongresse. Eines der schönsten deutschen Theater. Spaziergang zum Alten Schloß Hohenbaden. Von dem viereckigen Turm hat man einen herrlichen Blick auf Oos- und Rheintal bis zu den Vogesen. Auf der Schwarzwaldhochstraße gelangt man zu den Höhenkurorten. Beim Abstecher nach Karlsruhe kann man wunderschön in Rastatt Station machen.

# Bamberg Fränkischer Charme

Der Bischofssitz Bamberg hat alles, was man sich von einer deutschen Stadt erwarten kann: historische, architektonische und kunstgeschichtliche Bedeutung, eine Universität, Industrie, einen Hafen, ein berühmtes Orchester und eine schöne Altstadt.

Bamberg war seit je von dem Gegensatz zwischen der geistlichen und der Bürgerstadt geprägt. Das schlägt sich auch schon in der geographischen Lage der Stadt nieder, deren mittlerer Teil von zwei Regnitz-Armen umschlossen ist: Der linke Flußarm trennt streng die Bürgerstadt von der Bischofstadt auf dem Domberg. Genau in der Mitte dieses Flußarms hat man auf einer Brücke thronend das Alte Rathaus erbaut. Und wer Symbolik liebt, der mag darüber nachsinnen, daß Bamberg wie Rom auf sieben Hügeln erbaut ist – und tatsächlich von Kaiser Heinrich II. als Hauptstadt seines »Heiligen Römischen Reiches Deutscher Nation« bezeichnet wurde.

## Geschichte

Heinrich hatte also Bamberg zur Kaiserpfalz gemacht. Im Jahre 1003 wurde mit dem Bau des Doms begonnen, vier Jahre später war Bamberg Bischofssitz. Die Anhöhe am Westufer des linken Regnitzarms erhielt immer weitere sakrale Bauten und eine wachsende Bedeutung als geistliches Zentrum. Aus Bamberg stammt Papst Clemens II. (11. Jh.). Die durch eine Regulierung der Regnitz entstandene Insel entwickelte sich erst im 12. Jh. zu einer wohlhabenden bürgerlichen Siedlung. Inzwischen hatten die Bischöfe selbst die Macht übernommen, waren zu Fürstbischöfen geworden. Das Domstift allerdings, die vielen Klöster und die Domschule kosteten eine Menge Geld. 1435 nun wehrten sich die Bamberger Bürger gegen die hohen Steuern, die ihnen auferlegt waren. Allerdings schlug der Bischof das Ganze so blutig nieder, daß sich so etwas nicht mehr wiederholte. In Bamberg spielten die Fischerei, ganz besonders aber die Gärtnerei und der Fernhandel mit Gartenprodukten, außerdem der Obstbau eine wichtige Rolle. Der zunehmende Wohlstand Bambergs drückte sich außerdem auch in der Pflege der Kunst aus. Schon im 15. Jahrhundert waren die Bamberger Malerei und Bildschnitzerei berühmt. Seit dem 16. Jh. herrschte hier ein kulturell interessiertes Klima, bis 1802 gab es eine Universität (seit 1979 wieder). Vor allem im 17. und 18. Jh. erlangte die Stadt dank des Bau- und Kunstsinns ihrer damaligen Fürstbischöfe und ihrer Bürger ihre heute weitgehend noch erhaltene Gestalt. Man holte viele berühmte Künstler und Baumeister: die Brüder Dientzenhofer, Balthasar Neumann, dessen Schüler Johann Michael Küchel, Maximilian von Welsch. Der romantische Dichter E. T. A. Hoffmann war von 1808 bis 1813 Kapellmeister des neuen Theaters. 1818 dann wurde Bamberg sogar zum Erzbistum erhoben.

## Sehenswürdigkeiten

Der **Dom** ist eine der schönsten Sakralbauten des Mittelalters. Die gesamte Baugestalt, auch dort, wo sie gotisch umgestaltet wurde, folgt der romanischen Anlage, die im 13. Jh. auf den Mauern eines älteren burgartigen Doms errichtet wurde. Auch die vier Türme gehören zu diesem Plan. Für Kaiser Heinrich II. und seine Gemahlin Kunigunde hat Tilman Riemenschneider 14 Jahre lang (bis 1513) einen berühmten **Sarkophag** gefertigt, der im Dominnern steht. Der gesamte Bau ist mit bedeutenden Plastiken geschmückt – darunter der »**Bamberger Reiter**« (um 1235) von einem unbekannten Künstler. Sehr beeindruckend ist auch das tiefgegliederte **Fürstenportal**: Das Relief mit der Darstellung des Jüngsten Gerichts ist eines der ersten europäischen Kunstwerke, in denen deutlich Gefühle gestaltet sind. Der »Kaiserdom« zu Bamberg beherbergt auch das einzige **Papstgrab** nördlich der Alpen, nämlich das Grab Clemens' II., des vormaligen Bamberger Bischofs Suidger.

Dem Dom gegenüber steht die **Alte Hofhaltung**, die an der Stelle der ersten Kaiserpfalz von 1020 im Renaissance-Stil als bischöflicher Sitz errichtet wurde. In dem von Fachwerkhäusern geprägten

Das Alte Rathaus (links außen).

„Klein-Venedig" – Fischerhäuser (links oben).

Blick über die Bischofsstadt (links unten).

Krypta im Dom St. Peter und Georg (rechts oben).

Reiterfigur eines unbekannten Heiligen (rechts unten).

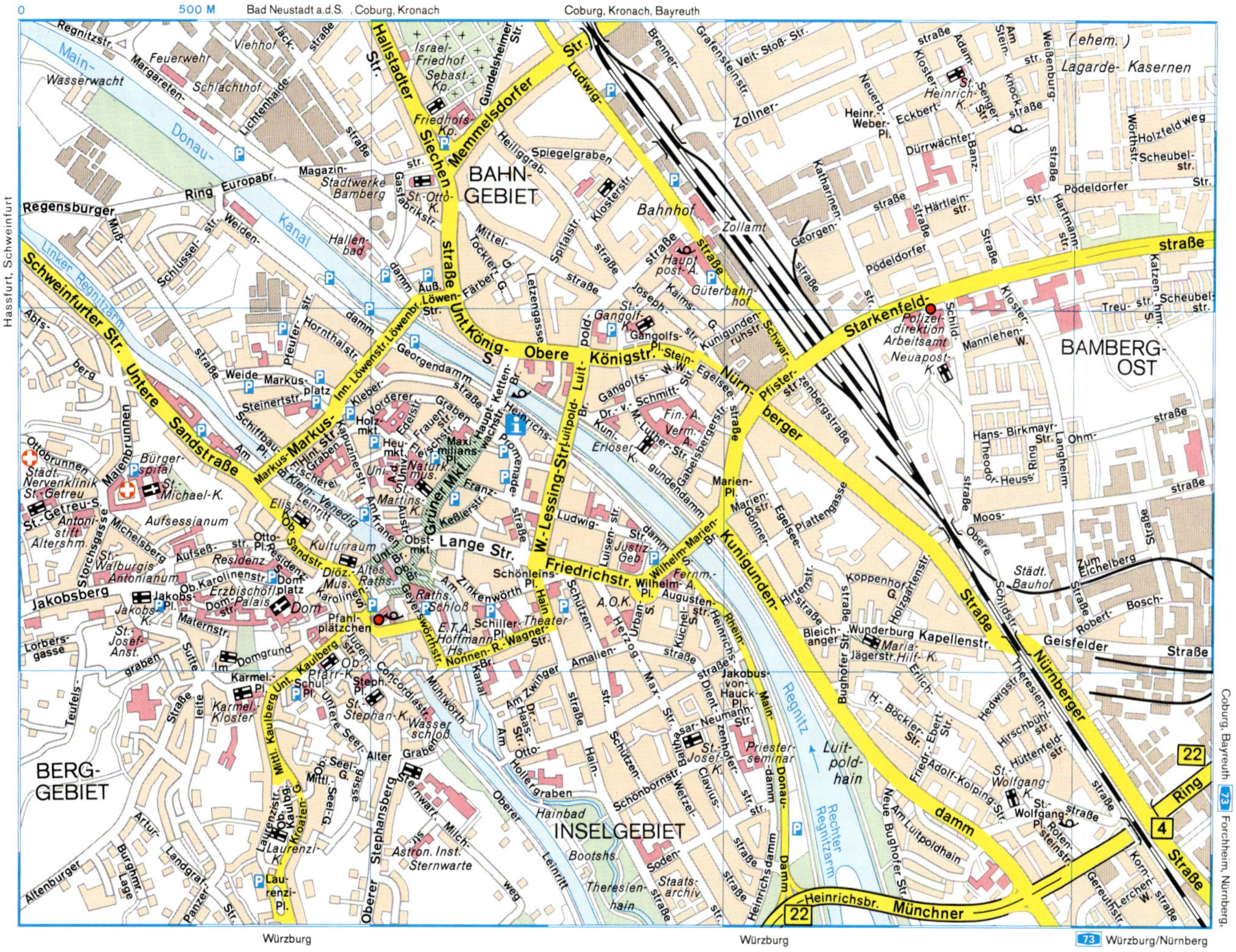

Innenhof finden Aufführungen der Calderon-Festspiele statt. Die daneben liegende **Neue Residenz** (1703 fertiggestellt) stammt von Leonhard Dientzenhofer. Im Sommer sollte man den Duft der 1000 Rosen in dem von der Residenz eingeschlossenen **Rosengarten** probieren. Zum Herumschlendern in dem ganzen anheimelnden Domstiftviertel wird man allemal verleitet. Das ehemalige Benediktinerkloster **Michelsberg** ist berühmt für das Deckengemälde seiner Kirche. In barocker Pracht sind hier 578 Pflanzen mit großer botanischer Präzision gemalt. Man vermutet, daß der romanische Grundriß der **Jakobskirche** dem alten burgartigen Heinrichsdom entspricht. Das gotische Hauptwerk Bambergs ist die **Obere Pfarrkirche** »Zu Unserer Lieben Frau«. An der Nordseite die **Brautpforte** ist ein beliebter Fotohintergrund für Hochzeitspaare. Ganz in der Nähe das **Karmeliterkloster**, das wieder mit den Namen Neumann und Dientzenhofer verbunden ist und einen wunderschönen Kreuzgang besitzt.

Das **Böttingerhaus** ist das erste große bürgerliche Stadtpalais Bambergs. Die Stadt war ja an Großbürgertum eher arm, und dieser Böttinger war auch prompt ein hoher Beamter des Fürstbischofs. Derselbe Hofrat ließ sich schon wenige Jahre später ein kleines Schloß (»**Concordia**«) direkt am Regnitzufer bauen. Die Bischofsstadt verläßt der Spaziergänger am besten durch das **Alte Rathaus** auf der Oberen Brücke, das heute vor allem barocke Gestalt hat. Deutlich wird die Grenzfunktion dieses Gebäudes an den unterschiedlichen Wappen an den beiden Portalen: das bischöfliche an der einen und das städtische an der anderen Seite des Durchgangs. Leider sind alle Bamberger Brücken im Zweiten Weltkrieg gesprengt und die meisten nicht unbedingt schön wieder errichtet worden. Auf der anderen Seite des linken Regnitzarms liegt die **Altstadt**, in der noch eine Fülle repräsentativer Bürgerhäuser erhalten ist. **Klein Venedig** wird die Siedlung von alten Fischerhäusern genannt, die im herrlichsten Fachwerk an der Regnitz liegen. Einen wunderschönen Blick über die Altstadt kann man sich vom Turm des Inselschlosses **Geyerswörth** verschaffen (nach dem Schlüssel im Schloß fragen).

**Information**
Verkehrsamt
Geyerswörthstraße 3
W-8600 Bamberg
Tel. (0951) 871154

**Festkalender**
Freilichtaufführungen der Bamberger Calderon-Festspiele des E. T. A.-Hoffmann-Theaters (Juli). Die »Sandkärwa«, ein Volksfest in der Altstadt (Ende August). »Krippenweg« (19 Stationen; von Dezember bis März). Im Herbst Fränkisches Weinfest.

**Tips**
Konzerte der Bamberger Symphoniker; Kammermusikabende. Fünftägige Bierseminare (Verkehrsamt). Führungen durch das unter der Altstadt liegende Netz alter Stollen werden ab 25 Personen durchgeführt. Abstecher nach Schloß Weißenstein in Pommersfelden.

# Bautzen
# Heimat der Sorben

Die Ortenburg mit ihren mächtigen Zwerchgiebeln, die Türme des Domes, des Rathauses und der Michaeliskirche bestimmen zusammen mit Teilen der Befestigung schon von weitem das Stadtbild von Bautzen, einer der schönsten Städte Sachsens.

Slawische Milzener, deutsche Ostsiedler, böhmische Könige und dann wieder slawische Sorben waren maßgebend am Ausbau des 1000 Jahre alten Zentrums der Oberlausitz am Oberlauf der Spree beteiligt. Ein Schnittpunkt wichtiger Handelsstraßen und ein günstiger Spreeübergang einerseits und die strategisch günstige Lage der Ortenburg auf einem hohen Felsen an der Spree andererseits sorgten für ein kontinuierliches Gedeihen einer von Handel und Tuchweberei lebenden Stadt. Heute ist sie zugleich politisches und kulturelles Zentrum der sorbischen Minderheit im Osten Deutschlands.

## Geschichte

Die Umgebung von Bautzen ist dank günstiger Klimabedingungen und ertragreicher Böden uraltes Siedlungsgebiet. Bis zum 3. Jh. waren hier Ostgermanen heimisch, danach wanderten slawische Gruppen ein. Zum Deutschen Reich kam die Oberlausitz erst im 10. Jh., wobei die Errichtung der Ortenburg als Grenzfeste des Markgrafen von Meißen eine wichtige Rolle spielte. Die planmäßige Anlage der Stadt Budusin am Kreuzungspunkt der Handelsstraßen Halle – Breslau und Brandenburg – Prag begann Ende des 12. Jh.s, doch war man damals bereits böhmisch. Zumindest erteilte der böhmische König Ottokar II. 1213 Bautzen das Recht, ein steinernes Rathaus zu errichten. Östlich der Burg entstand gleichzeitig die Stadt. Dank wirtschaftlichem Aufschwung errang Bautzen rasch eine führende Position im 1346 gegründeten Lausitzer Sechs-Städtebund.

Ab Mitte des 16. Jh.s brach dann das Unglück über die Stadt herein. Weil der Sechs-Städtebund 1547 König Ferdinand von Böhmen die Unterstützung gegen den Schmalkaldischen Bund versagte, wurde dieser „Pönfall" schwer bestraft. Im Dreißigjährigen Krieg wurde Bautzen niedergebrannt, 1635 kam man zusammen mit der gesamten Lausitz unter die Oberhoheit des Kurfürsten von Sachsen.

In neuerer Zeit gelang es dann den Sorben, eine kulturell und politisch eigenständige Organisation aufzubauen. 1845 wurde ihre wissenschaftliche Vereinigung Macica Serbska gegründet und 1875 die erste sorbische Buchdruckerei eingerichtet. Die 1912 gegründete Domowina (Heimat), die nationale Organisation der Sorben und ihr Parlament, hat heute ihren Sitz in Bautzen. Dazu gibt es ein deutsch-sorbisches Volkstheater, ein staatliches Ensemble für sorbische Volkskultur und ein Museum für Geschichte und Kultur der Sorben im Schloß Ortenburg. Das „Haus der Sorben" am Postplatz ist heute Sitz des Bundesvorstandes der Domowina.

## Sehenswürdigkeiten

Mittelpunkt des alten Stadtkernes ist der **Hauptmarkt**. An seiner Nordseite steht das bis 1732 unter Einbeziehung gotischer Bauteile barock gestaltete **Rathaus**. Die Ost- und Westseite des Platzes wie die nach Osten gehende Reichenstraße zieren barocke Bürgerhäuser. Ihr Ende markiert der um knapp 1,50 m von der Senkrechten abweichende und 1492 fertiggestellte **Reichenturm**. Seinen reichen Barockaufsatz und die Laterne erhielt er 1718, das **Denkmal für Kaiser Rudolf II**. wurde schon 1577 fertiggestellt.

Am **Fleischmarkt** hinter dem Rathaus steht das **Denkmal für den sächsischen König Johann Georg I.** und an der Nordseite des Platzes der **Dom St. Petri**. Er entstand zusammen mit seinem knapp 85 m hohen Turm als gotische, vierschiffige Hallenkirche

Stadtbefestigungsanlagen und alte Wasserkunst (links außen).

Vom Reichenturm bietet sich ein einmaliger Blick in die malerische Reichsstraße (links innen und rechts Mitte).

Über der mittelalterlichen Stadtanlage thront die Ortenburg (rechts unten).

Das Rathaus und der Dom St. Peter dominieren im Zentrum (rechts außen).

zwischen 1213 und 1497. Ohne Beispiel ist ihr in der Längsachse seltsam geknickter Grundriß, und einmalig dürfte ihre interessante Aufteilung sein: Seit 1524 dient der Dom Katholiken und Protestanten gleichermaßen als Gotteshaus. Früher waren der katholische Chor und das protestantische Schiff durch ein hohes Gitter getrennt, heute sorgt für die Trennung nur noch eine schmale Balustrade.

Wertvollste Stücke der Ausstattung im katholischen Teil sind der 1724 fertiggestellte Hochaltar mit dem Altarbild von Pellegrini und das 1714 geschaffene, lebensgroße Kruzifix von Balthasar Permoser. Im protestantischen Teil beeindrucken die 1674 entstandene Fürstenloge und der Altaraufsatz von 1644. Das barocke **Domstift** auf der Nordseite des Domes hat ein wappenverziertes Hauptportal von 1755.

Vom Petri-Dom westwärts kommt man vorbei an der **Schloß-Apotheke** von 1699 in die ältesten Teile Bautzens, die noch vor der planmäßigen Stadterweiterung unregelmäßig im Schutz der Ortenburg entstanden waren. Die Ruine der 1598 ausgebrannten **Mönchskirche** ist der letzte Rest des einst hier vorhandenen Franziskanerklosters.

Den Westzipfel der Altstadt nimmt die **Ortenburg** auf einem Felsen über der Spree ein. Um ihrer Gesamtanlage gerecht zu werden, müßte man sie und ihre fächerförmigen Befestigungsanlagen mit den verschiedenen Turmresten aus der Vogelperspektive betrachten können. Ohne diese perspektivische Möglichkeit verhindern die verschiedenen Umbauten quer durch die Jahrhunderte einen Eindruck von der Gesamtanlage. Vor allem die Neubauten, die der ungarische König Matthias I. Corvinus zwischen 1483 und 1486 durchführen ließ (die Lausitz war von 1469 bis 1490 ungarische Provinz), sorgen für einen architektonisch nicht unbedingt geschlossenen Eindruck.

Aus der Zeit des Ungarnkönigs stammen der spätgotische Schloßturm sowie das im 17. Jh. geänderte Hauptgebäude. Prunkstück dieses Schloßbaus ist mit einer prachtvollen, barocken Stuckdecke der Audienzsaal im 1. Stock. Der Deckenstuck entstand 1662 und zeigt in neun Feldern die Geschichte der Lausitz bis zur Belehnung des sächsischen Kurfürsten Johann Georg I. im Jahre 1635.

Entlang der Spree ziehen sich sowohl auf der Nord- wie auf der Südseite noch die alten **Stadtbefestigungen** hin. Im Norden sind es der schon vor 1515 errichtete **Schülerturm**, die **Gerberbastei** von 1503 (heute Jugendherberge) sowie der **Nikolaiturm** von 1522. Die Ruine der spätgotischen **Nikolaikirche** ist die Folge einer Beschießung im Jahre 1634.

Zu den ältesten Teilen der Ortenburg gehören die Wehrmauern an der Südwestseite. Der **Burgwasserturm** mit der Fronfeste dürfte noch aus dem 10. Jh. stammen. Die **Mühlbastei** entstand um 1480, und das **Mühltor** erhielt seine heutige Form 1606. Vorbei an der von den Sorben genutzten **Michaeliskirche** kommt man zur alten **Wasserkunst**, dem Wahrzeichen Bautzens. Der 1558 errichtete Turm diente zugleich der Verteidigung der Stadt und mit einem eingebauten Schöpfwerk ihrer Wasserversorgung. Heute ist der Turm als **Technisches Museum** zugänglich.

**Information**
Bautzen-Information
Fleischmarkt 2/4
O–8600 Bautzen

**Festkalender**
Bautzener Frühling (Ende Mai). Sommer- und Schützenfest (August). Tage der sorbischen Musik (April/Mai). Vogelhochzeit (Ende Januar). Osterreiten in den Dörfern um Bautzen am Ostersonntag.

**Tips**
Von der Plattform des schiefen Turms von Bautzen, dem Reichenturm, prächtige Aussicht auf Stadt und Lausitzer Bergland. Die Talsperre Bautzen, wenig nördlich der Stadt, ist ein ideales Freizeitrevier. In Großwelka gibt es den sogenannten Ur-Zoo, eine wissenschaftlich fundierte plastische Darstellung zahlreicher Saurier in Lebensgröße. In Neukirch befindet sich Töpfer- und Heimatmuseum.

# Bayreuth – Wagner und High-Society

Für einige Wochen im Jahr Treffpunkt der internationalen Prominenz und einiger Musikbegeisterter, ist Bayreuth noch sehr viel mehr als nur die Wagnerhauptstadt: Universitäts- und Industriestadt, Dienstleistungszentrum im Nordosten Bayerns mit wunderschöner Lage.

Die malerische Lage zwischen Fränkischer Schweiz, Fichtelgebirge, Frankenwald und Frankenalb ist sicher mit dafür verantwortlich, daß Bayreuth von den Romantikern so geliebt wurde. Außer Richard Wagner haben hier auch Jean Paul und Franz Liszt gelebt – und die gegen ihren Willen hierher unglücklich verheiratete Lieblingsschwester Friedrichs des Großen, Wilhelmine. Zum Trost über die Amouren ihres Mannes hat sie sich damit beschäftigt, die Stadt mit einem Teppich rokokohaft-verspielter bis repräsentativer Bauten zu überziehen. Die Bayreuther wissen's ihrer »Muse« zu danken.

## Geschichte

Vor dem 18. Jh. war die Geschichte Bayreuths eher unauffällig. Der Name soll soviel bedeuten wie: von Bayern gerodet. Vermutlich Mitte des 12. Jh. gegründet, bald zur Stadt erhoben, ging Bayreuth 1260 an die Hohenzollern, die Burggrafen von Nürnberg waren und schließlich in verschiedenen Linien in Ansbach, Bayreuth und Brandenburg (Preußen) herrschten. Nachdem die Stadt 1430 von Hussiten vollständig niedergebrannt worden war, erlebte sie eine gewisse Blüte durch die Erhebung zur markgräflichen Residenz 1603. Doch machte der 30jährige Krieg alles wieder zunichte. Im 18. Jh. begann dann der kulturelle Aufstieg Bayreuths. Markgraf Friedrich (der »Vielgeliebte«) und Wilhelmine taten eine Menge für die bauliche Bereicherung der Stadt, die dann 1791 an die preußischen Verwandten verkauft wurde und 1810 zum bayerischen Königreich kam.

Der eigensinnige Dichter Jean Paul lebte von 1804 bis zu seinem Tod 1825 hier. Der Weltruhm der Provinzstadt begann allerdings mit der Ankunft Richard Wagners 1872, der sich auf dem sogenannten Grünen Hügel sein Festspielhaus baute. Hier wurde 1876 der »Ring des Nibelungen« uraufgeführt – und seither haben die Wagnerfreunde ihr Mekka.

## Sehenswürdigkeiten

Das **Festspielhaus** liegt im Norden der Stadt, hat 1900 Plätze und kann außerhalb der Proben- oder Spielzeit täglich besichtigt werden (nicht montags). Natürlich liegt die **Villa Wahnfried**, Wagners spätklassizistisches Wohnhaus, in der Richard-Wagner-Straße (Wagner-Museum und -Archiv).

Wilhelmine hatte schon das in eine Häuserfront integrierte **Opernhaus** in Rokoko-Manier errichtet. Einen schönen Überblick über die Stadt verschafft man sich auf dem zum **Alten Schloß** gehörenden achteckigen **Turm** – allerdings darf man durch das Treppenhaus nicht mehr mit dem Pferd nach oben reiten, wie es einst möglich war. In der **Schloßkirche** die Särge von Wilhelmine und Friedrich. Die Markgräfin ließ auch das **Neue Schloß** erbauen und prächtig ausstatten (darin das Städtische Museum, Wagner-Gedenkstätte, Staatliche Gemälde-Sammlung). Dahinter liegt der **Hofgarten** und in der Nähe das Jean-Paul-Museum. In Bayreuth gibt es noch ein Schreibmaschinen-, ein Freimaurer-, ein Spielzeug- und ein Brauerei-Museum (Brauerei Gebrüder Maisel).

Eine ganz besondere Ausflugs-Attraktion ist die außerhalb von Bayreuth gelegene **Eremitage**, ein ebenfalls maßgeblich von Wilhelmines Ideen geprägter Park. Die hübschen Wasserspiele, das Naturtheater, eine Drachenhöhle und manches andere zählen zu den Requisiten, mit denen man sich im Rokoko gern eine Bühne für die damals neuartige Naturliebhaberei gestaltete. Neben dem **Alten Schloß** wurde auf Wilhelmines Veranlassung das **Neue Schloß** gebaut – der Inbegriff eines Lustschlosses.

**Information**
Verkehrsverein
Luitpoldplatz 9
W-8580 Bayreuth
Tel. (0921) 88588

**Festkalender**
Musica Bayreuth (Mitte Mai). Fränkische Festspiele (Ende Juni). Richard-Wagner-Festspiele (Juli/ August). Internationale Jugendfestspieltreffen (August). Bayreuther Volksfest (Pfingsten). Bürgerfest (Anfang Juli). Sommernachtfest (Anfang August).

**Tips**
Die Fränkische Schweiz lädt zum Wandern und Spazierengehen ein, ist aber auch Heimat unzähliger Burgen und Schlösser. Unterhalb der Burg Zwernitz hat die Schwester Friedrichs des Großen im 18. Jh. einen Felsengarten aus Natursteinen (»Sanspareil«) anlegen lassen.

Die Festspiele im Richard-Wagner-Festspielhaus finden alljährlich statt (oben).

Villa Wahnfried, Wagners spätklassizistisches Wohnhaus (unten).

Inbegriff eines Lustschlosses – das Neue Schloß der Eremitage (rechts).

# Bad Bentheim – Ein Grafschaftszentrum

Seit 1711 bekannt, wurde das Heilbad erst in diesem Jahrhundert populär. Das war auch dringend nötig, da der früher gut verkaufte Bentheimer Sandstein nicht mehr gefragt war. Was aber seit je Bewunderer fand, ist die imposante Burg über dem Städtchen.

In der sonst so flachen Gegend hier im norddeutschen Westen ist die Anhöhe, auf der die Burg Bentheim thront, schon sehr auffällig. Die mächtige Anlage, wegen des günstigen Burgfelsens ausnahmsweise keine Wasserburg, wie sonst in dieser Gegend üblich, gilt als die eindrucksvollste Burg ganz Niedersachsens. Aber auch das beschauliche Städtchen mit seinen vielen alten Giebelhäusern ist sehr reizvoll.

## Geschichte

Die strategisch günstige Lage ist wohl schon lange vor den ersten Baumaßnahmen zu dieser Burg für Befestigungsanlagen genutzt worden. Und schon im 11. Jh. muß hier eine mächtige Burg gestanden haben. 1134 jedenfalls ist die gerade zerstörte Anlage wiederhergestellt worden, und schon gegen Ende des 12. Jh. haben es die neuen Besitzer soweit gebracht, daß sie als »Grafen von Bentheim« angeführt wurden. In die niederländischen Kriege des 16. und 17. Jh. war die Grafschaft tief und unglücklich verwickelt. Daher war sie Anfang des 18. Jh. wirtschaftlich so sehr ruiniert, daß die Grafen ihr Gebiet 1753 an den Kurfürsten von Hannover verpfänden mußten. Aus eigener Kraft war es ökonomisch nicht mehr zu sanieren.

Allerdings gab es noch einen recht einträglichen Wirtschaftszweig, den Abbau und Export des Bentheimer Sandsteins, der sich gut in die steinarmen Küstenländer verkaufen ließ. Die Rotterdamer Börse, das Amsterdamer Schloß, aber auch das Schloß in Münster sind aus diesem Stein gefertigt. Später jedoch wurden andere Baumaterialien bevorzugt – und außerdem versandete die Vechte, auf der bisher der rege Verkehr mit den großen Welthäfen erfolgte. Als die Grafen 1810 die Grafschaft endgültig verloren, wurden sie zur Entschädigung in den erblichen Fürstenstand erhoben. Freundlicherweise haben die Grafen bei ihren mehrfachen Konfessionswechseln nicht jedesmal die Untertanen mitwechseln lassen – daher gibt es im Ort einige recht alte verschiedenkonfessionelle Kirchen.

## Sehenswürdigkeiten

Wie an fast allen der sehr alten Burgen, ist auch an der von Bentheim über die Jahrhunderte immer wieder gebaut worden, so daß aus der ursprünglichen **Burg** später ein Schloß wurde. Der Bergfried, hier »Pulverturm« genannt, war das Zentrum der Verteidgungsanlage, und seine bis zu 5 m dicken Mauern schützten ihn und seine 12 m hohen Vorrats- und Schutzkeller noch gegen Artilleriebeschuß. Über diesem mächtigen Turm, von dem aus man eine herrliche Aussicht hat, wehen die gelbroten Farben der Familie. Ähnlich gewaltig und auch von langer Baugeschichte geprägt ist der im Süden aus der Burgmauer herausragende Batterieturm. Besondere Bedeutung hat der »**Herrgott von Bentheim**«, ein spätestens im 12. Jh. gefertigtes romanisches Gerichtskreuz, das germanische und christliche Elemente zu verbinden scheint. Im Westen und Süden des Burgfelsens liegen die **Fachwerkhäuser** des alten Bentheim, das einige sehr interessante Kirchen beherbergt.

In dem Ortsteil **Gildehaus** kann man im **Geologischen Freilichtmuseum** sich über den früheren Abbau des Bentheimer Sandsteins orientieren. Die starke Thermalsole-Quelle wurde erst 1975 in einer Tiefe von 1200 m erbohrt, außerdem wird im Bad mit Schwefelmineralwasser und Schwefelbadetorf gearbeitet. Das **Brunnenhäuschen**, in dem 1711 die Schwefelquelle erschlossen wurde, läßt sich noch heute bewundern.

Die mächtige Burganlage gilt als die eindrucksvollste ganz Niedersachsens (links).

Das Geologische Freilichtmuseum informiert über den früheren Sandsteinabbau (oben).

Flachfeuergeschütz in den Farben der Familie (unten).

**Information**
Städtisches Verkehrsbüro
Schloßstraße 2
W-4444 Bad Bentheim
Tel. (05922) 3166

**Festkalender**
Die Freilichtspiele im Sommer haben eine 60jährige Tradition. Kirmessen werden im Juli, August und September gefeiert.

**Tips**
Das Schloßmuseum und die Burg sind vom 15. März bis zum 31. Oktober tägl. 9.30 bis 18.00 Uhr zu besichtigen. Äußerst lohnend ist ein Abstecher zu der 1000jährigen Wasserburg Burgsteinfurt und dem angrenzenden »Bagno«, einem der ersten Landschaftsgärten in Deutschland. Bad Bentheim ist nicht nur ein Thermalsole- und Schwefelheilbad, sondern hat auch eine Spielbank.

# Berchtesgaden Der Alpenferienort

Nicht von ungefähr endet hier die deutsche Alpenstraße – in einer der schönsten Alpengegenden. Heute sind die Bergmassive von Göll, Watzmann, Hochkalter und Untersberg als Nationalpark geschützt. So bleibt die wunderschöne Landschaft trotz der vielen Besucher erhalten.

Als Mittelpunkt des Berchtesgadener Landes ist der hübsche Marktflecken Anziehungspunkt für Tausende von Touristen jedes Jahr. Der eigentümliche Name geht wohl auf einen gewissen Perther zurück, der hier einmal geherrscht hat und für die Bezeichnung Perthesgaden herhielt – ein Gaden ist ein einstöckiges Haus. Bevor die Touristen kamen, bezog die Gegend ihren Wohlstand aus dem Salz. Teilweise tritt es als Sole aus wie in Bad Reichenhall.

## Geschichte

Die Geschichte dieser Region begann eigentlich erst im 12. Jh., als Augustinermönche ein Chorherrenstift hier errichteten. Die dazugehörige Stiftskirche existiert noch, das Kloster ist später von den Wittelsbachern als Schloß genutzt worden. Schon sehr schnell erhielten die Mönche das Recht zum Salzabbau. Das machte sie gleich so reich, daß sie 1559 sogar zu Fürsten erhoben wurden. Ihr Land war reichsunmittelbar, und sie herrschten in dieser Selbständigkeit über 700 Jahre über das Land. Mit der Säkularisation kamen dann einige Wirren: Erst ging das Berchtesgadener Land an das Großherzogtum Toscana, dann an Österreich, wurde schließlich von Frankreich besetzt und kam schon 1810 nach Bayern. Mitglieder der Wittelsbacher-Familie waren schon mehrfach Fürstpröpste in Berchtesgaden geworden. Nun hatten sie noch uneingeschränkteren Zugang zu dem hübschen Tal, in dem Ludwig II. teilweise seine Jugend verbrachte.

## Sehenswürdigkeiten

Die ehemalige **Augustinerchorherren-Stiftskirche St. Peter und Johannes** wurde zuerst 1122 geweiht. An der zweiten Kirche aus dem 13. Jh. folgten später zahlreiche Umbauten, doch kann man noch heute an einigen Teilen die frühe bayerische Gotik gut erkennen (Hochchor). Kunstgeschichtlich besonders kostbar ist auch das Chorgestühl. Im **Stift** selber ist der romanische Kreuzgang erhalten, den man als einen der schönsten lobt. Auch an diesem Gebäudekomplex haben etliche bauliche Veränderungen im Laufe der Jahrhunderte gewirkt. Seit 1818 dienten die Gebäude gelegentlich als königliche Residenz. Kronprinz Rupprecht gestaltete das Schloß dann in unserem Jahrhundert zum Museum um. Die **Franziskanerkirche** ist im späten 15. Jh. begonnen worden, daneben liegen der Alte Friedhof und der **Kurgarten**. Neben dem **Schloßmuseum** gibt es ein Heimatmuseum, das **Deutsche Wappenmuseum** und vor allem das **Salzmuseum**: Es ist einem traditionsreichen **Salzbergwerk** angegliedert, das den Besucher eindrücklich über die Techniken der Salzgewinnung informiert. Dieses Bergwerk ist noch immer der größte Salzproduzent in Bayern (200 000 t jährlich). Das Salz wird übrigens mit Wasser aus den Lagerstätten gespült, so daß eine Salzlauge entsteht, deren Wasseranteil dann wieder verdampft wird. Dazu benötigte man früher so viel Holz, daß in der ganzen Gegend nur noch wenig Bäume übrig blieben.

Unverzichtbar ist ein Ausflug zum **Königssee**, dem Klischee deutscher Bergwelt-Romantik. Leider denken das all die anderen vielen Besucher auch. Inzwischen versucht man, die Folgen des Auflaufs hier oben für die Landschaft etwas abzumildern – der See darf z. B. nur mit Elektrobooten befahren werden. Besonders reizend ist die Wallfahrtskapelle **St. Bartholomä**, wohin sich 1918 Ludwig III. vor der Räterepublik flüchtete. Im **Nationalpark Berchtesgadener Land** sind etliche deutsche Heimatfilme gedreht worden.

**Information**
Kurdirektion
Königsseer Straße 2
W-8240 Berchtesgaden
Tel. (08652) 5011

**Festkalender**
Nationale und internationale Bob- und Rodelmeisterschaften (Januar). Alpine Skiwettkämpfe an Göschen und Jenner (Januar/ Februar). Bergknappenfest (Pfingsten). Seefest am Königssee (August). Pilgerzug von österreichisch Alm über das Steinerne Meer (Sonntag nach Bartholomäus). Traditionelles Böllerschießen der Weihnachtsschützen (24.12.).

**Tips**
Ungezählte Sport- und Freizeitvergnügungen bieten Berchtesgaden und seine Umgebung. Unverzichtbar ist ein Ausflug zu dem berühmten Watzmann-Massiv.

Traditionelles Böllerschießen der Weihnachtsschützen (oben).

Alpenpanorama: Im Hintergrund der Stadt das Watzmann-Massiv (unten).

Der Marktplatz mit den Spitztürmen der Stiftskirche St. Peter und Johannes im Hintergrund (rechts).

# Bergisch Gladbach Die Dörferstadt

Zwar fühlen sich die Menschen in Bergisch Gladbach durchaus dem rheinischen Menschenschlag verbunden, und umgekehrt nutzen manche Kölner Bergisch Gladbach als Wohnalternative, aber landschaftlich ist man hier schon im Bergischen und weit entfernt vom Rheintal.

Wenn man die Kölner Bucht in Richtung Nordosten verläßt, fallen einem schon nach kurzem die Streusiedlungen auf, die für das Bergische so typisch sind. In der bewaldeten Gegend ist aus über hundert Dörfern und Kleinsiedlungen Bergisch Gladbach, die größte Stadt des Rheinisch-Bergischen Kreises, entstanden. Der Name wurde erst 1815 so eindeutig gemacht, daß eine Verwechslung mit Mönchengladbach ausgeschlossen bleibt.

## Geschichte

Natürlich ist die Geschichte der einzelnen Ortsteile nicht besonders aufregend. Ökonomisch ist vor allem die bei Herrenstrunden entspringende Strunde wichtig geworden, deren Wasserkraft hier überall zum Betrieb der verschiedensten Mühlen genutzt worden ist. Außerdem siedelten sich holländische Kalvinisten im 16. Jh. an der Strunde als Papiermacher an. Als dann 1616 die katholische Linie von Pfalz-Neuburg das Herzogtum Berg übernahm, gab es prompt Reibereien um die Konfessionsunterschiede. So erhielt die evangelische Gemeinde erst 1775 eine Genehmigung zum Bau ihrer Kirche, deren Errichtung dann 1777 abgeschlossen war. Die Kalksteinbrüche bei Paffrath sind im 19. Jh. stillgelegt worden. Bedeutung haben sie aber heute noch für die Geologen, weil in diesem Kalk besonders gut erhaltene Fossilien gefunden werden. Bergisch Gladbach erhielt erst 1856 Stadtrecht und wurde 1932 Kreisstadt.

## Sehenswürdigkeiten

Die **Evangelische Kirche** ist im wesentlichen in ihrer alten Gestalt aus dem 18. Jh. erhalten. Nur wurde 1898 bis 1899 der Grundriß noch einmal etwas modifiziert. Eine neuromanische Pfeilerbasilika verkörpert die Mitte des letzten Jh. an der Stelle eines älteren Baus errichtete katholische Pfarrkirche **St. Laurentius**. In der **Villa Zanders** ist eine Gemälde-Sammlung zum Werk Walter Lindgens untergebracht; außerdem sieht man hier eine größere Fossiliensammlung.

Im Ortsteil Refrath ist die Pfarrkirche **St. Johann Baptist**, direkt neben dem Friedhof, berühmt für die Fresken im Innern (Besichtigung im Pfarrhaus erfragen). Das **Pfarrhaus** in **Paffrath** bewahrt ein sehr wertvolles Vortragekreuz, das auf das 12. Jh. geschätzt wird. Wegen der Umbauten kann man an der Basilika **St. Klemens** den ursprünglichen romanischen Bau aus dem 12. Jh. heute nur noch als nördliches Seitenschiff erkennen. Das **Haus Blegge** ist ein Wasserschloß aus dem 18. Jh. mit hübschen Ecktürmen und einem Torhaus.

Bensberg ist 1975 nach Bergisch Gladbach eingemeindet worden. Hier stand das **Alte Schloß**, das im 12. Jh. von den Grafen von Berg angelegt wurde. Dessen Reste bezog Gottfried Böhm in den 1950er Jahren auf damals avangardistische Weise in die Betonkonstruktion des neuen **Rathauses** ein. Nicht weit davon liegt das barocke **Neue Schloß**, das im frühen 18. Jh. als großzügiges Jagd- und Kunstschloß angelegt worden ist. Ihm stattete 1774 Goethe einen Besuch ab. In dem **Heimatmuseum** ist eine besondere Attraktion der 400 Jahre alte Wasserhammer. Außerdem gibt es hier Sammlungen zur Vor- und Frühgeschichte (montags geschlossen).

Im Ortsteil **Schildgen** steht auch ein modernes architektonisches Projekt von Böhm: die orientalisch anmutende **Pfarrkirche**. Und in dem erst 1921 als Gemeinde entstandenen Ortsteil Moitzfeld findet sich eine frühgermanische Fliehburg aus dem letzten vorchristlichen Jahrhundert.

**Information**
Verkehrsverein
Am Rübezahlwald 7
W-5060 Bergisch
Gladbach 2
Tel. (02202) 132653

**Festkalender**
Straßenfeste (Mai). Musikfest der Städtischen Musikschule (Juni). Museumsfest (Aug./Sep.). Bergisch-Schlesische Musiktage.

**Tips**
Golfer schwärmen von dem landschaftlich sehr reizvollen Platz in Refrath. Naturfreunde ergehen sich im Königsforst. An der Saaler Mühle gibt es ein riesiges Freizeit- und Erholungsgebiet rund um einen sieben Hektar großen See, der von unzähligen Wasservögeln bevölkert wird. In Bensberg kann man das barocke Jagdschloß und die Altstadt besichtigen, bevor man im Hotel Goethehaus ißt.

Efeubewachsener Erker (oben).

Altes Rathaus mit dem Papiermacherbrunnen (unten).

St. Johann Baptist im Ortsteil Refrath mit berühmten Fresken im Inneren (rechts).

# Berlin
# Weltstadt an der Spree

**Die ehemalige Reichshauptstadt, größte Stadt Deutschlands, ist auch heute noch eine der faszinierendsten Städte der Welt. Eine unerschöpfliche Fülle von Attraktionen lädt zum Besuch – kein Zweifel: Berlin bleibt doch Berlin.**

Berlin, die Stadt mit dem Bären im Wappen, ist keine Metropole mit 1000jähriger Geschichte und keine mit supermodernem Gesicht. Hier sorgten weder Bischöfe noch Kaiser für jahrhundertelange Kontinuität, Stetigkeit brachten erst die preußischen Soldaten. Katalysator der kulturellen Entwicklung wurden die vom preußischen Kurfürsten nach Berlin geholten französischen Hugenotten. Um 1700 war immerhin jeder fünfte Einwohner ein Franzose. Erst die landesfürstliche und königliche Residenz der Preußen brachte Berlin jenen Glanz und Aufschwung zur klassizistischen Metropole, der den Weltruhm der Stadt an der Spree begründete. Um 1900 war sie zu einer der vier größten Städte der Welt gewachsen. Nicht einmal die Rückschläge zweier Kriege und einer Teilung konnten der Stadt ihre Lebendigkeit nehmen.

Berlin war stets eine Stadt beständiger Erneuerung. Der Philosoph Ernst Bloch wird mit den Worten zitiert, Berlin sei eine Stadt, die „immer nur wird und nie ist". Den Zerstörungen des Zweiten Weltkriegs haben die Stadtplaner der Nachkriegszeit ein übriges hinzugefügt. Die Einebnung des schwer geschädigten Berliner Stadtschlosses 1950 steht beispielhaft für viele ähnliche städtebauliche Sünden der Nachkriegszeit. Berlin ist denn auch keine Stadt der großartigen Baudenkmäler, sondern vielmehr eine der Museen. Einzigartige Sammlungen dokumentieren die Kunst der Welt. Berlin ist aber auch eine Stadt der ungebremsten Lebensfreude. Das Angebot an Konzerten und Theateraufführungen, an Kneipen und Nachtlokalen wird von keiner anderen deutschen Stadt übertroffen.

Die Fläche Berlins ist nur etwa zur Hälfte bebaut. Den Rest der 883 Quadratkilometer nehmen Gärten und Parks, Flüsse, Seen und Wälder ein. Ein kleiner Teil wird sogar noch landwirtschaftlich genutzt. Mit dem Wannsee, dem Grunewald und der Havel im Westen oder dem Müggelsee und einer Vielzahl attraktiver kleinerer Seen im Osten bieten sich den drei Millionen Einwohnern reichhaltige Freizeit- und Erholungsmöglichkeiten.

## Geschichte

Nach den Umwälzungen der Völkerwanderungen wird das Land an Havel und Spree im 8. Jh. slawisches Siedlungsgebiet. Die Burgen Köpenick, Spandau und Brennabor (Brandenburg) sind die Keimzellen des späteren Berlin. Mit der Gründung des Bistums Brandenburg durch König Otto den Großen 948 beginnt die Christianisierung der Region. Markgraf Albrecht der Bär vollendet die Unterwerfung der Slawen und begründet seine Residenz in Brandenburg. Das Gebiet wird mehr und mehr germanisiert. Am 28. Oktober 1237 wird Cölln, aus dem sich der spätere Stadtteil Neukölln entwickelte, erstmals urkundlich erwähnt. Dieser Tag gilt offiziell als der Geburtstag Berlins. Der Name Berlin erscheint 1244 erstmals in einer Urkunde. Markgraf Hermann der Lange schließt 1307 Berlin und Cölln zu einer Stadt zusammen. In den folgenden Jahrzehnten entwickelt sich Berlin mehr und mehr zum bürgerlichen Stapel- und Handelsplatz an der Spree. Am 18. April 1417 wird der Nürnberger Burggraf Friedrich IV. aus dem Hause Hohenzollern mit der Markgrafschaft Brandenburg belehnt. Die Hohenzollern sollten über viele Jahrhunderte das Schicksal Berlins bestimmen.

Unter dem Kurfürsten Friedrich Wilhelm erlebt Berlin im 17. Jh. eine Zeit der Blüte von Kunst und Kultur. Der Zuzug französischer Hugenotten sorgt für neue Impulse im Wirtschaftsleben. Am 1. Januar 1701 wird Kurfürst Friedrich III. von Brandenburg als Friedrich I. erster König von Preußen. Seine Residenzstadt ist Berlin. Unter Friedrich dem Gro-

ßen entfaltet sich ein fruchtbares Geistesleben. Voltaire, Lessing, Hegel und die Brüder Humboldt leben und wirken zu dieser Zeit in Berlin. Bei der Neuordnung Europas nach den Napoleonischen Kriegen auf dem Wiener Kongreß von 1814 erhält Preußen einen erheblichen Gebietszuwachs. Es beginnt der Ausbau der Stadt unter dem Architekten und Baumeister K.F. Schinkel.

Nach dem Krieg von 1866 wird Berlin Hauptstadt des Norddeutschen Bundes. Mit der Ausrufung des Deutschen Kaiserreiches im Spiegelsaal zu Versailles nach dem Krieg von 1870/71 fällt Berlin die Rolle der Hauptstadt des Deutschen Reiches zu. Im folgenden wirtschaftlichen Boom der Gründerzeit entwickelt Berlin eine neue Facette als bedeutende Industriestadt. Mit dem Zusammenbruch des Deutschen Reiches im Ersten Weltkrieg endet auch die kurze Epoche Berlins als kaiserliche Residenzstadt.

In den folgenden 15 Jahren verwandelt sich Berlin als Hauptstadt der Weimarer Republik in ein Wespennest brodelnder politischer, aber auch kultureller Aktivität. Unter der Last der Kriegsreparationen verdüstert sich zunehmend die wirtschaftliche Lage. Bis 1932 gibt es allein in Berlin 600 000 Arbeitslose. Während hinter den Türen der Kabaretts und Nachtlokale hektisch dem Lebensgenuß gehuldigt wird,, hört man draußen schon die braunen Stiefel aufs Pflaster schlagen. Am 30. Januar 1933 wird Adolf Hitler zum Reichskanzler ernannt. Berlin ist Hauptstadt des „Dritten Reiches".

Im Zweiten Weltkrieg erleidet Berlin schwere Zerstörungen und wird bei Kriegsende von sowjetischen Truppen erobert. Schließlich wird die Stadt in vier Sektoren aufgeteilt und den Siegermächten zur Verwaltung übergeben. Von nun an spiegelt die viergeteilte Stadt wie kein anderer Ort die Dramatik der deutschen Teilung und die Spaltung Europas wider: Während sich der Westen Berlins eng an die Bundesrepublik Deutschland anlehnt, wird der Ostteil Schritt für Schritt in das System der sowjetischen Zone einbezogen und 1949 zur Hauptstadt der neugegründeten DDR erklärt. Der Bau der Berliner Mauer am 13. August 1961 trennt die Stadt endgültig in zwei Welten. Erst 28 Jahre später, am 9. November 1989, erzwingen die Bürger der DDR die Öffnung der Grenzen: Das Symbol der Spaltung Europas verliert seine Bedeutung, und die Bewohner der geteilten Stadt finden wieder zueinander.

Die Siegessäule am Großen Stern; im Hintergrund das Brandenburger Tor (links oben).

Weltstadtflair auf dem „Ku'damm". Links das berühmte „Kaffee Kranzler", am Ende die Kaiser-Wilhelm-Gedächtniskirche (Mitte unten).

Der „Palast der Republik" steht an der Stelle des Hohenzollernschlosses (rechts, innen oben).

Die Kongreßhalle im Tiergarten, von den Berlinern liebevoll „Schwangere Auster" genannt (rechts innen Mitte).

Der Reichstag, das alte politische Zentrum Deutschlands (rechts, außen oben).

Blick vom Europa-Center auf die Kaiser-Wilhelm-Gedächtniskirche, den Kurfürstendamm, die Kant- und Hardenbergstraße (rechts, außen Mitte).

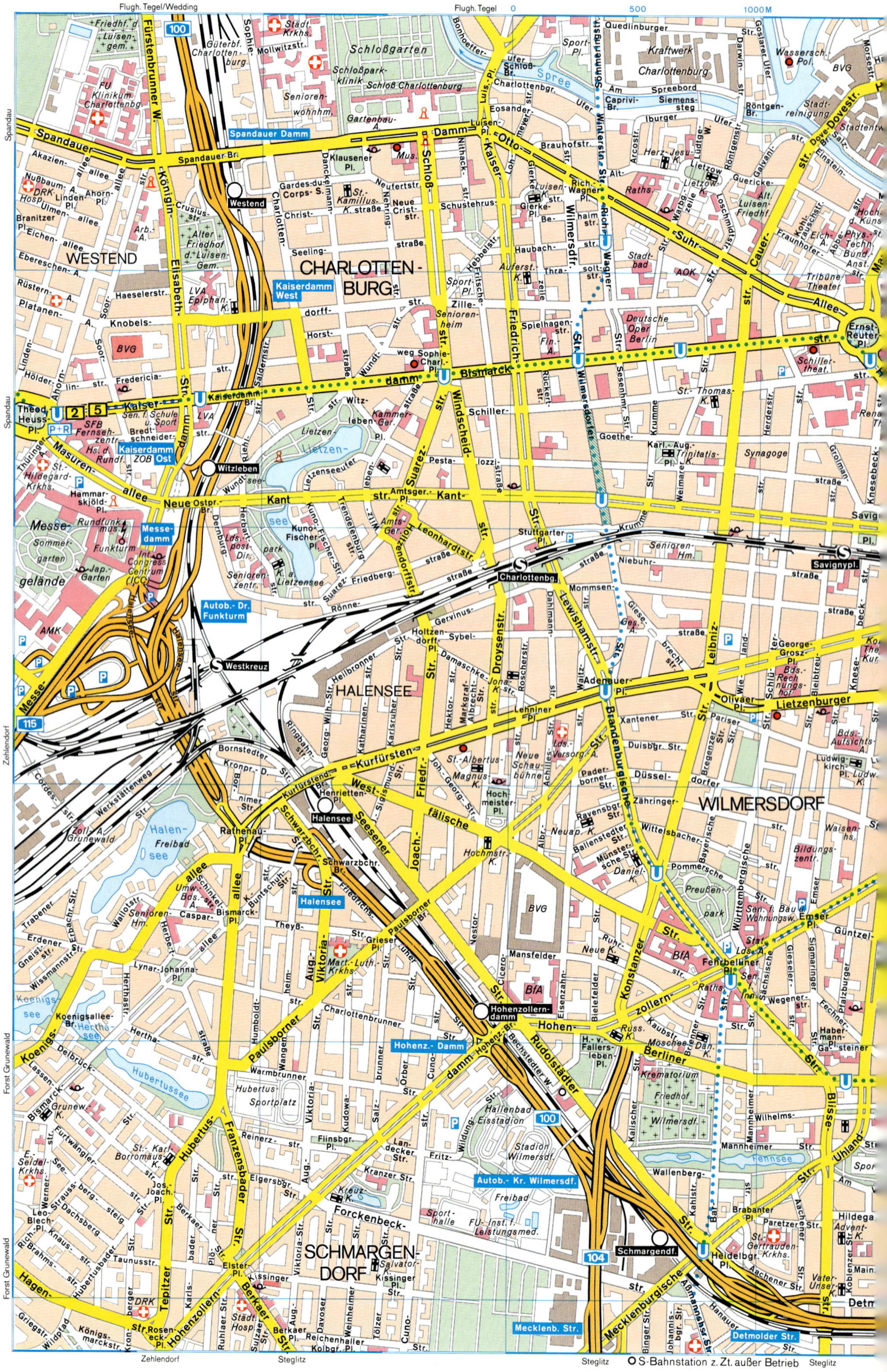
Flugh. Tegel/Wedding
Flugh. Tegel
0
500
1000 M
Spandau
Zehlendorf
Forst Grunewald
Steglitz
WESTEND
CHARLOTTEN-BURG
HALENSEE
WILMERSDORF
SCHMARGEN-DORF
Schloßgarten
Schloß Charlottenburg
Kraftwerk Charlottenburg
Spree
Spandauer Damm
Westend
Kaiserdamm West
Kaiserdamm
Kaiserdamm Ost
Witzleben
Messe-damm
Messegelände
Funkturm
Congress Centrum (ICC)
Autob.- Dr. Funkturm
Westkreuz
Charlottenbg.
Savignypl.
Ernst-Reuter-Pl.
Bismarck
Kant
Kurfürsten
Lietzensee
Halensee
Halen-see
Hohenzollern-damm
Hohenz.- Damm
Heidelbg. Pl.
Fehrbelliner Pl.
Schmargendf.
Mecklenb. Str.
Detmolder Str.
Autob.- Kr. Wilmersdf.
Stadion Wilmersdf.
Hubertussee
Koenigssee
Hertha-see
Fennsee
Deutsche Oper Berlin
Schiller-theat.
Preußen-park
Krematorium
Friedhof Wilmersdf.
Bismarckstr.
Kaiserdamm
Kantstr.
Kurfürstendamm
Hohenzollerndamm
Berliner Str.
Brandenburgische Str.
Uhlandstr.
Otto-Suhr-Allee
Lietzenburger
Wilmersdorfer Str.
Leibniz-str.
Konstanzer Str.
Rudolstädter Str.
Forckenbeckstr.
Franzensbader Str.
Hubertusallee
Koenigsallee
Schloßstr.
Kaiser-Friedrich-Str.
Windscheidstr.
Droysenstr.
Lewishamstr.
Sophie-Charlotten-Str.
Fürstenbrunner W.
100
115
104
O S-Bahnstation z. Zt. außer Betrieb

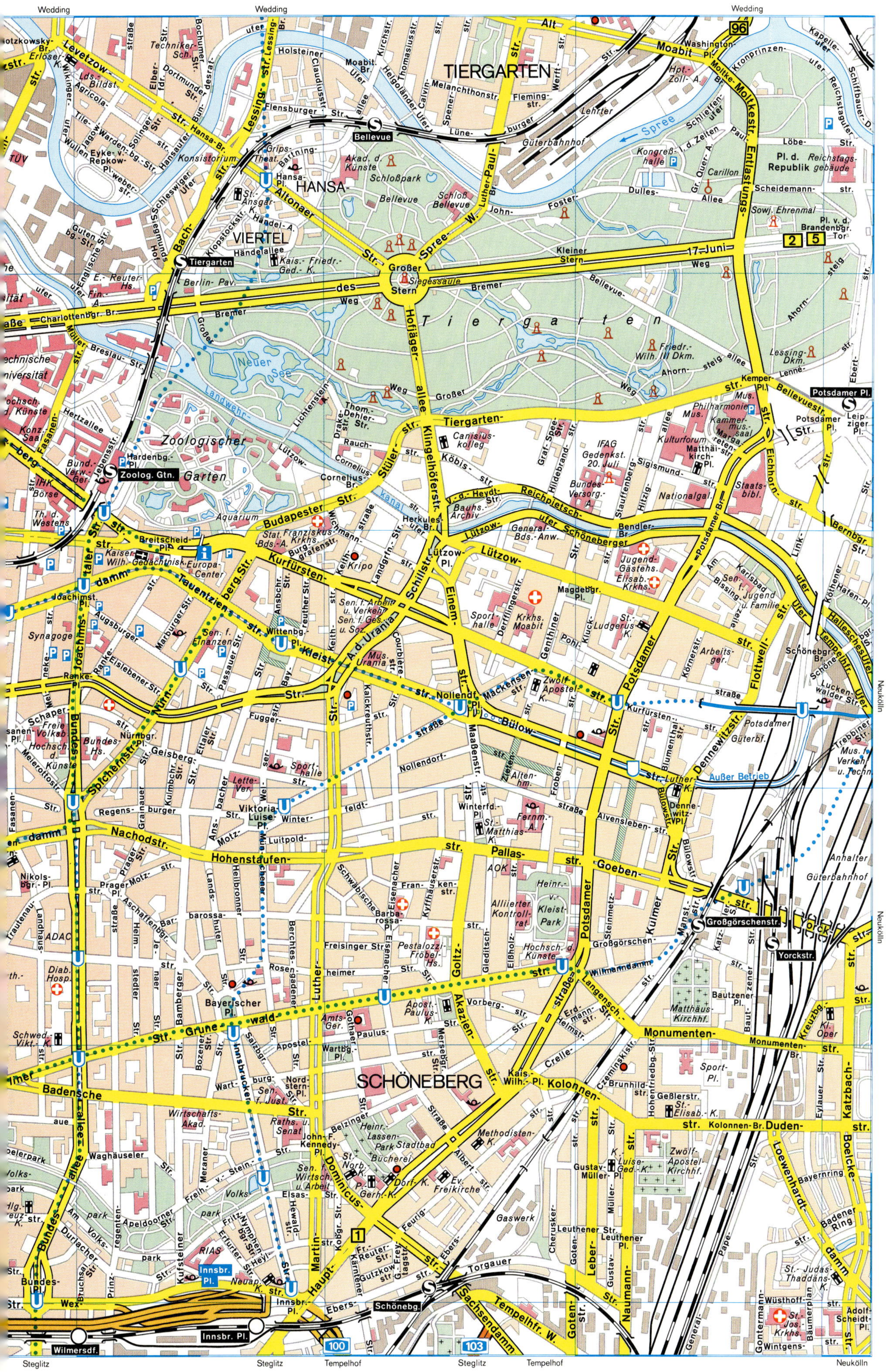
Wedding
Wedding
Wedding
TIERGARTEN
HANSA-
VIERTEL
Tiergarten
SCHÖNEBERG
Bellevue
Tiergarten
Zoolog. Gtn.
Zoologischer Garten
Großer Stern
Siegessäule
Schloß Bellevue
Schloßpark
Akad. d. Künste
Neuer See
Landwehr-
Aquarium
Potsdamer Pl.
Philharmonie
Kulturforum
Staatsbibl.
Nationalgal.
Kongreßhalle
Pl. d. Republik
Reichstagsgebäude
Pl. v. d. Brandenburg. Tor
Sowj. Ehrenmal
Straße des 17. Juni
Moabit
Alt-Moabit
Lehrter Güterbahnhof
Spree
Kurfürstendamm
Tauentzienstr.
Kleiststr.
Bülowstr.
Potsdamer Str.
Hauptstr.
Martin-Luther-Str.
Grunewaldstr.
Nollendorfpl.
Wittenbg. Pl.
Bayerischer Pl.
Viktoria-Luise-Pl.
Großgörschenstr.
Yorckstr.
Anhalter Güterbahnhof
Potsdamer Güterbf.
Außer Betrieb
Monumentenstr.
Kolonnenstr.
Dudenstr.
Innsbr. Pl.
Schöneberg
Wilmersdf.
Kl. Oper
Matthäus-Kirchhf.
Zwölf-Apostel-Kirchhf.
Neukölln
Neukölln
Steglitz
Steglitz
Tempelhof
Steglitz
Tempelhof
Neukölln
96
100
103

## Sehenswürdigkeiten Westlicher Teil

In unmittelbarer Nähe des **Brandenburger Tores**, des alten Wahrzeichens der Stadt, steht das 1884 im Neurenaissancestil errichtete **Reichstagsgebäude**. Den durch Brandstiftung verursachten Brand des Reichstages nahmen die nationalsozialistischen Machthaber zum Anlaß für die Aufhebung demokratischer Gesetze. 1945 wurde das Gebäude fast völlig zerstört. Heute dient der wiederaufgebaute Reichstag gelegentlichen Fraktions- und Ausschußsitzungen des Deutschen Bundestages und des Bundesrates. Eine interessante Dokumentation stellt „Fragen an die deutsche Geschichte" von 1800 bis zur Gegenwart. Der Besuch lohnt sich!

Das **sowjetische Ehrenmal** an der Straße des 17. Juni wurde aus dem Marmor der ehemaligen Reichskanzlei gebaut. Die an den Seiten aufgestellten Panzer sollen als erste Tanks der Roten Armee 1945 die Stadt Berlin erreicht haben.

Auf dem Großen Stern – einem Platz in der den Tiergarten durchziehenden Straße des 17. Juni, Fortsetzung der Altberliner Prachtstraße „Unter den Linden" – steht die 1873 zur Erinnerung an siegreiche Feldzüge aufgestellte **Siegessäule**. Von ihrer Aussichtsplattform aus geht der Blick über die weitläufigen Anlagen des **Tiergartens** – das ehemalige kurfürstliche Jagdgelände wurde 1717 der Allgemeinheit geöffnet – und zum klassizistischen **Schloß Bellevue**, dem Berliner Amtssitz des Bundespräsidenten. Südwestlich, durch den Landwehrkanal getrennt, schließt sich der **Zoologische Garten** an. Der Berliner Zoo ist der älteste Tierpark Deutschlands und der artenreichste Zoo der Welt (Haupteingang Hardenbergplatz, Nebeneingang Breitscheidplatz). Zu den besonderen Publikumslieblingen zählen die drolligen chinesischen Pandabären.

Bedeutendstes historisches Bauwerk im westlichen Teil der Stadt ist das 1695 von König Friedrich I. als Sommerresidenz für seine Gattin Sophie Charlotte begonnene **Schloß Charlottenburg**. Die letzten An- und Umbauten des Schlosses wurden 1788 beendet. Bei einem Luftangriff wurde der größte Teil der Anlage 1943 zerstört. Die rekonstruierten historischen Räume des später zum monumentalen Repräsentationsbau erweiterten barocken Schlosses bieten reichhaltiges Anschauungsmaterial zur höfischen Lebensart der Zeit. Zu den bemerkenswertesten Räumen gehören der Weiße Saal – Thron- und Speisesaal Friedrichs des Großen –, die Goldene Galerie – eines der hervorragenden Werke deutscher Rokokokunst – und das Porzellankabinett mit seinen vor vergoldeten und verspiegelten Wänden angeordneten chinesischen und japanischen Porzellanarbeiten. Den Ehrenhof beherrscht das Reiterdenkmal des Großen Kurfüsten Friedrich Wilhelm von Brandenburg, ein barockes Meisterwerk des Bildhauers Andreas Schlüter. Der **Schloßpark** wurde Ende des 17. Jh.s parallel zu den Schloßbauarbeiten im französischen Stil gestaltet. Friedrich Wilhelm II. ließ einen Teil des Parks Ende des 18. Jhs. in einen englischen Landschaftsgarten umwandeln. Die Parklandschaft geschickt akzen-

tuierende Bauten sind der **Schinkel-Pavillon**, das **Belvedere** und das **Mausoleum**.
In den Kavaliersbauten der Schloßanlage sind heute einige Museen untergebracht, deren bedeutendste das **Ägyptische Museum** mit dem weltberühmten Kopf der Nofretete und das **Antikenmuseum** mit dem Hildesheimer Silberschatz sind.
Ein Abstecher führt zum im Westen der Stadt liegenden **Olympiastadion**. Der Rundbau mit 90 000 Zuschauerplätzen, für die Olympischen Sommerspiele von 1936 von Werner March entworfen, ist ein typisches Beispiel der nationalsozialistischen Monumentalarchitektur. Heute wird das Stadion für verschiedene Sportgroßveranstaltungen genutzt.
Etwa zwischen Charlottenburg und dem westlichen Ende des Kurfürstendamms liegt das nach zehnjähriger Bauzeit 1979 eröffnete **Internationale Congress Centrum** (ICC), eine mit 80 Konferenz- und Arbeitsräumen und jeweils mehrere tausend Besucher fassenden Sälen ausgestattete Kongreß- und Tagungsstätte. Über eine Brücke ist das ICC mit dem **Berliner Messezentrum** zu Füßen des **Funkturms** verbunden, auf dem bekannte Ausstellungen wie die Internationale Tourismusbörse, die Grüne Woche oder die Berliner Funkausstellung stattfinden.
Ein weiteres Mahnmal und Wahrzeichen Berlins ist die am Breitscheid-Platz am östlichen Ende des Kurfürstendamms gelegene Ruine der **Kaiser-Wilhelm-Gedächtniskirche**. Vier neue Gebäude nach Entwürfen des Architekten Egon Eiermann flankieren und akzentuieren die nach den Luftangriffen des Zweiten Weltkriegs verbliebene Turmruine der bis 1895 erbauten Kirche.
Einen modernen städtebaulichen Akzent setzt das 100 m in den Berliner Himmel aufragende Europa-Center, ein 22stöckiger Gebäudekomplex mit Hotels, Restaurants und Cafés, Läden und Arztpraxen, Kinos und nicht zuletzt der Bühne des beliebten Berliner Kabarettensembles „Die Stachelschweine".
**Europa-Center** und Gedächtniskirche sind gleichzeitig auch Mittelpunkt des Flanier- und Ein-

Das Porzellankabinett des Charlottenburger Schlosses (links außen).

In der Altamerika-Abteilung des Museums für Völkerkunde in Dahlem (links oben).

Erholungsgebiet mitten in der Großstadt: Havel und Grunewald (links Mitte).

Die Philharmonie, Sitz der Berliner Philharmoniker (links, außen unten).

Schloß Charlottenburg ist eines der bedeutendsten historischen Bauwerke der Stadt (Mitte unten).

Das Internationale Congress Centrum (ICC) enthält 80 Konferenz- und Arbeitsräume (rechts oben und Mitte).

kaufszentrums am **Kurfürstendamm** und der **Tauentzienstraße**. Der „Ku'damm", wohl die berühmteste Straße Berlins, ist Zentrum des Tag- und Nachtlebens der neuen City. In der Tauentzienstraße bietet das als größter Warenhauskomplex Europas geltende Kaufhaus des Westens, KaDeWe, ein überwältigendes Sortiment nützlicher und unnützer Dinge.

Südlich der City, im Stadtteil Schöneberg, steht das als Abgeordnetenhaus und Sitz des Regierenden Bürgermeisters dienende **Schöneberger Rathaus**. Hier rief der amerikanische Präsident John F. Kennedy bei seinem Besuch im Jahre 1963 den Berlinern die berühmt gewordenen Worte zu: „Ich bin ein Berliner."

Der nordöstlich von Schöneberg liegende Stadtteil **Kreuzberg** hat sich während der letzten Jahre zu einem sehr eigenen Bestandteil der Berliner Stadtkultur entwickelt. Die Gegend um den Heinrichplatz wird von Kultur und Lebensart der zahlreichen Berliner türkischer Herkunft geprägt. Im ehemaligen Krankenhaus Bethanien hat sich jetzt mit Unterstützung des Berliner Senats als Zentrum interkulturellen Austauschs das **Künstlerhaus Bethanien** etabliert.

Am südlichen Rande des Tiergartens hat während der letzten Jahre das neue **Kulturforum** Form angenommen. Ältester Bestandteil des Ensembles ist die 1963 von Hans Scharoun gebaute **Philharmonie**, Heimat der Berliner Philharmoniker. Der Architekt Mies van der Rohe errichtete 1968 die **Neue Nationalgalerie** mit Werken aus dem 19. und 20. Jh. Die ebenfalls von Scharoun gebaute **Staatsbibliothek** gehört zu den größten und wichtigsten wissenschaftlichen Bibliotheken der Welt. Als vorläufig letztes Element des Kulturforums und erster Bestandteil eines großen Museumskomplexes wurde 1985 das einzigartige **Kunstgewerbemuseum** eröffnet, dessen berühmteste Stücke Teile des Welfenschatzes sind.

Der größte Teil des Westberliner Kunstbesitzes ist im **Dahlemer Museumskomplex** untergebracht. Hier sind unter anderem die Schätze des **Museums für Völkerkunde**, des **Kupferstichkabinetts**, des **Museums für indische Kunst** und der **Gemäldegalerie** beheimatet. Verschiedene Bestandteile des Dahlemer Museums sollen in den nächsten Jahren ins Kulturforum beim Tiergarten verlegt werden.

Im westlichen Stadtteil Spandau liegt mit **St. Nikolai** die älteste Kirche Berlins. Der heute zu sehende Bau stammt im wesentlichen aus dem 15. Jh. Die dreischiffige gotische Backsteinkirche enthält einige sehr bemerkenswerte Kunstschätze. Ein weiterer Anziehungspunkt Spandaus ist die alte Zitadelle aus dem späten 16. Jh. mit Verteidigungsanlagen und unterirdischen Geschützgängen.

Der **Grunewald** mit **Havel** und **Wannsee** ist gern besuchtes Erholungsgebiet der Berliner. Das **Jagdschloß Grunewald** birgt eine wertvolle Sammlung mit Bildern deutscher und flämischer Meister. Mitten in der Havel liegt die **Pfaueninsel** mit herrlichem Landschaftspark und einem Schlößchen aus dem Jahre 1793.

**Information**
Verkehrsamt Berlin
Europa-Center
W–1000 Berlin 30
Telefon: (030) 2 12 34

Touristen-Information
Europa-Center
W–1000 Berlin 30
Telefon: (030) 2 62 60 31

**Festkalender**
Berliner Musiktage. Ausstellung „Grüne Woche" im Januar. „Britzer Blütenfest" mit Tanz im Freien und heimischem Obstwein. Theatertreffen. „Steglitzer Festwochen" im Mai. Sommerfestspiele im August. „Die Kreuzberger festlichen Tage" im August/September. Berliner Festwochen mit Musik, Theater, Film und bildender Kunst im September/Oktober. Internationale Berliner Jazzwochen im November.

**Tips**
Stadtrundfahrten bei den Stadtfahrtunternehmen am Kurfürstendamm (Nähe Gedächtniskirche). Traditionelle Berliner Flohmärkte im „Kudamm-Karrée" am Nollendorfplatz und Potsdamer Platz. Lübars, das letzte Bauerndorf Westberlins. Volkspark Rehberg mit Kahnfahrten am Plötzensee. Wanderung von der Anlegestelle der Pfaueninselfähre über das „Blockhaus Nikolskoe" zum Volkspark Glienicke. Zitadelle Spandau mit Burgrestaurant.
Typische Berliner Gerichte: „Aal grün", Buletten, Eisbein, "Berliner Weiße" im „Alten Krug Dahlem" (Königin-Luisenstraße 52), bei „Meineke" (Meinekestraße) oder in „Mampes Guter Stube" (Kurfürstendamm 14).

## Östlicher Teil

Zentrum dieses Teils der Stadt ist der **Alexanderplatz**, Berlins alter „Alex". Von all den Gebäuden, die 1808 bei der Taufe des Platzes nach Zar Alexander I. rund um ihn standen und noch 1929 von Alfred Döblin so einfühlsam beschrieben wurden, ist kein Stein mehr erhalten. Nur das Berolina- und das Alexanderhaus stammen noch von 1930, ansonsten dominieren der 365 m hohe **Fernsehturm** (Aussichtsplattform und Café in 207 m Höhe), das Hotel „Stadt Berlin" und das große Centrum-Warenhaus den Platz. Die **Urania-Säule** mit der berühmten **Weltzeituhr** ist ein beliebter Treffpunkt. Das 1964 eröffnete **Haus des Lehrers** ist mit einem 7 m hohen und 120 m langen Wandfries von Walter Womacka verziert.

Von Walter Womacka stammt auch der 1969 fertiggestellte **Brunnen der Völkerfreundschaft** im Zentrum des Alexanderplatzes. Die gesamte Freifläche bis hinüber zur Spandauer Straße wurde als Park mit Wasserspielen angelegt und dient der Stadt als gute Stube. Das **Rathaus** in der Südecke ist ein dreigeschossiger Neorenaissancebau, hat einen 74 m hohen Turm und wurde bis 1869 von H. F. Waesemann errichtet. Sein umlaufender Terracottafries zeigt eine „Steinerne Chronik" aus der Geschichte Berlins. Wegen seiner Backsteinfassaden heißt das Haus bei den Berlinern übrigens „Rotes Rathaus". Die Skulpturen „Trümmerfrau" und „Aufbauhelfer" erinnern an die Aufräumarbeiten nach dem Kriege.

Auf der Nordwestseite der Parkanlage steht Berlins älteste original erhaltene Kirche, die **Marienkirche**. Sie wurde um 1270 als gotischer Hallenbau errichtet, brannte 1380 ab und erstand im 15. Jh. unter Übernahme der wichtigsten Teile der frühgotischen Anlage neu. Die Kapellen am südlichen Langhaus kamen später dazu, der Turmhelm erhielt sein heutiges Gesicht 1790 durch Carl Gotthard Langhans. Im Inneren gibt es noch eine beeindruckende Ausstattung, wie etwa den von vier Drachen getragenen bronzenen Taufkessel von 1437. Das Fresko in der Turmhalle stammt von 1484 und zeigt einen figurenreichen Totentanz. Gegen die Spandauer Straße hin schließt die Anlage mit dem 1891 geschaffenen **Neptunbrunnen**. Südlich des Rathauses erstreckt sich das wiederaufgebaute Viertel um die **Nikolaikirche**. Hier schlug das Herz der ersten Siedlung Berlin, hier fanden sich Reste einer romanischen Basilika aus dem 13. Jh. und ein Gräberfeld aus dem 12. Jh. Die inzwischen wieder aufgebaute Kirche stammt mit dem unteren Teil ihres granitenen Westbaus noch aus der Gründungszeit der Stadt, vollendet wurde die spätgotische Kirche jedoch erst 1470. Heute dient sie mit einer Ausstellung über die mittelalterliche Geschichte Berlins als Museum.

Das **Nikolai-Viertel** ist heute eine gelungene Verbindung historisierender Neubauten mit restaurierten historischen Bauten. Als attraktive Fußgängerzone lädt das Viertel zum Stadtbummel zu so bekannten historischen Gebäuden wie der **Gerichtslaube**, dem barocken **Ephraim-Palais**, dem Restaurant **„Zum Nußbaum"**, dem **Palais Schwerin**, dem **Knoblauch-Haus** oder der Berliner Münze. In der Poststraße findet

Straßenmusik im Westen der Stadt (links oben).

Eingang des Zoologischen Gartens (links unten).

Blick auf das Nikolaiviertel; im Hintergrund Rathaus und Fernsehturm (rechts oben).

Blick über die Schloßbrücke auf den neubarocken Dom (rechts unten).

0
500
1000 M
Pankow
Reinickendorf
Tiergarten
Charlottenburg/Tiergarten
Schöneberg
Tempelhof
WEDDING
ERNST-
REUTER-
SIEDL.
MITTE
OTTO-
SUHR-
SIEDL.
KREUZBERG
Nordbahnhof
Lehrter Bhf.
Oranienburger Str.
Friedrichstr.
Marx- Engels- Pl.
Alexanderpl.
Unter den Linden
Potsdamer Pl.
Anhalter Bhf.
Humboldthain
Friedrich- Ludwig-
Jahn Sportpark
Stadion
der Weltjugend
Eisstadion
Wedding
Charité
Tiergarten
Spree
Platz der
Republik
Reichstags-
gebäude
Brandenburger
Tor
Str. des 17. Juni
Philharmonie
Staatsbibl.
Martin-
Gropius- Bau
Mehring- Platz
Volkspark
Arkonaplatz
Zionskirchpl.
Koppenpl.
Hackescher
Markt
Fernsehturm
Marien- K.
Rotes
Rathaus
Nikolai-
Viertel
Palast d.
Republik
Dom
Lustgarten
Pergamon-
Mus.
Bode-
Mus.
National-
galerie
Altes
Mus.
Komische
Oper
Gendarmen-
markt
Schauspielhs.
Französische
Friedrichstadt-
palast
Invalidenstr.
Chausseestr.
Brunnenstr.
Bernauer Str.
Wilhelm-Pieck-Str.
Friedrichstr.
Leipziger Str.
Koch- str.
Oranienstr.
Gitschiner Str.
Skalitzer Str.
Prinzenstr.
Heinrich-Heine-Str.
Schönhauser Allee
Karl-Liebknecht-Str.
Alexanderplatz
Spandauer Str.
Mühlendammbrücke
Sporthalle
Sommerbad
Kreuzberg
Waterlooufer
Tempelhofer Ufer
Hallesches Ufer
Anhalter Güterbf.
Potsdamer Güterbf.
Neuk

Pankow
Weissensee
Marzahn
Lichtenberg
Treptow/Köpenick
PRENZLAUER
BERG
FRIEDRICHSHAIN
Volkspark
Prenzlauer Berg
Volkspark
Friedrichshain
Jüdischer Friedhof
E. Thälmann-Pk.
Landsberger Allee
Storkower Str.
Frankfurter Allee
Bln.-Hauptbf.
Warschauer Str.
Ostkreuz
Spree
Rummelsburger See
Ost-hafen
Fenn-pfuhl
Planetarium
Schwimmhalle
Raths. Stadtbez. Prenzlauer Berg
Städt. Krkhs. Prenzl. Berg
Ernst-Thälmann-Park
Ernst-Thälmann-Dkm.
Kreiskulturhs. Prenzl. Berg
Güterbf. Greifswalder Str.
Puppen-theater
Anton Saefkow
Jugendsport-schule
Straßenbahn-Betriebshof
TSC-Sporthalle
Werner-Seelenbinder-Halle
Schwimmstadion K.F. Friesen
Städtisches Krkhs. Friedrichshain
Sport- u. Erholungs-zentrum
Arnswalder Platz
Stierbrunnen
Haupt-kinderhm.
St. Katharinen-Stift
Platz der Vereinigten Nationen
Lenin-Denkmal
Antikriegs-Mus.
Auferstehungs-K.
St. Pius-K.
St. Corpus-Christi-K.
Advents-K.
Ing.-Schule
Pfingst-K.
Ev. Method. Kirche
Bersarinplatz
Forckenbeck-Pl.
Samariter-Pl.
Samariter-K.
Galiläa-K.
Raths. Stadtbez. Friedrichshain
Kino Kosmos
St. Nikolaus-K.
Städt. Krkhs.
St. Antonius-K.
Lazarus-K.
Wedekind-Gericht
Comeniusplatz
Boxhagener Pl.
Wismar-Pl.
Offenbarungs-K.
Heilige-Dreifaltigkeits-K.
K.-Ritter-Sportpl.
Reichsbahn-ausbesserungswerk
Ostgüterbahnhof
Postzollamt
Bahnpostamt
Stralauer Platz
Andreas-K.
Schillingbr.
Postfuhramt
St. Thomas-Gem. Hs.
St. Thomas-K.
Mariannen-platz
Aufnahme-heim
Markthalle
Emmaus-Gem. Hs.
Emmaus-K.
Lausitzer Pl.
Oberstufen-zentrum
Sport-platz
Jugend-freizeitheim
Turnhalle
Spreewald-Pl.
Jugend-verkehrsschule
Liebfrauen-K.
Zwingli-K.
Rudolf-Pl.
Ober-schleuse
Schwimm-halle
Sporthalle
Dynamo-Sporthalle
Hotel des Sports
Strausberger Pl.
Rummelsburger Pl.
Helsingforser Pl.
Greifswalder Str.
Grellstr.
Storkower Str.
Dimitroff-str.
Petersburger Str.
Landsberger Allee
Karl-Marx-Allee
Frankfurter Allee
Warschauer Str.
Stralauer Allee
Markgrafendamm
Hauptstr.
Lichtenberger Str.
Weissenseer Weg
Mühlenstr.
Köpenicker Str.
Oberbaumstr.
Skalitzer Str.
Boxhagener Str.
Wühlischstr.
Neue Bahnhofstr.
Gürtelstr.
96
109
2
5

sich ein langer Fries mit historischen Darstellungen vom 13. Jh. bis zur Gegenwart. Das Marx-Engels-Forum ziert eine ehemalige 1986 fertiggestellte **Denkmalsanlage** mit der symbolischen Darstellung der Ausbeutung der Menschen in Klassengesellschaften. Auf der anderen Seite der Spree schließt sich das Gelände des Parlaments der ehemaligen DDR-Regierung an. Er sollte als Symbol der Macht der Arbeiterklasse verstanden werden und steht deshalb bewußt dort, wo einst das Stadtschloß der preußischen Könige stand. Der einfach gegliederten Nordfassade gegenüber steht der in wilhelminischer Zeit von 1893 bis 1905 errichtete neubarocke **Dom**. Er ist zumindest von außen wieder völlig restauriert. In seiner Gruft sind prunkvolle Sarkophage zu entdecken, auch der Große Kurfürst fand hier seine letzte Ruhestätte. Westlich des Doms liegt der wieder so genannte Lustgarten. Hier steht Berlins wohl schönste Brükke, die mit ihrem Geländer von Karl Friedrich Schinkel erbaute **Schloßbrücke**. Die Brücke zieren sehenswerte Marmorstatuen, die nach Motiven der griechischen Mythologie gestaltet wurden. Hinter der Brücke beginnt Deutschlands berühmtester Boulevard „Unter den Linden". Er war ursprünglich ein kurfürstlicher Jagdweg, der vom Schloß zum Tiergarten führte und 1647 vom Großen Kurfürsten nach holländischem Muster zur großzügigen Allee erweitert wurde. Das 18. und 19. Jh. wirkten zusammen, der über einen Kilometer langen Promenade ihr repräsentatives Gesicht zu geben. Auf beiden Seiten reihen sich bedeutende Bauten aus einer Zeit, als Berlin europäische Metropole zu werden begann.

Der erste Repräsentationsbau auf der Nordseite wurde 1695 als **Zeughaus** begonnen und dient heute als **Museum für deutsche Geschichte**. In seinem Innenhof finden sich an den Fenstersimsen die berühmten „Köpfe sterbender Krieger" von Andreas Schlüter. Die 22 Masken gehören zu den besten deutschen Barockplastiken. Daneben steht die ehemalige **Neue Wache**, das 1818 von Karl Friedrich Schinkel geschaffene beste Beispiel für Berliner Klassizismus. Im Westen grenzt im ehemaligen Palais des Prinzen Heinrich das Hauptgebäude der **Humboldt-Universität** an. Die Dreiflügelanlage bildet zusammen mit der gegenüberliegenden **Staatsoper**, dem **Alten Palais** und der **Alten Bibliothek** das stimmigste Ensemble des gesamten Boulevards, bekannt unter dem Namen „Linden-Forum". Die Alte Bibliothek entstand nach einem überarbeiteten Entwurf Fischer von Erlachs für den Michaelertrakt der Wie-

Das Köpenicker Schloß beherbergt heute ein Kunstgewerbemuseum (links außen).

Der französiche Dom (links oben Mitte).

Das ehemalige Schauspielhaus am Gendarmenmarkt (früher Platz der Akademie) dient heute als Konzerthaus (links innen).

Palast der Republik und Dom liegen direkt am Ufer der Spree (Mitte unten).

Die Schwimmhalle im Sportzentrum an der Landsberger Allee, der früheren Leninallee (rechts oben).

Figuren von Schinkel vor der modernen Fassade des ehemaligen DDR-Außenministeriums (rechts außen).

ner Hofburg. Ihre geschwungene Form quittierte der respektlose Berliner Witz mit dem Namen „Kommode".
Die Südecke des Linden-Forums nimmt die zwischen 1747 und 1773 entstandene **Hedwigs-Kathedrale** ein. Der barocke Kuppelbau entstand nach dem Vorbild des römischen Pantheons und wurde originalgetreu wiederaufgebaut. Wichtiges Bestandteil des Linden-Forums sind seine Denkmäler. Hier finden sich das **Reiterstandbild von König Friedrich II**. ebenso wie die **Marmorstandbilder von Wilhelm und Alexander von Humboldt** an den Seiten des Hofeingangs der Universität sowie die Denkmalsgruppe für die Feldherren Scharnhorst, Gneisenau, York und Blücher in der Grünanlage zwischen Opernhaus und Operncafé.
Den Westteil des Boulevards haben heute Ministerien und Botschaften okkupiert, doch blieb als westliche Begrenzung ein architektonischer und symbolischer Höhepunkt erhalten: das **Brandenburger Tor**. Das Wahrzeichen der Stadt, lange Jahre das Symbol der Teilung schlechthin, wurde von Carl Gotthard Langhans von 1788 bis 1791 nach dem Vorbild der antiken Propyläen auf der Akropolis errichtet. Seine mächtige Attika ruht auf strengen dorischen Säulen. Bekrönt ist das Ganze mit dem Viergespann der Siegesgöttin Viktoria. Die Quadriga ist ein Werk von Johann Gottfried Schadow von 1793. Das einzige erhaltene von ehemals 18 Stadttoren wurde nach dem Bau der Mauer von den Ostberliner Behörden weiträumig abgesperrt. Am 22. Dezember 1989 wurde die Öffnung des Brandenburger Tors, das nun wieder für Besucher aus Ost und West frei zugänglich ist, mit einem Volksfest gefeiert.
Eine Welt für sich ist die **Museumsinsel**. Sie wurde 1841 durch königliche Order zu einem „der Kunst und der Altertumswissenschaft geweihten Bezirk" bestimmt. Von Süd nach Nord folgen aufeinander das **Alte Museum**, das **Neue Museum**, die **Nationalgalerie**, das **Pergamon-Museum** und das **Bode-Museum**. Besonders hervorzuheben sind die Nationalgalerie mit Werken des 19. und 20. Jh.s, das Pergamon-Museum mit Schätzen aus Vorderasien und Ägypten, darunter der weltberühmte Pergamon-Altar von 180 v. Chr., und das Bode-Museum mit Schätzen aus Ur- und Frühgeschichte. Für die darüber hinaus zu entdeckenden Schätze mag der Hinweis genügen, daß es über 60 Museen in Berlin gibt.

**Information**
Berlin-Information
Informationszentrum am Fernsehturm
O–1020 Berlin

**Festkalender**
Berliner Theatersommer (Juli/August). Tierparkfest (August). Volksfeste in den Stadtteilen.

**Tips**
Berliner Atmosphäre vermittelt die Gaststätte „Zur letzten Instanz" (Waisenstraße 14-16). Sie wird noch heute als alte Berliner Schankwirtschaft betrieben.
In Treptow starten Dampfer der Weißen Flotte zu Ausflugsfahrten in die wald- und seenreiche Umgebung.

# Bielefeld
# Das Provinz-Zentrum

Ostwestfalen gilt als tiefste Provinz. Und so erwarten sich manche auch nicht viel vom Mittelpunkt dieser Region. Gleichwohl kann Bielefeld es in ökonomischer, kultureller und intellektueller Hinsicht mit manch anderer Großstadt aufnehmen.

Die 300 000-Einwohner-Stadt am Teutoburger Wald ist von starken Gegensätzen geprägt. Der zurückhaltende westfälische Menschenschlag tut sich nicht immer leicht mit den Lebens- und Denkweisen der Studenten. Auch scheint die bedeutende wirtschaftliche und industrielle Tradition Bielefelds nicht so recht zu den Vorurteilen über eine Provinzstadt zu passen. Und im Stadtbild konkurrieren die großstädtischen Straßenzüge in der Innenstadt mit der Fülle schöner alter Wohnhäuser und Stadtpalais.

## Geschichte

Die Geschichte Bielefelds ist nicht besonders aufregend. Bereits 1015 urkundlich erwähnt, wurde es 1214 von Graf Hermann von Ravensberg zur Stadt erklärt. Dabei war es die Lage am Nordausgang eines Passes über den Teutoburger Wald, die gerade diesem Ort Bedeutung verlieh. Nachdem sich hier Kaufleute angesiedelt hatten, wurde Mitte des 13. Jh. die Sparrenburg zum Schutze des Passes und der Stadt errichtet. Da in dieser Gegend die Bauern immer nur an einen Erben ihren Hof weitergaben, mußten sich die übrigen Söhne einen anderen Lebensunterhalt suchen. Nicht wenige nutzten hierzu den verbreiteten Flachsanbau und ergriffen ein Leinengewerbe. Seither entwickelten sich in Bielefeld etliche mit dem Leinen zusammenhängende Wirtschaftszweige prächtig – 1380 wurde die Stadt Hansemitglied.

Mit dem Aussterben des ravensberger Geschlechts (1346) gerieten die Grafschaft Ravensberg und Bielefeld an das Herzogtum Jülich-Kleve. In dieser Zeit wurde die Sparrenburg deutlich verstärkt, die damals angelegten Kasematten kann man heute wieder besichtigen. 1647 kam Bielefeld an das Kurfürstentum Brandenburg, also zum späteren Preußen. Der Große Kurfürst förderte das Leinengewerbe sehr, er führte zum Beispiel eine Art Leinen-Qualitätskontrolle ein - die »Leinenleggen«. Im 18. Jh. entstanden eine Seifenfabrik, Bleichen, Damastwebereien. Im 19. Jh. dann griff die Industrialisierung auch in die Webereien ein. Die Webstühle wurden mechanisiert, es entstanden parallel dazu Nähmaschinen- und Fahrradfabriken. Der Maschinenbau ist ein bedeutender Industriezweig für Bielefeld geblieben. Noch heute werden hier industrielle Spinnerei- und Industrienähmaschinen hergestellt. Und die müssen teilweise nicht einmal über weite Entfernungen ausgeliefert werden, denn die Textilbranche hat hier nach wie vor ein kräftiges Standbein. Daneben ist die Lebensmittelindustrie wichtig geworden (Oetker, Ostmann, Granini). Nimmt man Europas größten Medienkonzern aus Gütersloh (Bertelsmann) und das Industriepotential von Herford und Bad Oeynhausen hinzu, so wird verständlich, was die Rede vom zweiten Ruhrgebiet für diesen Industriegürtel bedeuten soll.

Seit 1867 macht in Bethel eine Anstalt auf sich aufmerksam, die zunächst für Epilepsiekranke eingerichtet wurde. Nach dem späteren Leiter, dem Pastor Friedrich vom Bodelschwingh benannt, ist die heutige Stiftung eine weithin bekannte Heilstätte für geistig und körperlich Behinderte.

Die Universität Bielefeld gilt zweifellos als eine unter den gelungenen Universitäts-Neugründungen (1969). Architektonisch erkennt man sofort das Konzept von einer Denkfabrik auf der grünen Wiese – und das Konzept scheint aufgegangen zu sein: Der Universität ist

Beliebter Aussichtspunkt ist der 37 m hohe Turm der Sparrenburg (links).

Weitreichender Blick über das Dächermeer vom Turm der Sparrenburg (oben).

Altes Rathaus mit Stadtmauer am Niederwall (unten).

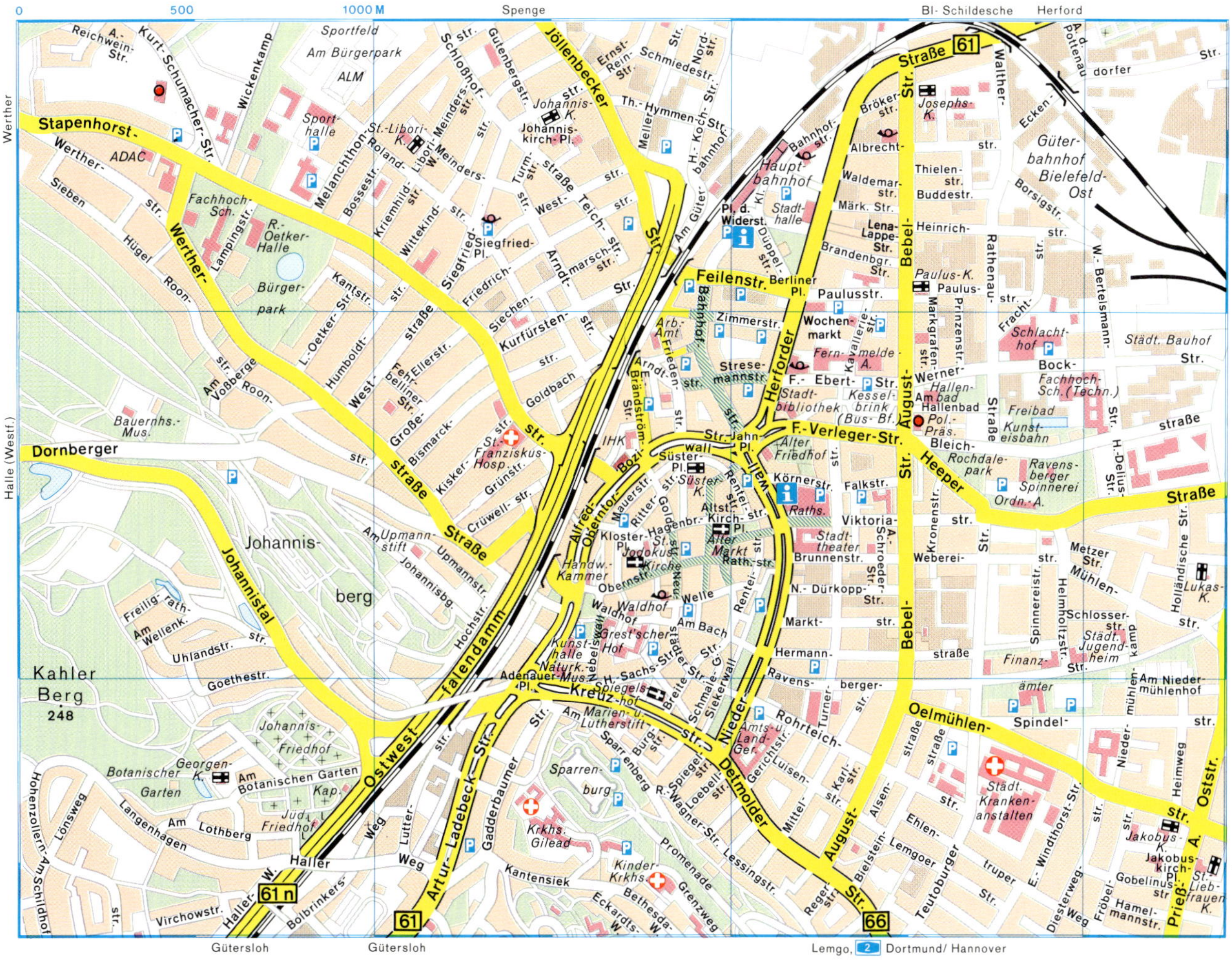


es gelungen, sich in etlichen Fächern des Wissenschaftsbetriebs Gehör zu verschaffen. Erscheint der riesige Gebäudekomplex manchem nur als Betonklotz, so hat die funktionale Konstruktion auch ihre Vorteile – etwa gegenüber den großen alten Universitäten, die teilweise in Hunderten von Gebäuden über eine ganze Stadt verteilt sind.

## Sehenswürdigkeiten

Den Verlauf der alten Stadtmauer von Bielefeld kann man noch recht genau an dem U-förmigen Straßenring um die Altstadt erkennen, deren Zentrum der **Alte Markt** ist. Hier glänzen noch einige herrliche Renaissance-Giebel (**Batig-Haus** von 1680, altes **Crüwell-Haus**). In der **Altstädter Nikolaikirche** aus dem 14. Jh. steht ein sehr wertvoller Schnitzaltar aus Antwerpen mit 250 plastischen Figuren. Auch die im Krieg stark zerstörte **Neustädter Marienkirche** erhält ihren kunstgeschichtlichen Rang durch die Ausstattung. Hiervon verdienen vor allem der Flügelaltar im Chor und das Grabdenkmal Ottos III. von Ravensberg Beachtung. 1511 ist die Kirche **St. Jodokus** geweiht worden, die eine »Schwarze Madonna« aus dem 13. Jh. bewahrt. Am Alten Markt befindet sich auch das **Theater am Alten Markt**. Das **Stadttheater** am Niederwall stammt von 1904 und erinnert an den Jugendstil. Das Rathaus daneben aus der gleichen Zeit ist stärker neugotisch geprägt.

Zu den Befestigungsanlagen der **Sparrenburg**, die in Bielefelds Stadtwappen auftaucht, gehören 300 m lange unterirdische Gänge. Als Aussichtspunkt ist der 37 m hohe Turm beliebt. Ihre Aufgabe, die Stadt am Paß zu schützen, erfüllte die Burg besonders im 30jährigen Krieg oft erfolgreich. Heute gehört zur Sparrenburg auch ein **Spielkartenmuseum**. Im Waldhof, einem Gebäude von 1585, stellt heute das **Historische Museum** zur Kunst- und Kulturgeschichte der Region aus. Die von der Firma Oetker gestiftete **Kunsthalle** ist in den 60er Jahren durch Philip Johnson erbaut worden. Im Park stehen Plastiken von Henry Moore und Rodin. Im Museum selbst wird vor allem Kunst des 20. Jh. gezeigt. Mit der 1930 errichteten **Rudolf-Oetker-Halle** steht der Stadt ein repräsentatives, wenn auch etwas wuchtiges Gebäude für mannigfaltige Sonderveranstaltungen (insbesondere auch Konzerte) zur Verfügung. Bei schönem Wetter ist ein Besuch des **Bauernhausmuseums** (Dornberger Straße) reizvoll. Als Industriemuseum und Kommunikationszentrum hat man beim Rochdale-Park das Gebäude der ehemaligen **Ravensberger Spinnerei** vor dem Abriß bewahrt. Es repräsentiert als einer der größten Industriebauten der Region den Typ des Fabrikschlosses im Tudorstil.

Das kulturelle Angebot Bielefelds ist keineswegs provinziell, aber auch die Gourmets kommen leicht auf ihre Kosten. Besonders reizvoll im Grünen gelegen ist etwa das Historische Gasthaus Buschkamp. Für einen gemütlichen Spaziergang empfiehlt sich neben dem **Botanischen Garten** vor allem der **Heimattierpark Olderdissen**. Selbstverständlich bieten die Höhen des Teutoburger Waldes auch viele angenehme Wege. Wer es etwas wilder liebt, kann den **Hollywood-Park Stukenbrock** bei Paderborn besuchen und zwischen Safari und Abenteuer wechseln.

**Information**
Tourist-Information
Am Bahnhof 6
W-4800 Bielefeld 1
Tel. (0521) 178844

**Festkalender**
Neustädter Konzerttage. Leineweber-Markt (Ende Mai). Ritterfeste auf der Sparrenburg. Mauerblümchen-Fest (Spätsommer). Theaterfest (Herbst).

**Tips**
Die Ravensberger Spinnerei ist das größte Kulturzentrum der Region; das Stadttheater ist wegen seiner Opern und Operetten, das Theater am alten Markt wegen seines Schauspiels ebenso geachtet wie das Ballett. Daneben gibt es eine Reihe freier Gruppen. Das Philharmonische Orchester besteht seit über 80 Jahren; internationale Größen trifft man im Jazz-Club.

# Bochum Revier mit Kultur

Bochum kann als ein Beispiel gelungener Strukturpolitik betrachtet werden. Aus der ehemaligen Bergbaustadt ist nach dem Zechensterben eine moderne Industrie- und Universitätsstadt geworden, in der ein hohes kulturelles Niveau herrscht.

Ist auch auf der Karte der Übergang von Bochum zu den Nachbarstädten Essen, Dortmund, Gelsenkirchen und Herne kaum zu bemerken, so bleibt es doch ein dummes Vorurteil, daß das gesamte Revier einfach ein riesiger industrieller Großraum sei, in dem die Städte nicht ihren eigenen Charakter hätten. Der Krieg hat vom Bochumer Stadtbild nicht viel übriggelassen, und die Krise des Bergbaus tat ein weiteres, daß Bochum schlechte Aussichten hatte, eine attraktive und selbstbewußte Stadt zu werden. Doch ist es einer engagierten Strukturpolitik gelungen, die Schwierigkeiten zu kompensieren. Heute wird Bochum von vielen als eine angenehme und interessante Großstadt wahrgenommen.

## Geschichte

Bochums Geschichte reicht sehr weit zurück und nimmt sich dennoch lange Zeit recht bescheiden aus: Schon in der Jungsteinzeit (4000 bis 1800 v. Chr.) wurde hier gesiedelt, Karl der Große errichtete wegen der verkehrsgünstigen Lage einen Reichshof, der wohl der Anlaß einer Ortsbildung war. Die älteste erhaltene urkundliche Erwähnung stammt aus dem Jahr 1041, im 14. Jh. wurde Bochum zur Stadt erhoben. Doch blieb der Ort ein kleines, ländlich geprägtes Städtchen, obwohl es zeitweise zur Hanse gehörte. Deutlich behindert wurde Bochums Entwicklung auch, weil es fortgesetzt Streitobjekt zwischen dem Kölner Erzbischof und der Grafschaft Mark war.

Das änderte sich alles, als im frühen 18. Jh. in Bochum mit dem Kohleabbau begonnen wurde. Seither war Bochum ein Vorreiter der Industrialisierung. 1799 wurde auf der Zeche »Vollmond« die erste Dampfmaschine in Deutschland in Betrieb genommen. Ab 1837 arbeiteten die ersten Kokereien, und die Eisen- und Stahlerzeugung begann eine entscheidende Rolle in der Stadtentwicklung zu spielen. Hier wurde von Jacob Mayer die erste Kirchenglocke in einer Gußstahlform hergestellt – Attraktion auf der Pariser Weltausstellung 1855. Carlos Otto verwandte 1870 erstmals Abfallprodukte der Kokserzeugung zur chemischen Weiterverarbeitung (Benzol, Ammoniak, Teer). Aus Ottos Geschäften mit diesen Produkten ging die Aral AG hervor. Die gewaltige wirtschaftliche Entwicklung führte zu einem enormen Wachstum der Stadt: um 1800 hatte Bochum 2000 Einwohner, 1850 6000, 1905 119 000 und 1929 322 000. Parallel dazu wuchs das Stadtgebiet durch fortgesetzte Eingemeindungen – zuletzt Wattenscheid. Viele der neuen Bochumer kamen aus den östlichen Provinzen Deutschlands oder aus Polen, wodurch über die Jahrzehnte eine starke soziokulturelle Vermischung ausgelöst wurde. Nach dem Wiederaufbau waren (etwa ab 1960) die Kohle- und dann die Stahlkrise schwere Herausforderungen für Bochum. In 13 Jahren starben alle 17 Zechen. Doch konnte der Verlust von immerhin 60 000 Arbeitsplätzen weitgehend ausgeglichen werden durch die Ansiedlung neuer industrieller Betriebe (allein Opel mit 20 000), aber auch kultureller Einrichtun-

Das Großplanetarium (links außen).

Historische Loks im Eisenbahnmuseum (rechts oben).

Bergarbeitermotiv (Mitte).

Am Kemnader See (unten).

Förderturm des Deutschen Bergbau-Museums (rechts innen).

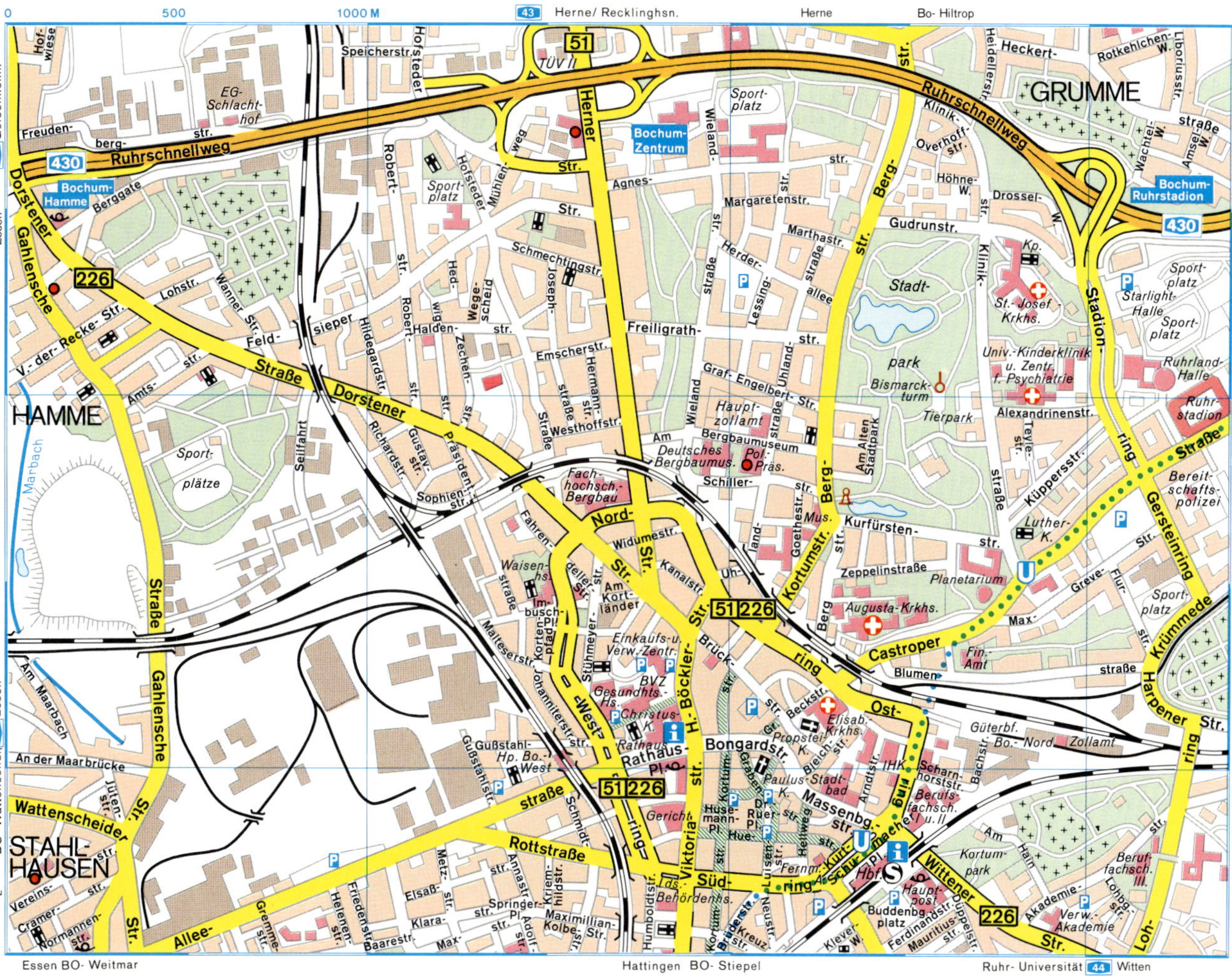


gen (die Ruhr-Universität ist heute drittgrößter Arbeitgeber). Ein wichtiger Bestandteil der erfolgreichen Strukturpolitik in Bochum ist gerade das kulturelle Engagement.

## Sehenswürdigkeiten

Bochum besitzt noch einige wenige alte Sakralbauten, der älteste davon ist die **Propsteikirche** St. Peter und Paul in der Bleichstraße 12. Hier findet sich ein romanischer Taufstein aus dem 12. Jh. Wer sich unter die 400 000 jährlichen Besucher des **Deutschen Bergbau-Museums** reihen will, kann sich in dieser größten Sammlung ihrer Art gründlich über die Geschichte dieses Industriezweiges informieren. Das Museum ist leicht zu finden, weil der 68 m hohe Förderturm der ehemaligen **Zeche »Germania«** den Eingang (an der B 51) markiert. Von der Plattform hat man einen guten Blick auf Europas größte Industrieregion. In umgekehrter Richtung können Besucher auch in das Anschauungsbergwerk abfahren und sich dort teilweise gigantische Originalmaschinen des Bergbaus vorführen lassen (hier gibt es ein 2500 m langes Streckennetz unter Tage). In weniger musealer Weise gibt der **Geologische Garten** Auskunft über die Geschichte des Bergbaus, indem hier die geologischen Formationen des Ruhrgebiets anschaulich gemacht werden.

Mit der Geschichte der Stahlproduktion ist auch die der **Eisenbahn** verbunden, der man im Stadtteil Dahlhausen ein **Museum** eingerichtet hat. Im Museum Bochum wird vor allem moderne Kunst gezeigt. Weithin sichtbar ist das **Institut für Umwelt- und Zukunftsforschung**, das mit riesigen Antennen aus dem All Satellitendaten auffängt und zur Fernerkundung der Erdoberfläche auswertet. Als das gelungene Beispiel einer Universitäts-Neugründung gilt die **Ruhr-Universität**, die schon baulich die Zielsetzungen andeutet: eine Denkfabrik auf der Wiese, in der alle Fachbereiche untereinander einen engen Austausch pflegen sollen. Zugleich wird auf die Zusammenarbeit mit der Region großer Wert gelegt. Zum Campus-Charakter der Anlage gehören auch die unmittelbar angeschlossenen Wohnkomplexe für Studenten und Lehrende. In der Kunstsammlung der Universität sind auf einmalige Weise antike und zeitgenössische Werke direkt einander gegenübergestellt. Weniger anspruchsvoll ist ein Abstecher zur Wasserburg **Haus Kemnade**, die auf uralte Ursprünge zurückgeht und in ihrer heutigen Gestalt aus dem 17. Jh. stammt (hier liegt auch das Stadtgeschichtliche Museum). Noch abwechslungsreicher hat man es im **Tierpark**, im **Botanischen Garten** oder im **Stadtgarten Wattenscheid**, der direkt bei einem Freizeitpark liegt. Beschaulich ist es im **Kortumpark**, einem zur Grünanlage umgestalteten Friedhof, oder im **Stadtpark**.

Das Bochumer **Schauspielhaus** genießt hohe internationale Anerkennung, so sollte man sich nach Möglichkeit das ästhetische Vergnügen bereiten und eine der meist mehr raffinierten als spektakulären Aufführungen besuchen. Wer die Musik liebt, dem bieten die **Bochumer Symphoniker** Erstklassiges. Jazz-, Rock- und Popkonzerte, ebenso aber auch Theater und Kleinkunst findet man in der **Zeche** in der Prinz-Regent-Straße. Einmalig in Deutschland ist auch das **Institut für Puppenspiel**.

**Information**
Verkehrsverein
(Im Hauptbahnhof)
Kurt-Schumacher-Platz
W-4630 Bochum 1
Tel. (0234) 13031

**Festkalender**
Bochumer Orgeltage (April). Figurentheater der Nationen (Mai). Ruhrgebiets-Amateurtheatertreffen (Anfang Juni). Kinder- und Jugendtheatertage (November). Ausländerfestival Kemnade international (alle zwei Jahre).

**Tips**
Einen ausgezeichneten internationalen Ruf hat das Schauspielhaus; auch die Symphoniker werden sehr geschätzt. Große Museumsvielfalt. Die Burgruine Blankenstein gewährt Ausflüglern einen herrlichen Blick über das Ruhrtal.

# Bonn – Politisches Zentrum am Rhein

Die beschauliche Residenzstadt am Rheinufer ist in ihrer Funktion als Bundeshauptstadt weltbekannt geworden. Ganz „unhauptstädtisch“ liegt hier das Zentrum der politischen Macht neben der bürgerlichen Idylle einer rheinischen Provinz- und Universitätsstadt.

Von Spöttern gern als „Bundeshauptdorf" bezeichnet, ist die politische Hauptstadt der Bundesrepublik Deutschland – knapp 300000 Einwohner – im Grunde ihres Wesens eine beschauliche Universitäts- und Residenzstadt geblieben. Jedes hauptstädtische Gehabe ist ihr fremd. Am Freitag nachmittag verzieht sich der Hauch der großen Politik aus der Stadt, die Abgeordneten fahren zu ihren Familien und in ihre Wahlkreise - die Hauptstadt gehört wieder den Bonnern. Mancher Besucher der Metropole lächelt über die drei Bahnsteige des hauptstädtischen Bahnhofs, mokiert sich über das eher bescheidene Nachtleben. Der Reiz Bonns liegt indes nicht im mondänen Hauptstadtflair, sondern in der entspannten Ruhe einer gediegenen kleinen Universitätsstadt.

## Geschichte

Die Geschichte Bonns reicht zurück bis in die Römerzeit. Um das Jahr 11 v. Chr. ließ der Feldherr Drusus im heutigen Stadtzentrum ein Kastell zur Sicherung der Rheinlinie anlegen. Bonn sieht in diesem Vorgang die Geburtsstunde der Stadt, 1989 ist daher das Jahr der 2000-Jahr-Feier. In der Nähe des Kastells entstand wenig später ein römisches Heerlager, das „Castra Bonnensis" oder kurz „Bonna" genannt wurde. Als Nachschublager für die weiter ostwärts stehenden Legionen und als Stapelplatz für Waren aus dem gesamten Imperium wurde Bonna bald zur Siedlung mit städtischem Charakter. In nachrömischer Zeit bestand die Ansiedlung als „civitas bonnensis" weiter. Im 12. Jh. wurde die Siedlung erstmals mit einer Mauer umgeben, 1244 dehnte sie sich bis unmittelbar an das Rheinufer aus.

Entscheidende Impulse erfuhr Bonn durch den Aufstieg zur Residenzstadt der Kurfürsten von Köln, deren historisches Schicksal sie in guten wie in schlechten Zeiten mittragen mußte. Die Stadt ertrug zahlreiche Angriffe und Belagerungen, entwickelte sich dabei aber zur glanzvollen barocken Residenzstadt. Die Baufreude der wittelsbachischen Kurfürsten Joseph Clemens und Clemens August im 18. Jh. hat in Bonn und in seiner Umgebung bleibende Spuren hinterlassen.

Mit der Eroberung durch französische Revolutionstruppen im Jahre 1794 ging die Glanzzeit Bonns, zusammen mit dem kölnischen Kurstaat, zu Ende. Beim Wiener Kongreß zur Neuordnung Europas nach den napoleonischen Kriegen 1814/15 wurde Bonn dem Königreich Preußen zugeschlagen. Neue Impulse für Geist und Kultur erfuhr die Stadt durch die Einrichtung der rheinischen Landesuniversität im Jahre 1818.

**Information**
Tourist-Information Bonn
Cassius-Bastei
Münsterstr. 20
W–5300 Bonn
Telefon: (0228) 77 34 66

**Festkalender**
Karneval. „Bonner Sommer" von Mai bis September (Folklore, historische Tänze, Musik, Poesie, Theater in der Bonner Innenstadt). Großes Volksfest. „Pützchens Markt" in Bonn-Beuel am zweiten Septemberwochenende. Internationales Beethovenfest im September (alle drei Jahre, nächster Termin: 1995).

**Tips**
Besichtigung von Bundeshaus, Parlaments- und Regierungsviertel. Information und Anmeldung: Deutscher Bundestag, Besucherdienst, Bundeshaus, 5300 Bonn 1, Tel. (0228) 162152 (sechs Wochen vorher).
Fahrten auf dem Rhein: Abendfahrten mit Musik und Tanz. Großer Flohmarkt im Freizeitpark Rheinaue. Wanderung durch die Bonner Bucht.
Trad. Gaststätten: „Em Höttche" (Markt 4), „Im Stiefel" (Bonngasse 30.

Beethoven-Denkmal auf dem Münsterplatz (links).

Villa Hammerschmidt, der Amtssitz des Bundespräsidenten (rechts).

Wesseling/Köln
1000 M
Köln/Siegburg
Nordfriedhof
Friedrich-Ebert-Brücke
Jüd. Friedhof
Kläranlage
Römerbad
Universitäts-Inst.
An der Josefshöhe
Coll. Josephinum
Bonn-Auerberg
Graurheindorfer
Sportpark Nord
Rheinisches Lds.-Krkhs.
AB-Kreuz Bonn Nord
Bonn-Tannenbusch
Lievelings-
Bornheimer
Brühler Str.
Dorotheen-
Vorgebirgs-
Augustus-ring
Römer-
Rhein
SCHWARZ-RHEINDORF
Kölnstr.
Kaiser-Karl-Ring
Max-str.
Breite str.
Oxfordstr.
Güterbf.
Schlachthof
Stadtwerke Bonn
Bonn-Endenich
Endenicher
Hochstaden-ring
Alter Friedhof
Thomastr.
Kennedybrücke
Berliner Freiheit
Wasserschutzpol.
Hermann-
Beethovenhalle
Stadttheater
Münster Pl.
Hbf.
Am Hauptbahnhof
Hofgarten
Akad. Kunstmus.
Adenauer-allee
Personenfähre
BEUEL
Universitäts-institute
Mensa
Bonn-Poppelsdorf
Poppelsdorfer Schloß
Botan. Garten
Poppelsdorfer Allee
Baumschul-allee
Meckenheimer allee
Reuter-str.
Bonner Talweg
Elsa-Brändström-Str.
Auswärtiges Amt
Villa Hammerschmidt
Palais Schaumburg
Bundeskanzler-Pl.
Bundeshaus
Poppelsdfr. Friedhof
Im Wingert
Trierer Str.
Botanischer Garten
POPPELSDORF
Heussallee
Friedr.-Ebert-Allee
KESSENICH
Ippendorfer Allee
Robert-Koch-Str.
Rosenburg
Hausdorff-str.
Städt. Kunstmuseum
Sportpark Gronau
BN-Venusberg
BN-B. Godesberg
BN-B. Godesberg/Koblenz
BN-Röttgen
Meckenheim
Koblenz
Euskirchen
Alfter
Bornheim
Köln
Siegburg
Köln/B. Honnef
B. Honnef
BN-B. Godesberg

Mit der Bestimmung zur vorläufigen Hauptstadt der Bundesrepublik Deutschland im Jahre 1949 trat Bonn in einen neuen Abschnitt seiner Geschichte ein.

## Sehenswürdigkeiten

Bevor Sie ihren Stadtrundgang beginnen, genießen Sie den Blick auf die Bonner „Skyline" von der Rheinbrücke aus. Zur Linken des Betrachters liegt das Regierungsviertel mit Bundeshaus und Abgeordnetenhochhaus. In direkter Blickrichtung sind die Kuppen des ehem. kurfürstlichen Residenzschlosses und die Türme und Spitzen der alten Bonner Kirchen zu erkennen. Historischer Mittelpunkt der Bonner Altstadt ist das **Münster St. Martin**. Rund um den heutigen Münsterplatz befand sich einst die römische Ansiedlung Bonna.

Die im 11. Jh. unter Erzbischof Anno begonnene Basilika wurde nach 1200 um die Ostapsis, das Querschiff und den Kreuzgang erweitert. Der vielgestaltige Baukörper der dreischiffigen Kirche stellt ein markantes Beispiel rheinischer Architektur der Spätromanik vor. Die offenen Strebebogen des Langhauses gehören zu den ältesten Bauelementen dieser Art in Deutschland. Das Innere des Münsters ist in einem eher schlichten Barockstil gestaltet. Im westlichen Mittelschiff steht eine wunderbare bronzene Statue der hl. Helena, die der Legende nach eine kleine Märtyrerkirche gestiftet haben soll, aus der das heutige Münster hervorging. Hans Reichle schuf die Figur Anfang des 17. Jh.s. Die Chorstuhlwangen sind mit sehr originellen steinernen Plastiken des 13. Jh.s geschmückt. Auf der einen Seite notiert ein Teufel die Namen der lasterhaften Chorherren, auf der anderen Seite sieht man einen Engel mit dem Verzeichnis der Frommen. An der Südseite der Kirche schließt sich ein architektonisch bedeutsamer Kreuzgang aus dem 12. Jh. an. Mit ihren fünf in Spitzhauben auslaufenden Türmen ist das Münster ein prägendes Element der Altstadt.

Ein wenig außerhalb des eigentlichen Altstadtkerns liegt der **Alte Friedhof mit der Ramersdorfer Kapelle**. Im 18. Jh. als letzte Ruhestätte für „gemeine Einwohner, Passanten und Soldaten" angelegt, wandelt sich der Friedhof unter dem preußischen König Friedrich Wilhelm IV. zur parkähnlich gestalteten Grabstätte bedeutender Persönlichkeiten des Bonner Geistesleben im 19. Jh. Ernst Moritz Arndt, August Wilhelm Schlegel, Robert und Clara Schumann, Beethovens Mutter, Schillers Frau Charlotte und sein Sohn Ernst sind hier begraben.

Die Friedhofskapelle war im 13. Jh. als Deutschordenskapelle im jetzigen rechtsrheinischen Bonner Stadtteil Ramersdorf erbaut worden. Nach Jahrhunderten des Verfalls drohte ihr 1844 der Abbruch. Stein für Stein wurde sie schließlich abgetragen und auf dem Alten Friedhof wiederaufgebaut. Mit der Leichtigkeit ihrer Formen, der zierlichen Halle und den hohen Fenstern weist die romanische Kapelle auf die bevorstehende Gotik hin. Über den Berliner Platz und die Sternstraße gelangt man zum **Marktplatz** mit dem barocken **Rathaus** des französischen Baumeisters Leveilly. Über die Freitreppe mit dem schmuckvollen Eisengitter schritten Persönlichkeiten wie John F. Kennedy und Königin Elisabeth, um sich im Goldenen Buch der Stadt einzutragen. Der **Marktbrunnen** von 1777 ist eine Ehrengabe der Stadt an den Kurfürsten Maximilian Friedrich.

Unweit des Rathauses, in der Bonngasse, steht das **Beethovenhaus**, in dem 1770 der große Komponist zur Welt kam. In einem einfachen Flügelbau des Bürgerhauses vom Anfang des 18. Jh.s lebte Beethoven bis zu seinem 22. Lebensjahr. Heute ist in dem Gebäude das Beethovenmuseum mit zahlreichen Erinnerungsstücken aus dem Leben des Musikers, Archiv und Bibliothek untergebracht. Ebenfalls in der Bonngasse liegt die Ende des 18. Jh.s aufgrund eines Vermächtnisses von Erzbischof Maximilian Heinrich errichtete **Jesuitenkirche**. Wie alle anderen Jesuitenkirchen am Rhein vereint auch die jetzige kath. Universitätskirche romanisierende und gotisierende Formen mit dem Barockstil der Zeit.

In der Brudergasse in unmittelbarer Nachbarschaft steht ein weiteres der älteren Bonner Gotteshäuser. Die **Minoritenkirche**, seit 1806 Pfarrkirche St. Remigus, wurde 1317 geweiht. Im Bombenkrieg von 1944 kam die Kirche schwer zu Schaden, dabei ging auch die herrliche barocke Orgel verloren, auf der in seiner Jugendzeit Ludwig van Beethoven spielte. Die wiederhergestellte hochgotische dreischiffige Basilika wirkt durch ihre schmucklose Schlichtheit und die schönen dreiteiligen Maßfenster.

Südlich des eigentlichen Altstadtkerns erstreckt sich der Hofgarten mit der ehem. **Kurfürstlichen Residenz**, in der heute die Friedrich-Wilhelms-Universität untergebracht ist. 50000 Studierende sind in der beliebten Hochschule eingeschrieben. Die barocke Vierflügelanlage mit Ecktürmen entstand 1692-1702 nach Plänen des Münchner Hofbaumeisters Enrico Zuccalli und des Pariser Architekten Robert de Cotte in der Tradition des Aschaffenburger Schlosses der Mainzer Kurfürsten. Die östliche Front mit der Galerie ist zum Rhein ausgerichtet. Der westliche Anbau „Buonretiro" eröffnet den Blick zum gegenüberliegenden Poppelsdorfer Schloß. Das **Koblenzer Tor** östlich der Residenz ist wahrscheinlich ein Werk des Stadtbaumeisters Leveilly.

Als verbindende Achse führt die Poppelsdorfer Allee von der kurfürstlichen Residenz zum **Poppelsdorfer Schloß**, das die Kölner Kurfürsten Joseph Clemens und Clemens August 1715-1756 anstelle einer alten Wasserburg errichten ließen. Der französische Baumeister Robert de Cotte gab dem Schloß seine Gestalt, dessen Besonderheit der runde Innenhof mit rundbogigem Arkadenumgang ist. Der von Balthasar Neumann entworfene barocke Schloßgarten wurde im 19. Jh. zum botanischen Garten der Universität umgewandelt. In den Schloßgebäuden sind heute Universitätsinstitute untergebracht.

Vom Poppelsdorfer Schloß führt ein alter Wallfahrtsweg zur **Wallfahrtskirche auf dem Kreuzberg**. Die in einer reizvollen landschaftlichen Umgebung gelegene Kirche wurde 1627/28 durch Kurfürst Ferdinand erbaut und erhielt in der Mitte des 18. Jh.s durch Kurfürst Clemens August eine neue Ausstattung von hervorragender künstlerischer Qualität. Damals entstand auch das interessante „Haus des Pilatus" mit der „Heiligen Stiege" nach dem Vorbild der „Scala Sancta" in Rom.

Direkt am Rheinufer, im Süden der Stadt, liegt das „politische Bonn" mit den aus zahllosen Fernsehbildern bekannten Parlaments-, Partei- und Regierungsgebäuden. Das **Palais Schaumburg**, ein schloßartiges Gebäude aus dem 19. Jh. in der Renaissance nachempfundenen Formen, beherbergte bis 1976 das Bundeskanzleramt. Heute wird

das Gebäude für offizielle Empfänge des Bundeskanzlers benutzt.
In der **Villa Hammerschmidt**, 1863-1865 für den Kommerzienrat Hammerschmidt erbaut, residiert der Bundespräsident.
Das **Bundeshaus** am Stresemannufer mit Kern aus den Jahren 1930-1933 und Erweiterungen von 1949 kann dem wachsenden Raumbedarf des Deutschen Bundestages nicht mehr genügen. Ein neues Parlamentsgebäude ist im Bau.
Der flache schwarze Block des **Bundeskanzleramtes** konnte 1976 bezogen werden.
Wie in der politischen Ordnung das Parlament über die Regierung wachen soll, erhebt sich hoch über die Regierungsgebäude das **Abgeordnetenhochhaus**, nach dem ehem. Bundestagspräsidenten Eugen Gerstenmaier „Langer Eugen" genannt.
Für Regentage finden Bonnbesucher unter Museumsdächern ein reichhaltiges Angebot. Das **Rheinische Landesmuseum** an der Colmantstraße ist das größte kulturgeschichtliche Museum des Rheinlandes. Die Sammlungen umfassen Werke aus allen Epochen der römisch-rheinischen Kunst und Kultur, daneben Fundstücke aus der Frankenzeit, Sakralkunst ab dem Mittelalter und eine Sammlung niederländischer Tafelmalerei des 16. Jh.s.
Das **Kunstmuseum** konnte 1992 an der Friedrich-Ebert-Straße einen neuen Bau beziehen, der nach dem Entwurf des Architekten Axel Schultes errichtet wurde. Die Sammlungen konzentrieren sich auf drei Gebiete. So besitzt das Museum mit fast 80 Werken von August Macke eine der größten Kollektionen dieses Künstlers in der Welt. Den zweiten Schwerpunkt stellen Werke der Rheinischen Expressionisten dar. Außerdem beherbergt das Haus eine bedeutende Sammlung deutscher Kunst seit 1945.

Das als Lehrsammlung der Universität gegründete **Akademische Kunstmuseum** am Hofgarten enthält die größte Sammlung an Abgüssen antiker Plastiken in Deutschland sowie schöne griechische und römische Originale.
Ausstellungsstücke besonderer Art bietet das **Zoologische Fachmuseum Alexander Koenig** mit einer Sammlung von Amphibien, Reptilien und anderen Elementen der Tierwelt.
Für abendliche Unterhaltung sorgt das Bonner Theaterleben. Wichtigste Bühne ist das **Theater der Stadt Bonn**, auf dessen Brettern Schauspiel, Oper und Operette, Ballett und Musical zur Aufführung kommen. Der in den fünfziger Jahren gegründete **Contra-Kreis** bietet kabarettistisches Sprechtheater. Das **Stadttheater Bad Godesberg** hat ein vielseitiges Programm mit Gastspielen in- und ausländischer Bühnen.
Rheinaufwärts liegt der in den fünfziger Jahren eingemeindete Stadtteil **Bad Godesberg**, der seinen Namen von der auf einem Basaltkegel thronenden **Godesburg** bezieht. Der Kölner Erzbischof Dietrich von Hengebach leitete 1210 den Bau der Burg ein. Die lange als uneinnehmbar geltende Festung wurde 1583 während einer Belagerung in die Luft gesprengt. Die erhaltenen Reste des Unterbaus, des Palas und der Vorburg geben noch immer einen Eindruck von der mächtigen alten Festungsanlage. Die in die ursprüngliche Burganlage einbezogene **Michaelskirche** erhielt 1697-1699 ein barockes Langhaus. Aus der Barockzeit stammt auch der herrliche, weitausgreifende Hochaltar.
Der letzte Kölner Kurfürst Max Franz ließ sich Ende des 18. Jh.s die repräsentative Godesberger **Redoute** erbauen, die heute für festliche Empfänge und Veranstaltungen genutzt wird. Im „Beethovensaal", dem großen Speisesaal in Mitteltrakt, der mit einer noblen klassizistischen Stukkatur ausgestattet ist, soll 1792 eine Begegnung zwischen Beethoven und Haydn stattgefunden haben.
Im rechtsrheinischen **Schwarzrheindorf** liegt die **Pfarrkirche St. Klemens**. Die Besichtigungsfahrt über den Rhein lohnt sich! Der übersichtliche kleine Bau ist eines der schönsten Beispiele romantischer Architektur am Rhein. Die Kirche gehört dem Typ der romanischen Doppelkapelle an, bei der zwei durch eine Öffnung in der Mitte verbundene Räume übereinanderliegen. Im oberen Raum saß beim Gottesdienst der Burgherr, unten nahmen sein Anhang und Gefolge Platz. Der spätere Kölner Erzbischof Arnold von Wied ließ den Bau im 12. Jh. als Burgkapelle errichten. Nach Jahrhunderten des Verfalls wurde die Kapelle unter Kurfürst Clemens August Mitte des 18. Jh.s erneuert. Ober- und Unterkirche besitzen bedeutende Deckenmalereien.

Die Bonner Rheinfront (links).

Das ehemalige kurfürstliche Residenzschloß ist seit 1818 Sitz der Friedrich-Wilhelm-Universität (Mitte).

Der Bonner Marktplatz mit dem barocken Rathaus (rechts oben).

Das Lustschlößchen Clemensruhe in Poppelsdorf beherbergt heute ein Universitätsinstitut (rechts unten).

# Bottrop
# Die Klischeestadt

Bottrop ist für viele der Inbegriff einer luftverschmutzten Industriestadt des Reviers. Dabei ist Bottrop die waldreichste Stadt der Gegend, die Hälfte der Stadt ist Landschaftsschutzgebiet. Dazu paßt, daß Bottrop noch einen richtigen Pferdemarkt hat. Aber Vorurteile sind eben langlebig.

In Bottrop wie überall im Revier ist schon sehr früh mit der Rekultivierung von Industrieland begonnen worden. Alte Halden wurden aufgeforstet oder anders begrünt. Die Kirchheller Heide zum Beispiel ist eine Gegend, in der früher Sand abgebaut wurde. Schon in den 1950er Jahren began man im Ruhrgebiet, der Landschaft die wirtschaftlich genutzten und teilweise auch entstellten Flächen allmählich wiederzugeben. Das ist einer der Gründe, warum die größte Industrieregion Europas auch landschaftlich viel mehr zu bieten hat, als das Klischee es wahrhaben will.

## Geschichte

Borgthorpe hieß hier schon im 11. Jh. ein Dorf. Allerdings geschah damals wirklich nichts Weltbewegendes in der kleinen Siedlung, die im 15. Jh. gesichert bereits Marktrecht besaß. Auch eine Kommende des Deutschen Ordens, die sich in der Bauernschaft Wehlheim bis 1809 befand, sorgte nicht für große politische oder wirtschaftliche Bedeutung. Als jedoch 1856 der erste Bergwerkschacht entstand, ging die Entwicklung rasant voran. Die Bevölkerung wuchs um das 40fache, bevor 1919 das nun größte deutsche Dorf zur Stadt erhoben wurde. 360 Öfen umfaßte die zeitweise bedeutendste deutsche Zentralkokerei in Bottrop. Auch heute noch ist der Bergbau der wichtigste Arbeitgeber, aber auch hier bemüht man sich angesichts der Kohlekrise um die Ansiedlung neuer Wirtschaftszweige. In der Gebietsreform 1975 bis 1977 erhielt Bottrop noch die Landgemeinde Kirchhellen. Durch diesen schon stark münsterländischen Ortsteil hat sich die Wohn- und Lebensqualität Bottrops erheblich verbessert.

## Sehenswürdigkeiten

Aus dem 17. und 18. Jh. stammt die ehemalige Wasserburg **Haus Brabeck**, die auf eine gotische Ritterburg zurückgeht. Reizvoll ist auch die Anlage von **Haus Hove** in Vonderort, auch eine ehemalige Wasserburg. Zum beliebten Ausflugsziel wurde das **Wasserschloß Beck**. Sein frühklassizistischer Stil geht auf Pläne des westfälischen Baumeisters Johann Conrad Schlaun zurück. Heute ist es als Freizeitpark gestaltet und von einem Märchenwald umgeben. An Freizeiteinrichtungen besteht in Bottrop allemal kein Mangel. Neben dem Naturschutzgebiet **Kirchheller Heide**, dem **Stadtpark** und dem **Köllnischen Wald** gibt es noch den **Volkspark Batenbrock** und einen **Traumlandpark** in **Feldhausen** mit Achterbahnen, Saurierpark etc. An der Grenze zu Oberhausen liegt der **Revierpark Vonderort**.

In kultureller Hinsicht macht Bottrop mit dem »**Quadrat**« auf sich aufmerksam. Dieses am Stadtgarten gelegene Medienzentrum beherbergt einige wichtige Museen und realisiert immer wieder bedeutende Einzelausstellungen. Das **Museum für Ur- und Frühgeschichte** verfügt über eine der besten Sammlungen von authentischen Eiszeitfunden. Zum »Quadrat« gehört auch eine Dauerausstellung, die den Bottroper Maler Josef Albers (1888 bis 1976) ehrt.

Von den vielen Schlössern des Ruhrgebietes kann man einige nebenan in Oberhausen besichtigen (Wasserburg Vondern, Schloß Oberhausen – heute ein Kulturzentrum). Gelsenkirchen wartet mit den Häusern Horst und Berge auf, Gladbeck mit Haus Wittringen und Herten mit Haus Westerholt. In Mühlheim lassen sich die Reste der alten Vorgängerbauten am Schloß Broich erkennen. Und wer bei schlechtem Wetter einen Einkaufsbummel machen möchte, kann hier gleich im Rhein-Ruhr-Einkaufszentrum, dem größten in seiner Art in Deutschland, flanieren.

Die Heilig-Kreuz-Kirche (links).

Der Pferdemarkt findet zweimal im Jahr statt (oben).

Das Wasserschloß Beck ist beliebtes Ausflugsziel (unten).

**Information**
Verkehrsverein
Gladbecker Straße 9
W-4250 Bottrop
Tel. (02041) 27011

**Festkalender**
Pferdemarkt in der Innenstadt (erster Samstag im Mai und im September).

**Tips**
Im Naherholungsgebiet Kirchheller Heide kann man das Ruhrgebiet von einer ganz unvermuteten Seite kennenlernen. Der Revierpark Vonderort ist neben der Erholung stärker der Fitneß gewidmet. Wer Pferde liebt, wird einen Abstecher nach Mühlheim machen, das heute nicht nur wegen der Galopprennbahn Raffelberg eine Hochburg des Pferdesports ist. Freunde von ländlicheren Gegenden sollten einmal einen Ausflug bis zum äußerst sehenswerten Wasserschloß Anholt, nicht weit von Bocholt, machen.

# Brandenburg – Die ehemalige Hansestadt

Die Stadt, die dem Land den Namen gab, ist nicht nur uralt, sondern war auch maßgeblich an der Kolonisation der Region beteiligt. Heute ist Brandenburg eine recht große Industriestadt, die aber vor allem im Altstadtbereich noch viel alte Bausubstanz aufzuweisen hat.

Zu den Besonderheiten der reizvoll gelegenen Stadt gehört das 17 km² große Plauer Seengebiet. Aber auch die verschiedenen Flußläufe und Kanäle sowie die Dominsel geben der Stadt ein ganz eigenes Gepräge. Daneben macht die lange und bedeutende Geschichte Brandenburg zu einer der interessantesten mittelalterlichen Städte der ganzen Region.

## Geschichte

Offenbar hat es schon früh eine germanische Siedlung auf dem Marienberg gegeben – der mit 70 m die höchste Erhebung im Stadtgebiet ist. Seit dem 6. Jh. haben dann hier die Slawen geherrscht, und sie errichteten ihre Siedlung auf der Dominsel zwischen zwei Havelarmen, wo auch eine Burg gebaut wurde. Diese Festung hieß »Brennabor« und war das Zentrum des ganzen Hevellerschen Machtbereichs. Heinrich I. vertrieb die Heveller 929 mit seinem sächsischen Heer und baute eine neue, nun deutsche Burg. Von hier aus sollte die Unterwerfung und Christianisierung der Slawen erfolgen. So gründete Otto I. dann das Bistum Brandenburg, von dem aus die ganze Mark dem richtigen Glauben zugeführt werden sollte. Allerdings erhoben sich die Slawen 983 und vertrieben die Deutschen für über 100 Jahre. Die kamen dann 1157 unter Albrecht dem Bären wieder, der neuerlich die Burg eroberte und die Mark Brandenburg gründete. Mit dem Zuzug deutscher Siedler wuchs der Ort schnell, ausgehend von der Dominsel und der Alt- und der Neustadt (ca. 1170 und 1200). Brandenburg wurde zum Zentrum des gesamten Gebietes zwischen Oder und Elbe, es wurde Hansemitglied. Das Brandenburger Recht hatte einen großen Einfluß auf viele andere Städte des Ostens. Allerdings ging es mit der Bedeutung der Bischofsstadt allmählich bergab, als die Hohenzollern die Macht übernahmen und 1451 die Residenz nach Berlin verlegten. Im 30jährigen Krieg drückten schwere Zerstörungen Brandenburg zur Provinzstadt herab. Vor allem die Industrialisierung im 19. Jh. brachte dann noch einmal eine deutliche Belebung, aber der alte Rang war verloren.

**Information**
Brandenburg-Information
Plauer Straße 4
O-1800 Brandenburg
Tel. (003381) 23743

**Festkalender**
Havelfestspiele (Ende Juni). Festspiele des Fontane-Clubs.

**Tips**
Brandenburger Theater. Galerie an der Havel. An der Havel und an den Havelseen gibt es wunderschöne Spazierwege. In der Nähe liegt das berühmte Zisterzienserkloster Lehnin mit seiner frühgotischen Klosterkirche (ältestes Beispiel norddeutscher Backsteinarchitektur). Beeindruckend auch die barocke Hallenkirche in Genthin. In dem örtlichen Museum dort kann man sich über die Geschichte der Kolonisation des Havelgebietes informieren. Weitere Ausflugsziele sind Rathenow und Ketzür.

Dom St. Peter und Paul: romanische Basilika mit erheblichen gotischen Veränderungen (links oben).

Der 5 m hohe Roland erhebt sein Schwert heute vor dem Altstädtischen Rathaus (rechts oben).

Der Steintorturm ist einer der wenigen Reste der mittelalterlichen Stadtbefestigung (unten).

## Sehenswürdigkeiten

Der **Dom** St. Peter und Paul wurde bereits 1165 als romanische Basilika auf der Dominsel begonnen. Erstaunlich groß ist die Hallenkrypta unter dem Chor. Von der Ausstattung sind besonders der Böhmische Altar (1275), der Marienaltar (1410) und der Hochaltar (1518) sowie die Glasmalereien aus dem 13. Jh. berühmt. Ganz in der Nähe steht die **St. Petrikapelle**, die aus dem 13. Jh. stammt und im 16. ihre heutige Form weitgehend erhalten hat. In der westlich der Dominsel liegenden **Altstadt** verdient vor allem das **Rathaus** von 1470 als Ausdruck bürgerlichen Selbstbewußtseins Beachtung. Der Turm des spätgotischen Baus ist in der Front auffällig gestaffelt. Im 15. Jh. wurde der 5 m große **Roland** gefertigt, der heute vor diesem Rathaus sein Schwert erhebt. Ursprünglich stand die Figur vor dem im Krieg zerstörten Neustadtrathaus. Beide Stadtteile waren bis 1715 getrennt (mit eigenen Stadtmauern) – und sie verwalteten sich auch selbständig. Zur Altstadt gehören auch noch die Ruine der Pfarrkirche **St. Johannis** und Reste der mittelalterlichen **Stadtbefestigung**, vor allem einige Tore. In der südlich der Dominsel gelegenen **Neustadt** fällt besonders die Pfarrkirche **St. Katharinen** auf (1395 bis 1401), die als ein hervorragendes Beispiel von Backsteingotik gilt. Auf dem **Marienberg** gibt es einen Park mit mehreren Sehenswürdigkeiten. Hier erinnert ein Mahnmal an die im Zuchthaus Brandenburg-Görden hingerichteten Widerstandskämpfer. Im Ortsteil Plauen wird das barocke Schloß heute als Schule genutzt. Auf dem **Beetzsee** befindet sich eine Regattastrecke von internationalem Rang. Das **Stadtmuseum** in der Hauptstraße besitzt die größte Sammlung des berühmten Kupferstechers Daniel Chodowiecki.

# Braunschweig – Im Zeichen des Löwen

Die zweitgrößte Stadt Niedersachsens pflegt nicht ohne Stolz ihre Geschichtstradition, obwohl einige Bombennächte des Krieges ihr dies nicht leichtmachen. Heute liegt die Bedeutung Braunschweigs in Wirtschaft, Forschung, Verwaltung – und in seinen Museen.

Schon lange gilt Braunschweig als eine Stadt mit Zukunft. Die verkehrsgünstige Lage, die enge Verbindung zur technischen Forschung und andere ökonomische Rahmenbedingungen sprechen für die weitere Entwicklung der Stadt. Das hat sich durch den Wegfall der innerdeutschen Grenze natürlich noch verstärkt. Allerdings ist Braunschweig nicht nur wirtschaftlich ein Schwergewicht, sondern auch kulturell.

## Geschichte

Die Brunonen waren ein sächsisches Adelsgeschlecht, das hier eine Wasserburg besaß. An einem Übergang über die Oker bildete sich ein »Wik«, ein Rastplatz für Kaufleute. So entstand der Name Brunswiek, der für 1031 das erste Mal überliefert ist. Allmählich gelang es dem Ort, der wohl schon seit dem 9. Jh. bestand, die weiter südlich verlaufende West-Ost-Handelsstraße auf sich zu lenken. Die geschichtliche Bedeutung Braunschweigs rührt allerdings von seinem wichtigsten Freund und Gönner, dem Sachsenherzog Heinrich dem Löwen. Zwar gab es schon die Brunonenburg Dankwarderode auf einer Okerinsel, und es hatte sich gegenüber der Altstadt schon der neue Stadtteil Altewiek gebildet. Außerdem bezeugen einige Kirchenbauten aus dieser Zeit Braunschweigs wirtschaftliche Stärke. Aber einen noch größeren Schwung bekam die Entwicklung durch Heinrichs Vorliebe für die Okerstadt, die er zu seiner Residenz machte. Er ließ sich eine neue, sehr mächtige Burg im Kaiserpfalz-Stil errichten, gab den großen Dom in Auftrag, sorgte für eine Stadtmauer und legte in einem Sumpfgebiet das Handwerkerviertel Hagen an. Die Neustadt und der »Sack« waren zwei weitere Ortsteile, die im 13. Jh. mit den anderen zu der nun Stadtrecht erhaltenden Gesamtheit zusammenwuchsen. Seit 1267 war Braunschweig Mitglied der Hanse, unter deren Binnenstädten es eine führende Rolle spielte.

Weil die Welfenherzöge von Braunschweig-Lüneburg mit Erbstreitigkeiten mehr als mit ihrer Machtsicherung befaßt waren, konnte sich die Bürgerstadt mehr und mehr mit einer selbstbewußten Politik gegenüber dem Herzoghaus behaupten. Das wiederum war den Ärger 1283 leid und verlegte seine Residenz ins benachbarte Wolfenbüttel. Allerdings wollte man damit seine Ansprüche auf Braunschweig nicht ein für allemal aufgeben. Mehrfach wurde die Stadt belagert, und nachdem sie im 30jährigen Krieg stark geschwächt worden war, wurde sie vom Welfenherzog Rudolf August 1671 wiedererobert und verlor ihre Selbständigkeit. Seit 1753 residierten die braunschweigischen Welfen wieder in Braunschweig – ihr Schloß jedoch war von den Bürgern in der erfolgreichen Revolution von 1830 niedergebrannt worden, und den Nachfolgebau riß man, stark kriegszerstört, in den 50er Jahren ab. Die verheerenden Kriegszerstörungen haben das Bild Braunschweigs entscheidend verändert. Von der alten Stadt existieren vor allem einige Traditionsinseln um die Kirchen herum.

## Sehenswürdigkeiten

Zentrum der Stadt ist der **Domplatz**, auf dem Heinrich der Löwe das heutige Wahrzeichen der Stadt, einen (damals vergoldeten) **Bronzelöwen** aufstellen ließ. Als erste deutsche Freiplastik hat dieses Symbol für Heldenmut und Gerechtigkeit kunsthistorischen Rang und wurde mehrfach nachgeahmt (das Original im Landesmuseum). Die **Burg** ist eine Re-

Das heutige Wahrzeichen der Stadt: der einstmals vergoldete Bronzelöwe (links).

Der Altstadtmarkt mit St. Martin, dem Alten Rathaus rechts und dem mittelalterlichen Gewandhaus links (Mitte).

Schloß Richmond wurde 1768/69 für Herzogin Augusta erbaut (rechts oben).

Lessings „Emilia Galotti" wurde in Braunschweig 1772 uraufgeführt (rechts unten).

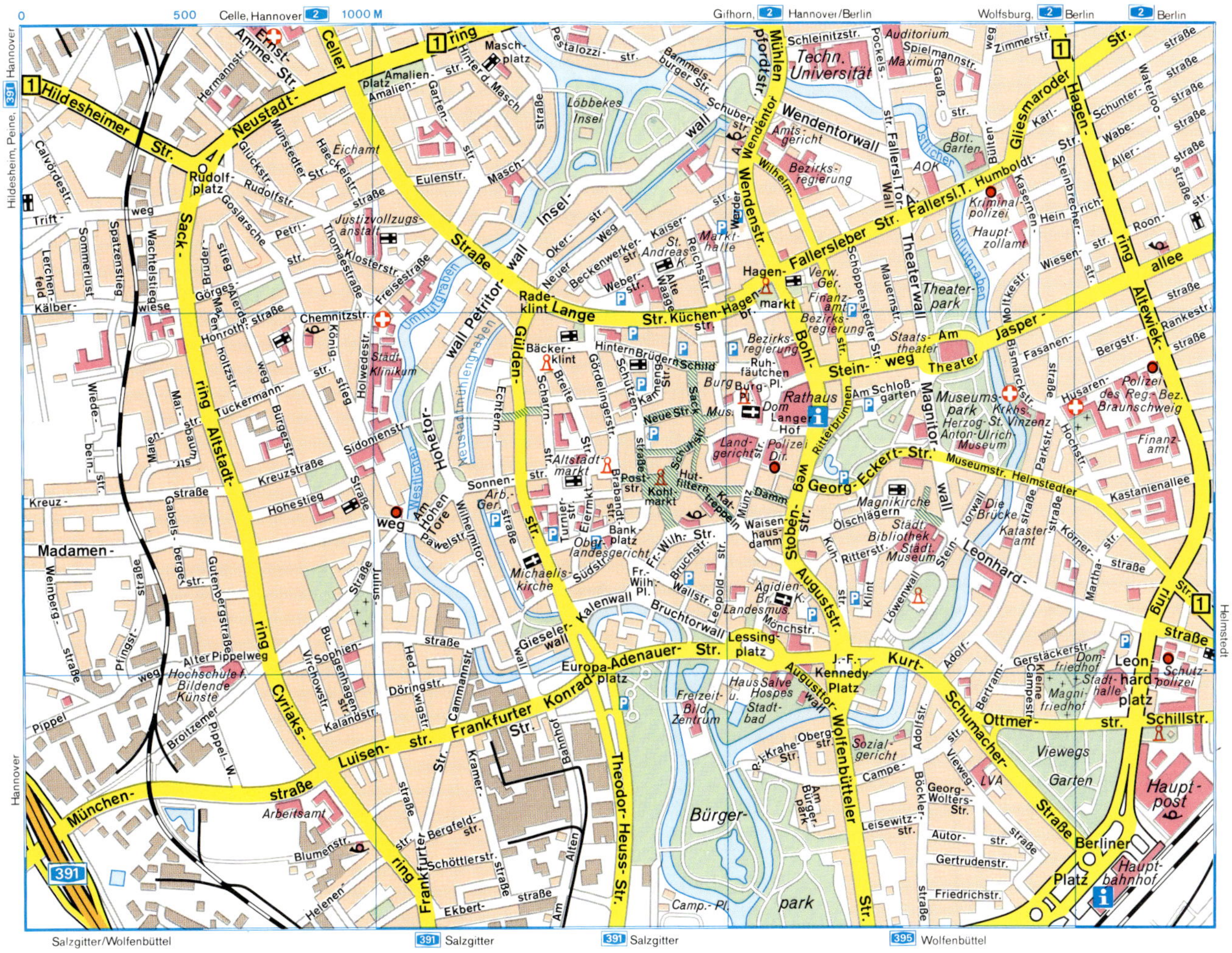


konstruktion aus dem 19. Jh., gibt aber mit nur wenigen Veränderungen ein Bild der 1175 fertiggestellten Anlage. Als Kollegiatsstiftskirche **St. Blasius** wurde der **Dom** erst im Todesjahr Heinrichs vollendet – der hier mit seiner Gemahlin Mathilde liegt. Beider **Grabmahl**, ein Hauptwerk der sächsischen Bildhauerschule, idealisiert die Gestalten allerdings in der damals üblichen Weise. Tatsächlich war Heinrich klein und durch ein Hüftleiden gehandicapt. Erst die Renovierungen nach dem Krieg haben die Schönheit und Bedeutung der **Wandmalereien** aus dem 13. Jh. hervorgebracht. Ein aus der Vorgängerkirche übernommenes Kruzifix (1160) weist in einer Inschrift auf seinen Künstler – Imerward. Bedeutend ist auch der von Heinrich gestiftete siebenarmige Leuchter im Chor. In der **Krypta** sind etliche Welfen seit dem 18 Jh. beigesetzt – an einem Sarg wurde aus Angst vor Scheintod eine Glocke angebracht.

Die meisten wichtigen Kirchenbauten Braunschweigs stammen aus dem 12. bis 14. Jh. So auch die Pfarrkirche **St. Martin**, die in der Form den Dom zu kopieren scheint. An sie wiederum erinnern die etwas später (um 1200) errichteten Pfarrkirchen **St. Katharina** in Hagen und **St. Andreas** am Wollmarkt. Alle diese Kirchen, einschließlich des Doms, wurden im 13. Jh. von Basiliken zu Hallenkirchen umgestaltet, also in den Seitenschiffen an die Höhe des Mittelschiffes angeglichen. Der Neubau von **St. Magni** wurde 1252 gleich als Hallenkirche realisiert, um die Kirche herum kann man heute noch eine Reihe alter Braunschweiger Fachwerkhäuser bewundern. Auf dem **Magnifriedhof** ist das Grab Gotthold Ephraim Lessings, dessen Drama »Emilia Galotti« in Braunschweig uraufgeführt wurde – ebenso wie Goethes »Faust I«. Als schönste Hallenkirche der Stadt gilt **St. Aegidien**.

Von dem Reichtum der Bürgerstadt zeugen das **Altstadtrathaus** mit seiner mächtigen Giebelfront, das **Huneborstelsche Haus** und das **Haus Vieweg** am Burgplatz. Eines der wichtigsten restaurierten Häuser ist das mittelalterliche **Gewandhaus**. Erhaltene Fachwerkhäuser stehen auch noch im **Ottilienteil**. Etwas außerhalb liegt das spätbarocke **Schloß Richmond**. Unter den **Museen** sind vor allem zu nennen: Herzog-Anton-Ulrich-Museum (Gemäldegalerie, Kunstgewerbe); Staatliches Naturhistorisches Museum, gegründet 1754; Städtisches Museum (Kulturgeschichte der Stadt und der Region); Wilhelm-Raabe-Gedächtnisstätte im Raabe-Haus (Leonhardstraße 29a); Landesmuseum für Geschichte und Volkstum.

Die **Technische Universität** ist die älteste Deutschlands, daneben verfügt die Stadt noch über andere wichtige Forschungseinrichtungen wie die Physikalisch-Technische Bundesanstalt, die Deutsche Forschungs- und Versuchsanstalt für Luft und Raumfahrt, die Bundesforschungsanstalt für Landwirtschaft, die Biologische Bundesanstalt für Land- und Forstwirtschaft oder das Luftfahrt-Bundesamt. Einige wichtige Verlage erinnern noch heute an die sehr bedeutende Verlagstradition der Stadt. Aber auch die einzige niedersächsische **Kunsthochschule** ist hier ansässig. Mit dem **Bürgerpark**, dem **Naturschutzgebiet Riddagshausen** und dem **Buchhorst** stehen wichtige Erholungsgebiete zur Verfügung.

**Information**
Verkehrsverein
Hauptbahnhof
W-3300 Braunschweig
Tel. (0531) 79237

**Festkalender**
Braunschweig veranstaltet die größten Karnevalsumzüge in Norddeutschland. Mittelalterlicher Markt (Mai). Kleinkunstwoche (Herbst). Weihnachtsmarkt.

**Tips**
Das Staatstheater Braunschweig besetzt die drei Sparten Schauspiel, Oper, Ballett – und hat ein anerkanntes Niveau. In die Braunschweiger Stadthalle werden internationale Größen der Musik eingeladen. Alternative Kleinkunst bietet das Theatron. Neben vielen Studentenkneipen gibt es natürlich auch etliche gehobene Restaurants.

# Bremen Stolze alte Stadt

Tradition und Fortschritt sind die Kräfte, die Bremen in Vergangenheit und Gegenwart geprägt haben. Zusammen mit ihrem Hochseehafen Bremerhaven bildet die Freie und Hansestadt Bremen das kleinste deutsche Bundesland.

Die alte Hansestadt an der Weser ist ganz Handels- und Kaufmannsstadt. Trotz ihrer Lage im Binnenland, gute 50 km von der Nordseeküste entfernt, lebt Bremen vom und mit dem Meer. Handel und Schiffahrt sind seit jeher die Stützen des Bremer Wirtschaftslebens. Die Hälfte aller Arbeitsplätze im Bundesland Bremen steht mit der Schiffahrt und den Häfen in Zusammenhang. Über den Seehafen in die Stadt gelangte überseeische Waren wie Tabak und Kaffee sind bis heute der Grundstoff des bremischen Handels. Nach dem englischen Liverpool ist die alte Hansestadt der wichtigste Baumwollumschlagplatz Europas. Die Hafenanlagen in Bremerhaven und Bremen-Stadt ermöglichen die Abfertigung der riesigen transozeanischen Handelsschiffe ebenso wie das Be- und Entladen kleinerer Frachtschiffe mit geringerem Tiefgang. Über ein engmaschiges Netz in- und ausländischer Schifffahrtslinien ist Bremen mit der ganzen Welt verbunden. Exotische Lebensmittel, aber auch Industrieprodukte wie Eisen- und Stahlwaren oder Papier werden im Bremer Hafen umgeschlagen. Die weltweite Flaute der Schiffsindustrie hat allerdings auch der stark hafenorientierten bremischen Wirtschaft in jüngerer Zeit schwere Probleme eingetragen.

Die Jahrhunderte haben das Bild der alten Kaufmannsstadt stark verändert. Im 19. und 20. Jh. wuchs Bremen weit über seine ursprünglichen Grenzen hinaus. Als Bundesland hat Bremen etwa 680000 Einwohner, rund 540000 davon leben in der Stadt Bremen am Unterlauf der Weser. Heute ist Bremen eine junge, sympathische Stadt mit lebendiger Tradition.

## Geschichte

Kaiser Karl d. Gr. erhob die Siedlung am rechten Weserufer 782 zum Bistum und machte den Angelsachsen Willehad zum Bischof. Durch die verkehrsgünstige Lage wuchs die Siedlung im Schutz des Bischofs bald zum wichtigen Handelsplatz heran. Im 10. Jh. wurde diese Entwicklung durch die Verleihung des Marktrechtes bestätigt. Als geistliches Zentrum Norddeutschlands übte Bremen eine wichtige Funktion bei der Verbreitung des Christentums im Ostseeraum und in Skandinavien aus. Unter dem Erzbischof Adalbert, der 1043-1072 regierte, erlebte Bremen eine erste Glanzzeit. Durch erfolgreichen Handel reich und selbstbewußt geworden, schüttelten die Bremer Kaufleute bald die bischöfliche Vorherrschaft ab. Bremen wurde als bürgerliche Handelsstadt 1358 Mitglied der Hanse. Nun begann eine Zeit der Blüte. Als Zeichen der Stadtfreiheit steht seit 1401 auf dem Marktplatz die Rolandsstatue. 1522 führte Bremen die Reformation durch.

Zu Anfang des 17. Jh.s, noch vor dem Dreißigjährigen Krieg, bauten sich die Bremer eine starke Befestigungsmauer. Die Wallanlagen am Stadtgraben erinnern noch heute an diese wehrhafte Zeit. Mit der Herrschaft Napoleons im 19. Jh. ging die Zeit Bremens als mächtige unabhängige Reichsstadt zu Ende. Um der drohenden Versandung und damit der Verödung des Hafens zu entgehen, gründete der große Bremer Bürgermeister Johann Smidt 1828 65 km stromabwärts Bremerhaven. Der Wasserbaumeister Ludwig Franzius korrigierte den Lauf der Weser und sorgte dadurch für ein Überleben der Häfen innerhalb der Stadt Bremen auch in der Zukunft. Mit dem neuen Hochseehafen gelang Bremen der Anschluß an die Industrialisierung und die aufkommende Dampfschiffahrt des 19. Jh.s.

Im Zweiten Weltkrieg wurden weite Teile des alten Bremen vernichtet. Das Zentrum der Stadt, der Marktplatz mit den umliegenden Gebäuden, ist jedoch – ein, wenn auch kleiner, Trost – erhalten geblieben.

**Information**
Tourist-Information
am Hauptbahnhof
W–2800 Bremen 1

Verkehrsverein der Freien Hansestadt
Hillmannplatz 6
W–2800 Bremen 1
Telefon: (0421) 30 800-0

**Festkalender**
Bremer Eiswette am 6. Januar. Schaffermahlzeit im Februar, Vegesacker Herbstmarkt im September. Bremer Freimarkt auf der Bürgerweide im Oktober.

**Tips**
Schiffahrten: Fahrt nach Helgoland und andere Tagesfahrten (von Mai bis September), Hafenrundfahrten ab Martinianleger (von März bis Oktober), romantische Fahrt auf den Nebenflüssen Hamme und Wümme.
Traditionsgaststätten: „Altstadt" (Katharinenstraße 32), „Beck's in'n Snoor" (Schnoor 34-36), „Bremer Ratskeller" im Alten Rathaus mit der größten Weinkarte in Deutschland.

Im Bremer Schnoorviertel (links).

Roland, der Paladin Karls des Großen, als Wächter hansestädtischer Freiheit. Das überlebensgroße Standbild wurde 1404 auf dem Bremer Markt errichtet (rechts).

0
500M
Bremerhaven
Bremerhaven / Hannover
REGENSBURGER STRASSE
WEIDEDAMM
STEFFENSWEG
WESTEND
Bürgerpark
FINDORFF
UTBREMEN
BÜRGER WEIDE
Stadthalle
BAHNHOFSVORST.
Hauptbahnhof
BARKHOF
HOHENTORSHAFEN
Weser
Wallanlagen
ALTSTADT
ALTE NEUSTADT
OSTERTOR
HOHENTOR
NEUSTADT
BUNTENTOR
SÜDERVORST.
GARTENSTADT SÜD
HUCKELRIEDE
NEUENLAND
Kleine Weser
Werdersee
Delmenhorst
Osnabrück / Hamburg
Hannover

## Sehenswürdigkeiten

Der touristisch interessanteste Teil Bremens ist die Altstadt zwischen Stadtgraben und Weser. Mittelpunkt des alten Bremens ist seit jeher der **Marktplatz** mit Dom, Rathaus, Liebfrauenkirche und dem „Schütting".

Der **Dom St. Petri** steht am ersten bremischen Siedlungsplatz auf der Höhe einer Düne. Bischof Willehads hölzerne Kirche aus dem 8. Jh. wurde bald durch einen Steinbau ersetzt, der jedoch 1041 einem Brand zum Opfer fiel. Der heutige Bau stammt in seinen Grundzügen aus dem 11.-13. Jh. Im Verlauf der folgenden Jahrhunderte erhielt der Dom diverse gotische Bauelemente. Die steil in den Himmel aufragenden Turmhelme wurden erst 1893 aufgesetzt.

Das Innere des Doms zeigt sich als harmonische Verschmelzung frühromanischer bis spätgotischer Stilmerkmale.

Zu den schönsten Ausstattungsgegenständen zählen ein thronender Christus aus dem Jahre 1050, ein auf vier ungleichen Löwenreitern ruhendes bronzenes Taufbecken aus dem 13. Jh. und die Reste des Chorgestühls aus dem 15. Jh. Besonders bemerkenswert ist die reichgeschmückte Orgelempore, ein Werk des Bildhauers Heinrich Brabender-Beldensnyder aus dem 16. Jh.

Aus der Zeit um 1100 stammt noch die herrliche dreischiffige Ostkrypta. Leicht erhöht neben der Krypta liegt ein Raum, der wohl schon so manchem Besucher kalte Schauer über den Rükken gejagt haben dürfte. In der sogenannten Bleikammer – früher wurde dort bleiernes Dachdeckermaterial gelagert – haben sich mumifizierte Leichen aus über 500 Jahren erhalten. Die älteste Mumie stammt von einem Dachdecker, der um die Mitte des 15. Jh.s während der Arbeit vom Kirchturm fiel.

Das rechts neben dem Dom stehende moderne Gebäude ist der Sitz der Bremer **Bürgerschaft** (Landesparlament). Der Architekt Wassili Luckhardt schloß mit dem in den Jahren 1963-1966 errichteten Bau die Lücke, die die Bomben des Zweiten Weltkriegs und der Abbruch der neugotischen Börse gerissen hatten.

Zur Linken von St. Petri steht das **Rathaus**, dessen prachtvolle Renaissancefassade zusammen mit dem Dom ein wunderschönes Ensemble ergibt. Viele Besucher Bremens halten dieses schöne Motiv mit der Kamera fest. Das Rathaus wurde 1405-1410 im gotischen Stil erbaut und 1610 mit der üppigen Renaissancefassade versehen. Die großen Sandsteinfiguren auf der Brüstung über dem Arkadengang stellen Kaiser Karl d. Gr. und sieben Kurfürsten dar. Die ehemalige Markt- und Versammlungshalle im Erdgeschoß zeigt noch heute unverfälscht ihren gotischen Ursprung. Einen feierlichen Rahmen bietet die Obere Halle, in der sich gotische und renaissancezeitliche Stilelemente zu einem wunderbaren Raumbild fügen. Die Güldenkammer innerhalb des Oberen Saals war einst der Rahmen für vertrauliche Sitzungen des Bremer Rates. In dem daraufliegenden Raum nahmen die Ratsmusikanten Platz.

Der berühmte **Bremer Ratskeller** ist Anfang des 15. Jh.s entstanden. Reichbemalte Fässer aus dem 18. Jh. füllen die Nordseite des Gewölbes aus. Ein Durchgang zwischen den Fässern führt in die mittelalterlichen Weinlager des Rose- und Apostelkellers. Der berühmte Märchendichter Wilhelm Hauff ließ sich von der historischen Umgebung zu seinen „Phantasien aus dem Bremer Ratskeller" inspirieren. Fresken von Max Slevogt aus dem Jahre 1927 im neueren „Echosaal" illustrieren die Dichtung. Angesichts der umfangreichsten Weinkarte Deutschlands – auf 66 Seiten sind Hunderte verschiedener Weine verzeichnet – kommt hier jeder auf seinen (Wein-)Geschmack. Wer noch mit dem Auto weiter will, sollte dem Genuß allerdings nur in Maßen frönen! Als Symbol und Wahrzeichen der den Bischöfen abgetrotzten Bürgerfreiheit steht der **Roland** seit 1404 unmittelbar vor dem Rathaus. Wie ein trutziger Wächter des Bürgerrechts wendet das einschließlich Sockel fast 10 m hohe Standbild selbstbewußt dem Dom das Gesicht zu. In den Händen hält der Jüngling das Gerichtsschwert, Symbol der nun von den Bürgern und nicht mehr der Bischofsmacht ausgeübten Gerichtsbarkeit. Eine hölzerne Vorgängerfigur des Rolands hatte der Erzbischof 1366 zerstören lassen.

Ein Märchen der Gebrüder Grimm hat die **Bremer Stadtmusikanten** weltweit berühmt gemacht. Esel, Hund, Katze und Hahn schlugen mit ihrem erbarmungswürdigen Gesang grimmige Räuber in die Flucht, bevor sie noch die Bremer Bürger mit musikalischen Darbietungen erfreuen konnten. Der Künstler Gerhard Marcks setzte den tierischen Musikanten mit der 1953 geschaffenen Bronzeplastik vor der Westfassade des Rathauses ein Denkmal. Ein Kuriosum der Architektur ist das **Sparkassengebäude** Am Markt 12. Dem modernen Bau wurde eine an anderer Stelle gerettete Rokokofassade von 1755 vorgesetzt.

Das reizvolle Ensemble um den Marktplatz setzt sich fort mit der **Liebfrauenkirche**, der ältesten Pfarrkirche Bremens. Im 13. Jh. wurde das der Jungfrau Maria geweihte Gotteshaus errichtet. Trotz zahlreicher baulicher Veränderungen im Lauf der Jahrhunderte hat die Liebfrauenkirche das reizvolle Bild einer mittelalterlichen Pfarrkirche bewahrt. Das Innere der Kirche erscheint als frühgotischer Hallenbau in seiner reinsten Ausprägung. Die Maßwerkfenster schmücken se-

Im Überseehafen (links außen).

Als Repräsentanten von Geschichte und Gegenwart der Freien Hansestadt umgeben die Domtürme, das Rathaus und das moderne Haus der Bürgerschaft den Bremer Marktplatz (links innen).

Das Mittelschiff des St.-Petri-Domes (rechts innen).

Den Eingang zur Böttcherstraße schmückt das Relief eines Drachenkämpfers von B.Hoetger (rechts außen).

henswerte Glasmalereien, die aus unserer Zeit stammen.
Ein paar Schritte abseits des Dombezirks, in der Langenstraße, steht ein schönes Beispiel der im Zweiten Weltkrieg endgültig vernichteten Bremer Bürgerhausarchitektur. Die **Stadtwaage**, 1587/88 erbaut, wurde 1960 im alten Gewand wiedererrichtet. Bemerkenswert ist die sechsgeschossige Giebelfront.
Dem Rathaus gegenüber auf der anderen Seite des Marktplatzes erbaute sich die selbstbewußte Bremer Kaufmannschaft im 16. Jh. als Gildehaus den **Schütting**. Johann den Schütten, ein flandrischer Baumeister aus Antwerpen, schuf den Sitz der Bremer Handesleute in enger stilistischer Anlehnung an ähnliche Gebäude seiner Heimat. Der Name Schütting ist jedoch von einem plattdeutschen Wort für das Sammeln von Geld abgeleitet. Die Kaufmannstradition fortführend, residiert heute in dem schmukken Renaissancehaus die Handelskammer.
Der Schütting ist auch Ausgangspunkt der mit 107 m vielleicht kürzesten, sicher aber berühmtesten Bremer Straße, der **Böttcherstraße**. Der Kaufmann Ludwig Roselius ließ die verfallende ehemalige Handwerkergasse in den Jahren 1926-1931 zur Laden- und Museumsstraße umbauen. Durch die Schaufenster hindurch kann man einem Goldschmied oder einem Glasbläser bei der Arbeit über die Schulter blicken. An der Westseite der engen Gasse sind Häuser im traditionellen bremischen Baustil zu sehen, die Häuser der Ostseite gestaltete der Künstler Bernhard Hoetger im Stil des Expressionismus und Jugendstils. In dem über vierhundert Jahre alten **Roseliushaus** (Nr. 6) ist die Sammlung mittelalterlicher Kunstwerke des Gründers der Böttcherstraße zu bewundern. Am **Glockenspielhaus** erfreuen die klingenden Glocken aus Meißner Porzellan den Besucher. Während des Glockenspiels erscheinende Bildtafeln illustrieren die Geschichte der Ozeanüberquerungen. Im **Modersohnhaus** sind Werke der Malerin Paula Modersohn-Becker aus der Worpsweder Künstlerkolonie zu sehen.
Von der Böttcherstraße aus erreicht man über die Martinistraße das alte Hafenviertel mit der **Martinikirche**. Die 1950 rekonstruierte Kirche entstand im 13. Jh. als Bet- und Andachtsstätte der bremischen Kaufmannschaft. Der Volksmund nannte das Gotteshaus gern „Ollermannskarken" nach den ranghöchsten Vertretern der Kaufmannsgilde, den Älterleuten. In dem an der Ostseite der Kirche angebauten Haus lebte im 17. Jh. der Prediger Joachim Neander, dessen Kirchenlied „Lobet den Herren" noch heute in vielen protestantischen Gottesdiensten erklingt. Am Martini-Anleger direkt vor dem Gotteshaus starten in den Sommermonaten Schiffe zur Hafenrundfahrt.
Über die Martinistraße und den Osterdeich führt der Weg zu einer der interessantesten Attraktionen Bremens, dem **Schnoor**. Das ehemalige Handwerker- und Fischerviertel zwischen Dombezirk und Weser ist das älteste in seiner ursprünglichen Form erhalten gebliebene Wohnviertel Bremens. Die Häuser stammen überwiegend aus dem 15.-18. Jh. Künstler und Gastwirte haben dem vernachlässigten Quartier zu neuem Leben verholfen. In Gassen mit so merkwürdigen Namen wie „Hinter der Holzpforte", „Wüste Stätte" oder „Marterburg" bieten diverse Läden Kunst und Kitsch, Kräuter, alte Möbel und alle Arten von Flohmarktartikeln. Im Pottladen kann man glückbringende Eulen aus Ton erwerben. Selbst ein Drehorgelverleih gehört zum Angebot dieses original bremischen alten Stadtviertels.
In den Wallanlagen jenseits des Altenwalls am Ende des Schnoorviertels entstand Mitte des 19. Jh.s die **Kunsthalle**. Die reiche Gemäldegalerie umfaßt Werke vom Mittelalter bis zur Gegenwart. Den Schwerpunkt bilden die französische und die deutsche Malerei des 19. Jh.s. Daneben ist eines der umfangreichsten Kupferstichkabinette Europas zu besichtigen. Im nebenan liegenden **Gerhard-Marcks-Haus** sind Werke des Schöpfers der „Bremer Stadtmusikanten" ausgestellt.
Die von den beiden Museen ausgehenden Wallanlagen umschlossen einst als Befestigungsring die Altstadt. Ein beliebtes Fotomotiv ist die **Mühle** am Herdentor, einzig erhaltene von ehemals zwölf an den Wallanlagen stehenden Windmühlen.
Über die Herdentorstraße gelangt man zum Bahnhofsplatz, an dessen linker Seite das **Überseemuseum** liegt. Das 1896 gegründete Museum enthält Exponate aus Volkskunde und Kultur der mit den bremischen Kaufleuten in Handelsbeziehungen stehenden Überseeländer.
Nur wenige Gehminuten vom Hauptbahnhof entfernt liegt der Mitte des 19. Jh.s geschaffene **Bürgerpark**. Zusammen mit dem angrenzenden Stadtwald ist er über 200 ha groß. Mehrere Restaurantbetriebe, ein Bootsverleih, eine Minigolfbahn und andere Einrichtungen machen den Park zu einem beliebten Freizeitzentrum für Bürger und Besucher. Im nahegelegenen **Rhododendronpark** wachsen Hunderte verschiedener Rhododendren- und Azaleenarten.
Über die Schwachhauser Heerstraße (Fortsetzung des Dobbenweges) erreicht man das außerhalb des Stadtkerns gelegene **Focke-Museum** (Landesmuseum für Kunst und Kulturgeschichte, Schwachhauser Heerstr. 240). Die in einem alten Gutshaus und einem Neubau untergebrachten Sammlungen zeigen Altbremer bürgerliche Wohnkultur und interessante Dokumentationen zur Stadt- und Landesgeschichte. Besonderes Interesse verdient das Mittelbürener Bauernhaus auf dem parkartigen Freigelände des Museums. Das im 17. Jh. erbaute Haus wurde abgetragen und an dieser Stelle wieder aufgebaut. Die ebenfalls im Freigelände stehende Tarmstedter Scheune zeigt mannigfaltige landwirtschaftliche Arbeitsgeräte.
Nordwestlich des Altstadtkerns liegt der **Europahafen** mit dem Ro-Ro-(Roll-on/Roll-off) Terminal. Bei diesem Verfahren werden die Frachtschiffe nicht nur über Kräne von oben, sondern auch über Heck- und Seitenpforten be- und entladen.
Der **Überseehafen** (zu erreichen über die Nordstraße) mit 1700 m Länge und 11 m Tiefe dient der Abfertigung größerer Schiffe.

# Bremerhaven Stolz und weltoffen

Zwar gehört Bremerhaven zum kleinsten Bundesland, aber man legt hier Wert auf seine Selbständigkeit. Früher war Bremerhaven die Brücke nach Amerika, heute besitzt der größte deutsche Fischereihafen zugleich den größten geschlossenen Container-Umschlagplatz Europas.

Die große Zeit der Columbus-Kaje war in den 20er und 30er Jahren, als dort die großen Passagierschiffe nach Amerika ablegten. Diese Aufgabe haben inzwischen die Flughäfen übernommen. Aber die Fischerei und der Schiffbau sind noch immer von herausragender Bedeutung in Bremerhaven. 75 % der Beschäftigten haben mit Fischen zu tun. Aber inzwischen wird auch in Bremerhaven versucht, neue Wirtschaftszweige anzusiedeln.

## Geschichte

Die Gründung Bremerhavens im Jahre 1827 hat einleuchtende und leicht nachvollziehbare Gründe gehabt: Die Weser bei Bremen drohte zu versanden, außerdem versuchten die Oldenburger Nachbarn, Bremens Überseehandel in Oldenburgische Häfen umzulenken. So machte sich der vorausschauende Bremer Bürgermeister Johann Smidt daran, den 1830 eröffneten Hafen zu bauen, der heute der »alte« genannt wird. Bald stellte sich diese Investition als sehr lohnend heraus, denn der Tiefgang der Schiffe wurde immer größer. Und zudem konnten die Schiffe den Weg die Elbe herauf einsparen. Weitere gezeitenunabhängige Schleusenhäfen kamen hinzu: 1851 der Neue Hafen, 1876 der Kaiserhafen, 1931 Nordschleuse und Wendebecken. Am offenen Strom war noch die Columbus-Kaje eröffnet worden, an der die großen Schnelldampfer der Hapag-Lloyd festmachten – wie die »Bremen«, die »Europa« oder die »Columbus«. Die Auswandererschiffe nach Amerika, etwa auch des Norddeutschen Lloyd, brachten damals auf der Rückfahrt Importgüter mit. Für die heutige Bedeutung des Hafens war die Errichtung des Container-Terminals Wilhelm Kaisen 1971 zentral. Südlich der mitten in der Stadt mündenden Geeste liegt der Fischereihafen. Für das enorme Wachstum im Laufe der Stadtgeschichte waren Gebietsabtretungen durch das Land Hannover und durch Preußen notwendig. 1947 waren zu Bremerhaven wieder die vorher zu Wesermünde zusammengeschlossenen Orte Lehe und Geestemünde gekommen.

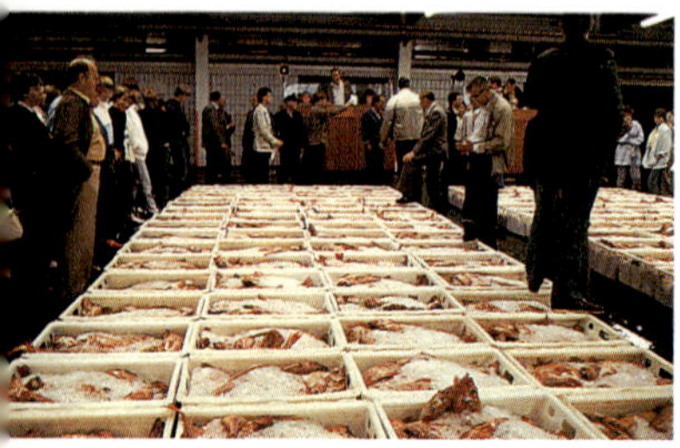

Frischen Fisch gibt es am frühen Morgen auf den Auktionen im Fischereihafen (links).

Seit über 100 Jahren Schifffahrts-Wahrzeichen: der Leuchtturm „Roter Sand" vor der Wesermündung (oben).

Blick über den Alten Hafen und das Deutsche Schiffahrtsmuseum (unten).

## Sehenswürdigkeiten

Das moderne Stadtbild wird stark von den Hochhäusern des **Columbus-Center** bestimmt, wo sich unter anderem auch mehrere Informationsstellen befinden. Im **Alten Hafen** ist heute das **Deutsche Schiffahrtsmuseum** eingerichtet, in dem man als ältestes Museumsschiff eine 1962 in der Weser gefundene Kogge besichtigen kann. Von dem 112 m hohen **Radarturm** an der Geestemündung hat man einen hervorragenden Blick über Stadt und Hafen. Im **Morgensternmuseum** kann man sich über die Volkskunde und die Stadtgeschichte informieren.

Bäuerliche Lebensformen werden dagegen im **Freilichtmuseum Speckenbüttel** anschaulich. Die Biologische Sammlung des **Alfred-Wegener-Instituts für Polar- und Meeresforschung** verdient ebenfalls Aufmerksamkeit. Ein Vergnügen besonderer Art ist für Frühaufsteher die Beobachtung einer Fischauktion im **Fischereihafen**. Fische, aber auch andere Tiere, die vor allem im Norden leben, kann man in den **Tiergrotten** sehen. Der Übersee- und Bäderverkehr wird am **Columbusbahnhof** abgewickelt, von dem auch die Fähren nach England ablegen. Diesen Betrieb kann man genüßlich von einer Veranda aus beobachten – und dabei von fernen Ländern träumen. Für Spaziergänger empfiehlt sich eine Deichwanderung zwischen Weddewarden und **Ochsenturm**. Dieser gehört zu der Kirche eines im Meer untergegangenen Dorfes, von dem sich Reste noch bei Ebbe erkennen lassen. In **Bederkesa** besuchen die Bremerhavener gerne die alte Burg oder die Windmühle, bevor sie in der schönen Landschaft spazierengehen oder sich am See dem Wassersport widmen. Livemusik aus vergangenen Tagen hört man im Sanssouci.

**Information**
Verkehrsamt
Van-Ronzelen-Straße 2
W-2850 Bremerhaven
Tel. (04471) 44502

**Festkalender**
Fischereihafen-Motorrad-Rennen (April/ Mai). Maritime Festwoche (Juli). Freimarkt (mit deutsch-amerikanischem Volksfest, August). Hafenfest (September).

**Tips**
Einen Zoo am Meer und ein Nordseeaquarium bieten die interessanten Tiergrotten. Im Deutschen Schiffahrtsmuseum werden sechs Museumsschiffe ausgestellt. Das Stadttheater ist äußerst rege. Im Columbus-Center bietet die »Schleuse« regelmäßig guten Jazz. Über die Störtebeker-Straße fährt man am Meer entlang und um den Jadebusen nach Wilhelmshaven. Ausflüge ins Wattenmeer oder nach Helgoland.

# Celle – Das Kleinod an der Aller

**Die hübsche Stadt am Südrand der Lüneburger Heide hat längst wichtige Industriezweige aufgebaut – allein von einstiger politischer Bedeutung und vom reizenden Stadtbild kann eine 73 000-Einwohner-Stadt schließlich nicht leben. Außerdem ist Celle auch Standort wichtiger Gerichte.**

Die malerische Welfenresidenz an der Aller gehört heute zu den wichtigsten Schätzen deutscher Städtekultur. Über 500 Bürgerhäuser in farbenfrohem Fachwerk überstanden den 30jährigen Krieg wie den Zweiten Weltkrieg. Außerdem lockt das 1735 vom englischen König (und hannoverschen Kurfürsten) gegründete Landgestüt mit der berühmten Hengstparade jeden Herbst Besucher von weither.

## Geschichte

Um 990 hat es Celle schon gegeben, 1248 erhielt es Stadtrecht, wurde 1292 von Otto dem Strengen auf einem Hügel an dem Zusammenfluß von Aller und dem Flüßchen Fuse zusammen mit einer Burg neu gegründet. Von dieser Stadtgründung rührt auch die zwar nicht rechtwinklige, aber doch deutlich erkennbare Ausrichtung der Altstadtstraßen auf das heutige Schloß her. Von 1378 bis 1705 war Celle Residenz des Fürstentums Lüneburg, das dann mit dem Kurfürstentum Hannover zusammenfiel. Seinerzeit weltberühmt wurde Celle durch eine aufsehenerregende Hof-Intrige, der in der Nacht vom 11. zum 12. Juli 1694 der junge Kavalier Philipp Christoph Graf von Königsmarck zum Opfer fiel. Ihm war eine Affäre mit der Prinzessin Sophia-Dorothea nachgesagt worden, der Gemahlin Georg-Ludwigs von Hannover, dem späteren Georg I. von England. Vermutlich mit Wissen des Kurprinzen wurde von Königsmarck in jener Nacht erdolcht und dann hinter der Wandtäfelung im Schloß verborgen – ein Versteck, das bald der Geruch des Leichnams verriet. Die Prinzessin wurde geschieden und 1695 nach Schloß Ahlden verbannt, wo sie den Rest ihres Lebens verbrachte.

## Sehenswürdigkeiten

Die ursprüngliche Wasserburg erhielt ihre heutige Gestalt, die sie zu einem der repräsentativsten deutschen Renaissance-Schlösser machte, vorwiegend im 16. Jh. Neben der teils noch gotisch geprägten **Schloßkapelle** verdient das wunderhübsche **Schloßtheater** Beachtung, das als ältestes fürstliches Theater Deutschlands seit 1674 bis heute fast ununterbrochen spielte. Heute dienen als Theaterfoyer die Prunkräume des letzten Herrscherpaares.

Beim obligatorischen Rundgang durch die **Altstadt** sollte man besonders auf das **Rathaus** (1579) und das **Hoppener-Haus** (1592, Poststraße 8) achten. Von besonderer Pracht ist die ursprünglich gotische **Stadtkirche**, deren frühbarocker Altar berühmt ist. Unter dem Chor befindet sich die Fürstengruft des Hauses Welfen. Die Orgel stammt aus dem 17. Jh.; von dem 74,5 m hohen Turm aus hat man einen herrlichen Ausblick auf Stadt und Umgebung.

Der **Französische Garten** wurde von Eleonore d'Olbreuse, der Gemahlin des letzten Herzogs Georg Wilhelm, angelegt. Darin befindet sich ein Bienen-Institut. Das **Bomann-Museum** gilt als eines der bedeutendsten Heimatmuseen Nordwestdeutschlands und gibt Auskunft über bäuerlich-ländliche Lebensformen in der Heidelandschaft (Montag bis Samstag 10 bis 17 Uhr, sonntags 10 -13).

Im ehemaligen **Zisterzienserkloster Wienhausen** ganz in der Nähe Celles finden sich Wandmalereien und Teppiche aus dem 13. bis 15. Jh.

**Information**
Verkehrsverein
Markt 6
W-3100 Celle
Tel. (05141) 1212

**Festkalender**
Im Frühjahr: Wasa-Lauf – ein Volkslauf durch die Innenstadt. Letzter September- und erster Oktober-Sonntag: Celler Hengstparade; sehr früh die Karten vorbestellen (Landgestüt, Postfach 365, Tel. / 27061).

**Tips**
In der Woche nach Pfingsten: Ausstellung der berühmten Wandteppiche (14./15. Jh.) im Kloster Wienhausen (Fremdenverkehrs- und Verschönerungsverein Flotwedel, W-3101 Wienhausen). Wandern in dem Naturschutzpark Lüneburger Heide (mit Abstecher nach Münden an der Örtze). Ausflug nach Lüneburg. Besuch des Erdölmuseums in Wietze.

Das Rathaus wurde 1530-1581 im Spätrenaissancestil erbaut (oben).

Schloß Celle mit Dressurstandbild im Vordergrund (unten).

Das Wappen aus dem Jahr 1603 (rechts).

# Chemnitz – Lebendige Industriestadt

Die im März 1945 total zerstörte frühere Industriemetropole Chemnitz erstand nach der Umbenennung in Karl-Marx-Stadt ab 1961 mit völlig neuem Stadtzentrum. Die Entwicklungen in der jüngsten Geschichte führten zur Rückbenennung in Chemnitz.

## Geschichte

Wie so oft, fing auch bei Chemnitz alles mit einer frommen Stiftung an. Diesmal war es Kaiser Lothar III., der 1136 das Benediktinerkloster Chemnitz in einem weiten, von der Chemnitz durchflossenen Talkessel stiftete. Der Name des kleinen Flusses, des Klosters und der späteren Stadt geht übrigens auf das slawische Wort „Kamenica" zurück und bedeutet einfach Steinbach. Die Gründung der Stadt beim Kloster unternahm dann der Stauferkaiser Friedrich I. Barbarossa, der einen rechteckigen Markt mit regelmäßigem Straßennetz anlegen ließ. Damit die Entwicklungsfähigkeit der Neugründung gesichert war, erhielt sie zum einen früh den Status einer Freien Reichsstadt, zum anderen bekam sie im Jahre 1357 das Bleichprivileg, was sie zu einem Mittelpunkt der Leinenweberei und des Leinenhandels machte. Zu den frühen Chemnitzer Privilegien gehörte auch, daß der Abt seines Klosters gleichzeitig selbständiger Reichsfürst war. Da die Äbte diese Würde wohl zu schätzen wußten, entfalteten sie ab der zweiten Hälfte des 15. Jh. auch eine entsprechend Hofhaltung, bis 1540 die Reformation ihren Einzug hielt. Grundlage des Chemnitzer Wohlstandes war neben der Textilproduktion im 15. und 16. Jh. der Erzbergbau, in dessen Folge es schon im 15. Jh. einen Kupferhammer gab.

Im 18. und 19. Jh. knüpfte die Stadt nahtlos an diese wirtschaftliche Vorgeschichte an. Aus dem Montanbereich wurde der Maschinenbau, und daraus entstanden in unserem Jahrhundert so wichtige Industriezweige wie der Spinnereimaschinenbau, der Lokomotivbau und der Schwermaschinenbau. In der Textilherstellung siegte um 1800 mit der Baumwollspinnerei ebenfalls die Industrialisierung, so daß Chemnitz neuerlich Zentrum der Textilproduktion in Sachsen wurde.

Lange vor den Bomben des Zweiten Weltkriegs sorgte diese Industrialisierung schon für eine starke Veränderung des Stadtbildes. Bereits im frühen 19. Jh. wurden die alten mittelalterlichen Befestigungsanlagen abgerissen, wurde eine Neustadt angelegt oder der Theaterplatz völlig neu gestaltet (um 1900). Zum Zeichen des Neuanfangs wurde Chemnitz am 10. Mai 1953 in Karl-Marx-Stadt umbenannt. 1990 erhielt die Stadt wieder ihren ursprünglichen Namen.

## Sehenswürdigkeiten

Mittelpunkt des neu errichteten Stadtzentrums ist heute der **Karl-Marx-Platz** mit dem **Karl-Marx-Monument**, einem riesigen, von L. Kerbel 1971 geschaffenen Charakterkopf von Karl Marx. Weitere Wahrzeichen des neuen Gestaltungswillens sind das Gebäude des **Rates des Bezirkes**, die **Stadthalle** und das **Hotel Kongreß** mit seinem 93 m hohen Wohnturm.

Letzter Rest der ehemaligen Stadtbefestigung ist der **Rote Turm**, der in seinen unteren Teilen noch etwa 800 Jahre alt ist. Vom Turm sind es nur wenige Schritte hinüber zum Markt mit dem 1911 fertiggestellten **Neuen Rathaus**. Seine Innengestaltung folgt ganz dem Jugendstil, im Rathausturm wurde ein Glockenspiel mit 48 Glocken installiert. Daneben schließt sich das **Alte Rathaus** von 1498 an. Es wurde 1945 zwar ebenfalls völlig zerstört, danach jedoch weitgehend nach dem alten Vorbild wiederaufgebaut. Die alte Ratsstube, in der schon Georg Agricola gewirkt hatte, wurde samt ihrem spätgotischen Gewölbe originalgetreu wieder eingebaut. Das Judith-Lucretia-Portal am Turm des Alten Rathauses stammt ebenfalls noch von 1559.

Die einzige in Chemnitz noch erhaltene Barockfassade von 1741 ist am Haus Siegert, dem heutigen Café am Markt, zu finden. Etwas außerhalb des eigentlichen Stadtkernes findet sich mit der ehemaligen **Klosterkirche St. Marien**, der späteren Schloßkirche, ebenfalls noch Erhaltenes. In ihrer heutigen Form wurde die Klosterkirche zwischen 1499 und 1526 als spätgotische Halle errichtet. Nebenchöre und Teile des südlichen Querschiffes stammen noch vom romanischen Vorgängerbau. Wertvollstes Detail der Schloßkirche ist das viergeschossige Astwerkportal, das Hans Witten 1525 vollenden konnte. Noch vom alten Lettner stammt ein Kruzifix, und von Lucas Cranach konnten glücklicherweise wenigstens vier Gemälde gerettet werden.

Aus der Zeit des Jugendstils blieb das **Museum** erhalten. Es präsentiert wertvolle impressionistische und expressionistische Malerei, darunter allein 24 Gemälde von Karl Schmidt-Rottluff. Einen ganz besonderen Stellenwert hat das **Museum für Naturkunde** mit seiner einzigartigen Sammlung versteinerter Pflanzen. Die Sammlung Sterzeleanum steht als „Versteinerter Wald" teilweise am Theaterplatz, teilweise im Museumsgebäude.

Den Stadtteil **Ebersdorf** ziert eine um 1400 als dörfliche Wehranlage errichtete **Stiftskirche**. Aus ihr entstand im 15. Jh. als Wallfahrtskirche ein spätgotischer Neubau. Die zweischiffige Hallenkirche besticht durch ihre reiche Ausstattung. Noch von 1513 stammt ihr Hochaltar mit zwei festen und vier beweglichen Flügeln.

Von **Burg Rabenstein** sind noch der Bergfried und Teile des Palas erhalten. Im angeschlossenen Museum werden Waffen und Eisengeräte sowie Dokumente aus der Geschichte der Burg gezeigt.

Christusfigur an der Fassade der Stadtkirche St. Jakobi (oben).

Schloß Chemnitz mit dem Schloßteich (rechts).

**Information**
Tourist-Information
Straße der Nationen 3
O-9010 Chemnitz
Telefon: 62051

**Festkalender**
Robert-Schumann-Musiktage (Mai/Juni). Festtage der Musik und des Theaters (Oktober). Tage der erzgebirgischen Folklore (November).

**Tips**
Der Küchwaldpark ist das Naherholungszentrum von Chemnitz. Hier gibt es ein Kosmonautenzentrum, eine Pioniereisenbahn, eine Freilichtbühne und eine Eissporthalle. Am Naherholungsgebiet Pelzmühle lockt ein Tierpark.

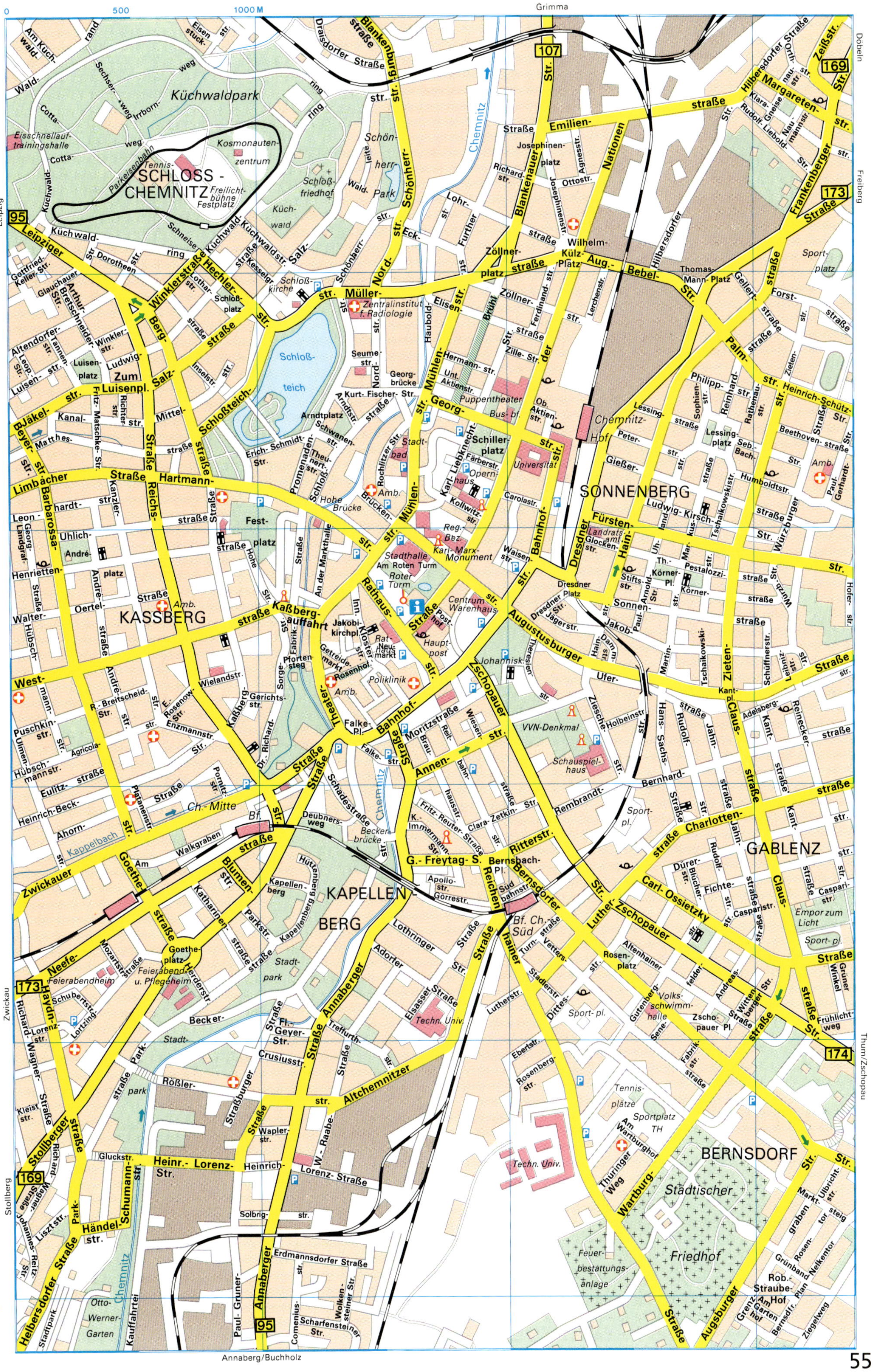

0
500
1000 M
Grimma
Döbeln
Freiberg
Leipzig
Zwickau
Stollberg
Thum/Zschopau
Annaberg/Buchholz
Küchwaldpark
SCHLOSS - CHEMNITZ
Schloß-teich
KASSBERG
SONNENBERG
GABLENZ
KAPELLEN BERG
BERNSDORF
Städtischer Friedhof
Chemnitz-Hbf
Universität
Techn. Univ.
Schauspiel-haus
Stadthalle
Roter Turm
Karl-Marx-Monument
Fest-platz
Stadt-park
Sportplatz TH
Feuer-bestattungs-anlage
Chemnitz
95
107
169
173
174

# Cottbus
# Tor zum Spreewald

**Die alte Kaufmannsstadt an der Kreuzung wichtiger Handelswege liegt am Nordrand des Niederlausitzer Braunkohlereviers und am Südostrand des Spreewaldes mit seinem weitverzweigten Gewässernetz, seinen Mooren, Wäldern und Gemüsebeeten.**

Dank der Braunkohle ist Cottbus das Zentrum der Energieerzeugung im Osten Deutschlands. Der alte, auf einem 77 m hohen, von der Eiszeit geformten Hügel gelegene mittelalterliche Stadtkern wurde deshalb längst zu klein, so daß ein völlig neues Stadtzentrum westlich des alten Kerns und parallel zur Spremberger Straße errichtet wurde.

## Geschichte

Nicht ohne Grund steht auf den Ortsschildern von Cottbus auch Cosebuz. Dies ist nicht nur ein Hinweis darauf, daß Cottbus im Gebiet der Sorben liegt, sondern auch darauf, daß die Stadt von einem Herrn Chotebud gegründet wurde. Der Herr war ein sorbischer Slawe und dürfte im 8. Jh. gelebt haben. Er hatte die strategische Bedeutung des Spreeübergangs erkannt und sich für den Bau einer Burg entschieden. Natürlich nutzte er dafür den 77 m hohen, eiszeitlichen Schwemmhügel.
Die erste urkundliche Erwähnung der Siedlung erfolgte 1156, in einer Zeit also, in der Cottbus bereits ein kaiserlich-staufischer Burggrafensitz war. Er diente nun der Sicherung der von Magdeburg nach Glogau in Schlesien führenden Salzstraße sowie der Fernstraße nach Frankfurt an der Oder. Ab 1190 kamen Burg und Siedlung, die nun Chotibuz hießen, unter böhmische Lehenshoheit, die der Siedlung mehrere Jahrhunderte friedlicher Entwicklung erlaubte.
Dank guter Handelsbeziehungen wuchs die Stadt rasch innerhalb eines festen Mauerrings und erhielt schon im 14. Jh. mit dem Münzrecht die Möglichkeit, eigene Münzen zu prägen. Der „Cottbuser Heller" wurde schnell weitverbreitetes Zahlungsmittel. Im 15. Jh. sorgten zuwandernde flandrische Tuchmacher und Leinenweber für den nächsten Konjunkturschub. Flachs und Schafwolle waren als heimische Produkte vorhanden, die Spezialkenntnisse der Zuwanderer machten daraus in kürzester Zeit den Qualitätsbegriff Niederlausitzer Tuche, die rasch in Skandinavien und ganz Osteuropa begehrte Handelsobjekte wurden. Zeitweise war die Produktion so umfangreich, daß sie als Halbfabrikate zur Weiterverarbeitung (Färben) bis nach Hamburg verschickt wurden. Daß Reichtum blind machen kann, erfuhren die Cottbuser 1420. Da nämlich überfielen sie einen Handelszug Kölner Kaufleute, ohne die Folgen zu bedenken. Als umfangreiche Schadensersatzforderungen angemeldet wurden, hofften sich die Cottbuser dadurch aus der Affäre zu ziehen, daß sie versuchten, aus der böhmischen in die brandenburgisch-preußische Oberhoheit zu kommen. 1445 und 1455 erwarb der Markgraf von Brandenburg denn auch tatsächlich in zwei Teilkäufen die Stadt – allerdings mit schlimmen Folgen. Zuvor war Cottbus das Zentrum der gesamten Niederlausitz gewesen. Nun aber hatte man sich als brandenburgisch-preußische Enklave in Kursachsen lästige Zollschranken eingehandelt. Sie hielten mit geringen Unterbrechungen bis 1815, als Cottbus zu Preußen kam.
Zuvor allerdings waren die Cottbuser zusammen mit ihrem Kurfürsten von Brandenburg 1537 protestantisch geworden. Dies änderte jedoch nichts daran, daß die Stadt im Dreißigjährigen Krieg mehrfach geplündert wurde. Danach sorgten die Kurfürsten durch die planmäßige Ansiedlung von Pfälzern und Hugenotten in einer eigenen französischen Kolonie ab 1701 für die Neubelebung von Handwerk und Wirtschaft. Lohgerberei,

Im Schloßpark Branitz (links außen).

Das Spremberger Tor ist Teil des ehemaligen Befestigungsrings (rechts oben).

Das Stadttheater im Jugendstil (rechts).

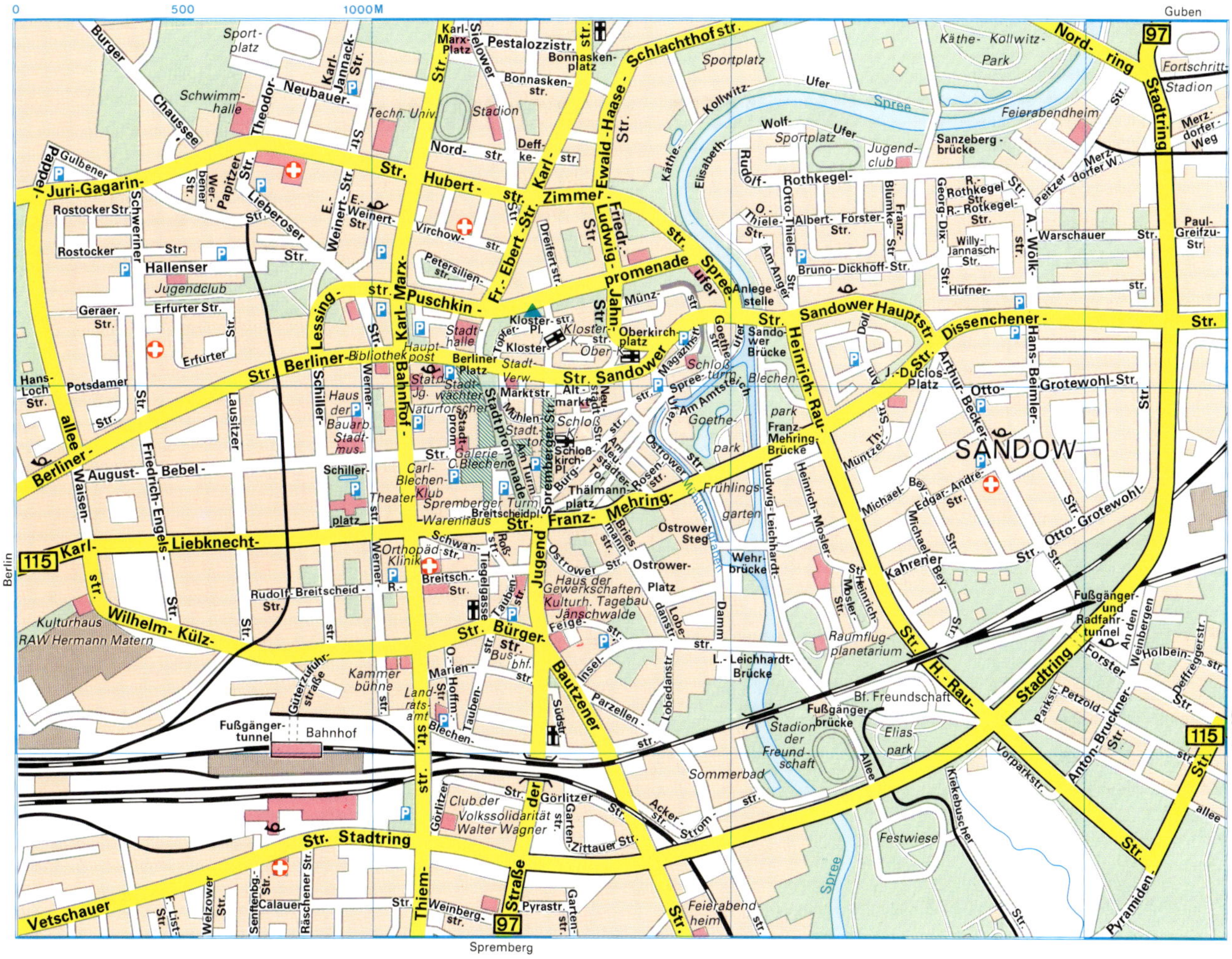


Strumpfwirkerei und Seidenspinnerei wurden ebenso neu eingeführt wie die Tabakverarbeitung. 1726 wurde deshalb südlich der Altstadt für die Zuwanderer die erste „Neustadt" errichtet. Ihr folgte 1783 weiter südlich das Spinnereidorf, der heutige Stadtteil Sachsendorf. Er verdankt seinen Namen Spinnereifachkräften, die in Sachsen angeworben worden waren.

Das 19. Jh. war gekennzeichnet durch die Einführung der mechanischen Wollgarnspinnereimaschinen. 1818 wurde die erste mit einer Dampfmaschine angetrieben, und 1833 wurde für die Versorgung der Fabriken ein eigenes Stauwehr in die Spree gebaut. Ab 1842 ratterten die ersten mechanischen Webstühle in Cottbus, und 1861 eröffnete eine Teppichfabrik ihre Tore. Ab der Mitte des Jahrhunderts lieferten die ersten Braunkohlezechen die für den Betrieb der Dampfmaschinen nötige Energie.

Nach dem Krieg wurde Cottbus systematisch zur Industriestadt ausgebaut. Dennoch sind auch heute noch die Grundstrukturen der mittelalterlichen Stadt im Bereich von Burgberg und Altmarkt sowie die frühen Ausbaubereiche um die Spremberger Straße bis zum Spremberger Tor gut zu erkennen. Grüne Lunge der Stadt ist seit 1848 der Branitzer Park.

## Sehenswürdigkeiten

Die alten Fernhandelsstraßen kreuzten sich am **Altmarkt**, der damit der ideale Niederlassungsplatz für die Handelsleute war. Nach einem Stadtbrand im Jahre 1671 wurden die dem Feuer zum Opfer gefallenen Häuser im sächsischen Barock neu errichtet. Heute steht der gesamte Altmarkt unter Denkmalschutz. Besonders schön sind die Häuser Nr. 21 (Stadtarchiv), Nr. 22 (Weinstube) und die 1586 gegründete Löwen-Apotheke, die älteste Apotheke der Region.

Auf das ehemalige Franziskanerkloster geht die **wendische Kirche** nördlich vom Altmarkt zurück. Sie dient der sorbischen Bevölkerung für ihre Gottesdienste. Die dreischiffige Backsteinhallenkirche östlich vom Altmarkt ist die **Oberkirche**. Sie birgt einen Renaissancealtar des Thorgauer Meisters Alfred Schultze.

Vom Altmarkt nach Süden führt die Spremberger Straße mit dem Spremberger Tor am Ende, dem Wahrzeichen der Stadt. Es erhielt seine Zinnenkrone allerdings erst nach Plänen von Karl Friedrich Schinkel. Die barocke **Schloßkirche** in der Spremberger Straße errichteten die zugewanderten Hugenotten von 1707 bis 1714. Erheblich jüngeren Datums ist das zwei Jahrhunderte später, nämlich 1908, im Jugendstil errichtete **Stadttheater** am Schiller-Platz.

Zur Cottbuser Parklandschaft gehören nicht nur der **Branitzer Park** als Meisterwerk deutscher Gartenbaukunst, sondern auch der **Carl-Blechen-Park** mit Freilichtbühne, der **Goethe-Park** mit seinem Schwanengehege und der **Elias-Park**. Der **Tierpark** schließlich zählt zu den großen zoologischen Gärten Deutschlands. Hier hat man sich auf die Zucht seltener Wasservögel spezialisiert.

Glanzstück des **Branitzer Parks** ist das bis 1772 von Fürst Pückler errichtete **Schloß**. Es erhielt seine heutige Gestalt im Rahmen eines von Gottfried Semper geleiteten Umbaus im Jahre 1850. Das Schloß enthält heute das **Cottbuser Bezirksmuseum** mit Exponaten zur Geschichte und Entwicklung der Stadt. Seine naturwissenschaftliche Abteilung ist im ehemaligen Marstall untergebracht.

**Information**
Cottbus-Information
Altmarkt 29
O-7500 Cottbus

**Festkalender**
Cottbuser Musik-Herbst (Oktober).

**Tips**
Das Raumflug-Planetarium „Juri Gagarin" bietet populärwissenschaftliche Informationen.
Die Eisenbahn im Elias-Park ist vor allem bei der Jugend beliebt. Die Spreewehrmühle gilt als beliebtes Ausflugsziel an der Spree.

# Darmstadt
# Stadt der Kultur

**Die ehemalige Hauptstadt des Großherzogtums Hessen ist eine vornehme Provinzstadt, der ihr kulturelles Engagement viel wert ist. So unterhält Darmstadt etliche anspruchsvolle Museen, ist aber auch der Verleihungsort einiger wichtiger deutscher Kunst- und Literaturpreise.**

Darmstadts besondere Verbindung zum Jugendstil begründete sich durch die Künstlerkolonie Mathildenhöhe, in der sich seit 1901 wichtige Vertreter dieser Stilrichtung sammelten. Großherzog Ernst Ludwig II. unterstützte die Künstler kräftig bei ihrem Bemühen, das Kulturleben der ganzen Stadt in Sinne des Jugendstils zu beeinflussen. Zu der Parkanlage gehört auch der »Hochzeitsturm«, ein Ausstellungsgebäude, das zum Wahrzeichen Darmstadts geworden ist.

## Geschichte

Der Name des Dorfes »Darimundestat« verweist auf einen Personennamen; zuerst taucht diese Bezeichnung der Siedlung in einer Urkunde des 11. Jh. auf. Im 13. Jh. ging der Ort an die Grafen mit dem hübschen Namen »von Katzenelnbogen«, die Darmstadt 1330 Markt- und Stadtrecht verliehen und zu ihrer Residenz machten. Nun entstanden Stadtwall und -graben, die alte Wasserburg wurde gründlich überholt und eine Stadtkirche erbaut.
Nach dem Aussterben dieses Geschlechts gelangte die Stadt 1479 an Hessen, und 100 Jahre später begann die Blüte Darmstadts, das nun zur Residenz der neu entstandenen Landgrafschaft Hessen-Darmstadt wurde. Wichtige Stadterweiterungen erfolgten 1590, als die Alte Vorstadt an der Magdalenenstraße entstand; später (1672) wurde an der heutigen Alexanderstraße der Birngarten bebaut, und 1695 nahm man in der Neuen Vorstadt besonders Hugenottenflüchtlinge auf. 1806 ernannte sich der letzte Landgraf Ludwig X. zum ersten Großherzog von Hessen Ludwig I. Dadurch wurde auch Darmstadt neuerlich aufgewertet – so mußte es schon 1810 um die rechtwinklig angelegte Neustadt erweitert werden. Auf dem Wiener Kongreß (1815) konnte Hessen-Darmstadt Gebietsgewinne erlangen. Von der 1877 gegründeten Technischen Hochschule gingen immer wieder wichtige Impulse für die wirtschaftliche Entwicklung der Stadt aus.
Die 1654 gegründete Engelapotheke war kurz darauf in die Hand der Familie Merck gelangt. Sie gründete 1827 den Chemisch-Pharmazeutischen Betrieb E. Merck, der bereits im Jahr darauf 50 Produktionsstätten in Darmstadt zählte. Weitere wichtige Daten der Industrialiserung waren der Eisenbahnanschluß von 1846 und die Einführung der Gewerbefreiheit 1866. Von 1918 bis 1945 war Darmstadt hessische Landeshauptstadt. Die Namen von Georg Christoph Lichtenberg, Georg Büchner und Karl Wolfskehl sind eng mit der Stadt verbunden. In Darmstadt wird mit dem Georg-Büchner-Preis einer der wichtigsten deutschen Literaturpreise vergeben. Außerdem hat hier das Europäische Operationszentrum für Weltraumforschung seinen Sitz.

## Sehenswürdigkeiten

Die Gaststätten im Schloßkeller sind noch von Mauerwek aus dem 14. Jh. umgeben. Seit damals ist bis in unser Jahrhundert immer wieder am Schloß gebaut worden. Die heutige Anlage ist nach den schweren Kriegszerstörungen der Stadt restauriert worden und läßt noch verschiedene Bauphasen gut erkennen. Das sogenannte **Neuschloß** ist eine relativ schlichte Konstruktion aus dem 18. Jh., in die nach einem vorhergehenden Großbrand auch die noch vorhandenen älteren Teile integriert werden sollten. Hauptsächlich aus Geldmangel wurden diese Pläne nicht realisiert, so daß das **Altschloß** mit seinen unregelmäßigen Bauteilen aus dem 15. und 16. Jh. sich noch immer um drei Innenhöfe gruppiert. Zwischen beiden Schloßteilen liegt der **Glockenbau**, der viertelstündlich mit den wechselnden Melodien seines Glockenspiels die Darmstädter erfreut. In den verschiedenen Bauten des Schlosses sind heute unterschiedliche Institutionen beherbergt – Universitätsteile, Museen, Archiv und Bibliothek.
Das **Alte Rathaus** steht am Marktplatz dem Schloß genau gegenüber und repräsentiert bürgerliches Selbstbewußtsein der Renaissance. Seine heutige Gestalt erhielt der mehrfach veränderte **Marktbrunnen** 1780, er zählt zu den wenigen Baudenkmälern Darmstadts, die die Zerstörungen des Krieges per Zufall überstanden. Die evangelische **Stadtkirche** zeigt nur noch in dem fünfgeschossigen Westturm Reste der alten Marienkapelle aus dem 15. Jh. Auch diese Langhauskirche weist eine komplizierte

Das Porzellanschlößchen und St. Elisabeth (links außen).

Die Russische Kapelle wurde für Zar Nikolaus II gebaut (links oben).

Markttag vor dem Mittelpavillon des Neuschlosses (links unten).

Der Hochzeitsturm, Wahrzeichen der Stadt (rechts oben).

Detail der Mathildenhöhe: Jugendstilrelief (rechts unten).

Baugeschichte auf. Vor allem die Renaissancegrabmale im Innern verdienen die Aufmerksamkeit des Stadtbummlers, besonders das **Alabaster-Epitaph** für Landgraf Georg I. und seine Gemahlin Magdalena. Inzwischen ist auch das **Pädagog** hier in der Nähe wiederaufgebaut worden, das als das erste Gymnasium Darmstadts gelten kann.

Georg Moller war ein berühmter Architekt des Klassizismus, aus dessen Plänen das 1818 bis 1820 erbaute **Hoftheater** hervorging, in das heute das Staatsarchiv einziehen soll. Daneben liegt das schloßartige **Hessische Landesmuseum**, in dem unter vielen Sammelgebieten besonders der Jugendstil große Bedeutung hat. Ende des 16. Jh. entstand der Lustgarten der Darmstädter Landgrafen, der sogenannte **Herrngarten**, der sich heute im Stil eines englischen Gartens gibt. Darin befinden sich etliche Denkmäler – besonders auffällig ist Ludwig Habichs Erinnerung an den jungen Goethe (1903), der sich eine Zeitlang viel in Darmstadt aufhielt.

Als einer der reizvollsten Stadtteile gilt das **Johannesviertel**, das seinen Namen einer evangelischen Kirche verdankt. In diesem Quartier reihen sich noch heute die prächtigen Fassaden selbstbewußter Gründerzeithäuser aneinander. Wer genau zu beobachten weiß, wird bemerken, wie sich hier beinahe von Straße zu Straße der Baustil ein wenig ändert. Von der hübschen **Alten Vorstadt** sind leider nur noch wenige Häuser erhalten – in der Magdalenen- und in der Alexanderstraße etwa kann man erkennen, wie hier die planmäßige Stadterweiterung im 16. und 17. Jh. sehr attraktive Häuser mit netten Giebeln hatte entstehen lassen.

Auch das mittelalterliche Darmstadt ist fast gänzlich verschwunden. Um so eindrücklicher nimmt man die Stadtmauerreste mit dem **Hinkelsturm** aus dem frühen 15. Jh. wahr. Im Zentrum der Stadt richten sich auf dem **Luisenplatz** alle Augen zunächst auf die **Ludwigssäule** (»Lange Lui«), die im Stil einer Siegessäule Großherzog Ludwig I. ehrt. An der Ostseite des Platzes ist als einziges altes Gebäude das **Kollegienhaus** rekonstruiert worden, ein schlichter und dennoch munterer Rokokobau, in dem heute der Regierungspräsident seinen Dienst versieht. Eine gewaltige Rundkuppel krönt die markant klassizistische **St.-Ludwigs-Kirche**. Zwischen den alten Bäumen des **Prinz-Emil-Gartens** erblickt der Spaziergänger in diesem englischen Garten das heitere **Prinz-Emil-Schlößchen**. Große Baupläne bestanden einst auch für den Garten in Bessungen: Davon ist nur die **Orangerie** verwirklicht worden, die bis 1972 als Theater genutzt wurde.

**Information**
Verkehrsamt
Luisenplatz 5
W-6100 Darmstadt
Tel. (06151) 132780

**Festkalender**
Heinerfest (Volksfest Anfang Juli). Heppenheimer Festspiele (Juli/ August). Internationaler Ferienkurs für Neue Musik (alle zwei Jahre).

**Tips**
Neben vielen Kunstsammlungen ist besonders das Schloßmuseum zu erwähnen, das außer Gemälden vor allem interessante Sammlungen zur Wohnkultur des 17. bis 20. Jh. bewahrt. Das Wella-Museum zur Geschichte der Kosmetik hat am Wochenende geschlossen. Staatstheater und Werkstattbühne werden viel besucht. Richtung Messel liegt das Jagdschloß Kranichstein.

# Dessau Heimat des Bauhauses

Die ehemalige Hauptstadt des Freistaates Anhalt bot im 19. Jahrhundert das Bild einer heimeligen Residenzstadt, in der Kunst und Kultur zu Hause waren. In unserem Jahrhundert machte das Bauhaus Dessau weltweit berühmt.

## Geschichte

„Dissowe" hieß Dessau 1213 bei der ersten urkundlichen Erwähnung. Damals gab es hier eine Wasserburg, die der Askanierherzog Bernhard Ende des 12. Jh. im Verlauf der deutschen Ostbesiedelung errichtet hatte. In ihrem Schutz waren eine Marktsiedlung und eine Marienkirche entstanden. Seit 1212 gehörte die Siedlung zur anhaltischen Linie der Askanier, 1298 erhielt sie Stadtrecht. Als die Stadt 1447 Residenzstadt wurde, bekam auch die alte Wasserburg eine neue Bedeutung.

Das 18. Jh. stand auch in Dessau ganz im Zeichen des Absolutismus. In der Regierungszeit von Fürst Leopold I., bekannt als der „alte Dessauer", entstanden mehrere Adelspaläste, die Kirche St. Johannes und die Spitalkirche, die heute St. Georgs-Kirche heißt. 1758 übernahm Fürst Leopold Friedrich Franz die Regierung. Er verpflichtete den Baumeister Erdmannsdorf und den Gärtner Eyserbeck zum Ausbau seiner Residenz. Auch in der Umgebung entstanden unter der Leitung von Georg Wenzeslaus von Knobelsdorff und Friedrich Wilhelm von Erdmannsdorf klassizistische Schloß- und Gartenanlagen, wie Schloß Mosigkau, Schloß Georgium und Schloß Luisium mit ihren Parks. Als Werke von Erdmannsdorf entstanden die klassizistische Stadtbibliothek, das Teehäuschen im Stadtpark sowie der Kristallpalast. Nach dem Ersten Weltkrieg bekam 1919 Anhalt eine freistaatliche Verfassung, Dessau wurde erneut Landeshauptstadt. Im selben Jahr wurde in Weimar von Walter Gropius das Bauhaus als Hochschule für Gestaltung gegründet. Das zarte Pflänzchen gedieh mit der Verlegung nach Dessau im Jahre 1925 zu einer Institution, die schnell weltberühmt wurde.

## Sehenswürdigkeiten

Leider haben die Bomben in Dessau kaum etwas von der historischen Bausubstanz übriggelassen. Seit 1977 ist wenigstens das **Bauhaus** wieder erstanden. Originalgetreu restauriert wurden die rund 1400 m$^2$ große, frei aufgehängte Vorhangfassade aus Glas, die Bauhaus-Brücke und der Eingang sowie die Aula, die Mensa, das Vestibül und ebenso der Vortragsraum. Auch die **Bauhaus-Siedlung** in Dessau-Törten hat die Widrigkeiten der Zeit überstanden und bietet ein Paradebeispiele der Neuen Sachlichkeit.

Die bis 1717 im Stil des holländischen Barocks errichtete **Kirche St. Georg** hat einen eindrucksvollen dreigeschossigen Zwiebelturm und ein Mansardendach auf elliptischem Grund. Die 1857 fertiggestellte neogotische **Kirche St. Peter und Paul** überstand als einzige katholische Kirche den Bombenhagel. Immerhin konnten wenigstens die Altargemälde der Dessauer Schloßkirche gerettet werden. Die von Lucas Cranach gemalten Tafelbilder (darunter ein Abendmahl mit Luther als Jünger Christi) zieren heute die Kirche der ehemaligen Propstei des **Benediktinerklosters Nienburg** in Dessau-Mildensee.

Das **Museum für Naturkunde und Vorgeschichte** ist in einer Nachbildung des Hospitals St. Spirito in Rom untergebracht. Die **Stadtbibliothek**, bis 1795 von Erdmannsdorf errichtet, besteht aus vier Teilbibliotheken mit Beständen, die bis ins 15. Jh. zurückgehen. Die **Staatliche Galerie** mit Werken altdeutscher, niederländischer und französischer Meister residiert in dem ebenfalls von Erdmannsdorf errichteten **Schloß Georgium**.

Auch das im italienischen Villenstil errichtete **Schloß Luisium** stammt von Erdmannsdorf. Sein Park enthält Kleinarchitekturen, die in ihrer romantisch-klassizistischen Art dem „empfindsamen Zeitalter" Ausdruck verleihen.

Die Pläne zu **Schloß Mosigkau** stammen dagegen von Georg Wenzeslaus von Knobelsdorff. Das 1757 fertiggestellte Schloß ist heute **staatliches Museum für Möbel, Porzellan und Fayencen** sowie für die „Oranische Erbschaft", eine wichtige Sammlung niederländischer und deutscher Malerei des 17. Jh.s.

**Information**
Dessau-Information
Friedrich-Naumann-Straße 12
O-4500 Dessau
Telefon: 46 61

**Festkalender**
Woche der Satire und des Humors (September). Mosigkauer Konzertsommer. Mildenseer Bauernmarkt (August).

**Tips**
Sommerausstellungen in den Orangerien des Schlosses Mosigkau (Juli bis September). In **Thießen** (16 km nördlich) steht ein um 1600 gebauter, wasserbetriebener Kupferhammer.

Das Mausoleum (links).

Dessau, die Heimat des Bauhauses (oben).

# Dinkelsbühl Deutsches Mittelalter

Nur wenige deutsche Städte haben ein so geschlossenes mittelalterliches Stadtbild aufzuweisen wie das fränkische Dinkelsbühl. Die alte Reichsstadt ist von einer vollständig erhaltenen Stadtmauer umzogen. Darin reihen sich die roten Dächer der Fachwerkhäuser aneinander.

Jedes Jahr gedenkt Dinkelsbühl im Juli mit der Kinderzech-Woche der sagenhaften Errettung der Stadt im 30jährigen Krieg 1632. Die belagernden Schweden ritten der Sage nach schon in die Stadt ein, um sie zu brandschatzen: Da kam die Tochter des Türmers mit den Kindern der Stadt zusammen auf den schwedischen Oberst zu, der davon so gerührt wurde, daß er die Stadt noch einmal verschonte. So verdanken wir seinem weichen Herz eines der geschlossensten alten Stadtbilder Deutschlands.

## Geschichte

Angeblich geht die Gründung der Stadt auf einen Dinkelbauer zurück, vermutlich hat es den Ort schon im 7. Jh. gegeben. Tatsächlich stammt der Ortsname wohl von einem Sippenführer »Thingwulf«. Als Handelsstation an der Kreuzung mehrerer Fernstraßen ist Dinkelsbühl dann im 12. Jh. an der Wörnitzfurt befestigt worden. Es gehörte den Staufern und entwickelte sich so gut, daß schon bald der alte Mauerring erweitert werden mußte. Zwar erhielt man schon im 13. Jh. die Reichsunmittelbarkeit, aber für ihren Erhalt mußte immer wieder schwerer Tribut entrichtet werden. Den beachtlichen Wohlstand hatten verschiedene Handwerke und der Handel gebracht. Schon früh wurde eine demokratische Verfassung etabliert – dieses Akts wird auf einem Wandbild im Rathaus gedacht. Seit dem 30jährigen Krieg war es damit aber gründlich vorbei. Wurde die Stadt auch nicht zerstört, so war die Blüte des Ortes doch vorüber. Denn nachdem schon der Schmalkaldische Krieg schwere Opfer gekostet hatte, war der Stadtstaat nun immer wieder neuen Belastungen ausgesetzt. Schon im frühen 19. Jh. wurde für den Erhalt der alten Stadtbefestigung gesorgt. Nach einige Wirren kam Dinkelsbühl 1806 an Bayern.

## Sehenswürdigkeiten

Die Stadtpfarrkirche **St. Georg** ist im 15. Jh. von der Baumeisterfamilie Eseler errichtet worden. Wesentliche Teile der ursprünglichen Ausstattung sind noch erhalten. Gleich daneben steht der Quaderbau des **Alten Rathauses**, der zunächst im 14 Jh. geschaffen wurde. Ältestes der Stadttore ist das **Wörnitztor** gegenüber. Hier an der Wörnitz konnte die erste Stadtmauer nicht erweitert werden, so daß man deren Baumaterial noch heute erkennen kann. Die Toranlage steht auf einem Fundament aus dem 13. Jh. Ein bedrückendes Beispiel mittelalterlicher Gefangenenbehandlung liefert das **Rothenburger Tor** im Norden: Die Gefängniszellen darin sind zu eng zum Liegen. Dem **Nördlinger Tor** im Süden ist die **Stadtmühle** vorgelagert, die wiederum eigens befestigt ist. An der gesamten Mauer entlang liegen immer wieder kräftige **Wehrtürme** mit engen Schießscharten. Teilweise sind in den Zwischenabständen auch kleine Häuser an der Maueraußenseite zu erkennen. Sie sind aus alten Befestigungsbauten hervorgegangen, die aus der Mauer herausragten; von hier aus sollten Feinde am Fuße der Mauer bekämpft werden. Unter den vielen sehenswerten Fachwerkhäusern der Stadt fällt besonders das dreigeschossige **Deutsche Haus** auf. Nebenan findet der Besucher die **Schranne** aus dem 16. Jh., die ehemals als Kornspeicher diente. Das **Deutschordenshaus** ist eine Vierflügelanlage aus dem 18. Jh., heute hat hier das Finanzamt seinen Sitz. Berühmt ist die Dinkelsbühler **Knabenkapelle**, die traditionell in einer Rokoko-Uniform auftritt. Im Neuen Rathaus spielt das **Fränkisch Schwäbische Städtetheater**. Das **Museum Dritte Dimension** ist im Nördlinger Tor eingerichtet und konzentriert sich auf die Themen Fotografie und Optik.

**Information**
Verkehrsamt
Marktplatz
W-8804 Dinkelsbühl
Tel. (09851) 90240

**Festkalender**
Georgi-Jahrmarkt (April). Freilichttheater (im Garten am Wehrgang, Juni/ August). Kinderzech-Festwoche (Juli). Bartholomäus-Markt (August). Historisches Stadtfest (September). Ursula-Markt (Oktober). Fisch-Erntewoche (Oktober). Martini-Markt (November).

**Tips**
Dinkelsbühl hat noch einen Nachtwächter. Bei einem Gang um die guterhaltene Stadtmauer kann man sich leicht das mittelalterliche Leben hier vorstellen. Die Romantische Straße führt nördlich nach Feuchtwangen und nach Rothenburg, südlich nach Nördlingen.

Das Rothenburger Tor öffnet die Stadtummauerung zum Norden hin (links oben).

Partie an der östlichen Stadtmauer: Romantische Straße, Kapuzinerweg (links unten).

Beschauliche Weiher sind der Stadtmauer vorgelagert (rechts).

# Dortmund Westfalenmetropole

Traditionell die Stadt von Kohle, Eisen und Maschinenbau, ist Dortmund heute Ort der größten Bierproduktion Europas, außerdem ein Zentrum des Sports, der Kultur und der Wissenschaft (Universität). Allerdings wird die Stadt auch von vielen Problemen geplagt.

Dortmund repräsentiert eine besondere Mischung aus großstädtischem Flair und westfälischer Bodenständigkeit. Am Rande des Ruhrgebiets gelegen, ist die Stadt mit knapp 600 000 Einwohnern von einer starken Arbeiterschaft geprägt, die gleichwohl ihre westfälische Zurückhaltung nicht unbedingt schon beim ersten Bier aufgibt. Die Menschen sind hier weniger überdreht oder exaltiert als vielleicht in manchen rheinischen Städten der Nachbarschaft. Dortmund repräsentiert noch eine Einmaligkeit unter deutschen Großstädten: Zur Hälfte besteht das Stadtgebiet aus Grünflächen.

## Geschichte

Anders als bei manchen Städten des Reviers reicht Dortmunds Bedeutung historisch viel weiter zurück als nur bis zum Beginn der Industrialisierung. Karl der Große hat hier schon im 9. Jh. einen Königshof gegründet, um den sich ein Ort bildete. Vor allem die günstige Lage am Hellweg, dem wichtigen mittelalterlichen Handelsweg von der Küste nach Köln, war für die frühe Blüte Dortmunds verantwortlich. Nach einer wechselvollen Geschichte im Mittelalter machte schließlich der 30jährige Krieg alles zunichte – bis zur einsetzenden Industrialisierung.
Nun ging es allerdings wie in anderen Ruhrgebietsstädten; eine Eisengießerei, eine Kesselschmiede und eine Dampfmaschinenfabrik errichtete Friedrich Harkort 1832. Das Puddel- und Walzwerk Hermannshütte wurde 1839 in Hörde gebaut. 1840 folgte die erste Tiefbauzeche im Hombruch, 1847 der Anschluß an zwei Eisenbahnlinien, 1855 wurden die ersten Vorläufer der heutigen Dortmund-Hörder Hütten-Union AG gegründet, die Stahlwerke Hoesch 1871 und 1899 der Dortmund-Ems-Kanal eröffnet.
Im Zweiten Weltkrieg wurde Dortmund in über 100 Luftangriffen fast komplett in Schutt und Asche gelegt, so daß an Baudenkmälern neben einigen Kirchen heute nur einige alte Bergwerks-Siedlungen und Industriedenkmäler die Aufmerksamkeit auf sich ziehen.

## Sehenswürdigkeiten

Wer sich einen guten Überblick über Dortmund verschaffen will, der besteigt zuerst den **Florianturm** im Westfalenpark. Von hier kann man nicht nur die riesige Anlage der Bundesgartenschau 1959 betrachten, sondern man sieht von den Aussichtsplattformen aus ganz Dortmund und sein Umland. Nicht weit entfernt liegt das **Westfalenstadion**, der Trainingsort des dreimaligen deutschen Fußballmeisters Borussia Dortmund. Die 1926 erbaute »**Kampfbahn**« **Rote Erde** direkt daneben heißt nach einem gründlichen Umbau heute nur noch »Leichtathletik-Stadion«. Hier liegt auch die **Westfalenhalle**, 1925 aus Holz erbaut – den Neubau nach dem Krieg krönte einst Europas größte freitragende Kuppel.
Unter den Sakralbauten fällt besonders die **Reinholdikirche** (13. Jh.) wegen ihres 100 m hohen Westturms auf, der einst als Wahrzeichen der Stadt galt. Den wohl wichtigsten Kunstschatz beherbergt die kleine **Marienkirche** aus dem 12. Jh. Die von Conrad von Soest um 1420 geschaffenen Tafelbilder des **Marienaltars** gelten als die bedeutendsten Werke gotischer Malerei in Deutschland. Für den Laien wohl noch eindrucksvoller dürfte der riesige **Antwerpener Schnitzaltar** (um 1520) in der **Petrikirche** sein.
Unter den Museen fällt das **Museum am Ostwall** wegen der darin aufbewahrten Sammlung Gröppel zum deutschen Expressionismus auf. Zum **Westfälischen Industriemuseum** gehört die **Zeche Zollern II** in Bövinghausen, deren Jugendstil-Maschinenhalle unter Denkmalschutz steht. Über das Fälscherwesen kann man sich im **Kriminalmuseum** erkundigen. Einen guten Ruf genießt auch die Dortmunder Musikszene.

**Information**
Verkehrsverein
Königswall 18
W-4600 Dortmund 1
Tel. (0231) 140341

**Festkalender**
Kunstmesse, Antiquitäten und Waffenbörse. Einmal jährlich gastiert in Dortmund die Arena di Verona mit einer Großproduktion. Auslandskulturtage (Mai). Kindertheaterwoche (Mai/Juni). Amateur-Schauspiel auf der Freilichtbühne Hohensyburg. Weihnachtsmarkt (2 Mio. Besucher).

**Tips**
Mittagessen im rotierenden Restaurant (138 m Höhe) des Florianturms im Westfalenpark. In der zweitgrößten Bierstadt der Welt gehört sich geradezu eine Brauereibesichtigung. Ein Abstecher empfiehlt sich nach Schloß Nordkirchen.

Der 100 m hohe Westturm der Reinholdikirche (links).

Das Neue Rathaus – „Bierkasten" – mit dem Gauklerbrunnen davor (rechts oben).

Der Floriansturm bietet auch gutes Essen (rechts unten).

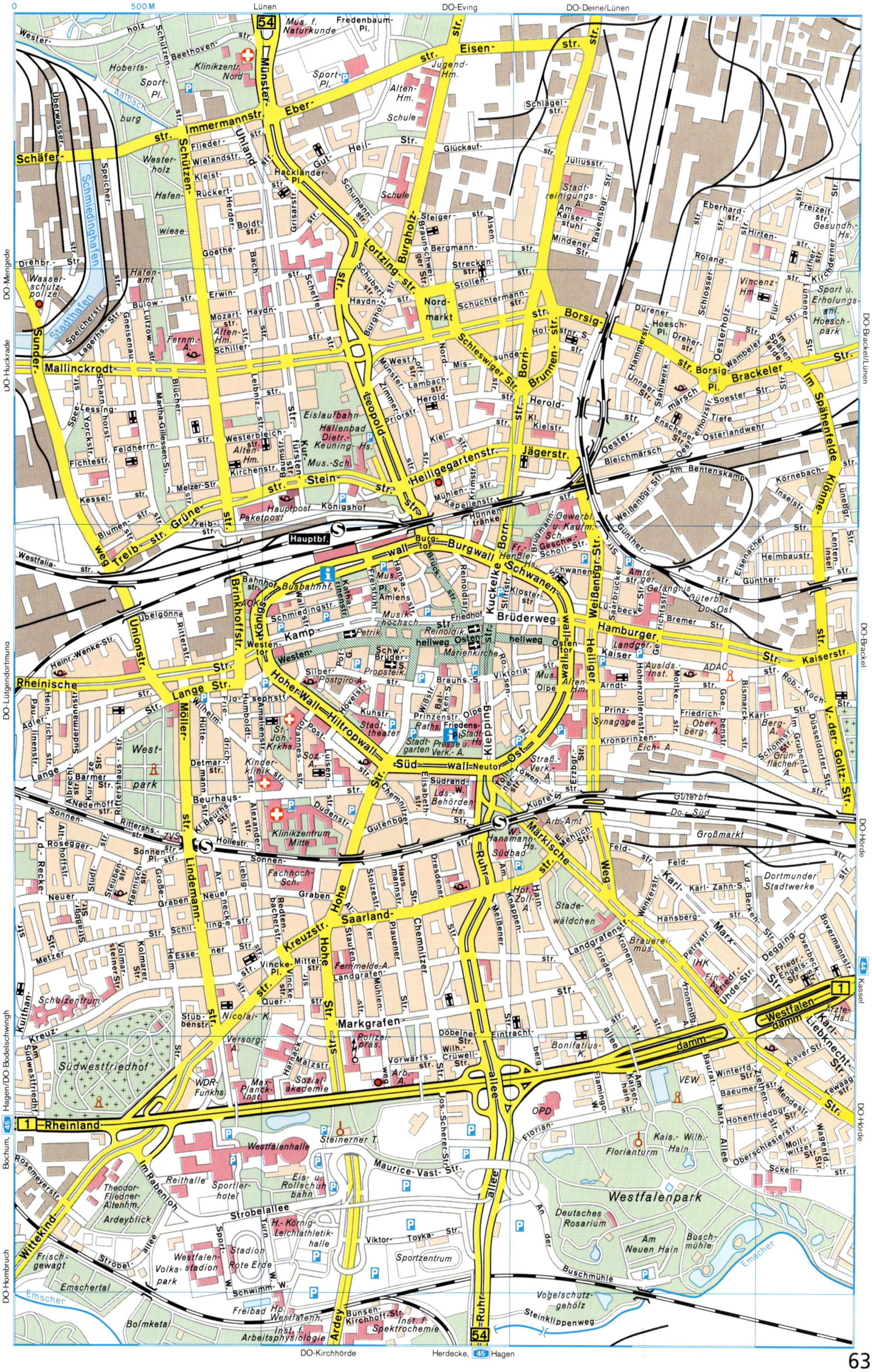
0
500 M
Lünen
DO-Eving
DO-Derne/Lünen
DO-Mengede
DO-Huckarde
DO-Lütgendortmund
Bochum, 45 Hagen/DO-Bodelschwingh
DO-Hombruch
DO-Kirchhörde
Herdecke, 45 Hagen
DO-Brackel/Lünen
DO-Brackel
DO-Hörde
44 Kassel
54
1
Mus. f. Naturkunde
Fredenbaum-Pl.
Eisen-str.
Eber-str.
Münster-str.
Immermannstr.
Schäfer-str.
Schmiedinghafen
Stadthafen
Wasserschutzpolizei
Hafenamt
Sunder-weg
Mallinckrodt-str.
Schützen-str.
Klinikzentr. Nord
Heil-str.
Gut-
Hackländer-Pl.
Lortzing-str.
Burgholz-str.
Bergmann-str.
Glückauf-str.
Juliusstr.
Stadtreinigungs-A.
Borsig-str.
Borsig-Pl.
Brackeler Str.
Im Spähenfelde
Nordmarkt
Schleswiger Str.
Born-str.
Brunnen-str.
Leopold-str.
Eislaufbahn
Hallenbad Dietr.-Keuning-Hs.
Heiligegartenstr.
Jägerstr.
Stein-str.
Grüne-str.
Treib-str.
Hauptpost
Paketpost
Königshof
Hauptbf.
Burgwall
Schwanen-wall
Ost-wall
Süd-wall
Hoher Wall
Hiltropwall
Königs-wall
Westen-hellweg
Ost-hellweg
Kamp-str.
Brüderweg
Hamburger Str.
Kaiserstr.
Heiliger Weg
Weißenburger Str.
Rheinische Str.
Lange Str.
Unionstr.
Brinkhoffstr.
Möller-str.
Lindemann-str.
Reinoldik.
Marienkirche
Petrik.
Propsteik.
Postgiro-A.
Stadttheater
Stadtgarten
Friedens-Pl.
Raths.
Neutor
Kinderklinik
Klinikzentrum Mitte
West-park
Kronprinzen-str.
Ruhr-allee
Märkische str.
Saarland-str.
Kreuzstr.
Hohe str.
Markgrafen-str.
Stadewäldchen
Großmarkt
Dortmunder Stadtwerke
Karl-Zahn-Str.
Marx-str.
Westfalendamm
Rheinlanddamm
Karl-Liebknecht-Str.
Südwestfriedhof
Schulzentrum
WDR-Funkhs.
Max-Planck-Inst.
Sozialakademie
Westfalenhalle
Eis- u. Rollschuhbahn
Maurice-Vast-Str.
Strobelallee
Theodor-Fliedner-Altenhm.
Ardeyblick
Im Rabenloh
Wittekind-str.
Sportler-hotel
Reithalle
Stadion Rote Erde
Westfalen-stadion
Volks-park
H.-Kornig-Leichtathletikhalle
Sportzentrum
Viktor-Toyka-Str.
Westfalenpark
Deutsches Rosarium
Floriantum
Am Neuen Hain
Buschmühle
Vogelschutzgehölz
Steinklippenweg
Emscher
Emschertal
Frischgewagt
Bolmketal
Freibad
Hp. Westfalenh.
Inst. f. Arbeitsphysiologie
Inst. f. Spektrochemie
Bunsen-Kirchhoff-Str.
Ardey-
OPD
VEW
IHK
Gefängnis
Amtsger.
ADAC
Synagoge
Güterbf. Do.-Ost
Güterbf. Do.-Süd
Sport u. Erholungsanl. Hoesch-park

# Dresden Elbflorenz in Sachsen

Berühmte Bauwerke, weltbekannte Kunstsammlungen und die landschaftliche Schönheit der Umgebung haben den Weltruf der ehemaligen Hauptstadt des Kurfürstentums Sachsen begründet. Auch heute noch ist ein Hauch Renaissance zu spüren.

„Die Fürsten schaffen sich Unsterblichkeit durch ihre Bauten" war der Leitsatz von Kurfürst Friedrich August dem Starken, als er mit aller verfügbaren Konsequenz daran ging, Dresden zur glanzvollen Barockstadt ausbauen zu lassen. Innerhalb einer einzigen Generation gelang es dem „sächsischen Herkules", Bauwerke von Weltgeltung errichten und Kunstsammlungen von Weltruf zusammentragen zu lassen. Die berühmtesten Künstler der Zeit arbeiteten hier und brachten Dresden den Ruf ein, „Weltstadt der Kunst" zu sein.

## Geschichte

Die Sorbensiedlung Drjezdzany („das Dorf der Auwaldleute") lag an einem wichtigen Elbübergang und wurde deshalb früh von deutschen Siedlern übernommen. Sie vereinfachten den sorbischen Namen zum deutschen Dresden. Aus dem Jahre 1206 stammt die erste urkundliche Erwähnung, nur zehn Jahre später wurde die Siedlung bereits als Stadt genannt. 1275 gab es die erste Elbbrücke.

Der erste richtige Aufschwung begann 1485, als die Wettiner ihren ständigen Sitz nach Dresden verlegten. Als Herzog Moritz 1547 die sächsische Kurwürde erhielt, erfolgte der erste schloßähnliche Ausbau der mittelalterlichen Burg. Bis 1563 entstand das Zeughaus, Stallhof und Langer Gang folgten als prächtige Renaissancebauten bis 1589. Noch im 16. Jh. wurde das rechtselbische Altendresden (heute Neustadt) mit der links-elbischen Stadt (heutige Altstadt) vereinigt. Der Ausbau Dresdens zur Barockstadt begann 1694, als August der Starke mit 24 Jahren sächsischer Kurfürst und drei Jahre später polnischer König wurde. Matthäus Daniel Pöppelmann errichtete das Taschenbergpalais, den Zwinger und Schloß Pillnitz, Johann Christoph Knöffel, der Vater des Dresdner Rokoko, schuf das Kurländer Palais, die Brühlschen Terrassen und das Alte Rathaus. Großzügige Gartenanlagen faßten nun die Bürgerstadt ein, und das 1685 abgebrannte Altendresden entstand planmäßig als glanzvolle Barockstadt neu. Hauptziel war es, mit dieser höfischen Prachtentfaltung den preußischen Hof in Berlin auszustechen.

Augusts Sohn, Friedrich August II., konzentrierte sich ganz auf die Sammlung von Kunstwerken aller Art. Sein Premierminister, Graf Brühl, sorgte für die nötigen Mittel, so daß etwa Raffaels „Sixtinische Madonna", Tizians „Zinsgroschen" oder Gemälde von Tintoretto, Holbein, Rubens und Velázques gekauft werden konnten. Im 19. Jh. zogen Biedermeier und Romantik in Dresden ein. Ludwig Tieck wurde Dramaturg am Hoftheater, übersetzte Shakespeare und gilt als einer der Begründer der Romantik. Im Jahre 1817 wurde Carl Maria von Weber Hofkapellmeister. Aber auch die erste deutsche Lokomotive entstand 1838 in der Elbstadt. 1834 errichtete Gottfried Semper sein erstes Opernhaus. Von 1842 bis 1849 wirkte Richard Wagner als Hofkapellmeister in der Stadt. Auch Robert Schuman lebte und wirkte eine Zeit lang hier.

Das 20. Jh. ließ Dresden rasch zur modernen Großstadt wachsen, ohne daß dadurch die Musen zu kurz gekommen wären. Im Jahre 1905 entstand die berühmt gewordene Künstlergemeinschaft „Die Brücke", das Fundament der expressionistischen

**Information**
Dresden-Information
Prager Straße 10
O–8010 Dresden

**Festkalender**
Dresdner Musikfestspiele (Mai/Juni).
Internationales Dixielandfestival (Mai).
Internationales Tanzturnier (Juni).
Dresdner Sommer (Juni - August).

**Tips**

Die sommerlichen Zwinger-Serenaden vor dem Wallpavillon gehören zu den schönsten Erlebnissen in Dresden.
Eine Schiffahrt auf der Elbe mit der **Weißen Flotte** ist sehr lohnenswert. In der Sommersaaison verkehren die Schiffe regelmäßig von Dresden nach Bad Schandau und von Dresden nach Meißen.

Malerei in Deutschland. Oskar Kokoschka wirkte hier ebenso wie Otto Dix.

Den Zweiten Weltkrieg hatte Dresden nahezu unversehrt überstanden, als die britische Luftwaffe auf die unselige Idee kam, die mit Flüchtlingen überfüllte Stadt in der Nacht vom 13. zum 14. Februar 1945 in Schutt und Asche zu legen. Die Bilanz: 40 000 Tote, 175 000 zerstörte Wohnungen, von zerstörten Kunstschätzen ganz zu schweigen. Die Stadt glich einer Ruinenlandschaft.

## Sehenswürdigkeiten

Wohl berühmtestes Baudenkmal Dresdens ist sein **Zwinger**. Ursprünglich war er der Festspielplatz des Hofes. Der Hofbaumeister Matthäus Daniel Pöppelmann und der Bildhauer Balthasar Permoser schufen hier in enger Verzahnung von Architektur und Plastik einen einmaligen „Festsaal im Freien". 36 Achsen zählt allein die Langgalerie an der Südseite, an der West- und Ostseite befinden sich spiegelbildlich vier Pavillons. Das Kronentor, durch das man die Anlage am besten betritt, zeigt die von vier Adlern getragene polnische Königskrone als Symbol für die Machtfülle des Herrscherhauses Augusts des Starken.

Im **Nymphenbad** hinter der westlichen Galerie gelang B. Permoser mit seinen mythologischen Frauengestalten im Zusammenspiel von Architektur, Plastik und Natur ein Barockkunstwerk von außergewöhnlichem Rang. Die nach dem Krieg restaurierten Pavillons und Galerien bergen zahlreiche Kunstschätze. In der Langgalerie befindet sich eine berühmte **Porzellansammlung**, die frühe chinesische Keramik und chinesisches Porzellan enthält. Sie gilt als zweitgrößte der Welt. Im **Mathematisch-Physikalischen Salon**, der im südwestlichen Eckpavillon eingerichtet worden ist, kann der Besucher naturwissenschaftliche Instrumente des 13. bis 19. Jh.s besichtigen. An der Elbseite des Zwingers sollte ursprünglich ein repräsentativer Schloßflügel entstehen. Statt dessen schloß Gottfried Semper die Lücke bis 1854 mit einem im Stil der italienischen Hochrenaissance gehaltenen Galeriebau. Dieser Teil beherbergt die **Gemäldegalerie Alte Meister**, eine bedeutende Sammlung, die Meisterwerke der europäischen Malerei des 15.-18. Jh.s umfaßt. Das Historische Museum im Ostflügel verfügt über eine seltene Prunkwaffensammlung.

Der **Theaterplatz** zwischen Zwinger und Elbe gehört für nicht wenige zu den schönsten Plätzen Deutschlands. In der Mitte des Platzes steht das Reiterstandbild König Johanns, der als Danteforscher- und Übersetzer bekannt wurde. Gegen die Elbe hin begrenzt die berühmte **Semperoper** den Platz. Sie war ab 1869 anstelle des ebenfalls von Semper errichteten, aber abgebrannten Hoftheaters errichtet worden. Ähnlich wie bei der Gemäldegalerie nützte Semper auch hier Bauformen der italienischen Hochrenaissance. 1985 konnte die Oper nach detailgenauer Restaurierung mit der Aufführung der Oper „Der Freischütz" von Carl Maria von Weber feierlich wieder in Betrieb genommen werden.

Die Ostseite des Theaterplatzes nehmen die ehemaligen Schloßbauten ein. Die **Altstädter Wache** entstand in Anlehnung an die Berliner Wache und nach Plänen von Schinkel bis 1831. Der Westflügel des ehemaligen Residenzschlosses geht in seinem Kern auf die Mitte des 16. Jh.s zurück. Seine endgültige Form erhielt er bis 1901 im Stil der Neorenaissance. Das barocke Taschenbergpalais wurde bis 1711 von Pöppelmann errichtet, die Seitenflügel wurden 1756 bzw. 1763 fertiggestellt. Der neogotische **Cholerabrunnen** ist ein Werk Sempers von 1843.

Die **katholische Hofkirche** plante schon August der Starke. Mit dem Bau wurde jedoch erst 1738 unter der Leitung von Gaetano Chiaveri begonnen. Fertiggestellt wurde der hochbarocke Bau mit ovalem Grundriß und reichem plastischen Dekor 1755. Leider wurde auch diese Kirche bei einem Bombenangriff im Jahre 1945 stark zerstört. Nach dem Krieg wurde sie restauriert. Von außen interessant sind vor allem der 85 m hohe Turm und die 78

Vor der nächtlich beleuchteten Semperoper steht das Reiterstandbild König Johanns (links).

Berühmtestes Baudenkmal Dresdens ist der Zwinger (links oben).

Elbufer unterhalb der Brühlschen Terrasse (links unten).

102 Meter lang ist der Fürstenweg, ein Wandbild auf Porzellankacheln am Langen Gang des Schlosses (rechts).

Statuen in den Außennischen und auf den Balustraden. Im Inneren beeindrucken die prachtvoll geschnitzte Kanzel (Permoser, 1722), das Altarbild „Christi Himmelfahrt" (Mengs, 1751) und die berühmte Silbermannorgel (1753). Sie war das schönste und letzte Werk des Meisters.

Östlich der Augustusbrücke (dort stand die erste Elbbrücke von 1275) schließt sich die einst nur „Balkon Europas" genannte **Brühlsche Terrasse** an. Graf Brühl hatte hier seinen Lustgarten auf den Resten der um 1550 angelegten Wehranlagen eingerichtet. Von den einstigen „Brühlschen Herrlichkeiten" ist nur noch der **Delphinbrunnen** in der Grünanlage erhalten. Er wurde 1747-1749 von Pierre Coudray erbaut. Der **Moritzbrunnen** in der Nordostecke entstand 1553 im Stil der Renaissance und ist Dresdens ältestes Denkmal. Die auffallende Glaskuppel gehört zur **Hochschule für Bildende Künste**. Sie wurde für die Königlich-Sächsische Kunstakademie und für den sächsischen Kunstverein errichtet. Die interessante Glaskuppel wurde von K. Lipsius gebaut, die Figur der Nike stammt von Robert Henze. In den Gewölben unterhalb der Terrasse hatte Böttger seine erste „Schmelzküche" für das Porzellan.

Vom Theaterplatz nach Südosten zweigt die Augustusstraße ab. Ihre Südseite wird von Langem Gang und **Stallhof** gebildet. Zweiundzwanzig toskanische Rundbogenarkaden wurden hier im Stil der Renaissance bis 1591 aneinander gereiht. Die Außenseite ziert ein 102 m langer Fürstenzug, in dessen Verlauf die Herrscher des Hauses Wettin in Porzellankachelmalerei dargestellt sind (1906).

Die Augustusstraße mündet in den **Neumarkt**, der einst schönsten Platzanlage Dresdens. Heute steht auf der weiten Fläche nur noch die Ruine der 1743 fertiggestellten **Frauenkirche**. Mit ihrer berühmten, 95 m hohen Steinkuppel war sie nicht nur das Wahrzeichen Dresdens, sondern auch der bedeutendste protestantische Kirchenbau Deutschlands. Heute ist sie ein trauriges Mahnmal für die Opfer des Bombenkrieges. Vor der Kirche steht ein Denkmal für Martin Luther.

Auf der Ostseite wird der Neumarkt vom 1847 fertiggestellten **Albertinum** eingegrenzt. Das Gebäude entstand aus den Resten des 1563 fertiggestellten Zeughauses und enthält heute wieder Sammlungen von Weltruf: Die **Gemäldegalerie Neue Meister** umfaßt unter anderem Werke der Romantik, der Biedermeierzeit, des deutschen und französichen Impressionismus sowie des deutschen Expressionismus. Die Kurfürstliche Schatzkammer im **Grünen Gewölbe** enthält Gefäße, Geräte und Schmuck aus dem 14.-18. Jh. Die **Skulpturensammlung** zeigt sehenswerte altägyptische und vorderasiatische Kunst. In der Antikenabteilung lassen sich griechische, römische und etruskische Skulpturen bewundern. Aber auch zeitgenössische Plastiken haben ihren Platz in der Sammlung. Das **Münzkabinett** hat einen Bestand von über 200 000 Münzen und Medaillen.

Städtisches Zentrum schon seit dem 13. Jh. war der **Altmarkt**. Bei seinem Wiederaufbau wurde auf typische Dresdner Barockformen zurückgegriffen. Die barokke **Kreuzkirche** ist Dresdens älteste Kirche mit Ursprung im 13. Jh. Seit der Reformation war sie Stadtkirche, seit dem Mittelalter diente sie dem Kreuzchor als Heimat. Nach der völligen Zerstörung durch die preußischen Truppen im Siebenjährigen Krieg wurde sie bis 1792 in der heutigen barocken Form neu errichtet und so auch nach dem Zweiten Weltkrieg restauriert. Ihr Geläut gilt als sehr bedeutend.

Östlich schließt sich das **Neue Rathaus** von 1910 mit seinem 100 m hohen Turm mit dem Goldenen Mann an. Nördlich des Rathauses wurde beim Wiederaufbau versucht, Altdresdner Atmosphäre zu erhalten. Besonders gelungen ist dies beim spätbarock-frühklassizistischen **Gewandhaus** (Knöbel, 1770) mit einem Barockbrunnen an der Rückseite. Südlich des Altmarkts beginnt die **Prager Straße**. Mit reizvollen Wasserspielen, Plastiken und Grünanlagen wurde sie als Fußgängerzone und Einkaufstraße attraktiv gestaltet. Kaufhäuser, Ladenpavillons und Restaurants laden zum Bummeln ein.

Die Friedrichstadt geht auch auf die Initiative Augusts des Starken zurück. Hier steht das barocke, um 1730 erbaute Palais Marcolini: 1813 verhandelten hier Napoleon und Metternich, Richard Wagner bewohnte 1847 bis 1849 den Ostflügel. Heute wird das

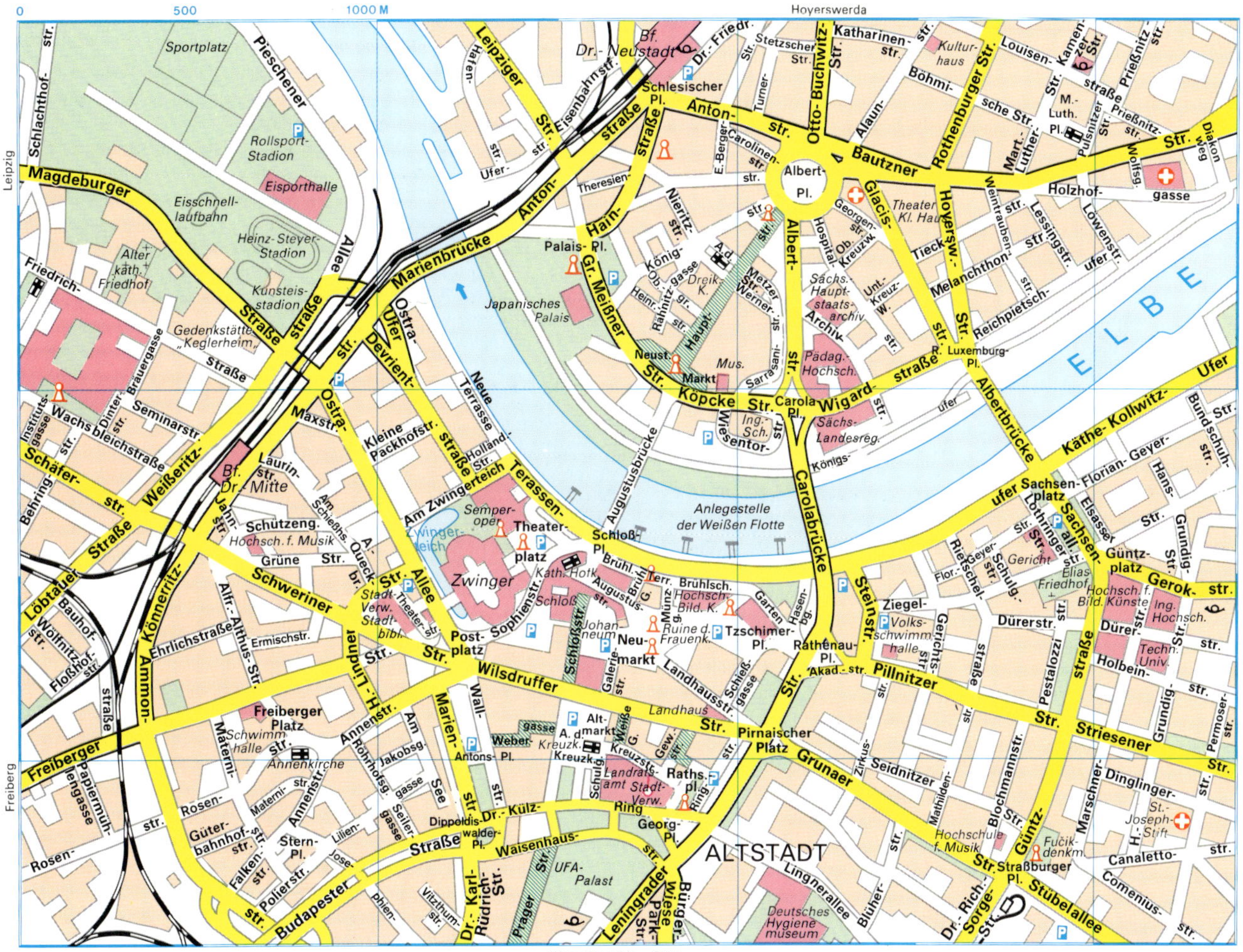


Gebäude, in dessen Garten der Neptunbrunnen, eine besonders schöne barocke Brunnenanlage zu bewundern ist, als Krankenhaus genutzt.
Südöstlich der Altstadt gelangt der Besucher zum Lingnerplatz, wo sich das **Deutsche Hygienemuseum** befindet; in ihm werden in einer ständigen Ausstellung unter vielen anderen Exponaten auch die bekannten gläsernen Modelle des Menschen ausgestellt.
Von hier aus gelangt man auf die Hauptallee, die zum **Großen Garten** führt. In diesem nach französischem Vorbild angelegten Park trifft der Spaziergänger auf ein imposantes Palais, von J.G. Stark erbaut, sowie auf Kavaliershäuschen und interessante barocke Skulpturengruppen. Auch ein Freilichttheater, Restaurants und ein zoologischer Garten sind in dem Volkspark zu finden.
In der Neustadt, auf der anderen Seite der Elbe gelegen, lohnt es sich, das Standbild des **Goldenen Reiters** anzuschauen. Es stellt August den Starken in der Haltung eines Caesaren dar.

Die Silbermannorgel in der ehemaligen katholischen Hofkirche (links oben).

Durch das Kronentor betritt man den Zwinger (links unten).

In einem Landschaftsschutzgebiet nordwestlich von Dresden liegt das kurfürstliche Jagdschloß Moritzburg (Mitte).

Den Theaterplatz beherrscht die ehemalige Katholische Hofkirche (rechts).

# Duisburg Die Stahlstadt

Die führende deutsche Eisen- und Stahlstadt verfügt über den größten Binnenhafen der Welt und blickt auf eine bis ins 8. Jh. zurückreichende Tradition als Handelsplatz zurück. Dabei ist das Industriezentrum Duisburg grüner, als viele glauben wollen.

Duisburg ist angenehmer, als viele Vorurteile über eine Stadt wahrhaben wollen, in der die Schwerindustrie noch immer eine so große Rolle spielt. Weil die Stadt im Laufe der Zeit aus vielen kleineren Gemeinden entstanden ist, die oft noch ihren alten Ortskern bewahrt haben, ist das Stadtbild stark zergliedert und von vielen Grünflächen geprägt. Und das Kulturleben in Duisburg hat seit langem einen guten Namen. So erschöpft sich das vielgestaltige Bild der Stadt keineswegs in den Klischees der »Schimanski-Tatort-Sendungen«.

## Geschichte

Die verkehrsgünstige Lage Duisburgs hat sich in den letzten tausend Jahren kaum verändert. Am Zusammenfluß von Rhein und Ruhr wurde schon im 8. Jh. als karolingischer Königshof eine Burg zum Schutz des Handels- und Umschlagplatzes errichtet. Der frühe Wohlstand lockte 883 die Normannen rheinaufwärts, die den Ort eroberten und hier ihr Winterquartier aufschlugen. Später sicherte man die Burg stärker, baute auch 1120 eine Stadtmauer, erhielt im 12. Jh. Stadtrecht. Danach kam eine magere Phase, als sich der Rhein um einige Kilometer nach Westen verschob. 1290 wurde die Stadt dann an die Grafschaft Kleve verpfändet, mit der zusammen sie 1614 an Brandenburg ging. Die vom Großen Kurfürsten 1655 gegründete Universität wurde 1818 nach Bonn verlegt. Mit der Aufnahme einer regelmäßigen Schiffahrt nach Holland hatte im Laufe der Zeit eine wirtschaftliche Erholung eingesetzt. 1831 schuf der Bau des Außenhafens wieder einen Anschluß an den Rhein.

Nun begann auch bald die Industrialisierung. 1824 wurde die Schwefelsäurefabrik von F. W. Curtius gegründet. Seit 1850 entstand in der ländlichen Gegend eine dichte Industrielandschaft. Wichtige Firmengründungen sind bis heute prägend geblieben: 1870 Rheinische Stahlwerke in Meiderich, 1871 Thyssen & Co., 1890 die August-Thyssen-Hütte, 1897 die Friedrich-Alfred-Hütte (Krupp) in Rheinhausen, 1906 Klöckner & Co. Viele der eingemeindeten Orte hatten ihre eigene Industrialisierungsgeschichte – von kleinen, bäuerlich, klösterlich oder auch durch Fischerei geprägten Siedlungen zu bedeutenden Industriestandorten. Durch den Krieg weitgehend zerstört, ist Duisburg seither in einem beständigen Erneuerungs- und Anpassungsprozeß. Dabei hat sich die Stadt bisher gut behaupten können, schließlich werden im größten Binnenhafen der Erde mit fast 60 Mio. Tonnen Umschlagmenge im Jahr Seehafenmaßstäbe erreicht. Seit 1972 gibt es wieder eine Universität in Duisburg. In Duisburg wird ein Drittel des deutschen Rohstahls erzeugt, auf dem Gelände von Thyssen steht das modernste Stahlwerk Europas.

## Sehenswürdigkeiten

Die alliierten Bomben haben an alter Bausubstanz in Duisburg nicht viel übriggelassen. Um so ansehnlicher ist das **Dreigiebelhaus** in der Nonnengasse, das älteste erhaltene Wohnhaus der Stadt (1536). Heute dient es als Wohn- und Arbeitsstätte für Künstler. Ganz in der Nähe, am Burgplatz, stehen das überwiegend neugotische **Rathaus** und die **Salvatorkirche**, die aus dem 14. und 15. Jh. stammt. Auf Fundamenten aus dem 12. Jh. steht die **Karmelkirche**. Hervorzuheben ist auch die **Marienkirche**, die zusammen mit dem Marienhospital die älteste deutsche Niederlassung (1150) des Johanniter-Ordens darstellt.

Erholung suchen die Duisburger in der **Sechs-Seen-Platte**, einem riesigen Freizeitgelände, in dem lange Wanderwege an den

**Information**
Duisburger Werbe- und Touristik GmbH
Königstraße 53
W-4100 Duisburg
Tel. (0203) 341522

**Festkalender**
Duisburger Akzente (Kulturwochen im Mai). Hafenkonzert (sechsmal im Sommer, sonntags um 6.00 Uhr). Beeker Kirmes (Ende August). Ruhrorter Hafentage, Beach-Party, Rhein in Flammen (Termine wechseln).

**Tips**
Der Duisburger Zoo ist einer der wichtigsten in Deutschland (Walarium). Im Hafen gibt es das Museum der Deutschen Binnenschiffahrt mit dem Museumsschiff »Oscar Huber«. Im Sommer macht die »Weiße Flotte« Hafenrundfahrten. Freilichttheater in Xanten (Sommer).

Blick auf die Schwanentorbrücke mit Salvatorkirche und Rathaus (links oben).

Das Stadttheater Deutsche Oper am Rhein (links unten).

Malakov-Turm (links innen).

Mit 12 km² Fläche der größte Binnenhafen der Welt (rechts).

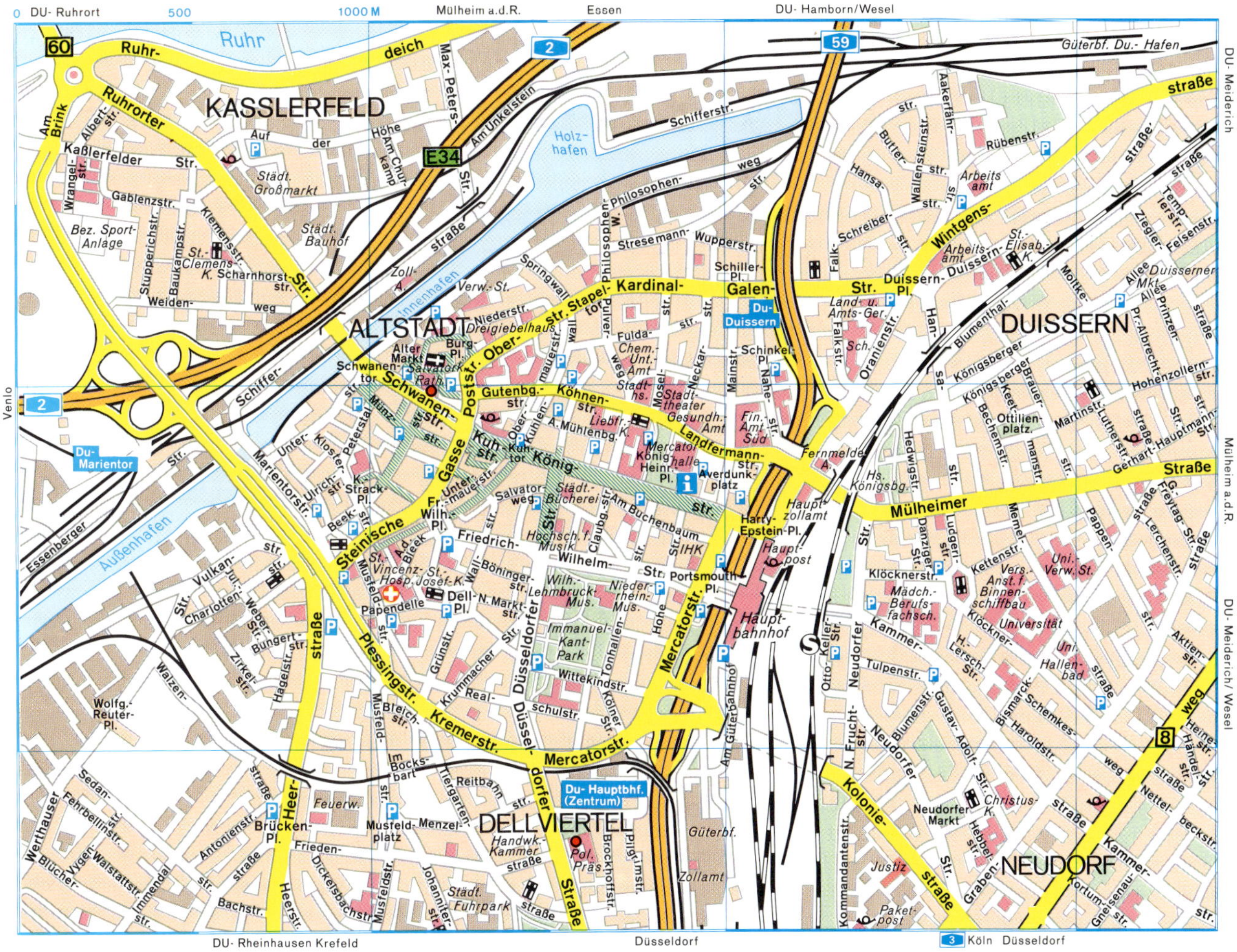


Seeufern vorbei oder durch Wälder führen. Wird hier der Sport nur als Freizeitspaß betrieben, so geht es im benachbarten **Wedau-Sportpark** schon ernster zur Sache. Neben dem Wedau-Stadion für Leichtathletik und Fußball gibt es hier auch ein Schwimmstadion, eine Eissporthalle und jede Menge Trainingsplätze. Auffällig ist vor allem die Regattabahn für internationale Kanu- und Ruderwettkämpfe. Möglichkeiten für Spiel und Breitensport möchte der **Revierpark Mattlerbusch** zur Verfügung stellen. Das Besondere an diesem vielfältigen Angebot wird schon durch das Motto »Freizeit unter Dach« bezeichnet. Weniger anstrengende Freizeitgestaltung erlaubt das Naherholungsgebiet **Toeppersee** in Rheinhausen.

Wegen der besonderen Vorliebe für Wagner wurde die Duisburger Oper vor dem Krieg gelegentlich als »Bayreuth des Westens« bespöttelt. Die mit Düsseldorf gegründete Theatergemeinschaft hat sich sehr bewährt. Während das Düsseldorfer Schauspielhaus das Sprechtheater übernommen hat, ist der Duisburger Part der **Deutschen Oper am Rhein** für das musikalische Repertoire zuständig. Die namhaften **Duisburger Sinfoniker** blicken inzwischen auf eine über 100jährige Geschichte zurück. Sie spielen zwölfmal im Jahr in der **Mercatorhalle**, in deren **Studio M** auch experimentelles und Laientheater geboten wird. Freunde von neuerer Musik – von Jazz bis Rock – werden das **Bierdorf** in der Heuerstraße 18-22 aufsuchen.

Im **Wilhelm-Lehmbruck-Museum** kann man fast das gesamte plastische Werk dieses Duisburger Bildhauers bewundern. Das Museum, das auch als eine architektonisch sehenswerte Anlage gilt, verfügt über eine bedeutende Sammlung internationaler Plastiken und Objektkunstwerke des 20. Jh. Außerdem ist hier seit 1983 die **Sammlung** von Lothar Günther **Buchheim** ausgestellt (Mi., Do., Sa., So. 10-17, Di., Fr. 14-22 Uhr). Weithin bekannt ist auch das **Niederrheinische Museum**, das vor allem zu historisch-archäologischen Themen gesammelt hat. Zudem gibt die Mercator-Sammlung einen weiten Überblick über die Geschichte der Kartographie – und ehrt zugleich den bedeutenden Kartographen (geöffnet 10-17, Mi. 10-16 und So. 11-17 Uhr).

Der **Duisburger Hafen** ist ein riesiges Konglomerat aus den werkseigenen Häfen großer Unternehmen und den öffentlichen Hafenbereichen, alles auf eine kaum übersehbare Vielzahl von einzelnen Hafenbecken verteilt. Allein die öffentlichen Teile erstrecken sich auf 40 km Kai- und Uferlänge. Eine **Hafenrundfahrt** (nur im Sommer, Abfahrt am Ruhrorter Schiffsmast) verschafft einen gewissen Überblick über die Dimensionen. Zur Erhaltung des Hafens haben sich die Duisburger etwas ganz Besonderes einfallen lassen: Weil sich der Rhein jedes Jahr tiefer ins Flußbett eingräbt, droht der Wasserstand im Hafenbecken zu sinken. Das wurde teilweise ausgeglichen durch eine Absenkung des Hafengeländes mittels unterirdischen Kohleabbaus. So läßt Einfallsreichtum die sonst so gefürchteten Bergschäden zur Reparaturmaßnahme werden.

# Düsseldorf – Kunst, Kneipen, Kommerz

Künstler, Modemacher und Geschäftsleute aus aller Welt treffen sich an der „längsten Theke Europas" zu rheinischer Altstadtgemütlichkeit. Die Landeshauptstadt am Rhein ist moderne Geschäftsmetropole ebenso wie eleganter Flanierboulevard.

Düsseldorf – weit über eine halbe Million Einwohner – ist eine im wesentlichen moderne Stadt. Relikte der Vergangenheit finden sich innerhalb der eng umgrenzten Altstadt und in den später eingemeindeten Stadtvierteln wie Kaiserswerth oder Gerresheim. Breitangelegte rechtwinklig Straßen, elegante Hochhausbauten und ein reges Geschäftsleben sind die heutigen Wesensmerkmale Düsseldorfs. Die nordrhein-westfälische Landeshauptstadt ist – oft in Konkurrenz zu München – ein wichtiger Messestandort (Modemesse), daneben Verwaltungssitz bedeutender Industrieunternehmen – eine Eigenschaft, die ihr den Beinamen „Schreibtisch des Ruhrgebiets" eingetragen hat. In der „größten Japanerstadt Europas" haben viele fernöstliche Firmen Niederlassungen eingerichtet. Düsseldorf gilt seit jeher als Stadt der Kunst und Kultur. Die vom kurpfälzischen Statthalter Graf Goltstein im 18. Jh. gegründete Kunstakademie genießt noch heute hohes Ansehen. International anerkannte Künstler wie Joseph Beuys gingen aus dieser Akademie hervor. Der Schauspieler Gustaf Gründgens und die Pianistin Elly Ney waren gebürtige Düsseldorfer, der Dichter Heinrich Heine kehrte seiner eher ungeliebten Vaterstadt bald den Rükken. Neben Mainz und Köln ist Düsseldorf die dritte Hochburg des farbenprächtigen Karnevals am Rhein. Eine abendliche Tour durch die Kneipen der Altstadt, das Schauspiel des Sehen- und Gesehenwerdens auf der Königsallee oder der Besuch in Park und Schloß Benrath lohnen in jedem Fall die Besichtigung der Metropole am Rhein.

## Geschichte

Die ältesten Wurzeln Düsseldorfs finden sich in den erst später eingemeindeten Stadtteilen Gerresheim und Kaiserswerth. Die zum Schutz eines um 700 gegründeten Klosters errichtete Kaiserpfalz spielte eine bedeutende Rolle in der deutschen Geschichte. Das um 870 erwähnte Stift Gerresheim war zu seiner Zeit ein kleines Kulturzentrum. Die eigentliche Stadt Düsseldorf entstand aus einem unbedeutenden Fischerdorf an der Düssel, einem Nebenfluß des Rheins. 1288 wurde das „Dorf an der Düssel" zur Stadt erhoben. Bedeutung gewann die Ansiedlung, als die Herzöge von Berg sie 1380 zur Hauptstadt ihres neuen Herzogtums bestimmten. Im Jahre 1614 geht Düsseldorf an die pfalz-neuburgische Linie der Wittelsbacher über, der auch der populäre Kurfürst Johann Wilhelm (1658-1716) entstammt. An den beliebten Landesherrn und Förderer der Künste erinnert das Jan-Wellern-Denkmal im Zentrum der Altstadt. Bis 1794 bleibt Düsseldorf Residenzort der Kurfürsten von der Pfalz. 1806-1813 war die Stadt am Rhein Hauptstadt des im Zuge der napoleonischen Expansion entstandenen Großherzogtums Berg. Seit 1815 gehörte Düsseldorf dann zu Preußen. Während des raschen wirtschaftlichen Aufstiegs im 19. Jh. wuchs die Stadt schnell über ihre ursprünglichen Grenzen hinaus und begann ihre Entwicklung

**Information**
Verkehrsverein der Stadt Düsseldorf
Konrad-Adenauer-Platz 1
W–4000 Düsseldorf 1
Telefon: (0211) 35 05 05

**Festkalender**
Karneval mit Umzügen und Rosenmontagsumzug. Hofgartenkonzerte von Mai bis Oktober. Radschläger-Wettbewerb im Juni/Juli. Schützenfest (größte Kirmes am Rhein) im Juli. „Hoppediz Erwachen" (Karnevalsauftakt) am 11.11.

**Tips**
Radschlägermarkt am Düsseldorfer Großmarkt. Stadtrundfahrten mit der „Fröhlichen Straßenbahn". „Tanz auf dem Rhein", Abendfahrt auf einem Rheinschiff (Mai bis Oktober). Traditionsgaststätten: „Brauerei zum Schiffchen" (Hafenstraße 5), „Brauerei zum Schlüssel" (Bolkerstraße 43-47), „Im alten Bierhause" (Alt-Niederkasseler-Straße 75). Häppchen zum Düsseldorfer Alt: „Halve Hahn" und Reibekuchen.

Rheinkniebrücke und Rheinturm. Der 1979-1981 erbaute Fernmeldeturm mit Aussichtsplattform und Panoramarestaurant ist 234 m hoch (oben).

Gründerzeithäuser am Rathausufer (unten).

0 Messegelände/ Duisburg 500 1000 M
Messegelände/ Duisburg
Essen
Wuppertal
Duisburg/Köln
Mönchengladbach
D-Bilk
Wuppertal/Köln
D-Mörsenbroich
Neuss
Köln
GOLZHEIM
NIEDER-KASSEL
OBERKASSEL
ALTSTADT
PEMPELFORT
KARL-STADT
FRIEDRICH-STADT
UNTERBILK
OBERBILK
Rhein
Rhein-park
Hofgarten
Festwiese
Theodor-Heuss-Brücke
Oberkasseler Br.
Rheinkniebrücke
Kaiserswerther
Kennedy-damm
Heinrich-Ehrhardt-Straße
Grashof-str.
Cecilien-allee
Hofgarten-ufer
Jülicher Straße
Duisburger
Vagedesstr.
Jägerhofstraße
Pempelforter Str.
Kölner
Schadowstr.
Immermann
Königsallee
Berliner Allee
Graf-Adolf-Str.
Herzog-
Corneliusstraße
Oberbilker Allee
Bilker Allee
Harold-
Mannesmannufer
Rathausufer
Heinrich-Heine-Allee
Kasernenstraße
Breite Str.
Elisabethstraße
Friedrichstraße
Hauptbf.
D.- Derendorf
D.- Zoo
D.- Wehrhahn
D.- Volksgarten
D.-Friedrichstr.
D.-Völklinger S.
D.-Bilk
Völklinger Str.
Worringer Str.
Erkrather Str.
Münster-Pl.
Landtag
Fernmeldeturm
Zollhafen
Sporthafen
Schloß Jägerhof
Marienhospital
Oberlandesgericht
Bezirksregierung
Stadthalle
Tonhalle
Kunstakad.
Landtag
Schauspielhaus
Kö-Bogen
Volksgarten

zur heutigen modernen Großstadt. Seit 1946 ist Düsseldorf Hauptstadt des Bundeslandes Nordrhein-Westfalen.

## Sehenswürdigkeiten

Das **Alte Rathaus** am Marktplatz im Mittelpunkt der Altstadt wurde 1570-1573 im Renaissancestil von dem Baumeister Heinrich Tussmann ausgeführt. Vom ursprünglichen Bau sind noch die Fassade mit den beiden geschweiften Giebeln und der achteckige Treppenturm erhalten. Die übrigen Teile des Gebäudes wurden um 1750 umgestaltet und erweitert. Eine grundsätzliche Erneuerung fand 1960 statt. Das von Gabriel Grupello 1703-1711 geschaffene Jan-Wellern-Denkmal in der Mitte des Platzes ist eines der bedeutendsten barokken Reiterstandbilder Deutschlands. Die **Stiftskirche St. Lambertus** am Rhein wurde im 13. und 14. Jh. als gotische Hallenkirche anstelle eines romanischen Vorgängerbaus errichtet. Die drei Langschiffe der Kirche sind mit drei parallel verlaufenden Satteldächern gedeckt. Im Innern ist der spätgotische Sakramentsturm aus der ersten Hälfte des 15. Jh.s besonders sehenswert. Die Lambertuskirche diente bis zum Bau der Andreaskirche als fürstliche Grablege. Das Wandgrab Herzog Wilhelms V., von Gerhard Scheben 1595-1599 geschaffen, zählt zu den wertvollsten Werken dieser Art im Rheinland. Zusammen mit dem **Schloßturm** – einziger erhaltener Bestandteil des herzoglichen Schlosses und ein Wahrzeichen Düsseldorfs – bildet der charakteristische Turm der Lambertuskirche ein reizvolles Ensemble am Rhein. Der unweit des Schloßturms gelegene **Radschlägerbrunnen** aus dem Jahre 1954 setzt den Düsseldorfer Jungen ein Denkmal, die nach einer überkommenen Sitte in der Altstadt ein Rad schlagen und von den Passanten für diese akrobatische Übung ein paar Groschen erbitten. Pfalzgraf Wolfgang Wilhelm von Neuburg ließ die **Jesuitenkirche St. Andreas** im Stil des römisch-süddeutschen Barocks errichten. St. Andreas gehört zu den künstlerisch wertvollsten Kirchenbauten dieser Epoche am Niederrhein. Die dreischiffige Hallenkirche wurde von dem Straßburger Meister Johann Kuhn mit einer die Konstruktion der Kreuzgewölbe akzentuierenden und vollendenden Stuckdekoration versehen.

Die **Maximilianskirche** am Maxplatz aus dem 18. Jh. ist eine gelungene Verschmelzung der niederrheinischen Hallenkirche mit den spielerischen Bauelementen des Rokokos. Das Gotteshaus ist 1736 als Franziskanerkirche erbaut worden und dient jetzt als kath. Pfarrkirche. Ein 1449 in Maastricht gegossenes Adlerpult aus Bronze gehört zu den ältesten Kostbarkeiten der Kirche.

Eleganter Anziehungspunkt im Herzen des modernen Düsseldorf ist die **Königsallee**. Die von Cafés, Restaurants, Kunst- und Modesalons gesäumte Flaniermeile, kurz „Kö" genannt, gehört zu den bekanntesten Einkaufsstraßen der Welt. Der Prachtboulevard wurde im 19. Jh. nach Plänen des Münchner Hofbaumeisters Huschberger anstelle der abgebrochenen Befestigungen angelegt. In der Mitte der 85 m breiten Allee wurde als dekoratives Element der Stadtgraben beibehalten.

Charakteristisch für Düsseldorf waren bis zum Zweiten Weltkrieg die klassizistischen Wohnhäuser. Der Klassizismus, aus dem Rokoko entwickelt und zu klaren „klassischen" Formen tendierend, prägt heute noch mehrere Straßenzüge. Typische Beispiele dieser Bauweise finden sich in der Bilkerstraße, der Bastionstraße und der Elisabethstraße.

Bereits um die Jahrhundertwende entwickelte sich in Düsseldorf eine moderne Architektur eigener Prägung. Das 1907-1909 errichtete Kaufhaus Tietz, heute **Kaufhof** (Corneliusplatz), markiert den Übergang vom Jugendstil zum funktionsgebundenen Baustil des 20. Jh.s. Das **Mannesmannhaus** (zwischen Mannesmannufer und Berger Allee) unmittelbar am Rheinufer wurde 1911/12 als wegweisendes architektonisches Beispiel für moderne Verwaltungsbauten konzipiert. Mit dem **Wilhelm-Marx-Haus** (Heinrich-Heine-Allee/Breite Straße) bemühte sich der Architekt Wilhelm Kreis um eine architektonisch überzeugende Verbindung von Ladenhaus und Verwaltungsbau (1922). Paul Bonatz entwarf im selben Jahr das vom Funktionalismus geprägte **Stummhaus** als zentrales Verwaltungsgebäude des Stummkonzerns. Beispielhaft war zu ihrer Zeit auch die 1926 als Museums- und Ausstellungskomplex geschaffene **Ehrenhofanlage**. Das 1960 fertiggestellte **Thyssen-Hochhaus** (neben dem Schauspielhaus) („Drei-Scheiben-Haus") zwischen Hofgarten und Geschäftsviertel steht stellvertretend für die künstlerische Architektur der Nachkriegszeit.

Eine wichtige Funktion im städtischen Kulturleben nimmt das Theater ein. Im Jahre 1785 wurde das Opernhaus erbaut, die nachmalige **Deutsche Oper am Rhein**. Sie genoß besonders im 19. Jh. großes Ansehen im gesamten norddeutschen Raum. 1954-1956 wurde das Theater vollständig umgestaltet. Heute wirkt hier das Ensemble der Theatergemeinschaft Düsseldorf-Duisburg. Zu den bekanntesten deutschen Bühnen gehört das **Düsseldorfer Schauspielhaus,** dessen heutiger Bau 1970 fertiggestellt wurde. Rang und Namen in der Welt des Kabaretts hat sich in vielen Jahren das Düsseldorfer Kom(m)ödchen erspielt.

**Museen**. Das **Kunstmuseum** bietet neben ständig wechselnden Ausstellungen eine Gemäldegalerie mit Werken des 16.-20. Jh.s sowie Abteilungen mit Graphiken, kunstgewerblichen Gegenständen, eine Glassammlung mit Jugendstilgläsern und ein Kupferstichkabinett. Das **Landesmuseum Volk und Wirtschaft** zeigt anschaulich die Zusammenhänge zwischen Wirtschaft und Gesellschaft. Beide Museen sind in dem 1926 von Wilhelm Kreis entworfenen Ehrenhof untergebracht. Im Museumsneubau am Grabbeplatz hat die **Kunstsammlung Nordrhein-Westfalen,** eine der bedeutendsten Sammlungen moderner Kunst in Deutschland mit einer großen Paul-Klee-Abteilung, ein angemessenes Domizil gefunden. Das **Hetjens-Museum** im Palais Nesselrode zeigt Keramiken aus acht Jahrhunderten und Porzellanarbeiten aus aller Welt.

Am nördlichen Ende des Hofgartens erbaute Johann Josef Couven Mitte des 18. Jh.s in unaufwendiger Barockarchitektur das **Schloß Jägerhof**, in dem heute das nach Frankfurt a. M. und Weimar drittgrößte Goethe-Museum untergebracht ist. Es enthält 30000 Objekte aus der Zeit des deutschen Dichterfürsten, darunter Handschriften, Bücher, Büsten,

Bilder, Medaillen und Porzellane. Der **Hofgarten** mit seinen tempelartigen Torhäusern am Ratinger Tor erhielt im 19. Jh. seine heutige Form als Landschaftsgarten. Auf dem Napoleonberg steht das 1944 von Aristide Maillol geschaffene Heine-Denkmal.

Mit dem **Japanischen Garten** am Rhein im Nordpark zollten die zahlreichen in der Stadt ansässigen Japaner Düsseldorf ihren Tribut. Die gekonnten Kompositionen aus Steinen, Wasser und Pflanzen vermitteln einen wunderbaren Eindruck fernöstlicher Gartenbaukunst.

Von dem im Stadtteil Unterbilk gelegenen **Rheinturm** aus genießt man einen herrlichen Rundblick über ganz Düsseldorf. Ein Restaurant auf dem 234 m hohen Fernmeldeturm dreht sich im Zeitraum von 60 Minuten einmal um den Turmschaft.

Die kath. **Pfarrkirche St. Margaretha** in Ortsteil Gerresheim ist die ehemalige Stiftskirche des 870 gegründeten Damenstifts. Der 1236 geweihte Bau wirkt in seiner Außenarchitektur streng und einfach. Im Gegensatz dazu steht der reichgegliederte Innenraum mit seiner Fülle von strukturierenden Elementen. Ein monumentales Kruzifix von mehr als 2 m Höhe, um 970 geschaffen, gehört ebenso zu den Kostbarkeiten der Ausstattung wie das spätgotische Sakramentshaus, ein von schmiedeeisernen Gittern umgebenes fünfseitiges Gehäuse.

Etwa 10 km außerhalb der Altstadt liegen Stadtteil und **Schloß Benrath**. Der Baumeister Nicolas de Pigage schuf im Auftrag des Kurfürsten Karl Theodor 1755 bis 1769 als fürstliche Sommerresidenz und Jagdschloß die noch heute zu sehende Schloßanlage von Benrath. Pigage empfahl sich dem Kurfürsten auch als Baumeister der kurfürstlichen Schlösser zu Mannheim und Schwetzingen. Die Grafen und späteren Herzöge von Berg hatten seit dem 14. Jh. an dem Platz erst eine Burg, dann ein Landschloß errichtet. Von den vor 1755 errichteten Bauten ist nur die Orangerie im heutigen Schloßpark erhalten. Die Schloßanlage besteht aus den beiden zur Linken und zur Rechten des Hauptgebäudes liegenden und den Weiher umrahmenden dreiflügeligen Kavaliershäusern und dem etwas zurückversetzt errichteten eigentlichen Schloß. Im westlichen Kavaliershaus ist das **Naturkundliche Heimatmuseum Benrath** untergebracht. Der Hauptbau enthält – um das Vestibül und einen runden Salon, den Mittelpunkt des gesellschaftlichen Lebens im Schloß, gruppiert – 84 Räume. Der von Baumeister Pigage als Teil eines architektonischen Gesamtkonzepts betrachtete Park wurde im 19. Jh. zum englischen Landschaftsgarten umgestaltet.

Etwa 10 km nördlich der Altstadt liegt der Stadtteil **Kaiserswerth** mit der Ruine **Kaiserpfalz** Friedrich Barbarossas. Die etwa 50 m lange und 6 m dicke, rheinseitig gelegene Außenmauer des Palastgebäudes vermittelt auch heute noch ein eindrucksvolles Bild der 1184 von Barbarossa anstelle einer überkommenen salischen Kaiserburg auf einer künstlichen Rheininsel errichteten Pfalz. Eine noch erhaltene Inschrift über einem Portal an der Nordseite weist auf den Neubau der Pfalz durch Kaiser Friedrich hin. Ursprünglich historisches Element Kaiserwerths ist die heute als katholische Pfarrkirche genutzte ehemalige **Stiftskirche St. Suitbertus**. Die auf eine Klostergründung aus der Zeit um 700 zurückgehende monumentale dreischiffige Pfeilerbasilika wurde im 11. Jh. errichtet. Die im Jahre 1877 angebauten Westtürme fielen im Zweiten Weltkrieg den Bomben zum Opfer. Die Kirche wurde dann in der Form des 13. Jh.s wiederaufgebaut. Zu den schönsten Bauten rheinischer Romanik gehört der im 13. Jh. geschaffene Chor. Aus dieser Zeit stammt auch der meisterlich vergoldete Schrein des hl. Suitbertus.

Ein lohnender Ausflug führt in das etwa 15 km östlich von Düsseldorf liegende **Neandertal** bei Erkrath, das durch die hier aufgefundenen frühzeitlichen menschlichen Knochen weltweit berühmt geworden ist. Vor 60000 Jahren lebten hier die als Neandertaler bekannten Frühmenschen. Die Entwicklung des etwa 1,60 m großen und mit überproportional langen Armen ausgestatteten Urzeitmenschen wird im Museum Neandertal anschaulich dargestellt.

In einem eiszeitlichen Wildgehege werden Urrinder, Wildpferde und Wisente gehalten.

Schloß Benrath, die Sommerresidenz des Kurfürsten Karl Theodor (links).

Nur der Schloßturm blieb 1872 vom abgebrannten Düsseldorfer Schloß erhalten (rechts oben).

Elegante Geschäfte und Straßencafés säumen die Königsallee (rechts unten).

Eine neue Attraktion der City: das Kö-Center (rechts außen).

# Eisenach Stadt der Wartburg

Eisenach lebt zwar touristisch von der Wartburg, aber die Stadt im Nordwesten des Thüringer Waldes ist auch ohne die Burg ein kulturelles und wirtschaftliches Zentrum. Außerdem liegt sie geradezu idyllisch zwischen den bergigen Mischwäldern.

Die Kleinstadt (50 000 Einwohner) hat eine ganz beachtliche Rolle in der deutschen Geschichte und Kulturgeschichte gespielt, verfügt mit der Wartburg über einen der wichtigsten kulturhistorischen Anziehungspunkte im Osten Deutschlands und war seit 1896 eine der sehr frühen und wichtigen Produktionsstätten von Automobilen. Daß Eisenach aus all diesen und vielen anderen Gründen eine Visite lohnt, haben allerdings schon viele gemerkt. Insbesondere die Wartburg ist sehr überlaufen – so ist es vielleicht besser, sie nicht gerade im Hochsommer oder zu Ostern zu besuchen.

## Geschichte

Im späten 11. Jh. soll der Salier Ludwig der Springer die Burg gegründet haben. Sie sollte als Bollwerk dienen in den Streitigkeiten Thüringens und Sachsens mit dem Kaiser Heinrich IV. Durch die Landgrafen von Thüringen verlor die Anlage bald ihren wehrhaften Charakter und wurde statt dessen zu Wohn-, Repräsentations- und Regierungszwecken umgestaltet. Vor allem bemühten sich die Landgrafen schon im 12. Jh., Dichter und Sänger an die Wartburg zu binden. 1206 bis 1207 soll hier der berühmte Sängerwettstreit stattgefunden haben, an dem unter anderen Walther von der Vogelweide und Wolfram von Eschenbach teilnahmen. So jedenfalls hat es ein späteres Gedicht dargestellt. Dieser »Sängerkrieg auf Wartburg« ist dann von Richard Wagner im »Tannhäuser« als Motiv verarbeitet worden. Die Gemahlin Ludwigs IV., Elisabeth, wandte sich nach seinem Tod ganz vom Hofleben ab und widmete sich der Armenfürsorge. So entstand das erste deutsche Hospital in Marburg. 1235 wurde Elisabeth dafür heiliggesprochen.

Inzwischen war längst die günstige Lage am Schnittpunkt mehrerer Verkehrswege zum Anlaß genommen worden, unterhalb der Burg planmäßig eine Ortschaft anzulegen, die den Namen des benachbarten Dorfes – und 1238 Stadtrecht – erhielt. Hatte die Stadt, nun im Besitz der sächsischen Kurfürsten, im 14. und 15. Jh. unter Bränden und der Pest zu leiden, so verschaffte ihr bald der Name eines Mannes Bedeutung, der hier zunächst zwischen 1497 und 1501 zur Schule ging. Sein späterer Aufenthalt auf der Burg allerdings war viel spannender: Vom Worsmer Reichstag kommend, wurde Martin Luther 1521 auf Veranlassung Friedrichs des Weisen entführt und zu seiner Sicherheit als »Junker Jörg« auf der Wartburg einquartiert. Die Zeit nutzte er, um binnen eines knappen Jahres die Bibel ins Deutsche zu übersetzen und damit zugleich den Grundstock für eine einheitliche deutsche Sprache und ein sich darauf gründendes Nationalbewußtsein zu schaffen.

Etliche Mitglieder der umfangreichen Musikerfamilie Bach sind mit dem Namen Eisenachs verbunden, so wurde auch Johann Sebastian 1685 hier geboren. Goethe hat auf der mittlerweile reichlich heruntergekommenen Wartburg 1777 mehrere Wochen gewohnt. Von größerer historischer Bedeutung war jedoch das Wartburgfest, das hier 1817 500 deutsche Burschenschaftler feierten. Sie wollten ein Zeichen für die Einheit des aus 39 Staaten bestehenden Deutschland und für die demokratische Überwindung des Absolutismus setzen. Schließlich wurde 1869 in Eisenach die »Sozialdemokratische Arbeiterpartei« Deutschlands gegründet.

Fachwerkhäuser im vorderen Burghof der Wartburg (links).

Auf der Wartburg kann man die Lutherstube mit fast unveränderter Einrichtung bewundern (Mitte oben).

Unmittelbar in der Nähe des Lutherhauses das Rathaus mit schiefem Turm (rechts innen).

Die Wartburg auf dem Wartberg: eine der schönsten frühmittelalterlichen deutschen Burgen (rechts unten).

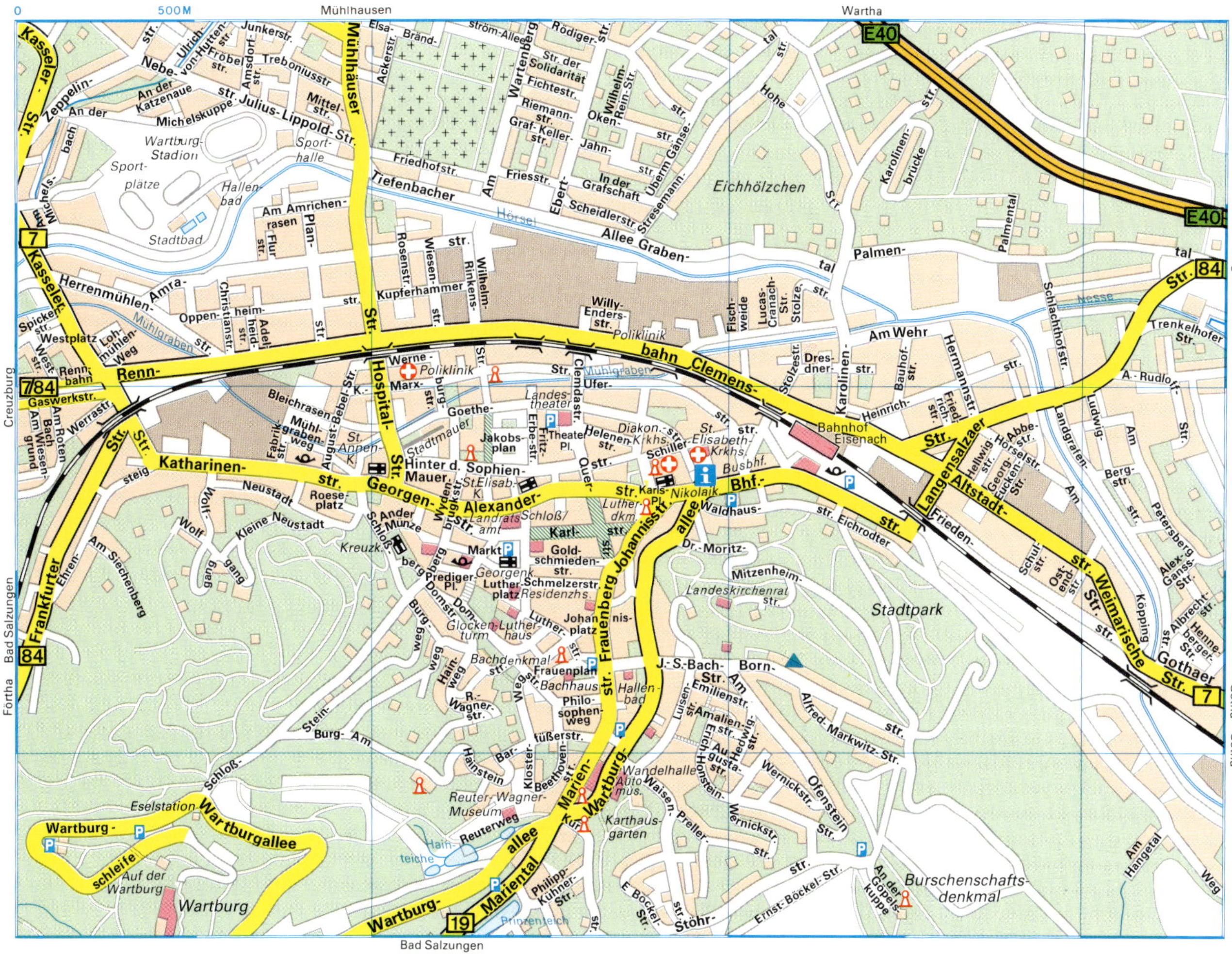


## Sehenswürdigkeiten

Eisenach hat eine ganze Reihe baulicher Sehenswürdigkeiten aufzuweisen. Am **Marktplatz** trifft man zuerst das barocke **Stadtschloß**, in dem übrigens Goethes Muse Frau von Stein geboren wurde. Hier findet sich auch das **Thüringer Museum**, das aber noch in zwei anderen historischen Gebäuden ausstellt. In der ursprünglich 1188 gegründeten **Georgskirche** hat Luther gepredigt, Bach wurde hier getauft und hat als Chorknabe hier gesungen. Fast an den Marktplatz anschließend steht die **Predigerkirche**, die ehemalige Kirche des 1235 gegründeten Dominikanerklosters. Im Innern sind sehr wertvolle alte Holzschnitzereien zu sehen (Teil des Thüringer Museums). Der Glockenturm des **Rathauses** stammt von 1596, der Bau selbst ist erheblich älter. Daneben steht das **Residenzhaus** aus dem 16. Jh. Ein paar Schritte um die Ecke liegt das **Lutherhaus**, in dem der Reformator als Schüler wohnte, heute ist in dem renovierten Fachwerkgebäude eine Gedenkstätte eingerichtet. Das **Bachhaus** aus dem 17. Jh. liegt am Frauenplan, auch hier eine Gedenkstätte und eine umfangreiche Instrumentensammlung. Reste der ehemaligen Stadtmauer aus dem 12. Jh. sind am **Nikolaitor** erhalten. Eine ehemalige benediktinische Klosterkirche aus dem 12. Jh. ist die **Nikolaikirche** daneben. Das Kloster wurde während der Reformation aufgehoben, und die Kirche hat ihre heutige Gestalt 1887 erhalten. Die Hospitalkirche **St. Annen** soll an der Stelle eines von der heiligen Elisabeth gegründeten Hospitals stehen. Schließlich ist noch das Haus des niederdeutschen Dichters **Fritz Reuter** zu erwähnen, der ebenfalls in Eisenach gelebt hat. Hier gibt es eine Reuter-Ausstellung und eine **Wagner-Sammlung**, die den Komponisten ehrt, der mit seinem »Tannhäuser« der Wartburg ein musikalisches Denkmal gesetzt hat.

An die Tradition der Automobilherstellung in Eisenach erinnert das **Automobilmuseum**, das natürlich vor allem sich auf die ehemalige örtliche Marke »Wartburg« bezieht. In der **Gedenkstätte Eisenacher Parteitag 1869** ist die Geschichte der Arbeiterbewegung dokumentiert. Von den wertvollen Eisenacher Tapetenbildern kann man sich im **Teezimmer des Karthausgartens** einen Eindruck verschaffen (Teil des Thüringer Museums). Dieser hübsche Garten liegt auf dem Grund eines ehemaligen Kartäuserklosters, das später wiederum dem Kurbad diente.

Die **Wartburg** ist eine der schönsten erhaltenen frühmittelalterlichen deutschen Burgen. Die inzwischen gut restaurierten Gebäude sind um zwei Höfe angelegt. Glücklicherweise haben die Veränderungen der verschiedenen Bauphasen den ursprünglichen Burgcharakter nicht wesentlich modifiziert. Auf die **Vorburg** – wo man in der **Lutherstube** den berühmten Tintenfleck sehen kann – gelangt man über die Zugbrücke. Auf dem zweiten Burghof ist der **Palas**, der älteste Bauteil, beherrschend. Er gilt als der reichste Profanbau romanischen Stils nördlich der Alpen. Von den Innenräumen beachtet man bei dem Museumsrundgang auf jeden Fall den Rittersaal, die Elisabethkemenate und den Speisesaal. In den Ausstellungsräumen sind auch mittelalterliche Kunstwerke aufbewahrt.

### Information

Eisenach-Information
Bahnhofstraße 3/5
O-5900 Eisenach
Tel. (03691) 4895

### Festkalender

Eisenach ist an den Thüringer Bach-Tagen beteiligt (März/ April). Volksfest Sommergewinn. Wartburgkonzerte (Sommer). Kulturfesttage (September/ Oktober). Weihnachtsmarkt.

### Tips

Neben dem obligatorischen Wartburgbesuch sollte man besonders im Winter auch die Drachenschlucht (200 m unterhalb) erkunden (meterhohe Eiszapfen). Spazierengehen kann man in den Hörselbergen. 10 km südlich Eisenachs liegt das Schloß Wilhelmsthal, das von einem wunderschönen Landschaftspark umgeben ist.

# Erfurt
# Stadt der Türme

Mehr als 20 Kirchtürme, dazu zahlreiche Tor- und Wachttürme beherrschten einst die gotische Universitätsstadt Erfurt. Viele sind ebenso erhalten wie große Teile des mittelalterlichen Altstadtkerns zwischen Domplatz und Anger.

Das malerisch in ein Knie der Gera eingebettete Erfurt verdankt seinen Namen durchaus diesem Fluß. Die Gera nämlich hieß ursprünglich Erpf (braun) und die Siedlung Erpesford, also „Furt am braunen Wasser". Die fruchtbare Umgebung sorgte schon früh für den Beinamen Blumenstadt. Luther bezeichnete sie als „des Heiligen Römischen Reiches Deutscher Nation Gärtner". Hier stand eine der ältesten und anerkanntesten deutschen Universitäten, hier wirkten die fähigsten deutschen Humanisten und bauten die Bürger die schönsten gotischen Kirchen. Die gärtnerische Tradition lebt in der jährlichen Internationalen Gartenbauausstellung (IGA) fort.

## Geschichte

Bonifatius, der „Apostel der Deutschen", gründete 742 das Bistum Erfurt, das allerdings nur ganze 13 Jahre bestand. Bereits 755 nämlich wurde es mit dem Erzbistum Mainz vereinigt. Danach regierten die Mainzer mehr als ein Jahrtausend bis zum Jahr 1802 in Erfurt. Zu Beginn des 9. Jh. errichtete Karl der Große eine Königspfalz und machte die Furt an der Gera zum Grenzhandelsplatz des Frankenreiches mit den Slawen. Die günstige Lage an der wichtigen Handelsstraße „Via regia" sorgte anschließend für den Aufstieg Erfurts zur wichtigen deutschen Handelsmetropole. Einen nicht unerheblichen Anteil an diesem Aufstieg hatte der Handel mit der damals in Thüringen viel angebauten Färberwaid, einer Staude, die einen blauen Farbstoff liefert.

Das bürgerliche Selbstbewußtsein sorgte schon 1392 für die Eröffnung einer von den Bürgern ins Leben gerufenen Universität. Sie wurde schnell nach Prag die zweitgrößte deutsche Hochschule und ist eine der ältesten in Deutschland. Dennoch gelang es den Erfurtern nie, größere Unabhängigkeit von Mainz oder gar den Rang einer Freien Reichsstadt zu erreichen. Ab 1802 gehörte Erfurt zur preußischen Provinz Sachsen (bis 1944), was unter anderem dazu führte, daß 1816 die Universität geschlossen wurde. Nach dem Zweiten Weltkrieg kam die Stadt zu Thüringen und wurde bis 1990 Hauptstadt der gleichnamigen Provinz.

## Sehenswürdigkeiten

Beherrschendes Wahrzeichen der Stadt an der Gera ist das mittelalterliche Kirchenensemble von **Dom** und St. Severi. Der Dom selbst wurde bereits 742 gegründet, 1154 als romanische Basilika errichtet und bis 1370 um den eindrucksvollen, hochgotischen Chor erweitert. Zur Fundamentierung mußten dafür eigene Gewölbetonnen dem Domhügel vorgebaut werden. Bis 1465 schließlich wurde das Schiff zur riesigen spätgotischen Halle erneuert. Die Portalvorhalle ist mit Skulpturen der Apostel sowie der Klugen und Törichten Jungfrauen geschmückt.
Im Inneren dominieren die mit etwa 900 bemalten Glasscheiben ausgestatteten Chorfenster, die zu den bedeutendsten Werken mittelalterlicher Glasmalerei gehören.

Die Fenster präsentieren nahezu das gesamte ikonographische Programm der mittelalterlichen Scholastik. Wichtigste Stücke der Ausstattung sind der „Wolfram", eine romanische Leuchterfigur aus massiver Bronze, die früher wahrscheinlich als Pultträger diente, sowie ein Altaraufsatz von 1160 mit der sogenannten Stuckmadonna. Der Domschatz enthält mittelalterliche und barocke Plastiken, Reliquienbehälter, Textilien und Silberschmiedearbeiten.
Unmittelbar neben dem Dom stechen die drei spitzen Turmhelme von **St. Severi** in den Himmel. Die fünfschiffige frühgotische Hallenkirche wurde um 1280 begonnen, um 1400 gewölbt und 1472 mit dem riesigen Walmdach eingedeckt. Sie war die Kirche der Augustinerchorherren und birgt als kostbarstes Ausstattungsstück den Sarkophag des hl. Severus von 1365. Der 15 m hohe Taufstein ist ein berühmtes Meisterstück der Erfurter Plastik.
Schönste Häuser am Domplatz sind die **Grüne Apotheke** und das Renaissancehaus **„Zur Hohen Lilie"** (1538). An der Ostseite des Platzes beginnt die Marktstraße, einst Teil der Via regia und Sitz der angesehensten Händler. Am Fischmarkt vor dem Rathaus kreuzte sie sich mit der Nord-Süd-Handelsstraße. Imposantester Bau dort ist das neogotische, 1871 fertigge-

Domplatz mit der Allerheiligen-Kirche im Hintergrund (links).

Auch die Predigerkirche ist einen Besuch wert (rechts).

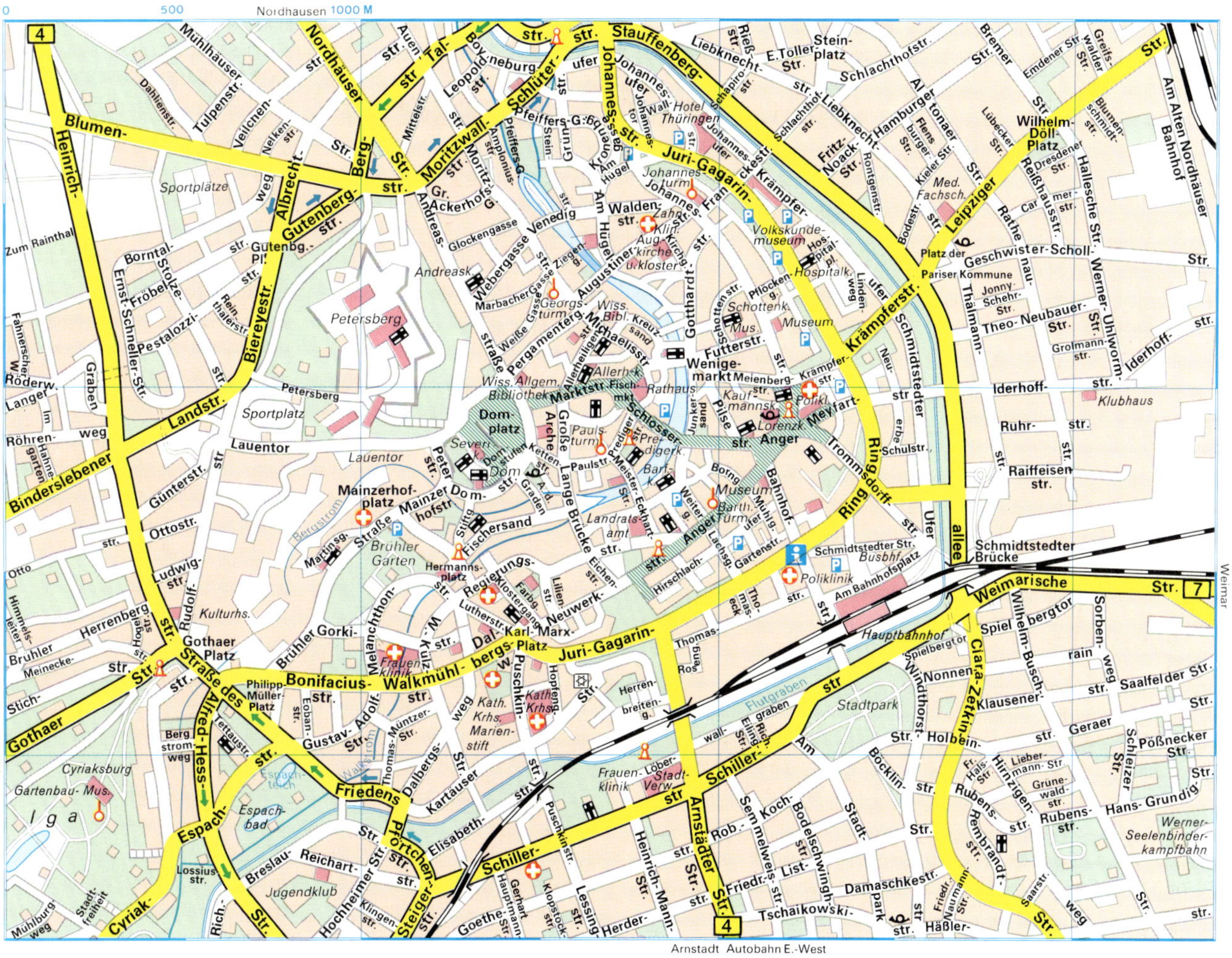


stellte **Rathaus** mit reich ausgestattetem Festsaal. Die Nordseite begrenzt das Haus „Zum Breiten Herd" (1584), die Südseite das Haus „Zum Roten Ochsen" (1562), beides reichgeschmückte Renaissancebauten. Der **Roland** auf dem Platz stammt von 1591.

Hinter dem Rathaus beginnt die berühmte **Krämerbrücke**. Sie liegt ebenfalls im Zug der alten Via regia, wurde schon 1117 genannt und ist beiderseits als Brückenstraße mit Fachwerkhäusern bebaut. Als Ensemble ist sie einzigartig nördlich der Alpen. Nach Nordwesten zweigt vor der Krämerbrücke die Michaelisstraße ab, deren Anfang auch „Steinerne Chronik Erfurts" genannt wird. Beim Grundstück Nr. 39 stand die so renommierte alte Erfurter Universität, das heutige Haus Nr. 39 ist Bibliothek und enthält die berühmte Sammlung „Amploniana" mit 4 000 Handschriften.

Die Augustinerstraße führt zu **Augustinerkloster** und **Augustinerkirche** (1350 vollendet). Hier kam Martin Luther ins Kloster. Von den Ordensgebäuden ist der schöne Komtureihof von 1593 erhalten. Die Leninstraße enthält mit ehemaligen Waidjunkersitzen besonders reich verzierte Spätrenaissancehäuser, wie das Haus „Zum Stockfisch" (1607), in dem heute das **Museum für Stadtgeschichte** untergebracht ist, „Zum Mohrenkopf" (1607) und „Zum Gekrönten Hecht" (vor 1600).

Der **Anger** ist einer der ältesten Plätze der Stadt mit reichverzierten Renaisssancehäusern. Das Haus „Zum Schwarzen Löwen" war während des Dreißigjährigen Krieges die Residenz des schwedischen Statthalters. Der kurmainzische **Packhof** an der Ecke Bahnhofstraße ist ein schmuckvoller Barockbau und beherbergt heute das **Anger-Museum** mit einer der größten Sammlungen mittelalterlicher Kunst in Deutschland. Der **Bartholomäusturm** enthält seit 1979 mit 60 Glocken das größte Glockenspiel der DDR. Das **Dacherödensche Haus** hat das schönste Renaissanceportal Erfurts. Zur Zeit Goethes war es Treffpunkt so großer Geister wie Goethe, Schiller oder Wilhelm von Humboldt, die sich hier um die Hausherrin Caroline von Dacheröden versammelten. Die ehemalige **Statthalterei** ist das monumentalste Profangebäude der Altstadt. Es entstand 1720 aus zwei älteren Patrizierhäusern, hat prachtvollen Renaissanceschmuck, eine schöne Barockfassade und einen großen Festsaal, in dem 1808 das Treffen Goethes mit Napoleon stattfand. Im Geleitshaus nebenan wohnte Goethe übrigens häufig, wenn er zu Besuch in Erfurt weilte.

In Erfurt gab es einst neben gut 20 Pfarrkirchen noch etwa 15 Klöster und Stifte und natürlich ebenso viele Kirchen. Sie brachten der Stadt den Beinamen „Die Turmreiche" ein. Die interessantesten von ihnen sind die **Barfüßerkirche** mit den ältesten Glasfenstern Erfurts und die **Predigerkirche** der Dominikaner, die neben dem Dom über die reichsten Kunstschätze verfügt. Zu nennen sind vor allem ein spätgotischer Lettner von 1410 und der geschnitzte Doppelflügelhochaltar von 1492. Die Kirche in der Predigerstraße ist auf jeden Fall einen Besuch wert. Die **Cruciskirche** hat die schönste barocke Innenausstattung, die **Reglerkirche** den größten Schnitzaltar, und die **Schottenkirche** ist die einzige romanische Kirche der Stadt im romanischen Baustil.

**Information**
Erfurt-Information
Bahnhofstraße 37
O-5000 Erfurt

**Festkalender**
Internationale Gartenbauausstellung (jährlich im Sommer). Steigerfest (September/Oktober). Krämerbrücken-Fest (Mai/Juni). Zoopark-Fest (Juli August). Frühlingsfest (April). Thüringer Bach-Tage (März/April).

**Tips**
Auf dem Gelände der Gartenbauausstellung: Gartenbaumuseum, Volkssternwarte und Aussichtsturm.
Der Zoopark auf dem Roten Berg besitzt besonders interessante Affenarten, und der Steigerwald lockt mit gut 20 km Wanderwegen.

# Erlangen – Wohlstand und Toleranz

**Die Verwaltungs-, Dienstleistungs- und Universitätsstadt ist in ihrer langen Geschichte mit einer gewissen Toleranz Fremden und Neuem gegenüber gut gefahren. Im 17. Jh. waren es Hugenotten, nach dem Zweiten Weltkrieg Aussiedler, die der Stadt zu Wohlstand verhalfen.**

Die Residenzstadt der Markgrafen von Brandenburg-Bayreuth an der Regnitz beherbergt seit 1743 die Friedrich-Alexander-Universität, die seit 1961 mit der Nürnberger Hochschule für Wirtschafts- und Sozialwissenschaften vereinigt ist. Der technische Schwerpunkt der Universität dürfte auch dafür verantwortlich sein, daß sich in der Beamtenstadt einige wichtige Industriezweige angesiedelt haben. Kurioserweise gehören dazu besonders elektrische Bereiche, hat Erlangen doch gerade auf diesem Gebiet schon früh auf sich aufmerksam gemacht: nämlich in Gestalt seines berühmten Sohns Georg Ohm (1789 bis 1854), der die Gesetze der elektrischen Stromleitung beschrieb.

## Geschichte

Von »Erlangon« ist erstmals 1002 urkundlich die Rede gewesen – der Name bezog sich offenbar auf einen Erlenbestand. Vom 11. bis zum 14. Jh. gehörte der Ort dem Domstift von Bamberg, der ihn für sechs Zentner Silbermünzen an Kaiser Karl IV., den König von Böhmen, verkaufte. Dieser ließ die heutige Altstadt neu anlegen und befestigen. Auf die Marktrechte von 1374 folgten dann 1398 die von König Wenzel verliehenen Stadtrechte. Kurz darauf verkaufte er wiederum Erlangen an die Burggrafen von Nürnberg, die späteren Markgrafen von Bayreuth. Sie behielten die Stadt, bis sie 1792 preußisch wurde. Nachdem schon sehr früh die Reformation eingeführt worden war, geriet Erlangen im 30jährigen Krieg in die Fänge der kaiserlichen Armee, die hier ausgiebig plünderte und fast alles niederbrannte.

1686 holte Markgraf Christian Ernst französische Hugenottenflüchtlinge nach Erlangen und errichtete für sie einen eigenen neuen Stadtteil, der lange Zeit auch unter getrenntner Verwaltung stand. Als Lockmittel für diese Flüchtlinge benutzte man eine langjährige Steuerfreiheit. Dadurch wurden sowohl weitere Hugenotten zur Einwanderung veranlaßt als auch deutsche Flüchtlinge, besonders Protestanten aus Rheinpfalz. So wurde ab 1700 eine Erweiterung der Hugenottenstadt um »deutsch Neustadt« notwendig. Das Ganze wurde dann später zusammen als »Neustadt Christian Erlang« bezeichnet. Mit den rechtwinkligen Straßen auf quadratischem Grundriß gilt diese Stadtgründung heute als eine der interessantesten des Barock. Man schuf vorwiegend zweigeschossige Wohnhäuser, vornehmlich an den beiden zentralen Plätzen wurden auch einige aufwendigere Bauten eingefügt. Hinzu kamen das neuerbaute Schloß mit Garten, Orangerie und Redoute sowie einige kleinere Palais.

Die 1706 weitgehend abgebrannte Altstadt wurde im Anklang an Christian Erlang im barocken Stil wiederaufgebaut. Ökonomisch erwies sich die Aufnahme der Hugenotten als äußerst sinnvoll, denn diese Zuwanderer veränderten das Wirtschaftsleben der Stadt nachhaltig. Die ländliche Prägung der Wirtschaft war vordem nur durch Tuchmacher und Bierbrauer ergänzt worden. Doch nun kamen Gerber, Hutmacher,

Das Denkmal Markgraf Friedrichs (links außen).

Die Schloßanlage (links innen).

Der Hugenottenbrunnen (links unten, das Markgrafentheater (rechts oben), der Marktplatz (rechts unten).

Teppichknüpfer, Strumpfwirker und Kattundrucker hinzu.
Für die kulturelle Entwicklung der Stadt war die Ansiedlung der gerade in Bayreuth gegründeten Universität (1743) wichtig, an der unter anderem Johann Gottlieb Fichte, Friedrich Rückert und Ludwig Feuerbach lehrten. Von 1807 bis 1810 war Erlangen französisch, danach kam es zum Königreich Bayern, welches 1812 die Verwaltungen von Alt- und Neustadt zusammenlegte. Durch den Anschluß an den Main-Donau-Kanal und an die Nürnberg-Bamberger Eisenbahn (1843/1844) wurde die Industrialisierung gefördert. Der Zweite Weltkrieg zeigte sich der Bausubstanz Erlangens gegenüber zum Glück einigermaßen gnädig. Nach dem Krieg nahm Erlangen noch einmal einen bemerkenswerten wirtschaftlichen Aufschwung durch die Ansiedlung der Siemens-Verwaltung und der Siemens-Tochter Kraftwerk Union. Aus dem 19. Jh. rührt noch ein Schwergewicht in der Bürstenfabrikation, der Baumwollindustrie und bei der Produktion von elektromedizinischen Geräten.

## Sehenswürdigkeiten

Die **Hugenottenkirche** ist 1693 für die in der Neustadt angesiedelten Flüchtlinge eingeweiht worden, der auffällig schlanke Turm entstand erst 40 Jahre später. Im Innern faszinieren die geschnitzte Kanzel und die barocke Orgel. Ganz in der Nähe steht die **Neustädter Pfarr- und Universitätskirche**, die vom sogenannten Markgrafenstil geprägt ist. Um 1700 ist mit dem Bau des barokken **Schlosses** begonnen worden. Ein Großteil der Ausstattung verbrannte 1814, hervorzuheben sind aber die Sandsteinplastiken von Elias Räntz, die zum Außenschmuck des dreigeschossigen Baus gehören. Heute ist in dieser ehemaligen Nebenresidenz des Markgrafen die Universitätsverwaltung untergebracht. Den **Schloßplatz** beherrscht der **Hugenottenbrunnen** von 1706 mit seinen 45 ineinander verschlungenen Figurenplastiken. In dem hübschen **Schloßgarten** befinden sich die Gewächshäuser des Botanischen Gartens und die ebenfalls 1706 fertiggestellte **Orangerie**. In ihrem Halbrund werden heute Ausstellungen und Konzerte veranstaltet – sehenswert ist die Stuckdecke des Wassersaals. Das sogenannte **Markgrafentheater** kann für sich in Anspruch nehmen, das älteste Barocktheater Süddeutschlands zu sein, in dem heute noch gespielt wird. Dank einer aufwendigen Renovierung kann man noch immer die üppigen Ornamente bewundern, mit denen der prachtvolle Innenraum 1744 ausgestattet wurde.

Im **Altstädter Rathaus** (1731 bis 1736) gastiert mittlerweile das Stadtmuseum, ursprünglich diente es der Verwaltung der Altstadt. Etwas älter ist die **Altstädter Dreifaltigkeitskirche** am Martin-Luther-Platz. Die Saalkirche fällt wegen der umlaufenden Emporen auf. Zum städtischen Wahrzeichen ist der aus der Fassade hervorgehende Kirchturm geworden. Älteste Kirche Erlangens ist die **Martinsbühler Kirche**, von der bereits 1288 die Rede war. Auch sie hat später eine barocke Ausgestaltung erfahren; vor allem die aus dem 14. Jh. stammende Holzplastik mit St. Martin auf einem Pferd ist kunsthistorisch bedeutend. Im **Palais Stutterheim** am Marktplatz ist heute die Stadtbibliothek zusammen mit der Städtischen Galerie untergebracht. Es wurde 1728 bis 1730 als Adelspalais erbaut und ist bis 1971 als Rathaus genutzt worden. In diesem Jahr wurde nämlich das **Neue Rathaus** fertig, ein imposanter Neubau aus Sichtbeton, der als Kongreß-, Kultur- und Einkaufszentrum dient und zudem die Stadthalle birgt.
Von Erlangen konnte man fast noch bis in dieses Jahrhundert behaupten, es habe nicht, sondern es sei eine Universität. Über das gesamte Stadtgebiet verteilt finden sich heute die verschiedenen Institute und Gebäude. Auch viele **Museen** und **Sammlungen** hängen mit der Universität zusammen: die Archäologische, die Gemälde-, die Geographische und Völkerkundliche, die Geologische und die Graphische Sammlung (in dieser etliches von Dürer). Außerdem gibt es eine Zoologische, eine Ur- und Frühgeschichtliche und eine Musikinstrumentensammlung.
Besondere Aufmerksamkeit verdient die Kirchweih, die eines der schönsten und ältesten Brauchtumsfeste in Franken ist. Dieses Volksfest ist aus einem Vogelschießen hervorgegangen und wird seit 1755 zwölf Tage lang um Pfingsten herum gefeiert. Beliebt sind dann die Bierschenken in den alten Kellern auf den Hügeln am Stadtrand, wo früher das Bier gelagert wurde. In der Universitätsstadt gibt es natürlich eine ganze Reihe von **Bier- und Weinlokalen** – zu empfehlen etwa die »Oppelei« oder der »Karzer«.
Wer einen kleinen Abstecher nach **Herzogenaurach** unternimmt, kann nicht nur das mittelalterliche Stadtbild dieses uralten Ortes bewundern. Denn in diesem Zentrum der deutschen Sportartikelproduktion kann man sich im adidas-Sportschuhmuseum über die Geschichte dieses Wirtschaftszweiges informieren. Außerdem wartet die Stadt mit einem barocken Schloß, der gotischen St.-Magdalena-Kirche und einem Spital von 1509 auf.

**Information**
Verkehrsamt
Rathausplatz 1
W-8520 Erlangen
Tel. (09131) 25074

**Festkalender**
Bergkirchweih (um Pfingsten). Internationale Theatertage (im zweijährigen Wechsel jeweils im Sommer). Schloßgartenfest (bedeutende Open-air-Gala, Juni). Poetenfest im Burgberggarten (August). Marktplatzfest (August). Kulturtage.

**Tips**
Konzerte jeder Musikrichtung finden in der Stadthalle und im Redoutensaal statt. Junge Musik gibt es darüber hinaus auch im Kommunikationszentrum E-Werk. Das Waldmuseum im Stadtteil Tennenlohe widmet sich der Forstwirtschaft und wechselnden ökologischen Themen. Als Naherholungsgebiet ist der Dechsendorfer Weiher ein sehr beliebtes Ziel sommerlicher Ausflüge.

# Essen Revier-Metropole

Wer Essen auf Fotos vom Baldeneysee und vom grünen Essener Süden kennenlernt, der wird kaum glauben, um welchen industriellen Giganten es sich hier handelt. Für Essen gilt: Statt Rurpottgigant eine bunt schillernde Metropole mit Reviertradition.

Die Töchter des sächsischen Hochadels sollten in dem Stift christlich erzogen werden, das der Bischof von Hildesheim auf seinem Gut »Asnidhi« 852 gründete. An der Stelle dieses Stiftes steht heute das Münster – und der zu »Essen« abgeschliffene Name hat sich im Laufe der Zeit für die ganze Ansiedlung eingeprägt. Daß hier das Zentrum einer einzigartigen Industrieregion entstehen würde, hat jener Bischof sich wohl ebensowenig träumen lassen wie die Benediktiner, die schon im 8. Jh. im heutigen Stadtteil Werden ein Kloster gründeten.

## Geschichte

Die historische Bedeutung Essens resultierte aus seiner Lage genau an der Grenze zwischen den bereits christianisierten Franken und den noch heidnischen Sachsen, gegen die man hier Befestigungen anlegte. Seit 1231 die Äbtissin von Essen und der Abt von Werden zu Reichsfürsten erhoben wurden, bildeten beide Orte eigene Staaten. Allerdings wurden sie in den 600 Jahren ihres Bestehens – bis 1803 – einerseits vom Kölner Erzbischof dominiert, andererseits behinderten sie sich gegenseitig oder verbrauchten unnötig Kräfte in den Reibereien mit den kontrollierten Bürgerschaften. So begann der Aufschwung Essens zu einer der größten deutschen Städte mit der Industrialisierung im 19. Jh.: Die erste im Ruhrgebiet (von Franz Dinnedahl) gebaute Dampfmaschine begann 1809 auf der Zeche Wohlgemut zu arbeiten. 1837 wurde auf Zeche Kronprinz erstmals Kohle unterhalb der Mergelschicht abgebaut. Friedrich Krupp gründete 1811 seine Gußstahlfabrik, die allmählich zum weltgrößten Stahlkonzern wurde. Mit seinen 22 Zechen war Essen zeitweise die größte Bergbaustadt Europas. Von 1850 bis 1930 zogen 600 000 Menschen in den Essener Raum, von dem sie sich Arbeit und Brot versprachen. Im gleichen Zeitraum hat sich das Stadtgebiet verzwanzigfacht. Auch in Essen haben aber das Zechensterben – heute arbeitet keine mehr – und die Stahlkrise eine tiefgreifende Umstrukturierung notwendig gemacht. Geblieben sind die Konzernspitzen von vielen großen Unternehmen (Karstadt/ Neckermann, Krupp, Ferrostahl, Hochtief, Thyssen, Aldi) und die Verwaltungen von wichtigen Verbänden. Außerdem ist Essen das führende Energiezentrum Deutschlands (RWE, Ruhrgas, Ruhrkohle) und ein wichtiger Zeitungsstandort (WAZ-Gruppe, Springer).

## Sehenswürdigkeiten

Wer würde das älteste vollplastische Marienbild des Abendlandes ausgerechnet in der Industriestadt Essen erwarten? Außerdem kann man im **Münster** (9. bis 14. Jh.) am Burgplatz den berühmten **Münsterschatz** besichtigen (Di. bis So. 10 bis 15.30 Uhr). Das Münster geht auf die erwähnte Stiftsgründung durch den Hildesheimer Bischof Altfrid zurück, der hier in einem gotischen Sarkophag ruht. Bei einem schönen Spaziergang um den **Kettwiger Stausee** kann man herrliche Aussichten auf das **Schloß Landsberg** sowie auf den Kirchberg von **Alt-Kettwig** mit seinen schönen Fachwerkhäusern genießen. In Kettwig liegt auch das 778 zuerst urkundlich erwähnte **Schloß Hugenpoet**, das im 13. Jh. die berüchtigten Raubritter von Nesselrode beherbergte. Ähnlich alt ist auch die **Propsteikirche St. Ludgerus**, die früher zu dem Benediktinerkloster Werden gehörte und ihre heutige Form vor allem im 13. Jh. erhielt. Die **Alte Synagoge** ist wohl das größte jüdische Gotteshaus nördlich der Alpen – seit 1980 dient es nur noch als Gedenkstätte.

Ein Muß für jeden Essenbesucher sollte das **Folkwangmuseum** sein, das eine der wichtigsten Kunstsammlungen der Kunst des 19. und 20. Jh. besitzt.

Zur Entspannung bietet sich dann das Erholungsgebiet um den **Baldeneysee** an, an dessen Nordseite ein kleines altes **Schloß** liegt. Der See entstand 1933 als Aufstauung der Ruhr und dient der Energiegewinnung, aber auch dem Wassersport. Direkt am See liegt auch das größte Einfamilienhaus des Ruhrgebiets, wie manche Spötter sagen: die von Alfred Krupp 1868 bis 1872 errichtete **Villa Hügel**.

»Große Ruhrländische Gartenausstellung« ist der Name, den man 1929 einer Gartenschau gab und für den sich seitdem **Gruga** eingeprägt hat.

**Information**
Verkehrsverein
Freiheit (im Bahnhof)
W-4300 Essen 1
Tel. (0201) 235427

**Festkalender**
Maitember nennt sich das Essener Großfest von Mai bis September (über 100 Veranstaltungen). Sommer-Volksfest (August). Weihnachtsmarkt und Essener Lichtwochen im Dezember. In Essen finden viele wichtige Messen statt.

**Tips**
Folkwangmuseum – eine der bedeutendsten Sammlungen moderner Kunst (Sammlung zur Geschichte der Fotografie). Deutsches Plakatmuseum (mit der größten Plakatsammlung der Welt). Villa Hügel mit einer Dokumentation zur Geschichte des Hauses Krupp. Jugendfarm Essen (eine Art Kinderbauernhof). Grugapark.

Orangerie in der riesigen Gartenanlage des Grugaparks (links).

Überblick über Porscheplatz mit dem 106 m hohen Rathaus im Hintergrund (rechts).

Das Haus der Technik war ursprünglich als Börse konzipiert (unten).

0
500 M
Bottrop
42 Duisburg/Herne
E.-Karnap
Gels.-Ückendf.
E.-Kray
Bochum/Dortmund
E.-Steele
Velbert
E.-Hinsel
E.-Werden
Baldeneysee
Velbert
Düsseldorf
Duisburg
430
E.-Margarethenhöhe
Mülheim a.d.R./Duisburg
E.-Frohnhausen
Oberhausen
Segeroth-friedhof II
Segeroth-friedhof I
Bottroper Str.
Reckhammer-
Hilgerstr.
Kallenbg.-str.
224
Grillo-str.
Gladbecker Str.
Auf der Union
Tiegelstr.
Schlenhofstr.
Paulstr.
Freistr.
Universität
Gesamthochschule
Segeroth-str.
weg
Universitäts-str.
Güterbf. Essen Nord
Rhein. Pl.
Viehofer Pl.
Gesamt-hochsch.
Gerling
Gerling-Pl.
Niederstr.
Mittelstr.
Hans-Böckler-Straße
231 Altendorfer Str.
Friedrich-Ebert-Str.
Berliner Pl.
Ostfeld-str.
Städt. Verw.
Rheinische Str.
Kastanien-allee
Kreuzeskirch-str.
Sporthalle
Kopstadt-Pl.
Gänsemarkt
Limbecker Pl.
Kibbelstr.
Markt
Porsche Pl.
Am Porsche Pl.
Kennedy-Pl.
Zwölfling
Alfredistr.
Alte Synagoge
Bistum Münster
Burg-Pl.
Steeler Str.
Hauptbad
Rathaus
Theater
I. Dellbrügge
Opern-Hs.
Hirschl. Pl.
Deutschlandhaus
Haupt-post
Stadt-bibl.
Waldthausen-Br.
Lindenallee
Ottilienstr.
Frohnhauser Str.
Limbecker Pl.
Westendhof
Burgfeld-str.
Lazarettstr.
Lichtstr.
Schwanenkampstr.
Hindenburg-str.
Max-str.
Akazien-allee
Gildehofstr.
Bernestr.
Varnhorst-str.
Humboldt-Aula
VHS
Holle
straße
Hachestraße
Hauptbf.
E.-Stadtmitte
Post-giroamt
Freiheit
Fr.-Bertha-Krupp-Str.
Süderichstr.
Karolingerstr.
Stoppenberger Str.
Herzog-str.
Schule f. Körperbeh.
Waterloostr.
Elting-Pl.
Beisingstr.
Altenessener Str.
Lützow-
Städt. Schlacht- u. Viehhof
Freistein
Stoppenbgr.
Hammacher-str.
Goldschmidtstr.
Herkulesstr.
Beustr.
Burggrafen-str.
Güterbf. Essen-Ost
Bergbau-Versuchsanlage
Elisabeth-
Haupt-betriebs-hof
TÜV
Frillendorfer Straße
Haupt-feuer-wache
Barbara-
Lysegang
Elisen-Pl.
Dammann-Hs.
Raute
Glückstr.
Helfenberg-W.
Honigmannstr.
Kumpel-W.
Auf d. Litten
AB.-Dreieck Essen-Ost
430
Gerhard-
Stötzel-str.
Twingen-berg-Pl.
Kaiserhofstr.
Kloster
Franziskaner-
Glashüttenstr.
Natorp-
Oberschlesien-str.
Vollmerskamp
Allbau-weg
Steeler Str.
E.-Steeler Str.
Wasserturm
Spichernstr.
Blumenthalstr.
Herwarthstr.
Blecker-kamp
Schwanenbusch-
Franz-Sales-Hs.
Straße
Alsen-Pl.
Ostfriedhof
Gewerbe-amt
Versorg.-A.
Manteuffel-
Saarbrücker Synagoge
Altluth. K.
Ruhr-
Kurfürsten-str.
Kronprinzenstr.
Ruhrverband
Richard-Wagner-Str.
Moltke-platz
Moltke-str.
Elisabeth-Krhs.
Huttrop-str.
52
Thingstr.
Engelsbecke
Schulte-Beikum-Str.
Siepen-str.
Ev. Prediger-seminar
Bergerhauser
Havelring
Camillo-Sitte-Pl.
Univ. (Fb. f. Bauw.)
Huyssenstift
E.-Bergerhausen
Elzstr.
Ruhrallee
227
Werk-allee
Jugend-heimst.
Wartheste.
Saar-Pl.
Bezirkssportanlage Am Krausen Bäumchen
Sportplätze
Am Krausen Bäumchen
Schederhofstr.
Münchener Str.
Fernmeldeamt
Am Fernmeldeamt
E.-Friedrichstr.
Jugendzentrum
Planckstr.
Nieberding-str.
Gemarken-Pl.
Gemarken-
Holsterhauser Str.
Friedrich-str.
Krupp-str.
Bismarck-Pl.
Bismarckstr.
Bundesb.-Dir.
Arbeits-amt
Fin.-A. Ost
Sachsen-str.
Bert-Brecht-Str.
Aalto-Theater
Saalbau
Stadtgarten
Folkwang-Musik-Sch.
Rolandstr.
Huyssenallee
Hohenzollern-str.
Glückauf-Hs.
Ruhrl.-Mus.
Mus. Folkwang
Fin.-A. Süd
Baumstr.
Wittering-str.
Anna-str.
Kahr-str.
Morikestr.
Rüttenscheider Str.
Klara-str.
Rüttensch. Pl.
Isabellastr.
Dorotheenstr.
Emma-str.
Elfriedenstr.
Kloster-
Gefängnis
Gerichte
Erzhof
Zweigert-str.
Pol.-Präs.
Haumann-platz
Martinstr.
Franziskastr.
Heymann-Pl.
Kunigundastr.
Girardet-str.
Pelmann-str.
Grugahalle
Gruga-Pl.
Ausstellungs-gelände
Norbert-str.
Jos.-Lenné-Str.
224
Gummertstr.
Gußm.-Pl.
Herthastr.
Wittekind-str.
Alfried-Krupp-Krankenhs.
Turnfest-halle
Fest- u. Sportgelände
Manfred-
E.-Rüttenscheid
Alfred-str.
K.-Bernsau-S.
52
Müller-Breslau-Str.
Wittenberg-str.
Universität
Dunant-
Vöcklinger
Virgiliastr.
Walpurgisstr.
E.-Süd
Sportpl.
Eleonorastr.
Sylviastr.
Rellinghauser Str.
Töpfer-str.
Fr.-Küch.-S.
E.-Süd
Karolinenstr.
Ratsherrn-W.
Gymn.
Schwimmzentr. Rüttensch.
Sabina-
Im Ahrfeld
Nöttelhof
Kaninenberg-
Walpurgistal
Im Walpurgistal
Tennispl.
Stiftmühlenbrink
Habicht-
Waldsaum
Gymn.
Sportpl.
Franken-str.
Fasanen-
Ober-str.
Kuckucksrain
Eisenb.-str.
Eschen-
Büttnerstr.
Eichen-
Ulmen-
Am Ulenkrug
Hagelkreuz
Grünhof
Waldsaum
Anger-
Am Donnof
Ahornstr.
Amsel-

# Esslingen
# Mittelalter live

Obwohl Esslingen lange Zeit nicht gerade sorgsam mit seinem Bestand an alten Häusern umgegangen ist, vermittelt die Altstadt den Eindruck eines geschlossenen mittelalterlichen Stadtbilds. Daneben ist die alte Reichsstadt ein bedeutender Industriestandort.

In dem nicht unbedingt schönen Stuttgarter Kessel stellt Esslingen eine angenehme Ausnahme dar. Hübsch am Neckar gelegen, grenzt sein Landkreis an die Schwäbische Alb. Und obwohl Esslingen ökonomisch sehr stark ist und zum Beispiel eine ungewöhnlich niedrige Arbeitslosigkeit hat, ist in der Stadt noch viel Tradition erhalten geblieben.

## Geschichte

Schon in der Bronzezeit siedelten hier Menschen, und die Römer unterhielten einen Gutshof in Oberesslingen. Eine alemannische Siedlung ist spätestens für das 8. Jh. anzunehmen. In dem berühmten mittelalterlichen Streit zwischen den deutschen Kaisern und dem Papst wurde Esslingen einst von Heinrich VI. niedergemacht. Aber schon im 13. Jh. erhielt der Ort Stadtrecht, bald wurde er zur Freien Reichsstadt erhoben. Hier ist der Schwäbische Städtebund geschlossen worden, der mit Esslingens Finanzierung gegen Württemberg zu Felde zog. Diese beachtliche Entwicklung gründete in dem ungewöhnlichen Wohlstand Esslingens, der wiederum einen ganz einfachen Grund hatte: Hier verläuft die alte Handelsstraße von Flandern nach Venedig, die allein an dieser Stelle den Neckar kreuzt. Zudem hatte man mit dem Esslinger Wein schon seit dem Mittelalter ein wichtiges Exportprodukt anzubieten. So war Esslingen eine der reichsten deutschen Städte im späten Mittelalter. Und wie so oft führt der von den Bürgern erwirtschaftete Wohlstand auch früh zu republikanischen Machtstrukturen. Durch Napoelon allerdings wurde Esslingen dann württembergisch. Und nun gewann Stuttgart die jahrhundertealte Konkurrenz bald – obwohl auch Esslingen eine kräftige Industrialisierung erlebte.

## Sehenswürdigkeiten

Die Bürgerstadt Esslingen hatte gar keine **Burg** als Herrschersitz; was sich so nennt, ist ein Teil der Stadtbefestigung. Vom **Dicken Turm** und dem **Wehrgang** über den Mauerresten aus hat man einen schönen Blick über die Stadt. »**Hochwacht**« nennt sich ein merkwürdig einsames Wehrgebäude auf der Mauer. Zu alten Befestigungsanlagen gehören auch das **Wolfstor**, das **Schelztor** und der **Pliensauturm**. Auf das 13. Jh. dürfte das sogenannte **Klösterle** zurückgehen, ein Gebäude, das zum ehemaligen Zisterzienserkloster Kaisheim bei Donauwörth gehörte. Wichtigster Sakralbau ist die Stadtkirche **St. Dionys**, deren jetzige Mauern noch aus dem frühen 13. Jh. stammen. Besonders auffällig ist die Brücke zwischen den beiden Türmen. Da sich im 16. Jh. Absenkungen im Erdreich bemerkbar machten, verband man die beiden Türme mit zwei solchen Brükken – eine davon ist 1859 wieder entfernt worden. Das Münster **St. Paul** ist die älteste deutsche Bettelordenkirche und wurde von dem berühmten dominikanischen Gelehrten und Bischof Albertus Magnus geweiht. Wie St. Dionys kann auch die aus dem 14. Jh. stammende **Frauenkirche** im Innern Glasmalereien der Esslinger Schule aufweisen.

Von den vielen hübschen schwäbisch-alemannischen Fachwerkhäusern steht das **Alte Rathaus** an erster Stelle. An seiner Nordseite ist im 16. Jh. eine Renaissancefassade mit einer astronomischen Uhr und einem Glockenspiel vorgeblendet worden. Besonders alt ist das **Gelbe Haus** – einer der seltenen Geschlechtertürme in Deutschland, beherbergt heute das Stadtmuseum.

**Information**
Kultur- und Freizeitamt
Untere Beautau 8
W-7300 Esslingen
Tel. (0711) 354638

**Festkalender**
Rathaussturm (Fastnachts-Dienstag). Maibaumsingen (30. Mai). Maimarkt. Esslinger Begegnung (der Künstlergilde im Alten Rathaus, Mai). Weinwandertag (Mai). Bürgerfest und Tag des ausländischen Mitbürgers (Juni). Jacobimarkt (Juli). Kelter- und Weinfest (September). Laternenfest (Oktober). Andreasmarkt (November).

**Tips**
Ausflugsziele gibt es zuhauf hier, wo Schwäbische Dichterstraße, Burgenstraße, Schwäbische Albstraße und Schwäbische Weinstraße so dicht beieinander liegen. Bis zum Naturpark Schönbuch ist es auch fast nur ein Katzensprung.

Das Schelztor gehört zu den alten Befestigungsanlagen der Stadt (links).

Fest auf dem Marktplatz (Mitte).

Reiterfigur auf dem Fischbrunnen (rechts).

# Flensburg – Grenzstadt im Norden

Die Schönheiten der alten Stadt sind so zahlreich, daß ein Besuchstag kaum ausreichen dürfte, um sie kennenzulernen. Die reizvolle Landschaft, die traditionsreiche Stadt, die lebhafte Geschichte – in und um Flensburg gibt es einiges zu erkunden.

Nach dem alten Streit um die reizvolle Stadt und den natürlichen Ostseehafen hat eine Volksabstimmung erst 1920 Flensburg zu einer deutschen Stadt werden lassen. Die Grenze nach Dänemark wird hier von der Förde gebildet – an Land ist sie nur wenige Kilometer entfernt. In Flensburg hat das Kraftfahrt-Bundesamt seinen Sitz, das die gefürchtete Verkehrssünderkartei verwaltet. In wirtschaftlicher Hinsicht sind vor allem Werften und Maschinenbau von Bedeutung.

## Geschichte

Entstanden ist Flensburg vor allem im 13. Jh., in dem es auch bereits Stadtrecht erhielt. In die jahrhundertelangen Auseinandersetzungen um das Herzogtum Schleswig war auch Flensburg verwickelt. Allerdings brachte der Kompromiß aus dem 15. Jh. für lange Zeit eine gewisse Ruhe, da nämlich der dänische König in Personalunion auch in Schleswig und in Holstein die Herrschaft ausübte. Diese Lösung nützte der Stadt an der Flensburger Förde sehr. Natürlich lebte sie vom Seehandel, und das immerhin so gut, daß sie im 16. Jh. sogar wichtiger wurde als Kopenhagen. Bald allerdings kamen schwere Rückschläge. Im 30jährigen Krieg besetzte Wallenstein die Stadt, in den Nordischen Kriegen waren es die Schweden, dann war es der Große Kurfürst. Das alles wirkte buchstäblich verheerend auf die Wirtschaft. Im 18. Jh. gelang dann allmählich wieder ein behutsamer Aufstieg, und bald reichten die Handelsverbindungen bis nach Indien – wie noch heute der »Westindienspeicher« bezeugt. Infolge der napoleonischen Kriege ging es dann wieder etwas schlechter. Nach den deutsch-dänischen Kriegen wird Schleswig-Holstein 1867 preußische Provinz und ab 1871 Teil des Deutschen Reiches. Zur Grenzstadt wurde Flensburg erst durch die Gebietsabtretungen an Dänemark nach dem Ersten Weltkrieg.

## Sehenswürdigkeiten

Von den Tücken der Lage am Meer berichten die Hochwassermarken am **Kompagnietor**. Das Gebäude ist 1604 fertiggestellt worden und diente als Zunfthaus der See- und Kaufleute. Ein Patrizierhaus aus dem 18. Jh. ist das **Alt-Flensburger Haus** ganz in der Nähe. Aus derselben Zeit stammt auch der **Künstlerhof**, ein ehemaliges Handelshaus. Wer die Norderstraße weiter nach Norden schlendert, gelangt zum **Schiffahrtsmuseum** im ehemaligen Zollpackhaus (1842/1843). Noch ein Stück weiter gelangt man zum **Nordertor** von 1596, das inzwischen als Wahrzeichen der Stadt gilt.

Am **Nordermarkt** steht die 1284 begonnene **Marienkirche** – berühmt sind ein Altar und das Grabmal der Anna von Buchwald im Renaissancestil. **St. Johannis** ist die älteste Kirche der Stadt, sie wurde um 1200 aus Findlingen errichtet. Auffällig sind im Innern die Gewölbemalereien. Die **Heiliggeistkirche** aus dem 14. Jh. dient seit 1588 der dänischen Gemeinde. An der **Großen Straße** und ihrer Verlängerung, dem **Holm**, finden sich etliche der vielen schönen alten Wohnhäuser. Am **Südermarkt** hat sich das älteste Wohnhaus erhalten, das zufällig den schlimmen Stadtbrand 1485 überstand. Das Franziskanerkloster zum **Heiligen Geist** aus dem 13. Jh. wurde bereits während der Reformation in ein Alten- und Armenasyl umgewandelt. Überall in der Altstadt gibt es gemütliche traditionelle Seemannskneipen. Kulturgeschichtlich ausgerichtet ist das **Städtische Museum**, gleich daneben liegt der klassizistische **Alte Friedhof**. Die Umgebung ist so abwechslungsreich und schön, daß es sich auf jeden Fall lohnt, einen Abstecher ins Grüne einzuplanen.

In der Altstadt am Hafen findet man viele traditionelle Seemannskneipen (oben).

Das Nordertor von 1596 gilt als das Wahrzeichen der Stadt (unten).

**Information**
Verkehrsverein
Norderstraße 6
W-2390 Flensburg
Tel. (0461) 23090

**Festkalender**
Flohmarkt (monatlich). Bach-Tage (alle zwei Jahre im Februar/März). Rumregatta (Mai/Juni). Rote-Straße-Fest (Juni). Flensburger Tummelum (Altstadtfest, alle zwei Jahre im August).

**Tips**
Jeder Besucher wird zweifellos Deutschlands nördlichstes Schloß – das Wasserschloß Glücksburg – besichtigen. Flensburg bietet mehrere interessante Museen, darunter das Schiffahrtsmuseum. Die Flensburger Förde erlaubt einzigartige Wassersportmöglichkeiten. Das weitgespannte Repertoire des Landestheaters wird noch ergänzt durch die Niederdeutsche Bühne.

# Frankfurt „Manhattan" am Main

**Der führende Banken- und Messeplatz Deutschlands. Als Verkehrsknotenpunkt des Autobahn-, Schienen- und Flugnetzes hat die Mainmetropole auch in der Vergangenheit schon eine bedeutende Rolle gespielt.**

Wo heute eine Wolkenkratzer-Skyline aufragt, befand sich bis zum Zweiten Weltkrieg eine der schönsten Altstädte Deutschlands, die wie wenige andere den Charakter einer wohlhabenden spätmittelalterlichen Bürgerstadt bewahrt hatte. Auch wenn diese im März 1944 vollständig zerstört wurde, besitzt die moderne, vitale Geschäftsmetropole immer noch Zeugnisse einer bemerkenswerten Tradition. Sie unternimmt zudem seit einiger Zeit alle Anstrengungen, auch kulturell eine ihrem wirtschaftlichen Gewicht angemessene Rolle zu übernehmen. Wer Erholung von der Hektik der Großstadt sucht, findet diese in besonders schönen und idyllischen Landschaften in der Umgebung: Taunus, Spessart und Odenwald.

## Geschichte

Auf dem seit der Steinzeit besiedelten Domhügel, ehemals eine Flußinsel, legten die Römer zum Schutz der Mainfurt einen Militärstützpunkt an. Seine Nachfolge übernahm ein fränkischer Königshof, der in karolingischer Zeit zur Pfalz ausgebaut wurde. 794 berief Karl der Große eine Reichssynode nach „Fraconofurd" ein. Nach der Teilung des Karolingerreiches 843 wurde es zur Hauptresidenz des ostfränkischen Teilreiches. Auch nachdem diese Funktion 890 an Regensburg übergegangen war, sah Frankfurt weiterhin zahlreiche Herrscherbesuche und Reichsversammlungen innerhalb seiner Mauern, 1152 wurde Friedrich Barbarossa hier zum König gewählt. Seitdem entwickelte sich die Königswahl in Frankfurt zum Gewohnheitsrecht, das Kaiser Karl IV. durch die „Goldene Bulle" 1356 gesetzlich fixierte. Ab 1562 fand im Frankfurter Dom schließlich auch die Krönung statt.

In der um die Königspfalz heranwachsenden Stadt waren vorwiegend Kaufleute und Handwerker ansässig. Der Brückenkopf Sachsenhausen entwickelte sich zur Schiffer- und Weinbauernsiedlung. Spätestens 1222 bestand eine feste Mainbrücke. Die Messeprivilegien von 1240 und 1330 boten die Voraussetzungen zum Aufstieg Frankfurts zur bedeutendsten Messehandelsstadt Deutschlands. 1333 gestaltete Kaiser Ludwig der Bayer eine neue, vielfach größere Stadtumwallung, deren Verlauf noch heute in den „Anlagen" abzulesen ist. Die Anerkennung der Reichsunmittelbarkeit, die jedoch in harten Kämpfen mit dem Adel der Umgebung behauptet werden mußte, konnte 1372 erlangt werden. Im folgenden Jahrhundert wurde Frankfurt auch zum führenden kulturellen Zentrum am Mittelrhein.

1535 erfolgte der Übergang zum Luthertum. Trotz schwerer Auseinandersetzungen zwischen dem patrizischen Rat und den Zünften im 16. und 17. Jh. gediehen Handel und Gewerbe, gefördert nicht zuletzt durch den Zuzug reformierter Niederländer. 1585, nach dem Fall Antwerpens, wurde die erste Frankfurter Börse errichtet.

Nach dem vorübergehenden Verlust der Selbständigkeit in napoleonischer Zeit wurde Frankfurt 1815 wieder „Freie Stadt" und zudem Sitz des Deutschen Bundestages. Als Tagungsort der Nationalversammlung von 1848/49 war es Mittelpunkt der deutschen Einheitsbewegung. Als der Deutsche Bund an der Rivalität zwischen seinen beiden Großmächten Österreich und Preußen zerbrach, waren auch die Tage der „Freien Stadt" gezählt. 1866 wurde sie Preußen einverleibt. Die stürmische Entwicklung der folgenden Jahrzehnte fand in den gründerzeitlichen Prachtbauten des Hauptbahnhofs, der Kaiserstraße, der Oper, der Börse und der neuen Stadtviertel, die rings um die Innenstadt liegen, ihren Niederschlag.

Der Wiederaufbau der Altstadt nach dem Krieg erfolgte in modernen, aufgelockerten Formen und mit Veränderung der alten Straßenzüge, so daß die wenigen wiederhergestellten Baudenkmäler wie Fremdkörper in der modernen Großstadtumwelt liegen. Hunderte von Hochhäusern prägen inzwischen das Gesicht der etwa 625 000 Einwohner zählenden Stadt. Nur das türmereiche Bild der Mainfront und einige Gassen in Sachsenhausen lassen noch etwas vom alten Frankfurt ahnen.

## Sehenswürdigkeiten

Noch immer behauptet sich der einst das Stadtbild beherrschende Westturm des **Domes** gegenüber der konkurrierenden Hochhaussilhouette im Westen der Stadt. 1415 begonnen, kurz nachdem Straßburg und Ulm ihre großen Turmbauten in Angriff genommen hatten, sollte er durch Größe und Pracht wettmachen, daß der inzwischen abgeschlossene Kirchenneubau hinter dem zurückgeblieben war, was dem Rang und Selbstbewußtsein der blühenden Reichsstadt angemessen gewesen wäre. Madern Gerthener, als Baumeister ebenso bedeutend wie als Bildhauer, lieferte den Plan und erdachte die originelle Steilkuppel als Bekrönung des hohen Achteckgeschosses, die freilich erst im 19. Jh. nach den ursprünglichen Plänen ausgebaut wurde. Die schon seit dem Mittelalter Dom genannte ehemalige Stifts- und jetzige katholische Pfarrkirche St. Bartholomäus ist die Nachfolgerin der Salvatorkirche, die Ludwig der Deutsche bei der karolingischen Pfalz errichtet hatte. Um 1250 wurde mit dem Neubau des Langhauses in Form einer dreischiffigen Halle zu drei Jochen begonnen. Nachdem feststand, daß der Dom Ort der Königswahl bleiben sollte, errichtete man ab 1315 einen neuen Chor, dessen Abmessungen das Mittelschiff des Langhauses übertrafen, und ab 1346 das weit ausladende Querschiff. Die Netzgewölbe der Vierung wurden um 1410 von Madern Gerthener eingezogen. Beim Wiederaufbau nach dem Brand von 1867 brachte man die Langhaushalle auf die gleiche Höhe wie Querschiff und Chor. Vor dem Altar in der Vierung knieten die Könige und Kaiser bei der Wahl und später bei der Krönung. Zu diesen Anlässen errichtete man hölzerne Tribünen in Halle und Querschiff. Das Wahlkollegium trat in der „Wahlkapelle" an der Südseite des Chores zusammen. In der Schatzkammer des Domes sind unter anderem auch mehrere Krönungsornate zu sehen. Das Chorgestühl des 14. Jh.s enthält be-

**Information**
Amt für Fremdenverkehr
Kaiserstr. 52
W–6000 Frankfurt a. M.
Telefon: (069) 21233677

Tourist-Information im Hauptbahnhof
Telefon: (069) 21238849

**Festkalender**
Fastnachtsumzug am Fastnachtssonntag. „Dippemeß" auf dem Festplatz am Ratsweg im April und September. Mainfest auf dem Römerberg und am Mainufer mit Fischerstechen Ende Juli bis Anfang August. „Bernemer Kerb". Sachsenhäuser Brunnenfest in Alt-Sachsenhausen im August.

**Tips**
Anlegestelle für Main-Rundfahrten am Eisernen Steg. Flohmarkt am Deutschherrenufer an jedem Samstag.
Typische „Äppelwoi"-Kneipen in Alt-Sachsenhausen: „Zum Böckchen", „Hinnerskopp" (große Rittergasse), „Affentorschänke" (neuer Wall), „Zum Gemalten Haus" (Schweizer Straße).

merkenswerte Schnitzereien. An der südlichen Chorwand befindet sich das Grabdenkmal für den Grafen Günther von Schwarzenburg, der gegen Karl IV. als Gegenkönig auftrat. Es war das Vorbild der späteren Rittergrabsteine am Mittelrhein. Qualitätvolle Skulpturen der Zeit um 1435 enthalten der „Maria-Schlaf-Altar" in der Marienkapelle und die „Grablegung Christi" in der Magdalenenkapelle. Im Turmraum steht die 1509 von dem kunstsinnigen Kaufmann Jakob Heller, der bei Dürer und Grünewald ein Altarwerk in Auftrag gab, für den Bartholomäus-Kirchhof gestiftete Kreuzigungsgruppe Hans Backhofens aus Mainz, ein Hauptwerk der barocken Richtung der Spätgotik. Vom Dom zogen die erwählten und gekrönten Herrscher des Heiligen Reiches zum **Römer**, wo im Kaisersaal das festliche Krönungsbankett stattfand. Das Rathaus der Reichsstadt ist durch Kauf und Umbau von insgesamt elf Bürgerhäusern zusammengewachsen. Als erstes wurde 1405 das Haus „Zum Römer", dessen Name auf die ganze Anlage überging, zusammen mit dem nach hinten anschließenden Haus „Goldener Schwan" erworben. Im Erdgeschoß richtete man zweischiffige, gewölbte Hallen ein, die als Kauf- und Messehallen dienten. Der Kaisersaal im Obergeschoß wurde 1842-1853 von damals berühmten Malern mit Bildnissen der deutschen Kaiser geschmückt. Der von schmalen, steilgiebeligen Häusern umstellte Platz des Römerbergs war der Festraum der Stadt. Hier schlugen die Messen ihre Buden auf und entfaltete sich bei den Kaiserkrönungen fürstliche Pracht. Goethe hat in „Dichtung und Wahrheit" die glanzvollen Festlichkeiten anläßlich der Krönung Josephs II. geschildert.

Der **Gerechtigkeitsbrunnen** in der Platzmitte wurde 1611 aufgestellt. Bronzekopien ersetzten seit 1887 die jetzt im Historischen Museum verwahrten originalen Sandsteinplastiken. Den südlichen Abschluß des Römerbergs bildet die **Alte Nikolaikirche** mit ihrem schlanken Achteckturm. Sie wurde um 1260 als zweischiffige Halle errichtet und in der zweiten Hälfte des 15. Jh.s umgebaut. Damals erhielt sie die reiche Maßwerkbrüstung der Dachgalerie, auf der die Mitglieder des Rates den Festlichkeiten auf dem Platz beiwohnten. Dessen östliche Häuserzeile ist inzwischen – nach heftigen Diskussionen über den Sinn einer solchen Rekonstruktion – in Anlehnung an den früheren Zustand wiedererrichtet worden. Man kann jetzt hier, den geschichtsträchtigen „Römer" vor Augen, gemütlich beim „Äppelwoi" sitzen.

Die ab 1787 anstelle der ehemaligen Franziskanerkirche im klassizistischen Stil erbaute **Paulskirche** an der Nordseite des Rathauses ist als Tagungsort der Nationalversammlung von 1848/49, die vergebens versuchte, Deutschland eine neue politische Ordnung zu geben, in die Geschichte eingegangen. Von dem elliptischen Zentralraum, den Emporen auf ionischen Säulen umgaben, blieben 1944 nur die Umfassungsmauern. Als man 1948 die Ruine wieder instand setzte, geschah dies in der Hoffnung, daß die Paulskirche Sitz des Parlaments der Bundesrepublik werden würde. Heute dient sie als Versammlungs- und Ausstellungsraum. Während der Buchmesse findet hier die Verleihung des Friedenspreises des deutschen Buchhandels statt. Das Einheitsdenkmal zu Ehren der Vorkämpfer der Deutschen Einheit auf dem Paulsplatz wurde 1903 errichtet. An Friedrich Ebert, den ersten Präsidenten der Weimarer Republik, erinnert die Jünglingsfigur aus Bronze am Turm, die Richard Scheibe im Jahre 1925 geschaffen hat.

Das **Steinerne Haus** am Alten Markt unweit der Nordostecke des Römerbergs, ab 1464 für den Handelsherrn Johann von Melern aus Köln errichtet, repräsentiert den Typ des spätmittelalterlichen Patrizierhauses. Ein Zinnenkranz über einem Maßwerkfries und Ecktürmchen bekrönen die Fassade. Das **Leinwandhaus** am benachbarten Weckmarkt besitzt einen ähnlichen Wehrgang um sein steiles Walmdach. Es wurde gegen 1400 vermutlich von Madern Gerthener als Stadtwaage erbaut, aber schon bald als städtische Stapelhalle für den Leinwandhandel benutzt. Zum Main hin, am Fahrtor, hat ein stattliches Fachwerkhaus des 17. Jh.s den Brand der Altstadt überdauert, das **Wertheimer Haus**, das ein Traditionslokal beherbergt. Der **Saalhof** am Mainkai war einst Königspfalz der Staufer,

Ein Prachtbau der Gründerzeit: die Frankfurter Alte Oper (oben).

Postmoderne Architektur: die „Galleria" auf dem Messegelände (Mitte).

Die Skyline „Mainhattans" von der Obermainbrücke aus gesehen (unten).

Wiesbaden, 5 Gießen/ Darmstadt
F.- Ginnheim
1000 M
F.- Heddernheim
F.- Heddernheim
F.- Rödelheim
Darmstadt/ Gießen
Wiesbaden
F.- Höchst
Darmstadt/ Gießen
Groß-Gerau, 3 Köln/ Würzburg
BOCKENHEIM
KUHWALD-SIEDLUNG
NIEDERRAD
HEIMAT-SIEDLUNG
FRITZ-KISSEL-SIEDLUNG
Miquelallee
Miquel- allee
Adickes-
Grüneburgpark
Palmengarten
Botan. Garten
Bockenheimer Landstr.
Senckenberganl.
Theod.- Heuss- Allee
Friedr.- Ebert- Anl.
Messe- und Ausstellungsgelände
Festhalle
Hauptgüterbahnhof
Hauptbf.
Hauptbahnhof
Mainzer Landstr.
Düsseldfr.
Taunusanlage
Gallusanl.
Untermainkai
Schaumainkai
Westhafen
Main-Neckar-Brücke
Friedensbr.
Stresemannallee
Theodor-Stern-Kai
Universitäts kliniken
Main
Kennedy-allee
Mörfelder Landstraße
Niederräder Landstr.
Schwanhmr. Str.
Kelsterbacher Straße
Deutschordenstraße
Ffm.-West
Ffm.-Gallusw.
Taunus-anlage
Hauptw.
Holbeinsteg
Kraftwerke
Gutleuthof
Sommerhoffpark
Luftbad
Nervenklinik
Stadt- u. Univ.- Bibl.
Deutsche Bibl.
Deutsche Bundesbank
Miquelanlage
Postanl. a. Hbf.
Zoll-A.
Ludwig-Erhard-Anlage
Pl. d. Republik
Opernpl.
Eschenheimer Tor
Rathenau-Pl.
Goethe-Pl.
Roßmarkt
Städel
Liebighaus
Film-Mus.
Architekt.-Mus.
Schweizer Pl.

Friedberg (Hessen)
F.-Seckbach
Hauptfriedhof
BORNHEIM
Ostpark
SIEDLUNG RIEDERWALD
Riederwald
Festplatz
Eissporthalle Frankfurt
Zoolog. Garten
Hanauer Landstr.
Ffm.-Ost
Großmarkthalle
Osthafen
Nordbecken
Südbecken
Main
Staustufe Offenbach
Schleuse
Gerbermühle
Deutschherrnufer
Ffm.-Oberrad
vorübergehend außer Betrieb
OBERRAD
Waldfriedhof Oberrad
Buchrain
Ffm.-Süd
SACHSENHAUSEN
Mühlberg
Südfriedhof
Waldspielpark Goetheturm
Waldspielpark Scherwald
Phil.-Theol. Hochsch. St.-Georgen
Sachsenhäuser Landwehrweg
Darmstädter Landstr.
Offenbacher Landstraße
S-Bahn im Bau
U-Bahn im Bau
Hanau
Darmstadt
Köln/Würzburg
Offenbach a. M.
Darmstadt, 3 Köln/Würzburg

von der noch die romantische Kapelle als ältestes Baudenkmal Frankfurts erhalten geblieben ist. Die mainabwärts gelegene Pfarrkirche **St. Leonhard** hat ihr malerisches Raumgefüge in der Spätgotik erhalten. Vom romanischen Vorgängerbau sind die von spitzen Steinkuppeln bekrönten Türme über den Nebenchören und zwei Portale mit wertvollen Tympanonreliefs im nördlichen Seitenschiff erhalten. Das eine stellt den zwischen Heiligen thronenden Pantokrator, das andere den hl. Jacobus mit knienden Pilgern dar. Die reizvollen Netz- und Sterngewölbe der fünfschiffigen, an drei Seiten von einer maßwerkbesetzten Emporengalerie umzogenen Halle zeigen an ihren Schlußsteinen die Wappen Frankfurter Patriziergeschlechter. Ein wahres Virtuosenstück spätgotischer Handwerkskunst ist das hängende Gewölbe mit freischwebendem Rippensystem im Salvatorchörlein. Der Madern Gerthener zugeschriebene Chor besitzt Reste alter Glas- und Wandmalereien. Von der übrigen Ausstattung verdient der figurenreiche Marienaltar aus Antwerpen Erwähnung.

Das nahe gelegene ehemalige **Karmeliterkloster**, dessen Wiederaufbau als Museum für Vor- und Frühgeschichte 1984 in Angriff genommen wurde, besitzt im Kreuzgang und Refektorium sehenswerte Wandgemälde des Malers Jörg Ratgeb aus Schwäbisch Gmünd, der 1514-1517 in Frankfurt tätig war und neun Jahre später wegen seiner Teilnahme am Bauernkrieg in Pforzheim gevierteilt wurde.

Über die Berliner Straße, vorbei am Bundesrechnungshof, gelangt man zum **Goethehaus** im Großen Hirschgraben. Hier wurde der größte Sohn Frankfurts am 28. August 1749 geboren, hier verlebte er Kindheit und Jugend. Hierher kehrte er nach dem Studium in Leipzig und Straßburg zurück und nach seiner Tätigkeit am Reichskammergericht in Wetzlar. Hier entstand 1774 der „Werther", der ihn weltberühmt machte. Das im Krieg vollständig abgebrannte Fachwerkhaus wurde 1949 getreu rekonstruiert und vermittelt dank der geretteten Inneneinrichtung wieder den authentischen Eindruck eines wohleingerichteten Frankfurter Bürgerhauses des 18. Jh.s. Dokumente zum Leben und Werk des Dichters sowie Gemälde, Grafiken und Plastiken bekannter Künstler der Goethezeit präsentiert das im Nachbargebäude untergebrachte **Goethe-Museum** des Freien Deutschen Hochstiftes. Die Bleidenstraße führt weiter zum **Liebfrauenberg**. Seine frühere Funktion als Markt lebt heute noch in der Kleinmarkthalle weiter. Wie an anderen Marktplätzen deutscher Städte entstand auch in Frankfurt eine Marienkapelle, die von dem Schöffen und Bürgermeister Wigel von Wanebach gestiftet und 1325 zum Kollegiatsstift erhoben wurde. Seit 1917 ist die **Liebfrauenkirche** Kapuziner-Klosterkirche. Eine flache Holzdecke ersetzt heute die 1944 zerstörten reichen Netzgewölbe des spätgotischen Hallenbaus. Zwischen den Ladenvorbauten der Südfassade verbirgt sich hinter einer kleinen Vorhalle ein Kunstwerk ersten Ranges: Madern Gertheners Tympanonrelief mit dem Zug und der Anbetung der Heiligen Drei Könige, eine ganz gemäldeartige Komposition, deren geschmeidige Eleganz Einflüsse der französischen und oberitalienischen Hofkunst verrät. Im Inneren ist die Grabplatte des Kirchenstifters hervorzuheben. Die von Mainzer Künstlern geschaffene qualitätvolle Rokoko-Ausstattung ging bis auf einige Altarfiguren zugrunde.

Durch die Liebfrauengasse gelangt man zur **Hauptwache**, dem Zentrum der Stadt, wo sich ihre belebtesten Geschäftsstraßen, Zeil und Roßmarkt, treffen. Inmitten des großzügig angelegten Platzes, der einst Paradeplatz war, liegt das 1729/30 erbaute Wachlokal mit seinem charakteristischen Walmdach. Der Platz ist in mehreren Ebenen mit großem Aufwand als Verkehrsmittelpunkt ausgebaut und auch Schnittpunkt der Fußgängerzonen. In der evangelischen **Katharinenkirche** an der Südseite des Platzes wurde Goethe getauft. Der 1678-1681 von Melchior Heßler erbaute weiträumige Saal mit hölzernem Kreuzrippengewölbe und gotisierenden Maßwerkfenstern war Vorbild für die Dreifaltigkeitskirchen in Worms und Speyer. Beim Wiederaufbau 1953/54 erhielt der Kirchenraum wirkungsvolle Glasfenster mit Darstellungen aus dem Alten und Neuen Testament, die Carl Crodel geschaffen hat.

Nördlich der Hauptwache, in der Großen Eschenheimer Straße, lag das schloßartige **Palais Thurn und Taxis**, das der Reichspostmeister Fürst Anselm Franz von Thurn und Taxis 1732-1741 nach einem Entwurf des Pariser Architekten Robert de Cotte errichten ließ. Nach dem Krieg wurden davon lediglich die Eingangspavillons wiederhergestellt.

Die Straße mündet auf den **Eschenheimer Torturm**, neben dem **Rententurm** am Mainkai und dem **Kuhhirtenturm** am Deutschherrnufer in Sachsenhausen das einzige erhaltene Relikt der einst über 60 Tore und Türme des mittelalterlichen Mauerrings. Ab 1627 war dieser mit Bastionen und Wällen umgeben worden. Fürstprimas Karl von Dalberg, Regent des Großherzogtums Frankfurt von Napoleons Gnaden, verfügte die Umwandlung des Festungsgürtels in Parkanlagen.

In diesem Anlagenring, in städtebaulich wirkungsvoller Position zwischen den Taunus- und Bokkenheimer Anlagen, errichteten die Frankfurter 1873-1880 eines der größten und prachtvollsten Opernhäuser des 19. Jh.s. Der erhalten gebliebene Mauermantel der **Alten Oper** wurde 1977 bis 1981 als modernes Konzert- und Kongreßzentrum ausgebaut. Den pompösen Monumentalstil der Gründerzeit zeigt auch der 1888 eröffnete **Hauptbahnhof**. Seinerzeit die größte Bahnhofsanlage Europas, genügt er heute noch den Anforderungen des Verkehrs. Die aufwendige Gründerzeit-Bebauung des Bahnhofsviertels, dessen Hauptachse die 30 m breite Bahnhofstraße bildet, ist nur noch teilweise vorhanden. Ein beachtliches Spätwerk des Historismus ist Friedrich von Thierschs **Festhalle** auf dem Messegelände.

Das neue Bauen der zwanziger Jahre ist in Frankfurt mit so hervorragenden Leistungen vertreten wie dem **Verwaltungsgebäude der Farbwerke** in Höchst von Peter Behrens, dem **IG-Farben-Hochhaus** am Grüneburgplatz von Hans Poelzig, der **Großmarkthalle** am Ostbahnhof von Martin Elsässer und der **Römerstadt** in Heddernheim von Ernst May, einer unter dem Einfluß des Bauhauses konzipierten vorbildlichen Großsiedlung, die nach der einst an dieser Stelle gelegenen Römerstadt Nida benannt wurde. Auch nach dem Krieg entstanden neben vielen eintönigen Büro-, Geschäfts- und Wohnhäusern eine Reihe beachtenswerter architektonischer Lösungen, wie zum Beispiel die **Universitätsgebäude** von Ferdinand Kramer oder die **Michaelskirche** von Rudolf Schwarz. Auf dem Gebiet des Hochhausbaus sind inzwischen ständig neue Superlative zu gewärtigen. Besondere Anstrengungen unternimmt die Stadt zur architektonischen Aufwertung des **Messegeländes**, wo Oswald Mathias Ungers´ „Galleria" und „Torhaus" die Postmoderne in Szene setzten, und wo nun der **Messeturm** steht, das höchste Bürogebäude Europas. Am Museumsufer befindet sich das **Städelsche Kunstinstitut**, eine der führenden Gemäldegalerien Deutschlands. Schwerpunkte der Sammlung bilden die Werke der Altdeutschen und Altniederländer, die Gemälde des in Frankfurt geborenen Barockmalers Adam Elsheimer sowie französische und deutsche Meister des 19. und 20. Jh.s. Die Entwicklung der Bildhauerkunst von der Antike bis ins 18. Jh. dokumentiert das **Museum alter Plastik** im Liebighaus. Das **Museum für Kunsthandwerk**, das 1985 einen von dem amerikanischen Architekten Richard Meier entworfenen Neubau bezogen hat, besitzt eine der international bedeutendsten Sammlungen angewandter Kunst. Sie umfaßt alle Gebiete des europäischen, islamischen und fernöstlichen Kunsthandwerks. Außerdem

befinden sich am Schaumainkai das **Museum für Völkerkunde**, das **Deutsche Filmmuseum**, das **Deutsche Architekturmuseum** und das **Deutsche Postmuseum**. Das **Senckenberg-Museum** im Universitätsviertel ist eines der bedeutendsten Naturkundemuseen in Deutschland. Es bietet eine besonders eindrucksvolle Präsentation von Riesensaurierskeletten und informative Vorträge.

Zu den bekanntesten Attraktionen Frankfurts gehört der **Zoo**. 1857 als einer der ersten zoologischen Gärten Deutschlands gegründet, zählt er heute nicht nur zu den größten, sondern auch zu den vorbildlichen Einrichtungen dieser Art. Rund 6000 Tiere, Vertreter von 600 Gattungen, leben hier in einer Umgebung, die dem natürlichen Milieu möglichst nahezukommen sucht. Besondere Anziehungspunkte sind die große Voliere, in der sich die Besucher inmitten der frei herumfliegenden Vögel bewegen können, das Exotarium mit den Pinguinen, Reptilien und Insekten und das Grzimek-Haus, das tagsüber abgedunkelt ist, so daß man Tiere bei ihrer nächtlichen Lebensweise beobachten kann.

Der **Palmengarten** am Westrand des von der Familie Rothschild in der Mitte des 19. Jh.s angelegten Grüneburgparks wurde 1868 begründet, um die berühmte Pflanzensammlung des Herzogs von Nassau in Biebrich aufzunehmen. Das damals errichtete große Palmenhaus mit seiner üppigen tropischen Vegetation bildet noch heute die Hauptattraktion eines botanischen Gartens, der eine Vorstellung von der Pflanzenvielfalt der Erde vermittelt.

Einen schönen Rundblick über Frankfurt bietet der 120 m hohe **Henninger Turm** im Südteil der Stadt. Bis 23.00 Uhr verkehrt der Aufzug zur Aussichtsplattform, so daß man auch das nächtliche Lichtermeer aus der Höhe erleben kann. Und von hier ist es nicht weit zu den urgemütlichen Altsachsenhausener Äppelwoikneipen.

Der im Südwesten der Stadt beim Frankfurter Kreuz gelegene **Rhein-Main-Flughafen** hat sich im Zuge der Expansion des Flugverkehrs zu einem gigantischen Umschlagplatz für Menschen und Güter entwickelt. Er ist mit weitem Abstand der wichtigste Flughafen Deutschlands, nach London-Heathrow der zweitgrößte Europas. Jährlich werden hier rund 25 Millionen Passagiere abgefertigt und fast eine Million Tonnen Luftfracht verladen. Etwa 80 Linien- und 200 Charterfluggesellschaften sind auf dem Rhein-Main-Flughafen vertreten. Auf der Besucher- und Aussichtsterrasse kann man das ständige Starten und Landen der Jets verfolgen. Ein Vergleich mit den Oldtimer-Flugzeugen, die auf der Besucherterrasse ausgestellt sind, führt die rasante Entwicklung der Flugtechnik vor Augen.

Von den eingemeindeten Orten ist **Höchst**, das 1928 dem Frankfurter Stadtgebiet eingegliedert wurde, der wichtigste. Bekannt als Sitz der Weltfirma Hoechst AG, des mit Abstand größten Industriebetriebs im Raum Frankfurt.

Das Alter der Stadt, die seit 1328 zum Hochstift Main gehörte, dokumentiert die **Justinuskirche** mit ihren kunstgeschichtlich bedeutenden karolingischen Säulen und Kapitellen. 1746 wurde in Höchst eine Porzellanmanufaktur gegründet, nach Meißen und Berlin die dritte in Deutschland. Porzellane und Fayencen dieser bis 1796 existierenden Manufaktur kann man im **Museum für Höchster Geschichte** im Schloß bewundern.

Die Paulskirche vor der Hochhaussilhouette des Bankenviertels (links oben).

Das Goethedenkmal in der Gallusanlage (rechts oben).

Im „Kaisersaal" des „Römer" fanden die Krönungsbankette statt. Das Erdgeschoß diente als Messehalle (links unten).

Einst Wachstation und Gefängnis, heute ein Café: die Hauptwache (rechts unten).

# Frankfurt an der Oder
# Die Grenzstadt

Die alte brandenburgische Universitätsstadt hat nicht nur im Krieg besonders gelitten, sondern ist durch die neu entstandene Grenzlage nach dem Krieg schwer behindert worden. Gleichwohl ist sie heute wirtschaftliches und kulturelles Zentrum der Oderregion.

Berühmtester Sohn der alten Handelsstadt ist der Dichter Heinrich von Kleist, der hier 1777 geboren wurde. 1811 erschoß er sich zusammen mit seiner Freundin Henriette Vogel bei einem geradezu stilisierten Selbstmord – mit »unaussprechlicher Heiterkeit«, wie er an seine Schwester schrieb (»die Wahrheit ist, daß mir auf Erden nicht zu helfen war«). Einige der Erzählungen Kleists gehören wohl zu den besten und interessantesten Stücken deutscher Literatur überhaupt.

## Geschichte

Schon in der Bronzezeit haben hier ganz offenbar Menschen gewohnt. Später waren es germanische Siedlungen, dann kamen die Slawen, die beim heutigen Lebus eine militärische Anlage gründeten. Etwas südlich begannen dann 1226 deutsche Kaufleute eine Niederlassung zu gründen, die Nikolaisiedlung. Seit die Markgrafen von Brandenburg hier ab 1250 herrschten, erhielt der Ort einen starken Zuwachs. Bald kam es zur regelrechten Stadtgründung mit einer rechtwinkligen Straßenanlage – um das Rathaus herum. Besonders der Bau der Oderbrücke machte die Stadt am Kreuzungspunkt wichtiger Fernhandelswege zu einem der wichtigsten nordostdeutschen Handelszentren. Kein Wunder, daß ab 1368 die Hansemitgliedschaft nachweisbar ist. Aus den Jahrmärkten entwickelten sich die Messen, für die Frankfurt berühmt war. Die Einrichtung der ersten brandenburgischen Universität 1506 stellte allerdings bereits einen gewissen Ausgleich für den allmählichen Bedeutungsverlust dar. Hussitenkrieg, die Konkurrenz durch Stettin und die entstehenden Territorialstaaten begannen, die weitere Entwicklung Frankfurts zu behindern. Besonders das 17. Jh. mit dem 30jährigen Krieg schadete der Stadt nachhaltig. Der Große Kurfürst ließ den Friedrich-Wilhelm-Kanal anlegen, der Berlin direkt an die Oder anschloß und damit viel Verkehr an Frankfurt vorbeileitete. Trotz einer gewissen wirtschaftlichen Erholung durch zugewanderte Hugenotten wurde Frankfurt mehr zur Garnisons- als zur Industriestadt. Gegen die unglaublichen Zerstörungen des Zweiten Weltkriegs allerdings blieben die des 30jährigen Kriegs geradezu harmlos. Denn in den letzten Kriegstagen ist Frankfurt zur Festung erklärt worden, wodurch es Ziel von ausdauerndem Artilleriefeuer und von Bombenangriffen wurde. Außerdem vernichteten zahlreiche Sprengungen und Brände weite Teile der Stadt. Die östlich der Oder gelegenen einstigen Vorstädte gehören heute zu Polen und heißen Słubice.

## Sehenswürdigkeiten

Das **Rathaus** aus dem 13. Jh. läßt unverkennbar die Backsteingotik erkennen, die man aus den norddeutschen Handelsstädten kennt. Früher befand sich im Erdgeschoß eine offene Gerichtslaube, die heute als Konzertsaal dient. Im übrigen Rathaus ist die **Galerie junger Kunst** eingerichtet mit ihren äußerst umfangreichen Sammlungen (8000 Exponate: Malerei, Graphik, Plastik vor allem von ostdeutschen Künstlern). Einst war die fünfschiffige **Marienkirche** der bedeutendste Hallenkirchenbau in der Mark Brandenburg. Der Krieg hat das Backsteingebäude aus dem 15. Jh. zur Ruine gemacht. Aus der Grün-

Das Rathaus im Stil der norddeutschen Backsteingotik bezeugt den Reichtum der einstigen Hansestadt (links oben).

Blick auf das Rathaus und die Marienkirche (links unten).

Blick auf die Innenstadt (rechts oben).

Das Kleisthaus in der Faberstraße ist Gedenk- und Forschungsstätte zugleich (rechts unten).

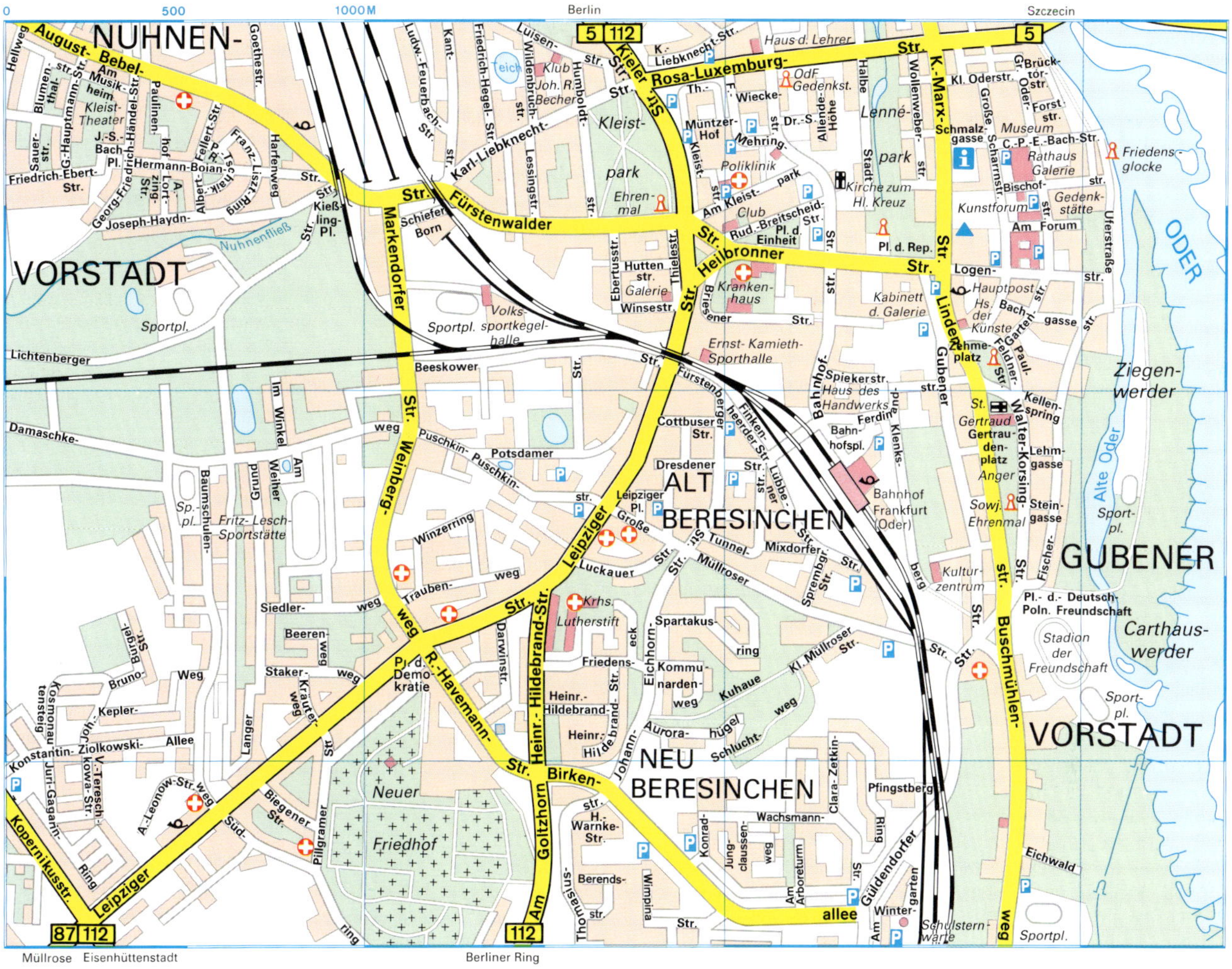


dungszeit stammt noch der Marienaltar im Märtyrerchor, besonders schön auch die Sandsteinportale mit ihrem reichen Figurenschmuck. Die **Friedensglocke** am Oderufer erinnert an den Vertrag, in dem die DDR 1950 die Oder-Neiße-Linie als Grenze zu Polen anerkannt hat. Eine kleine Tafel kennzeichnet das **Geburtshaus Kleists**. Mit einer ausführlichen Sammlung erinnert aber das **Kleist-Haus** in der Faberstraße an den Dichter. Das barocke Gebäude ist die ehemalige Garnisonsschule, die Prinz Leopold von Braunschweig ab 1777 errichten ließ. Hier ist zugleich eine literarische Forschungsstätte eingerichtet worden. Das **Bezirksmuseum** trägt den Namen Viadrina, die lateinische Bezeichnung der Oder. Es residiert in einem der wenigen erhaltenen alten Gebäude der Stadt und präsentiert Sammlungen zur Geschichte Frankfurts und seiner Region. Erwähnung verdient auch die Ausstellung historischer Musikinstrumente. Das Haus in der Carl-Philipp-Emanuel-Bach-Straße 11 trägt eine Kopie der Fassade der einstigen Universität, die 1811 nach Breslau verlegt worden war.

Zentrum der ersten Siedlung deutscher Kaufleute war der etwas nördlich gelegene Bereich um die ehemalige Nikolai- und heutige **Friedenskirche**. Sie ist zugleich ältestes Gebäude der Stadt. Besonders beeindruckend an dieser Kirche aus dem 13. Jh. sind das Kreuzrippengewölbe und der romanische Einschlag im Chor. Den Altarraum schmückt ein siebenarmiger Standleuchter von 1375, der immerhin stolze 4,7 m hoch ist und sich ursprünglich in der Marienkirche befand. Im Laufe der Jahrhunderte hat es immer wieder bauliche Veränderungen gegeben – die auffälligen Türme zum Beispiel sind neugotische Zugaben des letzten Jahrhunderts. Die Kirche des ehemaligen **Franziskanerklosters** ist bereits 1301 geweiht worden. 1525 erfuhr das Backsteingebäude einen Umbau, nun dient es der Stadt als Konzerthalle, die für ihre hervorragende Akustik gelobt wird. Architektonisch besonders auffällig ist der Westgiebel mit seinem gotischen Maßwerk. Leider scheint sich Frankfurt in Hinsicht auf die durch den Krieg überall notwendig gewordenen Neubauten an seiner Schwester vom Main orientiert zu haben: Vielleicht ist alles etwas kleiner und bescheidener, aber auch nicht schöner. Wer beim Spaziergang durch die Stadt sozusagen ästhetisches Kopfweh bekommen hat, kann sich in den **Grün- und Parkanlagen** etwas erholen. Sie ziehen sich vom Linaupark im Norden der Innenstadt über den Linné-Park bis zum Grünstreifen an der Oderallee. Patrizier der Stadt gründeten 1368 die Kirche **St. Gertraud**, die allerdings im 19. Jh. ganz neu aufgebaut wurde. Von der alten Kirche ist nur ein wertvoller Schrein mit einer Fülle von Einzelfiguren erhalten. Berühmtestes Grabmal auf dem dazugehörigen Friedhof ist das Ewald von Kleists, des Großonkels von Heinrich, dessen Bronzedenkmal hier gegenüber steht. Den Grenzübergang nach Polen bildet die **Friedensbrücke**, etwas unterhalb verdient der **Alte Kran** Aufmerksamkeit. In der Gubener Vorstadt sollte man einen Blick auf das spätklassizistische **Kettenhaus** und auf das barocke **Türmchenhaus** werfen. Traditionell rege ist das Theaterleben der Stadt, das neben dem **Kleist-Theater** auch noch die **Freilicht-Bühne** im Linaupark zur Verfügung hat.

**Information**
Frankfurt-Information
Rosa-Luxemburg-Straße 6
O-1200 Frankfurt/Oder
Tel. (030) 22249

**Festkalender**
Festtage der Musik (Februar/ März). Oderfestspiele (September/ Oktober). Tage des Chansons (alle zwei Jahre im November).

**Tips**
Ein beliebtes Freizeitvergnügen sind die Schiffsfahrten auf der Oder. Nach Norden kann man über den Havel- oder den Finowkanal bis nach Eberswalde-Finow gelangen. Eine historische Reise führt ins polnische Kunowice (Kunersdorf), wo Friedrich der Große 1759 seine schwerste militärische Niederlage gegen Österreich erlitt. Eine beliebte Urlaubslandschaft ist die nordwestlich gelegene Märkische Schweiz.

# Freiburg im Breisgau Münster, Wein, Wald

Der „schönste Turm der Christenheit" ist Freiburgs Wahrzeichen. In der von einem milden Klima verwöhnten und in einer reizvollen Landschaft gelegenen südbadischen Stadt läßt es sich gut leben.

Das Herz Freiburgs schlägt am Münsterplatz. Hier – etwa beim „Hock", Feste im Freien unter Mitwirkung der Bürger und Vereine – läßt sich am schnellsten die besondere Atmosphäre der Stadt erfassen. Gut essen und trinken – bei den renommierten Weinlagen der Umgebung und der Nähe zu Frankreich kein Wunder – gehören ebenso dazu wie die alemannische „Fasnet" und die Studenten, die ein Siebtel der 176000 Einwohner stellen, die Nähe des Schwarzwalds oder die „Bächle" und das Rheinkieselpflaster in den Gassen.

## Geschichte

Als Gründungsdatum Freiburgs gilt das Jahr 1120. Der Name weist darauf hin, daß der Stadtherr, Herzog Berthold III. von Zähringen, der Kaufmannsstadt zu Füßen seiner Burg auf dem Schloßberg bemerkenswerte Freiheiten verlieh. Ihr wirtschaftliches Gedeihen beruhte auf der Lage vor dem Schwarzwaldeingang, durch den die Handelsstraße von Breisach nach Villingen führte, und auf dem Silberbergbau im südlichen Schwarzwald, der großenteils in den Händen Freiburger Unternehmer war. Die Stadt kam nach dem Aussterben der Zähringer im Jahre 1218 an die Grafen von Urach, die sich seither Grafen von Freiburg nannten und auf der Burg residierten. Nachdem die Bürger im Kampf gegen ihren Grafen das Freiburger Schloß zerstört, im Felde jedoch von ihm geschlagen worden waren, begab sich die Stadt 1368 unter die habsburgische Landeshoheit, unter der sie so viel Bewegungsfreiheit besaß, daß sie in den beiden folgenden Jahrhunderten ein ansehnliches Territorium erwerben konnte - für eine fürstliche Stadt eine ungewöhnliche Besonderheit. 1457 gründete Erzherzog Albrecht VI. die Universität.

Mit dem Vordringen Frankreichs an den Rhein im 17. Jh. brach für die Stadt, in die 1651 die vorderösterreichische Regierung von Ensisheim im Elsaß übersiedelte, eine Zeit kriegerischer Drangsale an. Im Frieden von Nimwegen 1679 wurde Freiburg Ludwig XIV. zugesprochen, der es nach Plänen Vaubans zu einer modernen Festung ausbauen ließ. Nach dem Frieden von Ryswick 1697 wieder an Österreich zurückgegeben, nahmen die Franzosen die Stadt im Spanischen und Österreichischen Erbfolgekrieg aufs neue. Bei ihrem Rückzug 1744 sprengten sie die Festungswerke und die drei Schlösser des Schloßberges.

1805 fiel Freiburg an das Großherzogtum Baden, 1827 wurde es Bischofssitz. Ein Bombenangriff am 27. November 1944 vernichtete große Teile der Altstadt, verschonte jedoch glücklicherweise das Münster fast ganz. Der gelungene Wiederaufbau vermochte Freiburg viel von jenem Reiz zurückzugeben, den es nicht zuletzt der großzügigen mittelalterlichen Stadtplanung verdankt.

## Sehenswürdigkeiten

Das Münster **Unserer Lieben Frau** wurde in einem Zeitraum von über 300 Jahren errichtet. Schon in der ersten Bauphase, der das um 1200 begonnene spätromanische Querhaus entstammt, war der baukünstlerische Anspruch für eine Pfarrkirche so ungewöhnlich wie die Abmessungen. Als Vorbild diente das Basler Münster. Das ab 1220 ausgeführte frühgotische Langhaus fällt dagegen etwas ab, um so großartiger gelang der 1260 bis 1350 erbaute, 115 m hohe Westturm mit seinem durchbrochenen Helm. In der harmonischen Klarheit seines Umrisses, zu der sich der massive Unterbau und die stark aufgelösten Formen von Oktogon und Helm verbinden, verkörpert er die klassische Lösung des gotischen Turmbaus. Während in diesen beiden Bauphasen Anregungen durch die Straßburger Hütte entscheidend waren, ist der spätgotische Chor von der schwäbisch-böhmischen Parler-Schule abhängig.

Der Raumeindruck im Inneren wird wesentlich bestimmt durch die großartige Perspektive nach dem hohen, lichten Chor und durch die farbenprächtigen Glasgemälde. Nur wenige Kirchen Deutschlands besitzen einen vergleichbaren Schatz an Glasmalereien aus allen Epochen der Gotik. Bedeutende Kunstwerke finden sich auch unter den zahlreichen Altären. Der Hochaltar mit der Marienkrönung ist ein Hauptwerk des Dürer-Schülers Hans Baldung Grien. Hans Sixt von Staufen schuf den Locherer-Altar, Hans Wydyz, ein anderer tüchtiger Breisgauer Bildschnitzer der Dürer-Zeit, den Dreikönigs- und Schnewlin-Altar. Von der Galerie am Fuß des Turmhelms bietet sich als Belohnung für das Erklimmen von 329 Stufen ein einzigartiger Blick über die von Schwarzwaldbergen, Wald und Reben umrahmte Stadt, bei klarer Sicht bis zu den Vogesen jenseits des Rheins.

Die Südseite des Münsterplatzes beherrscht das prachtvolle spätgotische **Kaufhaus**. Das **Neue Rathaus** beherbergte einst die Universität. Auf dem Rathausplatz steht die Statue des Freiburger Franziskanermönchs Berthold Schwarz, der gegen 1350 das Schießpulver erfunden haben soll. Das wichtigste unter den Museen der Stadt ist das **Augustinermuseum** mit einer bedeutenden Sammlung oberrheinischer Kunst des Mittelalters.

**Information**
Freiburg-Information
Rotteckring 14
W–7800 Freiburg i. Br.
Telefon: (0761) 3 68 90-90

**Festkalender**
Freiburger Frühjahrsmesse (Volksfest) in der zweiten Maihälfte. Zeltmusikfestival Ende Mai. Theaterfestival im Juni. Freiburger Weintage Ende Juni. Schloßbergfest im Juli.

**Tips**
Der Schloßberg mit Panoramablick und dem Restaurant Dattler ist vom Stadtgarten mit einer Kabinenbahn erreichbar.
Typische Gasthäuser: „Zum Roten Bären" (Oberlinden 12). „Oberkirch's Weinstuben" am Münsterplatz, „Weinstube zur Traube" (Schusterstraße 17).

Blick auf das Münster vom Schloßberg (links).

Habsburgerstatuen und -wappen schmücken das „Kaufhaus“ am Münsterplatz (Mitte).

Wochenmarkt um den Fischbrunnen auf dem Münsterplatz. Im Hintergrund das Kornhaus mit dem Ratskeller (rechts).

# Friedrichshafen Heimat des Zeppelins

Die nach Konstanz zweitgrößte Stadt am Bodensee ist nicht nur die Heimat der Luftschifffahrt, sondern ist vor allem eine bedeutende Industriestadt. Mit dem Fortschritt ist der Name schon seit den Anfängen verbunden: Denn hier begann 1824 die Bodensee-Dampfschiffahrt.

Die ökonomische Bedeutung Friedrichshafens ist für den Reisenden sicher weniger wichtig als der Hafen, von dem aus der See besonders groß aussieht. Und wo sonst in Deutschland gibt es schon einen Hafenbahnhof (1933), der es einem erlaubt, aus dem Zug auszusteigen und direkt aufs Wasser zu blicken?

## Geschichte

Württembergs erster König, Friedrich I., vereinigte 1811 die bis 1802 freie Reichsstadt Buchhorn mit ihren nicht einmal 800 Einwohnern und das Kloster Hofen zur Stadt Friedrichshafen. Die wurde nun zur Sommerresidenz des Königs. Der Sohn war auch nicht zurückhaltender mit seinem Namen, denn die von ihm geförderte Dampfschiffahrt auf dem Bodensee begann 1824 mit der ersten Fahrt des Dampfers „Wilhelm". Durch den großen Hafen und den Fährbetrieb nahm die Bedeutung der Stadt schnell zu. Berühmt geworden aber ist sie durch den Grafen Zeppelin, dem der König in Manzell 1898 ein Ufergelände für seine Versuche überließ. 1900 startete der erste Zeppelin „LZ 1", von der Welt damals mit Staunen betrachtet. Von Rückschlägen und Unfällen ließ man sich nicht entmutigen, die Gebrüder Maybach entwickelten stärkere Motoren für die Zeppelinwerft, und so konnte 1929 die „LZ 127" zur Weltumrundung starten. Zwei Jahre später wurde ein fahrplanmäßiger Luftverkehr nach Süd- und Nordamerika aufgenommen. Einen geradezu vernichtenden Rückschlag erhielt die Luftschiffahrt durch das Unglück von Lakehurst 1937, als 34 Menschen zu Tode kamen. Haben die motorgetriebenen Flieger auch das beschaulich gleitende Luftschiff verdrängt, als Freizeitvergnügen und als Werbeträger bleibt uns der Zeppelin noch erhalten. Für Friedrichshafen jedenfalls knüpfte sich an diese Entwicklung die weitere Anziehung von Industriebetrieben aus verschiedenen Zweigen. Berühmt geworden ist auch das von Claude Dornier 1922 entwickelte Flugboot, das schließlich auch in Versionen gebaut wurde, die 170 Passagiere aufnehmen konnten. Bedauerlicherweise war dieses industrielle Schwergewicht Friedrichshafens auch das Ziel alliierter Angriffe im Zweiten Weltkrieg, so daß man heute, nach einer weitgehenden Zerstörung, fast nur noch das neue Friedrichshafen sehen kann.

## Sehenswürdigkeiten

Wichtigste Ausnahme ist das Schloß aus dem 17. Jh., auf einer kleinen Landzunge unmittelbar am Wasser gelegen, aber noch immer im Besitz der herzöglichen Familie (daher keine öffentliche Besichtigung). Zu dem Komplex gehört auch die Schloßkirche mit ihren beiden weithin sichtbaren Kuppeltürmen. Die spätgotische Pfarrkirche St. Nikolaus ist wiederhergestellt worden und weist noch einigen erhaltenen Baubestand auf. Unmittelbar neben dem Jachthafen liegt das neue Graf-Zeppelin-Haus, das als Kultur- und Kongreßzentrum dient. Das Bodenseemuseum findet man im **Rathaus**, doch verblaßt dessen nicht unbedeutende Kunstsammlung neben dem ganz einzigartigen **Zeppelinmuseum**. Besonderer Anziehungspunkt ist hier ein 7,5 m langes Modell des Luftschiffes „Hindenburg". Aufmerksamkeit verdient aber auch das **Oberschwäbische Schulmuseum**, in dem man Klassenzimmer aus den Jahren 1850, 1900 und 1930 originalgetreu nachgestellt hat. Wodurch Friedrichshafen die Messen- und Kongreßbesucher aber vor allem besticht, das ist der hohe Freizeitwert hier an dem riesigen Binnensee, über den hinweg der Blick auf die so malerischen Schweizer Alpen geht. Nur ein Katzensprung ist es bis ins beschauliche Immenstaad, nicht weit auch zu den anderen Bodensee-Attraktionen – Mainau, Meersburg oder Lindau. Von Friedrichshafen geht auch die Autofähre nach Romanshorn auf die schweizer Seite des Sees. Die Bodensee-Messe GmbH richtet in Friedrichshafen jährlich die Internationale Bodenseemesse und die Internationale Bootsausstellung aus.

**Information**
Tourist-Information
Friedrichstraße 18
W-7990 Friedrichshafen
Tel. (07541) 21729

**Festkalender**
Promenaden-, Hafen- und Sommerkonzerte finden reichlich statt. Ende Juni wird jedes Jahr mit großem Aufwand das Seehasenfest gefeiert, das man einst nach dem Krieg zur bescheidenen Aufmunterung für die Kinder erfand.

**Tips**
Abstecher nach Wasserburg am Bodensee, das auf einer Halbinsel die hübsche Georgskirche zu bieten hat, aber auch sonst vielfach auf seine 1200-jährige Geschichte verweist. Im Frühjahr lockt die Obstblüte in Kressbronn. Wie überall am Bodensee empfehlen sich auch von Friedrichshafen aus Ausflüge ins Hinterland.

Im Bodensee-Museum kann man originalgetreue Zeppelinmodelle bewundern (oben).

Hafenbahnhof (unten).

Die Schloßkirche (rechts).

# Fulda Die Bonifatiusstadt

Zwischen Rhön und Vogelsberg liegt Fulda reizvoll an der Fulda. Die traditions- und einflußreiche Bischofsstadt hatte ihre größte Blütezeit im Barock. Glücklicherweise kann man davon heute noch einen recht lebhaften Eindruck erhalten.

Fulda ist eine der Städte, von denen aus sich das Christentum in Deutschland verbreitet hat. So bestimmen noch heute viele bedeutende Kirchen die Stadt. Außerdem besitzt Fulda etliche Klöster, die sich sozialen Belangen widmen: ein Altenheim der Franziskaner, ein Krankenhaus der Barmherzigen Schwestern, eine Schule der Marianisten und eine Ausbildungsstätte der Englischen Fräulein.

## Geschichte

Bonifatius ließ 744 die Stadt durch seinen Schüler Sturmius in einer Gegend gründen, in der schon seit Jahrtausenden Menschen wohnten. Nachdem die heidnischen Friesen Bonifatius erschlagen hatten, wurde Fulda schnell zu einem bedeutenden Pilgerziel. Das bald errichtete Kloster mit der gewaltigen Kirche wurde für Jahrhunderte zu einem einflußreichen Zentrum geistlicher Macht in Deutschland. Der Dom war um das Jahr 1000 der größte Sakralbau nördlich der Alpen. Früh wurde diese Abtei aber auch in kultureller Hinsicht wichtig: Hier entwickelte man die deutsche Schriftsprache, mit der dann das Hildebrandslied aufgeschrieben wurde. Stadtrecht erhielt Fulda wohl 1114. Als die Äbte schließlich sogar zu Reichsfürsten avancierten, ließ man im Kloster nicht mehr die alte Strenge walten. Um so leichter konnte die Reformation hier Fuß fassen. Allerdings wurde etwa ab dem Jahre 1570 auch die Gegenreformation vollzogen, und der Katholizismus erhielt wieder seine alte Macht. Der 30jährige Krieg ließ auch Fulda nicht ungeschoren, im 18. Jh. dann entdeckten die Fürstäbte ihre Baulust, so daß Fuldas Stadtbild bis heute stark barock geprägt ist. Zum Ärger des heutigen Besuchers haben die Stadtplaner jedoch manche schwere Bausünde in der Innenstadt durchgehen lassen.

## Sehenswürdigkeiten

Wichtigstes Baudenkmal Fuldas ist der **Dom St. Salvator und Bonifatius**, dessen barocke Gestalt darüber hinwegtäuscht, daß an dieser Stelle eine auf das 8. Jh. zurückgehende und ursprünglich noch größere Anlage stand. Die alte Basilika-Konstruktion war 1704 trotz der vielen Veränderungen so baufällig geworden, daß der Fürstabt einen Neubau in Auftrag gab. So errichtete Johann Dientzenhofer das rein barocke Kirchengebäude, das viele italienische Anklänge hat und im Innern durch die gewaltige Vierungskuppel beeindruckt. Die **Bonifatiusgruft** ist geradezu das Heiligtum des deutschen Katholizismus. Von der Propsteikirche **St. Michael** ist nur die Krypta noch aus dem ersten Bau von 820 bis 822 erhalten – eines der fünf ältesten deutschen Kirchenbauwerke. Die mittelalterliche Abtsburg wurde zunächst zu einem Renaissanceschloß umgebaut, bevor Johann Dientzenhofer sie zu einer gewaltigen Barockanlage erweiterte. Nördlich schließt sich der **Schloßgarten** an, der von der barocken **Orangerie** begrenzt wird.

Das **Alte Rathaus** ist ein ehemals gotisches Fachwerkhaus aus dem 16. Jh., das inzwischen wieder in seine ursprüngliche Gestalt gebracht wurde. In der Nähe befindet sich das alte **Jesuitenseminar** von 1584, das heute als Museumsbau genutzt wird. Die ehemalige **Universität** daneben ist ein dreiflügeliges Gebäude aus dem 18. Jh. Unter den Museen sticht das **Deutsche Feuerwehrmuseum** hervor, das mit vielen wertvollen Originalstücken von der Geschichte des Löschens erzählt. In der **Hessischen Landesbibliothek** werden wertvolle mittelalterliche Handschriften aufbewahrt. Nicht versäumen dürfen Fuldabesucher den Abstecher nach **Schloß Fasanerie**. Dieses Lustschloß der Fürstäbte aus dem 18. Jh. gilt als das schönste hessische Barockschloß.

Das Stadtschloß (links oben).

Das Alte Rathaus (links unten).

Der Dom St. Salvator und Bonifatius (rechts).

**Information**
Verkehrsbüro
Schloßstraße 1
W-6400 Fulda
Tel. (0661) 1020

**Festkalender**
Im Sommer: Fuldaer Schloßgartenkonzerte. Bonifatius-Woche (Juni). Bürger- und Schützenfest (Juli/August). Open-air-Festival im Schloßgarten (August). Wein- und Stadtfest (September).

**Tips**
Auf dem Petersberg östlich von Fulda steht die um 830 errichtete Kirche St. Lioba, in der die heilige Lioba ruht. Die Rhön bietet überall in der Umgebung herrliche Wander- und Spaziermöglichkeiten. In Schlitz – 20 km die Fulda abwärts – fühlt man sich leicht ins Mittelalter versetzt (allein fünf Burgen). Das Lüdertal ist von etlichen Mühlen geprägt.

# Fürth – Wo die Regnitz entsteht

So wie Nürnberg und Fürth kaum noch eine wahrnehmbare städtische Grenze besitzen, so sind sie auch wirtschaftlich zum mittelfränkischen Industriezentrum zusammengewachsen. Heute spielen die Gewerbe der Gold- und Bronzeverarbeitung nicht mehr so eine große Rolle.

Kluge Ökonomen wie Friedrich List hatten schon lange die Einführung der Eisenbahn in Deutschland gefordert. So kam es schließlich am 7. 12. 1835 zur Eröffnung der sogenannten Ludwigsbahn auf der Strecke zwischen Fürth und Nürnberg. Allerdings hatte kaum jemand zu hoffen gewagt, daß von dieser Innovation die entscheidenden Impulse auf die Industrialisierung in Deutschland ausgingen.

## Geschichte

Schon im 8. Jh. gab es einen fränkischen Königshof an einer Rednitzfurt; um ihn herum entstand eine kleine Siedlung, die 1007 dem Bamberger Domkapitel zugeschlagen wurde. Eine Urkunde erwähnt bereits 907 ein gewisses Furthum. So ist zum Stolz der Fürther ihre Stadt eindeutig älter als die große Schwester nebenan. Allerdings gab es schon früh auch Gerangel mit Nürnberg. Nicht nur mußten gelegentlich die Marktrechte an die Nachbarn abgetreten werden, sondern es galten auch über viele Jahrhunderte hinweg sehr komplizierte Herrschaftsverhältnisse: Sowohl das Bamberger Bistum als auch die Burg- und späteren Markgrafen von Nürnberg als auch die Freie Reichsstadt Nürnberg hatten Hoheitsrechte an Fürth. Schon seit dem 15. Jh. gewährte Fürth vielen religiösen Flüchtlingen Schutz. So kamen zunächst viele Juden, später auch holländische und französische Emigranten. Diese Entwicklung bekam dem Ort in wirtschaftlicher Hinsicht ausgezeichnet. Allerdings führte der 30jährige Krieg zu einer fast völligen Zerstörung, von der sich Fürth nur langsam wieder erholte. 1792 kamen dann die Preußen an die Macht, 1806 ging Fürth an Bayern, das Stadtrecht wurde zuerst 1808 verliehen und dann 1818 bestätigt. Die bewegte Geschichte hat Baudenkmäler aus allen Stil- und Zeitepochen übriggelassen.

## Sehenswürdigkeiten

Eine Neorenaissance-Fassade hat das **Rathaus** (1840 bis 1850), das mit seinem 50 m hohen Turm zum Wahrzeichen der Stadt geworden ist. Dieser Turm erinnert an den Palazzo Vecchio in Florenz. Bis auf das 14. Jh. geht **St. Michael** zurück. An ihrem spätgotischen **Sakramentshäuschen** orientiert sich St. Lorenz in Nürnberg. Viele eindrucksvolle Häuser aus der Gründerzeit sind in den letzten Jahren aufwendig renoviert worden. Hier stechen besonders die Sandsteinfassaden der **Hornschuhpromenade** hervor. Aber auch der Jugendstil hat sich in etlichen erhaltenen Gebäuden Denkmäler geschaffen. Von einem interessanten Neubarock zeugt das **Stadttheater**. Hier gegenüber liegt der sehr schöne **Stadtpark**, der bis zur Pegnitz reicht: In dem alten Baumbestand kann man angenehm spazierengehen – außerdem gibt es auch eine Gaststätte, eine Freilichtbühne und einige Gartenattraktionen. Das **Markgrafenviertel** spiegelt die städtische Wiederaufbauphase des Barock. Wunderschöne alte Fachwerkhäuser haben sich in der **Altstadt** erhalten, die hervorragend saniert wurde. Im **Schloß Burgfarrnbach** des Grafen Pückler-Limpurg ist heute eine Kulturzentrum eingerichtet, das mit einem anspruchsvollen Programm jährlich viele Besucher anlockt. Hier stellt auch das Stadtmuseum seine Sammlung deutscher und niederländischer Kunst des 16. bis 19. Jh. aus. Einen lohnenden Abstecher unternimmt man außer nach Nürnberg zur Ruine der **Cadolzburg**. Gemütliche Kneipen, in denen teilweise auch Musik geboten wird, findet man vornehmlich in der Weißbergergasse und in der Gustavstraße.

Wahrzeichen der Stadt ist das Rathaus mit seiner Neorenaissance-Fassade und dem 50 m hohen Turm (links).

In einem interessanten Neubarock ist das Stadttheater gehalten (oben).

Auf dem Kirchenplatz vor der Michaelskirche (unten).

**Information**
Verkehrsverein
Bahnhofplatz 8b
W-8510 Fürth
Tel. (0911) 776682

**Festkalender**
Das Kulturleben in Fürth profitiert stark von dem reichen Angebot in Nürnberg: über 200 kulturelle Veranstaltungen im Rahmen des »Sommers in Nürnberg« (Mai bis September). Figurentheaterfestival (Puppen, Marionetten, in Nürnberg, Fürth und Erlangen). »Färtha Kärwa« (Fürther Kirchweih, September/ Oktober).

**Tips**
Das Angebot an Musikveranstaltungen ist enorm, dazu gehören auch die großen Popkonzerte auf dem Zeppelinfeld. Das Stadttheater Fürth organisiert ein attraktives Gastspielprogramm.

# Füssen – Kurort im Märchenland

Neben den Wittelsbacher-Schlössern ist die Landschaft hier zwischen Ammergauer und Allgäuer Alpen von einer so beeindruckenden Schönheit – daß man leicht verstehen kann, warum die vielen Besucher jedes Jahr in den kleinen Luftkurort am Lech kommen.

Eine hübsche Altstadt, eine historisch weit zurückreichende Tradition, ein Schloß im Stadtgebiet und reichlich Wasser – Füssen hat schon selber viel von dem, was ein erfolgreicher Fremdenverkehrsort benötigt. Da kommen die herrliche Umgebung, die Nähe zu weltberühmten Touristenattraktionen und die Nachbarschaft zu Tirol nur noch hinzu.

## Geschichte

In dieser Gegend siedelten schon in vorgeschichtlicher Zeit Menschen. 15 v. Chr. vertrieben die Römer dann die gerade hier ansässigen Kelten und schufen sich eine Straßenstation. Das Kastell am Schloßberg wurde später von den Alemannen genommen. Auf Geheiß des Augsburger Bischofs erfolgte dann seit dem 8. Jh. die Missionierung dieser Gegend durch einen Mönch namens Magnus. Aus der von ihm gebauten Zelle ging dann das Benediktinerkloster St. Mang hervor, das über Jahrhunderte Zentrum dieser Region war. Ende des 12. Jh. erhob Rudolf von Habsburg Füssen zur Stadt – ihr fortwährender Wohlstand resultierte aus der günstigen Lage an der alten Handelsstraße nach Italien. Im 13. Jh. machte Herzog Ludwig von Bayern Ansprüche auf Füssen geltend und begann mit umfangreichen Befestigungsmaßnahmen – zu denen auch die Burg gehörte. Zwischen 1313 und 1802 unterstand Füssen dem Bischof von Augsburg. Er brachte schon bald auch den Schloßberg unter seine Gewalt und ließ die Burg zu einem wehrhaften Schloß umgestalten, in dem dann einige Jahrhunderte die Augsburger Fürstbischöfe residierten. 1802 wurde Füssen bayerisch.

## Sehenswürdigkeiten

Das leicht erhöhte **Schloß** ist gut erhalten und besonders auffällig wegen der illusionistischen Fassadenmalerei im Innenhof. Heute wird die Anlage zu unterschiedlichen Zwecken genutzt: Unter anderem befindet sich hier eine **Filialgalerie der Bayerischen Staatsgemäldesammlungen**.

Am Fuße des Schloßbergs liegt die ehemalige Benediktinerabtei **St. Mang**, die ihre Ursprünge auf das Jahr 723 zurückschreibt. Sehr alt (10. Jh.) sind Turm und Krypta der Kirche, die selbst wiederum dem barocken Architekten Johann Jakob Herkomer zu verdanken ist. Seine bauliche Spezialität sind die dreigeteilten Halbbogen-Fenster. Prächtige Stukkaturen und Fresken kennzeichnen das Innere der Kirche. Die erste Kirche des Klosters ist von Herkomer 1701 deutlich verkleinert worden. Sie heißt heute **Annakapelle** und hat einen der größten Schätze Füssens vorzuweisen: die von Jakob Hiebeler 1602 auf Holz gemalte Bildfolge »**Totentanz**«. Prachtsaal des Klostergebäudes ist der sogenannte Fürstensaal, in dem heute vielfach Konzerte veranstaltet werden. Die **Spitalkirche**, ursprünglich aus dem 15. Jh., mußte nach einem Brand im 18. Jh. neu errichtet werden. Seither ist sie weithin bekannt wegen ihrer gewaltigen roten Illusionsfassade. Von der alten **Stadtmauer** mit ihren Wehrtürmen bekommt man einen besonders guten Eindruck in der Nähe der **Franziskanerkirche**. Unter etlichen alten Häusern in der Altstadt fällt zum Beispiel auch das **Wohnhaus** des Bildhauers **Anton Sturm** auf, der die wunderschönen Figuren in St. Mang hinterlassen hat.

Obwohl erst im 19. Jh. erbaut, ist Ludwigs II. **Neuschwanstein** in aller Welt zum Inbegriff einer deutschen Burg geworden. So entsprechen die vielen Türmchen und Zinnen dem romantischen Bild einer mittelalterlichen Burg. Aber wie sollte man ein solches Bauwerk beschreiben, von dem manche glauben, es sei das eindrucksvollste der Neuzeit überhaupt?

Wegen ihrer gewaltigen roten Illusionsfassade bekannt: die Spitalkirche (oben).

Blick auf die herrliche Landschaft zwischen Ammergauer und Allgäuer Alpen (Mitte).

Am Fuße des Schloßbergs liegt die ehemalige Benediktinerabtei St. Mang (unten).

**Information**
Kurverwaltung
Augsburger-Tor-Platz 1
W-8958 Füssen
Tel. (08362) 7077

**Festkalender**
Himmelfahrtsmarkt (14 Tage vor Pfingsten). Volksfest an der Kobelschanze (Juni). Seefest Weißensee (Juli/ August). Kirchweihmarkt (Oktober). Altstadt-Skisprint (Dezember, alle zwei Jahre).

**Tips**
Die meisten Besucher werden allemal wegen Neuschwanstein nach Füssen reisen – und dabei gleich Hohenschwangau mitbesichtigen. Reizvoll ist aber auch ein Abstecher zum Foggensee oder nach Steingaden. Nur 5 km davon entfernt liegt die »Wallfahrtskirche in der Wies«, die als eindrücklichste Schöpfung des deutschen Rokoko gilt.

# Garmisch-Partenkirchen – Ganzjahresspaß

Werdenfelser Land nennt sich das hübsche Fleckchen Erde, das unmittelbar vor dem Wettersteingebirge mit der Zugspitze liegt. Inzwischen weiß alle Welt um die ausgezeichneten Sportmöglichkeiten in dieser Gegend. Aber auch im Sommer treffen sich die Urlauber in dem Kurort.

Der Doppelort im Loisachtal liegt so schön, daß er eigentlich keine Werbung nötig hat. Rundherum von eindrucksvollen Bergen umgeben, hat Garmisch-Partenkirchen seinen Reichtum vollständig genutzt: Mit Kutschen, Bussen, Pkw, mit Seilbahnen, Zahnradbahnen, Ski- oder Sesselliften kann man die umliegenden Höhen erreichen. Die Naturfreunde sehen manches davon mit Grausen, die Touristen genießen den guten Service.

## Geschichte

In vorchristlicher Zeit hatte man wohl weniger Sinn für die Schönheit dieses Hochtals, aber vielleicht genoß man schon damals das Heilklima hier. Jedenfalls waren die Römer keineswegs die ersten, die der Gegend Bedeutung beimaßen. Um das Jahr 200 errichteten sie an der Handelsstraße von Augsburg nach Italien über den Brenner die Station Parthanum. Danach übernahmen die Bajuwaren den Landstrich, und in einer Urkunde von 802 ist von einem Germareskauune die Rede. Von der 1180 errichteten Burg Werdenfels stammt der Name der reichsunmittelbaren Grafschaft, die seit dem 13. Jh. dem Hochstift Freising gehörte. Im Mittelalter zog man Wohlstand aus dem Handel nach Italien. Vom 30jährigen Krieg bis zu den Napoleonischen Kriegen allerdings erlebten die beiden Gemeinden einen nachhaltigen Niedergang. Der wurde erst so richtig durch den Fremdenverkehr wieder wettgemacht. Zusammengeschlossen wurden die beiden Orte 1935.

## Sehenswürdigkeiten

Aus demselben Jahr stammt auch das **Rathaus** mit seiner bayerischen Lüftlmalerei. Ein Stück des alten Handelsweges zwischen Augsburg und Venedig kann man in der **Ludwigstraße** noch erkennen. Hier finden sich wunderschöne hölzerne Fassaden. Die **Alte Pfarrkirche St. Martin** geht auf einen Bau aus dem 13. Jh. zurück, ihre heutige Gestalt erhielt sie im wesentlichen 1446. Die gotischen Wandmalereien aus dem 13. Jh. verdienen besondere Aufmerksamkeit. Wesentlich jünger ist die etwas weiter südlich gelegene **Neue Pfarrkirche St. Martin**, die ihren barocken Schmuck von bedeutenden Künstlern des 18. Jh. erhielt. Architektonisch besonders interessant ineinandergefügt sind die beiden Bauteile der Wallfahrtskirche **St. Anton** (18. Jh.): Ein achteckiger und ein elliptischer Teil erscheinen von außen wie ein normales Rechteck. Von bayerischer Kunst und Kultur berichtet das **Werdenfelser** (Heimat-) **Museum** im Haus »Zum Schlamp'n«. An der Zoeppritzstraße steht das **Richard-Strauss-Haus**. Der Komponist hat hier lange gelebt und ist in Garmisch-Partenkirchen auch gestorben (1949). Das **Eisstadion** stammt von der 1936er Olympiade, ist aber inzwischen gründlich erneuert und erweitert worden. Etwas außerhalb auf der Schachenalp kann man ein weiteres **Schlößchen** des baulustigen Ludwigs II. bewundern. Hier hat er sich 1871/72 ein Jagdhaus ausbauen lassen. Vom **Zugspitzbahnhof** aus gelangt man mit der Bahn auf Deutschlands höchsten Berg (2965 m). Von hier hat man einen einzigartigen Blick über die Alpen bis zu den Dolomiten im Süden und bis ins Alpenvorland im Norden. Schwindelfreie können am Ostgipfel bis zum vergoldeten Eisenkreuz gehen. Auf dem Westgipfel wurde 1897 das **Münchner Haus** errichtet. Das Zugspitzplatt ist das schneesicherste Skigebiet in Deutschland, mehrere Lifte stehen hier den Sportfreunden zur Verfügung, wenn es in den Ebenen schon oder noch warm ist. Von Garmisch-Partenkirchen aus fahren aber auch etliche andere Klein- oder Großkabinenbahnen auf reizvolle Höhen.

Posthorn und Postschild (links).

Floriansplatz in Partenkirchen gegen Zugspitzgruppe (oben).

Im Bräustüberl kann man sich an einem kühlen Bier laben (unten).

**Information**
Verkehrsamt
Bahnhofstraße 34
W-8100 Garmisch-Partenkirchen
Tel. (08821) 1806

**Festkalender**
Internationales Neujahrsspringen im Rahmen der Vier-Schanzen-Tournee und weitere bedeutende Wintersportwettbewerbe im Januar. Hornschlittenrennen (6. Januar). Faschingsumzüge. Georgimarkt (April). Frühlingsfest (erster Samstag im Mai und im Juni). Johannifeuer (23. Juni). Deutsch-Amerikanisches Freundschaftsfest (Juli). Herbstfest (September). Martinimarkt (November).

**Tips**
Ausflüge unternimmt man zur Klosterkirche in Ettal, zu Ludwigs II. Rokoko-Schloß Linderhof, nach Mittenwald oder nach Oberammergau.

# Gelsenkirchen Ruhrpott mit Charme

Gelsenkirchen ist auch eine der jungen Städte im Revier, die ihre Existenz der Industrialisierung zu verdanken haben. Das bringt auch hier Strukturprobleme mit sich. Doch zugleich ist die 285 000-Einwohner-Stadt von einem außergewöhnlich regen Kulturleben gekennzeichnet.

Brieftauben und Fußball sind die typischen Revier-Hobbies. Natürlich hängt die Fußballtradition in Gelsenkirchen mit dem Bergbau zusammen: In dem Bergarbeitervorort Schalke wurde 1904 der berühmte Verein gegründet, der seither schon siebenmal deutscher Meister war. Inzwischen spielt er allerdings im Parkstadion und nicht mehr in der alten Glückauf-Kampfbahn unter der Zeche Consolidation. Beschaulicher wirkt das Taubenzüchten, das noch immer eine beliebte Freizeitbeschäftigung in den Arbeitervierteln ist: Weit über ein Drittel aller deutschen Taubenzüchter leben im Revier.

## Geschichte

Um das Jahr 1000 herum gründete die Äbtissin des Essener Frauenstifts eine Kirche hier im Emschertal. Die kleine Siedlung, die darum herum entstand, wurde Gelsetenkirken genannt. Noch lange gehörte der Ort dem Essener Stift. Aber diese Kontinuität ließ Gelsenkirchen auch über Jahrhunderte friedlich vor sich hinschlummern. Noch 1798 zählte man hier 351 Einwohner. Daran änderte sich gravierend erst etwas ab 1847, als die Köln-Mindener Eisenbahn hier Station zu machen begann. Mit Hilfe irischer Fachleute wurde 1853 der erste Tiefbauschacht abgeteuft – und die Zeche Dahlbusch nahm ihre Kohleförderung auf. Für die neue, aus England importierte Hochofentechnik brauchte man zur effizienteren Eisen- und Stahlerzeugung Steinkohle statt der traditionellen Holzkohle. Das war der Grund, warum sich in allen Kohlegebieten Stahlbetriebe ansiedelten. In Gelsenkirchen begann diese Entwicklung 1860. Schon bald folgte auch die chemische Industrie, die die Abfallprodukte der Verkokung ausnutzte. Zeitweise arbeiteten 25 Schächte in Gelsenkirchen, doch bemüht man sich hier auch schon länger darum, die Wirtschaftsstruktur vielfältiger zu gestalten, um weniger krisenanfällig zu sein. Wie fast alle Industriestädte hat auch Gelsenkirchen im Krieg schwere Zerstörungen hinnehmen müssen.

## Sehenswürdigkeiten

Im Stadtkern fällt das **Hans-Sachs-Haus** auf – ein Jugendstilbau, der heute für Veranstaltungen genutzt wird. Aus den 50er Jahren stammt das Gebäude des **Musiktheaters** im Revier, in dessen funktionelle Konzeption moderne Kunstwerke integriert sind. An der Stelle der **Altstadtkirche** (1956) stand früher die 1881 abgerissene Georgskirche. Die Gestalt einer neugotischen Basilika hat die Propsteikirche **St. Augustinus** am Neumarkt. Buer war selbst schon eine Großstadt, als es 1928 zusammen mit Horst eingemeindet wurde. Hier hat der Bergbau die landwirtschaftlich geprägten Flächen nicht so verändert wie im »alten« Gelsenkirchen. So gibt es in diesen nördlich der Emscher gelegenen Stadtteilen viele Grünflächen. Zu einer davon gehört das **Parkstadion** mit seinen 70 000 Plätzen. Hier liegt auch die Wasserburg **Haus Berge**, die ursprünglich aus dem 12. Jh. stammt. Von der umfänglichen vierflügeligen Anlage des **Schlosses Horst** aus dem 16. Jh. sind nur noch Teile erhalten. Anders **Haus Lüttinghoff**, Nachfahr einer Wehrburg aus dem 14 Jh. Weniger herrschaftlich geht es in **Flöz Dickebank** zu, einer vorbildlich renovierten Arbeitersiedlung im Süden der Stadt. Hier im Ortsteil Ueckendorf steht auch die Künstlersiedlung **Halfsmannshof**, die 1931 aus einem ehemaligen Bauernhof entstanden ist. Im **Städtischen Museum** werden Sammlungen zu ganz unterschiedlichen Themen geboten. Industriegeschichtlich bedeutsam ist auch die Schachtanlage Oberschuir der **Zeche Consolidation**.

**Information**
Verkehrsverein
Hans-Sachs-Haus
Eberstraße 19
W-4650 Gelsenkirchen
Tel. (0209) 23376

**Festkalender**
Tage der Puppenspiele (Februar). Ballettage (Juni). Sommerfest (Juli). GE-Spektakel (September). Filmwerkschau (Oktober). Rocktheater (Oktober).

**Tips**
Auf der Galopprennbahn werden ebenso große Rennen ausgetragen wie auf der Trabrennbahn. Eine ganz besondere Attraktion ist auch der Windhundrennplatz, da es hierzulande nur ganz wenige solcher Rennbahnen gibt, die für internationale Rennen zugelassen sind. Für alle musikalischen Theatersparten sowie bei allen E-Musik-Formen ist das Musiktheater im Revier eine der ersten Adressen.

Die Fußgängerzone am Heinrich-König-Platz (oben).

70 000 Plätze umfaßt das moderne Parkstadion, wo Schalke 04 heute spielt (links unten).

Blick auf die Industrie-Metropole am Rhein-Herne-Kanal (rechts unten).

# Gera – Residenz mit Geschichte

**Die frühere Bezirkshauptstadt hat dem Besucher einiges zu bieten. Sie ist Verwaltungszentrum, aber auch kulturell und ökonomisch von Bedeutung. Viele renovierte Gebäude in der ehemaligen Residenzstadt der Fürsten Reuß bezeugen den Wohlstand Geras über Jahrhunderte.**

Die Großstadt in Ostthüringen im weiten Tal der Weißen Elster liegt malerisch in bergiger Umgebung. In dem Eisenbahnknotenpunkt haben seit Jahrhunderten die Textilgewerbe Tradition, in neuerer Zeit spielt auch der Bergbau eine wichtige Rolle. Die zehntgrößte Stadt der ehemaligen DDR ist zum kulturellen Zentrum der Region geworden.

## Geschichte

Reiche Höhlenfunde in der Nähe weisen darauf hin, daß hier schon vor Jahrtausenden gesiedelt wurde. Konkreteres weiß man nur über die Geschichte des Ortes seit dem Mittelalter. Zunächst hat es hier seit dem 10. Jh. eine Niederlassung von Kaufleuten an der Fernhandelsstraße von Nürnberg nach Leipzig gegeben. Kaiser Otto III. schenkte 999 dem Stift Quedlinburg, in dem seine Schwester lebte, das Geraer Areal. Die Vögte von Weida, die in Gera eine Burg besaßen, legten dann im frühen 13. Jh. planmäßig an der Weißen Elster eine Stadt an, die mit einer soliden Mauer gesichert wurde. Noch heute lassen sich im Stadtzentrum die rechtwinkligen Straßenzüge leicht erkennen. Stadtrecht erhielt Gera, das zunehmend von den Vögten beherrscht wurde, 1237. Der wachsende Wohlstand gründete sich neben dem Handel mehr und mehr auch auf Tuch- und Leinweberei. Daran änderte auch nichts der Rückschlag, den die Zerstörung des Ortes 1450 bedeutete. 1569 kamen aus Holland Protestanten in das bereits protestantische Gera geflohen und brachten ihre handwerklichen Kenntnisse mit. Besonders war es das Verlagssystem, das sie einführten und mit dem Gera in den folgenden Jahrhunderten seine guten wirtschaftlichen Verhältnisse wieder sicherte. Zwischen 1547 und 1806 stand Gera unter Böhmischem Lehen, das seit 1562 die jüngere Linie der Familie Reuß innehatte. Die Reichsgrafen und späteren Fürsten Reuß residierten hier bis 1918 in der schon im 15. Jh. zum Schloß umgebauten Burg auf dem Hainberg, der heutigen Ruine Osterstein. Zu der Weberei kamen als Wirtschaftszweige seit dem 16. Jh. Bergbau, außerdem Gerberei und Bierbrauerei hinzu. Im 19. Jh. dann wurden schon früh die ersten mechanischen Webstühle hier aufgestellt. Daneben stieß die mechanisierte Textilindustrie die Eisengießerei und den Maschinenbau an – beide Wirtschaftszweige haben bis in die Gegenwart eine wichtige Rolle in Gera gespielt. 1859 an das Eisenbahnnetz angeschlossen, ist in Gera schon 1892 die elektrische Straßenbahn eingeführt worden. Von 1918 bis 1920 war Gera Hauptstadt des Freistaats Reuß, der dann in Thüringen aufging. Nach schweren Stadtbränden 1639, 1686 und 1780 besorgte der Zweite Weltkrieg ein übriges bei der Vernichtung alter Bausubstanz. Allerdings wurden etliche alte Gebäude liebevoll wieder aufgebaut.

## Sehenswürdigkeiten

Besonders am **Markt** sind etliche Renaissance-Bauten renoviert worden. Bemerkenswert das **Rathaus** aus dem 16. Jh. mit den typischen schrägen Fenstern in dem außen angesetzten Treppenturm. An der **Stadtapotheke** von 1606 fällt der hübsche Erker auf. Der **Simsonbrunnen** auf dem Markt stammt von Caspar Junghans und wurde 1686 fertiggestellt.

Im **Schreiberschen Haus** (1688) am Nikolaiberg befindet sich heute das Museum für Naturkunde. Hier findet man auch den Eingang

Im Jugendstil präsentiert sich das Stadttheater in der Dimitroff-Allee (oben).

Blick vom Rathausturm auf das bunte Treiben des Wochenmarkts (Mitte).

Die Fußgängerzone im Zentrum (unten).

Am Marktplatz das Rathaus mit dem Simonsbrunnen von Caspar Junghans (rechts).

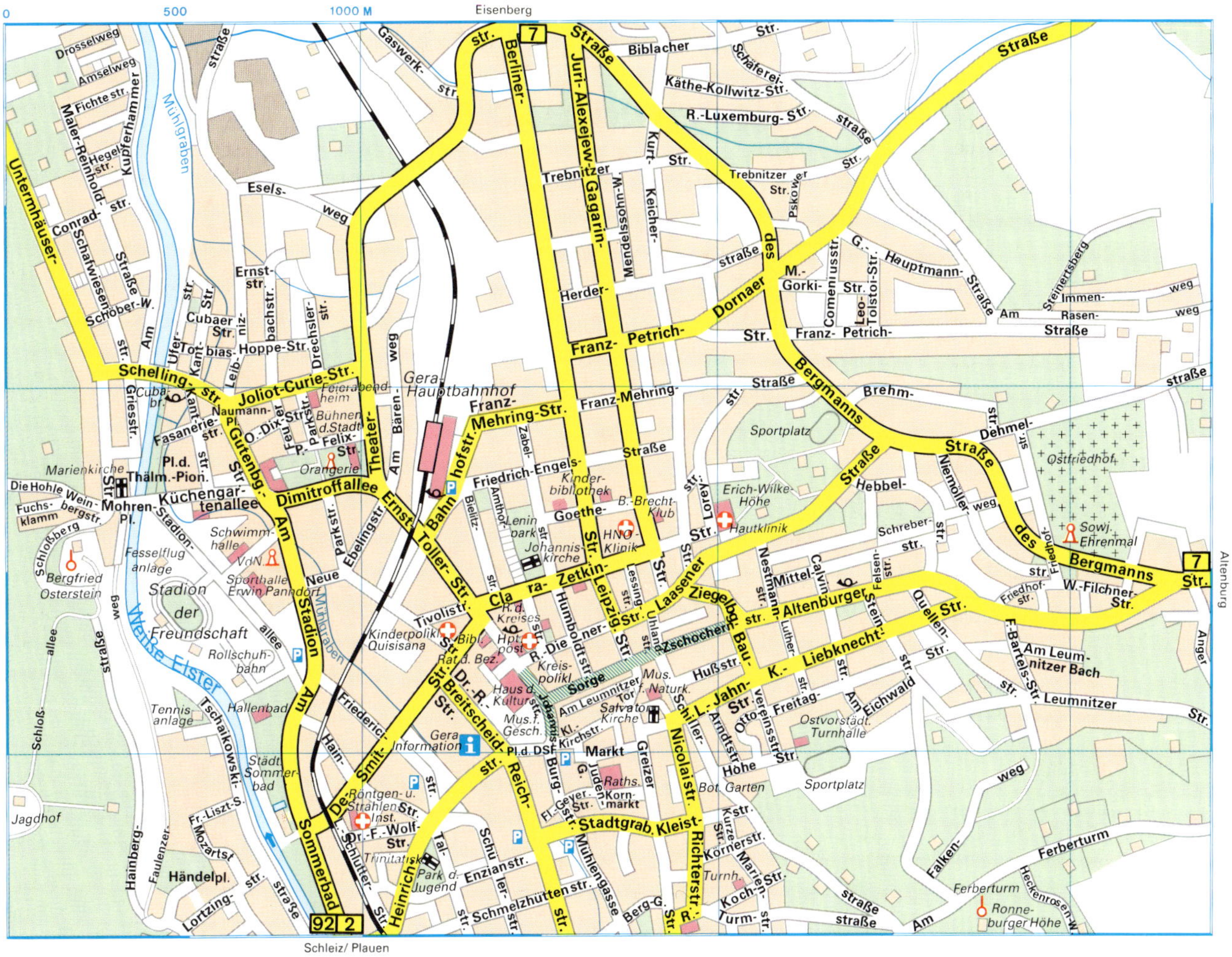


zu den **Höhlen**, die man nur in Gruppen besichtigen kann: eine früher kilometerlang ausgedehnte unterirdische Tunnelanlage, die im Mittelaler vornehmlich als Bierkeller diente. An dem dreischiffigen Bau der **Salvatorkirche** ist vor allem die barock bemalte Flachdecke berühmt. Das ehemalige **Regierungsgebäude** ganz in der Nähe ist ein dreistöckiger Barockbau mit einem Flügel aus dem 16. Jh. Im **Ferberschen Haus**, das als eines der schönsten Bürgerhäuser der Stadt gilt, ist das Museum für Kunsthandwerk (montags geschlossen, 10 bis 17 oder 18.00 Uhr). Von der alten **Stadtmauer** kann man noch Reste und einen Wehrturm am Stadtgraben sehen.

Sehr auffällig ist das **Theater**, das im Jugendstil in der heutigen Dimitroff-Allee errichtet wurde und die ältere Theatertradition des sogenannten **Reußischen Theaters** von Gera übernahm und anspruchsvoll fortsetzte. Schon 1787 gab es nämlich ein Bürgertheater, das seit 1852 als fürstliches Residenztheater weitergeführt wurde. Nach der Errichtung des neuen 1902 diente der alte Bau als Fabrik. Im Stadtteil Untermhaus befindet sich auch die halbkreisförmige **Orangerie** mit ihrem reizenden barocken Gepräge, darin das Kunstausstellungszentrum. Der hübsche **Park** dient alljährlich einer Ausstellung unter dem Titel »Plastik im Park«. Im **Geburtshaus** des aus Gera stammenden Malers Otto Dix (1891-1969) ist eine ihm gewidmete Sammlung zu sehen – unmittelbar neben der spätgotischen **Marienkirche** aus dem 15. Jh. In Untermhaus steht auch ein erhaltenes Fachwerkhaus von 1319.

Gera verfügt eigentümlicherweise praktisch über zwei Zentren, da neben dem rekonstruierten Markt noch ein moderner Gebäudekomplex um das Haus der Kultur hochgezogen wurde. Hier hat man die frühere Bebauung flächenmäßig abgerissen, um Raum für den notwendig gewordenen Ausbau Geras zum Verwaltungszentrum zu schaffen. Das **Haus der Kultur und Bildung** gilt als eines der modernsten Kulturgebäude der ehemaligen DDR. Im Foyer prangt eine 450 $m^2$ große Wandgestaltung aus Kalkstein, an der insgesamt 25 Bildhauer mitwirkten. Bei den Industriegebieten rund um Gera liegen große Wohnkomplexe, die vor allem wegen ihrer Monotonie auffallen (**Gera-Lusan**, **Gera-Bieblach**).

Eine bemerkenswerte Besonderheit hat der Ortsteil **Mildenfurth** aufzuweisen: Die gotische Klosterkirche von 1193 ist im 17. Jh. zu einem Jagdschloß umgebaut worden. Reste der alten Basilika kann man heute noch erkennen. Einen Ausflug lohnt **Wünschendorf** mit seiner frühromanischen Veitskirche (eines der ältesten Bauwerke Ostthüringens) und der überdachten Holzbrücke von 1786. Nicht versäumen sollte man einen Abstecher in die Spielkartenstadt **Altenburg**, wo man in einer uralten Burganlage herumlaufen oder sich im Schloßmuseum über die Geschichte der Spielkarten informieren kann. Ähnlich lohnend ist auch ein Besuch in **Zeitz**, das nicht nur Schloß Moritzburg beherbergt, sondern auch eine in ihrem Kern romanische Basilika und Reste der Stadtbefestigung. Etwas näher, auf dem Ronneberg, liegt die Burg **Posterstein**, in der heute ein Heimatmuseum ist. Zu Spaziergängen lädt aber die nähere Umgebung ein, etwa das **Naturschutzgebiet Hausberg** in Langenberg.

**Information**
Gera-Information
Dr.-R.-Breitscheid-Straße 1
O-6500 Gera
Tel. (0365) 26432

**Festkalender**
Kinderfilmfestival (Februar). Thüringer Musiktage (April). Geraer Orgelwoche (Juli). Dahlienfest (September). Kulturfesttage (Oktober). Dokumentarfilmwoche. Weihnachtsmarkt.

**Tips**
Die Kunstgalerie Gera hat etliche bedeutende Werke aus verschiedenen Jh. zu bieten. Im Stadtteil Untermhaus ist das Otto-Dix-Memorialmuseum einen Besuch wert. Einen sehr guten Ruf haben die traditionsreichen Städtischen Bühnen in der Dimitroff-Allee. Ausflüge unternimmt man in den Stadtwald (Naturlehrpfad) oder den Tierpark.

# Gießen – Universität an der Lahn

**Die mittelgroße Stadt wird vor allem von der Universität und von einer vielfältigen Industrie bestimmt, welcher die günstige Verkehrslage angenehm ist. Die starken Zerstörungen des Krieges sind heute in erster Linie an dem nicht immer harmonischen Stadtbild zu erkennen.**

Die Universität Gießen ehrt in ihrem Namen den bedeutenden Chemiker Justus von Liebig. Er lebte und arbeitete 1824 bis 1852 in der Lahnstadt und erfand neben vielem anderen die Stickstoffdüngung und den Fleischextrakt. Besonders aber verdankt die moderne Chemie Liebig die Entdekkung neuer Stoffe – wie etwa Chloroform – und ganzer Stoffgruppen wie der Aldehyde. Im ehemaligen Chemischen Institut gibt es ein Liebig-Museum, in dem man die originalen Arbeitsgeräte des Forschers betrachten kann (Liebigstraße 12).

## Geschichte

Wo das Bächlein Wieseck in die Lahn mündet, hat sich der Ort Gießen wohl schon im 8. Jh. gebildet. Dabei benannte die Bezeichnung »Gießen« die Wasserläufe dieses Baches. Seit etwa 1150 hat es eine Wasserburg des Grafen Wilhelm von Gleiberg gegeben, später eine Siedlung, und 1197 wird in einer Urkunde eine Gräfin von Gießen erwähnt. Die Herrschaftsverhältnisse wechselten mehrfach, bevor der Ort, der inzwischen als Stadt bezeichnet wurde, 1265 durch Verkauf an Hessen gelangte. Philipp der Großmütige ließ 1530 bis 1533 die Stadt, die zuvor immer wieder eine wichtige militärische Rolle bei Auseinandersetzungen in der hessischen Territorialpolitik gespielt hat, zu einer starken Festung ausbauen. Als mit Philipp die landgräflich-hessische Linie 1567 ausstarb, ging Gießen an Hessen-Marburg, 1604 dann an Hessen-Darmstadt, wodurch es oberhessischer Regierungssitz wurde. 1607 gründete man dann die Universität, die seitdem ununterbrochen ihren Lehrbetrieb aufrechterhält und damit zu den sehr alten deutschen Universitäten zählt. Neben Liebig ist es W. G. Röntgen gewesen, der Gießens anhaltenden Ruf als bedeutende naturwissenschaftliche Hochschule begründete. In Gießen studierte auch der Dichter Georg Büchner, der in seinem »Hessischen Landboten« die Lebensbedingungen der verarmten Bevölkerung im 19. Jh. anprangerte (»Friede den Hütten, Krieg den Palästen«).

## Sehenswürdigkeiten

Die Universität residiert inzwischen teilweise in dem **Neuen Schloß** am Landgraf-Philipp-Platz, das 1539 in einem spätgotisch-renaissancehaften Stil fertiggestellt wurde. Der Treppenturm an der Hofseite des Fachwerkbaus und die fünf Erker sind besonders auffällig. Im Nordosten schließt sich das **Zeughaus** an. Ganz in der Nähe das wiederaufgebaute **Alte Schloß**, das um 1330 entstanden ist. Hier ist heute das Oberhessische Museum einquartiert. Historisch rekonstruiert worden sind auch das **Wallenfels'sche Haus** und das **Burgmannenhaus** (Leibsche Haus, 14. Jh., eines der ältesten deutschen Fachwerkhäuser). Beide Gebäude werden als Museen genutzt – mit Sammlungen zur Stadtgeschichte und Volkskunde sowie zur Vor- und Frühgeschichte. Den ältesten **botanischen Universitätsgarten** Deutschlands erkundet man zwischen der Ostanlage und dem Schloß. Sehenswert ist auch die ehemalige **Augustinerchorherren-Stiftskirche** in Schiffenberg, die vermutlich kurz nach Stiftsgründung 1129 errichtet wurde. Eindrucksvoll die gotischen Gewölbe der flachgedeckten Kirche. Die ehemalige **Komturei** und die alte **Propstei** stammen aus dem 15. Jh., der sogenannte Neue Bau wurde um 1700 errichtet. Heute sind dies alles Städtische Gebäude. Außerdem gibt es hier ein Restaurant mit traditioneller hessischer Bewirtung. Neben dem **Stadttheater** erinnert ein **Denkmal** an **Röntgen**, der auf dem **Alten Stadtfriedhof** beigesetzt ist. Das 1880 neuerrichtete **Universitäts-Hauptgebäude** liegt im Süden der Stadt, in der über 20 000 Studenten leben.

**Information**
Verkehrsamt
Berliner Platz 2
W-6300 Gießen
Tel. (0641) 3062489

**Festkalender**
Frühjahrsmesse, Herbstmesse (Jahrmärkte). Stadtfest (nach den Sommerferien). Deutsch-Amerikanisches Freundschaftsfest (Herbst). Krämermarkt (Oktober).

**Tips**
Gießen unterhält ein eigenes Stadttheater (drei Sparten); städtische Symphoniekonzerte. Daneben gehen vielfältige musikalische Aktivitäten von der Universität aus. Spaziergänge im Bergwerkswald oder im Staatsforst Schifferberg (in der gleichnamigen Ruine im Sommer Konzerte). Wichtige Ausflugsziele sind auch die Burgruinen Vetzberg und Gleiberg. Letztere mit herrlicher Aussicht und renommiertem Lokal.

Das Alte Schloß, in dem sich heute das Oberhessische Museum befindet (oben).

Von der Universität teilweise besetzt wird das Neue Schloß (unten).

„Die drei Schwätzer" (rechts).

# Goslar – Beschauliche Harzschönheit

Ihren Reichtum verdankte die Kaiser-, Reichs- und Hansestadt am Nordharz den üppigen Silbervorkommen sowie dem Blei- und Kupferabbau im »Rammelsberg«. Mittlerweile sind es weiterverarbeitende Industriezweige – und der Tourismus –, die Goslars Wohlstand sichern.

Schon die deutschen Salierkaiser wußten Goslar zu schätzen, zu deren bevorzugter Residenzstadt es wurde. 1056 kam sogar ein Papst zu Besuch an die Oker – kein Wunder also, wenn Goslar seither in der deutschen Geschichte keine geringe Rolle spielte. Als eindrücklichstes Zeugnis dieser Bedeutung locken vor allem die Kaiserpfalz und das mittelalterliche Stadtbild wohl die meisten der jährlich vielen tausend Besucher in die Stadt am Harz.

## Geschichte

Mit dem Beginn des Bergbaus im Rammelsberg (spätestens) 968 und der Gründung der Kaiserpfalz Anfang des 11. Jh. setzte die erste große Zeit des vorher recht unbedeutenden Örtchens ein. In dem berühmten Streit zwischen dem Sachsenherzog Heinrich dem Löwen und Kaiser Barbarossa spielten Goslar und sein Rammelsberg eine besondere Rolle. Doch schon bald erlahmte das kaiserliche Interesse an Goslar – der Rammelsberg wurde den Braunschweiger Herzögen überlassen. Diese nutzten ihre Rechte aber erst, als sie sahen, wie Goslar mit den reichen Erträgen vom Rammelsberg eine weitere große Blüte finanzierte. Nun begannen kriegerische Auseinandersetzungen zwischen den Braunschweiger Welfen und der inzwischen recht selbständigen freien Reichs- und Hansestadt. Am Ende verlor Goslar endgültig 1552 alle Rechte an seiner Goldgrube nebenan, dem Rammelsberg. Überraschenderweise ist der wirtschaftliche Niedergang Goslars gerade an vielen prächtigen Fachwerkbauten aus dieser Zeit kenntlich, denn das Fachwerk war eine billigere Bauweise, die den schlichten, aber aufwendigeren Steinbau ablöste. Zum Glück war Goslar im Zweiten Weltkrieg Lazarettstadt, so daß nach den großen Bränden 1728 und 1780 in diesem Jh. keine großflächigen Zerstörungen mehr hinzukamen.

## Sehenswürdigkeiten

Daher kann sich der Besucher heute noch an den vielen herrlichen **Fachwerkhäusern** erfreuen, die das Stadtbild der Altstadt prägen: allen voran das **Rathaus** am Markt (15. Jh.). Der spätgotische **Huldigungssaal** ist weithin berühmt für seine Wandmalereien und liefert ein Beispiel für den stolzen Kunstsinn einer mittelalterlichen Bürgerschaft. Gegenüber zeugt die **Kaiserworth** (1494) als einstiges Gildehaus von der Bedeutung der Gewandschneider in der reichen Hansestadt. In der Schreibergasse 12 findet man das Stammhaus der Familie **Siemens** (1693 erbaut).

Unter den Kirchen der Stadt sind besonders die ursprünglich romanischen **Jakobi**- und die **Marktkirche St. Cosmas und Damian** zu erwähnen, in denen einige kunsthistorische Raritäten aufbewahrt werden. Etwa die **Goslarer Pietà**, ein Vesperbild von Hans Witten aus dem Jahre 1510. Zur früheren Stadtbefestigung gehörte das Westwerk der **Frankenberger Kirche**, die Bestandteil eines Klosters war.

Ein Besuch der **Kaiserpfalz**, die in ihrer renovierten Form dem Bau Heinrichs III. von 1017 bis 1056 entspricht, ist ein touristisches Muß. Die Pfalz ist ein typisch romanisches Bauwerk und gilt als der größte Profanbau dieser Stilepoche in Deutschland. In der St.-Ulrich-Kapelle befindet sich das Stifterdenkmal für Heinrich III. mit einer vergoldeten Kapsel, in der das Herz des Kaisers ruht (sein Körper liegt im Dom zu Speyer). Das gesamte Obergeschoß nimmt der Reichs- und Kaisersaal ein, in der Vorhalle des nicht mehr existierenden Doms steht der »Kaiserstuhl«, auf dem Wilhelm I. 1871 den ersten Reichstag des neuen Deutschen Reiches eröffnete. Kunstwerke des 1819 abgebrochenen Doms sind im **Goslarer Museum** zu besichtigen.

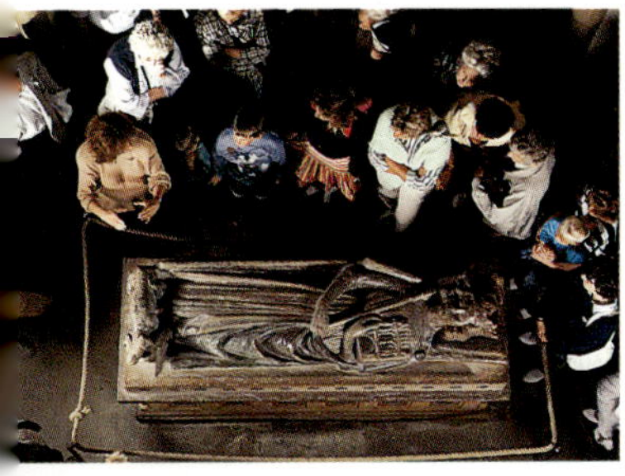

In der St.-Ulrich-Kapelle kann man das Grab Kaiser Heinrichs III. bewundern (links oben).

Eines der prächtigsten Fachwerkbauten stellt das Rathaus dar (links unten).

Die Kaiserpfalz (rechts).

**Information**
Tourist-Information
Markt 7
W-3380 Goslar
Tel. (05321) 2846

**Festkalender**
Kleinkunsttage im Juni. Altstadtfest im September. Weihnachtsmarkt.

**Tips**
Inzwischen ist ja wieder ein Abstecher zum Brocken möglich, wo man auf die Hexen warten oder bei klarer Sicht auch die unvergleichliche Aussicht genießen kann. Ende September kann man an geeigneten Stellen im Harz die Hirsche röhren hören. Wunderschöne Spaziergänge nach Hahenklee-Bockswiese oder nach Wolfshagen. Interessierte besuchen die Rüst-, Folter- und Waffenkammer im Zwinger (Köthersstraße 41). Risikofreudige dagegen versuchen ihr Glück in der Spielbank in Bad Harzburg.

# Gotha Stadt des Humanismus

Anmutig inmitten flachwelliger Hügel des Thüringer Beckens liegt die ehemalige Residenzstadt des Reichsfürstentums Sachsen-Gotha. Historische Bauwerke, bedeutende kulturelle Denkmäler und Erinnerungsstätten gibt es hier für nahezu jeden Geschmack.

Landgrafen gab es in Gotha schon im 11. Jh., und seit dem 13. Jh. hatten die Kaufleute mit einer Pfarr- und Stiftsschule ein erstes geistiges Zentrum geschaffen. Das 17. Jh. brachte mit den Reichsfürsten von Sachsen-Gotha eine weitere Blüte in dieser Richtung. Humanisten, Theaterleute und Pädagogen sorgten nun für Gothas kulturelle Bedeutung. Da die Residenzstadt nie richtig zerstört wurde, bietet sie heute lebendige Zeugnisse aus vielen Jahrhunderten.

## Geschichte

Den ersten Beleg für die Existenz von Gotha lieferte 775 Karl der Große, als er dem Kloster Hersfeld den Gothaer Königszehnten zusprach. Der Ort an der „guten Au" entwickelte sich an der Handelsstraße von Frankfurt am Main nach Leipzig so gut, daß sich zu Beginn des 12. Jh.s die Thüringer Landgrafen hier festsetzten und ab 1168 eine neue befestigte Stadt anlegen ließen.

Das Werk der Landgrafen kam 1247 an die Wettiner, die ihre Weitsichtigkeit mit zwei herausragenden Leistungen dokumentierten: Zum einen ermöglichten sie der Kaufmannschaft 1292 die Errichtung einer Pfarr- und Stiftsschule, die sich zu einer wichtigen Stätte für die Wissenschaften entwickelte und 1612 zu einem Gymnasium ausgebaut wurde. Zum anderen ließen sie 1369 für die stets vom Wassermangel bedrohte Stadt den heute noch existierenden Leinakanal erbauen.

Als im 15. und 16. Jh. der Handel mit dem damals in Thüringen viel angebauten Färberwaid (einer blauen Farbstoff liefernden Pflanze) Gotha eine wirtschaftliche Blütezeit brachte, wuchs auch die erste Landgrafenburg auf dem heutigen Schloßberg zur mächtigen Burg Grimmenstein. Nach der Reformation war sie eine der stärksten Festungen des protestantischen Deutschland.

Gothas einflußreichster Humanist war Mutianus Rufus. Er trug die ideologische Offensive gegen die Papstkirche entscheidend mit und war wohl auch Mitverfasser der berühmten „Dunkelmännerbriefe", die sich gegen mittelalterliche Scholastik und Duckmäusertum richteten. Schon 1527 gründete dann Gothas Reformator, der humanistische Gelehrte Myconius, sein „gymnasium illustre", aus dem 1612 ein öffentliches Gymnasium und im Endergebnis die heutige Albert-Schweitzer-Oberschule wurde.

Gefährliche Tage kamen für Gotha, als Kurfürst Johann Friedrich der Mittlere sich mit dem Abenteurer Grumbach verbündete. Nach einem Bürgeraufstand stürmte 1567 ein Reichsheer die Stadt und schleifte die Festung Grimmenstein. Grumbach selbst wurde öffentlich hingerichtet.

Eine neue Blütezeit begann mit der Einrichtung des Herzogtums Sachsen-Gotha. Herzog Ernst I. ließ als äußeres Zeichen seines Friedenswillens Schloß Friedenstein errichten, leitete eine Verwaltungsreform ein und initiierte ein für seine Zeit beispielhaftes Bildungssystem. Seine Nachfolger nahmen es dann allerdings mit dem sozialen Engagement nicht mehr so ernst. Sie organisierten in Gotha das einzige stehende Heer Thüringens und verliehen es dann gegen klingende Münze.

Im 18. Jh. hielt die Aufklärung Einzug am Gothaer Herzoghof. Voltaire besuchte Friedenstein, und Konrad Ekhof gelang es ab 1774, der realistischen deutschen Schauspielkunst das erste ortsfeste Theater zu schenken und damit die Vorstellungen Lessings Wirklichkeit werden zu lassen.

Das 19. Jh. schließlich brachte wirtschaftlichen Aufschwung durch den geographischen Verlag der Gebrüder Perthes, durch die Etablierung einer Geographischen Anstalt und nicht zuletzt durch die Gründung der ersten Versicherungen in Deutschland. So gründete der Gothaer Kaufmann Arnoldi 1821 die erste Feuerversicherung, 1827 wurde die erste deutsche Lebensversicherungsanstalt in Gotha gegründet.

Das ausgehende 19. Jh. sah Gotha als Zentrum der Arbeiterbewegung. 1875 vereinigten sich hier die Anhänger Bebels mit denen von Lasalle unter einem Programm, das Karl Marx zu seiner berühmten Programmkritik veranlaßte. Wohl vor diesem historischen Hintergrund schlossen sich am 7. April 1946 die thüringischen Landesverbände der KPD und der SPD als erste zur SED zusammen.

## Sehenswürdigkeiten

Beherrschendes Bauwerk Gothas ist der imposante Bau von **Schloß Friedenstein**, der erste Schloßbau in Deutschland nach dem Dreißigjährigen Krieg. Vollendet wurde die beeindruckende Dreiflügelanlage mit 100 bzw. 140 m langen Flügeln im Jahre 1654. Mächtige Ecktürme setzen die äußeren Akzente, den weiten Innenhof umzieht ein Arkadengang.

Im Inneren herrscht opulentes Barockdekor, einige Räume wurden 1751 von Gottfried Heinrich Krohne neu mit grazilen Rokokostukkaturen ausgestattet. Besonders

Prunksaal im Schloß Friedenstein (links außen).

Das imposante Schloß und der Schloßpark (rechts).

Westturm und Westflügel der Dreiflügelanlage des Schlosses Friedenstein (links innen).

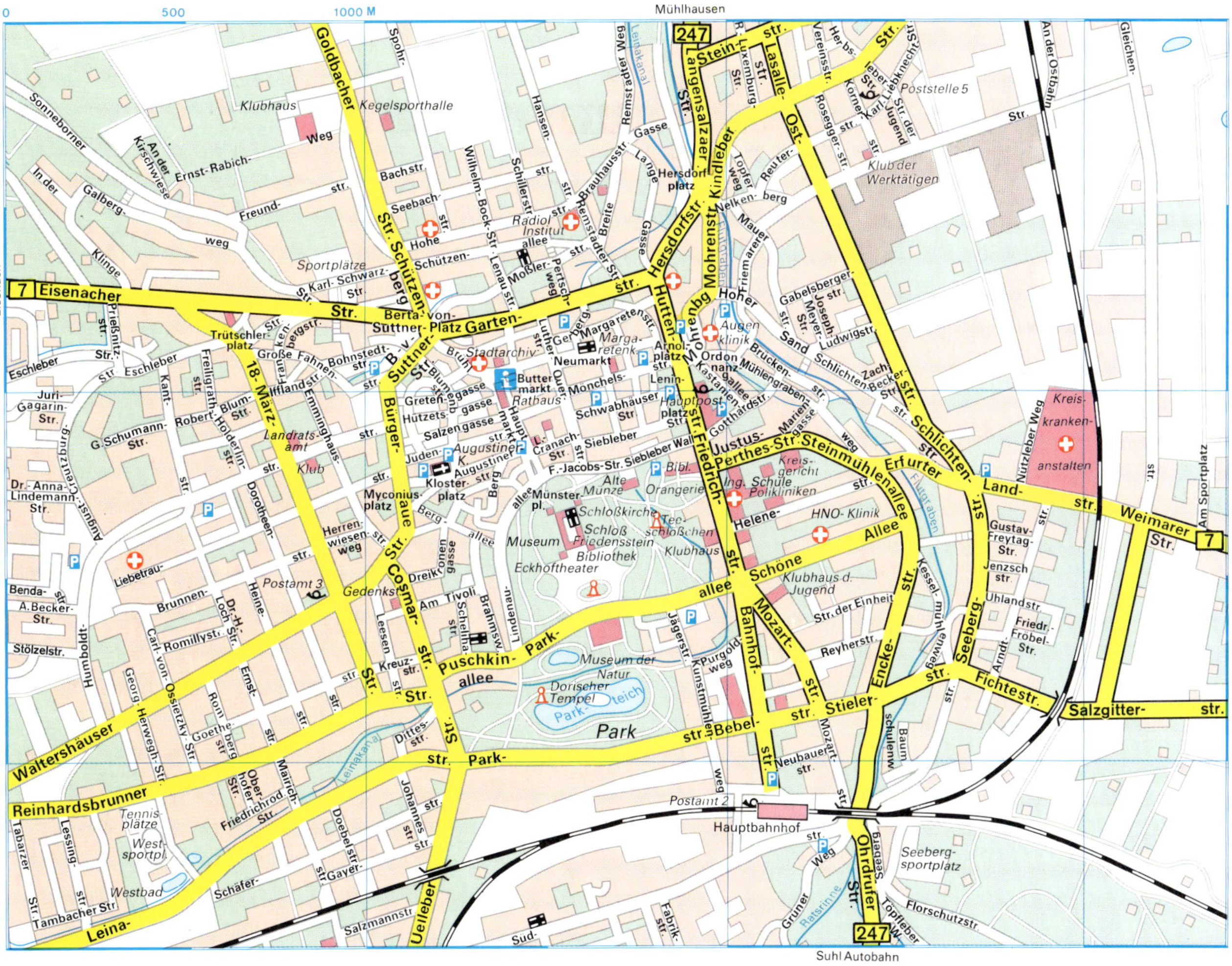


sehenswert ist die 1695 fertiggestellte Schloßkapelle mit der protestantischen Anordnung von Altar, Kanzel und Orgel übereinander. Ihr schönes Renaissanceportal stammt noch vom Vorgängerbau, der Burg Grimmenstein. Das 1683 eingerichtete und später klassizistisch umgebaute **Ekhof-Theater** ist das älteste Schloßtheater Thüringens und die erste ständige Einrichtung dieser Art an einem deutschen Fürstenhof. Seine Bühnentechnik ist bis heute im ursprünglichen Zustand erhalten.

Neben einer Forschungsbibliothek beherbergt das Schloß heute ein **Museum** mit Werken des Mittelalters und der Renaissance, darunter das berühmte „Gothaer Liebespaar". Das Kupferstichkabinett besitzt etwa 30 000 Blätter, das Münzkabinett etwa 100 000 Exponate. Die Bibliothek umfaßt allein etwa 8 000 Handschriften als Beweis für die Sammelleidenschaft der Gothaer Fürsten. Im ehemaligen Pagenhaus gibt es das erste und bisher einzige kartographische Museum Europas.

Der **Landschaftspark** um Schloß Friedenstein entstand in seiner ersten Fassung 1770. Bis 1811 wurde er von Hofgärtner Wehmeyer in die derzeitige Form gebracht. Die Wasserkunst an der Frontseite von Friedenstein stammt aus dem Jahre 1892.

Über die Wasserkunst hinweg fällt der Blick direkt auf das frei auf dem Hauptmarkt stehende **Rathaus**, das 1574 in schönstem Renaissancestil fertiggestellt wurde. Es war ursprünglich ein Kaufhaus, danach Residenz und seit 1665 Sitz des Stadtrates. Auch beiderseits des Hauptmarktes stehen hübsche alte Bürgerhäuser, an der Ostseite etwa das Lucas-Cranach-Haus. Das ehemalige **Ständehaus** stammt noch aus dem 16. Jh.

Gothas Hauptkirche, die **Margaretenkirche**, war ursprünglich ein spätgotischer, zuletzt 1725 barock veränderter Bau. Die im Krieg ausgebrannte Kirche wurde mit dem erhaltenen Inventar des 18. Jh. wieder restauriert. Im ehemaligen Tivoli ist heute die Gedenkstätte „Gothaer Parteitag 1875" eingerichtet. Der damalige Kongreßsaal wurde in seiner ursprünglichen Form wiederhergestellt.

**Information**
Gotha-Information
Marktstraße 2
O-5800 Gotha

**Festkalender**
Thüringer Bach-Tage (März/April).
Ekhof- und Thronsaalkonzerte (Sommer). Volks- und Schützenfest (Oktober). Gothaer Kultur-Festtage (September/Oktober).

**Tips**
Waltershausen ist Thüringens alte Puppenstadt. Im dortigen Schloß Tenneberg gibt es ein Heimatmuseum zur Geschichte der Puppenherstellung.

# Görlitz
# Juwel an der Neiße

Die einstige Hauptstadt der Lausitz konnte einen hohen Anteil an ihrer alten Bausubstanz bewahren. Auch hat man hier versucht, die traditionellen Formen bei den Renovierungen zu schonen. So ist Görlitz heute ein einmaliges Zeugnis baugeschichtlicher Epochen.

Daß sich nach Görlitz alle mitteleuropäischen Uhren richten, hat die Stadt dem Zufall zu danken: 1911 einigte man sich in Paris auf einer Konferenz darauf, den Nullmeridian durch die alte Sternwarte in Greenwich laufen zu lassen. Seitdem liegt Görlitz genau auf dem 15. Längengrad östlich von Greenwich und bestimmt die MEZ, die mitteleuropäische Zeit, die exakt um 1 Stunde der Londoner vorauseilt.

## Geschichte

Gorelic wurde der Ort in einer Urkunde aus dem Jahre 1071 genannt. Daraus entwickelte sich später deutsch Görlitz, sorbisch Zhorjelc, polnisch Zgorzelec. Das einst kleine Dorf lag günstig an einem wichtigen Übergang über die Neiße an bedeutenden Handelsstraßen. Eine alte slawische Burg wurde ausgebaut, und so erfolgte in ihrem Schutz ein schneller Aufstieg zur Stadt. Planmäßige Erweiterungen, 1303 Stadtrechte, eine Stadtmauer aus dem 14. Jh., eine wichtige Rolle im Lausitzer Städtebund, bürgerliche Selbstverwaltung, das sind die Stichworte der Entwicklung in dieser Zeit. Den Wohlstand verdankte man vor allem der Tuchmacherei – und der Zugehörigkeit der Lausitz zu Böhmen. Der Blüte Görlitz', das zu dieser Zeit eine der größten Städte der ganzen Region war, konnte selbst der verheerende Stadtbrand von 1525 nicht viel anhaben. Ähnlich wie Zittau litt auch Görlitz unter dem Wechsel zu Kursachsen (1635). Im 19. Jh. brachte dann die Industrialisierung (erste Tuchfabrik 1816) eine erneute Wachstumsphase, als Görlitz an die preußische und sächsische Bahnlinie geradezu heranwuchs. Die DDR hat schon 1950 die Oder-Neiße-Grenze als beständige Grenze zu Polen anerkannt, die endgültige Anerkennung durch die Bundesrepublik erfolgte im Zuge der deutschen Vereinigung. So ist Görlitz zur Grenzstadt geworden.

## Sehenswürdigkeiten

Da im 19. Jh. die Stadt nach Süden gewachsen ist, hat sich das Geschäftszentrum verlagert. Hier, um den **Postplatz**, stammen die Häuser vorwiegend aus der Gründerzeit. Schon im späten 15. Jh. ist allerdings die **Frauenkirche** errichtet worden. Interessant ist auch eines der ersten deutschen Großwarenhäuser – das **Centrum** (1912/1913), direkt daneben. Ganz in der Nähe steht ein uralter **Turm**, an dem 1477 das sandsteinerne Stadtwappen angebracht wurde. Die Kaisertrutz ist eine Wehranlage zur Sicherung des einstigen Westtores. Heute befindet sich in dem massigen Rundbau (1490) die stadtgeschichtliche Abteilung der **Städtischen Kunstsammlung**. Aus ganz verschiedenen Epochen stammen die Teile des **Reichenbacher Torturms**, in dem jetzt eine Waffensammlung aufbewahrt wird. Der **Obermarkt** entstand bei einer der ersten Erweiterungen von Görlitz. Hier wie in der benachbarten Brüderstraße stechen etliche erhaltene und sorgsam renovierte Bürgerhäuser hervor. Ein ganz eigenes städtebauliches Ensemble ist auch der **Untermarkt**, der das älteste Zentrum der Stadt darstellt. Bei den vielen baulichen Attraktionen aus ganz unterschiedlichen Epochen darf man nicht vergessen, den **Flüsterbogen** zu erproben. Das immer wieder veränderte und erweiterte **Rathaus** geht ursprünglich auf das 14. Jh. zurück. **St. Peter und Paul** war zunächst eine romanische Basilika, später ist sie allerdings immer wieder baulich modifiziert worden. Besonders gerühmt wird auch die spätgotische Hallenkrypta **St. Georg**. Das Grab des Schusters und Philosophen Jakob Böhme findet man auf dem Friedhof der **Nikolaivorstadt**. Der Meridianstein steht im Stadtpark.

**Information**
Fremdenverkehrsamt
Mühlweg 18
O-8900 Görlitz
Tel. (03581) 671401

**Festkalender**
Görlitz hat eine nicht unbedeutende Tradition an Kulturfesten (im Sommer).

**Tips**
Erholung suchen die Görlitzer im Stadtpark sowie im Freizeitpark Schellergrund. Die sogenannte Landeskrone ist ein Berg im Südwesten der Stadt, der von seinem Aussichtsturm aus einen herrlichen Blick bietet. Bei Ostritz liegt das Zisterzienserinnenkloster Marienthal, das aus dem 13. Jh. stammt und später seine heutige barocke Gestalt erhalten hat. Einen Abstecher macht man nach Reichenbach, wo die romanisch-spätgotische Pfarrkirche St. Johannis besichtigt werden kann.

„Blüte-Zeit" vor dem Kaisertrutz, in dem heute die Städtischen Kunstsammlungen untergebracht sind (oben).

Das Waid- oder Renthaus (unten).

Das Heilige Grab im Westen der Nikolaivorstadt (rechts).

# Göttingen Bürgerstadt mit Uni

Die beschauliche Stadt wird von den Studenten stärker geprägt, als manchem Göttinger lieb ist. Allerdings weiß auch jeder in der Stadt die Universität als größten Arbeitgeber zu schätzen. Und immer mal wieder Nobelpreisträger hervorzubringen, schmeichelt ja schließlich auch.

Wenn in einer Stadt fast ein Viertel aller Einwohner Studenten sind, dann erhält das den Ort notwendig jung. Ist die Stadt darüber hinaus aber in ihrer Gestalt und in ihrem Zuschnitt besonders traditionsverpflichtet, so entstehen eigenartige Gegensätze. Sie lassen sich gut in der Göttinger Innenstadt beobachten, wo sich Punks, Studenten, Universitäts-Dozenten, Stadtbesucher aus der ländlichen Umgebung und Göttinger Bürger bunt mischen. Und diese Gegensätze verleihen dem südniedersächsischen Zentrum seinen eigenen Charme.

## Geschichte

Anfangs hat es nur eine Königspfalz an einem Leineübergang gegeben. Von dem Dorf Gutingi spricht dann eine kaiserliche Urkunde aus dem Jahre 953. Vermutlich war es Heinrich der Löwe, der ganz in der Nähe dieses Ortes im 12. Jh. planmäßig eine Stadt anlegen ließ. Wohl 1211 erhielt die Siedlung, an mehreren Handelswegen günstig gelegen, Stadtrecht. Zu einigem Wohlstand brachte man es offenbar im gesamten Mittelalter, zu herausragenden Kirchen- oder Schloßbauten allerdings nicht. Wirtschaftliches Pech, religiöse Streitigkeiten, Pest, die Entscheidung für die falsche Seite im Schmalkaldischen Krieg und schließlich auch noch der 30jährige Krieg: So lautet die Kette von Unglück, die den Niedergang der Stadt begründete.

Neue Bedeutung erlangte das verschlafene Städtchen dann durch den englischen Welfenkönig Georg II., der 1737 die Universität Georgia Augusta gründen ließ. Sie wurde als eine moderne deutsche Universität angesehen und konnte bald als ein Hort der Aufklärung gelten. Berühmte Göttinger Köpfe waren Abraham Georg Kästner, Georg Christoph Lichtenberg, Gottfried August Bürger, die Mitglieder des Göttinger Hain-Bundes und Friedrich Wilhelm Gotter, Johann Heinrich Voß, Wilhelm und Alexander von Humboldt, Clemens Brentano, die Brüder Grimm, Heinrich Heine, Hoffmann von Fallersleben. Seither verdankt die Stadt ihrer Hochschule Weltruhm – allein über 30 Nobelpreisträger haben hier gelehrt oder ihre Ausbildung erfahren.

Beschaulicher Marktplatz mit alten Fachwerk- und Stadthäusern (oben).

Schon manch berühmter Kopf büßte im Uni-Karzer seine Studentenstreiche (unten).

Die Gänseliesel auf dem Marktbrunnen (rechts).

## Sehenswürdigkeiten

Die Innenstadt ist baulich weitgehend erhalten und präsentiert dem Besucher eine Fülle schöner **Fachwerk-** oder **Stadthäuser**. Das **Alte Rathaus** am Markt ist um 1270 erbaut und zuletzt im 15. Jh. verändert worden. Heute ist es Kulturzentrum. Davor steht das Wahrzeichen der Stadt, der **Gänseliesel-Brunnen** (1901). Nach altem Brauch muß jeder frisch gebackene Doktorand das Gänseliesel küssen, das daher das meistgeküßte Mädchen der Welt sein soll. In guterhaltenem Fachwerk erstrahlen besonders das **Schrödersche Haus** (1549, Weender Straße 62), die **Junkerschänke** (15./16. Jh.) oder das **Abel-Bornemann-Haus** (1536, Barfüßerstraße). In einen alten **Turm** der **äußeren Stadtbefestigung** hat man den etwas zu lebhaften Studenten Bismarck einst verbannt. Die Kirche **St. Albani** von 1467 bewahrt einen wertvollen Flügelaltar. An der **Johanniskirche** (13. Jh.) beeindruckt besonders die schlichte Westfassade. Sehenswert ist auch die **Marienkirche** (14. Jh.). Die Klostergebäude des ehemaligen **Dominikanerklosters** (Paulinerkirche) dienten anfangs der Universität, 1816 kam die **Sternwarte**, 1837 das **Aulagebäude** und 1865 das **Auditoriengbäude** an der Weender Straße hinzu. Seither sind noch etliche Neubauten für die Hochschule errichtet worden. Die **Niedersächsische Staats- und Universitätsbibliothek** besitzt 3 Mio. Bände. Das **Deutsche Theater** (1890) galt einst als die beste deutsche Bühne. Als Alternative hierzu agiert das **Junge Theater** im ehemaligen Otfried-Müller-Haus.

**Information**
Fremdenverkehrsverein
Markt 9
W-3400 Göttingen
Tel. (0551) 54000

**Festkalender**
Kinothek-Filmfest (April/Mai). Musa-open-air (Himmelfahrt). Kunstmarkt (Mai/Juni). Internationale Händel-Festspiele (Juni). Altstadtfest (August). Internationale Orgeltage (alle zwei Jahre im Oktober). Jazzfestival (November).

**Tips**
Das ansprechende Theater- wie das Kneipenleben haben dem Gast einiges zu bieten. Entspannung findet sich im Alten Botanischen Garten. Der Bismarck-Turm im Hainberg liefert einen guten Blick über Göttingen. In Ebergötzen liegt das Wilhelm-Busch-Museum. Hannoversch-Münden ist die schönste Fachwerkstadt des Weserlandes. Eher kurios: das Europäische Brotmuseum in Mollenfelde.

# Greifswald Perle Pommerns

Inzwischen scheint sie ein wenig abgestoßen zu sein, denn von den alten Straßenzügen sind manche verfallen und teilweise durch einfallslose Neubauten entstellt. Gleichwohl hat die Stadt an der Ostsee dem Besucher noch immer eine Menge Attraktionen zu bieten.

»Pommerland ist abgebrannt ...«, so sagt das alte Kinderlied in bitterem Sarkasmus – und beschreibt damit die schweren Verwüstungen durch den 30jährigen Krieg. Längst sind diese Zerstörungen überwunden, aber an den alten Rang hat das frühere Handelszentrum an der Ostsee kaum wieder anschließen können. Zum Glück ist die Stadt am Ende des Zweiten Weltkriegs kampflos übergeben worden, so daß Greifswald diesmal verschont blieb.

## Geschichte

Lange Zeit war die Gegend slawisch. Der durch Greifswald fließende Ryck gemahnt noch heute an das slawische Wort für Fluß – »reka«. Im 12. Jh. kamen dann Dänen. 1199 gründeten Mönche das Zisterzienserkloster im heutigen Stadtteil Eldena. Kurz darauf erhielt man die Erlaubnis, bei den hier gelegenen Salzquellen einen Ort zu gründen, der dann schon bald Stadtrecht erhielt. Kolonisten vom Niederrhein waren die ersten Siedler der planmäßig angelegten Ortschaft. Nachdem Greifswald 1249 an die Herzöge von Pommern gelangte, wurden bald die drei Ortskerne um die alten Kirchen in einer Stadtmauer vereinigt. Greifswald wurde Hansemitglied und pflegte von seinem städtischen Ryckhafen aus einen regen Fernhandel zu den Ostseeanrainern. Die 1456 gegründete Universität markiert die Bedeutung der Stadt zu dieser Zeit. Nachdem sich schon 1531 die Reformation durchgesetzt hatte, wurde Greifswald schwer in den 30jährigen Krieg verwickelt, der zusammen mit dem Niedergang der Hanse auch den Bedeutungsverlust Greifswalds bestimmte.

1648 kam Greifswald, um das in den Jahrhunderten immer wieder blutig gestritten worden war, dann an Schweden, 1815 an Preußen, in dem es die älteste Universität repräsentierte. Die inzwischen etwas abseitige Lage wurde im 19. Jh. durch den Eisenbahnanschluß, die wirtschaftliche Stagnation durch die Industrialisierung überwunden. In Greifswald wurden Caspar David Friedrich und Hans Fallada geboren. Ein anderer wichtiger Maler der Romantik, Philipp Otto Runge, stammt aus dem benachbarten Wolgast.

## Sehenswürdigkeiten

Norddeutsche Backsteingotik kann man am **Marktplatz** von Greifswald genießen. Neben manchen Wohnhäusern zieht vor allem das **Rathaus** aus dem 14. Jh. die Aufmerksamkeit auf sich, das im 18. Jh. allerdings nach einem Brand erneuert wurde. Die drei wichtigen Kirchen der Stadt stehen für die ältesten Siedlungskerne: Aus dem 13. und 14. Jh. stammt die **Marienkirche** mit der später angesetzten Annenkapelle. Zum Wahrzeichen von Greifswald ist der **St.-Nikolai-Dom** geworden mit seinem eigentümlichen Turm. Auffällig ist an diesem Bau die Kontrastierung des roten Backsteins mit weißen Einlagen. Nicht weniger alt ist die **Jakobi-Kirche**. An die Frühzeit Greifswalds erinnern auch die Reste der alten **Stadtbefestigung** mit dem Fangel- und dem Pulverturm. Das Hauptgebäude der nach einem ihrer berühmtesten Studenten benannten **Ernst-Moritz-Arndt-Universität** dagegen ist im 18. Jh. errichtet worden. In der **Geologischen Landessammlung** verdienen besonders die bis zu drei Kilo schweren Bernsteinstükke mit Tiereinschlüssen Beachtung. Ein ganz besonderer Anziehungspunkt für Greifswaldbesucher ist der Stadtteil **Eldena** mit der Ruine des **Zisterzienserklosters Hilda**. Nach der Reformation wurde das Kloster schon 1535 aufgelöst, die pommerschen Herzöge benutzten dann die Räumlichkeiten, bevor sie der Universität zur Verfügung gestellt wurden. Kurz darauf jedoch erfolgte die Plünderung der Anlage durch schwedische Truppen, während der Schwedenzeit wurden die Gebäude sogar als Steinbruch benutzt. C. D. Friedrich entdeckte schließlich den romantischen Wert der Ruine, die er allein elfmal malte.

Sehenswert ist die hölzerne Klappbrücke im Ortsteil Wieck am Ryck (oben).

Stadtpanorama (Mitte).

Mittelpunkt ist der Marktplatz, heute Platz der Freundschaft (unten).

**Information**
Greifswald-Information
Schuhhagen 22
O-2200 Greifswald
Tel. (03834) 3460

**Festkalender**
Sommerliche Konzerte in der Kirchenruine des Klosters in Eldena. Musiktage (Mai). Bach-Woche (Juni).

**Tips**
Das Fischerdorf Wieck steht insgesamt unter Denkmalschutz. Im Sommer kann man per Schiff über das Dänische Wieck ins Strandbad Ludwigsburg gelangen. Weitere Badestrände in der Nähe sind in Loissin und Lubmin. Abstecher kann man nach Stralsund und Rügen oder auf die Insel Usedom unternehmen, wo sich die von den Berlinern bevorzugten Badestrände aneinanderreihen. In Grimmen gibt es neben der gotischen Stadtkirche und dem alten Rathaus auch einen Tierpark.

# Hagen – Stahl und Fernuniversität

**Hagen galt schon als Stadt der Klingenschmiede, als auf dem Gebiet mancher späteren Revierstadt noch friedlichstes Mittelalter herrschte. Heute ist es der Stahlstadt längst gelungen, mit der Ansiedlung neuer Industriezweige ihre Wirtschaftsstruktur deutlich aufzulockern.**

Der Hagener Bankier Karl Ernst Osthaus war einer der ersten modernen bürgerlichen Kunstmäzene. Er veranlaßte um die Jahrhundertwende etliche berühmte zeitgenössische Künstler, nach Hagen zu kommen, um dort zu arbeiten. Von diesem Wirken einiger der Besten ihrer Zeit gingen wichtige Impulse aus. 1902 wurde ein Museum als erstes Monumentalwerk des Jugendstils in Deutschland fertiggestellt. Nach Osthaus' Tod verkaufte man das Gros seiner Sammlung nach Essen, wo damit der Grundstock für die Folkwang-Sammlung gelegt war.

## Geschichte

Der Kölner Erzbischof unterhielt schon im frühen Mittelalter einen Oberhof an der Handelsroute nach Norden. Um die Jahrtausendwende existierten bereits eine Kirche und einige Häuser. Nach langwierigen Streitigkeiten gelangte Hagen schließlich 1324 an die Grafen von Mark. Doch konnte sich der Ort über die Jahrhunderte nicht recht entwickeln. 1614 gelangte er an Brandenburg-Preußen, und die Wirtschaftspolitik des Großen Kurfürsten sollte einigen Einfluß auf die weitere Geschichte der Stadt haben. Er förderte nämlich durch gezielte Maßnahmen die Ansiedlung von Solinger Klingenschmieden und animierte weitere solcher Schmiede aus dem Bergischen Land, in Hagen ihre Arbeit aufzunehmen. Hinzu kamen bald auch Textilgewerbe. Friedrich II. verlieh Hagen dann 1746 preußisches Stadtrecht. 1848 wurde in Haspe ein Hüttenwerk gegründet. Zur Industrialisierung Hagens trug nicht unwesentlich der Sozialpionier und Industrielle Friedrich Harkort bei, der schon seit 1825 für den Bau der Eisenbahn plädierte, zugleich aber in seinen Betrieben weitreichende Sozialmaßnahmen realisierte. Das Stadtbild Hagens hat durch die wirtschaftliche Entwicklung der letzten 150 Jahre weniger gelitten als andere Industriestädte, was vor allem daran liegt, daß die Stadt der vier Flüsse vorwiegend aus etlichen kleinen Städten besteht.

## Sehenswürdigkeiten

Zu den erhalten gebliebenen Zeugnissen jenes Jugendstilbooms in Hagen gehören die **Glasfenster im Hauptbahnhof**, die **Villa Cuno** und andere Häuser der **Gartenstadt Hohenhagen** sowie die Sozialsiedlung **Wasserloses Tal**. Besonderer kunsthistorischer Rang wird dem **Eduard-Müller-Krematorium** von Peter Behrens zugesprochen (auf dem Delsterner Friedhof). Die älteste Arbeitersiedlung Westfalens ist **Lange Riege**: Hier entstanden schon im 17. Jh. Fachwerkhäuser zur Unterbringung der erwünschten Klingenschmiede. Vornehmer geht es in **Haus Harkotten** zu, dem Geburtshaus Friedrich Harkorts, das im 18. Jh. erbaut wurde. Von **Schloß Hohenlimburg** aus kämpften die Grafen von Limburg jahrhundertelang erfolgreich gegen die Grafen von Mark um die Selbständigkeit. Errichtet worden war die Anlage 1230 von Dietrich von Isenburg, der wiederum eine märkische Burg ganz in der Nähe zuvor zerstört hatte – ihre Reste sind noch zu erkennen. Im Palas und im Torhaus von Hohenlimburg ist ein Museum mit kultur-, stadt- und territorialgeschichtlichen Sammlungen eingerichtet. Der Ort **Hohenlimburg** selbst ist von etlichen wunderhübschen Fachwerkhäusern gekennzeichnet. **Schloß Werdringen** war ursprünglich eine Wasserburg, inzwischen wurde sie zu einem Freizeitzentrum inmitten des ausgedehnten Parks ausgebaut. Das **Karl-Ernst-Osthaus-Museum** ist berühmt für seine Jugendstilarchitektur und für seine Expressionismus-Sammlung. Auf keinen Fall versäumen darf man das **Westfälische Freilichtmuseum Technischer Kulturdenkmale**, in dem mit großem Aufwand originale Handwerkshäuser, Geräte und Gebäude zusammengetragen wurden.

**Information**
Verkehrsamt
Friedrich-Ebert-Platz
W-5800 Hagen
Tel. (02331) 13573

**Festkalender**
Nacht der Poeten (Frühjahr). Kunst- und Trödelmarkt (Mai). Tage des Musicals (Mai/ Juni). Büchermarkt (Juni, September). Hasper Kirmesfestzug (Juli). Schloßspiele Hohenlimburg (Sommer). Spielzeugmarkt (1. Advent).

**Tips**
Die Hagener Popszene hat eine unter Kennern nicht unbeachtliche Tradition. Außerdem gibt es einen Jazz-Club und einen Folk-Club. Zudem bemüht man sich mit merklichem Erfolg auch um ein klassisches Musikangebot in der Stadt. Das Orchester der Stadt Hagen spielt einmal monatlich. Das Freilichtmuseum Technischer Kulturdenkmale in Selbecke gilt als einzigartig in Europa.

Blick auf Schloß Hohenlimburg (links oben).

Westfälisches Freilichtmuseum Technischer Kulturdenkmale (links unten).

Zeugnis des Jugendstilbooms: Villa Cuno in der Haßleyerstraße (rechts).

# Halberstadt Tor zum Harz

Die mittelalterliche Bischofsstadt im Harzvorland besaß schon im vorigen Jahrtausend einen ottonischen Dom. Daraus wurde nach Einschätzung der Kunsthistoriker „das reinste deutsche Beispiel einer durch und durch verstandenen Gotik".

Halberstadt, die zweitgrößte Stadt im Raum Magdeburg, erhielt durch ihre verkehrsgünstige Lage im nördlichen Harzvorland frühe Bedeutung vor allem durch den Bischofssitz. Um den Dom entstanden in der Gotik ein prächtiges Rathaus und hervorragende Fachwerkhäuser der Bürger. All das fiel zwar den Bomben zum Opfer, doch konnten Dom, Liebfrauen- und Martinikirche ebenso wiederhergestellt werden wie die Dompropstei, die Domherrenkurie oder das Wohnhaus des Dichters Johann Wilhelm Ludwig Gleim.

## Geschichte

Glaubt man der Überlieferung, dann wurde das 780 in Seligenstadt, dem heutigen Osterwieck, gegründete Missionsstift im Jahre 804 durch Karl den Großen als Bischofssitz nach Halberstadt verlegt. Nur 14 Jahre später jedenfalls bestätigte Ludwig der Fromme per Urkunde den Bestand des Bistums Halberstadt. Für das Jahr 827 ist urkundlich eine Siedlung belegt. Die Weihe eines ottonischen Domes erfolgte durch Bischof Hildeward im Jahre 992. Er war der Vorgängerbau des heutigen Domes.
Die stadtähnliche Siedlung um den Dom erhielt 1018 die erste Befestigung. Innerhalb dieser Befestigung lag auch das um das Jahr 1000 gegründete Augustiner Chorherrenstift. Durch die Gründung des Erzbistums Magdeburg im Jahre 968 verlor Halberstadt zwar an Bedeutung, blieb aber als Suffraganbistum von Mainz weiterhin zumindest beschränkt eigenständig.
Zum ersten Mal wurde Halberstadt 1108 als Stadt bezeichnet, 1184 wurde das Goslarer Stadtrecht wirksam, und 1387 schließlich erfolgte der Beitritt zur Hanse. Ein Rückschlag für die städtische Eigenständigkeit ergab sich 1486, als sich die Stadt neuerlich dem Bischof unterwerfen mußte. Nach dem Dreißigjährigen Krieg kam Halberstadt an Brandenburg-Preußen. Der Untergang des größten Teils der Stadt ereignete sich im April 1945, als die alte Bischofsstadt in ein Trümmerfeld versank. Glücklicherweise überging der beginnende Wiederaufbau nicht einfach die Überreste der historischen Bausubstanz. Vieles konnte rekonstruiert, manches restauriert und anderes harmonisch im Einklang mit Neuem aufgebaut werden.

## Sehenswürdigkeiten

Wahrzeichen der Stadt ist wie eh und je der vollständig wiederhergestellte **Dom St. Stephanus**. Er entstand ab 1240 anstelle eines ottonisches Vorgängerbaues, der jedoch keineswegs einfach abgerissen wurde. Vielmehr wurde er in insgesamt fünf Bauabschnitten nach und nach durch den gotischen Neubau ersetzt. Während der gesamten Bauzeit von rund 250 Jahren (die Schlußweihe des Neubaus fand 1491 statt) blieb der Dom „in Betrieb".
Begonnen wurde mit der Zweiturmgruppe im Westen und den ersten drei Jochen des Langhauses (bis 1276). Nach einer Pause von 78 Jahren wurde 1354 mit dem Bau der Marienkapelle im Osten der alten ottonischen Kirche begonnen. Danach baute man in Ost-West-Richtung weiter, bis 1402 Chor und Chorumgang als vierter Bauabschnitt vollendet werden konnten. 1440 wurde dann der fünfte und letzte Bauabschnitt am noch immer intakten ottonischen Langhaus eingeleitet. In die Lücke zwischen Westseite und Chor wurden nun bis 1491 das Querschiff mit seinen hochgotischen Stern- und Netzgewölben eingezogen und die noch fehlenden fünf Langhausjoche eingefügt.
Ältestes Ausstattungsstück ist ein mächtiger Taufstein aus grünlichem Marmor, der schon Ende des 12. Jh.s gefertigt wurde. Das Langhaus wird vom Chor durch einen spätgotischen Lettner und durch eine Triumphkreuzgruppe getrennt. Die Figuren dieser

Kreuzgang des Domes (links oben).

Das ausdrucksvolle Westportal des Domes (links unten).

Der Halberstädter Dom gilt als das schönste gotische Bauwerk im Nordharzvorland (Mitte).

Prachtvoll restauriertes Fachwerkdetail (rechts, oben außen).

Zahlreiche Fachwerkhäuser prägen die Altstadt. (rechts, innen und außen).

Gruppe sind die bedeutendsten Skulpturen des Doms. Sie hatten schon den alten ottonischen Dom geschmückt und wurden um 1220 gefertigt. Entsprechend der Entstehungszeit drücken sie noch ganz romanisches Empfinden aus.

Von den wichtigsten Kunstwerken aus vielen Jahrhunderten sind zu nennen: die Verkündigungsgruppe von 1360 im nördlichen Chorumgang, die 14 Heiligenfiguren an den Pfeilern des hohen Chores aus dem 15. Jh. oder die Glasmalereien aus dem 14. und 15. Jh., die den Chorumgang und die Marienkapelle mit ihrer Farbenpracht berühmt gemacht haben.

Kaum hoch genug eingeschätzt werden kann der Domschatz. Sein ältestes Stück ist ein Diptychon des römischen Konsuls Flavius Constantinus aus dem Jahre 416, das als Buchdeckel verwendet worden war. Berühmt sind der kostbare Abrahamsteppich aus dem 12. Jh. oder die vergoldete Weihbrotschale, die Bischof Konrad von Krosigk 1205 von einem Kreuzzug mitbrachte. Die Kreuzigungsdarstellung auf dieser Schale dürfte das Vorbild für die Triumphkreuzgruppe des Domes gewesen sein.

An der Westseite des Domplatzes steht die viertürmige, romanische **Liebfrauenkirche**. Sie wurde um 1005 begonnen, die heutige Basilika mit ihren quadratischen und rechteckigen Pfeilern im Wechsel entstand ab 1140. Ihr beeindruckend klar gegliederter, völlig schmuckloser Innenraum gehört zu den reinsten Erscheinungen der Hochromanik in Deutschland. Bedeutendste Beispiele der hochromanischen Plastik sind die berühmten Chorschrankenreliefs. In insgesamt 14 Blendarkaden sitzen zwischen reichen Ornamentbändern Christus und Maria zwischen den Aposteln. Alle Figuren sind von fast klassischer Körperlichkeit und mit sehr differenziertem Gesichtsausdruck dargestellt. Den westlichen Vierungsbogen ziert ein kurz nach 1220 entstandenes Kruzifix.

Östlich vom Domplatz steht am Markt die **Pfarrkirche St. Martini** mit ihren ungleich hohen, durch einen Verbindungsgang verbundenen Türmen. Die gotische, dreischiffige Hallenkirche entstand im wesentlichen im 13. Jh., vollendet jedoch wurde sie erst in der Mitte des 14. Jh.s. Bedeutendste Stücke ihrer Innenausstattung sind eine Bronzetaufe mit Personifikationen der vier Paradiesströme und Szenen aus dem Leben Christi. Gegossen wurde die Taufe bereits um 1300. Die üppige Kanzel wurde 1595 fertiggestellt, und der prachtvolle Hochaltar stammt von 1696. Die Westseite der Martinskirche ziert eine Rolandsfigur von 1433. Weitere wichtige Sakralbauten sind die **Pfarrkirche St. Katharinen** – sie war ursprünglich die Klosterkirche der Dominikaner und entstand als dreischiffige, gotische Hallenkirche nach 1300 – und die **Pfarrkirche St. Andreas** – sie war ursprünglich eine Kirche der Franziskaner und entstand ebenfalls als dreischiffige, gotische Hallenkirche nach 1300. Die Ruine der **Kirche der Französisch-Reformierten** von 1718 wurde als Friedensmahnmal erhalten.

Das **Wohnhaus des Dichters Johann Wilhelm Ludwig Gleim** am Domplatz 31 stammt noch aus dem 16. Jh. Das Museum enthält heute eine umfangreiche Bibliothek, zahlreiche Originalhandschriften und gut 130 Porträts von Zeitgenossen des Dichters. In der ehemaligen Spiegelschen Domkurie ist das **Städtische Museum** untergebracht, daneben das **Heineanum**, ein Museum für Vogelkunde, in dem über 10 000 Präparate ausgestellt werden.

**Information**
Fremdenverkehrsbüro
Domplatz 40
O–3600 Halberstadt
Telefon: 2 20 37

**Tips**
Das Jagdhaus Spiegelsberge im Süden der Stadt hat im Keller das „große Weinfaß" mit einem Fassungsvermögen von 132 760 l. Es wurde 1594 vom Erbauer des Heidelberger Fasses gefertigt. Im Park des Jagdhauses befinden sich zwei Aussichtstürme und ein Tiergehege.

# Halle
# Zentrum an der Saale

Saaleübergang und Salz waren seit den Zeiten Karls des Großen die Existenzgrundlage von Halle, der Handelsstadt im Westen der Leipziger Tieflandsbucht. Ihr mittelalterliches Stadtbild prägten von der Zeit Ottos I. bis zur Reformation die Bischöfe von Magdeburg.

## Geschichte

Vor 6000 Jahren wurde in Halle bereits Salz gewonnen. Schon die alten Germanen nutzten den geographisch günstigen Saaleübergang, und Karl der Große ließ 806 das Kastell Halla zum Schutz dieses Übergangs anlegen. Im Jahre 961 gab es bereits die Burg Giebichenstein. Sie wurde in diesem Jahr von Kaiser Otto I. zusammen mit den Salzquellen dem Moritzkloster in Magdeburg geschenkt. Sieben Jahre später wurde Giebichenstein Residenz der Bischöfe von Magdeburg, die unterhalb der 1336 zerstörten Oberburg im 15. Jh. eine Unterburg als gotische Residenz errichteten und insgesamt über ein halbes Jahrtausend lang die Siedlung an der Saale beherrschten.

Zur mittelalterlichen Stadt wuchs Halle im 11. Jahrhundert um den Alten Markt herum. Bis 1120 hatte diese erste Stadt ihren Mauerring geschlossen, das von den Magdeburger Bischöfen gewährte Stadtrecht wurde zum Vorbild für zahlreiche Städte in Schlesien, Polen und bis hinein nach Rußland. Im Jahre 1280 traten die Haller der Hanse bei, und Anfang des 15. Jahrhunderts errichteten sie ihren Roten Turm als Ausdruck bürgerlichen Selbstbewußtseins.

Noch aber war die Vormacht der Magdeburger Bischöfe nicht gebrochen. Erzbischof Ernst gelang es 1478, die bürgerlichen Salzsieder zu entmachten und ab 1484 die Zwing- und Fronfeste Moritzburg zu errichten. Sie wurde später auch bischöfliche Residenz. Daß die bischöfliche Vormacht auch Vorteile hatte, bewies zu Beginn des 16. Jahrhunderts Kardinal Albrecht. Er ließ die Marktkirche „Unser lieben Frauen", die Residenz und die Domkirche errichten. Erst die Reformation brach die Vormacht der Magdeburger Bischöfe.

Ende des 17. Jahrhunderts ersetzten geistige Impulse die schwindende Bedeutung des Salzes. 1680 war die Stadt kurbrandenburgisch geworden, und Kurfürst Friedrich III. von Brandenburg war es denn auch, der den entscheidenden Akzent 1694 mit der Gründung der Universität setzte. Sie wurde schnell zur meistbesuchten Hochschule Deutschlands. Das 19. Jahrhundert brachte Halle schließlich die Industrialisierung im Eiltempo.

## Sehenswürdigkeiten

Zentrum des alten Halle ist wie eh und je sein von fünf Türmen überragter, eindrucksvoller **Marktplatz**. Der **Rote Turm** wurde von 1418 bis 1506 als freistehender, 84 m hoher städtischer Glockenturm und damit als Ausdruck des Selbstbehauptungswillens des städtischen Bürgertums errichtet. Die 1976 entstandene Umbauung aus Glas und Stahl dient Ausstellungszwecken. Der steinerne Roland von 1719 am Turm ist eine Kopie eines hölzernen Rolands von 1250. Das **Denkmal** mitten auf dem Platz wurde 1859 zur Erinnerung an den 1685 in Halle geborenen Komponisten Georg Friedrich Händel errichtet.

Ein besonders interessantes Bauwerk ist die viertürmige **Marktkirche „Unser lieben Frauen"**. Sie entstand ab 1528 aus zwei älteren romanischen Bauten nach Plänen des Hallenser Baumeisters Caspar Kraft. Von den beiden alten Kirchen wurden jeweils nur die Westteile übernommen, zwischen denen eine hochgotische dreischiffige Halle mit je zwei Türmen im Osten und im Westen errichtet wurde. Die chorlose, mit einem reichen Netzgewölbe geschmückte Halle ist eine der schönsten Beispiele deutscher Hallengotik. Schönstes Stück der Ausstattung ist der große, 1529 von Kardinal Albrecht von Brandenburg gestiftete Flügelaltar.

Westlich von der Marktkirche schließt sich der **Hallmarkt** an. Dort standen einst die Salzsiedepfannen. Südlich davon erreicht man den **Alten Markt**, die älteste Platzanlage. An der Südwestecke steht die **Moritzkirche**, ursprünglich die Hauptkirche von Halle. Der Bau der dreischiffigen, spätgotischen Hallenkirche zog sich von 1388 bis 1511.

Wendet man sich vom Markt nordwärts, findet man in der Nikolaistraße das Geburtshaus des Komponisten Georg Friedrich Händel mit einem kleinen **Händel-Museum**. Westlich davon öffnet sich der Domplatz mit **Dom** und **Residenz**. Von der ursprünglich reichen Ausstattung des Domes sind noch Pfeilerfiguren und Teile des Chorgestühls erhalten.

Nördlich des Domplatzes thront die **Moritzburg** über dem Mühlgraben. Die im Kern spätgotische Vierflügelanlage entstand von 1484 bis 1503 als Zwingburg der Erzbischöfe von Magdeburg und birgt heute neben anderen die **Staatliche Galerie Moritzburg**.

Noch einmal ein Stück weiter nördlich liegt die **Burg Giebichenstein**. Ihre im Dreißigjährigen Krieg zerstörte Oberburg ist teils als Ruine erhalten, teils als Architekturmuseum genutzt.

Weitere Museen der Stadt sind das **Robertinum** in der Universität, das **Städtische Geschichtsmuseum** im ehemaligen Wohnhaus des Philosophen Christian Wolff und das **Halloren- und Salinenmuseum** auf der Salinenhalbinsel an der Mansfelder Straße.

Die Fußgängerzone mit Straßencafe (links).

Das Rathaus (rechts).

**Information**
Halle-Information
Kleinschmieden 6
O-4020 Halle
Telefon: 2 33 40

**Festkalender**
Händel-Festspiele (Juni). Hallesche Musiktage (2jährig im November). Laternenfest Ende August.

**Tips**
Schiffahrt auf der Saale (Abfahrtsstelle unterhalb der Burg Giebichenstein). Der Aussichtsturm auf dem Reilsberg bietet die beste Aussicht über die Stadt. Einmal im Monat gibt es an einem Sonntag ein Schausieden im Salinemuseum. Dabei wird auch der Silberschatz der Halloren gezeigt.

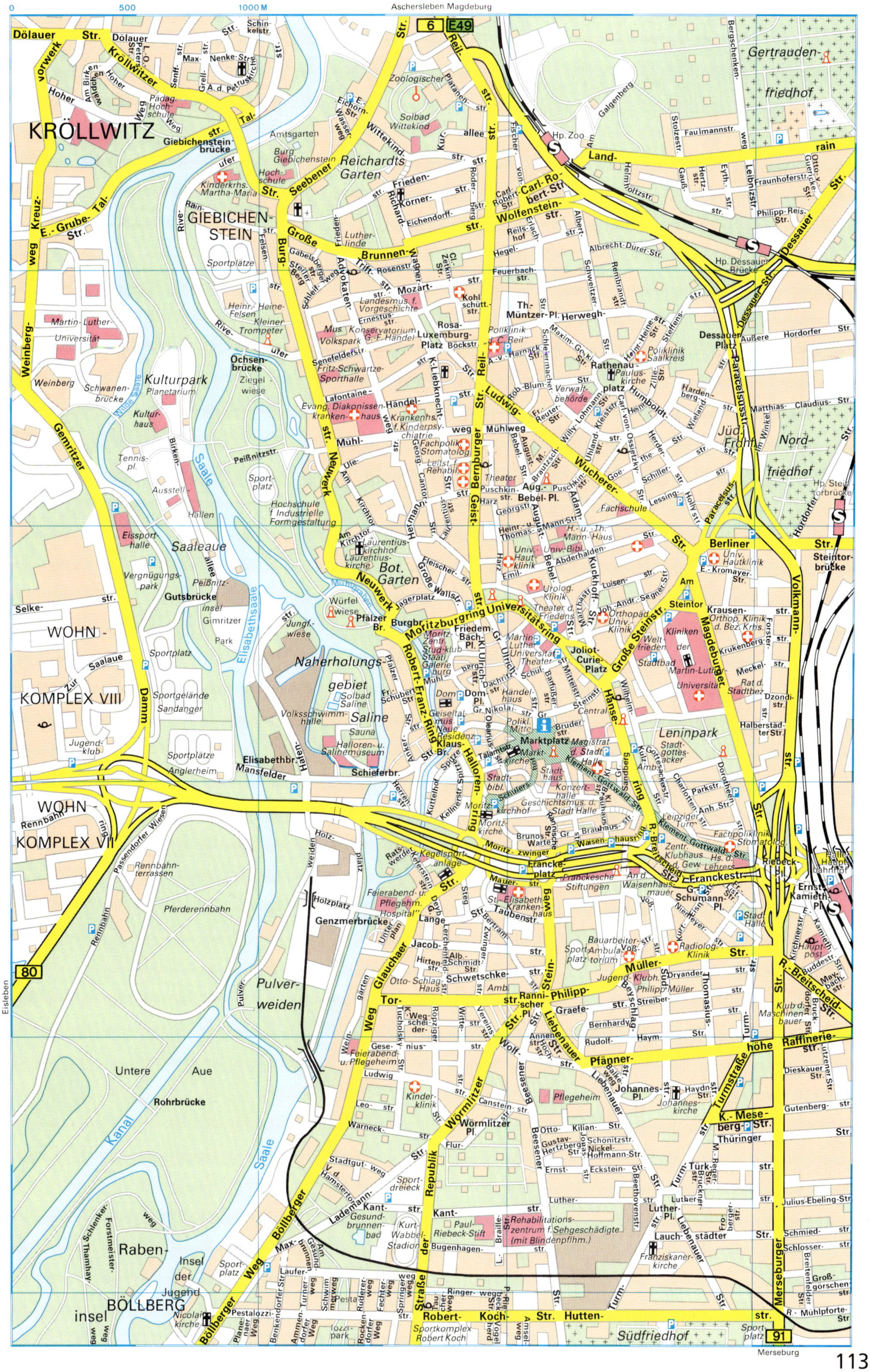
0
500
1000 M
Aschersleben Magdeburg
6
E49
KRÖLLWITZ
GIEBICHENSTEIN
Reichardts Garten
Zoologischer Garten
Solbad Wittekind
Gertrauden-friedhof
Kulturpark
Saaleaue
Saale
Elisabethsaale
Naherholungsgebiet Saline
Bot. Garten
Martin-Luther-Universität
WOHN-KOMPLEX VIII
WOHN-KOMPLEX VI
Nord-friedhof
Leninpark
Marktplatz
Franckeplatz
Hp. Zoo
Hp. Dessauer Brücke
Steintor-brücke
Riebeck-Pl.
Ernst-Kamieth-Pl.
Pulverweiden
Untere Aue
Rohrbrücke
Kanal
Raben-insel
BÖLLBERG
Südfriedhof
Sportkomplex Robert Koch
80
91
Eisleben
Merseburg
Dölauer Str.
Kröllwitzer Str.
Große Brunnen-str.
Burgstr.
Seebener Str.
Reilstr.
Bernburger Str.
Ludwig-Wucherer-Str.
Wolfensteinstr.
Landrain
Dessauer Str.
Paracelsusstr.
Volkmannstr.
Magdeburger Str.
Große Steinstr.
Universitätsring
Moritzburgring
Robert-Franz-Ring
Hallorenring
Neuwerk
Mansfelder Str.
Glauchaer Str.
Torstr.
Philipp-Müller-Str.
Steinweg
Liebenauer Str.
Pfännerhöhe
Raffineriestr.
Turmstraße
Merseburger Str.
Straße der Republik
Wormlitzer Str.
Böllberger Weg
Robert-Koch-Str.
Huttenstr.
Kreuzweg
Weinbergweg
Gemritzer Damm
Berliner Str.
R.-Breitscheid-Str.

# Hamburg Tor zur Welt

Die größte deutsche Hafenstadt ist mehr als nur Seemannsidyll in St. Pauli oder zugeknöpfte Kaufmannskultur unter stets grau verhangenem Himmel. Eine Fülle von Attraktionen wartet. Das „Tor zur Welt" ist geöffnet – treten Sie ein.

Hamburg ist ein Hort der Superlative. Mit fast 1,7 Millionen Einwohnern zählt Hamburg zu den größten Städten Deutschlands. Der Hamburger Hafen gehört – obwohl über 100 km vom offenen Meer entfernt – zu den größten und wichtigsten der Welt. Er nimmt eine Fläche von 100 $km^2$ ein. 60 Hafenbecken bieten Hunderte von Schiffsliegeplätze, auf dem rund 650 km langen Gleisnetz der Hafenbahn werden die Waren von und zu den Frachtriesen bewegt. Als offener Tidehafen mit einem Gezeitenhub von nur wenig mehr als 2 m ermöglicht Hamburg Schiffsbewegungen rund um die Uhr.

Nach dem Zweiten Weltkrieg und der Teilung Deutschlands mußte Hamburg mit dem Verlust seines Hinterlandes fertig werden. Viele Verkehrswege für den Gütertransport vom und zum Hafen blieben versperrt. Im Laufe der Jahrzehnte mußte Hamburg einen erheblichen Teil seiner Umschlagtonnage an den Konkurrenten Rotterdam abgeben. Modernste technische Einrichtungen zur Schiffsabfertigung – Hamburg rühmt sich, ein besonders schneller Hafen zu sein und besitzt als Containerhafen absoluten Weltrang – haben der Stadt an der Elbe jedoch einen guten Platz unter den großen Warenumschlagplätzen der Welt gesichert. Rund 12000 Menschen arbeiten unmittelbar im Hafen, insgesamt gibt es mehr als 150000 Arbeitsplätze. Der Hafen ist trotz aller Tiefpunkte und Krisen das Herz der alten Hansestadt geblieben.

Viele Industriebetriebe profitieren von der schnellen und unproblematischen Rohstoffanlieferung über den Hafen. So hat sich Hamburg auch zum bedeutenden Industriestandort entwickelt. Daneben ist die Hansestadt an der Elbe auch ein wichtiges Medienzentrum, in dem zahlreiche Magazine, Zeitungen und Zeitschriften herausgegeben werden. An den Hamburger Universitäten und Hochschulen sind ca. 40000 Studenten eingeschrieben. Etwa eine Million Menschen wohnt im näheren Einzugsbereich der Stadt. Zahlreiche Pendler steuern ihre Arbeitsplätze täglich mit dem Hamburger Verkehrsverbund an, dessen leistungsfähiges Nahverkehrsnetz für viele andere Städte und Regionen zum nachahmenswerten Vorbild wurde.

Das Bundesland Hamburg wird vom Ersten Bürgermeister, der die Funktion eines Ministerpräsidenten innehat, regiert. Die verschiedenen Fachressorts verwalten Senatoren. In der Bürgerschaft (Parlament) finden sich die gewählten Abgeordneten der Freien und Hansestadt Hamburg zusammen.

**Information**
Tourismus-Zentrale Hamburg
Burchardstr. 14
Postfach 10 22 49
W–2000 Hamburg 1
Telefon: (040) 3 00 51-0

**Festkalender**
Frühlingsdom im März/April. Hafengeburtstag Anfang Mai. „Alstervergnügen" in den Sommermonaten. „Hummelfest" im Juli/Aug. „Hamburger Dom" auf dem Heiligengeistfeld im Nov./Dez.

**Tips**
Alsterrundfahrten, Fleet- und Kanalfahrten ab Anleger Jungfernstieg. Hafenrundfahrten ab St.-Pauli-Landungsbrücken und am Sonntag Fischmarkt.
Die Markthallen am Klosterwall bieten ein vielseitiges Kulturangebot vom Popkonzert bis zur Kunstausstellung. Im Kellergeschoß zeigen Trödler und Antiquitätenhändler ihre Raritäten.
Restaurants: „Alt Hamburger Aalspeicher" (Deichstraße 43), „Restaurant Ehmke" (Grimm 14), „Galerie-Stuben" (Krayenkamp 10), „Mühlenkamper Fährhaus" (Hans-Henny-Jahnweg 1).
Hamburger Gerichte: Aalsuppe, Saure Suppe, Matjes, Labskaus, Grünkohlplatte, Rote Grütze.

## Geschichte

Um das Jahr 800 enstand südlich der heutigen Petrikirche ein befestigter Brückenkopf. Kaiser Ludwig der Fromme ließ an dieser Stelle ein Kastell errichten und machte die Ansiedlung 831 zum Erzbistum, das eine wichtige Funktion bei der christlichen Mission des Nordens und des Ostens ausübte. In der Nähe der „Hammaburg" entstand eine Fernhändler- und Handwerkersiedlung, die jedoch 845 bei einem Wikingerüberfall zerstört wurde. 1188 gründete der Schauenburgische Lehnsherr Graf Adolf III. an der unteren Alster, am Nikolaifleet, eine Schiffer- und Händlersiedlung. Kaiser Friedrich Barbarossa gestand der Siedlung am 7. Mai 1189 in einem Freibrief zu, daß „die Bürger in Hamburg mit ihren Schiffen, Waren und Bemannung von der See bis an die Stadt frei sein sollten von allem Zoll, Umgeld und sonstigen Anforderungen". Der 7. Mai gilt den Hamburgern noch heute als Hafengeburtstag, den sie gebührend zu feiern pflegen. 1216 schlossen sich die gräfliche Neustadt um St. Nikolai und die ältere Siedlung um St. Petri zu einer Stadt zusammen, die sich Mitte des 13. Jh.s mit einem erweiterten Befestigungsgürtel umgab. Seit 1321 Mitglied des Kaufmannsbunds der Hanse, erlebte Hamburg im 14. und 15. Jh. einen Aufstieg zur bedeutenden Handelsstadt. Im 16. Jh. warf die Stadt das inzwischen erstarrte hansische Handelssystem entschlossen über Bord und entwikkelte sich zur größten Stadt Deutschlands. 1558 dokumentierte Hamburg seinen Rang als wichtiger Warenumschlagsplatz mit dem Bau der Börse, einer der ersten Einrichtungen dieser Art in Deutschland. In ihren Festungsmauern gut geschützt überstand die Stadt den Dreißigjährigen Krieg relativ unbeschadet und wuchs danach weiter. Im 19. Jh. mit der Säkularisation und der französischen Besatzung wurden die Festungswälle geschleift, 1842 vernichtete der große Stadtbrand fast ein Viertel der Innenstadt. Mit dem Groß-Hamburg-Gesetz von 1937 wurde das Stadtgebiet durch Eingemeindungen stark vergrößert. Der Bombenhagel des Zweiten Weltkriegs richtete in Hamburg verheerende Schäden an. Seit dem Jahre 1949 ist die „Freie und Hansestadt Hamburg" ein Bundesland der Bundesrepublik Deutschland.

## Sehenswürdigkeiten

Hamburgs Stadtbild wird heute weitgehend von den Bauten des 19. und 20. Jh.s geprägt. Klare Funktionalität bestimmt die Linie der zahlreichen modernen Bürohäuser. Beim Wiederaufbau der Stadt nach dem Zweiten Weltkrieg wurden viele historische Bauwerke rekonstruiert und in die Neugestaltung einbezogen. Zu den großen Ingenieurleistungen zählen die Elbtunnel. Mit der kanaldurchzogenen **Speicherstadt** auf der Brookinsel besitzt Hamburg ein Stück „Venedig im Norden".

Mittelpunkt der Stadt ist der **Rathausmarkt** mit dem 1886-1897 erbauten **Rathaus**. Das im Stil der Renaissance errichtete Gebäude ist Sitz von Bürgermeister und Senat, daneben Tagungsstätte der Hamburger Bürgerschaft. Die prunkvollen Repräsentationsräume können besichtigt werden. Für den Festsaal diente die Sala del Maggior Consigilo im Dogenpalast zu Venedig als Vorbild.

Mit dem Rathaus durch den Ehrenhof verbunden ist die **Hamburgische Börse** am Adolphsplatz. Der Hygieiabrunnen im Ehrenhof erinnert an die verheerende Cholera-Epidemie des Jahres 1892, die fast 9000 Menschen hinwegraffte. Der Mitte des 19. Jh.s errichtete Bau wurde nach dem Zweiten Weltkrieg für die Bedürfnisse eines modernen Börsenbetriebs umgestaltet. Von einer Innengalerie aus kann man das hektische Treiben als Zaungast beobachten.

Am Neuen Wall 86 in der Nähe des Rathauses jenseits des Alsterfleets vermittelt das ehemalige **Görtz-Palais** noch einen Eindruck von den vielen palaisartig gestalteten Wohngebäuden der Innenstadt. Die barocke Hülle birgt heute einen modernen Bürobau aus den fünfziger Jahren.

Nordwestliche Begrenzung des weitläufigen Rathausmarktes sind die 1842/43 erbauten **Alsterarkaden**. Die anschließenden überdachten Einkaufspassagen bieten auf einer Gesamtlänge von einem Kilometer alles, was das Auge erfreut und den Geldbeutel strapaziert.

Eine der bekanntesten Hamburger Straßen ist der elegante **Jungfernstieg** an der Binnenalster. Besonders an schönen Sommertagen wird die breite Prachtstraße zum beliebten Treffpunkt und Flanierboulevard. Im traditionsreichen **Alsterpavillon** läßt sich bei einem kleineren oder größeren Imbiß ein herrlicher Blick über die Binnenalster genießen. In der Nähe befindet sich auch eine Anlegestelle für die Alsterschiffahrt.

Unter der Lombards- und Kennedybrücke hindurch nehmen die Boote Kurs auf die **Außenalster**. Was wie ein See mitten in der Stadt wirkt, ist ein aufgestauter Fluß. Im 13. Jh. baute man vor der Neustadt einen Damm. So entstand der Alstersee. Rings um die Außenalster haben sich elegante, ruhige Wohnviertel entwickelt.

Über den Ballindamm spaziert man nun an der Binnenalster entlang zur **Hamburger Kunsthalle**. Die Sammlungen zeigen Malerei vom Mittelalter bis zur Gegenwart sowie moderne Plastiken und Skulpturen. In den benachbarten Gebäuden des **Kunstvereins** und des **Kunsthauses** finden wechselnde Ausstellungen statt.

Über den Glockengießerwall am Hauptbahnhof (erbaut 1902 bis 1906) vorbei gelangt man zum **Museum für Kunst und**

Hamburgs „sündige Meile": das Vergnügungsviertel St. Pauli mit der Reeperbahn (links oben).

In einem eleganten Bogen überspannt die 1975 eröffnete Köhlbrandbrücke die Elbe. Die Schiffahrtsöffnung ist 300 m breit und fast 60 m hoch (rechts oben).

Durch seinen leistungsfähigen Hafen wurde Hamburg „Deutschlands Tor zur Welt". Die Kailänge der 60 Hafenbecken beträgt fast 100 km. Pro Monat werden rund 700 Schiffe abgefertigt (unten).

0
500
1000 M
Norderstedt, 7 H.-Eppendorf/Neumünster
Neumünster/Itzehoe
Wedel (Holstein), 7 Hannover/Neumünster/Itzehoe
Wedel (Holstein)
H.-Wilhelmsburg, 7 Hannover/Bremen
HOHELUFT-WEST
HARVESTEHUDE
EIMSBÜTTEL
ALTONA-NORD
ALTONA-ALTSTADT
ST.-PAULI
NEUSTADT
Diebsteich
Holstenstr.
Sternschanze
Reeperbahn
Königstr.
Landungsbr.
H. Altona
Holsten-kamp
Müggenkampstr.
Kieler Str.
Stresemann-str.
Max-Brauer-Allee
Holsten-Str.
Schäferkamps-allee
Fruchtallee
Eimsbütteler Chaussee
Bundes-str.
Grindel-allee
Karolinen-str.
Feld-str.
Glacischaussee
Budapester Str.
Simon-v.-Utrecht-Str.
Reeperbahn
Palmaille
Breite Str.
St. Pauli Hafenstr.
St.-Pauli-Landungsbrücken
Helgoländer Allee
Ost-West-Str.
Planten un Blomen
Congress Centrum Hamburg (CCH)
Wallanlagen
Große Wallanlagen
Sternschanzen-park
Fischmarkt
Fischhallen
Altonaer Landungsbrücken
Norderelbe
Fischereihafen
Ausrüstungskai
Köhlbrand
Köhlbrand-höft
Kohlenschiffhafen
Vorhafen
Werfthafen
Kuhwerder Hafen
Kuhwerder Höft
Toller Ort
Lotsen-höft
Wendemuth-kai
Werft
Niederhafen
Brandenbgr. Hafen
Schiffbauer-hafen
Überseebr.
Vorsetzen
St.-Pauli-Elbtunnel
H.-Blohm-Straße
Universität
Messe
Festhalle
Heiligengeistfeld
Fernsehturm
Schlachthof
Bismarck-Dkm.
St. Michaelis
Isebek-Kanal

BARMBEK-SÜD
UHLENHORST
ROTHER BAUM
HOHENFELDE
ST. GEORG
BORGFELDE
HAMMER-BROOK
ALTSTADT
KLOSTERTOR
Außenalster
Binnenalster
Baakenhafen
Oberhafen
Hauptbhf.
Berliner Tor
Kennedybrücke
Lombardsbrücke
Norderstedt
Hannover/ Geesthacht/ Lübeck

**Gewerbe** am Steintorplatz, einer der bedeutendsten Sammlungen ihrer Art. Hier sind europäisches Kunsthandwerk aller Epochen, kunsthandwerkliche Gegenstände aus dem Orient und Asien, daneben Textilien, Plakate und Fotoausstellungen zu sehen. Im japanischen Teehaus wird die traditionelle fernöstliche Teezeremonie vorgeführt. Im originellen Museumsrestaurant kann man im Anschluß an den Rundgang die vielen Eindrücke verdauen.
Freunde nicht mehr ganz so moderner Technik gehen noch ein paar Schritte weiter und besuchen das **Automuseum Hillers** an der Kurt-Schumacher-Allee 42. Hier sind 100 Oldtimer von 35 verschiedenen Herstellern ausgestellt. Der Hauptbahnhof ist auch Ausgangspunkt der **Mönckebergstraße**, die in den Jahren 1908-1912 angelegt wurde. Mit ihren großen Kauf- und Bürohäusern ist die Mönckebergstraße das Geschäfts- und Einkaufszentrum Hamburgs.
Etwa auf halber Länge der Mönckebergstraße führt eine schmale Gasse zur **Hauptkirche St. Jacobi** an der Steinstraße. Die spätgotische Backsteinhalle wurde nach der Zerstörung im Zweiten Weltkrieg in alter Form rekonstruiert. Sehenswert sind die von Hamburger Gilden gestifteten Schnitzaltäre: der Trinitatisaltar der Böttcher, der Annen- und der Petrialtar der Fischer sowie der Lukasaltar der Maler. Die um 1690 von Arp Schnitger geschaffene Orgel gehört zu den bedeutendsten historischen Orgeln in Deutschland.
Direkt an der Mönckebergstraße liegt die älteste der Hamburger Altstadtkirchen. **Die Hauptkirche St.Petri** geht wohl bis auf das 11.Jh.zurück. Ihre heutige Gestalt erhielt sie nach dem großen Stadtbrand von 1842. Auf der Grundlage der alten vierschiffigen Form errichteten A. de Chateauneuf und H.P. Fersenfeldt einen neugotischen Backsteinbau. In der Nähe von St.Petri ist man bei Bauarbeiten auf Fundamente der Bischofsburg aus dem 11. Jh. und Reste der Hammaburg gestoßen.
Ein bemerkenswertes Stück Hamburger Stadtarchitektur ist das **Kontorhausviertel** um den Burchardplatz. Im Jahrzehnt nach dem Ersten Weltkrieg entstand die Bürohausgruppe im Stil der Neuen Sachlichkeit. Wie ein Schiffskiel ragt das **Chilehaus** zwischen der Pumpen- und der Burchardstraße auf. Der Architekt Fritz Höger entwarf das Haus 1920. Das Erdgeschoß des Hauses liegt hinter einer Arkadenreihe, wie eine Schiffsreling umlaufen Balkone die Oberkante des Gebäudes. Weitere bekannte Kontorhäuser dieser Jahre sind der **Sprinkerhof** oder das Bartholomäus-Haus.
„Klein-Venedig im Norden" finden Sie südlich des Kontorhausviertels in der Speicherstadt auf der Brookinsel. Um die Jahrhundertwende wurden die hohen Backsteinhäuser mit ihren Türmchen, den grünen Kupferhauben und Giebelkränen als Lagerplätze für Gewürze, Tee, Kaffee und Tabak errichtet. Auf einer Barkassenfahrt durch die Fleete erschließt sich das eigentümliche Flair der berühmten Speicherstadt am besten.
Die **Hauptkirche St.Katharinen** am Rande der Speicherstadt entstand im 14. und 15. Jh. Der im Zweiten Weltkrieg ausgebrannte Bau wurde in alter Form wiederhergestellt.
Die unweit gelegene **St.-Nikolai-Kirche** wurde beim Stadtbrand von 1842 einschließlich des Turms vernichtet. Der englische Architekt Gilbert Scott errichtete den neuen Turm westlich des ursprünglichen Standortes 1846-1874 im neugotischen Stil.
Die Häusergruppe **Deichstraße 37-49** aus dem 17. und 18. Jh. gehört zu den wenigen originalen Überbleibseln der Hamburger Altstadt.
Der nach dem Zweiten Weltkrieg angelegten Ost-West-Straße folgend gelangt man zur **Hauptkirche St. Michaelis**, dem Wahrzeichen Hamburgs, das von E.G. Sounin erbaut wurde. Mit dem charakteristischen Turm und dem in Weiß und Gold gehaltenen Innenraum ist St. Michaelis der bedeutendste barocke Kirchenbau Norddeutschlands. Von dem 132 m hohen Turm, dem „Michel", aus genießt man einen herrlichen Rundblick über Stadt und Hafen. Ein originales Stück altes Hamburg ist am Krayenkamp 10, in unmittelbarer Nähe des „Michels " erhalten geblieben. Die **Krameramtswohnungen** wurden von der Kramergilde für die Witwen der Zunftgenossen er-

Überdachte Einkaufspassage in der City (links).

Binnenalster und Jungfernstieg (Mitte oben).

Der Zollkanal mit der Katharinenkirche (Mitte unten).

„Dom" heißt das große Hamburger Volksfest (rechts).

baut. Die Fachwerkhauszeile aus dem 17. Jh. gehört als Außenstelle zum Museum für Hamburgische Geschichte in den Wallanlagen.

Ein bißchen Seeluft schnuppern können Sie an den nahen **St.-Pauli-Landungsbrücken**.Die miteinander verbundenen schwimmenden Brücken bewegen sich mit dem Gezeitenhub auf und nieder. Hier legen im Sommer in halbstündigem Rhythmus die Schiffe zur Hafenrundfahrt an. Auch der regelmäßige Fährdienst nach England hat hier seinen Stützpunkt. An der etwas östlich gelegenen **Überseebrücke** machen größere Kreuzfahrtschiffe fest.

Zu den größten Ingenieurleistungen seiner Zeit zählt der 1911 eröffnete **St.-Pauli-Elbtunnel**. Die beiden je 6 m breiten Röhren verlaufen 6 m unter dem Grund

der Elbe.Die Autobahn A7 führt seit 1975 durch den **Neuen Elbtunnel** im Stadtteil Othmarschen (westlich A5). Die **Köhlbrandbrücke** (südlich A6) ist zum neuen Wahrzeichen des Hamburger Hafens geworden. Mit einer Höhe von 136 m überragen die beiden Brückenpylone sogar das traditionelle Hamburger Wahrzeichen, den Michel. Original Hamburger Atmosphäre erlebt man jeden Sonntagmorgen zwischen 6 und 10 Uhr am **St.-Pauli-Fischmarkt**. Der fangfrische Fisch ist allerdings eher zum nebensächlichen Restbestandteil des Warenangebots geworden. Blumen, Gemüse, Trödelkram und Kleintiere bestimmen das Bild dieses bunten Marktes.

Weltweit bekannt ist das Hamburger Vergnügungsviertel St. Pauli. An der heute neonbeschienenen **Reeperbahn** stellten einst die „Reepschläger" Taue und Seile für die Schiffahrt her. Die Straße Große Freiheit verdankt ihren Namen den Handwerkern, die hier ohne Bindung an eine Zunft ihrer Arbeit nachgingen. Die traditionelle Funktion St. Paulis als Vergnügungsviertel für Matrosen und Seeleute ist in den Hintergrund getreten. Heute finden zum großen Teil Touristen den Weg zu der in zahlreichen Filmen und Liedern besungenen Sündenmeile.

Der von der Elbe bis fast an die Außenalster reichende Grüngürtel macht die Linienführung der Stadtbefestigung des 17. Jh.s sichtbar. Zur Elbe hin steht auf einem erhöht gelegenen Punkt das monumentale **Bismarckdenkmal**. Der Bildhauer Lederer und der Architekt Schaudt schufen das Denkmal des „Eisernen Kanzlers " im Jahre 1906.

In den Großen Wallanlagen am westlichen Rand der Innenstadt liegt das **Museum für Hamburgische Geschichte**. Hier erfährt

der Besucher alles über die Entwicklung von Stadt und Hafen Hamburgs. Die Schiffahrtsabteilung gehört zu den eindrucksvollsten Sammlungen des Museums. In der Peterstraße 39 hat die Brahmsgesellschaft in einem der 18 Häuser, die Johannes Brahms im Laufe seines Lebens bewohnte, **Johannes-Brahms-Gedenkräume** mit Lebenszeugnissen des Komponisten eingerichtet.

Der Park **Planten un Blomen** nördlich der Innenstadt ist ein sehr beliebtes Naherholungszentrum für Hamburger und Besucher. Besondere Attraktionen sind neben zahlreichen exotischen Pflanzen eine Wasserlichtorgel und tropisch angelegte Wasserbassins.

Hamburg ist eine beliebte Kongreß- und Tagungsstätte. Das **Congress-Center** am Rande der Parkanlagen bietet in 17 Sälen Platz für insgesamt 7500 Tagungsteilnehmer.

Zu den meistbesuchten Attraktionen der Hansestadt zählt der weltbekannte **Tierpark Hagenbeck** (Tierparkallee 4). Carl Hagenbeck gründete den Tiergarten 1907. Der Park ist bis heute im Privatbesitz geblieben. Im Delphinarium kann man Dressurvorführungen mit Delphinen erleben.

Auch für den Theaterfreund ist in Hamburg bestens gesorgt. Die **Hamburgische Staatsoper** an der Dammtorstraße zählt zu den führenden Opernhäusern in Deutschland. Das **Deutsche Schauspielhaus** an der Kirchenallee erlebte unter Gustaf Gründgens in den Jahren 1955-1963 eine Glanzzeit.

Im **Thalia-Theater** am Gerhart-Hauptmann-Platz stehen heitere und zeitkritische Stücke auf dem Programm. Fernsehzuschauern in ganz Deutschland wohlbekannt ist das **Ohnsorg-Theater** an der Großen Bleichen. Mit seinen dialektgefärbten Stücken aus dem Hamburger Milieu hat die Ohnsorg-Truppe schon für manchen humorvollen Theater- und Fernsehabend gesorgt.

Etwas außerhalb des inneren Stadtkerns liegt das **Hamburgische Museum für Völkerkunde** (Rothenbaumchaussee 64). Beeindruckende Sammlungen führen anschaulich Geschichte und Lebensweise außereuropäischer Völker vor Augen. Sehr sehenswert ist zum Beispiel die Abteilung Polynesien/Südsee.

Zu einem Ausflug in die südöstliche Umgebung Hamburgs lädt das **Vierländer Freilichtmuseum Rieckhaus** am Curslacker Deich 284 ein. In der Marschhufensiedlung Curslack ist eine Hofstelle in ursprünglicher Lage am Deich zu besichtigen. Das um 1530 errichtete Rieckhaus ist eines der ältesten Bauernhäuser Norddeutschlands. Zusammen mit dem Bauerngarten bilden die Bauten ein hübsches Fotomotiv.

Zum ganztägigen Ausflug kann sich der Besuch im Stadtteil Altona mit Besichtigung des Altonaer Museums und einer Fahrt über die Elbchaussee durch Övelgönne und Blankenese bis ins holsteinische Wedel gestalten.

Über die Königsstraße (Verlängerung der Reeperbahn) gelangen Sie zum **Altonaer Museum/ Norddeutsches Landesmuseum**. In verschiedenen Abteilungen wird hier die Landeskunde des gesamten norddeutschen Küstenraums dargestellt. Originale Galionsfiguren aus dem 18. und 19. Jh. sind in der Abteilung Schiff und Kunst zu bewundern. Anhand von Modellen kann man sich über Werften und Schiffbau informieren, daneben sind nautische Apparate und Fischfanggeräte zu sehen. Bäuerliche Wohnkultur wird in einem originalen Bauernhaus gezeigt, die „Vierländer Kate" bietet Gelegenheit zur gemütlichen Rast von den Besichtigungsstrapazen.

Auf dem Geestrücken am Nordufer der Elbe führt die **Elbchaussee** von der Altonaer Altstadt bis nach Blankenese. Im 19. Jh. ließen hier reiche Hamburger Reeder- und Kaufmannsfamilien ihre schloßartig anmutenden Wohnsitze errichten.

Unterhalb der Elbchaussee, im Stadtteil **Övelgönne** direkt am Ufer, findet sich der Kontrast zur großbürgerlichen Wohnkultur der wohlhabenden Händler. Hier errichteten die ehemaligen Lotsen und Kapitäne ihre Einfamilienhäuser mit altertümlichen Vorgärten, die zusammen ein höchst idyllisches Bild abgeben. Die ältesten Backsteinhäuschen stammen vom Ende des 18. Jh.s. Endpunkt des Ausflugs ist die Stadt **Wedel** in Holstein, die etwa 20 km von der Hamburger Innenstadt entfernt liegt. Große Attraktion Wedels ist das Schulauer Fährhaus mit der Schiffsbegrüßungsanlage. Alle einlaufenden Schiffe mit einem Gewicht über 500 Bruttoregistertonnen werden hier durch das Abspielen der Nationalhymne des Herkunftslandes begrüßt. Über eine Lautsprecheranlage erfahren die Besucher nähere Einzelheiten über die vorbeiziehenden Ozeanriesen.

# Hameln – Nicht nur Rattenfängerstadt

Zwar wirbt Hameln etwas aufdringlich mit der weltberühmten Rattenfänger-Geschichte, aber die Altstadt hat dem Touristen noch einiges mehr zu bieten. Eine Unzahl von hübsch renovierten Fachwerkhäusern und Gebäuden im Stil der Weserenaissance.

Hameln ist sehr reizvoll in das liebliche Weserbergland gefügt. In der Stadt selbst ist man fasziniert von dem besonderen Baustil der Weserrenaissance, der von hier ausging und sich so mannigfach erhalten hat. Diese Vielfalt von Erkern und Giebeln mit den vielen kleinen Verzierungen ist eine eigene Mischung aus holländischen und italienischen Einflüssen. Sowohl das Fachwerk als auch die Renaissancefassaden der steinernen Patrizierhäuser sind in Hameln extrem farbenprächtig und verspielt ausgebildet.

## Geschichte

Der Kreuzungspunkt zwischen der schiffbaren Weser und alten Handelsstraßen war schon früh ein geeigneter Ort zum Siedeln. Im 8. Jh. gründeten dann Fuldaer Mönche ein Kloster, wodurch die kleine Fischer- und Bauernsiedlung Hamala aufgewertet wurde. Der neu entstandene Markt wurde dann um 1200 mit dem Kloster und dem alten Dorf zu einer Stadt zusammengeschlossen. Bald wurde Hameln Landstadt der Welfen, unter deren verschiedenen Linien es immer wieder hin- und hergereicht wurde. Das änderte nichts daran, daß Hameln sich zu einer bedeutenden Handelsstadt entwickelte und Hansemitglied wurde. Man wußte die Vorteile der natürlichen Lage so gut zu nutzen, daß die Stadt trotz mancher Unbill im 16. und frühen 17. Jh. eine große Blüte hatte. Der 30jährige Krieg allerdings machte vieles zunichte, was man sich vorher gesichert hatte. Danach bauten die Schweden Hameln zu einer mächtigen Festung aus – Hameln galt als der Schlüssel zum Hannoverland. Doch auch die in den Klüt hineingebauten Befestigungsanlagen wurden schließlich von Napoleon geschleift. Den Verlauf der alten Verteidigungsanlagen kann man teilweise noch an der Straßenführung erkennen.

## Sehenswürdigkeiten

Der **Pulverturm** und der **Haspelmathsturm** gehörten zur alten Stadtbefestigung. **St. Bonifatius** ist die Münsterkirche, die zu jenem Fuldaschen Stift gehörte: Die älteste erhaltene Bausubstanz (die romanische Krypta) geht auf das 11. Jh. zurück, insgesamt eine gotische Hallenkirche des 13. Jh. Im Vierungspfeiler ist ein Stifterstein mit dem legendären Gründungsdatum 712 erhalten. Zum Hof eines Stiftsherrn gehörte die **Kurie Jerusalem** früher als Kornspeicher. Heute ist aus dem renovierten Gebäude ein Kinder- und Jugendhaus geworden. Warum Hameln in seiner Altstadtsanierung als vorbildlich gelobt wird, erkennt man sofort, wenn man durch die Bäkkerstraße zum Markt schlendert. Dann kommt man an der Renaissancefassade des **Rattenkrugs** vorbei, an der **Löwenapotheke** (um 1300), läßt das **Lückingsche Fachwerkhaus** links an der Wendenstraße. Am Markt steht dann das **Dempterhaus** in seiner Mischung aus Fachwerk und Weserrenaissance. Hier findet sich auch das **Hochzeitshaus**, ein aufwendiger Festsaal der Bürgerschaft mit einem komplizierten Glockenspiel an der Fassade. **St. Nicolai** steht dahinter am Pferdemarkt, ursprünglich 12. Jh. – nach dem Krieg wieder aufgebaut. In der Osterstraße liegen das **Stiftsherren**- und das **Leisthaus**, in denen zusammen heute das Städtische Museum einquartiert ist. Etwas weiter liegt das **Rattenfängerhaus**, in dem nicht etwa der Rattenfänger gelebt hat, sondern das nur wegen einer Inschrift so heißt, die an die Geschichte erinnert. Für anspruchsvolle Gaumenfreuden ist Reckzeh's Restaurant in der Alten Marktstraße zuständig. Und wer auch noch ein Schloß im Weserrenaisance-Stil sehen will, der unternehme den kleinen Abstecher nach **Hämelschenburg** oder zum **Wasserschloß Schwöbber**.

**Information**
Verkehrsverein
Deisterallee
W-3250 Hameln
Tel. (05151) 202618

**Festkalender**
Kinderflohmarkt (März bis Oktober, zweiter Samstag im Monat). Samstag in der Altstadt (Mai bis September, erster Samstag im Monat). Rattenfänger-Freilichtspiel (Mai bis September, sonntags). Schützenfest (Juni). Grenzbeziehung (traditioneller Spaziergang an den historischen Grenzen, nur Männer, September).

**Tips**
Sehr empfehlenswert sind die Weserfahrten mit den besonders flach im Wasser liegenden Ausflugsschiffen. Mit einem solchen Schiff kann man auch zum südlich von Hameln gelegenen Ohrberg gelangen.

Leisthaus in der Osterstraße (links).

Rattenfänger-Freilichtspiel auf der Terrasse des Hochzeitshauses (oben).

Lückingsches Haus: prachtvoller Fachwerkbau aus dem Jahr 1638 (unten).

Der Zeche Maximilian war von Anfang an kein besonderes Glück beschieden. Kaum war sie 1903 abgeteuft, brach in großen Mengen Solewasser ein. Über zehn Jahre hat es gedauert, bis man unter großen Mühen und mit vielen Rückschlägen endlich Kohle fördern konnte. Aber bereits 1914 folgten die nächsten Soleeinbrüche. Spezialpumpen aus England kamen wegen des ausgebrochenen Krieges gar nicht mehr an. Seit der Landesgartenschau 1984 ist aus der einstigen Kohlewäsche der berühmte riesige gläserne Elefant geworden.

# Hamm
# Der Riesenbahnhof

Für das moderne Hamm war stets die Lage an den beiden alten Eisenbahnlinien, der Köln-Mindener und der Westfälischen nach Münster, bestimmend. Heute ist Hamm einer der größten Verschiebebahnhöfe Europas. Außerdem endet hier der Datteln-Hamm-Kanal.

## Geschichte

Der Name Hamm steht für eine Landzunge, nämlich das strategisch günstig gelegene Landstück, an dem die Ahse in die Lippe mündet. Hier hatte Graf Adolf von der Mark 1226 planmäßig eine Stadt gegründet, die schon bald mit bedeutenden Privilegien ausgestattet wurde. Hamm wurde zur Hauptstadt der Grafschaft Mark, als deren leistungsfähigste Stadt es schon im 14. Jh. galt. Mitglied in verschiedenen Städtebünden und vor allem in der Hanse (seit 1469), wurde Hamm als Prinzipalstadt der Hanse zum Gegenspieler Dortmunds. Im 30jährigen Krieg allerdings ging der größte Teil des erwirtschafteten Wohlstands wieder verloren. Im 17. Jh. geriet Hamm mit der Grafschaft Mark an Brandenburg-Preußen. Schulreformen, Schleifung der Festung und Ausbau als Verwaltungs- und Garnisonsstadt waren die Stichworte der weiteren Entwicklung. 1820 wurde die Lippe schiffbar gemacht, später kam der Anschluß an die Eisenbahn. Seit 1820 residiert in Hamm auch das bis heute größte Oberlandesgericht. 1975 wurden in die Stadt Bockum-Hövel, Heessen, Pelkum, Rhynern und Uentrup eingemeindet. Der hohe Anteil an bäuerlich geprägter Fläche an dem riesigen Stadtgebiet führte zu dem Spottnamen vom »größten Dorf Westfalens«.

## Sehenswürdigkeiten

Die Zerstörungen des Zweiten Weltkrieges haben von den alten Bürgerhäusern in der Altstadt nicht viele übriggelassen. In der Antonisstraße aber steht zum Beispiel noch das **Stuniken-Haus**. In dem **Vorschulze-Haus** (18. Jh.) in der Südstraße ist heute die städtische Kulturverwaltung untergebracht. Der Kunsthändler **Gustav Lübcke** stiftete 1917 seine umfangreiche Privatsammlung der Stadt. In dem nach ihm benannten **Museum** sind Sammlungen zur Stein- und Eisenzeit, zur alten ägyptischen Kultur sowie zur griechischen und römischen Antike, außerdem kulturgeschichtliche Exponate der letzten sechs Jahrhunderte ausgestellt. Auf romanischen Bauresten steht die ursprünglich um das Jahr 1000 erbaute **St.-Pankratius-Kirche** in Mark. Inzwischen bestimmen Querhaus und Chor aus der Gotik das Gebäude. Ebenfalls sehr alt ist **St. Paulus** am Markt, eine immer wieder schwer beschädigte und stets wieder aufgebaute Kirche, die noch immer romanische Baureste aufweist. Als älteste Kirche des Stadtgebiets gilt die katholische Pfarrkirche **St. Regina** in Rhynern. Die **Wasserburg Heessen** wurde einst an der Handelsstraße Soest – Münster errichtet, heute ist weitgehend wieder die alte Form des 16. Jh. zu erkennen. **Oberwerries** ist ein barockes **Wasserschloß**, das kurioserweise seit Ende des 18. Jh. leer stand und nun von der Stadt gründlich saniert wurde. Der **gläserne Elefant** auf dem Gelände der ehemaligen Zeche Maximilian dient heute vor allem als Veranstaltungsraum. Horst Rellecke und Friedensreich Hundertwasser haben hier zusammengearbeitet. Das gesamte alte Industriegelände, das seit der Zechenstilllegung verschiedenen Zwecken diente, ist in eine **Parklandschaft** verwandelt worden.

**Information**
Verkehrsverein
Bahnhofsplatz 3
W-4700 Hamm
Tel. (02381) 23400, 28525

**Festkalender**
Im Sommer: Freilichtaufführungen auf der Heessener Waldbühne (samstags, sonntags, mittwochs). Kurparkfest (August). Max-Reger-Tage (September/ Oktober).

**Tips**
Von Hamm aus lohnt sich eine Burgenfahrt durchs südliche Münsterland: nach Schloß Cappenberg, zum gewaltigen Schloß Nordkirchen, zum Amtshaus und zur Burg Vischering in Lüdinghausen – einmal ganz abgesehen von den vielen versteckt liegenden Herrensitzen. Zu einem Abstecher verlockt auch das mittelalterliche Soest. In Holzwickede finden jedes Jahr beliebte Open-air-Konzerte und Musikfestivals statt.

Der gläserne Elefant dient heute vor allem als Veranstaltungsraum (links).

Geschäftshaus „Am Westentor" in der Fußgängerzone (rechts).

Moderne Skulptur vor der Maximilianhalle im Maximilianpark (unten).

# Hannover Großstadt im Grünen

Aus der Residenz welfischer Fürsten entwickelte sich eine moderne Halbmillionenstadt. Ihre Vergangenheit manifestiert sich in den Herrenhäuser Königsgärten, die Gegenwart in der größten Industriemesse der Welt.

An Hannover imponiert dem Besucher vor allem der großzügige Wiederaufbau nach dem Krieg. Die moderne Verkehrsplanung gilt weithin als beispielhaft. Niedersachsens Landeshauptstadt präsentiert sich als übersichtliche, allem Neuen aufgeschlossene Stadt – Eigenschaften, die bereits die ehemalige Welfenresidenz aufwies. Die internationalen Hannover-Messen, große Versicherungsgesellschaften und Industrieunternehmen wie Preussag und Continental stehen für die wirtschaftliche Leistungskraft der rund 500000 Einwohner zählenden Stadt. Auch das kulturelle Angebot der Museen, Ausstellungen, Theater, Konzerte und Bibliotheken kann sich sehen lassen. Neben der namhaften Universität gibt es eine Hochschule für Musik und Theater und eine Medizinische Hochschule. Die 1778 gegründete Tierärztliche Hochschule ist die älteste Deutschlands. Zu den Berühmtheiten, die in Hannover geboren wurden, zählen der Dramatiker Frank Wedekind (1864-1918) und der Dada-Künstler Kurt Schwitters (1887 bis 1948). Der große Philosoph und Universalgelehrte Gottfried Wilhelm Leibniz (1646-1716) verbrachte einen Teil seines Lebens in Hannover.

**Information**
Hannover Information
Ernst-August-Platz 2
W-3000 Hannover 1
Telefon: (0511) 3014-0
Fax: (0511) 301414

**Festkalender**
Frühlingsfest an Ostern auf dem Schützenplatz. „Musik und Theater in Herrenhausen" von Mai bis September. Schützenfest, beginnend mit dem Schützenausmarsch am ersten Sonntag im Juli. Altstadtfest im August. Oktoberfest (Schützenplatz).

**Tips**
Jeden Samstag Flohmarkt am Hohen Ufer. Empfehlenswerte Gaststätten: „Ratskeller Hannover", „Die Insel Maschseeterrassen" am Rudolf-Benningsen-Ufer, Restaurantcafé mit Sonnenterrassen und Blick auf den Maschsee, „Georgenhof", Restaurant im Landhausstil (Herrenhäuser Kirchweg 20), „Altdeutsche Bierstube", altbekannte Gaststätte beim Stadtwald Eilenriede (Lärchenstraße 4).

## Geschichte

Der im Jahre 1150 erstmals als „vicus Hanovere" erwähnte Ort war eine Marktsiedlung, die sich unter dem Schutz eines grundherrlichen Hofes an der Stelle entwickelt hatte, wo die Fernstraße zwischen den Bischofs- und Handelsstädten Bremen und Hildesheim über die Leine führte. 1163 hielt Herzog Heinrich der Löwe hier einen Hoftag ab. Als Kaiser Heinrich VI. die Ansiedlung 1189 niederbrennen ließ, wurde sie bereits als „civitas" bezeichnet. Besonders im 13. Jh. wuchs die damals drei Kirchspiele umfassende Stadt. Sie baute ihr erstes Rathaus und schloß mit ihren Nachbarn Bündnisse gegen landesherrliche Übergriffe, aber das Streben nach Reichsfreiheit blieb erfolglos.

Ein neues Kapitel der Stadtgeschichte begann, als Herzog Georg von Calenberg im Jahre 1636 Hannover als dauernde Residenz wählte. Fürstliche Repräsentationsbauten, wie das anstelle des aufgehobenen Minoritenklosters am Leineufer erbaute Schloß, der Marstall, das Zeughaus und das Hoftheater, gaben nun der mittelalterlichen Bürgerstadt ein neues Gepräge. Jenseits der Leine wurde die Calenberger Neustadt mit der Hofkirche St. Johannis angelegt, im Nordwesten entstanden Schloß und Park Herrenhausen. Die Erwerbung der Kurwürde durch Herzog Ernst August im Jahre 1692 und der 1705 erfolgte Zusammenschluß mit dem Fürstentum Lüneburg erhöhten auch den Rang Hannovers als Haupt- und Residenzstadt. 1714 bestieg Kurfürst Georg Ludwig als Georg I. den englischen Thron, und mit ihm übersiedelte der Hof nach London. Hannover war seither in Personalunion mit der englischen Krone verbunden. Aus den Wirren der napoleonischen Zeit ging das Kurfürstentum als Königreich hervor, dessen Herrschaft beim Regierungsantritt Königin Viktorias 1837 an deren Onkel Ernst August fiel. Bis zum Verlust der Souveränität im Jahre 1866 war Hannover königliche Residenz. In dieser Zeit verlor die Stadt zunehmend ihren altertümlichen Charakter und verwandelte sich zur weiträumigen, in Grünflächen eingebetteten Residenzstadt. Die Befestigungen hatten sich im Siebenjährigen Krieg als nutzlos erwiesen und waren anschließend geschleift worden. In Georg Ludwig Laves, von 1814 bis zu seinem Tod 1864 Hofbaumeister, stand ein fähiger Stadtplaner und Architekt zur Verfügung. Dieser Glücksfall wiederholte sich nach dem Zweiten Weltkrieg. Der vielgerühmte Wiederaufbau der nahezu völlig zerstörten Innenstadt nach den Planungen von Rudolf Hillebrecht orientierte sich nicht nur an den modernen Verkehrsbedürfnissen, sondern auch an der neuen Rolle Hannovers als Landeshauptstadt.

## Sehenswürdigkeiten

Die hannoverschen Stadtväter haben es den Besuchern ihrer Stadt leichtgemacht. Sie ließen zur Orientierungshilfe, „als roten Faden zu den Sehenswürdigkeiten der Stadt", einen knapp 5 km langen roten Strich auf das Straßenpflaster ziehen. Er beginnt beim Verkehrsbüro gegenüber dem Hauptbahnhof, wo man auch kostenlos eine Broschüre als Führer erhält.

Das **Reiterstandbild** vor dem Bahnhofsgebäude stellt König August in Husarenuniform dar. Unter seiner Regierung wurde die erste Eisenbahn eröffnet und die nach ihm benannte Platzanlage als Zentrum einer Stadterweiterung geplant. Die Bahnhofstraße und die unter ihr als Einkaufsstraße angelegte **Passerelle** führen zum **Kröpcke**, einem der beliebtesten Plätze der Stadt, auf dem sich Straßenmusikanten und Aktionsgruppen aller Art ein Stelldichein geben. Die Kröpcke-Uhr ist ein beliebter Treffpunkt. Südöstlich davon steht das **Opernhaus**, 1845-1852 von Georg Ludwig Laves als Königliches Hoftheater errichtet. Der klassizistische Prachtbau brannte 1943 aus. Während das Äußere wiederhergestellt wurde, erfolgte der Innenausbau in modernen Formen.

Vom Opernplatz geht die Georgstraße weiter nach Süden zum Ägidientorplatz. Die westlich stehende Ruine der ehemaligen Pfarrkirche **St. Ägidien** bleibt als Mahnmal für die Opfer der beiden Weltkriege erhalten.

Der Friedrichswall folgt dem Südrand der ehemaligen Altstadt. Das hier gelegene **Palais Wangenheim** gehört mit seinem klassischen Giebelportikus zu den besten Werken von Georg Ludwig Laves.

In der nach Süden abzweigenden Straße Am Maschpark befinden sich das **Niedersächsische Landesmuseum** mit Abteilungen für Naturkunde, Urgeschichte und Völkerkunde sowie die Niedersächsische Landesgalerie. Einen Schwerpunkt dieser bedeutenden Kunstsammlung bilden mittelalterliche Gemälde und Skulpturen aus dem niedersächsischen Bereich, aber mit Riemenschneider und Veit Stoß,

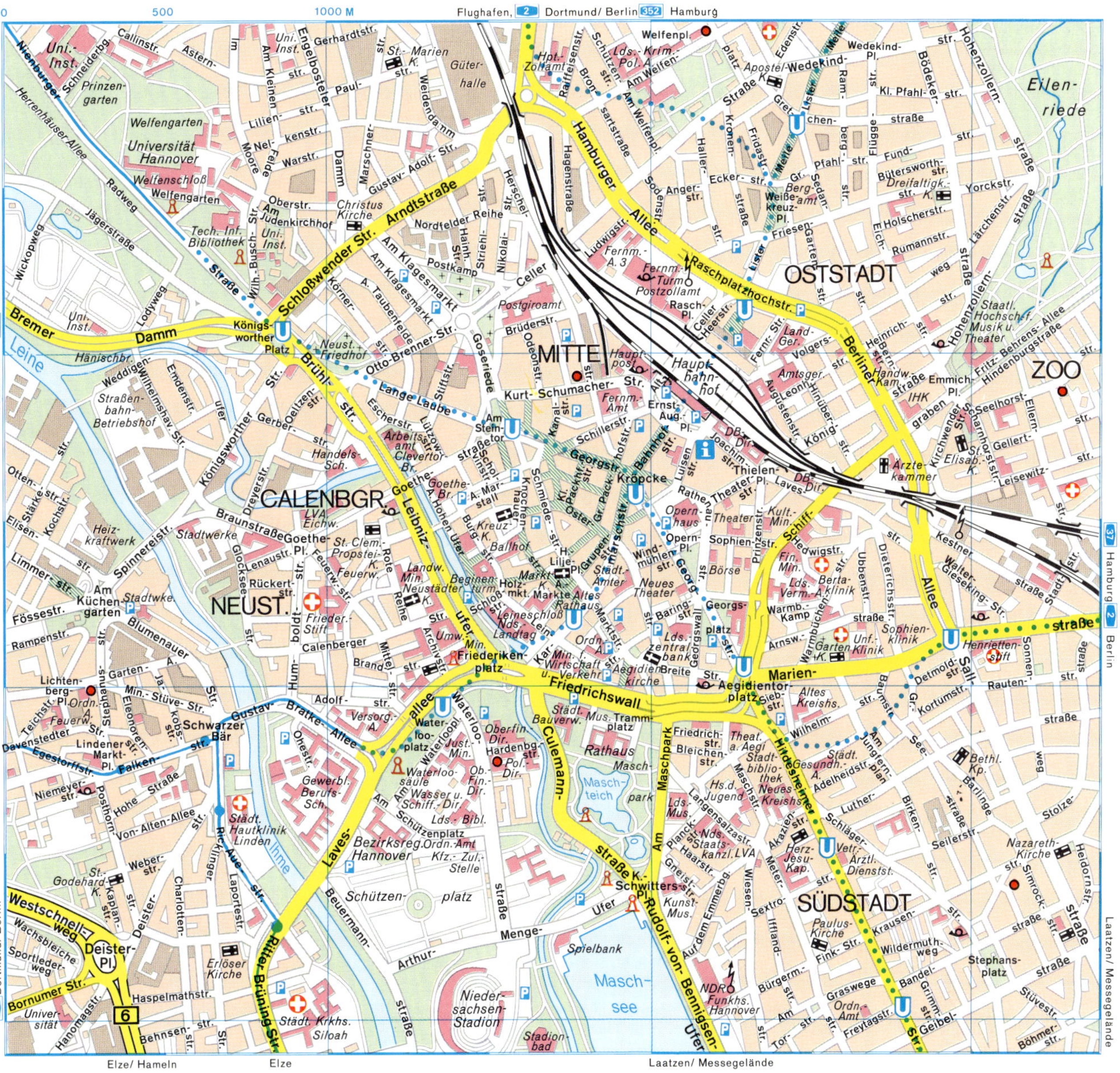

„Markt der Welt" wird die Hannover-Messe genannt. Seit Jahren behauptet sie ihren Rang als größte Industriemesse der Erde. Das im Südwesten der Stadt gelegene Messegelände ist einen Quadratkilometer groß (links).

Das 1861 errichtete Reiterstandbild vor dem Hauptbahnhof zeigt König Ernst August in Husarenuniform (rechts).

Holbein und Cranach sind auch Meister aus anderen deutschen Kunstlandschaften vertreten, ebenso wie viele berühmte italienische, niederländische und französische Maler. Die deutschen Romantiker und Realisten des 19. Jh.s sind von Caspar David Friedrich bis Menzel präsent. Die Sammlung deutscher Impressionisten gehört zu den reichhaltigsten überhaupt.
Am Kurt-Schwitters-Platz zwischen Maschpark und Maschsee wurde 1979 der Bau des **Sprengel-Museums** eröffnet. Es vereint die Kunstwerke des 20. Jh.s aus dem Besitz von Stadt und Land mit der berühmten Sammlung Sprengel. Von Pablo Picasso, Emil Nolde, Paul Klee, Fernand Léger, Max Ernst, Henri Laurens und Kurt Schwitters sind jeweils ganze Werkgruppen vorhanden. Das „Abstrakte Kabinett" von El Lissitzky, Werke der Dresdner „Brücke" und des „Blauen Reiter" sowie von Max Beckmann und Ernst Barlach setzen weitere Akzente. Auch die Kunst nach 1945 ist in ihren Hauptrichtungen vertreten.
Der **Maschsee** wurde 1934 bis 1936 als künstlicher See angelegt. Man kann hier Paddel-, Ruder- und Segelboote mieten oder mit dem Motorboot fahren. Am Südufer laden eine Gaststätte und ein Strandbad zu erholsamem Aufenthalt ein. Im Sportpark westlich des Maschsees liegt das **Niedersachsen-Stadion** mit über 60000 Plätzen. Es wurde 1952 aus Trümmerschutt erbaut. Das **Neue Rathaus** im Maschpark südlich des Friedrichswalls wurde 1903-1908 von dem Berliner Architekten Hermann Eggert in den eklektizistischen Formen des späten Historismus errichtet. Ein 100 m hoher kuppelartiger Turm überragt den imposanten Bau. Man kann mit dem Aufzug hochfahren und von oben einen weiten Rundblick über die Stadt genießen. Vier große Stadtmodelle in der Zentralhalle vermitteln ein anschauliches Bild von der Entwicklung Hannovers.
Unmittelbar neben dem Rathaus befindet sich das **Kestner-Museum**. Den Grundstock seiner Bestände bilden die Sammlungen August Kestners. Dieser Sohn von Charlotte Kestner, der Lotte aus Goethes „Werther", war 1817-1853 hannoverscher Gesandter beim Heiligen Stuhl. Die bedeutende Antikensammlung umfaßt ägyptische, zyprische, griechische, etruskische und römische Kunst. Das berühmteste Stück dieser Abteilung ist ein exzellenter Porträtkopf des Pharaos Echnaton. Unter den mittelalterlichen Kunstwerken ragt der „Fischbecker Kopf" hervor, ein romanisches Kopfreliquiar aus dem Damenstift Fischbeck an der Weser. Fayencen, Porzellan, Goldschmiedearbeiten, Möbel und Glas vereinigt die Kunstgewerbesammlung vom 17. bis 20. Jh. Gut vertreten ist der Jugendstil mit Keramik und Schmuck.
Das **Leineschloß**, heute Sitz des niedersächsischen Landtags, erhielt seine klassizistischen Fassaden durch Georg Ludwig Laves, der das barocke Stadtschloß der Herzöge und Kurfürsten ab 1817 zur Königsresidenz umgestaltete. Der erste Schloßbau, den Herzog Georg von Calenberg anstelle des während der Reformation aufgehobenen Minoritenklosters hatte errichten lassen, war noch größtenteils ein Fachwerkbau gewesen. Das herzögliche Zeughaus in der Nähe des Schlosses wurde im Krieg zerstört. An seiner Stelle entstand in den sechziger Jahren das **Historische Museum am Hohen Ufer**. Der in den Neubau einbezogene **Beginenturm** gehörte zur Stadtbefestigung des 14. Jh.s Jeweils eigene Abteilungen sind der Stadtgeschichte Hannovers, der Landesgeschichte des ehemaligen Königreichs und der niedersächsische Volkskunde gewidmet. Leihgaben des Welfenhauses sind die Prunkkarossen in der Wagenhalle. Am Hohen Ufer findet jeden Samstag ein Flohmarkt statt, während am Leibnizufer jenseits der Leine moderne Straßenkunst zu sehen ist: „Nanas" von Niki de Saint Phalle.
Beim Holzmarkt beginnt der rekonstruierte Teil der **Altstadt**. Hier steht das als besonders prachtvolles Beispiel niederdeutscher Renaissance inzwischen rekonstruierte **Leibnizhaus**. Der große Gelehrte verbrachte seine 18 letzten Lebensjahre in diesem Haus, von dem er täglich zu den berühmten Gesprächen mit der Kurfürstin Sophie nach Herrenhausen fuhr. Es ist außerdem das Geburtshaus des Schauspielers und Dichters August Wilhelm Iffland, dessen Karriere am hannoverschen Hoftheater begann.
Die in der Burg- und Kramerstraße erhalten gebliebenen oder von anderer Stelle hierher versetzten Fachwerkhäuser können noch einen gewissen Eindruck von der einstigen Fachwerkstadt vermitteln. Am Ende der Kramerstraße ragt als ein Wahrzeichen Hannovers der 97 m hohe Turm der **Marktkirche** empor. Diese südlichste der großen norddeutschen Backsteinkirchen entstand in der Mitte des 14. Jh.s Der wuchtige Turm geht auf westfälische Einflüsse zurück, während für den dreischiffigen Hallenraum St. Johannis in Lüneburg als Vorbild diente. Zu den Resten der alten Ausstattung gehören der figurenreiche Schnitzaltar mit Passionsszenen und die kelchförmige Bronzetaufe, beide aus der Zeit um 1500. Die Bronzetüren von 1959 schuf Gerhard Marcks.
Das **Alte Rathaus** gegenüber der Marktkirche entstand im 13. bis 15. Jh. Sein gotischer Staffelgiebel, den braun und grün glasierte sowie reliefierte Formsteine schmücken, gehört zu den schönsten in Norddeutschland. Ein traditionsreicher Ratskeller lädt hier zum Speisen ein.
Am Steintor setzt das 1927/28 von Fritz Höger erbaute **Anzeiger-Hochhaus** einen markanten Akzent. Eine kupfergedeckte Kuppel bekrönt den zehnstöckigen Stahlbau mit Klinkerverkleidung. Über die Lange Laube gelangt man zum Königsworther Platz, von dem die Herrenhäuser Allee ihren Ausgang nimmt. Diese 2 km lange vierreihige Lindenallee führt zur berühmtesten Sehenswürdigkeit Hannovers: zum Großen Garten von **Herrenhausen**, einer der bedeutendsten und besterhaltenen Parkanlagen der Barockzeit in Europa. Herzog Johann Friedrich, der im Jahre 1666 das Vorwerk „Höringshausen" zur Sommerresidenz erhob und in „Herrenhausen" umbenannte, ließ ihn beginnen. 1675 wurde der französische Gartenarchitekt Henry Perronet, ein Schüler von André Lenôtre, des Schöpfers der neuen, streng geometrischen Gartenkunst, als Berater herangezogen. Kurfürstin Sophie, die den Großen Garten als „ihr Leben" bezeichnete, gab ihm seine endgültige Größe und Gestalt. Nach niederländischem Vorbild umzieht eine Gracht mit Alleen an drei Seiten das längsrechteckige Geviert. Dessen nördlicher Teil enthält Broderieparterres und Wasserspiele, das Labyrinth und Gartentheater, während der südliche in Boskettes gegliedert ist. Acht dieser Heckenquartiere enthalten Modellanlagen zur Geschichte der Gartenkunst. Die 82 m hohe Fontäne im Achsenkreuz der Heckenquartiere ist der Höhepunkt der Gesamtanlage. Im Gartentheater finden im Sommer Aufführungen statt. Hainbuchenhecken bilden die Kulissengassen dieses ältesten Heckentheaters der Barockzeit. Der Hauptbau des Schlosses wurde 1943 völlig zerstört. Lediglich das zunächst als Orangerie geplante Galeriegebäude, dessen Barocksaal für Konzerte genutzt wird, steht noch. Das **Herrenhausen-Mu-**

**seum** im Fürstenhaus, einem ehemaligen Adelssitz westlich des Galeriegebäudes, zeigt Möbel, Gemälde, Porzellan und andere Zeugnisse der Wohnkultur der welfischen Herzöge und Könige. Eine Besonderheit ist die „Herzberger Jagdtapete".
Nördlich des Großen Gartens wurde gleichzeitig der **Berggarten** als Nutzgarten für den Hof angelegt. Im Verlauf des 18. Jh.s entwickelte er sich zu einer Pflegestätte botanischer Forschung. In den Schauhäusern kann man Tausende von Orchideen, Kakteen und anderen tropischen Pflanzen bewundern. In der Lindenallee, der Hauptachse des Berggartens, erscheint als architektonischer Blickpunkt das für König Ernst August und seine Gemahlin errichtete Mausoleum, in das 1957 die Särge weiterer Welfenherrscher aus dem Leineschloß überführt wurden.
Zwei Landschaftsparks im englischen Stil vervollständigen das einzigartige Ensemble der Herrenhäuser Gärten: der Georgen- und der Welfengarten. Der **Georgengarten** ist aus einer Reihe von Villenanlagen hervorgegangen, die der Hofadel längs der Straße nach Herrenhausen am Leineufer angelegt hatte. Im Georgenpalais hat das **Wilhelm-Busch-Museum** eine ansprechende Heimstätte gefunden. Der im Hannoverschen geborene populäre Humorist war eine vielseitige Künstlerpersönlichkeit. Durch seine ebenso treffsicher gezeichneten wie gereimten Bildergeschichten wurde er zum „Vater der Comics". Daß er auch ein Maler von Rang war, belegen die 300 Ölgemälde und 1500 Zeichnungen im Besitz des Museums, zumeist Naturstudien von großer Einfühlungsgabe. Angeschlossen sind die „Sammlung kritische Grafik" mit Werken der Großmeister der Karikatur von William Hogarth bis Tomi Ungerer sowie eine Ausstellung von Zeichnungen Heinrich Zilles.

Das im **Welfengarten** für Georg V. als Winterresidenz erbaute Welfenschloß war noch nicht ganz vollendet, als Hannover 1866 von Preußen annektiert wurde. Der fünftürmige Gebäudekomplex in neuromanischem Stil ist Sitz der Technischen Universität. Vor der Hauptfassade steht auf einem hohen Granitsockel das von Albert Wolf 1861 modellierte Welfenroß, das später zum Wappentier Niedersachsens wurde.
Hannover kann von sich behaupten, das weltweit größte **Messegelände** zu besitzen. Die 1947 gegründete Deutsche Messe AG veranstaltet hier jährlich rund 50 Messen und Ausstellungen, die über 14000 Aussteller und 2 Millionen Besucher anziehen. Hauptereignisse sind die „HANNOVER MESSE Industrie" im April, mit 6000 Ausstellern die größte Industriemesse der Welt, die „Hannover Messe CeBIT" im März (Büro, Information, Telekommunikation) und die „Biotechnica Hannover – Internationale Messe und Kongreß für Biotechnologie" im September/Oktober.

Behaglicher Winkel in der Altstadt von Hannover (oben).

Wie ein Schloß wirkt das Neue Rathaus am Maschsee (Mitte).

Der Große Garten von Herrenhausen zählt zu den schönsten Parkanlagen der Barockzeit (unten).

# Heidelberg Inbegriff der Romantik

Stadt der Dichter und Denker, Schauplatz von Studentenleid und Professorenherrlichkeit. Inbegriff deutscher Romantik – die alte Universitätsstadt am Neckar hat bis heute nichts von ihrer jahrhundertealten Faszination verloren.

Hundert Meter über dem Neckar thront auf dem Jettenbühel eindrucksvoll das zerfallene kurfürstliche Schloß. Darunter strahlt die bodenständige Barockpracht der einstigen Residenzstadt der Kurfürsten von der Pfalz. Die 1386 gegründete Universität wurde zum bestimmenden Element der in unvergleichlicher Lage zwischen Neckar und Königstuhl eingebetteten Stadt. Auch heute noch überläßt sich der Besucher gern dem Flair behaglicher Weinstuben und historischer Studentenkneipen. Bestechende Ausblikke auf Schloß und Stadt genießt der Spaziergänger vom berühmten Philosophenweg entlang den Höhen am jenseitigen Ufer des Neckars.

## Geschichte

Das älteste Relikt aus der Geschichte Heidelbergs ist ein prähistorischer Unterkiefer des Frühmenschen „Homo heidelbergensis". Fast 500000 Jahre jünger ist ein Keltenheiligtum auf dem heutigen Heiligenberg, den später die Römer besiedelten. Funde aus römischer Zeit beweisen die Existenz eines Kastells, einer Brücke und eines dem Gott Mithras geweihten Heiligtums. Die römische Blütezeit endete im Jahr 270 n. Chr. mit dem Ansturm der Alemannen. Zurück blieb eine bescheidene Siedlung von Händlern und Neckarfischern. Im Jahre 1196 wird Heidelberg erstmals urkundlich erwähnt. In den bedeutsamsten Abschnitt seiner langen Geschichte trat die Stadt 1226 mit der Ernennung des Wittelbachers Ludwig von Bayern zum Pfalzgrafen ein. Die pfälzische Linie der Wittelsbacher residierte in Heidelberg bis zu ihrer Übersiedlung nach Mannheim 1720. Kurfürst Ruprecht III. gründete 1386 die Universität - nach Prag und Wien die dritte im römisch-deutschen Reichsverband. Dank der Universität erhielt die Residenz intensiven Zuzug von auswärts. Stadt und Burg vergrößerten sich im Laufe eines Jahrhunderts um das Doppelte. Die Heidelberger Universität wurde bald zu einem wichtigen Zentrum des Humanismus, zur Pflegestätte der protestantischen Theologie (1556) und zu einem eher kurzlebigen Mittelpunkt des Calvinismus. Im Dreißigjährigen Krieg erlitt die Stadt schwere Schäden, die nur noch durch die Zerstörungen von 1689 und 1693 übertroffen wurden. Damals ließ der französische König Ludwig XIV. wegen einer dynastischen Streitfrage Stadt und Schloß von Heidelberg fast völlig zerstören. Verschont von dem Wüten blieben nur wenige Gebäude, wie die Heiliggeistkirche und das Haus zum Ritter. Das einst strahlende Schloß liegt seither als Ruine hoch über dem Neckar. 1806 gründete Großherzog Karl von Baden die neue Universität. Das Wirken von Schriftstellern wie Arnim und Brentano oder Maler wie Fries, Fohr und Rottmann trug viel zu Ruhm und Legende des „romantischen Heidelberg" bei.

## Sehenswürdigkeiten

Die **Alte Brücke** über den Neckar wurde 1786 anstelle eines hölzernen Vorbaus von Kurfürst Karl Theodor errichtet und 1976 restauriert.

In der Hauptstraße befindet sich das **Haus zum Ritter** (heute Hotel), dessen fünfgeschossige Renaissancefassaden von 1592 mit ihrem geschwungenen Giebel Stilelemente des Schlosses widerspiegelt. Unweit des Ritters, ebenfalls in der Hauptstraße, steht das **Haus zum Riesen** in gediegenem Barockschmuck.

Gleich gegenüber steht die **Heiliggeistkirche**, ein gotischer Hallenraum aus der ersten Hälfte des 15. Jh.s mit Emporen in den Seitenschiffen und einem schönen lichten Chor. Hier hat sich als einziges von den Grabdenkmälern der pfälzischen Kurfürsten die

„Alte Burschenherrlichkeit" im Karzer der Heidelberger Universität (links oben).

Von legendärer Trinkfestigkeit war der Hofzwerg Perkeo (links unten).

Der vielgerühmte Blick vom Philosophenweg auf die Alte Neckarbrücke und das Schloß der Pfälzer Kurfürsten (rechts).

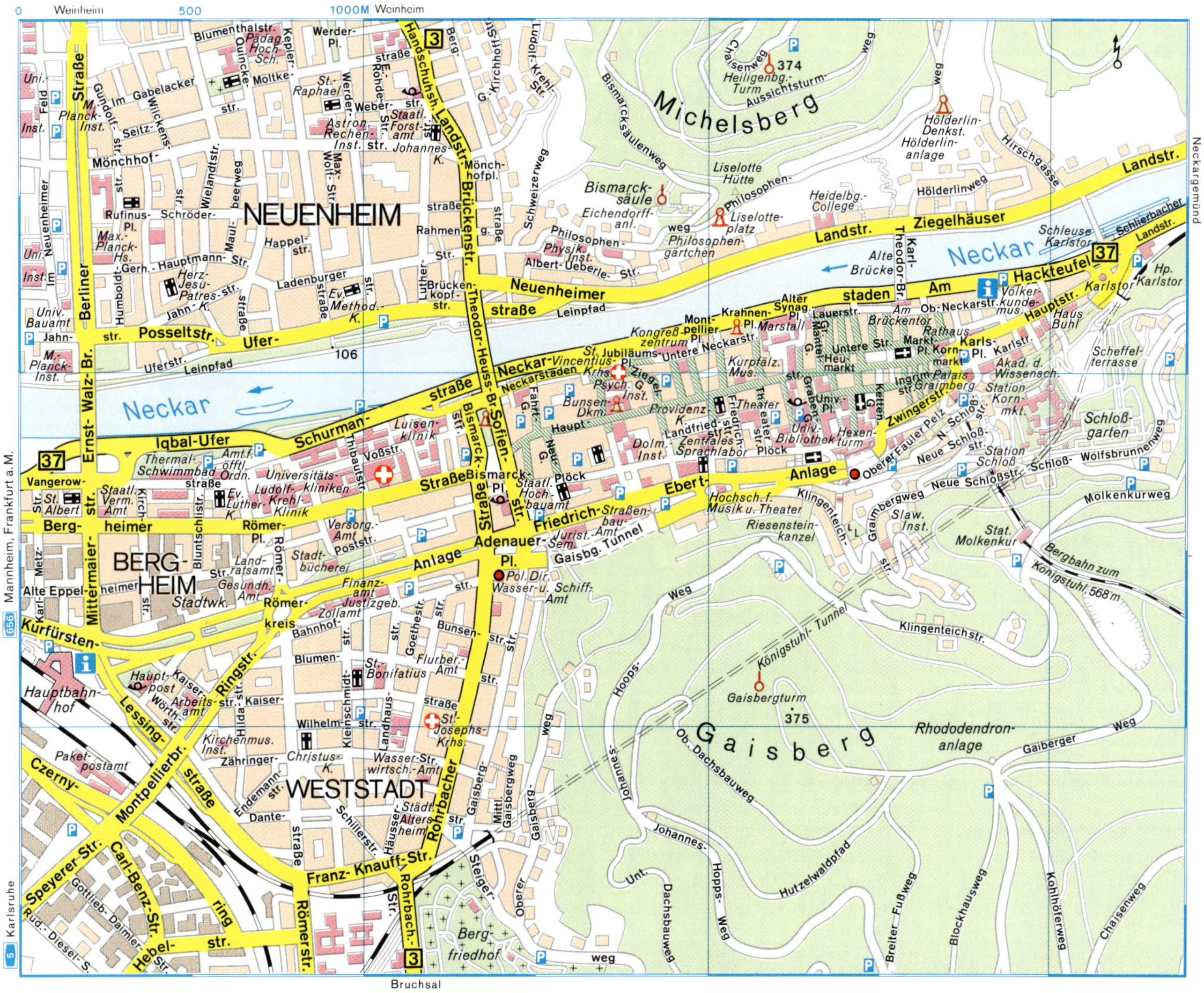


**Information**
Verkehrsverein der Stadt Heidelberg
Tourist Information
Am Hauptbahnhof
W-6900 Heidelberg
Telefon: (06221) 2 13 41

**Festkalender**
„Heidelberger Frühling" im Juni. Schloßbeleuchtung mit Feuerwerk an drei Samstagen im Sommer. „Heidelberger Herbst" mit Altstadtfest am letzten Wochenende im September.

**Tips**
Wanderung vom Schloß zum Königstuhl. Spaziergang zum Heiligenberg. Wanderung auf dem Philosophenweg.
Historische Studentenlokale „Zum Roten Ochsen", „Zum Sepp'l" und „Schnookeloch".

Grabplatte König Ruprechts, des Erbauers der Kirche, erhalten. Die Emporen beherbergten einst die berühmte „Bibliotheca Palatina", die im Dreißigjährigen Krieg vom Feldherrn Tilly erbeutet und nach Rom verschenkt worden war. Der im 16. Jh. erbaute Turm erhielt nach den Zerstörungen von 1693 eine barocke Turmhaube.
Der von schönen Bürgerhäusern umgebene **Kornmarkt** mit einer Madonnenstatue von 1718 ist Ausgangspunkt eines Fußweges und einer Bergbahn zum Schloß. In der Nähe die historische Studentenlokale Sepp'l und Roter Ochse. Schwerpunkte des **Kurpfälzischen Museums** sind die altdeutsche Abteilung mit dem Windsheimer Altar von Riemenschneider, die Gemälde der Heidelberger Romantiker und die Dokumentation zur Stadtgeschichte.
Lohnend ist ein Gang zum **Heiligenberg**, der vormaligen Stätte eines keltischen Heiligtums. Die heute noch sichtbaren alten Ringwälle umgeben die stattlichen Ruinen des ehemaligen Michaelsklosters, einer Benediktinergründung von 863. Auf der südlichen Kuppe erheben sich die Reste des Stefansklosters (1096-1550).
Auf dem Jettenbühel, 100 m über dem Neckar, thront das **Heidelberger Schloß**, das auch als Ruine noch Zeugnis von seiner vielfältigen architektonischen Gliederung ablegt. Zur Festung ausgebaut wurde das Bauwerk unter Kurfürst Ruprecht - daher auch die Bezeichnung Ruprechtsbau für den ältesten Teil mit vorwiegend gotischen Stilelementen. Zur Zeit der Reformation wurden sowohl die Verteidigungsanlagen als auch die Wohnräume umgestaltet und erweitert. Der Ausbau zur prächtigen Residenz begann 1530 und erreichte seinen ersten Höhepunkt im Ottheinrichsbau von 1559, einem architektonischen Hauptwerk der deutschen Renaissance. Die Horizontalgliederung der italienischen Renaissance verbindet sich hier mit der Schmuckfreude des niederländisch-französischen Renaissancestils. In diesem Teil des Schlosses befindet sich auch das sehr besuchenswerte **Apothekenmuseum**. Der Hang zur üppigen Ornamentik steigerte sich im Friedrichsbau von 1601-1607, der durch den vom „Winterkönig" Friedrich V. für seine englische Gattin errichteten Englischen Bau ergänzt wurde. Der berühmte Hortus Palatinus war ein Architekturgarten im italienischen Stil (seit dem 19. Jh. im englischen Stil verwildert). Das vielbesungene Heidelberger Faß (220000 Liter Rauminhalt) wurde 1751 unter Karl Theodor aufgestellt.
Heidelbergs **Universität** gliedert sich in das alte Gebäude von 1713 mit Aula und dem berühmten Karzer, in dem unbotmäßige Studenten schmachten mußten, und die 1919-1932 errichtete Neue Universität. Gegenüber liegt die Universitätsbibliothek, eine der bedeutendsten Bibliotheken im deutschen Sprachraum. Sie umfaßt 1,2 Millionen Bände und 1000 Wiegendrucke. Ihren Ruf verdankt sie vor allem der umfangreichen Handschriftensammlung, deren wertvollstes Stück die Manessische Liederhandschrift ist.

# Heilbronn Käthchenstadt

Was kann den Werbestrategen einer Stadt Besseres passieren, als daß der Stadtname im Titel eines berühmten Dramas auftaucht? So braucht man nur noch alle zwei Jahre ein Käthchen zu küren und hat eine Werbefigur, die obendrein noch traditionsreich erscheint.

Heilbronn liegt beiderseits des Neckar und ist Zentrum einer großen Weingegend. Dieses Zentrum des schwäbischen Unterlandes ist heute ein wichtiger Industrie- und Handelsplatz, der über nicht unbedeutende Hafenanlagen verfügt. Daneben hat Heilbronn aber auch auf kulturellem Gebiet einen guten Namen. Hierzu tragen auch das Württembergische Kammerorchester Heilbronn und das Sinfonieorchester der Stadt bei.

## Geschichte

Helibrunna hieß ein Stammesheiligtum der Alemannen. Doch erste menschliche Siedlungen hat es in dieser Gegend schon vor 30 000 Jahren gegeben. Die heutige Stadt dürfte auf einen karolingischen Königshof zurückgehen, der 741 urkundlich erwähnt wurde. Schon im 12. Jh. hatte die im Schutze dieses Hofes entstehende Siedlung Münz- und Marktrecht sowie einen Neckarhafen. Im folgenden Jahrhundert erhielt man das Stadtrecht und 1371 die Privilegien der freien Reichsstadt. Inzwischen blühte der Handel kräftig. Und einen zusätzlichen Wirtschaftszweig konnte man durch die Umleitung des Neckars unmittelbar an der Stadtmauer vorbei erreichen, nämlich die Belebung einer Mühlenindustrie. 1519 bis 1522 wurde für den Schwäbischen Bund Götz von Berlichingen im Gasthaus »Zur Krone« gefangengehalten. Schwer hatte Heilbronn unter dem 30jährigen Krieg zu leiden, als nacheinander die verschiedenen Parteien die Stadt eroberten und verwüsteten. 1803 dann fiel Heilbronn an Württemberg. Kurz darauf setzte schon die Industrialisierung ein, die nicht nur ein bedeutendes Bevölkerungswachstum brachte, sondern Heilbronn bis zum Jahrhundertende auch zur größten Industriestadt des Landes machte. Schwere Zerstörungen im Zweiten Weltkrieg haben einen Großteil der mittelalterlichen Bausubstanz gekostet.

## Sehenswürdigkeiten

Unter den vielen Restaurierungen in der Altstadt sticht das **Rathaus** hervor mit seinem prächtigen Uhrengiebel. Die komplizierte Kunstuhr stammt von 1580 und belebt ihre Zeitanzeige mit etlichen beweglichen Figuren. An dem Renaissance-Gebäude selbst werden vor allem die eindrucksvolle Freitreppe und der lange Balkon gelobt. Wahrzeichen der Stadt ist der Kirchturm von **St. Kilian**, der mit seinen vielen Balustraden als das erste wichtige Bauwerk der Renaissance in Deutschland gilt. Die Kirche hat ihren Namen von dem Missionar und Begründer des Würzburger Bistums. Im 13. Jh. war mit dem Bau der Kirche begonnen worden – sie erfuhr nach dem Krieg eine besonders sorgfältige Rekonstruktion.

Das Museum für Erd-, Vor- und Frühgeschichte ist in dem interessanten **Fleisch- und Gerichtshaus** beherbergt, das um 1600 entstanden ist. An die ehemalige Stadtbefestigung erinnern der sogenannte **Bollwerksturm** und der **Götzenturm**. Weitere Museen sind: das **Städtische Museum** im Deutschhof, das **Historische Museum**, das sowohl zur Stadtgeschichte als auch bildende Kunst ausstellt; schließlich das **Naturhistorische Museum** und das **Neckarschiffahrtsmuseum**. In **Bad Friedrichshall-Kochendorf** kann man in ein Salzbergwerk abfahren. In **Bad Wimpfen** besucht man die hohenstaufische Kaiserpfalz aus der Zeit um 1200. Der Ort ist eine Pracht an alten Fachwerkhäusern in engen Gassen. In **Lauffen** am Neckar ist Friedrich Hölderlin geboren, hier an der Schwäbischen Weinstraße überrascht auch die mächtige **Pfalzgrafenburg** inmitten des Neckars.

Rathaus am Marktplatz mit Arkaden unter der Freitreppe (links).

Astronomische Kunstuhr von 1580 am Giebel des Rathauses (rechts).

Romantische Ruderfahrt auf dem Neckar (unten).

**Information**
Verkehrsverein
Marktplatz
W-7100 Heilbronn
Tel. (07131) 80774

**Festkalender**
Pferdemarkt (Ende Februar). Internationale Motor- und Rennbootregatta (Pfingstsonntag). Unterländer Volksfest (Juli/ August). Heilbronner Herbst (September).

**Tips**
Von Frühjahr bis Herbst werden etliche Promenadenkonzerte an den Wochenenden veranstaltet. Einen schönen Sommerabend-Ausflug kann man zu den Freilichtspielen Jagsthausen in der Götzenburg unternehmen, wo im Sommer Goethes »Götz von Berlichingen« aufgeführt wird. Heilbronn ist außerdem geradezu umzingelt von deutschen Ferienstraßen.

# Herne Mitten im Revier

Die Stadt bildet den geographischen Mittelpunkt des Reviers. Und so ist Herne auch tatsächlich eine sehr typische Revierstadt, die traditionell vor allem vom Kohlebergbau und seiner Zulieferindustrie lebte. Heute bemüht man sich intensiv um die Umstrukturierung der Wirtschaft.

Der geradezu sprichwörtliche Ruhrgebietsort ist Wanne-Eikel, das 1975 nach Herne eingemeindet wurde. Zu dem größten Umschlagplatz der Bundesbahn für Stückgut und zu einem bedeutenden Verschiebebahnhof verhalf Wanne-Eikel die Lage an einem Schienenknotenpunkt. Die stürmische industrielle Entwicklung hatte die beiden ehemals ländlichen Siedlungen so sehr zusammenwachsen lassen, daß 1926 die Zusammenlegung zur Stadt erfolgte.

## Geschichte

»Haranni« hieß das Dorf, von dem 890 in einer Urkunde die Rede war. Die Ritter von Strünkede ließen sich etwa 1140 ganz in der Nähe nieder und bestimmten für Jahrhunderte das Geschick Hernes. Die bald errichtete Burg wurde mit einem umfangreichen System von Wassergräben gesichert – heute ist sie noch als Schloß zu besichtigen. Alle Versuche, die Macht weiter als nur auf die Nachbardörfer auszudehnen, scheiterten jedoch immer wieder. Die Lehenshoheit über Herne hatte schon früh die Grafschaft Kleve. 1426 kam es zu Auseinandersetzungen um die Selbständigkeit mit Kleve – und prompt büßte man auch noch die Gerichtsbarkeit ein. Im 17. Jh. wurde Herne brandenburgisch-preußisch. Als 1856 der Kohleabbau begann, bildete sich auch schnell eine Eisen- und Stahlindustrie. Zuvor war die andere wichtige Bedingung der Ruhrgebietsindustrialisierung erfüllt worden: der Anschluß an die Köln-Mindener Eisenbahnlinie. Von da an (1847) bis 1914 wuchs die Bevölkerung von Herne um das Sechzigfache. Und 1955 arbeiteten in Herne noch 30 000 Menschen auf den Schachtanlagen. Heute hat man begonnen, die stillgelegten Zechen teilweise zu Industrieparks umzugestalten und neu zu nutzen – so etwa die Zeche »Piepenfritz«, die eigentlich »Friedrich der Große« heißt.

## Sehenswürdigkeiten

Der Neubau des **Schlosses Strünkede** stammt aus dem 16. und 17. Jh. und ersetzte damals die etwas unbequem gewordene gotische Burg. Das Gräftensystem der Wasserburg speiste sich aus den Bächen, die hier auf einer Emscherterrasse zusammenflossen. Als das älteste erhaltene Gebäude Hernes muß die **Schloßkapelle** von 1272 angesehen werden, die im **Schloßpark** zu finden ist. Daneben steht eine englische **Villa**, die um die Jahrhundertwende von der Familie Forell erbaut wurde. In dem Gebäude ist heute die **Städtische Galerie** untergebracht, die ein Teil des **Emschertalmuseums** ist. Die kulturgeschichtlichen Sammlungen befinden sich im Schloß selbst, zu den Themen: regionale Kulturgeschichte, Volkskunde, Schloßdokumentation, Vor-, Früh- und Stadtgeschichte. Außerdem sind eine Bibliothek und eine moderne Kunstsammlung eingerichtet. Dritter Teil des Emschertalmuseums ist das **Heimat- und Naturkundemuseum** in Wanne-Eickel. Hier liegt auch die stillgelegte Zeche »Unser Fritz«, die sich eine Gruppe von Künstlern als Lebens- und Arbeitsraum hergerichtet hat. Einen Einblick in die Geschichte des Lebens in der Bergarbeiterstadt vermitteln auch die vielen noch erhaltenen Arbeitersiedlungen, unter denen **Teutoburgia** die berühmteste ist. Auch von den alten Fabrikanlagen hat man manches aus musealen Gründen erhalten, so zum Beispiel das **Fabrikgebäude** der Firma Flottmann, das stilistisch zwischen ausgehendem Jugendstil und beginnender Neuer Sachlichkeit einzuordnen ist. Ein gewaltiges Freizeitvergnügen stellt der **Revierpark Gysenberg** dar – der erste seiner Art im Ruhrgebiet. Diese moderne Form der Unterhaltung (Aktivarium u. a.) steht in einem interessanten Kontrast zu den 4000 Jahre alten **Hünengräbern** im benachbarten Waldpark.

**Information**
Verkehrsverein
Berliner Platz 11
W-4690 Herne
Tel. (02323) 5952844

**Festkalender**
Die Cranger Kirmes gilt als eines der größten Volksfeste in Deutschland (August). Tage alter Musik (Dezember).

**Tips**
Das Kulturzentrum bemüht sich seit längerem um ein anspruchsvolles und vielfältiges Programm. Abends geht man ins Chaiselongue Bistro oder ins Kannenöfchen. Freizeitfreuden finden die Herner im Revierpark Gysenberg. Kuren kann man in Bad Wanne-Eikel. Ein interessantes Projekt ist die Künstlergemeinschaft auf der ehemaligen Zeche »Unser Fritz«. Wetter werden nach Recklinghausen auf die Trabrennbahn fahren.

Die stillgelegte Zeche „Unser Fritz" dient heute als Künstlerwerkstatt (links oben).

Bemalter Bunker in Sodingen (links unten).

Schloß Strünkede, ursprünglich als Burg für die Ritter von Strünkede errichtet (rechts).

# Hildesheim – »Nürnberg des Nordens«

Die große kulturelle und geschichtliche Bedeutung der Stadt geht auf die frühe Gründung eines einflußreichen Bistums zurück. Eine ungewöhnlich aufwendige Kirchenbautätigkeit und eine Fülle an Fachwerkhäusern machten die Altstadt zu einem Kleinod ersten Ranges – bis Ende des Krieges.

Hildesheim liegt in der fruchtbaren Hildesheimer Börde im nordwestlichen Harzvorland. Doch ist die alte Stadt nicht nur vom Handel und der Landwirtschaft der Umgegend geprägt. Vielmehr wetteifert eine lebhafte Industrie mit der kulturellen Bedeutung Hildesheims und dem Rang der weithin bekannten Museen.

## Geschichte

Daß hier schon lange Menschen lebten, erwies sich spätestens 1868, als man einen im 3. Jh. vergrabenen römischen Silberschatz fand. Vermutlich war dies die Kriegsbeute eines germanischen Fürsten. Der Stadtname geht wohl auf den germanischen Hofbesitzer Hiltwin zurück. Ein Handelsplatz oder vielleicht zunächst auch nur ein Rastplatz für reisende Kaufleute ist im 8. Jh. am östlichen Innerste-Ufer entstanden. Daneben gründete der Sohn Karls des Großen, Ludwig der Fromme, schon 815 das Bistum Hildesheim. Man legte eine Domburg an, um die herum weitere wichtige sakrale Bauten entstanden: das Benediktinerkloster St. Michael, die Kirchen St. Godehardt und St. Andreas und das Stift Heiligkreuz. Bald entstand um den heutigen Alten Markt eine Siedlung, zu der dann der Ortsteil Brühl kam, im 13. Jh. noch um die Neustadt erweitert. Schon im 11. Jh. hatte Hildesheim unter seinen berühmten Bischöfen Bernward, Godehard und Hezilo seine erste kulturelle Blüte, die sich unter anderem in den großartigen Kirchenbauten ausdrückte. In der Hanse spielte die Stadt seit 1367 keine unwichtige Rolle.

## Sehenswürdigkeiten

Mit großem Aufwand wird seit 1983 der Marktplatz restauriert, an dem vor allem das **Knochenhauer Amtshaus** auffällt. Die schöne Rekonstruktion des ursprünglich 1529 errichteten Baus läßt die alte Holzbautechnik mit den ineinander verzahnten Eichen und den Holznägeln gut erkennen. Außerdem stehen am Markt das **Tempelhaus**, das **Bäckeramtshaus** und das spätgotische **Rathaus**. Unter den Sakralbauten ist zunächst der **Dom** hervorzuheben, der zuerst 872 geweiht wurde. An der Außenwand der Chorapsis steht im Kreuzgang der berühmte Tausendjährige Rosenstrauch: Schon im ersten Frühjahr nach der völligen Zerstörung des Doms und der oberirdischen Pflanze sproß wieder ein Trieb aus der alten Wurzel zwischen den Trümmern. Die Hildesheimer nahmen dies als Zeichen für den neuen Aufschwung ihrer Stadt. Im Wiederaufbau des zerstörten Doms mit seiner barocken Ausstattung wurde etwa der Zustand des 15. Jh. zum Vorbild genommen. Auf die Weise läßt sich der alte romanische Baustil noch gut erkennen. Zu den kostbaren Ausstattungsgegenständen zählen der größte deutsche Radleuchter von 1061 und die kunsthistorisch bedeutenden Bronzetüren von 1015. Etliche wichtige Kunstwerke aus ottonischer Zeit bewahrt das **Diözesan-Museum** mit dem Domschatz. Evangelische Hauptkirche Hildesheims ist die von Berward gestiftete und 1033 fertiggestellte Kirche **St. Michael**. Ihre streng romanische Form gibt in der Rekonstruktion gut den Eindruck einer Gottesburg wieder, wie sie symbolisch an der Ostgrenze des Kaiserreichs errichtet wurden. Ein besonders seltenes Beispiel spätgotischer Monumentalmalerei ist die bemalte Decke. Im Innern nicht unähnlich zeigt sich die im Krieg fast nicht beschädigte **St.-Godehard-Kirche** aus dem 12. Jh. Sie gilt als ein besonders unverfälschtes Beispiel norddeutscher Romanik. Aus dem 11. respektive 12. Jh. stammen auch die **St.-Mauritius-** und die **Heiligkreuzkirche**. Das **Römer- und Pelizaeus-Museum** geht auf zwei Stiftungen zurück und macht seit vielen Jahren immer wieder durch spektakuläre Ausstellungen auf sich aufmerksam.

**Information**
Verkehrsverein
Am Ratsbauhof 1c
W-3200 Hildesheim
Tel. (05121) 15995

**Festkalender**
Jazztime (Pfingsten am Stadttheater). Sommerliche Kirchenmusik (donnerstags 20 Uhr, Juni bis August: in St. Michael, im September in St. Andreas). Schützen- und Volksfest (auf dem Schützenplatz im Juni).

**Tips**
Das Stadttheater mit seinen Sparten Ballett, Musical, Oper, Operette, Schauspiel ist sehr rege und erfolgreich. Es existieren auch einige Kleinkunsttheater. Jazz und Folk bietet außerdem der Cyclus 66. In Bad Gandersheim finden im Juni/Juli die Domfestspiele statt. Bei einem Besuch hier wirft man gleich einen Blick auf und in die romanische Stiftskirche aus dem 11. Jh.

Der Marktplatz mit dem Kochenhauer-Amtshaus (links oben).

In streng romanischer Form präsentiert sich die St.-Michaels-Kirche (links unten).

Heti aus dem Römer- und Pelizaeus-Museum (rechts).

# Bad Homburg Vornehmer Kurort

Die Stadt hat es seit über 100 Jahren gut verstanden, ihren Ruf als vornehmer Kurort zu bewahren. Dabei ist sicher auch die vorsichtige Distanz zum Frankfurter Moloch behilflich gewesen. Heute ist Bad Homburg als Wohnort am Rande des Rhein-Main-Gebiets beliebt.

Zwar verfügt Bad Homburg längst über eine beachtliche Industrie, aber der Lebenswert wird hier ungleich höher eingeschätzt als in einer der benachbarten Großstädte. Und das Selbstverständnis der Homburger scheint mehr aus der Ahnenreihe ihrer vornehmen Kurgäste als dem selbsterwirtschafteten Wohlstand zu resultieren.

## Geschichte

Die Herren von Epstein verloren die kleine Siedlung 1487 an die Grafen von Hanau, welche wiederum 1583 die Macht an die Landgrafen von Hessen abgaben. Ab 1622 dann herrschte die Nebenlinie von Hessen-Homburg hier, die in der Stadt ihre Residenz einrichtete. Besonders Friedrich II., der berühmte Prinz von Homburg aus Kleists Drama, wurde für Homburg wichtig. Er ließ nicht nur ab 1680 die alte Homburg zu einem neuen und repräsentativen Barock-Schloß umgestalten, sondern er siedelte auch Hugenotten an, um deren wirtschaftliches Geschick man wußte.

Schon die Römer kannten die wohltuende Wirkung der Salzquellen dieser Gegend. Seit 1834 aber gibt es einen planmäßigen Kurbetrieb in Bad Homburg. Vor allem die Errichtung der ersten Spielbank der Welt sorgte dafür, daß hier besonders der Hochadel im 19. Jh. gerne kurte. Als Homburg 1866 an Preußen kam, wurde das Schloß Sommersitz und beliebter Aufenthalt der preußischen Könige und deutschen Kaiser. Heute residieren in Bad Homburg auch wichtige Institutionen wie die Bundesschuldenverwaltung und das Bundesausgleichsamt.

## Sehenswürdigkeiten

Durch das **Schloß** werden Führungen veranstaltet. Berühmt sind das Vestibül, das Spiegelkabinett und die in einen Schloßflügel integrierte Emporenkirche. Auf Reste der alten **Stadtbefestigung** aus dem 14. Jh. kann man in der hübschen **Altstadt** treffen, daneben liegt die planmäßig errichtete **Neustadt**, in der die Hugenotten angesiedelt wurden. Freunde des Jugendstils werden ein besonderes Augenmerk auf die byzantinischen Elemente der 1902 bis 1908 erbauten **Erlöserkirche** haben. Die benachbarte **Marienkirche** ist vor allem wegen der Homburger Pietà (14. Jh.) bekannt. Schon 1705 ist mit dem Bau des **Hauses** von Hofrat Isaak von **Sinclair** begonnen worden, das gegenüber dem Eingang zum Schloßpark steht. Aus dem 19. Jh. stammen etliche guterhaltene klassizistische Villen, die vielfach nach dem Einsetzen der Bademode von vornehmen Weltbürgern errichtet wurden. Der 44 Hektar große **Kurpark** ist wesentlich von dem berühmten Gartenbauer Lenné geprägt und verfügt über unzählige seltene alte Bäume. Das **Kaiser-Wilhelm-Bad**, die **Russische Kapelle**, der **Siamesische Tempel** und viele andere Schmuckbauten des Parks sind vorwiegend gegen Ende des letzten Jh. entstanden. Im **Gotischen Haus**, einem ehemaligen Jagdschloß (1823 bis 1826), sind heute das Hutmuseum und das Stadtarchiv untergebracht.

Zwischen Bad Homburg und Usingen ist das Römerkastell **Saalburg** nachgebaut worden. Es wurde ursprünglich im 2. Jh. anstelle eines älteren Erdkastells angelegt und diente als Standort einer Kohorte, die den hier verlaufenden Limes schützen sollte. Neben dem Kastell sind Reste der Lagersiedlung und die Rekonstruktion eines Heiligtums zu sehen. Die von Kaiser Wilhelm in Auftrag gegebene Wiedererrichtung des 260 aufgegebenen Kastells vermittelt einen sehr lebhaften Eindruck vom Leben der Römer in einer Gegend, die für sie der hohe Norden war.

Einer der Schmuckbauten im großen Kurpark: der Siamesische Tempel (links).

Blick auf den Schloßgarten mit Schloß und Weißem Turm (rechts).

Elisabethenbrunnen im Kurpark (unten).

**Information**
Verkehrsamt
im Kurhaus
W-6380 Bad Homburg v. d. H.
Tel. (06172) 121310

**Festkalender**
Bedeutende Kurkonzerte.

**Tips**
Im ältesten Spielcasino der Welt sollte man es vorsichtiger anstellen als mancher berühmte Vorgänger.
In Saalburg ist ein altes Römerkastell auf den originalen Fundamenten rekonstruiert worden. Im Saalburgmuseum können die Ausgrabungsfunde besichtigt werden. Neu-Anspach bietet das Freilichtmuseum Hessenpark, in dem historische Bauern- und Handwerkerhäuser ausgestellt sind. Im Taunus sind Wanderungen auf den (888 m hohen) Großen Feldberg beliebt. Auf dem Kleinen Feldberg daneben ist ein Aussichtsturm errichtet.

# Höxter – Eine Stadt und ein Kloster

**Zwar war Huxori älter als das Kloster, aber der Ort wurde schon früh der Abtei geschenkt und versucht seither, sich aus dieser Abhängigkeit zu befreien. Das ist nur zum Teil gelungen, denn auch heute kommen die meisten Besucher wegen des Klosters hierher.**

Heute liegt Höxter etwas abseits der großen Verkehrswege – das war nicht immer so. Denn nicht nur kreuzten hier alte Handelswege die Weser, vor allem wegen der berühmten Abtei führten im Mittelalter viele Wege nach Höxter. Heute ist die Stadt ein wirtschaftliches Zentrum an der Oberweser, aber ein hoher Anteil an Landwirtschaft und Holzverarbeitung macht schon deutlich, daß Höxter keine Industriestadt ist.

## Geschichte

Karl der Große hatte hier einen seiner Königshöfe eingerichtet. Diese »Villa Huxori« mit der gesamten Umgebung schenkte Ludwig der Fromme dann der gerade (822) gegründeten Abtei Corvey. Französische Benediktiner aus Corbie an der Somme hatten hier mit Unterstützung des karolingischen Kaiserhauses ein ebenso gewaltiges wie wehrhaftes Kloster errichtet. »Nova Corbeia« wurde mit reichhaltigem Besitz ausgestattet und war Ausgangspunkt der Missionierung des deutschen Nordens. Wichtige Nachbarbistümer wurden von hier besetzt. Im hohen Mittelalter galt Corvey als geistiges wie geistliches Zentrum Norddeutschlands. Die Kaiser besuchten die Abtei, hier wurden Reichstage abgehalten. Nach einem Niedergang im Spätmittelalter brachte der 30jährige Krieg eine fast völlige Zerstörung. Insbesondere wurden bedeutende Teile der kostbaren Bibliothek eingebüßt. Die Klosterstadt Corvey war schon 1265 militärisch niedergerungen worden. Seitdem nahm die Bedeutung Höxters (Stadtrecht: etwa 1235) stetig zu. Noch im 13. Jh. wurde die Stadt Hansemitglied, die zeitweise Hauptstadt der reichsunmittelbaren Fürstabtei Corvey war. Wurden die Reste der kostbaren Klosterbibliothek nach der Säkularisation 1803 verscherbelt, so brachte der Landgraf von Hessen-Rotenburg seine eigene wertvolle Bibliothek mit: Deshalb konnte später Hoffmann von Fallersleben, der Dichter des Deutschlandliedes, hier überhaupt als Bibliothekar wirken. Heute gehört die Anlage dem Herzog von Ratibor.

## Sehenswürdigkeiten

In der Altstadt von Höxter drückt sich allerorten das bürgerliche Selbstbewußtsein der erfolgreichen Handelsstadt aus. Insbesondere das **Rathaus**, von 1610 bis 1613 erbaut, verdient Aufmerksamkeit. Ein spätromanisches Steinrelief von 1260 stellt in der Eingangshalle den städtischen Waagemeister dar. Auffällig ist der angebaute Turm mit dem Glokkenspiel. Aus dem 11. Jh. stammt die **Kilianikirche**, die zweischiffige Kirchenhalle wurde jedoch erst im 15. Jh. errichtet. Das aufwendige Westwerk bezeugt die Konkurrenz mit Corvey auch auf architektonischem Gebiet. Die frühgotische **Minoritenkirche** beherbergt einen wertvollen Lettner aus steinernen Baldachinen. Eindrucksvolles Beispiel der Holzbaurenaissance ist die **Dechanei** (1561), ein früherer Adelshof. Daneben sind in der Innenstadt aber etliche Renaissance-Fachwerkhäuser ansprechend renoviert worden.

Ältester Teil des **Klosters Corvey** ist das Westwerk der **Klosterkirche** (873 bis 885), das älteste mittelalterliche Bauwerk in Westfalen überhaupt. Die Ausstattung der Kirche entstammt überwiegend dem Barock, insbesondere die zweigeschossige Kaiserkapelle aber ist älter, an ihren Wänden finden sich Reste von Wandmalereien aus dem 9. Jh. Von der alten wehrhaften Klosteranlage ist nur noch die Außenmauer zu erkennen, alles übrige ist im Barock zu einem **Schloß** umgestaltet worden. In dessen Prunkräumen finden heute Musikveranstaltungen statt.

**Information**
Fremdenverkehrsamt
Am Rathaus 7
W-3470 Höxter
Tel. (05271) 63431

**Festkalender**
Corvey-Musikwochen (Mai/Juni). Vitus-Kulturwochen (Juni). Schützenfest (alle zwei Jahre, Juli). Stadtfest (September).

**Tips**
Wer Höxter besucht, wird einen Abstecher zum Kloster Corvey unternehmen. Für ausgedehnte Spaziergänge ist der Naturpark Solling-Vogler bestens geeignet. Einen vielgerühmten Aussichtspunkt findet man auf dem Köterberg. In Holzminden trifft man auf etliche hübsche Fachwerkhäuser. Fürstenberg auf der anderen Weserseite ist die Heimat des berühmten Porzellans. Weserabwärts gelangt man zur Hugenottenstadt Bad Karlshafen.

Eingang zur Kirche des Klosters Corvey (oben).

Detailansicht des Hauses „Dechanei“ und Teil vom Haus Schäfer (unten).

# Husum – Graue Stadt am Meer?

Man muß wohl schon Husumer sein, um verstehen zu können, wie das reizende Städtchen an der schleswig-holsteinischen Westküste sich dieses herbe Prädikat von Theodor Storm verdient hat. Dem heutigen Besucher erscheint Husum eher bunt und abwechslungsreich.

Vielen Erzählungen Storms ist seine norddeutsche Heimatstadt als Ort der Handlung hinterlegt. Doch so ganz will das heutige Bild Husums zu den oft melancholischen Stimmungen in Storms Geschichten nicht passen. Allerdings kann man heute wohl auch nicht leicht mehr ermessen, wie stark sich die Prägung durch das allgewaltige Meer im Charakter des Ortes ausgewirkt hat, als die Menschen nur mit Schaufeln und Sand den Gefahren begegnen konnten.

## Geschichte

Husums Aufstieg begann mit einer Katastrophe: Die große Sturmflut von 1362 zerstörte große Teile der Husum vorgelagerten Insel Nordstrand und ließ einen schiffbaren Meerzugang für Husum entstehen. So entstand ein Hafen – und bald war Husum eine wichtige Station im Handel mit Holland. Seinen Rang als Handelszentrum konnte Husum auch durch die zweimal jährlich stattfindenden Viehmärkte stärken. 1603 erhielt der Ort Stadtrecht, nachdem er bereits 1527 (als erster in Schleswig-Holstein) zum Protestantismus übergetreten war. Im 16. Jh., der Zeit der Blüte Husums, entstand auch das herzogliche Schloß. Einen nachhaltigen Rückschlag erlebte die Stadt im nordischen Krieg Anfang des 18. Jh. – seither führt sie ihr behagliches Kleinstadtleben. Dabei spielte natürlich seit je auch die Fischerei eine wichtige ökonomische Rolle. Besondere Attraktion für die Touristen im Frühjahr sind die in der Stadt brütenden Störche.

## Sehenswürdigkeiten

Trotz seiner barocken Renovierungen 1752 zählt das Husumer **Schloß** zu den bedeutendsten Renaissancezeugnissen; das ist besonders markant am Portal des **Torhauses**. Zum Wahrzeichen der Stadt ist der renovierte Turmhelm des Schlosses geworden. In dem auf dem Grund eines alten Klosters errichteten Schloß sind Rittersaal, Empfangsräume und Treppenhaus als Museum zugänglich, beachtenswert sind auch zwei aufwendig verzierte Kamine. Berühmt ist im Frühjahr die Krokusblüte im **Schloßpark**, wenn sich ein riesiger violetter Blütenteppich über den Rasen legt. Hier ehrt Husum auch mit dem **Theodor-Storm-Denkmal** seinen berühmtesten Sohn.

Bei einem Bummel durch die Stadt wird man auf viele alte **Friesenhäuser** stoßen, bei denen besonders auf die Giebel zu achten ist. Auf dem Marktplatz steht ein hübscher Brunnen mit dem von den Husumern geliebten bronzenen **Fischermädchen** – der Tine. An der Nordseite des Platzes befindet sich das **Geburtshaus Theodor Storms** (1817 bis 1888). Direkt gegenüber steht die kunstgeschichtlich wichtige, rein klassizistische **Predigtkirche**, die der bedeutende Architekt Christian Frederik Hansen 1829 bis 1833 seiner Vaterstadt an der Stelle baute, wo zuvor die stattliche mittelalterliche **Marienkirche** gestanden hatte. Hier befindet sich auch das 1601 errichtete und danach vielfach umgestaltete **Rathaus**, das man heute wieder in der Gestalt des 18. Jh. sehen kann. Einem besonderen Volkssport kann man im Sommer beiwohnen, wenn die Stadtjugend sich in dem in dieser Region so beliebten **Ringreiten** mißt. Dabei muß man vom Pferde aus mit einem kleinen Stock einen an einem Seil aufgehängten Ring im Vorbeireiten treffen. Einen deutlichen Eindruck vom Leben mit der See bekommt der Besucher, der sich einen Koog ansieht und begreift, wie mühsam es ist, dem Meer im Laufe vieler Jahre ein wenig des Landes wieder abzutrotzen, das es sich immer mal wieder geholt hat.

Der renovierte Turmhelm des Schlosses (links).

Blick auf die Hafenstraße (oben).

Wochenmarkt auf dem Marktplatz vor der Marienkirche (unten).

**Information**
Tourist-Information
Rathaus
W-2250 Husum
Tel. (04841) 66991

**Festkalender**
Bürgervogelschießen (Juli/August). Hafenfest (August).

**Tips**
Storm-Museum (Wasserreihe 31, April bis Oktober); Nordfriesisches Museum im Nissenhaus (Landschafts- und Kulturgeschichte Nordfrieslands; Herzog-Adolf-Straße 25). Schiffsfahrten zu den nordfriesischen Inseln, den Halligen der Wattenmeere und nach Helgoland. Versäumen Sie nicht den Abstecher nach »Neu-Amsterdam« (Friedrichstadt) mit seinen vielen Kanälen und Brücken. Die frischesten Krabben in Husum gibt's bei der Fischereigenossenschaft (Am Außenhafen).

# Idar-Oberstein Die Edelstein-Stadt

Die Kleinstadt an der Mündung des Idarbaches in die Nahe ist – neben Amsterdam – eines der wichtigsten europäischen Edelsteinzentren. Das Nahetal ist hier eng und von Steilwänden geprägt, so daß sich die kleinen Häuser eng an die Berge pressen.

»Spießbraten« ist eine idar-obersteinsche Spezialität, von der der Besucher lernt, daß sie gar nicht am Spieß, sondern auf einem Schwenkrost gebraten wird. Das Rezept – viele Zwiebeln und scharfe Gewürze – soll von Edelsteinsuchern aus Brasilien mitgebracht worden sein. Das traditionelle Spießbratenfest findet im Juni statt.

## Geschichte

Aus Münzfunden können die Historiker herleiten, daß schon die alten Römer hier gesiedelt haben. Von der kleinen Herrschaft Oberstein berichtet dann aber erst wieder eine Urkunde aus dem Jahre 1075. Die Herrschaft konnte später ausgeweitet werden. Ihren Anfang nahm die Edelsteinindustrie durch den Achatabbau, der seit 1454 belegt ist. Kurz darauf begann man auch mit der Achatschleiferei und baute außerdem Jaspis und Chalcedon ab. Mit der Zunftordnung der Achatschleifer durch Graf Philipp Franz von Daum-Oberstein von 1609 begann ein kontinuierlicher Aufschwung des Gewerbes. Die Schleiferei und Verarbeitung wurde so wichtig, daß hier ein Schwerpunkt der Edelsteinindustrie blieb, als zu Beginn des 19. Jh. der Abbau eingestellt wurde. Seither werden die meisten Edelsteine importiert. Allerdings wird nicht mehr mit Wasserkraft geschliffen – außer in einigen museal hergerichteten Schleifereien, an denen die Besucher das mühsame Geschäft von einst noch vorgeführt bekommen. Längst werden hier auch Schmuckstücke aller Art hergestellt und in den ungezählten Läden angeboten. Die Stadt ist 1933 durch Zusammenlegung von Oberstein, Algenrodt und Idar (mit Tiefenstein) entstanden und hat durch die Gemeindereform 1969 noch einmal an Fläche gewonnen. Seit 1974 hat hier die Diamant- und Edelsteinbörse ihren Sitz.

## Sehenswürdigkeiten

Die **Felsenkirche** ist direkt über Oberstein in die Felswand gebaut. Im 15. Jh. hat man die Nische in die Wand gebrochen, um über einer Quelle die Kirche zu errichten. Leider machten die herabstürzenden Steine im Laufe der Jahrhunderte einige bauliche Veränderungen notwendig. Wertvollstes Ausstattungsstück ist der Flügelaltar von 1420. Oberhalb der Kirche liegen auf demselben Berg die Ruinen der **Alten** und der **Neuen Burg** aus dem 11. und 12. Jh. Allerdings ist der herrliche Blick über das Nahetal von hieraus etwas getrübt durch die Autobahn, die das Tal verunziert.

Wer sich für Edelsteine begeistert, der wird das 22stöckige Gebäude der **Edelsteinbörse** aufsuchen. Hier befindet sich im ersten Stock auch das **Deutsche Edelsteinmuseum**, das die größte Sammlung dieser Art in Europa präsentieren kann. Von der traditionellen, wassergetriebenen Schleiferei kann man sich in der **Weiherschleife** (zwischen Idar und Tiefenstein) einen Eindruck verschaffen. Bei der Besichtigung der Edelsteinminen im **Steinkaulenberg** (bei Algenroth) hofft mancher Besucher auf die Entdeckung einer kleinen Kostbarkeit – und das nicht ganz zu Unrecht: Denn die Grubenvorräte in dieser Gegend sind keineswegs erschöpft. Der Abbau rentiert sich nur nicht mehr im Vergleich mit der Importrohware. In den einzelnen Ortsteilen von Idar-Oberstein finden sich etliche gut erhaltene **Fachwerkhäuser**. Man kann studieren, wie die Raumnot die Menschen zwang, ihre Häuser kunstvoll ineinander zu verschachteln. Edelsteinschleifereien kann man hier überall – wie auf den verschiedenen Stationen der in Idar-Oberstein beginnenden **Edelsteinstraße** – besichtigen.

**Information**
Verkehrsamt
Bahnhofstraße 13
W-6580 Idar-Oberstein
Tel. (06781) 27025

**Festkalender**
Maimarkt in Oberstein. Spießbratenfest (Juni). Altstadtfest in Idar (August). Schloßtage (August). Stadtfest in Oberstein (September). Pantomimenfestival (Oktober). Weihnachtsmärkte. Mehrere Kirmes-Märkte im Laufe des Jahres.

**Tips**
Die Deutsche Edelsteinstraße zieht sich durch die Region und bietet landschaftliche Reize. Zur Ruppenthal KG gehört der Edelsteinpark in Hattgenstein, wo es viele Möglichkeiten gibt, sich über die Kunst der Edelsteingewinnung und -verarbeitung zu informieren.

Hoch auf dem Felsen die Ruinen der Alten und der Neuen Burg (links).

Seit Jahrhunderten pflegt man hier die Kunst der Edelsteingewinnung und -verarbeitung (oben).

Die Felsenkirche über Oberstein mit wertvoller Innenausstattung (unten).

# Ingolstadt – Die »Schanz« an der Donau

Nach einer lang zurückreichenden historischen Bedeutung wurde Ingolstadt Anfang des 19. Jh. zu einer Landesfestung ausgebaut. Von den umfangreichen Bauten rührt der volkstümliche Name »Schanz« für die Stadt am Südrand der Schwäbischen Alb.

Heute ist Ingolstadt ein wichtiger Industriestandort, zu dem vor allem in den Randbezirken auch weniger schöne Neubauviertel gehören. Von der mittelalterlichen Stadtanlange dagegen kann man in der Innenstadt noch viel erkennen, auch wenn natürlich manches alte Gebäude inzwischen ersetzt worden ist.

## Geschichte

806 ist der Ort erstmals urkundlich erwähnt, dabei haben hier in der Gegend schon Kelten und Römer gesiedelt. Hier kreuzten sich zwei Handelswege, und so bezog Ingolstadt während des gesamten Mittelalters seinen Wohlstand aus dem Fernhandel. Im 13. Jh. gelangte der Ort an die Wittelsbacher, die ihn nachhaltig förderten und ausbauten. 1392 schließlich wurde Ingolstadt Hauptstadt eines selbständigen bayerischen Teilherzogtums. Nun wurde noch einmal kräftig in die Stadt investiert – neben dem Neuen Schloß entstanden das Liebfrauenmünster und das Pfründnerhaus. Nachdem im 15. Jh. Ingolstadt dann schon wieder an die Landshuter Linie der Wittelsbacher fiel, wurde die Stadt mit der Gründung der ersten bayerischen Universität quasi entschädigt. 1800 wurde diese Universität, die inzwischen längst einen sehr guten Ruf genoß, zunächst nach Landshut und dann nach München verlegt. Da Ingolstadt nordwestlicher Grenzort von Bayern war, erklärte man es 1539 zur Landesfestung. Die Befestigungsanlagen waren so kräftig, daß sie auch im 30jährigen Krieg nicht überwunden werden konnten. Napoleon erst sorgte dafür, daß diese Anlagen abgerissen und die Soldaten aus Ingolstadt abgezogen wurden. Doch schon 1827 erklärte Ludwig I. Ingolstadt erneut zur Landesfestung, ließ neue, klassizistische Festungswerke errichten, vor denen breites Schußfeld freigehalten wurde: Daher umzieht noch heute die Innenstadt ein breiter Grüngürtel.

Das Liebfrauenmünster gilt als bedeutendes Werk der Spätrenaissance (oben).

Von der mittelalterlichen Stadtanlage zeugt die teilweise erhaltene Stadtmauer (links).

Einblick ins Bayerische Armeemuseum im Neuen Schloß (rechts).

## Sehenswürdigkeiten

Bereits im 13. Jh. erbauten die Wittelsbacher ihr erstes Schloß, das wegen seiner Form als »**Herzogkasten**« verspottet wurde. Der Nachfolgebau war dann das im Verlauf des 15. Jh.s von Ludwig dem Gebärteten errichtete **Neue Schloß**. Es erfuhr später einige bauliche Veränderungen und beherbergt heute das **Bayerische Armeemuseum**. Drei verschiedene Mauerringe gehörten zu den umfänglichen mittelalterlichen **Befestigungsanlagen**. Etliches von den alten Anlagen ist noch erhalten, die vielfach inzwischen zu Wohngebäuden geworden sind. An vielen Stellen ist der Wehrring durch **halbrunde Türme** verstärkt. Als einziges von den wichtigeren Toren hat das gewaltige **Kreuztor** im Westen (14. Jh.) die Zeiten überdauert. Bedeutendste Kirche der Stadt ist die **Stadtpfarrkirche zu Unserer Lieben Frau**, deren Vorgängerbauten auf karolingische Zeit zurückgehen. Die heutige Kirche entstand seit dem 14. Jh., im Innern ist ein gewaltiger Renaissance-Hochaltar mit 91 einzelnen Bildern von kunsthistorischem Rang. An der Rokoko-Kirche **Maria de Victoria** ist das 490 m² große Deckenfresko von C. D. Asam sehr beeindruckend. »**Kavalier Hepp**« und »**Reduit Tilly**« heißen Teile der klassizistischen Festunganlagen, die die Alliierten nach dem Ersten Weltkrieg weitgehend schleifen ließen. Im **Tillyhaus** an der Johannesstraße starb der berühmte Feldherr des 30jährigen Krieges an den schweren Verletzungen, die er sich bei Rain am Lech zuzog. In der **Hohen Schule**, dem ehemaligen Pfründnerhaus (ab 1434), hatte die Universität ihren Sitz. Am Rande der Innenstadt sind etliche Parkplätze eingerichtet, wo man den Wagen gut abstellen und die Altstadt zu Fuß erkunden kann.

**Information**
Verkehrsamt
Rathausplatz 2/4
W-8070 Ingolstadt
Tel. (0841) 305417

**Festkalender**
Ingolstädter Kultursommer (Juni bis Oktober an mehreren Samstagen im Monat). Weinfest der Partnerstadt Carrara (Juni). Großes Bürgerfest (Juli). Ingolstädter Jazztage (August, Oktober). Septemberdult.

**Tips**
Ingolstädter Orgeltage (im Münster und in Maria de Victoria, Juli bis September); es gibt darüber hinaus viele ansprechende Musikveranstaltungen. Das Stadttheater hat eine anerkannt überregionale Bedeutung. Das Medizinhistorische Museum befindet sich in der alten Anatomie, das Bayerische Armeemuseum im Neuen Schloß, interessant ist auch das Stadtmuseum. In den Audi-Werkshallen nördlich von Ingolstadt kann man Führungen mitmachen.

# Jena
# Alte Hochschulstadt

Weinbau, Wissenschaft und optische Industrie brachten der Stadt an der Saale zunächst behäbigen Wohlstand und dann Weltruf. Nach schweren Kriegsschäden ist heute viel Sehenswertes wieder restauriert.

## Geschichte

„Jani" gab es nachweislich schon 881, im 13. Jh. bekamen die Jenaer Stadtrecht, und 1331 kam die kleine Stadt an die Wettiner. Da keine große Handelsstraße in der Nähe war, entwickelte sich bis zum 16. Jh. nur der Weinbau zu einem einträglichen Geschäft.

Ein erster Aufschwung kam erst 1558, als die Universität gegründet wurde. Nun wurde so mancher Winzerhof zum Professorenhäuschen oder zur Pension für Studenten.

Anfang des 18. Jh. gab es in Jena schon 1800 Studenten. Hier lehrten die berühmtesten Philosophen, und bis Ende des 18. Jahrhunderts war Jena zur Hochburg der deutschen idealistischen Philosophie geworden. Mit Goethe und Schiller entfaltete sich die klassische deutsche Literatur, im Kreis um die Gebrüder Schlegel entstand ein wichtiger Beitrag zur Literaturtheorie, Literaturkritik und Ästhetik jener Zeit. In den Werken Ludwig Tiecks, Clemens von Brentanos und Novalis' kristallisierte sich die Frühromantik heraus.

Der wirtschaftliche Aufschwung erreichte Jena erst in der zweiten Hälfte des vorigen Jahrhunderts. 1846 gründete Carl Zeiss sein „Atelier für Mechanik", das nach 20 Jahren Bestehen gerade 20 Mitarbeiter hatte. Erst mit dem Physiker Ernst Abbe kamen die wissenschaftlichen Grundlagen für den Mikroskopbau ins Haus, so daß 1886 das zehntausendste Mikroskop Jena verlassen konnte. Als schließlich der Glaschemiker Otto Schott, dessen feuerfestes Glas unter dem Markennamen „Jenaer Glas" weltbekannt wurde, die nötigen Glasqualitäten liefern konnte, gab es für die Zeiss-Werke keine Grenzen mehr. Was immer an optischen Präzisionsgeräten denkbar war, in Jena wurde und wird es bis heute produziert.

## Sehenswürdigkeiten

Von den Bomben verschont blieb Jenas altes Zentrum, der **Marktplatz**. Seine Südwestseite ziert das spätgotische **Rathaus**, ein Doppelhaus mit zwei Walmdächern und einem barocken Turm dazwischen. Gleichfalls noch aus der Gotik stammt die „Alte Göre" mit einem interessanten Giebel an der Nordseite. Das Haus beherbergt heute das **Stadtmuseum** mit einer sehenswerten Sammlung sakraler mittelalterlicher Kunst sowie Exponaten zur Geschichte der Stadt und der Universität. Das Denkmal in der Mitte des Marktes heißt **Hanfried-Denkmal** und ist Johann Friedrich dem Großmütigen, dem Gründer der Jenaer Universität, gewidmet.

Die **Stadtkirche St. Michael** aus dem 15./16. Jh. zählt mit ihrem dreischiffigen spätgotischen Hallenbau zu den eindrucksvollsten Hallenkirchen Thüringens.

Spaziert man vom Rathaus nach Westen, kommt man zu zwei Gebäuden höchst unterschiedlicher Bedeutung. Auf der linken Seite steht das ehemalige **Dominikanerkloster** und spätere **Collegium Jenense**, das für rund 300 Jahre Jenas erste Universität beherbergte. Auf der rechten Seite ragt das 120 m hohe **Universitätshochhaus** in den Himmel.

Das Hauptgebäude der heutigen **Friedrich-Schiller-Universität** steht dort an der Goethe-Allee, wo einst das herzogliche Schloß stand. Interessant ist die Innenausstattung mit zahlreichen Gelehrtenportraits in den Fluren. Das **Frommannsche Haus** in der Goethe-Allee 18 war zu Zeiten Goethes Treffpunkt der namhaften Vertreter des deutschen Geisteslebens. Aus dem früheren fürstlichen Lustgarten an der Goethe-Allee wurde seit 1794 Jenas berühmter **Botanischer Garten** mit rund 12 000 Pflanzen aus allen Teilen der Erde.

Das Haus Goethe-Allee 26, das ehemalige Inspektorhaus, war zwischen 1817 und 1822 immer wieder Wohn- und Aufenthaltsort Goethes. Heute ist dort eine **Goethe-Gedenkstätte** eingerichtet.

Nördlich der Goethe-Gedenkstätte steht das berühmte **Zeiss-Planetarium** von 1926. Es ist gleichzeitig das älteste noch erhaltene Zeiss-Planetarium der Welt und andererseits durch laufende Nachrüstung das technisch modernste.

Einzigartig auf der Welt ist auch das **Optische Museum** am Carl-Zeiss-Platz. Nicht weniger als 12 000 Exponate dokumentieren ein Jahrhundert optische Industrie. Vor dem Museum steht das 1911 fertiggestellte **Abbe-Denkmal**. Den Entwurf für den achteckigen tempelähnlichen Bau schuf Henry van de Velde.

Das einstige **Wohnhaus Fichtes** ist heute Gedenkstätte der deutschen Frühromantik, das **Sommerhaus Schillers** ist die einzige erhaltene Schiller-Gedenkstätte in Jena. Hier entstand ein großer Teil seiner Werke.

Der Zerstörung entgangen: Alte Häuser im Zentrum der Stadt (oben).

Zwei Welten stoßen aufeinander: Das spätgotische Rathaus wird überragt vom 120 m hohen Universitätshochhaus (rechts).

**Information**
Jena-Information
Neugasse 7
O-6900 Jena

**Festkalender**
Festtage der Chorsymphonik (zweijährlich).

**Tips**
Vom Café in der 26. Etage des Universitätshochhauses prächtiger Blick über die ganze Stadt. In Cospeda museale Gedenkstätte über die Schlacht bei Jena und Auerstedt im Jahre 1806.

# Kaiserslautern Im Herzen der Pfalz

Die Stadt, in der sich Kaiser Barbarossa einst eine Pfalz errichtete, ist heute das kulturelle und ökonomische Zentrum des Pfälzer Waldes. Wo in früheren Zeiten Handel, Handwerk und Landwirtschaft vorherrschten, ist inzwischen eine blühende Industrie bestimmend.

So geschichtsträchtig Kaiserslautern ist, so wenig sieht man es der modernen Großstadt (Einwohner: 100 000) auf den ersten Blick an. Denn dafür haben zu viele Schläge im Laufe der Jahrhunderte die Stadt getroffen, insbesondere der letzte Krieg hat noch einmal schwer in der alten Bausubstanz gewütet.

## Geschichte

Schon in vorgeschichtlicher Zeit haben hier Menschen gesiedelt, im zweiten Jahrhundert n. Chr. waren es dann die Römer, die sich hier an der Kreuzung wichtiger Handelswege festsetzten. Einen fränkischen Königshof hat es dann an der Lauter schon im Mittelalter gegeben. Als Villa Luthra ist er im Jahre 822 bezeichnet worden. Markt- und Zollrechte hat der Ort bereits 985 erhalten. Der Stauferkönig Friedrich I., der spätere berühmte Kaiser Barbarossa, hat dann ab 1152 neben der alten Burg eine Kaiserpfalz errichten lassen. Daran schloß sich dann der erste Aufschwung Kaiserslauterns an, das 1276 von Rudolf I. von Habsburg zur freien Reichsstadt erhoben wurde. Nun verpfändete man die Stadt mehrfach an verschiedene Staaten, bevor sie 1375 dann dauerhaft zum kurpfälzischen Lehen wurde. Im späten 16. Jh. begann Pfalzgraf Johann Kasimir größeren Einfluß auf Kaiserslautern zu nehmen – der berühmte Jäger von Kurpfalz. Danach ging es erst mal bergab: Im 30jährigen Krieg kam es beim sogenannten Kroatensturm zu schweren Zerstörungen. Nachdem Frankreichs Ludwig XIV. Erbansprüche auf die Pfalz angemeldet hatte, brach Ende des 17. Jh. der Pfälzische Erbfolgekrieg aus, der die Stadt wieder schwer mitnahm. Daß Napoleon später gerade hier eine Präfektur etablierte, leitete eine Erholung Kaiserslauterns ein. Mit dem Eisenbahnanschluß 1850 dann begann der erneute wirtschaftliche Aufschwung. Nach dem Krieg waren die hier stationierten amerikanischen Soldaten ein bedeutender Wirtschaftsfaktor.

## Sehenswürdigkeiten

Die zerstörerische Geschichte hat weder von der **Kaiserpfalz** noch von J. Kasimirs **Renaissanceschloß** mehr als Ruinen übriggelassen. Heute benutzt die Stadt die Anlagen gelegentlich für kulturelle Veranstaltungen. Ganz in der Nähe steht die **Fruchthalle**, die ein Münchner Architekt Mitte des letzten Jahrhunderts nach florentinischem Vorbild konstruierte. Die **Stiftskirche St. Martin und Maria** ist eine ehemalige Prämonstratenserkirche aus dem 13. Jh. Später kam ein dreischiffiges Langhaus dazu, das als älteste Hallenkirche der Pfalz gilt. Wichtige Teile der Kirche – der achteckige frühgotische Turm etwa – mußten nach dem Krieg restauriert werden. Die ehemalige Minoritenkirche **St. Martin** ist noch heute katholische Pfarrkirche und wurde um 1300 erbaut. Ihre große Schlichtheit deutet noch heute an, daß es sich bei den Minoriten um einen Bettelorden handelte. Auffälligstes Bauwerk der Innenstadt ist sicher das 24stöckige **Rathaus**, von dem aus man einen beeindruckenden Blick über Kaiserslautern genießen kann. Die **Pfalzgalerie** stellt in einem Gebäude bildende Kunst des 19. und 20. Jh. aus. Kulturhistorische Sammlungen bietet das **Theodor-Zink-Museum**. Daneben befindet sich der Waldgasserhof – dieses ehemalige Klostergebäude dient heute ebenfalls als Museum. Der moderne **Kaiserbrunnen** ist den beiden für die Stadtgeschichte wichtigen Figuren Barbarossa und Rudolf I. von Habsburg gewidmet. Etwas außerhalb der Stadt liegt die Ruine der Burg **Hohenecken**.

Mit dem Kaiserbrunnen werden Barbarossa und Rudolf I. gewürdigt (links).

Nach florentinischem Vorbild: die Fruchthalle (oben).

Die Pfalzgalerie mit zeitgenössischer Plastik im Vordergrund (unten).

**Information**
Verkehrsamt
Rathausplatz
W-6750 Kaiserslautern
Tel. (0631) 8522317

**Festkalender**
Fastnachtsmarkt (Stiftsplatz). NATO-Musikfestival (alle zwei Jahre, Juni). Maimarkt, Altstadtfest (Juli). Barbarossa-Woche (September). Oktobermarkt. Kulturmarkt (November/Dezember).

**Tips**
Das Pfalztheather Kaiserslautern hat ein breites Programm in den Sparten Oper, Operette, Musical, Ballett, Schauspiel. Mit vielfältigen Angeboten tragen auch das Kulturzentrum Kammgarn und das Jugend- und Programmzentrum zur städtischen Kultur bei.

# Karlsruhe – Residenz vom Reißbrett

Die feine Großstadt beherbergt das Bundesverfassungsgericht und den Bundesgerichtshof, Universität und Kernforschungszentrum: Doch das Herausragende an Karlsruhe ist der auf das Schloß ausgerichtete Grundriß der im 18. Jh. neuangelegten Stadt.

Für eine deutsche Stadt ist das 1715 gegründete Karlsruhe sehr jung. Dennoch hat die »Residenz des Rechts«, wie sie sich in Anspielung auf die hochrangigen Gerichte hier nennt, gerade in kultureller Hinsicht viel und Interessantes zu bieten. Gleichwohl nahm die Zusammenlegung von Baden und Württemberg Karlsruhe die Funktion der Landeshauptstadt und wertete im Gegenzug Stuttgart deutlich auf.

## Geschichte

Steinzeitliche Funde im Oberrheintal und im Kraichgau belegen 20 000 Jahre zurückliegende Besiedlungen. Nach der Zeitenwende haben sicher alemannische und fränkische Völker hier gelebt. Im heutigen Stadtgebiet hat es 20 v. Chr. Ansiedlungen gegeben. Den Ortsteil Durlach gab es schon 1196, und er kam 1219 als Stadt an die badischen Markgrafen. Nachdem sich das Geschlecht 1535 spaltete, errichtete Markgraf Karl II. von der Baden-Durlacher Linie hier seine Karlsburg und verlegte die Residenz von Pforzheim nach Durlach. Diese Burg wurde 1689 von den Franzosen niedergebrannt, und der Neubau konnte wegen des spanischen Erbfolgekrieges nicht vollendet werden. So kam Markgraf Karl Wilhelm 1715 auf die Idee, auf einer Lichtung im benachbarten Hardtwald eine neue Residenz zu errichten. Es wurde der Grundstein für einen achteckigen Turm gelegt, und vermutlich weil dabei von »dero künftigen Ruhe und Gemütsergötzung« die Rede war, nannte man die spätere Stadt Karlsruhe. Zu dem Turm baute man ein ganzes Schloß, und auf dessen stumpfwinkeligen Grundriß hin wurde die im weiteren angelegte Stadt fächerartig ausgerichtet. Mit großzügigen Versprechungen lockte man schnell Zuwanderer her, so daß die Stadt rasch wuchs. 1771 fiel dann die Baden-Badener Linie noch an die Durlacher, wodurch Karlsruhe weiter aufgewertet wurde – um so mehr, als das Land 1803 zum Kurfürstentum und 1806 sogar zum Großherzogtum avancierte. Große Mühen verwandte man nach dem letzten Krieg darauf, die starken Zerstörungen bestmöglich wieder unkenntlich zu machen.

## Sehenswürdigkeiten

Zirkelpunkt der fächerartigen Linienführung in Karlsruhes Stadtplan war und ist noch immer jener 1715 erbaute **Turm**, der als einziger Teil vom ursprünglichen **Schloß** erhalten ist. Der Rest der alten Fachwerkanlage ist schon im 18. Jh. gründlichen Umbauten zum Opfer gefallen. Glücklicherweise tastete man dabei die Grundrisse der alten Stadtplanung nicht an, welche in unvergleichlicher Weise zum Symbol des Absolutismus geworden ist: Eine ganz Stadt findet ihren optischen Mittelpunkt in den Repräsentationsräumen des Herrschers. Die Seitenflügel des Schlosses stehen im rechten Winkel zum Turm, ohne ganz auf ihn zuzulaufen. Die spätbarocke Schloßfassade ist getreu wieder hergestellt worden – im Innern brachte man allerdings mit großzügiger Neugestaltung das **Badische Landesmuseum** unter. Östlich neben dem Schloßturm befindet sich das **Fasanenschlößchen** von 1765, in dem heute die Forstschule arbeitet. Rückseitig schließt sich ans Schloß ein wunderhübscher **englischer Garten** an mit einer Reihe hierfür typischer Dekorationen wie dem Chinesischen Teehaus oder etlichen Denkmälern. Ursprünglich war dies ein barocker Park mit sternförmigen Alleen. Gleich nebenan liegt der **Botanische Garten**, der eine prächtige **Orangerie** im englischen Landhausstil birgt. In der Nähe die **Staatliche Kunsthalle**, die als eine der größten süddeutschen Gemäldegalerien gilt (europäische Kunst des 14. bis 19. Jh.). Zeitgenössische Kunst dagegen kann man im schräg gegenüber liegenden **Badischen Kunstverein** in wechselnden Ausstellungen kennenlernen. Das **Prinz-Max-Palais** in der Karlstraße beherbergt die **Städtische Galerie** und eine Sammlung zur **Stadtgeschichte**. In der **Ma-**

Das Schloß ist Ausgangspunkt der Stadtanlage (links).

Das Bronzestandbild des ersten badischen Großherzogs Karl Friedrich (Mitte).

Tropenhaus im Botanischen Garten (rechts).

Der Marktplatz mit der Pyramide Weinbrenners und der Stadtkirche (unten).

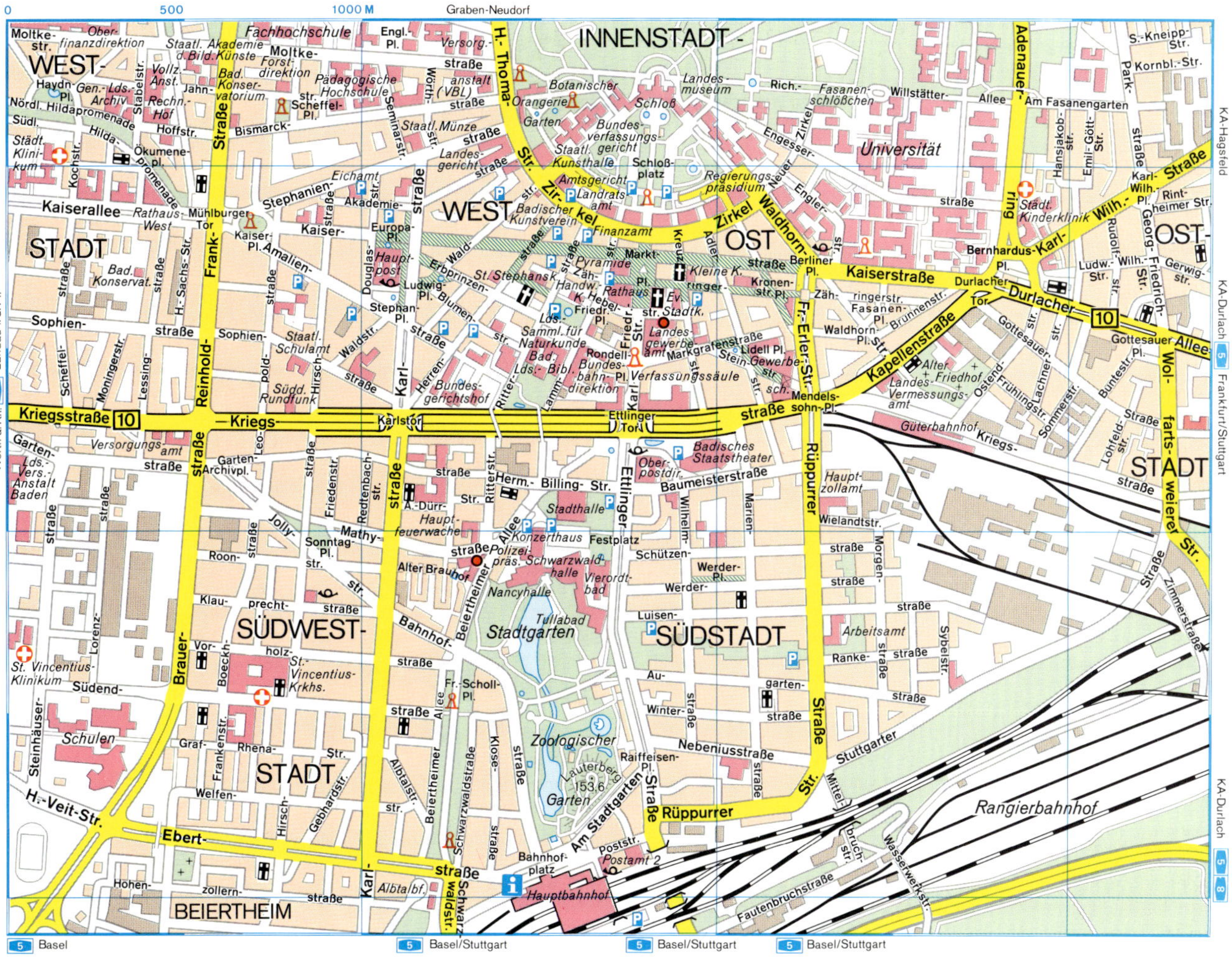


**jolika-Manufaktur** werden bedeutende Stücke zur modernen Keramik ausgestellt. Zu den eindrucksvollen Gebäuden des 18. Jh. zählt auch das **Jagdzeughaus** mit den netten Pavillons am Durlacher Tor.

Friedrich Weinbrenner war ein berühmter Architekt des Klassizismus, der 1799 zum Leiter des öffentlichen Bauwesens bestellt wurde und in der Folge den Ausbau Karlsruhes maßgeblich geprägt hat. Als eines seiner Hauptwerke gilt der neue **Marktplatz**, in dessen Mitte Weinbrenner über der Gruft des Stadtgründers eine **Pyramide** errichtete. Von Weinbrenner stammen auch das **Rathaus** und die evangelische **Stadtkirche** (beide am Marktplatz). Diese Kirche ist im Formanklang an die katholische **St.-Stephan-Kirche** gestaltet, mit der Weinbrenner sich am römischen Pantheon orientierte. Auf diesen wichtigen badischen Architekten geht auch das Gebäude der **Münze** zurück, das erst 1827 nach seinem Tod fertig wurde und in dem noch heute Münzen geprägt werden (kenntlich an dem Buchstaben »G«).

Eine ganze Reihe klassizistischer **Bürgerhäuser** aus dem frühen 19. Jh. bestimmen vielerorts das Stadtbild Karlsruhes (etwa in der Stephanienstraße). In der Südstadt und in der Südweststadt finden sich dagegen mannigfaltige Beispiele für spätere stilistische Epochen – Spätklassizismus, Romantik, Historismus bis hin zum Jugendstil. Im Westen entstanden zur gleichen Zeit prächtige Villen, wie etwa die vom Akademiemaler **Gustav Schönleber**, der sein Haus im italienischen Stil bauen ließ und alles mit bedeutungsvoller Fassadenbemalung verzierte. Jugendstil-Prägung weist dann wieder der interessante **Hauptbahnhof** auf. Die Siedlung **Dammerstock** ist architekturgeschichtlich von Bedeutung, weil sie nach Vorstellungen von Walter Gropius am Anfang des Jahrhunderts als eine vorbildliche Wohnsiedlung angelegt wurde. Moderne Musik verschiedener Richtungen wird geboten in der Harmonie (Kaiserstraße), im Krokodilkeller (Ludwigplatz) oder in der Traube (Morstallstraße in Durlach).

Gegenüber dem relativ jungen Karlsruhe ist **Durlach** gerade wegen seiner mittelalterlichen Altstadtanlage ein reizvoller Kontrast. Auf dem Turmberg findet sich der Bergfried einer Burg aus dem 13. Jh. 1689 gab es einen verheerenden Stadtbrand. Für den Neuaufbau verordnete dann der Markgraf eine bestimmte barocke Hausform, die noch heute das Stadtbild prägt. Das sogenannte **Basler Tor** aus dem 16. Jh. gehörte zu der Stadmauer, von der auch an anderen Stellen noch Reste erhalten sind. Am Rande der Altstadt liegt das alte **Residenz-Schloß** von Karl II., das 1565 im Renaissance-Stil fertiggestellt werden sollte. Allerdings haben von dieser »Karlsburg«, die unfertig geblieben war, auch nur Teile des sogenannten Prinzessinnenbaus den Brand von 1689 überlebt. In diese Gebäudereste sind heute das Pfinzgau- und das Karpatendeutsche Museum eingezogen. Unter den eingemeindeten Dörfern fallen etliche mit ihren alten Ortskernen auf. Lohnend ist ein Blick auf das Fachwerk-Schloß Augustenburg in Grötzingen. Einen Abstecher kann man nach **Ettlingen** unternehmen, wo das Barockschloß der Markgräfin Sibylla Augusta, der Witwe des berühmten Markgrafen Ludwig Wilhelm, des »Türkenlouis«, steht.

**Information**
Verkehrsverein
Bahnhofplatz 6
W-7500 Karlsruhe
Tel. (0721) 35530

**Festkalender**
Wintermusik (avantgardistische E-Musik, Februar). Umzug am Faschingsdienstag. Europäische Kulturtage (März/ April). Frühjahrsmarkt (Mai/Juni). Trachtenfest (alle zwei Jahre im Juni). Badisches Heimatfest (dto.). Lindenblütenfest (Juli). Kleinkunstfestival (auch im Zwei-Jahres-Rhythmus, Juli). Kulturmarkt (September). Verschiedene Kirchweihen im Herbst. Musik auf dem 49. Breitengrad (Jazz, Klassik, Avantgarde, November/Dezember). Christkindlmarkt.

**Tips**
Mit der Turmbergbahn auf den Turmberg.

# Kassel Documenta-Metropole

**Von der wichtigsten Stadt Nordhessens kann man alles erwarten: historischen Rang, ein reges Kulturleben, internationale Bedeutung als Kunststadt, eine Fülle an kulturhistorischen Baudenkmälern, eine hübsche Lage, Parks, eine Hochschule und Industrie.**

Die Vielfalt Kassels ist um so erstaunlicher, als die Stadt heute keine 200 000 Einwohner mehr zählt. Allerdings nimmt die wirtschaftliche Bedeutung der Großstadt im Grünen seit dem Wegfall der innerdeutschen Grenze noch weiter zu, da Kassel nun wieder den alten Anschluß an den Thüringischen Industrieraum aufbaut.

## Geschichte

Aus dem Jahre 913 ist der Name eines fränkischen Königshofs Chassalla überliefert. Die Landgrafen von Thüringen haben dem Ort wohl im 12. Jh. Stadtrechte verliehen. Ab 1247 baute der erste Hessische Landgraf Heinrich Kassel zur Residenz aus und ließ die neue Burg und die Unterneustadt anlegen. Eine einzige Mauer bekamen dann Altstadt, Unterneustadt und Freiheit 1378, die damit zu einer Stadt zusammengeschlossen wurden. Später wurde Kassel Hauptstadt von Niederhessen, und von 1803 bis 1866 war es – mit Ausnahme der Napoleonischen Besatzung (1807 bis 1813) – Zentrum des Kurfürstentums Hessen. Danach machten es die Preußen zur Hauptstadt der Provinz Hessen-Nassau, wodurch ein starkes Wachstum der Stadt eingeleitet wurde. Vorher war es vor allem Landgraf Friedrich II. gewesen, der die Stadt zu einer der schönsten Residenzen Europas ausbauen ließ. Allerdings konnten die gewaltigen Summen, die dafür benötigt wurden, teilweise nur durch die Vermietung von Landeskindern als Söldner an die Engländer für ihren nordamerikanischen Krieg aufgebracht werden.

Manche Industriezweige des heutigen Kassel sind besonders traditionsreich: So geht die 1848 gegründete Maschinen- und Lokomotivfabrik Henschel auf die landgräfliche Glocken- und Geschützgießerei von 1710 zurück. In den 30er Jahren und im Krieg wurde Kassel ein Schwerpunkt der deutschen Rüstungsproduktion. Damit zog es am 22. Oktober 1943 verheerende Bombenangriffe auf sich, die Alt- und Oberneustadt weitgehend vernichteten. Leider hat der Wiederaufbau sich nur gelegentlich an den alten Strukturen orientiert. Dafür aber sind viele der wichtigen großen alten Bauten restauriert.

## Sehenswürdigkeiten

Die **Karlsaue** ist eine zu Beginn des 18. Jh. angelegte riesige Gartenanlage am Fuldabogen, die in den Bundesgartenschauen von 1955 und 1981 aufwendig herausgeputzt worden ist. Hierzu gehört die **Orangerie**, ein fröhliches barockes Sommerschloß, das sich Landgraf Karl im frühen 18. Jh. erbauen ließ. An einer anderen Parkseite steht das kleine **Schloß Bellevue**, in dem heute das **Brüder-Grimm-Museum** die beiden Märchensammler und Sprachforscher ehrt. Die **Neue Galerie** daneben stellt Gemälde und Plastiken seit 1750 aus. Auch Teile der **Gesamthochschule** liegen an der Karlsaue. Die **Fuldaaue** dagegen ist ein modernes Naherholungsgebiet und ein Freizeitpark.

Am **Brüder-Grimm-Platz** beginnt die Obere Königsstraße, und zu ihr gehörte das Königstor mit den zwei Wachhäusern. In einem davon lebten die Gebrüder Grimm. Schräg gegenüber liegt die **Murrhardsche Bibliothek**, die neben vielen wertvollen Büchern und Handschriften über das älteste deutsche Literaturdenkmal verfügt: die Handschrift des Hildebrandsliedes (um 800). Im **Hessischen Landesmuseum** gegenüber residiert auch das **Deutsche Tapetenmuseum**.

Als einer der größten deutschen Plätze gilt der **Friedrichsplatz**, an dem das **Staatstheater** liegt. Seine Oper genießt schon seit dem 19. Jh. einen hervorragenden Ruf. Hier ist auch das Schauspielhaus beheimatet. Ebenfalls am Friedrichsplatz hat sich Landgraf Fried-

Märchenhaft mutet das Schloß zum Berg- und Lichterfest an (links oben).

Ein fröhliches barockes Sommerschloß: die Orangerie in der Karlsaue (links unten).

Eine geradlinige Verbindung führt von der Stadtmitte zu Schloß Wilhelmshöhe (rechts).

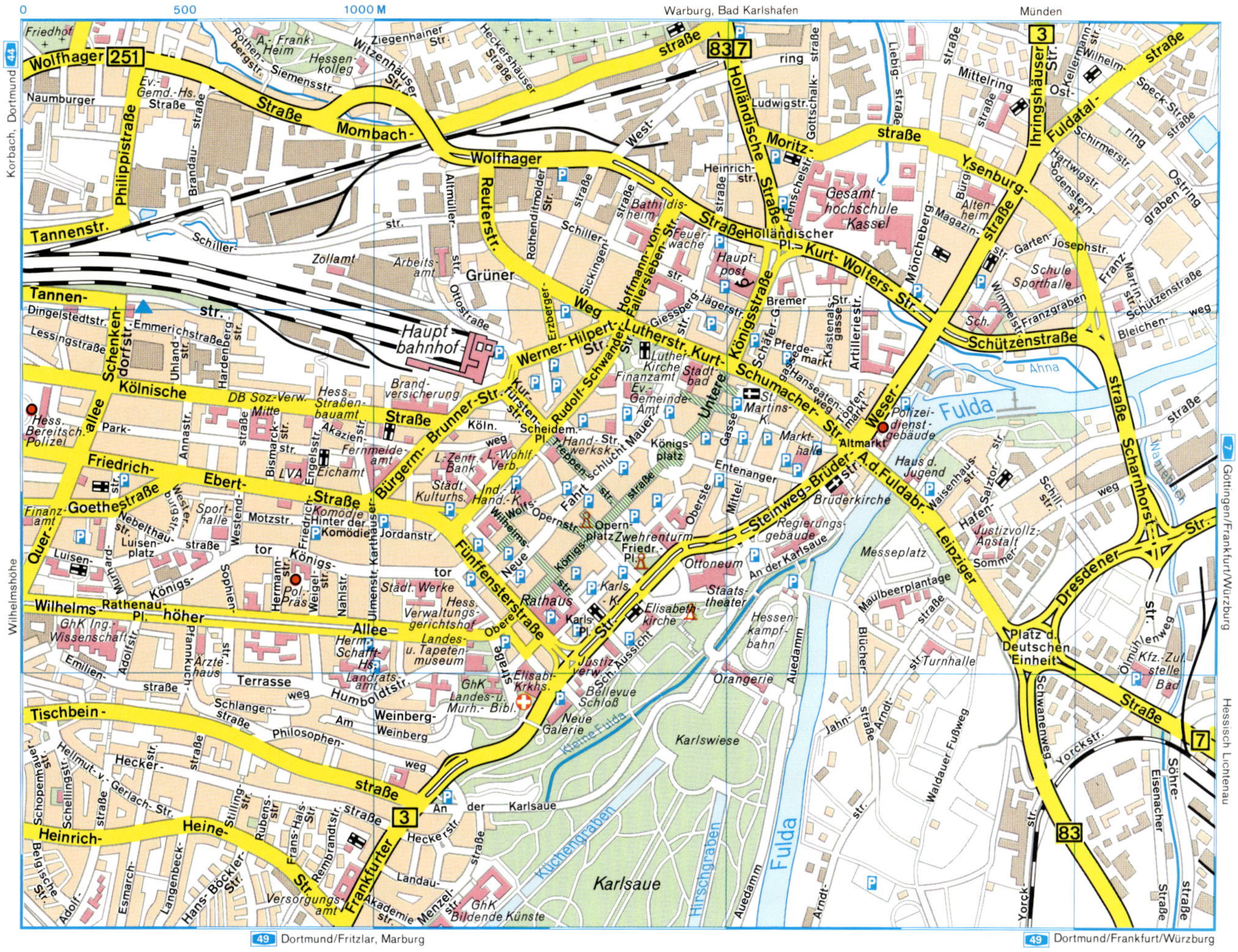


rich II. eine frühklassizistische Beherbergung seiner Kunstsammlung und seiner Bibliothek bauen lassen – das **Friedericianum** (1779), das heute Zentrum der documenta ist. Gleich daneben steht das ehemalige **Ottoneum**, das einst älteste deutsche Theater aus dem 16. Jh., in dem jetzt das **Naturkundemuseum** untergebracht ist. An dem Renaissancebau fallen vor allem die ideenreichen Fenstergestaltungen auf. Das gegenüberliegende **Elisabeth-Hospital** aus dem 13. Jh. ist originalgetreu wieder aufgebaut worden. In der heutigen Weinstube erinnert noch eine Sandsteinfigur in einer Wandnische an die heilige Elisabeth. Jede documenta hinterläßt Kassel neue ästhetische Akzente – 1992 waren es die documenta-Hallen. Die ehemalige Stiftskirche **St. Martin und St. Elisabeth** stammt aus dem 14. und 15. Jh., von der weitgehend verlorenen Ausstattung ist heute besonders der **Alabaster-Epitaph** für Landgraf Philipp den Großmütigen und seine Gemahlin Christine zu erwähnen. Durch die Rekonstruktion etwas verändert ist die **Karlskirche**, die im frühen 18. Jh. für die neu angesiedelten Hugenotten errichtet wurde. Äußerst schlicht und bescheiden nimmt sich die evangelische **Brüderkirche** aus. Das hängt mit ihrer Herkunft aus einem alten Karmeliterkloster zusammen, dessen Kirche im 13. Jh. erbaut wurde.

Eine geradlinige Verbindung führt von der Stadtmitte direkt zum **Schloß Wilhelmshöhe** und den es umgebenden Park. Diese riesige Gartenanlage gilt als der schönste europäische Bergpark. Er ist ursprünglich im barocken Gartenbaustil angelegt worden, allerdings waren die Pläne noch viel gewaltiger, als die heutige Anlage mit ihren 330 km Wanderwegen erkennen läßt. So ist das Ganze später in einen Landschaftsgarten umgewandelt worden, doch deutet die gerade Mittelachse – in Verlängerung der **Wilhelmshöher Allee** – noch das alte Konzept an. Auf der höchsten Erhebung thront ein achteckiger Sockel mit dem **Herkulesdenkmal**, von dem aus man einen unvergleichlichen Blick über die Stadt und das hessische Bergland hat. In der Keule der acht Meter hohen bronzenen Figur haben immerhin acht Personen Platz. Von hier gelangt man an 250 m langen Kaskaden entlang zum Schloß Wilhelmshöhe, einem klassizistischen halbgerundeten Schloßbau. Darin ist heute eine der wichtigsten deutschen **Gemäldegalerien** untergebracht – mit Schwerpunkten unter anderem in der holländischen Landschaftsmalerei. Zu der Parkanlage gehört aber auch noch die **Löwenburg**, eine frühromantische Märchenburg, die von vornherein als Ruine konzipiert wurde (1793 bis 1801). Über die gesamte Wilhelmshöhe sind außerdem noch romantische Kapelle, Ruinen, Pavillons, Fontänen, Aquädukte, Pyramiden und künstliche Grotten verteilt. Schließlich darf nicht der wertvolle Baumbestand vergessen werden, zu dem viele uralte und seltene Exemplare zählen.

Von Wilhelmshöhe aus kann man leicht einen Ausflug zum wenig entfernten Rokoko-Schlößchen **Wilhelmsthal** machen. Kinder werden statt dessen vielleicht eine **Schiffstour** auf der Fulda bevorzugen oder einen Ausflug in die **Sababurg** im Rheinhardswald mit einem Wildgehege, Urwald und 350jährigen Eichen. Kassel hat ein reges Kulturleben, das in allen Sparten zu markantem Ausdruck findet.

**Information**
Tourist-Information
im Hauptbahnhof
W-3500 Kassel
Tel. (0561) 34054

**Festkalender**
Zissel (ein Sommer-Volksfest mit einem Wasserfestzug auf der Fulda). Kasseler Musiktage (Herbst). Alle vier Jahre ist die Kasseler documenta eine der wichtigsten Ausstellungen aktueller Kunst überhaupt.

**Tips**
Spazierengeht man im Habichtswald oder auf der Wilhelmshöhe. Die Schlösser Wilhelmshöhe und Wilhelmsthal sind touristisches Muß. Die Bad Hersfelder Festspiele bieten sehr anspruchsvolles Freilichttheater in der Stiftsruine (45 Minuten). Von Kassel aus kann man auch etliche Stationen der deutschen Märchenstraße besuchen.

# Kiel – Klarer kühler Norden

**Die schleswig-holsteinische Landeshauptstadt ist weltoffen und zugleich keine erdrückende Großstadt. Häfen, Werften und Industrie bestimmen die Stadt ebenso wie Verwaltung, Universität und Kultur – aber auch der hohe Freizeitwert der Stadt an der Förde.**

Denn vor allem ist Kiel sozusagen das Mekka der Segler, und das nicht nur, weil hier einmal jährlich die wichtigsten Segel-Regatten der Welt stattfinden, begleitet von einem umfänglichen Beiprogramm. Darüber hinaus wurden in der Kieler Bucht auch schon zweimal die olympischen Segelwettkämpfe ausgetragen. Und von dem letzten Wettkampf her verfügt Kiel über ein beeindruckendes nationales Segel-Zentrum in Schilksee.

## Geschichte

Kiel blickt auf keine sehr lange Geschichte zurück, aber wie kaum anders zu erwarten, ist auch Kiels Geschichte verwoben mit den Ränken und Machtstreitigkeiten, die über Jahrhunderte Schleswig und Holstein prägten. Adolf IV. von Schauenburg ging es bei der Gründung von Kiel um die Sicherung seines Machtbereichs in Ostholstein. Am Westufer der Kieler Förde kurz zuvor errichtet, erhielt der Ort schon 1242 Stadtrecht. Im Namen »tom kyle« wurde die Keilform aufgegriffen, mit der sich die Förde ins Land schiebt. Weil es machtstrategische Überlegungen waren, die zur Wahl des Ortes führten, wurden alle anderen Faktoren außer acht gelassen, die sonst bei Stadtgründungen eine Rolle spielen. Die verkehrsungünstige Lage machte sich allerdings deutlich bemerkbar: Kiel war zwar Hansemitglied und gab sich große Mühe, mit Hamburg und Lübeck zu konkurrieren, doch blieb die Stadt ein eher unbedeutender Marktflecken. In den folgenden Jahrhunderten kam es zu einer gewissen Besserung, besonders weil es gelang, mit dem sogenannten »Kieler Umschlag« einen relativ bekannten Geld- und Warenmarkt zu etablieren. Außerdem wurde die Kieler Residenz ausgebaut, wodurch auch der ländliche Adel stärker an das höfische Leben gebunden wurde. Und schließlich wertete auch die Universitätsgründung von 1665 die Stadt auf. Einen deutlichen Aufschwung nahm die wirtschaftliche Lage Kiels aber durch drei Ereignisse, die endlich die Verkehrsanbindung verbesserten: die Fertigstellung des Eiderkanals (1784), die Errichtung einer Fernstraße von Hamburg nach Kiel (1832) und der Eisenbahnanschluß (1844). Nun wurde Kiel auch durch die Aufnahme des festen Fährverkehrs nach Seeland zu einer wichtigen Transitstation Richtung Skandinavien. Als dann die Trennung von Dänemark 1864 vollzogen war, entdeckte Preußen Kiel bald als Flottenstützpunkt und Marinehafen. Daß es dies bis in den Zweiten Weltkrieg blieb, mußte Kiel teuer bezahlen – die Stadt wurde weitgehend durch Bombenangriffe zerstört.

## Sehenswürdigkeiten

Das älteste Gebäude Kiels kann man in den Resten des ehemaligen **Franziskanerklosters** in der Grünanlage nördlich des Marktplatzes erkennen. In erhaltenen Teilen des Kreuzgangs kann man den Grabstein des Stadtgründers Adolf IV. besichtigen, das ehemalige Refektorium dient heute als theologisches Studienhaus. Außerdem stand hier früher die Heiligengeistkirche. Wichtigster Kirchbau der Stadt ist die **Nikolaikirche** am Alten Markt, ein gotischer Hallenbau aus dem 13. Jh. Spätere Umgestaltungen nach dem Muster der Lübecker Petrikirche und im 19. Jh. noch einmal eine neugotische Veränderung des Äuße-

Revolutions-Denkmal am Schloßgarten (links oben).

Kilia am Schloßgarten (links unten).

Einmal jährlich finden hier die wichtigsten Segel-Regatten der Welt statt (rechts oben).

Rathaus und Opernhaus liegen unmittelbar am Kleinen Kiel (rechts unten).

ren lassen das Alter der Kirche nicht auf den ersten Blick erkennen. Einige wertvolle Stücke der alten Ausstattung sind noch erhalten – wie etwa ein bronzenes Taufbecken aus dem 14. und der Erzväteraltar aus dem 16. Jh.

Wahrzeichen der Stadt ist das neue **Rathaus** mit seinem 106 m hohen Turm, der einen beachtlichen Blick über Stadt und Hafen gewährt (Fahrstuhl). Das Gebäude ist nach dem Krieg im originalgetreuen Jugendstil wieder aufgebaut worden, so daß das langgestreckte Haus um die drei Innenhöfe noch heute mit einigen schmucken Repräsentationsräumen auch im Innern protzen kann. Die alte schauenburgische Burg aus dem 13. Jh. ist schon im 16. Jh. zu einem Renaissance-Schloß umgebaut worden. Daran hat man sich bei der Rekonstruktion nach dem Krieg orientiert. Heute sind im **Schloß** verschiedene Institutionen untergebracht, Funk- und Fernsehstudios, ein Kulturzentrum, eine landesgeschichtliche Sammlung und die Gemäldegalerie Stiftung Pommern. Weitere wichtige Museen sind das **Zoologische Museum** und das **Museum für Völkerkunde**, das Mitbringsel und Sammelstücke von Kieler Seefahrern bewahrt. Das **Institut für Meerwasserkunde** mit dem **Meerwasseraquarium** genießt internationale Wertschätzung. In der **Kunsthalle** werden besonders schleswig-holsteinische Künstler des 17. bis 20. Jh. gesammelt, außerdem gibt es einen Schwerpunkt in der europäischen Malerei des 19. Jh. Von 1616 stammt als eines der wenigen noch bestehenden alten Fachwerkhäuser der **Warleberger Hof** in der Dänischen Straße. Darin gastiert das **Stadtmuseum** mit Sammlungen von jüngerer Graphik, Fotografien, von Kunstgewerbe und zur Kulturgeschichte. Die **Schiffahrtsgeschichtliche Abteilung** des Stadtmuseums findet sich in der unter Denkmalschutz stehenden Fischhalle von 1910. Hier werden verschiedene Segelschiffmodelle, aber auch Ausstellungsstücke zur Geschichte des Kieler Schiffbaus und der Schiffahrt, gezeigt. Davor ankern der ehemalige Seenotrettungskreuzer »Hindenburg« und der Tonnenleger »Bussard«.

Eine Brücke nach Skandinavien bildet sozusagen der **Oslokai**, von dem aus die Fähren nach Dänemark und Norwegen abgehen. Weiter südlich liegen der **Schweden-** und der **Bollhörnkai**, die als modernster Fährterminal Europas gelten. Hier gegenüber sieht man die riesigen **Werftanlagen** der Howaldtswerke Deutsche Werft AG. Heutzutage können hier 700 000-Tonnen-Schiffe gebaut werden. Dabei hat der Schiffbau und alles, was dazu gehört, Tradition in Kiel. Denn hier wurde einerseits der Kreiselkompaß erfunden und andererseits auch das erste U-Boot der Welt (1851) gebaut. **Die Christian-Albrechts-Universität** ist eine der alten und traditionsreichen Hochschulen in Deutschland. Sie ist heute fast ausschließlich in neuen Gebäuden untergebracht, die sich vorwiegend auf einem weiten Gelände im Westen der Stadt verteilen.

Einen Ausflug nach **Laboe** wird man schon wegen des **Marine-Ehrenmals** unternehmen, auf dem Weg dorthin am östlichen Fördeufer erinnert ein **U-Boot-Ehrenmal** an die vielen Seeleute, die in solchem heiklen Kriegsgerät ihr Leben ließen. Laboe ist aber außerdem auch ein traditionelles Ausflugsziel an der Ostsee mit ausgedehnten Wassersportmöglichkeiten.

**Information**
Tourist-Information
Sophienblatt 30
W-2300 Kiel
Tel. (0431) 679100

**Festkalender**
Kieler Umschlag (Februar, Markt und Volksfest). Kieler Woche (Juni).

**Tips**
Stadt- und Hafenrundfahrten (Kieler Verkehrs-AG, Tel. 701235, -63). Auf dem Fördewanderweg kann, wer mag, bis nach Laboe gelangen. Attraktiv ist auch ein Gang nördlich des Kanals am westlichen Fördeufer entlang. Im Freilichtmuseum Kiel-Rammsee stehen alte Bauernhäuser und Handwerksbetriebe. Für den Abend bietet Kiel eine rege Theaterlandschaft, Konzerte des Philharmonischen Orchesters und bedeutende Gastkonzerte.

# Koblenz Flüssetreff

**Das günstige Klima und die verkehrsgünstige Lage haben Koblenz von Alters her zu einem Objekt der Begierde für allerlei fremde Mächte gemacht. Doch das hat der Stadt nur ein vielfältiges kulturelles Erbe beschert, von dem sie noch heute zehrt.**

In dem von Mosel und Rhein gebildeten spitzen Winkel befindet sich das Deutsche Eck. Dieser Name geht darauf zurück, daß hier einst die älteste rheinische Kommende des Deutschen Ordens stand. 1897 wurde dann auf einem pompösen Sockel ein Reiterstandbild Kaiser Wilhelms I. eingeweiht. Das Standbild ist im Krieg zerstört worden, und so widmete man den übriggebliebenen mächtigen Unterbau der deutschen Einheit. Nun, nachdem sie hergestellt ist, wird das Kaiserdenkmal wieder auf dem Sockel errichtet.

## Geschichte

Seit etwa 9000 v. Chr leben hier Menschen. In den letzten 5 Jahrhunderten vor der Zeitenwende waren es germanisch-keltische Treverer, die hier in kleinen Dörfern wohnten. »Castrum apud confluentes« nannten die Römer ihr Militärlager bei dem Zusammenfluß aus dem Jahre 14 n. Chr. Aus der späteren Kurzform »Confluentia« wurde später Koblenz. Zweimal vernichtet und zweimal wieder aufgebaut – schon in römischer Zeit war die Koblenzer Geschichte bewegt. Fränkische Merowinger gründeten im 5. Jh. einen Königshof in der früheren Römerstadt. Einer ersten Kapelle folgte bald das Chorherrenstift St. Castor. 1018 wurde Koblenz vom deutschen Kaiser Heinrich II. dem Trierer Erzbischof geschenkt, der hier nun 750 Jahre lang als Kurfürst herrschte. Die Herrschaft beendeten die französischen Revolutionstruppen 1794, um für 20 Jahre von hier aus das Rhein-Mosel-Departement zu verwalten. Durch den Wiener Kongreß 1815 wurden dann die Preußen hier neue Herren, die es zum Verwaltungs- und Garnisonszentrum machten.

Die Festung Ehrenbreitstein, die schon seit langem als uneinnehmbar galt, wurde zur stärksten Bastion Europas ausgebaut. Zwar ist die im Krieg gründlich zerstörte Stadt nachher zu einem bedeutenden Wirtschaftsstandort entwikkelt worden, aber noch immer ist sie die größte deutsche Garnisonsstadt. Außerdem war Koblenz nach dem Krieg vorübergehend Hauptstadt von Rheinland-Pfalz.

## Sehenswürdigkeiten

Die **Festung Ehrenbreitstein** ist nicht nur eine imposante militärische Anlage vergangener Zeiten, sondern sie gewährt auch einen einmaligen Blick über das Rheintal, auf das gegenüberliegende **Deutsche Eck** und bis zu den Höhen der angrenzenden Mittelgebirge. Um das Jahr 1000 wurde mit den ersten Befestigungsbauten auf der rechten Rheinseite begonnen. Zwar ist die Festung 1801 gesprengt worden, doch die Preußen fingen kurz darauf gleich mit dem Neuaufbau an. Hier sind das **Landesmuseum** (dokumentiert die technische Seite der mittelrheinischen Wirtschaftsgeschichte) und das **Rheinmuseum** (Rheinschifffahrt) untergebracht. Unterhalb

**Information**
Touristikamt
Pavillon am Hauptbahnhof
W-5400 Koblenz
Tel. (0261) 31304

**Festkalender**
Rosenmontagszug. Blütenfest (1. Mai in Güls). Pfingstmatineen (am deutschen Eck). Altstadtfest; Schloßmatinee (Sommer). Rhein in Flammen (August). Weinfest (September). Koblenzer Schängel-Markt (September/Oktober).

**Tips**
Den ganzen Sommer über gibt es Serenadenkonzerte im Blumenhof am Deutschen Eck und das Veranstaltungsprogramm im originellen »Weindorf Koblenz«. Das anspruchsvolle Theater- und Musikprogramm wird durch Jazz-, Pop- und Folkveranstaltungen ergänzt. Zu Ausflügen lädt außerdem die Eifel ein.

St. Castor (links außen).

Am Marktplatz (links Mitte).

Das Deutsche Eck: 1957 von Theodor Heuss zum Mahnmal der deutschen Einheit erklärt (links, innen oben).

Blick auf die Moselmündung in den Rhein (links, innen unten).

Max + Moritz-Grill (rechts).

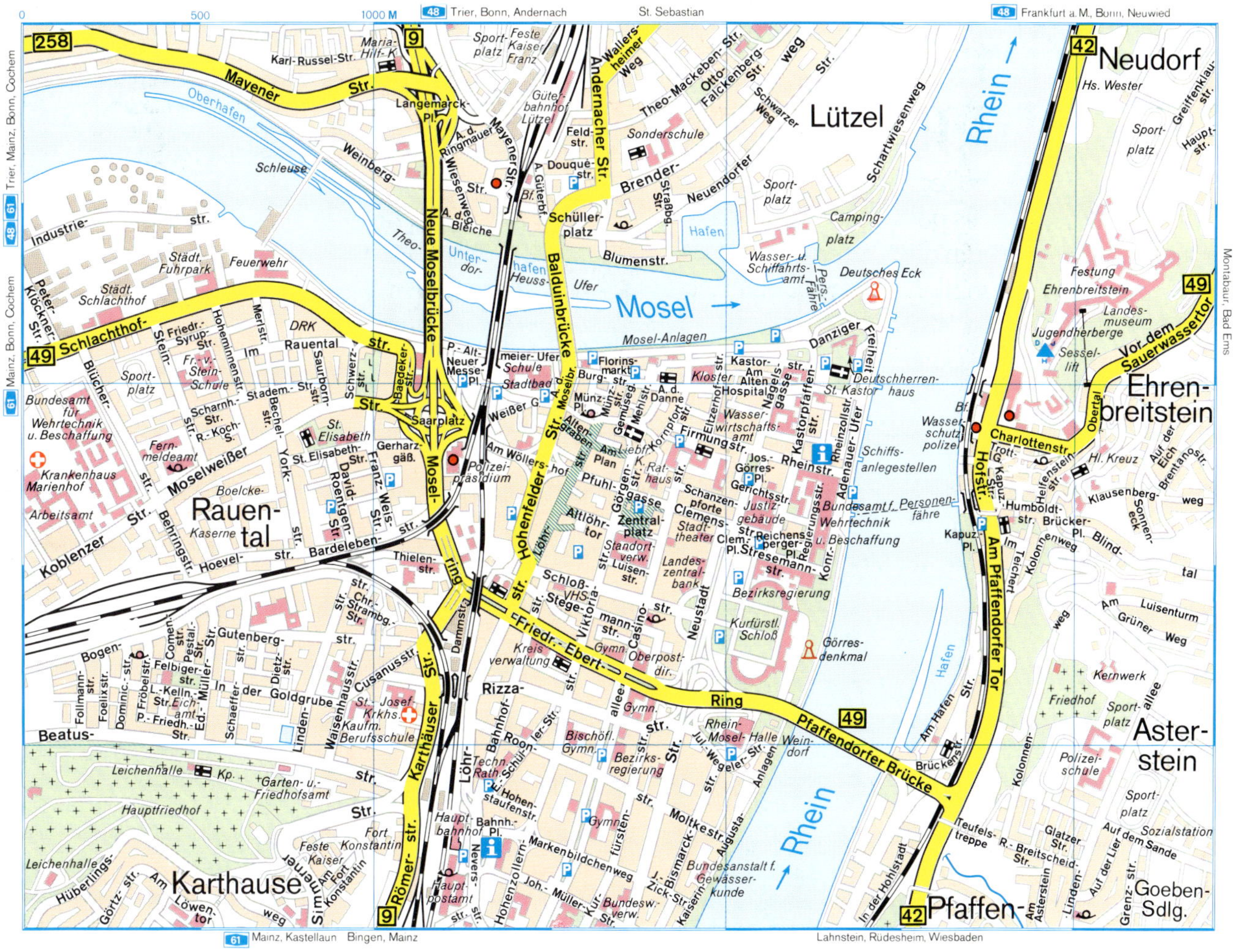


der Feste steht das Kurfürstliche **Schloß Philippsburg**, von dem allerdings nur einige Teile erhalten sind. Das Gerichtsgebäude (1739 bis 1741) geht auf Entwürfe von Balthasar Neumann zurück.

Auf dem linken Rheinufer steht gleich hinter dem Deutschen Eck **St. Castor**. Genau ist nicht geklärt, wie sehr die heutige Gestalt (12. und 13. Jh.) dem ersten Bau aus dem 9. Jh. ähnelt. Im Innern der mächtigen Kirche verdienen die gotischen Wandmalereien in

einer Nische hinter dem berühmten Grab Kunos von Falkenstein besondere Aufmerksamkeit. Das vormals zur Kirche gehörende Stiftsgebäude ist unter den Franzosen ebenso beseitigt worden wie der Friedhof. An dieser Stelle errichtete der Stadtpräfekt 1812 einen **Brunnen** zur Ehre von Napoleons Rußlandfeldzug: Als die Russen dann 1814 in Koblenz einmarschierten, ließen sie unter die französische Inschrift den ironischen Kommentar »gesehen und gebilligt« meißeln. Vom Palais des **Von der Leyenschen Hofes** (16. Jh.) steht nur noch der Südflügel. Daneben die rekonstruierte **Jakobskapelle** von 1335. Ältestes Bürgerhaus der Stadt ist der **Deutsche Kaiser**, ein Wohnturm aus dem 16. Jh. (fünfstöckig, heute Gasthof).

Auf einem Vorgängerbau aus dem 10. Jh. steht die **Florianskirche** (um 1100), die im 14. und im 17. Jh. gotische Erweiterungen erhielt. Das **Mittelrheinische Museum** ist in einem Ensemble zweier alter Bürgerhäuser und eines ehemaligen Adelshofes untergebracht. Aus dem 13. Jh. stammt die unweit ebenso am Moselufer gelegene **Alte Burg**, die zuletzt im 17. Jh. verändert wurde. Schon seit dem Mittelalter ist die **Liebfrauenkirche** die Hauptpfarrkirche der Stadt. Auf römischen und karolingischen Bauresten errichtet, kann man den romanischen Westteil (um 1200) vom spätgotischen Chor und den späteren barocken Veränderungen unterscheiden. Ihr **Stadttheater** verdanken die Koblenzer dem letzten trierischen Kurfürsten Clemens Wenzeslaus. Eröffnet wurde der klassizistische Bau 1787. Clemens ließ auch das **Residenzschloß** bauen, an dem er sich nach der Fertigstellung 1791 allerdings nur noch kurze Zeit freuen konnte – denn schon 1794 kamen ja die Franzosen. Die wiederum degradierten das Schloß zum Lazarett, erst Preußens Friedrich Wilhelm IV. benutzte es wieder als Residenz. Allerdings ist bei der Restaurierung nach der Kriegszerstörung fast nur das Äußere in alter Form wieder hergestellt worden – im Innern dient alles (bis auf das Treppenhaus) den modernen Verwaltungsfunktionen. Zum Rhein hin erinnert ein **Denkmal** an **Joseph von Görres**, den republikanischen Publizisten, der die französischen Revolutionstruppen lebhaft begrüßte. Ein anderer berühmter Sohn der Stadt gab sich im anderen politischen Lager redlich Mühe, alles Revolutionäre im Keim zu ersticken und in Europa die alte Ordnung einigermaßen wiederherzustellen: Fürst von Metternich.

Vom Schloß aus erstrecken sich über insgesamt 18 km die **Rheinanlagen**; sie wurden von Kaiserin Augusta angelegt und bilden eine der schönsten Rheinpromenaden überhaupt. Direkt neben der **Pfaffendorfer Brücke** wurde 1925, zunächst als Werbeaktion, das **Weindorf** errichtet, das später wieder aufgebaut wurde und nun alljährlich alle deutschen Weinsorten in mehr oder weniger originalen Fachwerkhäuern den Zechern anbieten kann. Schloß **Stolzenfels** liegt etwas weiter südlich am Rhein. Die alte Burganlage aus dem 13. Jh. wurde 1836 bis 1842 nach Plänen Schinkels in prunkvoller Neogotik wieder aufgebaut. Eines der größten Feuerwerke hierzulande wird am zweiten Augustwochenende entzündet, wenn wieder »Der Rhein in Flammen« steht. Diesem sich über 20 km erstreckenden Großfeuerwerk sehen viele am liebsten von den Rheinschiffen aus zu.

# Köln – Kunst, Kölsch, Karneval

Die rheinische Metropole war bereits Großstadt mit über tausendjähriger Geschichte, als Berlin und München gegründet wurden. So aktiv wie eh und je spielt sie ihre Rolle als Wirtschafts- und Kulturzentrum.

Man muß die grandiose Silhouette dieser Stadt vom Rheinpark auf dem Deutzer Ufer, von der Hohenzollernbrücke oder vom Schiff aus auf sich wirken lassen. Der himmelstrebende gotische Dom ist zwar zum Wahrzeichen Kölns geworden, aber „goldenes Zeitalter" Kölns war die romanische Epoche. Keine andere Stadt besitzt so viele bedeutende Kirchbauten aus dieser Zeit. Das „heilige Köln" mit seinen zahllosen Kirchen und goldenen Reliquienschreinen war anderseits immer eine Stadt, wo man zu leben wußte. Rheinischer Frohsinn bleibt nicht auf den Karneval beschränkt. Besonders gut gedeiht er beim Kölsch, jenem obergärigen Bier, das nur in Sichtweite der Domtürme gebraut werden darf und in schlanken Stangengläsern gezapft wird, über einmilliardenmal im Jahr.

**Information**
Verkehrsamt
der Stadt Köln
Am Dom
Unter Fettenhennen 19
W–5000 Köln 1
Telefon: (0221) 2 21 33 45

**Festkalender**
Kölner Karneval mit Hunderten von Sitzungen und Bällen und berühmtem Rosenmontagszug. Osterkirmes auf dem Messegelände. „Müllheimer Gottestracht", Schiffspozession auf dem Rhein zu Fronleichnam.

**Tips**
Konzert am Tanzbrunnen im Rheinpark vom 1. Mai bis Mitte September. Die Stromgondelbahn verbindet den Rheinpark am Deutzer Ufer mit dem Zoo. Köln-Panorama vom Messeturm-Restaurant am Kennedyufer.
Die „Weiße Flotte" der Köln-Düsseldorfer Deutsche Rheinschiffahrt AG veranstaltet täglich Ausflugsfahrten auf dem Rhein. Typische Brauhäuser: „Früh am Dom" (Am Hof 12), „Päffgen" (Friesenstraße 64-66), „Brauhaus Sion" (Unterer Taschenmacher 5-7), „Haus Töller" (Weyerstraße 96). Zum obergärigen Kölsch ißt man dort „Hämchen" (Eisbein), „Kölsch Kaviar" (geräucherte Blutwurst mit Zwiebelringen), „Halver Hahn" (Roggenbrötchen mit Käse), Heringsstip.

## Geschichte

Nachdem Cäsar durch die Eroberung Galliens die Grenzen des Römerreichs bis zum Rhein vorgeschoben hatte, wurden die römerfreundlichen Ubier zur Übersiedlung von der rechten auf die linke Rheinseite veranlaßt. Der Feldherr Agrippa gründete für sie im Schutz eines Legionenlagers das „Oppidum Ubiorum". Ein der Göttin Roma und dem Kaiser Augustus geweihter Altar, „Ara Ubiorum", sollte nach der geplanten Unterwerfung Germaniens zum Kulturmittelpunkt der neuen Provinz werden. Um 50 n. Chr. veranlaßte Agrippina, die in der Ubierstadt geborene Gemahlin des Kaisers Claudius und Mutter Neros, die Erhebung ihres Geburtsortes in den Rang einer Veteranenkolonie, die fortan den Namen „Colonia Claudia Ara Agrippinensium" führte. Das Monogramm CCAA erscheint immer wieder in römischen Inschriften. Die als Verwaltungssitz der Provinz Niedergermanien wie als Handels- und Gewerbezentrum prosperierende Stadt zählte in ihrer Blütezeit etwa 20000 Einwohner. Kaiser Konstantin d. Gr. ließ 310 eine Brücke und das Kastell Deutz (Divitia) als Brückenkopf auf dem rechten Rheinufer errichten. Bereits zur Zeit dieses ersten christlichen Kaisers war Köln Bischofssitz. Nach dem Abzug der römischen Grenzgruppen am Anfang des 5. Jh.s gelangte die weitgehend entvölkerte Stadt unter die Herrschaft der Franken. Karl der Große verlieh ihr einen neuen Rang, als er das Kölner Bistum zum Erzbistum erhob und ihm die Suffraganbistümer Lüttich, Utrecht, Münster, Osnabrück und Minden unterstellte. Erzbischof Bruno erhielt von Kaiser Otto I., seinem Bruder, den Herzogstitel von Lothringen und die Grafenrechte in Köln. Seit Erzbischof Pilgrim waren das Kanzleramt in Italien und das Krönungsrecht der deutschen Könige in Aachen mit dem Kölner Stuhl verbunden. Philipp von Heinsberg wurde nach dem Sturz Heinrichs des Löwen Herzog in Westfalen.
Während seine Erzbischöfe zu mächtigen Reichsfürsten aufstiegen, entwickelte sich Köln nicht nur zu einem der wichtigsten Fernhandelsplätze, sondern auch zu einem Kulturzentrum von europäischer Bedeutung. Die zahlreichen Stifte und Klöster entfalteten eine kaum übersehbare Bau- und Kunsttätigkeit. An den Hochschulen der Dominikaner und Minoriten lehrten Männer wie Albertus Magnus, Thomas von Aquin, Meister Eckhart, Seuse, Tauler und Duns Scotus. Eine 7 km lange Mauer umschloß seit dem Ende des 12. Jh.s die nach Gebietsumfang und Bevölkerungszahl größte Stadt Deutschlands.
Die langen Auseinandersetzungen zwischen der nach Selbständigkeit strebenden Bürgerschaft und dem Stadtherrn beendete die Niederlage des Erzbischofs bei Worringen im Jahre 1288. Er residierte fortan in Brühl und Bonn. Köln wurde eine der starken Stadtrepubliken des Spätmittelalters und übernahm neben Lübeck die Führungsrolle in der Hanse. 1388 errichtete Köln die erste städtische Universität auf deutschem Boden.
Das „heilige Köln" gehörte zu den wenigen freien Reichsstädten, in denen die Reformation sich nicht durchsetzen konnte. Es wurde vielmehr zu einem Stützpunkt der Gegenreformation mit der ersten deutschen Niederlassung der Jesuiten. Wie überall begann seit dem 16. Jh. der reichsstädtische Glanz zu verblassen. 1794 wurde Köln durch französische Revolutionstruppen besetzt. Die schwierige Orientierung in der damals noch ganz mittelalterlichen Stadt suchte die französische Verwaltung durch eine Durchnumerierung der Häuser zu bessern. Darauf geht der Firmenname „4711" zurück.
1815 erfolgte der Übergang an Preußen. Zwar wurde zur Enttäuschung der Kölner Koblenz Sitz des Oberpräsidiums der preußischen Rheinprovinz, aber auf wirtschaftlichem Gebiet vermochten sie an die Tradition ihrer Stadt als Zentrale von Handel und Gewerbe anzuknüpfen. 1822 wurde eine Schiffsbrücke zwischen Köln und Deutz angelegt. Drei Jahre später lief der erste Kölner Rheindampfer vom Stapel. 1839 machte die Eisenbahn nach Müngersdorf ihre Jungfernfahrt. Die erste feste Brücke als Eisenbahn- und

Straßenverbindung wurde 1859 über den Rhein geschlagen. Erst die mit der Industrialisierung des 19. Jh.s rapid ansteigende Bevölkerungszahl sprengte die Grenzen der mittelalterlichen Stadt. Anstelle ihres Mauergürtels wurden 1881-1886 die Ringstraßen angelegt. Die preußischen Befestigungswerke wurden 1921-1923, als Konrad Adenauer Oberbürgermeister der Stadt war, zu Grünanlagen umgewandelt.
Im Zweiten Weltkrieg wurde die Innenstadt zu 90 Prozent zerstört. Fast nur der Dom blieb weitgehend verschont. 1985 konnte der Abschluß der Wiederaufbauarbeiten an den zwölf berühmten romanischen Kirchen gefeiert werden. Der Alte Markt und das Martinsviertel am Rhein sind in historisierenden Formen wiedererstanden. Doch ansonsten präsentiert sich das neue Köln als moderne Metropole. Mit ihrer vielseitigen Industrie und zahlreichen Dienstleistungsunternehmen ist die Stadt ein wichtiges Wirtschaftszentrum, durch die 1919 wiederbegründete Universität, die seit 1925 bestehende Musikhochschule, die zahlreichen Museen und den Westdeutschen Rundfunk auch ein kulturelles Zentrum erster Ordnung. Seit den letzten Eingemeindungen zählt Köln zu den Millionenstädten Deutschlands.

## Sehenswürdigkeiten

Soviel Köln auch sonst noch an Sehenswürdigkeiten zu bieten hat, obenan steht immer der **Dom**. 1248 als zu seiner Zeit größter Kirchenbau der Christenheit begonnen, sollte er zugleich die letzte Steigerung in der Entwicklung der Kathedralgotik darstellen. Denn die 1164 durch Rainald von Dassel erworbenen Gebeine der Heiligen Drei Könige hatten den alten karolingischen Dom zu einer der meistbesuchten Pilgerstätten gemacht. Meister Nikolaus von Verdun schuf für sie gegen 1200 einen Schrein, der an Größe, Kunst und Pracht alle mittelalterlichen Reliquienschreine übertraf. Er sollte in der Vierungsmitte des 144 m langen und über 43 m hohen Raumes der Verehrung dargeboten werden. Als die Arbeiten nach über 300jähriger Bautätigkeit eingestellt wurden, war nur der bereits 1322 geweihte Chor vollendet. Es fehlten noch der Obergaden von Quer- und Langhaus sowie die beiden oberen Stockwerke des Südturmes einschließlich des Turmhelmes. Vom Nordturm stand erst ein Pfeilerstück. Der Baukran auf dem Turmstumpf sollte bis ins 19. Jh. das Wahrzeichen der Stadt bleiben. Damals entdeckte die Romantik mit ihrer Mittelalterbegeisterung den Kölner Dom. Vor allem Joseph Görres und Sulpiz Boisseree engagierten sich für den Weiterbau. Nach den Freiheitskriegen wurde der gewaltige Torso zum Symbol der noch ausstehenden nationalen Einheit der Deutschen. 1842 legte König Friedrich Wilhelm IV. den Grundstein zum Ausbau. Bereits 1880 konnte das vollendete Werk in Anwesenheit Kaiser Wilhelms I. eingeweiht werden.
Glanzstück der Ausstattung ist neben dem Dreikönigenschrein hinter dem Hochaltar Stephan Lochners „Dombild" mit den Stadtpatronen in der Marienkapelle, das berühmteste aller Altarretabel der Kölner Malerschule. Sehenswert sind auch die alten Farbfenster im Chor und im nördlichen Seitenschiff, die eleganten Statuen an den Chorpfeilern, das verschwenderisch dekorierte Chorgestühl – nicht nur das größte, sondern auch eines der ältesten Deutschlands –, der marmorne Hochaltar und das monumentale Gerokreuz aus dem 10. Jh. Die Schatzkammer enthält einen der reichsten Domschätze Europas mit kostbaren liturgischen Büchern, Geräten und Textilien. Beim Petersportal an der Westfassade kann man zur 97 m hoch gelegenen Aussichtsplattform des Südturms hinaufsteigen (509 Stufen) und dabei auch die Glockenstube besichtigen. Mit 157 m Höhe waren die Kölner Domtürme bei ihrer Vollendung die höchsten Kirchtürme der Erde. Der Ulmer Münsterturm hat sie dann um 4 m übertroffen.
Der Dom steht an der Stelle eines römischen Tempels, dessen Reste

Blick auf die Kölner Rheinfront von der Deutzer Brücke aus. Der Dom und Groß St. Martin setzen die markantesten Akzente. Die nach dem Zweiten Weltkrieg in alter Form wiedererrichtete Hohenzollernbrücke ist die verkehrsreichste Eisenbahnbrücke Europas (unten links).

Der Römerturm an der Ecke Zeughausstraße/St.-Apern-Straße gehörte zur römischen Stadtmauer Kölns. Steinornamente schmücken den um 50 n. Chr. errichteten Rundbau (links oben).

Kölner Jecken beim Rosenmontagszug (rechts oben).

Einmalig in der Baukunst des Mittelalters ist das Dekagon von St. Gereon. Es entstand durch Umgestaltung eines spätantiken Ovalbaus im 13. Jh. (links unten).

0
500
1000 M
K.-Nippes
Grevenbroich
Aachen
Bergheim
Aachen/Koblenz/Trier
Düren
Aachen/Koblenz
57
59
55
264
265
NEU-EHRENFELD
Köln-Ehrenfeld
K.-Nippes
NEUSTADT-NORD
Media-Park (geplant)
Fernmeldeturm „Colonius"
Friedhof Melaten
LINDENTHAL
Aachener Weiher
Stadtwald
NEUSTADT-SÜD
ALTSTADT-NORD
ALTSTADT-SÜD
Neumarkt
Universität
Universitätskliniken Köln
SÜLZ
Volksgarten
Subbelrather Straße
Venloer Straße
Aachener Straße
Dürener Str.
Zülpicher Str.
Luxemburger Str.
Berrenrather Str.
Universitätsstraße
Innere Kanalstr.
Hohenzollernring
Hohenstaufenring
Habsburgerring
Salierring
Sachsenring
Hansaring
Christophstr.
Gladbacher Str.
Bachemer Str.
Lindenthalgürtel
Stadtwaldgürtel
Ehrenfeldgürtel
Sülzgürtel
Kitschburger Str.
Mommsenstr.
Gleueler Str.
Am Gleisdreieck
Weißhausstraße
Schloß Weißhaus
Sportanlage Süd
Am Vorgebirgstor
Vorgebirgsglacisweg
Pohligstr.

Dormagen
Dormagen, 3 Düsseldorf
3 Düsseldorf
3 Düsseldorf/Frankf. a. M.
4 Olpe
4 Olpe
Bonn/Frankf. a. M.
555 Bonn
555 Bonn
4 Bonn/Frankf. a. M.
MÜLHEIM
BUCH-FORST
KALK
DEUTZ
HUMBOLDT-GREMBERG
Rhein
Rheinpark
Jugendpark
Mülheimer Hafen
Deutzer Hafen
Zoolog. Garten
Botan. Garten Flora
Aquarium
Zoobrücke
Rhein-Seilbahn
Hohenzollernbr.
Deutzer Brücke
Severinsbrücke
Südbrücke
Hauptbf.
Dom
K.-Deutz
Ausstellungs-Gelände
Sporthalle
Messe- u. Ausstell.-Hallen
Messeplatz
Messekreisel
Tanzbrunnen
Betriebsbahnhof Köln-Deutz
Fachhochschule
Stadtgarten
Deutzer Friedhof
Köln-Severinsbr.
Köln-Am Grauen Stein
Köln-Kalk
Landschaftsverb. Rheinland
Verkehrsübungsplatz
Rheinauhafen
Malakoffturm
Zollamt
Hafenamt
Riehler Str.
Niederländer Ufer
Konrad-Adenauer-Ufer
Deutz-Mülheimer Str.
Kalker Hauptstr.
Mülheimer Str.
Bergischer Ring
Rolshover Str.
Siegburger Straße
Zubringer-straße
Agrippina-Ufer
Am Leystapel
Opladener
Deutzer Freiheit
Theodor-Heuss-Ring
Nord-Süd-Fahrt
Neusser Straße
Severinsbr.
9
51
55

1960 bei der Anlage einer zur Krypta hinabführenden Treppe entdeckt wurden. Bereits 1941 waren beim Bunkerbau an der Südseite des Domes die Grundmauern einer Villa mit einem 7mal 10,60 m großen Bodenmosaik zutage gekommen. Über diesem Dionysosmosaik wurde das 1974 eröffnete **Römisch-Germanische Museum** errichtet, in dem die antike Vergangenheit Kölns ebenso anschaulich wie spannend vor Augen geführt wird. Seine überaus reichhaltigen Bestände sind nach Themenkreisen geordnet und werden durch Audiogeräte erläutert, so daß der Besucher eine konkrete und zusammenhängende Vorstellung vom Leben jener Zeit gewinnt: wie der Alltag, wie eine Wohnung oder ein Kaufladen eingerichtet war, was die Handwerker alles produzierten, wie Last- und Reiseverkehr funktionierten, wie die

Götter und Toten verehrt wurden. Einzigartig ist die Kollektion kostbarer Gläser, besonders umfangreich die Schmucksammlung. Einen Ehrenplatz neben dem Dionysosmosaik erhielt das über 14 m hohe Grabmal des Lucius Poblicius, dessen Quader und Skulpturen 1965 von Hobby-Archäologen im Keller eines Hauses am Chlodwigplatz ausgegraben wurden. Vor dem Museumsgebäude kann man auf dem Pflaster der römischen Hafenstraße spazieren.

An der Rheinseite der Domterrasse steht der jüngste Zuwachs der Kölner Kulturszene: jener spektakuläre Museumskomplex, in dem nicht nur das **Wallraf-Richartz-Museum** und das **Museum Ludwig**, sondern auch das **Agfa-Foto-Historama** und ein Konzertsaal mit 2000 Plätzen untergebracht sind. Den Schwerpunkt der Sammlungen des Wallraf-Richartz-Museum bilden die Werke der Kölner Malerschule vom 14. bis zum 16. Jh., deren Hauptvertreter Stephan Lochner war. Daneben sind aber auch die anderen großen Namen der deutschen sowie der niederländischen, französischen und italienischen Malerei vertreten. Das Museum Ludwig dokumentiert die Kunst des 20. Jh.s bis hin zu den aktuellsten Tendenzen. Die Sehenswürdigkeiten außerhalb des Dombereichs sucht man am besten in zwei Rundgängen auf. Der eine führt durch den Nordteil, der andere durch den Südteil der Altstadt. Für eine Rast vor dem Aufbruch bietet sich „Früh am Dom" an (Am Hof 12). Wie es sich für ein Kölner Brauhaus mit Tradition gehört, tragen die Servierer, „Köbes" genannt, lange blaue Schürzen. „Hämchen", eine Art Eisbein, wird besonders gern an den blanken Holztischen verzehrt. Vor dem Gasthaus erinnert der idyllische **Heinzelmännchenbrunnen** an die Sage von den fleißigen Heinzelmännchen, die bei Nacht für die Kölner alle Arbeiten erledigten, bis sie durch die Neugier einer Schneidersfrau auf immer vertrieben wurden.

Der Rundgang durch die nördliche Altstadt führt von den Resten des römischen Nordtores vor der Domfassade zunächst nach **St. Andreas**. Die spätromanische Basilika mit einem gotischen Hallenchor ist die Grabeskirche des hl. Albertus Magnus, eines der größten Gelehrten des Mittelalters. Vorbei am ehemaligen **Zeughaus**, in dem das **Stadtmuseum** Stationen der Geschichte Kölns dokumentiert, und am nordwestlichen Eckturm der römischen Stadtmauer gelangt man nach **St. Gereon**. Dieser faszinierende Kirchenbau verdankt seine einzigartige Gestalt dem spätantiken Ursprung. Im 4. Jh. wurde hier auf einem Gräberfeld ein ovaler Memorialbau errichtet, dessen Monumentalität und durch literarische Quellen bezeugter Mosaikschmuck auf eine Beteiligung des Kaiserhauses schließen lassen. Im frühen Mittelalter entstand die Legende, nach der Kaiserin Helena, die Mutter Konstantins des Großen, diesen Bau als Märtyrerkirche über den Gebeinen des hl. Gereon und seiner Gefährten aus der Thebäischen Legion errichtet habe. Nachdem im 11. und 12. Jh. der Langchor mit Krypta und Flankentürmen angefügt worden war, wurde am Anfang des 13. Jh.s das Oval ummantelt und erhöht. Ausgehend von seinen acht seitlichen Nischen wurde es in ein Zehneck umgewandelt, dessen viergeschossiger Wandaufbau ein 35 m hohes Rippengewölbe trägt. Nach Abschluß des Wiederaufbaus erhielt das Dekagon Farbfenster von Georg Meistermann.

Ebenfalls auf einem antiken Gräberfeld steht **St. Ursula**. Von hier nahm der über das ganze Abendland verbreitete Kult der hl. Ursula und ihrer Gefährtinnen seinen Ausgang. Daß hier schon in frühchristlicher Zeit Märtyrerinnen verehrt wurden, bezeugt die um 400 verfaßte Inschrift im Chor. Die darin genannte Basilika wurde bei Grabungen nachgewiesen. Im 10. Jh. verband sich diese Tradition mit der Legende vom Glaubenstod, den die englische Prinzessin Ursula an der Spitze ihrer Begleiterinnen bei der Ankunft in Köln durch die Hunnen erlitten habe. Sehenswert ist die „Goldene Kammer" mit über 100 Reliquienbüsten.

Am nördlichen Rheinufer liegt **St. Kunibert**, dessen Chorfassade mit ihren Flankentürmen dem Fluß wirkungsvoll zugewandt ist. Die ehemalige Chorherrenstiftskirche ist der letzte romanische Kirchenbau Kölns. Sie wurde 1247, also ein Jahr vor der Grundsteinlegung des Domes, geweiht. Aus der Erbauungszeit stammen noch die Glasfenster im Chor, das bedeutendste Denkmal spätromanischer Glasmalerei im Rheinland. Die Verkündigungsgruppe von 1439 an den Chorpfeilern erweist den Dombaumeister Konrad Kuyn als Bildhauer von Rang.

Den südlich des Domes gelegenen Teil der Altstadt erschließt die **Hohe Straße**. Sie folgt dem Verlauf des „Cardo maximus" der römischen Stadt und ist auch heute noch die Hauptstraße Kölns, eine Fußgängerzone, in der sich Kauf- und Schaulustige und Flanierende drängen. Die nach Osten abzweigende Salomonsgasse führt zum **Alten Rathaus**. Sein 61 m hoher Turm wurde nach dem Sieg der Zünfte über die Patrizier im Jahre 1396 als Zeichen der städtischen Freiheit erbaut. Im Hansasaal trat 1367 jener Hansetag zusammen, der den Krieg gegen den dänischen König Waldemar Atterdag beschloß. Vom Obergeschoß des „Doxal", der im Stil der niederländischen Renaissance errichteten Rathauslaube, verkündeten die Bürgermeister dem Volk die Ratsbeschlüsse. In dem Neubautrakt mit dem Sitzungssaal des Rates kann man „mit dem Fahrstuhl in die Römerzeit" fahren (Eingang Kleine Budengasse). Beim Ausschachten stieß man hier nämlich 1953 auf das **Prätorium**, den Amtssitz des römischen Provinzstatthalters.

An der Ostseite des Rathauses liegt der **Alte Markt**, an den sich das bis zum Rhein reichende Martinsviertel anschließt. Seinen Mittelpunkt bildet die romanische Kirche **Groß St. Martin**, deren mächtiger Vierungsturm einen der Hauptakzente im Stadtbild setzt. In dem modernen Wohnhof, der die Kirche anstelle der im Krieg zerstörten Stiftsgebäude umgibt, hat man den Kölner Typen Tünnes und Schäl ein Denkmal gesetzt. In viele der im alten Stil wiederhergestellten Häuser des Martinsviertels sind Kneipen und Restaurants eingezogen. Besonders das Rheinufer, wo die B51 jetzt unter einer Grünanlage verläuft, ist zu einem beliebten Treffpunkt geworden.

100 m südlich des Rathauses erbaute sich die Kölner Bürgerschaft 1437-1444 ein stattliches Fest- und Tanzhaus, das seinen Namen **Gürzenich** von dem zuvor hier ansässigen Rittergeschlecht erhielt. Der zweigeschossige gotische Saalbau mit Zinnenkranz und Eckwarten wurde im Krieg bis auf die Umfassungsmauern zerstört. Das Innere hat man beim Wiederaufbau als Re-

präsentationshaus der Stadt neu gestaltet. In der benachbarten Ruine von **St. Alban** erinnert eine von Ewald Mataré geschaffene Nachbildung der Figurengruppe „Trauerndes Elternpaar" von Käthe Kollwitz an die Toten des Zweiten Weltkrieges.

**St. Maria im Kapitol**, jenseits der Pippinstraße, hat seinen Beinamen vom Tempel der kapitolinischen Gottheiten, der in der Römerzeit an dieser Stelle stand. Im frühen 7. Jh. gründete Plektrudis, die Gemahlin des Hausmeiers Pippin von Heristal, hier einen Frauenkonvent. Der im 11. Jh. errichtete Kirchenbau gehört zu den berühmtesten Monumenten der salischen Baukunst. Er verbindet erstmals einen Dreikonchenchor mit einem basilikalen Langhaus. Singuläre Werke sind die um 1050 entstandenen holzgeschnitzten Türflügel mit Reliefdarstellungen aus dem Leben Jesu. Ein Jahrhundert jünger ist die Grabplatte mit der lebensgroßen Figur der Stiftsgründerin Plektrudis. Das eindrucksvolle Gabelkreuz von 1304 zeigt erstmals eine extrem realistische Wiedergabe des Gekreuzigten.

Folgt man der Cäcilienstraße nach Westen, so erreicht man nach Überquerung der Nord-Süd-Fahrt die ehemalige Stiftskirche St. Cäcilien, in der das **Schnütgen-Museum** eingerichtet ist, eine der hervorragendsten Sammlungen sakraler Kunst des Mittelalters. In der benachbarten **Josef-Haubrich-Kunsthalle** des Städtischen Kulturzentrums finden Wechselausstellungen statt. Noch weiter westlich liegt der **Neumarkt**, an dessen Nordwestecke der prachtvolle romanische Kleeblattchor von **St. Aposteln** aufragt.

Nahe dem Südrand der Altstadt steht auf einer baumbestandenen Anhöhe **St. Pantaleon**. Es ist die Grabkirche des Erzbischofs Bruno und der Kaiserin Theophanu, der byzantinischen Gemahlin Ottos II. Vor allem das Westwerk dieses ältesten Monumentalbaus im mittelalterlichen Köln repräsentiert den herrscherlichen Bauwillen des ottonischen Kaiserhauses. Ein filigraner spätgotischer Lettner schließt den Chor. Der Kirchenschatz verwahrt zwei prachtvolle Reliquienschreine und das sogenannte Albertuskreuz, Metallarbeiten des 12. Jh.s, die wohl in den Werkstätten der ehemaligen Abtei entstanden sind.

**St. Severin** liegt inmitten eines antiken Gräberfeldes, das entlang der römischen Fernstraße nach Bonn angelegt worden war. Der Ausgrabungsbereich unter dem Langhaus veranschaulicht die Entwicklung vom heidnischen zum christlichen Friedhof und die Abfolge der ersten Kultgebäude. Hier wird Bischof Severin verehrt, der während der Wirren am Ende der römischen Herrschaft am Rhein die Kölner Gemeinde leitete. An seinem Grab entstand ein Kollegiatsstift, dessen Kirche ein Konglomerat verschiedener Architekturepochen darstellt. Ihr 1411 vollendeter Westturm bildet die Südliche Dominante der Stadtsilhouette. Das Severinsviertel, „Vringsveedel" im Kölner Dialekt, gehört zu den intaktesten Traditionsvierteln der Stadt. Ein Relikt der mittelalterlichen Befestigung ist der imposante **Severinsturm** am Südende der Severinsstraße. Von hier führt der Ubierring in Richtung Rhein zum **Rautenstrauch-Joest-Museum für Völkerkunde**. Das **Museum für Ostasiatische Kunst** am Aachener Weiher besitzt eine der besten Sammlungen chinesischer, japanischer und koreanischer Kunst in Deutschland.

Detail des Dreikönigenschreins im Kölner Dom (links außen).

Das Grabmal des Poblicius im Römisch-Germanischen Museum (links innen).

Der kubische Neubau des Wallraf-Richartz-Museums bildet einen modernen Kontrast zur filigranen Gotik des Domchors (rechts innen).

Die Gesetze der Schwerkraft scheinen in dem 43 m hoch aufragenden, lichten Raum des Kölner Doms überwunden zu sein (rechts außen).

# Konstanz Die Ferienstadt

Eine der glücklichsten Mischungen deutscher Städte. Zugleich alt und ehrwürdig, mit historischer Bedeutung, ist die Bischofs- und Handelsstadt am Seerhein von einem extrem milden Klima begünstigt. Kein Wunder, daß hier viele Kongresse abgehalten werden.

Der Freizeitwert des Bodensees ist an sich schon enorm, aber in der Weingegend versteht man obendrein noch etwas von Lebensart. Zudem gibt es hier wie am gesamten See hinreißende Panoramen umsonst. Die traditionelle Kulturlandschaft bietet Ausflüglern eine Vielzahl lohnender Ziele – wie etwa Meersburg, die Inselstadt Lindau, die Blumeninsel Mainau und etliche sehenswerte Schlösser in der Nähe.

## Geschichte

An der engen Grenze zwischen Ober- und Untersee wohnten schon in der Jungsteinzeit Menschen in Pfahlbauten, später hatten die Kelten hier eine Fischersiedlung. Den strategisch günstigen Ort nutzten die Römer dann zur Errichtung eines Lagers – und später einer Stadt, die sie nach dem Kaiser Constantius Chlorus benannten. Hier wurde 590 das erste Bistum im deutschen Raum gegründet, das in den folgenden Jahrhunderten zu einem der bedeutendsten wurde. Seinen beachtlichen Wohlstand erlangte die Siedlung durch den Handel, der wegen der günstigen Lage natürlich auch nach Süden ging. Marktrecht ab 900 und den Titel der freien deutschen Reichsstadt ab 1192 markieren den Aufstieg von Konstanz. 1414 bis 1418 fand hier mit dem Konstanzer Reformkonzil der größte mittelalterliche Kongreß des Abendlandes statt, immerhin brachten die damals 6000 Einwohner 60 000 Konzilteilnehmer unter. Auf dem Kongreß sollte das Schisma, die Spaltung der Kirche in die von drei gleichzeitig agierenden Päpsten angeführten Richtungen, aufgehoben werden. Außerdem wollte man die Spannungen mit dem tschechischen Prediger Jan Hus ausräumen: Das gelang in der Weise, daß man ihn unter Zusicherung freien Geleits einlud, um ihn dann, kaum war er gekommen, doch zum Tode zu verurteilen und auf dem Scheiterhaufen zu verbrennen.

Nachdem 1526 die lutherische Reformation eingeführt wurde, verlor Konstanz den Bischofssitz an Meersburg. Durch den Schmalkaldischen Krieg gelangte Konstanz 1548 dann an das habsburgische Österreich. Bei den Koalitionskriegen gegen Frankreich ist Konstanz wegen seiner strategischen Lage immer wieder heftig umkämpft und mehrfach von den Franzosen besetzt worden. 1806 wurde die Stadt im Frieden von Preßburg dem Großherzogtum Baden eingegliedert. Der Nähe zum schweizerischen Kreuzlingen verdankt Konstanz, daß es im Zweiten Weltkrieg von alliierten Bomben verschont blieb.

## Sehenswürdigkeiten

Das **Liebfrauenmünster** geht auf eine im 7. Jh. erbaute Marienkirche zurück und wurde im 11. Jh. errichtet. Vermutlich steht diese romanische Säulenbasilika an der Stelle des einstigen römischen Kastells. Die ursprüngliche romanische Form der Kirche kann man trotz etlicher Veränderungen in verschiedenen Jahrhunderten noch gut erkennen. Als die größte ihrer Art gilt die gewaltige Krypta. Kunsthistorisch bedeutend sind das Hauptportal aus Nußbaum mit seinen wertvollen Schnitzbildern von 1470, das Chorgestühl und das Grabmal des heiligen Konrad. Besondere Beachtung verdient die **Mauritius-Rotunde**. In ihr ließ jener heiliggesprochene Konstanzer Bischof Konrad das Heilige Grab aus Jerusalem nachbauen. Die heute noch zu sehende Form geht allerdings auf einen Nachbau von 1280 zurück, deren Figurenschmuck als die kostbarste frühgotische Plastik am Bodensee gilt. Der **Münsterturm** bietet eine wunderschöne Aussicht über die Stadt und den Bodensee auf die Schweizer Alpen.

Im spätromanischen ehemaligen **Dominikanerkloster** auf der Insel in der Konstanzer Bucht wur-

Kaufhaus am Hafen, das sogenannte Konzilgebäude (links oben).

Erholung bietet der Gondelhafen (links unten).

Der Wohnturm „Zum Goldenen Löwen" Fassadenmalerei um 1580 (rechts oben).

Anleger am Hafen (rechts unten).

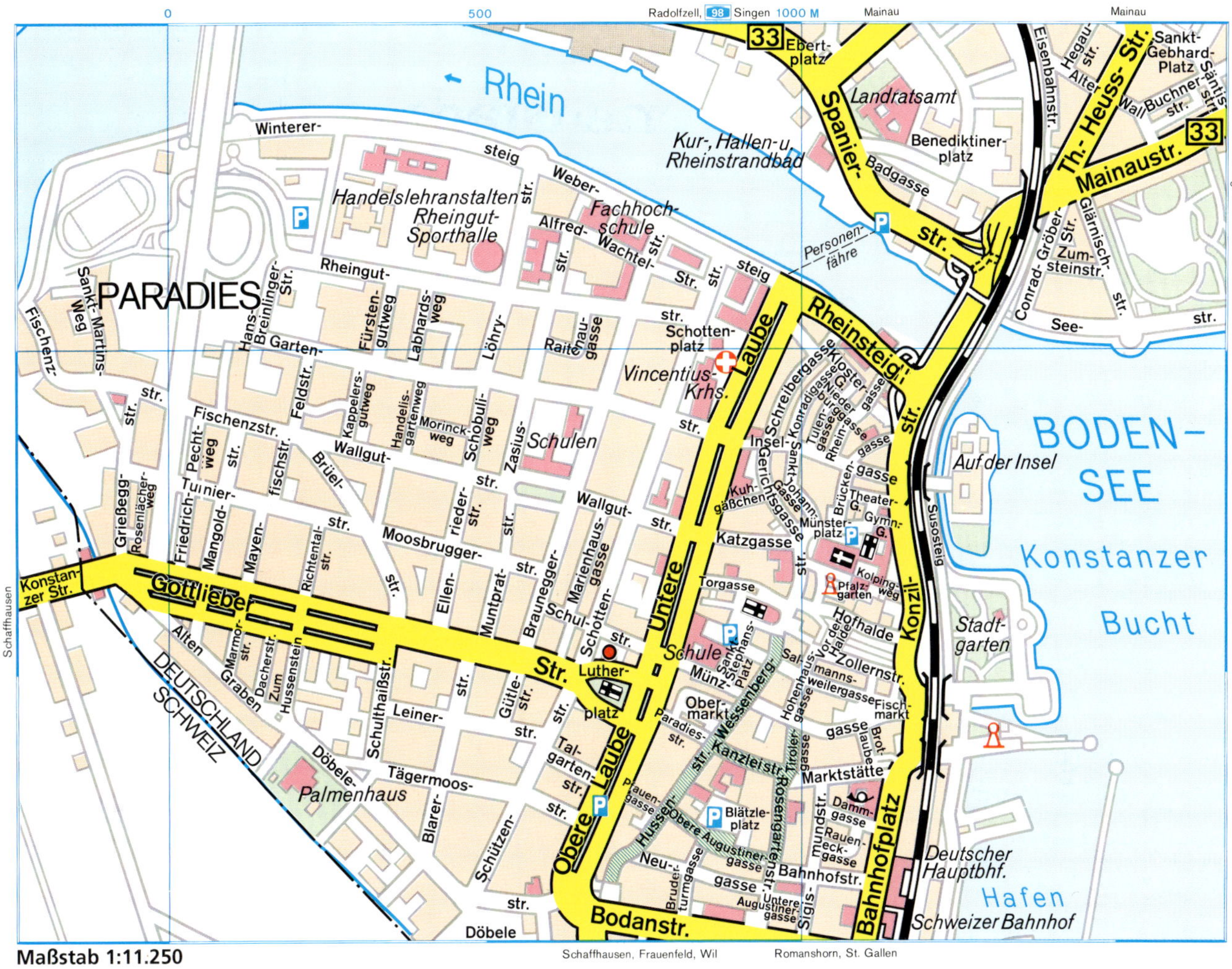


Maßstab 1:11.250

de der Luftfahrtpionier Ferdinand Graf Zeppelin geboren. Heute ist hier ein Hotel eingerichtet, aber der Kreuzgang aus dem 13. Jh. ist noch erhalten – und in dessen Vorhalle kann man über Wandmalereien des 16. Jh. staunen. Berühmt sind auch die Fresken der ehemaligen **Augustinerkirche zur heiligen Dreifaltigkeit**. Ein weiterer wichtiger Kirchenbau ist die **Stephanskirche**. Die zweitälteste Konstanzer Pfarrkirche geht noch auf die Merowingerzeit zurück. Im 12. Jh. erfolgte ein romanischer Umbau, ungewöhnlicherweise lag der Altar zunächst nach Westen und wurde erst später nach Osten verlegt.

Am Hafen steht ein altes **Kaufhaus**, das dem Leinwandhandel diente und aus dem 14. Jh. stammt. Vielfach wurde angenommen, daß hier das Konstanzer Konzil getagt habe, tatsächlich ist hier aber lediglich der neue Papst Martin V. gewählt worden, der die drei Gegenpäpste ablöste. Das Konzil selber tagte im Münster. Nicht weit entfernt steht das **Alte Rathaus**, dessen erster Bau im 13. Jh. errichtet wurde. Im Laufe der Jahrhunderte kamen einige Erneuerungen hinzu, 1733 etwa, weil inzwischen die Pfähle angefault waren, auf denen das damals noch direkt an einem Wassergraben gelegene Rathaus errichtet worden war. In der **Zollernstraße** gibt es einige bemerkenswerte alte Häuser, besonders auffällig unter ihnen ist das sogenannte **Hohe Haus**, das als ein mittelalterliches Hochhaus gelten muß. Mit seinen 26 m Firsthöhe ist es geradezu ein Wohnturm. Beeindruckend an dem Haus, in dem einst König Sigismund Gast war, ist der mächtige Ostgiebel. Eine der ältesten deutschen Trinkstuben dürfte das **Haus Zur vorderen Katz** am St.-Stephans-Platz sein. In dem Gebäude direkt daneben wohnte bereits 1270 der erste Konstanzer Apotheker, von dem man weiß.

Zwei wichtige Museen finden sich in der Katzgasse: Das **Bodensee-Naturmuseum** stellt zur Ur- und Frühgeschichte sowie zur Ökologie aus, die **Wessenberg-Galerie** besitzt vorwiegend Gemälde des 15. bis 18. Jh. aus Deutschland, Holland und Italien. Ein weiteres wichtiges Museum liegt in der Rosgartenstraße, wo in dem mittelalterlichen Zunfthaus der Metzger das **Rosgarten-Museum** beherbergt ist. Seine Sammlungen sind vor allem auf die Region bezogen – Kultur-, Kunst-, Stadtgeschichte, Geologie, Paläontologie. Das **Hohenzollernhaus** am Obermarkt hat eine ganz besondere Bedeutung in der deutschen Geschichte. Hier wurde 1417 der Burggraf Friedrich VI. von Nürnberg aus dem Haus Hohenzollern mit der Mark Brandenburg belehnt – wenn man so will, begann hier also die Geschichte Preußens.

So, wie im sogenannten »Konzil« am Hafen nicht das Konzil getagt hat, so hat im **Hushaus** nicht Jan Hus gewohnt, gleichwohl hat man hier eine Gedenkstätte für den frühen Kirchenreformator eingerichtet. Am Rande der alten Stadtteile, auch zum Wasser hin, bestehen noch heute etliche Teile der alten Befestigungsanlagen – wie der Pulverturm, der Rheintorturm oder der Schnetztorturm neben dem Hus-Museum. **Niederburg** ist einer der ältesten Stadtteile von Konstanz, der zunächst von Handwerkern und Fischern bewohnt war. Hier findet man eine Vielzahl von liebevoll renovierten alten Bürgerhäusern aus dem 13. bis 16. Jh. und ein reges Kneipenleben.

**Information**
Tourist-Information
Bahnhofsplatz 13
W-7750 Konstanz
Tel. (07531) 284376

**Festkalender**
Alemannische Fastnacht. Konstanzer Internationale Musiktage (Juni/Juli). Orgelkonzert im Münster (Juli/August). Weinfest (August). Jazzherbst (Oktober/November).

**Tips**
Das Bodensee-Symphonie-Orchester veranstaltet von September bis Juni regelmäßig Konzerte im Oberen Konzilsaal. Auf der Insel Mainau gibt es ein sehr beliebtes Kinderparadies, bei Markelfingen den Wild- und Freizeitpark Bodanrück. Im Juli/August kann man einen schönen Ausflug zu den Bregenzer Festspielen auf der Seebühne unternehmen.

# Krefeld – Nicht nur Samt und Seide

Längst spielen die traditionsreichen Textilgewerbe in Krefelds Wirtschaft nicht mehr die maßgebliche Rolle. Aber die Stadtwerbung hofft noch immer sehr auf den guten Klang von Samt und Seide. Allerdings werden noch heute vier von fünf deutschen Krawatten hier produziert.

Die Krefelder selbst rechnen sich nicht gern zum Ruhrgebiet. Und das auch mit einem gewissen Recht, denn hier am linksrheinischen Revierrand fehlt die typische Industriekultur der Stahlstädte nördlich der Ruhr. Was allerdings die Begeisterung für ihren Fußball-Verein angeht, da stehen die Krefelder und Uerdinger ihren »Reviernachbarn« in nichts nach.

## Geschichte

Erst waren die Kelten hier, dann die Römer, deren Lager Gelduba im heutigen Stadtteil Gellep stand. Danach herrschten vorwiegend Franken, aber sehr viel weiß man auch in Krefeld nicht über das »finstere« Mittelalter. Daß sich hier eine Menge abgespielt haben muß, kann man aus den mehreren tausend Gräbern schließen, die man in dem einstigen Gräberfeld des römischen Kastells gefunden hat. Dieser Gräber sind vom 1. bis zum 8. Jh. durchgehend immer wieder neu belegt worden – von Franken, Germanen, Angelsachsen und Alemannen. 1105 spricht eine Urkunde von Krefeld, eine andere vom 1229 eingemeindeten Uerdingen schon im 9. Jh. Die Grafen von Moers machen aus dem Dorf zunächst einen Markt und 1373 auch eine Stadt. Wegen ihrer ungewöhnlichen Lage inmitten kurkölnischen Besitzes mußte sie stark gesichert werden. Als 1600 die Oranier Krefeld erbten, begann auch bald die Zuwanderung von Religionsflüchtlingen im 30jährigen Krieg. Die Mennonitenfamilie von der Leyen brachte das Seidengewerbe mit, das unter der preußischen Herrschaft ab 1702 einen bedeutenden Aufschwung nahm. Aber auch reformierte Zuwanderer bestimmten das Wirtschaftsleben der Stadt, die es im 18. Jh. zu einigem Wohlstand bringt. Die Besetzung durch die französischen Revolutionstruppen werfen Krefeld dann zurück, später sind es vor allem Strukturkrisen, die immer wieder mit Aufschwungsphasen abwechseln. Leider ist Krefeld im Krieg schwer zerstört worden, mittelalterliche Kleinstadtromantik findet man jedoch noch im Stadtteil Linn.

**Information**
Verkehrsverein
Seidenweberhaus
Theaterplatz 1
W-4150 Krefeld
Tel. (02151) 29290

**Festkalender**
Flachsmarkt (Pfingsten). Puppentheatertage (April und Oktober). Oldtime-Jazzfestival (April). Sprödentalkirmes (April/Mai, September/ Oktober). Internationale Folklore (Juli/ August). Großer Preis von Krefeld (Galopprennen, September).

**Tips**
Das ganze Jahr über werden im Rittersaal der Burg Linn Serenaden veranstaltet. Und der sogenannte Kulturschoppen findet immer am zweiten Sonntag im Monat im Pax-Christi-Gemeindezentrum statt. Im Sommer gibt es das Programm Kultur um 11 (verschiedene Kulturveranstaltungen, sonn- und feiertags).

Alljährlich zu Pfingsten findet der Flachsmarkt auf Burg Linn statt (links).

Das Seidenweber-Denkmal des Meister Ponzelar (oben).

Schloß Dyck (unten).

## Sehenswürdigkeiten

Die kurkölnische **Wasserburg Linn** war lange Zeit Lehen der Grafen zu Kleve. Die komplizierte Baugeschichte dieser Burg geht auf einen Wohnturm (um 1200) zurück, der mehrfach erweitert, verändert und stärker gesichert wurde. Später wurde sogar die gesamte Stadt in die Sicherungsanlagen miteinbezogen. Im Spanischen Erbfolgekrieg wurde die Burg zerstört, statt dessen errichtete man 1740 das reizende kleine **Jagdschloß** davor. Ausführliche Museensammlungen sind hier heute untergebracht. In Hohenbudberg steht die sehr hübsche neugotische **Pfarrkirche St. Matthias** anstelle eines mittelalterlichen Kirchenbaus. Von dieser ist bis heute noch der romanische Westturm erhalten. Ähnlich alt sind einige Bauteile der **Pfarrkirche St. Clemens** im Ortsteil Fischeln.

Das **Rathaus** (in den Jahren 1791 bis 1794 errichtet) war früher eine Art Stadtschloß der »Seidenbarone« von der Leyen. 120 Jahre jünger sind die Stadtvillen **Haus Ester** und **Haus Lange**, auch sie von Textilfabrikanten erbaut. Heute sind hier Ausstellungsräume für wechselnde moderne Kunstausstellungen eingerichtet. Das **Hansa-Center** wird als ein Beispiel aktueller Architektur gehandelt: In eine postmoderne Gesamtkonzeption sind das restaurierte **Hansa- und das Sinn-Haus** integriert worden. Als einer der bedeutenden Tierparks in Deutschland gilt der Krefelder **Zoo**. Ruhe und Entspannung sucht die Krefelder Bevölkerung in ihrer auch sonst durchaus grünen Stadt außerdem im **Botanischen Garten** oder im Stadtgarten.

# Landshut – Kapitale Niederbayerns

Landshut ist der Inbegriff einer niederbayerischen Stadt: geschichtsträchtig und noch immer den traditionellen Wohlstand herausstellend. Das sehr geschlossene Altstadtbild wird überragt von dem gotischen Kirchturm und von der trutzigen Burg auf dem Hügel.

Ein Symbol für den seinerzeitigen Reichtum der Stadt waren die Hochzeitsfeierlichkeiten, die 1475 für Herzog Georg und die polnische Königstochter Jadwiga veranstaltet wurden. Diese Landshuter Fürstenhochzeit gilt als eines der größten Feste im Mittelalter – und wird alle vier Jahre mit großem Aufwand nachgefeiert. Damals war Landshut eine der bedeutendsten Residenzen des Heiligen Römischen Reiches deutscher Nation.

## Geschichte

Landshut gehört zu den Städten, deren Entstehung man genau datieren kann: 1204 gründete Ludwig der Kehlheimer die Stadt mit der Burg, der »Landeshout«, die heute Trausnitz heißt. Nachdem dieser Ludwig in Kehlheim auf dubiose Weise ermordet worden war, verlegte sein Sohn, Otto III., die Residenz 1255 nach Landshut. In den folgenden Jahrhunderten war die Stadt in den komplizierten Erbteilungen der Wittelsbacher immer wieder Hauptstadt eines niederbayerischen Teilherzogtums. Daher liegen in der Klosterkirche Seligenthal immerhin 29 Wittelsbacher begraben. Seine Blüte hatte Landshut im Mittelalter, als es mit Handel und einigen Handwerken reich wurde. Neben der landshuter Keramik hatten besonders die Rüstungsmacher (»Plattner«) internationale Bekanntheit. Sie haben auch, so vermutet man, Götz von Berlichingen seine eiserne Hand geschmiedet, nachdem er im Landshuter Erbfolgekrieg 1504 ganz in der Nähe seine Rechte verloren hatte. Eigentümlicherweise ist die Burg nie so weitgehend zerstört worden wie bei einem Großbrand 1961 – inzwischen ist sie aber überwiegend restauriert worden.

**Information**
Verkehrsverein
Altstadt 315
W-8300 Landshut
Tel. (0871) 922050

**Festkalender**
Ein gewaltiges historisches Spektakel ist die alle vier Jahre veranstaltete Landshuter Fürstenhochzeit – mit Ritterturnieren, Festumzügen, liebevoll nachgestelltem Altstadtleben und vielem mehr. Im zweijährigen Wechsel: die Landshuter Hofmusiktage (Juni/Juli); Flohmarkt (Mai); Niederbayernschau (Oktober). Jährlich: Frühjahrsdult (Mai); Alstadtfest (Juli); Bartlmädult (August); Haferlmarkt (September).

**Tips**
Wer bei diesen vielen Festen sich erholen muß, dem sei ein Spaziergang zum Klausenberg oder zur Burg empfohlen.

## Sehenswürdigkeiten

Wahrzeichen der Stadt ist der Kirchturm von **St. Martin**, mit 133 m wohl der höchste Backsteinturm der Welt. Die anstelle einer romanischen Basilika 1380 bis 1500 erbaute konsequent spätgotische Kirche beherbergt wichtige Schnitzarbeiten von Hans Leinberger. Einen Besuch lohnt auch die reiche Schatzkammer von St. Martin. Vorn führt der »Altstadt« genannte mittelalterliche Straßenzug vorbei, der mit seinen Laubengängen und den hübschen Giebeln der **Patrizierhäuser** zum Herumschlendern einlädt. Dann gerät man am alten **Rathaus** (14./15. Jh.) und vor allem an der **Stadtresidenz** vorbei, die sich Herzog Ludwig als ersten Renaissancepalast mit stark italienischem Einschlag auf deutschem Boden errichten ließ. Die alte Burg Trausnitz war ihm trotz der vielen Umbauten, die sie im Laufe der Jahrhunderte über sich hatte ergehen lassen müssen, zu unbequem geworden. Ein Spaziergang auf den Burgberg lohnt sich allein wegen der berühmten »**Narrentreppe**«, deren Wände mit Figuren der Commedia dell' Arte illusionistisch ausgemalt sind. Wegen seiner vorbildlichen Restaurierung wurde **Trausnitz** mit einem internationalen Preis ausgezeichnet. Östlich schließt sich an die Burg der **Hofgarten** an, eine Gartenanlage, die im 15. Jh. zunächst als herzoglicher Tiergarten entstand. Jenseits der Isar (von der hier auch noch die Kleine Isar abzweigt) liegt das Zisterzienserinnenkloster **Seligenthal** aus dem frühen 13. Jh. Seine Kirche ist später barock umgestaltet worden. In der **Stadtresidenz** (Altstadt 79) befinden sich das Stadt- und Kreismuseum und die Staatsgalerie. Städtische Gemäldesammlung und Naturkundliche Sammlung sind im **Adelsmannschloß**. Ganz in der Nähe liegt übrigens die Kernkraftruine **Niederaichbach**. Die Anlage war nur 18 Tage lang am Netz, bevor sie wegen irreparabler Mängel abgeschaltet wurde. Inzwischen wird sie mit einem immensen Sicherheitsaufwand wieder abgerissen.

Historisches Dokumentarspiel mit Zug durch die Innenstadt: die Landshuter Fürstenhochzeit (links).

Burg Trausnitz mit dem Wittelsbacher-Turm (rechts oben).

Blick auf die Altstadt mit der spätgotischen Hallenkirche St. Martin in der Mitte (rechts unten).

# Leipzig Heimat der Musen

Die traditionsreiche Messe-, Universitäts- und Buchstadt erhielt ihren unverwechselbaren Charme im Zeitalter des Barock. Wohlgestaltete Giebel, hohe Mansarddächer und reich dekorierte Renaissanceerker bestimmen auch heute noch das Stadtbild.

Sehr früh schon basierten Erfolg und Ausstrahlung von Leipzig auf den drei Bereichen Messe, Universität und Buchwesen. Den Anfang hatten die Kaufleute mit ihrem Messebetrieb gemacht, schon 1409 aber folgten die Professoren, die Leipzigs Bild in den folgenden Jahrhunderten entscheidend prägten. Nicht unerheblich trugen dazu auch die von der Universität angelockten Buchverleger bei. Sie machten Leipzig im 19 Jh. zum in ganz Deutschland konkurrenzlosen Buchzentrum. Auch heute noch ist Leipzig nicht nur Industrie- und Messestadt, sondern auch Heimat von Kunst, Kultur, Wissenschaft und vor allem Musik.

## Geschichte

Aus der im 7. Jh. beim Matthäi-Kirchhof gegründeten Sorbensiedlung Lipzi, dem „Ort bei den Linden", wurde um die Jahrtausendwende die deutsche Burg „urbs libzi". In ihrem Schutz wuchs eine Kaufmanns- und Handwerkersiedlung, der Markgraf Otto von Meißen 1165 das Stadtrecht verlieh. Aus den in dieser Siedlung abgehaltenen Oster- und Michaeli-Märkten entwickelte sich nicht zuletzt dank eines von Kaiser Maximilian bestätigten Marktprivilegs die Leipziger Messe.
Die zweite für Leipzig bedeutsame Entwicklungslinie begann 1409 mit der Gründung der Universität. Die ersten Professoren der „Universitas studii Lipsiensis" kamen aus Prag, begonnen wurde immerhin mit 396 Studenten. Als Melanchthon nach der Reformation die Hochschule neu ordnete, begann ein rasanter Aufstieg. Er erreichte im 18. Jh. seinen Höhepunkt, als Christian Fürchtegott Gellert dort lehrte und Lessing, Klopstock und Goethe dort studierten. 1764 wurde die erste Kunstakademie gegründet. Dort nahm auch der junge Goethe Zeichenunterricht.
Leipzigs dritte Säule wurde im 16. Jh. aktiv. Messen und Universität zogen die reisenden Buchhändler und schon bald die Verleger an. Schon 1595 gab es einen eigenen Buchkatalog, und das 18. Jh. machte aus Leipzig den Branchenführer für alles, was zwischen zwei Buchdeckeln Platz hatte. 1825 schließlich wurde der noch heute existierende Börsenverein des deutschen Buchhandels aus der Taufe gehoben. Unser Jahrhundert brachte 1913 die Gründung der Deutschen Bücherei, in der seit ihrem Bestehen alle deutschsprachigen Veröffentlichungen gesammelt werden.
Nicht ganz so friedlich war die Entwicklung in anderen Bereichen. Im Oktober 1813 etwa stießen bei der Völkerschlacht bei Leipzig die 190 000 Mann der napoleonischen Armee auf 306 000 Soldaten Preußens, Österreichs, Rußlands und Schwedens. Die Niederlage Napoleons war für die weitere europäische Entwicklung im 19. Jh. von entscheidender Bedeutung. Zunächst eher stadtbezogen, aber von nicht weniger weitreichender Wirkung war 1863 die Gründung des Allgemeinen Deutschen Arbeitervereins durch Ferdinand Lasalle. August Bebel und Wilhelm Liebknecht halfen mit, Leipzig zum Zentrum der deutschen Arbeiterbewegung zu machen. Die Leipziger Volkszeitung wurde gleichermaßen Forum für Kommunisten und Sozialdemokraten.
Nach schweren Kriegsschäden in der Innenstadt wurde Beschädigtes repariert und Zerstörtes restauriert. Platz für Neubauten und Wohnungen fand sich am Stadtrand im neuen Stadtteil Leipzig-Grünau.

Blick über die Dächer der Altstadt (links oben).

Hinter dem Mendebrunnen erhebt sich das Neue Gewandhaus, Heimat eines weltberühmten Orchesters (links unten).

Das alte Renaissance-Rathaus war jahrhundertelang Mittelpunkt der Stadt (rechts oben).

Blick in den Konzertsaal des Gewandhauses (rechts unten).

In der Alten Handelsbörse versammelten sich einst die Kaufleute (rechts außen).

## Sehenswürdigkeiten

Mittelpunkt des städtischen Lebens war und ist der **Markt**. Der sechsmal von seinen Mitbürgern zum Bürgermeister gewählte Leipziger Baumeister Hieronymus Lotter errichtete dort ab 1556 das **Alte Rathaus** auf älteren Grundmauern. Den strengen Baukörper lockern hohe Zwerchhäuser mit Volutengiebeln auf. Der asymmetrisch an der Marktseite eingefügte Turm hat einen überdachten „Verkündigungsbalkon", einen eigenen Bläseraustritt für die Stadtpfeifer und eine barocke Haube von 1744. Die wie selbstverständlich wirkenden Kolonaden des Erdgeschosses wurden erst anläßlich einer Restaurierung 1909 eingebaut. Heute beherbergt das Alte Rathaus neben der Ratsstube und dem Festsaal das Stadtgeschichtliche Museum und eine musikhistorische Sammlung.

Die Nordseite des Marktes ziert die **Alte Waage**, ursprünglich ein Lotter-Bau von 1555. Das alte Handelsgebäude wurde 1964 rekonstruiert. Dabei erhielt allerdings nur die zum Markt weisende Giebelseite ihre ursprüngliche Gestaltung zurück. Am Durchgang zur Kleinen Fleischergasse steht mit **Barthels Hof** ein typischer Handelshof noch aus der Zeit der Warenmessen. Sein Renaissanceerker stammt von 1523. Das Haus **„Zum Kaffeebaum"** in der Kleinen Fleischergasse entstand um 1500 und ist schon seit 1694 Gaststätte. Stammgäste waren hier die Dichter und Komponisten Gellert, Lessing und Schumann. Unter dem Markt versteckt sich das 1925 errichtete und 1987 rekonstruierte **Untergrund-Messehaus**. Die Südseite schließlich nimmt das 1610 entstandene und 1706 umgebaute Königshaus ein. Die Ecke Nikolai- und Grimmaische Straße ziert heute der Fürstenerker, einer der schönsten Erker aus der Renaissance.

Östlich vom Markt erhebt sich mit ihrem markanten, 75 m hohen Turm die **Nikolaikirche**. Sie wurde nur zwei Jahre nach der Verleihung des Stadtrechtes im Jahre 1165 begonnen, bis 1526 entstand eine dreischiffige Halle mit fünf Jochen. Die heutige Innengestaltung in romantisch-klassizistischem Stil wurde bis 1794 von Adam Friedrich Oeser geschaffen. Die in filigranen Palmwedeln endenden, kannelierten Säulen sollten in romantischer Vorstellung den Paradiesgarten symbolisieren. Auch das große Altargemälde stammt von Oeser, die spätgotische Kanzel ziert heute die südliche Turmhalle.

Der **Naschmarkt** beim Alten Rathaus wurde schon 1556 angelegt. Die alte **Handelsbörse** an seiner Nordseite wurde bis 1687 von Johann Georg Starke als besonders schöner Frühbarockbau errichtet. Zunächst trafen sich hier die Kaufleute, später tagten die Stadtverordneten, und heute gibt er den festlichen Rahmen für besondere Veranstaltungen ab. Das Goethedenkmal davor zeigt den Dichter als Leipziger Student, geschaffen wurde es 1903 von Carl Seffner.

Die Mädlerpassage gegenüber dem Naschmarkt führt in ein kleines Labyrinth von Passagesystemen, die anstelle älterer Handelshöfe entstanden sind. Am Eingang der Passage versteckt sich **Auerbachs Keller**, dem Goethe sein literarisches Denkmal im „Faust" setzte. Daran wiederum zur Erinnerung schuf M. Molitor 1913 die den Kellerabgang zierenden Figurengruppen aus Goethes Kellerszenen. In der Passage selbst hängt ein Glockenspiel aus Meißner Porzellan.

Nördlich des Marktes erstreckt sich der neugestaltete **Sachsenplatz** mit Brunnen, Plastiken und einer Keramiksäule mit Motiven zur Stadtgeschichte. Die Bürgerhäuser an der Westseite stammen aus dem Barock. Das schönste ist das Romanus-Haus am Nordende der Katharinenstraße. Es wurde bis 1704 als Stadtpalais für den Bürgermeister Romanus errichtet und besticht noch heute mit seiner viergeschossigen, stark gegliederten Fassade.

Südwestlich vom Markt steht die ganz besonders mit dem Namen Johann Sebastian Bach verbundene **Thomaskirche**. Von 1723 bis 1750 wirkte der berühmte Komponist hier als Thomaskantor und schrieb jene Motetten, die noch heute vom Thomanerchor gesungen werden. Seit 1950 ist die Kirche auch letzte Ruhestätte Bachs, nachdem seine Gebeine aus der Ruine der Johanneskirche überführt wurden. Seit 1908 steht auf dem Thomaskirchhof das von Carl Seffner geschaffene Bronzestandbild des Komponisten. Im Bosehaus sind

die Ausstellungsräume der Nationalen Forschungs- und Gedenkstätten Johann Sebastian Bachs untergebracht. Ältester Teil der ursprünglich 1212 als Stiftskirche der Augustinerchorherren gebauten Kirche ist ihr gotischer Chor aus dem 14. Jh. Das 1496 fertiggestellte Langhaus stattete Conrad Pflüger mit dem reizvollen Netzgewölbe aus. Die Emporen in den Seitenschiffen wurden von H. Lotter eingezogen.
Östlich und südlich der Nikolaikirche erstreckt sich die Universität. Ihr beherrschendes Bauwerk ist das 1973 errichtete 142 m hohe Hauptgebäude. In dem Hörsaalbau ist das von Karl Friedrich Schinkel 1836 gestaltete Portal des ehemaligen Augusteums integriert. Nördlich des Augustusplatzes steht das Opernhaus. Der Theaterneubau entstand 1956-1960 an der Stelle, wo zuvor das im Krieg zerstörte Neue Theater gestanden hatte. Der Schwanenteich dahinter entstand auf dem ehemaligen Stadtgraben, das Denkmal erinnert an die erste Eisenbahnstrecke zwischen Leipzig und Dresden.
Südlich des Augustusplatzes steht das neue Gewandhaus, die Heimat des gleichnamigen, weltberühmten Orchesters. Das dreigeschossige Konzerthaus umfaßt einen in der Art eines Amphitheaters angelegten großen Saal mit knapp 2 000 Plätzen und einen kleinen Saal mit knapp 500 Plätzen. Das Foyer des kleinen Saales enthält eine Beethoven-Plastik. Der **Mendebrunnen** vor dem Gewandhaus stammt aus dem Jahr 1886.
Aus dem ehemaligen Reichsgericht von 1895 wurden jetzt das **Georgi-Dimitroff-Museum** und das **Museum der Bildenden Künste**. Im großen Saal des ehemaligen Gerichtes fand 1933 der Prozeß über den Reichstagsbrand statt. In seinem Verlauf wurde der bulgarische Arbeiterführer Georgi Dimitroff zum Ankläger des nationalsozialistischen Gewaltregimes.
Das **Grassimuseum** beherbergt heute das Museum für Völkerkunde, das Museum für das Kunsthandwerk und das Musikinstrumenten-Museum. Die **Deutsche Bücherei** ist Heimat des deutschen Buch- und Schriftenmuseums. Hier wird seit der Gründung das gesamte deutsche Schrifttum gesammelt.
Wichtigstes Element des Wilhelm-Külz-Parkes südöstlich des Messegeländes ist das von B. Schmitz und C. Thieme erbaute **Völkerschlachtdenkmal**. Es wurde 1913 anläßlich der 100-Jahr-Feier des Sieges über die „Grande armée" Napoleons auf den Schlachtfeldern um Leipzig eingeweiht. Das 91 m hohe im Stil der Jahrhundertwende gebaute Monument wurde auf einem 30 m hohen Erdhügel errichtet und enthält in seiner glockenförmigen Kuppel eine 60 m hohe Halle mit vier riesigen Sitzfiguren.
Auch die **St. Alexios-Gedächtniskirche** neben der Deutschen Bücherei entstand im Zusammenhang mit der Völkerschlacht. Sie wurde 1913 zum Gedenken an die in der Schlacht gefallenen 22000 Russen errichtet. Mit ihrer vergoldeten Zwiebelkuppel erinnert sie an Nowgoroder Kirchenbauten des 16. Jh.s.

**Information**
Leipzig-Information
Sachsenplatz 1
O–7000 Leipzig

**Festkalender**
Internationales Bach-Fest (alle 4 Jahre).
Motetten in der Thomaskirche (freitags und samstags).
Tage des Kabaretts (Mai).
Internationale Filmwochen (November).

**Tips**
Im Hochhaus der Universität Leipzig gibt es in 110 m Höhe ein Panorama-Café mit prächtiger Sicht über die ganze Stadt. Auerbachs Keller, 1530 gegründet und kürzlich renoviert, ist immer einen Besuch wert. Der 1878 gegründete Zoologische Garten ist berühmt für seinen Löwen- und Tigerbestand. Internationale Buchkunstausstellung der schönsten Bücher. Leipziger Messe (Frühjahr und Herbst).

Goethes „Faust" hat Auerbachs Keller zu Weltruhm verholfen (oben).

Die Russische Kirche erinnert an die Opfer der Völkerschlacht (Mitte).

Das monumentale Völkerschlachtdenkmal wurde 1913 fertiggestellt (unten).

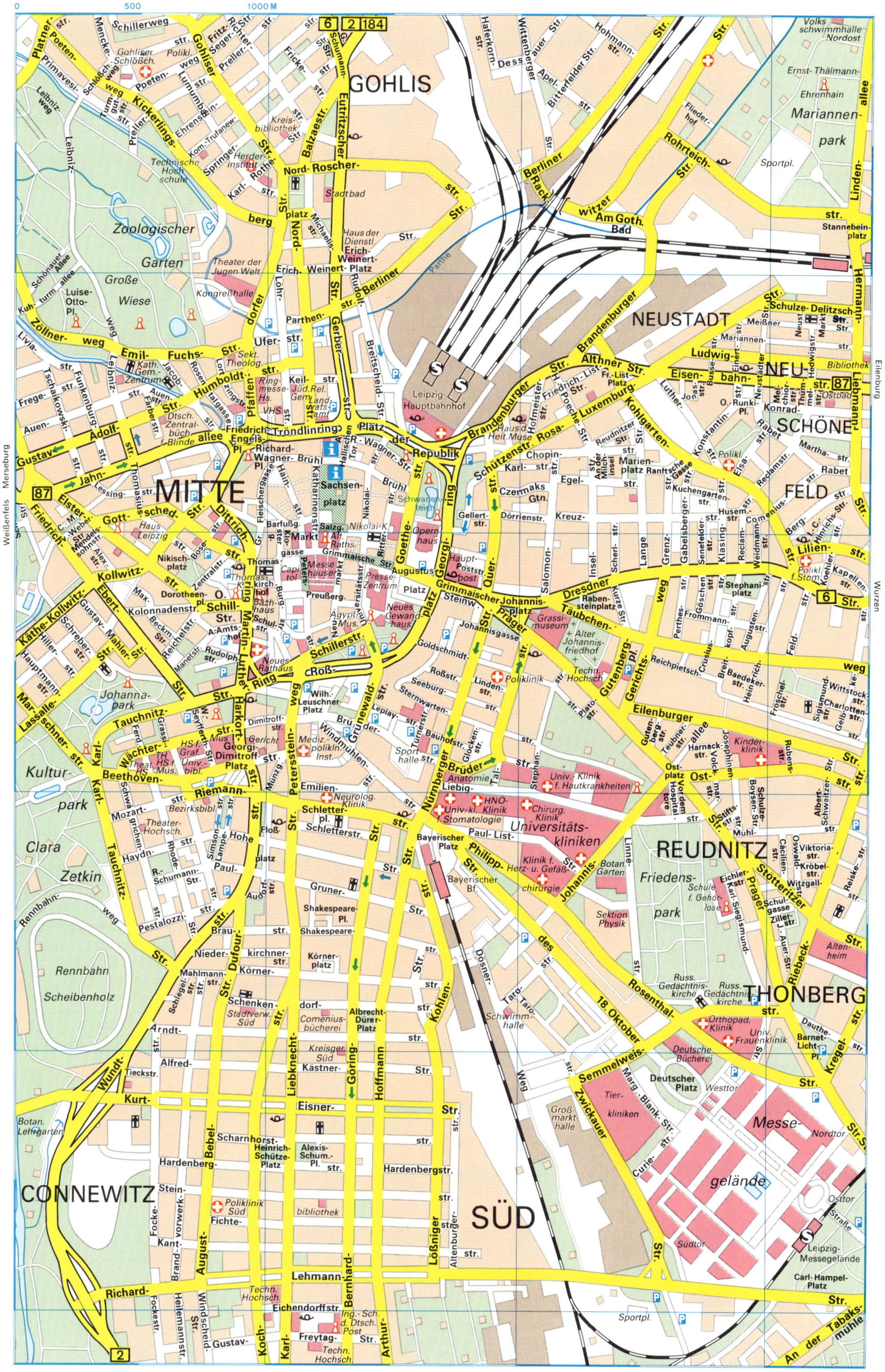
0
500
1000 M
GOHLIS
NEUSTADT
NEU-
SCHÖNE
FELD
MITTE
REUDNITZ
THONBERG
CONNEWITZ
SÜD
Zoologischer
Garten
Große
Wiese
Kulturpark
Clara
Zetkin
park
Rennbahn
Scheibenholz
Johanna-
park
Mariannen-
park
Friedens-
park
Leipzig-
Hauptbahnhof
Messe-
gelände
Leipzig-
Messegelände
Universitäts-
kliniken
Bayerischer
Bf.
Neues
Rathaus
Kongreßhalle
Stadtbad
Markt
Deutsche
Bücherei
Deutscher
Platz
Russ.
Gedächtnis-
kirche
Eilenburg
Wurzen
Weißenfels
Merseburg

# Lemgo – Älteste Stadt im Lippischen

**Die alte Hansestadt an der Bega war einst das wirtschaftliche Zentrum des ganzen Raumes. Früher waren in dieser Region die Glasbläser und die Leinenweber wichtig, mittlerweile dominiert die Holzverarbeitung. Hier ist 1893 die erste deutsche Sperrholzfabrik gegründet worden.**

Nur ein kleiner Abstecher ist es von Lemgo aus nach Süden, wo mitten im Teutoburger Wald die 386 m hohe Grotenburg steht. Auf ihr ist das gewaltige Hermannsdenkmal 1875 eingeweiht worden, das eigentlich an den Sieg gegen Varus' Legionen erinnert. Nicht zufällig allerdings ist das Schwert des Hermann gegen Frankreich gerichtet – dort sah man nun den Erzfeind. Zur Einweihung des Standbilds, das vollständig aus Spenden bezahlt wurde, ist eigens der Kaiser angereist.

## Geschichte

1190 ist Lemgo gegründet worden, und zwar von Bernhard II. von Lippe. Günstige äußere Bedingungen förderten schnell den Aufstieg zu einer bedeutenden Handelsstadt. Schon im 13. Jh. wurde Lemgo Hansemitglied, stieg dann aber immer weiter zu einer mächtigen und reichen Bürgerstadt auf. Von dieser Zeit zeugen noch viele der erhaltenen prächtigen Häuser mit ihren bunt verzierten Giebeln. Dem weithin schallenden Ruf als Handelsstadt (»westfälisches Leipzig«) setzte Lemgo im 17. Jh. den traurigen Ruhm einer wüsten Hexenverfolgung entgegen. Die Grafen von Lippe wurden 1789 gefürstet, und nach dem Sturz der Monarchie 1918 blieb das Fürstentum ein Freistaat bis 1947. In den 70er Jahren gab es noch einmal eine Bewegung, die die Ausgliederung aus Nordrhein-Westfalen forderte. Allerdings entschied ein Volksbegehren dann doch dafür, alles beim alten zu belassen.

## Sehenswürdigkeiten

Die **Marienkirche** geht auf die Jahre 1280 bis 1330 zurück. Inzwischen ist der alte Zustand baulich wieder hergestellt worden. Zu den kostbaren Teilen der Innenausstattung gehört die berühmte Orgel von G. Fritzsche (1612), die als eine der ältesten und wohlklingendsten in Deutschland gilt. Die **Nikolaikirche** (1220 bis 1250) ist der Nikolaikirche aus Lippstadt nachgebaut worden. Als spätromanische Kreuzbasilika hat die Lemgoer allerdings im Laufe der Jahrhunderte ihr Profil verloren und gotische Elemente aufgenommen. Bedeutende Steinskulpturen aus der späten Gotik und eine Taufe aus der Renaissance gehören zu den wertvollen Gegenständen im Innern.

Von den bürgerlichen Häusern fällt besonders das **Hexenbürgermeisterhaus** in der Breiten Straße 19 auf. 1568 erbaut, ist es ein Paradebeispiel der Weserrenaissance mit ihren verspielten Giebelfassaden. Das in diesem Gebäude eingerichtete **Heimatmuseum** erinnert an das unrühmliche Wirken des Bürgermeisters Hermann Cothmann, der zwischen 1666 und 1681 90 Menschen in den »Hexenprozessen« verurteilen ließ. Von grausiger Anschaulichkeit sind die ausgestellten Folterwerkzeuge, mit denen man die Angeklagten zum Geständnis zwang. Die prächtige Fassade ist 1571 dem schon bestehenden Gebäude vorgeblendet worden. Architektonisch ähnlich interessant ist das **Rathaus** von 1490, das mit mehreren Häusern eine einheitliche Front bildet. Besonders spektakulär ist der Erker der **Ratsapotheke**. Zu dem Gebäudekomplex des Rathauses gehören insgesamt acht Häuser, mit eigenen Giebeln und wunderhübschen Schnitzereien. Weitere herausragende Fachwerkbauten finden sich auf der Mittelstraße. Erwähnenswert sind auch das Zeughaus, das Ballhaus, der Lippehof und der Wippermannsche Hof. Einen hübschen Ausflug kann man zum **Schloß Brake** machen, eine Wasserburg an der Bega, die bis auf das 12. Jh. zurückgeht. Ende des 16. Jh. erfolgte der Ausbau, ebenfalls im Stil der Weserrenaissance.

Breite Straße mit Starkes Mühle und Marienkirche (links).

Der Kanzlerbrunnen (rechts).

Verspielte Giebelfassaden am Hexenbürgermeisterhaus (unten).

**Information**
Verkehrsamt
Am Markt
W-4920 Lemgo
Tel. (05261) 213347

**Festkalender**
Frühjahrsmarkt (Regenstorplatz, März). Sommertreff (vielfältiges Fest- und Kulturprogramm von Juni bis August). Schützenfest (August). Bruchmarkt (Oktober). Kläfchenmarkt (Anfang Dezember).

**Tips**
Eine schöne kleine Wanderung läßt sich in der Lemgoer Mark unternehmen, über Waldfrieden zu dem 347 m hohen Windelstein. 11 km östlich von Lemgo liegt die Burg Sternberg. Einen beeindruckenden Ausflug kann man nach Bad Mainberg starten.

# Leverkusen – City auf grüner Wiese

1930 entstanden, hat die Großstadt als einzige westdeutsche Stadt eine Innenstadt vom Reißbrett – in den 60er Jahren – erhalten. Hier in Wiesdorf liegt zugleich das industrielle Schwergewicht der Stadt, deren Name eng mit der Geschichte der chemischen Industrie verbunden ist.

Dr. Carl Leverkus verlegte seine Ultramarinfabrik 1862 von Wermelskirchen an den Rhein. Hier hatte er einen besseren Verkehrsanschluß und genügend Grundwasser. Die zu der Werksgründung gehörende Wohnsiedlung nannte er dem Firmennamen entsprechend Leverkusen. So gab es die Ortsbezeichnung schon, als 1930 einige Städte und Dörfer an diesem Chemiestandort zu einer einzigen Stadt zusammengeschlossen wurden. Nicht viele deutsche Städtenamen erinnern an Personen, und Leverkusen ehrt als einzige Großstadt auf diese Weise einen Industriellen.

## Geschichte

Die Geschichte der Stadt Leverkusen ist weitgehend die Geschichte ihrer Stadtteile. Nachdem sich im alten Wiesdorf die Ultramarinfabrik von Leverkus angesiedelt hatte, kam nach kurzem Bayer an den Rhein. Friedrich Bayer hatte in Wuppertal ebenfalls keine idealen wirtschaftlichen Entfaltungsmöglichkeiten. So übernahm er 1891 von den Leverkus-Werken eine Alizarinfabrik. Als Carl Duisberg aus Barmen 1895 die Leitung der Bayer-Werke übernahm, erweiterte er die Produktpalette des Unternehmens um Chemikalien und Arzneimittel. Damit begann der unaufhaltsame Aufstieg von Bayer zu einem Weltkonzern. 1924 kaufte man auch die Ultramarinfabrik von Leverkus – und machte den Ort zu einem der wichtigsten deutschen Chemiestandorte. Zwar hatte es die alte Siedlung Wiesdorf bereits im 12. Jh. gegeben, aber von traditioneller Bausubstanz ist fast nichts übrig geblieben beim Bau der neuen Großstadt-City, die ihren Kern in Wiesdorf hat.

Die ältesten Siedlungen im heutigen Leverkusener Stadtgebiet gab es offenbar in Bürrig, wo antike Funde aus vorchristlicher Zeit auf Römer und Germanen deuten. Und schon 1161 hat es hier eine christliche Kirche gegeben, die zur Deutzer Abtei gehörte. Für das 12. Jh. sind auch die Stadtteile Opladen (1975 eingemeindet) und Steinbüchel belegt, aber auch hier ist nicht viel an alter Bausubstanz erhalten.

## Sehenswürdigkeiten

Wer sich Leverkusen-Wiesdorf ansieht, wirft zuallererst unweigerlich einen verschüchterten Blick auf das **Bayer-Hochhaus**. Die riesige Konstruktion aus Glas, Stahl und Beton ist 1962 fertiggestellt worden und erhebt sich 32stöckig über dem Straßenniveau, während drei Etagen noch darunter liegen. Einen ganz besonderen Kontrast zu diesem modernen Giganten bildet der direkt daneben liegende **Japanische Garten**, den Carl Duisberg 1912 von einem japanischen Gartenarchitekten anlegen ließ. Hier stellte Duisberg etliche Souvenirs seiner Asienreisen auf: balinesische Götterfiguren, indische Buddhas, japanische Plastiken. Die Zugänge zu diesem Garten erfolgen über originale fernöstliche Brücken. Kulturelles Zentrum der Stadt ist heute das **Forum**, ein Mehrzweckbau mit Theater- und Konzertsaal und einem Filmstudio. Daneben ist es noch immer die Bayer-AG, die besonders in ihrem sogenannten **Erholungshaus** mit verschiedenartigen Aktivitäten das kulturelle Leben der Stadt mitprägt. **Schloß Morsbroich** geht auf eine Wasserburg aus dem 13. Jh. zurück, die vom Deutschritterorden 1766 durch ein neues Schloß ersetzt wurde. In dem im vergangenen Jahrhundert noch einmal erweiterten Bau gastiert heute ein städtisches **Museum für moderne Kunst**. Beachtung verdient der alte Ortskern von **Rheindorf**, der teilweise seinen dörflichen Charme bewahren konnte. Neben einigen Fachwerkhäusern (besonders in der Felderstraße) ist das alte Zollhaus in der Unterstraße zu erwähnen. Jazz gibt's im topos, Kleinkunst im Treibhaus.

**Information**
Presse- und Verkehrsamt
Rathaus
Friedrich-Ebert-Platz 1
W-5090 Leverkusen 1
Tel. (0214) 3528310, -15

**Festkalender**
Morsbroicher Sommer (buntes Kulturprogramm im Schloßpark, sonntags in den Sommerferien). Leverkusener Jazztage (Oktober).

**Tips**
Bei schönem Wetter in den Tierpark Reuschenberg oder nach Schloß Morsbroich in Schlebusch. Auf dem Gelände der Bayer AG in Wiesdorf das Fotomuseum. In Altenberg besichtigt man den berühmten Dom, ein gotisches Meisterwerk des früheren Zisterzienserklosters.

Schloß Morsbroich im Stadtteil Schlebusch mit dem Städtischen Museum (links oben).

Die Bedeutung der Industrie ist unschwer am Stadtbild zu erkennen (links unten).

Großstadt-Oase: der japanische Garten neben dem Bayer-Hochhaus (rechts).

# Limburg – Die Lahn-Schönheit

**Limburg ist eine der Städte, die im Verlauf ihrer langen Geschichte nicht sehr aufgefallen sind und deshalb von Besetzungen und Zerstörungen einigermaßen verschont blieben. Daher kann man in dem hessischen Ort heute durch wunderschöne Altstadtgassen schlendern.**

Als Motiv auf den alten 1000-Mark-Scheinen ist der Limburger Dom manchem vertraut, ohne daß er es ahnt. Doch hat das malerische Städtchen an der Lahn dem Besucher mehr zu bieten als dieses Paradebeispiel deutscher Kulturtradition. So beherbergt der 30 000-Einwohner-Ort auch das wohl älteste bewohnte Fachwerkhaus in Deutschland (von 1296), und er kann eine 750 Jahre alte Brücke vorweisen.

## Geschichte

910 vom Grafen Konrad Kurzbold gegründet, begann die stete Blüte Limburgs im 12. Jh., in dem man das Stadtrecht erhielt und die Grafen Isenburg hier zu herrschen begannen. Diese Macht war verbunden mit der Übernahme der Stiftsvogtei des Sankt-Georgen-Stiftes. Die Isenburger gaben der schon im 8. Jh. errichteten Burg ihre heute weitgehend unveränderte und auf den ersten Blick etwas schmucklose Gestalt. Vor allem aber schufen die Isenburger in der ersten Hälfte des 13. Jh. den Dom, der seit 1821 Bischofssitz ist. Im 14. und 15. Jh. übernahm dann in zwei Schritten Kurtrier die landesherrlichen Rechte, die nach der Säkularisation 1803 an Nassau übergingen. Ihren wirtschaftlichen Wohlstand verdankte die Stadt seit je ihrer günstigen Lage an der Lahnfurt auf der Handelsroute Köln-Frankfurt.

## Sehenswürdigkeiten

Der **Dom**, die ehemalige Stifts- und Pfarrkirche St. Georg und Nikolaus, ist besonders eindrucksvoll wegen seines bunten Bruchsteinmauerwerks (Kalkstein, Tonschiefer, Schabstein). Stilistisch ist an dem siebentürmigen Bau die Mischung von Romanik und Gotik bemerkenswert. Dabei wurde die Kirche von 1215 bis 1235, also sehr schnell errichtet – und nicht romanisch begonnen und gotisch vollendet wie so viele andere. Im benachbarten **Schloß** bewahrt das Diözesanmuseum die **Limburger Staurothek** auf, ein byzanthinisches Kreuzreliquiar, das auf den Kreuzzügen 1204 aus der Hagia Sophia in Konstantinopel geraubt wurde. Eine andere einmalige Kostbarkeit ist das **Petri-Stab-Reliquiar**, eine ganz außergewöhnliche Goldschmiedearbeit aus dem Jahr 988. Das Schloß selbst erhebt sich auf dem steilen Lahnfelsen stolz unmittelbar neben dem Dom. Zu den ältesten Teilen zählen der Wohnturm und die Burgkapelle. Die heutige **Pfarrkirche St. Sebastian** gehörte ursprünglich zu dem 1232 gegründeten Franziskanerkloster, das eine der ersten Niederlassungen dieses Ordens in Deutschland überhaupt darstellte. Zunächst war diese Kirche äußerst schlicht gehalten – schließlich gehören die Franziskaner einem Bettelorden an. Die Spiegeldecke und die schmuckvolle Kanzel sind wie manches andere erst im 17. und 18. Jh. eingefügt worden. Beim Gang durch die **Altstadt** sollte man nicht einen Blick auf den **Walderdorffer Hof** versäumen (1665) und die Barfüßerstraße, die Salz-, die Fahr- und die Brückengasse, den Fischmarkt und den Bischofsplatz nicht auslassen. Über die uralte Brücke sollte man auf jeden Fall spazieren, schon wegen des schönen Blicks auf den Dom.

Das geschlossene Bild des eingemeindeten **Dietkirchen** bietet für die Freunde alter Fassaden nicht weniger Reize. Im Chor der **Stiftskirche** hier fand man Reste einer Siedlung aus der späten Bronzezeit, und man vermutet, daß diese Funde auf die ersten Missionierungsphasen der ganzen Gegend hinweisen. Wer noch etwas Zeit hat, sieht sich in **Runkel** die **Burg** an und macht noch einen Abstecher in das bezaubernde **Weilburg**.

**Information**
Verkehrsverein
Hospitalstraße 2
W-6250 Limburg/ Lahn
Tel. (06431) 6166

**Festkalender**
Kirmes im Frühjahr. Schloßkonzerte in Weilburg (Mai bis Juni).

**Tips**
In Limburg sollte man spazierengehen, denn von vielen Plätzen aus hat man einen herrlichen Blick. Zu schlendern lohnt sich ebenfalls in dem nach Limburg eingemeindeten Dietkirchen mit seiner uralten Lubentiuskirche. Zu Fuß kann man auch nach Diez gelangen und sich an dem wunderschönen Stadtbild der alten Burgsiedlung freuen. In Diez beginnen auch viele Ausflüge in den Westerwald. Die Burg von Runkel (5 km östlich) liegt malerisch über dem Lahntal. Weilburg bietet nicht nur das Renaissance-Schloß oberhalb der Stadt, sondern ist als langjährige Nassauer Residenz mit alten ehrwürdigen Gebäuden geradezu übersät.

Burg und Dom malerisch an der Lahn gelegen (links).

Historische Fachwerkhäuser (rechts oben).

Im Inneren des Doms farbige Fresken aus dem 13.-16. Jh. (rechts unten).

Die einzige deutsche Inselstadt steht unter Denkmalschutz. Von geradezu mediterranem Charme, bietet die Insel dem Besucher Gelegenheit, sich beim Altstadt-Bummel an den alten Patrizierhäusern zu erfreuen – oder vom Hafenplatz aus einen Blick auf die schneebedeckten Schweizer Alpen zu werfen. Ironie der Zeit: Meist muß man sich durch lange Autoschlangen bis zu der Inselstadt vorarbeiten, die selbst für Autos fast ganz gesperrt ist.

# Lindau – Die Insel-Puppenstube

Lindau ist der wichtigste Fremdenverkehrsort am Bodensee, ein ganz unvermutetes Stück Bayern, das auf eine lange Geschichte zurückblicken kann. Anstelle des Tourismus heute war es traditionell der Post- und Frachtverkehr nach Italien und in die Schweiz, der für Wohlstand sorgte.

## Geschichte

»Unserer lieben Frau unter den Linden« war das aus dem frühen 9. Jh. stammende Benediktinerinnen-Kloster gewidmet. Und daraus leitet sich auch der 822 erstmals urkundlich erwähnte Ortsname des einstigen Fischerdorfs ab. Als Handelsstadt wurde Lindau reich, und es verschaffte sich mit der regelmäßigen Personen-, Fracht- und Postbeförderung auf der Strecke nach Mailand einen einträglichen Namen in der Region. Im 15. und 16. Jh. war es vor allem die Spedition von Korn und Salz, die eine wirtschaftliche Hochphase begründete. Schon 1274/1275 hatte man das Stadtrecht erlangt. Zu Spannungen kam es, seit Lindau sich 1528 der Reformation angeschlossen hatte, das Stift aber katholisch blieb. 1805 dann wurde Lindau bayerisch, worauf vor allem der Löwe an der Hafeneinfahrt hinweist.

## Sehenswürdigkeiten

Die prächtigsten Profanbauten sind das **Alte Rathaus** (1422 bis 1436) mit seiner berühmten Bemalung, die unter anderem die Festlichkeiten des Lindauer Reichstags von 1496 schildert. Als das schönste Bürgerhaus am Bodensee gilt das **Haus zum Cavazzen** (1730); heute ist hier eine Kunstsammlung untergebracht, die vor allem mit Gemälden des 15. bis 18. Jh. besticht. Eine abwechslungsreiche Geschichte hat das **Stadttheater** hinter sich: Die ehemalige Barfüßerkirche aus dem 13. Jh. stand einge Jahrhunderte leer, bevor sie zunächst als evangelische Kirche, dann als Bibliothek, Kaserne, Zeughaus, Gefängnis, Mauthalle, Reitschule und Magazin genutzt wurde. Seit 1868 finden hier Konzerte und Theateraufführungen statt. Stolze Patrizierhäuser hat auch die Maximilianstraße zu bieten. Jedoch sind nicht viele der schönen Häuser hier in der Altstadt vor 1728 entstanden, als ein verheerender Brand in dem Viertel um den Marktplatz die ältere Bausubstanz weitgehend vernichtete.

Stammt der **Alte Leuchtturm** (Mangturm) am Hafen aus dem 13. Jh., so ist sein weithin leuchtendes buntes Dach eine spätere Zugabe (18. Jh.). Vom **Neuen Leuchtturm** an der Spitze der Hafenmole aus hat man einen schönen Blick über die Stadt. Die **Römerschanze** am Hafen war früher eine eigene kleine Insel, auf der auch eine kleine Kapelle gestanden haben soll.

Romanischen Ursprungs ist die **Peterskirche**, das älteste erhaltene Bauwerk Lindaus. Hier um den **Schrannenplatz** herum hatte sich der Ursprung der alten Fischereisiedlung einst gebildet. In der Peterskirche befinden sich sehr wertvolle Wandmalereien, die »**Lindauer Passion**«. Sie ist der einzige erhaltene Freskenzyklus (1485-1490) von Hans Holbeim d. Ä. Protestantisch schlicht ist die **Pfarrkirche St. Stephan**, die vom Frühklassizismus geprägt ist. Auffälligen Kontrast dazu liefert gleich nebenan die ehemalige **Stiftskirche Mariä Himmelfahrt**, die 1748 bis 1751 ihre heutige barocke Gestalt erhielt. Allerdings dürften die ersten Vorgängerbauten wohl bereits 871 im Zusammenhang mit dem adligen Damenstift als schlichte Holzgebäude entstanden sein. Gerühmt wird die Lindauer Gastronomie; am Inselgraben 12 liegt der Lindauer Jazzclub.

**Information**
Verkehrsverein
Am Bahnhofsplatz
W-8990 Lindau
Tel. (08382) 5022

**Festkalender**
»Gumpiger Donnerstag«, »Großer Narrensprung« (Fastnacht).

**Tips**
Städtische Kunstsammlung im »Haus zum Cavazzen«; das erste Friedensmuseum Europas im Lindenhof-Park; Spielbank. Mit der Weißen Flotte über mehrere Stationen bis nach Meersburg, zur Blumeninsel Mainau oder in die Schweiz – oder eine Sonderfahrt mit dem Raddampfer »Hohentwiel«. Eine besondere Attraktion ist das etwas zurückliegende Schloß Heiligenberg, das vom Rittersaal aus einen imposanten Blick bis zum Bodensee bietet.

Der bayerische Löwe, Wahrzeichen der Stadt (oben), und südliches Flair am Marktplatz mit Palmen und Straßencafés (links).

Das Alte Rathaus mit Stadtarchiv und Bibliothek (rechts).

# Lübeck „Königin der Ostsee“

Als Haupt der Hanse war Lübeck Mittelpunkt des nordeuropäischen Handels und auch eine politische Großmacht. Heute besitzt die traditionsreiche Hansestadt einen sehr bedeutenden Ostseehafen.

In den von alten Kaufmanns- und Handwerkerhäusern mit ihren ragenden Backsteingiebeln gesäumten Straßen Lübecks fühlt sich der Besucher auf Schritt und Tritt in die große Zeit der Hanse zurückversetzt. Einzigartig ist die Geschlossenheit der inselartig von der Trave umflossenen und von sieben schlanken gotischen Turmhelmen gekrönten Altstadt. Sie wurde von der UNESCO in die Liste der „Kulturgüter der Menschheit" aufgenommen. Tradition haben auch die Lübecker Spezialitäten: Marzipan und Rotspon – so werden hier die seit Jahrhunderten eingeführten Burgunder- und Bordeauxweine genannt, die in den bis unter die Trave reichenden Kellern lagern.

## Geschichte

Im Jahre 1138 wurden die an der Mündung der Schwartau in die Trave gelegene wendische Königsburg Liubice und ihre Kaufmannskolonie bei einer Stammesfehde zerstört. An einem besser geschützten Platz, auf dem von der Trave und Wakenitz umschlossenen Werder Baku, gründete Graf Adolf II. von Schauenburg wenig später eine neue Hafensiedlung für deutsche Kaufleute. Diese übernahm den slawischen Namen ihrer Vorgängerin und gelangte 1158 in den Besitz Herzog Heinrichs des Löwen. Dank der Förderung durch diesen mächtigen Fürsten und durch den Zuzug rheinisch-westfälischer Händler entwickelte sich die Stadt außerordentlich schnell.

Nach dem Sturz Heinrichs des Löwen erhielt sie von Kaiser Friedrich Barbarossa 1188 umfangreiche Privilegien. Kaiser Friedrich II. gewährte ihr 1226 die Reichsfreiheit. Lübeck wurde zum wichtigsten Umschlagplatz im Warenaustausch zwischen den Rohstoffmärkten des Ostens und Nordens sowie den westlichen Gewerbezentren. Gleichzeitig entstand hier die Organisationsbasis der beginnenden Kolonisationsbewegung nach Osten und Skandinavien. Zur besseren Behauptung ihrer Handelsmonopole im Ausland schlossen sich die deutschen Fernkaufleute zur Hanse zusammen. Aus diesem Kaufmannsbund wurde schließlich im 14. Jh. ein Städtebund, der als nordeuropäische Großmacht auftreten konnte. Lübeck – mit 27 000 Einwohnern damals neben Köln die größte Stadt Deutschlands – fiel die Führungsrolle zu.

Im 15. Jh. begann das Vordringen holländischer, englischer und süddeutscher Kaufleute in den Ostseeraum. Lübecks Schlüsselstellung zu beeinträchtigen, und das Erstarken der fürstlichen Territorialstaaten führten schließlich zur Auflösung des hansischen Handelssytems.

Die Reformationszeit markiert die Wende in der Geschichte Lübecks. Beflügelt von der religiösen Bewegung, verdrängten die unteren Schichten vorübergehend den patrizischen Rat. Ihr Versuch, unter Jürgen Wullenweber die hansisch-lübische Wirtschaftsvormacht wiederherzustellen, scheiterte 1535 in dem Fiasko der „Grafenfehde". Während Hamburg - einst so etwas wie der Nordseehafen Lübecks - zum internationalen Umschlagplatz des nach Westen verlagerten Handels aufstieg, vermochte sich die Ostseestadt nicht aus der Stagnation zu lösen. Erst die Industrialisierung im ausgehenden 19. Jh. brachte einen neuen Aufschwung. 1937 wurde die staatliche Selbständigkeit aufgehoben. Fünf Jahre später war Lübeck das Ziel eines der ersten Flächenbombardements im Zweiten Weltkrieg. Bei Kriegsende fanden etwa 90000 Flüchtlinge eine neue Heimat in der Stadt. Sie hat jetzt rund 211 000 Einwohner.

## Sehenswürdigkeiten

Historischer und städtebaulicher Mittelpunkt Lübecks ist der **Marktplatz** mit dem **Rathaus** und der **Marienkirche**. Der malerische Gruppenbau des Rathauses gewinnt seine repräsentative Wirkung durch die großartigen gotischen Schaugiebel aus Backstein. St. Marien, die zwischen

Das Lübecker Rathaus ist Zeuge der glanzvollen Vergangenheit der Hansestadt (links).

Das Holstentor wurde 1469 bis 1478 als Brückenkopfbollwerk zum Schutz des Traveübergangs erbaut (Mitte).

Kaufmannshäuser an der Trave (rechts).

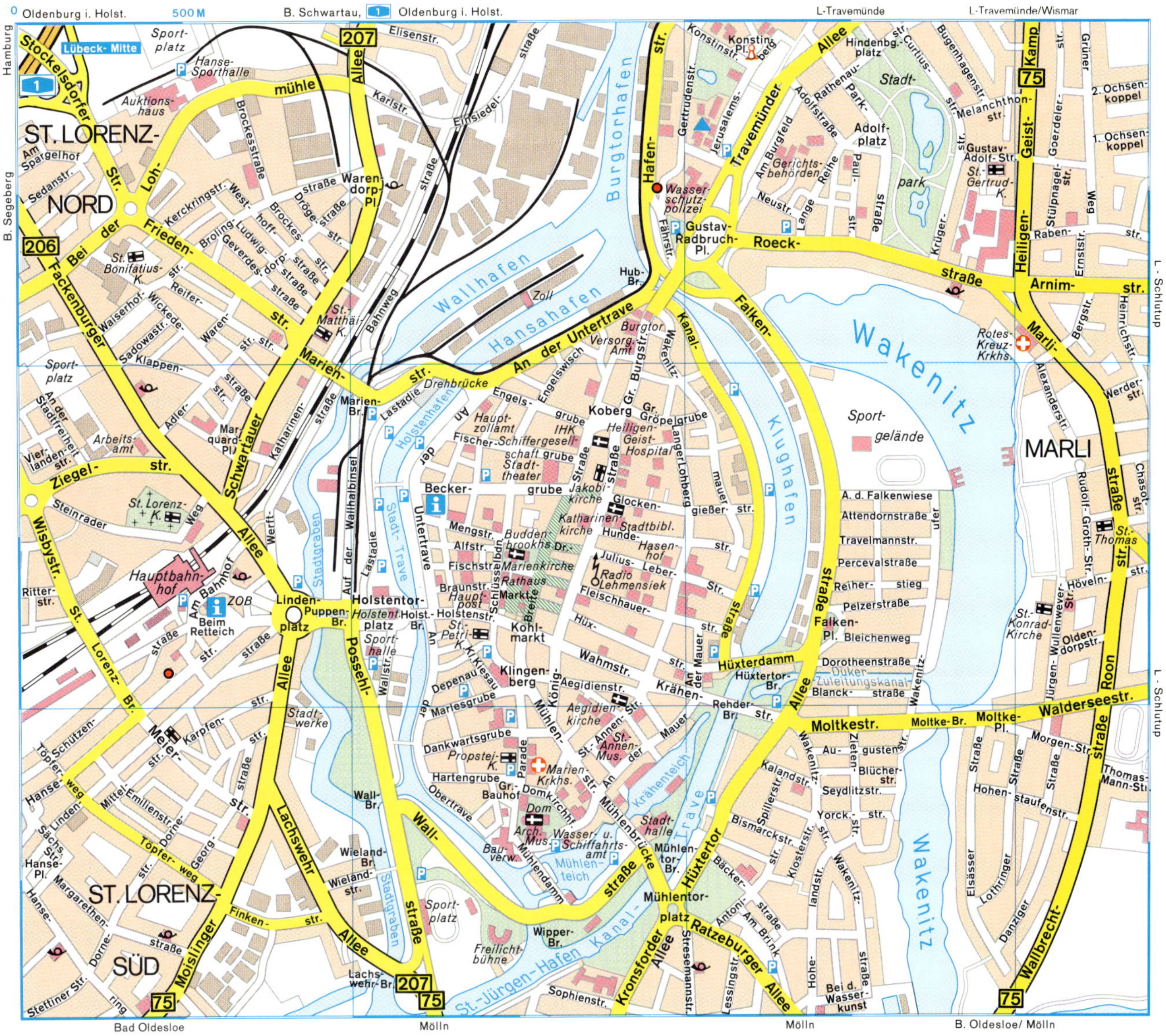

1250 und 1330 erbaute Kirche des Rats und eine der vier Pfarrkirchen der Stadt, gilt als Hauptwerk der norddeutschen Backsteingotik. Für zahlreiche große Stadtkirchen anderer Hansestädte war sie das Vorbild. Trotz der Kriegsverluste besitzt sie immer noch bedeutende Kunstschätze, wie das Bronzebecken (1337), das ebenfalls aus Bronze gegossene Sakramentshaus (1479) und den Marienaltar (1518).

Am Südrand der Altstadt erhebt sich der **Dom**, ein mächtiger romanisch-gotischer Backsteinhallenbau mit Umgangschor von insgesamt 125 m Länge. Die raumbeherrschende Triumphkreuzanlage ist ein Werk Bernt Notkes, des Hauptmeisters der Lübecker Kunst im 15. Jh.

Wichtige Museen sind das **St.-Annen-Museum** und das **Museum für Kunst und Kulturgeschichte**.

Ein eindrucksvolles Zeugnis städtischer Sozialfürsorge ist das **Heiligen-Geist-Hospital** aus dem 13. Jh. Hinter der Kirchenhalle mit ihrer dreigiebeligen Front erstreckt sich der 88 m lange Saal der Hospitaliten. Als Einrichtungen privater Armen- und Altersfürsorge entstanden die **Stiftungshöfe**.

Das Haus der **Schiffergesellschaft** von 1535 ist das am besten erhaltene Beispiel eines Gildehauses. Es beherbergt eine berühmte Gaststätte. In der historischen Dielenhalle sitzt man an langen Eichentischen, über denen Schiffsmodelle und maritime Raritäten hängen.

**Information**
Lübecker Verkehrsverein
Touristbüro im Hauptbahnhof
W–2400 Lübeck
Telefon: (0451) 7 23 00

**Festkalender**
Frühjahrsmarkt im März/April auf der Wallhalbinsel.
„Markt anno dazumal" im Mai auf dem Marktplatz.
Altstadtfest alle zwei Jahre im September (mit ungerader Jahreszahl).

**Tips**
Hafenrundfahrten: Von der Untertrave und der Obertrave .
Trad. Gaststätten: „Schabbelhaus" (Mengstraße), „Die Gemeinnützigen" (Königstraße), „Ratskeller".

# Ludwigsburg Barocke Residenzstadt

Die markante Residenzstadt verdankt ihren Glanz den Repräsentationswünschen der Württembergischen Herzöge. Dabei hat der heute nicht unbedeutende Wirtschaftsstandort seinen alten Reiz und seinen Charme bis auf unsere Zeit bewahren können.

Die einstige Residenz nördlich von Stuttgart ist mit ihren 85 000 Einwohnern inzwischen zu einer beachtlichen Stadt geworden, die nicht allein mehr von ihrem Schloß lebt: Ludwigsburg ist heute ein wichtiges Industriezentrum, das sich in die Region Mittlerer Neckar einfügt, einer der drei wichtigsten deutschen Industriestandorte. Gleichwohl hat die Stadt, reizvoll am Neckar gelegen, viel Charme bewahren können.

## Geschichte

Hier in der Nähe – bei Steinheim – wurde der zweitälteste europäische Schädelfund gemacht, der auf den 200 000 Jahre alten Homo Steinheimensis verweist. Daran läßt sich ablesen, daß diese Gegend zu den am frühesten bewohnten in ganz Deutschland gehörte. Doch geht die Stadt selbst auf die Gründung durch Herzog Eberhard Ludwig zurück, der sich hier ab 1704 eine Residenz nach Versailler Vorbild nördlich von Stuttgart errichten ließ. Angeblich geschah der Umbau eines alten Jagdgutes zum großangelegten Schloß auf Drängen der herzoglichen Mätresse Wilhelmine von Graevenitz, die so dem Einflußbereich der herzöglichen Gemahlin zu entrinnen hoffte. Jedoch wurde die Graevenitz unter dem Druck des preußischen Königs verstoßen, so daß der Herzog wieder nach Stuttgart ging. Andere Württemberger allerdings konnten sich neuerlich für das Städtchen erwärmen und verliehen ihm durch umfängliche Baumaßnahmen einen beachtlichen Glanz. Eine Stadtmauer wurde gezogen, weitere Schlösser gebaut, der wirtschaftliche Aufschwung gefördert – und andere zogen wiederum nach Stuttgart und benutzten Ludwigsburg nur als Sommerresidenz. Doch verdanken wir diesem Hin und Her eine Residenzstadt nach dem Reißbrett und das größte erhaltene Barockschloß auf deutschem Boden.

## Sehenswürdigkeiten

Das riesige **Schloß** ist von mehreren Baumeistern errichtet worden, der gesamte Baukomplex umschließt drei Höfe und beherbergt 452 Zimmer. Gegen Ende des 18. Jh. hat König Friedrich durch einen französischen Architekten die Anlage weiter ausbauen und teilweise im Empirestil verändern lassen. Gleichzeitig wurde der Garten in den zeitgemäßen Landschaftsgarten verwandelt – heute allerdings ist die Anlage wieder barock. »**Blühendes Barock**« nennt sich daher zu Recht die sommerliche Gartenschau, in der etliche Festveranstaltungen abgehalten werden. Zum Schloßgarten gehören Vogelvolièren und ein Märchengarten. Wegen der umfangreichen barocken Ausstattung des Schlosses war es naheliegend, es zu einem **Museum** zu erklären. Außerdem ist hier das **Staatsarchiv** eingerichtet, und die von Herzog Karl Eugen gegründete Porzellanmanufaktur zeigt wertvolle alte Figuren. Zu der Gesamtanlage zählt auch der sommers geöffnete **Favoritenpark** mit dem gleichnamigen Lustschlößchen. Von hier gelangt man über eine Allee zu dem Seeschloß Monrepos (1760 bis 1764), in dem heute ein Hotel und ein Restaurant zu Hause sind. Mittelpunkt des alten Stadtplans ist der **Marktplatz** mit dem Marktbrunnen. Wie große Teile des Schlosses stammt auch die zweitürmige **Stadtkirche** von dem italienischen Baumeister Frisoni. Unter den vielen zweigeschossigen barocken Wohnhäusern fällt besonders das **Palais Graevenitz** in der Marstallstraße 5 auf. In der Stuttgarter Straße 26 hat Friedrich **Schiller** gewohnt, als er hier acht Jahre lang die Lateinschule besuchte – andere berühmte Söhne der Stadt waren übrigens Koner und Mörike. Anthropologisch Interessierte werden einen Ausflug zum Urmensch-Museum in Steinheim unternehmen.

Das gewaltige Residenzschloß wurde nach dem Vorbild des Versailler Schlosses errichtet (oben).

Acht Jahre besuchte Schiller hier die Lateinschule (links unten).

Favoritenpark mit gleichnamigem Lustschlößchen (rechts unten).

**Information**
Verkehrsamt
Wilhelmstraße 12
W-7140 Ludwigsburg
Tel. (07141) 910252

**Festkalender**
Schwäbische Floriade (April/Mai); Ludwigsburger Pferdemarkt (Mai); Rosentage (Juni); Feuerwerk im Blühenden Barock (Juli); Markplatzfest (August); Ludwigsburger Weinlaube (August); Lichterfest im Blühenden Barock (Kinderfest, September); Herbstzauber des Blühenden Barock (Oktober).

**Tips**
Von Mai bis Oktober werden alljährlich die Ludwigsburger Schloßfestspiele geboten. Einen Abstecher nach Marbach zum Schiller-Nationalmuseum sollte man einplanen. Unterwegs genießt man die schöne Aussicht von der Festung Hohenasperg.

# Ludwigshafen – Wo das Jeans-Blau herkommt

Der einstige linksrheinische Ableger von Mannheim ist durch historische Zufälle zur selbständigen Stadt geworden. Heute aber ist Ludwigshafen berühmt als Heimat der Badischen Anilin- und Soda-Fabrik (BASF). Hier wurde das synthetische Indigo erfunden.

Was haben Ernst Bloch und Helmut Kohl gemeinsam? Zumindest, daß sie beide aus Ludwigshafen stammen. Der heutige Stadtteil Oggersheim ist auch in die Literaturgeschichte eingegangen, weil hier einst Schiller seine Dramen »Kabale und Liebe« sowie »Don Carlos« schrieb. Das Haus, in dem der junge Dichter nach seiner Flucht aus Württemberg 1783/ 1784 wohnte, ist heute als Museum eingerichtet.

## Geschichte

»Rheinschanze« hieß der Ort früher. Da war es noch ein linksrheinischer Brückenkopf der Mannheimer Festung Friedrichsburg, die Friedrich IV. von der Pfalz 1606 errichten ließ. Wie so oft in der deutschen Geschichte sind politische Wirren dafür verantwortlich, daß das linksrheinische Gebiet von Mannheim abgetrennt wurde. Die Pfälzer erbten 1778 den bayerischen Thron und zogen von Mannheim nach München um. Als der Frieden von Lunéville die zweiten Koalitionskriege gegen Frankreich beendete, wurde der Rhein zur Grenzlinie erklärt, kurz darauf kam Mannheim an Baden. Je stärker sich im 19. Jh. dann in Mannheim die Industrie ansiedelte, desto mehr fühlten sich die Bayern ermuntert, auch auf der anderen Flußseite mit der Förderung der Industrie zu beginnen. So heißt der Ort seit 1843 nach Ludwig I. Die Konkurrenz mit Mannheim wurde vor allem seit dem späten 19. Jh. sehr forciert. Der Name weist schon darauf hin, daß die Badische Anilin- und Sodafabrik nicht in Ludwigshafen gegründet wurde: Vielmehr verlegte Friedrich Engelhorn die Produktionsstätten 1865 von Mannheim nach Ludwigshafen und leitete damit eine der bedeutendsten Erfolgsgeschichten der deutschen Wirtschaft ein. Die günstige Verkehrslage förderte den Aufschwung Ludwigshafens, das 1938 durch Eingemeindungen erheblich erweitert wurde. Die schweren Zerstörungen im Zweiten Weltkrieg versucht Ludwigshafen durch eine moderne Stadtbaupolitik wiedergutzumachen.

## Sehenswürdigkeiten

Alte Baudenkmäler hat Ludwigshafen vor allem noch in den eingemeindeten Stadtteilen aufzuweisen – etwa die **Wallfahrtskirche Mariä Himmelfahrt** in Oggersheim oder die **Pfarrkirche St. Michael** in Maudach. Farbenfrohstes Bauwerk ist zweifellos das **Wilhelm-Hack-Museum**, dessen Südfassade Joan Miró unverkennbar gestaltet hat. Der Kölner Kunstsammler Wilhelm Hack stiftete Ludwigshafen seine Kollektion. Sie besitzt in der Phase von 1910 bis 1930 einen Sammelschwerpunkt, so daß das Museum heute diese Kunstepoche des deutschen Expressionismus so dicht und vielfältig belegen kann wie kein anderes bundesdeutsches Museum.

Zum Neuaufbau der Stadt nach dem Krieg gehört auch die Entstehung neuer Wohnsiedlungen. Die **Ernst-Reuter-Siedlung** und **Pfingstweide** gelten inzwischen als Musterbeispiele gelungenen Siedlungsbaus. Beteiligt daran war auch unter anderen das Wohnungsunternehmen der BASF. Für öffentliche und kulturelle Veranstaltungen stehen die Friedrich-Ebert-Halle und das Kulturzentrum **Neuer Pfalzbau** zur Verfügung. Weitere Beispiele weiträumiger moderner Architektur sind die **Rheinbrücken**. Zur Naherholung haben die Ludwigshafener vor allem drei Möglichkeiten: den **Maudacher Bruch**, den **Stadtpark** oder den **Grünen Süden**. Nur ein Katzensprung ist es übrigens nach Schwetzingen, wo im Frühling der angeblich beste deutsche Spargel geerntet wird. Von dieser Köstlichkeit wird einem zur Saison aber auch in der »Kornkammer« in Ludwigshafen etwas aufgetischt.

Die Fußgängerzone in der Innenstadt (links).

Seit über 100 Jahren Sitz der Badischen Anilin- und Sodafabrik (rechts).

Das Stadthaus Nord am Europaplatz (unten).

**Information**
Verkehrsverein
Pavillon am Hauptbahnhof
W-6700 Ludwigshafen
Tel. (0621) 512035

**Festkalender**
Faschingszug (alle zwei Jahre); Ostermarkt in Oppau (April); Hobbywerkstatt (Handwerksschau, Mai); Straßenfest Prinzregentenstraße (Mai); Parkfest (Ebertpark, Juni); Blumenkohlfest (Juni); Blumenfest (Juli); Straßenmusikanten-Wettstreit (mit nationaler und internationaler Beteiligung, Oktober); Spätjahrsmarkt (Oktober); Weihnachtsmarkt.

**Tips**
Von Juli bis Mitte September bietet der Kultursommer den Rahmen für vielfältige Veranstaltungen. Wassersportfreuden auf der »Blauen Adria« im Naherholungsgebiet Grüner Süden.

# Magdeburg Domstadt an der Elbe

Die Stadt der berühmten „Magdeburger Halbkugeln" verrät noch heute die Zweiteilung der mittelalterlichen Stadt in die Domäne des feudalen Klerus und die des Bürgertums. Von beiden Bereichen sind wichtigste Zeugnisse erhalten geblieben.

Die alte Bischofsstadt an der mittleren Elbe liegt reizvoll zwischen Elbauen, bewaldeten Ausläufern des Flämings, der Colbitzer Heide und der offenen Ackerbaulandschaft der Magdeburger Börde. Rund 800 Jahre prägten die Bischöfe ihr Bild, danach wurde sie preußische Festungsstadt und Zentrum der Schwerindustrie. Selbst die Bomben des letzten Krieges aber konnten die inneren Strukturen des alten Stadtkernes genauso wenig zerstören wie der anschließende Wiederaufbau.

## Geschichte

Um 805 gab es am Elbübergang beim heutigen Magdeburg einen Grenzhandelsplatz und den Sitz eines Grenzgrafen. Die Elbe war damals die Grenze zu den Slawen, und in Magdeburg trafen sich wichtige Fernstraßen von West und Ost.

Einen ersten Aufschwung für die Grenzstation gab es im 10. Jh. unter den Ottonen. Im Jahre 937 stiftete König Otto I. das Moritzkloster, 942 bekam die Siedlung Zoll- und Münzrecht. Zum Erzbistum stieg sie 968 auf, weil sie als Ausgangspunkt für die „Slawenmission" diente. Schon 1020 konnte die Mauer um den Dombezirk fertiggestellt werden.

Im 13. Jh. entstand auch das erste größere Rathaus. Trotz der Vormachtstellung der Bischöfe gelang es den Stadtherren doch, größere Freiheiten zu behaupten. Sie wurden als „Magdeburger Recht" Vorbild für viele Städteverfassungen.

Das stetige Wachstum der Handelsstadt endete abrupt im Dreißigjährigen Krieg, als Magdeburg 1631 durch kaiserliche Truppen gestürmt, geplündert und nahezu vollständig eingeäschert wurde. Endgültig dahin war auch die städtische Unabhängigkeit, das Erzbistum wurde säkularisiert, Stadt und Umland fielen 1680 an den Kurfürsten von Brandenburg-Preußen. Die Preußen machten daraus bis 1740 eine Grenzfestung, 1815 wurde Magdeburg Hauptstadt der Provinz Sachsen.

Einen neuerlichen Aufschwung brachte die industrielle Revolution in der zweiten Hälfte des 19. Jh.s. An der Wende zu unserem Jahrhundert war Magdeburg endgültig zu einer Industriegroßstadt angewachsen.

## Sehenswürdigkeiten

Die alte Bischofsstadt hatte ihr Zentrum im Süden der heutigen Innenstadt am **Domplatz**. Seine Südseite beherrscht der von 1209 bis 1520 erbaute **Dom St. Mauritius** und **St. Katharina**. Sein Vorgängerbau war schon 955 begonnen worden und diente als kaiserliche Grabeskirche für Otto I. und seine Gemahlin. Nach einem Stadtbrand sorgte Erzbischof Albrecht II. für den Neubau, bei dem die neuesten Errungenschaften der französischen Gotik mit der heimischen Romanik aufs glücklichste kombiniert wurden.

Besonders bedeutsam ist die reiche Bauplastik aus dem 13. Jh. Die im Chorhaupt stehenden Apostelfiguren sind ebenso wie die Figuren der Klugen und Törichten Jungfrauen besonders sehenswert. Vor allem die Mädchenfiguren gehören mit ihren Gemütsbewegungen von höchster Freude bis zu tiefster Verzweiflung zum qualitativ Wertvollsten, was im gesamten 13. Jh. entstand.

Kostbarste Stücke der Innenausstattung sind das holzgeschnitzte gotische Chorgestühl von 1310. Den Bogen zur Moderne schlägt

Den alten Markt begrenzt das repräsentative Barock-Rathaus (oben).

Museumsschiff an der Elbe; im Hintergrund der Dom (unten).

Die ewige Kapelle gehört zu den Kunstwerken im Inneren des Doms (rechts).

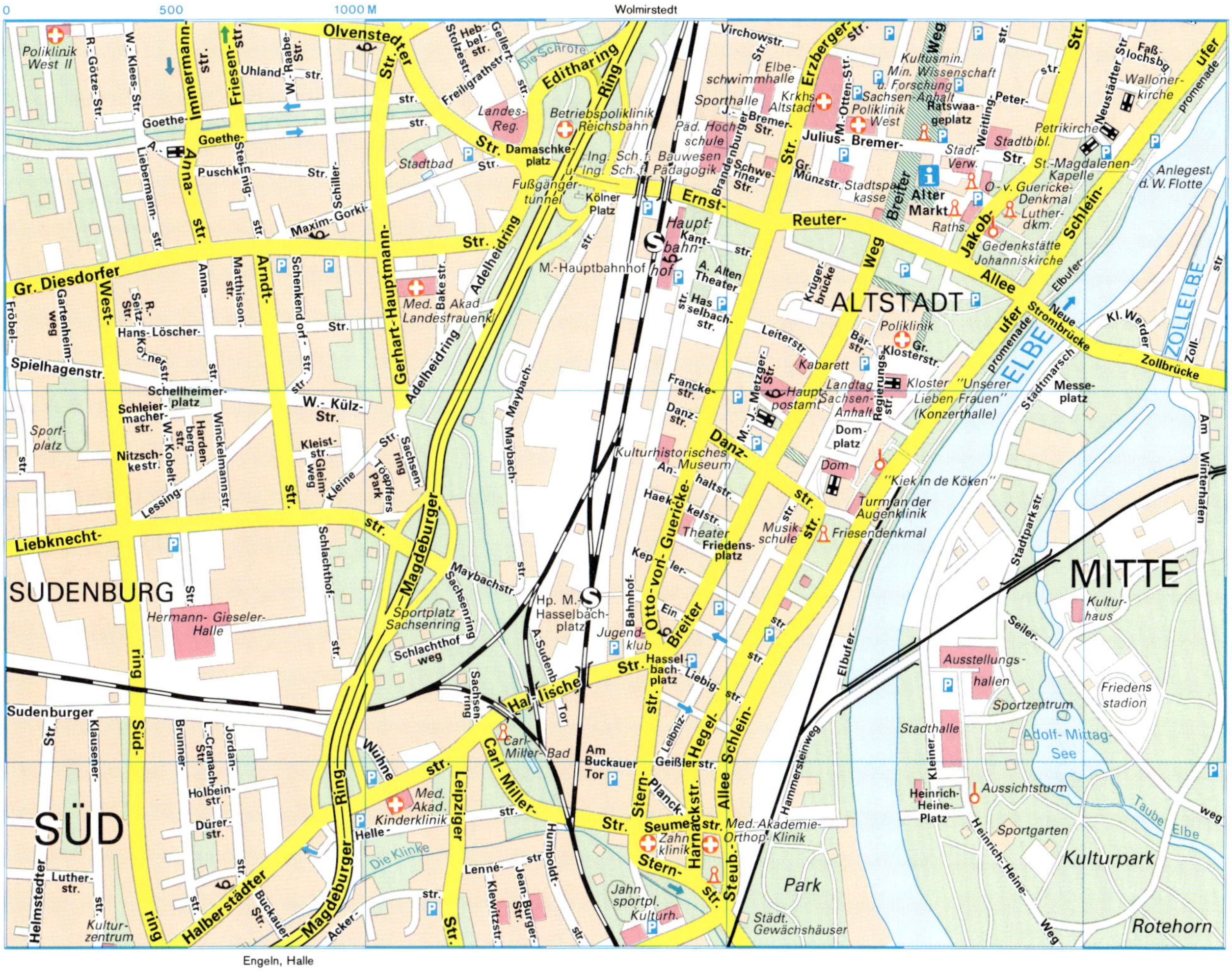


das holzgeschnitzte Ehrenmal für die Toten des Ersten Weltkriegs, das Ernst Barlach im Jahre 1929 fertigstellte.
Nördlich des Domplatzes schließt sich die **Klosterkirche Unser Lieben Frauen** an. Ihr Bau wurde um 1064 unter Erzbischof Werner begonnen. Das romanische Klausurgebäude dient heute als städtisches Kulturzentrum, die Kirche als Konzerthalle.

Als einstiges Zentrum des Bürgertums dominiert am Alten Markt das **Rathaus**. Der zweigeschossige Barockbau entstand von 1691 bis 1698, enthält im Keller aber noch romanische Gewölbe aus dem 12. und 13. Jh. (heute Ratskeller-Gaststätte). Ebenfalls noch aus der Romanik stammen die Gewölbe des **„Weinkeller Buttergasse"**. Im **Kulturhistorischen Museum** in der Otto-von-Guericke-Straße wird die Geschichte der Stadt und der Region Magdeburg bis 1815 präsentiert, außerdem Leben und Werk Otto von Guerickes, Technikgeschichte des Magdeburger Maschinenbaus sowie Kunsthandwerk.
Am Elbufer stehen von den einst zahlreichen gotischen Kirchen Magdeburgs gerade noch vier. Die **Pfarrkirche St. Johannes**, mit einem **Lutherdenkmal** davor, soll als Ruine an das Bombeninferno von 1945 erinnern. Die **Fronleichnamskapelle St. Magdalena** brannte als einzige Kirche nicht aus. Die katholische **Pfarrkirche St. Peter** mit dem romanischen Westturm aus dem 12. Jh. wurde modern erneuert. Die **Wallonerkirche** wurde bis 1978 wiederaufgebaut.

**Information**
Magdeburg-Information
Alter Markt 9
O–3010 Magdeburg

**Festkalender**
Kulturfesttage (September/Oktober).
Puppentheaterfestival (alle 3 Jahre).

**Tips**
Der Kulturpark Rotehorn entstand für die deutsche Theaterausstellung 1927. Vom Aussichtsturm bietet sich die schönste Sicht auf Magdeburg.
Im Bürgerpark Herrenkrug ist die Pferderennbahn ein beliebtes Ziel der Magdeburger.

# Mainz – Landes- und Medienhauptstadt

**Goethe empfand die Stadt wegen ihrer Geschichts- und Kulturträchtigkeit sogar als »Hauptstadt des Vaterlandes«. Heute ist die Landeshauptstadt wegen des ZDF und des Südwestfunks berühmt, aber sie ist auch in Kultur, Wirtschaft und Bildung ein Schwergewicht.**

Die Bedeutung der 190 000-Einwohner-Stadt für die deutsche Geschichte kann kaum überschätzt werden. Eine Art Landeshauptstadt war schon die Römersiedlung, und seit dieser Zeit spielt die Stadt auch eine hervorragende Rolle in allen mit dem Weinbau und -vertrieb zusammenhängenden Wirtschaftszweigen. In der Kaiserstadt residiert der Erzbischof, der früher zugleich Erzkanzler des Heiligen Römischen Reiches Deutscher Nation war.

## Geschichte

Die Gegend des heutigen Stadtgebiets war schon sehr früh besiedelt, die ältesten Funde stammen aus der jüngeren Altsteinzeit (vor 10 000 bis 50 000 Jahren). Vermutlich hat es an dieser Rheinschleife auch keltische Siedlungen gegeben. Denn die Römer, die sofort die verkehrsgünstige Lage dieser Stelle in dem fruchtbaren Mainzer Becken erkannten, gaben ihrem Militärlager den Namen »Mogontiacum«. Er deutet auf eine keltische Kultstätte hin. Etwa 38 v. Chr. hatten sie schon einen befestigten Stützpunkt angelegt. Später entstand ein Lager mit Hafen, von hier aus führte Drusus d. Ä. seinen Feldzug gegen Germanien. Es wurde eine Rheinbrücke zu der zivilen Siedlung erbaut, und seit dem Ende des 1. Jh. war der Ort Hauptstadt der römischen Provinz Obergermanien, später von »Germanien I«.

War Mainz in der Völkerwanderung untergegangen, so konnte doch im 8. Jh. an frühchristliche Traditionen aus der Römerzeit angeknüpft werden. Der schon früh bestehende Bischofssitz wurde dann 742 von Bonifatius zum Erzbistum erhoben – und Mainz avancierte zur Hauptstadt des Christentums in Deutschland. Vom »goldenen Mainz« sprach man im 13. und 14. Jh., als die Stadt eine große Blüte erlebte. Mehrere Reichstage fanden hier statt, und Mainz war Hauptort des seit 1254 existierenden Rheinischen Städtebundes. Die Mainzer Erzbischöfe waren als Reichskanzler nicht nur »Königsmacher«, sondern sie waren zugleich auch Kurfürsten in einem nicht unbeträchtlichen Territorium. Gleichwohl begehrte die selbstbewußte Bürgerschaft gegen die erzbischöfliche Macht auf – was jedoch in der Mainzer Stiftsfehde mit der Besetzung der Stadt endete. Schon 1477 ist in Mainz eine Universität gegründet worden, die vor allem im 18. Jh. große Bedeutung erlangen sollte (Ende des Jh. aufgelöst). Auch im 15. Jh. ging von Mainz aber noch eine andere und ungleich bedeutendere kulturelle Innovation aus: als nämlich Johannes Gensfleisch zur Laden, genannt Gutenberg, den Buchdruck mit beweglichen Lettern erfand – und damit der Welt das in den folgenden Jahrhunderten wichtigste Ausdrucksmedium zur Verfügung stellte.

Aber auch in militärischer Hinsicht blieb die Geschichte von Mainz lebhaft. Während des 30jährigen Krieges wurde die Stadt mehrfach vor allem von den Schweden besetzt, in späterer Zeit immer mal wieder von den Franzosen. Während der Französischen Revolution bestand in Mainz für kurze Zeit die Mainzer Republik. Dann erklärte man die Stadt zur Bundesfestung (1815), im Jahre 1866 zogen die Österreicher und später die Preußen in Mainz ein, das 1873 zur Reichsfestung wurde. In diesem Jahrhundert war es in der Zeit von 1918 bis 1930 und nach dem Zweiten Weltkrieg von Frankreich besetzt. 1950 wurde Mainz dann zur Hauptstadt von Rheinland-Pfalz deklariert.

Einblick ins Kupferbergmuseum (links außen).

Restaurierte Fachwerkbauten am Kirschgarten (links Mitte).

Das ZDF-Gebäude mit dem „Platz der Köpfe" gehört zum modernen Mainz (links unten).

Im Herzen der Altstadt erhebt sich der sechstürmige Dom St. Martin und St. Stephan (rechts).

## Sehenswürdigkeiten

Das Herz der Altstadt ist der **Dom St. Martin und St. Stephan**, mit dessen Bau Erzbischof Willigis 975 beginnen ließ. Fertiggestellt worden ist die gewaltige Anlage erst 1239. Sie gilt als eines der wichtigsten romanischen Bauwerke in Deutschland und neben Speyer und Worms als einer der drei rheinischen Kaiserdome. Der kolossale Vierungsturm und seine beiden kleineren Nachbarn stammen aus dem 18. Jh. Im Inneren der Kirche finden sich etliche kunsthistorische Schätze von Rang, darunter die Grabdenkmäler früherer Erzbischöfe und einiger Heiliger. Das **Dom- und Diözesanmuseum** im Kreuzgang birgt neben vielem anderen Teile des ehemaligen Domlettners von 1239. Wie 80 % der Innenstadt ist auch die nahegelegene **St.-Johannis-Kirche** im Krieg zerstört worden. In den Wiederaufbau sind Reste dieser ältesten Kirche der Stadt (891 bis 913), die Vorgängerbau des Doms war, integriert worden.

Ein ähnliches Schicksal erlitt das **Kurfürstliche Schloß**, das mit einer über 100jährigen Bauzeit im frühen 17. Jh. begonnen worden war. Heute ist in dem renovierten Renaissancebau das **Römisch-Germanische Nationalmuseum** einquartiert. Etliche **Adelshöfe** in Mainz verdienen die Aufmerksamkeit des Besuchers – etwa der Dalberger Hof (Klarastraße) oder der Osteiner Hof (Am Schillerplatz). Darüber hinaus hat vor allem der Barock in etlichen Palais und Kirchen seine Spuren hinterlassen, denen nachzugehen unbedingt zu empfehlen ist.

Werden nicht alle Rekonstruktionen alter Bausubstanz in der Mainzer Innenstadt von der Fachwelt gelobt (etwa **Haus zum Stein**), so gibt es über die Rekonstruktionsleistung von **St. Peter** keinen Zweifel. Der muntere Rokoko-Stil dieser Kirche ist originalgetreu wiederhergestellt worden. Leichte Veränderungen erfuhr durch den Wiederaufbau die ehemalige **Stiftskirche St. Stephan**, deren Stift 990 gegründet wurde. In ihr liegt Bischof Willigis, besondere Bedeutung erlangte sie in diesem Jahrhundert aber noch durch die Gestaltung der **Chorfenster** durch Marc Chagall, der dieser Kirche als einziger in Deutschland solche Ehre antat.

Der Dom ist von mehreren alten Plätzen umgeben, die zusammen schon früher das Zentrum der Stadt bildeten. Auf dem **Marktplatz** steht ein prächtiger **Brunnen** von 1526, ältester deutscher Renaissancebrunnen. Am **Liebfrauenplatz** steht das **Haus zum Römischen Kaiser** (um 1660), in dem heute das **Gutenberg-Museum** beheimatet ist. Hier (und in einem zusätzlichen modernen Bau) kann man sich umfassend zur Geschichte des Buchdrucks informieren und die Werkstatt Gutenbergs besichtigen.

Zum modernen Mainz gehört die 1946 wiedereröffnete **Universität** ebenso wie die Gebäude des **ZDF** auf dem Lerchenberg. Nach Plänen des dänischen Architekten Arne Jakobsen ist in den 70er Jahren direkt am Rhein das dreieckige **Rathaus** errichtet worden, das mit weißem norwegischen Marmor verkleidet ist. Und zu den wenigen Zeugnissen des ganz alten Mainz gehören die sogenannten **Römersteine** in Zahlbach, Reste eines alten Aquädukts, an denen ein hübscher Spazierweg entlangführt. Im Eltzer Hof kommen die Liebhaber von Musik jeder Richtung auf ihre Kosten; das Quartier Mayence dagegen bevorzugt Jazzgruppen.

### Information

Verkehrsverein
Bahnhofstraße 15
W-6500 Mainz
Tel. (06131) 286210

### Festkalender

Fastnacht; Johannisnacht (Volksfest im Juni); Altstadtfest (Juli); Weinmarkt (August/ Sepember).

### Tips

Städtische Bühnen, Theater in der Universität und im Gutenberg-Museum, das Kleinkunst-Theater Unterhaus und das Sprungbrettl bieten ein umfangreiches und mannigfaltiges Programm. Für große Musikveranstaltungen jeder Art ist die Rheingoldhalle berühmt; Kammer- wie Rockkonzerte gibt es im Elzer Hof, ernste Musik außerdem im Dalberger Hof. Berühmt sind auch Bachchor und -orchester (Christuskirche).

# Mannheim – Residenz als Schachbrett

**Wie manche der südwestdeutschen Residenzstädte ist Mannheim einmal planmäßig neu errichtet worden. Dabei entstand ein Rechteckmuster, das in selten reiner Form erhalten ist: So werden bis heute die Bebauungsparzellen mit Buchstaben und Zahlen benannt.**

Schon im 18. Jh. machte Mannheim in kultureller Hinsicht auf sich aufmerksam. Hier konnte der junge Schiller nämlich, der damals unter dem strengen Regiment des württembergischen Herrschers stand, seine »Räuber« uraufführen lassen (1782). Ein Stück mit solchem Temperament hatte es auf deutschen Bühnen bis dahin nicht gegeben. Es stand so recht für die neue literarische Epoche des Sturms und Drangs und hatte beispiellosen Erfolg.

## Geschichte

Die Besiedlungsgeschichte Mannheims ist lang, schon sehr früh im Mittelalter entstand ein Dorf auf der Landzunge, die der Zusammenfluß von Rhein und Neckar bildet. Im 8. Jh. wird ein Maninheim erwähnt, das auf den Namen Mano zurückgeht. Seit dem 13. Jh. wurden hier Schiffszölle erhoben, und 1601 begann Kurfürst Friedrich IV. von der Pfalz mit der Gründung einer Festung. Diese Friedrichsburg sollte zum einen an der strategisch günstigen Position das Land nach Norden sichern und zum andern Glaubensflüchtlingen offenstehen. Allerdings waren gerade die Flüchtlinge aus Holland, Frankreich und der Schweiz im 30jährigen Krieg der Grund für die Kaiserlichen Truppen, Stadt und Festung einzunehmen und vollständig zu zerstören (1622, 1632 und 1635). Unter dem Zuzug weiterer Flüchtlinge florierte die wiederaufgebaute Stadt kräftig. Jedoch bereits 1689 kam die nächste verheerende Zerstörung durch die Franzosen im Pfälzischen Erbfolgekrieg. Eine rechteckige Struktur war schon von der Friedrichsburg her vorgegeben und wurde durch holländische Stadtplaner noch vervollkommnet – heute sind es 144 Rechtecke.

Nur eine kurze Zeit lang war Mannheim kurfürstliche Residenzstadt, als Karl Philipp nämlich 1720 seinen Regierungssitz von Heidelberg nach hier verlegte. Man begann, das gewaltige Schloß zu erbauen, das – wie so viele – nach Versailler Vorbild entstand. Karl Philipp und sein Nachfolger Karl Theodor zeigten sich als eifrige Förderer von Kunst und Kultur. Allerdings erbte Karl Theodor schon bald den bayerischen Thron und zog daher 1778 nach München um. Der dadurch eingeleitete Verfall Mannheims zur Provinzstadt wurde durch die nächste Zerstörung 1795 nur beschleunigt. Im Frieden von Lunéville wurde der Rhein zur Grenze erklärt – und so bildet er noch heute die Trennlinie zur Nachbarstadt Ludwigshafen und zum Nachbarland Rheinland-Pfalz. Durch die Grenzlage verlor das nun zu Baden gehörende Mannheim weiter an Bedeutung. Das änderte sich erst mit der beginnenden Industrialisierung und den verbesserten Verkehrsmöglichkeiten (Rheinbegradigung, Eisenbahn). So entstanden allmählich die Voraussetzungen für die noch anhaltende Bedeutung Mannheims als wirtschaftlicher Schwerpunkt. Zum Beispiel verfügt die Stadt über eine der größten europäischen Binnenhafenanlagen. Doch das Pech blieb Mannheim treu: Auch im Zweiten Weltkrieg wurde es weitgehend zerstört, so daß von den alten Baudenkmälern nicht mehr viele zu besichtigen sind.

## Sehenswürdigkeiten

Die Stadtbesichtigung beginnt man am bestem am **Schloß** (1720 bis 1760), das vor allem von französischen und italienischen Architekten entworfen wurde. Die gewaltige Anlage ist etwa 500 m breit, umfaßt 400 Räume und weist 2000 Fenster auf – eines der größten Barockschlösser in Deutschland. Von kunsthistorischem Rang ist besonders das Treppenhaus mit dem (rekonstruierten) Deckengemälde C. D. Asams. Auch die zur Gesamtanlage zählende **Schloßkirche** ist vorbildlich wiederhergestellt worden. Rückwärtig grenzt der **Schloßgarten** an, der sich – von etlichen Straßen zerschnitten – bis zum Rhein erstreckt. An der Vor-

**Information**
Tourist-Information
Bahnhofplatz 1
W-6800 Mannheim 1
Tel. (0621) 101011

**Festkalender**
Kurpfälzische Mozarttage (März); Maimarkt Mannheim (Ende April), hierzu gehört das Maimarkt-Reit- und Springturnier; Badenia-Renntag (1. Mai); Oberrheinische Ruderregatta und Hafenfest (Mai); Mannheimer Kultursommer (Juni); Sommernachtsfest (Juni); Kurpfalzfest (Juli); Herbstfest (August); Mannheimer Oktobermess'; Internationale Filmwoche Mannheim (Oktober).

**Tips**
Mannheim bietet ein lebhaftes Theater- und Kulturleben: Nationaltheater, Schnawwl (Kinder- und Jugendtheater), Kabarett Dusche in der Klapsmühl' am Rathaus, die Hinterhofbühne im TIC-Theater, Zimmertheater, Mannheimer Puppenspiele, Gehring's Kommode, Kongreßzentrum Rosengarten (Boulevard, Kleinkunst).

Der Funkturm mit Aussichtsplattform(links oben).

Die Schloßanlage (links unten).

Die Konrad-Adenauer-Brücke (rechts oben).

Der Wasserturm (rechts unten).

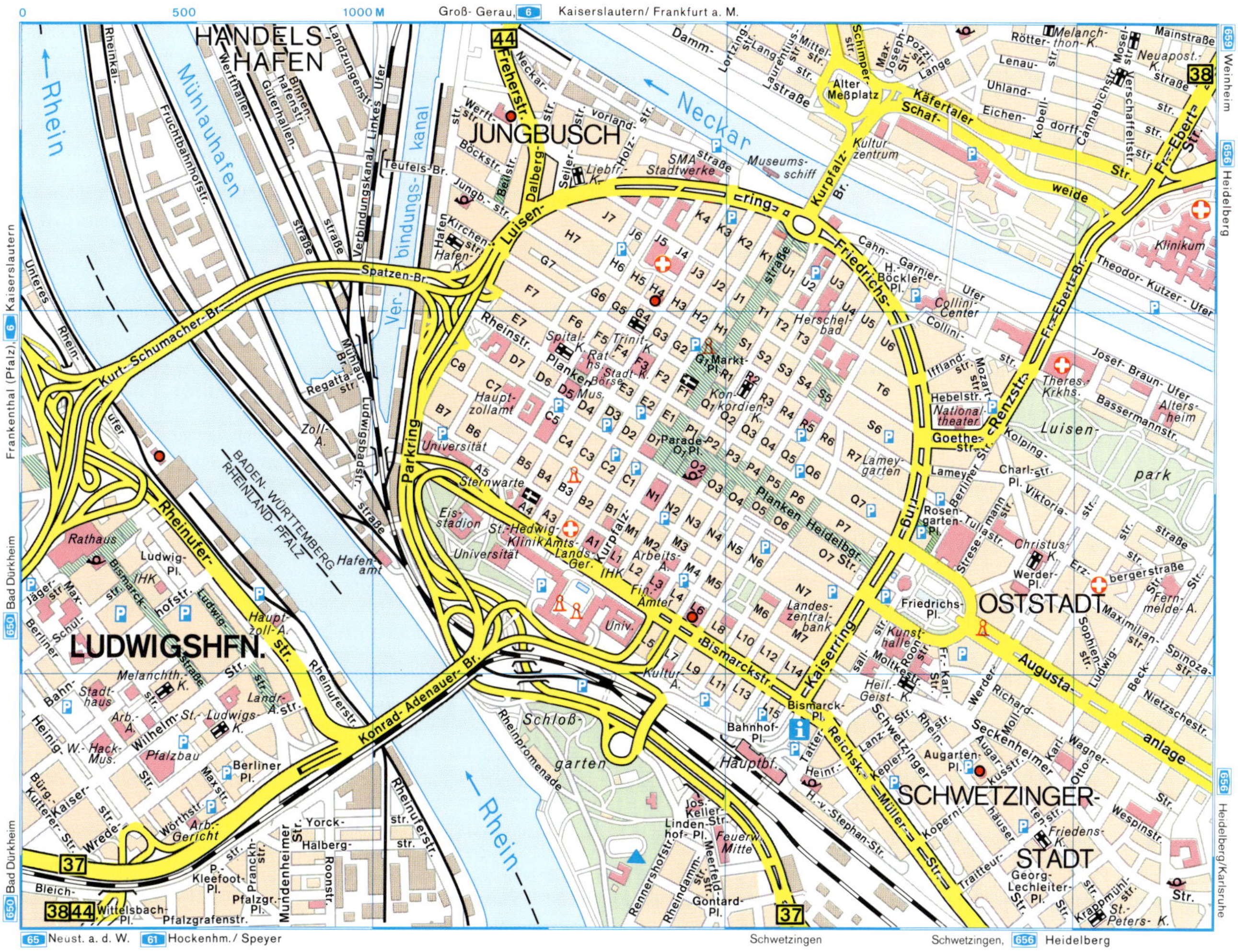


derseite liegt dem Schloß das **Palais Bretzenheim** gegenüber, von dem allerdings nur die Fassade wiederaufgebaut wurde. Etwas weiter westlich im Planquadrat A 4 liegt die **Jesuitenkirche St. Ignaz und Franz Xaver**, die im 18. Jh. von italienischen Baumeistern errichtet wurde. Diese gewaltige Kirche, der bedeutendste Barockbau in Süddeutschland, wurde von Kurfürst Karl Philipp zum Zeichen für die Rückwendung seines Hauses zum Katholizismus in Auftrag gegeben. Leider sind im Innern viele bedeutende Kunstwerke verlorengegangen. Die nebenan liegende **Sternwarte** aus dem 18. Jh. stellt heute Künstlerateliers zur Verfügung.

Kurz vor der Reichsgründung wurde 1862 das **Schillerdenkmal** von Karl Cauers geschaffen, das heute auf dem Platz steht, an dem sich früher das berühmte Nationaltheater befand. In den 50er Jahren wurde ein neues **Nationaltheater** am Goetheplatz, außerhalb des Altstadtrings, erbaut. Es galt als vorbildlicher moderner Theaterbau. Einer der späten großen Bauten der Residenzzeit ist das **Zeughaus** am Toulonplatz (C 5). Heute stellt hier das **Städtische Reiß-Museum** stadtgeschichtliche, archäologische und völkerkundliche Sammlungen aus. Im **Dalberghaus** (N 3) wohnte der einstige Indendant des Nationaltheaters und Förderer Schillers, inzwischen ist hier die Stadtbücherei eingezogen. Nicht weit von hier liegt der **Lauersche Garten**, in dem man einige Reste der alten **Friedrichsburg** finden kann.

Ein wichtiger Platz Mannheims ist der große und von Grünflächen geprägte **Friedrichsplatz**, der im wesentlichen im Jugendstil gestaltet wurde. In der Mitte erhebt sich das Wahrzeichen der Stadt, der nach Plänen Gustav Halmhubers 1886 bis 1889 errichtete **Wasserturm**. An seinen beiden Seiten wird der Platz von der großzügigen **Kunsthalle** (1901) und dem **Rosengarten**, einem weiteren Jugendstilbau, der in den 70er Jahren teilweise modifiziert wurde, begrenzt. Am Mittelkreuz der Straßenlinien liegt der **Paradeplatz**, auf dem eine Skulptur aus dem 18. Jh. Kriegsgreuel und Friedenstugenden veranschaulicht. Ein ähnliches allegorisches Standbild findet sich auf dem **Marktplatz**. Ihm gegenüber liegt im Planquadrat F 1 der wohl merkwürdigste Bau der Stadt: Das **Alte Rathaus** und die **Untere Pfarrkirche** stehen fast baugleich nebeneinander und teilen sich denselben Turm. Erst auf den zweiten Blick verraten einige Unterschiede in der Fassade die unterschiedliche Bedeutung der Gebäude.

Am Neckar liegt ein alter Raddampfer als **Museumsschiff**. Auf der gegenüberliegenden Flußseite an der Neckarpromenade liegt das Kulturzentrum **Alte Hauptfeuerwache** von 1911. Im **Herzogenriedpark** steht eine der architektonisch aufregendsten modernen deutschen Hallenbauten. Überdacht wird sie von einer riesigen trägerfreien Gitterschale aus Holz, an der ein Kunststoffnetz befestigt ist. Das **Capitol** ist ein unter Denkmalschutz stehender Rundbau aus den 20er Jahren, der heute sowohl durch Musikveranstaltungen als auch durch besondere Filmpremieren auf sich aufmerksam macht. Im **Luisenpark** finden etliche der vielen Feste Mannheims statt. Aber auch sonst bietet die Anlage reichlich Abwechslung. Einen Blick auf Stadt und Umgebung kann man von der 125 m hoch gelegenen Aussichtsplattform des **Funkturms** aus werfen. Eine Rundfahrt durch die vielfältigen **Hafenanlagen** Mannheims startet man bei der Kurfürstenbrücke.

In der Innenstadt gibt es etliche stimmungsvolle Kneipen, in denen Live-Musik verschiedener Richtungen geboten wird. Überhaupt ist Mannheim nicht nur als vielfältige Einkaufsstadt, sondern gerade auch wegen seines kulturellen Lebens Anziehungspunkt der Region. Dazu gehören natürlich auch die vielen Bildungsanstalten wie die Universität, die Hochschule für Musik und Theater, die verschiedenen Fachhochschulen, die Verwaltungs- und Wirtschaftakademie, eine Bundeswehr-Akademie. Neben dem Theater blickt auch das Musikleben Mannheims auf eine lange und bedeutende Tradition zurück: Johann Stamitz leitete von 1743 bis 1757 das Hoforchester und begründete damals die Mannheimer Schule. In jüngerer Zeit arbeiteten hier Felix von Weingartner und Wilhelm Furtwängler. Wichtige Konzerte veranstalten das Nationaltheater, das **Kammerorchester** und die **Hochschule für Musik**.

# Marburg – Nichts für Herzkranke

**Die Bergstadt an der Lahnfurt wird seit Jahrhunderten von ihrer Universität geprägt, der ersten protestantischen Hochschule der Welt. Dabei hat die hübsche Stadt viel mehr zu bieten als nur intellektuelle Traditionen. Kondition erfordert die malerische Altstadt am Schloßberg.**

Marburg ist heute ein wichtiges Zentrum im Nordwesten Hessens. Beiderseits der Lahn an den Lahnbergen und dem Marburger Rükken gelegen, drücken sich die engen Straßen an die Hänge. Seit vielen Jahren restauriert man nach und nach die Häuser der Altstadt, die meist im hessischen Fachwerkstil erbaut sind. So ist die Wahlheimat der heiligen Elisabeth heute auch zu einem touristischen Wallfahrtsort geworden.

## Geschichte

Diese Gegend ist auf jeden Fall seit 4000 Jahren ununterbrochen besiedelt. Auf dem Berg oberhalb der Lahnfurt hatten im Mittelalter die Gisonen eine Burg, in deren Schutz der Ort entstand. 1228 war Marburg bereits Stadt, längst herrschten hier die Landgrafen von Thüringen. Und aus deren Haus stammte auch jene Elisabeth, die 1227 nach dem Tode ihres Gatten von der Wartburg nach Marburg übersiedelte und sich hier der Armenfürsorge widmete. Elisabeth wurde schon 1235 heiliggesprochen – und damit setzte eine rege Wallfahrt nach Marburg ein, die der Stadt einen beachtlichen Wohlstand bescherte. Seit der Reformation war es damit allerdings zunächst vorbei.

Landgraf Philipp der Großmütige von Hessen gründete 1527 die Philipps-Universität, die schnell einigen Ruhm erlangen konnte. Zwei Jahre darauf machte Marburg durch die hier geführten Religionsgespräche auf sich aufmerksam, in denen eine Versöhnung zwischen den evangelischen und den reformierten Fürsten erzielt werden sollte. Später verfiel Marburg wieder ein wenig zur Provinzstadt, wovon es sich erst im 19. Jh. erholen konnte.

## Sehenswürdigkeiten

Unübersehbar thront auf dem Schloßberg das auf eine Burganlage aus dem 12. Jh. zurückgehende **Schloß**, das seine Gestalt vor allem dem 14. und 15. Jh. verdankt. Neben der gotischen Schloßkapelle ist besonders der noch ältere Rittersaal von kunsthistorischer Bedeutung. Die **Elisabethkirche** ist genau über dem Grab der heiligen Elisabeth errichtet worden und gilt längst als das Wahrzeichen der Stadt. 1235 bis 1283 baute der Deutschritterorden diese neben der Trierer Liebfrauenkirche älteste gotische Kirche Deutschlands. Von den vielen Kunstschätzen des imposanten Baus sind etwa das Mausoleum und der Elisabethschrein, die Glasgemälde im Chor und die Grabmale der thüringisch-hessischen Landgrafen hervorzuheben. Die Kirche war von einem umfangreichen Gebäudekomplex umschlossen, der zum Orden gehörte. Davon existieren noch das Herren-, das Brüder-, das Komtur- und das Backhaus. Von dem alten Elisabeth-Hospital ist heute nur noch die **Hospital-Kapelle** erhalten. Auf den Grundmauern eines ehemaligen Dominikanerklosters wurde im 19. Jh. die sogenannte **Alte Universität** erbaut, in der die Aula mit ihren Wandgemälden besticht. Hierzu gehört auch die uralte, seit 1527 von der Universität genutzte Kirche. Oberhalb der Universitätskirche liegt der Marktplatz, an dem das **Rathaus** aus dem 16. Jh. steht. Heute sind es mehr und mehr neue Gebäude, die von der Universität, über die ganze Stadt verteilt, benutzt werden. Die Kliniken etwa befinden sich südlich der Elisabeth-Kirche, daran schließt sich der Botanische Garten an. An **Museen** sind zu nennen: Universitätsmuseum (Gemälde, Heimatkunde), Universitätsmuseum für Kulturgeschichte, Völkerkundliche Sammlung, Mineralogisches Museum, Religionskundliche Sammlung, Emil-von-Behring-Ausstellung, Kindheits- und Schulmuseum.

Nur noch von der Spitze der Marienkirche wird die auf dem höchsten Punkt errichtete Schloßanlage überragt (links).

Gut erhaltenes Fachwerkhaus in der Mainzer Straße (rechts).

Genau über dem Grab der gleichnamigen Heiligen wurde die Elisabethkirche errichtet (unten).

**Information**
Verkehrsverein
Neue Kasseler Straße 1
W-3550 Marburg
Tel. (06421) 201262

**Festkalender**
Sommerkonzerte und eine Sommerakademie (in den Schulferien); Folklore-Festival; Sommerfest der Universität, Pantomimen-Festival (Herbst); Kunstmarkt; Medikinale; Amateurfilmfestspiele; in verschiedenen Stadtvierteln finden wechselnd im Sommer Stadtteilfeste statt, die eine sehr alte Tradition haben.

**Tips**
Rund um Marburg gibt es wunderschöne Wandermöglichkeiten. In den benachbarten Höhen Rauschenberg, Amöneburg, Gladenbach oder Biedenkopf findet man neben einem oft malerischen Ortsbild meist eine mittelalterliche Burg.

# Meiningen – Kulturreiche Kleinstadt

Die Kleinstadt im oberen Werratal hat sich in der Vergangenheit vor allem einen Namen in kultureller Hinsicht gemacht. Industrie zog in die von Beamten und Soldaten geprägte ehemalige Residenz erst spät ein. Auch in der DDR war Meiningen ein kulturelles Zentrum.

Bedenkt man, daß hier schon seit Jahrtausenden Menschen siedeln, so mag vielleicht die Epoche, in der Meiningen unverhofft zur grenznahen Stadt geworden war, nur wie ein kurzes Zwischenspiel erscheinen. Durch den Wegfall der innerdeutschen Grenze rückte der Ort in der urdeutschen Landschaft des oberen Werratals wieder mehr ins Herz Deutschlands.

## Geschichte

Zunächst wurde aus einem fränkischen Königshof eine wichtige Befestigung des Brückenübergangs über die Werra auf der Handelsroute von Nürnberg nach Eisenach. Das Bistum Würzburg bekam Meiningen im Jahre 1008 geschenkt und behielt es bis 1542. Hatte sich schon im 12. Jh. eine Händlersiedlung gebildet, so begann der Würzburger Bischof im 13. Jh. mit der planmäßigen Anlage einer Stadt. Zwar sorgten die Wollweber im 15. Jh. für einen gewissen Wohlstand, doch machten schwere Brände alles wieder zunichte. Danach wurden Textil- und Lederhandwerk wichtig. An Bedeutung gewann Meiningen, als es 1680 zur Residenz seiner nunmehrigen Herren, der Herzöge von Sachsen-Meiningen, wurde. Nun wurden Verwaltungs- und Bildungseinrichtungen aufgebaut, aber man förderte auch besonders die Kunst. So gewährte man nicht nur dem jungen Schiller auf seiner Flucht aus Württemberg im benachbarten Bauerbach Unterschlupf, sondern sehr wirkungsvoll wurden auch Musik und Theater protegiert. Daran änderte sich schon gar nichts, als 1866 der Erbprinz von Sachsen-Weimar die Regentschaft übernahm. Sein Interesse am Theater konkretisierte sich sogar in der Heirat einer Schauspielerin. Gegen Ende des 19. Jh. spielten sich »die Meininger« an die Spitze der europäischen Theaterensembles heran, ja, von der Thüringer Kleinstadt gingen sogar wichtige Innovationen des Theaters aus. Und das Orchester der Hofkapelle wurde unter anderem von Hans von Bülow, Richard Strauss und Max Reger dirigiert. Im Jahre 1874 zerstörte ein Großbrand weite Teile der alten Stadt mit über 200 Wohnhäusern. Dennoch kann man in Meiningen lebhafte Eindrücke vom früheren Leben in der kleinen Residenzstadt erhalten, denn zum Glück der Besucher hat es hier fast keine Industrialisierung gegeben.

## Sehenswürdigkeiten

Als Herzog Bernhard I. 1682 bis 1692 die **Elisabethenburg** als Residenz ausbauen ließ, wurden in die Schloßanlage Teile der spätgotischen Burg des 16. Jh. einbezogen. Das so schlicht erscheinende Gesamtgebäude, in dem heute die **Staatlichen Museen** ausstellen, verrät dem ersten Blick nichts von den üppigen Innenausstattungen und den barocken Stuckverzierungen. Auch an der **Schloßkirche** im Südflügel sind besonders die Stukkaturen hervorzuheben. Der **Goethe-Park** wurde früher treffender »englischer Garten« genannt, ursprünglich war es sogar einmal ein Friedhof. Hier findet man auch ein Denkmal des Dichters Jean Paul, der ebenfalls für einige Zeit in Meiningen lebte. Einen besonders schönen Kindergarten bildet heute das **Kleine Palais**, eine klassizistische Anlage von 1821. Die neugotische **Stadtkirche** hat ihre heutige Form erst nach dem schweren Brand 1874 erhalten. Am **Marktplatz** stehen vor allem klassizistische Bürgerhäuser aus dem späten 19. Jh. Das berühmte **Büchnersche Hinterhaus** aus dem 16. Jh. dagegen hat die Zeiten überstanden und zeugt noch heute mit seinen prächtigen Schnitzereien von der liebevollen Handarbeit einer ausgeprägten Fachwerkkultur. Ähnliches gilt für die **Alte Posthalterei**, den **Rautenkranz** oder das **Baumbachhaus**.

Frontansicht des Schlosses, in dem heute die Staatlichen Museen untergebracht sind (links oben).

Von der Thüringer Kleinstadt gingen wichtige Innovationen des Theaters aus (links unten).

Arbeitsraum von Herzog Georg II. auf Schloß Elisabethenburg (rechts).

**Information**
Fremdenverkehrsamt
Bernhardstraße 6
O-6100 Meinigen
Tel. (03693) 41245

**Festkalender**
Parkfestspiele (Juni); Weihnachtsmarkt.

**Tips**
Theateraufführungen. Staatliche Museen und Haus der Literatur im Schloß. Herrliche Spaziergänge macht man auf der Helenenhöhe. In Bauerbach ist im ehemaligen Haus der Familie von Wolzogen eine Schillergedenkstätte eingerichtet. Über Schloß Landsberg gelangt man nach Walldorf (mit der größten von Menschen geschaffenen Höhle Europas: »Märchenhöhle« – hier steht auch die am besten erhaltene der vielen Wehrkirchen der Region); auf dem Rückweg stattet man noch einen kurzen Besuch der Ruine Habichtsburg ab. Das Dorf Milz ist eine fast geschlossen erhaltene Fachwerksiedlung.

# Meißen Die Porzellan-Stadt

Eine malerisch an der Mündung von Triebisch und Meisa in die Elbe gelegene kleine Stadt mit großer Geschichte. Noch heute wird das mittelalterliche Stadtbild vom Burgberg mit der Albrechtsburg und dem Dom beherrscht. Das milde Klima im Elbtalkessel erlaubt Weinbau.

Die Entwicklung des Porzellans war das Ergebnis einer gezielten Forschung. Auf Befehl Augusts des Starken hatte der gelernte Apotheker Johann Friedrich Böttger jahrelang versucht, Gold herzustellen. Das in Zusammenarbeit mit Tschirnhaus erzielte Ergebnis war schließlich ein zunächst braunes, später auch weißes Porzellan. Augusts Vorliebe für chinesisches Porzellan veranlaßte ihn dann, 1710 in der Albrechtsburg die erste deutsche Porzellanmanufaktur einrichten zu lassen. Zum Weltruhm dieses Porzellans gehörten aber auch die leuchtenden Farben, die von Johann Gregorius Höroldt entwickelt wurden und nach dessen Rezepten hergestellt werden. Mit den berühmten blauen Schwertern wurden die aus Meißen kommenden Porzellanstücke erst ab 1723 gekennzeichnet.

## Geschichte

Heinrich I. vertrieb bei der deutschen Expansion nach Osten die hier ansässigen Slawen und errichtete die Zwingburg Misni. Von diesem am weitesten nach Osten vorgeschobenen Stützpunkt aus wurde die gesamte Region beherrscht. 968 wurde durch Otto I. ein Bistum gestiftet – auf dem Burgberg residierten weltliche und kirchliche Macht nebeneinander. Im 10. Jh. entstand auch die Siedlung in der Nähe der Burg. Die Burggrafschaft und die Markgrafschaft Meißen waren für einige Zeit selbständige Machtbereiche. Seit 1125 gehörte die Markgrafschaft, ab 1439 auch die Burggrafschaft erblich zum Haus Wettin. 1423 wurde der Markgraf zum Herzog und zum Kurfürst von Sachsen erhoben. Im späteren 15. Jh. begann man mit dem Bau der Albrechtsburg, aber noch bevor sie fertig wurde, verlegten die Herzöge ihre Residenz nach Dresden. Im 16. Jh. dann legte der Bischof nach der Reformation sein Amt nieder – erst 1921 wurde er wieder eingesetzt. In dem ehemaligen Kloster St. Afra wurde 1543 die Meißner Fürstenschule gegründet, in der so berühmte Schüler lernten wie Christian Fürchtegott Gellert oder Gotthold Ephraim Lessing. Zu dem traditionell beachtlichen Wohlstand war die Stadt durch die Tuchgewerbe gelangt. Ein schwerer Stadtbrand von 1447 hatte der wirtschaftlichen Stärke Meißens noch nichts anhaben können. Aber die gewaltigen Zerstörungen während des 30jährigen Krieges (1637) brachten doch einen schweren Rückschlag. Erst die 1710 gegründete Porzellanmanufaktur verschaffte einen neuen Aufschwung. Zum Glück sind in diesem Jahrhundert keine bedeutenden Zerstörungen mehr hinzugekommen, so daß Meißen heute ein einzigartiges Stadtbild bietet.

## Sehenswürdigkeiten

Arnold von Westfalen war der bedeutende Baumeister des Spätmittelalters, der viele Bauwerke Meißens geprägt hat – allen voran die spätgotische **Albrechtsburg**, die sich weithin sichtbar auf dem Burgberg erhebt. Besondere Beachtung verdient der berühmte **Wendelstein** an der Hofseite, der einen architekturgeschichtlichen Markstein im Wendeltreppenbau darstellt. Daneben steht der gotische **Dom**, der vom 13. bis 15. Jh. an der Stelle errichtet wurde, an der schon zwei Vorgängerkirchen gestanden haben. Darin wird ein von Lucas Cranach d. Ä. bemalter Flügelaltar aufbewahrt, außerdem beherbergt der Dom kostbare Grabmäler der Wettiner. Zu den Dombauten gehören auch das Domherrenhaus, die Domdechanei, die Dompropstei und das Kornhaus. Das ehemalige Bischofsschloß aus dem 15. Jh. dient jetzt als Gerichtssitz.
Teile der **Schloßbrücke** stammen aus dem 13. Jh., sie führt zu dem unter Denkmalschutz stehenden Stadtteil **Afranische Freiheit** und zum ehemaligen Augustiner-Chorherrenstift **St. Afra**, das bereits 1024 gegründet worden war. In diesen Gebäuden entstand später die Fürstenschule; die Kirche wurde um 1300 erbaut. An der **Afranischen Pfarre** in der Nähe ist besonders ein Renaissance-Erker auffällig. Wer nun die Frau-

Der Dom und die Albrechtsburg überragen weithin sichtbar Stadt und Strom (links unten).

Weltbekannt sind die filigranen Figuren aus Porzellan (links innen).

Schloß Meißen (rechts, innen oben).

Wochenmarkt auf dem Marktplatz vor der Frauenkirche (rechts unten).

Das Porzellanmuseum gibt Auskunft über die Geschichte des Meißner Porzellans (rechts außen).

enstufen herabgeht, gelangt zur **Frauenkirche**, in deren Turm sich das erste Porzellan-Glockenspiel der Welt befindet. Die Kirche ist im 15. Jh. als spätgotische Hallenkirche errichtet worden, wurde aber später vor allem innen verändert. Am **Markt** kann man aber auch etliche guterhaltene Bürgerhäuser bewundern. Das reich verzierte **Tuchmachertor** nebenan stammt etwa von 1600, am **Rathaus** (1472) hat Arnold von Westfalen mitgewirkt. Die gesamte **Altstadt** ist geprägt von Bürgerhäusern aus der Renaissance, die vielfach noch recht gut erhalten sind. Überhaupt ist Meißen besonders reich an alten bürgerlichen Häusern, die von dem langwährenden Wohlstand und dem Selbstbewußtsein des Bürgertums zeugen.

In einer ehemaligen **Franziskanerkirche** ist das **Stadtmuseum** einquartiert, in dem sich Sammlungen zur Kultur- und Stadtgeschichte befinden. Von dieser im späten 13. Jh. gegründeten Kirche ist auch noch der **Kreuzgang** erhalten, in dem wertvolle Grabplatten und Skulpturen zu sehen sind. Darunter sind Arbeiten des Bildhauers Johann Joachim Kändler, der auch durch seine plastischen Gestaltungen des Meißner Porzellans berühmt wurde. An der Frauenkirche 12 lautet die Adresse der traditionsreichen Weinstube **Vincenz Richter**. Sie ist in einem alten Tuchmacherhaus aus herrlichem Fachwerk von 1520 untergebracht, das innen einem Museum gleicht. Als Kaufhaus diente früher das aus dem 16. Jh. stammende Gewandhaus der Tuchmacher, das 1851 zum **Theater** umgebaut worden ist.

Ein uralter romanischer Bau ist die **Martinskapelle** auf dem Plossen, in deren Innern sich ein wertvoller spätgotischer Altar befindet. Frühgotische Wandmalereien finden sich in der Nikolaikirche, die um 1100 entstand und heute als Mahnmal für die Gefallenen des Ersten Weltkriegs umgestaltet ist. Hier ganz in der Nähe kann man die **Staatliche Porzellanmanufaktur** besuchen. Sie wurde 1865 von der Albrechtsburg ins Triebischtal verlegt. Das **Porzellanmuseum** gibt Auskunft über die Geschichte des Meißner Porzellans und zeigt besonders schöne Exemplare. Außerdem ist hier eine **Vorführwerkstatt** eingerichtet, die es gestattet, den Produktions- und Bearbeitungsprozeß von Porzellan zu beobachten. Am Markt gibt es auch eine Verkaufsstelle der Manufaktur, wo man sich mit den begehrten Stücken versehen kann. Die Innenstadt von Meißen ist für den Autoverkehr gesperrt, Parkplätze findet man am Elbufer. Eine ganz besondere Attraktion in der Nähe von Meißen ist das **Schloß Moritzburg**, zu dem sich der baufreudige August der Starke 1723 bis 1736 ein früheres Jagdschloß umbauen ließ. Dabei sind das alte Schloß und dessen Kapelle in die Neukonstruktion integriert worden. Der ganze Bau erstrahlt in den sächsischen Barockfarben Weiß und Ocker. Wie an so vielen anderen der von August in Auftrag gegebenen Bauwerke haben auch an Schloß Moritzburg Pöppelmann und Knöffel, daneben Bildhauer wie Permoser, Kirchner und Thomae mitgewirkt. Die überbordende barocke Ausstattung ist weitgehend erhalten und setzt die Besucher in Erstaunen: Tapeten, Gemälde, Möbel und andere Kunstwerke füllen die Räume. Zu einem so besonderen kunstgeschichtlichen Genuß ist Schloß Moritzburg dadurch geworden, daß es so wenig verändert und unbeschädigt in seinem originalen Stil erhalten ist wie wenige Barockschlösser sonst. Im Schloß stellt heute auch ein **Barockmuseum** alte Kutschen, Sänften, Porzellan, Möbel und andere kunsthandwerkliche Gegenstände des 16. bis 18. Jh. aus. Außerdem befindet sich im Schloß eine Gedenkstätte für Käthe Kollwitz, die in dem Ort Moritzburg im April 1945 gestorben ist. Zum Park des Schlosses gehört auch das sogenannte **Fasanenschlößchen**, das im späteren 18. Jh. im Rokokostil mit Chinoiserien erbaut wurde und zeitweise August III. als Sommerresidenz diente. Schon August der Starke hat hier ein **Wildgehege** anlegen lassen, in dem man noch heute die heimischen Wildtiere betrachten kann. Zudem ist das ganze Areal hier wegen seines Reichtums an Pflanzen und Vögeln zum **Landschaftschutzgebiet** deklariert worden. In Moritzburg gibt es auch ein altes **Hengstdepot**, das jährlich sehr publikumswirksame Hengstparaden veranstaltet.

**Information**
Meißen-Information
An der Frauenkirche 3
O-8250 Meißen
Tel. (03521) 4470

**Festkalender**
Meißner Musikfesttage; Wein- und Erntefest bei der Albrechtsburg (alle zwei Jahre).

**Tips**
Über die Geschichte der Meißner Pozellanmanufaktur informiert man sich im Museum in der Albrechtsburg. In Scharfenberg und in Diesbar-Seußlitz sind eindrucksvolle Schlösser zu besichtigen. Auf der Elbe fährt die »weiße Flotte« Ausflüge flußauf- und flußabwärts. Im Spaargebirge auf der rechtselbischen Seite werden die besten Lagen der Meißner Weine angebaut. Jenseits des Friedewalds trifft man auf das barocke Prachtschloß Augusts des Starken, Schloß Moritzburg.

# Merseburg – Machtzentrum an der Saale

An Größe und Bedeutung ist Merseburg längst von Halle und Leipzig überholt worden. Und inzwischen bestimmen auch in Merseburg selbst die modernen Industrien und nicht mehr die alten Machtrepräsentanten das Bild. Aber an Geschichtszeugnissen ist die Stadt reich.

Die Merseburger Zaubersprüche sind eines der ältesten deutschen Schriftzeugnisse. Insbesondere aber sind sie das einzige schriftliche Beispiel rein vorchristlichen Gepräges: einige Zaubersprüche, die im 10. Jh. auf das Vorsatzblatt einer geistlichen Handschrift geschrieben wurden. Die Sprüche selbst dürften viel älter sein. Die wohl aus Fulda stammende Handschrift gehörte zur Bibliothek des Domkapitels Merseburg und wird heute im Domstiftarchiv aufbewahrt.

## Geschichte

Schon in der Jungsteinzeit haben hier Menschen gewohnt. Für die deutsche Geschichte wurde die Region der mittleren Saale im 6. Jh. wichtig, als sich hier die Siedlungsgrenzen zwischen Franken, Sachsen und Sorben entwickelten und zugleich die meisten der heutigen Orte entstanden.

Eine Handschrift des 8. Jh. erwähnt bereits »Mersiburg«, das ein Stützpunkt der Franken war. König Heinrich I. richtete hier eine Königspfalz ein, und Otto I. gründete bald darauf ein Bistum. Um den Dom herum entstand eine größere Siedlung, der Bischof übernahm die Macht. Die Bedeutung des Ortes für die Mission und als Handelsstützpunkt an der Saale-Elbe-Grenzlinie nahm weiter zu, auch wenn das Bistum zwischendurch für 23 Jahre einmal aufgehoben wurde. Immerhin tagten hier die deutschen Kaiser von 933 bis 1213 mehr als 20mal. 1426 trat das Fernhandelszentrum der Hanse bei.

Das Stift wurde später nach der Reformation durch die sächsischen Fürsten verwaltet. Als Residenz wählten sich die Fürsten von Sachsen-Merseburg, die hier zwischen 1656 und 1738 saßen, das von Bischof Thilo von Trotha erbaute Schloß. 1815 dann kam Merseburg an Preußen und wurde zum Regierungssitz des Bezirks Merseburg. Zum industriellen Zentrum avancierte Merseburg, seit zu Beginn dieses Jahrhunderts die ganz in der Nähe gelegenen Braunkohlefelder erschlossen wurden.

## Sehenswürdigkeiten

931 ist die Pfalzkirche Heinrichs I. geweiht worden, die dann bei der Gründung des Bistums zur Kathedrale erhoben wurde. Diesen alten Siedlungskern erkennt man noch auf dem **Altenburg** genannten Burgberg in der Nähe des Doms. Hier gab es einst auch ein Kloster, in dessen Gebäuderesten inzwischen das **Museum Natur und Mensch** ausstellt. Bischof Thietmar von Merseburg verdanken wir nicht nur eine wichtige Chronik des Mittelalters, sondern auch die Errichtung des Vorgängerbaus zum jetzigen **Dom**. Im Jahre 1015 wurde mit den Arbeiten begonnen, allerdings ist von dem ursprünglichen Dom nach den umfänglichen Veränderungen des 16. Jh. nicht mehr viel zu erkennen – neben zwei der vier Türme und der Krypta. Unter den Grabdenkmälern der reichen Innenausstattung ist besonders der Sarkophag Thilos von Trotha bedeutsam. Von dem daneben gelegenen **Schloß** ist trotz mancher baulicher Modifikationen die Architektur des 15. bis 17. Jh. noch gut wahrzunehmen. Die Erker, Portale und Treppentürme der Spätrenaissance vermitteln dem Gebäude einen ganz eigenen Charme. Von einer alten Merseburger Sage erzählt der **Rabenkäfig** im Schloßhof. Im rekonstruierten Ostflügel des Schlosses ist heute ein **Museum** untergebracht. Der **Park** nördlich der Schloß-Dom-Anlage ist 1661 angelegt worden und beherbergt neben manchen Denkmälern den hübschen **Schloßgartensalon** aus dem 18. Jh. Interessante Einzelgebäude sind daneben auch das **Zechsche Palais** und das **Ständehaus**. Schlicht und eindrücklich ist das **Rathaus** in der **Altstadt**, an dessen Stil deutlich erkennbar ist, daß dieser Bau auf das Zeitalter der Renaissance zurückgeht.

Im Domstiftsarchiv werden die weltberühmten Merseburger Zaubersprüche aufbewahrt (links).

Portal des Ständehauses (rechts oben).

Einmalige Kulturgüter bergen Dom und Burg, die beide über der Saale thronen (rechts unten).

**Information**
Fremdenverkehrsbüro
Burgstraße 5
O-4200 Merseburg
Tel. (03461) 214170

**Festkalender**
Schloßfestspiele (Juni/Juli); Museumstage (September); Orgelfestspieltage (Herbst).

**Tips**
Für Merseburg kann man sich ruhig ein wenig Zeit nehmen. Und wer in der geschichtsträchtigen Stadt genug gesehen hat, macht einen Abstecher nach Bad Lauchstädt, wo Goethe mit dem Weimarer Theater gastierte. In Leuna können industriegeschichtlich Interessierte die Nachfahren des berühmten BASF-Ablegers betrachten. Vor allem sollte man nicht den Ausflug nach Weißenfels versäumen, das von dem Schloß Neu-Augustusburg beherrscht wird. Nur ein kleines Stück weiter dann Naumburg mit seinem berühmten Dom.

# Minden
# Am Tor Westfalens

Als westfälische Pforte, Porta Westfalica, bezeichnet man den Einschnitt, in dem die Weser das Weser- und Wiehengebirge durchbricht. Die gleichnamige Stadt ist erst 1973 gegründet worden. So nimmt Minden traditionell die Grenzfunktionen nach Niedersachsen wahr.

Die größte Besonderheit Mindens ist allerdings eine künstlich geschaffene. Denn hier kreuzt der Mittellandkanal die Weser. Das Wasserstraßenkreuz wurde bereits 1911 bis 1914 gebaut, und seither kann man in einem ganz besonderen Schauspiel beobachten, wie in der Schleuse ein Schiff entweder in den Kanal gehoben oder eben in die Weser gesenkt wird. Im Sommer legen an dieser Schleuse auch die Fahrgastschiffe nach Vlotho ab.

## Geschichte

Am Anfang gab es nur ein Fischerdorf an einer Weserfurt. Als Karl der Große dann um 800 hier ein Bistum gründet, entsteht eine durch die geistlichen Bauten geprägte Siedlung. Der nun errichtete stolze Dom mißt sich durchaus mit den großen Domen in Osnabrück, Münster und Paderborn. Die günstige Verkehrslage läßt eine Siedlung von Kaufleuten entstehen, die steinerne Weserbrücke aus dem 13. Jh. bringt weiteren Aufschwung. Minden wird Hansemitglied und erlangt durch den Getreidehandel und die Bierbrauerei einen beträchtlichen Wohlstand. Das führt wie üblich zu Reibereien mit dem Bischof, der klein beigibt und nach Petershagen umzieht. 1529 wird prompt die Reformation eingeführt. Mit dem Westfälischen Frieden gerät Minden an Brandenburg, das es umgehend zur Festungs- und Garnisonsstadt macht. Zwar läßt Friedrich der Große die alten Festungsbauten schleifen, aber im 19. Jh. ist Minden noch einmal für etliche Jahrzehnte Festung. Inzwischen sind an die Stelle der alten Verteidigungsanlagen jedoch Grünflächen getreten. Ist die Bezirksregierung mittlerweile auch nach Detmold verlegt worden, so schadet das Minden keineswegs. Die Stadt vermochte, aus ihrer günstigen Lage Nutzen zu ziehen und zu einer blühenden Industrie- und Handelsstadt zu werden.

## Sehenswürdigkeiten

Der **Dom St. Peter und St. Gorgonius** wurde bereits im 9. Jh. begonnen, ab 915 fing man jedoch noch einmal von vorn an. Dieser Bau erfuhr dann 1062 schwere Zerstörungen durch ein Feuer, so ist die heutige Gestalt im wesentlichen ein Werk des 12. und 13. Jh. Der Betrachter erkennt einen frühromanischen Westbau, den spätromanischen Chor und die frühgotische Hallenkirche. Beeindruckend sind die Maßwerkfenster des Langhauses. Zu dem im Nordturm aufbewahrten **Domschatz** zählt der goldene Reliquienschrein des heiligen Petrus. Der Elfenbeindeckel mit dem Himmelfahrtsmotiv stammt aus dem 9. Jh. Auf das Jahr 1025 geht die evangelische **Martinikirche** zurück, deren heutige Form vorwiegend aus dem 14. Jh. stammt.
Die Fülle alter Gebäude am **Johanniskirchhof** ist ein gutes Beispiel dafür, wie konsequent Minden seine Altstadt nach dem Krieg restauriert hat. Zu den guterhaltenen Bürgerhäusern gehören die Häuser **Bäckerstraße Nr. 45** und das **Haus des Bürgermeisters Thomas von Kampen** – beide repräsentieren die Weserrenaissance. Vom Selbstbewußtsein der Mindener Bürger zeugen die erhaltenen Reste des **Alten Rathauses** mit seinem Laubengang. Wer soviel alte Profanbauten zur Verfügung hat wie die Stadtväter von Minden, der kann sein **Museum für Geschichte, Landes- und Volkskunde** gleich in sechs alten Giebelhäusern unterbringen. Weitere sehenswerte alte Gebäude sind die **Schwedenschänke** (11. Jh.), das **Körnermagazin**, das **Hansehaus** (1547) sowie die **Alte Münze**. Nach soviel Besichtigung mag man sich nach einem entspannenden Spaziergang im **Botanischen Garten** sehnen – oder nach einem Blick über die Region vom **Kaiser-Wilhelm-Denkmal** bei Porta Westfalica.

**Information**
Verkehrsamt
Großer Domhof 3
W-4950 Minden
Tel. (0571) 89385

**Festkalender**
Schülertheatertreffen (Februar/ März); Flohmarkt (monatlich von April bis November); Mindener Messe (Mai); Mindener Freischießen (Schützenfest, alle zwei Jahre im Sommer); Bürgerfest (Sommerferien); Tage der Kogge (Literaturtage, September/ Oktober); »Blaues Band der Weser« (Wassersportveranstaltung, alle zwei Jahre im September); Rocknachwuchs-Festival (Oktober/ November).

**Tips**
Von April bis Oktober kann man auf der Westfälischen Mühlenstraße sich traditionelle Wind-, Wasser- und Pferdemühlen ansehen. Per Schiff gelangt man nach Vlotho. Das Kaiser-Wilhelm-Denkmal sollte man besuchen.

Südseite des Doms mit den beeindruckenden Maßwerkfenstern (links).

Im Sommer legen an der Schachtschleuse Fahrgastschiffe nach Vlotho ab (rechts).

# Moers – Am Rande des Reviers

Am westlichen Rand der Industrieregion gelegen, markiert die Stadt auch geographisch den Übergang zum ländlichen Niederrhein. Auch wenn Moers heute ein gewichtiger Industriestandort ist, so weist es zugleich ländlich geprägte Bereiche und beschauliche Altstadtviertel auf.

Der Abwechslungsreichtum von Moers ist für manche genügend Grund, lieber hier zu wohnen und zum Beispiel in Duisburg zu arbeiten. Von Moers aus ist man schnell im Flachland am linken Niederrhein. Die Abstecher nach Holland gehören hier zum regelmäßigen Wochenendvergnügen.

## Geschichte

Schon im 9. Jh. dürfte es eine Siedlung gegeben haben. Entstanden ist sie im Umkreis der Stammburg der Grafen von Moers. Diese konnten sich zunächst mit ihrem Gebiet, zu dem auch einige Flächen bei Krefeld gehörten, ganz erfolgreich gegen die Machtansprüche von Kleve, Köln und Geldern behaupten. Doch 1250 übernahm Kleve schließlich doch die Lehnshoheit über Moers. Mit den üblichen komplizierten Herrschaftsverschiebungen und Erbschaftsfolgen kam Moers schließlich an das Haus Oranien. Da die Oranierin Luise Henriette den Großen Kurfürsten von Brandenburg heiratete, erhob später Preußen Erbansprüche und konnte 1702 respektive 1712 tatsächlich Moers in seinen Machtbereich bringen. Der Ort hatte 1300 bereits Stadtrecht erhalten und war Hauptort der Grafschaft (Fürstentum ab 1707). Ende des 16. Jh. waren umfangreiche Befestigungsanlagen errichtet worden, die allerdings am Ende des Siebenjährigen Krieges (1763) wieder geschleift wurden. Im 18. Jh. machten die Preußen für etliche Jahrzehnte einen wichtigen Verwaltungssitz für das Fürstentum Minden und die Grafschaft Ravensberg aus Moers. Später wurde die Stadt zum Verwaltungsmittelpunkt des Regierungsbezirks Minden.

## Sehenswürdigkeiten

Die einstige frühmittelalterliche Wasserburg des **Schlosses Moers** ist nur noch in Teilen zu erkennen. Von der alten Burganlage ist noch der Wohnturm erhalten. Er ist aus Umbauten der alten Motte, also einem aufgeschütteten Turmhügel, aus dem 12. Jh. hervorgegangen. Die übrigen Gebäude stammen vorwiegend aus dem 14. und 15. Jh. – was auch ihren noch immer sehr wehrhaften Charakter verständlich werden läßt. Hier ist heute das **Grafschafter Museum** eingerichtet, in dessen ausführlichen Sammlungen man sich gründlich über die Geschichte der Grafschaft, aber auch über die Früh- und Vorgeschichte informieren kann. Teilweise noch vorhandene Befestigungsbauten paßten gut in das romantische Konzept des Landschaftsgartens, der hier im **Schloßpark** 1836 angelegt wurde. Der ungewöhnlich alte und vielfältige Baumbestand gibt diesem Park seinen ganz besonderen Charakter. Zu der Anlage gehört auch eine etwa 400 Jahre alte, noch immer funktionstüchtige Wassermühle. Mittlerweile sind auch andere Parkteile angeschlossen worden – japanischer Garten, Sportplätze etc. Vor dem Schloß erinnert ein Standbild an die Brandenburgische Kurfürstin Luise Henriette.

Das Städtische Museum ist im **Peschkenhaus** eingerichtet, das zu den früheren Festungsbauten gehörte. Hier wird vor allem Gegenwartskunst gezeigt. Zu dem ehemaligen Karmeliterkloster gehörte die Klosterkirche aus dem 15. Jh. Inzwischen ist aus ihr die evangelische **Stadtkirche** geworden. Im **Martinistift** finden die Kammermusikveranstaltungen der **Moerser Musikschule** und des **Niederrheinischen Kammerorchesters** statt. Jazz wird dagegen in der Röhre geboten. Das **Kulturzentrum Rheinkamp** bemüht sich um abwechslungsreiche Ergänzungen des Kulturangebots in der Stadt. Ausgezeichnetes Essen findet man im Kurlbaum, etwas versteckt in der Burgstraße gelegen. Eine beeindruckende Weinkarte besitzt das ten Eiken (Krefelder Straße).

Die ursprüngliche Wasserburg des Schlosses Moers (oben).

Die beschaulichen Viertel in der Altstadt machen den besonderen Reiz der Industriestadt aus (links).

An der Fieselstraße (rechts).

**Information**
Stadtinformation
Unterwallstraße 9
W-4130 Moers 1
Tel. (02841) 22221

**Festkalender**
Jazz-Festival (Pfingsten), Moerser Amateur-Musik-Festival (Juni/ Juli); Commedy-Art-Festival (Juni/ Juli); Schloßhof-Serenade (Sommer); Parkfest (alle zwei Jahre, Sommer); Niederrheinschau (mit dem Parkfest wechselnd alle zwei Jahre, Herbst); Kirmes (September); Museumssonntag (mit der Vorführung alter Handwerke, Dezember); Weihnachtsmarkt.

**Tips**
Das Schloßtheater hat seinen Spielort im Kellergewölbe des Schlosses, ein weit gefächertes, mutiges Programm. In mehreren Jazzkneipen kann man guten deutschen und internationalen Jazz hören.

# Mönchengladbach Das Textilzentrum

Die Großstadt hat nicht nur eine beachtliche wirtschaftliche Bedeutung, sondern die Hochburg der deutschen Textilindustrie ist zunehmend auch zu einem Kunst- und Kulturzentrum geworden – auch wenn es vorläufig im Schatten der übermächtigen Nachbarn am Rhein bleibt.

Der Stadtname ist so ausgefallen wie einleuchtend: Bezeichnet er doch die Mönche am Gladebach, die im ehemaligen Benediktinerkloster lebten. Die traditionell starke Wirtschaft hier profitiert von der verkehrsgünstigen Lage im linken Niederrheingebiet und der Nähe zu den Niederlanden. Man hat hier guten Zugang zu den wichtigen Absatzmärkten an Rhein und Ruhr und lebt zugleich etwas abseits des Ballungsgebietes.

## Geschichte

Das Kloster ist vom Kölner Erzbischof 974 auf einem Hügel am besagten Gladebach gegründet worden. Von der dazugehörigen Abtei St. Vitus, die später errichtet wurde, sind noch einige Bauteile erhalten. Seit dem 14. Jh. gehörte Mönchengladbach zum Herzogtum Jülich. Das Leinengewerbe entfaltete sich vor allem seit dem 16. Jh. infolge des Flachsanbaus. Später begann man auch mit der Baumwollverarbeitung. Für Mönchengladbach war es gerade die Grenznähe, die dem Ort Glück brachte. Als nämlich 1794 die französischen Truppen bis zum Rhein vorstießen und diesen zur Zollgrenze werden ließen, verloren viele der wichtigen Textilproduzenten aus dem Bergischen ihre alten Absatzmärkte. Das veranlaßte etliche, ins linksrheinische Mönchengladbach zu wechseln. Und als dann sogar noch Napoleons Kontinentalsperre griff und die billigeren englischen Textilien fernhielt, da wurde Mönchengladbach zu einer Art von rheinischem Manchester. Es wurden Spinnereien errichtet, die Maschinisierung der Produktion setzte ein, und um 1900 war das Gebiet um die Stadt ein bedeutender Schwerpunkt der gesamten deutschen Textilindustrie. Daran hat sich bis heute kaum etwas geändert: Viele wichtige Produzenten haben noch heute ihren Sitz hier. Daneben allerdings haben sich längst noch weitere, sehr unterschiedliche wirtschaftliche Produktionszweige angesiedelt.

## Sehenswürdigkeiten

Der bedeutendste Kirchenbau ist die **Münster- oder Klosterkirche St. Vitus**, die 1275 fertiggestellt war. Nach den Kriegszerstörungen ist das Gotteshaus weitgehend wieder aufgebaut worden. Die spätromanische, dreischiffige Gewölbebasilika hat einige gotische Anklänge. Auffällig ist die selten große Hallenkrypta unter dem Chor, in dem selbst besonders die Glasmalereien der Chorfenster Aufmerksamkeit verdienen. Die ehemaligen **Abteigebäude** von 1663 bis 1705 dienen heute als Rathaus. **Schloß Reydt** hat seine heutige Gestalt vorwiegend im 15. und 16. Jh. erhalten, ist aber auch immer wieder baulichen Veränderungen unterworfen gewesen. Inzwischen haben sich darin das **Städtische Museum** für Kunst und Kultur und das Webereimuseum eingerichtet. Daran, daß Joseph Goebbels aus Rheydt stammte, erinnert man sich natürlich weniger gern. In etlichen Ortsteilen hat sich ein dörflicher Charakter erhalten, so daß man in hübschen Straßen schlendern kann, die teilweise von Fachwerk geprägt werden – etwa in **Geneicken**. Das **Rheinische Landesgestüt** benutzt heute die Gebäude des Schlosses Wickrath, das im 18. Jh. von Johann Josef Couven erbaut worden ist. Hierzu gehören auch umfangreiche Ländereien. Kulturell macht Mönchengladbach neben dem für seine moderne Kunst berühmten **Museum Abteiberg** vor allem durch die **Ensemblia** Furore: Dabei handelt es sich um ein Festival für zeitgenössische Musik, Tanz, Theater und Pantomime. Mittlerweile wird das anspruchsvolle Programm von einem privaten Förderverein getragen, ergänzt wird es durch ein kleineres Festival, die sogenannte **Ensembletta**.

Beispiel für die Architektur städtischer Versorgungsbauten um die Jahrhundertwende ist der Wasserturm (links).

International gerühmt wird die postmoderne Architektur des Museums Abteiberg (rechts).

Blick über die Stadt (unten).

**Information**
Verkehrsverein
Bismarckstraße 3-27
W-4050 Mönchengladbach
Tel. (02161) 22001

**Festkalender**
Veilchendienstagszug (Karneval); Fest am See in Wickrath (Juni); Schützenfest (August); Rheydter Blumenwoche (September); Straßenjazz-Festival (September); NATO-Musikfest (September alle zwei Jahre).

**Tips**
Das Städtische Museum Abteiberg ist berühmt für seine avantgardistische Architektur ebenso wie für die Sammlungen moderner Kunst. Kulturgeschichtlich ausgerichtet ist dagegen das Städtische Museum Schloß Reydt. Kinder werden sich mehr für den Tierpark in Odenkirchen begeistern.

# Mühlhausen Thomas-Müntzer-Stadt

Die Freie Reichsstadt, Hansestadt und Heimat des Revolutionsführers im Deutschen Bauernkrieg, Thomas Müntzer, bietet mittelalterliche Baukunst in Reinkultur. Über 400 Gebäude tragen rote Hausnummern als Kennzeichen eines geschützten Baudenkmals.

## Geschichte

Die Mühle an der Unstrut war schon 775 Königsgut geworden, 974 gab es darauf bereits einen Königshof und eine Burg. Weil in ihr häufig die Könige zu Gast waren, entwickelte sich bis ins 11. Jh. hinein um die Burg herum eine städtische Marktsiedlung. Ihr Zentrum war der ehemalige Untermarkt, der später Wilhelm-Pieck-Platz genannt wurde. Ab etwa 1200 wurde diese Altstadt um eine planmäßig angelegte Neustadt mit dem Obermarkt erweitert, der später Karl-Marx-Platz heißen sollte. Schon vor 1180 aber war man „Civitas imperatoris" (Reichsstadt) geworden.

1256 kam es zur Zerstörung der kaiserlichen Pfalz und in deren Folge zur Durchsetzung der städtischen Selbstverwaltung. Aus der Reichsstadt wurde nun eine Freie Reichsstadt und 1418 ein Vollmitglied der Hanse.

1524 floh der in Zwickau und im Mansfelder Revier als Prediger vertriebene Thomas Müntzer nach Mühlhausen und organisierte von hier aus den Volksaufstand. Nachdem der Stadtrat der Patrizier gestürzt worden war, entstand unter seiner Führung am 17. März 1525 der „Ewige Rat". Jedoch nur zwei Monate später, am 14. und 15. Mai 1525, wurde Müntzer in der Schlacht bei Frankenhausen geschlagen, gefangengenommen und zwölf Tage später vor den Toren Mühlhausens hingerichtet.

Die Turbulenzen des Dreißigjährigen Krieges verschonten Mühlhausen weitgehend, auch danach bedrohten keine größeren Unruhen die alte Bausubstanz. Von 1707 bis 1708 arbeitete Johann Sebastian Bach als Organist an der Divi-Blasii-Kirche. 1802 wurde die Stadt preußisch. Von 1806 bis 1813 hatte das Königreich Westfalen das Sagen, 1975 erhielt das Städtchen den Ehrennamen „Thomas-Müntzer-Stadt".

## Sehenswürdigkeiten

Mühlhausen besitzt keinen zentralen und entsprechend großen Marktplatz als Mittelpunkt des historischen Kerns, sondern deren gleich zwei: den Wilhelm-Pieck-Platz, den früheren **Untermarkt,** und den Karl-Marx-Platz, den alten Obermarkt. An beiden Plätzen steht je eine bedeutende Kirche: am Untermarkt die **Divi-Blasii-Kirche**, an der Johann Sebastian Bach wirkte, und am Obermarkt die **Marienkirche**, in der Thomas Müntzer predigte.

Hauptpfarrkirche der Altstadt war die **St.-Blasius-Kirche** am Untermarkt. Mit ihren zwei Türmen geht sie auf einen romanischen Gründungsbau zurück, entstand 1260 neu als gewölbte Basilika und wurde 1227 dem Deutschritterorden übertragen. Ab 1270 wurde sie zur dreischiffigen gotischen Hallenkirche mit Kreuzrippengewölbe und Rundpfeilern erneuert.

Auf halbem Weg zwischen Unter- und Obermarkt steht die ehemalige Franziskaner-**Klosterkirche St. Crucis**. Sie enthält heute eine Gedenkstätte an den Bauernkrieg. Wenig nördlich davon folgt das **Rathaus** mit seinem gotischen Kernbau.

Den Obermarkt dominiert mit ihrem 98 m hohen Turm die monumentale **Pfarrkirche St. Marien**. Sie war die Hauptkirche der früheren Neustadt und ist nach dem Erfurter Dom das größte sakrale Bauwerk Thüringens. Die heutige fünfschiffige Hallenkirche wurde 1315 begonnen, der Chor konnte 1327 vollendet werden. Querschiff und Langhaus wurden in der zweiten Hälfte des 14. Jh. fertiggestellt.

Unmittelbar westlich der Marienkirche schließt sich das ehemalige **Wohnhaus Thomas Müntzers** an. Die **Brotlaube** an der Ostseite der Kirche stammt in ihrer heutigen Gestalt von 1722. Weitere sehenswerte Bürgerhäuser zieren den alten Obermarkt. Von den zahlreichen mittelalterlichen Kirchen sind außer den drei genannten noch die Allerheiligenkirche, die **Kilianikirche**, die **St.-Jakobi-Kirche** und die Nikolaikirche sowie die **Antoniuskapelle** und die **Annenkapelle** sehenswert. Die mittelalterliche, im frühen 13. Jh. begonnene Stadtbefestigung ist noch mit verschiedenen Türmen, Toren und Mauerteilen erhalten. Der **Rabenturm** ist der größte verbliebene Turm, er kann zusammen mit einem Wehrgang besichtigt werden.

Blick vom Frauentor hinauf zum Rabenturm (oben).

Blick über die Altstadt auf die Pfarrkirche St. Marien, wo einst Thomas Müntzer predigte (rechts).

**Information**
Mühlhausen-Information
Görmarstraße 57
O-5700 Mühlhausen

**Festkalender**
Mühlhäuser Musiktage (März/April). Frühlingsfest (April). Mühlhäuser Holzfahrt (Juli). Mühlhäuser Kirmes (August).

**Tips**
Ein besonderes Erlebnis sind Orgelkonzerte an der Bach-Orgel in der Divi-Blasii-Kirche. Diese Orgel wurde bis 1959 nach den schon von Johann Sebastian Bach gemachten Vorschlägen restauriert.

# Mülheim an der Ruhr Stadt, Land, Fluß

Mülheim braucht sich nicht zu genieren, an der Ruhr zu liegen. Kohle- und Stahlindustrie, die vom Ruhrgebiet das Klischee vom »Pott« haben entstehen lassen, herrschen hier nicht mehr vor. Denn den Strukturwandel hat Mülheim bereits vollzogen.

Es mag nicht nur Weitsicht gewesen sein, daß Mülheim als eine der ersten Ruhrgebietsstädte mit der wirtschaftlichen Umstrukturierung begann. Denn Mülheim war auch besonders früh vom Zechensterben betroffen. Jedenfalls ist es gelungen, große Unternehmen des Dienstleistungssektors anzusiedeln und die Arbeitslosigkeit so gering zu halten wie sonst kaum in der Region.

## Geschichte

Der Hellweg war eine alte Handelsstraße vom heutigen Belgien nach Osteuropa, an der entlang zwischen dem Rhein und Ostwestfalen etliche Städte entstanden. In Mülheim hat es wahrscheinlich eine Ruhr-Furt zum Hellweg gegeben. Seit dem 9. Jh. ist dieser Übergang durch die Burg Broich gesichert worden. Auf der anderen Seite befand sich ebenfalls eine Befestigung, in der im 11. Jh. eine Kirche errichtet wurde. Hier begann sich die Siedlung zu bilden, allerdings gehörte das spätere Kirchdorf zur Herrschaft Broich, und 1511 kam alles zum Herzogtum Berg. Auf der anderen Ruhrseite lag seit dem 13. Jh. das Zisterzienserkloster Saarn, von dem eine weitere Aufwertung Mülheims ausging.

Schon im Mittelalter baute man hier Kohle ab. Doch erhob man Mülheim bereits 1808 zur Stadt, weil der Ort wegen des lebhaften Handels immer bedeutender geworden war. Mit der beginnenden Industrialisierung konnte aus dem Güter- und Kohletransport ein beachtlicher Wohlstand erwirtschaftet werden. Die Unternehmerfamilie Stinnes, die den Massenfrachtverkehr auf dem Rhein einführte, steht für diesen Aufschwung.

## Sehenswürdigkeiten

»Ensembles« werden die unter Denkmalschutz stehenden Inseln von **Fachwerkhäusern** in der Altstadt genannt. Schiefergedeckt und mit vorstehendem Obergeschoß sind solche Häuser typisch für die Fachwerkbauweise des Bergischen Landes. Das **Tersteegenhaus** ist nach dem pietistischen Liederdichter so benannt, der hier im 18. Jh. gelebt hat. Ursprünglich war das hübsche Fachwerkhaus ein Gasthaus. Hier auf dem Kirchenhügel steht auch die **Pfarrkirche St. Mariä**, die 1929 anstelle der alten Petrikirche erbaut wurde. Mit dem Bau des ersten Gotteshauses ist hier bereits im 11. Jh. begonnen worden. Ein mächtiger Westturm beherrschte seit dem 13. Jh. optisch die Stadt. Aus diesem Jahrhundert stammt das **Rathaus**, von dessen Turm aus man einen beeindruckenden Überblick über die Stadt hat. Hier im Obergeschoß ist auch das Büromuseum eingerichtet.

Der Anlaß zum Bau der **Burg Broich** (883/ 884?) waren vermutlich die bei Duisburg lagernden Normannen. Fundamente dieser alten Befestigung sind vor nicht allzu langer Zeit im Innern des heutigen Schlosses freigelegt worden. Insgesamt ist die Baugeschichte sehr kompliziert, und heute sind Gebäude aus ganz verschiedenen Epochen erhalten bzw. restauriert worden. Die einzelnen Räume werden ganz unterschiedlich von der Stadt genutzt. Auch sehr weit ins Mittelalter zurück reichen die Ursprünge von **Schloß Styrum**, das in seiner Geschichte etliche Male umgebaut wurde und inzwischen als Altentagesstätte dient. Eine der ältesten Kirchen im rheinischen Ruhrtal findet sich in Mintard. In der Pfarrkirche **St. Laurentius** (11. Jh.) staunt man über eine 800 Jahre alte Glocke.

Die etwas kuriose Endstation der Ruhrschiffahrt nennt sich **Wasserbahnhof**, auf der Schleuseninsel inmitten umfangreicher Grünanlagen gelegen. Einkauffreunde werden das **Rhein-Ruhr-Zentrum** aufsuchen, Deutschlands größtes Einkaufszentrum unter einem Dach, auf dem Gelände einer alten Zeche an der Stadtgrenze zu Essen errichtet.

Schloß Broich (links).

Unter Denkmalschutz: das Tersteegen-Haus (oben).

Südlich der Schloßbrücke der Wasserbahnhof, von wo Fahrgastschiffe auslaufen (unten).

**Information**
Verkehrsverein
Im Rathaus
Ruhrstraße 32
W-4330 Mülheim an der Ruhr
Tel. (0208) 4551

**Festkalender**
Theatertage »stücke« (Mai); Saarner Kirmes (Sommer); Brunnenfest (Oktober); Weihnachtsmarkt.

**Tips**
Im regen Kulturleben Mülheims spielt das Theater an der Ruhr eine hervorragende und weit über die Stadtgrenzen hinaus gerühmte Rolle. Moderne und klassische Musik regelmäßig in der Stadthalle. Anspruchsvolle Matineen im Bürgertreff; Jazz in der Alten Lampe und im Flora. Pferdefreunde rühmen eine der schönsten deutschen Galopprennbahnen in Raffelberg. Fahrten ins Ruhrtal mit der Weißen Flotte beginnen am Wasserbahnhof (sommers).

# München „Weltstadt mit Herz“

**Die meisten Deutschen würden gerne in der bayerischen Landeshauptstadt leben, und auch für die Besucher aus dem Ausland gehört sie zu den attraktivstenStädten Deutschlands – eine Stadt, die für jeden etwas zu bieten hat.**

München hat sein unverwechselbar eigenes Flair. Einerseits geprägt von der Baufreude und dem Kunstsinn der Wittelsbacher Herzöge, Kurfürsten und Könige, die über 650 Jahre hier residierten, und andererseits durch die „importierte" Industrialisierung der Nachkriegszeit in einen rasanten wirtschaftlichen Aufschwung versetzt, ist es doch ein „Millionendorf" geblieben, mit viel oberbayerischer Bodenständigkeit. „Leben und leben lassen" ist hier die Devise. Nach diesem Motto feiern die Münchner, Einheimische wie „Zugereiste", ihre zahlreichen Feste vom Fasching bis zum Oktoberfest. Und wenn gerade einmal keines ansteht, dann läßt es sich trotzdem gut sein in Brauhäusern und Biergärten bei einer „Maß" und herzhaften „Schmankerln". Aber auch dem, der lieber die ganz feine Küche genießen möchte, leuchten hier die gastronomischen Sterne. Gemütliche Weinstuben sind in der weltberühmten Bierstadt keineswegs rar, denn das Weinland Franken ist bayerisch, und die Rheinpfalz war es einmal. Es ist vor allem der Freizeitwert ihrer Stadt, um dessentwillen man die Münchner beneidet. Liegt die herrliche oberbayerische Alpen- und Seenlandschaft doch vor der Tür! Und das kulturelle Angebot braucht keinen Vergleich zu scheuen. Kaum eine Stadt in Deutschland hat mehr Museen und Theater. Eine Oper und Orchester von Weltruf tragen zum reichen Musikleben bei. Schließlich hat München auch als Einkaufsstadt von der eleganten Mode bis zu Kunst und Antiquitäten alles, was das Herz begehrt, zu bieten. Großzügige Fußgängerbereiche, Flanierstraßen und Passagen verlocken zum Schaufensterbummel oder zum Verweilen in Straßencafés. Bei so viel Attraktivität ist es wahrlich kein Wunder, daß München auch als Kongreß- und Messestadt reüssiert.

## Geschichte

Das Jahr 1158 gilt als Gründungsdatum Münchens. Damals ließ Herzog Heinrich der Löwe die bei Oberföhring gelegene Isarbrücke des Freisinger Bischofs zerstören und flußaufwärts an eine durch Inselteilung geeignete Stelle bei der Siedlung „Munichen", das heißt „bei den Mönchen", verlegen. Auch die mit der Brücke verbundenen Markt-, Zoll- und Münzrechte gingen an die hier nun entstehende Stadt über, deren wirtschaftliche Grundlage die über die Brücke führende Salzstraße bildete. Das „auf das Salz gegründete" Gemeinwesen entfaltete sich so rasch, daß bereits nach der Mitte des 13. Jh.s ein zweiter Mauerring angelegt wurde, der bis an die Schwelle des 19. Jh.s ausreichen sollte.

Nach der wittelsbachischen Landesteilung von 1255 verlegte der auf Oberbayern beschränkte Teilherzog Ludwig der Strenge seine Hofhaltung nach München. Jedoch blieb die mit bedeutenden Freiheiten begabte Stadt bis zum Ende des Mittelalters bürgerlich bestimmt. Um 1500 gehörte sie mit etwa 13000 Einwohnern zur Gruppe mittlerer Städte wie Basel, Frankfurt oder Trier. Ihr Wohlstand beruhte auf dem Salz-, Wein- und Tuchhandel. Auch am Bergbau in den Alpen und am Handel mit Waren aus Venedig partizipierten die Münchner Patrizier. In der Frauenkirche und dem Alten Rathaus hat sich die Bürgerschaft jener Zeit ihre bleibenden Denkmäler gesetzt.

1505 trat die Münchner Linie der Wittelsbacher die Erbfolge der Landshuter an. München war jetzt alleinige Hauptstadt Bayerns. Der Hof ergriff im beginnenden Zeitalter des Absolutismus mehr und mehr das Zepter der Stadt. Neben der sich ausdehnenden Residenz und den Adelspalästen waren es die zahlreichen neuen Kirchen- und Klosterstiftungen, die ihr Erscheinungsbild verwandelten. Aus der gotischen Bürgerstadt wurde eine der glanzvollsten Barockresidenzen Europas und ein „deutsches Rom".

Aus der napoleonischen Ära ging München als Hauptstadt eines beträchtlich vergrößerten und zum Königreich aufgestiegenen Bayern hervor. Die im 18. Jh. knapp 30000 Einwohner zählende Stadt wuchs und sprengte ihren hunderttürmigen Mauerring aus dem Mittelalter. Daß sich die damalige Stadterweiterung in wahrhaft großzügiger Weise gestaltete, war vor allem das Verdienst König Ludwigs I. Bereits als Kronprinz hatte er sich das Programm gesetzt: „Ich will aus München eine Stadt machen, die Teutschland so zur Ehre gereichen soll, daß Keiner Teutschland kennt, wenn er nicht München gesehen hat." Unter Ludwig I. wurde die bayerische Hauptstadt zum Mekka der Künste und Künstler, durch die von ihm 1826 verfügte Verlegung der Universität aus Landshut auch ein Zentrum wissenschaftlicher Forschung und Lehre. Die industrielle Entwicklung blieb freilich hinter der vergleichbarer Städte zurück. Bis ins 20. Jh. waren für die Münchner Wirtschaft Mittel- und Kleinbetriebe typisch. Neben den Brauereien erlangten Optik und grafisches Gewerbe hier einen guten Ruf.

Um die Jahrhundertwende überschritt die Bevölkerungszahl die Halbmillionengrenze. Damals stand Münchens Ruhm als Kunststadt auf dem Zenit. Die unrühmliche Zeit als „Hauptstadt der Bewegung" endete mit der größten Katastrophe seiner Geschich-

**Information**
Fremdenverkehrsamt München
Postfach
W–8000 München 1
Telefon: (089) 2 39 11

Auskunftstelle Hauptbahnhof
Südausgang Bayerstraße
Telefon: (089) 2 39 12 56

**Festkalender**
Fasching: „München narrisch" am Faschingsdienstag in der Fußgängerzone. Starkbierzeit mit Ausschank der „...ator-Biere" im März. Auer Maidult. Filmfest München im Juni. Opernfestspiele im Juli. Auer Jakobidult Anfang August. Oktoberfest: am ersten Samstag Einzug der Festwirte und Brauereien, am ersten Sonntag Trachten- und Schützenzug. Ende nach zwei Wochen. Christkindlmarkt auf dem Marienplatz.

**Tips**
Altmünchner Gaststätten: „Augustiner" (Neuhauser Straße16), „Franziskaner und Fuchsenstuben" (Perusastraße 5), „Hackerkeller" (Theresienstraße 1), „Hofbräuhaus" (Am Platzl 9). Biergärten: „Augustinerkeller" (Arnulfstraße 52), „Hofbräukeller" (Innere Wiener Straße 19), „Königlicher Hirschgarten" (Nymphenburg), „Restaurant am Chinesischen Turm" (Englischer Garten).

te. Nahezu die Hälfte der Stadt lag bei Kriegsende in Trümmern. Trotz aller Verluste blieb das alte Stadtbild jedoch in seinen Grundzügen erhalten. Der engagierte Wiederaufbau hat sogar manches, das bereits verlorengegeben war, wie das Nationaltheater, wiedergewonnen. Zu der erstaunlichen wirtschaftlichen Expansion in der Nachkriegszeit hat die Verlagerung von Großbetrieben wie Siemens wesentlich beigetragen. 1957 überstieg die Einwohnerzahl die Millionenmarke. Die Veranstaltung der Olympischen Spiele 1972 gab der städtebaulichen Entwicklung und vor allem dem Ausbau der öffentlichen Verkehrsmittel wichtige Impulse.

## Sehenswürdigkeiten

Mittelpunkt Münchens ist seit jeher der **Marienplatz**. Der bis ins 19. Jh. als Schrannenplatz oder Kornmarkt genutzte Hauptmarkt der Stadt wurde dort angelegt, wo sich die Hauptstraßen kreuzten, die der alten Salzstraße folgende Ost-West-Achse zwischen Isartor und Karlstor und die Nord-Süd-Achse zwischen dem ehemaligen Schwabinger Tor am Odeonsplatz und dem Sendlinger Tor. Auch heute noch liegt der Marienplatz im Schnittpunkt von Verkehrsströmen, wenn auch nicht mehr des Autoverkehrs. Oberirdisch bildet er das Zentrum des Fußgängerbereichs der Altstadt, unterirdisch die wichtigste Kreuzung des gut ausgebauten U- und S-Bahn-Systems.
Besonders beliebt ist der Marienplatz, wenn vom Rathausturm das **Glockenspiel** erklingt (täglich um 11.00 Uhr) und die bunt emaillierten Figuren des Spielwerks ein Ritterturnier und den Schäfflertanz vorführen (21.00 Uhr: Das Münchner Kindl wird zu Bett gebracht). Das prunkvolle **Neue Rathaus** wurde 1867-1908 von Georg Hauberisser im Stil der flandrischen Gotik erbaut. Bis zur dritten Galerie des 85 m hohen Turms kann man mit dem Aufzug hinauffahren, um sich die Stadt aus der Vogelperspektive anzuschauen. An Föhntagen reicht die Sicht bis zur Alpenkette. Die **Peterskirche** auf dem „Petersbergl" hinter der südlichen Häuserzeile des Marienplatzes, der den Münchnern besonders ans Herz gewachsene „Alte Peter", ist die älteste Pfarrkirche der Stadt und besonders reich ausgestattet. Von der Terrasse beim Chor der Peterskirche hat man den schönsten Blick über den **Viktualienmarkt**. Dieser malerische Lebensmittelmarkt im Zentrum der Großstadt gehört wohl zu den liebenswertesten Attrak-

München-Panorama (links).

Schloß Nymphenburg (rechts oben).

Sommervergnügen auf den Kiesbänken der Isar (rechts außen).

Auch auf dem Marienplatz, vor der Prunkfassade des Neuen Rathauses, kann man sich an einem Münchner Bier laben (links unten).

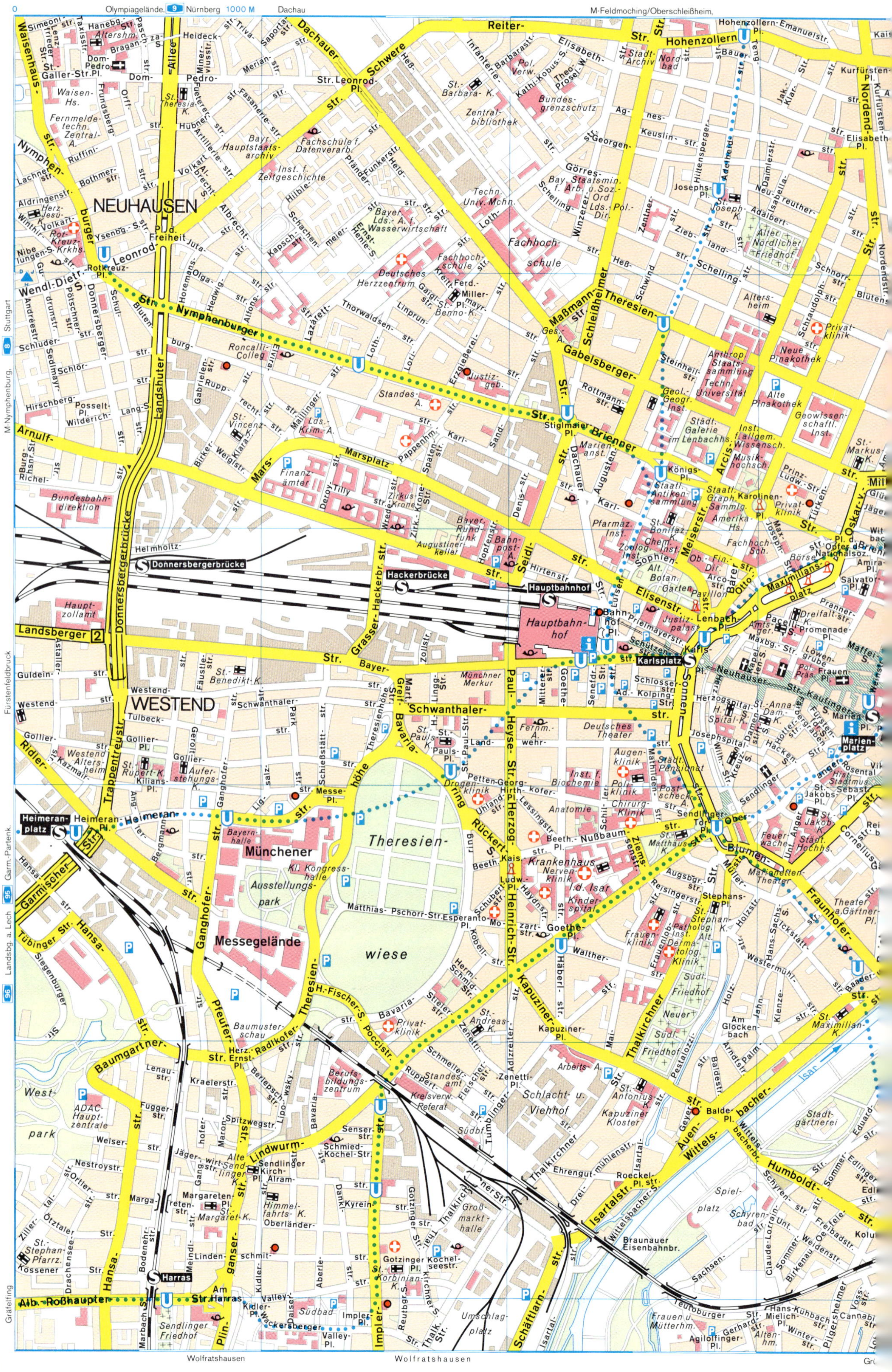
Olympiagelände
Nürnberg
1000 M
Dachau
M-Feldmoching/Oberschleißheim
Stuttgart
M-Nymphenburg
Fürstenfeldbruck
Garm.-Partenk.
Landsbg. a. Lech
Gräfelfing
Wolfratshausen
Wolfratshausen
NEUHAUSEN
WESTEND
Donnersbergerbrücke
Hackerbrücke
Hauptbahnhof
Hauptbahn-hof
Karlsplatz
Marien-platz
Heimeran-platz
Harras
Theresien-wiese
Messegelände
Münchener
Ausstellungs-park
Bayern-halle
Kl. Kongress-halle
Fachhoch-schule
Alte Pinakothek
Neue Pinakothek
Alter Nördlicher Friedhof
Alter Südl. Friedhof
Neuer Südl. Friedhof
Schlacht- u. Viehhof
Groß-markt-halle
Sendlinger Friedhof
Westpark
Rotkreuz-Pl.
Stiglmaier-Pl.
Königs-Pl.
Karolinen-Pl.
Goethe-Pl.
Sendlinger Tor
Kapuziner-Pl.
Stadt-gärtnerei
Braunauer Eisenbahnbr.
Isar
Landsberger Str.
Arnulf-Str.
Nymphenburger Str.
Dachauer Str.
Schwanthaler-Str.
Lindwurm-Str.
Heimeran-Str.
Landshuter Allee
Donnersbergerbrücke
Trappentreustr.
Ganghofer-Str.
Theresien-höhe
Brienner Str.
Gabelsberger-Str.
Theresien-Str.
Schelling-Str.
Hohenzollern-Str.
Schleißheimer Str.
Augusten-Str.
Arcis-Str.
Sonnen-Str.
Paul-Heyse-Str.
Herzog-Heinrich-Str.
Thalkirchner Str.
Fraunhofer-Str.
Humboldt-Str.
Wittelsbacher-Br.
Isartalstr.
Schäftlarn-Str.
Impler-Str.
Alb.-Roßhaupter-Str.
Hansa-Str.
Garmischer Str.
Baumgartner-Str.
Pfeuffer-Str.
Radlkofer-Str.
Poccistr.
Bavariaring
Rückert-Str.
Maximilians-platz
Neuhauser Str.
Kaufinger Str.
Deutsches Theater
Krankenhaus l.d. Isar
Hirtenstr.
Elisenstr.
Pasing

Unterschleißheim, 99 Nürnberg
9 Nürnberg
Ismaning
9 Nürnberg
SCHWABING
Englischer Garten
Kleinhesseloher See
Hirschau
Isar
J.-F.-Kennedy-Br.
Englschalkinger Str.
Effner-Pl.
ARABELLA-PARK
Krkhs. Bogenhausen
Chinesischer Turm
Monopteros
Haus der Kunst
Hofgarten
Prinzregentenstr.
Montgelas-
Oberföhringer Str.
Herkomer-Pl.
Bülowstr.
Denninger Str.
BOGENHAUSEN
PARKSTADT BOGENHAUSEN
Richard-Strauss-Str.
Prinzregenten-Pl.
Friedensengel
Maximiliananlagen
Maximilianstr.
Max-Weber-Pl.
Einsteinstr.
Ismaninger Str.
Krkhs. rechts d. Isar
Grillparzer Str.
STEINHAUSEN
Leuchtenbergring
Isartor
Deutsches Patentamt
Deutsches Museum
Rosenheimer Str.
Rosenheimer Platz
HAIDHAUSEN
Innere Wiener Str.
Ostbahnhof
Berg am Laim Str.
BERG AM LAIM
AU
Ostfriedhof
Tegernseer Land-Str.
St.-Martin-Str.
Claudius-Keller-Str.
RAMERSDORF
Innsbrucker Ring
Schachener-Str.
Anzinger Str.
Bad-Schachener-Str.
Truderinger Str.
Mühldorf a. I.
Haar/Wasserburg a. Inn
M-Perlach/Neubiberg
8 Salzburg
94
12
304

tionen Münchens. Früchte, Gemüse, Käse und andere Köstlichkeiten aus aller Herren Länder werden in verlockenden Auslagen feilgeboten. Zwischen den „Standln" haben die Münchner ihren Volkssängern und Volksschauspielern Brunnendenkmäler errichtet, allen voran natürlich Karl Valentin, Liesl Karlstadt und Weiß Ferdl. Unter dem großen Maibaum in der Mitte lädt ein Biergarten zur Rast, und zahlreiche Gasthäuser in der Umgebung des Marktes, etwa an dem idyllischen Hl.-Geist-Platz, bieten die typischen bayerischen Gerichte wie Schweinsbraten mit Knödel, Schweinshaxen, Teller- und Beinfleisch, Weißwurst und Leberkäs.

Vom Viktualienmarkt gelangt man über das Rosental und den Rindermarkt in wenigen Minuten zum **Münchner Stadtmuseum**, das hochinteressante Sammlungen unterschiedlichster Thematik unter einem Dach vereinigt. Zur stadtgeschichtlichen Abteilung gehören Waffen und Rüstungen, die in der gotischen Halle des ehemaligen Zeughauses ausgestellt sind. Wegen ihrer grotesken Komik und der virtuosen Schnitzkunst gleichermaßen berühmt sind die Moriskentänzer von Erasmus Grasser aus dem Tanzsaal des Alten Rathauses. Eine Folge komplett eingerichteter Zimmer veranschaulicht die Entwicklung der bürgerlichen Wohnkultur im Wandel der Stilepochen. Die Puppentheatersammlung dokumentiert die verschiedenen Puppenarten und Spielformen sämtlicher Kulturkreise der Erde samt den zugehörigen Requisiten. Sie zählt zu den umfassendsten Kollektionen ihrer Art. Dasselbe gilt für die Musikinstrumentensammlung, die alle Völker und Zeiten einschließt. Das Film- und Fotomuseum zeigt die Entwicklung der Fotografie von der Camera obscura bis zur modernen Farbfotografie, insbesondere den Beitrag der Münchner Pioniere auf dem Gebiet der Fotografie und Optik, Steinheil, Kobell und Fraunhofer. Das Deutsche Brauereimuseum schließlich gibt einen Einblick in die Geschichte und Technik des Brauereiwesens (Neueröffnung 1994).

Nur wenige Schritte sind es vom Stadtmuseum in die Sendlinger Straße, eine Einkaufsstraße mit altmünchner Charme, in der zudem ein kunstgeschichtliches Juwel zu finden ist: die berühmte **Asamkirche**. Der Bildhauer, Stukkateur und Architekt Egid Quirin Asam hat sie dem hl. Johann Nepomuk, den er seit seiner Tätigkeit in Prag besonders verehrte, auf eigene Kosten neben seinem Wohn- und Atelierhaus erbaut und zusammen mit seinem ebenso genialen Bruder, dem Maler Cosmas Damian Asam, ausgestattet. Sie schufen ein barockes Gesamtkunstwerk von seltener Geschlossenheit. Ein geheimnisvolles Licht erfüllt den schmalen, hohen Raum mit seinem wunderbar schimmernden Kleid aus Stuckmarmor. Vergoldung und Malerei, belebt durch plastische Figurengruppen und Girlanden.

Vom Sendlinger-Tor-Platz führt die breite, den ehemaligen Wallanlagen folgende Sonnenstraße zum **Karlsplatz**. Seinen Namen erhielt dieser verkehrsreiche Platz zwischen Altstadt und Hauptbahnhof nach dem Kurfürsten Karl Theodor, mit dem die pfälzische Linie der Wittelsbacher das Erbe der 1777 ausgestorbenen bayerischen Linie antrat. Er war bei den Münchnern, obwohl sie ihm den Englischen Garten verdanken, nicht sonderlich beliebt, und für sie ist der Karlsplatz bis heute der „Stachus" geblieben, so genannt nach einem einst hier stehenden Wirtshaus, dem „Stacherlgarten" des Eustachius Föderl. Beim Ausbau für S- und U-Bahn enstand eine ausgedehnte unterirdische Ladenstadt.

Bei dem dreibogigen Karlstor beginnt die zum Marienplatz führende Fußgängerzone der Neuhauser- und Kaufingerstraße. Nach einem kurzen Weg, vorbei an der Barockfassade der Bürgersaalkirche, erscheint eines der großartigsten architektonischen Ensembles Deutschlands, gebildet aus der Schaufront der Jesuitenkirche St. Michael, dem Lang-

Trachtler im „Millionendorf" (links).

Wahre „Biertempel" sind die Festzelte der Brauereien auf dem Oktoberfest (Mitte oben).

Brauereigespann beim Einzug der Festwirte (Mitte unten).

Auf dem Viktualienmarkt. Ein weißblauer Maibaum steht zwischen den „Standln". Im Hintergrund der Alte Peter (rechts).

haus der ehemaligen Augustinerkirche und dem Turmpaar der Frauenkirche. Die 1583-1597 erbaute **Michaelskirche** ist der erste große nachmittelalterliche Kirchenbau Deutschlands. Ihr wahrhaft monumentaler, von einem 20 m weiten Tonnengewölbe überspannter Raum blieb mehr als ein Jahrhundert lang das Vorbild der süddeutschen Sakralarchitektur. In den Nischen der Fassade stehen Tonstatuen wittelsbachischer Herzöge und habsburgischer Kaiser. Die Bronzefigur des Erzengels Michael zwischen den beiden Portalen ist ein Meisterwerk Hubert Gerhards. Vor dem sich anschließenden Gebäude des ehemaligen Jesuitenkollegs steht der von Hans Wimmer geschaffene **Richard-Strauss-Brunnen**. Die hohe Reliefsäule zeigt Szenen aus der „Salome" des Komponisten, der 1864 ganz in der Nähe, in einem Haus am Altheimer Eck, geboren wurde. In der profanierten Augustinerkirche ist das **Deutsche Jagd- und Fischereimuseum** untergebracht, dessen Sammlungen nicht nur Enthusiasten des Weidwerks begeistern. Sie reichen von historischen Jagdwaffen und Trophäen bis zu barokken Jagdprunkschlitten und Großdioramen mit Zinnfiguren-Darstellungen historischer Jagdszenen.

Die etwas abseits der Kaufingerstraße gelegene **Frauenkirche** war die zweite Pfarrkirche der Stadt. Seit 1821 ist sie Metropolitankirche des Erzbistums München-Freising. Der 1473 durch Meister Jörg von Halspach, genannt Ganghofer, begonnene Backsteinbau gehört zu den größten spätgotischen Hallenkirche. Sein riesiges Satteldach beherrscht bis heute das Stadtbild. Um 1520 erhielten die 99 m hohen Türme anstelle der ursprünglich vorgesehenen Spitzhelme ihre „welschen Hauben", die zum Wahrzeichen Münchens wurden. Letztlich stammen von ihnen all die vielen Zwiebeltürme in Bayern ab. Besondere Aufmerksamkeit verdienen die alten Glasmalereien der Chorfenster und das Grabmal Kaiser Ludwigs des Bayern (1314-1347) im südlichen Seitenschiff. Die Figuren des um 1620 errichteten Monuments sind Meisterleistungen der Münchner Bronzeskulptur dieser Zeit. Im Südturm kann man mit dem Aufzug bis zur Turmstube unter der Kuppel hinauffahren und dort einen weiten Rundblick über die Stadt und ihr Umland genießen.

Im Nordteil der Altstadt dominiert die **Residenz**. Der im Laufe mehrerer Jahrhunderte gewachsene weitläufige Gebäudekomplex wurde in seiner äußeren Erscheinung vor allem durch zwei Bauherren geprägt: Kurfürst Maximilian I., der am Vorabend des Dreißigjährigen Krieges die Trakte an der Residenzstraße und um den Kaiserhof – seinerzeit das prachtvollste Schloß Deutschlands – erbaute, und König Ludwig I., unter dem der „Königsbau" am Max-Josephs-Platz, der „Festsaalbau" am Hofgarten und die Allerheiligen-Hofkirche am Marstallplatz entstanden. Da das bewegliche Inventar im Krieg ausgelagert worden war, konnten die meisten der zerstörten Räume rekonstruiert werden. Dank bewundernswerter Restauratorenleistungen ist die Residenz inzwischen wieder ein unvergleichliches Museum historischer Raumfolgen vom 16. bis zum 19. Jh. Zu den Hauptattraktionen des Rundgangs gehören das „Antiquarium", eine prunkvolle Renaissancehalle, die der Bayerischen Staatsregierung als Festsaal dient, und die „Reichen Zimmer", ein Höhepunkt des Rokokos wie das ebenfalls von dem genialen François Cuvilliés entworfene **Alte Residenztheater**. Der Eingang zum **Residenzmuseum** befindet sich ebenso wie der zur sehenswerten **Schatzkammer der Residenz** am Max-Josephs-Platz. Dieser ist nach dem ersten bayerischen König benannt. Das Denkmal in der Platzmitte erinnert an ihn, und das **Nationaltheater** an der Ostseite des Platzes, einer der schönsten klassizistischen Theaterbauten, entstand unter seiner Regierung. Es wurde nach den Originalplänen wiederaufgebaut. Das Haus der Bayerischen Staatsoper hat 2000 Plätze. Im benachbarten **Neuen Residenztheater** ist das Bayerische Staatsschauspiel beheimatet. Der Renaissancetrakt an der Residenzstraße bietet den beliebten „Pfälzer Weinprobierstuben" ihre stilvollen Räumlichkeiten. Im „Festsaalbau" am Hofgarten befinden sich der für Konzerte benutzte „Herkulessaal" und die **Staatliche Sammlung Ägyptischer Kunst.**

Während der von Arkadentrakten abgeschirmte **Hofgarten** mit seinen gepflegten Blumenbeeten und Lindenalleen eine Oase der Erholung im Großstadttrubel bildet, entfaltet sich am benachbarten **Odeonsplatz** ein wahrhaft urbanes Ambiente. Die beiden ältesten der Münchner Prachtstraßen, die Brienner- und Ludwigstraße, gehen von diesem Platz aus, dem vor allem die barocke **Theatinerkirche** seinen festlichen Charakter verleiht. Man muß das leuchtende Gelb ihrer Fassade und das Grün der Turmhauben und Kuppel vor dem blauen Föhnhimmel erleben! Die ehemalige Hof- und Klosterkirche der Theatiner wurde von der Kurfürstin Henriette Adelaide als Dankvotiv für die Geburt des Erbprinzen Max Emanuel errichtet.

Für die benachbarte **Feldherrnhalle**, die den südlichen Abschluß der Ludwigstraße bildet, wählte König Ludwig I. als Muster die „Loggia dei Lanzi" in Florenz. Tilly, der Heerführer des Dreißigjährigen Krieges, und Fürst Wrede, bayerischer Feldmarschall der napoleonischen Zeit, sind hier in Standbildern verewigt. Monumentalbauten im Stil italienischer Paläste, darunter Staatsbibliothek und Universität, säumen die 1 km lange **Ludwigstraße**. Ihren nördlichen Endpunkt bildet das zur Erinnerung an die Befreiungskriege errichtete **Siegestor**. Jenseits davon beginnt das Künstler- und Studentenviertel **Schwabing**. Rechts und links des „Boulevard Leopold" mit seinen Straßencafés sorgen hier zahlreiche Boutiquen und Galerien, Restaurants und Kneipen, Bars und Discos für Kurzweil.

Parallel zur Achse Ludwig-Leopoldstraße erstreckt sich der **Englische Garten**. Zusammen mit den Isaranlagen ist dieser 5 km lange Park mit prachtvollem alten Baumbestand Münchens „grüne Lunge". Ab 1789 in einem Auenwald angelegt, zählt er zu den ältesten Landschaftsgärten in Deutschland. Der künstliche Hügel des Monopteros ermöglicht einen besonders schönen Blick auf die türmereiche Silhouette der Altstadt. Nicht weit davon, beim Chinesischen Turm, liegt einer der beliebtesten Biergärten.

Am Südrand des Englischen Gartens verläuft die **Prinzregentenstraße**. Diese letzte der großen Münchner Straßen des 19. Jh.s beginnt bei dem klassizistischen **Prinz-Karl-Palais**, heute Amtssitz des bayerischen Ministerpräsidenten, und führt über die Isar, auf deren jenseitigem Hochufer als Blickpunkt das mächtige Säulenmonument des **Friedensengels** erscheint.

Unter den an der Prinzregentenstraße liegenden Museen kommt dem **Bayerischen Nationalmuseum** ein besonderer Rang zu. Seine kunst- und kulturgeschichtlichen Sammlungen gehören zu den bedeutendsten Europas. Viele Gebiete des Kunstgewerbes, wie Porzellan, Fayence, Steinzeug, Elfenbeinschnitzerei, Automaten und wissenschaftliche Instrumente, sind mit Fachsammlungen vertreten. Die volkskundliche Abteilung zeigt alte Bauernstuben, Zeugnisse des Volksglaubens und eine große Krippensammlung.

In einem Nachbargebäude ist die **Neue Sammlung**, das Museum für angewandte Kunst des 20. Jh.s, untergebracht, etwas abseits, in einem Neubau an der Lerchenfeldstraße, die **Prähistorische Staatssammlung**. Deren Schwerpunkte bilden die Funde aus der Keltenstadt Manching, die Abteilung „Die Römer in Bayern" und Schmuck aus frühmittelalterlichen Gräbern.

Im **Haus der Kunst** befindet sich die **Staatsgalerie moderner Kunst**. Außerdem werden hier große Kunstausstellungen sowie die Kunst- und Antiquitätenmesse veranstaltet.

Die **Schackgalerie** besitzt eine Sammlung deutscher Malerei des

19. Jh.s, darunter Hauptwerke von Spitzweg, Schwind, Lenbach, Feuerbach und Böcklin.
Das **Museum Villa Stuck** jenseits der Isar vermittelt eine Vorstellung vom Lebensstil eines der Münchner „Malerfürsten" der Prinzregentenzeit. Der Stuck-Jugendstil-Verein veranstaltet hier seine erfolgreichen Sonderausstellungen.
Noch weiter stadtauswärts steht das **Prinzregententheater**, das 1900/01 nach dem Vorbild des Bayreuther Festspielhauses zur Aufführung der Werke Richard Wagners errichtet wurde.
Die vor der Prinzregentenstraße angelegte noble **Maximilianstraße** verbindet den Max-Josephs-Platz bei der Residenz mit der Isar. Nach ihrem Begründer, König Maximilian II., ist auch der Sitz des Bayerischen Landtags benannt, das **Maximilianeum**, dessen kulissenartige Schaufront am Isarhochufer die Prachtstraße abschließt. Ihr Baustil lehnt sich an englische Neugotik an. In der Osthälfte erweitert sie sich zu einem baumbestandenen Forum, auf dem das „Maxmonument" und andere Denkmäler stehen. An der Kreuzung des Altstadtrings befindet sich das **Staatliche Museum für Völkerkunde**.
Die Hauptattraktion des Altstadtviertels zwischen Maximilianstraße und Tal ist das **Hofbräuhaus** am Platzl. Hier herrscht ganzjährig Oktoberfeststimmung. Hervorgegangen ist das bekannteste Wirtshaus der Welt aus der Braustätte für den Bierbedarf des herzoglichen Hofes, der bis ins 15. Jh. ganz in der Nähe, im **Alten Hof**, residierte. Die von einem Torturm überragte Vierflügelanlage besitzt einen malerischen Innenhof mit reizvollem Fachwerkerker.
Das **Weinstadl** in der zum Tal führenden Burgstraße gilt als ältestes Haus Münchens. Wo einst die Stadtschreiber unter gotischen Gewölben amtierten, wird jetzt Wein ausgeschenkt.
Das **Tal** zwischen dem Alten Rathaus und dem Isartor läßt noch die frühere Funktion als breite Herbergsstraße für den Handel erkennen, nicht zuletzt in Traditionsgasthäusern wie dem „Weißen Bräuhaus". Im Südturm des Isartors erinnert das **Valentin-Musäum** an den „Querdenker" unter den Münchner Komikern.
Vom Isartor führt die Zweibrükkenstraße zu dem auf der „Museumsinsel" inmitten der Isar gelegenen **Deutschen Museum**. Dieses größte technische Museum Europas dokumentiert die Entwicklungsgeschichte aller Gebiete der Naturwissenschaften und Technik. Etwa 17000 Objekte werden auf einer Ausstellungsfläche von 45000 m² gezeigt. Neben Rekonstruktionen und Großmodellen, etwa von Bergwerken, sind so einzigartige Originale wie die Magdeburger Halbkugel Guerickes, der erste Benz-Motorwagen, die Flugmaschine Lilienthals, das erste deutsche U-Boot und das Kernspaltungs-Instrumentarium Otto Hahns zu sehen. Demonstrationen, vom Betrieb einer Dampflok bis zur Erzeugung von Blitzen, und Experimentiermöglichkeiten für die Besucher machen den Rundgang zum Erlebnis. Bei der Überfülle des Gebotenen wird man sich selbst dann, wenn man einen ganzen Tag vorsieht, mit einer gezielten Auswahl begnügen müssen.
Dem Deutschen Museum gegenüber, auf dem linken Isarufer, liegen das **Deutsche Patentamt** und das **Europäische Patentamt**. Das **Müllersche Volksbad** jenseits der Ludwigsbrücke verdient als Jugendstilarchitektur Beachtung. Auf der Anhöhe des Gasteig steht das 1984 eröffnete **Kulturzentrum** mit Philharmonie, Stadtbibliothek, Volkshochschule und Richard-Strauss-Konservatorium.
Die meisten großen Kunstmuseen Münchens liegen nordwestlich der Altstadt in der sogenannten Maxvorstadt. Deren Zentren sind zwei im Zuge der Brienner Straße gelegene Plätze: der runde **Karolinenplatz** mit dem 30 m hohen Obelisken, den Ludwig I. zu Ehren der 30000 im Rußlandfeldzug Napoleons gefallenen Bayern errichten ließ, und der **Königsplatz**. Als ersten Bau dieses klassischen Forums ließ Ludwig I. ab 1816, damals noch Kronprinz, durch seinen Baumeister Leo von Klenze die **Glyptothek** errichten. Sie war für die Sammlung antiker Skulpturen bestimmt, für die der König die Giebelfiguren vom Heiligtum der Aphaia auf der Insel Ägina und andere hervorragende Werke erwarb. In das ebenfalls mit einer Tempelfassade geschmückte gegenüberliegende Kunstausstellungsgebäude zogen nach dem Wiederaufbau die **Staatlichen Antikensammlungen** ein mit ihren Schätzen an Keramik, Goldschmuck, Bronzen, Terrakotten und Gläsern. Nach Westen schließen die **Propyläen** den Königsplatz ab. Mit dem tempelartigen, von zwei Türmen flankierten Torbau feierte Ludwig I. die Erhebung seines Sohnes Otto zum ersten König des befreiten Griechenlands.
Im **Lenbachhaus** jenseits der Propyläen, dem ehemaligen Wohnhaus und Atelier des „Malerfürsten" Franz von Lenbach, befindet sich die Städtische Galerie. Ihren Schwerpunkt bilden die Werke der Maler des „Blauen Reiters" um Franz Marc und Kandinsky.
Die **Alte Pinakothek** gehört zu den Gemäldegalerien von Weltrang. Alle Schulen der europäischen Malerei vom 14. bis 18. Jh. sind hier mit Meisterwerken vertreten. Zu den Glanzstücken der Altdeutschen zählen Dürers „Vier Apostel" und Altdorfers „Alexanderschlacht". Nicht nur von

Dürer, auch von anderen ganz Großen wie Raffael, Tizian, Rubens und Rembrandt sind jeweils Werkgruppen vorhanden.

Die benachbarte **Neue Pinakothek** ist auf europäischen Malerei und Plastik des 18. und 19. Jh.s beschränkt. Den Schwerpunkt bildet zwar die Münchner Kunstszene, aber auch die anderen namhaften deutschen Maler von den Romantikern bis zu den Realisten und Impressionisten fehlen ebensowenig wie Spitzenwerke von Manet, Monet, Cézanne, Gauguin und van Gogh.

Auf der am Westrand der Innenstadt gelegenen **Theresienwiese**, von den Münchnern kurz „Wiesn" genannt, wird in den beiden Wochen vor dem ersten Sonntag im Oktober das „größte Volksfest der Welt" abgehalten. Ins Leben gerufen wurde das Oktoberfest im Jahre 1810 anläßlich der Vermählung Ludwigs I. mit der Prinzessin Therese von Sachsen-Hildburghausen. Der gleiche König ließ auch am erhöhten Westrand der Festwiese die fast 16 m hohe Bronzefigur der **Bavaria** und die **Ruhmeshalle** erbauen.

Der Tierpark **Hellabrunn**, eine der am meisten besuchten Sehenswürdigkeiten, liegt südlich der Innenstadt im Stadtteil Harlaching. In der Auenlandschaft des rechten Isarufers leben rund 5000 Tiere aus allen Erdteilen.

**Schloß Nymphenburg**, 6 km nordwestlich des Zentrums, war einst Sommerresidenz der bayerischen Kurfürsten und Könige. Ein langer, von Lindenalleen gesäumter Kanal führt auf die in symmetrischer Ordnung weiträumig gruppierte Barockanlage zu. Der große Saal im Mittelpavillon, in dem die „Nymphenburger Konzerte" stattfinden, weist eine brillante Rokokodekoration auf. Bei der Führung wird auch die berühmte „Schönheitengalerie" Ludwigs I. besichtigt. Der besondere Reiz des Parks beruht auf der Verschmelzung von Elementen des französischen und englischen Gartenstils. Man sollte beim Rundgang nicht versäumen, die vier Lustschlößchen im Park aufzusuchen, die Magdalenenklause, die Pagodenburg, die Badenburg und vor allem die Amalienburg, ein unvergleichliches Kleinod des Rokokos. Das **Marstallmuseum** in den früheren Stallungen im südlichen Kavalierbau zeigt Reitausrüstungen und Geschirre sowie Kutschen und Schlitten, darunter überaus prunkvolle Krönungs- und Hochzeitswagen.

Der nördlich vom Schloßpark gelegene **Botanische Garten** lockt besonders viele Besucher während der Rhododendronblüte an. Aber auch der Alpengarten, die Ziergartenanlage und die ausgedehnten Gewächshäuser sind sehenswert. Die jüngste seiner großen Attraktionen verdankt München den Olympischen Sommerspielen von 1972. An dem 1967-1972 auf dem Oberwiesenfeld im Norden der Stadt angelegten **Olympiapark** fasziniert nicht nur das sensationelle Zeltdach, sondern auch die Einbettung der Sportstätten in eine Parklandschaft. Das Gelände ist am besten von der 200 m hohen Aussichtsplattform des Olympiaturms zu überblicken. Auch die Stadt bietet sich von dort in ihrer ganzen Ausdehnung dar, und an klaren Tagen reicht die Sicht bis zur Alpenkette.

Das Verwaltungsgebäude der Bayerischen Motorenwerke, davor das BMW-Museum „Zeitmotor" (links).

Ein 74800 m² großes Zeltdach aus Acrylglasplatten spannt sich über die Sportstätten des Olympiageländes (Mitte).

Die Bavaria an der Theresienwiese (rechts oben).

Beim Chinesischen Turm im Englischen Garten befindet sich ein beliebter Münchner Biergarten (rechts unten).

Der Monopteros im Englischen Garten (rechts außen).

# Münster
# Stadt im Lindenkranz

Die historische Metropole Westfalens war fürstbischöfliche Residenz und Hansestadt. Ihre 1780 gegründete Universität ist heute eine der größten Hochschulen Deutschlands.

Schon der von „monasterium" (Kloster) abgeleitete Name verweist auf die geistliche Tradition der inmitten der Münsterschen Bucht gelegenen Stadt, die man als „Rom des niederdeutschen Raumes" bezeichnet hat. Aber die Rolle Münsters blieb auch früher nicht darauf beschränkt. Heute ist die Stadt mehr denn je das wirtschaftliche und kulturelle Zentrum des umliegenden Münsterlandes, mit dem sie durch ihr urwüchsig westfälisches Flair eng verbunden ist.

## Geschichte

Um 792 errichtete der Friesenmissionar Liudger an einem Übergang über das Flüßchen Aa ein Kloster zur Missionierung der westlichen Sachsen, das 804 zum Bischofssitz erhoben wurde. Die Bischöfe von Münster erfreuten sich der besonderen Gunst der Deutschen Kaiser und wurden bald zu Landesfürsten. Seit dem Ende des 10. Jh.s entstand bei der Domburg eine Kaufmannssiedlung, die zwei Jahrhunderte später bereits fünf Pfarrbezirke umfaßte.

Die 1278 abgeschlossene Ummauerung bot der Stadt bis ins 18. Jh. hinreichend Raum. Die politische und wirtschaftliche Bedeutung Münsters im Mittelalter zeigt sich in seiner führenden Rolle bei den westfälischen Städtebündnissen und in der Hanse. Während der Reformation errichteten die Wiedertäufer, eine aus den Niederlanden stammende Sekte, ihre Herrschaft unter dem „König" Jan Boekelson van Leiden in Münster. Die Niederschlagung des Aufstandes durch den bischöflichen Landesherrn brachte das Ende der bürgerlichen Freiheit, mit dem ein wirtschaftlicher Niedergang einherging. Von den Verheerungen des Dreißigjährigen Krieges weitgehend verschont, wurde die Stadt Ort der Friedensverhandlungen, die 1648 zum Westfälischen Frieden führten. 1803 fiel das säkularisierte Fürststift an Preußen. Münster wurde Hauptstadt der Provinz Westfalen. Seine in seltener Geschlossenheit erhaltene Altstadt wurde im Krieg fast vollständig zerstört. Mehr, als zu hoffen war, ist dank einer bewundernswerten Wiederaufbauleistung aus den Ruinen wiedererstanden. Die restaurierten alten Kirchen und Kaufmannshäuser prägen weiterhin das Bild der rund 250 000 Einwohner zählenden Stadt.

## Sehenswürdigkeiten

Historischer wie städtebaulicher Mittelpunkt Münsters ist der **Dom St. Paulus**. Die im romanisch-gotischen Übergangsstil des 13. Jh.s errichtete Basilika mit ihrem wuchtigen Turmpaar, dem großartig weiten Schiff aus vier von Gewölbekuppeln überspannten Jochen und zwei Querschiffen gilt als der bedeutendste Sakralbau Westfalens. Einzigartig im Bereich der deutschen Skulptur ist die Bilderwand im Inneren des Paradieses an der Front des Westquerhauses. Von der übrigen Ausstattung verdient neben den barocken Altären und Grabdenkmälern – meist Werke der Bildhauerfamilie Gröninger – die berühmte astronomische Uhr von 1540 Erwähnung.

Die Bürgerstadt hat ihr Zentrum östlich des Doms im **Prinzipalmarkt** mit dem Rathaus und der Markt- und Stadtkirche St. Lamberti. Auf 160 m Länge wird der Prinzipalmarkt, Münsters „gute Stube", von Bogenhäusern mit vielfältig geformten Giebeln gesäumt. Das **Rathaus** mit seiner ebenfalls von Arkaden getragenen filigranen Giebelfront ist das Meisterwerk westfälischer Profanarchitektur im Zeitalter der Hochgotik. Durch rechtzeitige Auslagerung während des Krieges konnte die kostbare Wandvertäfelung des Friedenssaales gerettet werden. **St. Lamberti** bildet den nördlichen Abschluß der Marktstraße. Hoch oben an dem von einem Maßwerkhelm bekrönten Turm hängen die drei Käfige, in denen 1535 die Leichen der Anführer der Wiedertäuferbewegung zur Schau gestellt wurden. Der 1375-1450 erbaute Kirchenraum ist als Halle mit gleichhohen Schiffen gestaltet. Schlanke Bündelpfeiler tragen die Rippen der Netz- und Sterngewölbe. Die westfälische Spätgotik erreichte hier ein Äußerstes an durchsichtiger Raumgestalt. Von dem 99 m hohen Turm hat man einen herrlichen Rundblick. Besonders schön kommt aus der Vogelperspektive der „Lindenkranz" der Promenade zur Geltung, der anstelle der eingeebneten Wälle die Altstadt umgibt. Nicht nur im Mittelalter, sondern auch in der Barockzeit entstanden in Münster Bauwerke von besonderem künstlerischen Rang. Ihr Schöpfer war Johann Conrad Schlaun. Zu den Werken dieses genialen Baumeisters zählen das fürstbischöfliche **Schloß**, heute Sitz der Universitätsverwaltung, die **Clemenskirche**, ein Zentralbau nach römischem Vorbild,und der **Erbdrostenhof**, der nobelste und originellste unter den Adelshöfen der Stadt. Schlauns Landsitz, das Rüschhaus in Nienberge, war später Wohnsitz der Dichterin Annette von Droste-Hülshoff.

Der Wiederaufbau nach dem Krieg erbrachte auch eine Reihe beachtlicher Leistungen moderner Architektur, wie das 1954-1956 errichtete **Stadttheater**.

Unter den Museen Münsters steht das **Westfälische Landesmuseum für Kunst- und Kulturgeschichte** voran. Hervorzuheben sind hier besonders die spätgotischen Altartafeln von Meistern wie Conrad von Soest und Johann Koerbecke sowie die Bilder der im 16. Jh. in Münster tätigen Malerfamilie tom Ring. Das **Freilichtmuseum Mühlenhof** am Aasee veranschaulicht die bäuerliche Lebensweise vergangener Jahrhunderte in Westfalen.

**Information**
Verkehrsverein Münster
Berliner Platz 22
W–4400 Münster
Telefon: (0251) 51018-0

**Festkalender**
Europäische Heißluftballon-Wettfahrt „Montgolfiade" an Pfingsten. Lambertusfest um den 17. September. Weihnachtsmarkt.

**Tips**
Astronomische Uhr im Dom: Zug der Hl. Drei Könige jeweils zur Mittagsstunde .
Gaststätten mit Lokalkolorit: „Pinkus Müller" (Kreuzstraße 4-10), „Altes Gasthaus Leve" (Alter Steinweg 37), „Stuhlmacher" (Prinzipalmarkt 6-7).
Westfälische Spezialitäten: „Töttchen", „Panhas", „Möppkes", Grünkohl mit Mettendchen.

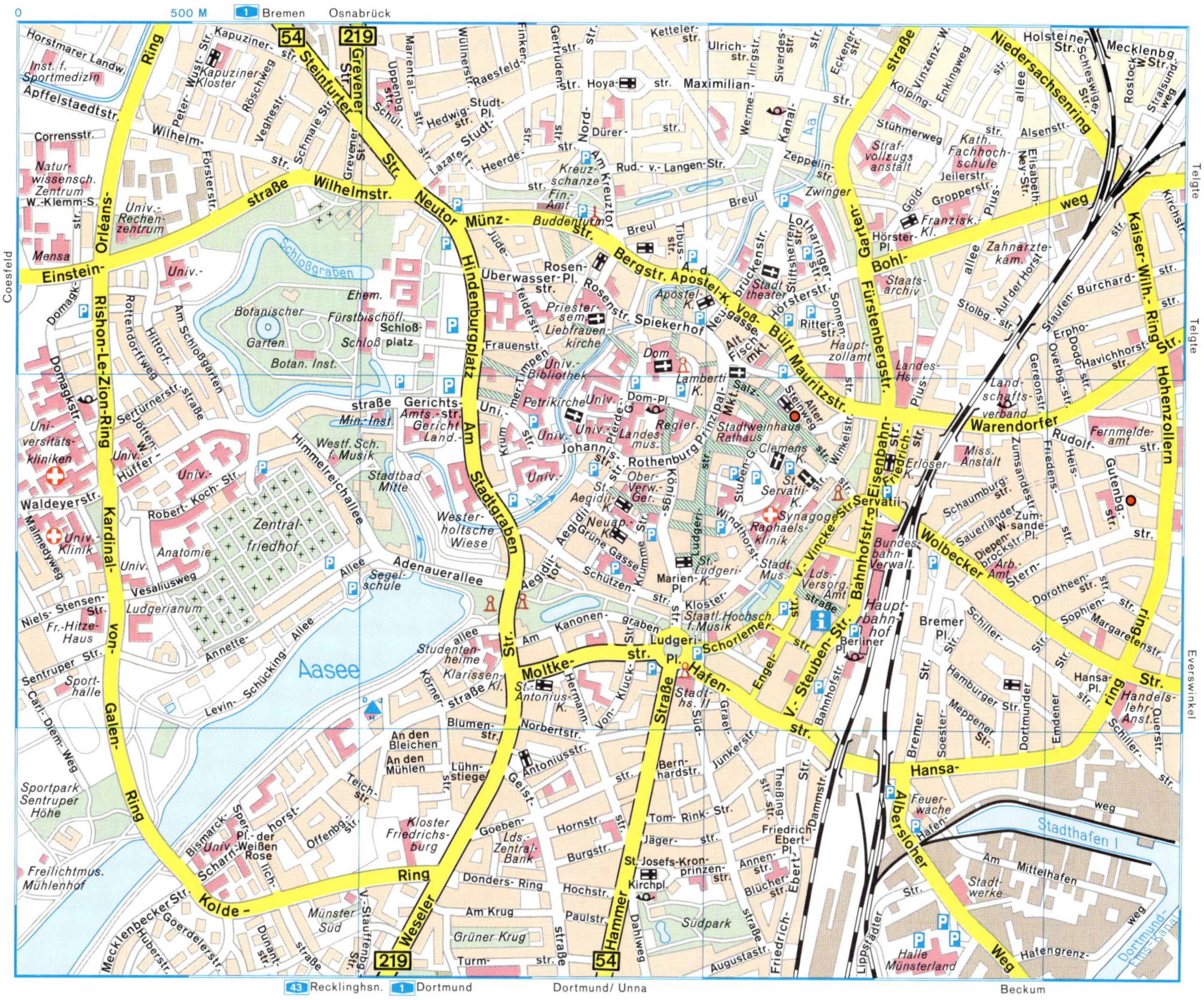

Mächtige romanische Türme und filigrane gotische Giebel am Dom St. Paul (links).

Ein einzigartiges Ensemble von Giebelhäusern mit Laubengängen säumt den Prinzipalmarkt, Münsters „gute Stube" (Mitte).

Im Friedenssaal des Rathauses wurde am 24.10.1648 der Westfälische Friede unterzeichnet (rechts).

# Naumburg – Domstadt an der Saale

Der Name verweist auf die »neue Burg«, die hier einst von den Markgrafen im Norden des Thüringer Waldes gegründet wurde. Heute steht die Stadt im Schatten der Nachbarn Halle und Leipzig. Aber mit dem Dom besitzt sie eines der bedeutendsten europäischen Baudenkmäler.

Traditionell ist Naumburg keine Industriestadt, sondern von Beamten bestimmt. Erst nach dem letzten Krieg sind einige kleinere Betriebe hier angesiedelt worden. Inzwischen wohnen aber auch viele Beschäftigte der chemischen Industrie aus dem Raum Merseburg hier. Früher war ein Siedlungsgrund eher das milde Klima an den Saalehängen, das hier sogar Weinbau gestattet. Außerdem kreuzten sich an der Mündung der Unstrut in die Saale mehrere Handelswege.

## Geschichte

Im Jahre 1010 errichteten die Markgrafen von Meißen jene neue Burg, in deren Schutz sich schnell ein Ort bildete, der bereits 1028 Marktrecht erhielt. In diesem Jahr zog auch der Bischof von Zeitz nach Naumburg, der von 1030 bis 1534 die Stadt beherrschte. Schnell entstand auch um den Dom herum eine geistliche Siedlung – »Immunitas«. Der im 12. Jh. planmäßig angelegte Ortsteil Ratsstadt wurde dann bald mit Immunitas zusammen von einer Mauer umschlossen. Nun begannen auch umfangreiche Befestigungsarbeiten. Als Handelszentrum erlangte Naumburg schnell überregionale Bedeutung, was sich auch in der weithin bekannten Peter-Pauls-Messe ausdrückte. Der frühe Reichtum der Handelsstadt gründete nicht zuletzt in einem kaiserlichen Schutzbrief, der die Naumburger Kaufleute seit 1374 im gesamten Reich vor Unbotmäßigkeiten bewahrte. Schwer traf die Stadt dann die Vergabe des Messeprivilegs nach Leipzig. Auch die steigende Berühmtheit der Naumburger Schulen (Dom-, Ratschule und Gymnasium) hat diesen Verlust langfristig nicht kompensieren können. Etliche schwere Stadtbrände haben im Laufe der Jahrhunderte leider wichtige Bauten des Mittelalters vernichtet.

## Sehenswürdigkeiten

Der Vorgängerbau des weltberühmten **Doms** stammt aus dem 11. Jh. (nur die Krypta ist noch erhalten), der heutige Dom St. Peter und Paul wurde im frühen 13 Jh. begonnen. Nach einer spätromanischen Bauphase wurde die Kirche gotisch vollendet. Die Hauben der Türme sind erst im Barock aufgesetzt worden. Am Bammberger Dom sind die gotischen Westtürme stilistisch orientiert. Von der Ausstattung der dreischiffigen Basilika verdienen besonders die gewaltigen Lettner Beachtung, die den Innenraum teilen – und die Steinplastiken der Stifterfiguren im Westchor (13. Jh.). Von dem unbekannten Naumburger Meister geschaffen, gelten sie als frühestes kunstgeschichtliches Beispiel individualisierter Personendarstellungen. Zum **Domviertel** gehören auch die Bischofskurie, die Ägidienkurie einer um 1200 entstandenen Kapelle und die Johanniskapelle auf dem Domfriedhof.

Zu der ehemaligen Ratsstadt gehören das spätgotische **Rathaus** und die Stadtkirche **St. Wenzel** aus dem 16. Jh. Von dem Turm der Kirche aus hat man einen schönen Blick über die Stadt. Im Innern werden ein wertvoller Hochaltar und zwei Gemälde von Lucas Cranach d. Ä. aufbewahrt. Anders als ihr Name andeutet, sind das »**Schlößchen** und das »**Residenzhaus**« Beispiele bürgerlicher Wohnkultur aus dem 16. und 17. Jh. Einen lebhaften Eindruck von der alten Stadtbefestigung vermittelt das mächtige **Marientor** mit einem äußeren und einem inneren Tor.

In der Nähe von Naumburg liegen die **Burgruinen** von Schönburg, Rudelsburg und Saaleck. In Bad Kösen findet sich ein eigentümliches technisches Denkmal: ein hölzernes Gestänge von 1780, das die Wasserkraft der Saale bergauf übertrug. Bei Großjena gibt es ein Kalksteinrelief, das von der Geschichte des Weinbaus berichtet und als »**Steinernes Bilderbuch**« bezeichnet wird.

Die Osttürme des Dom St. Peter und Paul aus dem frühen 13. Jh. (links).

Von unbekannter Hand: die Domfiguren Ekkehard und Uta (oben).

Das Marientor läßt die alte Stadtbefestigung erahnen (unten).

**Information**
Stadtverwaltung-Touristik-Information
Markt 1
O-4800 Naumburg/ Saale
Tel. (03445) 57254 /-5

**Festkalender**
Hussiten-Kirchfest (Juni); Strandfest im Naturschwimmbad Blütengrund (Juli/ August).

**Tips**
Im Mai ist Naumburg Austragungsort internationaler Geherwettkämpfe. Einen schönen Blick auf das Saaletal hat man vom Georgenberg aus, aber die Umgebung bietet insgesamt viele gute Wander- und Spaziermöglichkeiten. In Schulpforta, heute zu Bad Kösen gehörig, kann man in einem uralten ehenmaligen Zisterzienserkloster die berühmte Landesschule besichtigen, auf der Klopstock, Fichte, Schlegel, Ranke und Nietzsche ihre Gymnasialbildung erfuhren.

# Neubrandenburg Die Vier-Tore-Stadt

Die Stadt liegt in der malerischen Landschaft am Nordufer des Tollensesees. Leider ist die Innenstadt gegen Kriegsende vernichtend beschädigt worden. Aber dennoch hat Neubrandenburg eine Fülle bedeutender Baudenkmäler innerhalb seiner erhaltenen Stadtmauer aufzuweisen.

Die vier berühmten Stadttore waren früher der einzige Zugang zu Neunbrandenburg. Durch ihn marschierte auch der Plattdeutsch-Dichter Fritz Reuter, der in seinem Roman »Dörchläuchting« die Enge und Kleinkariertheit der Stadt im 19. Jh. beschrieben hat. Auch ein anderer Schriftsteller-Name wird mit Neubrandenburg in Verbindung gebracht: Hans Fallada war nach dem Krieg für einige Wochen hier der überforderte Bürgermeister.

## Geschichte

Eine Kaufmannssiedlung hat es hier wohl schon im 12. Jh. gegeben. Markgraf Johann I. von Brandenburg eroberte dann das Land Stargard, und 1248 wurde die Stadt gegründet. Vermutlich wurde dieser Standort für einen der vielen militärischen Stützpunkte bei der deutschen Ostbesiedlung ausgesucht, weil hier am Nordufer des Tollensesees der einzige Übergang über das feuchte Flußtal war. Ende des 13. Jh. gelangte das Land Stargard mit Neubrandenburg durch eine Mitgift an Mecklenburg. Dem ersten Pallisadenzaun ließ man im 14. Jh. einen steinernen Befestigungsring folgen. In diese Mauer integrierte man kleine Fachwerkhäuser für die bessere Verteidigung, außerdem wurden schwere Mauertürme errichtet und die aufwendigen spätgotischen Backsteintore. Im 30jährigen Krieg wurde Neubrandenburg mehrfach erobert und auch verwüstet. So verkam der Ort allmählich zur Landstadt, die allein durch den herzoglichen Hof seit dem 18. Jh. ein wenig Bedeutung erhielt. Als Wohnort – gerade für Ruheständler – war Neubrandenburg eben wegen dieser reizenden Provinzialität beliebt. Unter anderen hat hier der Homer-Übersetzer Johann Heinrich Voß am Gymnasium gelehrt. Auch Turnvater Jahn war als Lehrer tätig, und hier errichtete er seinen ersten Turnplatz.

## Sehenswürdigkeiten

Die Gitterform der alten Straßenzüge kann man auch heute noch gut erkennen, selbst wenn inzwischen vielfach neue Gebäude in der Innenstadt stehen. Hauptattraktion in Neubrandenburg ist die **Stadtbefestigung**. Am besten geht man einmal um den gesamten Mauerring, der mit seinen 2,3 km Länge vollständig erhalten ist, herum. Dann kann man sowohl die bis zu 7,5 m hohe Steinmauer als auch die kleinen Wiekhäuser bewundern, die seit dem 30jährigen Krieg bewohnt sind. Sie dienten der Verteidigung sowie der Lagerung von Waffen und wurden jeweils vom Wiekhaushauptmann kommandiert. Unterwegs kommt der Spaziergänger auch an den vier berühmten Stadttoren vorbei. Das **Friedländer** ist das älteste und gliedert sich in Vortor, Haupttor und Ringmauer und stammt ursprünglich aus dem 14. Jh. Besonders eindrücklich ist das **Treptower Tor**. Leicht läßt sich noch heute erkennen, daß diese Toranlagen nicht einfache Stadttore, sondern Torburgen waren, die als eigene kleine Festungen verteidigt werden konnten. Neben dem **Stargarder Tor** ist die **Fachwerkmühle** aus dem 18. Jh. inzwischen zu einer Gaststätte umfunktioniert worden. Zu dem Stil dieser Tore paßt auch die Stadtkirche **St. Marien**, die heute als Konzerthalle und Kunstgalerie genutzt wird. 1260 wurde das Franziskanerkloster gegründet, von dem Teile noch erhalten sind. Zu diesem Komplex gehörte auch die **Klosterkirche St. Johannes**, deren Backsteingotik noch heute zu bestaunen ist. Von ihrem Innern verdient besonders eine Kanzel aus dem 16. Jh. Erwähnung. Ausflüglern sei der Abstecher zum Westufer des Tollensesees empfohlen, wo man auf das klassizistische **Belvedere** trifft.

Stadttor und kleine Festung: das Treptower Tor (oben).

Detail der vollständig erhaltenen Befestigungsanlage: Wiekhaus und Friedländer Tor (unten).

Die kleinen Wiekhäuser dienten der Verteidigung und als Waffenlager (rechts).

**Information**
Neubrandenburg-Information
Pfaffenstraße 11
O-2000 Neubrandenburg
Tel. (0395) 2267

**Festkalender**
Im Sommer die Neubrandenburger Musiktage.

**Tips**
Entspannung finden die Neubrandenburger im modernen Sport- und Erholungszentrum. In Burg Stargard im Lindenbachtal kann man eine uralte romantische Burg besuchen. Die frühere Residenzstadt Neustrelitz liegt an der kleinen Seenplatte mit ihren über 300 Seen. In Altentreptow gibt es auch ein Neubrandenburger Tor (15. Jh.). Freunde des Schriftstellers Ernst Reuter werden einen Abstecher in seine Geburtsstadt Stavenhagen machen. Naturliebhaber kommen überall am Ufer einer der vielen einsamen Seen auf ihre Kosten.

# Neuss
# Charme am Rhein

Daß Neuss anders ist, als man denkt, wird mancher Besucher schnell feststellen. Die uralte Stadt lag einst noch viel näher am Rhein – damals spielte sie eine bedeutende Rolle als Fernhandelsstadt. Heute ist Neuss ein nicht zu unterschätzender wirtschaftlicher Standort.

Ein wenig befällt einen noch das Grausen, wenn man am Gepaplatz in das Kybele-Heiligtum absteigt. Hier tauften die Mitglieder des römschen Kybele-Kults ihre Kinder in Stier- oder Widderblut. Wer heute das Heiligtum besichtigt, wird zugleich über Inhalt und Bedeutung dieses antiken Kults informiert. Außerdem erinnert es an den Stellenwert der römischen Siedlung hier.

## Geschichte

Augustus hatte vergeblich versucht, das Römische Reich bis an die Elbe auszudehnen. So bildete der Rhein lange Zeit die Grenze. Und an ihr errichtete man Sicherungsstützpunkte. Ein solches Legionslager war Novaesium, das schon bald im ersten Jh. eingerichtet wurde. Daneben entstand eine zivile Siedlung, an die im Mittelalter wieder angeknüpft wurde. Im 5. Jh. ist auf dem alten Friedhof eine Kapelle erbaut worden, die die Vorgängerin der ehemaligen Stiftskirche St. Quirin war. Im 10. Jh. wurde ein Benediktinerinnenkloster eingerichtet, um das herum die Stadt wuchs. Damals lag Neuss noch direkt am Rhein, so entwickelte sich schnell ein beachtlicher Wohlstand durch den Fernhandel. Seit dem 11. Jh. bereits gehörten Stift und Stadt zum Kölner Erzbistum. Zwar konnte Neuss im 15. Jh. noch einer Belagerung durch Karl den Kühnen erfolgreich widerstehen, aber die Kriege des 16. Jh. führten dann zum Niedergang. Erst im 19. Jh. erfolgte ein neuerlicher Aufschwung. Daran war neben dem Hafen besonders die Mühlenindustrie beteiligt. Wie allen bedeutenden Industriestandorten brachte auch Neuss der Zweite Weltkrieg schwere Zerstörungen. Inzwischen hat sich die Stadt davon längst erholt, aber viele Baudenkmäler sind unwiderruflich verloren.

## Sehenswürdigkeiten

**St. Quirin**, die spätromanische Gewölbebasilika, ist zum Wahrzeichen der Stadt geworden. Wie in Xanten und bei einigen Kölner Kirchen ist auch diese über einem römischen Friedhof erbaut worden. Daß das kein Zufall ist, bezeugt die Tradition der Vorgängerbauten: eine spätantike Gedächtniskapelle, eine karolingische aus dem 9. Jh. und eine ottonische Stiftskirche aus dem 11. Jh. Der jetzige Bau wurde recht zügig im frühen 13. Jh. vollendet. Allerdings mußte die eindrucksvolle Kirche nach dem Krieg wieder aufgebaut werden. Erhalten sind auch das **Observantenkloster** und das **Kloster Marienberg** im Stadtteil Glockhammer. Die **Dreikönigenkirche** in der Innenstadt ist berühmt für ihre von Jan Thorn Prikker gestalteten Jugendstil-Fenster, die schon erste expressionistische Züge erkennen lassen. Einige Bedeutung in der Stadtgeschichte hat die St.-Sebastian-Schützenbruderschaft, deren Schützenfest noch heute zu den wichtigsten Ereignissen im städtischen Leben zählt. Diese Bruderschaft verfügte seit dem 15. Jh. über eine eigene Kapelle, und 1718 wurde die jetzige **St. Sebastiankapelle** erbaut. Unter den erhaltenen Bürgerhäusern sticht besonders das **Vogthaus** (1597) am Münsterplatz mit seiner prächtigen Fassade hervor. Teil der mittelalterlichen Stadtbefestigung ist das Obertor. Es gehört heute zum **Clemens-Sels-Museums**, das sich vor allem der römischen Geschichte in Neuss widmet, aber auch aktuelle Ausstellungen anbietet. Anspruchsvolle Küche findet man im Restaurant »Zum Stübchen« in der Preußenstraße. Eine besondere Attraktion für Kinder ist der **Kinderbauernhof** im Stadtteil Selikum.

**Information**
Verkehrsverein
Friedrichstraße 40
W-4040 Neuss
Tel. (02131) 926817, - 8

**Festkalender**
Musikalischer Frühling (Mai); Kirchenmusikwoche (Juni); Chormusikwoche (alle vier Jahre); Schützenfest (August).

**Tips**
Musikkonzerte jeder Richtung werden regelmäßig im Zeughaus veranstaltet. Hier und in der Stadthalle finden regelmäßig Ausstellungen statt. Das Rheinische Landestheater Neuss bietet ein anspruchsvolles Programm. Einen ungewöhnlichen Ausflug kann man zum Minidomm nach Ratingen unternehmen: Hier sind die 150 bekanntesten deutschen Bauwerke im Maßstab 1:25 nachgebildet worden.

Im Inneren des Quirinusdoms der prunkvolle Quirinusschrein hinter dem Hauptaltar (links).

Müggenburg in Norf, Torhaus (rechts oben).

Beherrschendes Bauwerk der Innenstadt ist das Münster St. Quirinus, Wahrzeichen der Stadt (rechts unten).

# Nördlingen Zentrum des Ries

An der alten Reichsstraße von Würzburg nach Augsburg liegen Rothenburg, Dinkelsbühl und Nördlingen. Alle drei sind ehemalige Freie Reichsstädte und haben mittelalterliches Gepräge bewahrt. Nördlingen sticht besonders wegen seiner fast kreisrunden Altstadtmauer hervor.

15 Millionen Jahre ist es her, seit ein Meteoriteneinschlag zwischen Schwäbischer und Fränkischer Alb einen runden Kessel schuf – das Ries. Nördlingen ist der wichtigste Ort in diesem »Krater«. Zusammen mit Rothenburg und Dinkelsbühl liegt Nördlingen an der alten Handelsstraße zwischen Würzburg und Augsburg, was zu beachtlichem Wohlstand führte.

## Geschichte

13 000 Jahre alte Schädel hat man in einer Höhle bei Holheim gefunden. Aber nicht nur in vorgeschichtlicher, sondern auch in der Römerzeit hat es hier Siedlungen gegeben. Später gab es dann zunächst einen karolingischen Königshof, der 898 an den Bischof von Regensburg geschenkt wurde. Nachdem Friedrich II. mit viel Aufwand Nördlingen wieder eingetauscht hatte, wurde es seit 1215 zu einem staufischen Stützpunkt ausgebaut. Schon bald Freie Reichsstadt, erlangt Nördlingen dank seiner günstigen Lage an wichtigen Fernhandelswegen einen bedeutenden Wohlstand. Der Handel und einige Handwerkszweige wie Gerberei, Färberei und Weberei waren die wichtigsten Wirtschaftsfaktoren in dieser Zeit. Schon 1555 wurde Nördlingen protestantisch. Mit dieser Stadt wird auch eine Schlacht des 30jährigen Krieges verbunden, die den Schweden eine schwere Niederlage brachte (1634). 1802 verlor Nördlingen seinen Status als Freie Reichsstadt und wurde bayerisch.

## Sehenswürdigkeiten

Zuallererst sollte man sich einen Überblick über die Altstadt verschaffen, denn das Eindrucksvollste an Nördlingen ist sicher das gut erkennbare geschlossene Bild der mittelalterlichen Stadtanlage mit der fast vollständig erhaltenen Mauer. Einen solchen Ausblick hat man vom »**Daniel**«, dem 90 m hohen Turm von **St. Georg**. Hier oben versieht noch heute der Türmer seinen Dienst. Von hier läßt sich auch der Ring der alten Stadtmauer, die im 14. Jh. durch den äußeren Ring erweitert wurde, gut erkennen. Die **Wehrmauer** selbst ist rundherum begehbar (45 Minuten), wobei man an etlichen Wehrtürmen und **Stadttoren** vorbeikommt. Am **Reimlinger Tor** aus dem 14. Jh. zum Beispiel kann man ein sogenanntes Abwurfdach erkennen, das bei Gefechten verhindern sollte, daß durch Geschosse Feuer gelegt wird. Aber auch an den übrigen Toren und Mauertürmen stechen die Verteidigungsfunktionen hervor. Von den vielen sehenswerten Fachwerkhäusern der Stadt trifft man besonders hübsche im **Gerberviertel**. An den vielfach guterhaltenen Häusern fallen die für dieses Gewerbe typischen großen Trockenböden und Galerien auf. Gleich nebenan liegt eines der bedeutendsten mittelalterlichen Spitäler – **Zum Heiligen Geist**. Zu dem Gebäudekomplex gehörte auch eine Pferdeschwemme, die sogenannte **Roßwette**. Prächtiger als im Gerberviertel sind die Häuser am **Hafenmarkt**, dem mittelalterlichen Handelszentrum der Stadt. Das **Klösterle** ist eine Barfüßerkirche von 1420. Nach der Reformation ist sie zu einem Kornspeicher umgebaut worden. Erhalten sind aber auch zwei große **Kornschrannen** aus dem 17. und dem 19. Jh. Das **Rathaus** aus dem 13. Jh. wurde später im Renaissancestil umgebaut. Daneben liegt ein Gebäude, das als Kanzlei und als Waage 1522 errichtet wurde und heute als **Leihhaus** bezeichnet wird. An der gegenüberliegenden Marktplatzseite befindet sich das **Tanzhaus**.

Ein Meteoriteneinschlag ermöglichte die abgezirkelte Stadtanlage (oben).

Lohnend ist ein Spaziergang an der Stadtmauer mit den hübschen Fachwerkhäuschen (unten).

Rathaus mit Renaissance-Freitreppe von 1618 (rechts).

**Information**
Verkehrsamt
Marktplatz 2
W-8860 Nördlingen
Tel. 09081/ 84116

**Festkalender**
Flohmarkt (erster Sonntag im Monat); Stabenfest (Mai); Scharlachrennen (alle zwei Jahre, September); Historisches Stadtmauerfest (alle drei Jahre, September).

**Tips**
Bei Katzenstein kann man eine guterhaltene romanische Burg besichtigen. Der Bergrücken oberhalb von Bopfingen bietet eine herrliche Aussicht über die Alb-Landschaft. Liebhaber des Barock-Baumeisters Balthasar Neumann werden die Klosterkirche in Neresheim besichtigen. Die Romantische Straße führt einen nach Dinkelsbühl.

# Nürnberg Künstler und Kaufleute

Die Stadt Albrecht Dürers und der Meistersinger wurde zum Idealbild der „altdeutschen Stadt" und verstand es trotzdem, zu einem modernen Industriezentrum zu werden.

Nürnberg ist viel mehr als „Christkindlesmarkt", Lebkuchen, Bratwurst oder Spielwarenmesse. Wagemutige Kaufleute, tüchtige Handwerker und geniale Künstler haben die fränkische Metropole einst groß und berühmt gemacht. Aber die Erinnerung an ihre glanzvolle Vergangenheit hat die Stadt nicht in einen Dornröschenschlaf versinken lassen. Trotz des einzigartigen Reichtums an Kunstdenkmälern ist Nürnberg heute kein Museum, sondern eine höchst lebendige, moderne Großstadt mit einer halben Million Einwohnern.

## Geschichte

Seine Entstehung verdankt Nürnberg den Bestrebungen Kaiser Heinrichs III., zwischen den Territorien der Bischöfe von Eichstätt und Bamberg ein unmittelbares Kronland zu schaffen. Er ließ den die flache, waldreiche Pegnitzlandschaft überragenden Felsen, nach dem der Platz seinen „Felsburg" bedeutenden Namen erhielt, befestigen und südlich des Flusses einen Königshof anlegen. Um Burg und Hof entstanden Siedlungen, deren eine sich zur Sebalder, die andere zur Lorenzer Stadt entwickelte. Quelle des Wohlstandes konnten angesichts des dürftigen Sandbodens des Umlandes nur Handel und Gewerbe sein. Wenn die um 1040 gegründete Stadt so rasch groß, reich und mächtig wurde, dann dank einer Kaufmannschaft, welche die Gunst der Lage im Schnittpunkt wichtiger Fernstraßen zu nutzen wußte, und eines erfinderischen Handwerkstandes, der besonders alle Zweige der Metallverarbeitung beherrschte.

Aufgrund ihrer geographischen Mittellage kam der Stadt in der Territorialpolitik der Staufer eine Schlüsselstellung zu. Sie übergaben 1191 den Zollern das Burggrafenamt. Der „Freiheitsbrief" Kaiser Friedrichs II. von 1219 wurde zur Grundlage der Reichsfreiheit, die in nicht endenden Kämpfen gegen die Burg- und späteren Markgrafen errungen und behauptet werden mußte. 1271 berief König Rudolf von Habsburg seinen ersten Reichstag nach Nürnberg, und die hier im Jahre 1356 erlassene „Goldene Bulle" Kaiser Karls IV. bestimmte Nürnberg als Ort des ersten Reichstags eines jeden neugewählten Königs. Das Ansehen der Stadt war so groß, daß König Sigismund ihr die Reichskleinodien „für ewige Zeiten" anvertraute. 1427 konnte Nürnberg den zwölf Jahre zuvor mit der Markgrafschaft Brandenburg belehnten Hohenzollern die bei einer Fehde mit Pfalz-Bayern zerstörte Burg abkaufen. Die folgenden Jahrzehnte sahen die Stadt auf dem Höhepunkt ihrer politischen und wirtschaftlichen Entfaltung, zugleich auch ihrer kulturellen Leistungsfähigkeit.

Künstler vom Range eines Albrecht Dürer, Veit Stoß, Adam Krafft und Peter Vischer waren neben zahlreichen anderen Meistern in der fränkischen Metropole tätig. Ihre Höhe und weite Ausstrahlung verdankt die Nürnberger Kunst dieser Zeit nicht zuletzt einem regen kulturellen Austausch, dem die Fernhandelsverbindungen den Weg geebnet hatten. Der Buchdrucker Anton Koberger betrieb das größte Verlagshaus Europas. Willibald Pirkheimer stand im Briefwechsel mit den führenden Gelehrten seiner Zeit. Mit Nürnberger Instrumenten gelangte Regiomontanus zu Erkenntnissen über die Bewegung der Gestirne, die Martin Behaim, der Schöpfer des ältesten Erdglobus, für die Seefahrt der Portugiesen nutzbar machte.

Der Übergang zur Reformation vollzog sich, vom patrizischen Rat

**Information**
Congress- und Tourismus-Zentrale Nürnberg
Frauentorgraben 3
W–8500 Nürnberg
Telefon: (0911) 23 36-0

Tourist-Information
im Hauptbahnhof
Telefon: (0911) 23 36 32

**Festkalender**
Internationale Orgelwoche Ende Juni bis Anfang Juli. „Bardentreffen". Festival der Liedermacher Ende Juli. „Christkindlesmarkt" im Advent.

**Tips**
Handwerkerhof beim Königstor am Hauptbahnhof mit Werkstätten und Läden traditionsreicher Handwerke. Die echten Nürnberger Bratwürstle, auf Buchenholzfeuer geröstet, gibt es im „Bratwurstglöcklein" (Handwerkerhof), „Bratwursthäusla" (Rathausplatz), „Bratwurstherzle" (Brunnengasse 11) und „Bratwurströslein" (Obstmarkt).

Wie ein Goldschmiedewerk wirkt der zierliche Tugendbrunnen bei St. Lorenz, ein Werk des Rotgießers Benedikt Wurzelbauer aus dem späten 16. Jh. (oben).

Altnürnberger Idylle an der Pegnitz: Weinstadel, Wasserturm und Henkersteg (unten).

0
500
1000 M
Erlangen, 3 Würzburg
3 Würzburg/Bayreuth
Fürth, 73 Erlangen/Würzburg
Fürth, 73 Erlangen/ Würzburg
Fürth, 73 Erlangen / Würzburg
Schwabach, Ansbach
Fürth, Erlangen
Lauf a.d.P. 3 9 Bayreuth/Regensburg
9 München/Regensburg/Amberg
73 München / Heilbronn
9 Bayreuth/München
Schwabach, 6 Heilbronn
73 München
Klinikum der Stadt Nürnberg
ST. JOHANNIS
GÄRTEN H.D.V.
RENNWEG
Stadtpark
GÄRTEN B.W.
KLEINWEIDEN-MÜHLE
SEBALD
LORENZ
Rosenau
Wöhrder Wiese
Wöhrder See
ST. PETER
TAFELHOF
GALGENHOF
LICHTENHOF
STEINBÜHL
HUMMELSTEIN
SANDREUTH
NEU-LICHTENHOF
WERDERAU
GIBITZENHOF
Hasenbuck
Hauptbahnhof
Hauptgüterbf.
Gaswerk
Zollamt
Plärrer
Johannis-Friedhof
Sportanlage Siemens-Schuckert
Bundesbahn Ausbesserungswerk
Frankenschnellweg
B 4 R
Nopitsch-
Franken-str.
Pirckheimer-str.
Bayreuther Str.
Sulzbacher Str.
Regensburger Str.
Stephan-str.
Harsdörffer-str.
Wodan-str.
Allersberger Str.
Pillenreuther Str.
Landgraben-
Gudrun-str.
Wölckern-str.
Schuckert str.
Minerva-str.
Katzwanger Str.
Fürther Str.
Johannis-str.
Schnieglinger Str.

gesteuert, in ruhigen Bahnen und ohne Bildersturm. Die dann folgende Zeit der Machtentfaltung absolutistischer Fürstenstaaten brachte auch für die Stadtrepublik Nürnberg Stagnation und Niedergang. Zwar konnte sie die schwere Bewährungsprobe des „Markgrafenkrieges" von 1552 noch bestehen und stand das Kunsthandwerk der „Kleinmeister", besonders der Goldschmiede und Plättner, später der Elfenbeindrechsler und Glasschneider, in Blüte, aber die politische Macht und wirtschaftliche Kraft gingen stetig zurück, während gleichzeitig Gesellschaft und Rechtsordnung der Stadt erstarrten. 1806 wurde sie durch Bayern annektiert.

Der Bau der 1835 eröffneten Eisenbahn von Nürnberg nach Fürth war ein Anzeichen dafür, daß der alte Nürnberger Unternehmergeist nicht erloschen war. Während Pioniere wie Friedrich Klett, Theodor Kramer und Sigmund Schuckert in Nürnberg den Aufbruch ins industrielle Zeitalter einleiteten, entdeckten die Romantiker hier den Inbegriff der „altdeutschen Stadt". Das 1852 gegründete Germanische Nationalmuseum sollte in diesem Ambiente ein Gesamtbild von Deutschlands Kulturgeschichte ausbreiten. Der Ruf Nürnbergs als „des Reiches Schatzkästlein" überdauerte den Wandel zur modernen Industriestadt - mit verhängnisvollen Folgen. Denn gerade die Vorstellung von Nürnbergs geschichtlicher Sendung hat dazu geführt, daß die mehrheitlich sozialdemokratisch gesinnte Stadt im Dritten Reich zur Stadt der Reichsparteitage erklärt, ihr Name durch die „Nürnberger Gesetze" diskreditiert und sie dann zum Schauplatz der „Nürnberger Prozesse" gemacht wurde.

Der Wiederaufbau nach den schweren Kriegszerstörungen suchte einerseits städtebaulich den Bedürfnissen und dem Geist der Zeit gerecht zu werden und andererseits den erhaltenen oder wiederhergestellten Denkmälern einer großen Vergangenheit einen würdigen Rahmen zu geben.

## Sehenswürdigkeiten

Den Umfang **Altnürnbergs** markiert noch die mittelalterliche **Stadtbefestigung**. 1377 in Angriff genommen, wurde dieser dritte Wehrgürtel 1452 zum Abschluß gebracht. Die Bautätigkeit des folgenden Jahrhunderts verstärkte ihn durch Artilleriebastionen und die vier „dicken Türme" beim **Laufertor**, **Spittlertor**, **Frauentor** und **Neutor**. An die 100 Türme sicherten einst die 7 bis 8 m hohe Mauer. Mehr als die Hälfte davon blieb erhalten. Der Graben ist heute als begrünte Promenade gestaltet.

Den nordwestlichen Eckpunkt der Stadtbefestigung bildet die **Kaiserburg**. Der „Heidenturm" und die doppelgeschossige Pfalzkapelle sind noch spätstaufisch. Palas und Kemenate, die den inneren Burghof begrenzen, wurden auf Verlangen Kaiser Friedrich III. 1440-1442 neu gestaltet. Die Vorburg umfaßt die Häuser des Kastellans und Sekretariats, den Finanzstadel und den „Tiefen Brunnen". An der Grenze zur östlich anschließenden Burggrafenburg ragt der runde „Sinwellturm" auf, von dem aus man einen herrlichen Blick über die Stadt genießen kann. Die Burggrafenburg wurde nach ihrer Zerstörung im Jahre 1420 nicht wiederaufgebaut. Erhalten blieb der Fünfeckturm „Altnürnberg". In geringer Entfernung von ihm steht der „Luginsland", 1377 von den Nürnbergern in der Absicht erbaut,dem Burggrafen in die Burg zu sehen. Zwischen den beiden Türmen wurde 1494/95 der als „Kaiserstallung" bezeichnete Getreidespeicher errichtet. Beim Wiederaufbau wurde dieses stattliche Gebäude mit einem steilen Satteldach als Jugendherberge eingerichtet.

Der große **Hauptmarkt** im Zentrum der Stadt entstand erst verhältnismäßig spät nach der Austreibung der hier in der Pegnitzniederung angesiedelten Judenschaft. Kaiser Karl IV. hatte 1349 die Niederlegung des Gettos bewilligt, mit der Auflage, anstelle der Synagoge eine Marienkirche zu errichten. Die bereits 1358 vollendete **Frauenkirche** wurde einem Prager Augustiner-Chorherrenstift unterstellt und zur Aufbewahrung der Heiligtümer und Kleinodien des Heiligen Römischen Reiches bestimmt, für die das reich geschmückte Michaelschörlein über der Vorhalle geschaffen wurde. Sein Filigrangiebel, ein Werk Adam Kraffts, enthält das berühmte „Männleinlaufen", bei dem täglich zur Mittagszeit die sieben Kurfürsten Kaiser Karl IV. huldigen. Die Frauenkirche, deren Baumeister aus der Schwäbisch Gmünder Parler-Hütte kam, ist die erste Hallenkirche in Franken. Hauptwerke ihrer Ausstattung sind zwei Epitaphien von Adam Krafft, und der „Tucher-Altar", das Werk eines unbekannten Meisters, der als der größte Nürnberger Maler vor Dürer zu gelten hat.

Gotische Steinmetzkunst feinster Art zeigt der von einem aus Prag berufenen Meister um 1390 geschaffene **Schöne Brunnen** in der Nordwestecke des Marktes. Statuen der Kurfürsten, der neun jüdischen, heidnischen und christlichen Helden, der Propheten, Evangelisten und Kirchenväter umstehen den filigranen Turm und den Beckenrand.

Nördlich des Hauptmarktes, am Anstieg der Burgstraße, steht das **Rathaus**. Sein ältester Teil ist der 1332-1340 errichtete Saalbau. Nord- und Ostflügel wurden 1514/15 vom Stadtbaumeister Hans Beheim erbaut. Der Westflügel im Stil eines italienischen Palazzos entstand 1616-1622.

Der **Gänsemännchenbrunnen** vor der Rückseite des Rathauses ist der volkstümlichste unter den Nürnberger Brunnen. Die von Pankraz Labenwolf gegossene Figur auf der Brunnensäule, nämlich ein stämmiger Bauer mit unter die Arme geklemmten Gänsen, inspirierte Jakob Wassermann zu seinem Roman „Das Gänsemännchen".

Der Schaufront des Rathauses gegenüber erhebt sich das mächtige Corpolygon von **St. Sebald**. Zwischen zwei Strebepfeilern ist das „Schreyersche Grabmal" mit Darstellungen aus der Passion Christi, das Erstlingswerk Adam Kraffts, eingefügt. Der Kirchenbau wurde um die Mitte des 13. Jh.s im Stil der Zisterziensergotik als Pfeilerbasilika mit zwei Chören für die Patrone Petrus und Sebaldus errichtet. Schon ein Jahrhundert später wurde der Ostchor über dem Grab des Pilgerheiligen Sebald durch einen großartigen Neubau ersetzt. Der Gegensatz zwischen dem eng wirkenden, von schweren Formen gegliederten Schiff und dem weiten, lichten Hallenchor mit seinen schlanken Pfeilern bestimmt wesentlich

den Raumeindruck des Inneren. Es birgt neben wertvollen Glasfenstern, Bildwerken und Gemälden als berühmtestes Kunstwerk das Sebaldusgrab. Peter Vischer hat es mit seinen beiden Söhnen 1508-1519 modelliert und gegossen. Der überreiche figürliche und ornamentale Dekor seines Baldachingehäuses verkörpert den Aufbruch der deutschen Renaissance in einer lebensvollen Frische wie kaum ein anderes Werk. Die zweite Stadtpfarrkirche Nürnbergs, **St. Lorenz**, steht südlich der Pegnitz. Auch hier verbinden sich ein basilikales Schiff und ein Hallenchor, beide jedoch jeweils etwa ein Jahrhundert später entstanden, zu einem kontrastreichen Raumbild. In der Raumweite des Chors, der noch seine kostbare ursprüngliche Verglasung besitzt, schwebt der „Englische Gruß" von Veit Stoß, das Spätwerk des großen Bildschnitzers, von dem auch der hoheitsvolle Holzkruzifixus auf dem Hochaltar stammt. Nicht weniger berühmt ist das Sakramentshaus von Adam Krafft, eines jener Wunderwerke spätgotischer Steinmetzkunst, in denen der Stein wie von Zauberhand verwandelt erscheint. Neben der Doppelturmfassade mit ihrer prachtvollen Maßwerkrose hat der zierliche **Tugendbrunnen**, den Benedikt Wurzelbauer um 1590 gegossen hat, Aufstellung gefunden. Im **Nassauer Haus**, der Fassade gegenüber, hat sich das Beispiel eines mittelalterlichen Turmhauses erhalten. Südlich von St. Lorenz errichtete Hans Beheim um 1500 das städtische Kornhaus, die **Maut**, einen riesigen Scheunenbau mit mächtigem Satteldach.

Einige geschlossene Ensembles vermitteln noch etwas von der Atmosphäre des im Krieg untergegangenen alten Nürnberg: der Blick auf den **Weinstadel** von der Maxbrücke oder auf das **Heilig-Geist-Spital** von der Museumsbrücke oder der Platz vor dem Tiergärtnertor mit dem **Albrecht-Dürer-Haus**, das als Museum eingerichtet ist und eine gute Vorstellung vom Aussehen einer spätgotischen Bürgerwohnung vermittelt.

Das **Germanische Nationalmuseum**, dessen Schätze teilweise in der Kirche und den Konventsgebäuden des ehemaligen Kartäuserkloster ausgestellt sind, besitzt eine der größten kunst- und kulturgeschichtliche Sammlungen Deutschlands. Die vor- und frühgeschichtliche Abteilung belegt die Kulturentwicklung von der Altsteinzeit bis zur Völkerwanderung. Die Gemälde- und Skulpturensammlungen vermitteln ein geschlossenes Bild der deutschen Kunstgeschichte bis zur Gegenwart. Mittelalterliche Bronzen und Bildteppiche, Werke der Goldschmiedekunst, wissenschaftliche Instrumente sowie Kostüme bilden die Schwerpunkte der umfangreichen kunstgewerblichen Bestände. Die volkskundliche Abteilung umfaßt den gesamten deutschen Sprachraum. Historische Waffen und Jagdaltertümer, eine medizinhistorische Sammlung, Apotheken-, Zunft- und Handwerksaltertümer, die Musikinstrumentensammlung sowie das Kupferstich- und Münzkabinett vervollständigen das einzigartige kulturgeschichtliche Panorama.

Wochenmarkt vor der Frauenkirche (rechts innen).

Blick über die Dächer der Nürnberger Altstadt nach St. Sebald und zur Burg (links unten).

Blick zur Kaiserburg von einem Fenster des Dürerhauses (rechts oben).

Das Sebaldusgrab in St. Sebald (rechts unten).

# Oberhausen Wiege des Ruhrstahls

Die Stadt an der Emscher ist nur ein gutes Jahrhundert alt. In dieser kurzen Zeit ist sie von einer Landgemeinde zur Großstadt mit 230 000 Einwohnern geworden. Und das hängt natürlich mit der Entwicklung der Stahlindustrie im Ruhrgebiet zusammen, die von hier ausging.

Wie viele Industriestandorte des Reviers hat auch Oberhausen seine Arbeitersiedlungen. Berühmt ist eine inzwischen unter Denkmalschutz gestellte Siedlung, um deren Erhalt die Bewohner einen heftigen Streit mit der Stadt ausfechten mußten. Inzwischen weiß man den Wohnwert dieser so praktisch angelegten »Kappskolonien« (wegen der großen Wirtschaftsgärten so genannt) wieder zu schätzen. Schließlich gestatten solche Siedlungen andere Sozialformen als der moderne Mietwohnungsbau.

## Geschichte

Bis ins 18. Jh. ist in dieser ländlichen Gegend nicht viel geschehen. Folgenreich war dann allerdings die Gründung der ersten modernen Eisenschmelze durch den Münsteraner Domkapitular Freiherr Franz von der Wenge 1758. Die St.-Antony-Hütte wurde an einem kleinen Bach in Sterkrade erbaut und war das Stammhaus der späteren Gutehoffnungshütte (1782). Zunächst wurde das Eisenerz aus der Emscherniederung noch mit Holzkohle verhüttet, erst 1850 wurde die erste Kohlezeche abgeteuft. Zuvor waren jedoch schon längst etliche weitere Eisenhütten hinzugekommen. Die waren seit 1808 alle zur Gutehoffnungshütte zusammengeschlossen, aus der einer der größten europäischen Stahl- und Maschinenbaubetriebe hervorging. Oberhausen selbst wiederum gehört zu den Städten des Ruhrgebiets, die jünger sind als ihr Bahnhof. Einen mehr oder weniger beliebig gewählten Haltepunkt an der Bahnlinie benannte man 1862 nach dem benachbarten Schloß und wartete darauf, daß sich Industrie und Menschen hier schon ansiedeln würden. Das geschah ja dann auch zur Genüge. 1874 hatte Oberhausen 15 000 Einwohner und erhielt Stadtrecht. Schon 1915 waren es über 100 000 Einwohner, 1929 erfolgte dann der Zusammenschluß mit Osterfeld und Sterkrade.

## Sehenswürdigkeiten

Das **Schloß Oberhausen** stammt aus dem frühen 19. Jh. und ist inmitten einer Grünanlage errichtet worden – als Ersatz für die zerstörte mittelalterliche Wasserburg Overhus. In dem nach den Kriegszerstörungen rekonstruierten Gebäude ist heute die **Städtische Galerie** untergebracht. Sie bietet nicht nur eine beachtliche Sammlung zur Kunst des 20. Jh. sondern beherbergt seit 1984 auch mit der Sammlung Ludwig eine große und weitgefächerte Auswahl zur Kunst der DDR. Von **Haus Vondern** existiert noch die Vorburg aus dem 15. und 16. Jh., das Herrenhaus besitzt eine prächtige barocke Ausstattung. Dritter Herrensitz im Stadtgebiet Oberhausens ist die Wasserburg **Holten** aus dem 14. Jh. Ein Industriemuseum befindet sich in der ehemaligen **Zinkfabrik Altenberg**, die ansonsten als Kulturzentrum dient. Die Gutehoffnungshütte hat inzwischen ihren Sitz nach München verlagert, die erhaltenen Fachwerkhäuser der alten St.-Antony-Hütte dienen ihr heute als Firmenarchiv. Eine Besonderheit ist das private **Tennismuseum** in der Nohlstraße (telefonische Anmeldung unter 802983). Große Kulturveranstaltungen werden in Oberhausen in der **Luise-Albertz-Halle** ausgerichtet – so benannt nach der ersten Oberbürgermeisterin einer deutschen Großstadt. Anziehungspunkt für viele auch aus den Nachbarstädten ist der **Revierpark Vonderort**, wo ein vielfältiges Freizeitangebot bereitgestellt wird: öffentliche Sportanlagen, Spielplätze, Grünanlagen, Eislaufhalle und manches mehr. Von Oberhausen ist es nur eine kurze U-Bahn-Fahrt nach Duisburg, Mülheim oder Essen. Wer jedoch mehr Erholung im Grünen sucht, wird in die **Kirchheller Heide** fahren.

Viele Einkaufsmöglichkeiten bietet die Marktstraße (links).

Stimmungsbild einer Industriestadt: Müllverbrennungsanlage vor Sonnenuntergang (oben).

Schloß Oberhausen, in dem heute die Städtische Galerie untergebracht ist (unten).

**Information**
Verkehrsverein
Berliner Platz 4
W-4200 Oberhausen
Tel. (0208) 805051

**Festkalender**
Informationstage und Westdeutsche Kurzfilmtage (März/ April); Amateurtheaterfestival (Herbst); Sterkrader Fronleichnamskirmes.

**Tips**
Die Kurzfilmtage bieten ein umfangreiches Begleitprogramm zu den Filmen. Sportliche Ertüchtigung oder Erholung suchen viele Oberhausener im Revierpark Vonderort. Das Stadttheater hat sich auf Musiktheater spezialisiert. Beliebt ist auch die Kinder- und Jugendbühne Theater im Pott (TIP). Als den einzigen echten Jazzkeller in der Region lobt man die Werkstatt Eisenheim. Alternatives Kulturzentrum ist die Fabrik Altenberg.

# Offenbach
# Die Lederstadt

**Allen Fernsehzuschauern ist Offenbach geläufig als die Heimat des Deutschen Wetterdienstes. Weniger bekannt dürfte sein, daß Hessens kleinste Großstadt ein bedeutender Industriestandort ist. So werden die beiden wichtigsten deutschen Lederwarenmessen hier abgehalten.**

Die Nähe zur Metropole Frankfurt hat schon früher die Wirtschaftsstruktur Offenbachs geprägt. Ihm wurden in einer Art Arbeitsteilung einige spezielle Produktionsgewerbe überlassen, während Frankfurt mit den Rohstoffen, den Fertigwaren und dem Geld Handel trieb. Neben den Lederwaren waren Fayencen, spezielle Eisengußerzeugnisse und Elfenbeinschnitzereien solche Wirtschaftszweige. Heute ist der Maschinenbau ein zentraler Industriebereich. Aber noch immer profitiert der kleine Nachbar von dem guten Verkehrsanschluß an die Weltstadt.

## Geschichte

Von römischen, ja sogar von vorgeschichtlichen Siedlungen weiß man in Offenbach. Später lebten hier Franken. 977 ist zuerst von einem Ovenbach die Rede, einem kleinen Maindorf, in dem Fischer und Bauern lebten. Im 15. Jh. bemächtigten sich die Grafen von Isenburg des Orts, an den sie 1556 ihre Residenz verlegten. Das noch heute existierende Schloß wurde gebaut, und aus dem einfachen Dorf wurde eine respektable deutsche Residenz. Neben manchen Manufakturgründungen sollte auch die Förderung des Buchdrucks noch Bedeutung erlangen. Heute berichtet von dieser Tradition der Druckkultur das Klingspor-Museum. Auch in Offenbach bewährte sich die Ansiedlung von Hugenotten-Flüchtlingen, die in der Textilien- und Schmuckproduktion nicht unwesentlich zum wirtschaftlichen Aufschwung der Stadt im 18. Jh. beitrugen. Neben den Möglichkeiten, die die Nähe Frankfurts für die Rohstoffbeschaffung bot, wußte die Stadt auch ihre günstige Lage am Main zu nutzen.

Im Zweiten Weltkrieg ist der größte Teil der historischen Bauten während der Bombenangriffe zerstört worden.

## Sehenswürdigkeiten

Wichtigstes Bauwerk der Stadt dürfte das **Isenburger Schloß** am Mainufer sein. Der Renaissancebau war wohl ursprünglich als vierflügelige Anlage geplant. Bemerkenswert schlägt sich der seltene Frührenaissance-Stil in den Laubengängen an der Hoffassade nieder. Daß Goethe so für Offenbach schwärmte, führt man ungerechterweise immer wieder auf seine Liebe zu Lili Schönemann zurück. An diese frühe Verlobte des Dichterfürsten erinnert der um 1805 angelegte **Lilipark**. In **Rumpenheim** gibt es ein barockes Landhaus (1680), dem man später durch die Anfügung der Seitenflügel den **Schloß**charakter verlieh. Die Anlage ist nach den schweren Kriegszerstörungen restauriert worden; im weitläufigen Schloßpark befindet sich die **Schloßkirche**. Im Stadtinnern von Offenbach gibt es ein buntes Durcheinander von neuen und einigen alten Gebäuden. Die **Stadtkirche** (18. Jh.) am Hugenottenplatz ist bei der Rekonstruktion etwas vereinfacht worden. An die Bedeutung der französischen Religionsflüchtlinge für die Stadt erinnert die **Französisch-Reformierte Kirche** (1717/1718) mit ihrer schlichten Form. Das **Büsing-Palais** mußte leider auch teilweise rekonstruiert werden. Es repräsentiert den Typ des anspruchsvollen Wohnhauses erfolgreicher Wirtschaftsbürger. Hier ist heute das **Klingspor-Museum** eingerichtet, eine wertvolle Sammlung zur Geschichte der modernen Buch- und Schriftkunst. Karl Klingspor besaß selbst eine Schriftgießerei in Offenbach und unterhielt eine Privatsammlung zu seinem Metier. Auf keinen Fall versäumen darf man auch einen Besuch im **Deutschen Leder- und Schuhmuseum** (Frankfurter Straße 86). Im breiten Überblick über die Kultur der Lederverarbeitung unterrichten ausführliche Kollektionen darüber, was in den verschiedenen Kulturen alles mit Leder angefangen wurde und wird (täglich geöffnet).

**Information**
Verkehrsbüro
Am Stadthof 17
W-6050 Offenbach
Tel. (069) 80652946

**Festkalender**
Zu den kulturellen Sommerveranstaltungen gehören: Lieder in der Suppenschüssel und die Promenadenkonzerte. Spielfest (August); Weinmarkt (September); Internationale Bilderbuchausstellung (im Winter); Weihnachtsmarkt.

**Tips**
Abstecher lohnen sich nach Neu-Isenburg, der Hugenottengründung am Südrand Frankfurts, in der man bis 1830 offiziell nur Französisch sprach. Oder nach Groß-Gerau mit seinem wunderhübschen mittelalterlichen Fachwerkstadtkern. In Hanau, Geburtsstadt der Brüder Grimm, gelangt man zum Ausgangspunkt der Deutschen Märchenstraße.

Das Deutsche Leder- und Schuhmuseum (oben).

Allwöchentlich findet der Markt statt (unten).

Wichtigstes Bauwerk der Stadt ist das Isenburger Schloß am Mainufer (rechts).

# Oldenburg – Zentrum des Weser-Ems-Landes

Hier im grünen Norden hat man noch Platz. Obwohl die viertgrößte Stadt Niedersachsens ein wichtiger Handelsplatz ist, fehlt in Oldenburg die typische Großstadtarchitektur. Und alles liegt weit auseinander. Zwischen den Stadtteilen erstrecken sich ausgedehnte Grünflächen.

Das Oldenburger Land ist nicht nur bekannt für seine saftigen Wiesen und die Molkereiprodukte, sondern in dieser Region wachsen auch besonders üppige Rhododendronsträucher. Dazu ist vor allem das an vielen Stellen trockengelegte Moor ein bestens geeigneter Grund. In Westerstede gibt es eigens einen Rhododendronpark, der sich im Sommer als Blütenmeer präsentiert.

## Geschichte

An einem günstigen Übergang über die Hunte ist im 11. Jh. eine Burg erbaut worden. Sie diente als Schutzburg für die Friesische Heerstraße. Seit 1150 hatten hier die Grafen des Ammerlands ihren Stammsitz. Später nannten sie sich Grafen von Oldenburg – nach dieser Festung, der »olden Borg«, wie sie inzwischen wohl genannt wurde. Im Schatten der Burg siedelten sich Handwerker und Kaufleute an, so entstand ein nicht unbedeutender Markt, der für den Pferde- und Agrarhandel der Gegend eine wichtige Funktion hatte. Schon im 14. Jh. hat es auch den Hafen am linken Haareufer gegeben. Die geschickte Politik Graf Anton Günthers vermochte zwar, Oldenburg aus dem 30jährigen Krieg einigermaßen herauszuhalten, dafür aber zerstörte ein Großbrand 1676 die Stadt, so daß heute fast keine mittelalterlichen Bauten mehr erhalten sind. Nach einer kurzen Zeit unter dänischer Herrschaft regierte hier das Haus Holstein-Gottorp (1773). Oldenburg wurde zum Herzogtum, später sogar zum Großherzogtum erhoben, machte beträchtliche Gebietsgewinne. Gleichzeitig nahm auch die Bedeutung der Residenz zu, die ihren Herren immerhin drei Schlösser zum Wohnen zu bieten hatte. Blieb der Industrialisierungsgrad gering, so nahm der kulturelle Rang Oldenburgs ebenso zu wie die Bedeutung als Handels- und Verwaltungszentrum der Region.

## Sehenswürdigkeiten

Das **Alte Schloß** dient heute dem Landesmuseum für Kunst- und Kulturgeschichte. Hier residierten die Großherzöge hauptsächlich. Entstanden ist die Anlage im frühen 17. Jh., wobei Teile der alten Burg mitverwendet wurden. Später erfolgten größere Erweiterungen. Im frühen 19. Jh. ist das **Alte Palais** am Damm errichtet worden, das heute als Verwaltungsgebäude genutzt wird. Aus dem späten 19. Jh. stammt demgegenüber das **Elisabeth-Anna-Palais** im Schloßgarten, das stilistisch an die niederländische Backsteinrenaissance erinnert. In derselben Manier ist das **Rathaus**, gegenüber der Lambertikirche, 1887 erbaut worden. Nur wenig früher ist das **Augusteum** entstanden, eine Kunsthalle, in der auch heute eine Gemäldegalerie ausstellt. Der **Schloßgarten** wurde als Landschaftsgarten 1804 angelegt, er besitzt einen beachtlichen Bestand an alten Bäumen und einen wunderhübschen Rosengarten. Als einziges mittelalterliches Bauwerk Oldenburgs hat sich auf dem Gertrudenfriedhof die **Gertrudenkapelle** von 1428 erhalten. Der schlichte Backsteinbau beherbergt kostbare gotische Wandmalereien im Innern. Wahrzeichen der Stadt ist in der Fußgängerzone der **Lappan** – ein backsteinerner Turm, der zur nicht mehr bestehenden Heilig-Geist-Kirche gehörte. Wichtige Bürgerhäuser der Innenstadt sind das **Degode-Haus** von 1617 und die **Hofapotheke** (1677). Das sehenswerte **Hotel Graf Anton Günther** erhielt seine heutige Gestalt ebenfalls im späten 17. Jh. Viele ältere Häuser der beliebten Wohnstadt spiegeln klassizistische Einflüsse des letzten Jahrhunderts wider. Der **alte Hafen** am »Stau« hat sich inzwischen zu einem wichtigen norddeutschen Binnen- und Seehafen entwickelt.

Ein Großteil des Alten Schlosses wird heute vom Landesmuseum für Kunst- und Kulturgeschichte genutzt (links).

An niederländische Backsteinrenaissance erinnert das 1887 erbaute Rathaus (rechts).

**Information**
Verkehrsverein
Wallstraße 14
W-2900 Oldenburg
Tel. (0441) 15744

**Festkalender**
Bockbierfest (im Februar); Ostermarkt; Hafenfest (Juni); Kultursommer (Juli/August); Töpfermarkt, Hobbymarkt, Stadtfest (August); Kramermarkt (Oktober); Kunstmarkt (Herbstferien); Lambertimarkt (Dezember).

**Tips**
Oldenburg hat ein ansprechendes Theaterprogramm. Beliebtes Ausflugsziel ist das Bad Zwischahner Meer mit herrlichen Wassersportmöglichkeiten. Als eines der malerischsten Dörfer des Ammerlandes wird Wiefelstede gerühmt. Im Südosten erstreckt sich der Naturpark Wildeshauser Geest.

# Osnabrück – Bischofsstadt an der Hase

Alt und ehrwürdig ist die Handelsstadt, doch durch die Universität ist sie zugleich jung geblieben. Zwischen dem Wiehengebirge und dem Teutoburger Wald an alten Handelsstraßen gelegen, bezeichnet der Name wohl einen Übergang über die Hase.

Die drittgrößte Stadt Niedersachsens ist das kulturelle und wirtschaftliche Zentrum eines großen Einzugsgebiets. Besonders der Einzel- und der Großhandel sind hier stark vertreten, was vor allem mit der verkehrsgünstigen Lage zusammenhängt. Die Industrie zeichnet sich durch Vielfalt aus, einige Zweige gehen auf die frühe Industrialisierung im 19. Jh. zurück, gerade in der Tradition der Eisenerz- und Kohleförderung. Außerdem spielen schon seit dem 13. Jh. die Textilgewerbe eine wichtige Rolle.

## Geschichte

Offenbar haben hier schon vor 4000 Jahren Menschen gewohnt. In geschichtlicher Zeit geht die Entstehung der Stadt auf die Niederlage der Sachsen zurück, die hier im 8. Jh. vernichtend durch Karl den Großen geschlagen und vertrieben wurden. Karl veränderte die alte Gerichtsstätte in einen Missionsort, den er 785 zum Bischofssitz erhob. Schnell siedelten sich Kaufleute an, und schon bald erhielt der Ort Markt-, Münz- und Zollrechte. Wie üblich in solchen Städten, entstand zunächst eine Domsiedlung als kirchliches Macht- und Verwaltungszentrum unabhängig von der Kaufmannssiedlung. Schon um 1100 wurde um beides herum eine einheitliche Mauer gezogen. Osnabrück schloß sich früh mit anderen Handelsstädten der Region zu einem Städtebund zusammen und wurde auch bald ein führendes Mitglied der Hanse. Politische Bedeutung erlangte die Handelsstadt im Frieden von Münster und Osnabrück, der nach jahrelangen Verhandlungen den 30jährigen Krieg beendete. Danach regierten Osnabrück abwechselnd ein evangelischer und ein katholischer Fürstbischof. 1803 wurde die Stadt ins Kurfürstentum Hannover integriert und kam nach dessen Erlöschen an Preußen.

## Sehenswürdigkeiten

Der erste **Dom** wurde bereits von Karl dem Großen gegründet, der heutige Bau geht bis aufs 11. Jh. zurück, hatte seine wichtigste Bauphase aber im 13. Jh. Der Chorumgang und der gewaltige Südwestturm stammen aus späterer Zeit. Gleichwohl kann man den ursprünglich romanischen Stil der Pfeilerbasilika noch gut erkennen. Zur Ausstattung gehören die beachtlichen schmiedeeisernen Tore im Innern sowie vor allem das große Triumphkreuz (1250), kostbar ist der **Domschatz** im Diözesanmuseum. Ganz in der Nähe des Doms lag früher die bürgerliche Altstadt, die seit dem frühen 16. Jh. vom **Rathaus** beherrscht wird. Von der Freitreppe aus (darüber eine Plastik Karls des Großen, daneben andere Kaiser) wurde 1648 der Westfälische Frieden verkündet. An etliche andere historische Begebenheiten erinnern die Ausstellungsstücke des **Ratsschatzes**. Am Markt sind auch die alten **Kaufmannshäuser** mit ihren typischen Treppengiebeln nach der Zerstörung im Zweiten Weltkrieg wieder rekonstruiert worden. Von den vielen erwähnenswerten Kirchen Osnabrücks ist die **Johanniskirche** die älteste – schon 1011 ist sie zusammen mit einem Kollegiatsstift gegründet worden (der heutige Bau von 1259 bis 1289) und bildete den Kern der Neustadt. Die ehemalige Grenze zwischen Alt- und Neustadt bezeichnet der Neue Graben. An dieser Straße liegt das Fürstbischöfliche **Schloß**, das nach dem Vorbild eines römischen Palazzo im späten 17. Jh. errichtet wurde (heute Universität). Den eigenwilligen Baustil der Osnabrücker **Bürgerhäuser** kann man in der Krahn-, der Marien- und der Bierstraße studieren. Einige Überreste der alten Stadtbefestigung bestehen noch heute: das 1817 umgebaute **Heger Tor**, der **Herrenteichswall**, die **Vitinschanze**. Im **Bockstur**m ist ein Museum eingerichtet, das unter anderem zur Geschichte der Hexenverfolgungen ausstellt. Das kulturelle Leben in Osnabrück ist sehr lebendig, natürlich trägt dazu der Einfluß von Universität und Studenten einiges bei. Einen herrlichen Ausflug kann man zu der bemerkenswerten barocken Jagdschloßanlage **Clemenswerth** bei Sögel unternehmen.

**Information**
Verkehrsamt
Markt 22
W-4500 Osnabrück
Tel. (0541) 3232202

**Festkalender**
Karneval; Frühjahrsmarkt (März/ April); Mailiedsingen (30. April); Maiwoche; Volks- und Schützenfest (August); Steckenpferdreiten (25. Oktober); Herbstmarkt (November); Weihnachtsmarkt.

**Tips**
Osnabrück besitzt ein reges Stadttheater und ein Symphonieorchester. Daneben gibt es eine lebhafte alternative Kulturszene (z. B. das Emmatheater). Ein sehr buntes Programm findet im Kulturzentrum Lagerhalle statt. Frische Luft schnappt man im Bürgerpark und im Schloßpark. Beachtlich ist auch der Zoologische Garten.

Dom St. Peter mit wuchtigem Südwestturm und schmalerem Nordwestturm (oben).

Mit seinem ungewöhnlichen farbigen Diagnonalmuster beeindruckt der Ledenhof (unten).

Giebelhäuser mit Marienkirche (rechts).

# Paderborn – Kirche und High-Tech

**Die alte Bischofs- und Hansestadt blickt auf eine lange Tradition zurück. Doch daneben zeigt sich Paderborn als Universitätsstadt und moderner Wirtschaftsstandort. Zwischen Münsterland und Eggegebirge gelegen, ist Paderborn ein beliebter Tagungs- und Veranstaltungsort.**

Paderborns Name ist leicht erklärt. Ist Born doch ein altes Wort für Brunnen oder Quelle. Allerdings entspringt die Pader gleich aus 200 verschiedenen Quellen unterhalb des Doms – ein reißender Fluß wird trotzdem nicht daraus.

## Geschichte

Wie so oft war es Karl der Große, der bei seinen Kriegen gegen die Sachsen die weitere Entwicklung des Ortes maßgeblich beeinflußte. Denn der erste deutsche Kaiser eroberte die kleine Siedlung an dem Schnittpunkt alter Handelswege und hielt hier 777 die erste fränkische Reichsversammlung auf sächsischem Boden ab. Bald danach ließ er eine mächtige Pfalz errichten. Weitere Reichstage und eine Reichssynode fanden hier statt, ab 806 war Paderborn Bischofssitz. Schon 836 waren Paderborn die Reliquien des heiligen Liborius geschenkt worden. So nahm die Bedeutung des Orts weiter zu, das führte zu wirtschaftlicher Belebung. Besonders Bischof Meinwerk gab sich im 11. Jh. große Mühe, mit aufwendigen Bauten die Folgen eines verheerenden Brandes zu beseitigen. Wohl im 13. Jh. wurde aus der einst bescheidenen Siedlung eine Stadt, die schon bald nicht nur zum Hansemitglied avancierte, sondern 1497 sogar zur Prinzipalstadt der Hanse wurde. Der bürgerliche Wohlstand führte naturgemäß auch zu gewachsenem Selbstbewußtsein der Bürgerstadt gegenüber der bischöflichen Herrschaft. Zwar gab es seit dem 13. Jh. Ansätze zu einer städtischen Selbstverwaltung, aber die Macht des Bischofs konnte nicht recht abgeschüttelt werden: auch nicht in den Aufständen, die auf die Einführung der Reformation folgten. Bischof Dietrich von Fürstenberg vollzog dann zwischen 1601 und 1604 eine gewaltsame Rekatholisierung. Er gründete auch eine Jesuitenuniversität, die allerdings 1819 aufgehoben wurde, nachdem Preußen endgültig die Stadt übernommen hatte. Schwere Zerstörungen haben im letzten Krieg manchen Zeugen historischer Baukunst verlorengehen lassen.

## Sehenswürdigkeiten

Die erste **Kaiserpfalz** aus dem 8. Jh. ist inzwischen wieder in den Grundmauern zu erkennen. In ottonischer Zeit (11. Jh.) kam ein weiterer Pfalzbau hinzu, der recht originalgetreu rekonstruiert wurde. Beide Pfalzen sind erst in den 60er Jahren freigelegt worden. Archäologische Funde der Pfalzen werden im **Museum in der Kaiserpfalz** aufbewahrt. Imposantestes Bauwerk der Stadt ist zweifellos der **Dom St. Maria, St. Kilian und St. Liborius**, der im 11. Jh. begonnen und im 13. Jh. weitgehend fertiggestellt wurde. Die mächtige dreischiffige Hallenkirche wird von einem wuchtigen romanischen Turm beherrscht. Eine außergewöhnlich große Krypta, das Figurenportal der Paradiespforte (1250) und das manieristische Epitaph des Dietrich von Fürstenberg sind nur einige der vielen kunsthistorischen Kostbarkeiten des Doms. Aus dem 11. Jh. stammt die **Busdorfkirche St. Petrus und St. Andreas**, die der Grabeskirche von Jerusalem nachempfunden wurde. Erhaltene Beispiele profaner Baukunst sind das Weserrenaissance-**Rathaus** von 1613 bis 1620 (darin das Naturkunde-Museum). Des weiteren das **Heisingsche** Patrizierhaus, das ehemalige **Brauhaus** mit seinem auffälligen Portal und die **Domdechanei**. Selbstverständlich hatte der Fürstbischof auch noch sein eigenes Schloß, nämlich das vierflügelige Wasserschloß **Neuhaus**, in dem heute die **Städtische Galerie** einquartiert ist. Der westfälische Baumeister J. C. Schlaun hat in dem **Erzbischöflichen Hof** ein überzeugendes Frühwerk hinterlassen.

Schloß Neuhaus stellt den ersten Frührenaissancebau in ganz Westfalen dar (links).

Das Museum für Stadtgeschichte im Adam- und Eva-Haus (oben).

Das Rathaus mit prächtiger Hauptfassade (unten).

**Information**
Verkehrsverein
Marienplatz 2a
W-4790 Paderborn
Tel. (05251) 26461

**Festkalender**
Paderborner Puppenspielwochen (Januar); Jazz Band Ball (Januar/ Februar); Lunapark-Kirmes (April); Frühlingsfest (Mai); Tage alter Musik (Juni/ Juli); Paderborner Schützenfest (Juli); Liborifest mit Europa-Festival (Juli); Paderborner Jazz Weekend (Juli); Theaterfest (August/ September).

**Tips**
In Paderborn spielt der Jazz eine wichtige Rolle. Kenner gehen in den Jazz-Club. Kleinkunst und eine bunte Palette moderner Musik findet man im U-Bahnhof Weberberg – Stattheater. Für Kinder scheint der Hollywood-Park Stukenbrock unterhaltsamer zu sein. Zum kulturellen Leben Paderborns tragen auch Universität und Studenten einiges bei.

# Passau
# Stadt der drei Flüsse

Eine alte und traditionsreiche Stadt, die auf den Zusammenfluß von Ilz, Inn und Donau blickt. Italienisch dicht bebaut ist die gewölbte Landzunge zwischen der hier schmalen Donau und dem Inn. Und dieser Altstadtbereich weiß viel von der Geschichte Passaus zu berichten.

Die Spannung zwischen dem mächtigen, stadtbeherrschenden Bischof und einem wohlhabenden, selbstbewußten Bürgertum prägte lange die Geschichte der Stadt. So stehen mächtige Burganlagen und protzige Kirchen neben großzügigen Stadtpalais und einem eindrucksvollen Rathaus (1393) mit seinem neugotischen Turm aus dem letzten Jahrhundert. Und das ehemalige fürstbischöfliche Opernhaus ist heute städtisches Theater.

## Geschichte

Zuerst von Kelten besiedelt, zur Zeitenwende von den Römern, im 5. Jh. von Alemannen und Thüringern, im 6. von Bajuwaren erobert: Als wie wertvoll diese Stelle an der Vereinigung der drei Flüsse galt, hat die lebhafte Geschichte dieses Orts schon früh unter Beweis gestellt. Schon im 5. Jh. soll es einen Bischof in Passau gegeben haben. Um 1000 gewinnen die Bischöfe vollends die Stadtherrschaft, 1217 werden sie zu Reichsfürsten erhoben – und so regiert das Hochstift Passau bis 1803 die Stadt, wenn auch die reichen und selbstbewußten Passauer Bürger immer mal wieder aufbegehren. Daß man sich lange an Habsburg angelehnt hat, verdenken die Bayern Passau noch, als es dann 1803 wieder bayerisch wird: Man läßt den einst so begehrten und noch immer wohlhabenden Ort zur Provinzstadt absinken. Im Zweiten Weltkrieg hat Passau schwer gelitten, nicht zuletzt durch die von den Nazis befohlenen Zerstörungen in den letzten Kriegstagen. Seit 1978 ist Passau Universitätsstadt.

## Sehenswürdigkeiten

Stark italienisch geprägt ist der **St.-Stephans-Dom** auf der Landzunge zwischen Donau und Inn, an dem in verschiedenen Jahrhunderten gebaut wurde. Er ist der größte Barockbau, der im 17. Jh. nördlich der Alpen entstanden ist. Im 8. Jh. begonnen, wurde er nach dem schweren Stadtbrand von 1662 weitgehend neugestaltet. Von der sorgfältig renovierten, üppigen Ausgestaltung werden sich auch diejenigen Besucher beeindruckt zeigen, denen sonst allzu Barockes leicht zu verspielt erscheint. Hier werden immer wieder Orgelkonzerte auf der größten Kirchenorgel der Welt veranstaltet. Auch die **Alte Residenz** daneben und die daran anschließende **Neue Residenz** (berühmtes Stiegenhaus) sind vor allem vom Barock geprägt. Auf das 11. Jh. zurück geht die romanische Anlage der zum **Kloster Niedernburg** gehörenden **Hl.-Kreuz-Kirche**. Ganz in der Nähe, auch im italienischen Barock, die ehemalige Jesuitenkirche **St. Michael**.

In **St. Severin** kann man noch heute die Zelle bestaunen, die der erste Missionar und Bischof Passaus, jener heilige Severin, im 5. Jh. hier gebaut haben soll. Hier findet man auch allein noch Reste des **römischen Kastells Boiotro**, von dessen Existenz man schon lange aus antiken Quellen wußte. Seine Grundmauern wurden allerdings erst 1974 zufällig bei Erdarbeiten entdeckt, so daß man nun auch sagen konnte, wo die antike Befestigungsanlage gestanden hat. Die **Veste Oberhaus** auf der Landzunge zwischen Donau und Ilz ist eine Zwingburg (dient heute als Museum; 15. März bis 31. Oktober: Di.-So. 9 bis 17 Uhr). Sie ist durch mittelalterliche Wehrgänge mit der **Veste Niederhaus** verbunden und von so günstiger strategischer Lage, daß sie in ihrer langen Geschichte seit 1219 nur einmal von Feinden erobert werden konnte – 1805 von den Österreichern. Erheblich freundlicher ist die fürstbischöfliche Sommerresidenz **Freudenhain**, die 1786 bis 1790 in frühklassizistischer Manier erbaut wurde und als eines der schönsten Lustschlösser des 18. Jh. galt.

**Information**
Verkehrsverein Passau
Nibelungenhalle
W-8390 Passau
Tel. 0851/ 33421

**Festkalender**
Die Maidult ist ein riesiges Bier- und Schaukelfest. Im Juni/Juli ziehen die Europäischen Wochen mit Theateraufführungen, Konzerten und Ausstellungen viel Aufmerksamkeit auf sich. Berühmt ist auch die Pfingstprozession auf den Bogenberg im Bayerischen Wald.

**Tips**
Man kann von Passau aus eine Drei-Flüsse-Fahrt starten. Lohnend ist auch ein Ausflug zum (ersten deutschen) Nationalpark Bayerischer Wald. Beim Arber kann man die Riesloch-Wasserfälle bewundern. Lohnend ist ein Ausflug nach Deggendorf – und Bibliophile werden sich die Bibliothek in Metten nicht entgehen lassen.

Barocke Prägung zeigen der Dom und die Alte Residenz (oben).

Blick von der Veste auf die Stadt (unten).

Die Orgel des St.-Stephan-Doms ist die größte der Welt (rechts).

# Pforzheim Schwarzwälder Gold

**Idyllisch am nördlichen Eingang zum Schwarzwald gelegen, treffen sich in Pforzheim gleich drei Flüsse: Würm, Nagold und Enz. Der Name geht bis auf die Römer zurück, die hier einen Enzübergang an der Militärstraße zwischen Straßburg und Cannstatt mit »Porta« bezeichneten.**

Mittlerweile ist es natürlich nicht mehr allein die Schmuckherstellung, die Pforzheim zu einem bedeutenden Wirtschaftszentrum zwischen Stuttgart und Karlsruhe macht. Die Elektrotechnik und Feinmechanik haben inzwischen auch eine große Bedeutung. Aber noch immer werden 2/3 des deutschen Schmucks hier produziert. Pforzheim gehört zu den fünf wichtigsten Orten der Goldverarbeitung auf der Welt.

## Geschichte

Spätestens im 1. Jh. haben hier Menschen gewohnt: Wie so oft waren es die Römer, die den Flußübergang aus militärischen Gründen sicherten. Doch die Alemannen bereiteten dem antiken Ort ein jähes Ende und steckten ihn in Brand. Im 11. Jh. wird Pforzheim dann erst wieder erwähnt, und zwar taucht es als salischer Besitz in einer Urkunde Heinrichs IV. auf. Im 12. Jh. gingen alle salischen Besitzungen dann an die Staufer über. Noch in dieser Zeit bekam die sogenannte Altenstadt, deren Zentrum die St.-Martins-Kirche war, Markt- und Stadtrecht. Geschützt wurde die Siedlung inzwischen von der neu errichteten Burg auf dem jetzigen Schloßberg. Noch bevor Pforzheim 1227 in den Besitz der badischen Markgrafen überging, ist die Neustadt gegründet worden, die sich vor der Burg immer mehr ausdehnte. Eine Stadtmauer wurde gezogen, und die neuen Herren nahmen für zwei Jahrhunderte hier ihre Residenz. 1525 teilte sich die badische Markgrafenschaft in zwei Linien. Während die katholische ihren Herrschaftssitz nach Baden-Baden verlegte, blieben die protestantischen »Ernestiner« noch 40 Jahre in Pforzheim. Zunächst änderte sich für die Pforzheimer also nur die Religion. Allerdings wechselten die Markgrafen ihre Residenz später und zogen nach Baden-Durlach, nach dem sich ihre Linie fortan benannte.

Ab dem 14. Jh. war die wirtschaftliche Grundlage der Stadt der Handel mit dem in den umliegenden Wäldern reichlich vorhandenen Holz. Mit Flößen wurde es vielfach über Enz und Neckar in einer großen Schleife zum mittleren Rhein transportiert. Auch das Textilgewerbe hatte sich mittlerweile ganz gut entwickelt. Der 30jährige Krieg machte allerdings so ziemlich alles zunichte: wie in so vielen anderen Städten in Deutschland. In diesem Fall war es ein katastrophales Feuer, von bayerischen Truppen entfacht, das die Stadt in Schutt und Asche legte. Der Pfälzische Erbfolgekrieg besorgte dann den Rest, ein gewisser General Mélac tat sich dabei besonders hervor. Den späteren Weltruhm verdankt Pforzheim einer Idee von Markgraf Karl Friedrich: 1767 gründete er eine Manufaktur für Uhren- und Bijouterieherstellung. Zunächst florierte sie zwar noch nicht, aber als im frühen 19. Jh. dann die Zeiten ruhiger wurden, begann die Schmuckindustrie zu einem gewaltigen Aufschwung anzusetzen. Der zog Zuwanderer aus aller Herren Länder hierher und führte zu einer Verzehnfachung der Bevölkerung im Verlauf des Jahrhunderts. Pforzheim wurde zur Goldstadt Deutschlands, die glitzernden Produkte aus ungezählten Handwerksbetrieben wurden in alle Welt versandt. Prächtige Bürgerhäuser entstanden überall und zeugten von dem verbreiteten Wohlstand. Gründerzeit-Villen, Patrizierhäuser im Jugendstil prägten die Straßen. Aber es kam, wie Pforzheim es schon gewohnt war: Ein neuer Krieg brachte den Niedergang. Der Bombenangriff des 23. Februar 1945 dauerte nur 20 Minuten, aber ihm fielen 17 000 Menschen und 80 % der Gebäude zum Opfer. Zwar begann die Stadt mutig wieder mit dem Neuaufbau, aber vieles war unwiederbringlich vernichtet. Außerdem hat man in der Hektik der Nachkriegsphase leider oft nicht so genau darauf geachtet, wie sich dieses oder jenes Gebäude ins Stadtbild fügt. Die wirtschaftliche Erholung haben die fleißigen Nordschwarzwälder gut bewältigt. Nicht nur konnte an die Goldschmiede- und Schmucktradition angeknüpft werden. Auch andere Industriezweige wurden angesiedelt. Zwei große Versandhäuser haben ihren Sitz in Pforzheim. Das Stadtbild aber ist unauslöschlich von der Kriegszerstörung geprägt.

Im Stadttheater werden auch Sinfonie- und Sonderkonzerte geboten (links außen).

Nach dem Wiederaufbau nur noch gedämpft expressionistischen Charakter: die Herz-Jesu-Kirche (links innen).

Modernes Rathaus am Marktplatz (links unten).

Das Emma-Jaeger-Bad direkt an der Enz (rechts).

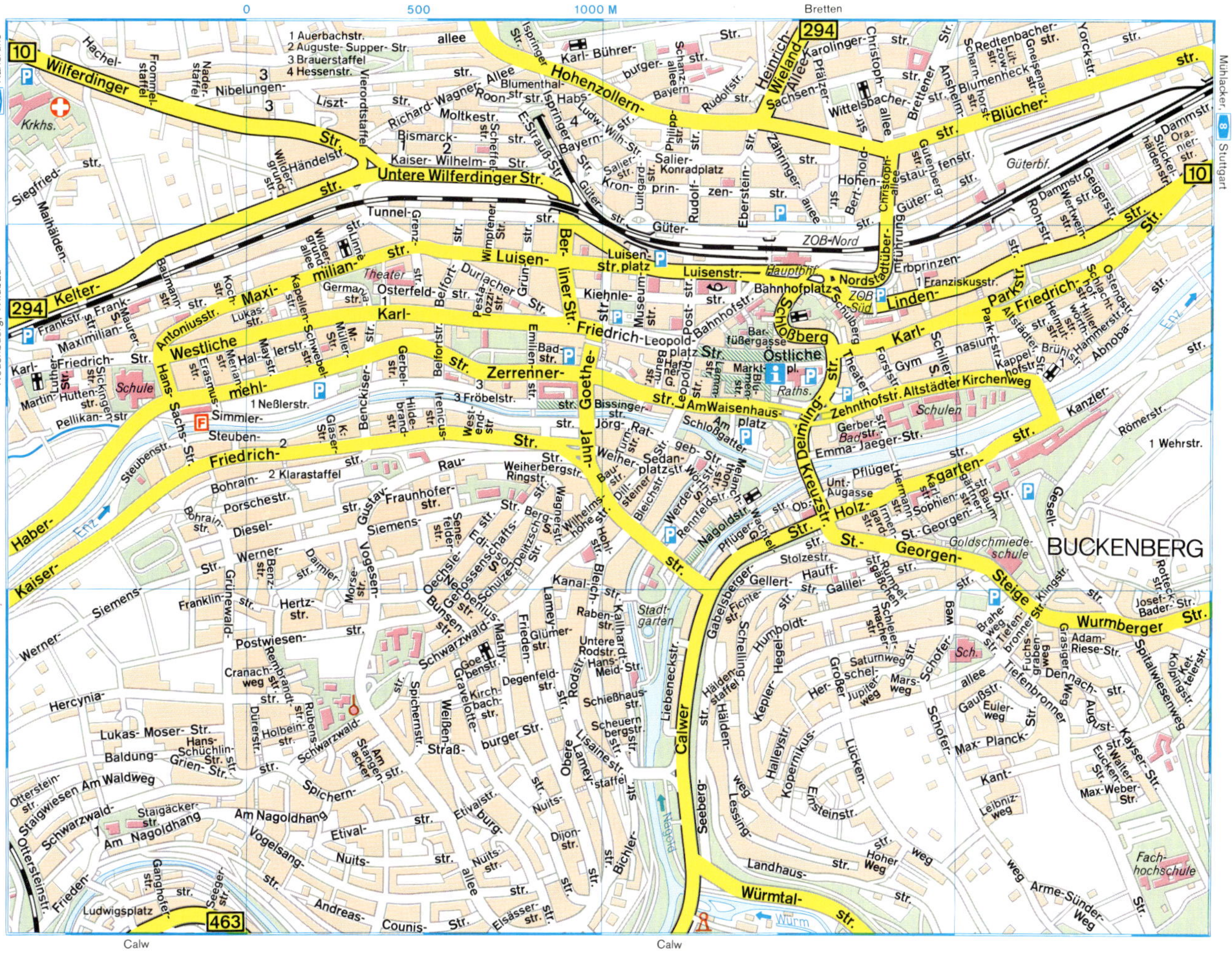

## Sehenswürdigkeiten

Berühmtester Sohn der Stadt ist der Humanist Johannes Reuchlin (1455 geboren), Onkel des in der Nähe geborenen Philipp Melanchthon. Im **Reuchlinhaus** ist allerdings nicht eine Reuchlinausstellung, sondern das **Schmuckmuseum** untergebracht. Dies allerdings verdient große Beachtung, denn die Präsentationen zur Geschichte der Pforzheimer Schmuck- und Uhrenindustrie vermitteln einen nicht unbedeutenden Eindruck der Schmuckgeschichte überhaupt. Gleich auf der gegenüberliegenden Seite des großen Parkplatzes befindet sich die **Edelsteinausstellung Schütt**. Direkt an der Nagold liegt die moderne **Stadtkirche** von 1964, die an der Stelle einer kriegszerstörten Vorgängerkirche errichtet wurde. Flußabwärts, nach der Einmündung in die Enz, steht die **Altenstädter Kirche St. Martin**. Von der alten romanischen Basilika hat ein beachtenswertes Portal überlebt. Spätgotische Wandmalereien aus dem 15. Jh. sind in dem etwas älteren Chor freigelegt worden. Viel jünger ist die **St.-Franziskus-Kirche** mit ihrem italienischen Neorenaissance-Stil (19. Jh). Auf dem Schloßberg erhebt sich die **Schloß- und Stiftskirche St. Martin**, der Kern der Pforzheimer Neustadt. Auch diese Kirche mußte von den Grundmauern her nach dem Krieg rekonstruiert werden. Gleichwohl vermittelt der heutige Bau einen schönen Eindruck der spätromanischen dreischiffigen Basilika. Die badischen Markgrafen haben sich im Chor seit 1535 in Wandgräbern bestatten lassen. Vom Schloß ist nur der sogenannte **Archivturm** übrig geblieben.

Am Fuße des Schloßbergs findet sich ein interessanter Jugendstil-Turm (**Bezirksamtsturm**, 1903). Weder schön noch selten werden manche Besucher Pforzheims das **Rathaus** aus Sichtbeton von 1972 finden. Ganz in der Nähe steht allerdings die im Krieg zerstörte **Barfüßerkirche**, die eigentlich einmal zu einem Franziskanerkloster gehörte und ursprünglich dem 13. Jh. entstammt.

Die kleine Großstadt (107 000 Einwohner) besitzt ein ganz beachtliches Kulturleben. Neben dem **Stadttheater** mit seinem breitgefächerten Programm gibt es eine Marionettenbühne, die Kleinkunstbühnen des Kulturzentrums »Goldener Anker« und des »Kupferdächles«. An verschiedenen Spielorten wird ein anspruchsvolles E-Musik-Programm organisiert. Ausflügler kommen im Schwarzwald noch immer auf ihre Kosten. Die Schwarzwaldbäderstraße beginnt in Pforzheim. Einen Wildpark gibt es in Buckenberg, in Würm einen Alpengarten. Wer barocke Schlösserpracht sucht, unternimmt einen Abstecher nach Karlsruhe oder nach Bruchsal.

**Information**
Stadtinformation
Im Neuen Rathaus
Marktplatz 1
W-7530 Pforzheim
Tel. (07231) 392190

**Festkalender**
Pforzheimer Kleinkunsttage (März); Pforzheimer Laienspielwoche (Mai); »Pforzemer Drehorgelei« (alle zwei Jahre, Juni, internationales Drehorgeltreffen); »Pforzheimer Meß« (Volksfest, Juni); Marktplatzfest (alle zwei Jahre, Juni); »Kramer, Zunft und Kurzweyl« (mittelalterlicher Markt, alle zwei Jahre, Juli); Südtiroler Programm (August); Oechsle-Fest (September); Figurentheatertage (Oktober); Christmas-Rock-Festival.

**Tips**
Jazz gibt es im Jazzkeller, der Jazz-Society und im Domicile.

# Pirna – Tor zur Sächsischen Schweiz

Die Stadt liegt reizvoll am Übergang des Elbsandsteingebirges in das weite Elbetal, in dem sich Dresden ausbreitet. Pirna ist wirtschaftliches und kulturelles Zentrum der oberen Elbe und Verkehrsknotenpunkt. Die Altstadt enthält eine ganze Reihe wertvoller Baudenkmäler.

Die Bezeichnung Sächsische Schweiz für den nördlich der Grenze zur CSFR gelegenen Teil des Elbsandsteingebirges entstammt der Romantik. Damit sind die markanten Formen des gar nicht sehr hohen Mittelgebirges herausgestellt worden. Entstanden sind die scharfen Schluchten durch Auswaschungen der einst geschlossenen Sandsteinplatte.

## Geschichte

Der Name Pirna kommt wahrscheinlich aus dem Sorbischen, wo na Perném soviel wie »auf dem Harten« bedeutet. Ab dem 10. Jh. entstand nämlich eine sorbische Bauern- und Fischersiedlung auf dem festen Sandsteingrund – im Unterschied zu der sandigen Elbaue. An der Furt siedelten sich später auch deutsche Kaufleute und Handwerker an. Im 11. oder 12. Jh. wurde die Handelsstraße nach Böhmen unter den Schutz einer Burg gestellt, von der aus dann um 1200 planmäßig eine Ortschaft angelegt wurde. 1233 erstmals urkundlich erwähnt, erhielt Pirna schon kurz darauf Stadtrecht. Im 14. Jh. wurde das gesamte Gebiet an Böhmen verkauft, ging aber später wieder zurück an Meißen. Insbesondere als Handelsstadt, mit eigenem Zollrecht ausgestattet, erlangte Pirna einigen Wohlstand. Diesen kontinuierlichen Aufschwung schnitt vorübergehend die Zerstörung der Stadt durch die Schweden im 30jährigen Krieg ab. Grundlagen der wirtschaftlichen Erholung wurden neben dem Handel auch die Eisenverarbeitung, das Textilgewerbe und die Töpferei. Und der Pirnaer Sandstein wurde so berühmt, daß aus ihm nicht nur der Dresdener Zwinger und die Hofkirche, sondern sogar das Kopenhagener Schloß erbaut wurden. Die Industrialisierung im 19. Jh. wurde vor allem durch den Anschluß an die Eisenbahn befördert, die ab 1851 von Dresden aus bis nach Prag führte.

## Sehenswürdigkeiten

Die **Stadtkirche St. Marien** (1502 bis 1546) geht in Teilen bis auf das 13. Jh. zurück – eine obersächsische Hallenkirche, die für ihre Gewölbeausstattung berühmt ist. Der spätgotische Turm ist etwas älter. Beachtenswert sind im Innern der gewaltige Altar (1611), die alten Grabmäler und die Kanzel aus dem 16. Jh. Das Dominikanerkloster ist schon seit Jahrhunderten aufgelöst, zu dem die zweischiffige Hallenkirche gehörte, die heute **St.-Heinrichs-Kirche** heißt. Wegen der vielen baulichen Veränderungen kann man nicht mehr erkennen, daß das Gebäude ursprünglich aus dem 13. Jh. stammt. Innen allerdings haben sich mittelalterliche Malereien erhalten. Beliebtes Fotomotiv ist eine gut erhaltene **Postsäule** von 1722. Ein stilvolles Bauensemble bietet der **Marktplatz**, der optisch vom **Rathaus** mit seinem barock gestaffelten Turm beherrscht wird. An diesem wie an den anderen Häusern am Marktplatz kann man leicht den baulichen Einfluß mehrerer Jahrhunderte erkennen: Spätgotische mischen sich mit renaissancehaften, barocken und klassischen Stilelementen. Das **Marienhaus**, Markt 20, war einst Quartier für Napoleon. Über der Stadt erhebt sich die ehemalige **Festung Sonnenstein**, die früher als uneinnehmbar galt. Im letzten Jahrhundert ist sie zu einer Heilanstalt umgebaut worden – im Dritten Reich wurden hier Tausende von Kranken ermordet. Einige Kilometer elbaufwärts gelangt man zur **Festung Königstein**, der ehemaligen Burg der böhmischen Könige. Auf einem steilen Sandsteintafelberg gelegen, wurde sie später zur stärksten sächsischen Landesfeste ausgebaut. Hier wurden viele berühmte Staatsgefangene festgehalten – wie zum Beispiel J. F. Böttiger, August Bebel, Frank Wedekind oder Fritz Heckert.

Brunnen am Dohnaischer Platz (oben).

Das Wappen vom „Gasthaus zum Schwan“ am Markt (links).

Blick auf den Marktplatz mit Rathaus und der Festung Sonnenschein im Hintergrund (rechts).

**Information**
Fremdenverkehrsbüro
Dolmaischestraße 31
O-8300 Pirna
Tel. (03501) 2897

**Festkalender**
Fest der Bergarbeiter (Juli); Elbefestspiele (August/September).

**Tips**
Die Sächsische Schweiz bietet eine Fülle von landschaftlichen Reizen. Zum Beispiel kann man 5 km nach Norden einen Spaziergang zur Lochmühle von 1559 unternehmen. Hier hat Richard Wagner an seinem »Lohengrin« gearbeitet. Ein lohnendes Ausflugsziel ist auch Schloß Weesenstein – eine riesige Anlage an der Müglitz mit einem wunderschönen barocken Garten. Erholungs- und Kurmöglichkeiten finden sich reichlich in Bad Gottleuba.

# Plauen
# Spitzen im Vogtland

Die größte Stadt im Vogtland ist berühmt für seine Schleiergewebe und seine Spitzen. Aber auch in kultureller Hinsicht ist Plauen das Zentrum des Vogtlandes. Die Stadt gilt als eine der am schönsten gelegenen größeren Städte in Ostdeutschland.

Der Name des Vogtlandes rührt von den Vögten von Plauen, Weida, Gera, Vogtberg und Straßberg her. Erstmals aufgetaucht ist die Bezeichnung in einer Urkunde von 1254. Die vom Kaiser verliehenen Herrschafts-Privilegien galten allerdings damals für ein viel größeres Areal, als es das heutige Vogtland ist.

## Geschichte

Schon vor über 3000 Jahren haben hier Menschen gesiedelt, wie man an den Hügelgräbern auf dem Eisenberg bei Jocketal ablesen kann. In geschichtlicher Zeit lebten hier zunächst Slawen, als der Ort mit dem Namen »vicus plawe« belegt war. Eine Marktsiedlung wurde von deutschen Siedlern gegründet. Als das Land an die Vögte übergegangen war, förderten sie den planmäßigen Ausbau dieses Ortes am Kreuz wichtiger Handelswege. Bald wurde von einer Burg berichtet, die Stadt wurde befestigt, eine Steinbrücke über der Weißen Elster erbaut – dies alles noch im 13. Jh. Vor allem der Handel verhalf zu einem gewissen Wohlstand, dem die Zerstörung durch die Hussiten 1430 allerdings ein jähes Ende bereitete. Doch konnte man sich schnell erholen, nicht zuletzt dank der Tuchmacherei. Im 15. Jh. erhielt Plauen die Gerichtsbarkeit, 1602 wurde es Hauptstadt des Voigtländischen Kreises. Im 30jährigen Krieg folgten wieder schwere Rückschläge durch Pest und Zerstörung. Nun spielten in wirtschaftlicher Hinsicht die importierten Baumwollwaren eine größere Rolle. 1799 und 1812 gab es zwei bedeutende Weberaufstände in Plauen. Im 19. Jh. wurde dann auf die Maschinenstickerei umgestellt, und die Stadt erlangte Weltruhm in der Herstellung von Spitzen. Schwere Kriegszerstörungen haben das Stadtbild gezeichnet.

## Sehenswürdigkeiten

Das **Alte Rathaus** ist ein spätgotischer Bau, der auf das Jahr 1508 zurückgeht und in Resten noch das ältere Gebäude aus dem 14. Jh. enthält. Hier befindet sich heute das **Spitzenmuseum**. Auf den Ruinen einer mittelalterlichen Burg erhebt sich das **Malzhaus** von 1727. Eine Gruppe von alten Bürgerhäusern in der Nonnenstraße beheimatet inzwischen das **Vogtlandmuseum**, das sich mit seinen Sammlungen auf die Regionalgeschichte konzentriert. In der Stadt verteilt haben aber auch noch weitere alte Bürgerhäuser die Zeiten überdauert: so das **Wimmersche Haus** in der Straßberger Straße und das **Weißbachsche Haus** am Mühlengraben, das ein seltenes Beispiel einer barocken Industrie- und Wohnanlage darstellt. Die erwähnte **steinerne Brücke** über die Weiße Elster existiert noch heute, allerdings ist sie im Laufe der Zeit immer mal wieder erneuert oder ausgebessert worden. Sie steht unter Denkmalschutz und bleibt jetzt Fußgängern reserviert.
Zuerst 1122 ist die ursprünglich romanische **Johanniskirche** geweiht worden. Im 16. Jh. erfuhr sie einen spätgotischen Umbau. Eines der ältesten Ausstattungsstücke ist das gotische Kruzifix aus dem 14. Jh. Der **Lutherkirche** (1693 bis 1722), die mit einem kunsthistorisch sehr bedeutenden spätgotischen Flügelaltar aufwarten kann, sieht man ihren barocken Ursprung leicht an. Von der ehemaligen Stadtbefestigung sind nur noch Reste des sogenannten **Nonnenturms** erhalten. Ruine ist auch das alte Schloß der Vögte auf dem Hradschin, dem Schloßberg. Zwar wurde es nach der Zerstörung durch die Hussiten wieder aufgebaut, aber nach dem Zweiten Weltkrieg hat man es dann so belassen. Eine der damals größten Steinbogenbrücken Europas ist die **Friedensbrücke** (1903 bis 1905). Bei einem Abstecher nach Greiz kann man eine andere Textilstadt kennenlernen, die aber im Krieg weniger zerstört wurde. Sehenswert sind das Obere sowie das Untere Schloß in dem reizenden Ort.

**Information**
Plauen-Information
Rädelstraße 2
O-9900 Plauen
Tel. (03741) 24945

**Festkalender**
Plauener Spitzenfest (Juni);
Blasmusikfest (September).

**Tips**
Bevorzugtes Ausflugsziel der Plauener ist der Pöhl-Stausee. Diese Talsperre ist die viertgrößte in der ehemaligen DDR und stellt mit der über 300 m langen und 45 m hohen Staumauer ein gewaltiges Bauwerk dar. Am Südufer des Sees liegt der Ferienort Altensalz mit seiner Heilquelle. Ein beliebter Spazierweg führt zur Holzmühle durch das Landschaftsschutzgebiet Syratal. Hierzu gehört auch eine Freilichtbühne. In der Teppichstadt Oelsnitz kann man Schloß Voigtsberg besichtigen.

Schmiedeeisernes Aushängeschild einer Gaststätte (links).

Im Alten Rathaus befindet sich heute das Spitzenmuseum (oben).

Park und Bahnhofstraße (unten).

# Potsdam Preußische Residenz

Die Residenzstadt der preußischen Herrscher zeigt noch heute die beiden Gesichter der friderizianischen Ära: das nüchtern Militärische der europäischen Großmacht und das phantasievoll Künstlerische des „Philosophen von Sanssouci".

Potsdam ist zunächst die „Soldatenstadt" von Friedrich Wilhelm I. Darüber hinaus wurde sie die barocke Residenz von Friedrich II. mit repräsentativen öffentlichen Gebäuden, denen die Bürgerhäuser nacheiferten. Die Stadt selbst wurde zum Ausdruck des preußischen Großmachtdenkens, die Sommerresidenz geriet zum Rokokospiegel der königlichen Liebe zu Wissenschaften und Künsten.

## Geschichte

Erst im 12. Jh. gab es eine askanische Burg, in deren Schutz eine deutsche Marktsiedlung heranwuchs. Im Jahre 1345 wurde sie als „civitas" umschrieben. Das bescheidene Wachstum endete im Dreißigjährigen Krieg abrupt mit totaler Zerstörung. Potsdams glanzvolle Zeit begann 1660, als Kurfürst Friedrich Wilhelm am Alten Markt ein Stadtschloß errichten ließ und es zu seiner zweiten Residenz bestimmte. König Friedrich Wilhelm I. bestimmte Potsdam ab 1713 zur Garnisonsstadt und leitete eine umfangreiche Bautätigkeit ein. In diese Zeit fiel auch die Errichtung von drei wichtigen Kirchen: der Nikolaikirche (1724), der Heiliggeistkirche (1734) sowie der Garnisonskirche (1735).
Geradezu zum Heerlager geriet die Stadt unter Friedrich II. In dieser Zeit wurde das Stadtschloß zur repräsentativen Residenz ausgebaut, der Alte Markt erhielt 1753 das Alte Rathaus, und westlich der Stadt entstanden Park und Sommerschloß Sanssouci.
Auch im 19. Jh. blieb der Charakter von Potsdam als Residenz-, Militär- und Beamtenstadt weitgehend erhalten.
Das 20. Jh. hielt in Potsdam 1911 seinen Einzug mit der Errichtung der größten Luftschiffhalle der Welt. Gleichzeitig wurde die Filmstadt Babelsberg eingerichtet. Als letztes Bauwerk der Hohenzollern wurde 1917 Schloß Cecilienhof im Neuen Garten fertiggestellt. Am 14. April 1945 sank in Potsdam zwar vieles in Schutt und Asche, manches blieb aber auch erhalten, und vieles konnte inzwischen wieder restauriert werden.

## Sehenswürdigkeiten

Altes wie neues Zentrum der Stadt ist der **Alte Markt** nördlich der Langen Brücke. Das ehemalige **Rathaus**, das heutige Kulturhaus Hans Marchwitza, wurde als Barockbau 1753 fertiggestellt. Mit dem ebenfalls barocken **Haus Knobelsdorff** von 1750 ist es verbunden. Die Nordseite des Platzes behauptet die **Nikolaikirche**, die Karl Friedrich Schinkel als dritte Kirche an diesem Platz von 1830 bis 1837 errichtete. Der Obelisk vor der Kirche stammt von 1753 und zeigt Bildnisse der bedeutendsten Baumeister Potsdams.
Ein zweites, kleineres Zentrum ist der nördlich vom Alten Markt gelegene **Bassinplatz**. Den Platz selbst dominiert die katholische **Pfarrkirche St. Peter und Paul**,

**Information**
Potsdam-Information
Friedrich-Ebert-Straße 5
O–1561 Potsdam

**Festkalender**
Parkfestspiele Sanssouci (Juni). Frühlingsfest (Ende März). Potsdamer Lichterfest (August).
Potsdamer Tellermarkt (Ende September).

**Tips**
Das Café im obersten Stockwerk des Interhotels Potsdam bietet den besten Blick über Stadt und Havelland.
Die Umgebung von Werder (12 km westlich) ist ein großes Obstanbaugebiet. Zur Blütezeit ist es ein attraktives Ausflugsziel.

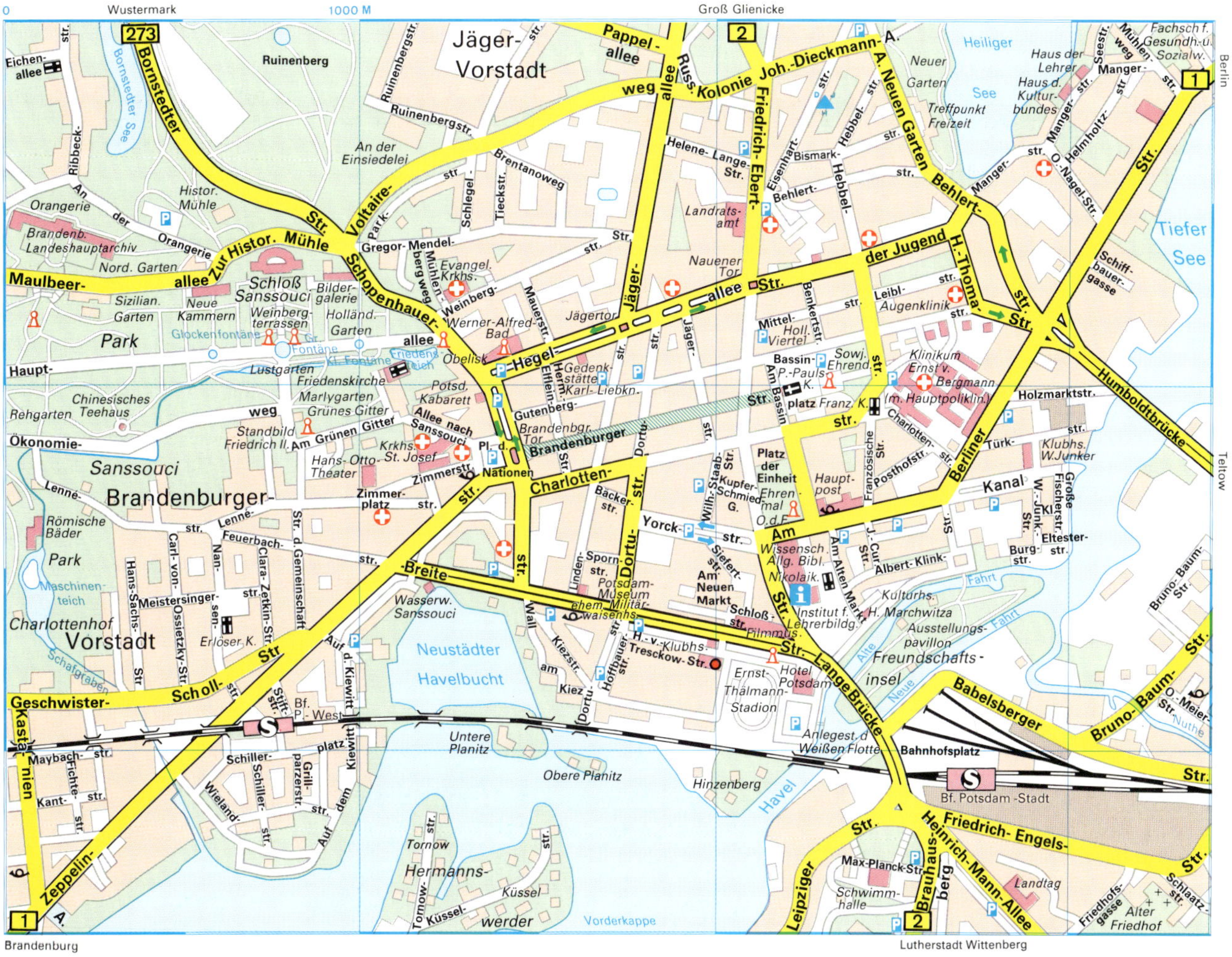


ein spätklassizistischer Zentralbau von 1868. Südöstlich des Bassinplatzes versteckt sich die 1752 fertiggestellte Französische Kirche. Der zentrale Barockbau wurde im Jahre 1833 von Karl Friedrich Schinkel klassizistisch umgestaltet. Nördlich des Bassinplatzes schließt sich das **Holländische Viertel** an. Es besteht aus 134 Backsteinhäusern, die holländische Handwerker von 1734 bis 1742 nach einheitlichem Entwurf errichteten. Das westliche Ende der Klement-Gottwald-Straße wird vom **Potsdamer Brandenburger Tor** markiert. Westlich des Tores schließt sich der **Platz der Nationen** an. Von ihm aus sind der Park und das Schloß Sanssouci unmittelbar zu erreichen.

Im **Neuen Garten** am Heiligensee stehen das **Marmorpalais**, ein 1792 von Karl von Gontard fertiggestellter, klassizistischer Backsteinbau, und **Schloß Cecilienhof**, das 1917 fertiggestellt wurde. Hier tagte 1945 die Potsdamer Konferenz. Die Konferenzräume sind im Originalzustand erhalten. Östlich des tiefen Sees erstreckt sich der **Babelsberger Park**. **Schloß Babelsberg** am Nordrand des Parks wurde nach Plänen von Karl Friedrich Schinkel 1834 begonnen und 1849 fertiggestellt. Der **Flatowturm** ist das Wahrzeichen des Parks.

Der interessanteste Bau auf dem Berg aber ist der 1921 von Erich Mendelsohn errichtete **Einstein-Turm**.

Auf Schloß Cecilienhof fand 1945 die Potsdamer Konferenz statt (links oben).

Ein bedeutendes Bauwerk des Expressionismus: der Einsteinturm auf dem Telegrafenberg (links oben innen).

Das Brandenburger Tor aus dem Jahre 1770 (links unten).

Nach englischem Vorbild errichtete Schinkel das Schloß Babelsberg (rechts unten).

Das ehemalige Rathaus ist ein prunkvoller Barockbau (rechts außen).

# Quedlinburg Stadt des Hundes

»Quedel«, so nennt der Volksmund hier den Hund, der im hiesigen Wappen stand und dem Ort den Namen gab. Das reizvolle Städtchen an der Bode ist bekannt für die guterhaltenen Fachwerkhäuser. Das ganze mittelalterliche Stadtbild ist noch genau zu erkennen.

Quedlinburg ist die Geburtsstadt des empfindsamen Dichters Friedrich Gottlieb Klopstock (1724 bis 1803), den die Zeitgenossen als poetisches Genie verehrten. Außerdem stammt die erste deutsche Ärztin, Dorothea Christiana Erxleben, aus Quedlinburg, nach der die medizinische Fachschule hier benannt ist.

## Geschichte

Zuerst stand hier einer der ungezählten karolingischen Königshöfe, aus dem nach dem Tode Heinrichs I. ein Damenstift hervorging. Dieser erhielt bereits 994 Markt-, Münz- und Zollrechte über die nördlich des Burgbergs erwachsene Siedlung, die mit einem älteren thüringischen Dorf verschmolzen war. Schon im frühen 15. Jh. wurde Quedlinburg Mitglied der Hanse, allerdings konnten keine städtischen Freiheiten gegen das Stift durchgesetzt werden. So bewahrte der Ort über die Jahrhunderte einen bescheidenen Wohlstand, der sich vor allem aus der Landwirtschaft und dem Handel mit deren Produkten sowie durch die reichen Zöglinge des Stifts ergab. Im 19. Jh. machte Quedlinburg mit der Blumen- und Samenzucht auf sich aufmerksam. Das Stift war 1539 zu einem evangelisch freikirchlichen geworden und fiel 1803 unter die Säkularisation. Inzwischen gibt es auch einige kleinere Industriebetriebe sowie einige überregional bedeutsame Bildungsstätten. Da der Zweite Weltkrieg dem industriell damals namenlosen Ort gnädig war, gibt das Stadtbild besonders eindrucksvoll mehrere Jahrhunderte Bau- und Stilgeschichte wieder.

## Sehenswürdigkeiten

Wahrzeichen der Stadt ist das Renaissanceschloß auf dem Burgberg. Die jetzige Gestalt des **Schlosses** geht auf das 16. und 17. Jh. zurück, doch gibt es viel ältere Fundamente. Einige prächtige Repräsentationsräume schmücken das Schloßinnere, das heute als **Museum** die mittelalterliche Stadtgeschichte aufarbeitet. Zu der Anlage gehört auch die romanische **Stiftskirche St. Servatius** aus dem 12. Jh. In der Krypta dieser dreischiffigen Basilika ist Kaiser Heinrich I. mit seiner Gemahlin Mathilde beigesetzt. Einen Besuch lohnt auch der in der ehemaligen **Sakristeikirche** bewahrte Domschatz. Unterhalb des Schloßberges liegt der **Finkenherd**, auf dem Heinrich der Sage nach beim Vogelfang die deutsche Königskrone erhalten hat. Hier ganz in der Nähe steht das **Klopstock-Haus**, das heute als Literaturmuseum dient. Außerdem befindet sich hier die **Lyonel-Feininger-Galerie**, die ein umfangreiches Werk dieses Künstlers ausstellt.

Aus der Frühzeit Quedlinburgs stammt die Klosterkirche **St. Wiperti**, an der Stelle des einstigen Königshofes wohl im 10. Jh. errichtet. Die beeindruckende Pfeilerbasilika hat eine bewegte Baugeschichte hinter sich. Der gesamte Stadtkern ist von der UNO unter Denkmalschutz gestellt – und das zu Recht. Von den vielen sehenswerten alten Gebäuden sticht besonders das Rathaus hervor. An seiner Front wacht eine der vielen **Rolandfiguren**, die in Norddeutschland so verbreitet waren und über deren Bedeutung man sich nicht ganz im klaren ist. Das **Fachwerkmuseum** in der Wordgasse informiert eingehend über die Tradition des Fachwerkbaus. Beim Schlendern durch die Altstadt trifft der Besucher auf eine Vielzahl an wunderhübschen alten Häusern, wie zum Beispiel die **Adlerapotheke** oder die **Ratswaage**.

Das Renaissanceschloß St. Servatius (oben).

Die in Norddeutschland so beliebte Rolandfigur am Rathaus (links).

Das Rathaus (rechts).

**Information**
Quedlinburg-Information
Markt 12
O-4300 Quedlinburg
Tel. (03946) 2866, 2633

**Festkalender**
Harzer Finkenwettstreit (Pfingsten in Thale); Blumenfest (September); Musiktage (Oktober).

**Tips**
Quedlinburg besitzt eine eigene Theaterkultur. Von besonderer Naturschönheit sind die wilden Schluchten des Seeweckberges bei Badeborn. Über dem Bodetal ragt bei Thale der Hexentanzplatz hervor, eine Höhenplatte mit bester Fernsicht. In der Nähe eine Freilichtbühne des Harzer Bergtheaters. Sehenswert ist auch das romantische Blankenburg. Außer nach Halberstadt empfehlen sich auch Abstecher nach Gernrode und Harzgerode – unterwegs kommt man am sagenumwobenen Mägdessprung vorbei.

# Recklinghausen Stadt Karls des Großen

Der erste deutsche Kaiser hätte sich sicher nicht träumen lassen, daß aus seinem Königshof südlich der Lippe einmal das Zentrum des bevölkerungsreichsten deutschen Kreises würde. Die Stadt selbst ist von den Widersprüchen einer hektischen Industrialisierung geprägt.

Jedes Jahr im Mai und Juni ist Recklinghausen kultureller Mittelpunkt der Region. Denn dann finden seit 1948 die Ruhrfestspiele statt, die mittlerweile nicht nur ein eigenes Festspielhaus (im Stadtgarten), sondern auch ein eigenes Ensemble haben. Begründet worden ist die Festspieltradition vom deutschen Gewerkschaftsbund zusammen mit der Stadt Recklinghausen. Und seither wird hier mit großem Aufwand in jedem Frühjahr ein buntes und vielfältiges Kulturprogramm organisiert, das stets am Tag der Arbeit beginnt.

## Geschichte

»Ricoldinchuson« hieß der Marktflecken, von dem eine Urkunde aus dem Jahr 1017 spricht. Er hatte sich um den Königshof Karls des Großen gebildet, der diesen Militärstützpunkt in den Sachsenkriegen benötigte. Die strategische Bedeutung des Orts wurde mit der Gewährung von Münzrechten (1100) belohnt. Kurköln übte hier seit 1150 die Herrschaft aus, aber die Erzbischöfe vom Rhein gingen nicht weniger großzügig mit dem Stützpunkt um: 1236 erteilten sie das Stadtrecht, und ab 1253 durfte Recklinghausen sogar ein eigenes Wappen führen. Der Aufschwung der Stadt führte ab 1316 auch zur Hansemitgliedschaft. Wie so oft zerstörte der 30jährige Krieg auch hier die Blüte – danach war Recklinghausen nur noch ein Landstädtchen. Nach den üblichen Machtverschiebungen zu Beginn des 19. Jh. erhielt schließlich Preußen die Macht und gründete 1816 eine Provinz Recklinghausen. Dann folgte die für das Revier typische Industrialisierungsphase. 1869 wird die erste Kohlezeche Clerget abgeteuft, schnell werden es mehr. Erste Eingemeindungen erfolgen 1926, seit 1949 ist Recklinghausen Großstadt. Die rapide Entwicklung der modernen Industrie hat zwar das bäuerliche Gepräge weitgehend verdrängt, aber noch immer finden sich reizende Fachwerkhäuser und moderne Gebäudekomplexe dicht nebeneinander. Schließlich wird auch heute noch die Hälfte des Stadtgebiets landwirtschaftlich genutzt.

## Sehenswürdigkeiten

Mit dem Wallring markiert die heutige Straßenführung noch den Verlauf der mittelalterlichen **Stadtmauer**, von der am Herzogswall noch ein Teil erhalten ist. Daneben liegt die **Engelsburg**, ein dreiflügeliger Adelshof, der um 1700 errichtet worden ist. Über die hier übliche bäuerliche Lebensweise geben die Ackerbürgerhäuser in der Turmstraße Auskunft. Ganz in der Nähe liegt das weltberühmte **Ikonenmuseum**, das einen breitangelegten Überblick über die russischen Malschulen und über die epochalen Richtungen der Ikonenmalerei auf dem Balkan und in Griechenland gibt. Eine Sammlung frühchristlich-koptischer Kunst gehört ebenfalls zum Museum.

Wahrzeichen der Stadt ist die **St.-Petrus-Kirche**. Sie geht auf einen im 13. Jh. abgebrannten romanischen Vorgängerbau zurück. Zur Ausstattung gehören wichtige Kunstwerke der Rubensschule. Am **Altstadtmarkt** stehen gleich drei alte Rathäuser und das älteste Gasthaus der Stadt. Das neue **Rathaus** liegt etwas entfernt am Rathausplatz – ein Neorenaissancebau vom Anfang diese Jahrhunderts. Dahinter erstreckt sich der **Erlbruchpark**. Gegenwartskunst wird in der Städtischen **Kunsthalle** geboten. Abends werden die Besucher von der **Lehrgasse-Herrenstraße** angezogen, wo sich die meisten traditionellen Altstadtlokale finden. Anspruchsvolle Küche bietet das Landhaus Scherrer in Bockholt.

Stuckfassade der Alten Galerie (links).

Blick auf den Marktplatz mit St.-Petrus-Kirche im Hintergrund (oben).

Das neue Rathaus (unten).

**Information**
Reisebüro
Kunibertistraße 23
W-4350 Recklinghausen
Tel. (02361) 502900

**Festkalender**
Palmkirmes (zwei Wochen vor Ostern in Hillerheide); Kulinarischer Markt (Mai, September/ Oktober); Ruhrfestspiele (1. Mai bis Ende Juni); Weinmarkt (Mai/ Juni); Bildermarkt der Laienkünstler (Juli); Herbstfest (September); Nikolauszug.

**Tips**
Für klassische Musik ist das Westfälische Sinfonieorchester zuständig, die Gesellschaft der Musikfreunde organisiert aber auch geistliche Musikabende und Kammerkonzerte. Junge Musik, Kleinkunst sowie Kindertheater gibt es in der Altstadtschmiede, im Flexi vor allem moderne Musik. Ausflüge ins südliche Münsterland sind sehr beliebt.

# Regensburg – Schönheit und Tradition

Die uralte Stadt ist wie wenige deutsche Großstädte im Krieg verschont worden. So kann man heute viele Baudenkmäler aus 20 Jahrhunderten bewundern. Zugleich ist Regensburg als Hauptstadt des Regierungsbezirks Oberpfalz kulturell und wirtschaftlich ein bedeutendes Zentrum.

Regensburg liegt an der nördlichsten Stelle der Donau, die ab hier schiffbar ist. Deshalb sprechen manche ironisch vom westlichsten Hafen des Schwarzen Meeres. Daran könnte bei den sich verändernden politisch-wirtschaftlichen Strukturen in Europa in Zukunft mehr sein, als mancher heute glaubt. Ohnehin hat Regensburg durch den Main-Donau-Kanal Nordsee-Anschluß erhalten – und als Handelsort daher noch an Bedeutung gewonnen.

## Geschichte

Wo Flüsse ineinander münden, hat man seit alters her gern Siedlungen errichtet. Vor der Regenmündung in die Donau liegen außerdem noch zwei Flußinseln, die es besonders erklärlich machen, daß hier schon die Kelten einen Ort namens Rathaspona bewohnten. Um 90 n. Chr. legten die Römer ein Kohortenlager an, und 179 gründete Marc Aurel für die III. Italienische Legion das Lager Castra Regina. Die steinerne Gründungsurkunde ist bis heute erhalten. Seit dem 6. Jh. residierten hier die Agilolfinger-Herzöge. Karl der Große machte dann aus dem Herzoghof die bedeutendste süddeutsche Königspfalz. Regensburg wurde zu einem gewichtigen Handelszentrum, das regelmäßige Beziehungen nach Italien und Rußland unterhielt. 1245 wurde die bevölkerungsreichste Stadt in Süddeutschland freie Reichsstadt.
Offenbar schon zur Römerzeit hat es in Regensburg Christen gegeben. Durch das Wirken des heiligen Emmeran, eines 715 verstorbenen Wanderbischofs, und des Bischofs Bonifatius gelangte Regensburg nicht nur in den Rang einer Bischofsstadt, sondern schon früh wurden dem Christentum hier auch wichtige Bauten gewidmet. Berühmt ist die Reichsabtei St. Emmeran. Begann im 14. Jh. eine wirtschaftlich schlechtere Phase für Regensburg, so zeigen allein die von Karl V. hier abgehaltenen drei Reichstage (1532, 1541, 1546), daß die Stadt auch weiterhin eine große Rolle spielte. Dies um so mehr, als von 1663 bis 1803 hier der sogenannte immerwährende Reichstag, eine Art Parlamentsvorläufer, tagte und die Donaustadt damit eigentlich zur deutschen Hauptstadt aufwertete. Die Fürsten von Thurn und Taxis, die durch das Postmonopol reich geworden waren, vertraten ab 1748 den Kaiser als dessen Kommissare. Noch heute hat das Geschlecht seinen Stammsitz in Regensburg. Eine geringe Industrialisierung im 19. Jh. und Verschonung vor Kriegszerstörung im 20. haben uns eines der eindrucksvollsten mittelalterlichen Stadtbilder erhalten.

## Sehenswürdigkeiten

Eine Ecke des **römischen Lagers** kann heute wieder besichtigt werden, ebenso einige Teilstücke der antiken Stadtbefestigung. Besonders eindrucksvoll ist die **Porta Praetoria**, das Nordtor des Kastells. Unter den Sakralbauten fällt die Kirche des ehemaligen Benediktinerklosters **St. Emmeram** auf, die auf eine ältere Georgskirche des 7. Jh. zurückgeht. Erst 1894 wurde die Emmeranskrypta wiederentdeckt, die schon um 740 entstanden sein dürfte. Heute überbordet der Innenraum der Kirche vor reichem Rokoko-Schmuck. Die alten **Klostergebäude** sind 1812 von der Familie Thurn und Taxis zum **Schloß** umgebaut worden. Besondere Aufmerksamkeit verdient der gotische Kreuzgang. Die fürstliche **Hofbibliothek** gilt als eine der wertvollsten Privatbibliotheken auf der Welt.
Schon aus dem 12. Jh. stammt die 310 m lange **Steinerne Donaubrücke** mit ihren 16 Bögen. Vom Wohlstand der Handelsbürger zeugen noch heute etliche **Wohntürme**, die man sich in italienischer Manier errichtete. Der berühmteste dieser sogenannten Geschlechtertürme ist der **Baumburger Turm** aus dem 13. Jh. (sieben Etagen auf 28 m Höhe). Im übrigen ist die von einem Grüngürtel umzogene Altstadt von wunderschönen mittelalterlichen Straßenzügen geprägt. Auf den Plätzen erinnern die **Brunnen** an italienische Vorbilder.
Optisch beherrscht wird die Altstadt allerdings vom **Dom St. Peter**, mit dessen Errichtung 1250 begonnen worden ist. Trotz der langen und oft unterbrochenen Bauzeit ist eine recht einheitliche gotische Anlage von gewaltigen Ausmaßen entstanden. Im **Reichssaal** tagte der »Immerwährende Reichstag«.

**Information**
Tourist-Information
Im Alten Rathaus
W-8400 Regensburg
Tel. (0941) 5074410

**Festkalender**
Kunst an historischen Stätten (während des gesamten Sommers); Frühjahrs- und Herbstdult; Regensburger Altstadtfeste (alle zwei Jahre, Juni); Freilichtaufführungen im Thon-Dittmer-Palais (Juni/Juli); bayerisches Jazz-Weekend (Juli); Oberpfalzwoche (alle zwei Jahre, September); Internationale Regensburger Literaturtage; Christkindlmarkt.

**Tips**
Im Sommer werden in etlichen Schlössern der Umgebung Konzerte veranstaltet. Die Regensburger Domspatzen bieten das ganze Jahr über Veranstaltungen. Ausflüge nach Walhalla bei Donaustauf oder zur Burg Wolfegg.

Markt auf dem Haidplatz (links).

Der Brückturm (oben).

Die Steinerne Brücke, im Hintergrund der Dom (unten).

# Bad Reichenhall Berchtesgadener Salz

**Die alte Salinenstadt liegt an der österreichischen Grenze am Eingang zum Berchtesgadener Land. Der Ort ist reizvoll von Bergen umgeben, und die Saalach schlängelt sich an ihm vorbei. Vor allem Rheuma- und Atemwegserkrankten wird Reichenhall verschrieben.**

Wer das Bergsteigen nicht so liebt, aber für herrliche Aussichten etwas übrig hat, ist in Bad Reichenhall gerade richtig; denn hier kann er die Predigtstuhlbahn benutzen, die von ihrer Station im Südosten der Stadt steil die 1613 m den Berg hinauffährt. Dabei wird ein wunderschöner Blick über den ganzen Talkessel und darüber hinaus gewährt.

## Geschichte

Schon die Kelten und Illyrer wußten mit dem Reichenhaller Salz lebhaften Handel zu treiben. Schließlich kamen die Römer, und ihnen war das »weiße Gold« genauso wichtig. Im Mittelalter hieß der Ort hala majore – das Lateinische majore hat man später dann einfach ins Deutsche übertragen: Reichenhall. Seit dem 6. Jh. gehörten die Solequellen von Reichenhall dem Salzburger Bistum, das sie erst 1158 an die Herzöge von Bayern abgab. Zwar gab es lange Zeit Ärger mit den Salzburgern, aber schließlich machte Herzog Georg der Reiche der Sache ein Ende, indem er um 1500 die Salzgewinnung einfach kaufte und als herzogliches Monopol festschrieb. Gleich darauf begann man damit, eine stattliche Zahl von Solequellen zu bohren. Damit war den Bayern eine wichtige Einnahmequelle gesichert. Nachdem schon im 18. Jh. damit begonnen worden war, die Sole auch zu Heilzwecken zu nutzen, wurde Reichenhall 1846 Solebad. Leider ist bei einem sehr schweren Brand im Jahre 1834 fast die gesamte Stadt zerstört worden, so daß der Ort nicht mehr viel alte Bausubstanz vorzeigen kann. Gleichwohl ist das bayerische Staatsbad einer der wichtigsten deutschen Kurorte.

## Sehenswürdigkeiten

Wichtigstes Bauwerk ist die ehemalige Augustiner-Chorherren-Stiftskirche, heutige **Münsterkirche St. Zeno**, die älteste romanische Kirche Bayerns. Zugleich repräsentiert St. Zeno auch die größte romanische Hallenkirche in Südbayern. Bereits 1136 begonnen und 1228 geweiht, mußte sie im frühen 16. Jh. nach einer Feuerkatastrophe wieder restauriert werden. Das beachtliche Portal aus rotem und grauem Marmor erinnert auffällig an oberitalienische Portale. Bei der gotischen Neugestaltung des Innenraums blieb fast nur der romanische Grundriß erhalten, ansonsten prägt späterer Schmuck die Kirche. Berühmt sind die »Krönung Mariens« der sogenannten Inntalschule (1515) sowie die wertvolle Schnitzarbeit des Chorgestühls von 1520. Den äußerst reizvollen romanischen **Kreuzgang** erreicht man durch das Institut der Englischen Fräulein. Ebenfalls romanischen Ursprungs ist die **Stadtpfarrkirche St. Nikolaus** von 1181. Dort beeindrucken im Innern die gewaltigen Pfeiler und die Malereien von Moritz von Schwind. Nicht weniger alt ist die Spitalkirche **St. Johannes**, die allerdings schon gotisch verändert wurde und im 18. Jh. eine Rokoko-Ausstattung erhielt.
Das gesellschaftliche Zentrum des Kurortes stellt das **Staatliche Kurhaus** dar, zu dem eine Wandelhalle und ein **Kurgarten** gehören. Hier befinden sich auch das Gradierhaus, das Kurmittelhaus und der Solespringbrunnen. Über die lange Geschichte des Orts informiert das **Heimatmuseum** mit seinen Sammlungen aus den verschiedenen Epochen. Ein Thema des Museums ist natürlich die Geschichte der Salzgewinnung. Hierzu kann man sich eine besondere Anschauung im Quellenbau der **Alten Saline** verschaffen, den Ludwig I. 1834 errichten ließ. Für besondere kulinarische Freuden empfehlen sich die Schweizer Stuben im Kirchberg-Schlößl.

Blick in den Quellenraum der Alten Saline (links).

Brunnenfigur vor dem Kurgastzentrum (Mitte).

Quellenhaus der Alten Saline (rechts).

**Information**
Kur- und Verkehrsverein
im Kurgastzentrum
Wittelsbacherstraße 15
W-8230 Bad Reichenhall
Tel. (08651) 3003

**Festkalender**
Stadtfest (Juli); Kulturtage (November).

**Tips**
Ein interessantes Theaterprogramm sowie etliche Symphoniekonzerte gehören zum kulturellen Angebot über das ganze Jahr. Die Freizeitmöglichkeiten, die Reichenhall bietet, sind enorm: Bergsteiger werden den Predigtstuhl oder den Hohenstaufen erklimmen, Wanderer finden leicht wunderschöne Landschaften, für Wasserfreunde ist es ein Katzensprung zum Thum- oder zum Saalachsee. Und über die Grenze nach Salzburg sind es keine 20 Minuten mit dem Auto.

Über eines der tiefen Täler hier führt die Müngstener Brücke nach Solingen. Sie ist zu einer Art Wahrzeichen des Bergischen Landes geworden. 1897 fertiggestellt, war die beeindruckende Stahlkonstruktion eine der damals beliebten Huldigungen an den neuen Werkstoff. Ausgeführt wurde die Arbeit von der Maschinenbau AG Nürnberg (MAN). Auch wenn sie nur noch einer Nebenstrecke dient, ist die Müngstener noch immer die höchste deutsche Eisenbahnbrücke.

# Remscheid Bergische Werkzeuge

Wie im Bergischen Land üblich, ist Remscheid nicht eine geschlossene Stadt, sondern besteht aus etlichen kleinen Teilen. Der zentrale Bergrücken ist von vielen Bächen tief zerschnitten. Deshalb vermittelt der Ort auch nicht den Eindruck einer Groß- und Industriestadt.

## Geschichte

Zunächst aus Nordosten, später auch aus dem Rheinland drangen neue Siedler im 9. und 10. Jh. in den Raum Remscheid vor. Man rodete zunächst kleine Waldflächen, bebaute diese Areale, und um die einzelnen Höfe bildeten sich dann allmählich kleine Dörfer. Im gesamten Mittelalter und in der frühen Neuzeit ist die Geschichte Remscheids derjenigen seiner heutigen Stadtteile Lüttringhausen und Lennep untergeordnet. Letzteres erhielt bereits 1230 Stadtrechte, und Remscheid war ihm lange Zeit unterstellt. Im Mittelalter war Lennep eine der vier bedeutendsten bergischen Städte. Holz, Wasser und Eisenerz standen genügend zur Verfügung, so daß schon früh (14. Jh.) mit der Eisenverarbeitung begonnen wurde. Daneben spielten wassergetriebene Gewerbe wie Schmiederei, Schleiferei und das Mühlenwesen eine wichtige Rolle. Eigentümlicherweise spezialisierten sich die meisten Orte im Bergischen auf wenige Produkte: In Remscheid waren es vor allem Werkzeuge, die bald Weltruhm erlangen sollten. Diese Spezialisierung gestattete es auch, die Tradition der Werkzeugfabrikation über die Industrialisierung hinaus bis heute zu bewahren. In Lennep und Lüttringhausen waren es die Band- und Tuchmacherindustrie. Unter französischer Herrschaft (1806) wurde Remscheid mit Gewalt zur Stadt erhoben – seither verloren Lennep und Lüttringhausen an Bedeutung. Berühmtester Sohn Remscheids ist Wilhelm Conrad Röntgen, der hier 1845 geboren wurde.

## Sehenswürdigkeiten

Das **Röntgen-Museum** ist nicht im Geburtshaus Röntgens, sondern in einem anderen Haus aus dem 19. Jh. in der Schwelmer Straße eingerichtet. Über die bergische Wohnkultur des 17. und 18. Jh. unterrichtet das **Heimatmuseum** im **Haus Hilger**. Dieses Gebäude gilt als das schönste in Remscheid, es ist ein altes Kaufmannshaus aus dem 18. Jh. Der Baustil der »bergischen Stilhäuser« ist sehr gleichmäßig und einprägsam: Schwarz sind die Schieferverkleidungen oder die Fachwerkbalken, grün die Fensterläden und weiß die Rahmen. Die Kaufmannshäuser sind gegenüber den einfachen Wohnhäusern mit etwas größerem Aufwand an Freitreppen und Geländern abgesetzt. Im Haus Hilger ist auch das **Werkzeugmuseum** eingerichtet. Eine Außenstelle des Museums ist der **Industriehistorische Lehrpfad** im Gelpetal, wo man traditionelle Hammerwerke und andere Techniken der Eisenverarbeitung besichtigen kann. Ihren dörflichen Charakter haben Lüttringhausen und Lennep sehr deutlich bewahrt. Hübsch das Ensemble um die **Lenneper Pfarrkirche**. Dieser Saalbau mit seiner barocken Turmhaube stammt aus dem Jahr 1756. Etwas früher ist die evangelische **Stadtkirche** von Lüttringhaus errichtet worden, an der die Prinzipalstücke (von Altar, Kanzel und Orgel) Beachtung verdienen. Der 1901 fertiggestellte **Eschbach-Stausee** war die erste Trinkwassertalsperre in Deutschland.

**Information**
Wirtschaftsförderung
Elfofelderstraße 42
W-5630 Remscheid
Tel. (02191) 92320

**Festkalender**
Allee-Galerie (Mai); Konzerte im Stadtpark (sonntags im Sommer); Freilichtaufführungen der Lüttringhauser Volksbühne (Mundartstücke, Mai/ Juni); Schützenfest, Kirmes (auf alle Stadtteile verteilt, von Frühjahr bis Herbst, die Schützenkirmes des Bergischen Landes im Juli).

**Tips**
Wer Schloß Burg besuchen möchte, in dem das Bergische Museum zu Hause ist, sollte sich unbedingt die Müngstener Brücke (1897) näher ansehen. Der Altenberger Dom ist eine Zisterzienserabtei-Kirche, die bis auf das 12. Jh. zurückgeht. Hier finden immer wieder Orgelkonzerte und Oratorien statt.

Das Alleecenter (oben).

Das Röntgenmuseum (links).

Großzügig angelegter Marktplatz vor dem Rathaus (rechts).

# Reutlingen
# Das Westtor zur Alb

Die an Sehenswürdigkeiten reiche Kreisstadt ist für viele Touristen der Ausgangspunkt zu den Touren in die Schwäbische Alb. Von hier gelangt man leicht zu den berühmten Burgen Lichtenstein und Hohenzollern oder in die Ski- und Wandergebiete der Alb.

Berühmtester Sohn der Stadt ist der Nationalökonom Friedrich List, der wesentlich an der Schaffung des Deutschen Bundes und der Aufhebung der innerdeutschen Zollschranken beteiligt war. Die Stadt gedenkt seiner heute vielfach, doch war er nicht immer so beliebt in Reutlingen. Wegen seiner demokratischen Gesinnungen als Abgeordneter der Stadt wurde er 1822 zu Festungshaft verurteilt. Später trat List entschieden für die Errichtung eines deutschen Eisenbahnnetzes ein.

## Geschichte

Im 11. Jh. gab es Reutlingen bereits. 1182 verlieh Kaiser Friedrich I. (»Barbarossa«) dem Ort Marktrechte, der nun in einer Rundform angelegt wurde. Andere Staufer, Friedrich II. und Otto IV., vergaben die Stadtrechte. Seinen wirtschaftlichen Aufschwung erlangte Reutlingen durch verschiedene Textilgewerbe sowie durch Korn- und Weinhandel. Nach dem Ende der Staufer (1268) wurde Reutlingen zwar Reichsstadt, aber es zog auch die Begehrlichkeiten der Württemberger auf sich. Lange Zeit konnte sich Reutlingen gegen die württembergischen Grafen behaupten, 1519 aber wurde die Stadt von Herzog Ulrich erobert. Allerdings reagierte der Schwäbische Städtebund hierauf: Der Zusammenschluß der schwäbischen Reichsstädte führte einen energischen und erfolgreichen Krieg gegen Ulrich, der schließlich fliehen mußte. In der Folge wurde Württemberg an Kaiser Karl V. verkauft.

Der Unachtsamkeit eines Mitbürgers verdankte Reutlingen den verheerenden Stadtbrand von 1726, dem fast die gesamte Stadt zum Opfer fiel. Mit den Reichsstadtfreuden war es dann 1803 vorbei. Napoleons Neuordnung Deutschlands gliederte Reutlingen in Württemberg ein. Glücklicherweise hat man nach den Zerstörungen des Zweiten Weltkriegs die Altstadt mit großer Sorgfalt wieder aufgebaut, so daß Reutlingen heute ein lohnendes Ziel ist.

**Information**
Verkehrsamt
Kronprinzenbau
Listplatz 1
W-7410 Reutlingen
Tel. (07121) 337600

**Festkalender**
Theatersonne der Tonne (Schulferien, Gastspiele im Freien); Sommer-Freilichttheater; Reutlinger Musiktage (durch die Württembergische Philharmonie, alle zwei Jahre im Juni).

**Tips**
Konzerte vorwiegend klassischer Musik werden in der Listhalle veranstaltet (hier spielt auch das Landestheater Württemberg-Hohenzollern). Es gibt mehrere Jazz-Kneipen und ein Kulturzentrum mit einem alternativen Musik- und Kleinkunstangebot. Die Schwäbische Alb lädt zu Auflügen ins Grüne ein. Wintersport treibt man auf der Hohen Warte oder bei Sonnebühl.

## Sehenswürdigkeiten

Die **Marienkirche** ist ein Zeugnis der Blüte Reutlingens im 13. und 14. Jh. Mit ihrem 73 m hohen Turm ist die Kirche zum Wahrzeichen der Stadt geworden. Stilistisch lassen sich leicht die Übergänge zwischen dem spätromanischen Chor und dem gotischen Schiff erkennen, das im Innern eine sehr auffällige Konstruktion von Streben und Pfeilern aufweist. Wertvollster Teil der Ausstattung ist das sogenannte heilige Grab aus dem frühen 16. Jh. An Kaiser Friedrich II. erinnert der Kirchbrunnen vor der **Marienkirche**. Ein anderer Renaissance-**Brunnen** findet sich an der Wilhelmstraße – er ehrt Kaiser Maximilian II. Hier am Markt steht auch das **Spital**, vor allem an dem renovierten Hof erkennt man die Herkunft aus dem 14. Jh. Die heutige **Landwirtschaftsschule** ist in einem ehemaligen Lyzeum eingerichtet – ein wunderhübsches barockes Fachwerkhaus. Am Nikolaiplatz befindet sich die **Nikolaikapelle** mit ihrem eindrucksvollen Sterngewölbe. Beim Schlendern durch die alten Handwerkerviertel trifft man auf etliche schön renovierte alte Fachwerkhäuser. Im ehemaligen **Königsbronner Klosterhof** ist heute das **Heimatmuseum** untergebracht. Es informiert gründlich über die Stadtgeschichte, das Zunftwesen – und natürlich auch über Friedrich List. Das **Spendhaus** von 1518 dient inzwischen dem Naturkundemuseum. Außerdem werden hier auch Kunstausstellungen organisiert. Aus dem 13. Jh. hat sich das **Tübinger Tor** in unsere Tage herübergerettet, das zur ehemaligen Stadtbefestigung gehörte. Oben befindet sich ein später darauf gebautes Fachwerkhäuschen. Abends stürzen sich die jüngeren Reutlinger in das bunte Leben der Studenten- und Künstlerkneipen. Gepflegt essen kann man zum Beispiel im Fürstenhof in der Kaiserpassage.

Tübinger Tor (links).

Blick auf die Altstadt mit der Marienkirche (rechts oben).

Marktbrunnen mit Maximilian-II-Standbild (rechts unten).

# Rosenheim Handel vor den Alpen

Die Verbindungen des traditionsreichen Fernhandels in Rosenheim kann man noch heute an der Altstadt wahrnehmen: Italienische Einflüsse prägen diesen Baustil. Der Verkehrsknotenpunkt hat auch als Industriestandort im südostbayerischen Raum einen Rang.

Das landschaftlich reizvolle Inntal bietet von Rosenheim aus unzählige Freizeitmöglichkeiten. Hier in der Nähe gibt es viele kleinere und größere Seen – bis hin zum Chiemsee. Dort ist Ludwigs II. Versaille-Nachbildung Schloß Herrenchiemsee natürlich obligatorisches Besichtigungsziel der Touristen.

## Geschichte

Schon in antiker Zeit kreuzten sich hier zwei wichtige Handelswege. Insbesondere aber nahmen die Händler auf dem Weg von und nach Italien diese Route. Das war den Römern Anlaß, den Innübergang Pons Aeni zu befestigen. Danach hörte man allerdings lange Zeit nichts von dem Ort. Erst aus dem 13. Jh. ist dann wieder die Errichtung einer Burg durch die Hallgrafen von Wasserburg überliefert. Dies Grafengeschlecht führte Rosen im Wappen und gab so der nun im Schutze der Burg allmählich entstandenen Siedlung ihren Namen. Der wird 1232 erstmals erwähnt, die Verleihung des Marktrechts notierten die Chronisten für 1328. Zu bescheidenem Wohlstand brachte Rosenheim es vor allem durch den Salzhandel, die Salzlagerung und die Innschiffahrt. Leider haben Brände von 1542 und 1641 viel zerstört, aber wegen der günstigen Lage an der Mangfall-Mündung in den Inn konnte sich das Städtchen immer wieder erholen. 1810 wurde dann in Rosenheim die dritte bayerische Saline eröffnet, in der man die Reichenhaller Sole verarbeitete. Nun ging es mit dem Aufstieg gleich so zügig voran, daß 1864 die Erhebung zur Stadt folgte. Der Anschluß an die Eisenbahn 1857 bereitete der industriellen Entwicklung ganz neue Möglichkeiten. 1970 wurden ganz in der Nähe bedeutende Erdgasvorkommen ausgemacht. Dennoch ist die 50 000-Einwohner-Stadt bis heute eher ländlich-oberbayerisch geblieben. Hier hat man ein ausgeprägtes Verhältnis zur kulturellen Tradition. Für einen »Preußen« ist Rosenheim ein sehr viel echteres Stück Bayern als die Weltstadt München.

## Sehenswürdigkeiten

Touristischer Anziehungspunkt Nummer eins in Rosenheim ist der **Max-Joseph-Platz**, der am ehesten noch das mittelalterliche Stadtbild repräsentiert. Hier gibt es wunderhübsche Laubengänge und malerische alte Häuser (besonders Nr. 13, 15, 20, 22). Das **Rathaus** stammt von 1444. Auffällig an der Stadtarchitektur in dieser Gegend ist die weiträumige Bauweise, den Häusern wurde Platz gegönnt, die Straßen und Plätze sind breit. Der italienische Einfluß ist unverkennbar. Die **Pfarrkirche St. Nikolaus** ist ursprünglich im 15. Jh. erbaut worden, allerdings blieb von dem ersten Bau nicht viel mehr als der Turm übrig. Er macht mit der auf einer Plattform aufsitzenden Haube einen recht ungewöhnlichen Eindruck. Auch die spätgotischen Veränderungen aus dem 17. Jh. sind kaum noch erhalten (Zwiebelkrone), das meiste geht auf einen Umbau von 1881 bis 1883 zurück. Aus einer Stiftung eines reichen Rosenheimer Bürgers ist die **Heilig-Geist-Kirche** hervorgegangen, deren alte Form von 1449 allerdings später in barocker Manier verändert wurde. Der Grabstein des Stifters Hans Stier ist in der **Wolfgangskapelle** zu finden. Am südlichen Stadtrand steht die **Wallfahrtskirche Heiligblut**, die eine wertvolle gotische Schnitzgruppe des Meisters von Rabenden bewahrt. Das **Mittertor** (14. Jh.) ist das einzige alte Stadttor, das überlebt hat – heute das **Heimatmuseum**. Ein besonders auffälliges unter den deutschen Museen ist die **Städtische Kunstsammlung** Rosenheim, zu deren Attraktionen die »**Ausstellungsgalerie Lokschuppen**« gehört: in einer alten Eisenbahnremise ist eine Sammlung moderner Kunst eingerichtet. Beachtenswert ist das **Innmuseum** des Wasserwirtschaftsamtes. Hier kann man sich über Geschichtliches in der Schifffahrtstechnik der Innschifffahrt informieren. Einen **Skulpturengarten** hat man auf dem Gelände der ehemaligen Saline hergerichtet.

**Information**
Verkehrsamt
In der Stadthalle
Kufsteiner Straße 4
W-8200 Rosenheim
Tel. 08031/300110

**Festkalender**
Bürgerfest (Max-Josephs-Platz, Juni); Herbstfest (August, geht dann nach München); Christkindlmarkt.

**Tips**
Einen wunderschönen Ausflug unternimmt man innabwärts zu dem romantischen Wasserburg. Dort wirft man einen Blick auf die Altstadt von der sogenannten Schönen Aussicht am Innsteilufer, bevor man sich die Bürgerhäuser an der Innschleife, das Rathaus oder St. Jakob näher ansieht. Wassersportler werden von Rosenheim aus den Hofstätter, den Rins- oder den Simssee besuchen. Hübsch ist auch das uralte Bad Aibling.

Die Zwiebelkrone der St.-Nikolaus-Kirche dokumentiert spätgotischen Einfluß (links außen).

Als einziges altes Stadttor überlebt: das Mittertor (links unten).

Wasserspiel vor der Stadthalle auf dem Gelände der einstigen Saline (rechts oben).

St.-Nikolaus-Kirche mit verschiedenen stilistischen Einflüssen (rechts unten).

Aus der Nähe des benachbarten Bad Abiling stammt die berühmte Künstlerdynastie **Dientzenhofer**. Im 17. und frühen 18. Jh. arbeiteten die vier Brüder Christoph, Georg, Johann und Johann Leonhard in Böhmen und Franken. Sie waren maßgebliche Vertreter der barocken Baukunst; ihre Namen sind verbunden mit dem Dom zu Fulda, Schloß Pommersfelden und etlichen Kirchen in Prag. Christophs Sohn Ignaz Kilian hat dann diese Tradition fortgeführt und den böhmischen Barock entscheidend mitgestaltet. Das **Moorbad Aibling** selbst ist aber auch ohnehin einen Abstecher wert. Auf dem Hofberg oberhalb des Ortes liegt die **Pfarrkirche Mariae Himmelfahrt**, die eigentlich der Spätgotik entstammt, im 18. Jh. dann aber barockisiert wurde. Besonders eindrücklich sind die Stukkaturen von Thomas Schwarzenberger und Erdinger Fink. Um einen wunderschönen Blick auf das alte Aibling zu erhalten, muß man im vorderen Kirchenraum das Rocaille-Medaillon an der Decke betrachten.

Will man von Rosenheim aus zu dem beliebten Ausflugsziel Wasserburg gelangen, so kann man auf der Hinfahrt den Schlenker über Bad Aibling noch hinaus nach **Tuntenhausen** fortsetzen. Der Ort mit dem amüsanten Namen ist einer der ältesten Anziehungspunkte für Wallfahrer in ganz Oberbayern. Die **Pfarr- und Wallfahrtskirche Mariae Himmelfahrt** fällt nicht nur wegen ihres Doppelturms auf, der die Umgebung weithin überragt, sondern auch wegen der Votivbilder an den Außenmauern. Nicht uninteressant ist auch das Kircheninnere, das man stilistisch zur Renaissance rechnen muß. Zwar ist das Gnadenbild der »mächtigen Jungfrau«, von Kurfürst Maximilian I. gestiftet, eher zweitrangig, aber die Kirche selbst hat in der Kunstgeschichte durchaus einen gewissen Rang und wird unter die großen Bauten des frühen 17. Jh.s gerechnet. Über Ostermünchen gelangt man nun zurück an den Inn, wo als nächste Zwischenstation **Rott** wartet. Der Ort geht auf ein Benediktinerkloster aus dem 11. Jh. zurück, von dem jedoch heute kaum noch etwas zu erkennen ist. Allerdings ist die ehemalige **Klosterkirche St. Marinus und Anianus** auch in ihrer jetzigen Gestalt einen Besuch wert. Sie gilt als Meisterwerk Johann Michael Fischers und läßt einen frühen Klassizismus erkennen. Bei der Ausgestaltung der Kirche wirkte an Künstlern mit, was seinerzeit in der ganzen Gegend Rang und Namen hatte. Matthäus Günther war für die Deckenbemalung verantwortlich, für Stukkaturen werden Jakob Rauch und Franz Xaver Feichtmayr genannt, Ignaz Günther und seine Werkstatt sind für die Altäre zuständig gewesen. Glücklicherweise ist der Innenraum weitgehend in der originalen Ausstattung bis heute erhalten, so daß man einen sehr getreuen Eindruck vom Zusammenwirken der Künstler bekommt, die angeblich mehr um dieser Kirche willen als wegen eines angemessenen Honorars hier zusammenkamen.

Höhepunkt des Abstechers ist der Besuch von **Wasserburg**, dessen Name dem Besucher sofort einleuchtet: Es liegt nämlich auf einer kleinen Halbinsel, die durch eine Innschleife gebildet wird. Das mittelalterliche Städtchen ist hervorragend erhalten und zählt daher zu den charmantesten deutschen Orten überhaupt. Der noch heute erkennbare Reichtum Wasserburgs resultierte seit dem frühen 14. Jh. aus dem Salzhandel. Allerdings litt der Ort später unter der Rosenheimer Konkurrenz, der er nicht lange standhalten konnte. Die italienisch dichte Bebauung hängt natürlich mit der räumlichen Begrenzung zusammen. Den natürlichen Schutz durch den Fluß machten sich auch die Hallgrafen im 12. Jh. zunutze und errichteten hier eine Burg, von der noch Teile erhalten sind. Neben den vielen kunsthistorischen Sehenswürdigkeiten aber sind es vor allem die malerischen Gäßchen, die zum Schlendern einladen und die Aufmerksamkeit des Reisenden verdienen. Hier findet er auch eine gemütliche Gaststube.

# Rostock Leuchte des Nordens

Die einst mächtige Hanse- und berühmte Universitätsstadt des Mittelalters war schon im 19. Jahrhundert ein Zentrum der Werftindustrie. Heute hat sie sich zur größten Hafenstadt der mecklenburgischen Küste entwickelt und versteht sich als ihr „Tor zur Welt".

„Roztoc" heißt auf slawisch eine Flußverbreiterung. Der Name bezieht sich auf die Warnow, die in ihrem Unterlauf bis zu 600 m breit wird. Weil diese Flußverbreiterung gegen die offene See hin durch eine Nehrung geschützt ist, bot sich die Bucht den Slawen als idealer Siedlungsplatz an.

## Geschichte

Nachdem der Dänenkönig Waldemar I. 1161 das slawische Roztoc zerstört hatte, ließen sich an der weiten Bucht niedersächsische und westfälische Kaufleute nieder. Im Bereich des heutigen Alten Marktes errichteten sie den Stadtkern von Rostock, für den sie 1218 das Stadtrecht erhielten. Im Rahmen der Hanse entwickelte sich ein reger Handel. 1419 wurde die erste Universität Nordeuropas gegründet, die „Leuchte des Nordens".

Die Wende zum Schlechteren kam im Dreißigjährigen Krieg, als Schweden und Kaiserliche die Stadt abwechselnd besetzten. Dänische und schwedische Truppen plünderten die Stadt im Nordischen Krieg (bis 1721), ihrem Beispiel folgten preußische Soldaten im Siebenjährigen Krieg (bis 1763). Mit dem letzten Hansetag im Jahre 1669 in Lübeck war schließlich auch die gesamte hanseatische Herrlichkeit dahin. Einen neuen wirtschaftlichen Höhepunkt gab es erst in der zweiten Hälfte des 19. Jh.,s als Rostock wichtiger Getreideexporthafen wurde. Die Werftindustrie war ebenfalls von großer Bedeutung. Zwischen den beiden Weltkriegen sorgte die Rüstungsindustrie für eine Scheinblüte. Der Zusammenbruch kam mit vier verheerenden Bombenangriffen, bei denen die Altstadt zum größten Teil zerstört wurde. Während die Stadt bis zum Beginn des 19. Jh. ihren alten Stadtmauern treu geblieben war, dehnte sie sich nun aus. Nach Westen und Osten wuchsen Industriegebiete. Heute, nach teilweise behutsamem Wiederaufbau, hat der alte Stadtkern viel von seinem früheren Charme zurückgewonnen. Warnemünde lockt wie eh und je die Badegäste an.

## Sehenswürdigkeiten

Das Zentrum der Stadt ist nach wie vor der **Neue Markt** mit dem **Rathaus** im Osten. Es geht im Kern auf das Jahr 1250 zurück.
Auf der Westseite des Neuen Marktes steht die **Marienkirche**. Mit ihrem Bau wurde 1260 begonnen, die Fertigstellung dauerte dann allerdings 400 Jahre. Das Innere der Marienkirche birgt überraschend viele mittelalterliche Kunstwerke.
Auch die **Petri-** und die **Nikolaikirche** gehen auf das 13. Jh. zurück, wurden jedoch im Krieg schwer beschädigt. Von verschiedenen Klosterkirchen blieb nur die des Zisterzienser-Nonnenklosters „Zum Hl. Kreuz" als heutige **Universitätskirche** erhalten. Am Universitätsplatz, dem früheren „Hopfenmarkt", steht das 1774 errichtete **Stadtpalais** der mecklenburgischen Herzöge, rechts

An die mittelalterliche Blüte Rostocks erinnert das Kerkhoffhaus (links außen).

Giebelhäuser verschiedener Stilepochen säumen die Kröpeliner Straße (links oben).

Das Rathaus mit einem barocken Vorbau aus dem 18. Jahrhundert (links unten).

Blick von der Marienkirche zum Hafen (rechts).

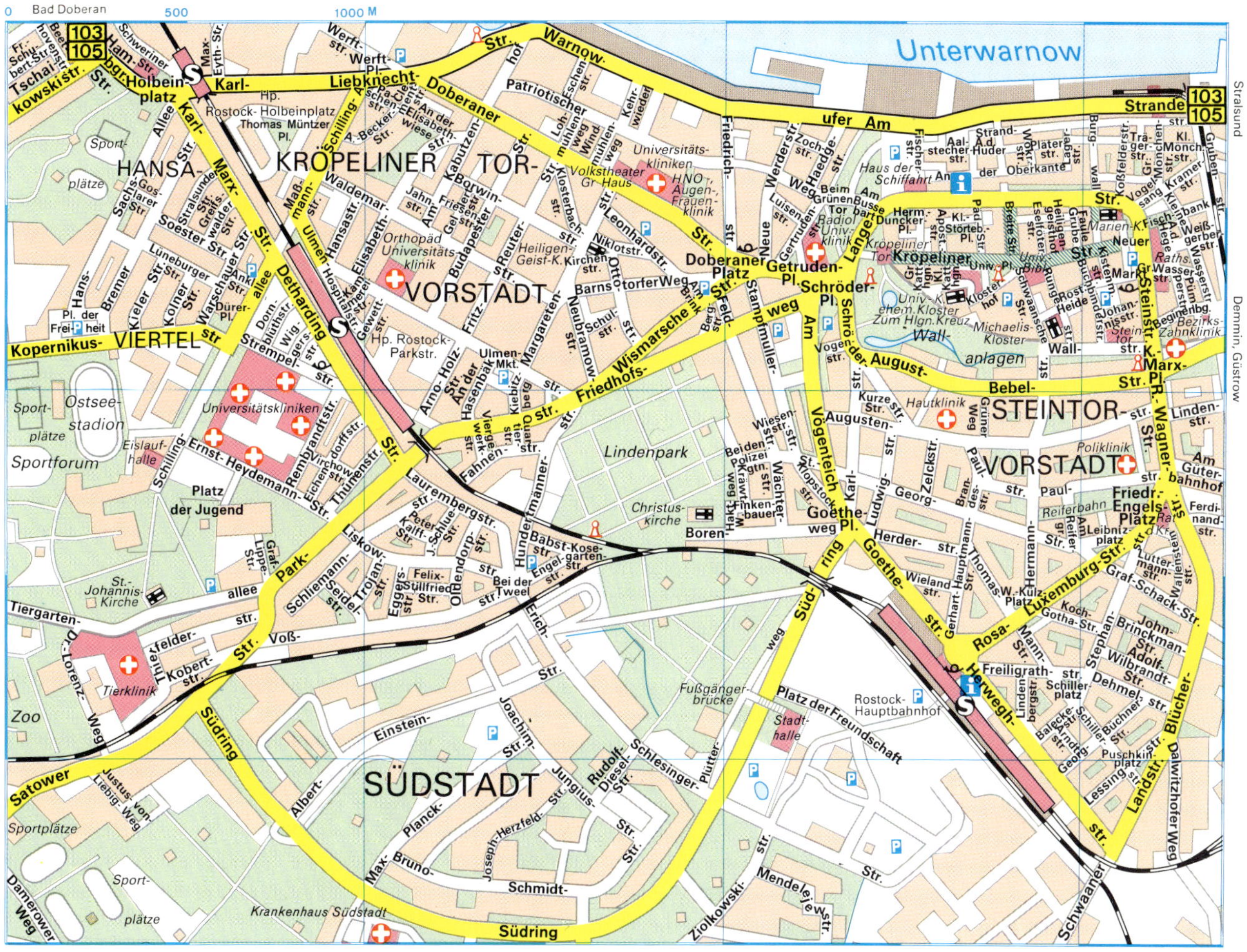

daneben die 1825 erbaute **Hauptwache**.
Stilelemente der norddeutschen Backsteingotik sind noch in der Langen Straße, an der Kröpeliner Straße und am Ziegenmarkt zu finden. Dort steht auch noch die Fassade der ehemaligen **Rostokker Münze**, in der immerhin von 1325 bis 1864 das eigene Münzrecht genutzt wurde. Den Abschluß der Kröpeliner Straße bildet das 1280 fertiggestellte Kröpeliner Tor. Sein Torturm birgt das **Stadtgeschichtliche Museum**. Auch das **Steintor** ist Teil der ehemaligen Stadtmauer, die einst 22 Tore besaß.
Das **Schiffahrtsmuseum** ist in der August-Bebel-Straße zu finden, in Schmarl liegt das Traditionsschiff „Frieden" vor Anker. Es dient als **Schiffbau-Museum**. In der **Kunsthalle** am Schwanenteich werden in Wechselausstellungen Werke der bildenden Kunst gezeigt.
Das Fischerdorf **Warnemünde**, wurde schon 1323 vom Rostokker Rat dem Fürsten von Mecklenburg abgekauft. Es entwikkelte sich seit dem frühen 19. Jh. nach und nach zum vielbesuchten Ostseebad.

**Information**
Rostock-Information
Lange Straße 5
O–2500 Rostock

**Festkalender**
Rostocker Orgelsommer (Juni bis September). Rostocker Sommerfesttage (Juli). Warnmünder Sommerfest in Warnemünde (Anfang Juli). Internationaler Musikantentreff Ostsee (Anfang Juli).

**Tips**
Die Waldgaststätte Schnatermann ist ein beliebtes Ausflugsziel am Rand der Rostocker Heide, das auch per Schiff erreichbar ist. Außer Hafenrundfahrten gibt es Tagesfahrten auf See. Vor Warnemünde internationale Segelregatten.

# Rothenburg Ein Stück Mittelalter

In Rothenburg ob der Tauber ist die Entwicklung einer Stadt im Mittelalter noch heute gut ablesbar. Staufische Patronatsburg, prunkvolles Rathaus, stolze Patrizierhäuser, wehrhafte Stadtmauern und historische Gassen sind zu entdecken.

Mittelalterliche Städte waren von Anfang an nie planlose Ansammlungen von Straßen und Häusern. Innerhalb des begrenzten, von der Wehrmauer geschützten städtischen Areals besaß jede Parzelle ihren spezifischen Wert, der um so höher war, je dichter der Platz am Marktplatz war. Zur möglichst optimalen Nutzung des Mauerrings wurde alles versucht, den vorhandenen Grund bestmöglich zu nutzen.
Symbol des trotzigen Selbstbewußtseins der Stadtbewohner und ihres Stolzes auf die geistige Tradition und die Unabhängigkeit ihrer Stadt waren stets die öffentlichen Bauwerke. Ob diese weltlicher oder kirchlicher Art waren spielte zunächst keine Rolle, da beide Seiten mit ihren Bauten ihre Unabhängigkeit belegen wollten.
Die vordergründig heile Welt bot dennoch nicht wenig Sprengstoff. Die Stadtmauern schlossen die Stadtbevölkerung ein und die Bauern des Umlandes aus. Innerhalb der Stadt wohnten Händler und Handwerker, Reich und Arm, mögliche Konkurrenten und Rivalen, sogar Feinde ohne Ausweichmöglichkeit dicht beieinander. Hier dennoch den sozialen Frieden zu sichern, war die direkte Aufgabe der Geistlichkeit in Pfarreien und Klöstern und die indirekte in Bruderschaften und Gilden. Unmittelbares Resultat dieser Beziehungsgeflechte war die Engstirnigkeit städtischer Weltanschauung und Wertordnung. Fanatische Treue der Bewohner zu Heimatstadt, Gilde und Kirchengemeinde war selbstverständlich.
Paradebeispiel für die noch ganz mittelalterliche Prägung eines Stadtkörpers ist das heimelige Rothenburg ob der Tauber. Angelehnt an eine Burg der Staufer entstand die bereits 1103 als „oppidum" bezeichnete Burgstadt. Schon 1172 gab es die Reichsfreiheit und 1356 bot ein Erdbeben dem bürgerlichen Reichtum die Chance, die Stadt in einem Zug wiederaufzubauen und ihr damit das noch heute erhaltene, einheitliche und harmonische Gepräge zu geben.
Äußeres Zeichen der Geschlossenheit ist die vollständig erhalte-

Hegerreiterhaus im Spitalhof (links).

Blick über die Dächer von Rothenburg oder der Tauber (links innen).

Fachwerkhaus mit Erker (rechts oben innen).

Gerlachschmiede mit Stadtmauer und Röderturm (rechts oben).

Blick in eine der Gassen von Rothenburg mit dem Siebesturm (rechts unten).

ne Stadtbefestigung mit dem Kobolzeller Tor, dem Inneren Spitaltor, dem Äußeren Rödertor, dem Würzburger Tor, dem Klingentor und dem Burgtor. Dieser im 13. Jh. fertiggestellte Ring wurde lediglich im frühen 15. Jh. um den „Kappenzipfel" zum Äußeren Spitaltor hinaus erweitert. Siedlungskern war die der Burg vorgelegene Burgmannensiedlung mit der Herrengasse als Rückgrat. Mit ihrer auf den rechteckigen Markt ausgerichteten Anlage entstand sie als planmäßige Gründung des staufischen Stadtherrn. Bis heute macht die „Gasse" ihrem Namen beinahe Haus für Haus Ehre mit ebenso stattlichen wie zweckmäßigen Häusern.

Das den Bürgerstolz repräsentierende „öffentliche" Rothenburg konzentriert sich um den Markt mit seinem prächtigen Rathaus. Es besteht aus einem gotischen Gebäudeteil mit einem 50 m hohen Aussichtsturm und einem Flügel, der im Renaissancestil erbaut worden ist. In dieser befindet sich der sehr sehenswerte Kaisersaal. Nördlich schließt sich die Stadtpfarrkirche St. Georg an. Die in der Mitte des 12. Jh. errichtete erste Stadtbefestigung ist noch am Inneren Rödertor und am Weißen Torturm sowie am Verlauf der Judengasse, der Pfarrgasse und des alten Stadtgrabens abzulesen.

Vielfältige Rückschlüsse auf das soziale Zusammenleben der Bewohner vermittelt ein Spaziergang durch die alten Gassen mit ihren staufisch geprägten, geraden Führungen. Wie hier die giebelseitig zur Straße sich öffnenden, schmalen Bürgerhäuser sich aneinanderlehnen oder von einander wegstreben, wie sie bei aller Ähnlichkeit doch stets individuell geprägt sind und wie hier und da auch mancher „Eigensinn" zum Ausdruck kommt, verrät mehr über das Zusammenleben der Bürger im Mittelalter als eine gelehrte Abhandlung.

**Information**
Verkehrsamt
Postfach
W–8803 Rothenburg
Tel. 09861/40492

**Tips**
Neben den Schönheiten innerhalb des Mauerrings sollte man drei Sehenswürdigkeiten außerhalb nicht versäumen. Die erste ist das 1388 errichtete **Topplerschlößchen**. Es entstand im Auftrag des Stadtrates für den Bürgermeister Heinrich Toppler, der von dortaus die Taubermühlen überwachen sollte. Verfügt wurde damals „einen steinernen Sitz zwei Gaden hoch und ein Haus darauf zu bauen". Die zweite Sehenswürdigkeit ist die **Tauberbrücke**, bei der es sich eigentlich um eine Doppelbrücke handelt. Ihre untere Bogenreihe entstand um 1330, die obere um 1400. Sie gehörte einst zu den bedeutendsten Monumenten mittelalterlicher Brükkenbaukunst. Die dritte Sehenswürdigkeit schließlich ist die **Koboldzeller Kirche**. Sie entstand in der zweiten Hälfte des 15. Jh.s. Ihr doppelter Wendelstein im Treppenturm ist ein schönes Beispiel spätgotischer Steinmetzkunst.

# Rottweil – Heimat des Fleischerhundes

Die Häuser des Ortes, aus dem der Fleischerhund kommt, drücken sich an dem steilen Talrand des oberen Neckar. Römerstadt, freie Reichsstadt und Sitz des seinerzeit höchsten deutschen Gerichts. Heute gilt die Kreisstadt als ein Schmuckstück spätmittelalterlichen Stadtbaus.

Berühmt ist Rottweil wegen seiner Metzger- und Viehhandelstradition. Damit hängt auch die Entstehung des Rottweilers zusammen: Eine Hunderasse, die die Rottweiler Metzger eigens für die Aufgabe züchteten, die großen Schaf- und Rinderherden der Gegend zusammenzuhalten – und auch mal vor Wölfen zu schützen.

## Geschichte

Schon die Römer nutzten die günstige Lage am Neckar und entwikkelten die »Flavischen Altäre«, so ihre Bezeichnung des Orts, zur bedeutendsten Stadt in der Provinz Obergermanien. An dieser Kreuzung wichtiger Römerstraßen wurde auch ein hochentwickeltes kulturelles Leben gepflegt. Davon zeugen heute noch besonders die römischen Thermen und einige im Stadtmuseum aufbewahrte Funde. Zunächst war es nach dem Weggang der Römer ein fränkischer Königshof, der im 8. Jh. mit dem Namen des Ortes verbunden wurde. Rottweil, das außer durch Vieh- und Fleischhandel auch durch seine Schmiede und Pulvermacher seinen Wohlstand begründete, erhielt Stadtrecht 1234 durch den staufischen Kaiser Friedrich II. Einen ungewöhnlich hohen Blutzoll entrichtete die nunmehr »freie Reichsstadt« an den 30jährigen Krieg, den von 4000 Einwohnern nur 600 überlebten. Lange Zeit tagte hier das kaiserliche Hofgericht unter freiem Himmel. Eine eigentümliche Stellung im süddeutschen Raum nahm Rottweil seit 1463 ein, als es zu einem der Schweizerischen Eidgenossenschaft »zugewandten Ort« wurde. Rechtlich galt dieser Status bis 1802. Vom Zweiten Weltkrieg verschont, hat Rottweil viele alte Bürgerhäuser bewahren können.

## Sehenswürdigkeiten

Einen schönen Überblick auf das malerische Städtchen mit seinen verwinkelten Gassen und den gut erhaltenen, wenig prunkenden alten Häusern verschafft man sich vom **Hochturm** aus – einem 54 m hohen Teil der äußeren **Stadtbefestigung** aus dem 13. Jh. Dabei bemerkt man dann, daß in der **Altstadt** die Häuser nach alemannischer Art nicht mit dem Giebel, sondern mit der Traufe zur Straße stehen. Aufgelockert wurden die Fassaden oft durch reichhaltig verzierte Erker. Viele Häuser sind noch in gotischem Stil erbaut, manche Patrizierhäuser vertreten auch die Renaissance. Wegen der Lage am Hochufer ist man früher mit dem Raum sehr sparsam umgegangen, so daß die Altstadt äußerst eng bebaut wurde. Ältester Kirchbau der Stadt ist die **Pelagiuskirche**, die zuerst auf den Resten einer römischen Therme im 7. Jh. begonnen wurde. Auf ein ehemaliges Dominikanerkloster (1268) geht die heutige evangelische **Stadtpfarrkirche** zurück, die ihre jetzige Gestalt vornehmlich im 18. Jh. erhalten hat (wertvolle Deckenfresken). Kunsthistorisch bedeutend ist das **Heilig-Kreuz-Münster** aus dem 13. bis 16. Jh. Sein spätgotisches Kirchenschiff und der Chor gelten als die schönsten im Schwäbischen. Von der vielfach kostbaren Innenausstattung sticht besonders das Altarkreuz von V. Stoß (Ende 15. Jh.) hervor. Einen lebhaften Eindruck von der sogenannten Rottweiler Schule vermittelt der Figurenschmuck der **Kapellenkirche**. Mehr Beispiele solcher gotischen Plastiken in dem hier geprägten Stil kann man in der **St.-Lorenz-Kapelle** besichtigen, in der heute eine Kunstsammlung beherbergt ist. Das **Stadtmuseum** bewahrt wertvolle Funde aus allen Phasen der Rottweiler Geschichte – von dem berühmten antiken Orpheus-Mosaik bis zu traditionellen Fastnachtsmasken.

Von der Hauptstraße führen viele verwinkelte Gäßchen weg (links).

Erker am Gasthof „Zum Becher“ (rechts oben).

Ins „Paradies“ laden Adam und Eva ein (rechts unten).

**Information**
Verkehrsbüro
Rathausstraße 4
Hauptstraße 21
W-7210 Rottweil
Tel. (0741) 494280

**Festkalender**
Rottweiler Narrensprung – eine der wichtigsten Fastnachtsveranstaltungen des Landes. Freilichttheater (Juli); im Herbst: Heilig-Kreuz- und Kirchweihmärkte.

**Tips**
Kammerkonzerte, Münsterkonzerte. Im Stadtmuseum sieht man bedeutende Funde der Römerzeit. Einen Eindruck von der römischen Badekultur vermitteln auch die größten Thermen des Landes beim Stadtfriedhof. Kunstsammlung Dursch und Forum Kunst im Bürgersaal.

# Rudolstadt Der Musenhof

Ähnlich beeindruckt wie Friedrich Schiller einst wird sich noch heute so mancher Besucher von dem Städtchen und seiner Umgebung zeigen. Vor allem im 18. und 19. Jh. sorgten die Grafen von Schwarzburg für eine beachtliche kulturelle Bedeutung der Stadt.

Das reizend am Mittellauf der Saale gelegene ehemalige Residenzstädtchen profitiert noch heute von den großen Namen der deutschen Kultur, die sich mit dem Ort verknüpft haben. Neben den Gedenkstätten, die in Rudolstadt an das Wirken von Goethe, Schiller, Humboldt, Liszt, Paganini, Wagner erinnern, sind aber auch die vielen Burgen und Schlösser der Nachbarschaft ein lohnendes Ziel für Touristen.

## Geschichte

Zuerst im 9. Jh. erwähnt, waren Teile des heutigen Rudolstadt karolingische Grenzstation und andere Teile slawische Siedlung. Offenbar schon 1326 selbständige Stadt, kam Rudolstadt 1334 an die Grafen von Schwarzburg. Die Heidecksburg war deren Residenz, die auf den Fundamenten einer Burg aus dem 13. Jh. und eines Renaissance-Schlosses im 18. Jh. ihre heutige Gestalt erhielt. Mittlerweile ging der Ehrgeiz der nunmehrigen Fürsten von Schwarzburg-Rudolstadt dahin, aus der Beamtenstadt ein kulturelles Zentrum werden zu lassen. In die Literaturgeschichte ist der 7. September 1788 eingegangen, an dem sich Schiller und Goethe zuerst begegneten – im Hause Frau von Lengefelds (Schillerstraße 25), deren Tochter Charlotte Schillers Frau wurde. Goethe arbeitete hier auch mit seinem Weimarer Theater-Ensemble an dem im Winter 1792 eröffneten Rudolstädter Theater.

**Information**
Rudolstadt-Information
Markt 57
O-6820 Rudolstadt
Tel. (03672) 24543

**Festkalender**
Schloßkonzerte in der Heidecksburg (Mai bis September); Volkstanz- und Musikfest (Juni); Weihnachtsmarkt.

**Tips**
Freilichtmuseum »Thüringer Bauernhäuser«. Auf der Schillerhöhe beginnt der Schiller-Lehrpfad. Vom Aussichtsturm auf der Hohen Kulm aus kann man das ganze Saaletal bis Saalfeld überblicken. Im Renaissance-Schloß von Großkochberg verbrachte einst Frau von Stein ihre Sommer. Lohnend ist ein Abstecher nach Saalfeld.

## Sehenswürdigkeiten

**Schloß Heidecksburg** ist ein prächtiger Barockbau, der erst gegen Ende des 18. Jh. fertiggestellt wurde (1735 begonnen). Die Pläne gehen auf den Dresdner Baumeister Johann Christoph Knöffel zurück. Ein besonderes Beispiel für eine großzügig-verspielte Raumgestaltung unter Rokoko-Einfluß ist der Festsaal. In dem Schloß sind drei **Museen** untergebracht: neben der Gemäldegalerie eine natur- und kunstgeschichtliche Sammlung und die berühmte Waffensammlung »**Schwarzburger Zeughaus**«. Vom Schloß auf dem Burgberg aus hat man einen guten Blick auf die Stadt, im **Schloßpark** stehen der sogenannte Horentempel und das Schallhaus. Außerdem haben in der Altstadt mehrere alte **Bürgerhäuser** die verschiedenen Stadtbrände und die Kriegsschäden überstanden. Die **Stadtkirche** ist ein Hallenbau der Spätrenaissance, an dem sich aber noch gotische Stilelemente erkennen lassen. Das **Lengefeldsche Haus** erinnert wie etliche andere Gedenkstätten an Schillers Aufenthalte in Rudolstadt. Das Alte Rathaus geht auf das 16. Jh. zurück, wurde aber im 18. Jh. gründlich verändert. Schon 1762 wurde in Volkstedt eine Porzellanmanufaktur gegründet, die heute noch in diesem Stadtteil zu sehen ist.

Von Rudolstadt aus empfiehlt sich eine **Burgen- und Schlösserfahrt**: Leuchtenburg bei Kahla, Dornburger Schlösser, Ruine Greifenstein und Schloß Schwarzburg bei Bad Blankenburg, Burg Ranis. Auf dem Schloß in **Großkochberg**, dem Stammsitz der Familie von Stein, ist eine Goethe-Gedenkstätte, in dem kleinen klassizistischen Theater im dazugehörigen Landschaftspark finden noch heute Aufführungen statt.

Drei Museen beherbergt heute das barocke Schloß Heidecksburg (oben).

Blick von der Heidecksburg auf die Stadtkirche (unten).

Detail aus dem Freilicht-Volkskundemuseum im Heinrich-Heine-Park (rechts).

# Saarbrücken – Beschauliche Weltstadt

Eine merkwürdige Mischung bestimmt noch heute das Stadtbild: Die erst spät zusammengeschlossenen Ortsteile haben deutlich ihren Charakter bewahrt. Daneben machen sich die Tradition der Schwerindustrie bemerkbar, die Nähe zu Frankreich und die kulturelle Bedeutung.

In diesem Jahrhundert wurde das Saargebiet infolge des Versailler Vertrages zunächst unter Völkerbund-Verwaltung gestellt und wirtschaftlich Frankreich eingegliedert. 1935 entschied eine Volksabstimmung für die Eingliederung nach Deutschland. Nach dem Zweiten Weltkrieg bemühte sich Frankreich darum, den alten (Zwischenkriegs-) Zustand quasi wiederherzustellen. Aber in einer Abstimmung entschied sich die Bevölkerung erneut für die Angliederung an die Bundesrepublik. Und so war Saarbrücken über vier Jahrzehnte Hauptstadt des jüngsten Bundeslandes.

## Geschichte

Bereits in römischer Zeit entstand hier ein Ort, der im 4. Jh. zu einem Kastell ausgebaut wurde, um Schutz gegen germanische Übergriffe zu bieten. Nicht so sehr viel weiß man über die folgenden Jahrhunderte, aber es hat wohl ein fränkisches Königsgut bei St. Arnual gegeben. Dann spricht erst wieder eine Urkunde von 999 von der Burg »Sarabrucca«. 1228 folgten Befestigungsanlagen, 100 Jahre später das Stadtrecht, das zugleich auch an St. Johann verliehen wurde. Die beiden Orte – und heutigen Stadtteile – stehen seit dieser Zeit in Konkurrenz miteinander, obgleich sie auch seither wirtschaftlich eng verbunden sind. Als Marktplatz sowie mit dem Handel von Holz und Salz erlangte man einen ganz angenehmen Wohlstand. Der 30jährige Krieg brachte einen schweren Niedergang mit sich, den die beiden Städte erst im Verlauf des 18. Jh. zu überwinden begannen. In dieser Zeit wurden auch etliche der wichtigsten Bauten errichtet. Fürst Wilhelm Heinrich von Nassau-Saarbrücken hat sich dabei einen Namen gemacht – ebenso wie sein Baumeister Friedrich Joachim Stengel.

Der aus dem 10. Jh. stammende Ort Malstatt, der sich später mit Burbach zusammenschloß, erlangte wirtschaftliche Bedeutung durch eine Glas- und durch eine Rußhütte. Im 19. Jh. erfolgte die Industrialisierung zum Eisen- und Stahlstandort. Dem Boom verdankt sie auch das Bevölkerungswachstum und die schließliche Vereinigung der Städte St. Johann, Alt-Saarbrücken und Malstatt-Burbach zu einer Stadt 1909. An der Krise der Schwerindustrie hat Saarbrücken noch heute zu leiden, aber die Strukturpolitik bemüht sich gleichzeitig, die wirtschaftliche Umstrukturierung möglichst erträglich für die Betroffenen zu gestalten. Von den historischen Bauten haben mehrere schwere Stadtbrände im Laufe der Jahrhunderte und der Zweite Weltkrieg nur wenig übriggelassen.

## Sehenswürdigkeiten

Die Rangstreitigkeiten unter den drei Saarstädten sind in gewisser Hinsicht von St. Johann gewonnen worden, denn hier befindet sich das **Rathaus**. Es wurde 1897 bis 1900 errichtet. Namengebend für den Ortsteil ist die katholische **Pfarrkirche St. Johann**, von Stengel Mitte des 18. Jh. als Basilika erbaut. Während der Französischen Revolution ist die Innenausstattung weitgehend vernichtet worden (inzwischen wieder hergestellt). Noch einige Jahrzehnte älter ist die **Alte Kirche St. Johann**, die nach dem letzten Krieg ebenfalls der Restaurierung bedurfte. Bemühungen der letzten Jahre, die noch vorhandene alte Bausubstanz sorgfältig zu renovieren und das Stadtbild zu verschönern, machen sich besonders am barocken **St.-Johanner-**

Avantgardistische Züge erhielt das Schloß bei den jüngsten Renovierungen (links oben) – Blick über die Alte Brücke auf die Altstadt mit den beiden St.-Johann-Kirchen (links unten).

Am Bürgerpark Hafeninsel mit modernem Brunnen (rechts oben).

Etwas protzig ist das an der Saarpromenade gelegene Staatstheater (rechts unten).

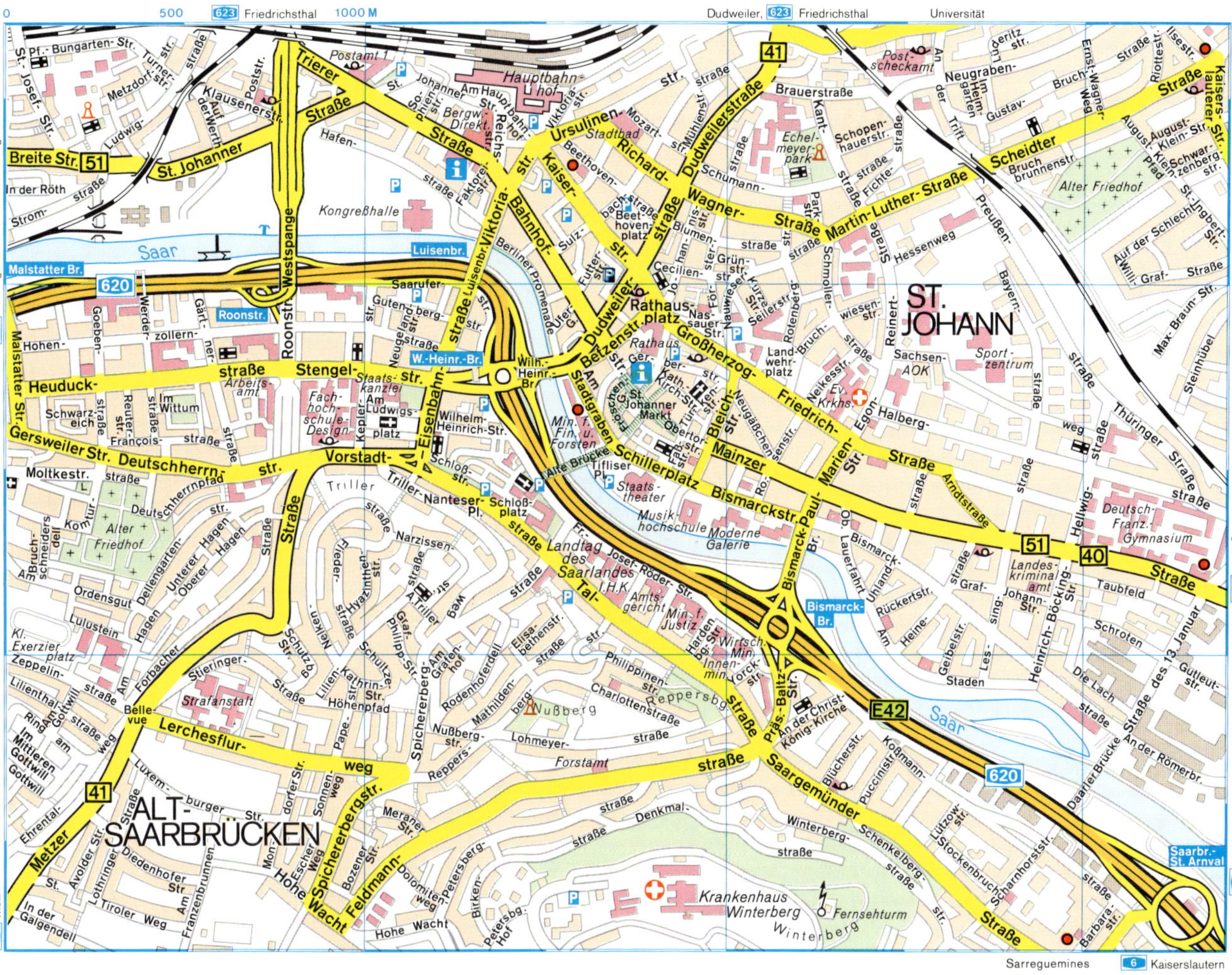


Markt bemerkbar. Kulturellen Veranstaltungen dient heute das barocke Gebäude der **Stadtgalerie** mit dem bemerkenswerten Innenhof. Die Galerie selbst zeigt Gegenwartskunst. Ein größerer Museumskomplex ist die **Moderne Galerie**, die in einem Gebäude aus den 60er Jahren direkt an der Saar residiert. Ihre Sammlung moderner Kunst, besonders des Übergangs von Impressionismus zu Expressionismus, gehört ebenso zur Stiftung Saarländischer Kulturbesitz wie die Kollektionen der gegenüberliegenden **Alten Sammlung**. Das **Staatstheater** ist ein etwas protziges Monumentalgebäude von 1935 – ein Geschenk Hitlers an das »heimgekehrte« Saarland.

Die **Alte Brücke** verbindet St. Johann mit Alt-Saarbrücken. Sie ist der Überrest einer Brücke aus dem 16. Jh., wurde im 18. Jh. verändert und nach der Kriegszerstörung wieder aufgebaut. Nicht wenige der Fürsten von Nassau-Saarbrücken fanden ihre letzte Ruhe in der evangelischen **Schloßkirche und Stadtpfarrkirche**. Sie stammt ursprünglich aus dem späten 15. Jh., trägt aber auch deutliche Spuren der immer wieder notwendig gewordenen Renovierungen. Das Saarbrücker **Schloß** befindet sich am Schloßplatz. Hier standen früher die mittelalterliche Burg und ein für die Grafen von Saarbrücken erbautes Renaissanceschloß, das schließlich abgerissen wurde, um dem jetzigen Bau (1738 bis 1748) Platz zu machen. Er trug zunächst vor allem barocke Züge, brannte aber 1793 teilweise ab, wurde dann klassizistisch verändert. Bei den allerjüngsten Renovierungen hat man mutig die alten Baulinien durch avantgardistische Partien ergänzt.

Gegenüber im **Alten Rathaus** ist das **Abenteuermuseum** eingerichtet, das sich bei Kindern besonderer Beliebtheit erfreut. Das Gebäude selbst stammt aus dem 18. Jh. Das gilt auch für die **Friedenskirche**, die im 19. Jh. vorübergehend als Gymnasium diente. Besondere Aufmerksamkeit verdient der **Ludwigsplatz**, der als der schönste Barockplatz im deutschen Südwesten gerühmt wird. Hier kann man gemütlich in einem Café oder einer Kneipe sitzen und die Atmosphäre genießen – dann wird so mancher Norddeutsche sich bereits in Frankreich wähnen. Inzwischen ist auch die an dem Platz gelegene **Ludwigskirche** (1762 bis 1775) wieder hergestellt.

In dem dörflich-gemütlichen Ortsteil **St. Arnual** befindet sich auch die gleichnamige **Stiftskirche** aus dem 13. Jh. Berühmt sind die vielen Grabmäler des Hauses Nassau-Saarbrücken. Das älteste erhaltene Bauwerk der Stadt ist die **Deutschherren-Kapelle** am Ordensgut. Hier ließ sich seinerzeit der Deutschritterorden nieder. Nicht nur industriegeschichtlich interessant ist das **Verwaltungsgebäude** der Saarbergwerke, das Martin Gropius und Heino Schmieden 1877 bis 1880 erbauten.

Daß man die auf den ersten Blick nicht unbedingt schöne Stadt schon nach kurzem lieben muß, davon sind alle Saarbrücker fest überzeugt. Jedenfalls versteht man hier etwas von Lebensart, und das kulturelle Angebot hat Weltstadtniveau. Wer aber weder mit dem regen Theater- noch mit dem bunten Kneipenleben etwas anfangen kann, der hat unendlich viele Möglichkeiten, um in kürzester Zeit die herrlichsten Ausflugsziele zu erreichen.

**Information**

Tourist-Information
Am Hauptbahnhof 4
W-6600 Saarbrücken
Tel. (0681) 35197

**Festkalender**

Nachwuchsfilmer-Wettbewerb um den Max-Ophüls-Preis (Januar); Maifest (Burbach, April/ Mai); Perspectives du Théâtre (Mai); Altstadtfest (letzter Samstag vor den Schulferien); Kinderfest (letzter Sonntag in den Schulferien); Straßen-Theater-Tage (August); Deutsch-Französischer Weinmarkt (September); Intermarionett (Oktober); Jazztage (Dezember).

**Tips**

Das Theaterleben der Stadt ist anspruchsvoll und vielgestaltig (Staatstheater, Landestheater, Alte Feuerwache, Theater im Stiefel, Studiotheater, Kabarett im Ostviertel).

# Salzgitter
# Die grüne Stahlstadt

Mitten im Krieg als zukünftiges Stahlzentrum Deutschlands gegründet, ist Salzgitter eine der merkwürdigsten deutschen Städte: Zwischen den 31 einzeln gelegenen Ortsteilen erstrecken sich ausgedehnte Ländereien. Und Salzgitter-Bad ist mit seiner starken Sole zugleich Kurort.

Nach dem Wegfall der innerdeutschen Grenze wieder im Herzen Deutschlands gelegen, bietet die Stahl- und Industriestadt in dem alten Kulturraum hervorragende Möglichkeiten zu Abstechern in geschichtsträchtige Zentren wie Goslar, Hildesheim, Braunschweig, Wernigerode oder Wolfenbüttel. In dem landschaftlich reizvollen Harzvorland gibt es außerdem jede Menge Natur zu tanken, und von dem Salzgitterschen Höhenzug aus hat man einen wunderschönen Blick bis zum Brocken, zum Elm und zur Hildesheimer Börde.

## Geschichte

Die extrem fruchtbare Gegend ist schon vor 50 000 Jahren bewohnt gewesen, doch blieb alles lange Zeit verträumtes Bauernland. In einer Brache in der Nähe der Ortschaft Gitter soll sich ein Schweinehirt über den weißen Schimmer auf seinem Borstenvieh gewundert haben. Doch Reichtum wußte man aus diesem Salzvorkommen nicht zu ziehen. Die Moderne begann dann in den 30er Jahren, nachdem ein spezielles Verfahren entwickelt worden war, das hiesige Eisenerz gewinnbringend zu verarbeiten. Im Dritten Reich wurden die Erzvorkommen dann erheblich überschätzt – und man gründete aus etlichen Dörfern und einer Stadt das, was einmal ein riesiges Stahlzentrum werden sollte. Heute wird das Erz importiert, aber Salzgitter ist noch immer einer der wichtigen Standorte der deutschen Schwerindustrie. Gleichwohl haben viele Stadtteile ihren ursprünglich dörflichen Charakter bewahrt. Und in dem namengebenden Salzgitter-Bad bemüht man sich seit Jahren ganz erfolgreich, in der Altstadt mehr und mehr Fachwerkhäuser zu renovieren – und teilweise auch aus der Region hierher zu versetzen.

**Information**
Tourist-Information
Vorsalzer Straße 11
W-3320 Salzgitter-Bad (51)
Tel. (05341) 393738

**Festkalender**
Lebenstedt: Stadtsportwoche (Mai); Schützenfest (Ende August);
Salzgitter-Bad: Altstadtfest (letztes Wochenende vor den großen Ferien); Schützenfest (nach Pfingsten);
Lichtenberg: Burgberg-Fest (alle zwei Jahre).

**Tips**
Vom Bismarckturm oberhalb von Salzgitter-Bad hat man einen weiten Blick auf das Harzvorland und nach Sachsen-Anhalt (bei klarer Sicht Blick auf den Brokken). Führungen durch das Hüttenwerk bei Watenstedt. Lohnend ist auch ein Ausflug nach Hornburg, das »Rothenburg des Nordens«.

## Sehenswürdigkeiten

Oberhalb des hübschen Örtchens **Lichtenberg** finden sich die Ruinen einer **Burg** Heinrichs des Löwen, die 1552 zerstört wurde. In **Gebardshagen** gibt die Wasserburg trotz zahlreicher Umbauten ihren mittelalterlichen Ursprung noch zu erkennen. Heute ist das ehemalige **Schloß** Teil eines großen landwirtschaftlichen Betriebs. Im Stil der Weserrenaissance ist das **Schloß in Salder** (1609) erbaut. Diente es früher als Witwensitz der Braunschweiger Herzogfamilie, so nutzt heute das **Heimatmuseum** die Räume. **Steterburg** war eine Festung gegen die Ungarn10. Jh. Bald entstand hier ein Nonnenstift, aus dem im 17. Jh. dann ein evangelisches Damenstift wurde. Hierzu gehört die erhaltene, wenn auch mehrfach veränderte **Stiftskirche**. In **Flachstöckheim** gehört ein englischer Gutspark zu dem gut erhaltenen **Fachwerk-Gutshof** (1722 bis 1756).
Um die Jahrtausendwende schon wurde in **Ringelheim** ein Nonnenkloster gegründet, das nach mehreren Veränderungen zuletzt (1803) von Benediktinern besetzt war. Einen Besuch lohnt hier wahrlich die hübsche alte **Klosterkirche**, in der ein kunsthistorisch bedeutendes ottonisches Kruzifix aufbewahrt wird. In **Salzgitter-Bad** ist eine **Wehrkirche** von 1481 erhalten; im **Tillyhaus** quartierte sich der kaiserliche Feldherr ein, nachdem er 1626 bei Lutter am Barenberge die Schweden geschlagen hatte. Ein interessantes Beispiel für Stadtbildkultur aus diesem Jahrhundert liefert die unter Denkmalschutz stehende »**Beamtensiedlung**« aus den 30er Jahren, in der die Angestellten der Stahlwerke wohnten.

Schloß Salder – ehemaliger Witwensitz der Braunschweiger Herzogfamilie (oben).

Marktplatz in der Altstadt (unten).

Wo Natur- und Industrielandschaft sich treffen: Hüttenwerk Lebenstedt (rechts).

# Schleswig – Älteste Stadt des Landes

Die Stadt liegt hübsch an der Ostseebucht Schlei. Einerseits Bischofssitz und Musenhof, ist die einstige Residenzstadt andererseits Symbol für die jahrhundertelangen deutsch-dänischen Streitigkeiten, wie sie sich in dem ehemaligen Grenzwall Danewerk dokumentieren.

Das reizende Städtchen an der Schlei hat nicht nur an der Namensgebung des Landes seinen Anteil, sondern vor allem auch an der komplizierten Geschichte Schleswig-Holsteins, die nach der Bemerkung eines englischen Politikers anläßlich des deutsch-dänischen Krieges 1864 sowieso niemand durchschaut. Heute allerdings liegt der Ort so friedlich da, als hätte es all die komplizierten Verwicklungen nie gegeben.

## Geschichte

Am Haddebyer Noor, etwas südlich des heutigen Schleswig, lag Haithabu, der Vorläufer der Stadt, einst der mächtigste Handelsplatz Nordeuropas in der Wikingerzeit. Zuletzt 1066 wurde der Ort von Wenden aus Lübeck niedergemacht, seither gewann der schon 948 von Kaiser Otto I. gegründete Bischofssitz am nördlichen Schleiufer an Bedeutung. Der in den deutschen Gebieten benutzte Name Sliasthorp oder Sliaswich wurde beibehalten. Die wirtschaftliche Blüte im 11. und 12. Jh. ging zu Ende, vor allem weil Lübeck eine ernste Konkurrenz wurde und außerdem Eider und Schlei zu flach waren, um die neuen koggenähnlichen Schiffe zu befördern. Als jedoch im 14. Jh. Schleswig Residenzstadt wurde und die Herzöge von Schleswig-Holstein sich nach ihrem Fürstensitz Gottorf nannten, bekam der Ort neuen Aufwind. Beamte, Handwerker und Zulieferer wurden gebraucht. Nachdem das Schloß 1565 zum zweiten Mal abgebrannt war, begann Herzog Adolf einen Neubau, der durch die Nachfolger in einen regelrechten Musenhof verwandelt wurde. Allerdings verloren die Gottorfer Herzöge ihren Besitz im Herzogtum Schleswig 1721 an die dänische Krone, und Schleswig wurde zu einer Landstadt. Die nationalistischen Bestrebungen vor den deutsch-dänischen Kriegen des 19. Jh. waren in Schleswig besonders heftig. Nach dem Zweiten Weltkrieg hoffte man vergeblich, Landeshauptstadt zu werden.

## Sehenswürdigkeiten

Der **Dom St. Petri** ist auf den Resten einer gotischen Basilika im 13. bis 15. Jh. errichtet worden. Wahrzeichen der Stadt ist der riesige, etwas überdimensionierte Turm aus dem letzten Jahrhundert. Berühmt ist der Dom vor allem wegen des **Bordesholmer Altars** von Hans Brüggemann, der hier den größten spätgotischen Schnitzaltar (1514 bis 1521) Norddeutschlands mit 400 Einzelfiguren schuf. Schon im 13. Jh. wurde das **Graukloster** von Franziskanern gegründet. Was davon noch übrig ist, repräsentiert die vollständigste Anlage eines Franziskanerklosters im Norden Europas. Die 1793 abgebrochene Klosterkirche St. Paul lieferte die Fundamente für das klassizistische Rathaus. Die Baugeschichte des heute vorwiegend barock erscheinenden **Schlosses Gottorf** ist äußerst komplex und geht auf eine Wasserburg des 12. Jh. zurück. Heute befindet sich hier das Schleswig-Holsteinische **Landesmuseum**, das besonders kulturgeschichtliche Stücke aus allen Zeiten der Landesgeschichte ausstellt (montags geschlossen). **Holm** nennt sich ein kleiner Stadtteil Schleswigs, in dem Fischer im 18. und 19. Jh. in kleinen Häusern siedelten und der heute noch schöne Fotomotive bietet. Der Günderothsche Hof ist ein sehenswertes Adelspalais, in dem das Städtische Museum untergebracht ist.
Das **Danewerk** südlich der Stadt war ein Schutzwall, mit dem die Dänen sich in der Enge zwischen Schlei und Treene vor den Überfällen der südlichen Wenden schützen wollten. Ein abwechslungsreicheres Bild der frühen Geschichte dieser Region liefert der Museumskomplex von **Haithabu**, der an die wichtigsten Vorläufer Schleswigs erinnert.

**Information**
Touristbüro
Plessenstraße 7
W-2380 Schleswig
Tel. (04621) 814226

**Festkalender**
Schützenfest (Juni/Juli); Schloßhofspiele (Juli/August); Schloßkonzerte (Juli bis September); Peermarkt (August/ September).

**Tips**
Ausflug nach Haithabu, der ehemaligen Wikingerstadt, die inzwischen zu einem beeindruckenden Museum hergerichtet wurde (südlich von Schleswig, dienstags geschlossen). Danewerk ist ein alter Schutzwall aus dem 9. Jh. (westlich von Schleswig). Landesmuseum in Schloß Gottorf. Gute Radwandermöglichkeiten hat man vom idyllischen Jagel aus. Mit dem Schiff kann man kleine Ausflüge zu den Orten an der Schlei machen.

Schloß Gottorf; ehemaliger Herzogsitz und Landesmuseum (oben).

Der Dom St. Petri ist das Wahrzeichen der Stadt (unten).

Wohnhaus in Schleswig (rechts).

# Schwäbisch Gmünd Von Gold und Silber

**Obwohl die älteste schwäbische Stauferstadt, hat sich Schwäbisch Gmünd besonders mit Gold- und Silberverarbeitung einen Namen gemacht und seinen Wohlstand erworben. Das Bild der Altstadt wird heute vor allem von barocken Einflüssen geprägt.**

»Gmünd« steht für Mündung. So soll der Name auf die Mündung zweier Bäche in die Rems zurückgehen. Die Bezeichnung »Schwäbisch« ist erst seit 1934 hinzugekommen. Heute ist die Stadt Sitz der Verwaltung des Regionalverbandes Ostwürttemberg. Am nördlichen Alb-Rand liegt Gmünd in einer lieblichen und abwechslungsreichen Landschaft.

## Geschichte

Die Römer haben sich hier ganz in der Nähe, nur ein kleines Stück südwestlich von Gmünd, festgesetzt. Etwas zurückgesetzt vom Limes hatten sie ein Kastell errichtet, das wohl die Aufgabe hatte, die Grenze zwischen Obergermanien und Rätien zu sichern. Neben den Ruinen des Kastells sind Reste des einst dazugehörigen Bades zu erkennen. Zu einer Ortsgründung kam es dann erst etwa ein Jahrtausend später, als das Geschlecht der Staufer hier seine älteste Stadt errichtete. Die staufische Stammburg lag ganz in der Nähe auf dem Hohenstaufen. Dort hatte der Reichsgraf Friedrich seine Burg erbaut, nachdem er 1079 von Kaiser Heinrich IV. mit Schwaben belehnt worden war. Seither nannte sich das Geschlecht von Kaiser Barbarossa und Friedrich II. nach diesem schwäbischen Berg. Heute sind nur Reste der im 16. Jh. abgetragenen Burg zu sehen. Im 11. Jh. gründeten die Staufer den Ort Gmünd, gleichzeitig mit dem Kloster Lorch. Der Aufstieg Gmünds ging rasch voran – zunächst bezeugen ihn etliche Klostergründungen, dann auch die mehrfachen Erweiterungen des Stadtmauerrings. Teile der Mauer aus dem 14. Jh. sowie einige der ehemals 24 Türme sind noch erhalten. Mit Beginn der frühen Neuzeit machten mehr und mehr Sensen-, später auch Gold- und Silberschmiede von sich reden. Und dies offenbar nicht allein im positiven Sinne: Denn es sind etliche Gerüchte überliefert, die darauf hindeuten, daß man in Gmünd auch gelegentlich nicht ganz redlich arbeitete. Vielleicht stammen die Gerüchte aber auch nur von Konkurrenten. Gerade die Goldschmiede konnten schließlich den guten Ruf deutlich überwiegen lassen. Schon 1820 entstand sogar eine Silberwarenfabrik, und so ist dieser Industriezweig bis heute ein wichtiger Wirtschaftsfaktor in Schwäbisch Gmünd. Es gibt eine Fachhochschule für Schmuck und Gerät sowie eine für Gestaltung. Nach dem Krieg hat sich die vorher im böhmischen Gablonz ansässige Glasbläserei hier angesiedelt.

## Sehenswürdigkeiten

Ein besonders reizvolles Ensemble ist der alte Marktplatz mit dem **Marktbrunnen**, auf dem eine hübsche Renaissance-Säule steht. Hier befindet sich auch das **Rathaus**, das vor seinem Umbau von 1783 bis 1785 zunächst als Wohnhaus errichtet worden war. Besondere Beachtung verdient der Lichthof des Treppenhauses mit den marmornen Geländern. Der Architekt Johann Michael Keller hat aber neben dem Rathaus noch etliche andere Profanbauten in Schwäbisch Gmünd realisiert. Etwa das **Postamt** oder die **Mohrenapotheke** an der gegenüberliegenden Seite des Marktplatzes. Hier stammen allerdings die spätbarocken Fassadenmalereien von Joseph Wannenmacher. Ebenfalls am Marktplatz steht die sogenannte **Grät**, die unter den alten Fachwerkhäusern der Stadt mit am meisten auffällt; dieses wohl

Der Schmiedtorturm (links oben), die Johanniskirche am Marktplatz (links unten).

Wochenmarkt auf dem Marktplatz (rechts oben).

Madonnen-Figur des Marienbrunnens (Mitte unten).

Die mittelalterliche Burg Hohenrechberg (rechts unten).

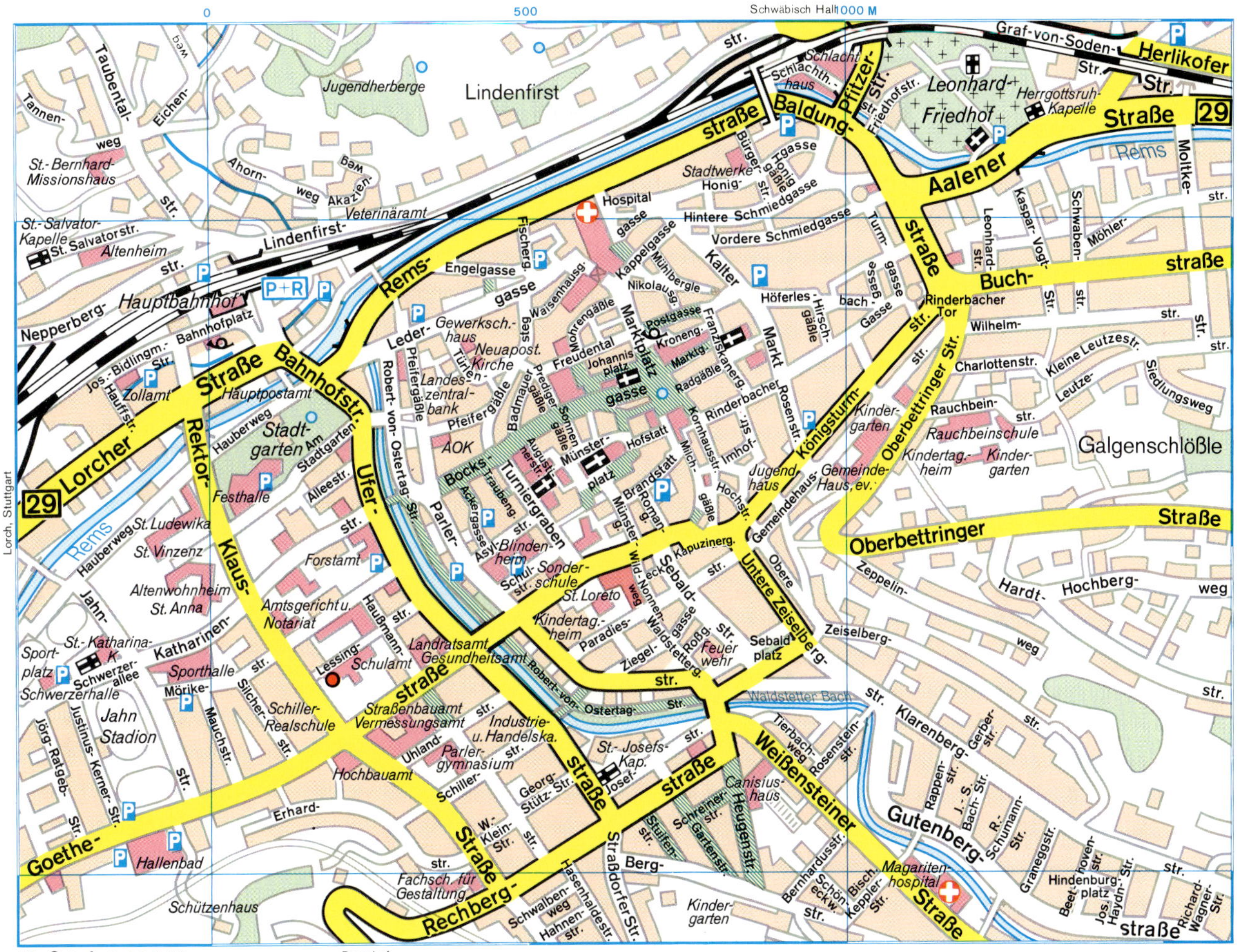


Maßstab 1:11.250

älteste Fachwerkhaus von Gmünd ist 1536 zu seiner heutigen Gestalt umgebaut worden. Das **Kornhaus** ganz in der Nähe wurde 1507 als ein Getreidemarkt im Fachwerkstil errichtet. Nicht weniger beeindruckend ist das **Amtshaus des Heilig-Geist-Spitals** (1434).

Unter den Sakralbauten ist zuallererst das **Heilig-Kreuz-Münster** zu erwähnen, das 1410 geweiht und 1310 begonnen wurde. An ihm war maßgeblich die berühmte Baumeisterfamilie Parler beteiligt, die aus Schwäbisch Gmünd stammt. Die Kirche gilt als eine der bedeutendsten Hallenkirchen ihrer Zeit. Warum, merkt man gleich, wenn man das Innere betritt: Der mächtige Kirchenraum wird von einem feinen Netzgewölbe bedeckt, das auf gewaltigen Rundstützen steht. Allerdings ist die kostbare Ausstattung des Innern im 19. Jh. reichlich »ausgedünnt« worden. Vor dem Münster steht der **Löwenbrunnen**, der mit seinen bunten Geschlechterwappen ein beliebtes Fotomotiv abgibt. Noch 100 Jahre älter als das Münster ist die **Johanneskirche**, eine romanische Basilika, die der Sage nach von Herzogin Agnes von Schwaben gestiftet wurde, weil sie genau hier einen bei der Jagd verlorenen Ring wiedergefunden hatte. Äußerst ungewöhnlich ist der reichhaltige bauliche Schmuck dieser Kirche, besonders markant der freistehende achteckige Turm. Nur noch romanische Reste enthält die frühgotische **Franziskanerkirche**, die im 18. Jh. eine gründliche Barockisierung erfuhr. Auch die Kirche des ehemaligen **Augustinerklosters** (ursprünglich aus dem 14. Jh.) ist später stark barockem Stil angeglichen worden. Der sogenannte **Prediger** ist Teil des ehemaligen Dominikanerklosters aus dem 13. Jh. Er wird heute vor allem für kulturellle Veranstaltungen genutzt und beherbergt außerdem das Städtische Museum. Als eine uralte Kultstätte kann die **St.-Salvator-Kapelle** angesehen werden. Die Kapelle wurde erst 1617 hier errichtet, sie ist unmittelbar in den Fels einer Anhöhe gearbeitet, von wo aus man einen schönen Blick auf die Stadt hat.

Von Schwäbisch Gmünd ist man in wenigen Minuten (Richtung Göppingen) auf dem **Hohenstaufen**, wo allerdings nur noch sehr bescheidene Überreste der einst mächtigen Herrscherburg zu sehen sind. Gleich nebenan aber, auf dem Rechberg, überragt die **Burg Hohenrechberg** die kleine Ortschaft, die inzwischen zu Schwäbisch Gmünd gehört. Es ist die Stammburg der Grafen von Rechberg, 707 m hoch gelegen. Die schöne Ruine vermittelt einen lebhaften Eindruck einer mittelalterlichen Burganlage mit Wehrgängen und Zinnen. Ein Abstecher lohnt sich auch zum **Kloster Lorch**, das die Staufer einst als Grablege ihres Geschlechts errichteten. Neben der Klosterlinde verlief übrigens früher der Limes – etliche Jahrhunderte, bevor es das Kloster gab. Architektonisch orientiert sich die Klosterkirche an Maria Laach, von wo auch der erste Abt kam. Beeindruckend ist der **Kreuzgang** aus dem 15. Jh. mit seinem Netzrippengewölbe. In der Kirche selbst sollte man auf die Kaiserbilder an den Pfeilern achten: Die Staufer tragen hier nicht die zu erwartenden mittelalterlichen Trachten, sondern solche aus der Zeit um 1500. Wer nach soviel Kultur eine Stärkung braucht, ißt wohl am anspruchsvollsten beim Postillon Vincent Klink (Königsturmstraße 35).

**Information**
Verkehrsverein
Johannisplatz 3
W-7070 Schwäbisch Gmünd
Tel. (07171) 603415

**Festkalender**
Berühmte und traditionsreiche Fastnachtveranstaltungen; Gmünder Stadtfest (Juni); Gmünder Herbst (Weinfest, September); Gmünder Streifen (Kulturfest, September); Kirchweihmarkt (Oktober).

**Tips**
Kleinkunst und moderne Musik verschiedener Richtungen bieten die Kino-Kneipe-Fabrik und das Café Spielplatz. Zwischen Kammerkonzerten und Jazz liegt das Angebot im Prediger. Außerdem wird ein recht anspruchsvolles Musik-Programm im Kongreßzentrum Stadtgarten organisiert.

# Schwäbisch Hall – Wo der Heller herkommt

»Auf Heller und Pfennig« ist sprachlich betrachtet ein »weißer Schimmel«, denn die vermutlich schon im 11 Jh. geprägten Pfennige aus Hall nannte man kurz »Heller«. Die Bekanntheit dieser Münze deutet schon an, welchen wirtschaftlichen Einfluß die Stadt im Mittelalter hatte.

»Hall« ist das keltische Wort für Salzquelle: So steht das Salz für den Ort, und der Ort für die Münze. Als die wiederum nur noch versilbert war, wurden die abgegriffenen Exemplare schnell zum »roten«, also wertlosen Heller. Und mit Geld hat auch das Geschäft zu tun, für das Schwäbisch Hall heute allgemein bekannt ist – die Bausparkasse dieses Namens.

## Geschichte

Steinzeitliche Jäger haben hier wohl schon gelebt. Und keltische Siedler wußten bereits, wie man das Salz aus der Sole gewinnt. Im Mittelalter hörte man zuerst 1037 von dem Ort, der hier am tiefsten Punkt des Kochertals liegt – dort eben, wo die Salzquelle entspringt. Die Staufer waren Hall sehr wohlgesonnen, das seit etwa 1200 Stadtrechte hielt, bald auch freie Reichsstadt wurde. Mit dem Salz konnte ein bemerkenswerter Wohlstand erlangt werden. Er erlaubte es, manche kriegerischen Auseinandersetzungen mit Geld zu schlichten. Besonders das benachbarte Limburg hatte nämlich ein Auge auf den Haller Reichtum geworfen. Um der Sache ein Ende zu bereiten, kaufte Hall schließlich die Burg und ließ sie kurzerhand abtragen. Die Limburger Ruine berichtet noch heute davon. Im 30jährigen Krieg hatte die Stadt schwer zu leiden, im späten 17. Jh. gab es einen vernichtenden Stadtbrand in einer Vorstadt. Der überwiegend barocke Einschlag der Altstadt rührt von dem Wiederaufbau nach dem verheerenden Brand 1728. Mit der freien Reichsstadt ist es 1802 vorüber: Hall wird Teil von Württemberg, und der König macht aus der blühenden Bürgerstadt mit ihrem lebendigen geistigen Leben einen Provinzort. Seit in Wilhelmsglück ab 1824 Salz abgebaut wurde, litt die Salzproduktion von Hall deutlich. 1924 schließlich wurde die Saline geschlossen.

## Sehenswürdigkeiten

Der **Marktplatz** zählt zu den schönsten in Deutschland. Nicht weniger bewundert wird das barocke **Rathaus**, das den Charakter eines Palais hat und damit bürgerliches Selbstbewußtsein aus dem 18. Jh. dokumentiert. Im Innern überrascht ein raffinierter Lichthof. Zu dem originellen **Marktbrunnen** von 1509 gehört der **Pranger**. Gleich gegenüber steht die Pfarrkirche **St. Michael**, die auf eine romanische Basilika aus dem 12. Jh. zurückgeht. Besonders deutlich kann man die Reste davon an dem mächtigen Westturm in dem unteren Teil erkennen, auf den dann eine achteckige Spitze gesetzt wurde. Zum Kircheneingang führt eine breite **Freitreppe**, auf der jedes Jahr im Sommer Freilichttheater geboten wird. Das gotische Langhaus stammt aus dem 15. Jh. Zu den Kostbarkeiten der Ausstattung zählen das Chorgestühl und der Hochaltar. In dieser Kirche predigte schon seit 1522 ein Protestant. Auf der anderen Kocherseite steht die **Pfarrkirche St. Katharina**, die seit dem 13. Jh. immer wieder verändert worden ist. Berühmt sind die sehr gut erhaltenen Glasfenster aus der Mitte des 14. Jh.

Am **Haalplatz** trifft man buchstäblich auf die Quelle des einstigen Hallschen Reichtums – die **Solequelle**. Hier war der Siedeplatz der Salzsieder. An ihre Tradition wird jedes Jahr zu Pfingsten mit großen Feierlichkeiten erinnert. Höhepunkt dieser Veranstaltung ist der Siedertanz in alten Uniformen auf einer Kocherinsel gegenüber, dem »Grasbödele«. Zu den alten Stadtbefestigungen gehört der **Sulferturm**, die überdachte Holzbrücke daneben (1728) über den Kocher nennt sich **Sulfersteg**. Erheblich älter ist der **Steinerne Steg** (1516), der die Stadt mit den beiden kleinen Kocherinseln verbindet. Noch aus staufischer Zeit stammt die sogenannte **Keckenburg**, ein Stadtpalais, in dem heute das **Hallisch-Fränkische Museum** untergebracht ist. Es stellt zur Vor-, Früh- und Stadtgeschichte sowie zum Salz- und Siedewesen aus. An einem Hang im südlichen Altstadtteil liegt der größte Profanbau der Stadt, leicht als ehemaliger Speicher zu erkennen (1505 bis 1527). Heute wird dieser sogenannte **Neubau** auch als städtischer Festsaal genutzt. Hier sind auch Reste der einstigen **Stadtmauer** aus dem 13. Jh. zu erkennen. Von den Wehrtürmen und Toren haben neben dem Sulferturm der **Malefizturm**, der **Josenturm**, das **Steinbacher Tor** und das **Weilertor** überlebt. Die

Auf der breiten Freitreppe von St. Michael wird jeden Sommer Freilichttheater geboten (links außen).

Blick auf Sulferturm und Sulfersteg mit Rathaus und St. Michael (links innen).

Das barocke Rathaus (links unten).

Fachwerkhäuser in allen Variationen – im Hintergrund das Große Büchsenhaus (rechts).

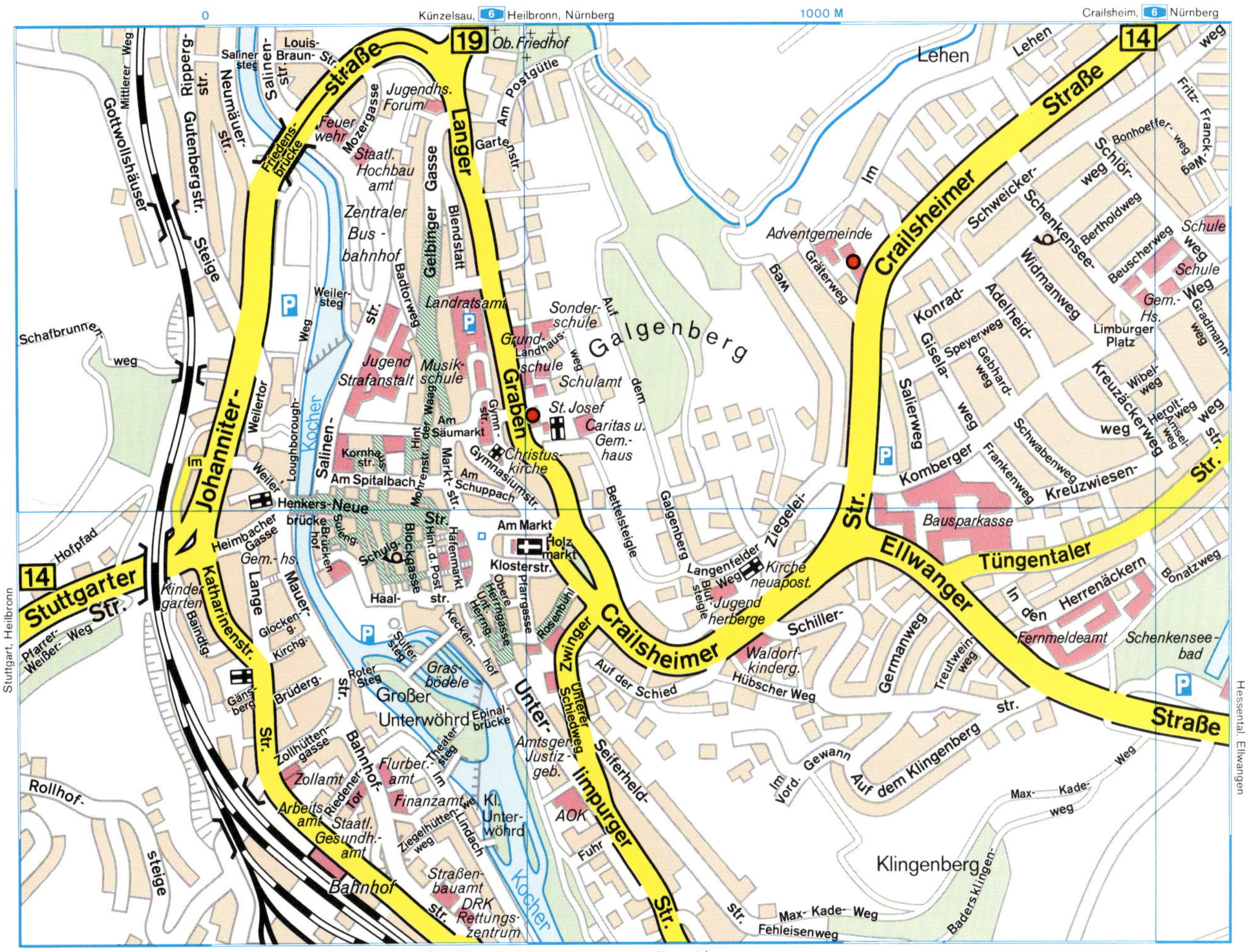


**Maßstab 1:11.250**

**Henkersbrücke** ist seit 1502 aus Stein, dürfte aber vielleicht schon mehrere Jahrhunderte zuvor als Holzbrücke bestanden haben. Dahinter liegt die kleine **Kirche St. Johann**, eine Johanniterkirche, deren romanischer Ursprung im 14. Jh. gotisiert wurde. In der gesamten Altstadt, die zu großen Teilen nur Fußgängern offensteht, finden sich etliche wunderhübsche **Fachwerkhäuser**. Ein besonders schönes Beispiel liegt auch etwas nördlich an der Gelbinger Gasse – das **Gräterhaus** aus dem 17. Jh. Das höchste Fachwerkhaus ist auf den steinernen Josenturm aufgesetzt.

Im Ortsteil **Unterlimburg** kann man noch den Grundriß der vom Magistrat der Stadt abgerissenen Burg genau erkennen. Hier ist auch die ehemalige Benediktinerabtei **Comburg** zu suchen, 1075 gegründet. Zuvor war die Anlage die Burg des Grafen Rothenburg-Comburg, später Chorherrenstift. So ist das Ganze eine Art Gottesburg, mit Gebäuden aus acht verschiedenen Jahrhunderten. Dieses befestigte Kloster aus der Blütezeit der Benediktiner bildete einen mächtigen Gegenpol zur Haller Bürgerstadt. Die **Erhardskapelle** im Hof geht bis auf das Jahr 1230 zurück und besitzt eine merkwürdige sechseckige Form. Auf viel älteren Fundamenten fußend, stammt die imposante Klosterkirche **St. Nikolaus** aus dem frühen 18. Jh. Kostbarste Teile der Ausstattung sind das Antependium von 1140 (ein vergoldetes Kupferrelief auf einer Holztafel) und der riesige Radleuchter mit den zwölf Laternen. Heute ist auf der Veste Comburg eine pädagogische Akademie beherbergt. Auf dem gegenüberliegenden Hang befindet sich das Frauenkloster aus dem frühen 12. Jh. – »**Klein-Comburg**«. Die älteste Kirche Schwäbisch Halls weist der Ortsteil Steinbach auf: **St. Johann Baptist** ist um 1100 entstanden und besitzt im Chor Maßwerkfenster aus dem 13. Jh.

Im Stadtteil Wackershofen entsteht das **Hohenloher Freilandmuseum**, in dem Wohn- und Arbeitsformen des bäuerlichen Lebens in Nordwürttemberg originalgetreu dargeboten werden. Wer noch Lust auf weitere Burgen hat, fährt südöstlich nach **Vellberg**, wo eine gut erhaltene Feste besichtigt werden kann – oder kocherabwärts, bis er in Braunsbach auf die **Burgenstraße** trifft.

**Information**
Informationsamt
Am Markt 9
W-7170 Schwäbisch Hall
Tel. (0791) 751246

**Festkalender**
Traditionelles Kinderfest (Freitag vor Pfingsten); Kuchen- und Brunnenfest der Haller Salzsiedler (Pfingsten); Freilichtspiele (Juni bis August); Jakobimarkt (Juli); Sommernachtsfest (August); Internationales Vorderladerschießen (September); Haller Straßenspiele (September); Backofenfest (September); Weinherbst (Oktober).

**Tips**
Auf dem Weg ins hübsche Braunsbach unterquert man die höchste Autobahnbrücke Europas (Kochertalbrücke). In den Tälern von Kocher und Jagst findet man eine Vielzahl mittelalterlicher Burgen.

# Schwerin Stadt der Seen

Früher war Schwerin Residenz der fürstlich-mecklenburgischen Hofhaltung. Heute besitzt die alte und neue Hauptstadt von Mecklenburg dank ihrer malerischen Lage auch große Attraktivität für den Tourismus.

Schon die Slawen hatten die Vorteile einer Siedlung mitten in einer Seenplatte erkannt. Was früher strategisch wichtig war, macht heute den Reiz der Stadt der Seen und Wälder aus. Im Osten öffnet sie sich gegen den Schweriner See, im Norden wird sie vom Ziegel- und Medeweger See, im Westen vom Lankower- und Neumühler See, im Süden vom Ostorfer- und dem Faulen See eingerahmt. Zusammen bilden diese die westliche Begrenzung der riesigen mecklenburgischen Seenplatte.

## Geschichte

Die heutige Schloßinsel von Schwerin trug bis 1160 die Hauptburg der slawischen Obotriten. Mit dem Namen „Zuarin" wird sie erstmals 1018 in der Chronik von Bischof Thiemar von Merseburg erwähnt. Niklot, ihr letzter Fürst, wurde 1160 vom Sachsenherzog Heinrich dem Löwen besiegt. Dasselbe Jahr gilt als Gründungsdatum der Stadt, weil damals der aus Braunschweig stammende Statthalter Heinrichs, Ritter Gunzelin von Hagen, über den Ruinen des slawischen Burgwalles auf der heutigen Schloßinsel eine weitere Burg errichtete. Weil die junge Siedlung einen ausgezeichneten natürlichen Schutz bot, wurde sie nicht nur Zentrum der neuen Grafschaft Schwerin, sondern erhielt auch bereits 1171 den Bischofssitz, der zuvor in Burg Mecklenburg bei Wismar lag. Immerhin blieb Schwerin dann bis 1648 Bischofssitz und damit geistliches Zentrum von Mecklenburg. Im Jahr, als der Bischof kam, wurde auch bereits der Grundstein für die erste Domkirche gelegt. Sie war damals Zentrum der ersten Kaufmannssiedlung, die zunächst durch eine Holzplankenbefestigung geschützt wurde. Bis 1340 wurde sie durch eine massive Stadtmauer ersetzt.

Bis 1756 residierte der mecklenburgische Hof in Schwerin. Danach zog er zwar bis 1837 nach Ludwigslust, Schwerin blieb jedoch die offizielle Landeshauptstadt. Mit der Rückverlegung der Residenz durch Großherzog Paul Friedrich begann dann für die alte und neue Residenzstadt mit einem wahren Bauboom eine völlig neue Epoche. Nun erhielt der Hofarchitekt Georg Adolph Demmler, ein Schüler von Carl Friedrich Schinkel, den Auftrag, die Residenzstadt repräsentativer zu gestalten. In der Folge lieferte der Hofarchitekt die Pläne für den Um-, Aus- oder Neubau des Schlosses, des Arsenals, des Regierungsgebäudes in der Schloßstraße, der Torhäuser und der Wohnhäuser am Bahnhof. Das Schloß gestaltete Demmler nach dem Vorbild des Loireschlosses Chambord südlich von Orléans. Bis zur Jahrhundertwende verdoppelte sich die Einwohnerzahl, Kleinadel und Beamte gaben den Ton an.

Zwischen den Weltkriegen verdoppelte sich die Einwohnerzahl durch Eingemeindungen und Industrieansiedlungen noch einmal. Da es im Zweiten Weltkrieg kaum Bombenschäden gab und die Stadt zudem am 2. Mai 1945 den alliierten Truppen kampflos übergeben wurde (die Russen kamen erst am 1. Juli), blieb Schwerins alte Bausubstanz weitgehend erhalten.

## Sehenswürdigkeiten

Den ältesten Baubestand der Stadt weist der **Dom** auf. Seinen Grundstein hatte Heinrich der Löwe 1171 eigenhändig gelegt. Begonnen wurde er nach Ratzeburger und Braunschweiger Vorbild als

Pfarrkirche St. Nikolai (links außen).

Gotischer Altar im Dom (rechts oben).

Das Schloß gilt als eines der schönsten Bauwerke des 19. Jahrhunderts (rechts unten).

Information
Schwerin-Information
Markt 11
O-2700 Schwerin

**Festkalender**
Fest der Jugendchöre (alle 3 Jahre). Burggarten-Konzerte und Schweriner Sommer.

**Tips**
Vom 138 m hohen Fernsehturm in Schwerin-Zippendorf schöner Blick über die Seenlandschaft. In Raben Steinfeld wenig östlich erinnert die Gedenkstätte an den zehntägigen Todesmarsch von 30 000 Häftlingen aus den Konzentrationslagern Sachsenhausen und Ravensbrück.

romanische Basilika mit kreuzförmigem Grundriß, geriet aber dann ab 1272 zunehmend zur hochgotischen Kathedrale mit Chorumgang und Kapellenkranz. Nur der im 13. Jh. unvollendet gebliebene Turm des romanischen Beginns blieb erhalten, bis er im 19. Jh. mit dem heutigen neugotischen Westturm massiv überbaut wurde.
Im Inneren enthält der Backsteingotikbau noch so manches Kleinod, wie etwa den aus einer Lübekker Werkstatt stammenden spätgotischen Kreuzaltar von 1440, zwei Messinggrabplatten aus dem 14. Jh., ein gotisches Taufbecken oder einen bronzenen Epitaph aus der Werkstatt Peter Vischers. Auch das 1595 entstandene Grabmonument für Herzog Christoph und seine Gemahlin sind sehenswert.
Schwerins Altstadt um den Dom herum ist inzwischen weitgehend restauriert. Die Nordseite des Marktplatzes ziert das von Johann Joachim Busch 1785 errichtete Neue Gebäude, die östliche Platzseite nimmt das in seinem Kern noch mittelalterliche **Altstädtische Rathaus** ein. Es erhielt seine im Tudorstil gehaltene Fassade 1835 durch den Hofarchitekten Demmler.
Schwerins interessanteste alte Straße ist der **Große Moor**, weil die hier versammelten Fassaden alle nur denkbaren Baustile seit dem 18. Jh. repräsentieren. Auch der **Marstall** am Ostende vom Großen Moor ist ein Werk des Hofarchitekten Demmler, ebenso das **Arsenal**.
Der schönste barocke Sakralbau ganz Mecklenburgs ist die 1772 vollendete, ganz aus Backstein gebaute **Schelfkirche** in der **Schelfvorstadt**. Begonnen wurde sie 1708 vom herzoglichen Militäringenieur Jakob Reutz, vollendet aber von Leonhard Christoph Sturm. Ein gutes Beispiel eines neugotischen Kirchengebäudes in Mecklenburg ist die von Theodor Krüger erbaute **Paulskirche**, die 1869 fertiggestellt wurde und der der Architekt durchaus zeitgemäße Züge zu geben verstand.
Umfassend restauriert ist inzwischen auch das **Schloß** auf der Schweriner Schloßinsel. Das von Demmler gestaltete fünfeckige Gebäude zählt mit seinen 15 Türmen und zahllosen Zacken und Spitzen zu den schönsten Bauwerken des Historismus in Europa. Während die drei zum Schweriner See hin gelegenen rückwärtigen Flügel mit der Schloßkapelle und der „Hofdornitz" noch weitgehend aus der Mitte des 16. Jh.s stammen, wurden die drei vorderen Flügel gegen den Burgsee hin ganz im Sinne der französischen Renaissanceschlösser an der Loire errichtet.
Im Inneren beeindrucken besonders die großen Repräsentationsräume, wie etwa der Thronsaal, die Ahnengalerie, das Rauchzimmer und das Adjutantenzimmer. Ein besonderes Schmuckstück ist der Park südwestlich der Schloßinsel. Er entstand in den Jahren von 1748 bis 1756 als reiner Barockgarten mit Kanälen, Gartenplastiken, Rabatten und gestalteten Hecken.
Museumsfreunde finden in Schwerin das **Museum für Ur- und Frühgeschichte** im Schloßflügel am Burgsee, das **Staatliche Museum** mit einer Gemäldegalerie und (unter anderem holländische und flämische Malerei des 17. Jh.), das Technische Landesmuseum und in Schwerin-Mueß das **Freilichtmuseum** mit ländlicher Architektur des 17. und 18. Jh.

# Siegen – Eine Wiege der Eisenindustrie

Die hübsch gelegene Industriestadt ist ökonomisches Zentrum in Südwestfalen und blickt auf eine bedeutende Geschichte in der Eisenindustrie zurück. Inzwischen ist eher die weiterverarbeitende Industrie wichtig und die 1972 gegründete Universität.

Siegen liegt in einem Talkessel und ist von sieben Bergen umgeben, an deren Hängen sich die Ortsteile hinaufziehen. So haben die meisten Bewohner immer einen Blick auf die Stadt. Wenig bekannt ist, daß der flämische Maler des Barock, Peter Paul Rubens, in Siegen 1577 geboren wurde. Er wird im Museum des Siegerlandes in einer eigenen Abteilung geehrt.

## Geschichte

Schon 500 Jahre vor unserer Zeitrechnung lernte man im Siegerland, das Eisenerz zu nutzen. Um die Erzvorkommen, aber auch die Handelswege zu sichern, sind an der sogenannten Eisenstraße etliche Burgen angelegt worden. Eine befestigte Ortschaft hat es sicher gegen Ende des 11. Jh. gegeben. Schon im 12. Jh. erlangte sie Stadtrechte und geriet unter die Herrschaft der Grafen von Nassau. Dieser alte Stadtteil um die heutige Martinikirche war zunächst getrennt von der neuen Stadt auf dem Burgberg. Nachdem zwischenzeitlich der Kölner Erzbischof in Siegen mitregierte, wurden die Nassauer im 15. Jh. Alleinherrscher. Im 16. Jh. dann vereinigte man beide Stadtteile. Aus den Nassauer Grafen, auf deren Linie übrigens das holländische Königshaus zurückgeht, wurden 1652 Reichsfürsten. Wirtschaftlich hatte Siegen stets eine große Bedeutung, schon im 15. Jh. waren die eisernen Öfen ein Exportschlager der Region. Der Eisenguß gilt als eine Erfindung des Siegerlandes. Durch die Industrialisierung im 19. Jh. wurden viele Arbeiter aus dem Osten angelockt, die Stadt wuchs erheblich. Seit Ende des 19. Jh. allerdings wurde die Eisenverarbeitung hier immer unrentabler, mit dem Boom an der Ruhr konnte man nicht konkurrieren. Große Industriellen-Familien wie etwa die Flicks stammen aus Siegen. Lange Zeit waren Siegen und sein Umland eine Hochburg des Calvinismus und des Pietismus – das erklärt die kargen Kirchenausstattungen ebenso wie das noch fortbestehende reiche kirchenmusikalische Leben. In Siegen selbst ist 1695 in einem schweren Feuer viel alte Bausubstanz vernichtet worden, der Zweite Weltkrieg tat das Seine dazu.

## Sehenswürdigkeiten

Die **Martinikirche** geht auf einen Vorgängerbau aus dem 12. Jh. zurück. Unklarheit herrschte lange darüber, warum hier ein so aufwendiger Sakralbau errichtet wurde. Allerdings weisen jüngere Ausgrabungen auf eine der größten ottonischen Kirchen in Westdeutschland hin, die wohl schon um die Jahrtausendwende hier gestanden haben dürfte. Die **Nikolaikirche** gehörte zur neuen Stadt, ist im 13. Jh. erbaut, aber danach mehrfach gravierenden Veränderungen unterzogen worden. 1259 ist erstmals eine Burg erwähnt worden, die an der Stelle des **Oberen Schlosses** stand. Hier residierte im 17. Jh. die katholische Linie von Nassau-Siegen, während der reformierte Zweig im **Unteren Schloß** lebte, das aus einem Franziskanerkloster hervorgegangen ist. Am Oberen Schloß fällt der wuchtige Wohnturm neben dem dreigeschossigen Hauptgebäude auf. Die Baugeschichte des Unteren Schlosses ist recht kompliziert, die heutige dreiflügelige Anlage ist 1714 fertiggestellt worden. Bemerkenswert ist auch das **Rathaus** aus dem 18. Jh., das auf uralten Fundamenten steht. In der Altstadt gibt es noch etliche der hier in der Gegend üblichen schiefergedeckten Fachwerkhäuser. Einen besonders stimmungsvollen Eindruck dieses Haustyps verschafft man sich aber in **Freudenberg**, dessen Altstadt dafür berühmt ist. Die **Universität**-Gesamthochschule Siegen ist inzwischen zu einem wichtigen Faktor in der Stadt geworden. Die Gebäude dieser als »Denkfabrik im Grünen« konzipierten Universität liegen etwas außerhalb.

Seit dem Zweiten Weltkrieg vereinigt das Stadtbild alte und moderne Elemente (oben).

Südlich gelegen die Marienkirche mit dem Neuen Erbbegräbnis des Hauses Nassau (links).

Die Hundegasse mit der Nicolai-Kirche (rechts).

**Information**
Touristikverband Siegerland-Wittgenstein e.V.
Koblenzer Straße 73
W-5900 Siegen
Tel. (0271) 3331020

**Festkalender**
Theaterfestival Siegen im Schloßpark (Juni). Hilchenbach: Woche junger Komponisten (Juli). In Bad Berleburg: Musikfestwoche auf dem Schloß (Juli).

**Tips**
Waldfreunde werden in und um Siegen leicht auf ihre Kosten kommen. An Spazierwegen mit oft schönen Aussichten mangelt es wahrlich nicht (wer es mag, findet auch leicht Wege mit ein wenig Höhenunterschied). Freudenberg bietet ein wunderschönes geschlossenes Altstadtbild mit Fachwerkhäusern; im Sommer Kindertheater auf der Freilichtbühne. In Elspe im Sauerland die Karl-May-Festspiele im Sommer.

# Sigmaringen Burg-Romantik

Dem verschlafenen Städtchen sieht man es kaum an, daß hier noch im vergangenen Jahrhundet ein Zentrum des höfischen Lebens in Europa war. Allerdings versetzt die gewaltige Burganlage auf einem Felsen direkt an der Donau noch heute den Besucher in Staunen.

Obwohl ein traditionsreicher Hohenzollern-Sitz, kam Sigmaringen erst 1849 an Preußen. Das scheint nur dann kein Widerspruch zu sein, wenn man weiß, daß es zwei große Linien des Hohenzollern-Geschlechts gab: Die evangelische fränkische Linie erhielt Brandenburg und Preußen, und die katholische schwäbische Linie teilte sich wieder in Hohenzollern-Hechingen und Hohenzollern-Sigmaringen. Beide Fürsten dankten schließlich 1849 zugunsten der preußischen Krone ab.

## Geschichte

Unmittelbar im heutigen Stadtgebiet haben schon zur Hallstattzeit (750 bis 450 v. Chr.) Menschen gewohnt. Auch die Römer wußten die Donaufurt bei Laiz zu schätzen; Reste römischer Gutshöfe haben sich erhalten. Die vielen Ortsnamen auf »-ingen« und »-heim« deuten auf die Besiedlung durch alemannische Schwaben im 4. und 5. Jh. In Sigmaringen standen ihre Häuser direkt unter dem Schloßfelsen. Spätestens im 11. Jh. ist dann eine Burg errichtet worden, um die herum sich bald eine größere Siedlung bildete. Schon im 13. Jh. folgte das Stadtrecht. Bei den vielen Wechseln der Herrschaftsverhältnisse fanden sich schließlich die Hohenzollern auf Sigmaringen (1535). Schwere Schäden erlebte die Stadt in der zweiten Hälfte des 30jährigen Krieges, als sie mehrfach erobert und geplündert und das Schloß bis auf die Grundmauern niedergebrannt wurde. Die bis ins 18. Jh. dauernde Aufbauphase prägt teilweise noch heute das Stadtbild. Günstigerweise verstand sich die Fürstin mit der ersten Frau Napoleons gut, so daß sich das Fürstentum zu dieser Zeit noch erweitern konnte und einige Privilegien erhielt. So nahm die politische Bedeutung Sigmaringens zu – im 19. Jh. hatte man Kontakte zu den wichtigsten europäischen Fürstenhäusern. 1944/1945 residierte hier die französische Vichy-Regierung unter Marschall Pétain.

## Sehenswürdigkeiten

Von der alten Burganlage sind nur noch wenige Teile erhalten. So schreibt man den im Zentrum des **Schlosses** stehenden rechteckigen Turm dem 12. Jh. zu. Auch das Torwärterhäuschen in der Nähe und das rundbogige Tor dürften aus dieser Zeit stammen.

Der Renaissance-Ausbau ist gleich nach seiner Errichtung den Flammen des 30jährigen Krieges wieder zum Opfer gefallen. Auf diese Bauphase weisen allerdings zwei Ölgemälde hin, die man im Schloß besichtigen kann. Der Gesamteindruck der heutigen Anlage wird also vorwiegend von Baumaßnahmen des 19. Jh. bestimmt, als man im Zeichen des Historismus den Komplex restaurierte. 400 Räume besitzt das Schloß, etliche können bei einer Führung besichtigt werden – darunter die Waffenhalle mit einer enormen Waffensammlung, die Hubertushalle, die Portugiesische Galerie und wunderschöne Salons. Im **Fürstlich Hohenzollerschen Museum** werden besonders schwäbische Künstler des 15. und 16. Jh. präsentiert. Neben dem Schloß befindet sich die spätbarocke Stadtkirche **St. Johannis** (1757 bis 1761), die auf viel älteren Fundamenten ruht. Eine ehemalige Franziskanerkirche ist die **Erlöserkirche Hedingen**, in der die Fürsten ihre Gruft haben. Zentrum der Altstadt ist der **Marktplatz**, auf dem die barocke **Hofapotheke** von 1705 gut erhalten ist. Sehenswert ist auch das **Gasthaus zum Bären** mit seinem Fachwerkgiebel. Der Wildpark **Josefslust** liegt etwas südlich von Sigmaringen und bietet auf einem über 800 ha großen Gelände etliche Wildgatter mit verschiedenen einheimischen Tierarten. Ausflugsziele bietet die südliche Alb darüber hinaus reichlich.

**Information**
Verkehrsamt
Schwabenstraße 1
W-7480 Sigmaringen
Tel. (07571) 106223

**Festkalender**
Schloßkonzerte (vier Tage lang, ab Fronleichnam); Stadtfest (Juni); Donaufest (mit Fischerstechen, Juli/August); verschiedene Märkte im Laufe des Jahres.

**Tips**
Ausflüge unternimmt man nach Bingen im Lauchertal, nach Krauchenwies und nach Stetten, wo die größten Schaufelsen des Donautals zu bewundern sind. Hier in der Nähe liegt auch die berühmte Falkensteinhöhle. Das Tal der oberen Donau zwischen Sigmaringen und Tuttlingen ist geprägt von wilden Felsschluchten und romantischen Burgen. Burg Wildenstein gilt als die besterhaltene mittelalterliche Burg Deutschlands.

Am Brunnen in der Schwabstraße (oben).

Auf einem Felsen erhebt sich das stattliche Schloß der Fürsten von Sigmaringen-Hohenzollern (links).

Blick auf die Innenstadt (rechts).

# Soest
# Stadt am Hellweg

Die mittelgroße Kreisstadt kann heute nicht mehr an die Bedeutung anknüpfen, die sie im Mittelalter hatte. Doch vielleicht ist das auch gut so, denn auf diese Weise hat das bemerkenswerte Stadtbild seinen mittelalterlichen Charme in den verwinkelten Gassen bewahren können.

In seinem berühmten Simplicissimus-Roman aus dem 17. Jh. läßt Hans Jakob Christoffel von Grimmelshausen die Hauptfigur auch als »Jäger von Soest« auftreten. An ihn und seine Abenteuer in den Wirren des 30jährigen Krieges wird gelegentlich von den Soestern gern erinnert.

## Geschichte

Der Ort ist bestimmt schon sehr alt. Merowingische Gräber machen eine Besiedlung im frühen Mittelalter wahrscheinlich. Einen karolingischen Königshof hat es hier gegeben, der Stützpunkt für die Christianisierung der Sachsen war. Aus dem Jahr 836 datiert die erste urkundliche Erwähnung. 964 gründete der Kölner Erzbischof Bruno das Chorherrenstift St. Patroklus. Wenige Jahre später bereits erhielt der Ort Münzrecht, um 1100 Stadtrecht. Kurz darauf wurde das Soester Stadtrecht (Soester Schrae) niedergeschrieben, das in über 60 westfälischen Städten und in Lübeck übernommen wurde. Der wirtschaftliche Aufschwung begann mit dem Handel des hier früher gewonnenen Salzes und mit landwirtschaftlichen Produkten. Wichtig war dabei die günstige Lage am Hellweg, wodurch Soest zu einem wichtigen Vermittler zwischen den Ostseeanliegern und dem Mittelmeerraum sowie Flandern wurde. Soester Händler reisten bis nach Gotland, nach Nowgorod, nach Kiew und nach Italien. Eine weitsichtige Verfassung ersparte Soest aufreibende innerstädtische Kämpfe. So blieb die Stadt bis ins 17. Jh. ein bedeutendes Hansemitglied. Schon seit dem 13. Jh. hatte man versucht, die kurkölnische Herrschaft loszuwerden. Dies gelang schließlich in der Soester Fehde 1444 bis 1449, danach wurde Soest die Macht über die Soester Börde vertraglich bestätigt. Seit der Fernhandel im 17. und 18. Jh. an Bedeutung verlor, büßte Soest auch seinen Rang als eine der bedeutendsten Städte Westfalens ein.

## Sehenswürdigkeiten

Nach dem Krieg mußte die Stiftskirche **St. Patroklus** restauriert werden, dabei wurde im wesentlichen der Zustand des 12. Jh. wieder hergestellt (um 1000 ist der erste Bau begonnen worden). Der mächtige Turm gilt als schönster romanischer Turm in Deutschland. Wie bei vielen Bauwerken der Stadt der Fall, erfährt auch dieser Turm eine ganz eigene Wirkung durch den grünlich schimmernden Anröchter Sandstein. 1150 bis 1322 ist die gegenüberliegende **Petrikirche** errichtet worden. Wandbilder aus der Zeit um 1400 machen die Innenausstattung sehr kostbar – sie werden Konrad von Soest und seiner Schule zugeschrieben. **Maria zu Höhe** ist eine Hallenkirche, die, wie viele solcher Kirchen in Westfalen, beinahe quadratischen Grundriß hat. Ihre heutige Gestalt hat die Kirche 1255 erhalten, wobei ältere Bauteile miteinbezogen wurden. Auch hier im Innern sehr wertvolle alte Malereien. Aus dem 14. Jh. stammt **St. Maria zur Wiese**, eine sehr schöne Hallenkirche. Berühmt ist das »Westfälische Abendmahl«, eine Glasmalerei aus der Bauzeit, die das heilige Abendmahl in einen westfälischen Gasthof verlegt. Von der alten Stadtbefestigung ist nur noch das **Osthoventor** übriggeblieben (16. Jh.), das aber noch einen deutlichen Eindruck von den Ausmaßen der alten Stadtmauer gewährt. Als ältestes Gasthaus Westfalens wird das **Pilgrim-Haus** bezeichnet, das 1309 erstmals erwähnt worden ist. Das **Freiligrathhaus** ist im Stil der Weserrenaissance errichtet und belegt, daß die Soester Kaufleute von ihren Reisen gelegentlich fremde Einflüsse mit nach Hause brachten. Über bürgerliches und bäuerliches Kulturgut aus der Gegend unterrichtet das **Burghofmuseum** in der Burghofstraße.

**Information**
Verkehrsamt
Am Seel 5
W-4770 Soest
Tel. (02921) 103323

**Festkalender**
Osterkirmes; Allerheiligenkirmes (Mittwoch nach Allerheiligen, eines der größten deutschen Kirmesfeste); Bördetag (Mai); Soester Sommer (Musik und Kleinkunstveranstaltungen, mittwochs, Juni bis September).

**Tips**
Eine breite Palette an Kneipenmusik (Jazz bis Dudelsack) kann man im Caféhaus Anno 1888 genießen. Angenehme Spaziergänge auf den alten Stadtwällen, im Bergenthalpark oder im Rosengarten. Beliebte Ausflüge führen zum Wasserschloß nach Hovestadt oder nach Oströnnen, wo man die romanische Pfarrkirche besucht.

Der mächtige Turm von St. Patroklus (links).

Das Freiligrathhaus (rechts oben).

Der Stadtteich mit den Türmen der Wieskirche im Hintergrund (rechts unten).

# Solingen – Wo die Messer herkommen

Schon im Mittelalter wurden in Solingen Klingen geschmiedet, und dieser Tradition ist die Großstadt (160 000 Einwohner) bis heute treu geblieben. Dabei ist Solingen überhaupt keine Industriestadt im üblichen Sinne, sondern eine Ansammlung einzelner Stadtteile.

»Me fecit Solingen«, mich hat Solingen gemacht – das war über Jahrhunderte ein Qualitätssiegel auf Solinger Klingen und Messern. Ihren Namen ließen sich die Solinger Klingenschmiede per Gesetz schützen. Eine wichtige Rolle spielten aber auch die Schleifer, die es zu verhindern wußten, durch den Industrialisierungsprozeß zu Industriearbeitern zu werden. So sind in Solingen noch heute selbständige Messerschleifer tätig.

## Geschichte

Die Besiedlung dieser Gegend erfolgte im 9. bis 12. Jh. in zwei Phasen. Dabei entstanden die hier typischen Weiler durch die fortgesetzte Erbteilung der anfänglich einzelnen Höfe. Schon im 10. Jh. gab es auch das Gut der Ritter von Solingen, von denen der Ort seinen Namen hat. Nicht viel später dürften die Grafen von Berg hier die Macht übernommen haben, die Solingen bereits 1374 stadtähnliche Rechte verliehen. Da die Landwirtschaft in dieser Gegend von Anfang an kärglich blieb, mußte man schon früh mit Nebenerwerben beginnen. Seit dem 13. Jh. entwickelte sich eine hohe Kultur der Klingenproduktion, die insbesondere im 16. Jh. zu einer bedeutenden Blüte führte, als die vielen Kriege in Europa den Absatz steigen ließen. Wichtigste Kunden waren die damaligen Großmächte Portugal, Spanien, Holland und England. Napoleons Kontinentalsperre brachte zu Beginn des 19. Jh. einen deutlichen Einbruch, aber mit der Mechanisierung im weiteren 19. Jh. konnte man wieder an den alten Wohlstand anschließen. Zuvor arbeitete man in den sogenannten Schleifkotten, von denen einige heute noch zu besichtigen sind. Die Innenstadt Solingens, das 1929 zur Großstadt wurde, ist im Krieg völlig zerstört worden. In Gräfrath, Ohligs, Wald und Höhscheid finden sich aber noch heute traditionelle Stadtkerne.

## Sehenswürdigkeiten

In Gräfrath ist 1187 ein Augustinerinnenkloster gegründet worden, das in den folgenden Jahrhunderten eine wichtige Rolle als Wallfahrtskloster spielte. Die **Klosterkirche** hat ihre heutige Form weitgehend im 17. Jh. erhalten, aber der Westturm ist noch original. In Wald ist die **evangelische Kirche** erhalten, die hauptsächlich ein klassizistisches Gepräge trägt, in Teilen aber aus dem 12. Jh. stammt. Besonders schön ist der **Marktplatz von Gräfrath**, der fast vollständig von Gebäuden des 18. Jh. umstellt ist.

**Schloß Burg** gilt als ein Wahrzeichen des Bergischen Landes. Anlaß für die Errichtung dieser Anlage war die Gründung des Zisterzienserklosters in Altenberg, dem Graf Adolf I. von Berg seine Burg dafür geschenkt hatte. Im 12. und 13. Jh. ist dann die neue Burg zu einer mächtigen Wehranlage ausgebaut worden. Lange Zeit war sie eine der Hauptburgen des Geschlechts, das seine Residenz dann aber nach Düsseldorf verlegte. Am Ende des 30jährigen Krieges wurde die Burg zerstört, die Ruine ist weitgehend von einem Schloßbauverein (1887 gegründet) wieder restauriert worden. Im Schloß hat das **Bergische Museum** sein Quartier. Den **Wipperkotten** von 1600 hat man inzwischen in ein Atelier verwandelt. Hier kann man die traditionelle Arbeitsweise der Klingenschmiede kennenlernen. Ähnlich ist es mit dem **Balkhauser Kotten**, in dem heute ein Designer sein Atelier unterhält. Das **Klingenmuseum** (Wuppertaler Straße 160) gibt einen Überblick nicht nur über Solinger Klingen, sondern über die verschiedenen Epochen der Waffen, Bestecke und Schneidgeräte.

**Information**
Stadtinformation
Potsdamer Straße 41
W-5650 Solingen
Tel. (0212) 2902333

**Festkalender**
Bergische Kunstausstellung (Ostern bis Pfingsten im Klingenmuseum); Zöppkes-Markt (September); Konzerte und Theateraufführungen regelmäßig in Schloß Burg.

**Tips**
Das Städtische Theater- und Konzerthaus bemüht sich um ein interessantes Gastspielprogramm. Außerdem unterhält die Stadt ein Orchester mit 58 Sinfonikern. In Gräfrath gibt es den Tierpark Fauna, und im Ittertal werden eine ganze Reihe von Freizeitvergnügungen geboten. Wer sich über unsere Vorfahren informieren möchte, macht einen Abstecher ins Neanderthalmuseum.

Bis heute der Tradition der Schmiedekunst treu geblieben (links).

Das Reiterstandbild vor Schloß Burg zeigt Erzbischof Engelbert (Mitte).

Wahrzeichen des Bergischen Landes: Schloß Burg (rechts).

# Speyer – Römer-, Bischofs-, Kaiserstadt

**Die mittelgroße Stadt am nördlichen Oberrheingraben blickt auf eine eindrucksvolle geschichtliche Bedeutung zurück. Großer Stolz der Speyerer ist aber der gewaltige Dom, der als die wichtigste hochromanische Kathedrale in Deutschland gilt.**

Unter den Museen der Stadt wird manchen Besucher vor allem das Weinmuseum begeistern, in dem sich 2000 Jahre Winzertradition studieren lassen. In einem Glasgefäß aus dem 3. Jh. zum Beispiel fand man noch originalen römischen Wein – dieser kostbare alte Tropfen dürfte allerdings nicht unbedingt mehr köstlich sein.

## Geschichte

Die Römer nannten die Siedlung civitas nemetum, nach dem keltischen Stamm der Nemeter, die hier zuvor wohnten. Im Mittelalter dann wurden an dem Rheinübergang Kaufleute seßhaft. Und aus dem Jahre 614 ist die Bezeichnung »Spira« überliefert – dieser Name geht auf den Bach zurück, der hier in den Rhein mündet. Konrad II., der Speyerer, entschloß sich, hier einen monumentalen Dom als Saliergrabstätte zu errichten. Um 1030 dürfte die Grundsteinlegung erfolgt sein. Konrads Sohn Heinrich III. führte den Bau weiter, aber erst unter Heinrich IV., 1061, konnte die fertige Kirche geweiht werden. Im Jahre 1111 erhält Speyer wichtige Freiheitsprivilegien verliehen. Die Stadt hat eine enorme politische Bedeutung – etliche Kaiser halten sich wiederholt hier auf. In der 1041 vollendeten Domkrypta liegen immerhin vier Kaiser, drei Kaiserinnen und vier Könige. Von den über 50 Speyerer Reichstagen ist besonders derjenige von 1529 wichtig, der zur endgültigen Spaltung der römischen Kirche führt. Wie zu erwarten, erblüht gleichzeitig auch das Wirtschaftsleben der Stadt. Alles endet allerdings jäh in einem katastrophalen Brand, den Ludwig XIV. im Pfälzischen Erbfolgekrieg legen läßt. Die gesamte Stadt, einschließlich des Doms, wurde zu Schutt und Asche. Nur ganz allmählich erfolgte der Wiederaufbau, den der Zweite Weltkrieg verschonte.

## Sehenswürdigkeiten

Der sechstürmige **Dom** ist 133 m lang, wurde noch in diesem Jahrhundert umfänglich restauriert und von späteren Zufügungen befreit. Als schönste Unterkirche der Welt wird gelegentlich die **Krypta** gelobt. Seit französische Soldaten 1689 einige Särge öffneten, ist ein Teil der Gräber durcheinandergeraten. Auf das Hauptportal zu läuft die **Maximilianstraße**, die alte Pracht- und Triumphstraße Speyers, auf der die Kaiser einzogen. Folgt man ihr, gelangt man am barocken **Rathaus** vorbei, in dessen Erdgeschoß heute das Stadtarchiv eingerichtet ist. Dann führt der Weg vorbei an einem ehemaligen Kaufhaus aus dem 18. Jh., der **Alten Münze**. Und am anderen Ende der Straße steht das **Altpörtel**, ein zunächst im 13. Jh. erbauter Teil der alten Stadtbefestigung, das als eines der schönsten deutschen Stadttore gilt.
Im Mittelalter spielte das jüdische Leben eine bedeutende Rolle in der Stadt. Daran erinnert heute unter anderem der 10 m unter der Erde gelegene Synagogenrest, den das **Judenbad** bildet (um 1100). Im **Historischen Museum** ist nicht nur das erwähnte Weinmuseum beherbergt, sondern hier werden auch Sammlungen zur römischen Kultur, zum Frankenthaler Porzellan, des Dom- und Diezösanmuseums und zur Kulturgeschichte der Pfalz ausgestellt. Die Klosterkirche **St. Magdalena** geht auf das 13. Jh. zurück und gehört zu dem Dominikanerinnen-Kloster, in dem die im Dritten Reich ermordete Edith Stein gewirkt hat. Als ein wichtiges Beispiel protestantischer Kirchenbaukunst gilt die **Dreifaltigkeitskirche** (1701 bis 1717). Einen romantischen Einblick in das bürgerliche Speyer bieten der **Fisch-** und der **Holzmarkt**, an denen reizende alte Häuser renoviert wurden.

Die Alte Münze – Kaufhaus aus dem 18. Jh. (links).

Blick aus der Vogelperspektive auf die alte Kaiserstadt am linken Ufer des Rheins (oben).

Der Kaiserdom beherbergt in seiner Krypta acht Königs- und Kaisergräber (unten).

**Information**
Verkehrsamt
Maximilianstraße 11
W-6720 Speyer
Tel. (06232) 14395

**Festkalender**
Speyerer Frühlingsjahrmesse (um Himmelfahrt); Rheinpromenadenkonzerte im Sommer; Kulturspektakel (Kleinkunst, Mai); Speyerer Brezelfest (Juli); Altstadtfest (September); Herbstmesse (November).

**Tips**
Bei den Antikmärkten in der Stadthalle kann man manches interessante Stück ergattern (März, Mai, November). Vielfältige Sommerfreuden suchen die Speyerer an den vielen Baggerseen im Norden. Noch buntere Vergnügungen suchen die Kinder im Holiday-Park Haßloch. Beschaulicher sind die Schönheiten des Naturparks Pfälzer Wald und der Südlichen Weinstraße. Neustadt lädt zu einem Abstecher ein.

# Stade – Hauptstadt des Alten Landes

Die auf einer Insel gelegene Altstadt des einst so reichen Stade weiß von einer bewegten Geschichte zu erzählen. Eine Vielzahl von Fachwerkhäusern und bedeutende alte Kirchen zeugen von verschiedenen geschichtlichen Epochen.

Die Schwinge verschaffte Stade einen guten Zugang zur Elbe. Aber zum einen versandete dieser Elbenebenfluß immer wieder, und zum andern wurde die Hamburger Konkurrenz für die Hansestadt Stade allmählich übermächtig. So wurde aus dem einen eine Weltstadt und aus dem andern eines der schönsten Städtchen in Norddeutschland.

## Geschichte

Schon im 8. Jh. besiedelt, 994 von den Normannen überfallen, ging der Ort 1144 an Heinrich den Löwen, der ihn mit einer Mauer umzog und ihm Stadtrecht verlieh (1180). Der Erzbischof von Bremen erhielt Stade 1236, das nun Hansemitglied wurde und eine Blütezeit erlebte. Doch auf Dauer konnte man mit Hamburg nicht mithalten. Immerhin brachten der 30jährige Krieg und die Eroberung durch die Schweden noch einmal neuen Aufschwung. Von 1648 bis 1712 Hauptstadt der schwedischen Herzogtümer Bremen und Verden, erhielt Stade die modernste Festungsanlage seiner Zeit, aber auch etliche andere wichtige Bauten. Allerdings wurde die alte Bausubstanz in der Feuersbrunst von 1659 zu zwei Dritteln zerstört. So werden diese Hochzeiten heute leider nur noch von wenigen Baudenkmälern bezeugt. Besonders glücklich war die weitere Geschichte Stades auch nicht gerade: 1712 wurde es sehr blutig von den Dänen erobert, 1715 an Hannover verkauft und schließlich 1803 bis 1814 von den Franzosen besetzt. Dafür ist die Stadt glücklicherweise wenigstens in den beiden Weltkriegen unseres Jahrhunderts ohne schweres Leiden und allzu große Zerstörungen davongekommen.

## Sehenswürdigkeiten

Die fast vollständig von Wasser umgebene **Altstadt** ist liebevoll renoviert. Besonders eindrucksvoll sind die im rot-weißen altländischen Stil erhaltenen **Fachwerkhäuser**, berühmt das **Bürgermeister-Hintze-Haus**, das 1621 seine barocke Fassade erhielt. Die alten schwedischen Festungsbauten sind heute grün bepflanzt, was viel zu dem behaglichen Charme der Stadt beiträgt – erhalten sind zum Beispiel noch die **alten Bastionen** am Burggraben. Ein technisches Meisterwerk des 17. Jh. war der **hölzerne Ladekran** am Fischmarkt (der inzwischen originalgetreu wiederhergestellt worden ist). Ebenfalls am **Alten Hafen** steht der berühmte **Speicher** aus der Schwedenzeit; darin ist heute das **Urgeschichtsmuseum** mit bis zu 20 000 Jahre alten Funden untergebracht. Fröhlich bunt ist die flämisch-frühbarocke Fassade des **Rathauses** in der Hökerstraße. Die mächtigen Kellergewölbe stammen noch von 1279 und haben als einziger Bestandteil des Gebäudes den Brand aus dem Jahre 1659 überlebt.

Unter den Kirchen verdient neben der St.-Wilhadi-Kirche vor allem die bis ins 11. Jh. zurückreichende **St.-Cosmae-et-Damiani-Kirche** Erwähnung. **St. Wilhadi** soll angeblich auf den ersten Bischof von Bremen, den heiligen Willehad zurückgehen (8. Jh.). Inzwischen hat man einige der Veränderungen aus dem 17. und 19. Jh. zugunsten der ursprünglichen gotischen Gestalt aus dem 13. Jh. wieder beseitigt. Ein Blick in das Innere lohnt sich allein wegen der wertvollen Orgel aus dem frühen 18. Jh. St.-Cosmae-et-Damiani wird von einem gewaltigen **achteckigen Turm** beherrscht, der heute als Wahrzeichen der Stadt gilt. Im Innenraum fällt die Kirche besonders durch die hölzernen flachen Tonnengewölbe auf.

Von Stade aus kann man schöne Spaziergänge beginnen – etwa zum Vorhafen **Stadersand** – oder beschauliche Ausflüge ins Alte Land starten, was vor allem zur Zeit der Obstblüte eine reichliche Sinnenfreude ist.

**Information**
Fremdenverkehrsamt
Bahnhofstraße 7a
W-2160 Stade
Tel. (04141) 14215/3738

**Festkalender**
Fastnacht am Samstag vor Rosenmontag; Frühlingsfest; Frühjahrsmarkt; Blumenmarkt; Altstadtfest; Schützenfest; Künstlertage; Herbstmarkt; Weihnachtsmarkt.

**Tips**
Freilichtmuseum auf der Insel – alte Bauernhäuser (Oktober bis April und montags geschlossen); Heimatmuseen: Baumhaus, Am Wasser Ost 28, und in der Inselstraße. Unbedingt während der Obstblüte das Alte Land besuchen. Dabei einen Abstecher nach Guderhandviertel, Jork und Steinkirchen. Bützfleth nördlich von Stade ist der tiefstgelegene deutsche Ort (2 m unter NN).

Fachwerkbauten entlang des malerischen Alten Hafens (oben).

Blick von oben auf die eigenwillig gestaltete Stadtanlage (unten).

Zunftschild des sogenannten Knechthausen-Hauses (rechts).

# Stendal
# Zentrum der Altmark

**Noch heute ist Stendal wirtschaftliches und kulturelles Zentrum der Altmark, des einstigen Kernlandes von Brandenburg. Im 16. Jh. war es die größte Stadt des Landes, erst der 30jährige Krieg änderte dies nachhaltig – bis im 19. Jh. ein neuer Aufschwung erfolgte.**

Berühmtester Sohn der Stadt ist Johann Joachim Winckelmann, der als Begründer der modernen Archäologie wie der Kunstgeschichte gilt. Mit seinen Betrachtungen zur Kunst des Altertums löste er nicht nur lebhafte Debatten aus, sondern leitete auch die klassische Antiken-Verehrung ein. Der französische Romanautor Marie-Henry Beyle (Autor der »Kartause von Parma«) war so begeistert von Winkelmann, daß er sich nach dessen Geburtsort »Stendhal« nannte.

## Geschichte

Schon im 10. Jh. gab es hier eine Siedlung. Später entstand eine Burg, die den Schutz abgab für die 1160 gegründete Marktsiedlung. Ihr verlieh der Askanier Albrecht der Bär, Markgraf von Brandenburg, schon bald Marktrecht. Noch im 12. Jh. wurde dann im etwas südlich gelegenen Dorf Schadewachten der Dom gegründet. Im 13. Jh. verlegten die Askanier ihre Residenz nach Stendal, das mit den benachbarten Dörfern zusammenwuchs und Hansemitglied wurde. Die Tuchproduktion war die Grundlage eines bedeutenden Fernhandels, der Stendal einen ziemlichen Wohlstand verschaffte und zur reichsten und bedeutendsten Stadt der Mark Brandenburg werden ließ. So spielte der Hauptort der Altmark in den märkischen Städtebünden die wichtigste Rolle. 1488 verlor man allerdings den Konflikt mit den Hohenzollern, den neuen Machthabern, um die bürgerlichen Rechte. Der wirtschaftliche Abstieg begann im 16. Jh. und wurde durch den 30jährigen Krieg forciert. Für die späte Erholung im 19. Jh. war vor allem die Tatsache verantwortlich, daß Stendal nun zum Eisenbahnknotenpunkt wurde. Heute zählt die Stadt etwa 50 000 Einwohner.

## Sehenswürdigkeiten

Besonders berühmt ist der Giebel des gotischen **Rathauses**. Im Innern ist vor allem die Wandtäfelung (1462) der **Großen Stube** bedeutend. Nur noch eine Kopie ist inzwischen die schlanke **Rolandsfigur** (1525) vor dem Laubenflügel des Rathauses. Hinter dem Marktplatz ragt zweitürmig die Pfarrkirche **St. Marien** empor. 1447 ist die Backsteinkirche fertiggestellt worden, in deren Innenraum das mächtige Kreuzrippengewölbe eine dreischiffige Halle deckt. Zur Ausstattung gehören das Chorgitter, der kostbare Marienaltar von 1471 und die astronomische Uhr aus dem 16. Jh. Um einiges jünger sind die stadtüberragenden Turmhelme. Der **St.-Nikolaus-Dom** ist inzwischen nach den Beschädigungen durch den Zweiten Weltkrieg wieder restauriert. Im 13. Jh. begonnen, ist die jetzige Kirche 1467 vollendet worden. Berühmt ist der wunderschöne Gemäldezyklus im Querschiff und im Langhaus. Die Sandsteinfiguren im Chor stammen von dem alten Lettner (um 1240). Eine Augustinergründung ist das ehemalige **Katharinenkloster**, von dem heute nur noch Reste existieren – darin befindet sich nun das **Altmärkische Museum.** Zu einem ehemaligen Franziskanerinnenkloster gehörte die **St.-Annen-Kirche** aus dem 15. Jh. Als eines der schönsten norddeutschen Backsteintore gilt das mächtige **Uenglinger Tor** (14. und 15. Jh); deutlich älter ist das andere der erhaltenen Stadttore, das **Tangermünder Tor**, das aus Feldstein erbaut und mit Backstein aufgestockt wurde. Im Geburtshaus Winckelmanns (Winckelmannstraße 36) ist ein Museum eingerichtet worden, das an den Gelehrten des 18. Jh. erinnert. Einen Abstecher sollte man außer nach Tangermünde nach Werben unternehmen, wo eine sehr kostbar ausgestattete spätgotische Hallenkirche die Kunstfreunde anlockt.

**Information**
Stendal-Information
Kornmarkt 8
O-3500 Stendal
Tel. (03931) 216186

**Festkalender**
Rolandfest (Juni); Kultur- und Musikfesttage Stendaler Koppel (Oktober).

**Tips**
Das Altmärkische Museum bietet Sammlungen zur Geschichte der Region, außerdem Holzplastiken, Fayencen und Porzellan. Ein beliebtes Ausflugsziel ist der Burgberg bei Arneburg. In dem Naturschutzgebiet an der Elbe kann man schöne Spaziergänge machen. Einen Abstecher lohnt auch Tangermünde mit seinen herrlichen Fachwerkhäusern. An der weitgehend erhaltenen Stadtmauer dort sind noch Wiekhäuser, Wehrtürme und Stadttore zu bewundern.

Als eines der schönsten norddeutschen Backsteintore gilt das Uenglinger Tor (links).

Nur noch Kopie: die Rolandsfigur vor dem Laubenflügel des Rathauses (rechts oben).

Der kostbare Marienaltar von 1471 in der St.-Marien-Kirche (rechts unten).

# Stralsund Am Strelasund

**Die alte Hansestadt ist weithin berühmt für ihre historische Altstadt, die inzwischen vollständig unter Denkmalschutz steht. Stralsund ist nicht nur wegen der Brücke nach Rügen das Nadelöhr für den Verkehr auf die Insel, sondern auch eine wichtige Transitstation nach Skandinavien.**

Inzwischen ist die alte Hafenstadt zu einer nicht unbedeutenden Industriestadt geworden, die vor allem bei Fischereifahrzeugen einen wirtschaftlichen Schwerpunkt hat. Besonders nach dem Zweiten Weltkrieg wurde Stralsund zu einem bedeutenden Seehafen der DDR mit einer ausgeprägten Werft- und Hafenindustrie ausgebaut.

## Geschichte

Für die Entstehung einer Kaufmannssiedlung war die Lage am Schnittpunkt des Handelswegs nach Rügen und entlang der Ostsee entscheidend. Der Fürst von Rügen verlieh der Siedlung 1234 Stadtrecht. Schon bald legte man anstelle der Sumpfgebiete um die heutige Altstadt die Seen an, welche die Verteidigungsmöglichkeiten verbesserten. Aus dem 13. Jh. stammt außerdem die teilweise noch erkennbare alte Stadtmauer, und zu dieser Zeit erfolgte auch der Zusammenschluß Stralsunds mit Lübeck, Wismar, Rostock und Greifswald in der Hanse, wodurch ein bedeutender wirtschaftlicher Aufschwung eingeleitet wurde. Bis zu 300 Koggen segelten unter Stralsunder Flagge, im Fernhandel nach Skandinavien und Rußland gab die Stadt lange Zeit den Ton an. Mit dem Niedergang der Hanse und durch den 30jährigen Krieg verlor die so mächtige Stadt an Einfluß und Wohlstand. Von 1648 bis 1815 herrschten hier die Schweden, später die Preußen. Durch die Industrialisierung entstanden neuartige Wirtschaftszweige und neue Wohnviertel.

## Sehenswürdigkeiten

Als eine der schönsten Profanbauten der norddeutschen Backsteingotik gilt das **Rathaus** am **Alten Markt**, das im 13. Jh. begonnen wurde und seine beeindruckende Schaufront im 14. Jh. erhielt. **St. Nikolaus** ist die älteste der drei Pfarrkirchen, 1276 bereits urkundlich erwähnt. Ungewöhnlichen Reichtum beherbergt das Innere dieser hanseatischen Kirche – aus dem Spätmittelalter stammen allein kunstvolle Grabplatten, ein Hochaltar und wertvolles Gestühl. Größer noch ist die gotische Backsteinbasilika der **Marienkirche** mit ihrem 104 m hohen Turm. Von der alten Ausstattung ist allerdings nicht mehr viel erhalten, seit in den napoleonischen Besatzungsjahren die Kirche als Kaserne und Magazin diente. An der **Jakobikirche** fällt vor allem die Westfassade auf, ein Hochaltar enthält Gemälde von J. H. Tischbein.
Technisch interessant ist die sogenannte **Wasserkunst** vor dem Kütertor. Von diesem Gebäude ging ein 6000 m langes Kanalsystem aus, durch dessen hölzerne Leitungen verschiedene Stadtteile noch bis 1894 mit Wasser versorgt wurden. Das **Meereskundliche Museum** befindet sich in der Kirche des ehemaligen dominikanischen **Katharinenklosters**, das schon im 13. Jh. gegründet worden war und einst eines der wichtigsten Klöster im norddeutschen Raum war. Später diente es als Gymnasium. Hier ist heute auch das **Kulturhistorische Museum** eingerichtet, das zur Ur- und Frühsowie zur Stadtgeschichte ausstellt. Nach dem früheren Bürgermeister Stralsunds, Bertram **Wulflam**, ist eines der ältesten Bürgerhäuser der Stadt benannt, das im 15. Jh. einen aufwendigen spätgotischen Staffelgiebel erhielt.
Nach Rügen führt der 1936 errichtete **Rügendamm**, der über die kleine Insel Dänholm verläuft. Den Damm teilt eine 28 m breite Klappbrücke, die in nur zwei Minuten gehoben werden kann. Einen Ausflug sollte man zu der Insel **Hiddensee** machen. Hier ist in dem Dorf Kloster der Schriftsteller Gerhart Hauptmann beigesetzt, an den auch eine Gedenkstätte erinnert. Er verbrachte auf der Insel seit 1895 fast jeden Sommer, in den 20er Jahren folgten ihm viele Intellektuelle hierher.

**Information**
Stralsund-Information
Alter Markt 15
O-2300 Stralsund
Tel. (03831) 292439

**Festkalender**
Parkfest in Devin (August); Tag der Kunst und Literatur (September).

**Tips**
Spaziergänger versuchen es in den Anlagen am Frankenteich, am Knieperteich oder in der Brunnenaue in der Knieper Vorstadt. An der Küstenstraße hat man einen wunderschönen Blick auf den Strelasund. Mit der Weißen Flotte gelangt man zu der beliebten Badeinsel Hiddensee. Das Seebad Altefähr an der Südwestküste von Rügen erreicht man mit der Fähre oder über den Rügendamm. Im übrigen bietet Stralsund einen Tierpark und ein Aquarium im Meeresmuseum.

Zweimal gotischer Backhausstil: das Rathaus und die St.-Nikolai-Kirche (oben).

Blick auf die alte Hafenstadt am Strelasund (unten).

Vom Hafen aus kann man kurze Abstecher zu den Inseln Rügen und Hiddensee machen (rechts).

# Stuttgart Schwabens Metropole

Die baden-württembergische Landeshauptstadt hat sich zum wichtigsten Wirtschafts- und Kulturzentrum Südwestdeutschlands entwickelt. Die beiden Schlösser erinnern noch an die Zeit als Residenzstadt der württembergischen Herzöge.

Stuttgart ist heute eine moderne, betriebsame Großstadt, die sich ihren historischen Charme noch in manchem Winkel bewahrt hat. Der größte Teil des historischen Stuttgart sank während des Zweiten Weltkriegs in Schutt und Asche. Die wiederaufgebaute, ganz neuzeitliche Stadt bietet Wohn- und Lebensraum für weit über eine halbe Million Einwohner.

Die glanzvollsten Sterne der Automobil- und Elektronikindustrie strahlen über Stuttgart, daneben ist die baden-württembergische Landeshauptstadt ein bedeutendes Zentrum von Wissenschaft und Kultur. Mehrere Hochschulen sowie andere hochqualifizierte Ausbildungs- und Forschungsstätten haben hier ihren Sitz.

Stuttgart liegt, vom Klima begünstigt, zwischen der Schwäbischen Alb und dem nördlichen Schwarzwald. An schwülen Sommertagen gibt die im Talkessel stehende Luft manchem Bewohner zu beredter Klage Anlaß. Wenn sich die Dunstglocke dann verzogen hat und der Blick auf die Weingärten und die bewaldeten Hügel rings um die Innenstadt frei wird, ist der Stuttgarter bald wieder mit seiner „Landeshauptstadt im Grünen" ausgesöhnt.

**Information**
Touristik-Zentrum „i-Punkt"
des Verkehrsamtes
Königstr. 1A
W–7000 Stuttgart 1
Telefon: (0711) 2 22 80

Schriftliche Anfragen:
Verkehrsamt Stuttgart
Postfach 10 50 44
W–7000 Stuttgart 10

**Festkalender**
Stuttgarter Frühlingsfest Ende April/Anfang Mai. Zum „Weindorf" verwandelt sich der Bereich um den Schillerplatz beim Weinfest im September. Cannstatter Wasen Ende Sept./Anfang Okt.

**Tips**
Sonntags 11.00 Uhr Promenadenkonzerte auf dem Schloßplatz.
Stimmungsvolle Dampferfahrt durchs Neckar-Weingebiet.
Weinbaumuseum und Weinlehrpfad in Stuttgart-Uhlbach. Zoologisch-Botanischer Garten „Wilhelma" (Zugang Neckartalstraße).
Restauranttips: „Alte Post" (Friedrichstraße 43), „Alter Simpl" (Hohenheimer Straße 64).
Stuttgarter Gerichte: Gaisburger Marsch, Maultaschen, Rostbraten mit Schupfnudeln, Krautspätzle.

## Geschichte

Am Anfang der Stuttgarter Geschichte steht ein Pferdegestüt, das vermutlich der Schwabenherzog Liutolf um 950 anlegte: den „Stutengarten". Urkundlich belegt ist der Ort seit 1160. Der Bau einer Filialkirche des Altenburger Stifts zu Cannstatt im 11. Jh. legt die spätere Ortsmitte fest. Graf Ulrich I. aus dem Geschlecht der Wirtemberger baute sich hier um 1250 eine Wasserburg. Kirche und Burg sind die Grundbausteine der Stadt, die Mitte des 14. Jh.s um die Vorstadt rings um St. Leonhard erweitert wurde. Graf Ulrich der Vielgeliebte läßt Mitte des 15. Jh.s die nordwestliche Vorstadt mit der Dominikanerkirche (heute Hospitalkirche) schachbrettartig anlegen. Graf Eberhard im Bart, Ulrichs Sohn, erlangte Ende des 15. Jh.s die Herzogwürde. Als Residenzstadt des Hauses Württemberg erlebt Stuttgart eine Phase reger Bautätigkeit bis zum Dreißigjährigen Krieg.

In der Barockzeit kommt es trotz der zeitweiligen Verlegung der Residenz in die Neugründung Ludwigsburg zu einer neuen Blüte. 1746 beginnt der Bau des Neuen Schlosses. Unter dem ersten württembergischen König Wilhelm I. (1816-1864) entstehen zahlreiche klassizistische Bauten. 1829 Gründung der TH. Das frühe 20. Jh. bringt mit dem neuen Hauptbahnhof oder der Weißenhofsiedlung bedeutende Leistungen der modernen Architektur hervor. Nach dem Zweiten Weltkrieg hat sich Stuttgart als Hauptstadt des Landes Baden-Württemberg zur betriebsamen Großstadt, wie wir sie heute erleben, entwickelt.

## Sehenswürdigkeiten

Eine der Keimzellen Stuttgarts ist das **Alte Schloß** an der Ostseite des Schillerplatzes. Der Renaissancebau aus dem 16. Jh. geht auf die Wasserburg zurück, die sich Graf Ulrich I. um 1250 hier errichten ließ. Der Gesindeflügel im Südosten stammt noch aus dieser Zeit. Die vier Flügel des Schlosses umschließen den dreistöckigen Binnenhof, eine Perle der deutschen Renaissance. Die 1567 geweihte Schloßkapelle gehört zu den ältesten protestantischen Kulträumen Deutschlands. Heute ist im Alten Schloß das **Württembergische Landesmuseum** mit seinen reichen kunst- und kulturgeschichtlichen Sammlungen und dem prächtigen württembergischen Kronschatz untergebracht.

Die Westfassade des Schlosses weist auf den **Schillerplatz**, der – nach seiner Wiederherstellung und Neugestaltung in den siebziger Jahren – noch einen Eindruck vom alten Stuttgart vermittelt. Der **Stiftsfruchtkasten**, ein Kornspeicher aus dem 14. Jh. in der Südecke des Platzes, wurde nach dem Zweiten Weltkrieg wieder aufgebaut. Er bietet den stilvollen Rahmen für das **Lapi-**

**darium**, die Sammlung römischer Ausstellungsstücke des Württembergischen Landesmuseums. Die **Alte Kanzlei** der württembergischen Herzöge aus dem 16. Jh. gegenüber dem Fruchtkasten wurde ebenfalls rekonstruiert. Heute läßt sich in dem darin untergebrachten Restaurant stilvoll speisen. Im **Prinzenbau** (17./18.Jh.) an der Westseite des Platzes residiert das Justizministerium. Das **Schillerdenkmal** in der Mitte des Platzes ist ein Werk von Bertel Thorwaldsen aus dem Jahre 1839. Es zeigt den Dichter in antiker Gewandung.

Das neben dem Alten Schloß wichtigste Gebäude am Schillerplatz ist die **Stiftskirche**, ein weiterer historischer Baustein des alten Stuttgart. Im Chor der gotischen Hallenkirche wurden um 1600 in einer reich dekorierten Arkadenreihe elf Standbilder der Grafen von Württemberg aufgestellt. Das schöne Grabmal des Kirchenstifters Graf Ulrich und seiner Gattin Agnes von Liegnitz in der Turmhalle stammt aus dem späten 13. Jh. Die **Hospitalkirche** ist das historische Zentrum der im 15. Jh. angelegten nordwestlichen Vorstadt. Das schönste der aus dem Bombenschutt geretteten Kunstwerke der Kirche ist die Kreuzigungsgruppe von Hans Seyffer.

Der **Marktplatz**, einst Mittelpunkt der bürgerlichen Altstadt, wurde nach dem Krieg völlig neu gestaltet. Das **Rathaus** ist ein Werk der Architekten Schmohl und Stohrer aus den Jahren 1954-1956. Um die gotische **Leonhardskirche** an der Hauptstätter Straße entstand im Spätmittelalter die Leonhardsvorstadt. Hier sind einige malerische Altstadtstraßen erhalten geblieben.

Städtebauliches Zentrum Stuttgarts ist der **Schloßplatz**, den die breite Königstraße quert. Diese Hauptgeschäftsstraße der Stadt bildet heute zusammen mit benachbarten Straßenbereichen eine ausgedehnte und sehr belebte Fußgängerzone. An der Ostseite der großzügigen, im Stil eines französischen Gartens gestalteten Platzanlage steht das unter Herzog Carl Eugen erbaute **Neue Schloß**.

Bei der Gestaltung der dreiflügeligen, um einen großen Ehrenhof gruppierten Anlage war das französische Schloß zu Versailles architektonisches Vorbild. Die Außenmauern überstanden die Bombardements des Zweiten Weltkriegs, das Innere wurde wiederaufgebaut und für staatliche Repräsentations- und Verwaltungszwecke nutzbar gemacht.

Architektonischer Gegenpol auf der gegenüberliegenden Seite des Schloßplatzes ist der **Königsbau**, ein klassizistisches Gebäude aus der Mitte des 19. Jh.s. In den Kolonnaden und Passagen haben sich heute verschiedene Geschäfte niedergelassen.

Die Nordseite des Platzes schließlich nimmt das **Kunstgebäude** ein, das 1912/13 nach Plänen des Architekten Theodor Fischer errichtet wurde. Die darin untergebrachte **Galerie der Stadt Stuttgart** zeigt schwäbische Malerei des 19. und 20. Jh.s, darunter eine umfangreiche Otto-Dix-Sammlung.

Der Akademiegarten hinter dem Neuen Schloß umgibt das 1960/61 erbaute Haus des baden-württembergischen **Landtags**. Im Norden schließt sich der **Obere Schloßgarten** an, der anläßlich zweier Bundesgartenschauen

Was für die Bayern das Münchner Oktoberfest, ist für die Württemberger der Canstatter Wasen (links oben).

Alles unter einem Dach finden die Stuttgarter beim Lebensmitteleinkauf in ihrer Markthalle (rechts oben).

Daß Stuttgart Residenzstadt war, spürt man vor allem auf dem großzügigen Schloßplatz, dem das noble Neue Schloß aus dem 18. Jh. seinen Ehrenhof zuwendet. Im Zentrum steht die 1841 errichtete Jubiläumssäule. Die Südseite begrenzen das Alte Schloß und der Kanzleibau (unten).

zusammen mit dem Mittleren und dem Unteren Schloßgarten umgestaltet wurde. Direkt am Schloßgarten liegen die beiden Häuser des **Württembergischen Staatstheaters**. Im Großen Haus, 1909-1912 von Max Littmann entworfen, werden Oper und Ballett gegeben, auf der Bühne des Kleinen Hauses hingegen tritt das überregional bekannte Württembergische Staatsschauspielensemble auf.
Vom Theaterkomplex nur durch die Konrad-Adenauer-Straße getrennt ist die **Staatsgalerie Stuttgart**, untergebracht im klassizistischen Altbau (1838 bis 1842) von Gottlieb Georg Barth und im 1984 eröffneten Erweiterungsbau von James Stirling. Im Altbau sind Kunstwerke vom Mittelalter bis zum 19. Jh. und von südwestdeutschen Künstlern des 20. Jh. zu sehen. Der Neubau, der als einer der gelungensten Museumsneubauten gilt, beherbergt Werke der Moderne.
Südlich der Staatsgalerie liegt die **Württembergische Landesbibliothek**; mit mehr als 1,2 Millionen Bänden ist sie inzwischen zu einer der größten und bedeutendsten wissenschaftlichen Bibliotheken Deutschlands geworden. In unmittelbarer Nähe der Landesbibliothek befindet sich das **Staatsarchiv**.
Im Mittleren Schloßgarten jenseits der Schillerstraße eröffnet sich im **Planetarium**, einem der modernsten seiner Art in Europa, der Blick auf die unendlichen Weiten des Weltraums.
Über die Schillerstraße gelangt man zum **Hauptbahnhof**. Die Architekten Paul Bonatz und E. F. Scholer erbauten den Verkehrsknotenpunkt 1914-1927. In Funktion und Gestaltung gehört der Stuttgarter Bahnhof zu den wichtigsten technischen Bauten der modernen Architektur.
Die **Klettpassage** direkt am Hauptbahnhof bietet in zahlreichen gut sortierten Geschäften Einkaufsmöglichkeiten auch außerhalb der normalen Ladenschlußzeiten.
Über die Kriegsbergstraße führt der Weg zum **Linden-Museum**, in dem eine der wichtigsten völkerkundlichen Sammlungen Deutschlands zu bewundern ist. Exotische Ausstellungsstücke öffnen den Blick auf Leben und Kultur der Prärieindianer oder der Ureinwohner des Amazonasgebietes. Sogar ein richtiger orientalischer Basar ist hier aufgebaut. Etwas südlich des Museums, zu erreichen über die Holzgarten- und Büchsenstraße, liegt die bekannte Stuttgarter **Liederhalle**, ein überaus origineller Konzertsaalbau, dessen variable Innenräume, je nach Bedarf, zu einer gigantischen Konzerthalle verbunden werden können.
Auch außerhalb der Innenstadt hat Stuttgart dem Besucher einiges Interessante zu bieten.
Die **Markuskirche** in der Filderstraße markiert den Anfang der architektonischen Entwicklung im Kirchenbau des 20. Jh.s Heinrich Dolmetsch errichtete den inzwischen restaurierten Betonbau in den Jahren 1906-1908.
Eine der meistbesuchten Attraktionen Stuttgarts ist der **Fernsehturm** (Jahnstraße) im Süden der Stadt. Mit einer Geschwindigkeit von 4 m/sec befördern die Aufzüge den Besucher in luftige Höhen. Von der 152 m hoch gelegenen oberen Aussichtsplattform bietet sich ein herrlicher Blick. Zwei Restaurants laden zur Rast ein.
Auf einer Anhöhe bei Leonberg im Westen der Stadt ließ sich Herzog Carl Eugen als Refugium der „Einsamkeit" 1763-1767 das **Lustschloß Solitude** errichten. Baumeister Philippe de la Guepiere orientierte sich am Potsdamer Schloß Sanssouci. Besonders sehenswert sind die Kapelle und der Theatersaal.
Auch der Norden der Stadt bietet einige Attraktionen. Architekturinteressierte finden in der **Weißenhofsiedlung** geeignetes Anschauungsmaterial. Bedeutende Architekten zeichnen für diese in Gemeinschaft mit der Stadt 1927 gebaute Musterwohnsiedlung verantwortlich. Mies van der Rohe, Le Corbusier, Walter Gropius und Hans Scharoun waren neben anderen Architekten an Entwurf und Planung der Wohnsiedlung beteiligt. Auch nach den Zerstörungen des Zweiten Weltkriegs, der viele Einzelbauten vernichtete, ist das Gesamtkonzept der Anlage noch gut zu erkennen. Ein weiteres Werk der modernen Architektur ist die **Erlöserkirche** in der Birkenwaldstraße 24. Theodor Fischer versuchte mit dem 1910 errichteten Bau, aus dem Schatten der historisierenden Architektur des 19. Jh.s zu treten.
Das **Schloß Rosenstein** im gleichnamigen Park beherbergt ein Naturkundemuseum. Wenige hundert Meter nördlich liegt die **Wilhelma**, der einzige zoologisch-botanische Garten Deutschlands. Um ein im maurischen Stil gehaltenes Schlößchen König Wilhelms I. von Württemberg gruppieren sich die Tiergehege und botanischen Pflanzungen. Ein besonderer Leckerbissen für Oldtimer-Fans ist das **Mercedes-Benz-Museum** in Untertürkheim (Mercedesstraße). Fast hundert Original-Oldtimer – darunter die ersten Motorkutschen von 1886 und elegante Sportwagen aus den zwanziger Jahren – führen den Besucher quer durch die Entwicklungsgeschichte des Automobils.

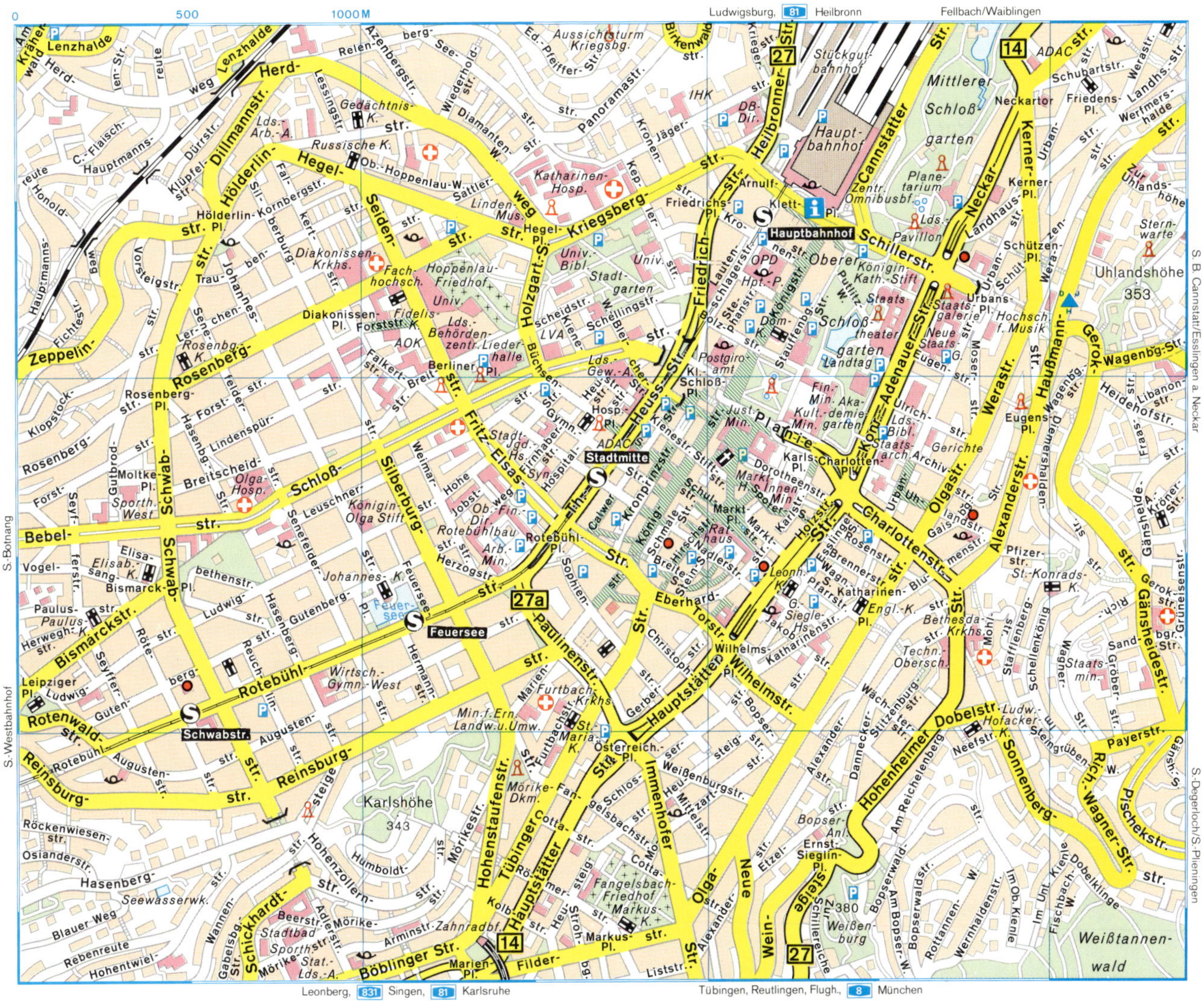

Der von dreigeschossigen Arkaden umgebene Renaissancehof des Alten Schlosses diente einst als Turnierplatz. Das Reiterstandbild des Grafen Eberhard im Bart, seit 1495 erster Herzog von Württemberg, war ursprünglich für den Ehrenhof des Neuen Schlosses bestimmt (oben).

Der Schillerplatz mit dem Denkmal des Dichters und der Stiftskirche Hl. Kreuz, deren ungleiche Türme Wahrzeichen Stuttgarts sind (links unten).

Hinter der 135 m langen klassizistischen Kolonnade des Königsbaus an der Westseite des Schloßplatzes befinden sich Ladengeschäfte (rechts unten).

# Suhl – Stadt der Waffenschmiede

Die alte Stadt am Südwestrand des Thüringer Waldes ist geprägt von ihrer langen Geschichte. Noch heute zeugen verwinkelte Gassen von den handwerklichen Traditionen Suhls, das seit langem einen Weltruf in der Produktion von Jagd- und anderen Waffen besitzt.

Leider ist der Ausbau Suhls zum Verwaltungszentrum in den 50er und 60er Jahren nicht immer mit architektonischem Feingefühl erfolgt. Allerdings sind in der Altstadt noch etliche der alten Fachwerkhäuser erhalten, so daß sich ein ausgiebiger Bummel lohnt. Auch im malerischen Stadtteil Heinrichs kann man noch einen Eindruck von dem historischen Bild der Waffenstadt zwischen den Bergen erhalten.

## Geschichte

Mitten auf dem Marktplatz erinnert der Waffenschmied, eine Plastik auf dem Marktbrunnen (1903), an die Tradition, der Suhl seit Jahrhunderten seinen Wohlstand verdankt. Zunächst jedoch waren es mehr die eisenverarbeitenden Gewerbe, welche der im 14. Jh. erstmals erwähnten Stadt wirtschaftlichen Aufschwung brachten. Dazu trugen die reichen Eisenerz-Vorkommen im Domberg bei, die mit der durch Bäche und Holzkohle gelieferten Energie verarbeitet werden konnten. Aus Nürnberg und Augsburg kamen dann 1535 Büchsenmacher nach Suhl, brachten ihre Erfahrungen in diesem Handwerk mit und prägten damit nachhaltig die weitere Entwicklung der Stadt. Zwar spielte vom 17. bis zum 19. Jh. auch die Barchentweberei eine bedeutende ökonomische Rolle, aber mit dem Aufkommen mechanischer Webstühle war es dann bald vorbei mit der Suhler Barchente, die zuvor auch ins Ausland exportiert worden war. Während des 30jährigen Krieges hat Suhl in ganz Europa 16 der kriegsführenden Staaten mit Waffen beliefert. In der Gewehrproduktion beherrschte man den europäischen Markt. Wie beständig der aus diesem Gewerbe zu ziehende Reichtum ist, zeigt sich auch daran, daß nicht einmal die gänzliche Zerstörung Suhls 1634 zu einem dauerhaften Niedergang führen konnte. Gleichwohl war es klug, sich mehr und mehr auf Jagd- und Sportwaffen zu verlegen, mit denen Suhl noch heute in aller Welt Erfolg hat. Auch die drei verheerenden Brände von 1590, 1634 und 1753 haben nichts an der kleinstädtisch-handwerklichen Prägung der Suhler Straßenzüge geändert. Allerdings hat das Bild der Innenstadt durch den Ausbau zur Bezirksstadt vor allem an Kontrasten gewonnen.

Brunnen in der Fußgängerzone mit der Jagdgöttin Diana (links oben).

Der Steinweg mit seinen schönen alten Bürgerhäusern ist heute Fußgängerzone (links unten).

Die Plastik des Waffenschmieds auf dem Marktbrunnen (rechts).

## Sehenswürdigkeiten

Das **Rathaus** am Marktplatz ist nach mehrfachen Bränden zuletzt 1903 wiederaufgebaut worden. Daneben steht das klassizistische **Landgericht** (1813). An der **Hauptkirche St. Marien** ist besonders die Innenausstattung zu erwähnen; die barocke Fassade stammt von einer Renovierung des 18. Jh. Wunderhübsch sind etliche Bürgerhäuser im **Steinweg**, der früheren Hauptstraße Suhls. Das rokokohafte Haus Nr. 26 ließ sich 1755 bis 1756 der Gewehrfabrikant Steigleder errichten. Sein Kollege Spangenberg protzte mit einer reichen Ausstattung in seinem Haus (Nr. 31). Im Steinweg stehen auch die **Kreuzkirche** (1731 bis 1739 errichtet) und die **Kreuzkapelle** (1642). Das berühmte **Waffenmuseum** ist im ehemaligen **Malzhaus** am Herrenteich untergebracht, einem der ältesten und schönsten Häuser der Stadt. In dem **Historischen Fachwerkhaus** direkt daneben kann man sich einen Einblick in das Alltagsleben einer Gewehrschäfterfamilie um 1900 verschaffen. Von dem Henneberger Fachwerkstil, wie er in der Gegend üblich war, ist auch das ehemalige **Rathaus** im Ortsteil **Heinrichs** geprägt. Hier steht der Marktplatz unter Denkmalschutz. Ähnlich reich an alten Häusern ist auch der Ortsteil **Neundorf** (Gasthof **Goldener Hirsch**). Zeitgenössische Kunst kann man in den Galerien **Am Steinweg** und **Am Herrenteich** kennenlernen.

**Information**
Tourist-information
Steinweg 1
O-6000 Suhl
Tel. (03681) 302281, -2

**Festkalender**
Tage der Volkskunst (2. Pfingsttag); Suhler Sommermarkt (Juli); Musiktage (alle zwei Jahre); Weihnachtsmarkt.

**Tips**
Das Waffen- und Heimatmuseum (montags und dienstags geschlossen). Mehrere Theater, Konzertveranstaltungen (Suhler Philharmonie). Schleusingen (etwas südlich) bietet das Renaissance-Schloß Bertholdsburg. In und um Ilmenau wandelt man überall auf Goethes Spuren. Der Thüringer Wald ist nicht nur ein riesiges Erholungsgebiet, sondern liefert im Winter auch gute Skibedingungen. Hier in der Nähe gibt es eine Sprungschanze.

# Torgau – Die »Ausweichresidenz«?

**Nach Dresden war Torgau die bevorzugte Residenzstadt der sächsischen Kurfürsten. Die strategisch günstige Lage an der Elbe veranlaßte Napoleon einst, die Stadt zur Festung ausbauen zu lassen. Wirtschaftlich begann die Moderne in diesem Jahrhundert mit dem Flachglasbau.**

Tatsächlich sind sich die amerikanischen und die russischen Truppen wohl nicht zuerst in Torgau begegnet, wie gern behauptet wird. Die Szene wurde am folgenden Tag für die Kriegsberichterstattung nachgestellt. In Wirklichkeit trafen sich die beiden Allianzpartner ein gutes Stück weiter südlich.

## Geschichte

Wohl schon im 8. Jh. hat hier ein sorbischer Handelsplatz bestanden – im Sorbischen heißt »Torgove« soviel wie »Marktort«. 973 war dann erstmals von einer Burg die Rede, in deren Schatten sich der Ort entwickelte. Im 13. Jh. bereits erlangte Torgau Stadtrecht, bald darauf wurde die Stadtmauer errichtet. Bei der Teilung des Wettiner Geschlechts gelangte die Stadt 1485 an die Ernestinische Linie, die gerade die sächsisch-wittenbergische Kurwürde erhielt. Nun wurde Torgau bald zu einem Zentrum der Reformation. Denn Kurfürst Friedrich der Weise wählte hier seine Residenz; und er war Schirmherr Luthers, der in Torgau zusammen mit Melanchthon auf die »Torgauer Artikel« hinarbeitete. Kulturgeschichtlich spielt Schloß Hartenfels eine gewisse Rolle, weil hier die erste deutsche Oper uraufgeführt wurde (1627). Auf den Süptitzer Höhen etwas westlich von Torgau errang Friedrich II. 1760 einen Sieg über die Österreicher. Ab 1810 ließ Napoleon Torgau dann zur sächsischen Landesfestung ausbauen, um es als Stützpunkt für seine Armee zu nutzen. Der Wiener Kongreß (1815) schlug Torgau den Preußen zu. Seit dem Zweiten Weltkrieg ist Torgau vor allem zu einer Garnisons- und Beamtenstadt geworden.

## Sehenswürdigkeiten

**Schloß Hartenfels** (1483 bis 1622) trägt seinen Namen von dem Porphyrfelsen an der Elbe, auf dem es steht. Zunächst befand sich hier die mittelalterliche Burg. Die heutige Anlage gilt als das wohl wichtigste vollständig erhaltene Schloß der Frührenaissance in Deutschland. In dieser Epoche begann man ja damit, die als etwas ungastlich und unbequem empfundenen gotischen Burgen zu verlassen und Schlösser zu errichten – oder die Burgen zu Schlössern umzubauen. Denn inzwischen stand der Verteidigungsaspekt nicht mehr so im Vordergrund, sondern vorwiegend ging es nun um Repräsentationsbedürfnisse. Architektonisch markiert den Übergang besonders deutlich der sogenannte **Große Wendelstein** von Schloß Torgau: Die Wendeltreppe ist außen an das Gebäude als Freilufttreppe angesetzt. Der **Wächterturm** bietet einen schönen Ausblick. Von Luther eingeweiht ist die typisch protestantische **Schloßkirche**. Insbesondere aber war sie die erste evangelische Kirche überhaupt und ist deshalb vielfach nachgeahmt worden. Im Schloß ist auch das **Kreismuseum** mit seiner Waffen- und Rüstungssammlung eingerichtet. Der Schloßgraben ist ein Bärenfreigehege. Vor dem Schloß erinnert ein **Gedenkstein** an das erste Zusammentreffen von amerikanischen und russischen Truppen auf deutschem Boden. Am **Marktplatz** steht das schöne **Renaissance-Rathaus**, dessen Fassade sorgsam renoviert wurde. Im Laufe der Zeit ist die ehemalige **Nikolaikirche** baulich in das Rathaus hineingewachsen. Beachtung verdient auch die **Mohrenapotheke** am Markt. Besonders alt ist die **Marienkirche** (1119), sie bewahrt das Grab Katharinas von Bora, der Frau Luthers, die hier 1552 starb. Außerdem besitzt die Kirche eine Altartafel von Lucas Cranach d. Ä.

**Information**
Torgau-Information
Schloßstraße 11
O-7290 Torgau
Tel. (03421) 2817

**Festkalender**
Junifest; Strandfest am Großen Teich; Oktobermarkt; Weihnachtsmarkt (beides in der Altstadt).

**Tips**
Schon im 15. Jh. ist südlich von Torgau ein Fischteich angelegt worden, der noch heute als Freibad viele Erholungssuchende anlockt. Die weiten Heidelandschaften der Umgebung laden stets zu ausgedehnten Wanderungen, Picknicks oder Spaziergängen ein. Am Südrand der Dahlener Heide verlebte schon Tiervater Brehm seine Sommerfrischen. In Schildau ist der preußische General Gneisenau geboren. Außerdem gilt der Ort als Schildbürgerstadt – aber davon gibt es ja etliche.

Vor dem Schloß das Denkmal der Begegnung, das dem Treffen amerikanischer und russischer Truppen Ende des Zweiten Weltkriegs gewidmet ist (links).

Das Renaissance-Rathaus am Marktplatz (rechts oben).

Auf Schloß Hartenfels wurde die erste deutsche Oper aufgeführt (rechts unten).

# Trier
# Römer- und Weinstadt

Keine andere Stadt nördlich der Alpen ist so reich an Monumenten aus der Römerzeit. Mehr als ein Jahrhundert lang war das „Rom an der Mosel" Kaiserresidenz und Hauptstadt der westlichen Reichshälfte.

Die einzigartigen Monumente der Römerzeit prägen zusammen mit den unter der Ägide der Erzbischöfe und Kurfürsten errichteten Kirchen, Klöster und Palästen, aber auch den Bauten einer selbstbewußten Bürgerschaft, trotz schwerer Kriegszerstörungen bis heute das Erscheinungsbild Triers. Die von Weinbergen umgebene nach den letzten Eingemeindungen rund 100000 Einwohner zählende Stadt ist traditioneller Mittelpunkt des Weinbaugebietes Mosel-Saar-Ruwer.

## Geschichte

Das von Kaiser Augustus um 15 v. Chr. im Gebiet der Keltischen Treverer gegründete „Augusta Treverorum" wurde im Jahre 268 unter dem Soldatenkaiser Victorinus zur Hauptstadt Galliens erhoben und war seit der Reichsteilung durch Kaiser Diokletian 286 Sitz des Caesars (Unterkaiser) der westlichen Reichshälfte. In ihrer Blütezeit zählte die mit repräsentativen Staatsbauten ausgestattete und von einer 6,5 km langen Mauer geschützte Stadt etwa 80000 Einwohner.

395 wurde die Kaiserresidenz nach Mailand verlegt. Nach dem Abzug der römischen Rheinarmee mehrmals von Germanen und Hunnen erobert und geplündert, gelangte das stark entvölkerte „Treveris" 480 unter die Herrschaft der Frankenkönige. Es verlor zwar seine Stellung als Hauptstadt an Metz, doch konnte der Trierer Bischof seinen Rang als Metropolit der lothringischen Bistümer Metz, Toul und Verdun behaupten. Nach der Heimsuchung durch die Normannen 882 begann der Wiederaufstieg der Stadt, die 958 das Marktrecht erlangte. Die Erzbischöfe erwarben die Kurwürde. Mit etwa 10000 Einwohnern gehörte Trier zu den großen deutschen Städten des Mittelalters; dennoch gelang es der Bürgerschaft nicht, die bischöfliche Herrschaft abzuschütteln. 1473 wurde die Universität gegründet, die bis 1798 bestand. Aus dem durch die Kriege des 17. Jh.s verursachten Niedergang konnte sich die Stadt unter dem Kurfürsten Franz Georg von Schönborn (1729-1756) wieder zu neuer Blüte erheben. Der Einmarsch der französischen Revolutionstruppen 1794 besiegelte das Ende des Kurstaates. 1798-1815 gehörte Trier als Hauptstadt des Saar-Departements zu Frankreich, 1815-1945 als Regierungshauptstadt zur preußischen Rheinprovinz. Heute ist Trier eine Bezirkshauptstadt von Rheinland-Pfalz und seit 1970 wieder Universitätsstadt. Der Mosel-Schiffahrtsweg tat das Seine zur wirtschaftlichen Entwicklung.

## Sehenswürdigkeiten

Wahrzeichen des römischen Trier ist die **Porta Nigra**, eines der ehemals vier Tore der im 2. Jh. angelegten Stadtbefestigung. Diese größte unter den erhaltenen Torburgen der Römerzeit wurde um 1040 zur Kirche des **Simeonstifts** umgebaut. In den einen malerischen Arkadenhof umsäumenden Stiftsgebäuden ist das **Städtische Museum** untergebracht.

Der romanische **Dom** und die benachbarte gotische **Liebfrauenkirche** sind Nachfolger einer monumentalen Doppelkirchenanlage, die Bischof Agritius zwischen 326 und 348 an der Stelle eines Palastes errichtete, den ihm Kaiserin Helena, die Mutter Konstantins d. Gr., geschenkt hatte. Bei den nach 1945 durchgeführten Grabungen wurden die Dekkenmalereien eines Prunksaales dieses Palastes geborgen (im **Bischöflichen Museum**). Kaiserin Helena soll der Trierer Kirche auch den Heiligen Rock Christi übergeben haben, der heute in der Heilturmskammer des Domes aufbewahrt wird.

Die grandiose **Palastaula** Kaiser Konstantins war später Sitz der fränkischen Gaugrafen und seit 1198 Residenz des Erzbischofs. Im 17. Jh. wurde sie in den Neubau des kurfürstlichen Schlosses einbezogen, nach 1846 aber auf Anordnung König Friedrich Wilhelms IV. wiederhergestellt und als ev. Kirche eingerichtet.

Das **Rheinische Landesmuseum** im Palastgarten zählt zu den bedeutendsten archäologischen Museen Deutschlands.

Mit den um die Mitte des 2. Jh.s erbauten **Barbarathermen** und den von Konstantin begonnenen **Kaiserthermen** besaß Trier zwei Bäderpaläste, die an Größe nur von den Caracalla- und Konstantinthermen in Rom übertroffen wurden. Die unterirdischen Bedienungsgänge der Kaiserthermen bilden das größte aus der Antike bekannte Kellersystem.

Das um 100 n. Chr. errichtete **Amphitheater** bot Platz für etwa 20000 Zuschauer. Bis heute trotzen die Strompfeiler der **Römerbrücke** der Belastung durch die Flußströmung und den Verkehr.

**Information**
Verkehrsamt der Stadt Trier
Simeonstift an der Porta Nigra
Postfach 38 30
W–5500 Trier
Telefon: (0651) 4 80 71

**Festkalender**
Altstadtfest im Juni. Peter- und Paul-Messe in der Woche um den 29. Juni. Mosel- und Heimatfest Zurlauben Anfang Juli. Trierer Weinfest im Winzerstadtteil Olewig im August.

**Tips**
Moselschiffahrt: Anlegestelle am Zurlaubener Ufer. Weinkeller der Weingüter Vereinigte Hospizien (Kranenufer 19), Staatliche Weinbaudomäne (Deworastraße 1).

Die Porta Nigra wurde im 11. Jh. zur Kirche des Simeonstifts umgebaut (links).

Ein Steinkreuz steht als Hoheitszeichen und Friedensmal seit 958 auf dem Trierer Hauptmarkt. Die von einem Zinnenkranz bekrönte „Steipe" war das Festhaus der Bürgerschaft (rechts).

Maßstab 1:15.000

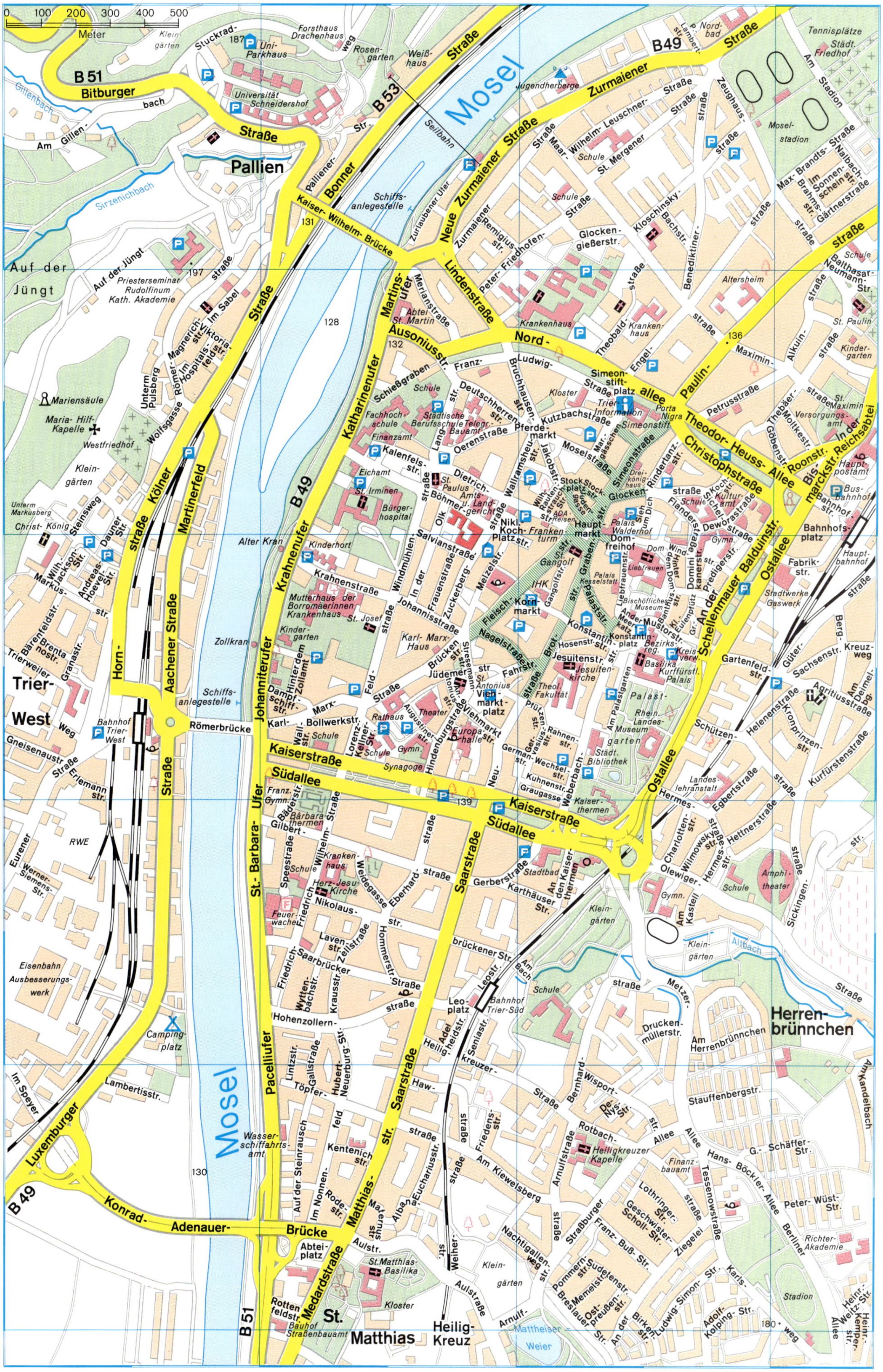

# Tübingen
# Die Universitätsstadt

Seit Jahrhunderten ist es vor allem die ehrwürdige Universität, mit der die gemütliche Neckarstadt auf sich aufmerksam macht. Dabei war Tübingen nach dem Krieg sogar einmal Landeshauptstadt von Württemberg-Hohenzollern – wenn auch nur für kurze Zeit.

Wenn in einer Stadt jeder dritte Einwohner Student ist, dann werden davon das Leben und die Kultur besonders geprägt. Zum Beispiel steht im Tübinger Gemeinderat die Fraktion der Alternativen Liste den beiden großen Parteien ebenbürtig gegenüber. Durch die Studenten wird auch eine rege Kleinkunstkultur am Leben erhalten – wie das Zimmertheater, das Zentrum Zoo, der Club Voltaire und das Deutsch-Amerikanische Institut. Neben dem ausgeprägten Dienstleistungssektor gibt es auch eine mittelständische Industrie.

## Geschichte

Altsteinzeitliche Funde belegen, daß in dieser fruchtbaren Gegend am mittleren Neckartal schon vor 20 000 Jahren Menschen siedelten. In historischer Zeit soll ein alemannisches Haufendorf im 6. Jh. hier gestanden haben. Die Tübinger Pfalzgrafen gründeten im 11. Jh. eine Burg, in deren Schutz die Siedlung wuchs und gedieh. 1078 hielt die »Duwinger« Burg sogar der Belagerung durch den späteren Kaiser Heinrich IV. stand. Im 13. Jh. erhielt Tübingen Stadtrecht und wurde bald zu einem der bedeutendsten Zentren der ganzen Gegend.

Dem inzwischen sehr mächtig gewordenen Geschlecht der Tübinger Pfalzgrafen zerrann der Reichtum allmählich wieder. Und so gelangte die verschuldete Grafschaft Tübingen bereits 1342 an Württemberg, wodurch die Stadt erheblich an Bedeutung verlor. Graf Eberhard im Bart gründete dann 1477 die erste Universität in Württemberg gerade hier in Tübingen, um das Städtchen wieder aufzuwerten. Doch war es nicht immer leicht, für die etwas abgelegen scheinende Hochschule Studenten zu werben. Inzwischen ist die Liste berühmter Tübinger Universitätsgelehrter oder Studenten lang.

Schon 1260 war ein Augustinerchorherrenstift gegründet worden. Dorthinein verlegte Herzog Ulrich 1536 ein Evangelisch-Theologisches Stift, das bis heute wegen einiger seiner berühmten Schüler weltbekannt ist: Hegel, Schelling und Hölderlin haben hier in ihrer Jugend gemeinsam studiert. Hölderlin hat dann später 36 Jahre lang in dem noch erhaltenen Turm direkt am Neckar gelebt und ist 1843 »in geistiger Umnachtung« gestorben, wie man so sagt. Neben dem Evangelischen Stift trug schon lange zum Ruhm Tübingens auch das Wilhelmstift, das früher sogenannte Collegium illustre, bei. Dabei handelt es sich um eine Ende des 16. Jh. errichtete Ritterakademie, die dann 1817 zu einer katholischen Studienstätte wurde. Glücklicherweise hat der Krieg Tübingen verschont, so daß der charmante Charakter der mittelalterlichen Altstadt noch weitgehend erhalten ist, wovon sich der Besucher dieser Stadt überzeugen kann.

Die spätgotische Stiftskirche am Holzmarkt beherbergt 14 Grabdenkmäler von Angehörigen des württembergischen Fürstenhauses (links außen).

Der stilvolle Giebel des Rathauses stammt aus dem Jahr 1698 (links oben).

**Information**
Verkehrsverein
An der Neckarbrücke 1
W-7400 Tübingen
Tel. (07071) 35011

**Festkalender**
»Fasnet«; Georgimarkt (April); Fensterblümlesmarkt (Mai); Club-Voltaire-Festival (Juni); Künstlermarkt (Juni); Tübinger Sommerfest (Juni/ Juli); Tübinger Stadtfest (alle zwei Jahre im August); Martinimarkt (November).

**Tips**
In der Altstadt gibt es viele gemütliche Schenken, in denen man den herben Wein der Gegend probieren kann. Ausflugsziele bietet die Schwäbische Alb genug. In Rottenburg besichtigt man den Dom aus dem 12. Jh. Weiter geht's dann nach Weitenburg und über Haigerloch nach Hohenzollern. Nördlich liegt der Naturpark Schönbuch.

## Sehenswürdigkeiten

Einen Blick auf die Stadt am Neckartal verschafft man sich am besten von einem höhergelegenen Punkt aus – vom Turm der Stiftskirche, von Schloß Hohentübingen oder von einer der Höhen. Auf die Südseite der Altstadt gewinnt man aber auch eine schöne Aussicht von der **Platanenallee** auf der Neckarinsel aus. Von hier sieht man auf die alten Häuser an der reizvollen **Neckarfront**, vor der die sogenannten Stocherkähne am Ufer stehen (mit ihnen werden die beliebten Stocerkahnrennen am letzten Juni-Donnerstag ausgetragen). Aus der Front ragt deutlich der **Hölderlin-Turm** heraus – jener Wohnturm, in dem der Dichter die Hälfte seines Lebens verbrachte. Gleich dahinter befindet sich die **Alte Burse** (1479). Sie war zunächst als eine Studentenherberge errichtet worden. 1803 bis 1805 wurde sie klassizistisch umgestaltet und zu einer Klinik ausgebaut. Nicht weit entfernt steht die **Alte Aula** aus dem 16. Jh. Und wer die Einfallslosigkeit heutiger Graffiti bedauert, der mag die Wandmalereien im alten **Universitätskarzer** in der Münzgasse studieren.

Zwei Vorgängerkirchen sind der **Stiftskirche St. Georg** schon vorausgegangen, bevor sie 1470 begonnen wurde. Das mächtige Gotteshaus ist in zwei Bauphasen errichtet worden. Wichtigster Schatz sind 14 Gräber der württembergischen Herrscher und einiger ihrer Gemahlinnen im Chor. Zur Kirchenausstattung gehören ein spätgotischer Lettner, Figurenreliefs aus dem 15. Jh. und ein gemalter Flügelaltar von 1520. Der **Pfleghof** war ein Verwaltungsgebäude, das zum Bebenhausener Zisterzienserkloster gehörte. Im 15. Jh. wurde die dreiflügelige Anlage errichtet, dazu gehört auch die Marienkapelle. Von hier kann man über den Holzmarkt und die Kirchgasse zum Markt schlendern. Dieser besonders stilvolle Platz wird beherrscht vom **Rathaus**, das schon im 15. Jh. begonnen, im 16. auf seine vier Stockwerke aufgestockt wurde. Der Giebel stammt von 1698, und die italienischen Malereien an der Fassade wurden erst 1876 angebracht. Heinrich Schickhardt lieferte die Entwürfe zu dem **Marktbrunnen** von 1617.

Wer die Gäßchen nun weiter nach Norden schlendert, gelangt zum **Wilhelmsstift**. Das **Kornhaus** (1453) war zunächst als Speicher angelegt, wurde aber später im Obergeschoß auch zu Repräsentationszwecken und kulturellen Veranstaltungen genutzt. Ältestes erhaltenes Haus der Stadt dürfte wohl der **Stiefelhof** sein, von dem eine Urkunde schon 1323 sprach. In den engen Straßen sind oftmals herrliche alte Fachwerkhäuser liebevoll restauriert worden – eins davon ist die **Fruchtschranne** (15. Jh.). Hauptkirche der Unterstadt ist die **Spitalkirche St. Jakob** aus dem 13. Jh.

Nach Westen gelangt man vom Marktplatz die **Burgsteige** hinauf, die als eine der schönsten und ältesten Straßen Tübingens gilt.

**Schloß Hohentübingen** geht auf eine Burg aus dem 11. Jh. zurück und ist das Beispiel für eine Festung aus dem 16. Jh. Berühmt ist das äußere Tor mit seinem Renaissanceportal. Unter den Gebäuden des 16. Jh. kann man noch die mittelalterlichen Fundamente sehen. Im **Haspelturm** residiert das Ludwig-Uhland-Institut für empirische Kulturwissenschaften. In der Schloßbergstraße sollte man unbedingt den »**Goetheturm**« besuchen: Als Goethe 1797 die Familie Gmelin besuchte, schätzte er besonders dieses Gartenhäuschen.

Während die Unterstadt Tübingens mit ihren engen Gassen vorwiegend von Handwerkern und Weinbauern bewohnt wurde, lebten die Professoren und Studenten früher vor allem in der Oberstadt, wo sich noch heute etliche großzügige Stadthäuser finden. Polemisch wurden die Bewohner der Unterstadt »Gôgen« (Deppen) genannt – und die Reibereien zwischen beiden sozialen Gruppen führten 1861 sogar zu dem sogenannten Gôgenaufstand. Heute ist die Unterstadt die Heimat der gemütlichen Weinschenken. Unter den Restaurants wird besonders das **Waldhorn** in Bebenhausen gelobt, etwas preiswerter geht es in der **Krone** oder im **Hirsch** (ebenfalls Bebenhausen) zu. Im Sommer ist das **Schwärzloch** als zünftiges Ausflugslokal sehr beliebt. Der **Jazzkeller** liegt in der Haaggasse.

Tübingen besitzt eine ganze Reihe von Museen: Etwa das **Motor Museum »Boxenstop«** in der Brunnenstraße 18. Die Universität unterhält das **Museum für Geologie und Paläontologie** und die Antikensammlung des **Archäologischen Instituts**. Zur Frühgeschichte der Region und zur Stadtgeschichte (darunter auch zur Geschichte der Studenten und Professoren) unterrichtet die **Städtische Sammlung** im Theodor-Haering-Haus – Dienstag bis Sonntag 14.30 bis 17.30. Wechselnde Kunstausstellungen finden in der **Kunsthalle** am Philosophenweg statt.

Fünf Kilometer entfernt im Ortsteil Bebenhausen ist die berühmte ehemalige **Zisterzienserabtei**, die als eine der schönsten und besterhaltenen Klosteranlagen in Deutschland gilt. Wie bei den Zisterziensern üblich, weist hier die Klosterkirche keinen Turm, dafür einen gotischen Dachreiter auf. Die Anlage geht auf die Klostergründung 1185 zurück, neben der Kirche verdienen auch der Kreuzgang des Klosterhofes und mehrere Refektorien Beachtung.

Malerisch baut sich die Altstadt stufenweise am Ufer des Neckar auf (Mitte).

Die Studenten, die ein Drittel der Bewohner ausmachen, beherrschen das Stadtbild (rechts innen).

Bootsanlegestelle vor dem Hölderlinturm (rechts außen).

# Ulm – Die Doppelstadt

Seit die Donau 1810 zur Grenze zwischen Bayern und Württemberg wurde, heißt der bayerische Teil Neu-Ulm. Aber die beiden Städte sind eng miteinander verschwistert geblieben. Wer den Turm des Münsters besteigt, der steht auf dem höchsten Kirchturm der Welt.

Daß Ulm Ausgangspunkt der Oberschwäbischen Barockstraße ist, deutet schon an, welche ausgezeichneten Ausflugsmöglichkeiten sich von hier ergeben. Über Wiblingen startet man nach Laupheim und Ehingen. Dann kann man auf der Schwäbischen Dichterstraße die Naturschönheiten der Alb genießen. Aber zu diesen Abstechern hat der Besucher kaum Zeit, weil es in Ulm oder in Neu-Ulm schon genug zu erleben und zu sehen gibt.

## Geschichte

Ludwig der Deutsche hatte hier eine Königspfalz, von der eine Urkunde aus dem Jahre 854 unter dem Namen Hulma palatium regium spricht. Schon im 11. Jh. hat es eine feste Burg gegeben. Die wurde allerdings in den Machtstreitigkeiten zwischen Staufern und Welfen geschleift. Als Konrad III. dann die Burg schließlich wieder aufbaute und damit auch die angrenzende Siedlung schützte, begann der Aufschwung Ulms. Schon 1164 wurde Ulm Stadt und ein Jahrhundert später freie Reichsstadt. Handwerk und Handel blühten ebenso wie das kulturelle Leben. Seit dem 14. Jh. gab es eine Art demokratische Verfassung, in der mit dem »großen Schwörbrief« den Handwerksständen eigene Rechte garantiert wurden. Wie anderen Städten ist auch Ulm diese frühe Form der Machtkontrolle gut bekommen – allerdings nur bis 1546, als Kaiser Karl V. die Stadt einnahm. Eindrucksvolles Zeugnis des mittelalterlichen Reichtums der Ulmer Bürger ist das Münster, das mit seinen Ausmaßen knapp an den Kölner Dom heranreicht – und wie dieser seinen Turm auch erst im letzten Jahrhundert erhielt (aber vier Meter höher). Das Fassungsvermögen der Kirche übertrifft die Einwohnerzahl des Ulms von 1377 (Baubeginn der jetzigen Kirche) etwa um das Doppelte. Mit Salz-, Wein- und Holzhandel sowie mit Ulmer Leinwand erwarb sich die Stadt ihren ungewöhnlichen Wohlstand. Zu dieser Zeit setzten Ulmer Gewebe den Maßstab auf allen europäischen Messen. Der komplizierte Kirchenbau – 1543 auf Ratsbeschluß hin abgebrochen – zog viele Künstler nach Ulm. So wurde die Stadt zu einem kulturellen und wirtschaftlichen Zentrum in Deutschland. Schon 1530 waren die Ulmer zum Protestantismus übergegangen, in heftigen Bilderstürmen wurden daraufhin etliche bedeutende Kunstwerke vernichtet. Zwar gelang es Ulm, im 30jährigen Krieg seine Neutralität zu wahren oder sich mitunter von einer bevorstehenden Eroberung freizukaufen, aber die Folgen waren trotzdem verheerend: Krankheiten und Verwüstungen gab es dennoch, und von den finanziellen Belastungen hatte sich die Stadt noch nicht wieder erholt, als sie 1810 württembergisch wurde. Der Deutsche Bund baute dann Ulm zur Bundesfestung aus – von den gewaltigen Befestigungsanlagen kann man noch Reste bestaunen. Im Zweiten Weltkrieg dann wurden über 70 % der Stadt zerstört, allein das Münster blieb auf wundersame Weise unversehrt – was die Ulmer gern als ein Zeichen deuteten.

## Sehenswürdigkeiten

Nach dreihundertjähriger Ruhezeit wurde 1844 mit der Vollendeung des **Münsters** begonnen. Aber noch immer brauchten insgesamt fünf Architekten 46 Jahre, bis der letzte Stein gesetzt war. Übersehen kann man die Kirche nicht, von welcher Seite auch man sich Ulm nähert. Der größte süddeutsche Kirchenbau weist eine Reihe bedeutender Kunstgegenstände auf: so den berühmten Schmerzensmann von H. Multscher

Ulmer Münster – der höchste Kirchturm der Welt (links).

Das Rathaus mit seiner schönen Fassade und wertvollen Wandmalereien im Inneren (rechts oben).

Feinste Steinmetzarbeit von einem unbekannten Künstler: Detail des Sakramentshauses (rechts Mitte).

Die „Ulmer Schachtel" (rechts unten).

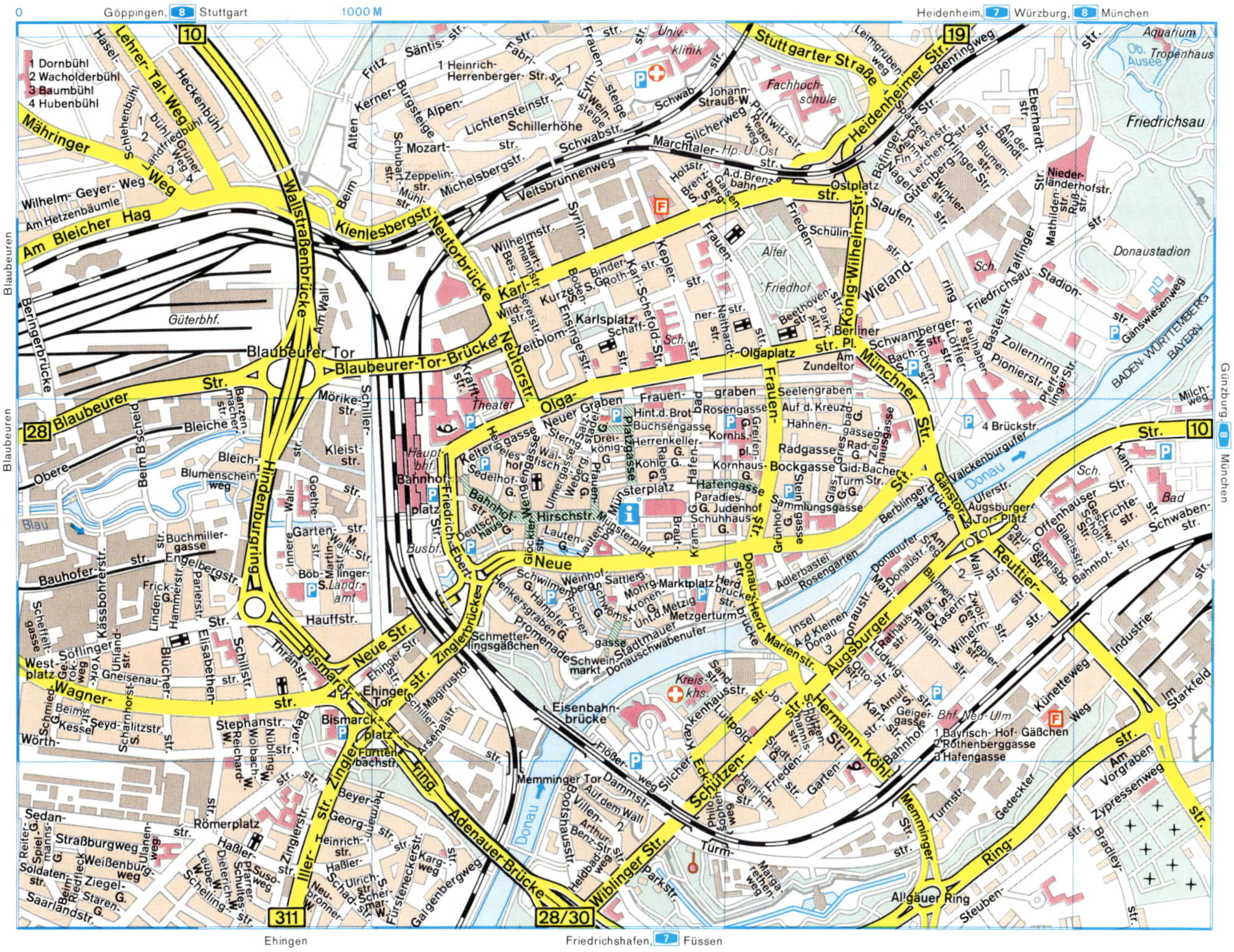


(1429), das Fresko des Jüngsten Gerichts (1471), das Sakramentshaus, das Chorgestühl von J. Syrlin d. Ä. (um 1470) und die Engelberg-Kanzel von 1499.

Die **Dreifaltigkeitskirche** ist eine ehemalige Klosterkirche aus dem 14. Jh., die im 17. Jh. einschneidende Umgestaltungen erfuhr. Daneben liegt direkt an der Donau die **Adlerbastei**, ein Befestigungsbau aus dem frühen 17. Jh. Von hier aus wollte der berühmte **Schneider von Ulm**, Albrecht Ludwig Berblinger, 1811 mit einem Flugdrachen den Fluß überqueren. Wie man weiß, mißlang der Versuch vor den Augen des württembergischen Königs – und der Schneider fiel ins Wasser. Das **Zeughaus** erinnert an einen anderen berühmten Ulmer. Vor der ehemaligen Waffenkammer der Reichsstadt (16. und 17. Jh.) wird heute mit einem **Denkmal Albert Einstein** gedacht, dem Erfinder der Relativitätstheorie. Dessen Geburtshaus in der Bahnhofstraße hat die Zerstörungen des Krieges nicht überstanden.

Zu der alten Stadtmauer gehört der **Gänsturm** von 1360. Das **Zundeltor** ist ein später Durchbruch durch die Mauer, der Seelturm gehörte zu dem nicht erhaltenen **Seelhaus**, in dem früher das Pulver aufbewahrt wurde. Auf dem Seelengraben kann man alte Soldatenhäuser aus dem 16. Jh. erkennen. Von dem 9 km langen Mauerring der Bundesfestung stehen noch das **Blaubeurer** und das **Ehinger Tor**, die Bastionen am **Kuhberg** und **Eselsberg** und die Festung **Albeck**. Einen wunderhübschen Einblick in das mittelalterliche Leben bietet das **Fischer- und Gerberviertel**, wo reizende Fachwerkhäuser erhalten sind. Hier an der Kleinen Blau steht auch das wiederaufgebaute **Schwörhaus** von 1613. Von dem Balkon aus legt jedes Jahr am Schwörmontag der Bürgermeister seinen Amtseid ab und erinnert damit an jenen Großen Schwörbrief aus dem 14. Jh. Dieses ganze Viertel mit seinen engen Gassen gilt als der gemütliche Teil der Stadt und bietet heute ein buntes Kneipenleben.

Der **Metzgerturm** an der donauzugewandten Stadtmauer diente früher als Arrest. Warum dieser 1345 errichtete Turm im Volksmund auch der »schiefe Turm« genannt wird, bemerkt jeder Tourist auf den ersten Blick. Auch das **Rathaus** stammt aus dem 14. Jh., es wird als eines der schönsten in Süddeutschland betrachtet. Im Innern befinden sich wertvolle Wandmalereien und alte Sandsteinfiguren; die astronomische Uhr wurde 1520 geschaffen. Auf dem Marktplatz an der Südseite befindet sich der berühmte **Fischkastenbrunnen** von J. Syrlin d. Ä. (1482). Darin stellten früher die Fischer ihre Ware aus. Das **Ulmer Museum** nebenan beherbergt wichtige Sammlungen zur Kunst- und Kulturgeschichte der Stadt und der Region.

Vom Handels- und Zunftwesen des alten Ulm erzählen einige erhaltene Gebäude aus dem 15. oder 16. Jh.: Zunfthaus der Schuhmacher war das **Schuhhaus**, das im ersten Stock einen Festsaal besitzt, in dem sich früher die vornehmen Bürger trafen (heute Ausstellungen des Ulmer Kunstvereins). Der **Büchsenstadel** war ein Lagerhaus, ähnlich wie der **Salzstadel**, in dem man neben Salz auch Korn aufbewahrte – einleuchtend, daß hier heute des Deutsche Brotmuseum seinen Sitz hat. Schließlich gibt es auch noch das **Kornhaus**, ein Renaissancebau, der mittlerweile als Konzertsaal genutzt wird.

**Information**
Verkehrsbüro
Münsterplatz 51
W-7900 Ulm
Tel. (0731) 1612830

**Festkalender**
Im Sommer: Paradekonzerte (sonntags), Geistliche Abendmusik im Münster; Sonntagskonzerte (Neu-Ulm); Ulmer City-Fest (Juni); Altstadtfest (Juli); Ulmer Volksfest (Juli); Schwörmontag (Rechenschaftsbericht und traditionsreicher Schwur des Oberbürgermeisters, Juli); Freilichttheater im Grünen (Juli/ August).

**Tips**
Rock, Jazz und Folklore werden im Juli und August freitags abends in den Glacisanlagen in Neu-Ulm geboten. Neben dem breiten Programm des Theaters gibt es auch etliche kleinere Bühnen.

# Weimar
# Stadt der Klassik

**Die Beschaulichkeit einer herzoglichen Residenz, die Kunstsinnigkeit eines Herzogs und die Dichtkunst seines besten Freundes ließen im Weimar des ausgehenden 18. Jahrhunderts den „Musenhof" klassischer deutscher Dichtung entstehen.**

In der Hauptstadt des Herzogtums Sachsen-Weimar blühte früh kulturelles Leben. 1617 war hier der „Palmenorden" zur Förderung der deutschen Sprache gegründet worden, seit 1650 gab es eine Hofkapelle, und 1696 wurde die erste deutsche Opernbühne eingeweiht. Von 1708 bis 1717 prägte Johann Sebastian Bach als Hoforganist wie auch als Konzertmeister das Musikleben Weimars.
Die Fundamente zum „Musenhof" der Klassik begann Herzogin Anna Amalia mit ihrem Regierungsantritt im Jahre 1758 zu legen. Sie berief 1772 Christoph Martin Wieland als Erzieher für den Erbprinzen Karl August. Dem Dichter des Rokoko gelang es, dem jungen Fürsten die Welt der Musen so zu erschließen, daß der 18jährige Regierungschef 1775 den damals 26jährigen Juristen und schon als Dichter bekannten Johann Wolfgang Goethe nach Weimar holte. Nur ein halbes Jahr später ernannte er ihn zum Geheimen Rat und schenkte ihm das Gartenhaus im Park am Stern.
Enger Freund Goethes war noch aus gemeinsamen Straßburger Tagen Johann Gottfried Herder. Er wurde bereits 1776, also im ersten Weimarer Jahr Goethes, auf dessen Betreiben vom jungen Herzog als Hofprediger nach Weimar berufen. Der Kirchenmann stieg dort schnell zum Generalsuperintendenten und Präsidenten des Oberkonsistoriums auf. Goethes Leistungen auf dichterischem Gebiet ergänzte er auf philosophischem Gebiet. Seine „Ideen zur Philosophie der Geschichte der Menschheit", die er in den Jahren von 1784 bis 1791 verfaßte, nannte Goethe später einen wesentlichen Beitrag zur Bildung der Nation.
Die unterschiedliche Veranlagung der beiden Freunde ist noch heute im Äußerlichen nachzuempfinden. Herder bezog eine düstere Dienstwohnung hinter der **Stadtkirche St. Peter und Paul**, die heute auch Herderkirche genannt wird. Unter der Orgelempore hat der Philosoph seine letzte Ruhestätte gefunden. Goethe dagegen bezog 1782 einen großen **Barockbau am Frauenplan**, in dem er bis zu seinem Tode im Jahre 1832 lebte und arbeitete. Eindrucksvoll ist bis heute die Schlichtheit seines Arbeitszimmers, in dem er jeden Morgen um fünf Uhr zu arbeiten begann. Dabei pflegte er diktierend um den Tisch herumzuwandern.
Die eigentlichen Sternstunden der Weimarer Klassik begannen mit der Annäherung zwischen Goethe und Friedrich Schiller. Als Schil-

**Information**
Weimar-Information
Marktstr.4
O-5300 Weimar

Fremdenverkehrsamt
Weimar
Am Markt 15
O-5300 Weimar

**Festkalender**
Osterfest in Weimar. Fest zu Goethes Geburtstag am 28. August im Haus am Frauenplan. Shakespeare-Tage (April). Thüringer Bach-Tage (April). Zwiebelmarkt (Oktober). Thüringer Musiktage im Oktober.

**Tips**
Herder-Museum im Kirms-Krackow-Haus. Wieland-Museum im Wittumspalais. Schiller-Museum im Schiller-Haus. Goethe-Museum im Haus am Frauenplan. Museum für Ur- und Frühgeschichte Thüringens. Kunstsammlungen zu Weimar.

Das Juno-Zimmer in Goethes Haus (links oben).

Goethes Gartenhaus (links unten).

Schillerhaus an der Esplanade (rechts).

Hermannshof - Weimar

0 500 1000 M Kölleda

Erfurt Jena Bad Berka

ler wegen seiner schwachen Gesundheit seine historisch-philosophische Lehrtätigkeit als Honorarprofessor an der Universität Jena aufgeben mußte, betrieb Goethe die Übersiedlung der Familie Schiller nach Weimar. Mit Hilfe des Herzogs gelang dies im Jahre 1799, 1802 wurde das heutige **Schiller-Haus** an der „Esplanade" bezogen. In den einfachen Räumen seines Dachgeschosses entstanden Schillers letzte Werke. Als Schiller 1805 starb, setzte ihm Goethe mit dem Gedicht „Epilog zu Schillers Glocke" das schönste lyrische Denkmal.

Nach dem Tod von Herder und Schiller und dem Ausbruch der Gewaltherrschaft Napoleons endete wohl die Idylle, nicht jedoch die Schaffenskraft Goethes. Nun entstanden so wichtige Werke wie „Die Wahlverwandtschaften", die Anfänge der Autobiographie „Dichtung und Wahrheit" oder der Gedichtzyklus „West-östlicher Divan". Alle Wechsel der Zeitläufe aber überdauerte die Freundschaft mit Herzog Karl August. 1825 konnten die beiden ihr 50jähriges Regierungs- bzw. Amtsjubiläum mit einem großen Fest feiern.

# Wernigerode Perle des Harzes

**Von Kriegszerstörungen weitgehend verschont, konnte die Kleinstadt ihr mittelalterliches Gepräge gut bewahren. Seit der Vereinigung werden die vielen Fachwerkhäuser noch mehr gepflegt und restauriert. Die Holz- und die Metallverarbeitung spielen in der Wirtschaft die wichtigste Rolle.**

Am Nordrand des Harzes gelegen, ist Wernigerode geradezu das Tor zu dem waldreichen Mittelgebirge. Von hier kann man etliche der wichtigsten Touristenattraktionen im Harz gut erreichen. Wer auf den Wegen Heines wandern will, der muß vom Brocken nach Ilsenburg hinunterschlendern. Und wenn er von dem spitzen Ilsenstein auf das Ilsetal herunterblickt, mag er Heines Rat befolgen: »Ich rate jedem, weder an Kaiser und Reich, noch an die schöne Ilse, sondern bloß an seine Füße zu denken.«

## Geschichte

Im Zuge der frühen Christianisierung des Ostens wurde Wernigerode von Corvey aus als Rodesiedlung im 9. Jh. angelegt. Die Grafen von Wernigerode hatten spätestens seit dem 12. Jh. ihre Burg auf dem Berg oberhalb des Ortes. Aber schon 1229 erhielt Wernigerode das Goslarer Stadtrecht. Die fruchtbaren Böden, die sich nördlich im Harzvorland anschließen, trugen zum Wohlstand der Stadt bei, aber auch der Handel mit Tuch und Kleidern. Seit dem 15. Jh. kam der Bergbau und in der Folge auch die Metallverarbeitung hinzu. Zu dieser Zeit übernahmen die Grafen von Stolberg die Macht, die Wernigerode allerdings bald nur noch als preußisches Lehen besaßen. Zwar konnten sie noch bis zum Ende des 19. Jh. einige Rechte bewahren, hatten aber doch seit 1714 die Herrschaft an Preußen weitgehend abgetreten. Nachdem das Handwerk immer weiter an Einfluß gewonnen hatte, begann im 19. Jh. eine starke Industrialisierung.

## Sehenswürdigkeiten

Berühmt ist das bunt verzierte **Rathaus** am Marktplatz. Schon 1277 wurde es erwähnt. Damals diente es allerdings noch als Veranstaltungs- und Gerichtsstätte. Im 15. Jh. wurde es im spätgotischen Fachwerkstil ausgebaut und dann nach Brandschäden neuerlich verändert. Besonders auffällig sind die beiden spitzen Fronttürme. Nicht weniger hübsch verziert ist das sich direkt anschließende **Waaghaus**, das heute die Stadtverwaltung benutzt. Zum Museum ist heute die **Krellsche Schmiede** hergerichtet, die noch bis 1977 in Betrieb war. Hier kann man das traditionelle Schmiedewesen noch in der auf das Gründungsjahr 1678 zurückgehenden Form studieren. Die ganze Altstadt ist von hübschen Fachwerkbauten geprägt. Meist sind es kleine verwinkelte Häuser, die farbenprächtig erhalten werden. Einige – wie das **Krummelsche Haus** – sind auch durch unvergleichliche Schnitzereien geschmückt. Besonders prächtig ist auch **Haus Gnadenstedt** von 1582 mit seinen Erkern und Butzenscheiben. An demselben Platz steht auch die Oberpfarrkirche **St. Sylvester**, die zuerst 1230 erwähnt, im 16. und 19. Jh. allerdings baulich verändert wurde. Zu der kostbaren Ausstattung gehört ein sehenswerter Schnitzaltar aus dem späten 15. Jh. Noch etwas älter ist der Schnitzaltar der teilweise noch romanischen Pfarrkirche **St. Johannis**. Das so mittelalterlich anmutende **Schloß** über der Stadt erhielt seine heutige Form im wesentlichen im 19. Jh. Ältere Teile sind aber auch noch erhalten. Hier ist ein **Museum** eingerichtet, das sich der Geschichte des Feudalismus widmet. Umgeben ist die Anlage von einem schönen Landschaftsgarten. Aufmerksamkeit verdient auch das **Harzmuseum**, das mit regionalen kulturgeschichtlichen Sammlungen an die mittelalterlichen Burgen der Gegend, die Geschichte des Fachwerkbaus und an die Trachtentradition erinnert. Im **Wildpark Christianental** werden heimische Tierarten gehalten, darunter Uhus und andere Greifvögel sowie Bären und Hirsche.

**Information**
Wernigerode-Information
Breite Straße 12
O-3700 Wernigerode
Tel. (03943) 33035

**Festkalender**
Wernigeröder Rathausfest (Juni); Harzer Folkloretage (Juni); Musiktage (Herbst).

**Tips**
Eine besondere Attraktion ist die Harzquerbahn, die von einer Dampflok über die Schmalspurbahn mit über 400 Brücken gezogen wird. Die Bahn dient nicht nur am 30. April abenteuerlichen Walpurgiszügen zum Hexensabbat auf den Brocken, sondern diese Bahn bietet zudem beste Verbindung zu verschiedenen Ausflugszielen im Harz. Mit ihr gelangt man auch äußerst gemütlich zur Steinernen Renne, wo der Wasserfall zu bewundern ist und der Ottofelsen bestiegen werden kann.

Märchenhaft: das Schloß (links).

Krellsche Schmiede (rechts oben).

Berühmt ist das Rathaus mit seinen beiden auffällig spitzen Fronttürmen (rechts unten).

# Wetzlar – Heimat von Leitz und Lotte

Kulturell wurde Wetzlar durch das Reichskammergericht geprägt, an dem Goethe vier Monate lang ein Praktikum machte. Hier lernte er Charlotte Buff kennen – das Vorbild zu Werthers Lotte. Der Bestseller des 18. Jh. macht reichlich Werbung für das Lahnstädtchen.

Optisch-mechanische Industrie gab es hier schon seit Beginn der Industrialisierung. Aber erst 1913 entwickelte Oskar Barnack in Wetzlar die erste deutsche Kleinbildkamera, die erste Leica. Seither ist Wetzlar eines der deutschen Zentren für optische Geräte.

## Geschichte

Zuerst erwähnt wurde die malerisch gelegene Siedlung an der Lahn im 12. Jh., aber sie ist zweifellos erheblich älter. Schon lange gab es hier ein Kollegiatsstift. Im 12 Jh. bereits erhielt »Witflaria« auch die Rechte einer freien Reichsstadt, und ebenfalls in dieser Zeit begann schon die später so wichtige Eisenverarbeitung, dem Ort zu Wohlstand zu verhelfen. Im 12. Jh. fing man auch mit dem Bau des Doms an. Wetzlar gehörte seit 1254 dem Rheinischen Städtebund und dann den Wetterauer Reichsstädten (mit Frankfurt, Friedberg, Gelnhausen) an. Im 14. Jh. war die Stadt fast bankrott. An historisch-politischer Bedeutung gewann das verschlafene Städtchen dann 1693, als mit dem Reichskammergericht das oberste deutsche Gericht hierher verlegt wurde. Über 1000 Justizbeamte sollen damals an die Lahn gezogen sein – was den kleinen Ort für lange Zeit prägte. Etliche anspruchsvolle Stadthäuser zeugen noch heute von dem Geschmack der damals etwas hochnäsigen Juristen. Doch im frühen 19. Jh. kam ein rascher Abstieg in die Bedeutungslosigkeit: Die Reichsfreiheit ging 1803 verloren, das Kammergericht verschwand 1806 mit dem Reich, und die Eingliederung nach Preußen 1815 machte aus dem einst stolzen Wetzlar ein Provinznest, das allein als Garnison von sich reden machte. 1977 wurde die Stadt sogar ganz aufgelöst und mit Gießen und einigen weiteren Orten zur Großstadt »Lahn« vereinigt – wenn auch nur für eine endenwollende Dauer von eineinhalb Jahren.

## Sehenswürdigkeiten

Einige Bauteile des **Doms** reichen noch über das 12. Jh. hinaus in die Geschichte zurück, denn er wurde auf den Fundamenten der Marienstiftskirche erbaut. Obwohl bis zum 16. Jh. immer wieder an dem Dom herumgewerkelt wurde, ist er nicht fertig geworden – eigentümlicherweise vermittelt der monumentale Bau gleichwohl einen recht geschlossenen Eindruck. Der dreigeschossige **Turm** im Südwesten beherrscht die gesamte Anlage und ist von weither zu sehen. An den mächtigen Pfeilern im Innern fällt besonders die ungewöhnliche Bemalung auf, die erst bei Restaurierungen 1904 bis 1915 wieder freigelegt wurde. Der **Domplatz** heißt auch Buttermarkt, weil hier der Wochenmarkt stattfindet. An diesen traditionellen Versammlungsplatz schließt sich nach Westen der **Fischmarkt** an. Hier steht auch die **Alte Kammer**, das 1603 errichtete Rathaus, in das 1693 das Reichskammergericht einzog. Diese Plätze sind von restaurierten **Fachwerkhäusern** geschmückt.

Literarisch Interessierte werden das **Lottehaus** im Deutschordenshof besuchen, das Geburtshaus jener Lotte, in die sich der 23jährige Goethe so heftig verliebte – die aber leider bereits verlobt war. Am anderen Ende der Altstadt steht auch noch das **Jerusalems-Haus** aus dem 17. Jh. Carl Wilhelm Jerusalem hatte sich wegen einer unglücklichen Liebe das Leben genommen – ein Motiv, das Goethe dann in seinen Briefroman mischte. Das **Goethe-Wohnhaus** findet man dann am **Kornmarkt**, einem guterhaltenen Platz mit alten Fachwerkhäusern.

**Information**
Verkehrsamt
Domplatz 8
W-6330 Wetzlar
Tel. (06441) 405338

**Festkalender**
Frühlingsfest mit Tanz in den Mai (April/Mai); Domplatzfestival (Mai); »Eine Stadt gibt sich Mühe für Sie« (Kulturprogramm, Mai/Juni); Musikalische Matineen (Mai bis September); Wetzlarer Blues-Weekend (Juli); Wetzlarer Festspiele (Juli/August); Brückenfest (September); Tage der Phantastik (September); Gallusmarkt (Oktober).

**Tips**
Einen Ausflug sollte man nach Braunfels mit seinem Schloß unternehmen. Bei Weilburg-Kubach ist einer der größten deutschen Höhlenräume zu sehen, in Weilburg Deutschlands einziger Schiffstunnel.

Jerusalemshaus (links).

Weithin sichtbar: der dreigeschossige Turm des gewaltigen Dombaus (Mitte).

Die Hl.-Geist-Kirche an der Steinernen Brücke (rechts).

# Wiesbaden – Weltkurort und Kaiserstadt

Das traditionsreiche und weltberühmte Heilbad ist heute Landeshauptstadt von Hessen. Zum Glück stören die vielen Industriezweige das nostalgische Stadtbild und die Luft relativ wenig. So ist die zwischen Taunus und Rheingau gelegene Stadt ein bevorzugter Wohnort.

Was den Römern recht war, konnte Kaiser Wilhelm billig sein. Er mochte Wiesbaden und stattete den Kurort mit einer Fülle prächtigster Bauten aus, die vielerorts noch heute den imposanten Baustil der Stadt prägen. So nimmt sich Wiesbaden gegenüber der hessischen Metropole Frankfurt wie die distinguierte Hauptstadt neben der lauten und schrillen Weltstadt aus.

## Geschichte

Schon in der Steinzeit haben hier Menschen gelebt, und in der Jungsteinzeit gab es sicher eine Ansiedlung innerhalb des heutigen Stadtgebiets. Aber dann waren es vor allem auch hier die Römer, die die heißen Quellen im kalten Norden zu schätzen wußten. Zur Sicherung der nördlichen Rheinseite wurden – Mainz gegenüber – mehrere Militärlager auf dem heutigen Heidelberg angelegt. »Aquae Mattiacis« hieß die sich daneben bildende Siedlung nach dem hier lebenden germanischen Volksstamm der Mattiacer. Im Jahre 406 verschwanden die Römer wieder, aber das hat sicher nicht den Untergang der Stadt bedeutet, denn aus dem späteren 5. Jh. ist die Mauer eines größeren Baus erhalten. Von »wisibada« sprach ein Biograph Karls des Großen 839. Bis ins 12. Jh. war dieser Königshof Zentrum des Königssondergaus. Schon im 13. Jh. genoß Wiesbaden wieder einen guten und verbreiteten Ruf als Badestadt. Zu dieser Zeit herrschten hier die Grafen von Nassau, die hier auch eine Nebenresidenz unterhielten. Die Entwicklung zum internationalen Kurort begann, als Wiesbaden 1744 Hauptstadt des Fürstentums Nassau-Usingen wurde. Besonders im 19. Jh., inzwischen Hauptstadt des Herzogtums Nassau und später preußisch, avancierte Wiesbaden zu einem Weltbad. Die Hohenzollern-Kaiser Wilhelm I. und Wilhelm II. logierten häufig im Stadtschloß, und gerade der letzte deutsche Kaiser löste noch einmal Anfang des Jahrhunderts eine bombastische Bauphase aus. Von dem gesellschaftlichen Glanz wurden auch viele Künstler angelockt. Mit den Weltkriegen ging die Blüte Wiesbadens erst einmal zu Ende. Nach dem Krieg waren es die Amerikaner, die das relativ wenig zerstörte Wiesbaden zur Landeshauptstadt ernannten. Heute residieren hier das Bundeskriminalamt und das Statistische Bundesamt.

## Sehenswürdigkeiten

Mittelpunkt der Stadt ist der Schloßplatz, an dem sich das **Stadtschloß** erhebt. 1841 wurde es von Adolph von Nassau bezogen, nach dem Einzug der Preußen residierten hier zeitweise die preußischen Könige und deutschen Kaiser. Danach immer wieder anderen Regierungsfunktionen unterstellt, ist das klassizistische Gebäude heute Sitz des Hessischen Landtags. Gegenüber steht das **Alte Rathaus** von 1610, das leider sein Fachwerk und seinen Renaissancegiebel eingebüßt hat. Das **Neue Rathaus** nebenan scheint auch der Renaissance zu entstammen, obwohl es erst im 19. Jh. errichtet wurde. Geradezu imperialen Charakter hat die Anlage erhalten, die der Erbauer des Münchner Rathauses, Georg von Hauberisser, konzipierte. Besonders aus einiger Entfernung beeindruckt die Silhouette der gewaltigen **Marktkirche**, der man einen protestantischen Charakter zuspricht. Die neuromanische bis neugotische Form der Basilika-Konstruktion ist in einem kostengünstigen roten Ziegel realisiert,

Schloß Biebrich, eine in mehreren Bauabschnitten entstandene Barockanlage (links).

Blick auf das Kurhaus und das Hessische Staatstheater (oben).

Drei Sehenswürdigkeiten auf einen Blick: Hessischer Landtag, Marktkirche und Neues Rathaus (unten).

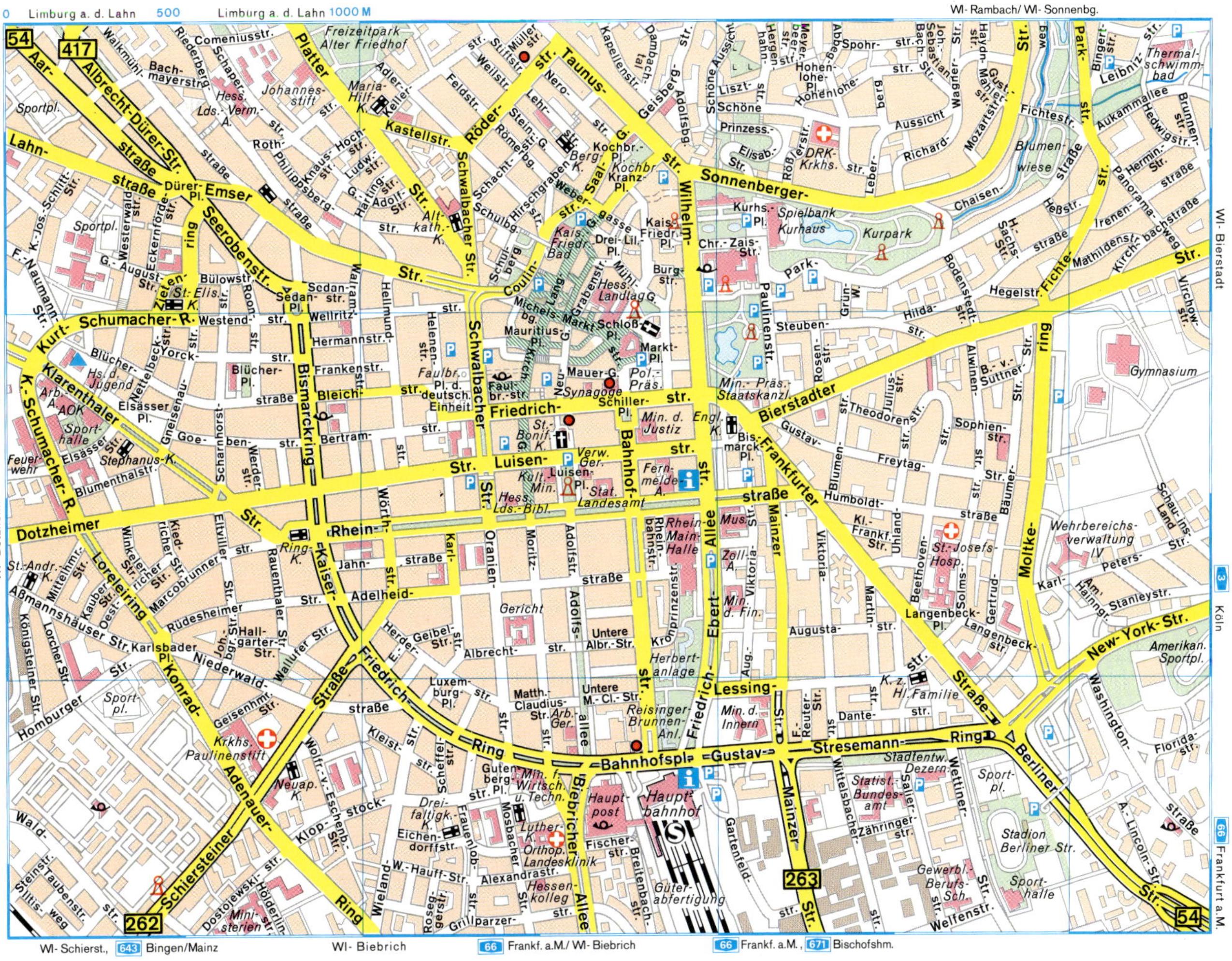


was in dieser Gegend Mitte des 19. Jh. ganz neu war. Wilhelm II. hat das **Denkmal Wilhelms von Oranien** als ein persönliches Geschenk der Stadt gestiftet – im Anklang an ein Denkmal vor dem Berliner Schloß. Der **Marktbrunnen** stammt aus dem 18. Jh.

Pracht- und Promenierstraße Wiesbadens ist die **Wilhelmstraße**, die wichtigste Kreuzung bildet die Friedrichstraße. Eben hier befindet sich auch das **Erbprinzenpalais**, das 1813 bis 1817 in streng klassizistischer Manier erbaut wurde. Allerdings hat hier nie ein Prinz gewohnt, bald schon ist das beeindruckende Schlößchen Verwaltungsgebäude geworden. Die **Villa Clementine** gegenüber ist eines der vielen Beispiele für repräsentative Bürgerhäuser in Wiesbaden, wie sie besonders im 19. Jh. errichtet wurden. Der sich anschließende **Warme Damm** ist als Englischer Garten etwa 1860 angelegt worden. Im Norden schließen sich die Kuranlage und der schöne **Kurpark** an, die beherrscht werden von dem mächtigen **Kurhaus**, an dem die Aquia-Mattiacis-Inschrift stolz auf die alte Heilbad-Tradition verweist. Im Sandsteinstil ist das imposante Gebäude an den klassizistischen Vorgängerbau angelehnt, die ganze Formgebung soll an die Antike erinnern. Für Kaiser Wilhelm war das 1907 fertiggestellte Kurhaus das schönste der Welt. Auch im Innern ist hier nicht an Aufwand gespart worden, teure Materialien, verschiedene Stile, die thermenhafte Wandelhalle passen bestens zur heutigen Verwendung als Spielbank. An einer Promenade wurden hübsche **Kolonnaden** erbaut, die mit ihren griechischen Säulen wiederum auf die Antike verweisen sollen. Ein weiterer Prachtbau des späten 19. Jh. ist das **Hessische Staatstheater**, das an seiner Südseite mit Auffahrt und Portikus protzt.

Das **Kaiser-Friedrich-Bad** (1913) ist wegen seiner reinen Jugendstil-Ausstattung berühmt, es dient heute als Kurmittelhaus, hier kann man im 64° C heißen Wasser der Adlerquelle baden. Auf den **Neroberg** gelangt man am originellsten mit der wasserbetriebenen Zahnradbahn von 1888. Oben bewundert man vor allem die **Griechische Kapelle** mit ihren goldbedachten Zwiebeltürmen. Die fremdartig anmutende kleine Kirche wurde 1855 zu Ehren einer 19jährig verstorbenen Herzogin von Nassau vollendet, die Nichte des russischen Zaren war. Ganz in der Nähe steht ein **Tempel**, von dem aus sich ein wunderschöner Blick ergibt.

Am Luisenplatz liegt die Kirche **St. Bonifatius**, deren roter Mainsandstein mit gelbem Putz etwas aufgelockert ist. Im Innern der neugotischen Kirche befindet sich die wertvolle Kreuzigungsgruppe von Carl Hoffmann. Am gleichen Platz sitzt heute das Verwaltungsgericht in der **Alten Münze**, einem mächtigen klassizistischen Bauwerk, dem das **Pädagogium** stilistisch korrespondiert (heute Kultusministerium). Das frühere **Staatsministerium** ist ein weiteres der vielen imposanten Repräsentationsgebäude, die die Stadt im letzten Jahrhundert erhielt. Die **Ringkirche** (1892 bis 1894) galt als ein Idealtyp der protestantischen Predigtkirche und wurde allein bis 1914 40mal nachgeahmt. Im Stadtteil **Biebrich** liegt ein hübsches **Barockschloß**, das heute Reitturnieren als Kulisse dient. Bedeutende Kulturveranstaltungen und Kongresse werden in der modernen **Rhein-Main-Halle** veranstaltet.

**Information**
Verkehrsbüro
Rheinstraße 15
W-6200 Wiesbaden
Tel. (0611) 1729781

**Festkalender**
Internationale Maifestspiele (Oper, Ballett); Wilhelmstraßenfest (Juni); Wiesbadener Weinwoche (August).

**Tips**
Cineasten werden sich für die historischen Filme im Archivkino Caligari interessieren. Neben den Theatern lockt manchen wohl auch die Spielbank. Wer sich dem Trubel im Rheintal entziehen will, wandert im Hochtaunus und erklimmt den Großen Feldberg. Einen herrlichen Blick auf das Rheintal bietet der Frauenstein. Weinliebhaber werden einen Abstecher nach Eltville auf der Rheingau-Riesling-Route einlegen.

# Wilhelmshaven – Öl, Marine und Urlauber

Die Stadt ist geprägt von der Natur. Der Jadebusen entstand durch Sturmfluten vor Jahrhunderten. Erst dadurch hat sich die günstige Lage ergeben, die zur Stadtgründung führte. Nach den schweren Kriegszerstörungen allerdings wollte man die Stadt zunächst dem Meer überlassen.

Die Fahrrinne, die von dem Jadeflüßchen gebildet wird, macht Wilhelmshaven zu einem geeigneten Hafen. Allerdings mußte diese Fahrrinne mehrfach ausgebaggert werden, bevor die 250 000-Tonnen-Tanker direkt den Hafen anfahren konnten. So ist der einzige deutsche Tiefwasserhafen zum wichtigsten Ölimporthafen geworden. Daneben spielt nach wie vor die Marine eine wichtige Rolle – sie war schließlich der Grund für die Gründung Wilhelmshavens.

## Geschichte

In der Mitte des 19. Jh. ging Preußens Sinnen darauf, einen Marinehafen an der Nordsee zu erhalten. Denn nur so glaubte man, den europäischen Seemächten auf Dauer gewachsen zu sein. Kaum war also allmählich eine Marine aufgebaut, kaufte Preußen 1853 in einem Geheimvertrag dem Großherzog von Oldenburg einige hundert Hektar Land ab, auf dem 340 Menschen lebten. Nach eifrigem Bauen konnte schon 1869 der neue Kriegshafen durch Wilhelm I. eingeweiht werden. Einem solchen Lieblingsprojekt gab man auch gern den eigenen Namen – als Geste gegenüber der dort lebenden Bevölkerung wurde das niederdeutsche »-haven« gewählt. Zwei Jahre später bereits war Wilhelm deutscher Kaiser und Wilhelmshaven Reichskriegshafen. So ist die Geschichte dieser Stadt auch mit dem Wahn preußisch-deutscher Flottenpolitik verwoben. Die ökonomische Bedeutung der Stadt (Stadtrechte 1873) wuchs ebenso kontinuierlich wie die Bevölkerungszahl. Doch brachte die einseitige Ausrichtung der Wirtschaft auf den Flottenbau und die Marine nach dem Ersten und noch stärker nach dem Zweiten Weltkrieg schwere Krisen. Seither fördert man hier sehr erfolgreich den Fremdenverkehr, die Industrie ist vielseitiger geworden, und die Ansiedlung wissenschaftlicher Institute hat die Struktur weiter aufgelockert. Hier beginnt die erste Pipeline Europas und leitet das Erdöl über 350 km bis ins Rheintal.

## Sehenswürdigkeiten

Daß Wilhelmshaven durchaus auch ältere Traditionen aufzuweisen hat, kann man im **Küsten-Museum** (City-Haus) lernen, wo Sammlungen zur Geschichte der Stadt, der Seefahrt und zur Kultur- und Naturgeschichte des Jadegebietes ausgestellt sind. Eindrücklicher noch dürfte die **Siebethsburg** von früheren Zeiten berichten: Eine größere Burganlage aus dem 14. Jh. wurde hier freigelegt. Von 1929 stammt das **Rathaus**, das vielleicht nicht unbedingt schön, unter architektonischen Gesichtspunkten aber sicher interessant ist. Die **Kopperhörner Mühle** stand früher an einem Wasserlauf.

Als Seebad hat Wilhelmshaven eine Menge zu bieten. Auf dem grünen **Südstrand** und dem weißen **Geniusstrand** tummeln sich die Sonnenhungrigen. Bei Ebbe geht man im Freibad »Klein Wangerooge« schwimmen. »**Rüstringer Berg**« ist für eine Erhebung von ganzen 11,80 m wohl eine witzige Bezeichnung. Aber hier im Norden rechnet man die Berge in anderen Maßstäben. Jedenfalls läßt sich von hier aus ein schöner Blick auf die Jade und bis nach Butjadingen werfen. Unter den beeindruckenden Hafenanlagen wird man vor allem den Ölhafen bestaunen. Mancher Besucher besteigt im **Marinehafen** auch gern ein Schulschiff der Bundesmarine. Viel mehr Schiffe kann man im **Buddelschiffmuseum** kennenlernen – allerdings sind sie deutlich kleiner. Die 150 Schiffe dort befinden sich nämlich sämtlich in Flaschen. Wechselnde Kunstausstellungen werden in der **Kunsthalle** geboten. In der **Heinrich-Gätke-Halle** dagegen wird eine bedeutende ornithologische Sammlung ausgestellt.

Haus des deutschen Arztes und Bakteriologen Robert Koch, 1843-1910 (links).

Blick von der Deichbrücke auf die Stadt (oben).

Lotsenstation auf der Schleuseninsel (unten).

**Information**
Wilhelmshaven-Information
Börsenstraße 55b
W-2940 Wilhelmshaven
Tel. (04421) 26244

**Festkalender**
Flohmarkt (zweimal monatlich); Maimarkt; Wochenende an der Jade (Juli); Augustmarkt; Kurkonzerte von Mai bis September.

**Tips**
Auf der Störtebekerstraße nördlich fährt man an der ostfriesischen Küste entlang – wenn man will bis nach Emden – oder um den Jadebusen herum auf die Halbinsel Butjadingen. Auf jeden Fall bietet diese Hinterdeichstraße lohnende Halte: etwa das Sielhafenmuseum in Carolinensiel oder das kleine Nordseebad Eckwarden, genau gegenüber von Wilhelmshaven am Jadebusen.

# Wismar – Zweitgrößter ostdeutscher Hafen

Die alte Hafenstadt war eine Art Gründungsmitglied der Hanse. Heute ist der traditionell bedeutende Ostseehafen ein beliebtes Touristenziel, insbesondere wegen der unvergleichlich schönen Altstadt, die ganz von mittelalterlichen Bauwerken bestimmt ist.

Wismar ist nicht nur Touristenziel, sondern von hier aus startet man auch zu den Badestränden an der Ostsee: etwa nach Timmendorf auf die Insel Poel. Doch gibt es auch ungezählte hübsche Plätze an den vielen Mecklenburgischen Seen, von denen einige auch ganz in der Nähe sind. Und zur Landeshauptstadt Schwerin ist es auch nur ein Katzensprung.

## Geschichte

Wismar wird als eine Gründung Lübecks angesehen, die Siedler aus ganz Norddeutschland aufnahm. Schon früh im 13. Jh. erhielt Wismar Lübecker Stadtrecht und eine bürgerliche Ratsverfassung. Zunächst planmäßig angelegt, bestand Wismar schon bald aus mehreren Stadtteilen. Mit Rostock und Lübeck zusammen wurde 1259 ein Abkommen zum Schutz gegen die Seeräuber geschlossen. Daraus entstand dann 1283 der Bund der Wendischen Hansestädte – mit Stralsund, Greifswald, Demmin, Stettin und Anklam. Dieses sogenannte Wendische Hansequartier spielte lange Zeit eine führende Rolle im Hansebund. Der 30jährige Krieg unterband den Fernhandel, von dem Wismar lebte (mit eigener Wollproduktion). Indem Wallenstein 1627 die Stadt besetzte, provozierte er die Schweden, ihrerseits von Wismar Besitz zu ergreifen (1632). So wurde im Westfälischen Frieden Wismar der schwedischen Krone als Reichslehen zugesprochen. Die von Schweden angelegte schwerste Festung Europas wurde von den Dänen, die im nordischen Krieg mehrfach in die Stadt einzogen, geschleift. Zwar blieb Wismar dann bei Schweden, wurde aber 1803 für 100 Jahre an Mecklenburg verpfändet. Und 1903 schließlich verzichteten die Schweden auf ihre Ansprüche. Im Zweiten Weltkrieg wurden etliche der alten Bauten zerstört, gleichwohl besitzt Wismar traditionelle Bausubstanz.

## Sehenswürdigkeiten

Zwar sind die meisten alten Gebäude nicht so aufwendig renoviert worden wie etwa in manchen westlichen Städten. Aber dafür ist Wismars Altstadt sozusagen originaler – und nicht zum Postkartenmotiv verkitscht. An einem der größten norddeutschen Marktplätze findet man das **Rathaus**, das eine klassizistische Bearbeitung eines Gebäudes aus dem 14. Jh. darstellt. Ältestes Bürgerhaus der Stadt ist der sogenannte **Alte Schwede** (etwa 1380) mit seinem gotischen Treppengiebel. Die **Wasserkunst**, auch am Marktplatz, war bis ins 19. Jh. Teil der städtischen Wasserversorgung: holländische Renaissance aus dem späten 16. Jh. Außerdem streift der Blick des Besuchers hier etliche schöne alte Bürgerhäuser. Ganz in der Nähe die **Marienkirche**, die bis aufs 13. Jh. zurückgeht, von der der Krieg aber fast nur noch den viel jüngeren Turm übriggelassen hat. Im gleichen Stil ist die 1403 geweihte **Nikolaikirche** errichtet worden. Diese Basilika der Schiffer und Fischer hat als einzige Kirche Wismars den letzten Krieg unbeschadet überlebt. Bemerkenswert auch die **Heilig-Geist-Kirche** und die Ruine der **Georgenkirche**. Der nahegelegene **Fürstenhof** erinnert daran, daß Wismar eine ganze Zeit lang mecklenburgische Residenz war. Das **Stadtgeschichtliche Museum** ist im **Schabbelhaus** untergebracht, einem hübschen Bürgerhaus im holländischen Renaissance-Stil. An verschiedenen Stellen der Stadt sind Reste der alten **Stadtbefestigungen** und der schwedischen **Festungsbauten** zu sehen (man beachte besonders das **Wassertor** aus dem 15. Jh.). Im einstigen schwedischen **Zeughaus** ist jetzt das **Stadtarchiv** eingerichtet.

Detail am Eingang des Bürgerhauses „Alter Schwede" (links).

Einst Teil der städtischen Wasserversorgung: die Wasserkunst am Marktplatz (oben).

Blick auf den Hafen mit der Marienkirche im Hintergrund (unten).

**Information**
Wismar-Information
Am Markt 1
O-2400 Wismar
Tel. (03841) 510818

**Festkalender**
Pfingstmarkt; im Juli finden der Fischmarkt und das Sommerfest statt. Herbstmarkt (September); Weihnachtsmarkt.

**Tips**
Zu einem Ausflug lädt das beschauliche Dorf Mecklenburg ein, das nicht nur mit seiner alten Holländermühle aufwarten kann. Hübsch ist auch die spätgotische Backsteinkirche. In Neukloster besucht man die Klosterkirche des Zisterzienserinnenklosters Sonnekamp. Ein beliebtes Ziel ist auch die Insel Poel in der Wismarer Bucht. Hierhin gelangt man mit den Schiffen der »Weißen Flotte«.

# Witten
# Großstadt im Grünen

Mit dem Beinamen »Ruhrstadt« verbinden die meisten Menschen eine Bergbau- und Schwerindustrie-Tradition. Das ist im Falle Wittens auch nicht falsch, aber dennoch ist die wirtschaftlich starke Stadt zwischen Revier und Sauerland zu 70 % von Grünflächen bedeckt.

Angeblich ist Witten die Wiege des Ruhrbergbaus. Das ist zwar nicht so ganz eindeutig zu klären, aber auf jeden Fall wurde hier schon Kohle abgebaut, als in den meisten anderen Städten des Reviers noch Schafe weideten. Die bis an die Oberfläche reichenden Flöze waren nicht sehr ergiebig, aber dafür leicht zu erschließen. Die tiefer gelegenen Kohlevorkommen im nördlicheren Ruhrgebiet wurden bald rentabler.

## Geschichte

Wie bei so manchen Orten im Ruhrgebiet war auch die Geschichte Wittens bis in die jüngere Vergangenheit ausgesprochen unspektakulär. Zwar spricht eine Urkunde aus dem Jahre 1214 bereits von dem Ort, der damals die Gerichtsbarkeit der Familie Witten-Steinhausen bestätigte. Aber auch über die weiteren Jahrhunderte geschah kaum etwas, das die Geschichtsbücher zu vermelden hätten. Die Herren von Witten empfingen im 16. Jh. die Lehnshoheit durch den Kaiser. Überliefert ist auch, daß ihnen später noch einmal das Recht zum Abhalten von Wochenmärkten bestätigt wurde. Ein wenig unterschied sich Witten von manchen umliegenden Dörfern während dieser Jahrhunderte dadurch, daß hier Getreide gestapelt und umgeschlagen wurde. Mit dem Ende des 18. Jh. vor allem belebte sich die Wirtschaft Wittens. Hier wurden einige Erfindungen in der Eisenverarbeitung sowie in der Glasproduktion gemacht. So erlangte der Ort 1825 bereits Stadtrecht. Aber wie angedeutet, zog der Bergbau schon sehr früh aus Witten weg nach Norden, so daß die Stadt nie in dem Maße vom Bergbau geprägt wurde wie andere Zechenstädte des Reviers. Schon in den 20er Jahren kam der Bergbau in Witten weitgehend zum Erliegen. Das hatte immerhin den Vorteil, daß man sich frühzeitig um eine Erweiterung und Vervielfältigung der Wirtschaftsstruktur bemühen mußte.

## Sehenswürdigkeiten

Zwischen den Ortsteilen Bommern und Herbede liegt die **Burgruine Hardenstein**, die eine wohl bis ins 12. Jh. zurückreichende Tradition aufzuweisen hat. Mittlerweile bemüht man sich um eine sorgfältige Restaurierung bzw. Rekonstruktion. Vom **Haus Herbede** ist erstmals in einer Urkunde von 1019 die Rede. Seine heutige Gestalt erhielt das Gebäude aber vorwiegend im 16. Jh. Das Renaissance-Wasserschloß gilt als eines der am vollständigsten erhaltenen im westlichen Ruhrgebiet, hat aber im Laufe der Jahrhunderte durchaus gelitten. Einen sehr guten Ruf unter den Museen, die sich der Gegenwartskunst widmen, genießt das **Märkische Museum**. Hier werden auch immer wieder vielbeachtete Ausstellungen zeitgenössischer Künstler veranstaltet. Einer der Hauptanziehungspunkte Wittens ist das **Muttental**, in dem ein einzigartiger bergbaugeschichtlicher Rundweg angelegt ist. Hier werden in einer hübschen bewaldeten Umgebung über etliche Stationen die verschiedenen Stadien in der Geschichte des Ruhrbergbaus veranschaulicht. Bei einem erholsamen Spaziergang kann sich der Besucher hier sehr eingehend über ganz verschiedene Techniken der Kohleförderung, der Lagerung, des Transports sowie über bestimmte Details der Bergmannskultur überhaupt informieren. Zum Beispiel hat man ein **Bethaus** aus dem Erzgebirge hier wieder aufgebaut und als Museum eingerichtet. Die hier zu besichtigende **Zeche Nachtigall** hat bereits 1728 existiert und war später eine der größten Schachtanlagen des Reviers. Durch das Muttental fährt auch der **Museumszug im Ruhrtal**.

**Information**
Presseamt der Stadt
Marktstraße 16
W-5810 Witten
Tel. (02302) 581457

**Festkalender**
Wittener Tage neuer Kammermusik (von internationaler Bedeutung, April).

**Tips**
Von der Uferstraße in Witten-Bommern fährt regelmäßig ein Schiff zur Burgruine Hardenstein und zum Kemnader Stauseee. Hier steht auch die Wasserburg Haus Kemnade. Ein einzigartiger industriegeschichtlicher Anziehungspunkt ist das Bergbaumuseum im benachbarten Bochum. In Dortmund dagegen findet man im Westfalenpark eines der größten deutschen Freizeit- und Erholungsgelände auf dem Areal der Bundesgartenschauen von 1959 und 1969.

Einblick ins Bergbaumuseum Muttental mit einzigartigem bergbaugeschichtlichen Rundweg (links oben).

Wettkampf mit Tradition: der Sackträger-Staffellauf (rechts oben).

Rathausplatz mit Rathaus und evangelischer Kirche (unten).

# Wittenberg Stadt Martin Luthers

Nichts hat das Christentum so beeinflußt wie die Lehren Martin Luthers. Nirgendwo gibt es so viele steinerne Zeugnisse aus dem Leben des großen Reformators, so viele Erinnerungen an ihn wie in Wittenberg an der Elbe.

Glaubt man dem Chronisten F. Myconius, dann war Wittenberg zu Beginn des 16. Jh.s „eine arm und unansehnlich Stadt". Durch die „Leipziger Teilung" von 1485 war das Kurfürstentum Sachsen in zwei Teile zerfallen. Kurfürst Johann Friedrich der Weise errichtete deshalb 1502 in Wittenberg die erste landesfürstliche Universität Deutschlands. Als Martin Luther als junger Augustinermönch 1508 nach Wittenberg kam, um Moralphilosophie zu lehren, beklagte er sich noch: „Es ist hie zu Wittenberg nicht mehr denn eine Schindleiche."

Die „Schindleiche" sollte allerdings recht schnell durch zwei Ereignisse von historischer Bedeutung erwachen: Am 31. Oktober 1517 schlug Luther seine „95 Thesen über die Kraft des Ablasses" an die Tür der Wittenberger Schloßkirche, und am 20. August 1518 hielt der 21jährige Magister Philipp Melanchthon, der spätere „Praeceptor Germaniae", in Wittenberg seine Antrittsrede, in der er das neue Bildungsideal „ad fontes" (zu den Quellen) verkündete. Der Humanist und reformatorische Theologe wurde zum Hauptmitarbeiter Luthers. Das 1536 errichtete **Melanchthon-Haus** ist heute Museum.

Unmittelbar an den großen Reformator Luther erinnert das **Elstertor**, vor dem Luther im Jahre 1520 die päpstliche Bulle mit der Bannandrohung verbrannte. An dasselbe Ereignis erinnert die Luthereiche. Das **Lutherhaus** ist Teil des 1504 errichteten Augustinerklosters, in dem Luther von 1508 bis 1546 wohnte. Es enthält heute die staatliche Lutherhalle mit einem reformationsgeschichtlichen Museum und der Wohn- und Arbeitsstätte (Lutherstube) des Reformators. Auch das Wohnhaus eines weiteren Mitstreiters, des Theologen und Generalsuperintendenten von Wittenberg, Johannes Bugenhagen, ist wohlerhalten.

Das älteste Bauwerk Wittenbergs ist die aus dem 13. Jh. stammende **Stadtkirche St. Marien**. In ihr hielt Luther regelmäßig Predigten. Die Kirche birgt einen 1547 von Lucas Cranach dem Älteren geschaffenen Flügelaltar. Dieser Maler der Reformation hatte in Wittenberg eine Malschule eingerichtet und das 1512 erbaute Cranach-Haus als Hofmaler, Apotheker und Bürgermeister bewohnt. Den Westrand der Altstadt zieren die Reste des ehemaligen fürstlichen Schlosses und der **Schloßkirche**.

Vor allem die spätgotische Schloßkirche mit ihrem 88 m hohen Turm war eng mit den Anfängen der Reformation verbunden. Zwar ist Luthers Thesentür später im Siebenjährigen Krieg verbrannt, doch erhielt die Kirche 1858 eine aus Bronze gegossene Nachbildung mit den 95 Thesen. Das Kircheninnere birgt lebensgroße Alabasterstatuen der Kurfürsten Friedrich des Weisen und Johann des Beständigen, die Gräber Luthers und Melanchthons sowie das Frührenaissancegrabmal des Kurfürsten Friedrich III. von Sachsen-Wittenberg.

Martin Luther kam als einfacher Augustinermönch ins verschlafene Wittenberg und legte sich mit seinem Thesenanschlag im Oktober 1517 zunächst auch „nur" mit einem der Mächtigen seiner Zeit, dem Kurfürsten von Mainz, an, der in Personalunion Erzbischof von Mainz, Magdeburg und Halberstadt war. Daß dadurch die katholische Kirche ins Stolpern kam, brachte auch die kleine Landesuniversität in den Mittelpunkt des öffentlichen Interesses. Dank Luther wurde die „Schindleiche" für Jahrzehnte geistiger Mittelpunkt Deutschlands.

Luthers Grab in der Schloßkirche (Mitte oben).

Die berühmte Thesentür der Schloßkirche (Mitte unten).

Bürgerhäuser zieren den Marktplatz mit dem Lutherdenkmal (rechts).

**Information**
Wittenberg-Information
Collegienstraße 8
O-4600 Wittenberg,
Lutherstadt
Telefon: 2239

**Festkalender**
Topfmarkt im Frühjahr.
Wittenberger Historische Markttage im Herbst.

**Tips**
Aufführungen des Elbe-Elster-Theaters im Brett'l Keller.

# Wolfenbüttel – Das Wunder an der Oker

Weltruhm erlangte Wolfenbüttel im 17. Jh. durch Herzog August, der die in ihrer Zeit größte Bibliothek des Abendlandes zusammentrug. Was man damals unter die Weltwunder zählen wollte, gilt noch heute als eine der wichtigsten Bibliotheken Europas, vor allem für Literatur vor 1800.

In der literarischen Bildung ihrer einstigen Herrscher, nicht aber in politischer oder militärischer Bedeutung gründet der Weltruhm dieser ungwöhnlichen Residenzstadt. Doch neben der Bibliothek bietet die Lessing-Stadt ein malerisches Stadtbild mit über 600 besterhaltenen Fachwerkhäusern. Sie mögen vielleicht etwas streng und nicht ganz so charmant wie in Süddeutschland wirken, aber ein ganz besonderes Flair verleihen sie der Kreisstadt doch. Davon kann man sich durch einen Blick vom Hausmannsturm des Schlosses gut überzeugen.

## Geschichte

Die ursprüngliche Burg Wolfenbüttel wurde von Heinrich dem Löwen erobert, von seinem Urenkel Albrecht 1255 zerstört, bevor 1283 die Welfenherzöge selbst ein Wasserschloß errichteten. Dieses wurde dann im 15. Jh., als die Herzöge die ständigen Querelen mit den selbstbewußten Braunschweiger Bürgern leid waren, zur Hauptresidenz der Braunschweiger Welfenlinie (bis 1753). Im 16. Jh. baute Herzog Julius Wolfenbüttel zur ersten planmäßigen deutschen Renaissancestadt aus. Dazu gehörte auch das Trockenlegen des feuchten Bodens mit Hilfe eines Grachtensystems, von dem noch immer Reste zu erkennen sind. Mit Heinrich Julius begann dann die kulturelle Tradition der Stadt. Der Herzog schrieb Dramen, holte die ersten Berufsschauspieler nach Deutschland, richtete das erste ständige deutsche Schauspielhaus ein, druckte 1609 den »Aviso«, die erste deutsche Zeitung. Der nächste in der Reihe war der vielgereiste und ungewöhnlich gebildete Sohn August – er gründete die Bibliothek, an der G. W. Leibniz und später G. E. Lessing Bibliothekare waren. Aus dem kulturell aufgeschlossenen Klima dieses Hofes stammt übrigens auch jene Anna Amalia, die später in Weimar den Musenhof aufbaute. Die Rückverlegung der Residenz nach Braunschweig ließ Wolfenbüttel für einige Zeit ziemlich verwaisen. Doch inzwischen ist die lebhafte Stadt wieder zu einem kulturellen Schwergewicht geworden, das auch wirtschaftliche Bedeutung hat.

## Sehenswürdigkeiten

Das ehemalige **Residenzschloß** erhielt nach vielen Umbauten seine heutige Gestalt vor allem im frühen 18. Jh. – und ist der größte erhaltene Schloßbau in Niedersachsen. Direkt gegenüber liegt das etwas protzig geratene **Bibliotheksgebäude** von 1887, in dem man Führungen mitmachen kann. Hier wird übrigens das berühmte Evangeliar Heinrichs des Löwen aufbewahrt (für 32,5 Mio. DM 1983 ersteigert). Daneben liegt das Haus, in dem **Lessing** bis zu seinem Tod wohnte und das den großen deutschen Aufklärer jetzt als **Museum** ehrt. Auch am Schloßplatz steht das alte **Zeughaus**, ein ausgedehnter Renaissancebau, der heute ebenfalls zur Bibliothek gehört. Von Paul Francke stammt die eigenartig schlichte Kirche **Beatae Mariae Virginis** (ab 1608), die erste große protestantische Kirche. Besonders markant ist auch die barocke **Trinitatiskirche**, durch die noch heute zwei Straßen führen. Verwunschene Beschaulichkeit vermitteln die über 600 **Fachwerkhäuser**, die einen Eindruck von dem bürgerlichen Leben in der einstigen Residenzstadt vermitteln. Einen Blick sollte man auch auf das sogenannte **Klein-Venedig**, die Fachwerkhäuser an einer Okergracht werfen: Dann glaubt man sofort, daß Wilhelm Raabe hier etliche Jahre lang Anschauungsmaterial für seine sich so behaglich ausnehmenden Romane vom deutschen Kleinbürgertum gefunden hat. Unvergleichlich ist auch der **Marktplatz**, ein vollständig erhaltener spätmittelalterlicher Platz zwischen Fachwerkhäusern.

Das ehemalige Residenzschloß ist der größte erhaltene Schloßbau Niedersachsens (links).

Denkmal für Herzog August, dem die Stadt die größte Bibliothek des Abendlandes verdankt (rechts oben).

Das Zeughaus ist heute Zentrum des wissenschaftlichen Bibliotheksquartiers (unten).

**Information**
Touristinformation
Stadtmarkt 9
W-3340 Wolfenbüttel
Tel. (05331) 27593

**Festkalender**
Frühjahrsmarkt (Volksfest); Maifest; von April bis Oktober am ersten Samstag im Monat historischer Wochenmarkt; historisches Altstadtfest (alle zwei Jahre im Juli/ August); Erntefest (Oktober); Weihnachtsmarkt.

**Tips**
Ganz in der Nähe liegt Kneitlingen, der Geburtsort Till Eulenspiegels. In Schöppenstedt, das im Mittelalter als eine Art Schildbürgerstadt galt, ist das Eulenspiegel-Museum jeden Nachmittag, am Wochenende auch vormittags geöffnet. Ausflugsziele bietet die hübsche Landschaft genug, im Oder, im Elm, in der Asse oder im Harz.

# Wolfsburg – Heimat des Volkswagens

Auf »freier Wiese« gegründet, ist Wolfsburg heute weltbekannt – vor allem dank des kleinen runden Emblems, das in aller Welt Millionen von Autos kennzeichnet. Dabei hat die Stadt an der Aller deutlich mehr zu bieten als allein den Weltkonzern.

Inzwischen kann man wieder leichter einsehen, warum gerade hier ein gigantischer Industriestandort gegründet wurde: Denn jetzt liegt Wolfsburg – ähnlich wie das nahe Salzgitter – wieder im Zentrum Deutschlands. Zu Zeiten der innerdeutschen Grenze dagegen war hinter Wolfsburg die Welt beinahe zu Ende – wenigstens die Westliche. Nun kann man nur noch an einzelnen, museal hergerichteten Stellen studieren, mit welchem Aufwand der einzige deutsche Arbeiter- und Bauernstaat sich gegen die Abwanderung seiner Bürger schützte.

## Geschichte

Ältester Teil von Wolfsburg ist der heutige Ortsteil Fallersleben, der in einer Urkunde König Ottos I. von 942 bereits erwähnt wurde. Im 16. Jh. hat sich hier ein Welfen-Herzog ein Schloß erbauen lassen, in dem er seine Residenz nahm. Von diesem Bau sind nur noch ein Fachwerkflügel und der steinerne Treppenturm erhalten. Viel berühmter ist Fallersleben natürlich durch den hier geborenen Dichter August Heinrich Hoffmann, der sich in Verbundenheit mit seiner Heimat »von Fallersleben« nannte. Er hat im Kontext des deutschen Vormärz das Deutschlandlied gedichtet, dessen dritte Strophe uns heute noch als Nationalhymne dient.

Die Stadt Wolfsburg verdankt ihre Existenz den Nationalsozialisten, die hier am Mittellandkanal 1938 das VW-Werk auf der grünen Wiese errichteten und daneben eine Arbeiterstadt planten. Grundgedanke des Konzeptes war es, möglichst vielen Bürgern den Erwerb eines preiswerten Pkws (900 Reichsmark) zu ermöglichen. Peter Koller oblag die Planung der Stadt. Er verstand es allerdings, Monumentalbauten und breite Straßenfluchten zu vermeiden. So entstanden Wohnsiedlungen, die mit einer guten Verkehrsanbindung zwischen Grünflächen lagen. Der Krieg hat die Wohnviertel verschont und nur das Werk selbst zerstört.

## Sehenswürdigkeiten

Den namengebenden Kern der Stadt bildet das **Schloß**, das in seinen Fundamenten auf das 13. Jh. zurückgeht. Allerdings sind von der ursprünglichen Wasserburg nur noch einige Teile erhalten – vor allem der Bergfried. Der Gesamteindruck wird heute weitgehend von baulichen Veränderungen aus der Renaissance bestimmt. An den verspielten Giebeln erkennt man leicht den Einfluß der Weserrenaissance. Mittlerweile nutzt die Stadt die Anlage zu verschiedenen kulturellen Anlässen und Zwecken. Außerdem sind hier das Heimatmuseum und die – wegen ihrer zeitgenössischen Sammlung recht bedeutende – **Städtische Galerie** einquartiert. Neben vielen, architektonisch beachtenswerten neuen Kirchen, für die Wolfsburg berühmt ist, verdienen die **St.-Annen-Kirche** aus dem 13. Jh. und die **St.-Marien-Kirche** Beachtung. Der finnische Architekt Alvar Aalto hat mit dem **Kulturzentrum** ein vielbeachtetes modernes Bauwerk geschaffen. Auffällig ist auch das **Theater** von Hans Scharoun. In Fallersleben kann man das **Geburtshaus** des Dichters besuchen, wo ein Museum an ihn erinnert. Hier findet man neben dem Schloß auch noch etliche erhaltene alte Fachwerkhäuser und die **Brauerei** von 1765. Im Ortsteil Neuhaus steht eine **Wasserburg** aus dem 14. Jh., die nun von der Stadt zu kulturellen Zwecken genutzt werden soll. Wolfsburg besitzt ein **Planetarium**, das **Auto-Museum**, das die technische Geschichte von VW aufarbeitet, und ein bemerkenswertes Freizeitangebot. Hierzu zählt unter anderem das Badeland im Allerpark. Schlemmerfreunde loben das Hotel Ludwig im Park über alles.

**Information**
Verkehrsverein
Porschestraße 47a
W-3180 Wolfsburg
Tel. (05361) 853050

**Festkalender**
Volks- und Schützenfeste; biennal Laienspieltage (Mai/Juni); Jazz- und Folklorefestival (Juni, im Schloß); Wolfsburger Tage für Alte Musik (Adventszeit).

**Tips**
Wolfsburg hat ein beachtliches kulturelles Leben in vielen Sparten – angeführt vom breitgefächerten Programm des eigenen Theater-Ensembles. Unter den Museen sticht das Auto-Museum von VW hervor. Natürlich kann man auch das Werk besichtigen. Abstecher lohnen sich nach Gifhorn oder in die Löwenstadt Braunschweig. Zu ausgedehnten Spaziergängen lädt die Südheide ein.

Im Volkswagenwerk kann man in Automobil-Nostalgie schwelgen: der erste Käfer (oben).

Südlich am Klieversberg das modern gestaltete Planetarium (links).

Machen dem Namen der Stadt alle Ehre: Bronzewölfe auf dem Asphalt (rechts).

# Worms Stadt der Mythen

Intensiver kann eine Stadt kaum mit der deutschen Geschichte verwoben sein. Aus allen Epochen kann man hier Zeugnisse und Reliquien treffen. So ist ein Spaziergang durch Worms wie ein Gang durch die deutsche Geschichte – und die deutsche Mythenwelt.

Manche vermuten, daß Worms die älteste deutsche Stadt überhaupt sei. »Borbetomagus« hat das keltische Zentrum geheißen, das einer Sonnengöttin gewidmet war und wohl schon Jahrhunderte bestand, bevor die Römer es um 50 v. Chr. eroberten. Aber möglicherweise haben hier bereits vor 6000 Jahren Menschen gewohnt.

## Geschichte

Die Römer machten aus der Stadt, die sie zunächst als Militärlager benutzten, eine größere Siedlung mit Toren, Tempeln, Theater, Gerichtsbasilika und Forum. Etwa der heutigen Altstadt entsprach diese römische Stadt. Im 3. und 4. Jh. griffen die Vandalen und Alemannen den Ort an. So holte sich Kaiser Honorius um 400 die Burgunder als militärisches Hilfsvolk. Kaum daß kurz darauf die Römer ihre militärische Präsenz am Rhein lockerten, gründeten die Burgunder in dieser Gegend ihr neues Reich und machten Worms zu ihrer Hauptstadt. Allerdings wurden sie schon bald (437) von den Hunnen vernichtend geschlagen und eröffneten im heutigen Frankreich ein neues Herrschaftsgebiet. Die relativ kurze Wormser Zeit der Burgunder bildet den Hintergrund der Nibelungensage: Die Burgunderkönige gerieten durch die Ermordung Siegfrieds in den Besitz des berühmten Nibelungenschatzes und wurden daher von nun an selbst Nibelungen genannt. Dieser Schatz ist der Sage nach im Rhein versenkt worden – und noch heute wird immer mal wieder versucht, den sagenhaften »Hort« zu ertauchen.

Schon im 4. Jh. wurde Worms Bischofssitz. Im frühen 11. Jh. ließ Bischof Burchard die Stadtmauer vollenden. Und zwischen dem 8. und 16. Jh. war Worms der wichtigste Tagungsort für Reichs- und Fürstentage überhaupt. Durch das berühmte Wormser Konkordat 1122 wurde der Investiturstreit zwischen Kaiser und Papst beigelegt, in dem es darum ging, wer die Bischöfe einsetzen durfte. Die Stauferkaiser machten Worms zum Reichsmittelpunkt. Einen der größten Reichstage der Geschichte erlebte die Stadt 1495 unter Kaiser Maximilian, als hier der sogenannte Ewige Landfrieden geschlossen wurde und man sich auf die Einsetzung eines Reichsgerichts einigte. Der Wormser Reichstag von 1521 sprach gegen Luther (»Hier stehe ich und kann nicht anders«) die Reichsacht aus und verbot die Lektüre und Verbreitung seiner Schriften. Im 16. und 17. Jh. verlor Worms an Bedeutung, das Bistum wurde zerstückelt. Als die freie Reichsstadt dann 1658 auch noch das Angebot ablehnte, Residenz des Kurfürsten von der Pfalz zu werden, wurde sie bald von dem statt dessen erwählten Mannheim überflügelt. Im Kurpfälzischen Erbfolgekrieg brannten französische Truppen die Stadt völlig nieder, die schon im 30jährigen Krieg schwerwiegende Zerstörungen hatte hinnehmen müssen. Schließlich verlor Worms auch noch seine Reichsunmittelbarkeit durch die napoleonische Neuordnung Deutschlands. Die nunmehrige Provinzstadt wurde im Zweiten Weltkrieg zur Hälfte zerstört, der Wiederaufbau nahm gut 20 Jahre in Anspruch.

Im ehemaligen Andreasstift befindet sich heute das Städtische Museum (links, außen oben).

Der Hochaltar im Dom (links, außen unten).

Luther-Denkmal am Obermarkt (links, innen oben).

Reste der alten Stadtmauer in der einzig erhaltenen Judengasse Deutschlands (links, innen unten).

Der Dom St. Peter (rechts).

## Sehenswürdigkeiten

Der **Domhügel** war einst Zentrum der römischen Civitas Vangionum, hier lag das Forum. Bischof Burchard ließ im frühen 11. Jh. neben manchen romanischen Kirchen auch einen neuen **Dom** errichten. Von all diesen romanischen Gotteshäusern blieb keines in seiner alten Form erhalten. Der Dom wurde in einem sehr langwierigen Umbauprozeß seit 1130 verändert, er entspricht aber in einigen Außenmauern und in den Ausmaßen Burchards Bau. Die Pfeilerbasilika gilt neben Mainz und Speyer als eines der beeindruckendsten Beispiele hochromanischen Baustils. Von Balthasar Neumann stammt ein barocker Hochaltar im Innern, wo sich auch wertvolle **Sandsteinreliefs** finden. Auf das 8. Jh. geht die kleine **Magnuskirche** südlich des Doms zurück. In dieser ältesten evangelischen Kirche der Stadt wurde schon vor Luthers Ankunft in Worms 1521 reformatorisch gepredigt. Ganz in der Nähe liegt das **Andreasstift**, um 1000 von Burchard gegründet. Zu der mehrfach umgebauten Kirche gehört auch der bemerkenswerte Kreuzgang (in dem Stift residiert das **Städtische Museum**).

An der mittelalterlichen **Stadtmauer** entlang erreicht man von hier den ältesten erhaltenen **jüdischen Friedhof** Europas mit seinen 2000 Gräbern. Ein Gang über den Friedhof vermittelt einen Eindruck der deutsch-jüdischen Geschichte bis zurück ins 11. Jh. Aus ihm stammt das älteste Grab von einem gewissen Jakob, der offenbar Gründungsmitglied der jüdischen Gemeinde in Worms war. Historische Zufälle sind dafür verantwortlich, daß dieser Friedhof nicht im Dritten Reich der Zerstörung anheimfiel. An die sehr alte und bedeutende jüdische Gemeinde von Worms erinnert auch die einzige erhaltene **Judengasse** in Deutschland, die noch zu Beginn des 19. Jh. von Gettotoren verschlossen war. In einer Seitenstraße steht auch die ehemalige **Synagoge**, deren Vorgängerbauten bis ins 11. Jh. zurückreichten. Nach den Zerstörungen 1349, 1615 und zwischen 1938 und 1942 wurden sowohl die **Männersynagoge** als auch die **Frauensynagoge** restauriert. Die **Raschi-Kapelle** aus dem 17. Jh. schließt sich an den Gebäudekomplex an. Aus dem 12. Jh. stammt das im Synagogengarten gelegene **Judenbad**. Wo heute das **Raschi-Haus** steht, soll einst einer der berühmtesten jüdischen Gelehrten überhaupt studiert haben. An die große Tradition jüdischer Lehre in Worms erinnert das **Judaica-Museum**, das an dieser Stelle residiert.

Der **Heylshof** dient heute als Kunsthaus für eine Gemäldesammlung. Gleich daneben sind Teile der mittelalterlichen Stadtmauer erhalten, in der man hier sogar noch römische Teile erkennen kann. Ein paar Schritte von hier am Lutherring steht das etwas markige **Lutherdenkmal** (1868) von Ernst Rietschel, das mit seiner Figurenanordnung das Burgenmotiv aus Luthers Kirchenlied »Eine feste Burg ist unser Gott« versinnbildlichen will. Die **Martinskirche** ehrt den heiligen Martin, der nach der Taufe den römischen Kriegsdienst verlassen wollte und angeblich an dieser Stelle eingekerkert wurde.

Aus der barocken Bauphase der Stadt stammt neben manchen prächtigen Wohnhäusern die evangelische **Dreifaltigkeitskirche** (1709 bis 1725). Am Anfang dieses Jahrhunderts ist der neuromanische Bahnhof mit seinen Jugendstilelementen erbaut worden. Direkt am Rhein stellt ein **Denkmal** (1906) **Hagen von Tronje** dar, wie er gerade den Nibelungenschatz im Rhein versenkt. Um die Jahrhundertwende sind einige der eindrucksvollen Villen am Pfrimmpark errichtet worden. Aufmerksamkeit verdient aber auch die Arbeitersiedlung Kiautschau im Westen. Außerhalb der Stadtmauer, mitten in den Weinbergen, liegt die **Liebfrauenkirche**. Auf diesen Hängen wächst die berühmte Liebfrauenmilch. In der imposanten gotischen Basilika wird ein geschnitztes Gnadenbild aus dem 14. Jh. aufbewahrt, das früher beliebtes Wallfahrtsziel war. Einen Ausflug in das Weinzentrum **Alzey** sollte man nicht versäumen. In einem wunderhübschen Stadtbild verdient das Renaissance-Rathaus von 1586 ebenso Aufmerksamkeit wie das bedeutende **Städtische Museum**. In ihm wird die Kulturgeschichte der Region in den letzten 7000 Jahren dargestellt. Viele Funde werfen Schlaglichter auf das steinzeitliche Leben zur La-Tène-Zeit und auf die Römerzeit. Der schlicht klassizistische Gebäudekomplex von **Schloß Herrnsheim** ist von einem weiträumigen englischen Garten umgeben. Er erinnert an den von München, weil derselbe Gartenarchitekt Sckell ihn um 1800 anlegte. Ein anderes lohnendes Ausflugsziel ist die Burg **Wachenheim** aus dem 14./15. Jh. Und in **Dalsheim** ist die mittelalterliche Ortsbefestigung fast vollständig erhalten. Auf jeden Fall wird der Besucher bei seinen Fahrten in dieser Gegend bei einem Winzer halten und nach reichlicher Probe seine Vorräte auffrischen.

**Information**
Verkehrsverein
Neumarkt 14
W-6520 Worms
Tel. (06241) 25045

**Festkalender**
Backfischfest (das größte Volks- und Weinfest am Rhein, August/ September).

**Tips**
Berühmte Weinlokale: Korkenzieher, Hagenstraße 10; Bacchus im Dom-Hotel, Obermarkt 10; Rôtisserie Dubs, Kirchstraße 6 in Rheindürkheim. Das Städtische Museum informiert über Vor- und Früh-, Stadt- und Landesgeschichte; im ehemaligen Andreasstift. Im Kunsthaus sind vor allem Gemälde des 15. bis 19. Jh. zu sehen. An der Bergstraße liegen viele romantische kleine Ortschaften. Im Frühjahr lockt die Obstblüte viele Besucher an diesen Westrand des Odenwaldes.

# Wuppertal – Stadt der Schwebebahn

**Im engen Tal der Wupper ist 1929 aus einigen Gemeinden das heutige Zentrum des Bergischen Landes zusammengeschlossen worden. Das Textilhandwerk blickt hier auf eine lange Tradition zurück – doch die eigentliche Attraktion ist die Schwebebahn.**

Trotz seiner 390 000 Einwohner hat Wuppertal so sehr viel Weltstädtisches nicht. Andersherum betrachtet: Barmen, Beyenburg, Cronenberg, Elberfeldt, Ronsdorf und Vohwinkel haben weitgehend noch ihren alten selbständigen Charakter bewahrt, nachdem 1919 aus ihnen die Stadt Wuppertal gegründet wurde. Allerdings ist Wuppertal keineswegs ein verschlafenes, altvorderes Städtchen. Im Gegenteil hat hier schon früh im 19. Jh. die Industrialisierung eingesetzt. Das brachte für die Fabrikanten Reichtum, deren prächtige Gründerzeit- und Jugendstil-Stadthäuser viele Straßen noch heute prägen. In eigentümlichen Kontrast dazu stehen die noch immer eher dörflichen Stadtteile wie Schöller und Wielinghausen.

## Geschichte

Die Geschichte der Orte Elberfeld und Barmen ist eher unauffällig, nur daß die Elberfelder sich bis jetzt etwas darauf einbilden, schon 1610 und damit 200 Jahre vor Barmen Stadtrecht erhalten zu haben. Weben, Bleichen und Färben haben in dem engen Tal schon eine sehr lange Tradition. Besonderen Aufschwung verdankt das Textilgewerbe Napoleon, der 1806 durch seine Kontinentalsperre die englische Konkurrenz fernhielt. Als später jedoch die vielfach bereits maschinell gefertigten Textilien wieder aus England auf den deutschen Markt geworfen wurden, litten viele Weber wie in Schlesien auch im Wuppertal. Diese Zusammenhänge konnte hier einer der großen Söhne Wuppertals studieren und analysieren – Friedrich Engels, der Weggefährte von Marx. 1848 kam es zu revolutionären Unruhen. Die Not vieler Arbeiterfamilien beschäftigte aber nicht nur den Mitautor des »Kommunistischen Manifests«. So wurde unter Führung Daniels von der Heydts 1853 eine für ganz Deutschland richtungweisende Armenfürsorge gegründet. Allmählich kamen nun auch andere Industriezweige hinzu.

Der Schuhmachergeselle und spätere Priester Adolf Kolping lebte und wirkte Ende der 1840er Jahre in Elberfeldt, wo er erster Präses der katholischen Gesellenvereine war, aus denen später das internationale Kolpingwerk wurde. An bedeutenden Wuppertalern dieses Jahrhunderts ist noch auf die Dichterin Else Lasker-Schüler hinzuweisen – und auf Johannes Rau, der sich hier als Oberbürgermeister erste politische Sporen verdiente.

## Sehenswürdigkeiten

Die augenfälligste Besonderheit für die Besucher Wuppertals ist natürlich die **Schwebebahn** – und wer die Vielfalt der Stadt kennenlernen will, der sollte beruhigt und ohne zu zögern mit dem sichersten Verkehrsmittel der Welt einmal von Vohwinkel bis nach Oberbarmen fahren. (In der Schwebebahn ist noch nie ein Mensch zu Tode gekommen – nur ist 1950 einmal der berühmte junge Elefant heraus und in die Wupper gefallen, aber auch er hat sich dabei nicht schwer verletzt.) Bei einer solchen Fahrt wird einem klar, was für eine geniale verkehrstechnische Lösung es bedeutet, in dem nirgends mehr als 500 m breiten Tal 12 m über der Wupper eine Bahn fahren zu lassen.

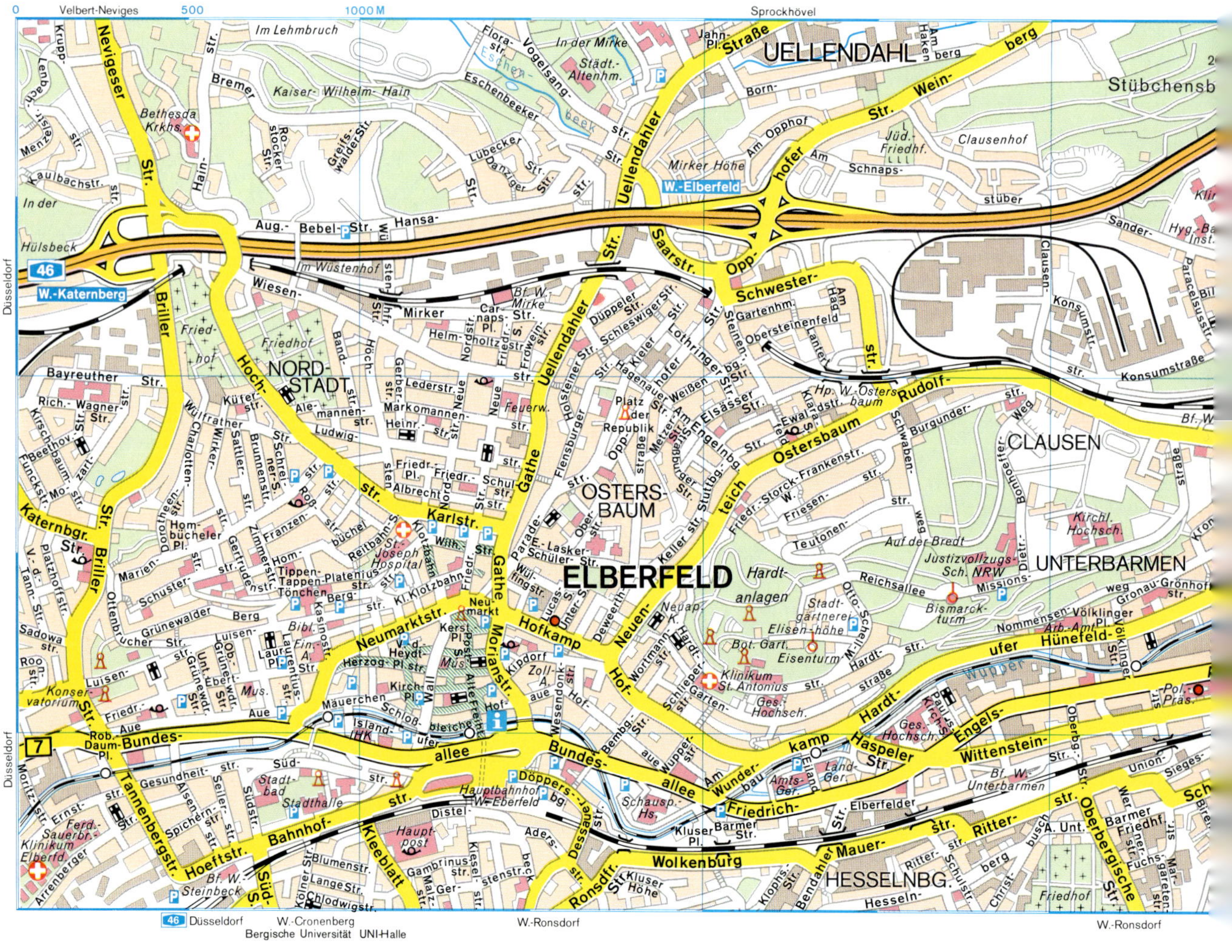

Sicherstes Verkehrsmittel der Welt und Hauptattraktion der Stadt – die Schwebebahn (links).

Panoramablick (rechts).

**Information**
Informationszentrum
Pavillon Döppersberg
W-5600 Wuppertal 1
Tel. (0202) 5632270

**Festkalender**
Luisenfest, Flohmarkt in Vohwinkel, Cronenberger Werkzeugkiste. Die Wuppertaler Orgeltage bieten meist ab September ein wöchentliches Konzert.

**Tips**
Abends sollte man auf jeden Fall versuchen, das weltberühmte Tanztheater von Pina Bausch zu besuchen. Wuppertal bietet viele anspruchsvolle Konzerte (Sinfonieorchester Wuppertal). Tagsüber kann man auf den beiderseits der Wupper gelegenen Höhen herrliche Spaziergänge machen – oder die eindrucksvolle Wasserburg Lüntenbeck im Stadtteil Schöller besuchen.

An sehr alten Gebäuden ist Elberfeld nicht besonders reich, da 1687 ein großer Brand den Ort fast völlig zerstörte. Kunsthistorisch ist heute vor allem die **Laurentiuskirche** wichtig, einer der bedeutendsten deutschen Sakralbauten des Klassizismus. Die ursprüngliche Form als dreischiffige Hallenkirche mit einem Kuppelgewölbe hat im Zweiten Weltkrieg schwer gelitten. Am Neumarkt liegt das von Wilhelm II. 1900 eingeweihte **Rathaus**. Im **Von-der-Heydt-Museum** sind vor allem französischer Impressionismus, der Kubismus und die deutsche Malerei des 19. und 20. Jh. vertreten.

In Barmen steht das Stammhaus der Familie Engels. Hier ist heute das **Historische Zentrum** eingerichtet, das neben einer Sammlung zu Leben und Werk von Engels auch das **Museum für Frühindustrialisierung** umfaßt. Unbedingt lohnend ist ein Gang auf den **Toelleturm** (1888), der herrliche Aussichten weit über das Wuppertal hinaus bietet.

Wer den Charakter der Tal-Stadt richtig ermessen will, muß zu Fuß gehen und etliche der vielen städtischen **Treppen** ersteigen. Oft wird man oben mit herrlichen Blikken über das Tal belohnt.

Ein besonders romantisches Ambiete bietet dagegen noch heute der Ortsteil Beyenburg, in dessen verwinkelten Gassen viele schiefergedeckte Fachwerkhäuser erhalten sind.

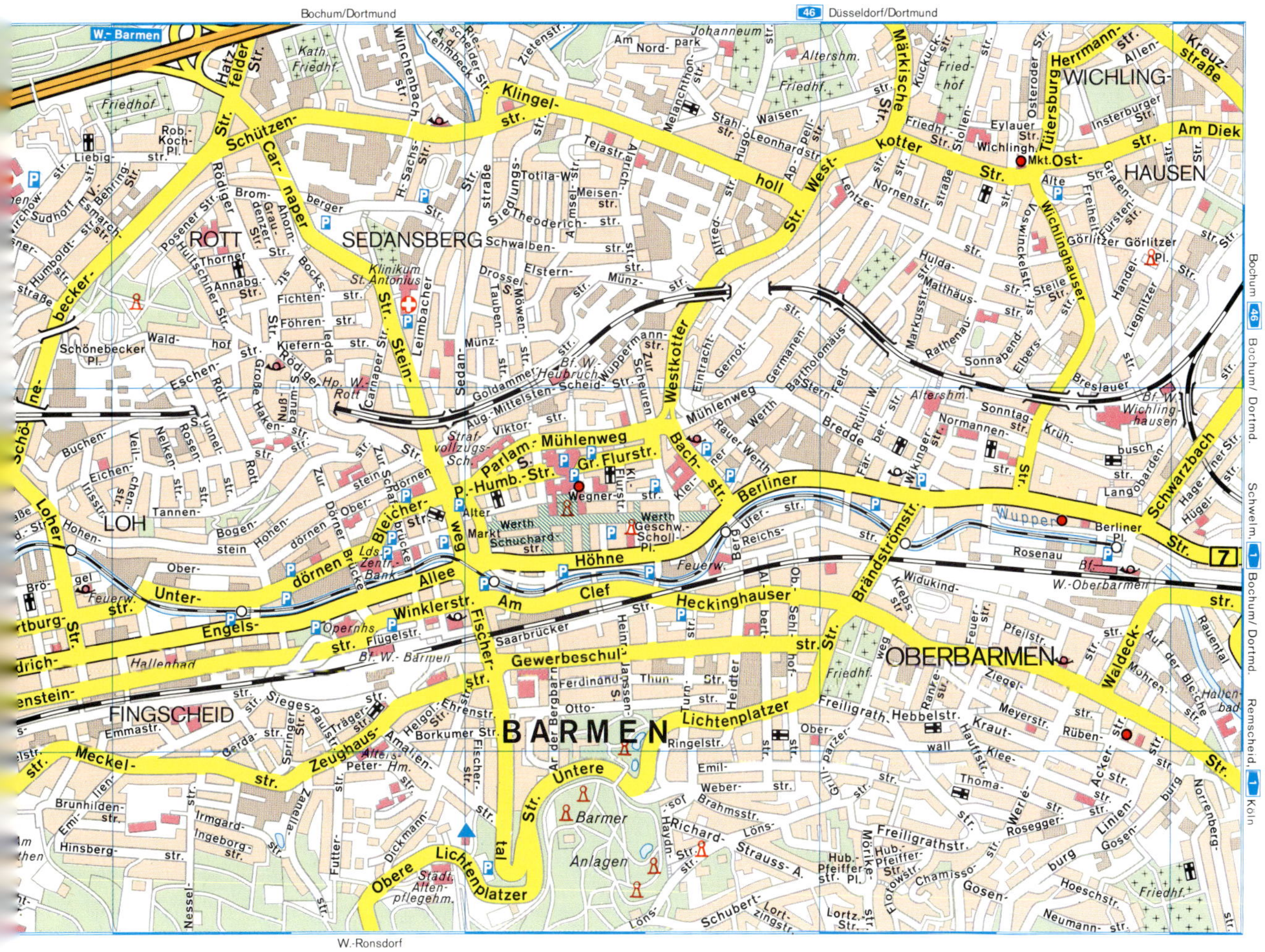

# Würzburg Kunst- und Weinstadt

Die alte Bischofsstadt am Main läßt nicht nur das Herz des Kunstfreunds höher schlagen, sondern lädt auch in traditionsreichen Weinstuben und „Bäcken" zum Genuß weltbekannter Weine und herzhafter fränkischer Spezialitäten.

Ihre prachtvolle Lage am Mainknie zu Füßen des Marienbergs und ein Stadtbild, das trotz schwerer Kriegsverluste noch immer durch Bauten aus dem Mittelalter und der Barockzeit geprägt wird, machen die alte Bischofsstadt zu einer der schönsten Städte Deutschlands. Die Hauptstadt des bayerischen Regierungsbezirks Unterfranken ist durch ihre über 400 Jahre alte Universität, ihre Museen und ihre Theater auch der kulturelle Mittelpunkt Mainfrankens. Als Eisenbahn- und Autobahnknotenpunkt und durch den Hafen wurde die rund 130000 Einwohner zählende Stadt – seit jeher Hauptort des fränkischen Weinanbaus und Weinhandels – darüber hinaus zum Wirtschaftszentrum der Region.

## Geschichte

Schon um 1000 v. Chr. befand sich auf dem Marienberg eine Fliehburg. Kelten, Alemannen, Thüringer und Franken lösten einander im Besitz der einen Mainübergang beherrschenden Anhöhe ab. 742 errichtete der hl. Bonifatius hier einen Bischofssitz. Kaiser Friedrich Barbarossa verlieh dem Bischof von Würzburg den Titel eines „Herzogs von Ostfranken". Der bischöfliche Stadtherr sowie zahlreiche Klöster und Stifte gaben Würzburg den Charakter einer geistlichen Stadt. Kämpfe zwischen den Bischöfen und der Bürgerschaft, die nach Reichsfreiheit strebte, kennzeichneten das Spätmittelalter. Fürstbischof Julius Echter von Mespelbrunn (1573-1617), der das Juliusspital und die Universität gründete, führte die Stadt zu neuer Blüte; die drei Fürstbischöfe aus dem Hause Schönborn machten sie zu einer der glanzvollsten geistlichen Residenzen der Barockzeit. 1814 kam das säkularisierte Hochstift endgültig zu Bayern. Nach dem Krieg von 1866 verlor Würzburg die Festungseigenschaft. Die Wälle wurden in der Folgezeit zum Ringpark umgewandelt. Im Bombenhagel des Zweiten Weltkriegs versank die Altstadt in Schutt und Asche. Es war damals nicht zu erwarten, daß doch noch so viele historische Bauten Würzburgs gerettet werden könnten.

**Information**
Fremdenverkehrsamt
Palais am Congress Centrum
W–8700 Würzburg
Telefon: (0931) 3 73 35

Tourist-Information am Hauptbahnhof
W–8700 Würzburg 1
Telefon: (0931) 3 74 36

**Festkalender**
Würzburger Mozartfest im Juni (Kaisersaal der Residenz und Hofgarten). Winzerfest Ende September/Anfang Oktober.

**Tips**
Glockenspiel des Bürgerspitals um 11.00, 13.00, 15.00, 17.00 Uhr . Schiffahrt auf dem Main: Täglich Kurzfahrten zw. Würzburg u. Veitshöchheim (Rokokogarten). Weinstuben: „Hofkellerei-Weinstuben" (Residenzplatz 2), „Johanniterbäck" (Johanniterplatz), „Juliusspital Weinstuben" (Juliuspromenade 19).

## Sehenswürdigkeiten

Den Mittelpunkt der Altstadt bildet der viertürmige romanische **Dom**, dessen Ausstattung im Krieg weitgehend zerstört wurde. Erhalten blieb jedoch die bedeutende Reihe von Grabdenkmälern der Bischöfe, darunter Meisterwerke der Bildhauerkunst wie die von Tilman Riemenschneider geschaffenen Bildnisse des Rudolf von Scherenberg (1495) und Lorenz von Bibra (1519). Am Nordarm des Querhauses errichtete Baltasar Neumann die prunkvolle Schönbornsche Begräbniskapelle. Nördlich des Doms erhebt sich über dem Grab des hl. Kilian und seiner Gefährten Totnan und Kolonat – irische Missionare, die im 7. Jh. in Mainfranken das Christentum predigten und den Märtyrertod erlitten – die mächtige barocke Kuppelrotunde des Stifts **Neumünster**. Nicht versäumen sollte man es, den stimmungsvollen Kreuzgang aufzusuchen, das „Lusamgärtlein", in dem Walther von der Vogelweide seine letzte Ruhestätte gefunden hat.
Weitere Hauptakzente im Stadtbild setzen die Kuppel und das Turmpaar von **Stift Haug** am Nordrand der Altstadt und an ihrem Südrand der stattliche Turm der **Universitätskirche**. Architekt beider Bauten war Antonio Petrini, der den italienischen Barock nach Franken gebracht hat. Der weitläufige Baukomplex der **Alten Universität** war samt der Kirche bereits ein Jahrhundert vorher von Georg Robin aus Mainz errichtet worden. Der Kirchenraum mit seinen dreifach übereinandergestellten Arkaden zählt zu den Hauptwerken deutscher Renaissancearchitektur. Östlich schließt sich das ehemalige Jesuitenkolleg an.
Von hier aus führt die Balthasar-Neumann-Promenade zur ehemaligen fürstbischöflichen **Residenz**. Nicht Größe und Prunk, sondern die überragende künstlerische Qualität sowohl der Architektur als auch der Dekoration verleihen diesem Barockschloß seinen einzigartigen Rang. Neben Neumann wirkten auch Lukas von Hildebrandt aus Wien, Maximilian von Weisch aus Mainz und die beiden Pariser Hofarchitekten Robert de Cotte und Germain Boffrand an der 1719 begonnenen Planung mit. Für das Riesenfresko im Treppenhaus wurde 1750 der für eine solche Aufgabe fähigste Maler seiner Zeit berufen, der Venezianer Giovanni Battista Tiepolo. Nicht nur das grandiose Treppenhaus, sondern auch der ebenfalls von Tiepolo ausgemalte Kaisersaal sowie der Gartensaal und der Weiße Saal blieben 1945 verschont. Die prachtvolle Ausstattung der Paradezimmer, des Spiegelkabinetts und der Hofkirche wurde in langjähriger Arbeit wiederhergestellt. Im Südflügel der Residenz befindet sich das **Martin-von-Wagner-Museum** mit einer sehenswerten Antikensammlung und Gemäldegalerie. Im Nordflügel des Ehrenhofs laden die „Hofkeller-Weinstuben" zur Einkehr. Auf jeden Fall sollte ein Spaziergang in dem bezaubernden Hofgarten die Besichtigung beschließen.
Durch die Theaterstraße gelangt man von der Residenz zu zwei anderen Anziehungspunkten Würzburgs: **Bürgerspital** und **Juliusspital**. Das eine wurde 1319 von dem Bürger Johannes

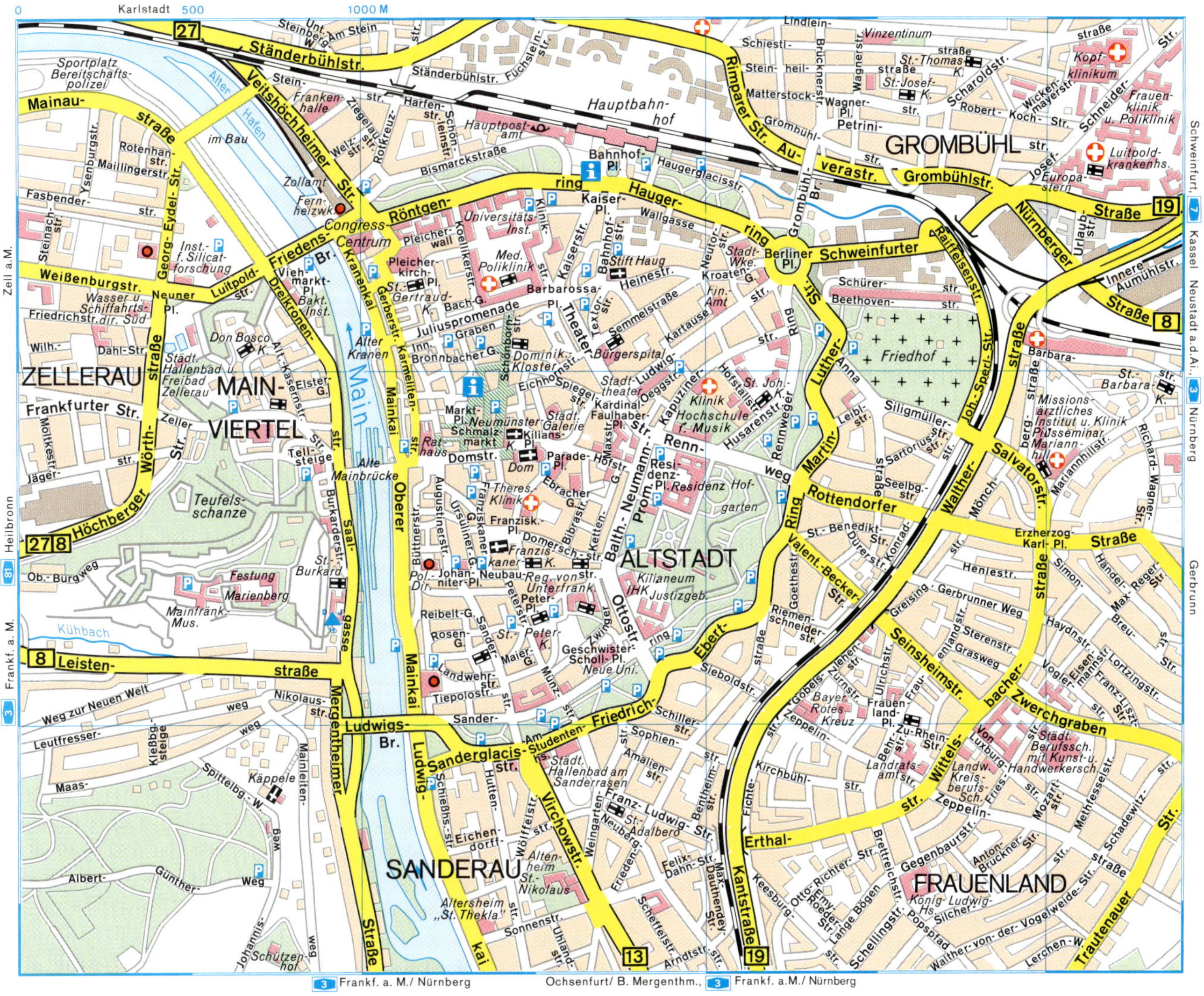

Blick vom Marienberg auf die Alte Mainbrücke und die türmereiche Würzburger Altstadt (links).

Festlicher Barock: die südliche Gartenfront der fürstbischöflichen Residenz (Mitte).

Mittelalterliche Burg, Renaissanceschloß und Barockfestung in einem: die Veste Marienberg (rechts).

vom Ster, das andere 1576 von Bischof Julius Echter gestiftet. Beide besitzen große Weingüter und unterhalten in den historischen Spitalgebäuden traditionsreiche Weinstuben. In welcher von ihnen man seinen „Würzburger Stein" oder „Würzburger Leisten" trinken und das dazu passende fränkische Gericht essen soll, darüber streiten sich die Kenner. Im Bürgerspital ist der Arkadenhof sehenswert, in der schloßartigen Anlage des Juliusspitals die Rokokoapotheke.
Die an der Juliuspromenade mit der Schönbornstraße beginnende Fußgängerzone führt über den **Marktplatz**, wo die spätgotische **Marienkapelle** und das **Haus zum Falken** mit seiner reizvollen Rokokostuckfassade stehen, bis zum **Rathaus**. Zusammen mit dem „Grafeneckart" bildet es eine malerische Baugruppe. Von hier sind es nur wenige Schritte zur **Alten Mainbrücke**, die in der Barockzeit nach dem Vorbild der Prager Karlsbrücke mit Heiligenstatuen geschmückt wurde. Noch eindrucksvoller als der Blick vom Main hinauf zur **Festung Marienberg** ist das von dort oben sich bietende Panorama. Der Marienberg war 1253-1719 Residenz der Fürstbischöfe. Aus der Zeit, als hier fränkisch-thüringische Herzöge ihren Sitz hatten, stammt noch die Marienkapelle, die als eine der ältesten Kirchenbauten Deutschlands gilt. Von der mittelalterlichen Burganlage sind der Bergfried und der mit elf Türmen bewehrte Bering erhalten. Julius Echter von Mespelbrunn ließ die Burg zu einem Renaissanceschloß umgestalten. Nach der Eroberung durch Gustav Adolf von Schweden im Jahre 1631 erfolgten der Ausbau zur Barockfestung und die Anlage des Fürstengartens. Im barocken Zeughaus wurde 1947 das **Mainfränkische Museum** eingerichtet. Es besitzt eine hervorragende Sammlung fränkischer Kunstwerke, darunter zahlreiche Skulpturen von Riemenschneider, eine vorgeschichtliche Sammlung, Zeugnisse fränkischer Weinkultur und dazu eine reichhaltig bestückte Volkskundeabteilung.

# Xanten Geschichte live

Die kleine Stadt am Niederrhein war schon lange vor den Römern ein bedeutender Siedlungsort. Wie nur in ganz wenigen deutschen Städten kann man hier die Stadtgeschichte ganz verschiedener Epochen äußerst anschaulich studieren. Heute spielt der Fremdenverkehr eine wichtige Rolle.

Der Name dürfte auf die unter dem Dom gefundenen Gräber zurückgehen. Vielleicht handelt es sich um zwei römische Soldaten, die für ihren christlichen Glauben als Märtyrer gestorben sein sollen. Schon im 8. Jh. hat man nach den Gräbern unter der Kirche gesucht. Dabei stieß man auf andere Gebeine aus dem alten römischen Totenfeld – und erklärte sie für Reliquien. Die Siedlung wurde im Mittelalter »ad Sanctos«, bei den Heiligen, genannt. Über »Ze Santen« wurde daraus dann Xanten.

## Geschichte

Die Gegend war sicher schon zur Stein-, zur Hallstatt- und zur La-Tène-Zeit bewohnt. Das römische Castra Vetera sollte das Reich bereits seit 15 v. Chr. vor den Germanenüberfällen schützen. Von hier aus zog Varus mit seinen beiden Legionen in den Teutoburger Wald, wo die Germanen im Jahre 9. n. Chr. den Römern eine ihrer katastrophalsten Niederlagen beibrachten: Das gesamte Heer wurde aufgerieben, und Rom gab den Versuch auf, die Grenzlinie vom Rhein bis zur Elbe vorzuschieben. Knapp 50 Jahre später wurde der Militärposten am Niederrhein mit mächtigen Steinmauern und vorgelagerten Gräben verstärkt. Doch das alles nützte nichts gegen den bei Tacitus beschriebenen Bataveraufstand (70 n. Chr.), bei dem das Lager vernichtet wurde. Bald errichtete Rom ein Castra Vetera II, nun etwas kleiner. Die nebenan entstandene Zivilsiedlung war ebenfalls durch die Bataver zerstört worden. So begann man zu Beginn des 2. Jh. eine systematische Neugründung, der man den Namen des damaligen Kaisers und den Status einer »Colonia« gab: Colonia Ulpia Traiana, drittgrößte Stadt auf germanischem Gebiet. Die Bewohner einer solchen »Kolonie« hatten quasi den Status eines Bürgers von Rom. Mit dem 3. Jh. zogen die Legionäre ab. Zu dieser Zeit wurde auch die zivile Siedlung zerstört. Eine Neubesiedlung kurze Zeit später konnte die Stadt nicht mehr so recht beleben – in den folgenden Jahrhunderten dienten die römischen Bauten lediglich als Steinbruch.

Schon im 4. Jh. gab es ein Totenhaus an der Stelle des heutigen Doms, das bereits 450 einem steinernen Bau wich. Möglicherweise waren zwei christliche Märtyrergräber unter dem späteren Dom Keimzelle der zukünftigen Stadt. Von der zunächst kleinen Kirche ging die Gründung des Stifts Xanten aus, das dem Kölner Erzbischof unterstand. Wegen der ehemals günstigen Lage direkt am Rhein entwickelte sich der Ort rasch zu einer bedeutenden Handelsstadt (1228 Stadtrecht). Ein historisches Kuriosum war die Teilung Xantens zwischen Kleve und Köln seit 1392. Mitten durch die Stadt zog sich eine Mauer, die die Herrschaftsansprüche gegeneinander abgrenzte – bis Johann von Kleve die ganze Stadt 1444 eroberte. Im 30jährigen Krieg besetzten die Schweden Xanten und brachen etliche der alten Befestigungen ab. Der wirtschaftliche Niedergang war aber schon vorher bestimmt: als 1535 der Rhein sein Bett ein gutes Stück weiter nach Osten verlegte. Beachtlich ist die Wiederaufbauleistung nach dem Krieg. Denn über 70 % der Stadt fielen dem Bombenhagel zum Opfer. Das wird der Besucher Xantens kaum vermuten.

## Sehenswürdigkeiten

Xanten macht sich eine Einzigartigkeit zunutze: Die mittelalterliche Siedlung entstand neben der

Vereinzelt finden sich noch kleinere Wehrtürme an verschiedenen Stellen der Mauer (links außen).

Von weitem schon sind die Türme des gewaltigen Doms sichtbar (links innen).

Imposantester Teil des Archäologischen Parks stellt das Amphitheater dar (links unten).

Im Klever Tor kann man heute sogar Ferienwohnungen mieten (rechts).

alten römischen. Daher konnte die Stadt es sich leisten, etwas nördlich der Altstadt die einzige nicht überbaute Römerstadt nördlich der Alpen in einem **Archäologischen Park** freizulegen bzw. zu rekonstruieren. So wird in verschiedenen Bauabschnitten nach und nach die gesamte römische Grenzstadt neu entstehen. Wohl der imposanteste Teil dieser Anlage ist bisher das rekonstruierte **Amphitheater** – neben den Resten des Originals, das 12 000 Menschen Platz bot, obwohl die antike Stadt nur 10 000 Einwohner hatte. Zu sehen sind außerdem bereits die 3,5 km lange **Stadtmauer**, der **Hafentempel** und ein völlig funktionstüchtiges antikes **Badehaus**. Deutlich ist auch die Reißbrett-Bauweise römischer Städte an den rechtwinklig verlaufenden Straßen zu erkennen. Eine römische Herberge gibt Einblick in das Alltagsleben, das man bis hin zu den Speisen und dem eigens zurückgezüchteten Getreide ziemlich original wiedererstehen läßt. Die Hafenanlage soll ebenfalls möglichst genau die römische Rheinschiffahrt illustrieren. Von der Gewalt der zweistöckigen römischen Toranlagen zeugt das nachgebaute **Burginatium-Tor** – deutlich kleiner das Hafentor. Im Informationszentrum des Parks wie im **Regionalmuseum** kann man sich über die Gesamtanlage der Colonia Ulpia Traiana einen Überblick verschaffen. Das Römerlager Vetera Castra befand sich südlich der Altstadt: Auch hierzu gehörte ein **Amphitheater**. Es ist erhalten geblieben und wird heute ebenfalls für Veranstaltungen genutzt. Ansonsten sind die bei Xanten-Birten gelegenen römischen Militärlager fast gänzlich den Jahrhunderten zum Opfer gefallen.

Im Stadtzentrum mit seiner guterhaltenen bzw. rekonstruierten mittelalterlichen **Stadtbefestigung** ist vor allem der **Dom** von Interesse. Gehen Vorgängerbauten bis auf das 4. Jh. zurück, so läßt sich das bestehende Gebäude bis auf das Jahr 1190 zurückverfolgen. Wegen der langen Bauzeit (bis 1530) mischen sich in dieser bedeutenden niederrheinischen Kirche romanische und gotische Stilelemente. Besonders auffällig ist das Fehlen eines Querschiffes, so daß die fünf Längsschiffe alle direkt in den Chor münden. Die sehr reichhaltige und trotz des Krieges erhaltene Ausstattung stammt weitgehend aus der Erbauungszeit und vermittelt einen besonders intensiven Eindruck einer mittelalterlichen deutschen Kirche. Heute wird der Dom aber auch immer wieder zu Musikveranstaltungen genutzt. Ein hübscher **Kreuzgang** gehört zu der Stiftsanlage ebenso wie der **Kapitelsaal**, in dem das Dommuseum eingerichtet ist. Teile des **Domschatzes** sind inzwischen in dem nahegelegenen Regionalmuseum ausgestellt.

Einige hübsche alte Bürgerhäuser bietet der **Marktplatz**, den vorwiegend klassizistischen Gebäuden sind die modernen Bauten recht gelungen angepaßt worden. Ganz in der Nähe steht das 1470 fertiggestellte **Gotische Haus**, das begreifen läßt, weshalb Xanten 1975 als europäische Beispielstadt des Denkmalschutzes ausgezeichnet wurde. Nur noch relativ bescheidene Reste sind allerdings von dem ehemaligen **Kartäuser-Kloster** aus dem 17. Jh. erhalten, heute ist hier die Stadtbücherei untergebracht. Den ehemaligen Immunitätsbereich des Stifts markiert noch heute das **Michaelstor**: Schließlich stellte das Stift im Mittelalter eine eigene kleine Stadt in der Stadt dar, besaß eine eigene Gerichtsbarkeit. Das zweigeschossige Gebäude beherbergt im oberen Stockwerk die Michaels- und im Erdgeschoß die Dionysiuskapelle. Im steinarmen Niederrhein baute man die Stadtmauern in der Regel aus Backstein. Das läßt sich noch an den erhaltenen oder wieder aufgeschütteten Teilen der Xantener Mauern feststellen. Eine besondere Attraktion stellt das **Klever Tor** dar, in dem heute Ferienwohnungen vermietet werden. Wer das Angebot wahrnimmt, kann von sich behaupten, in der einzigen noch existierenden Doppeltoranlage des Rheinlandes übernachtet zu haben. Ganz in der Nähe steht die Kriemhildmühle aus dem 18. Jh. Erhalten sind auch noch einige kleinere **Wehrtürme** an verschiedenen Stellen der Mauer. Nicht zur Stadtmauer gehörte das **Mitteltor**. Vielmehr markiert es die Grenze zwischen den beiden Stadtsektoren, die vorübergehend zu Kleve und zu Kurköln gehörten. Das rekonstruierte Gebäude dient ebenfalls dem Regionalmuseum.

Ein besonderer Freizeitspaß ist die sogenannte **Xantener Nordsee**, ein Wassersport- und Vergnügungszentrum mit einem Abenteuerbad. Hier am Niederrhein liegen natürlich auch Boote, es gibt Segel- und jede Menge weiterer Wassersportmöglichkeiten. Schöne Spaziergänge unternimmt man zum **Fürstenberg**, jenem kleinen Hochplateau, dessen strategische Bedeutung schon die Römer erkannten. Hier hat man einen herrlichen Blick über die Gegend. Abstecher lohnen sich zum Beispiel nach Sonsbeck oder nach Hamminkeln, wo im Schloß Ringenberg ein avantgardistisches Künstleratelier eingerichtet worden ist.

**Information**
Verkehrsamt
Rathaus
Karthaus 2
W-4232 Xanten
Tel. 02801/ 37238

**Festkalender**
Kirmes (Juni); Schützenfeste der Bruderschaften St. Helena und St. Viktor (im Sommer); Sommerfestspiele in der Arena des Archäologischen Parks (Operette, Musical, Ballett, Pop, Rock).

**Tips**
Im Amphitheater von Birten finden im Sommer Freilichtspiele statt. Im Archäologischen Park Xanten wird nach und nach die römische Siedlung rekonstruiert werden. Aufschlußreich auch das Regionalmuseum. Erholung bietet der Staatsforst Xanten (Forsthaus Tüschenwald). Ein hübscher Spaziergang führt auch zur Burg Winnenthal, der ältesten Wasserburg am Niederrhein.

# Zittau
# Am Dreiländereck

**Die alte und einst so mächtige Handelsstadt weiß noch heute vom Wohlstand und Stilempfinden seiner selbstbewußten Bürger einen lebhaften Eindruck zu vermitteln. Im 18. Jh. war Zittau die wichtigste Handelsstadt neben Leipzig, geprägt von der Textilindustrie der Oberlausitz.**

In Zittau wurden zu DDR-Zeiten Lkws gefertigt. Außerdem spielt hier seit Jahrhunderten auch der Gemüseanbau eine bedeutende Rolle. Zwar wird seit ungefähr 1800 in der Nähe Braunkohle abgebaut, dennoch ist das Zittauer Gebirge davon nicht belastet, so daß es als ein wichtiges Kur- und Erholungsgebiet gilt. Vor allem Oybin, Jonsdorf und Lückendorf sind bekannte Kurorte.

## Geschichte

Die böhmischen Könige waren es, die den im 13. Jh. zuerst erwähnten Ort entschieden förderten. So wurde schnell aus der Burg Zittavia eine Stadt, die insbesondere über den Handel mit Tuchen und mit Bier reich wurde. Federführend betrieb Zittau die Gründung des Oberlausitzer Sechsstädtebundes, an dem außerdem Görlitz, Bautzen, Löbau, Kamenz und Lauban beteiligt waren. Diese Städte schützten sich gegenseitig und nutzten auch ihre Fernhandelsverbindungen zum gegenseitigen Vorteil. Im 15. Jh. allerdings wurde der Aufschwung Zittaus durch die Hussitenkriege und deren Folgen unterbrochen. Man brauchte ein ganzes Jahrhundert, um sich von diesen Schlägen zu erholen. Wie sehr dies gelang, bezeugen die Stadtmauern und etliche Bauwerke aus dieser Zeit. Doch wurden die Lebensbedingungen der Stadt deutlich schlechter, als die Oberlausitz an Kursachsen kam (1635) und der Handel nun durch die Schließung der böhmischen Grenze gebremst wurde. Ersatz brachte der Leinenhandel mit Italien und England im 18. Jh. Allerdings haben dann schwere Zerstörungen im Siebenjährigen Krieg der Stadt übel mitgespielt. Die politische Neugliederung 1815 brachte wiederum handelshemmende Grenzen. Doch mit der Industrialisierung im 19. Jh. konnte ein neuer Aufschwung eingeleitet werden.

## Sehenswürdigkeiten

Der »Zittauer Kulturpfad« führt die Besucher zu den wichtigsten Denkmälern der Stadt. An dem heutigen **Grünen Ring** läßt sich der Verlauf der im 19. Jh. abgetragenen alten Stadtbefestigung erkennen. Beliebtestes Fotomotiv der Stadt ist das **Rathaus**, das nach Plänen von Schinkel im Neorenaissance-Stil erbaut wurde. Aus der eigentlichen Renaissance stammt der **Mars-Brunnen** (1585) auf der westlichen Seite des Marktplatzes. Unter den prachtvollen Bürgerhäusern am Markt fällt besonders das **Noacksche Haus** ins Auge (1689). Ebenfalls nach Schinkelschen Plänen ist die **Johanniskirche** 1837 umgebaut worden. Von der Türmerwohnung aus hat man einen prächtigen Blick über die Stadt. Hier in der Nähe steht das Wohnhaus des ehemaligen Zittauer Bürgermeisters Dornspach. Auf romanischen Fundamenten ruht die **Franziskanerkirche St. Petri und Pauli**, in deren Innenraum besonders die kostbare Kanzel und der Altaraufsatz (beide 1668) Aufmerksamkeit verdienen. Das dazugehörige Kloster ist inzwischen zum **Stadtmuseum** gemacht worden. Als originelle Ausstellungsräume dienen dabei die alten Mönchszellen. Daneben steht der **Heffterbau** mit seinem wunderschönen Renaissance-Giebel, der einige Zeit den protestantischen Glaubensflüchtlingen als Kirche diente. An die alte Handwerkstradition erinnern die Innere und die Äußere Weberstraße, die Weberkirche und der Weberfriedhof. Etliche wertvolle Grabmäler dort bezeugen ebenso den einstigen Reichtum dieser Zunft wie die teils aufwendig verzierten **Handelshöfe**.

Im ehemaligen Franziskanerkloster ist heute das Stadtmuseum ansässig (links).

Beliebtes Fotomotiv: das im Neorenaissance-Stil erbaute Rathaus (unten).

Klein, aber fein – der Schleifermännchen-Brunnen (rechts).

**Information**
Stadtverwaltung
Rathausplatz 6
O-8800 Zittau
Tel. (03583) 512631

**Festkalender**
Fest am Dreiländereck (Juni); bis auf das Jahr 1571 reicht die Tradition des Zittauer Volksfestes im Juni zurück.

**Tips**
Das relativ kleinflächige Zittauer Gebirge ist von markanten Felsformen geprägt. Eine schöne Wanderung kann man zum Zisterzienserinnenkloster Marienthal an der Neiße entlang unternehmen. Nicht verpassen darf man auch den Abstecher nach Herrnhut, wo Graf von Zinzendorf 1722 die Herrnhuter Brüdergemeinde gründete.

# Zwickau – Kultur und Wirtschaft

Zwickau hat als eine der wenigen deutschen Städte dieser Größe den letzten Krieg einigermaßen unbeschadet überlebt. Die Geburtsstadt Robert Schumanns hat sich bis heute ihren Ruf als Zentrum für Kultur und Bildung erhalten – obwohl sie von der Industrie geprägt ist.

Das wohl berühmteste Produkt der Stadt gehört inzwischen schon der Vergangenheit an, auch wenn es vorerst noch die Straßen in Ostdeutschland beherrscht: der Trabant. Drei Millionen Stück dieser eigentümlichen Fahrzeuge, deren Technik und Form seit 1964 praktisch nicht verändert wurden, sind produziert worden. Die Karosserie war geradezu zukunftsweisend, denn sie wurde aus Recycle-Material gefertigt (daher „Rennpappe"). Leider ist der Zweitakt-Motor mit seinen 26 PS deutlich weniger umweltfreundlich.

## Geschichte

An der Fernhandelsstraße Goslar–Prag gab es bereits im 12. Jh. eine Zollstelle. Deutsche Kaufleute hatten die Furt an der Mulde gewählt, um sich bei dem slawischen Ort »Zwiccowe« anzusiedeln. Spricht die älteste Urkunde 1118 von Zwickau, so wurde es bereits 1212 als Stadt angeführt. Neben dem Handel waren es Tuch- und Schmiedegewerbe, die vor allem für den erheblichen wirtschaftlichen Aufschwung verantwortlich waren. Im 13. Jh. erfolgte eine Stadterweiterung, im 14. wurde eine Befestigung errichtet. Auch zog man seit langem Gewinne aus den Beteiligungen am Bergbau im Erzgebirge. So war Zwickau, seit 1290 Freie Reichsstadt, kurz darauf dem Markgrafen von Meißen unterstellt, die größte Stadt in Kursachsen. Je wichtiger der Steinkohlebergbau wurde, desto mehr nahm auch die wirtschaftliche Bedeutung Zwickaus zu. Die Industrialisierung des 19. Jh. führte auch zur Ansiedlung von Verarbeitungsindustrien. Traditionsreich ist die Automobilproduktion: Zuerst waren es Horch und Audi, dann Auto-Union und zu DDR-Zeiten die Sachsenringwerke. Aber schon in den 80er Jahren wurden hier Modelle für VW zusammengesetzt.

## Sehenswürdigkeiten

Leider hat die Stadt von dem unschätzbaren Vorteil, im Krieg kaum beschädigt worden zu sein, nicht überall einen verantwortungsvollen Gebrauch gemacht. Aber noch immer kann die Altstadt eine Fülle an alten Gebäuden vorweisen. Von 1403 stammt das **Rathaus** am Hauptmarkt, das im letzten Jahrhundert neugotisch verändert wurde. Erhalten ist der Ratssaal aus dem 15. Jh., die einstige Jakobskapelle. Daneben steht das **Gewandhaus**, 1525 fertiggestellt, das stilistisch einen Übergang zwischen Spätgotik und Renaissance markiert. Hier steht auch das **Geburtshaus Robert Schumanns**, das heute als Museum an den Komponisten erinnert. Am Markt und in der umliegenden Altstadt sind etliche alte Bürgerhäuser erhalten – etwa das **Dünnebierhaus** (1480) mit seinem dreigeschossigen Staffelgiebel. Der spätgotische **St.-Marien-Dom** wurde zuerst 1206 geweiht, etliche Brände machten aber immer wieder Erneuerungen notwendig. Seine heutige Gestalt erhielt er vor allem 1453 bis 1565, deutlich jünger ist der Turm. Das Innere birgt zahlreiche kunsthistorische Kostbarkeiten.

Zu den berühmtesten Häftlingen des etwas düsteren **Schlosses Oberstein** zählten Rosa Luxemburg, August Bebel und Karl May. Die angrenzende Pfarrkirche **St. Marien** ist berühmt wegen ihres Flügelaltars aus dem Cranach-Umkreis. Hier wie im Dom predigte zwischen 1520 und 1522 Thomas Müntzer. Aufmerksamkeit verdient auch das **Städtische Museum** in der Lessingstraße. Hier wird die Geschichte der Stadt und des Bergbaus veranschaulicht. Daneben sind kunst- und kulturgeschichtliche Sammlungen ausgestellt. Im Stadtteil **Planitz** findet man ein hübsches Barockschloß, in dessen Park man spazierengehen kann.

**Information**
Touristik-Information
Hauptstraße 6
O-9540 Zwickau
Tel. (0375) 293711

**Tips**
Ein Abstecher empfiehlt sich in die Textilstadt Glauchau. Sie ist nicht nur der Geburtsort des Begründers des modernen Hüttenwesens Georg Agricola, sondern hier sind auch zwei sehr alte Schlösser (Hinterglauchau, Forderglauchau, 15. und 16. Jh.) erhalten. In der entgegengesetzten Richtung lockt Schönfels mit ebenfalls zwei Schlössern (spätgotische Burg und Renaissance-Schloß). Bei Mylau setzt die größte Ziegelbaubrücke der Welt ein eigentümliches Muster in das Göltzschtal.

Guterhaltene Bürgerhäuser zieren den Markt (links oben).

Bierbrauerbrunnen mit der St.-Katharinen-Kirche dahinter (rechts oben).

Seit dem Jahr 1823 wird das Gewandhaus als Stadttheater genutzt (unten).

# ERGÄNZENDES STÄDTE-ABC

Das Verzeichnis auf den folgenden Seiten stellt – ebenfalls in alphabetischer Folge – Städte und Gemeinden vor, die im ersten Teil dieses Buches nicht aufgeführt sind. Es enthält jeweils stichwortartig die wichtigsten Angaben zur Statistik sowie zur Stadtgeschichte und nennt die interessantesten Sehenswürdigkeiten. Städte, deren Einwohnerzahl unter 20 000 liegt, wurden nicht mehr aufgenommen.

**Aachen,** siehe S. 8.

**Aalen,** Kreisstadt in Baden-Württemberg, am Kocher, 429 m ü.M., rd. 64 000 Ew.; maler. Stadtkern mit Fachwerkhäusern aus dem 17. Jh.; St.-Johannes-Kirche (2./3. Jh., auf röm. Fundamenten erbaut), Limesmuseum; 1360-1803 Freie Reichsstadt. Verwaltungssitz des *Ostalbkreises.*

**Achern,** Stadt in Baden-Württemberg, Ortenaukreis, am nördl. Schwarzwald, an der *Acher*, 143-314 m ü.M., rd. 21 000 Ew.

**Achim,** Stadt in Niedersachsen, Ldkrs. Verden, an der Weser, südöstl. von Bremen, rd. 29 000 Ew.; Windmühle (18. Jh.).

**Ahaus,** Stadt in Nordrhein-Westfalen, Ldkrs. Borken, im Münsterland, nahe der niederländ. Grenze, rd. 31 000 Ew.; Wasserschloß (17. Jh.).

**Ahlen,** Stadt in Nordrhein-Westfalen, Ldkrs. Warendorf, nordöstl. von Hamm, an der Werse, rd. 53 000 Ew.

**Ahrensburg,** Stadt in Schleswig-Holstein, Ldkrs. Stormarn, nordöstl. von Hamburg, rd. 27 000 Ew.; steinzeitl. Ausgrabungen *(A.er Kultur)*; Schloß (1596; heute Museum schleswig-holstein. Herrenhauskultur).

**Albstadt,** Stadt in Baden-Württemberg, Zollernalbkreis, auf der Schwäbischen Alb, 730-974 m ü.M., rd. 47 000 Ew. – Entstand 1975 durch Zusammenschluß der Städte *Ebingen* (Stadtrecht 13. Jh.) u. *Tailfingen* (Stadtrecht 1930) sowie weiterer Gemeinden.

**Alfeld (Leine),** Stadt in Niedersachsen, Ldkrs. Hildesheim, rd. 22 000 Ew.; spätgot. Hallenkirche St. Nikolai, Rathaus (16. Jh.), Fachwerkhäuser.

**Alsdorf,** Industriestadt in Nordrhein-Westfalen, Ldkrs. Aachen, rd. 47 000 Ew.

**Altena,** Stadt in Nordrhein-Westfalen, Märkischer Kreis, im Sauerland, an der Lenne, 150-505 m ü.M., rd. 24 000 Ew.; 1100 erbaute Burg A. (Jugendherberge, Gründungsstätte des dt. Jugendherbergswesens); Drahtmuseum, Schmiedemuseum.

**Altenburg,** Kreisstadt in Thüringen, am Südrand des Braunkohlenreviers von Leipzig, rd. 51 000 Ew.; Landestheater, Staatsarchiv; Schloß (11. Jh.), Schloßkirche (15. Jh.), Rathaus (16. Jh.). – 1256 Stadtrecht; im 12. Jh. von den Staufern zur Reichsstadt erhoben (Kaiserpfalz); 1603-1672 u. 1826-1918 Residenz von Sachsen-A.

**Altötting,** siehe S. 10.

**Amberg,** kreisfreie Stadt in der Oberpfalz (Bayern), an der Vils, 373 m ü.M.; rd. 43 000 Ew.; von 1329 bis 1806 Hptst. der Oberpfalz; mittelalterl. Stadtbefestigung, kunstgeschichtl. bedeutsame Bauten (u.a. got. Pfarrkirche St. Martin); seit 1388 Zentrum des oberpfälz. Berg- u. Eisenhüttenwesens (Bergfest im Juli).

**Andernach,** Stadt in Rheinland-Pfalz, Ldkrs. Mayen-Koblenz, im Rheintal, rd. 28 000 Ew.; alte Bauten (Mariendom, 12. Jh.; Runder Turm, 15. Jh.; Alter Rheinkran, 16. Jh.); ehem. Reichsstadt; Hafen. – 12 n.Chr. als röm. Kastell *Antunnacum* gegründet.

**Annaberg-Buchholz,** Kreisstadt in Sachsen, im mittleren Erzgebirge, am 832 m hohen Pöhlberg, 610 m ü.M., rd. 25 000 Ew.; St. Annen-Kirche (15./16. Jh.), Rathaus (16. Jh.). – 1945 durch Zusammenlegung von Annaberg und Buchholz entstanden.

**Ansbach,** Hptst. des bayer. Reg.-Bez. *Mittelfranken*, an der Rezat, 409 m ü.M., rd. 37 000 Ew.; St.-Gumbertus-Kirche mit roman. Krypta, Schwanenritterkapelle (16. Jh.) u. Dreiturmfassade (16. Jh.); A.er Schloß (1705-1736) mit Museum (A.er Fayencen). Verw.-Sitz des Ldkrs. A.

**Apolda,** Kreis- u. Industriestadt in Thüringen, nordöstlich von Weimar, rd. 28 000 Ew.; Rathaus (16. Jh.).

**Arnsberg,** Hptst. des Reg.-Bez. A. in Nordrhein-Westfalen, an der oberen Ruhr, 180-240 m ü.M., rd. 75 000 Ew.; Luftkurort am *A.er Wald*; Altstadt mit Stadtmauer, Fachwerkhäuser (18. Jh.); Schloßruine auf dem Schloßberg.

**Arnstadt,** Kreis- u. Industriestadt in Thüringen, an der Gera, südlich von Erfurt, rd. 30 000 Ew.; Liebfrauenkirche (13. Jh.), Oberkirche (13./14. Jh.), Bachkirche (17. Jh.), Rathaus (16. Jh.), Neues Palais (18. Jh., Puppen- u. Porzellansammlung, Brüsseler Bildteppiche). A. wurde erstmals 704 urkundlich erwähnt. 1266 Stadtrecht. – J. S. Bach wirkte von 1703-1707 in A.

**Aschaffenburg,** siehe S. 11.

**Aschersleben,** Kreis- u. Industriestadt in Sachsen-Anhalt, nordöstlich vom Harz, rd. 34 000 Ew.; Stephanskirche (15. Jh.), Marktkirche (13. Jh.), Rathaus (1517), alte Stadtbefestigung (mit 15 erhaltenen Türmen). – 1266 Stadtrecht, 1426-1518 Hansestadt.

**Attendorn,** Stadt in Nordrhein-Westfalen, Ldkrs. Olpe, im südl. Sauerland, an der Bigge, 250-627 m ü.M., rd. 22 000 Ew.; in der Nähe die 1907 entdeckte *Attahöhle* (größte dt. Tropfsteinhöhle), Burg Schnellenberg u. die Lister- u. Biggetalsperre.

**Aue,** Kreisstadt in Sachsen, im Erzgebirge, südöstl. von Zwickau, rd. 25 000 Ew.; Bergbaugründung des MA (Zinn, Eisen, Kobalt, Wismut, Kaolin).

**Auerbach,** *A./Vogtl.,* Kreisstadt in Sachsen, 550 m ü.M., rd. 22 000 Ew.

**Augsburg,** siehe S. 12.

**Aurich,** Kreisstadt in Ostfriesland (Niedersachsen), am Ems-Jade-Kanal, rd. 36 000 Ew. – Im 16.-18. Jh. Residenz der Fürsten von Ostfriesland; südwestlich von A. die alte ostfries. Thingstätte *Upstallsboom.*

**Backnang,** Stadt in Baden-Württemberg, im Rems-Murr-Kreis, an der Murr, 270 m ü.M., rd. 30 000 Ew.; Rathaus von 1699, Stiftskirche mit Krypta (12.-15. Jh.).

**Baden-Baden,** siehe S. 14.

**Baesweiler,** Stadt in Nordrhein-Westfalen, im Ldkrs. Aachen, in der Jülicher Börde, rd. 24 000 Ew. – Stadtrecht 1975.

**Balingen,** Kreisstadt in Baden-Württemberg an der Eyach, am Fuß der Schwäb. Alb, 518 m ü.M., rd. 30 000 Ew.; Zollernschloß. Verwaltungssitz des *Zollernalbkreises.* – Stadtrecht 1255.

**Bamberg,** siehe S. 16.

**Barsinghausen,** Stadt in Niedersachsen, Landkreis Hannover, am Deister, rd. 33 000 Ew.; Klosterkirche (13. Jh.).

**Baunatal,** Stadt in Hessen, Ldkrs. Kassel, am Ostrand des Habichtswaldes, rd. 23 000 Ew. – Stadtrecht 1966.

**Bautzen,** siehe S. 18.

**Bayreuth,** siehe S. 20.

**Beckum,** Stadt in Nordrhein-Westfalen, Ldkrs. Warendorf, östl. von Hamm, rd. 37 000 Ew. Stadtrecht 1316. Ausgrabungen im Jahre 1860 legten ein merowingerzeitl. Gräberfeld mit 51 Körpergräbern u. 16 Pferdebestattungen frei, die Grabungen der Jahre 1959-1962 einen Friedhof aus der 1. Hälfte des 7. Jh. mit einem bes. reich ausgestatteten Grab (sog. Fürstengrab).

**Bedburg,** Stadt in Nordrhein-Westfalen, Erftkreis, westl. von Köln, an der Erft, rd. 20 000 Ew.; ehem. Residenzschloß, später Rheinische Ritterakademie (heute Oberschule).

**Bensheim,** Stadt in Hessen, Ldkrs. Bergstraße, am Westhang des Odenwalds, rd. 34 000 Ew.; Spezialklinik für Rheumaerkrankungen; maler. alter Stadtkern mit Fachwerkbauten. – Stadtrecht 1320.

**Bentheim,** *Bad B.*, siehe S. 21

**Berchtesgaden,** siehe S. 22

**Bergheim,** Stadt in Nordrhein-Westfalen, an der Erft, westl. von Köln, rd. 54 000 Ew.; Verwaltungssitz des *Erftkreises.* In der Nähe das Wasserschloß *Paffendorf.* – Stadtrecht 1317.

**Bergisch Gladbach,** siehe S. 23.

**Bergkamen,** Stadt (seit 1966) in Nordrhein-Westfalen, Ldkrs. Unna, rd. 48 000 Ew.

**Berleburg,** *Bad B.,* Stadt in Nordrhein-Westfalen, Ldkrs. Siegen, am Rothaargebirge, 450-600 m ü.M., rd. 20 000 Ew.; ehem. Residenzstadt, Schloß (1732-1739) der Fürsten Sayn-Wittgenstein; Kneippheilbad. – Stadtrecht 1330.

**Berlin,** siehe S. 24.

**Bernburg/Saale,** Kreisstadt in Sachsen-Anhalt, rd. 41 000 Ew., Sol- u. Moorbad; Hochschule für Landwirtschaft u. Institut für Pflanzenzüchtung; Renaissanceschloß (12. u. 16. Jh.), Marienkirche (11. Jh.). – 1278 Stadtrecht; 1603-1863 Residenz der Fürsten von Anhalt-Bernburg.

**Biberach,** *B. an der Riß,* Kreisstadt in Oberschwaben (Baden-Württemberg), 532-613 m ü.M., rd. 28 000 Ew.; Altstadt mit Giebelhäusern des 15. u. 16. Jh.; Stadtpfarrkirche St. Martin (13. Jh.); Kneippkuranstalt *Jordanbad.* – Im 5. Jh. gegründet (alemann. Siedlung), seit dem Jahr 1398 Freie Reichsstadt.

**Bielefeld,** siehe S. 36.

**Bietigheim-Bissingen,** Industriestadt in Baden-Württemberg, Ldkrs. Ludwigsburg, an der Enz (Viadukt: 300 m lang, 33 m hoch; 1853 erbaut), nördl. von Stuttgart, 250 m ü.M., rd. 36 000 Ew.; mittelalterl. Stadtbild mit Fachwerkhäusern, Rathaus (1507), Stadtkirche (1411), Peterskirche (14./15. Jh.); im Stadtteil Bissingen die Kilianskirche (1520). – Stadtrecht 1364.

**Bingen,** *B. am Rhein,* Stadt in Rheinland-Pfalz, Ldkrs. Mainz-B., an der Mündung der Nahe in den Rhein, am Fuß des Rochusbergs (mit Rochuskapelle), rd. 22 000 Ew.; Basilika St. Martin (15. Jh.); Reste röm. Bauten, Burg *Klopp*; Rheinhafen; auf einer Rheininsel der *Mäuseturm* (um 1000 erbauter Zollturm).

**Bitterfeld,** Kreisstadt in Sachsen-Anhalt, nördl. von Leipzig, rd. 20 000 Ew.

**Blieskastel,** Stadt im Saarland, Saar-Pfalz-Kreis, östl. von Saarbrücken, an der *Blies*, 215-315 m ü.M., rd. 22 000 Ew.; Wallfahrtsort; Schloßkirche (18. Jh.); »Gollenstein« (7 m hoher Menhir).

**Bocholt,** Stadt in Nordrhein-Westfalen, Ldkrs. Borken, nahe der niederländ. Grenze, rd. 66 000 Ew.; St.-Georgs-Kirche (15. Jh., mit »B.er Kreuz«), Rathaus in niederländ. Backsteinrenaissance. – Stadtrecht 1222.

**Bochum,** siehe S. 38.

**Böblingen,** Kreisstadt in Baden-Württemberg, am Schönbuch, südwestl. von Stuttgart, 465 m ü.M., rd. 42 000 Ew.; Kongreßhalle.

**Bonn,** siehe S. 40.

**Borken,** Kreisstadt in Nordrhein-Westfalen, nahe der niederländ. Grenze, rd. 34 000 Ew.; St.-Remigius-Kirche aus dem 9. Jahrhundert. In der Nähe die Wasserschlösser *Anholt, Gemen, Raesfeld* u. *Velen* sowie die Burgen *Haus Pröbsting* u. *Ramsdorf*.

**Borna,** Kreisstadt im sächs. Braunkohlenrevier u. Lößgebiet, rd. 25 000 Ew.; Kunigundenkirche (spätes 12. Jh.), Marienkirche (15. Jh.), Rathaus (17. Jh.), Reichstor (18. Jh.).

**Bornheim,** Stadt in Nordrhein-Westfalen, im Rhein-Sieg-Kreis, am Ostabhang der Ville, nordwestl. von Bonn, rd. 36 000 Ew.; Kloster St. Albert in B.-Walberberg mit *Albertus-Magnus-Akademie* (sozialwissenschaftl. Studienzentrum des Dominikanerordens, gegr. 1926); Siedlungsreste aus german. u. römischer Zeit (Wasserleitung, Kult- u. Weihestätten).

**Bottrop,** siehe S. 44.

**Bramsche,** Stadt in Niedersachsen, Ldkrs. Osnabrück, an der Hase u. am Mittellandkanal, rd. 24 000 Ew. – Stadtrecht 1929.

**Brandenburg,** siehe S. 45.

**Braunschweig,** siehe S. 46.

**Bremen,** siehe S. 48.

**Bremerhaven,** siehe S. 52.

**Bretten,** Stadt in Baden-Württemberg, Ldkrs. Karlsruhe, im Kraichgau, rd. 24 000 Ew.; Museum mit Bibliothek der Reformationszeit.

**Brilon,** Stadt in Nordrhein-Westfalen, Hochsauerlandkreis, im nordöstl. Sauerland, 455-800 m ü.M., rd. 25 000 Ew.; Luftkurort (Lungenheilstätten) auf der Hochfläche der *B.er Berge*; Wintersportplatz; Petrikirche (13.-14. Jh.), Rathaus (13. Jh.); am *Borberg* Kultstätte mit Resten alter Ringwälle.

**Bruchsal,** Stadt in Baden-Württemberg, Ldkrs. Karlsruhe, am Rand des Kraichgaus zur Rheinebene, rd. 37 000 Ew.; Schloß (18. Jh.), Barockkirche St. Peter, Grabeskirche der letzten Bischöfe von Speyer.

**Brühl,** Stadt in Nordrhein-Westfalen, Erftkreis, südlich von Köln, rd. 41 000 Ew.; Schloß *Augustusburg* (Barock; ehem. Sommerresidenz des Kurfürsten Clemens August); nahebei Märchen- u. Vergnügungspark »Fantasialand«. – Stadtrecht im Jahr 1285, 1469-1597 Residenz der Kölner Kurfürsten.

**Buchholz in der Nordheide,** Stadt in Niedersachsen, Ldkrs. Harburg, in der Lüneburger Heide, rd. 31 000 Ew.; in der Umgebung Hügelgräber.

**Bühl,** Stadt in Baden-Württemberg, Ldkrs. Rastatt, am Westrand des nördl. Schwarzwalds, am Ausgang des *B.er Tals* (Luftkurort u. Wintersportplatz *B.ertal*), 136-1000 m ü.M., rd. 24 000 Ew.; Burgruine Alt-Windeck (12. Jh.), Rathaus. – In der Nähe die *B.erhöhe* (754 m; Kurhaus u. Sanatorium).

**Bünde,** Stadt in Nordrhein-Westfalen, Ldkrs. Herford, südl. des Wiehengebirges, rd. 40 000 Ew.; Dt. Tabak- u. Zigarrenmuseum; Heiratsmarkt am Himmelfahrtstag.

**Burg,** amtl. *B. b. Magdeburg*, Kreisstadt in Sachsen-Anhalt, am Elbe-Havel-Kanal, rd. 28 000 Ew.; Liebfrauenkirche (13./14. Jh.), Nikolaikirche (12. Jh.), Petrikirche (12. Jh.).

**Burgdorf,** Stadt in Niedersachsen, Ldkrs. Hannover, rd. 29 000 Ew.; Schloß (17. Jh.), St.-Pankratius-Kirche u. Rathaus (19. Jh.).

**Butzbach,** Stadt in Hessen, Wetteraukreis, am Nordosthang des Taunus, rd. 22 000 Ew.; altertüml. Stadt, Schloß (17. Jh.). – Stadtrecht seit 1321; im 17. Jh. Residenzstadt.

**Buxtehude,** Stadt in Niedersachsen, Ldkrs. Stade, an der Este (zur Elbe), am Südrand des Alten Landes, rd. 32 000 Ew.; ehem. Hansestadt, Hafen.

**Calw,** Kreisstadt in Baden-Württemberg, an der Nagold, westlich von Stuttgart, 330-520 m ü.M., rd. 22 000 Ew.; Erholungsort; Marktplatz mit Rathaus u. Fachwerkhäusern; got. Brückenkapelle.

**Castrop-Rauxel,** Industriestadt in Nordrhein-Westfalen, Ldkrs. Recklinghausen, im Ruhrgebiet, am Rhein-Herne-Kanal, rd. 78 000 Ew.; moderner Stadtkern; St.-Lambertus-Kirche mit got. Sakramentshaus, Wasserschloß Bladenhorst (16. Jh.). – Stadtrecht 1902.

**Celle,** siehe S. 53.

**Chemnitz,** siehe S. 54.

**Cloppenburg,** Kreisstadt in Niedersachsen, in Oldenburg, an der Soeste, rd. 23 000 Ew.; St.-Andreas-Pfarrkirche (18. Jh.), Museumsdorf (alte Bauernhöfe u. Heimatkunst). – Stadtrecht 1435.

**Coburg,** kreisfreie Stadt in Oberfranken (Bayern), am Südrand des *Thüringer Waldes*, an der Itz, bei der Feste C. (*Veste C.*), 297-464 m ü.M., rd. 44000 Ew.; Altstadt mit mittelalterl. Baudenkmälern; Gymnasium Casimirianum (1605), St.-Moritz-Kirche (1320-1586), Residenzschloß Ehrenburg (16.-19. Jahrhundert), Schloßkirche (18.Jh.); Naturwissenschaftl. Museum, Landesbibliothek, Volkssternwarte; in C. wurde 1862 der Deutsche Sängerbund gegr. – Seit 1248 Sitz der Grafen von *Henneberg*, Stadtrecht 1331; 1553 wettinisch; seit 1826 eine der beiden Hauptstädte des Herzogtums Sachsen-C.-Gotha; der Landesteil C. schloß sich 1920 Bayern an.

**Coesfeld,** Kreisstadt in Nordrhein-Westfalen, westlich von Münster u. den Baumbergen, rd. 32 000 Ew.; Reste mittelalterl. Befestigungsanlagen (u.a. Pulverturm), got. Hallenkirche St. Lamberti; in der Nähe Schloß Varlar u. Benediktinerkloster Gerleve. – Stadtrecht 1197, seit dem Jahr 1320 Mitglied der Hanse, 1654-1678 Residenz des Fürstbischofs Christoph Bernhard von Galen.

**Coswig,** Stadt in Sachsen, Ldkrs. Meißen, nordwestlich von Dresden, rd. 27 000 Ew.; Heilstätten (Lindenhof).

**Cottbus,** siehe S. 56.

**Crailsheim,** Stadt in Baden-Württemberg, Ldkrs. Schwäbisch Hall, an der Jagst, 412 m ü.M., rd. 27 000 Ew.; Pfarrkirche St. Johann (14. Jh.). – Stadtrecht 1338.

**Crimmitschau,** Industriestadt in Sachsen, Ldkrs. Werdau, nordwestlich von Zwickau, rd. 24 000 Ew.; Laurentiuskirche (16. Jh.). – 1414 Stadtrecht.

**Cuxhaven,** Kreisstadt in Niedersachsen, an der Mündung der Elbe in die Nordsee, rd. 55 600 Ew.; Seehospital; Kugelbake (Wahrzeichen von C.); Schloß Ritzebüttel; Seehafen, Wetterwarte; Nordseeheilbad in den Stadtteilen *Duhnen* u. *Döse*. – Stadtrecht 1907.

**Dachau,** Kreisstadt in Oberbayern, an der Amper, nordwestlich von München, westlich des *Dachauer Mooses* (heute fast vollständig kultiviert), 505 m ü.M., rd. 35 000 Ew.; Schloß (16. Jh.). – Stadtrecht im Jahr 1933. Nordöstlich von D. errichtete die SS 1933 ein Konzentrationslager, das bis 1945 bestand u. dem zahlreiche Außenlager angeschlossen waren. Insges. waren über 200 000 Häftlinge in D. eingekerkert, von denen mindestens 30 000 umkamen. Auf dem Gelände wurden nach 1945 Sühnekapellen, ein Mahnmal (1960) und ein Karmeliterinnen-Kloster (1964) errichtet.

**Darmstadt,** siehe S. 58.

**Datteln,** Industriestadt in Nordrhein-Westfalen, Ldkrs. Recklinghausen, an der Einmündung des Lippe-Seitenkanals in den Dortmund-Ems-Kanal, rd. 37 000 Ew. – Stadtrecht 1936.

**Deggendorf,** Kreisstadt in Niederbayern, an der Donau, am Fuß des Bayer. Waldes, 312-1092 m ü.M., rd. 30 000 Ew. – Stadtrecht 1316.

**Delbrück,** Stadt in Nordrhein-Westfalen, Ldkrs. Paderborn, rd. 24 000 Ew.; kath. Pfarrkirche (12. Jh.), Kirchplatz mit alten Fachwerkhäusern. – Stadtrecht 1858.

**Delitzsch,** Kreisstadt in Sachsen, in der Leipziger Tieflandsbucht, nördlich von Leipzig, rd. 28 000 Ew.; gut erhaltene, mittelalterl. Stadtbefestigung, Kirche St. Peter u. Paul (15. Jh.), Marienkirche (16. Jh.), Hospitalkirche (16. Jh.), Rathaus (15. Jh.).

**Delmenhorst,** Stadt in Niedersachsen, an der *Delme*, westlich von Bremen, rd. 74 000 Ew.; Rathaus (Jugendstil) mit Wasserturm. – Stadtrecht 1371, von 1482-1549 gehörte D. zum Hochstift Münster, von 1667-1733 dänisch (zusammen mit der Grafschaft Oldenburg).

**Dessau,** siehe S. 60.

**Detmold,** Hptst. des Reg.-Bez. D. u. des ehem. Freistaats *Lippe*, am Rand des Teutoburger Waldes, 134-402 m ü.M., rd. 68 000 Ew.; Altstadt mit Giebel- u. Fachwerkhäusern des 16.-18. Jh., Residenzschloß (16. Jh.); Nordwestdt. Musikakademie (im Palais, 18. Jh.); Fachhochschule Lippe, Landestheater, Landesmuseum, Freilichtmuseum bäuerlicher Kulturdenkmäler; Fremdenverkehr und Kurbetrieb in den Stadtteilen Hiddesen, Berlebeck u.a.; südwestlich von Detmold das *Hermannsdenkmal*. – Im Jahr 783 Schlacht zwischen Karl d.Gr. und den Sachsen bei der Gerichtsstätte *Theotmalli*; seit 1305 Stadt; 1501-1918 Residenz einer Linie des Hauses *Lippe*.

**Dietzenbach,** Stadt in Hessen, Ldkrs. Offenbach, im Rodgau, südöstlich von Frankfurt a.M., rd. 29 000 Ew. – Stadtrecht im Jahr 1970.

**Dillenburg,** Stadt in Hessen, Lahn-Dill-Kreis, an der Dill, zwischen Westerwald u. Rothaargebirge, 220-470 m ü.M., rd. 24 000 Ew.; mittelalterl. Stadtkern. – Stadtrecht 1344.

**Dillingen/Saar,** Stadt im Saarland, Ldkrs. Saarlouis, an der Mündung der Prims in die Saar, rd. 21 000 Ew. – Stadtrecht 1949.

**Dinkelsbühl,** siehe S. 61.

**Dinslaken,** Stadt in Nordrhein-Westfalen, Landkreis Wesel, am Niederrhein, rd. 63 000 Ew. – Stadtrecht 1273.

**Ditzingen,** Stadt in Baden-Württemberg, Ldkrs. Ludwigsburg, westl. von Stuttgart, im Strohgäu, 303 m ü.M., rd. 22 000 Ew.; Marienkirche (15. Jh.). – Stadtrecht 1966.

**Döbeln,** Kreisstadt in Sachsen, an der Freiberger Mulde, rd. 28 000 Ew.; Nikolaikirche (14./15. Jh.).

**Dormagen,** Stadt in Nordrhein-Westfalen, Ldkrs. Neuss, am Rhein, rd. 58 000 Ew. – Stadtrecht 1969. Im Jahr 1975 wurde D. die ehemalige Stadt Zons eingegliedert.

**Dorsten,** Stadt in Nordrhein-Westfalen, Ldkrs. Recklinghausen, an der Lippe, rd. 76 000 Ew.; Wasserschloß *Lembeck* (älteste Teile aus dem 15. Jh.), Hallenkirche St. Agatha (14. Jh., im 2. Weltkrieg zerstörte Teile wurden 1955/56 wiederaufgebaut), Alte Stadtwaage (1567). – Stadtrechte 1251, im 14. u. 15. Jh. Mitgl. der Hanse.

**Dortmund,** siehe S. 62.

**Dreieich,** Stadt in Hessen, Ldkrs. Offenbach, im Rodgau, südl. von Frankfurt a.M., rd. 39 000 Ew.; Ruine der Wasserburg *Hain* (11./12. Jh.). 1977 aus den Städten *Sprendlingen, Dreieichenhain* u. drei weiteren Gemeinden gebildet.

**Dresden,** siehe S. 64.

**Duderstadt,** Stadt in Niedersachsen, Ldkrs. Göttingen, am Nordrand des Eichsfeldes, rd. 22 000 Ew.; viele guterhaltene Fachwerkbauten aus dem 15. bis 18. Jh., bes. das Rathaus (13.-16. Jh.); alte Stadtbefestigung mit Westerturm (1424), Propsteikirche St. Cyriakus. – Stadtrecht 1247.

**Dülmen,** Stadt in Nordrhein-Westfalen, Ldkrs. Coesfeld, südwestl. von Münster, rd. 39 000 Ew. – Stadtrecht 1311. Westl. von D. liegt die Moor- u. Heidelandschaft *Merfelder Bruch* .

**Düren,** Kreisstadt in Nordrhein-Westfalen, an der Rur, östl. von Aachen, 225 m ü.M., rd. 83 000 Ew; Leopold-Hoesch-Museum. – Ehem. Pfalz *(Duria, Dura);* Ort mehrerer Reichsversammlungen (8. Jh.); 1242 Reichsstadt.

**Duisburg,** siehe S. 68.

**Düsseldorf,** siehe S. 70.

**Eberswalde-Finow,** Kreisstadt in Brandenburg, am Finowkanal, nordöstl. von Berlin, im Thorn-Eberswalder Urstromtal, rd. 55 000 Ew.

**Eckernförde,** Stadt in Schleswig-Holstein, Landkreis Rendsburg-E., Ostseebad an der *E.r Bucht*, rd. 22 000 Ew.; Nikolaikirche (15. Jh.; Schnitzaltar von 1640).

**Ehingen (Donau),** Stadt in Baden-Württemberg, Alb-Donau-Kreis, 550 m ü.M., rd. 23 000 Ew.; Konviktskirche (18. Jh.). – 1346 österr., 1806 württemberg.

**Eilenburg,** Kreis- u. Industriestadt in Sachsen, an der Mulde, nordöstl. von Leipzig, rd. 22 000 Ew.

**Einbeck,** Stadt in Niedersachsen, Ldkrs. Northeim, an der Ilme, rd. 29 000 Ew.; altertüml. Stadtbild mit Fachwerkhäusern, spätgot. Stifts- u. Marktkirche, Rathaus (1550), Ratswaage (1565), Bartholomäuskapelle.

**Eisenach,** siehe S. 74.

**Eisenhüttenstadt,** Stadt in Brandenburg, an der Mündung des Oder-Spree-Kanals in die Oder, rd. 53 000 Ew.; Binnenhafen. 1950 als moderne Wohnstadt des Eisenhüttenkombinats Ost westl. des ehem. Fürstenberg (Oder) gebaut, bis 1961 *Stalinstadt.*

**Eisleben,** *Lutherstadt E.*, Kreisstadt in Sachsen-Anhalt, rd. 27 000 Ew.; E. ist Geburts- u. Sterbeort von M. *Luther* (Gedenkstätten).

**Ellwangen (Jagst),** Stadt in Baden-Württemberg, Ostalbkreis, an der Jagst westl. der *Ellwanger Berge* (440 m), 440-510 m ü.M., rd. 22 000 Ew.; Schloß Ellwangen (16. -18. Jh.), Stiftskirche (13. Jh.), barocke Wallfahrtskirche auf dem Schönenberg (522 m).

**Elmshorn,** Stadt in Schleswig-Holstein, Ldkrs. Pinneberg, an der Krückau, 43 000 Ew. – Stadtrecht im Jahr 1870.

**Emden,** kreisfreie Stadt u. Seehafen in Niedersachsen, an der Emsmündung, in den fruchtbaren ostfries. Marschen, rd. 50 000 Ew.; mit dem rhein.-westfäl. Industriegebiet durch den Dortmund-Ems-Kanal, mit Wilhelmshaven durch den Ems-Jade-Kanal verbunden; zeigt mit Kanälen u. Bauten altniederländ. Charakter; Rathaus (im Renaissancestil) mit dem Ostfries. Landesmuseum; Kunsthalle; Hafenumschlag 1988 (insbes. Massengüter): 2,6 Mill. t; Fähre nach Borkum.

**Emmendingen,** Kreisstadt in Baden-Württemberg, im Breisgau, an der Elz, rd. 23 000 Ew.; Residenzschloß. – Stadtrecht 1590.

**Emmerich,** Stadt in Nordrhein-Westfalen, Ldkrs. Kleve, am Niederrhein, nahe der niederländ. Grenze, rd. 28 000 Ew.; Hauptzollstätte der Rheinschiffahrt; Martini-Kirche (11. Jh.), Aldegundiskirche (15. Jh.), Stiftskirche Hochelten (10. Jh.), Heilig-Geist-Kirche (1966); Rheinbrücke. – Stadtrecht 1233, Mitglied der Hanse Ende des 14. Jh.

**Emsdetten,** Stadt in Nordrhein-Westfalen, Ldkrs. Steinfurt, an der Ems, rd. 31 000 Ew. – Stadtrecht 1938.

**Ennepetal,** Stadt in Nordrhein-Westfalen, Ennepe-Ruhr-Kreis, östl. von Wuppertal, 1949 durch Zusammenschluß von *Milspe* u. *Voerde* gebildet, 260 m ü.M., rd. 34 000 Ew.; bes. sehenswert die *Kluterthöhle.*

**Erding,** Kreisstadt in Bayern, am *E.er Moos*, nordöstl. von München, 464 m ü.M., rd. 24 000 Ew.; in der Nähe der 1992 eröffnete Münchner Flughafen.

**Erftstadt,** Stadt in Nordrhein-Westfalen, Erftkreis, an der Erft, südwestl. von Köln, rd. 44 000 Ew.; in *E.-Liblar* das Schloß Gracht (17. Jh.); Schloß Gymnich (Gästehaus der Bundesregierung); Erholungsgebiet Liblarer Seenplatte.

**Erfurt,** siehe S. 76.

**Erkelenz,** Stadt in Nordrhein-Westfalen, Ldkrs. Heinsberg, südwestl. von Mönchengladbach, rd. 37 000 Ew.; im 15./16. Jh. Festungs- u. Handelsstadt, spätgot. Backsteinbauten.

**Erlangen,** siehe S. 78.

**Eschwege,** Kreisstadt in Hessen, an der Werra, rd. 22 000 Ew.; ehem. Schloß (14. u. 16. Jh.), Altes Rathaus (1660), Hochzeitshaus (1578), Marktkirche (15. Jh.), Neustädter Kirche (14./15. Jh.); Verw.-Sitz des *Werra-Meißner-Kreises.*

**Eschweiler,** Stadt in Nordrhein-Westfalen, Ldkrs. Aachen, nordöstl. von Aachen, rd. 54 000 Ew. – Stadtrecht 1856.

**Espelkamp,** Stadt in Nordrhein-Westfalen, Ldkrs. Minden-Lübbecke, nördl. des Wiehengebirges, rd. 24 000 Ew. – Stadtrecht im Jahr 1959.

**Essen,** siehe S. 80.

**Esslingen,** siehe S. 82.

**Ettlingen,** Stadt in Baden-Württemberg, Ldkrs. Karlsruhe, im Albgau, rd. 37 000 Ew.; Schloß (1725-1733).

**Euskirchen,** Kreisstadt in Nordrhein-Westfalen, an der Erft, am Nordrand der Eifel, rd. 48 000 Ew.; roman. Martinskirche, Wasserschloß Veynau. – Stadtrecht 1302.

**Falkensee,** Stadt in Brandenburg, Ldkrs. Nauen, rd. 23 000 Ew. – Stadtrecht 1961.

**Fellbach,** Stadt in Baden-Württemberg, Rems-Murr-Kreis, östl. von Stuttgart, 287 m ü.M., rd. 40 000 Ew.; Lutherkirche (14./15. Jh.), Schwabenlandhalle. – Stadtrecht im Jahr 1933.

**Filderstadt,** Stadt in Baden-Württemberg, Ldkrs. Esslingen, südöstl. von Stuttgart, auf der Filder, 357-472 m ü.M., rd. 37 000 Ew. – 1975 als Filderlinden durch Zusammenschluß der Gemeinde *Bernhausen* mit vier anderen Gemeinden entstanden; 1976 Stadtrecht u. Umbenennung in F.

**Finsterwalde,** Kreisstadt in Brandenburg, in der westl. Niederlausitz, rd. 24 000 Ew.; Schloß (16. Jh.).

**Flensburg,** siehe S. 83.

**Forchheim,** Kreisstadt in Oberfranken (Bayern), an der Regnitz u. am Rhein-Main-Donau-Kanal, 265 m ü.M., rd. 29 000 Ew.; Rathaus (1535), St.-Martin-Kirche (14. Jh.) – Ehem. fränk. Königshof, 1007 zum Bistum Bamberg, 1200 Stadtrecht, 1802/03 an Bayern.

**Forst,** amtl. *F. (Lausitz)*, sorbisch *Baršć*, Kreisstadt in Brandenburg, in der Niederlausitz, an der Neiße, rd. 27 000 Ew. – Der Stadtteil am Ostufer der Neiße ist seit 1945 die poln. Gemeinde *Zasieki.*

**Frankenthal (Pfalz),** kreisfreie Stadt in Rheinland-Pfalz, zwischen Ludwigshafen u. Worms, rd. 45 000 Ew. – Stadtrecht 1577.

**Frankfurt, 1.** *Frankfurt am Main*, siehe S. 84.

**2.** *Frankfurt/Oder*, siehe S. 90.

**Frechen,** Stadt in Nordrhein-Westfalen, Erftkreis, westlich von Köln, rd. 43 000 Ew.

**Freiberg,** Kreis- u. Industriestadt in Sachsen, am Nordwestrand des Erzgebirges, westl. der *F.er Mulde*, rd. 51 000 Ew.; älteste Bergakademie der Welt (gegr. 1765). F. ist reich an histor. Bauwerken: Dom St. Marien (1484-1501) mit Resten eines romanischen Baus (Goldene Pforte, um 1230) u. sehr reicher Ausstattung (Tulpenkanzel von H. *Witten*, um 1520, Silbermannorgel, gebaut 1711-1714); Petrikirche (1729-1734, Silbermannorgel, gebaut 1733-1735) mit 75 m hohem Turm; Jakobikirche (1890-1892, Silbermannorgel, gebaut 1716/17); Domherrenhof (ehem. Thürmerei 1484, heute Stadt- u. Bergbaumuseum); Rathaus (1470-1474); Schloß Freudenstein

(1566-1579); Silbermannhaus (von 1710 bis 1751 lebte der Orgelbaumeister Gottfried *Silbermann* in F.). – Im Jahr 1168 Entdeckung des Silbererzes, 1186 Stadtrecht, erste Freie Bergstadt Deutschlands mit vorbildlichem Bergrecht (um 1350).

**Freiburg,** siehe S. 92.

**Freising,** Kreisstadt in Oberbayern, an der Isar, westl. vom Erdinger Moos, 446 m ü.M., rd. 36 000 Ew.; roman. Dom (1160; im 18. Jh. barock ausgestattet), Stadtpfarrkirche St. Peter u. Paul (1142 als Prämonstratenserkloster gegr.; 1705-1715 Neubau der Kirche), Stadtpfarrkirche St. Georg (15. Jh.); ehem. Benediktinerabtei im benachbarten *Weihenstephan*; Staatsbrauerei Weihenstephan (seit 1040; älteste Brauerei der Welt).

**Freital**, Kreis- u. Industriestadt in Sachsen, im Tal der Weißeritz, südwestl. von Dresden, Mittelpunkt des *Döhlener Beckens*, rd. 42 000 Ew.

**Freudenstadt,** Kreisstadt in Baden-Württemberg, beliebter klimatischer Kurort (740-1000 m ü.M.) u. Wintersportplatz in malerischer Lage zwischen Kinzig u. Murg im O des nördl. Schwarzwalds, rd. 21 000 Ew. – 1599 als *Friedrichstadt* gegründet; schachbrettartige Stadtanlage.

**Friedberg,** Stadt in Schwaben (Bayern), Ldkrs. Aichach-F., östl. von Augsburg, 514 m ü.M., rd. 26 000 Ew.; Schloß (13. Jh., 16. Jh. umgebaut), Rathaus (17. Jh.), Wallfahrtskirche (18. Jh.). – Stadtrecht 1264.

**Friedrichsdorf,** Stadt in Hessen, Hochtaunuskreis, am Südrand des Taunus, 160-460 m ü.M., rd. 23 000 Ew.; Grabstätte von P. *Reis*. – 1687 von Hugenotten gegr., 1821 Stadtrecht.

**Friedrichshafen,** siehe S. 94.

**Fröndenberg,** Stadt in Nordrhein-Westfalen, Ldkrs. Unna, an der Ruhr, östl. von Dortmund, rd. 21 000 Ew.; Stiftskirche (13./14. Jh.) mit Grabmälern der Grafen von der Mark.

**Fürstenfeldbruck,** Kreisstadt in Oberbayern, an der Amper, westl. von München, 528 m ü.M., rd. 30 000 Ew.; ehem. Zisterzienserabtei *Fürstenfeld* (1263-1803) mit barocker Klosterkirche. – Stadtrecht 1935.

**Fürstenwalde,** *F./Spree,* Kreisstadt in Brandenburg, an der hier zum Oder-Spree-Kanal ausgebauten Spree, rd. 36 000 Ew.; im 2. Weltkrieg stark zerstört; Rathaus (um 1500, 1968 wieder aufgebaut), Pfarrkirche (1446, 1769-1771 umgebaut), Jagdschloß (1699-1700); Binnenhafen.

**Fürth,** siehe S. 96.

**Füssen,** siehe S. 97.

**Fulda,** siehe S. 95.

**Gaggenau,** Stadt in Baden-Württemberg, Ldkrs. Rastatt, im nördl. Schwarzwald, im unteren Murgtal, 134-509 m ü.M., rd. 28 000 Ew. – Stadtrecht 1922.

**Ganderkesee,** Gemeinde in Niedersachsen, Ldkrs. Oldenburg, westl. von Delmenhorst, rd. 26 000 Ew.; Hallenkirche (14. Jh.).

**Garbsen,** Stadt in Niedersachsen, Ldkrs. Hannover, rd. 59 000 Ew.; Wohngemeinde von Hannover. – Stadtrecht 1968.

**Garmisch-Partenkirchen,** siehe S. 98.

**Geesthacht,** Stadt in Schleswig-Holstein, Ldkrs. Herzogtum Lauenburg, an der unteren Elbe, rd. 26 000 Ew.; Elbstaustufe mit Schleuse.

**Geilenkirchen,** Stadt in Nordrhein-Westfalen, Ldkrs. Heinsberg, an der Wurm, nahe der dt.-niederländ. Grenze, nördlich von Aachen, rd. 22 000 Ew.; klassizist. Pfarrkirche St.-Mariä-Himmelfahrt, Schlösser Trips u. Breill.

**Geislingen an der Steige,** Stadt in Baden-Württemberg, Ldkrs. Göppingen, an der Schwäb. Alb, 410-748 m ü.M., rd. 26 000 Ew.; Stadtpfarrkirche (spätgot. Pfeilerbasilika mit sehenswertem Chorgestühl), Burgruine *Helfenstein*.

**Geldern,** Stadt in Nordrhein-Westfalen, Ldkrs. Kleve, an der Niers, südwestl. von Wesel, rd. 27 000 Ew.; ehem. Karmeliterkloster, Schloß Walbeck. – Stadtrecht 1229.

**Gelsenkirchen,** siehe S. 99.

**Georgsmarienhütte,** Stadt in Niedersachsen, Ldkrs. Osnabrück, im nordwestlichen Teutoburger Wald, rd. 31 000 Ew.

**Gera,** siehe S. 100.

**Geretsried,** Stadt in Oberbayern, Ldkrs. Bad Tölz-Wolfratshausen, an der Isar, südlich von München, 592 m ü.M., rd. 20 000 Ew. Stadtrecht 1970.

**Germering,** Gemeinde in Bayern, Landkreis Fürstenfeldbruck, westlich von München, 535 m ü.M., rd. 35 000 Ew.; St.-Martin-Kirche (15./16. Jh.).

**Gevelsberg,** Stadt in Nordrhein-Westfalen, Ennepe-Ruhr-Kreis, im westl. Sauerland, 140-350 m ü.M., rd. 30 000 Ew. – Stadtrecht im Jahr 1886.

**Gießen,** siehe S. 102.

**Gifhorn,** Kreisstadt in Niedersachsen, an der Aller, nördl. von Braunschweig, rd. 35 000 Ew.; Schloß (16. Jh.), Nikolaikirche (18. Jh.).

**Gladbeck,** Industriestadt in Nordrhein-Westfalen, Ldkrs. Recklinghausen, am Nordrand des Ruhrgebiets, rd. 79 000 Ew.; Wasserburg *Wittringen* (16. Jh.). – Stadtrecht 1919.

**Glauchau,** Kreis- u. Industriestadt in Sachsen, an der Zwickauer Mulde, rd. 27 000 Ew.; Doppelschloß Hinter-G. (15. Jh., Museum, Kunstsammlung) u. Vorder-G. (16. Jh.), Pfarrkirche St. Georg (1726-1728, Silbermannorgel von 1730).

**Goch,** Stadt in Nordrhein-Westfalen, Landkreis Kleve, an der Niers, rd. 30 000 Ew.; Patrizierhaus »Zu den fünf Ringen« (16. Jh.), Steintor (Torburg der mittelalterl. Stadtbefestigung, Museum), Pfarrkirche St.-Maria-Magdalena (14./15. Jh.).

**Göppingen,** Kreisstadt in Baden-Württemberg, an der Fils, südwestl. vom Hohenstaufen, 318 m ü.M., rd. 53 000 Ew.; ehem. Schloß (16. Jh.), Oberhofenkirche (15. Jh.).

**Görlitz,** siehe S. 106.

**Göttingen,** siehe S. 107.

**Goslar,** siehe S. 103.

**Gotha,** siehe S. 104.

**Greifswald,** s. Seite 108.

**Greiz,** Kreisstadt in Thüringen, an der Weißen Elster, rd. 33 000 Ew.; Staatsarchiv, Staatl. Bücher- u. Kupferstichsammlung; Oberes Schloß (16., 17. und 18. Jh.), Unteres Schloß (ursprünglich 16. Jh., neu gebaut 1802-1809), Sommerpalais (1779-1789), Landschaftspark (18. u. 19. Jh.). – Bis 1918 Residenz der Fürsten *Reuß ältere Linie*.

**Greven,** Stadt in Nordrhein-Westfalen, Ldkrs. Steinfurt, an der Ems, nördl. von Münster, rd. 30 000 Ew.; spätgot. Martinuskirche. – Stadtrecht 1950.

**Grevenbroich,** Stadt in Nordrhein-Westfalen, Ldkrs. Neuss, an der unteren Erft, südwestl. von Düsseldorf, rd. 59 000 Ew.; Altes Schloß (15. Jh.).

**Griesheim,** Stadt in Hessen, Ldkrs. Darmstadt-Dieburg, in der nördl. Oberrhein. Tiefebene, rd. 21 000 Ew. – Stadtrecht 1965.

**Gronau,** *G., (Westf.),* Stadt in Nordrhein-Westfalen, Ldkrs. Borken, rd. 39 000 Ew. – Stadtrecht 1898.

**Groß-Gerau,** Kreisstadt in Hessen, im Nordteil der Oberrhein. Tiefebene, rd. 22 000 Ew. – Stadtrecht im Jahr 1398.

**Güstrow,** Kreisstadt in Mecklenburg-Vorpommern, rd. 39 000 Ew.; Theater, Museum; Dom (1226; mit Flügelaltar von 1500 u. »Schwebendem Engel« von E. *Barlach*), Schloß (16. Jh., bedeutendster norddt. Renaissancebau, 1964-1975 restauriert), Pfarrkirche St. Martin (16. Jh.), Gertrudenkapelle (15. Jh., Ernst-Barlach-Gedenkstätte), Barlachhaus am Inselsee mit Nachlaß des Künstlers.

**Gütersloh,** Kreisstadt in Nordrhein-Westfalen, südwestlich von Bielefeld, an der Dalke, rd. 83 000 Ew. – Stadtrecht 1825.

**Gummersbach,** Kreisstadt in Nordrhein-Westfalen, im Bergischen Land, nahe der oberen Agger (Talsperre), 250-500 m ü.M., rd. 49 000 Ew.; Verwaltungssitz des *Oberbergischen Kreises*. – Stadtrecht 1857.

**Haan,** Stadt in Nordrh.-Westfalen, Ldkrs. Mettmann, nordwestl. von Solingen, im Bergischen Land, rd. 29 000 Ew. – Stadtrecht im Jahr 1921.

**Hagen,** siehe S. 109.

**Halberstadt,** siehe S. 110.

**Haldensleben,** Kreisstadt in Sachsen-Anhalt, nordwestl. von Magdeburg, an der Ohre u. am Mittellandkanal, rd. 21 000 Ew.; Stadtkirche St. Marien (14./15. Jh.), Bülstringertor (14. Jh.), Stendalertor (Ende 16. Jh.); Binnenhafen.

**Halle,** siehe S. 112.

**Halle-Neustadt,** westl. Stadtteil von Halle (Saale), rd. 91 000 Ew. – 1964 gegr., 1967-1990 Stadt.

**Haltern,** Stadt in Nordrhein-Westfalen, Ldkrs. Recklinghausen, nahe der Mündung der Stever in die Lippe *(H.er See)*, nördlich von Recklinghausen, rd. 33 000 Ew. Am *St.-Anna-Berg* wurden Kastell- u. Lagerbauten aus der Römerzeit gefunden; Röm.-German. Museum. – Stadtrecht im Jahr 1289.

**Hamburg,** siehe S. 114.

**Hameln,** siehe S. 120.

**Hamm,** siehe S. 121.

**Hamminkeln,** Gemeinde in Nordrhein-Westfalen, Ldkrs. Wesel, an der Issel, rd. 24 000 Ew.; Klosterkirche Marienthal (1345).

**Hanau,** Kreisstadt in Hessen, an der Mündung der Kinzig in den Main (Hafen), rd. 84 000 Ew.; ursprüngl. zwei selbständige Teile: die Altstadt (1303) u. die für vertriebene Wallonen u. Niederländer gebaute Neustadt (1597), nach dem 2. Weltkrieg unter Berücksichtigung des histor. Stadtplans wiederaufgebaut; Marienkirche (13. Jh.), Dt. Goldschmiedehaus (1537), niederländ.-wallon. Kirche, Schloß Philippsruhe (18. Jh.); Wilhelmsbad (Kur- u. Badeanlage des 18. Jh.). – Stadtrecht 1303, seit dem 15. Jh. bis 1642 Sitz der Grafen von *H.-Münzenberg*; 1813 Sieg Napoleons I. über bayer.-österr. Truppen, 1866 preuß. Provinz- u. Garnisonsstadt. – Verwaltungssitz des *Main-Kinzig-Kreises*.

**Hannover,** siehe S. 122.

**Harzburg,** *Bad H.,* Stadt in Niedersachsen, Ldkrs. Goslar, u. heilklimat. Kurort am nördl. Harzrand, 300-600 m ü.M., rd. 23 000 Ew.; Kochsalz- u. Arsenschwefelquellen. – Oberhalb von H. befinden sich die Reste der durch *Heinrich IV.* erbauten Burg (im Dreißigjährigen Krieg zerstört). – Stadtrecht 1894.

**Hattersheim am Main,** Stadt in Hessen, Main-Taunus-Kreis, westl. von Frankfurt, rd. 23 000 Ew. – Stadtrecht 1970.

**Hattingen,** Stadt in Nordrhein-Westfalen, Ennepe-Ruhr-Kreis, an der Ruhr, südl. von Bochum, rd. 56 000 Ew.; histor. Kirchplatz, ehem. Rathaus (1576); Burg Blankenstein (13. Jh.), Wasserburg *Haus Kemnade* (11. Jh.); in der Nähe *Isenberg* mit der Ruine der *Isenburg* (13. Jh.).

**Heide,** Kreisstadt in Schleswig-Holstein, am Rand der Geest, rd. 20 000 Ew.; Verwaltungssitz des Ldkrs. *Dithmarschen.* – 1447-1559 Hptst. der Bauernrepublik *Dithmarschen*; Stadtrecht 1869.

**Heidelberg,** siehe S. 126.

**Heidenau,** Stadt in Sachsen, Ldkrs. Pirna, an der Elbe, südöstl. von Dresden, rd. 21 000 Ew.; Schloß *Großsedlitz*, 1719-1727 von M. D. *Pöppelmann*, Johann Christoph *Knöffel* u. Zacharias *Longuelune* erbaut, mit barocker Parkanlage, nach der Zerstörung (1813) 1872-1874 teilweise wiederaufgebaut.

**Heidenheim,** *H. an der Brenz,* Kreisstadt in Baden-Württemberg, an der Brenz, in der Schwäb. Alb, 478-645 m ü.M., rd. 49 000 Ew.; malerische Stadtanlage zu Füßen des Schlosses *Hellenstein* (17. Jh.). – Stadtrecht im Jahr 1356.

**Heilbronn,** siehe S. 128.

**Heiligenhaus,** Stadt in Nordrhein-Westfalen, Ldkrs. Mettmann, nordwestl. von Wuppertal, rd. 29 000 Ew. – Stadtrecht im Jahr 1947.

**Heinsberg,** Kreisstadt in Nordrhein-Westfalen, nahe der dt.-niederländ. Grenze, rd. 37 000 Ew.; Reste der Stadtbefestigung (14./15. Jh.), St.-Gangolphus-Kirche (15. Jh.; »Selfkantdom«). – Stadtrecht 1256.

**Helmstedt,** Kreisstadt in Niedersachsen, zwischen Elm u. Lappwald, im Mittelpunkt der Braunkohlenfelder östl. des Elm, rd. 27 000 Ew.; altertüml. Stadtbild mit Stadtmauern u. zahlreichen roman., got. u. Renaissancebauten; ehemals Universität (1576-1810). – Stadtrecht 1247, 1426-1518 Mitglied der Hanse.

**Hemer,** Stadt in Nordrhein-Westfalen, Märkischer Kreis, nordöstl. von Iserlohn, 245 m ü.M., rd. 33 000 Ew.; in der Nähe das Naturschutzgebiet »Felsenmeer« u. die Tropfsteinhöhle »Heinrichshöhle«. – Stadtrecht 1936.

**Hennef (Sieg),** Stadt in Nordrhein-Westfalen, Rhein-Sieg-Kreis, südöstl. von Siegburg, rd. 31 000 Ew.; Kneippkurort. – Östl. von H. (S.) liegt die ehem. Stadt- u. Burganlage *Blankenberg* (1180 gegr.), nördl. von H. die *Wahnbachtalsperre.*

**Hennigsdorf b. Berlin,** Stadt in Brandenburg, Ldkrs. Oranienburg, an der Havel (Einmündung des Havelkanals im Ortsteil *Nieder-Neuendorf*), rd. 25 000 Ew.

**Henstedt-Ulzburg,** Gemeinde in Schleswig-Holstein, Ldkrs. Segeberg, nördl. von Hamburg, rd. 20 000 Ew.

**Heppenheim (Bergstraße),** Kreisstadt in Hessen, am Westrand des Odenwaldes, unterhalb der Ruine *Starkenburg,* rd. 23 000 Ew.; Kurmainzer Amtshof (13.-15. Jh.), zahlreiche Fachwerkhäuser, Rathaus (1551). – Verw.-Sitz des Ldkrs. *Bergstraße.*

**Herborn,** Stadt in Hessen, Lahn-Dill-Kreis, an der Dill, rd. 20 000 Ew.; mittelalterl. Altstadt; 1584 bis 1817 ev.-theolog. Universität. – Stadtrecht 1251.

**Herdecke,** Stadt in Nordrhein-Westfalen, Ennepe-Ruhr-Kreis, an der Ruhr, nordwestl. von Hagen, zwischen Hengstey- u. Harkortsee, rd. 26 000 Ew.; Privatuniversität (gegr. 1982). – Stadtrecht 1739. – Nordöstl. von H. die Burgruine *Hohensyburg* mit Kaiser-Wilhelm-Denkmal (1902).

**Herford,** Kreisstadt in Nordrhein-Westfalen, an der Werre, nordöstl. von Bielefeld u. vom Teutoburger Wald, rd. 62 000 Ew.; histor. Bauten aus dem 13.-16. Jh., insbes. Münsterkirche, Marienkirche u. Johanneskirche. – Ehem. Benediktinerinnenabtei (790 gegr.; 1802 aufgelöst), Stadtrecht Ende des 12. Jh., vom 13. bis Mitte des 17. Jh. Hansestadt, 1647 brandenburgisch.

**Herne,** siehe S. 129.

**Herrenberg,** Stadt in Baden-Württemberg, Ldkrs. Böblingen, südwestl. von Stuttgart, 395-568 m ü.M., rd. 26 000 Ew.; histor. Marktplatz; auf dem Schloßberg Reste einer pfalzgräfl. Burg; got. Stiftskirche.

**Hersfeld,** *Bad H.,* Kreisstadt in Hessen, an der mittleren Fulda, rd. 29 000 Ew.; mehrere histor. Bauten, darunter die Ruine der roman. Stiftskirche (9. u. 12. Jh., 1761 zerstört; seit 1951 *H.er Festspiele*) der ehem. Benediktinerabtei (»Härulfisfeld«, gegr. 769); Heilbad mit Glaubersalzquellen. – Stadtrecht 1170.

**Herten,** Stadt in Nordrhein-Westfalen, Ldkrs. Recklinghausen, am Nordufer der Emscher, westl. von Recklinghausen, rd. 68 000 Ew.; spätgot. Wasserschloß (1702). – Stadtrecht 1936.

**Herzogenrath,** Stadt in Nordrhein-Westfalen, Ldkrs. Aachen, an der Wurm, nördl. von Aachen, nahe der niederländ. Grenze, rd. 43 000 Ew.; Burg (11. u. 18. Jh.). – Stadtrecht 1282.

**Hettstedt,** Kreisstadt in Sachsen-Anhalt, am östl. Harzrand, nordöstl. von Mansfeld, rd. 21 000 Ew.; Kupferbergbau seit dem Jahr 1200.

**Heusweiler,** Gemeinde im Saarland, im Stadtverband Saarbrükken, 300 m ü.M., rd. 20 000 Ew.

**Hilden,** Stadt in Nordrhein-Westfalen, Ldkrs. Mettmann, westl. von Solingen, rd. 54 000 Ew. – Stadtrecht 1861.

**Hildesheim,** siehe S. 130.

**Hof,** kreisfreie Stadt in Oberfranken (Bayern), an der oberen Saale, nördlich des Fichtelgebirges, nahe der thüring.-sächs. u. tschech. Grenze, 495 m ü.M., rd. 51 000 Ew.; St.-Lorenz-Kirche (11.-16. Jh.), Hospitalkirche (13. Jh., Ausstattung 17. Jh.), Rathaus (16. Jh.). – 1214 erstmals urkundlich erwähnt, seit 1373 im Besitz der Burggrafen von Nürnberg, kam 1792 als Teil von Ansbach-Bayreuth an Preußen, 1810 an Bayern.

**Hofheim,** *H. am Taunus,* Stadt in Hessen, Main-Taunus-Kreis, westl. von Frankfurt am Main, rd. 35 000 Ew.; histor. Altstadt mit Rathaus (16. Jh.), got. Pfarrkirche (15. u. 18. Jh.). – Stadtrecht 1352.

**Holzminden,** Kreisstadt in Niedersachsen, an der Oberweser, nordwestl. vom Solling, rd. 21 000 Ew.; histor. Altstadt mit Fachwerkbauten. – Stadtrecht 1245.

**Homburg,** *Bad H.*, siehe S. 131.

**Honnef,** *Bad H.,* Stadt u. Heilbad in Nordrhein-Westfalen, Rhein-Sieg-Kreis, rechts am Rhein (mit den Inseln *Nonnenwerth* u. *Grafenwerth*), südöstl. von Bonn, am Fuß des Siebengebirges, rd. 21 000 Ew.; radioaktiver Säuerling; Lungenheilstätte *Hohen-H.*; im Stadtteil *Rhöndorf* das ehemalige Wohnhaus K. *Adenauers* (Museum der Dr.-Konrad-Adenauer-Stiftung) und Waldfriedhof mit seiner Grabstätte.

**Höxter,** siehe S. 132.

**Horb am Neckar,** Stadt in Baden-Württemberg, Ldkrs. Freudenstadt, südl. von Nagold, 450-630 m ü.M., rd. 22 000 Ew.; Teile der Stadtbefestigung erhalten, Stiftskirche mit »Horber Madonna« (um 1430), Rathaus (1765). – Stadtrecht 1258, seit 1453 österr., seit 1805 württemberg.

**Hoyerswerda,** Kreisstadt in Sachsen, an der Schwarzen Elster, südwestl. von Spremberg, rd. 68 000 Ew.; Schloß (1592), Pfarrkirche (15. Jh.), Rathaus (1592).

**Hückelhoven,** Stadt in Nordrhein-Westfalen, Ldkrs. Heinsberg, an der Rur, südwestl. von Erkelenz, rd. 34 000 Ew.

**Hürth,** Stadt in Nordrhein-Westfalen, Erftkreis, südwestl. von Köln, rd. 49 000 Ew.; Reste röm. Wasserleitungen.

**Husum,** siehe S. 133.

**Ibbenbüren,** Stadt in Nordrhein-Westfalen, Ldkrs. Steinfurt, im nordwestl. Teutoburger Wald, am Dortmund-Ems- und Mittellandkanal, rd. 43 000 Ew. – 1515-1702 Teil von Oranien, danach zu Preußen; Stadtrecht 1721.

**Idar-Oberstein,** siehe S. 134.

**Ilmenau,** Kreisstadt in Thüringen, an der *Ilm* (1), 540 m ü.M., rd. 29 000 Ew.; Kurort u. Wintersportplatz; Techn. Hochschule (seit 1953), Ingenieurschule für Glastechnik; Stadtkirche, Rathaus (1625). – Ersterwähnung als Stadt im Jahr 1341, alte Handels- und Bergbaustadt.

**Ingelheim am Rhein,** Stadt in Rheinland-Pfalz, Ldkrs. Mainz-Bingen, rd. 21 000 Ew.; Reste einer karoling. Kaiserpfalz; Hafen.

**Ingolstadt,** siehe S. 135.

**Iserlohn,** Stadt in Nordrhein-Westfalen, Märkischer Kreis, östl. von Hagen, an der Baar, im nördl. Sauerland, 160-491 m ü.M., rd. 93 000 Ew.; spätgot. St.-Pankratius-Kirche, Oberste Stadtkirche (spätgot. Hallenkirche). – Stadtrecht 1237; bereits im späten MA gab es eisenverarbeitende Betriebe (die erste Drahtrolle wurde 1394 hergestellt), um 1700 wurde die Nadelindustrie eingeführt. – In der Nähe von I. liegt die *Dechenhöhle*, eine 300 m tiefe Kalksteinhöhle mit bes. schönen Tropfsteinbildungen.

**Isernhagen,** Gemeinde in Niedersachsen, Landkreis Hannover, nordöstlich von Hannover, rd. 21 000 Ew.; Wohnvorort. – 1974 aus mehreren Gemeinden gebildet.

**Itzehoe,** Kreisstadt in Schleswig-Holstein, an der Stör, rd. 32 000 Ew.; Laurentiuskirche (1716), Rathaus (17. u. 19. Jh.); Binnenhafen. – Stadtrecht seit 1238; Verw.-Sitz des Ldkrs. *Steinburg.* – Südöstlich von I. liegt die *Breitenburg* (18. Jh.).

**Jena,** siehe S. 136.

**Jüchen,** Gemeinde in Nordrhein-Westfalen, Ldkrs. Neuss, rd. 21 000 Ew.; Wasserschloß Dyck (17. Jh.), Kloster St. Nikolaus (14. Jh.).

**Jülich,** Stadt in Nordrhein-Westfalen, Ldkrs. Düren, zwischen Aachen u. Köln, an der Rur, rd.

31 000 Ew.; alte Herzogstadt mit Resten der Stadtbefestigung (Zitadelle, 16. Jh.); Propsteikirche (12. Jh., 1878 im neugotischen Stil aufgebaut); Römisch-Germanisches Museum. – Um 350 röm. Siedlung u. Kastell (»Juliacum«), im Jahr 1238 Stadtrecht, 1794-1814 französisch, 1815 preußisch, 1918-1929 von belgischen Truppen besetzt; im 2. Weltkrieg (1944) stark zerstört.

**Kaarst,** Stadt in Nordrhein-Westfalen, Ldkrs. Neuss, nordwestl. von Neuss, rd. 40 000 Ew.

**Kaiserslautern,** siehe S. 137.

**Kamen,** Stadt in Nordrhein-Westfalen, Ldkrs. Unna, südwestl. von Hamm, rd. 45 000 Ew.; Wasserschloß *Heeren* (17. Jh.).

**Kamp-Lintfort,** Stadt in Nordrhein-Westfalen, Ldkrs. Wesel, nordwestl. von Moers, rd. 37 000 Ew.; ältestes dt. Zisterzienserkloster *Kamp* (1122-1802). – Stadtrecht 1950.

**Karlsruhe,** siehe S. 138.

**Kassel,** siehe S. 140.

**Kaufbeuren,** kreisfreie Stadt in Schwaben (Bayern), an der Wertach, nordöstl. von Kempten, 682 m ü.M., rd. 42 000 Ew.; Wehrtürme aus dem 15. Jh., Heimatmuseum mit Erinnerungsstätte des hier geborenen L. *Ganghofer*; Blasiuskapelle (1319). – Ehem. fränk. Königshof, 1286-1802 Reichsstadt.

**Kehl,** Stadt in Baden-Württemberg, Ortenaukreis, an der Mündung der Kinzig in den Rhein, gegenüber von Straßburg, rd. 29 000 Ew.; Hafen. – Stadtrecht im Jahr 1774; K. gehörte seit 1678 insgesamt achtmal zu französischem Hoheitsgebiet, zuletzt in den Jahren 1919-1930 und 1944-1953.

**Kelkheim (Taunus),** Stadt in Hessen, Main-Taunus-Kreis, am Südrand des Taunus, rd. 27000 Ew. – Stadtrecht 1938.

**Kempen,** Stadt in Nordrhein-Westfalen, Ldkrs. Viersen, nordwestl. von Krefeld, rd. 32 000 Ew.; Reste der ehem. kurköln. Festung, Marienkirche (13.-15. Jh.); Heimat des Theologen *Thomas von K.* – Stadtrecht 1294.

**Kempten (Allgäu),** kreisfreie Stadt in Schwaben (Bayern), Zentrum des bayer. Allgäus, an der Iller, 695 m ü.M., rd. 57 000 Einwohner.; Rathaus (15./16. Jh.) mit Brunnen, Stiftskirche St. Lorenz (17. Jh.), ehemalige fürstäbtliche Residenz (17./18. Jh.), Barockkirche St. Mang, Allgäuer Heimatmuseum im Kornhaus (18. Jh.).

**Kerpen,** Stadt in Nordrhein-Westfalen, Erftkreis, an der Ville, rd. 55 000 Ew.; Stiftskirche St. Martin (15. Jh.).

**Kevelaer,** Stadt in Nordrhein-Westfalen, Ldkrs. Kleve, nahe der dt.-niederländ. Grenze, nordwestl. von Krefeld, rd. 22 000 Ew.; bedeutendster dt. Wallfahrtsort (jährl. über 500 000 Pilger); Wallfahrtskapelle (1654) mit dem Gnadenbild der »Muttergottes von K.« (Antwerpener Kupferstich einer sog. Luxemburger Muttergottes); Museum für niederrhein. Volkskunde. – Stadtrecht im Jahr 1949.

**Kiel,** siehe S. 142.

**Kirchheim,** *K. unter Teck,* Stadt in Baden-Württemberg, Ldkrs. Esslingen, am Zusammenfluß von Lauter u. Lindach, südöstl. von Stuttgart, 308 m ü.M., rd. 34 000 Ew.; Rathaus (1722-1724), ehem. Schloß (16. Jh.), spätgot. Pfarrkirche. – Stadtrecht um 1220/1230.

**Kissingen,** *Bad K.,* Kreisstadt u. Heilbad in Unterfranken (Bayern), an der Fränk. Saale, südl. der Rhön, 212 m ü.M., rd. 21 000 Ew.; seit dem 16. Jh. Sol- und Moorbad (mit der *Rákoczy-Quelle*; erdig-sulfatischer, CO-haltiger Kochsalzsprudel); Kuranlagen (Regentenbau, Wandelhalle u. Kurhausbad, alle Anfang des 20. Jh.) von M. *Littmann*, Spielbank. – 1866 preuß. Sieg über die Bayern; 1874 Attentat auf O. von *Bismarck*.

**Kleve,** Kreisstadt in Nordrhein-Westfalen, am Spoykanal u. am Kermisdahl (alter Rheinarm), rd. 45 000 Ew.; *Schwanenburg* (15.-17. Jh., Ort der Lohengrin-Sage), Stiftskirche (14. Jh.). – Stadtrecht 1242.

**Koblenz,** siehe S. 144.

**Köln,** siehe S. 146.

**Königsbrunn,** Stadt in Schwaben (Bayern), Ldkrs. Augsburg, südl. von Augsburg auf dem Lechfeld, 506 m ü.M., rd. 20 000 Ew. – Stadtrecht im Jahr 1967.

**Königswinter,** Stadt in Nordrhein-Westfalen, Rhein-Sieg-Kreis, am Siebengebirge, rd. 34 000 Ew.; Pfarrkirche St. Remigius aus dem 18. Jh., Schloß Drachenburg, Petersberg, Siebengebirgsmuseum; Zahnradbahn zum *Drachenfels*.

**Köthen/Anhalt,** Kreisstadt in Sachsen-Anhalt, nördl. von Halle (Saale), rd. 34 000 Ew.; Pädagog. u. Ingenieurhochschule, Vogelkundemuseum; Residenzschloß (16. Jh.), Jakobskirche (15. Jh.). – 1603-1847 Residenz der Linie *Anhalt-Köthen*, 1717-1722 war J. S. *Bach* fürstl. Kapellmeister in K./A.

**Konstanz,** siehe S. 152.

**Korbach,** Kreisstadt in Hessen, nordwestl. der Edertalsperre, 325-560 m ü.M., rd. 22 000 Ew.; alte Stadtbefestigungen, Kilianskirche (14./15. Jh.), Nikolaikirche (15. Jh.), Rathaus (14. Jh.); Verw.-Sitz des Ldkrs. *Waldeck-Frankenberg*. – Stadtrecht 1188, um 1300 Mitgl. der Hanse.

**Kornwestheim,** Stadt in Baden-Württemberg, Ldkrs. Ludwigsburg, nordöstl. von Stuttgart, 297 m ü.M., rd. 27 000 Ew.; St.-Martins-Kirche (16. Jh.). – Stadtrecht 1931.

**Korschenbroich,** Stadt in Nordrhein-Westfalen, Landkreis Neuss, östlich von Mönchengladbach, rd. 27 000 Ew.; Schloß *Myllendonk*.

**Krefeld,** siehe S. 154.

**Kreuznach,** *Bad K.,* Kreisstadt in Rheinland-Pfalz, an der Nahe, rd. 40 000 Ew.; Heilbad (ältestes Radon-Solbad der Erde), radiumhaltiges, erdig-muriatisches Wasser (17 Solquellen, 10 Gradierwerke); Brückenhäuser (15. Jh.), Burgruine Kauzenburg (12. Jh.). – K. war ursprüngl. karolingische Pfalz, ab 1290 Stadt; 1437 kam es teilweise, 1708 gänzlich zur Kurpfalz, 1815 zu Preußen.

**Kreuztal,** Stadt in Nordrhein-Westfalen, Ldkrs. Siegen, im Siegerland 260-644 m ü.M., rd. 29 000 Ew.; Pfarrkirche (13. Jh.) im Stadtteil *Ferndorf*, Schloß Junkernhees, ehemalige Bergwerkssiedlung Altenberg. – 1969 durch Zusammenschluß von 12 Gemeinden entstanden.

**Kulmbach,** Kreisstadt in Oberfranken (Bayern), am Weißen Main, 306 m ü.M., zu Füßen der Hohenzollern-Festung *Plassenburg* (16. Jh.), rd. 27 000 Ew.; Reste der Stadtummauerung, Rathaus (1752), Petrikirche (15. Jh.), Zinnfiguren-Museum. – 1340 an die fränk. Hohenzollern, seit 15./16. Jh. bis 1603 Residenz der Markgrafschaft Ansbach-K. bzw. Ansbach-Bayreuth, 1792 preußisch, 1810 zu Bayern.

**Laatzen,** Stadt in Niedersachsen, Ldkrs. Hannover, an der Leine, am südöstl. Stadtrand von Hannover, rd. 37 000 Ew. – Stadtrecht im Jahr 1968.

**Lage,** Stadt in Nordrhein-Westfalen, Ldkrs. Lippe, an der Werre, nordwestl. von Detmold, rd. 32 000 Ew.; Fachhochschule; roman.-got. Marktkirche (1274). – Stadtrecht 1843.

**Lahr/Schwarzwald,** Stadt in Baden-Württemberg, Ortenaukreis, am Westrand des mittleren Schwarzwalds, an der Schutter, 159- 393 m ü.M., rd. 35 000 Ew.; Storchenturm (1250) mit Geroldsecker Museum.

**Lampertheim,** Stadt in Hessen, Ldkrs. Bergstraße, in der Oberrhein. Tiefebene, nördl. von Mannheim, rd. 31 000 Ew. – Stadtrecht im Jahr 1951.

**Landau,** *L. in der Pfalz,* kreisfreie Stadt in Rheinland-Pfalz, an der Queich, an der südl. Haardt, rd. 35 000 Ew.; Erziehungswissenschaftliche Hochschule; Reste der von *Vauban* erbauten Festungsanlagen (Dt. u. Französ. Tor, Kronwerk, Wasserbauten); Stiftskirche (14./15. Jh.), Augustinerkirche (15. Jh., mit holzgeschnitzter L.er Madonna); Verw.-Sitz des Ldkrs. *Südl. Weinstraße*. – Stadtrecht 1274, 1291 Freie Reichsstadt, nach dem Dreißigjährigen Krieg bis 1704 u. 1713-1815 französisch.

**Landsberg,** *L. am Lech,* Kreisstadt in Oberbayern, südl. von Augsburg, 580-630 m ü.M., rd. 20 000 Ew.; Pfarrkirche Mariä Himmelfahrt (15. Jh.), St.-Johannes-Kirche (18. Jh.), Heilig-Kreuz-Kirche des ehemaligen Jesuitenklosters (18. Jh.), Rathaus (1699) mit Stuckfassade von D. *Zimmermann*, davor auf dem Marktplatz Brunnen (1783) mit Marienstatue, got. Bayertor (1425), Stadtmauer mit Rundtürmen.

**Landshut,** siehe S. 155.

**Langen,** Stadt in Hessen, Ldkrs. Offenbach, südl. von Frankfurt a. M., rd. 29 000 Ew. – Stadtrecht 1883.

**Langenfeld (Rheinland),** bis zum Jahr 1937 *Richrath-Reusrath*, Stadt in Nordrhein-Westfalen, Ldkrs. Mettmann, südöstlich von Düsseldorf, rd. 49 000 Ew.; Wasserburg *Haus Graven*. – Stadtrecht 1948.

**Langenhagen,** Stadt in Niedersachsen, Ldkrs. Hannover, nördl. von Hannover, rd. 47 000 Ew.; Flughafen für Hannover. – Stadtrecht 1959.

**Lauchhammer,** Stadt in Brandenburg, Ldkrs. Senftenberg, westlich von Senftenberg, rd. 24 000 Ew. – Stadtrecht im Jahr 1953.

**Lauf an der Pegnitz,** Stadt in Mittelfranken (Bayern), Ldkrs. Nürnberger Land, nordöstl. von Nürnberg, 330 m ü.M., rd. 22 000 Ew.; Wenzelsschloß (14. Jh., mit Wappensaal); Verw.-Sitz des Ldkrs. *Nürnberger Land*.

**Lebach,** Stadt im Saarland, Ldkrs. Saarlouis, nördl. von Saarbrükken, 275 m ü.M., rd. 21 000 Ew.

**Leer,** *L. (Ostfriesland),* Kreisstadt in Niedersachsen, an der Mündung der Leda in die Ems, rd. 30 000 Ew.; histor. Gebäude »Alte Waage« (im Stil des holländ. Klassizismus); Fachhochschule für Seefahrt. – Stadtrecht im Jahr 1823.

**Lehrte,** Stadt in Niedersachsen, im Landkreis Hannover, östl. von Hannover, rd. 39 000 Ew. – Stadtrecht im Jahr 1898.

**Leichlingen (Rheinland),** Stadt in Nordrhein-Westfalen, Rheinisch-Berg.-Kreis, an der Wupper, südwestlich von Solingen, rd. 24 000 Ew.

**Leinfelden-Echterdingen,** Stadt in Baden-Württemberg, Ldkrs. Esslingen, am südl. Stadtrand von Stuttgart, rd. 35 000 Ew.; Spielkartenmuseum; Flughafen. – 1975 durch Zusammenschluß der Stadt Leinfelden (Stadtrecht 1965) mit den Gemeinden *Echterdingen, Müsberg* und *Stetten* entstanden.

**Leipzig,** siehe S. 156.

**Lemgo,** siehe S. 160.

**Lengerich,** Stadt in Nordrhein-Westfalen, Ldkrs. Steinfurt, südwestl. von Osnabrück, am Teutoburger Wald, rd. 20 000 Ew.; Stadtkirche (15. Jh.), Wasserburg *Haus Marck* (1565). – Stadtrecht 1727.

**Lennestadt,** Stadt in Nordrhein-Westfalen, Ldkrs. Olpe, an der Lenne, zwischen Ebbe- u. Rothaargebirge, 250-700 m ü.M., rd. 26 000 Ew.; im Stadtteil *Elspe* Freilichtbühne (Karl-May-Festspiele).

**Leonberg,** Stadt in Baden-Württemberg, Ldkrs. Böblingen, westl. von Stuttgart, im Strohgäu, 386 m ü.M., rd. 40 000 Ew.; histor. Altstadt mit Fachwerkgebäuden, Rathaus (1482), St.-Johannis-Kirche (14. Jh.), Schloß (16. Jh.); seit 1846 Züchtung des *Leonberger Hundes.*

**Leutkirch im Allgäu,** Stadt in Baden-Württemberg, Ldkrs. Ravensburg, an der Eschach, 654 m ü.M., rd. 20 000 Ew.; Luftkurort; mittelalterl. Altstadt, Rathaus (1739-1743), Reste der ehem. Stadtbefestigung, Stadtpfarrkirche St. Martin (1514-1519), Dreifaltigkeitskirche (1615). – Stadtrecht 1293; bis 1802 Freie Reichsstadt. – Südwestl. von L. i. A. Schloß *Zeil* (16. Jh.) des Fürsten Waldburg-Zeil.

**Leverkusen,** siehe S. 161.

**Lichtenfels,** Kreisstadt in Oberfranken (Bayern), am Main, 272 m ü.M., rd. 20 000 Ew.; Reste der alten Stadtummauerung, Rathaus (1743), Pfarrkirche (15./16. Jh.). – Stadtrecht 1231.

**Limbach-Oberfrohna,** Stadt in Sachsen, Ldkrs. Chemnitz, westl. von Chemnitz, rd. 23 000 Ew. – Limbach entstand im 12. Jh., im Jahr 1950 mit Oberfrohna vereinigt.

**Limburg,** siehe S. 162.

**Lindau,** siehe S. 163.

**Lingen,** *Lingen (Ems),* Kreisstadt in Niedersachsen, an der mittleren Ems, rd. 46 000 Ew.; Hafen am Dortmund-Ems-Kanal; Verw.-Sitz des Ldkrs. *Emsland.*

**Lippstadt,** Stadt in Nordrhein-Westfalen, Ldkrs. Soest, an der Lippe, rd. 60 000 Ew.; Marienkirche (13. Jh.), St.-Nicolai-Kirche (13. Jh.), Jakobikirche (13. Jh.), Rathaus (1773), Fachwerkhäuser (16. u. 17. Jh.). – Gegründet um das Jahr 1180, ehemalige Hansestadt.

**Lohmar,** Stadt in Nordrhein-Westfalen, Rhein-Sieg-Kreis, an der Agger, nordöstl. von Bonn, rd. 25 000 Ew.; Pfarrkirche (14. Jh.). – Stadtrecht 1991.

**Löhne,** Stadt in Nordrhein-Westfalen, an der Mündung der Else in die Werre, nördl. von Herford, rd. 36 000 Ew. – Stadtrecht 1969.

**Lörrach,** Kreisstadt in Baden-Württemberg, an der schweizer. Grenze (Straßenbahn nach Basel), 298 m ü.M., rd. 41 000 Ew.; Pädagog. Hochschule; Burgruine Rötteln, Wasserschloß Reichenstein in Inzlingen, St.-Fridolins-Kirche (1822). – Stadtrecht 1682.

**Lübbecke,** Stadt in Nordrhein-Westfalen, Ldkrs. Minden-L., nördlich des Wiehengebirges, rd. 22 000 Ew.; alte Fachwerkhäuser, Andreaskirche (1358); Freilichtbühne. – Stadtrecht 1279.

**Lübbenau/Spreewald,** sorb. *Lubnjow,* Stadt in Brandenburg, Ldkrs. Calau, im Spreewald, rd. 21 000 Ew.; klassizist. Schloß (1817 von F. *Schinkel* erbaut).

**Lübeck,** siehe S. 164.

**Lüdenscheid,** Kreisstadt in Nordrhein-Westfalen, im Sauerland, südl. von Iserlohn, 232-539 m ü.M., rd. 73 000 Ew.; Stadtkirche (1826); Schloß Neuenhof (17. Jh.); Verw.-Sitz des *Märkischen Kreises.* – Stadtrecht 1268, ehem. Mitgl. der Hanse.

**Ludwigsburg,** siehe S. 166.

**Ludwigsfelde,** Stadt in Brandenburg, Ldkrs. Zossen, südl. Vorort Berlins, rd. 23 000 Ew. – Stadtrecht 1965.

**Ludwigshafen,** siehe S. 167.

**Lüneburg,** Kreisstadt in Niedersachsen, Hptst. des Reg.-Bez. L., im N der *L.er Heide,* an der Ilmenau, rd. 60 000 Ew.; Luftkurort, Heil- u. Kneippbad; Pädagog. Hochschule, Theater, Museum für das Fürstentum L., Ostpreuß. Jagdmuseum, Salinemuseum (geplant); zahlreiche mittelalterl. Bürgerhäuser u. Kirchen in Backsteingotik: fünfschiffige Hallenkirche St. Johannis (12.-15. Jh.), St.-Michaelis-Kirche (14./15. Jh.), St.-Nikolai-Kirche (15. Jh.), ehem. Benediktinerinnenkloster Lüne (1374-1412), Rathaus (13.-18. Jh.) mit reich ausgestatteten Innenräumen, Alter Kran (1346), alte Saline (26,5 % Kochsalzgehalt).

**Lünen,** Stadt in Nordrhein-Westfalen, Ldkrs. Unna, an der Lippe u. dem Lippe-Seitenkanal, rd. 84 000 Ew.; Stadtkirche St. Georg (14. Jh.), Schloß Cappenberg; Hafen. – Stadtrecht im Jahr 1341.

**Magdeburg,** siehe S. 168.

**Maintal,** Stadt in Hessen, Main-Kinzig-Kreis, zwischen Frankfurt u. Hanau, am Main, rd. 37 000 Ew. – 1974 durch Zusammenschluß der ehem. Stadt *Dörnigheim* u. der Gemeinden *Hochstadt, Wachenbuchen* u. *Bischofsheim* entstanden.

**Mainz,** siehe S. 170.

**Mannheim,** siehe S. 172.

**Marburg,** siehe S. 174.

**Marl,** Industriestadt in Nordrhein-Westfalen, Ldkrs. Recklinghausen, an der Lippe, rd. 88 000 Ew.; modernes Rathaus; Skulpturen-Museum, Adolf-Grimme-Institut (Medieninstitut), Theater, Sinfonieorchester Philharmonia Hungarica; im Stadtteil *Hüls* Hafen. – Stadtrecht 1936.

**Marsberg,** Stadt in Nordrhein-Westfalen, Hochsauerlandkreis, an der Diemel, 250- 400 m ü.M., rd. 21 000 Ew.; Erholungsort; Petrikirche. – 1975 durch Zusammenschluß der Städte Nieder- u. Obermarsberg entstanden.

**Mechernich,** Stadt in Nordrhein-Westfalen, Ldkrs. Euskirchen, 300 m ü.M., rd. 22 000 Ew.; Johanniskirche (16. Jh.), Rhein. Freilichtmuseum; beim Stadtteil *Kommern* (Luftkurort) ein röm. Aquädukt. – Stadtrecht 1975.

**Meckenheim,** Stadt in Nordrhein-Westfalen, Rhein-Sieg-Kreis, südwestlich von Bonn, rd. 22 000 Ew. – Stadtrecht 1636.

**Meerane,** Stadt in Sachsen, Ldkrs. Glauchau, nördl. von Zwickau, rd. 21 000 Ew.

**Meerbusch,** Stadt in Nordrhein-Westfalen, Ldkrs. Neuss, zwischen Düsseldorf u. Krefeld, rd. 51 000 Ew.; Schloß Dyckhof. – 1970 durch Zusammenschluß von Büderich, Osterath u. weiteren Gemeinden entstanden.

**Meiningen,** siehe S. 175.

**Meißen,** siehe S. 176.

**Melle,** Stadt in Niedersachsen, Ldkrs. Osnabrück, an der Else, südöstl. von Osnabrück, rd. 41 000 Ew.; Heilbad (Solquellen). – Stadtrecht 1853.

**Memmingen,** kreisfreie Stadt in Schwaben (Bayern), an der Aach, 600 m ü.M., rd. 39 000 Ew.; mittelalterl. Altstadt mit Resten der Stadtummauerung (Wehrgang, Tore u. Türme), Rathaus (1589) mit Stuckfassade (1765), St.-Martins-Kirche (15. Jh.; Chorgestühl), Frauenkirche (15. Jh., Freskenmalereien), im Patrizierpalais (1766, Rokokoausstattung) Städtisches Museum, Bürgerhäuser: Siebendächerhaus (1601), Fuggerbau (16. Jh.). – Um 1160 gegründet, 1268-1438 Freie Reichsstadt, 1803 an Bayern.

**Menden (Sauerland),** Stadt in Nordrhein-Westfalen, Märkischer Kreis, an der Hönne, nordwestl. von Arnsberg, rd. 56 000 Ew.; St.-Vinzenz-Kirche (14. Jh.), Reste der Stadtbefestigung. – Stadtrecht 1276. – Nordwestl. der Stadt Schloß *Dahlhausen*; im Tal der Hönne Burg Klusenstein, Reckenhöhle u. ein rekonstruiertes Hammerwerk.

**Meppen,** Kreisstadt in Niedersachsen, an der Mündung der Hase in die Ems, rd. 30 000 Ew.; Gymnasialkirche (18. Jh.), Rathaus (15./16. Jh.); Hafen am Dortmund-Ems-Kanal; Verwaltungssitz des Landkreises *Emsland.* – Stadtrecht 1360.

**Merseburg,** siehe S. 178.

**Merzig,** Kreisstadt im Saarland, an der Saar, rd. 30 000 Ew.; roman. Pfarrkirche (12. Jh.), ehemaliges Jagdschloß der Trierer Erzbischöfe (17. Jh.; jetzt Rathaus); Verw.-Sitz des Ldkrs. *M.-Wadern.* – Stadtrecht 1857.

**Meschede,** Kreisstadt in Nordrhein-Westfalen, an der Mündung der Henne in die Ruhr, im Sauerland, 262 m ü.M., rd. 31 000 Ew.; Stiftskirche (17. Jh.); Verw.-Sitz des *Hochsauerlandkreises*; nahebei der Hennestausee.

**Mettmann,** Kreisstadt in Nordrhein-Westfalen, östl. von Düsseldorf, rd. 38 000 Ew.; in der Nähe das *Neandertal* (1856 Fundort von Knochenresten eines altsteinzeitl. Menschen, 75 000-35 000 v.Chr.) mit eiszeitl. Wildgehege u. Museum.

**Metzingen,** Stadt in Baden-Württemberg, Ldkrs. Reutlingen, an der Erms, nordöstl. von Reutlingen, 354 m ü.M., rd. 20 000 Ew.; spätgot. Martinskirche (um 1500, im 19. Jh. erneuert), Rathaus (17. Jh.). – Stadtrecht 1831.

**Minden,** siehe S. 179.

**Moers,** siehe S. 180.

**Mönchengladbach,** siehe S. 181.

**Mörfelden-Walldorf,** Stadt in Hessen, Ldkrs. Groß-Gerau, in der Oberrhein. Tiefebene, südl. von Frankfurt am Main, rd. 29 000 Ew.; Wohngemeinde im Städtedreieck Frankfurt–Darmstadt–Mainz; Jagdschloß Mönchbruch (1729).

**Monheim,** Stadt in Nordrhein-Westfalen, Ldkrs. Mettmann, am Rhein, gegenüber von Dormagen, rd. 42 000 Ew.

**Mosbach,** Kreisstadt in Baden-Württemberg, an der Elz, nördl. von Heilbronn, rd. 24 000 Ew.; Luftkurort; Fachwerkbauten, Pfarrkirche (15. Jh.), Rathaus (16. Jh.); Verw.-Sitz des *Neckar-Odenwald-Kreises.*

**Mühlacker,** Stadt in Baden-Württemberg, Enzkreis, an der Enz,

nordöstl. von Pforzheim, 217 m ü.M., rd. 25 000 Ew.; Burgruine Löffelstelz. – Stadtrecht 1930.
**Mühlhausen,** siehe S. 182.
**Mühlheim,** *M. am Main,* Stadt in Hessen, Landkreis Offenbach, östlich von Frankfurt, rd. 24 000 Ew. – Stadtrecht im Jahr 1939.
**Mülheim,** *M. an der Ruhr,* siehe S. 183.
**München,** siehe S. 184.
**Münden,** *Hannoversch M.,* Stadt in Niedersachsen, Ldkrs. Göttingen, am Zusammenfluß von Werra u. Fulda zur Weser, zwischen Reinhards-, Kaufunger u. Bramwald, rd. 25 000 Ew.; altertüml. Stadtbild mit Werrabrücke (1329), z.T. restaurierten Fachwerkhäusern, Rathaus, Welfenschloß, got. St.-Blasii-Kirche (12.-15. Jh.) und spätgot. St.-Aegidii-Kirche (mit Grab des Doktor *Eisenbarth*), mittelalterl. Stadtmauern und -türme; Forstl. Fakultät der Universität Göttingen, Institut für Forstpflanzenkrankheiten der Biolog. Bundesanstalt für Land- und Forstwirtschaft.
**Münster,** siehe S. 192.
**Nagold,** Stadt in Baden-Württemberg, Ldkrs. Calw, am gleichn. Fluß, westl. von Tübingen, 425 m ü.M., rd. 21 000 Ew.; Luftkurort; Remigiuskirche (10. Jh.), Fachwerkbauten (15.-18. Jh.).
**Nauheim,** *Bad N.,* Stadt in Hessen, Wetteraukreis, am Ostfuß des Taunus, rd. 28 000 Ew.; Heilbad mit kohlendioxid-, kochsalz- u. eisenhaltigen Quellen, Thermalsprudel, Gradierwerke, Moorbäder; William-G.-Kerckhoff-Herzforschungsinstitut der Max-Planck-Gesellschaft; Kurhaus in Jugendstil-Architektur.
**Naumburg,** siehe S. 194.
**Neckarsulm,** Stadt in Baden-Württemberg, Ldkrs. Heilbronn, am Neckar, rd. 22 000 Ew.; Deutschordensschloß (14./15. Jh.; Dt. Zweiradmuseum), St.-Dionys-Kirche (18. Jh.), Rathaus (16.-18. Jh.). – Stadtrecht 1300.
**Netphen,** Gemeinde in Nordrhein-Westfalen, Ldkrs. Siegen, nordöstl. von Siegen, am Südhang des Rothaargebirges, 260-670 m ü.M., rd. 23 000 Ew.; roman. Martinikirche (13. Jh.).
**Nettetal,** Stadt in Nordrhein-Westfalen, Ldkrs. Viersen, an der Nette, im niederrhein. Naturpark Schwalm-Nette, an der niederländ. Grenze, südwestl. von Kempen, rd. 38 000 Ew.; got. Clemens-Kirche, Wasserschloß Krickenbeck, Wasserburg Ingenhoven (13.-16. Jh.), Leuther Wassermühle (17. Jh.). – 1969 aus den Städten Lobberich, Kaldenkirchen u. mehreren Gemeinden entstanden.
**Neubrandenburg,** siehe S.195.
**Neuburg an der Donau,** Kreisstadt in Bayern, westlich von Ingolstadt, 402 m ü.M., rd. 25 000 Ew.; historische Altstadt mit guterhaltener Stadtummauerung, altes Residenzschloß aus dem 15./17. Jh., Hofkirche aus dem 17. Jh., Rathaus aus dem 17. Jh., Bibliothek (1731); Verwaltungssitz des Ldkrs. *Neuburg-Schrobenhausen.*
**Neuenahr-Ahrweiler,** *Bad N.,* Kreisstadt in Rheinland-Pfalz, an der unteren Ahr, 92-400 m ü.M., rd. 25 000 Ew.; Burgruine, guterhaltene Stadtummauerung; weltbekannter Kurort, kohlensäurehaltige Natronthermen, Spielbank; Verw.-Sitz des Ldkrs. *Ahrweiler.*
**Neu-Isenburg,** Stadt in Hessen, Ldkrs. Offenbach, Vorort von Frankfurt a.M., rd. 35 000 Ew.; Rathaus (1702). – 1699 von Hugenotten u. Waldensern gegr., Stadtrecht 1894.
**Neukirchen-Vluyn,** Stadt in Nordrhein-Westfalen, Ldkrs. Wesel, westl. von Duisburg, rd. 26 000 Ew.; Schloß *Bloemersheim.* – Stadtrecht 1981.
**Neumarkt,** *N. in der Oberpfalz,* Kreisstadt in Bayern, in der Fränk. Alb, südöstl. von Nürnberg, 429 m ü.M., rd. 35 000 Ew.; got. Stadtpfarrkirche (15. Jh.), got. u. barocke Hofkirche (15. Jh., mit Grabmal des Pfalzgrafen Otto II.), ehem. pfalzgräfl. Schloß (1593). – Ehem. Freie Reichsstadt, 1410-1539 Residenzstadt; Verw.-Sitz des gleichnamigen Ldkrs. im Reg.-Bez. Oberpfalz, 1344 km$^2$, rd. 109 000 Ew. – Nahebei die Wallfahrtskirche *Mariahilf* (18. Jh.) u. die Burgruine *Wolfstein* (583 m ü.M.).
**Neumünster,** kreisfreie Stadt in Schleswig-Holstein, an der Stör, südl. von Kiel, rd. 80 000 Ew.; Vicelin-Kirche (1829-1834); Textilmuseum; Zoolog. Garten.
**Neunkirchen,** *N./Saar,* Kreisstadt im Saarland, an der Blies, 257 m ü.M., rd. 51 000 Ew.; Zoolog. Garten. – Verw.-Sitz des gleichnamigen Ldkrs., 250 km$^2$, rd. 148 000 Ew.
**Neuruppin,** Kreisstadt in Brandenburg, an der Nordwestseite des *Ruppiner Sees (Rhinsee),* in der *Ruppiner Schweiz,* rd. 27 000 Ew.; Luftkurort; Klosterkirche (13. Jh.), barocker Tempelgarten mit Rundtempel (1735; von G. W. von *Knobelsdorff*).
**Neuss,** siehe S. 196.
**Neustadt, 1.** *N. am Rübenberge,* Stadt in Niedersachsen, Ldkrs. Hannover, an der Leine, rd. 39 000 Ew.; roman.-got. Kirche (um 1500), Schloß (16. Jh.). **2.** *N. an der Weinstraße,* kreisfreie Stadt in Rheinland-Pfalz, an der mittleren Haardt, 137-300 m ü.M., rd. 51 000 Ew.; Verw.-Sitz des Reg.-Bez. Rheinhessen-Pfalz; mittelalterl. Altstadt, ehem. Stiftskirche Liebfrauen (14./15. Jh.), Rathaus (18./19. Jh.), Casimirianum (im 16. Jh. als reformierte Hochschule gegr.). – Stadtrecht im Jahr 1275. – Südlich von N. das *Hambacher Schloß* (11. Jh., 1846 im venezianisch-gotischen Stil neu aufgebaut), wurde berühmt durch das Hambacher Fest im Jahr 1832.
**Neustrelitz,** Kreisstadt in Mecklenburg-Vorpommern, im Gebiet der Mecklenburg. Seenplatte, rd. 27 000 Ew.; Erholungszentrum; Theater, Ingenieurschule für Bauwesen; Schloß (18. Jh.), Rathaus (1841), Stadtkirche (1768-1778), Schloßkirche (1855-1859); Binnenhafen. – Stadtrecht 1759. In der Nähe das Naturschutzgebiet »Großer Serrahn- u. Schweingartensee« mit biolog. Station.
**Neu-Ulm,** Kreisstadt in Schwaben (Bayern), an der Donau, gegenüber von Ulm, 472 m ü.M., rd. 46 000 Ew.; Stadtpfarrkirche (1922-1927), Gefallenen-Ehrenmal. – Im 19. Jh. Garnisons- u. Festungsstadt, Stadtrecht 1869.
**Neuwied,** Kreisstadt in Rheinland-Pfalz, am Rhein, nordwestl. von Koblenz, rd. 61 000 Ew.; Fachschule für den Lebensmittel-Einzelhandel; Schloß der Fürsten zu Wied (18. Jh.). – Im 17. u. 18. Jh. Zufluchtsort für Glaubensvertriebene (Reformierte, Herrnhuter, Mennoniten u.a.).
**Niederkassel,** Stadt in Nordrhein-Westfalen, Rhein-Sieg-Kreis, am Rhein, rd. 29 000 Ew. – Stadtrecht im Jahr 1981.
**Nienburg,** *N. (Weser),* Kreisstadt in Niedersachsen, an der Weser, nordwestlich von Hannover, rd. 30 000 Ew.; spätgotische Kirche (15. Jh.), Fachwerk-Rathaus (16. Jh.); Fachhochschule. – Stadtrecht 1225; Verw.-Sitz des gleichnamigen Ldkrs.: 1398 km$^2$, rd. 115 000 Ew.
**Nördlingen,** siehe S. 197.
**Norden,** Stadt in Niedersachsen, Ldkrs. Aurich, in Ostfriesland, rd. 24 000 Ew.; Ludgerikirche (13.-15. Jh., mit Arp-Schnitger-Orgel, 17. Jh.); im Stadtteil *Norddeich* Seehafen.
**Nordenham,** Stadt in Niedersachsen, Ldkrs. Wesermarsch, an der Unterweser, Hauptort der Halbinsel *Butjadingen,* rd. 29 000 Ew.; Seehafen. – Stadtrecht 1908.
**Norderstedt,** Stadt in Schleswig-Holstein, Ldkrs. Segeberg, am Nordrand von Hamburg, rd. 69 000 Ew.
**Nordhausen,** Kreisstadt in Thüringen, am Südhang des Harzes, in der fruchtbaren Goldenen Aue, rd. 48 000 Ew.; Ingenieurschule für Landtechnik, Institut für Lehrerbildung; Dom (12.-15. Jh.), Pfarrkirche St. Blasii (15. Jh.), Frauenbergkirche (12. Jh.), Rathaus (1608-1610). – Kaiserpfalz (9. Jh.), 1220 Reichsstadt, 1430 Mitgl. der Hanse, 1802 preußisch; 1945 zu Thüringen.
**Nördlingen,** siehe S. 197
**Nordhorn,** Kreisstadt in Niedersachsen, an der Vechte, an der niederländ. Grenze, rd. 48 000 Ew.; Kirche (15. Jh.), Kloster Frenswegen (1394 gegr.); Verw.-Sitz des Ldkrs. *Grafschaft Bentheim.* – Stadtrecht 1379.
**Northeim,** Kreisstadt in Niedersachsen, an der Rhume, westl. des Harzes, rd. 31 000 Ew.; mittelalterl. Altstadt mit Resten der ehem. Stadtbefestigung u. Fachwerkhäusern, St.-Sixti-Kirche (15./16. Jh.). – Stadtrecht 1252.
**Nürnberg,** siehe S. 198.
**Nürtingen,** Stadt in Baden-Württemberg, Ldkrs. Esslingen, am Neckar, südöstlich von Stuttgart, 285 m ü.M., rd. 36 000 Ew.; Kirche (16. Jh.), Rathaus (um 1800), Heiligkreuzkapelle (1455).
**Oberhausen,** siehe S. 202.
**Obertshausen,** Stadt in Hessen, Ldkrs. Offenbach, rd. 21 000 Ew.
**Oberursel (Taunus),** Stadt in Hessen, Hochtaunuskreis, am Südostrand des Taunus, 225 m ü.M., rd. 39 000 Ew.; ev.-luth. Theolog. Hochschule; got. Kirche (15. Jh.). – Stadtrecht 1444.
**Oelde,** Stadt in Nordrhein-Westfalen, Landkreis Warendorf, südwestlich von Gütersloh, rd. 27 000 Ew.
**Oer-Erkenschwick,** Stadt in Nordrhein-Westfalen, Ldkrs. Recklinghausen, nordöstl. von Recklinghausen, rd. 27 000 Ew. – Stadtrecht 1953.
**Oeynhausen,** *Staatsbad O.,* Stadt in Nordrhein-Westfalen, Ldkrs. Minden-Lübbecke, an der Werre, südwestl. der Porta Westfalica, rd. 43 000 Ew.; Kurort u. Heilbad (Thermal- u. Solequellen). – Stadtrecht 1860; 1945-1954 Hauptquartier der brit. Besatzungstruppen.
**Offenbach am Main,** siehe S. 203.
**Offenburg,** Kreisstadt in Baden-Württemberg, in der Ortenau, an der Kinzig, südöstl. von Kehl, rd. 51 000 Ew.; Stadtpfarrkirche (18. Jh.), davor Ölberggruppe (1524), Rathaus (1741), Landratsamt (1714-1717); Ritterhausmuseum (mit Sammlungen über die ehem. dt. Kolonien). – Um 1235 Freie Reichsstadt, 1551-1701 u. 1771-1803 österr., danach zu Baden; Verw.-Sitz des *Ortenaukreises.*

**Olching,** Gemeinde in Oberbayern, Ldkrs. Fürstenfeldbruck, an der Amper, westl. von München, 508 m ü.M., rd. 21 000 Ew.

**Oldenburg,** siehe S. 204.

**Oldesloe,** *Bad O.,* Kreisstadt in Schleswig-Holstein, an der Trave, südwestl. von Lübeck, rd. 21 000 Ew.; Herrenhaus Schloß Nütschau (1577; jetzt Benediktinerkloster); 1813-1930 Moor- u. Solbad; Verwaltungssitz des Ldkrs. *Stormarn.*

**Olpe,** Kreisstadt in Nordrhein-Westfalen, im südl. Sauerland, am Bigge-Stausee, 326 m ü.M., rd. 22 000 Ew.

**Oranienburg,** Kreisstadt in Brandenburg, an der Havel, nördl. von Berlin, rd. 29 000 Ew.; Barockschloß (1651); Binnenhafen am Oder-Havel-Kanal. Die ursprüngl. Stadt entstand aus dem Burgflekken *Bötzow* bei der gleichnamigen, erstmals 1216 erwähnten Burg. 1652 wurde sie vom Großen Kurfürsten zu Ehren seiner Gemahlin, einer Prinzessin von Oranien, in O. umbenannt. – Bereits 1933-1935 wurde in O. von den Nationalsozialisten ein Konzentrationslager betrieben. Ein größeres KZ wurde 1936 im Ortsteil Sachsenhausen eingerichtet.

**Osnabrück,** siehe S. 205.

**Osterholz,** *O.-Scharmbeck,* Kreisstadt in Niedersachsen, nördl. von Bremen, rd. 24 000 Ew.; roman. Kirche.

**Osterode,** *O. am Harz,* Kreisstadt in Niedersachsen, an der Söse, am Südwesthang des Harzes, 230 m ü.M., rd. 27 000 Ew.; St.-Aegidien-Kirche (16. Jh.), St.-Jakobi-Kirche (18. Jh.), Rathaus (16. Jh.), Kornmagazin (18. Jh.), Fachwerkhäuser (16./17. Jh.); in der Nähe die Sösetalsperre. – Stadtrecht 1238; im Jahr 1286-1596 Residenz der Fürsten von Braunschweig-Grubenhagen. – Verw.-Sitz des Ldkrs. *O. am Harz*: 637 $km^2$, rd. 88 000 Ew.

**Ostfildern,** Stadt (seit 1976) in Baden-Württemberg, Ldkrs. Esslingen, südöstl. von Stuttgart, 360 m ü.M., rd. 28 000 Ew. – Im Jahr 1975 aus den Gemeinden Kemnat, Nellingen auf den Fildern, Ruit auf den Fildern u. Scharnhausen gebildet.

**Overath,** Gemeinde in Nordrhein-Westfalen, Rhein.-Berg. Kreis, an der Agger, östl. von Köln, rd. 23 000 Ew.; roman. Pfarrkirche (um 1150, 1953-1955 erweitert).

**Paderborn,** siehe S. 206.

**Papenburg,** Stadt in Niedersachsen, Landkreis Emsland, nahe der Ems, rd. 29 000 Ew. – 1638 als älteste dt. Fehnkolonie angelegt.

**Parchim,** Kreisstadt in Mecklenburg-Vorpommern, an der Elde, rd. 24 000 Ew.; St.-Marien-Kirche (13. Jh.), St.-Georgen-Kirche (13.-15. Jh.).

**Passau,** siehe S. 207.

**Peine,** Kreisstadt in Niedersachsen, am Mittellandkanal, nordwestl. von Braunschweig, rd. 46 000 Ew. – Stadtrecht 1223.

**Petershagen,** Stadt in Nordrhein-Westfalen, Ldkrs. Minden-Lübbecke, an der Weser, nördl. von Minden, rd. 23 000 Ew.; Heilbad; Renaissanceburg (um 1545). – Stadtrecht 1360.

**Pforzheim,** siehe S. 208.

**Pfungstadt,** Stadt in Hessen, Landkreis Darmstadt-Dieburg, an der Bergstraße, rd. 23 000 Ew.; Rathaus aus dem 17. Jh. – Stadtrecht im Jahr 1886.

**Pinneberg,** Kreisstadt in Schleswig-Holstein, an der Pinnau, nordwestl. von Hamburg, rd. 36 000 Ew. – Stadtrecht 1875.

**Pirmasens,** kreisfreie Stadt in Rheinland-Pfalz, am Westrand des Pfälzer Walds, südwestl. von Kaiserslautern, 397 m ü.M., rd. 46 000 Ew.; Altes Rathaus (18. Jh., Schuhmuseum), Schuhfachschule. – Stadtrecht 1763.

**Pirna,** siehe S. 210.

**Plauen,** siehe S. 211.

**Plettenberg,** Stadt in Nordrhein-Westfalen, Märkischer Kreis, im westl. Sauerland, im Tal der Lenne, 208 m ü.M., rd. 28 000 Ew.; Hallenkirche (13. Jh.), Burgruine Schwarzenberg. – Stadtrecht 1397.

**Porta Westfalica,** Stadt in Nordrhein-Westfalen, Ldkrs. Minden-Lübbecke, an der Weser, rd. 33 000 Ew. – 1973 aus der Stadt Hausberge an der Porta (Luftkurort) u. anderen Gemeinden gebildet.

**Potsdam,** siehe S. 212.

**Prenzlau,** Kreisstadt in Brandenburg, in der Uckermark, am Ausfluß der Uecker aus dem Unterueckersee, rd. 24 000 Ew.; Agraringenieurschule; Theater, Sternwarte; Reste der Stadtmauer mit Mauer- u. Tortürmen, Marienkirche (13./14. Jh.), ehem. Dominikanerkloster (13./14. Jh.; Museum). – 1234 Magdeburger Stadtrecht, seit 1268 Mitgl. der Hanse.

**Püttlingen,** Stadt im Saarland, Stadtverband Saarbrücken, rd. 20 000 Ew.; Ruine einer Wasserburg (14. Jh.). – Stadtrecht 1968.

**Pulheim,** Stadt in Nordrhein-Westfalen, Erftkreis, nordwestl. von Köln, rd. 48 000 Ew.

**Pyrmont,** *Bad P.,* Stadt in Niedersachsen, Ldkrs. Hameln-P., im Weserbergland, südwestlich von Hameln, rd. 21 000 Ew.; Schloß (18. Jh.), bekannter Kurort mit kohlendioxidhaltigen Eisen- und Kochsalzquellen, Moorbäder. – Stadtrecht im Jahr 1720.

**Quedlinburg,** siehe S. 214.

**Radebeul,** Stadt in Sachsen, Ldkrs. Dresden, an der Elbe, nordwestl. von Dresden, rd. 32 000 Ew.; Institut für Lehrerbildung, Volkssternwarte, meteorologisches Observatorium, Gerhart-Hauptmann-Archiv, Indianermuseum; Schloß Hoflößnitz (1650).

**Radevormwald,** Stadt in Nordrhein-Westfalen, Oberbergischer Kreis, südöstlich von Wuppertal, im Berg. Land, 375 m ü.M., rd. 23 000 Ew.

**Radolfzell am Bodensee,** Stadt in Baden-Württemberg, Ldkrs. Konstanz, am nordwestl. Bodensee (Zeller See), 398 m ü.M., rd. 25 000 Ew.; Kneippkurort; Münsterkirche (15./16. Jh.); nahebei Schloß *Möggingen* (mit Vogelwarte). – Stadtrecht 1267.

**Rastatt,** Kreisstadt in Baden-Württemberg, an der Murg, in der Oberrhein. Tiefebene südwestl. von Karlsruhe, rd. 38 000 Ew.; Barockschloß (1699-1705; Wehrgeschichtl. Museum; Deutsches Friedensmuseum), Schloß *Favorite* (1711), Stadtkirche (18. Jh.), Rathaus (1750). – Stadtrecht um 1700.

**Rathenow,** Kreisstadt in Brandenburg, an der unteren Havel, rd. 31 000 Ew.; got. Marienkirche (13.-16. Jh.); Binnenhafen. – 1295 Stadtrecht.

**Ratingen,** Stadt in Nordrhein-Westfalen, Ldkrs. Mettmann, nordöstlich von Düsseldorf, rd. 89 000 Ew.

**Ravensburg,** Kreisstadt in Baden-Württemberg, nördl. des Bodensees, 431 m ü.M., rd. 43 000 Ew.; *Veitsburg* (11. Jh. gegr., Neubau 18. Jh.), got. Liebfrauenkirche (14./15. u. 19. Jh.), Marienplatz mit Blaserturm (16. Jh., Wahrzeichen der Stadt), Waaghaus (15. u. 19. Jh.) u. Rathaus (14.-16. Jh.), Tore u. Türme der mittelalterl. Stadtbefestigung.

**Recklinghausen,** siehe S. 215.

**Regensburg,** siehe S. 216.

**Reichenbach,** *Reichenbach/Vogtl.,* Kreisstadt in Sachsen, nordöstl. von Plauen, rd. 26 000 Ew.; Ingenieurschule für Textiltechnik; Peter-Paul-Kirche (11. Jh., Neubau 1720, Silbermannorgel von 1725).

**Reichenhall,** *Bad R.,* siehe S. 217.

**Reinbek,** Stadt in Schleswig-Holstein, Ldkrs. Stormarn, östl. von Hamburg, an der Bille, rd. 25 000 Ew.

**Remscheid,** siehe S. 218.

**Rendsburg,** Kreisstadt in Schleswig-Holstein, an der Eider u. am Nord-Ostsee-Kanal, rd. 31 000 Ew.; Marienkirche (1287), Christkirche (17. Jh.), Rathaus (16. Jh., nach 1900 verändert), Fachwerk-Bürgerhäuser; Hafen; Eisenbahn- und Straßenhochbrücke (1972) über den Nord-Ostsee-Kanal. – Stadtrecht 1253.

**Reutlingen,** siehe S. 219.

**Rheda-Wiedenbrück,** Stadt in Nordrhein-Westfalen, Ldkrs. Gütersloh, an der oberen Ems, südwestl. von Gütersloh, rd. 38 000 Ew.; im Stadtteil Wiedenbrück Ägidienkirche (13.-16. Jh.), Fachwerkhäuser (16. u. 17. Jh.), im Stadtteil Rheda Wasserburg (Schloß).

**Rheinbach,** Stadt in Nordrhein-Westfalen, Rhein-Sieg-Kreis, südwestlich von Bonn, rd. 22 000 Ew.; staatliche Glasfachschule, Glasmuseum.

**Rheinberg,** Stadt in Nordrhein-Westfalen, Ldkrs. Wesel, südl. von Wesel, rd. 26 000 Ew.; Pfarrkirche (12., 14.-16. Jh.), Rathaus (1449). – Stadtrecht 1232.

**Rheine,** Stadt in Nordrhein-Westfalen, Ldkrs. Steinfurt, an der Ems und am Dortmund-Ems-Kanal, nordwestlich von Münster, rd. 70 000 Ew.; St.-Dionysius-Kirche (15. Jh.). – Stadtrecht 1327.

**Rheinfelden,** *R. (Baden),* Stadt in Baden-Württemberg, Ldkrs. Lörrach, östl. von Basel, gegenüber der gleichn. schweizer. Stadt, am Rhein, 280 m ü.M., rd. 27 000 Ew.; nordöstlich das ehemalige Deutschordensschloß *Beuggen* (13.-16. Jh.).

**Riesa,** Kreisstadt in Sachsen, an der Elbe, nordwestl. von Dresden, rd. 47 000 Ew.; Ingenieurschule für Walzwerk- u. Hüttentechnik; ehem. Kloster (15./16. Jh., heute Rathaus); Binnenhafen. – 1623 Stadtrecht.

**Rietberg,** Stadt in Nordrhein-Westfalen, Ldkrs. Gütersloh, an der Ems, südich von Gütersloh, rd. 24 000 Ew.; Franziskanerkloster (17./18. Jh.), Rathaus (1803), Fachwerkhäuser.

**Rinteln,** Kreisstadt in Niedersachsen, Ldkrs. Schaumburg, an der Weser, rd. 25 000 Ew.; mittelalterliches Stadtbild mit Fachwerkhäusern, St.-Nikolai-Kirche (13./14. Jh.), Rathaus (16. Jh. u. Weserrenaissance); Verw.-Sitz des Ldkrs. *Schaumburg.* – Stadtrecht 1239, 1621-1809 Universitätsstadt. – Östl. von R. die Stammburg (13.-16. Jh.) der Grafen von *Schaumburg.* Südl. von R. das ehemalige Kloster *Möllenbeck* aus dem 15. Jh.

**Rödermark,** Stadt in Hessen, Ldkrs. Offenbach, nordöstl. von Darmstadt, rd. 24 000 Ew. – 1977 aus mehreren Gemeinden entstanden. – Stadtrecht 1980.

**Rodgau,** Stadt in Hessen, Landkreis Offenbach, südöstlich von Frankfurt am Main, rd. 37 000 Ew. – Im Jahr 1977 aus mehreren Gemeinden entstanden. – Stadtrecht 1979.

**Ronnenberg,** Stadt in Niedersachsen, Ldkrs. Hannover, südwestl. von Hannover, rd. 20 000 Ew.

**Rosenheim,** siehe S. 220.

**Rösrath,** Gemeinde in Nordrhein-Westfalen, Rhein.-Berg. Kreis, südöstl. von Köln, rd. 21 000 Ew.

**Rostock,** siehe S. 222.

**Roth,** Kreisstadt in Mittelfranken (Bayern), an der Rednitz, südl. von Nürnberg, 340 m ü.M., rd. 24 000 Ew.; Schloß *Ratibor* (16. Jh.). – Stadtrecht 1361.

**Rothenburg ob der Tauber,** siehe S. 224.

**Rottenburg,** *R. am Neckar,* Stadt in Baden-Württemberg, Ldkrs. Tübingen, südwestl. von Tübingen, 340 m ü.M., rd. 34 000 Ew.; kath. Bischofssitz, Dom (1821, Turm 15. Jh.), Stiftskirche (15. u. 18. Jh.), Wallfahrtskirche (1682); Diözesanmuseum, Sülchgaumuseum. – 1381-1805 bei Österreich.

**Rottweil,** siehe S. 226.

**Rudolstadt,** siehe S. 227.

**Rüsselsheim,** Stadt in Hessen, Ldkrs. Groß-Gerau, am unteren Main, rd. 57 000 Ew.; Ingenieurschule für Elektrotechnik u. Maschinenbau. – Stadtrecht 1437.

**Saalfeld,** *S./Saale,* Kreisstadt in Thüringen, an der Saale, rd. 34 000 Ew.; Burgruine *Hoher Schwarm* (14. Jh.), Stadtmauerreste mit 4 Toren (14./15. Jh.), St.-Johannis-Kirche (1380-1514), ehemaliges Franziskanerkloster (13. Jh., Thüringer Heimatmuseum), Barockschloß (17./18. Jh.), Schloß Kitzerstein (16. Jh.), Rathaus (1526-1537), romanische Apotheke (1180); *Feengrotten* (Tropfsteinhöhle). – 1680-1735 Residenz der Herzöge von Sachsen-S.

**Saarbrücken,** siehe S. 228.

**Saarlouis,** 1936-1945 *Saarlautern,* Kreisstadt im Saarland, an der Saar, nordwestl. von Saarbrücken, rd. 37 000 Ew.

**Salzgitter,** siehe S. 230.

**Salzuflen,** *Staatsbad S.,* Stadt in Nordrhein-Westfalen, Ldkrs. Lippe, an der Werre, südöstl. von Herford, rd. 51 000 Ew.; Heilbad mit kohlensäurereichen Thermal- u. Solequellen. – Seit 1048 Salzgewinnung, im Jahr 1488 Stadtrecht, seit 1817 Solbad.

**Salzwedel,** Kreisstadt in Sachsen-Anhalt, in der nordwestl. Altmark, rd. 24 000 Ew.; Marienkirche (12.-15. Jh., bedeutende Ausstattung), Katharinenkirche (13.-15. Jh.), Lorenzkirche (13./14. Jh.), Franziskanerkloster (im 13. Jh. gegr.) mit Mönchskirche (Altar von L. *Cranach* d.J. von 1582), Altstädtisches Rathaus (16. Jh.), Stadtmauerreste mit 3 Toren (14.-16. Jh.), Burgruine (12. Jh.), Renaissancefachwerkhäuser. – In den Jahren 1263-1514 Mitgl. der Hanse.

**Sangerhausen,** Kreisstadt in Sachsen-Anhalt, im NO der Goldenen Aue, rd. 34 000 Ew.; Stadtpark mit Rosarium; Klosterkirche St. Ulrich (11. Jh.), Jakobikirche (15. Jh.), Neues Schloß (16./17. Jh.), Rathaus (1431). – Stadtrecht um 1260.

**Sankt Augustin,** Stadt in Nordrhein-Westfalen, Rhein-Sieg-Kreis, östlich von Bonn, rd. 51 000 Ew.; im Ortsteil *Hangelar* Segelflugplatz. – 1969 durch Zusammenschluß mehrerer Gemeinden entstanden.

**Sankt Ingbert,** Stadt im Saarland, Saar-Pfalz-Kreis, nordöstl. von Saarbrücken, rd. 41 000 Ew. – Stadtrecht im Jahr 1829.

**Sankt Wendel,** Kreisstadt im Saarland, an der Blies, nördl. von Neunkirchen, 282 m ü.M., rd. 26 000 Ew.; Wallfahrtskirche St. Wendelinus (14./15. Jh.).

**Schleswig,** siehe S. 231.

**Schloß Holte-Stukenbrock,** Gemeinde in Nordrhein-Westfalen, Landkreis Gütersloh, in der Senne, rd. 21 000 Ew.; Landespolizeischule; Wasserschloß; in der Nähe Großwild-Safari-Park.

**Schmallenberg,** Stadt in Nordrhein-Westfalen, Hochsauerlandkreis, an der oberen Lenne, westl. vom Kahlen Asten, 410 m ü.M., rd. 24 000 Ew.; Luftkurort u. Wintersportplatz; spätroman. Kirche.

**Schneeberg,** Stadt in Sachsen, Ldkrs. Aue, im Erzgebirge, nordwestlich von Schwarzenberg, 470 m ü.M., rd. 22 000 Ew.; St.-Wolfgang-Kirche (1516-1540 erbaut, im Jahr 1945 zerstört, wiederaufgebaut, Flügelaltar von L. Cranach d.Ä., 1539); Museum. – Seit 1481 Freie Bergstadt (seit 1471 Silberbergbau).

**Schönebeck,** *S./Elbe,* Kreisstadt in Sachsen-Anhalt, an der Elbe, südöstl. von Magdeburg, rd. 45 000 Ew.; St.-Jakobi-Kirche (13. Jh.), St.-Johannis-Kirche (15./16. Jh.); Elbhafen. – Der Ortsteil *Salzelmen* ist das älteste dt. Solbad.

**Schorndorf,** Stadt in Baden-Württemberg, Rems-Murr-Kreis, an der Rems, östlich von Stuttgart, 256 m ü.M., rd. 35 000 Ew.; Stadtkirche (15. Jh.), Rathaus (17. Jh.), Fachwerkbauten, Schloß (16. Jh.).

**Schwabach,** kreisfreie Stadt in Mittelfranken (Bayern), an der S., südl. von Nürnberg, 328 m ü.M., rd. 36 000 Ew.; Stadtkirche (15. Jh.), Rathaus (1509). – Stadtrecht 1371.

**Schwäbisch Gmünd,** siehe S. 232.

**Schwäbisch Hall,** siehe S. 234.

**Schwandorf,** Kreisstadt in der Oberpfalz (Bayern), an der Naab, 360 m ü.M., rd. 26 000 Ew.; St.-Jakob-Kirche von 1400, Karmelitenkloster (1678; im Barockstil wiederaufgebaut) auf dem *Kreuzberg.* – Stadtrecht im Jahr 1299.

**Schwartau,** *Bad S.,* Stadt in Schleswig-Holstein, Ldkrs. Ostholstein, am nördl. Stadtrand von Lübeck, rd. 19 000 Ew. – Stadtrecht 1912.

**Schwarzenberg,** amtlich *S./Erzgebirge,* Kreisstadt in Sachsen, im Erzgebirge, südöstl. von Aue, rd. 20 000 Ew.; Schloß (15. u. 16. Jh.), Pfarrkirche St. Georg (17. Jh.).

**Schwedt/Oder,** Stadt in Brandenburg, an der Oder, südwestl. von Stettin, rd. 53 000 Ew. – 1689-1788 Residenz der Markgrafen zu S., einer nicht souveränen Nebenlinie der Hohenzollern.

**Schweinfurt,** kreisfreie Stadt in Unterfranken (Bayern), am Main, 218 m ü.M., rd. 51 000 Ew.; St.-Johannis-Kirche (13./14. Jh.), Renaissance-Rathaus, Theater, Museen; Geburtsort von F. *Rückert;* Binnenhafen. – 1254-1802 Freie Reichsstadt.

**Schwelm,** Kreisstadt in Nordrhein-Westfalen, östl. von Wuppertal, rd. 30 000 Ew.; Wasserburg *Haus Martfeld* (17. Jh.), roman. Christuskirche, St.-Marien-Kirche (14. Jh.); Verw.-Sitz des *Ennepe-Ruhr-Kreises.* – Stadtrecht 1496.

**Schwerin,** siehe S. 236.

**Schwerte,** Stadt in Nordrhein-Westfalen, Ldkrs. Unna, an der Ruhr, südöstl. von Dortmund, rd. 49 000 Ew.; St.-Viktors-Kirche (14. Jh.), spätgot. Rathaus (Ruhrtalmuseum). – Stadtrecht 1397.

**Seelze,** Stadt in Niedersachsen, Landkreis Hannover, westlich von Hannover, an der Leine und am Mittellandkanal, rd. 30 000 Ew.

**Seesen,** Stadt in Niedersachsen, Ldkrs. Goslar, am Nordwestrand des Harzes, 250 m ü.M., rd. 22 000 Ew.; Kirche (17./18. Jh.). – Stadtrecht 1428.

**Seevetal,** Gemeinde in Niedersachsen, Ldkrs. Harburg, am südl. Stadtrand von Hamburg, an der Elbe, rd. 37 000 Ew.

**Selm,** Stadt in Nordrhein-Westfalen, Ldkrs. Unna, nördl. von Dortmund, rd. 26 000 Ew.; Kirche (14. Jh.), Schloß *Cappenberg* (1122-1802 Prämonstratenserkloster) mit roman. Pfeilerbasilika.

**Senftenberg,** Kreisstadt in Brandenburg, in der Niederlausitz, an der Schwarzen Elster, rd. 33 000 Ew.; Ingenieurschule für Energetik; Schloß (16. Jh.), Stadtkirche (um 1400).

**Siegburg,** Kreisstadt in Nordrhein-Westfalen, an der Aggermündung in die Sieg, rd. 34 000 Ew.; Bundesfinanzakademie; auf dem *Michaelsberg* (181 m) Benediktinerabtei (1064-1803 und seit 1914); St.-Servatius-Kirche (12.-19. Jh.); berühmte Töpferstadt des MA; Verw.-Sitz des *Rhein-Sieg-Kreises.*

**Siegen,** siehe S. 238.

**Sigmaringen,** siehe S. 239.

**Sindelfingen,** Stadt in Baden-Württemberg, Ldkrs. Böblingen, südwestlich von Stuttgart, 440 m ü.M., rd. 56 000 Ew.; ehem. Chorherrenstiftskirche St. Martin (1083 geweiht, 1933 restauriert), Altes Rathaus von 1478, Salzhaus aus dem Jahr 1592 im Fachwerkstil. – Stadtrecht im Jahr 1263.

**Singen (Hohentwiel),** Stadt in Baden-Württemberg, Ldkrs. Konstanz, an der Aach, im Hegau, 428 m ü.M., rd. 42 000 Ew.; Hegau-Museum. – Stadtrecht im Jahr 1899.

**Sinsheim,** Stadt in Baden-Württemberg, im Rhein-Neckar-Kreis, an der Elsenz, im Kraichgau, rd. 28 000 Ew.; ehem. Benediktinerabtei mit Klosterkirche auf dem Michelsberg, Rathaus (1714), Fachwerkhäuser. – Um 1067 Markt- u. Münzrecht, um 1500 Freie Reichsstadt. – Südl. Burg *Steinsberg* (13. Jh.).

**Soest,** siehe S. 240.

**Sömmerda,** Kreisstadt in Thüringen, an der Unstrut, rd. 24 000 Ew.; Reste der alten Stadtmauer (16. Jh.), Erfurter Tor (14. Jh.), Pfarrkirche (16. Jh.), Rathaus (16. Jh.).

**Solingen,** siehe S. 241.

**Sondershausen,** Kreisstadt in Thüringen, an der Wipper, südöstl. von Nordhausen, rd. 25 000 Ew.; Schloß (16.-18. Jh., Museum), Konservatorium. – In den Jahren 1356-1918 Residenz und Mittelpunkt des Fürstentums *Schwarzburg-S.*

**Sonneberg,** Kreisstadt in Thüringen, nordöstl. von Coburg, 405 m ü.M., rd. 28 000 Ew.; Fachschule für Spielwaren (seit 1883), Spielzeugmuseum (u.a. »S.er Puppen«), Sternwarte.

**Sonthofen,** Kreisstadt in Schwaben (Bayern), im Allgäu, an der Ostrachmündung ins Illertal, 748 m ü.M., rd. 21 000 Ew.; Luftkurort u. Wintersportplatz; Fachschulen der Bundeswehr; barokke St.-Michaels-Kirche; Verw.-Sitz des Ldkrs. *Oberallgäu.*

**Speyer,** siehe S. 242.

**Spremberg,** Kreisstadt in Brandenburg, an der Spree, in der Lausitz, südl. von Cottbus, rd. 25 000 Ew.; Altstadt auf der Spreeinsel, Schloß (um 1290,

Umbau nach 1731), Stadtkirche (16. Jh.); nahebei die Talsperre S. (42,7 Mill. $m^3$, 9,9 $km^2$ Oberfläche, 11 m Stauhöhe, im Jahr 1965 in Betrieb genommen).

**Springe,** Stadt in Niedersachsen, Ldkrs. Hannover, am Deister, rd. 29 000 Ew.; südl. von S. Naturschutzgebiet *Saupark* mit Wisentgehege. – Stadtrecht 1253.

**Sprockhövel,** Stadt in Nordrhein-Westfalen, Ennepe-Ruhr-Kreis, nördl. von Wuppertal, rd. 24 000 Ew.

**Stade,** siehe S. 243.

**Stadtallendorf,** Stadt in Hessen, Landkreis Marburg-Biedenkopf, östlich von Marburg, 300 m ü.M., rd. 20 000 Ew. – Stadtrecht im Jahr 1960.

**Stadthagen,** Kreisstadt in Niedersachsen, nördl. der Bückeberge, rd. 22 000 Ew.; mittelalterliches Stadtbild mit Fachwerkhäusern im Stil der Weserrenaissance, St.-Martini-Kirche (14./15. Jh.), Schloß (16. Jh.), Rathaus (16. Jh.); Verwaltungssitz des Ldkrs. *Schaumburg*. – Stadtrecht 1344.

**Staßfurt,** Kreisstadt in Sachsen-Anhalt, an der Bode, südl. von Magdeburg, rd. 28 000 Ew.; Institut für Lehrerbildung, Theater; Zentrum des mitteldt. Kalibergbaus (Salzgewinnung seit dem MA).

**Steinfurt,** Kreisstadt in Nordrhein-Westfalen, im Münsterland, nordwestl. von Münster, rd. 31 000 Ew.; Abteilung der Fachhochschule Münster; Wasserburg (Schloß) der Fürsten von Bentheim-S. (12./13. u. 16.-18. Jh.) mit Park *Bagno* (in den Jahren 1780-1817 als engl. Garten gestaltet). – 1975 aus den bis dahin selbständigen Städten *Burgsteinfurt* u. *Borghorst* gebildet.

**Stendal,** siehe S. 244.

**Stolberg,** *S. (Rheinland),* Stadt in Nordrhein-Westfalen, Ldkrs. Aachen, östlich von Aachen, rd. 56 000 Ew.; Burg *Bleibtreu* (12. Jh.), ehemalige Kupferhöfe (18. Jh.). – Stadtrecht 1856.

**Stralsund,** siehe S. 245.

**Straubing,** kreisfreie Stadt in Bayern, an der Donau, südöstlich von Regensburg, 332 m ü.M., rd. 42 000 Ew.; Peterskirche (12. Jh.), St.-Jakobs-Kirche (15./16. Jh.), Karmelitenkirche (14./15. Jh., 1700-1710 barock umgestaltet), Ursulinenkirche (18. Jh.); ehem. Schloß (14./15. Jh.), Stadtturm (14. Jh.), Dreifaltigkeitssäule (1709), Rathaus (1382); Theater, Gäuboden- u. Stadtmuseum (mit dem 1950 entdeckten sog. S.er Römerschatz), Agnes-Bernauer-Kapelle (1436); Zoolog. Garten. – Ehem. röm. Militärlager *Sorviodurum*, 898 erste urkundliche Erwähnung, 1218 Gründung der Neustadt, 1353-1425 herzogl. Residenz.

**Strausberg,** Kreisstadt in Brandenburg, östlich von Berlin, am Ostufer des *Straussees* (4 km lang, 0,5 km breit), rd. 28 000 Ew.; Marienkirche (13. Jh.), Heimatmuseum.

**Stuhr,** Gemeinde in Niedersachsen, Ldkrs. Diepholz, rd. 27 000 Ew.; Wohnvorort am südwestl. Stadtrand von Bremen.

**Stuttgart,** siehe S. 246.

**Suhl,** siehe S. 250.

**Sundern (Sauerland),** Stadt in Nordrhein-Westfalen, Hochsauerlandkreis, südlich von Arnsberg, rd. 25 000 Ew.

**Taunusstein,** Stadt in Hessen, Rheingau-Taunus-Kreis, an der Aar, nordwestl. von Wiesbaden, im Taunus, 350 m ü.M., rd. 26 000 Ew. – 1971/72 durch Zusammenschluß mehrerer Gemeinden entstanden.

**Tönisvorst,** Stadt in Nordrhein-Westfalen, Ldkrs. Viersen, westlich von Krefeld, rd. 22 000 Ew.

**Torgau,** siehe S. 251.

**Traunreut,** Stadt in Oberbayern, Ldkrs. Traunstein, an der Traun, 552 m ü.M., rd. 19 000 Ew. – 1950 als Flüchtlingsgemeinde gegr., Stadtrecht 1960.

**Trier,** siehe S. 252.

**Troisdorf,** Stadt in Nordrhein-Westfalen, Rhein-Sieg-Kreis, an Agger u. Sieg gelegen, nordöstl. von Bonn, rd. 62 000 Ew. – Stadtrecht 1952.

**Tübingen,** siehe S. 254.

**Tuttlingen,** Kreisstadt in Baden-Württemberg, an der oberen Donau, 647 m ü.M., rd. 31 000 Ew.; Pfarrkirche (1815-1817) mit Turm (1868); Ruine der Burg *Hornberg* (1460 erbaut, 1645 zerstört). – Stadtrecht um das Jahr 1250.

**Übach-Palenberg,** Stadt in Nordrhein-Westfalen, Ldkrs. Heinsberg, nördl. von Aachen, an der Wurm, rd. 23 000 Ew. – Stadtrecht 1967.

**Uelzen,** Kreisstadt in Niedersachsen, an der Ilmenau u. am Elbe-Seitenkanal, im O der Lüneburger Heide, rd. 35 000 Ew.; St.-Marien-Kirche (1954 wiederaufgebaut; frühgot. Tafelaufsatz »Goldenes Schiff«), Fachwerkbauten. – Stadtrecht 1270, Mitglied der Hanse. – Südlich von U. das Mühlenmuseum *Suhlendorf*.

**Ulm,** siehe S. 256.

**Unna,** Kreisstadt in Nordrhein-Westfalen, östl. von Dortmund, rd. 60 000 Ew.; Stadtkirche (14. Jh.). – Stadtrecht 1278.

**Unterschleißheim,** Gemeinde in Bayern, Ldkrs. München, Wohnvorort nördlich von München, rd. 21 000 Ew.

**Vaihingen an der Enz,** Stadt in Baden-Württemberg, Ldkrs. Ludwigsburg, nordwestl. von Stuttgart, 245 m ü.M., rd. 23 000 Ew.; Reste der ehem. Stadtbefestigung, Schloß *Kaltenstein*.

**Varel,** Stadt in Niedersachsen, Ldkrs. Friesland, südl. des Jadebusens, rd. 24 000 Ew.; Wehrkirche (13. Jh.), Windmühle; Hafen im *V.er Siel*. – Der Stadtteil *Dangast* ist Nordseebad.

**Vechta,** Kreisstadt in Niedersachsen, im Oldenburger Land, rd. 24 000 Ew.; Abteilung der Universität Osnabrück; St.-Georg-Kirche (15. u. 18. Jh.), Klosterkirche (18. Jh.). – Stadtrecht um 1220.

**Velbert,** Stadt in Nordrhein-Westfalen, Ldkrs. Mettmann, nordwestl. von Wuppertal, rd. 89 000 Ew.; Dt. Schloß- u. Beschlägemuseum. – Stadtrecht 1827. Im Stadtteil *V.-Neviges* stehen der Dom *Maria Frieden* (Wallfahrtsort) u. das ehem. Wasserschloß *Hardenberg*.

**Verden,** *V. (Aller),* Kreisstadt in Niedersachsen, am Zusammenfluß von Weser u. Aller, rd. 24 000 Ew.; Verdener Dom, St.-Andreas-Kirche (13. Jh.), St.-Johannis-Kirche (12. Jh.), Rathaus (1730-1732), Fachwerkhäuser (16. u. 17. Jh.), Reste der ehem. Stadtbefestigung; Dt. Pferdemuseum. – Stadtrecht 1259.

**Viernheim,** Stadt in Hessen, Landkreis Bergstraße, in der Oberrhein. Tiefebene, nordöstlich von Mannheim, rd. 29 000 Ew.; Eisenbahnmuseum. – Stadtrecht im Jahr 1948.

**Viersen,** Kreisstadt in Nordrhein-Westfalen an der Niers, nördl. von Mönchengladbach, rd. 78 000 Ew.; spätgot. St.-Remigius-Kirche (15. Jh., 1896 erweitert), Narrenmuseum. – Stadtrecht 1856.

**Vilbel,** *Bad V.,* Stadt in Hessen, Wetteraukreis, nordöstl. von Frankfurt am Main, an der Nidda, rd. 25 000 Ew.; Heilbad. – Stadtrecht im Jahr 1664.

**Villingen-Schwenningen,** Kreisstadt in Baden-Württemberg, nördl. der Baar, an der Neckarquelle u. an der Brigach, rd. 76 000 Ew.; Reste der Stadtmauer mit 3 Stadttoren, frühgot. Münster u. spätgot. Rathaus im Stadtteil Villingen (Kneippkurort); Uhrenmuseum im Stadtteil Schwenningen; Verwaltungssitz des *Schwarzwald-Baar-Kreises*. – Villingen erhielt 999 Markt-, Münz- und Zollrecht und wurde im Jahr 1119 von den Zähringern als Stadt neu gegründet; 1326-1805 gehörte es zu Österreich. Schwenningen wurde 895 erstmals urkundlich erwähnt und erhielt im Jahr 1907 das Stadtrecht. 1972 wurden die beiden Städte zusammengeschlossen.

**Völklingen,** Stadt im Saarland, im Stadtverband Saarbrücken, an der Saar, 190 m ü.M., rd. 43 000 Ew. – Stadtrecht 1937.

**Waiblingen,** Kreisstadt in Baden-Württemberg, an der Rems, nordöstlich von Stuttgart, 270 m ü.M, rd. 45 000 Ew.; spätgot. Michaeliskirche; Verw.-Sitz des *Rems-Murr-Kreises*.

**Waldkraiburg,** Stadt in Oberbayern, Ldkrs. Mühldorf am Inn, 435 m ü.M., rd. 22 000 Ew. – 1950 von Heimatvertriebenen gegr., Stadtrecht 1960.

**Waldshut-Tiengen,** Kreisstadt in Baden-Württemberg, am Rhein (Stadtteil Waldshut, 340 m ü.M.) u. an der Wutach (Stadtteil Tiengen, 348 m ü.M.), südl. des Hotzenwaldes, rd. 22 000 Ew.; in Waldshut mittelalterl. Altstadt, Pfarrkirche (1804), Rathaus (1770); in Tiengen Schloß (15.-17. Jh.), Stadtkirche (18. Jh.). – 1975 Zusammenschluß beider Städte.

**Walsrode,** Stadt in Niedersachsen, Landkreis Soltau-Fallingbostel, in der westl. Lüneburger Heide, an der Böhme, rd. 23 000 Ew.; Luftkurort; ehem. Benediktinerinnenabtei (986 bis 1528, seitdem Damenstift; 18. Jh. neu erbaut); Heidemuseum (Hermann-Löns-Sammlung), Vogelpark. – Stadtrecht im Jahr 1383.

**Wallenhorst,** Gemeinde in Niedersachsen, Ldkrs. Osnabrück, rd. 21 000 Ew.

**Waltrop,** Stadt in Nordrhein-Westfalen, Ldkrs. Recklinghausen, am Dortmund-Ems- u. Lippe-Seitenkanal, rd. 27 000 Ew.

**Wangen,** *W. im Allgäu,* Stadt in Baden-Württemberg, Ldkrs. Ravensburg, nordöstl. von Lindau, 556 m ü. M., rd. 23 000 Ew.; Luftkurort; mittelalterl. Stadtbild (seit 1976 unter Denkmalschutz); spätgot. Pfarrkirche St. Martin (1468), Rathaus (18. Jh.) mit Pfaffenturm, Reste der ehem. Stadtbefestigung (u.a. Ravensburger Tor); Dt. Eichendorff-Museum. – Stadtrecht 1217, seit 1281 Freie Reichsstadt, seit 1810 württembergisch.

**Warburg,** Stadt in Nordrhein-Westfalen, Landkreis Höxter, an der Diemel, südöstlich von Paderborn, 204 m ü.M., rd. 22 000 Ew.; Neustädter St.-Johannes-Kirche (13.-15. Jh.), Marienkirche (13. u. 15. Jh.), Rathaus (1582). – Nördlich erhebt sich die Burgruine *Desenberg* (345 m).

**Waren,** Kreisstadt in Mecklenburg-Vorpommern, an der Nordspitze des Müritzsees, rd. 25 000 Ew.; Luftkurort seit dem Jahr 1954; Alter Markt, frühgot. St.-Georgen-Kirche (14. Jh.), St.-Marien-Kirche (13./14. Jh.; ursprünglich dreischiffig, 1792 nach Brand einschiffig wiederaufgebaut), Altes Rathaus aus dem 17. Jh.) Neues Rathaus (im Stil der Tudorgotik), Müritz-Museum. – 1347-1425 Residenz der Fürsten von Werle.

**Warendorf,** Kreisstadt in Nordrhein-Westfalen, im Münsterland, an der Ems, rd. 34 000 Ew.; Laurentiuskirche (1913), Rathaus, Pferdezucht (alljährlich *W.er Hengstparade*). – Im Stadtteil *Freckenhorst* fünftürmige frühromanische Stiftskirche (1129 geweiht) mit den Reliquien des hl. Bonifatius u. bedeutendem steinernem Taufstein (12. Jh.). – Stadtrecht 1200.

**Warstein,** Stadt in Nordrhein-Westfalen, Ldkrs. Soest, im Sauerland, nordöstl. von Meschede, 292 m ü.M., rd. 28 000 Ew.; Lungenheilstätte; in der Nähe die 350 m lange *W.er Tropfsteinhöhle* (Bilsteinhöhle). – Stadtrecht 1276.

**Wedel (Holstein),** Stadt in Schleswig-Holstein, Ldkrs. Pinneberg, an der Unterelbe, rd. 31 000 Ew.; Fachhochschule; Roland (16. Jh.); Yachthafen; Schiffsbegrüßungsanlage »Willkommhöft«. – Stadtrecht 1875.

**Wedemark,** Gemeinde in Niedersachsen, Ldkrs. Hannover, nördl. von Hannover, rd. 24 000 Ew.; 1974 aus dem Zusammenschluß mehrerer Gemeinden entstanden.

**Wegberg,** Stadt in Nordrhein-Westfalen, Ldkrs. Heinsberg, südwestl. von Mönchengladbach, an der Schwalm, rd. 25 000 Ew. – Stadtrecht 1973.

**Weiden in der Oberpfalz,** kreisfreie Stadt in Bayern, an der Waldnaab, 399 m ü.M., rd. 42 000 Ew.; Rathaus aus dem 16. Jh., 1914-1917 erneuert, St.-Michael-Kirche aus dem 15. u. 18. Jh., Reste der ehemaligen Stadtummauerung; Max-Reger-Haus.

**Weil,** *W. am Rhein,* Stadt in Baden-Württemberg, Ldkrs. Lörrach, zwischen Lörrach u. Basel, rd. 26 000 Ew.; Rheinhafen. – Stadtrecht 1929.

**Weimar,** siehe S. 258.

**Weingarten,** Stadt in Baden-Württemberg, Ldkrs. Ravensburg, nordöstl. von Ravensburg, 484 m ü.M., rd. 22 000 Ew.; Pädagog. Hochschule; Benediktinerabtei (gegr. im 10. Jh., 1802 aufgehoben, seit 1922 wieder Abtei) mit Barockkirche (1715-1724), alljährlich bedeutende Reiterprozession. – Gründung der Stadt 1865 aus dem Ort Altdorf u. dem Kloster W.

**Weinheim,** Stadt in Baden-Württemberg, Rhein-Neckar-Kreis, an der Bergstraße, nordöstl. von Mannheim, rd. 41 000 Ew.; ehem. gräfl. Schloß (17.-19. Jh., jetzt Rathaus), Pfarrkirche St. Laurentius (1911-1913 im neuroman. Stil erbaut); östl. von W. die Burgruine *Windeck* (12., 13. u. 15. Jh.) u. die *Wachenburg* (1907-1913).

**Weinstadt,** Stadt in Baden-Württemberg, Rems-Murr-Kreis, östlich von Stuttgart, rd. 23 000 Ew. – W. entstand 1975 durch Zusammenschluß der ehem. Gemeinden Beutelsbach, Endersbach, Großheppach, Schnait u. Strümpfelbach.

**Weißenfels,** Kreisstadt in Sachsen-Anhalt, an der Saale, rd. 39 000 Ew.; Barockschloß *Neu-Augustusburg* (1660-1693; Gedenkstätte H. Schütz u. Schuhmuseum), Rathaus (18. Jh.), St.-Marien-Kirche, Gustav-Adolf-Gedenkstätte (im Geleitshaus), Novalis-Haus; Ingenieurschule für Lederverarbeitungstechnik. – Im 12. Jh. gegr., 1546-1553 Residenz der albertin. Herzöge, 1656-1746 Residenz des Herzogtums Sachsen-W.

**Weißwasser,** Kreisstadt in Sachsen, in der Oberlausitz, südöstlich von Spremberg, rd. 38 000 Ew; Ingenieurschule für Glastechnik. – Stadtrecht 1935.

**Weiterstadt,** Gemeinde in Hessen, Ldkrs. Darmstadt-Dieburg, nordwestlich von Darmstadt, rd. 21 000 Ew.

**Werdau,** Kreisstadt in Sachsen, westlich von Zwickau, rd. 21 000 Ew.; Marienkirche (18. Jh.).

**Werdohl,** Stadt in Nordrhein-Westfalen, Märkischer Kreis, an der Lenne, im Sauerland, rd. 20 000 Ew. – Stadtrecht 1936.

**Werl,** Stadt in Nordrhein-Westfalen, Ldkrs. Soest, westl. von Soest, rd. 26 000 Ew.; alte Salzstadt am Hellweg; Wallfahrtskirche (1903-1905) der Franziskaner, Propsteikirche St. Walburga (14. Jh.), Missionsmuseum. – Ersterwähnung als Burg im Jahr 1024, Stadtrecht im Jahr 1246, ehemalige Hansestadt.

**Wermelskirchen,** Stadt in Nordrhein-Westfalen, Rheinisch-Bergischer Kreis, südlich von Remscheid, rd. 34 000 Ew. – Stadtrecht im Jahr 1873.

**Werne,** Stadt in Nordrhein-Westfalen, Ldkrs. Unna, westlich von Hamm, rd. 28 000 Ew.; gotische Pfarrkirche (15. Jh.).

**Wernigerode,** siehe S. 260.

**Wertheim,** Stadt in Baden-Württemberg, Main-Tauber-Kreis, an der Taubermündung in den Main, rd. 20 000 Ew.; histor. Altstadt mit Fachwerkbauten, spätgot. Stadtkirche (1383-1419), ehem. Kilianskapelle, Rathaus (16. Jh.), Burgruine W. (12.-16. Jh.); Hafen. – Südlich von W. der Ort *Bronnbach* mit Zisterzienserabtei, gegründet im Jahr 1151.

**Wesel,** Kreisstadt in Nordrhein-Westfalen, an der Lippemündung in den Rhein u. am W.-Datteln-Kanal, rd. 55 000 Ew.; got. Dom St. Willibrord (gegr. 8. Jh., 10.-19. Jh.; im 2. Weltkrieg weitgehend zerstört, im Stil des 15. Jh. wiederaufgebaut), Zitadellentor und Berliner Tor der ehem. preuß. Befestigungsanlagen (17./18. Jh.), Schillmuseum (1809 ließ Napoleon I. in W. 11 Offiziere des Schillschen Freikorps erschießen). – Stadtrecht im Jahr 1241.

**Wesseling,** Stadt in Nordrhein-Westfalen, Erftkreis, zwischen Köln u. Bonn, rd. 30 000 Ew.; bedeutender Umschlaghafen (bes. Braunkohlen u. Erdöl) am Rhein (1987: 2,8 Mill. t).

**Wetter,** *W. (Ruhr),* Stadt in Nordrhein-Westfalen, im Ennepe-Ruhr-Kreis, am Harkortsee, nordwestl. von Hagen, rd. 29 000 Ew. – Stadtrecht 1355.

**Wetzlar,** siehe S. 261.

**Weyhe,** Gemeinde in Niedersachsen, Ldkrs. Diepholz, südlich von Bremen, an der Weser, rd. 24 000 Ew.

**Wiehl,** Stadt in Nordrhein-Westfalen, Oberberg. Kreis, an der Wiehl, im Bergischen Land, rd. 22 000 Ew.; Luftkurort; *W.er Tropfsteinhöhle*. – Stadtrecht im Jahr 1971.

**Wiesbaden,** siehe S. 262.

**Wiesloch,** Stadt in Baden-Württemberg, Rhein-Neckar-Kreis, südl. von Heidelberg, rd. 23 000 Ew.; Rathaus (1713), Reste der mittelal. Stadtbefestigung.

**Wilhelmshaven,** siehe S. 264.

**Willich,** Stadt in Nordrhein-Westfalen, Ldkrs. Viersen, südl. von Krefeld, rd. 40 000 Ew.; Schloß *Neersen*.

**Winnenden,** Stadt in Baden-Württemberg, Rems-Murr-Kreis, nordöstlich von Stuttgart, 292 m ü.M., rd. 23 000 Ew.; ehem. Deutschordensschloß *Winnental* mit Schloßkirche (15. Jh.). – Stadtrecht um 1200.

**Winsen,** *W. (Luhe),* Stadt in Niedersachsen, Ldkrs. Harburg, am Nordrand der Lüneburger Heide, südl. der Elbmarschen, rd. 27 000 Ew.; Schloß (16. Jh.), Marienkirche (14./15. Jh.); Verw.-Sitz des Ldkrs. *Harburg*.

**Wipperfürth,** Stadt in Nordrhein-Westfalen, Oberberg. Kreis, im Bergischen Land, an der Wupper, 280 m ü.M., rd. 21 000 Ew.; roman. Pfarrkirche (12./13. Jh.). – Stadtrecht 1217 (älteste Stadt des Berg. Landes), im 13./14. Jh. Mitgl. der Hanse.

**Wismar,** siehe S. 265.

**Witten,** siehe S. 266.

**Wittenberg,** siehe S. 267.

**Wittenberge,** Stadt in Brandenburg, Ldkrs. Perleberg, an der Elbe (Hafen), rd. 30 000 Ew.; Steintorturm (14. Jh.).

**Wolfenbüttel,** siehe S. 268.

**Wolfsburg,** siehe S. 269.

**Worms,** siehe S. 270.

**Wülfrath,** Stadt in Nordrhein-Westfalen, Ldkrs. Mettmann, nordwestlich von Wuppertal, rd. 21 000 Ew. – Stadtrecht 1827.

**Wunstorf,** Stadt in Niedersachsen, Ldkrs. Hannover, westl. von Hannover, südöstl. vom Steinhuder Meer, rd. 37 000 Ew.; spätroman. Stiftskirche.

**Wuppertal,** siehe S. 272.

**Würselen,** Stadt in Nordrhein-Westfalen, Ldkrs. Aachen, nordöstlich von Aachen, rd. 34 000 Ew. – Stadtrecht 1924.

**Würzburg,** siehe S. 274.

**Xanten,** siehe S. 276.

**Zeitz,** Kreisstadt in Sachsen-Anhalt, an der Weißen Elster, rd. 43 000 Ew.; Moritzburg (1657-1678, ehem. Bischofs- und Herzogsschloß), Schloßkirche (ehem. Dom; im 15. Jh. umgebaut), Michaeliskirche (12.-15. Jh.), ehem. Franziskanerkloster (14./15. Jh.) mit Klosterkirche (13./14. Jh.), Reste der Stadtbefestigung (15./16. Jh.), Rathaus (16. Jh.). – Z. entstand aus drei Teilen: Burg-Dombezirk (Bistum 968-1028), Oberstadt (Markt) u. Unterstadt (in der Elsterniederung); 1286 Residenz der Bischöfe von Naumburg, 1656-1718 Residenz der Herzöge des Fürstentums Sachsen-Z., in den Jahren 1718-1815 kursächsisch, ab 1815 preußisch.

**Zirndorf,** Stadt in Mittelfranken (Bayern), Ldkrs. Fürth, westlich von Nürnberg, rd. 21 000 Ew.; Kneippbad; got. St.-Rochus-Kirche (18. Jh.). – Stadtrecht 1912.

**Zittau,** siehe S. 278.

**Zweibrücken,** kreisfreie Stadt in Rheinland-Pfalz, nordwestlich von Pirmasens, an der Schwarzen Blies, rd. 33 000 Ew.; Schloß (ursprüngl. 18. Jh., wiederaufgebaut, jetzt Sitz des rheinland-pfälz. Oberlandesgerichts), spätgot. Alexanderkirche (1492-1507; 1956 wiederaufgebaut), Rosengarten (über 60 000 Rosenstöcke), Trakehnergestüt. – *Grafschaft Z.* um 1190 entstanden, Stadtrecht 1352, 1410-1794 Residenz des Herzogtums Pfalz-Z.

**Zwickau,** siehe S. 279.

# Kartenübersicht
# 1:500.000

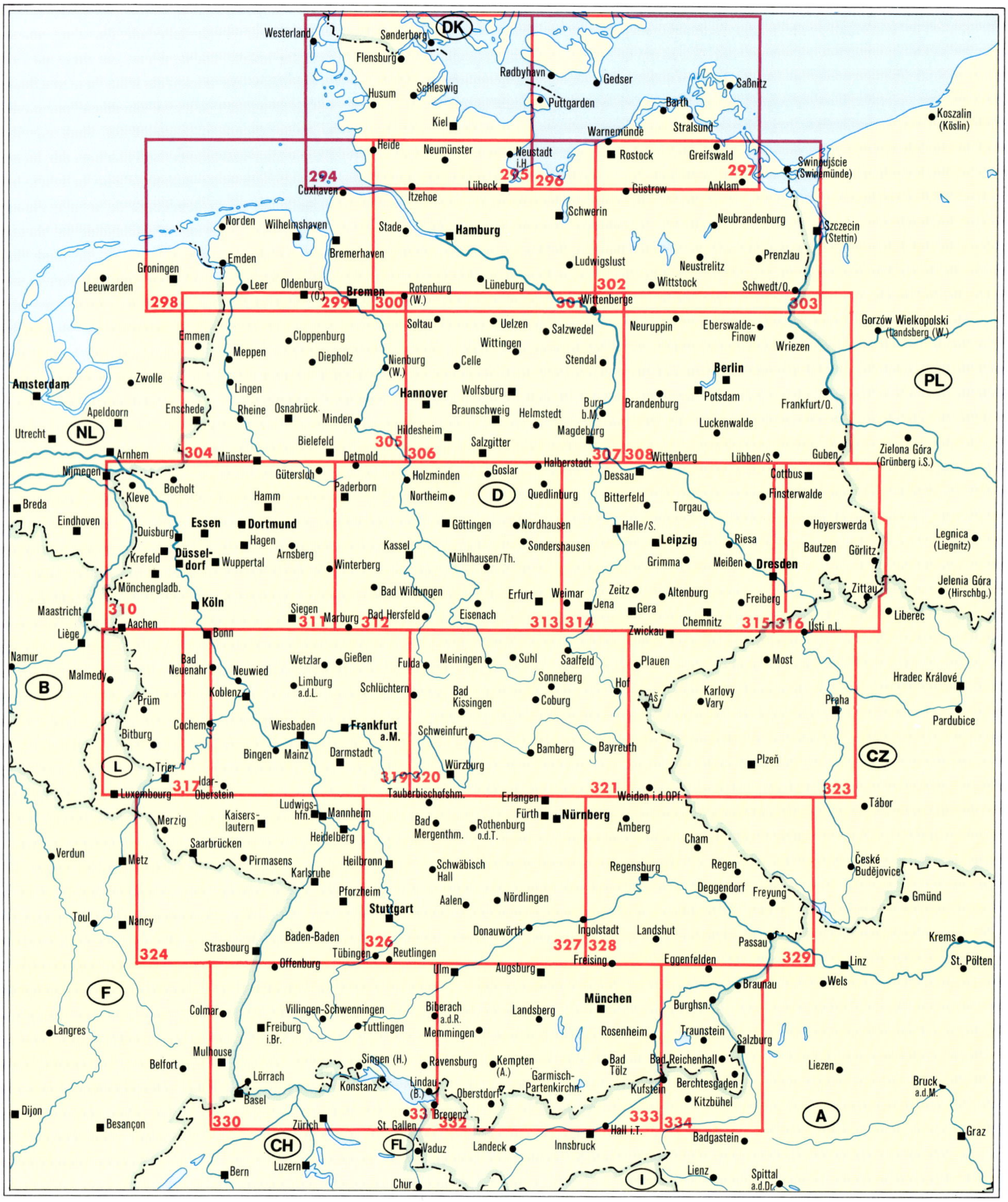

# Zeichenerklärung
# 1:500.000

| (D) VERKEHR - TRAFFIC (GB) | | (F) CIRCULATION - VERKEER (NL) |
|---|---|---|
| Autobahn mit Anschlußstelle<br>Motorway with junction | Oelde 21 | Autoroute avec échangeur<br>Autosnelweg met op- en afritten |
| in Bau mit Fertigstellungsdatum<br>Under construction with opening date | 1995 | En construction avec date de mise en service<br>In aanleg met datum van voltooiing |
| Vier- o. mehrspurige Autostraße, ein- oder zweibahnig mit Anschlußstelle<br>Road with four or more lanes, multilanedivided with junction | | Route à quatre ou plusieurs voies à une ou deux chaussées<br>Weg met vier of meer rijstroken een of twee rijbanen |
| Durchgangsstraße<br>Through road | | Route de transit<br>Weeg voor doorgaande verkeer |
| Sonstige Straßen<br>Other minor roads | | Autres routes<br>Overige wegen |
| Straßennumerierung:<br>Road numbering:<br>Autobahn - Europastraße- Bundesstraße -/Fernverkehrsstraße<br>Motorway - Main European route- Trunk road | 8 E 34 212 | Numération des routes:<br>Wegnummering:<br>Autoroute -Route européenne - Autres routes<br>Autosnelweg - Europaweg - Overige wegen |
| Entfernungen in km<br>Distances in km | 6 10 4 / 4 2 2 1 2 | Distances en kms<br>Afstand in km |
| Mögliche Staustelle auf Autobahnen und ihre Umfahrungsmöglichkeiten<br>Possible jam on motorways with suggested auxiliary detour | | Section d´autoroute à bouchons fréquents et itinéraire bis conseillé<br>Plaats voor mogelijke filemorving op autosnelwegen en omrijroute |
| Unfallschwerpunkt auf Autobahnen<br>Hazardous motorway section | | Section d´autoroute à haute risque d´accidents<br>Plaats op autosnelwegen, waar vele ongelukken gebeuren |
| Tunnel<br>Tunnel | | Tunnel<br>Tunnel |
| Paß mit Steigung in %<br>Mountain pass with gradient in % | Fernpaß (1209) 6% 8% | Col avec côte en %<br>Pas met helling in % |
| Für Wohnwagen nicht empfehlenswert - verboten<br>Not suitable for caravans - not allowed | | Non recommandé aux caravans - interdit<br>Voor caravans niet aanbevolen - verboden |
| Schiffahrtslinie<br>Shipping route | | Ligne maritime<br>Scheepvaartlijn |
| Autofähre<br>Car ferry | | Bac autos<br>Autoveer |
| Autoreisezug, Verladestelle:<br>Loading station for cars on train:<br>in Deutschland<br>in Germany | DB | Gare d´embarquement pour train autocochette:<br>Laadstation voor autotreinen:<br>a Allemagne -<br>in Duitsland - |
| - in der Schweiz<br>- in Switzerland | | a Suisse -<br>in Zwitserland - |
| - in Österreich<br>- in Austria | | a Autriche<br>in Oostenrijk |
| Internationaler Flughafen - Regionalflughafen<br>International airport - Regional airport | | Aéroport international - Aéroport regional<br>Internationaal Luchthaven - Regionaal Luchthaven |
| **EINRICHTUNGEN AN RASTANLAGEN<br>SYMBOLS ON SERVICE AREAS** | | **AIRES DE SERVICE EQUIPEMENTS<br>DIVERSE VOORZIENINGEN** |
| Tankstelle - mit Behinderten WC<br>Filling station - with WC for handicapped | T Greding T | Poste d´essence - avec WC pour les handicapés<br>Benzinestation - met invaliden-WC |
| Rasthaus - mit Behinderten WC<br>Restaurant - with WC for handicapped | R R | Restaurant - avec WC pour les handicapés<br>Restaurant - met invaliden-WC |
| Motel - mit Behinderten WC<br>Motel - with WC for handicapped | M M | Motel - avec WC pour les handicapés<br>Motel - met invaliden-WC |
| Kiosk - mit Behinderten WC<br>Kiosk - with WC for handicapped | K K | Kiosque - avec WC pour les handicapés<br>Kiosk - met invaliden-WC |
| Babywickelraum<br>Babyroom | | Nursery<br>Verzorgingsruimte voor baby´s |
| Parkplatz mit WC<br>Parking with WC | P | Parking avec WC<br>Parkeerplaats met WC |
| **SONSTIGES - OTHER INFORMATION** | | **AUTRES INDICATIONS - OVERIGE INFORMATIE** |
| Staatsgrenze<br>International boundary | | Frontière d´Etat<br>Grensovergang |
| Grenzübergang<br>Border crossing point | | Passage frontalier<br>Rijksgrens |
| Sehenswürdigkeiten<br>Places of interest | Wasserschloß | Curiosités<br>Bezienswaardigheden |

Ribe
Kolding
DANMARK
Cc
Da
Db
Dc
Grenzübertritt begrenzt auf bestimmten Personenkreis- Nachts geschlossen
Autoverladung Niebüll - Westerland in der Regel zwischen 7 und 20 Uhr
Løgumkloster
Hellevad
Rødekro
Åbenrå
Åbenrå Fjord
Varnæs
Bovru
Kolby
List
Sølsted
Visby
Alslev
Hjordkær
Ravsted
Sylt
Rotes Kliff
Kampen
Wenningstedt
Westerland/Sylt
Westerland
Keitum
Hindenburgdamm
Sylt-Ost
Morsum
Rantum
Højer
Abild
Søvang
Bredevad
Felstedt
Tønder
Vida
Tinglev
Uge
Rudbøl
Sæd
Burkal
Kværs
Aventoft
Nolde-Museum
Neukirchen
Rens
Broderup
Hokkerup
Klanxbüll
Süderlügum
Holnis
Braderup
Ladelund
Kruså
Schloß Glücksburg
Ellund/Frøslev
Bov
Frøslev
Harrislee
Glücksburg
Langballig
Niebüll
Klixbüll
Achtrup
Medelby
Wallsbüll
Munkbrarup
Föhr
Leck
Schafflund
FL/Harrislee
Handewitt
Flensburg
Hörnum (S.)
Dunsum
Oldsum
Dagebüll-Hafen
Dagebüll
Sande
Stadum
Utersum
Alkersum
Enge-
Großenwiehe
Amrum
Norddorf
Nieblum
Wyk a. F.
Schlüttsiel
Waygaard
Mönkebüll
Goldelund
Oeversee
Nordmarsch-Langeneß
Bandixwarf
Langenhorn
Schobüll
Wanderup
Satrup
Nebel
Ockholm
Joldelund
Tarp
Süderschmedeby
Wittdün
Rixwarf
Gröde-Appelland
Bredstedt
Klappholz
Drelsdorf
Löwenstedt
Kleinjörl
Bollingstedt
Böklund
Halligen
Hamburger Hallig
Bohmstedt
Haselund
Backenswarft
Hooge
Nordstrandischmoor
Gammellund
Langsee
Nordfriesische Inseln
Nordfriesland
Viöl
Helgoland
Norderoog-sand
Westermühle
Esperstoft
Jübek
Tammensiel
Hattstedt
Oster-Ohrstedt
Treia
Silberstedt
Schleswig
Norderhafen
Wester-schütting
Pellworm
Schwesing
Schleswig/Schuby
Westerdeich
Husum
Ostenfeld(H.)
Busdorf
Haithabu
Nord-strand
Süder-hafen
Schleswig/Jagel
Süderoog
Nordstrand
Mildstedt
Hollingstedt
Süderoog-sand
Simonsberg
Uelvesbüll
Rantrum
Winnert
Dörpstedt
Treene
Kropp
Owschlag
Westerhever
Osterhever
Eiderstedt
Schwabstedt
Wohlde
Börm
Friedrichstadt
Oldenswort
Norderstapel
Tetenhusen
Owschlag
Megger-dorf
Ording
St. Peter-
Garding
Tönning
Lunden
Büdelsdorf
Fockbek
Hohn
Erfde
Vollerwiek
Kleve
Hennstedt
Eider
Rendsburg
Eider-Sperrwerk
Wedding-stedt
Schalkholz
Wesselburener-koog
Süder-heistedt
Tellingstedt
Hamdorf
Jevenstedt
Wessel-buren
Wrohm
Breiholz
Heide-West
Heide
Nordhastedt
Osterrade
Ham-weddel
Wöhrden
Nord-Ostsee-Kanal
Olden-büttel
Haale
Heide-Süd
Hemmingstedt
Albersdorf
Hade-marschen
Todenbüttel
Büsum
Gokels
Meldorfer Bucht
Hanerau
Beringstedt
Meldorf
Nindorf
Hohenwestedt
Harwich - Hamburg 20h
Elpersbüttel
Krum-stedt
Schaf-stedt
Schafstedt
Hanerau-Hademarschen
Trischen
Schene-feld
Rehe
Helgoland
Busen-wurth
Süder-hastedt
Dithmarschen
Hoch-donn
Schenefeld
Friedrichs-koog
Trenne-wurth
Quickborn
Wacken
Vaale
Hohenaspe
Burg(D.)
St. Michaelis-donn
Itzehoe-Edendorf
Scharhörn
Marne
Eddelak
Neuendorf b. W.
Neuwerk
Kaiser-Wilhelm-Koog
Wilster
Itzehoe
Elbe
Cuxhaven
Neufeld
Brunsbüttel
Schleusen
Duhnen
St. Margarethen
Beidenfleth
Itzehoe
Lägerdorf
Sahlenburg
Brokdorf
299
300
AD Hamburg-Nord

Fåborg
Odense
Ea
Eb
Ec
Fa
Nordborg
Mjels
Lyø By
Lyø
Avernakø
Avernak By
Ollerup
Svendborg
Thurø
Thurø By
Vindeby
Tåsinge
Lejbølle
Guderup
Fynshav
Augustenborg
Tandslet
Mommark
Høruphav
Sønderborg
Skovby
Sønderby
Kegnæs
Skelde
Søby
Drejø By
Drejø
Lundby
Skovballe
Hjortø
Birkholm
Strynø
Rudkøbing
Sió
Tranekær
Tullebølle
Spodsbjerg
Longelse
Ærøskøbing
Strynø By
Tranderup
Ærø
Store Rise
Marstal
Ristinge
Lindelse
Humble
Tryggele
Bagenkop
Tårs
Sandby
Nakskov
Langø
Rårup
Lille Bælt
Langeland
Langelandsbælt
Marstal Bugt
Fåborg 2h15'
Neukirchen
Nieby
Steinberg
Gelting
Sterup
Grünholz
Maasholm
Kappeln
Kopperby
Schönhagen
Süderbrarup
Arnis
Karby
Schlei
Damp 2000
Damp
Schwansen
Brodersby
Riese-by
Waabs
Loose
Kosel
Barkelsby
Eckernförder Bucht
Eckern-förde
Fleckeby
Noer
Krusendorf
Dänisch-Nienhof
Sprenge
Strande
Dänischer Wohld
Osdorf
Altenholz
SCHILKSEE
Marine-Ehrenmal
Wisch
Laboe
Schönbergerstrand
Schönberg (H.)
Gettorf
Holtsee
Groß-Wittensee
Lindau
Sehestedt
HOLTENAU
Kieler Förde
Heikendorf
Hohenfelde
Todendorf
Probsteier-hagen
Probstei
Pratjau
Schönkirchen
Klausdorf
KIEL
Krons-hagen
Bredenbek
Giekau
Großer Binnen-see
Hohwacht (O.)
Hohwachter Bucht
Weißenhäuser Strand
Heiligenhafen
Großenbrode
Lütjenbrode
Neukirchen
Heringsdorf
Lütjenburg
Selenter See
Fargau
Raisdorf
Selent
Kaköhl
Oldenburg i. Holst.
Wangels
Westensee
Emkendorf
Molfsee
Flintbek
Freilichtmuseum
Mucheln
Hansühn
Augustenhof
Schierensee
Honigsee
Preetz
Lebrade
Dannau
Bungsberg 166
Kirch-nüchel
Lensahn
Rüting
Grube
Dahme
Wagrien
Holsteinische Schweiz
Sielbeck
Malente
Schönwalde a. B.
Kasseedorf
Kellenhusen (O.)
Bordesholm
Nortorf
Lanker See
Nettel-see
Plön
Eutin
Dieksee
Kellersee
Altenkrempe
Grömitz
Heinken-borstel
Großharrie
Wankendorf
Ascheberg (H.)
Gr. Plöner See
Bosau
Gr. Eutiner See
Neustadt i. Holst.
Neumünster
Hutzfeld
Klenzau
Lübecker Bucht
Neustädter Bucht
Aukrug
Wasbek
Bornhöved
Damsdorf
Glasau
Pönitz
Hansapark
Haffkrug
Scharbeutz
Timmendorfer Strand
Trappen-kamp
Daldorf
Berlin
Gnissau
Ahrens-bök
Brook
Boostedt
Rickling
Blunk
Pansdorf
TRAVEMÜNDE
Kalkhorst
Brokstedt
Großen-aspe
Heidmühlen
Klein-Rönnau
Tankenrade
Kellinghusen
Wahlstedt
Bad Segeberg
Wardersee
Pronstorf
Ratekau
Bad Schwartau
Bad Bramstedt
Harten-holm
Bark
Todes-felde
Geschendorf
Dreggers
Stockelsdorf
Dassow
Selmsdorf
Mallentin
Lentföhrden
Struven-hütten
Leezen
Zarpen
SCHLUTUP
LÜBECK
Hamburg, AD Hamburg-Nordwest
Bad Oldesloe
AK Hamburg-Ost
Mölln
Schwerin
Wismar
Marbo
Puttgarden
Wester-markelsdorf
Markelsdorfer Huk
Petersdorf a. F.
Orth
Avendorf
Fehmarnsund
Kieler Bucht
Göteborg 14h, Oslo 19h
St. Petersburg
Gedser, Trelleborg
Warnemünde, Helsinki

DANMARK
København
Fb
Fc
Ga
Gb
Vejrø
Ørslev
Mern
Nyord
Stege Bugt
Stensved
Vordingborg
Nyråd
Kalvehave
Stege
Borre
Magle
Lendemarke
Hjelm Bugt
Femø
Norreby
Østerby
Vesterby
Fejø
Kragenæs
Orehoved
Storstrømmen
Farø
Nyby
Damsholte
Møn
Kokseby
Bogø
Grønsund
Horslunde
Birket
Askø By
Askø
Guldborg Sund
Øster Kippinge
Nørre Alslev
Gundslev
Stubbekøbing
Næs
Tårs
Sandby
Svenborg
Halstedt
Stokkemarke
Bandholm
Guldborg
Falkerslev
Nakskov
Sørup
Søllested
Sakskøbing
Falster
Horbelev
Langø
Lolland
Maribo
Nykøbing
Sønder Kirkeby
Idestrup
Rårup
Tillitse
Toreby
Fjelde
Dannemare
Skørringe
Søndersø
Væggerløse
Holeby
Kramnitse
Rødby
Herritslev
Kettinge
Marrebæk
Marielyst
Nysted
Errindlev
Rødbyhavn
Nykøbing Strandhuse
Skelby
Gedser
Fehmarnbelt
Markelsdorfer Huk
Westermarkelsdorf
Puttgarden
Petersdorf a. F.
Fehmarn
Landkirchen a. F.
Orth
Burg a. F.
Avendorf a. F.
Staberdorf
Fehmarnsund
Fehmarnsundbrücke
Staberhuk
Großenbrode
Neustadt i.H.
Lütjenbrode
3h30'
Ostseebad Ahrenshoop
Ostseebad Wustrow
Neukirchen
Heringsdorf
Mecklenburger Bucht
Augustenhof
Seeheilbad Graal-Müritz
Müritz
Graal
Riebnit
Trelleborg, Helsinki
Grube
Dahme
Gelbensande
Kellenhusen(O.)
WARNEMÜNDE
Ostseebad Kühlungsborn
Ostseebad Nienhagen
Rövershagen
Mandelshagen
Lübecker Bucht
Krummendorf
Bentwisch
Rostock-Ost
Rostock-Süd
Ostseebad Rerik
Bad Doberan
Hinrichsdorf
ROSTOCK
Sanitz
H.-I.-Wustrow
Salzhaff
Kröpelin
Dummerstorf
Neubukow
Altenhagen
Kavelstorf
Travemünde
Boiens-dorf
Cammin
Kossow
Poel
Ziesendorf
Brook
Ostseebad Boltenhagen
Kirchdorf
Moitin
Radegast
Satow
Groß Strömkendorf
Wohlenberger Wiek
Wismarbucht
Recknitz
Laage
Kalkhorst
Klütz
Stein-hausen
Goldberg
Schwaan
Hohen Sprenz
Gramkow
Züsow
Kambs
Dassow
Wismar
Klein Sien
Selow
Weitendorf
Lübeck
Mallentin
Neukloster
Warnow
Grevesmühlen
Reinstorf
Bützow
Plaaz
Schwerin
Sternberg
Güstrow
AD Dosse
E47
E55
E22
E64
36
52
58
62
63
14
19
20

Ha
Hb
Hc
Ia
O S T S E E
Møns Klint
Trelleborg 4 h
Rønne 3h 50'
Arkona
Kap Arkona
Wittow
Altenkirchen
Dranske
Wiek
Tromper Wiek
Stubbenkammer
Königstuhl
117
Kloster
Hiddensee
Wittower Fähre
Glowe
Großer Jasmunder Bodden
Jasmund
Sagard
Saßnitz
Neuendorf
Rappin
Mukran
Kluis
Darßer Ort
Ummanz
Gingst
Prorer Wiek
Prora
Bergen/R.
Ostseebad Zingst a. D.
Pramort
Zingst
Ostseebad Binz
Klausdorf
Kubitzer Bodden
Rügen
Sellin
Bresew
Grabow
Groß Mohrdorf
Prohn
Rambin
Putbus
Barth
Fuhlendorf
Samtens
Lauterbach
Ostseebad Göhren
Lassentin
Altefähr
Hermannshof
Flemendorf
Stralsund
Garz/R.
Karnin
Löbnitz
Martensdorf
Poseritz
Thiessow
Wiepkenhagen
Zudar
Greifswalder Bodden
Damgarten
Brandshagen
Stahlbrode
Steinhagen
Reinberg
Recknitz
Ravenhorst
Richtenberg
Abtshagen
Franzburg
Peenestrom
Meseken-hagen
Pommern
Bremerhagen
Lubmin
Freest
Peenemünde
Karlshagen
Marlow
Grimmen
Greifswald
Swinoujscie
Bad Sülze
Tribsees
Wendisch
Griebenow
Kemnitz
Wolgast
Rakow
Dersekow
Kühlenhagen
Grammendorf
Poggendorf
Groß-Kiesow
Lütow
Thelkow
Behren Lübchin
Glewitz
Dargelin
Nehringen
Görmin
Züssow
Karlsburg
Zemitz
Toitz
Loitz
Trebel
Gnoien
Peene
Gützkow
Klein Bünzow
Lassan
Schmatzin
Dalwitz
Jarmen
Lüssow
Ziethen
Murchin
Demmin
Altkalen
Dargun
Siedenbrunzow
Völschow
Neetzow
Anklam
Linden-hof
Görke
Jördenstorf
Tollense
Groß Markow
Utzedel
Verchen
Kummerower See
Hohen-mocker
Krien
Neu-Kalen
Thürkow
Teterow
Reuterstadt Stavenhagen
Neubrandenburg
Neubrandenburg Pasewalk
E 251
E 22
E 64
96
96a
105
194
196
196a
109
110
111
108
302
303
50
55
56
57
72
21
27
19

Ac
Ba
Bb
Bc
4
5
6
7
8
N O R D S E E
Ostfriesische In
Langeoog
Baltrum
Norderney
Juist
Memmert
Osterems
Borkum
Rottumerplaat
Rottumeroog
Westerems
Schiermonnikoog
Norddeich
Ostermarsch
Neßmersiel
Dornum
Dornumersiel
Bensersiel
Esens
Holtgast
Harlinger
Hage
Norden
Großheide
Westerholt
Süderneuland II
Berumerfehn
Ley-bucht
Brookmer-land
Marienhafe
Ewiges Meer
Greetsiel
Zwillings-mühlen
Moorhusen
Middels
Eilsum
Wirdum
Süd-brookmerland
Moordorf
Georgsheil
Aurich (O.)
Upstalsboom
Wiesens
Krummhörn
Pewsum
Hinte
Großes Meer
Ostfriesl
Forlitz
Blaukirchen
Ihlow
Ludwigsdorf
Riepe
Emden-Nord
EMD-Wolthusen
Emden-Ost
Rysum
Wybelsum
Emden
Petkum
Timmel
Neukamperfehn
Ostgroßefehn
Strackholt
Oldersum
Moormerland
Neermoor
Ditzum
Dollart
Jemgum
Rheiderland
Bunderhammrich
Leer-Nord
Leer-West
Leer-O.
AD Leer
Leer (O.)
Filsum
Jümme
Leda
Stickhausen
West-Rhauderfehn
Ihrhove
Folmhusen
Osthauderfehn
Westrhauderfehn
Rhauderfehn
Langholt
Overledingen
Papenburg
Wener
Weener
Bunde
AD Bunde
Nieuweschans
Bellingwolde
Brual
Rhede
Aschendorf (Ems)
Rhede (E.)
Herbrum
Burlage
Bockhorst
Börgermoor
Surwold
Heede
Dörpen
Neu-heede
Bourtange
Vlagtwedde
Ems
Eemshaven
Usquert
Uithuizen
Ulrum
Zoutkamp
Winsum
Onderdendam
Appingedam
Delfzijl
Termunten
Bedum
Oldehove
Adorp
ten Post
Eemskanaal
Schildmeer
Knooppunt Julianaplein
Grijpskerk
Van Starkenborgh Kanaal
Grootegast
Hoogkerk
GRONINGEN
Eemskanaal
Nieuwolda
Slochteren
Boerakker
Leek
Boerakker
Miensscheer
Postiljon Haren-Groningen
Haren
Hoogezand
Foxhol
Sappemeer
Hoogezand-Sappemeer
Scheemda
Winschoten
Marum
Roden
Eelde
Glimmen
Zuidlaardermeer
Veendam
Eelde Zuidlaren
Zuidlaren
Wildervank
Oude-Pekela
Nieuwe-Pekela
Wedde
Haulerwijk
Norg
Vries
Anlo
Onstwedde
Oosterwolde
Assen
Assen-Noord
Assen-Zuid
Rolde
Gieten
Gasselte
Stadskanaal
Smilde
Beilen
Meppel
Emmen
Haren
Meppen
304
Leeuwarden
Kn. Joure
Drachten
NEDERLAND
A 7
A 28
E 22
E 232
N 363
N 46
N 41
N 33
N 34
N 366
31
70
72
438
401
530

294

Ca
Cb
Cc
Da
Düne
Wyk
Helgoland
Helgoländer
Bucht
Tönning
Heide-West
Heide
Wöhrden
203
Hemmingstedt
Büsum
Meldorfer
Bucht
Meldorf
Elpersbüttel
Trischen
Busen-
wurth
Trenne-
wurth
Friedrichs-
koog
Marne
Kaiser-Wilhelm-
Koog
Neufeld
Brunsbüttel
Scharhörn
Neuwerk
Elbe
Cuxhaven
Duhnen
Sahlenburg
Großer
Knechtsand
Kreisel Cuxhaven
Altenwalde
E 234
Otterndorf
Neuhaus
(O.)
Cadenberge
Bülkau
61. Deutscher Olymp
Wingst
Nordholz
Lüding-
worth
Neuen-
kirchen
Wursterheide
Hadeln
Mid-
lum
Nordholz
Wanna
Ihlienworth
Pading-
büttel
Holßel
Dorum
Dahlemer
See
Odis-
heim
Ødisheim
Balk-
see
Neuenwalde
Wremen
Wursten
Sievern
Hadelner
Kanal
Mittelstenahe
Langen
Debstedt
Fick-
mühlen
Mooraus-
moor
Lamstedt
Bederkesa
Drangstedt
Lintig
Hollen
Großenhain
Ebersdorf
Brmhvn.-
Überseehäfen
BREMERHAVEN
Bremerhaven-Mitte
Brmhvn.-
Geestemünde
Brmhvn.-
Wulsdorf
LEHE
GEESTE-
MÜNDE
Schiff-
dorf
Sellstedt
Köhlen
Geeste
Glinde
Bremervörde
Loxstedt
Heerstedt
Nesse/
Brmhvn.-Süd
Stotel
Beverstedt
Kirch-
wistedt
Basdahl
Bokel
Kuhstedt
Holste
Gnarren-
burg
Karlshöfen
Hamme-Oste-Kanal
Hagen
Sandstedt
i.Br.
Dorfhagen
Uthlede
Hambergen
Vollersode
Teufels
moor
Breddorf
Garlstedt
Schwanewede
Schwane-
wede
Neuen-
kirchen
Osterholz-
Scharm-
beck
Tarmstedt
Worps-
wede
Wilstedt
Heils-
horn
HB-Burglesum
FARGE
BLUMENTHAL
VEGESACK
Ritterhude
Lilienthal
Grasberg
HB-
Industriehafen
HB-
Freihafen
HB-Horn/Lehe
Fischerhude
HB-Vahr
HB-Sebaldsbrück
Oyten
BREMEN
Lemwerder
Bookholzberg
Delmenhorst
DEL-West
DEL-Deichhorst
DEL-Ost
Stuhr
Bremen/
HB/Brinkum
HB-Arsten
Hemelgn.
Bremer
Kreuz
A.-Nord
A.-Ost
Brinkum
Weyhe
Seckenhs.
Achim
Bassum
Syke
Buchholzer Dr. AD Walsrode
Weser
Langwarden
Burhave
Butjadingen
Eckwarden
Eckwarder-
hörne
Stollhamm
Nordenham
Stad-
land
Seefeld
Dedesdorf
Esenshamm
Rodenkirchen
Schwei-
burg
Jade
Nord-
mentz-
hausen
Ovelgönne
Brake (U.)
Jader-
berg
Mittel-
ort
Nieder-
hörne
Elsfleth
Hunte-
brück
Berne
Huntorf
Hude
Kirch-
kimmen
Hude
Ganderkesee
Hasbruch
Ganderkesee
Hatten
Kirchhatten
Huntlosen
Sandkrug
Huntetal
Wardenburg
OLDENBURG (O.)
AK Oldenburg-Nord
OL-Ohmstede
OL-Etzhorn
OL-Nadorst
OL-Bürgerfeld
OL-Wechloy
AD OL-West
OL-Haarentor
OL-Eversten
OL-Marschweg
OL-Kreyenbrück
OL-Hafen
OL-Osternburg
AK Oldenburg-Ost
Rastede
Lehmden
Hahn-Lehmden
Wiefel-
stede
Linswege
Westerstede-
West
Westerstede
Bad Zwischenahn-West
Ammerland
Zwischenahner Meer
Bad
Zwischenahn
Freilichtmus. Ammerländer Bauernhaus
Neuenkruge
Edewecht
Wester-
scheps
Achtern-
meer
Edewechter-
damm
Wardenburg
Friesoythe
Altenoythe
Kampe
Küsten-
kanal
Bösel
Gehlenberg
Cloppenburg
AD Ahlhorner Heide
Apen
Uplengen
Remmels
Spohle
Neudorf
Ockenhausen
Neuenburg
Bockhorn
Varel
Varel/
Bockhorn
Varel-Obenstrohe
Jaderberg
Dangast
Zetel
Marx
Wiesmoor
Friedeburg
Wiesede
Wiesedermeer
Kanal
Sande
Wasserschloß
Gödens
Wilhelms-
havener Kr.
Schortens
Rispel
Jever
Wilhelmshaven
Wilhelmshaven-N.
Fedderwarden
VOSLAPP
Fedderwardergroden
NEUENGRODEN
WILHELMS-
HAVEN
Jadebusen
Sengwarden
Hook-
siel
Burhafe
Wangerland
Altgarms-
siel
Carolinensiel
Bf. Harle
Neuharlinger-
siel
Werdum
Hohenkirchen (O.)
Horumer-
siel
Schillig
Jade
Minsener
Oog
Mellum
Wangerooge
Spiekeroog
Wangerooge

305

294
Husum
Rendsburg
Flensburg
Kiel
Heide
Nordhastedt
Osterrade
Hamweddel
Bordesholm
Nortorf
Albersdorf
Meldorf
Neumünster
Hohenwestedt
Bornhöved
Trappenkamp
Brunsbüttel
St. Margarethen
Itzehoe
Kellinghusen
Bad Bramstedt
Kaltenkirchen
Henstedt-Ulzburg
Norderstedt
Bargteheide
Ahrensburg
Bad Oldesloe
Glückstadt
Elmshorn
Drochtersen
Tornesch
Uetersen
Pinneberg
Rellingen
Quickborn
Halstenbek
Schenefeld
Wedel (H.)
HAMBURG
Barsbüttel
Glinde
Reinbek
Wentorf
Stade
Hemmoor
Himmelpforten
Jork
Buxtehude
Neu Wulmstorf
Bremervörde
Rosengarten
Geesthacht
Winsen (L.)
Buchholz i.d.N.
Zeven
Tostedt
Sittensen
Scheeßel
Rotenburg /W.
Schneverdingen
Lüneburger Heide
Ottersberg
Oyten
Achim
Neuenkirchen
Bispingen
Amelinghausen
Lüneburg
Vierlande
Elbe
306
AD Walsrode
Verden
Soltau
Munster

295
296
307
Oldenburg
Ec
Fa
Fb
Fc
Ga
Holsteinische Schweiz
Sielbeck
Malente
Kellersee
Schönwalde a. B.
Kasseedorf
Kellenhusen (O.)
Ostseebad Kühlungsborn
Plön
Dieksee
Eutin
Gr. Eutiner See
Altenkrempe
Neustadt/H.-Nord
Neustadt/H.-Süd
Grömitz
Lübecker Bucht
Bosau
Hutzfeld
Klenzau
Neustadt i. Holst.
Ostseebad Rerik
Neustädter Bucht
Hansapark
Gedser 3°30', Trelleborg 3°
Rønne 3°, Gdansk 19°, Helsinki 24°-36°
Warnemünde, Świnoujście 12°
H.-I.-Wustrow
Salzhaff
Kröpelin
Rostock
Glasau
Pönitz
Haffkrug
Neubukow
Altenhagen
Berlin
Scharbeutz
Ahrensbök
Timmendorfer Strand
Poel
Boiensdorf
Nissau
Pansdorf
Ostseebad Boltenhagen
Kirchdorf
Moitin
Radegast
Wardersee
Tankenrade
Brook
Groß Strömkendorf
Pronstorf
TRAVEMÜNDE
Kalkhorst
Klütz
Wohlenberger Wiek
Wismarbucht
Steinhausen
Goldberg
Bad Schwartau
Ratekau
Sereetz
Gramkow
Wismar
Züsow
Klein Sien
Reinfeld
AD Bad Schwartau
Dänischburg
L.-Siems
Dassow
Mallentin
Neukloster
Stockelsdorf
Lübeck-Zentrum
L.-Moisling
SCHLUTUP
LÜBECK
Selmsdorf
Grevesmühlen
Beidendorf
Reinstorf
Qualitz
Zarpen
Schönberg
Hanshagen
Warin
Wendorf
Lübeck/Blankensee
Groß Grönau
Bobitz
Bad Kleinen
Jesendorf
Reinfeld
Krummesse
Westerau
Utecht
Rehna
Zickhusen
Mühlen Eichsen
Rubow
Kastorf
Groß Sarau
Ratzeburger See
Carlow
Veelböken
Alt Meteln
Brüel
Stubben
Berkenthin
Schlagsdorf
Schweriner See
Lübstorf
Sternberg
Güstrow
Karow
Labenz
Harmsdorf
Roggendorf
Gadebusch
Cambs
Kirch Stück
Kühsen
Nusse
Ratzeburg
Mustin
Küchensee
Kittlitz
Weberin
Schmilau
Lützow
Krembz
Neumühler See
Demen
Wamckow
Breitenfelde
Möller
Seedorf
Schaalsee
Rögnitz
Grambow
SCHWERIN
Köthel
Sterley
Lassahn
Dümmer See
Talkau
Hollenbek
Boddin
Crivitz
Kladrum
Gudow
Klein Zecher
Zarrentin
Tessin b.W.
SCHWERIN-WÜSTMARK
Hornbek
Parum
Warsow
Schwarzenbek
Büchen
Wittenburg
Hagenow
Lübesse
Störkanal
Goldenstädt
Raduhn
Kollow
Greven
Wulfskuhl
Elde
Bennin
AD Schwerin
Schwerin/Ludwigslust
Parchim
Gresse
Schwanheide
Vellahn
Wöbbelin
Neustadt-Glewe
Lauenburg /E.
Boizenburg /E.
Pritzier
Kuhstorf
Bleivensdorf
Hohnstorf
Alte Schleuse
Elbe-Lübeck-Kanal
Redefin
AD Wittstock
Garlstorf
Sude
Kummer
Ludwigslust
Teldau
Lübtheen
Schiffshebewerk
Scharnebeck
Bleckede
Rosien
Leussow
Ludwigsluster K.
Zierzow
Ziegendorf
Adendorf
Neetze
Neuhaus
Glaisin
Grabow
Nindorf
Wasserstr.
Groß Warnow
Reinstorf
Darchau
Neu Darchau
Eldena
Malliß
Elbe-Seitenkanal
Vastorf
Bavendorf
Dahlenburg
Laave
Rögnitz
Kaarßen
Gorlosen
Pröttlin
Dallmin
Wietzetze
Wehningen
Elde-Müritz
Neu Kaliß
Karstädt
Bienenbüttel
Bostelwiebeck
Göhrde
Hitzacker
Dömitz
Mellen
Altenmedingen
Metzingen
Dannenberg (E.)
Baarz
Laaslich
Pritzwalk
Bad Bevensen
Stoetze
Prisser
Quickborn
Lenzen /E.
Löcknitz
Babekuhl
Laase
Gorleben
Schnackenburg
Weste
Hohenzethen
Tätendorf
Eppensen
Jastorf
Sallahn
Jameln
Gartow
Barockschloß
Wittenberge
Molzen
Stöcken
Zarenthien
Wendland
Wahrenberg
Uelzen
Stendal

296
Stralsund
WARNEMÜNDE
Ga
Gb
Gc
Ha
Ostseebad Kühlungsborn
Ostseebad Nienhagen
Krummendorf
Hinrichsdorf
Bentwisch
Rostock-Ost
Rostock-Süd
Rövershagen
Mandelshagen
Gresenhorst
Marlow
Bad Sülze
Dettmannsdorf
Tribsees
Grimmen
Bremerhagen
Wendisch Rakow
Poggendorf
Bad Doberan
ROSTOCK
Sanitz
Kröpelin
Altenhagen
Dummerstorf
Kavelstorf
Tessin
Thelkow
Behren Lübchin
Grammendorf
Glewitz
Nehringen
Toitz
Loitz
Trebel
Cammin
Kossow
Gnoien
Goritz
Moitin
Radegast
Satow
Ziesendorf
Goldberg
Recknitz
Laage
Dalwitz
Schwaan
Hohen Sprenz
Weitendorf
Altkalen
Dargun
Demmin
Jördenstorf
Lindenhof
Verchen
Utzedel
Klein Sien
Kambs
Selow
Warnow
Bützow
Plaaz
Glasewitz
Groß Markow
Thürkow
Neukalen
Kanal
Peene
Kummerower See
Qualitz
Warin
Wendorf
Parum
Güstrow
Salem
Hardtberg
Kummerow
Tützpatz
Klueß
Teterow
Alt Kentzlin
Altenhagen
Brüel
Groß Raden
Prüzen
Inselsee
Malchin
Ivenack
Sternberg
Basedow
Gielow
Reuterstadt Stavenhagen
Krakow
Langhagen
Malchiner See
Jürgenstorf
Borkow
Lohmen
Ziddorf
Rothenmoor
Faulenrost
Roser
Kittendorf
Demen
Krakow a. S.
Krakower See
Dobbertin
Dobbertiner See
Bossow
Goldberger See
Linstow
Alt Schönau
Varchentin
Wamckow
Goldberg
Mecklenburg
Grabowhöfe
Torgelow
Klein Plasten
Mestlin
Kladrum
Alt Schweriner See
Nossentiner Hütte
Jabel
Penzlin
Karow
Waren
Granzin
Gallin
Passow
Alt Schwerin
Malchow
Kölpinsee
Fleesensee
Plauer See
Elde
Lübz
Plau
Warren
Speck
Kratzeburg
Parchim
Walow
Müritz
Neustrelitz
Vietlübbe
Ganzlin
Röbel
Boek
Groß Pankow
Zierker See
Rechlin
Roggentin
Woblitz-See
Jännersdorf
Vietzen
Marnitz
Meyenburg
Massow
Suckow
Wredenhagen
Müritz-Havel-Kanal
Mirow
Wesenberg
Havel
Ziegendorf
Putlitz
Freyenstein
Sewekow
Nebel
Prignitz
Halenbeck
Berlinchen
Schwarz
Zempow
Berge
Triglitz
Dallmin
Lockstädt
Schweinrich
Zechlinerhütte
Tangendorf
Stepenitz
Reetz
Karstädt
Pritzwalk
Wittstock
AD Dosse
Flecken Zechlin
Heiligengrabe
Gadow
Schloß
Rheinsberg
Laaslich
Kreuzburg
Groß Pankow
Mesendorf
Blumenthal
Herzsprung
Köpernitz
Perleberg
Tüchen
Schönebeck
Rossow
Gühlen Glienicke
Krampfer
Rhin
Garz
Kolrep
Rägelin
Dierberg
Groß Werzin
Dosse
Wittenberge
Kunow
Kletzke
Gumtow
Demerthin
Stolpe
Lindow
Stendal
307
Havelberg
Kyritz
AD Havelland
308
AK Hamburg-Ost
Ludwigslust
Wismar
Schwerin
E 55
E 64
E 26
19
24
116

297
Stalsund
Meseken-hagen
Lubmin
Freest
Peene-münde
Karlshagen
Hc
Ia
Ib
Ic
Ystad
Oderbucht
Zatoka Pomorska
Greifswald
Zinnowitz
Koserow
Griebenow
Kemnitz
Kühlen-hagen
Wolgast
Achter-wasser
Usedom
Dargelin
Groß-Kiesow
Lütow
Warthe
Pudagla
Seebad Bansin
Kołczewo
Görmin
Züssow
Karlsburg
Zemitz
Peene-Strom
Schmollen-see
Gothen-see
Seebad Ahlbeck
Miedzyzdroje (Misdroy)
Gützkow
Klein Bünzow
Lassan
Rankwitz
Neppermin
Swinoujście (Swinemünde)
Schmatzin
Jarmen
Lüssow
Ziethen
Murchin
Lunowo
Wapnica
Zirchow
Dargobadz
Wolin (Wollin)
Völschow
Neetzow
Anklam
Görke
Karsibór
Goleniów (Gollnow)
Tollense
Krien
Zalew Szczechinski
Oderhaff
Klempenow
Spantekow
Leopolds-hagen
Mönkebude
Ducherow
Burow
Sarnow
Rathebur
Altwarp
Nowe Warpno
Czarnocin
Schwanbeck
Ueckermünde
Werder
Putzarer See
Löwitz
Ahlbeck
Brzózki
Trzebiez
Altentreptow
Ferdinandshof
Eggesin
Schwichtenberg
Brunn
Friedland
Myślibórz Wlk.
Hintersee
Torgelow
Galenbecker See
Jasienica
Neverin
Heinrichswalde
Jägerbrück
Dobieszczyn
Wittenborn
Rothemühl
Jatznick
Police
Schönbeck
Randow
Ueker
Weitin
Warlin
Tanowo
Pampow
Neubrandenburg
Holzendorf
Pilchowo
Pasewalk
Dobra
Strasburg
Boock
SZCZECIN (STETTIN)
Alt Käbelich
Burg Stargard
Rossow
Linken
ŁEKNO
Rollwitz
Löcknitz
Mierzyn
Woldegk
Retzin
Szczecin (Stettin), Goleniów (Gollnow)
Usadel
Lieps
Quadenschönfeld
Schönfeld
Wollschow
Grambow
POMORZANY
Bredenfelde
Brüssow
Dauer
Carmzow
Lebehn
Pomellen/ Kolbaskowo
Möllenbeck
Fürsten-werder
Nadrensee
Grünberg
Kołbaskowo
Carpin
Dedelow
Schwaneberg
Nadrensee
Penkun
Schönermark
Prenzlau
Schmölln
Goldenbaum
Feldberg
Drense
Grünz
Penkun
Sommersdorf
Tantow
Czepino
Carwitz
Gollmitz
Bietikow
Gryfino (Geifenhagen)
Wokuhl
Zollchow
Unter-uecker-see
Boitzenburg /U.
Beenz
Hardenbeck
Stern-hagener See
Prenzlau
Casekow
Gartz
Pniewo
Potzlow
Seehausen
Gramzow
Blumberg
Haßleben
Gr. Potzlow-see
Warnitz
Woltersdorf
Jakobs-hagen
Lychen
Ober-uecker-see
Mittenwalde
Gerswalde
Passow
Welse
Kunow
Friedrichs-thal
Widuchowa (Fiddichow)
Fürstenberg
Gr. Lychen-see
Suckow
Schmiedeberg
Densow
Fährsee
Klein Freden-walde
Pfingst-berg
Vierraden
Bredereiche
Havel
Templin
Heiners-dorf
Krzywin
Milmers-dorf
Temmen
Greifen-berg
Frauenhagen
Ognica
Pinnow
Schwedt
Lisie Pole
Krajnik Din.
Gollin
Felchow
Wolletz
Angermünde
Friedrichsthaler Wasserstr.
Zabelsdorf
Vogelsang
Friedrich-walde
Glambeck
Wolletzsee
Crussow
Stolpe
Chojna (Königsberg)
Gransee
Grimnitz-see
Piasek
Groß Dölln
Joachimsthal
Groß Ziethen
Parstein
Parsteiner See
Zehdenick
Joachimsthal
Britz
Lunow
Metno
POLSKA
Oranienburg
Berlin
309
AD Schwanebeck
Eberswalde

Groningen
Appingedam
Winschoten
Leer
298
Leer
Aurich
Zuidlaren
Veendam
Pekela
Oude-Pekela
Nieuwe-Pekela
Rhauderfehn
Saterland
Ramsloh
Edewecht
Langholt
Papenburg
Brual
Aschendorf (Ems)
Rhede (E.)
Wildervank
Wedde
Anlo
Gieten
Stadskanaal
Onstwedde
Vlagtwedde
Bourtange
Heede
Neuheede
Dörpen
Herbrum
Burlage
Bockhorst
Scharrel (O.)
Sedelsberg
Kampe
Edewechterdamm
Altenoythe
Friesoythe
Rolde
Gasselte
Börgermoor
Surwold
Esterwegen
Gehlenberg
Bösel
Mussel
Borger
Exloërmond
Schoonloo
Walchum
Neubörger
Breddenberg
Mittelsten Thüle
Markhausen
Lorup
Rastdorf
Börger
Thülsfelder Stausee
Hümmling
Spahnharrenstätte
Vrees
Ter Apel
Lathen
Westerbork
Odoorn
Rütenbrock
Niederlangen
Sögel
Schloß Clemenswerth
Werlte
Lindern (O.)
Molbergen
Emmer-Compascuum
Haren (E.)
Schloß Dankern
Lahn
Stavern
Zweeloo
Sleen
Oosterhesselen
Emmen
Wachtum
Lastrup
Wesuwe
Kl. Berßen
Lähden
Löningen
Schöninghsdorf
Dalen
Nieuw-Amsterdam
Klazienaveen
Hase
Essen (O.)
Coevorden
Schoonebeek
Meppen
Haselünne
Herzlake
Menslage
Quakenbrück
Eschebrügge
Rühle
Dohren
Emlichheim
Twist
Laar
Gramsbergen
Geeste
Berge
Badbergen
Dalum
Bawinkel
Ohrte
Artland
Loxten
Hoogstede
Georgsdorf
Handrup
Bippen
Wilsum
Esche
Lengerich
Bersenbrück
Veldhausen
Emsland
Langen
Ankum
Kloosterhaar
Wietmarschen
Lingen (E.)
Ramsel
Itterbeck
Hohenkörben
Neuenhaus
Uelsen
Fürstenau
Schwagstorf
Alfhausen
Getelo
Klausheide
Lohne
Freren
Lage
Merzen
Mander
Elbergen
Messingen
Beesten
Schale
Ueffeln
Geesteren
Nordhorn
Lünne
Neuenkirchen
Tubbergen
Ootmarsum
Emsbüren
Halverde
Voltlage
Tilligte
Denekamp
Brandlecht
Schapen
Bramsche
Almelo
Kanaal Almelo-Nordhorn
Weerselo
Drievorden
Spelle
Hopsten
Recke
Nordhorn/Bad Bentheim
Schüttorf
Wallenhorst
Knooppunt Azelo
Oldenzaal
Springbiel
Gildehaus
Rheine-Nord
Schlickelde
Mettingen
Borne
Oldenzaal-West
Schüttorf
Salzbergen
Hörstel
Püsselbüren
Wersen
Borne-West
Knooppunt Buren
Hengelo-Oost
Hengelo
Bad Bentheim
Schloß Bentheim
Ohne
Rheine
Rheine-Kanalhafen
Westerkappeln
Ibbenbüren
AK Lotte/OS
Twentekanaal
Losser
Bevergern
Riesenbeck
Ibb.-Laggenbeck
Neuenkirchen
Dortmund-Ems-Kanal
Enschede
Glanerbrug
Gronau (W.)
Ochtrup
Mesum
Dörenthe
Tecklenburg
Hasbergen
Wettringen
Lengerich/Tecklenburg
Tecklenburger Land
Epe
Gronau-Ochtrup
Emsdetten
Saerbeck
Hagen a. T. W.
Haaksbergen
Metelen
Burgsteinfurt
Steinfurt
Westladbergen
Lengerich
Ladbergen
Alstätte
Heek
Borghorst
Münster/Osnabrück
Lienen
Ahaus
Schloß Ahaus
Schöppingen
Greven
Kattenvenne
Zwillbrock
Ammeloe
Horstmar
Nordwalde
Brock
Glandorf
Legden/Ahaus
Vreden
Altenberge
Laer
Rosendahl
Legden
Ostbevern
Osterwick
Darfeld
Westbevern
Winterswijk
Stadtlohn
Holtwick
Billerbeck
Münster-Nord
Milte
Havixbeck
Haus Hülshoff
Telgte
Sassenberg
Gescher
Warendorf
Oeding
Südlohn
Berkel
Coesfeld
Münsterland
Münster
Gescher/Coesfeld
Burlo
Weseke
Velen
Nottuln
Bösensell
Everswinkel
Freckenhorst
Borken
310
AK Bottrop
Dülmen
AK Recklinghausen-Nord
AK Münster-Süd
Werne
311
NEDERLAND

AK Oldenburg-W. AK Oldenburg-Nord
299
Brake
Bremerhaven
300
Buchholzer Dreieck
Bremervörde
Cb
Cc
Da
Db
Dc
BREMEN
Delmenhorst
Ganderkesee
Hude
Bookholzberg
Lilienthal
Otterstedt
Ottersberg
Sottrum
Rotenburg/W.
Fischerhude
Oyten
Wardenburg
Achternmeer
Hatten
Kirchhatten
Huntlosen
Hengsterholz
Stuhr
Brinkum
Weyhe
Achim
Langwedel
Post-hausen
Eversen
Hellwege
Kirchwalsede
Völkersen
Großenkneten
Dötlingen
Ahlhorn
Wildeshausen
Harpstedt
Seckenhausen
Fahrenhorst
Syke
Thedinghausen
Emtinghausen
Blender
Verden (A.)
Kirchlinteln
Nordwohlde
Bramstedt
Bassum
Süstedt
Schwarme
Martfeld
Emstek
Visbek
Beckeln
Colnrade
Twistringen
Neubruchhausen
Bruchhausen-Vilsen
Dörverden
Westen
Otersen
Schneiderkrug
Goldenstedt
Hoya
Hassel
Bücken
Affinghausen
Asendorf
Eystrup
Gandesbergen
Haßbergen
Rethem (A.)
Bakum
Vechta
Drentwede
Ehrenburg
Barnstorf
Anstedt
Schweringen
Lichtenhorst
Heemsen
Sulingen
Eydelstedt
Scharrel
Siedenburg
Wietzen
Lohne (O.)
Drebber
Borstel
Lemke
Nienburg (W.)
Steimbke
Wehrbleck
Barenburg
Diepholz
Varrel
Holdorf
Steinfeld (O.)
Liebenau
Kirchdorf
Deblinghausen
Steyerberg
Wagenfeld
Landesbergen
Husum
Hagen
Damme
Dümmer
Lembruch
Neuenkirchen
Ströhen
Schneeren
Stolzenau
Vörden
Lemförde
Uchte
Leese
Rehburg-Loccum
Steinhuder Meer
Steinhude
Wunstorf
Reiningen
Haldem
Oppenwehe
Warmsen
Essern
Welplage
Stemwede
Rahden
Glissen
Windheim
Münchehagen
Bad Rehburg
Sachsenhagen
Lavelsloh
Mittellandkanal
Schwagstorf
Levern
Petershagen
Lahde
Wiedensahl
Ostercappeln
Bohmte
Fiestel
Espelkamp
Friedewalde
OSNABRÜCK
Wehrendorf
Preußisch Oldendorf
Hille
Stadthagen
Nenndorf
Bad Nenndorf
Bad Essen
Rabber
Lübbecke
Minden
Rusbend
Barsinghsn.
Wiehengebirge
Schledehausen
Hüllhorst
Obernkirchen
Lauenau
Bissendorf
Rödinghausen
Buer
Barkhsn.
Porta Westfalica
Bückeburg
Oldendorf
Melle
Bünde
Kirchlengern
Bad Oeynhsn.
Löhne
Rinteln
Hess. Oldendorf
Georgsmarienhütte
Wellingholzhausen
Neuenkirchen
Enger
Hiddenhausen
Vlotho
Kalletal
Spenge
Dissen a.T.W.
Hilter a.T.W.
Borgholzhausen
Herford
Hohenhausen
Langenholzhausen
Heßlingen
Extertal
Hameln
Grupenhagen
Afferde
Bad Rothenfelde
Versmold
Halle (W.)
Werther (W.)
BIELEFELD
Bad Salzuflen
Lüdenhausen
Bösingfeld
Alverdissen
Aerzen
Kirchohsen
Emmerthal
Bad Pyrmont
Grohnde
Welsede
Bokel
Steinhagen
Leopoldshöhe
Holzhausen
Lemgo
Dörentrup
Grießem
Harsewinkel
Brackwede
Lage
Barntrup
Großenmarpe
Cappel
Marienfeld
Isselhorst
Sennestadt
Oerlinghausen
Detmold
Blomberg
Lügde
Ottenstein
Beelen
Rheda-Wiedenbrück
Kamener Kreuz
Paderborn
312
Teutoburger Wald
Weser
Hunte
Aller
Wümme
Hamburg
Soltau
AD Walsrode
Celle
Hannover
AD Hannover-West
Springe
Hildesheim
Höxter

Zeven
Hamburg
Horster Dreieck
Lüneburg
Bremen
Verden
Bremer Kreuz
Nienburg
Minden
Bad Oeynhausen
Paderborn
Holzminden
Northeim
Kasseler Kreuz
Goslar, Bad Harzburger Dr.
Westervesede
Schneverdingen
Rotenburg /W.
Brockel
Hemslingen
Tewel
Lünzen
Heber
Behringen
Bispingen
Brunautal
Soderstorf
Amelinghausen
Barnstedt
Velgen
Natendorf
Bienenbüttel
Altenmedingen
Bad Bevensen
Lüneburger Heide
Sperrgebiet
Kloster Ebstorf
Hanstedt
Ebstorf
Tätendorf Eppensen
Jastorf
Molzen
Schwienau
Stadorf
Uelzen
Eversen
Kirchwalsede
Neuenkirchen
Wittorf
Visselhövede
Soltau
Harber
Hötzingen
Soltau-Ost
Munster
Breloh
Brockhöfe
Lintzel
Eimke
Jeddingen
Vorm Wietzenbruch
Soltau-Süd
Meinholz
Wietzendorf
Dreilingen
Holdenstedt
Kirchlinteln
Kroge
Bomlitz
Dorfmark
Idsingen
Fallingbostel
Walsrode
Faßberg
Suderburg
Walsrode-West
Vogelpark Walsrode
Walsrode-Süd
Ottersen
Kirchboitzen
Hermannsburg
Unterlüß
Breitenhees
Bodenteich
Bergen
Belsen
AD Walsrode
Ostenholz
Westenholz
Weyhausen
Langenbrügge
Sülze
Starkshorn
Sprakensehl
Rethem (A.)
Hodenhagen
Gedenkstätte Belsen
Eschede
Hankensbüttel
Safaripark
Meißendorf
Lichtenhorst
Schwarmstedt
Allertal
Thören
Winsen (A.)
Eldingen
Knesebeck
Steimbke
Rodewald
Schwarmstedt
Wietze
Celle
Beedenbostel
Groß Oesingen
Hambühren
Lachendorf
Kloster Wienhausen
Wahrenholz
Mandelsloh
Berkhof
Hohne
Wesendorf
Hagen
Wedemark
Fuhrberg
Wienhausen
Negenborn
Mellendorf
AD-Hannover-Nord
Eicklingen
Ehlershausen
Müden (A.)
Schneeren
Bissendorf
Resse
Großburgwedel
Burgwedel
Bröckel
Triangel
Sassenburg
Neustadt a. Rübenbge.
Langenhgn.-Kaltenweide
H-Flughafen
Langenhagen
Hänigsen
Uetze
Steinhuder Meer
Steinhude
Hannover
Berenbostel
Engelbostel
Isernhagen
Altwarmbüchen
Kirchhorst
Meinersen
Gifhorn
Wunstorf
Frielingen
H-Bothfeld
Burgdorf
Leiferde
Wunstorf-Luthe
Garbsen
AD H-West
L'hgn.
H-Lahe
AK H/Kirchhorst
AK H-Ost
Lehrter See
Schwüblingsen
Hillerse
Wunstorf-Kolenfeld
H-Herrenhsn.
AK H-Buchholz
Immensen
Meine
H-Misburg
Lehrte
Lehrte-Ost
Edemissen
Bad Nenndorf
HANNOVER
H-Anderten
Hämelerwald
Peine
Zweidorfer Holz
BS-Watenbüttel
Schwülper
Lehre
Göxe
Ronnenberg
H.-Wülferode
Wendeburg
Wolfsburg
Braunschweig
Bad Nenndorf
Gehrden
Hemmingen
Laatzen
AD Hannover-Süd
Sehnde
Wolfoff
BS-Watenbüttel
AK BS-Nord
BS-Hansestr.
BS-Ost
Barsinghausen
Egestorf
Wennigsen (D.)
Algermissen
Vechelde
AK Ölper
BS-Lehndf.
BRAUNSCHWEIG
Lauenau
Deister
Pattensen
Hohenhameln
Ilsede
BS-Weststadt
BS-Gartenst.
AD BS-Südwest
AK BS-Süd
Springe
Sarstedt
Clauen
Groß Lafferde
Lahstedt
BS-Heidberg
BS-Rüningen
BS-Stöckhm.
Harsum
Hoheneggelsen
Lengede
Söhlde
SZ-Thiede
WF-Nord
Bad Münder a. D.
Saupark Springe
Gestorf
Giesen
Hildeshm.-Drispenstedt
SZ-Lebenstedt-N
LEBENSTEDT
WATENSTEDT
WF-NW
Nordstemmen
Schellerten
SZ-Watenstedt
SZ-Lebenstedt-Süd
Wolfenbüttel
Hachmühlen
Eldagsen
Hildesheim
Hildesheimer Börde
SZ-Lichtenberge
WF-West
Denkte
Coppenbrügge
HILDESHEIM
Westerlinde
WF-Süd
Hameln
Hasperde
Elze
Derneburg
Baddeckenstedt
SALZGITTER
GEBHARTSHAGEN
FLACHSTÖCKHEIM
Semmenstedt
Afferde
Hemmendorf
Diekholzen
Derneb.-/Salzgitter
Holle
Baddeckenstedt
Gronau
Bad Salzdetfurth
AD Salzgitter
OHLENDORF
Börßum
Kirchohsen
Salzhemmendorf
Brüggen
Nette
SALZGITTER BAD
Schladen
Hornburg
Weenzen
Sehlde
Schl.-Nord
Liebenburg
Schladen-Süd
Welsede
Grohnde
Bodenburg
Bockenem
Lengde
Halle
Bockenem
Vienenburg
Bodenwerder
Alfeld /L.
Adenstedt
Lutter a. B.
Vienenburg
Ottenstein
Grünenplan
Lamspringe
Rhüden (Harz)
Langelsheim
Vienenburg-Süd
Delligsen
Groß Rhüden
Elbe-Seitenkanal
Leine
Aller
Oker

301
Ludwigslust
302
Pritzwalk
Fa
Fb
Fc
Ga
Göhrde
Metzingen
Dannenberg (E.)
Quickborn
Baarz
Lenzen /E.
Laaslich
Perleberg
Kreuzburg
Groß Pankow
Prisser
Stoetze
Hohenzethen
Sallahn
Jameln
Laase
Gorleben
Schnackenburg
Babekuhl
Krampfer
Tüchen
Garz
Wendland
Zarenthien
Gartow
Barockschloß
Wittenberge
Groß Werzin
Kletzke
Groß Gaddau
Lüchow
Woltersdorf
Prezelle
Wahrenberg
Gollensdorf
Bad Wilsnack
Glöwen
Clenze
Lübbow
Schmarsau
Arendsee
Seehausen /A.
Elbe
Bergen (D.)
Seebenau
Luftkurort Arendsee /A.
Neukirchen /A.
Werben (E.)
Havelberg
Salzwedel
Henningen
Ritzleben
Lückstedt
Mahlsdorf
Fleetmark
Osterburg/ A.
Sandau /E.
Wulkau
Wallstawe
Flessau
Hindenburg
Diesdorf
Winterfeld
Brunau
Bertkow
Meßdorf
Rohrberg
Beetzendorf
Häsewig
Kakerbeck
Arneburg
Klietz
Mellin
Kalbe/M.
Bismark/A.
Kläden
Neuendorf a.D.
Brome
Klötze/A.
Altmark
Stendal
Wiepke
Lindstedt
Schönhausen/E.
Wust
Kusey
Kunrau
Vinzelberg
Tangermünde
Ehra-Lessien
Trippigleben
Jeggau
Gardelegen
Uchtspringe
Briest
Barwedel
Parsau
Jerichow
Lüderitz
Rühen
Mieste
Weißewarte
Wolfsburg
Buchhorst
Miesterhorst
Colbitz-
Grieben
Ferchland
Vorsfelde
Mittellandkanal
Ohre
Letzlingen
Tangerhütte
Burgstall
Oebisfelde
Dolle
Velpke
Rätzlingen
Wegenstedt
Calvörde
Letzlinger-
Aller
Born
Parey
Parchen
Groß-Twülpstedt
Angern
Flechtingen
Heide
Kehnert
Querenhorst
Rogätz
Colbitz
Königslutter
Weferlingen
Behnsdorf
Haldensleben
Burg b. M.
Hohenseeden
Walbeck
Wolmirstedt
Theeßen
Süpplingenburg
Ivenrode
Bebertal
Ammensleben
Helmstedt
Lappwald
Morsleben
Erxleben
Magdeburger Börde
Möckern
Stegelitz
Ostingersleben
Eilsleben
Lostau
M.-Rothensee
Burg
Irxleben
Magdeburg
Biederitz
Waldkater
Marienborn
Hakenstedt
Eichenbarleben
M.-Olvenstedt
M.-Börde
Magdeburg
Olvenstedt
Möckern
Schöningen
Eilsleben
Siegersleben
Heyrothsberge
Loburg
Schöppenstedt
Barneberg
Klein-Rodensleben
Ottersleben
Jerxheim
Seehausen
Wanzleben
Gommern
Leitzkau
Hamersleben
Dedeleben
Oschersleben/ B.
Langenweddingen
Welsleben
Schönebeck/E.
Schora
Hessen
Dingelstedt a. H.
Hadmersleben
Etgersleben
Altenweddingen
Gütergl ück
Dardesheim
Schwanebeck
Groß-alsleben
Biere
Barby /E.
Zerbst
Athenstedt
Gröningen
Kroppenstedt
Egeln
Eickendorf
Saale
Halberstadt
Aschersleben
Halle
314
Dessau
Rathenow
Genthiem
AD Werder
Kyritz
Pritzwalk

302
Pritzwalk
AD Wittstock
Neustrelitz
Wittenberge
Perleberg
Stendal
Magdeburg
AK Braunschweig
Dessau
314
AK Schkeuditz Coswig
Lutherstadt Wittenberg
Herzberg/E.
315
Gb
Gc
Ha
Hb
Groß Pankow
Messendorf
Blumenthal
Herzsprung
Prignitz
Gadow
Schloß
Rheinsberg
Menz
Dannenwalde
Tüchen
Schönebeck
Rossow
Gühlen Glienicke
Köpernitz
Schulzendorf
Zabelsdorf
Garz
Kolrep
Rägelin
Dierberg
Gransee
Kletzke
Kunow
Gumtow
Stolpe
Dosse
Lindow/M.
Zehdenick
Demerthin
Tramnitz
Alt-Ruppin
Kyritz
Walsleben
Neuruppin
Herzberg/M.
Falkenthal
Löwenberg/M.
Göwen
Stüdenitz
Wusterhausen
Neuruppiner See
Liebenwald
Breddin
Wildberg
Neustadt
Bückwitz
Neuruppin-Süd
Wustrau-Altfriesack
Nassenheide
Havelberg
Brandenburg
Fehrbellin
Sommerfeld
Zehlendorf
Oder
Sandau/E.
Kremmen
Oranienburg
Wulkau
Rhinow
Strodehne
Kleßen
Friesack
Schwante
AD Oranienburg
Velten
Gülper See
Birkenwerder
Rehberg
Friedenshorst
Börnicke
AD Havelland
Wolfslake
Stolpe
Hohennauen
Hennigsdorf b. B.
Klietz
Schollene
Hohenauer See
Pausin
Falkensee
Stechow
Pessin
Ribbeck
Nauen
Brieselang
Havelk.
Schulzendorfer Str.
BERLIN
Steckelsdorf
Rathenow
Waidmannsl. Damm
TEGEL
Schönhausen/E.
Gräningen
Barnewitz
Falkensee
Flughafen Tegel
SPANDAU
Wust
Wustermark
Berlin-Spandau
B.-Tegel
Schmetzdorf
Premnitz
AD-Charlottenburg
CHARLOTTENBURG
Dallgow
Milow
Havelland
AD-Funkturm
Briest
Marzahne
Päwesin
Hüttenweg
Jerichow
Pritzerbe
Ketzin
Potsdam-Nord
Fahrland
Weseram
Beetzsee
Trebelsee
Grunewald
Avus
Breitenbachpl.
Steglitz
Nikolassee
POTSDAM
AK Zehlendorf
Dreilinden
Teltow
Kleinwusterwitz
Neubensdorf
Jeserig
Groß Kreutz
Leest
Phöben
Genthin
Plaue
Plauer See
Brandenburg/H.
Werder/H.
Stahnsdorf
Elbe-Havel-Kanal
Rietzer See
Geltow
Potsdam-Babelsberg
Großbeeren
Wusterwitz
Kirchmöser
Güterfelde
Karow
Brandenburg
AD Werder
Schwielowsee
Blankenfelde
Parchen
Lehnin
Saarmund
AD Drewitz
Ludwigsfelde
Rogäsen
Glindow
Ferch
Potsdam-Süd
Gröben
Hohenseeden
Tucheim
Wollin
Golzow
Klaistow
AD Potsdam
Fichtenwalde
Michendorf
Nuthe
Ziesar
Theeßen
Damelang
Beelitz
Gräben
Plane
Trebbin
Drewitz
Lütte
Beelitz
Görzke
Rottstock
Brück
Hennickendorf
Lübars
Belzig
Brück/Treuenbrietzen
Buchholz b. Tr.
Kemnitz
Sperenberg
Hoher Fläming
Jeserig
Zülichendorf
Loburg
Reetz
Wiesenburg
Treuenbrietzen
Treuenbrietzen
Luckenwalde
Nedlitz
Niemegk
Bardenitz
Reuden
Raben
Klausdorf
Jänickendorf
Rabenstein
Lindau
Dobritz
Stackelitz
Klepzig
Klein Marzehns
Marzahna
Charlottenfeld
Schora
Görlitz
Boßdorf
Seehausen
Jüterbog
Güterglück
Zerbst
Garitz
Köseliz
Hundeluft
Kropstädt
Gölsdorf
Hohenahlsdorf
Oehna
Niederer
Köselitz
Straach
Werbig
Jütrichau
Zahna

303
Prenzlau
Szczecin
Prenzlau
Schwedt
Angermünde
Wolletz
Wolletzsee
Pinnow
Felchow
Krajnik Dln.
Lisie Pole
Swobnica (Wildenbruch)
Grzybno
Otanow
Gollin
Friedrichwalde
Glambeck
Crussow
Stolpe
Piasek
Chojna (Königsberg)
Trzcińsko Zdrój (Bad Schönfließ)
Rów
Jez. Myśliborskie
Groß Dölln
Joachimsthal
Groß Ziethen
Parsteiner See
Parstein
Lunow
Metno
Gogolice
Piaseczno
Myślibórz (Soldin)
Lubiechów Dln.
Chłopowo
Jagdschloß Hubertusstock
Eichhorst
Werbellin
Werbellinsee
Chorin
Brodowin
Zisterzienserkloster
Hohensaaten
Orzechow
Jez. Morzycko
Cedynia (Zehden)
Moryn (Mohrin)
Witnica
Warnice
Dalsze
Britz
Sandkrug
Liepe
Odernberg
Buckowsee
Oder-Havel-Kanal
Ostrowiec
Finowfurt
Schiffshebewerk
Niederfinow
Altglietzen
Zerpenschleuse
Finow
Eberswalde-
Siekierki
Smolnica
Hohenfinow
Bad Freienwalde
Mieszkowice (Bärwalde)
Trampe
Gozdowice
Rathsdorf
Dębno (Neudamm)
Lanke
Sydow
Heckelberg
Wriezen
Groß Neuendorf
Boleszkowice
Rüdnitz
Steinbeck
Sternebeck
Schulzendorf
Altlewin
Chwarszczany
Bernau b.B.
Schönfeld
Tiefensee
Neutrebbin
Kamien Mł.
Sarbinowo
Letschin
Sophienthal
Prötzel
Reichenberg
Zechin
Werneuchen
Gielsdorf
Neuhardenberg
Kostrzyn (Küstrin)
Słonsk
Schwanebeck
Seefeld
Blumberg
Straussee
Strausberg
Märkische Schweiz
Hermersdorf
Buckow
Gusow
Golzow
Gorgast
Kietz
Altlandsberg
Botzsee
Waldsieversdorf
Seelow
Manschnow
Czarnow
Eggersdorf
Garzau
Neuenhagen b.B.
Petershagen
Fredersdorf
Stienitzsee
Zinndorf
Müncheberg
Jahnsfelde
Dolgelin
Gorzyca
Mahlsdorf
Herzfelde
Heidekrug
Lietzen
Podelzig
Radow
Schöneiche b.B.
Rüdersdorf b.B.
Schönfelde
Heinersdorf
Lebus
Lisów
Köpenick
Gr. Müggelsee
Grünheide
Petershagen
Kowalów
Langer See
Siedlung Spreetal
Trebus
Steinhöfel
Booßen
Neu Zittau
Müggelspree
Fürstenwalde
Petersdorf
Frankfurt/Oder
Słubice
Kunowice
Spreeau
Berkenbrück
Briesen
Markgrafpieske
Rauen
Krossinsee
Oder-Spree-Kanal
Spreenhagen
Berlin-Schönefeld
Rosiejewo
Königs Wusterhausen
Niederlehme
Senzig
Friedersdorf
Alt Golm
Bad Saarow-Pieskow
Lamitsch
Dubrow
Maczków
Brieskow-Finkenheerd
Urad
Mittenwalde
Kolpin
Storkow
Gr. Storkower See
Scharmützelsee
Müllrose
Ziltendorf
Beesteinsee
Prieros
Wendisch Rietz
Glienicke
Groß Rietz
Schernsdorf
Pohlitz
Motzener See
Großer Selchower See
Lindenberg
Mixdorf
Vogelsang
Zossen
Pätzer Hintersee
Beeskow
Eisenhüttenstadt
Motzen
Groß Köris
Grunow
Bremsdorf
Diehlo
Rapice
Töpchin
Müncheofe
Kehrigk
Limsdorf
Teupitzer See
Giesensdorf
Briesen
Neuzelle
Kloster
Ratzdorf
Neuendorfer See
Spree
Friedland
Märkisch Buchholz
Alt Schadow
Ranzig
Treppeln
Neu Lübbenau
Mittweide
Groß Muckrow
Bahro
Pieskow
Schwielowsee
Steinsdorf
Briesen
Gröditsch
Baruth
Staakow
Krausnick
Schlepzig
Glashütte
Staakow
Pinnow
Lieberose
Gubin (Guben)
Guben
Siegadel
Biebersdorf
Lamsfeld
Fläming
Golßen
Lübben Lubin
Freiwalde
Radensdorf
Tauer Turjej
Groß Gastrose
Dramsdorf
Straupitz Tšupc
Drachhausen Hochoza
Rüdingsdorf
Spreewald
Peitz Picnjo
Fehrow Prjawoz
Grabice
Grießen
Duben
Luckau
AD Lübbenau
316
Cottbus (Chośebuz)
Gorzów Wielkopolski
POLSKA
Świebodzin
Zielona Gora
Warta
Oderbruch
Oder
Odra
Neiße
Nysa Łużycka

Arnhem
Arnhem, Doetinchen
Ahaus
Gronau
Rotterdam
's Hertogenbosch
Eindhoven
Bruxelles
Maastricht
NEDERLAND
BELGIË BELGIQUE
Eupen
Monschau
Euskirchen
317
Euskchn.,Zülpich
AK Meckenhm.
AK Bonn-Ost
Aa
Ab
Ac
Ba
11
12
13
14
Zevenaar
NIJMEGEN
Ubbergen
Kranenburg
Groesbeek
Kleve
Emmerich
Elten
Aalten
Gendringen
Isselburg
Bocholt
Rhede
Borken
Südlohn
Velen
Reken
Heiden
Raesfeld
Rees
Kalkar
Bedburg-Hau
Cuijk
Gennep
Goch
Uedem
Hamminkeln
Brünen
Schermbeck
Dorsten
Wesel
Xanten
Hünxe
Boxmeer
Bergen
Weeze
Sonsbeck
Kevelaer
Alpen
Voerde (N.)
Dinslaken
Gladbeck
Venray
Geldern
Issum
Rheinberg (Rh.)
Kamp-Lintfort
MOERS
BOTTROP
GELSENK
OBER-HSN.
ESSEN
Straelen
Kerken
Neukirchen-Vluyn
DUISBURG
MÜLHEIM a. d. R.
Venlo
Tegelen
Kempen
KREFELD
Hattin
Velbert
Ratingen
Heiligenhaus
WUPPE
Kaldenkirchen
Tönisvorst
Viersen
Willich
Meerbusch
Wülfrath
Roermond
Schwalmtal
Brüggen
MÖNCHEN-GLADBACH
Kaarst
NEUSS
DÜSSELDORF
Erkrath
Mettmann
Haan
Wegberg
Erkelenz
Jüchen
Grevenbroich
Dormagen
Hilden
SOLINGEN
Heinsberg
Hückelhoven
Monheim
Leichlingen
Burscheid
Rommerskirchen
Sittard
Geilenkirchen
Linnich
Bedburg
Pulheim
LEVERKUS
Übach-Palenberg
Baesweiler
Jülich
Elsdorf
Bergheim
KÖLN
Heerlen
Kerkrade
Alsdorf
Aldenhoven
Niederzier
Frechen
Hürth
Herzogenrath
Eschweiler
Kerpen
Brühl
Wesseling
AACHEN
Stolberg (Rhld.)
Düren
Erftstadt
Bornheim
Weilerswist
Hürtgenwald
Vaals
Kelmis
Troisdorf
St. Augus

304
Münster-N. Greven, Telgte
Telgte
305
Bielefeld
Coesfeld
Nottuln
Bösensell
Rorup
Appelhülsen
Buldern
Dülmen
Hiddingsel
Senden
MÜNSTER
Münster-Süd
Münsterland
Evers-winkel
Hoetmar
Albersloh
Sendenhorst
Freckenhorst
Warendorf
Beelen
West-kirchen
Clarholz
Ostenfelde
Ennigerloh
Harsewinkel
Marienfeld
Isselhorst
Gütersloh
Herzebrock
Verl
Rheda-Wiedenbrück
Oelde
Rietberg
Lüdinghausen
Seppenrade
Ascheberg
Drensteinfurt
Tönnishäuschen
Ahlen
Neubeckum
Beckum
Stromberg
Langenberg
Wadersloh
Mastholte
Benteler
Wetsenholz
Delbrück
Haltern
Olfen
Selm
Nordkirchen
Schloß Nordkirchen
Herbern
Werne
Dolberg
Bockum-Hövel
HAMM
Uentrop
Diestedde
Liesborn
Verne
Marl
Oer-Erkenschwick
Datteln
Bork
Waltrop
Lünen
Bergkamen
Pelkum
Lippetal
Lippborg
Herzfeld
Welver
Lippstadt
Benninghausen
Oestinghausen
Geseke
RECKLINGHAUSEN
Bönen
Kamener Kreuz
Berwicke
Bad Sassendorf
Schmerlecke
Erwitte
Eikeloh
Kamen
Unna
Werl
Soest
Anröchte
Oestereiden
Büren
HERNE
Castrop-Rauxel
DORTMUND
Brackel
Holzwickede
Wickede
Bremen
Möhnesee
Mülheim
Hemmern
Rüthen
BOCHUM
WITTEN
Herdecke
Wetter (R.)
Schwerte
Fröndenberg
Am Schlünder
Menden
Ense
Neheim-Hüsten
Arnsberg
Niederbergheim
Belecke
Warstein
Kallenhardt
Hirschberg
Scharfenberg
Brilon
Sprockhövel
Iserlohn
Letmathe
Hemer
Felsenmeer
Hachen
Balve
Sundern (S.)
Hellefeld
Meschede
Bestwig
Olsberg
Alteinbüren
Wennemen
Haßlinghausen
HAGEN
Gevelsberg
Ennepetal
Schwelm
Hohenlimburg
Nachrodt
Altena
Sorpe Stausee
Langenholthausen
Remsbeck
Heinne Stausee
Nichtinghausen
Westernbödefeld
Breckerfeld
Neuenrade
Werdohl
Allendorf
Eslohe (S.)
Bremke
Siedlinghausen
Remscheid
Radevormwald
Schalksmühle
Lüdenscheid
Brügge
Rönkhausen
Winterberg
Kahler Asten
Wupper-Stausee
Halver
Oberbrügge
Plettenberg
Finnentrop
Fretter
Oedingen
Schmallenberg
Frederburg
Gleidorf
Neuastenberg
Hückeswagen
Bever-Stausee
Kerspe-Stausee
Herscheid
Verse-Talsperre
Elspe
Sauerland
Wermelskirchen
Wipperfürth
Kierspe
Ebbegebirge
Attendorn
Attahöhle
Lennestadt
Meinerzhagen
Valbert
Burg Schnellenberg
Bigge-Stausee
Altenhundem
Kirchhundem
Panorama-park
Rothaargebirge
Bad Berleburg
Kürten
Bergisches Land
Lindlar
Gummersbach
Agger-Stausee
Wegeringhausen
Drolshagen
Olpe
Rüspe
Berghausen
Engelskirchen
Wiehl-münden
Bergneustadt
Littfeld
Krombach
Hilchenbach
Wenden
Lützel
Erndtebrück
Richstein
Overath
Wiehl
Reichshof
Wiehl-Stausee
Wildbergerhütte
Kreuztal
Bad Laasphe
Ludwigshütte
Tropfsteinhöhle
Schloß Homburg
Denklingen
Much
Nümbrecht
Freudenberg
Netphen
Herbertshausen
Breidenbach
Biedenkopf
Seelscheid
Neunkirchen
Waldbröl
Morsbach
SIEGEN
Dautphe
Ruppichteroth
Mudersbach
Dietzhölztal
Steffenberg
Ewersbach
Eibelshausen
Niedereisenhausen
Siegburg
Hennef (Sieg)
Herchen
Rosbach
Windeck
Kirchen
Betzdorf
Wilnsdorf
Eschenburg
Angelburg
Bottenhorn
Gladenbach
Weidenhausen
Eitorf
Hamm
Roth
Wissen
Gebhardshain
Herdorf
Neunkirchen
Haiger/Burbach
Limburg/L.
318
Limburg/L. Wetzlarer Kreuz
319

305
319
Bielefeld, AK Bad Oeynhausen
Lemgo
Hameln
Gießen
Alsfeld
Fulda
PADERBORN
KASSEL
Detmold
Höxter
Holzminden
Brilon
Korbach
Marburg
Bad Hersfeld
Münden
Warburg
Arolsen
Diemelstadt
Marsberg
Büren
Salzkotten
Geseke
Delbrück
Stukenbrock
Schloß Holte
Verl
Blomberg
Lügde
Horn-Bad Meinberg
Steinheim
Bad Driburg
Brakel
Beverungen
Bad Karlshafen
Uslar
Dassel
Hofgeismar
Wolfhagen
Baunatal
Fritzlar
Bad Wildungen
Borken
Homberg (E.)
Melsungen
Rotenburg a. d. F.
Schwalmstadt
Frankenberg (E.)
Winterberg
Olsberg
Biedenkopf
Gladenbach
Kirchhain
Stadtallendorf
Niederaula
Eggegebirge
Reinhardswald
Solling
Weserbergland
Waldeck
Knüll-gebirge
Schwalm
Kellerwald
Westfälisches Freilichtmuseum
Hermanns-denkmal
Externsteine
Kloster Corvey
Sababurg
Ruine Desenberg
Schloß Arolsen
Burg Waldeck
Twiste-Stausee
Diemel-Stausee
Eder Stausee
Ostwestfalen-straße
Kasseler Kreuz
Hattenbacher Dreieck
Kirchheimer Dr.
AK Wünnenberg-Haaren
Kahler Asten 841

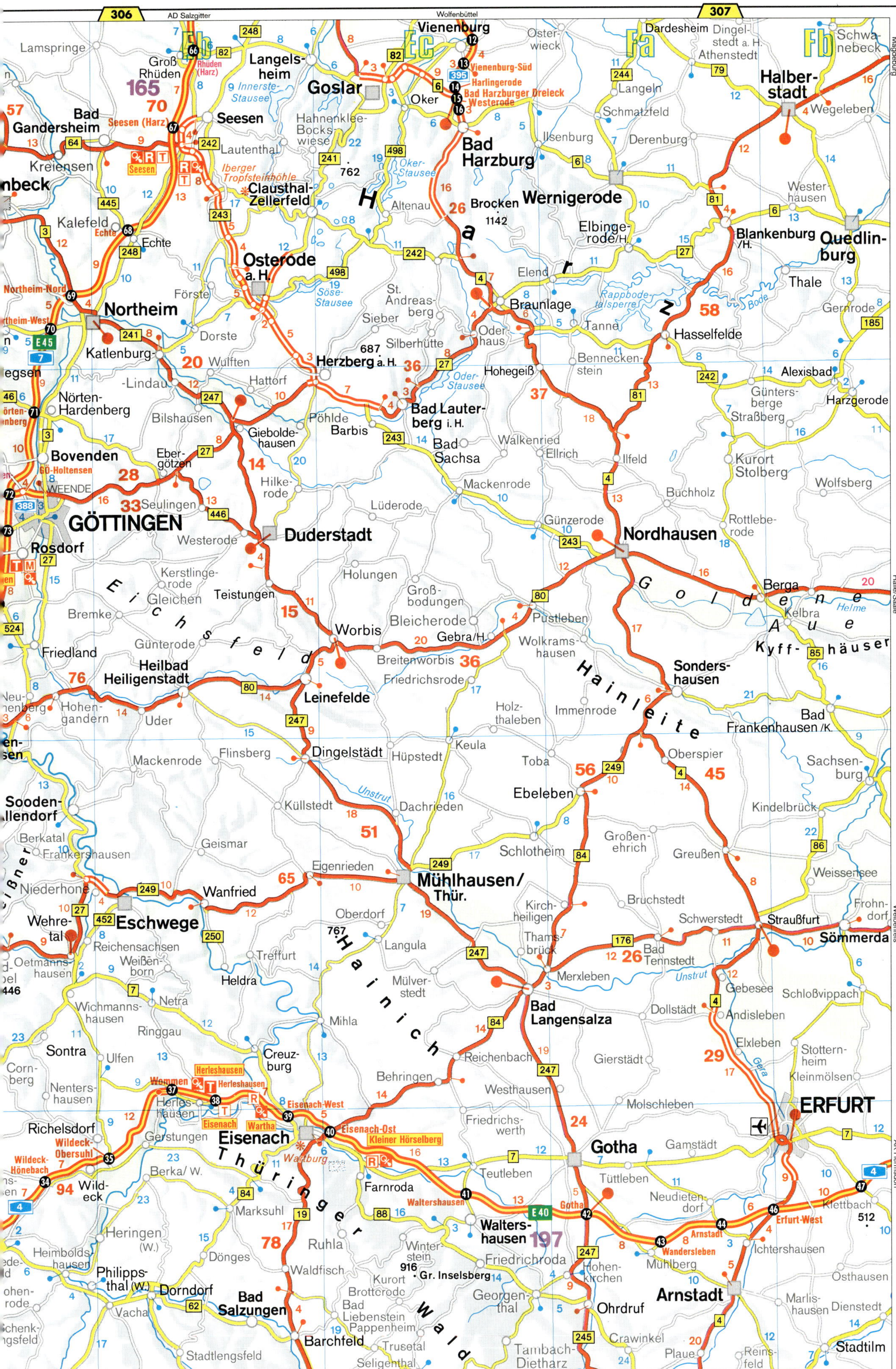
306
AD Salzgitter
Wolfenbüttel
307
Magdeburg
Lamspringe
Groß Rhüden
Langelsheim
Vienenburg
Osterwieck
Dardesheim
Dingelstedt a. H.
Athenstedt
Schwanebeck
Bad Gandersheim
Seesen
Goslar
Oker
Vienenburg-Süd
Harlingerode
Bad Harzburger Dreieck
Westerode
Halberstadt
Wegeleben
Langeln
Schmatzfeld
Innerste-Stausee
Hahnenklee-Bockswiese
Lautenthal
Bad Harzburg
Ilsenburg
Derenburg
Kreiensen
Einbeck
Iberger Tropfsteinhöhle
Clausthal-Zellerfeld
Oker-Stausee
Wernigerode
Brocken 1142
Harz
762
Altenau
Westerhausen
Kalefeld
Echte
Elbingerode/H.
Blankenburg /H.
Quedlinburg
Osterode a. H.
Elend
Thale
Northeim-Nord
Förste
Söse-Stausee
St. Andreasberg
Braunlage
Rappbode-talsperre
Bode
Gernrode
Northeim
Northeim-West
Sieber
Oderhaus
Tanne
Hasselfelde
Katlenburg-Lindau
Dorste
687
Silberhütte
Wulften
Herzberg a. H.
Hohegeiß
Benneckenstein
Alexisbad
Hattorf
Oder-Stausee
Güntersberge
Harzgerode
Nörten-Hardenberg
Bilshausen
Gieboldehausen
Pöhlde
Barbis
Bad Lauterberg i. H.
Straßberg
Bovenden
Ebergötzen
Bad Sachsa
Walkenried
Ellrich
Ilfeld
Kurort Stolberg
GÖ-Holtensen
Weende
Hilkerode
Mackenrode
Buchholz
Wolfsberg
Seulingen
GÖTTINGEN
Lüderode
Günzerode
Rottleberode
Westerode
Duderstadt
Nordhausen
Rosdorf
Kerstlingerode
Holungen
Goldene Aue
Berga
Eichsfeld
Gleichen
Teistungen
Großbodungen
Kelbra
Helme
Bremke
Bleicherode
Pustleben
Kyffhäuser
Worbis
Gebra/H.
Friedland
Günterode
Wolkramshausen
Heilbad Heiligenstadt
Breitenworbis
Friedrichsrode
Sondershausen
Neuenberg
Hohengandern
Uder
Leinefelde
Hainleite
Holzthaleben
Immenrode
Bad Frankenhausen /K.
Keula
Dingelstädt
Hüpstedt
Flinsberg
Mackenrode
Toba
Oberspier
Sachsenburg
Sooden-Allendorf
Ebeleben
Unstrut
Küllstedt
Dachrieden
Kindelbrück
Berkatal
Frankershausen
Geismar
Schlotheim
Großenehrich
Greußen
Eigenrieden
Weißensee
Niederhone
Wanfried
Mühlhausen/Thür.
Bruchstedt
Frohndorf
Wehretal
Eschwege
Oberdorf
Kirchheiligen
Schwerstedt
Straußfurt
767
Sömmerda
Oetmannshausen
Reichensachsen
Treffurt
Langula
Thamsbrück
Bad Tennstedt
Weißenborn
Heldra
Hainich
Merxleben
Mülverstedt
Gebesee
Schloßvippach
Netra
Wichmannshausen
Bad Langensalza
Dollstädt
Andisleben
Ringgau
Mihla
Elxleben
Sontra
Ulfen
Creuzburg
Reichenbach
Gierstädt
Stotternheim
Cornberg
Herleshausen
Behringen
Kleinmölsen
Nentershausen
Wommen
Westhausen
Molschleben
Herleshausen
Eisenach-West
ERFURT
Richelsdorf
Eisenach
Wartha
Eisenach-Ost
Friedrichswerth
Wildeck-Obersuhl
Gerstungen
Kleiner Hörselberg
Wartburg
Gotha
Gamstädt
Wildeck-Hönebach
Thüringer Wald
Teutleben
Berka/W.
Farnroda
Tüttleben
Wildeck
Waltershausen
Neudietendorf
Marksuhl
E 40
Klettbach
512
Heringen (W.)
Waltershausen
Erfurt-West
Arnstadt
Ruhla
Winterstein
Wandersleben
Ichtershausen
Heimboldshausen
Dönges
916
Gr. Inselsberg
Friedrichroda
Mühlberg
Philippsthal (W.)
Dorndorf
Waldfisch
Hohenkirchen
Osthausen
Kurort Brotterode
Georgenthal
Arnstadt
Vacha
Bad Salzungen
Bad Liebenstein
Ohrdruf
Marlishausen
Dienstedt
Pappenheim
Crawinkel
Stadtlengsfeld
Barchfeld
Trusetal
Tambach-Dietharz
Plaue
Reinsfeld
Stadtilm
Seligenthal
320
Meiningen
Suhl
Coburg
321
Halle/Saale
Weißenfels
AK Hermsdorf

Magdeburg
Magdeburg
307
Zerbst
AD Pot
Halberstadt
Nordhausen
Straußfurt
Erfurt
321
AD Bayer. Vogtland, Hof
Greiz
Fb
Fc
Ga
Gb
11
12
13
14
Schwanebeck
Gröningen
Kroppenstedt
Egeln
Schneidlingen
Wegeleben
Eickendorf
Calbe /S.
Förderstedt
Barby/E.
Saale
Jütrichau
Roßlau /E.
Coswig
Lödderitz
Patzetz
DESSAU
Aken/E.
Vockerode
Dessau-Ost
Wörl
Hedersleben
Schadeleben
Staßfurt
Nienburg
Wulfen
Winningen
Güsten
Bernburg /S.
Köthen/A.
Quellendorf
Dranienbaum
Quedlinburg
Hoym
Aschersleben
Dessau-Süd
Möhlau
Tornau v. d. H.
Raguhn
Zschornewitz
Ballenstedt
Ermsleben
Gernrode
Harkerode
Alsleben/S.
Gröbzig
Prosigk
Jeßnitz
Wolfen
Sandersleben
Könnern
Radegast
Alexisbad
Harzgerode
Hettstedt
Gerbstedt
Löbejün
Kosseln
Zörbig
Bitterfeld
Sandersdorf
Ritterode
Friedeburg /S.
Köckern
Wettin
Hermerode
Mansfeld
Schwittersdorf
Brachstedt
Brehna
Kurort Wippra
Klostermansfeld
Wolfsberg
Helbra
Lutherstadt Eisleben
Hohenthurm
Halle (S.)
Delitzsch
Wettelrode
Wimmelburg
Salzmünde
Halle-Neustadt
HALLE/ S.
Landsberg
Süßer See
Höhnstedt
Halle/S./Peißen
Mochelwitz
Großleinungen
Riestedt
Rothenschirmbach
Queis
Wiedemar-Glesien
Roßla
Sangerhausen
Halle/S.-Ost
Zwochau
Helme
Oberröblingen
Osterhausen
Röblingen a.S.
Teutschenthal
Schkeuditz
L.-Nord
Wiederitzsch
Gröbers
Schkeuditzer Kreuz
Großkugel
Riethnordhausen
Schraplau
Steuden
Bad Lauchstädt
Allstedt
Schafstädt
Schkopau
Weiße Elster
Artern /U.
Querfurt
Langeneichstädt
Klobikau
Wallendorf
LEIPZIG
Bad Frankenhsn./K.
Unstrut
Merseburg/S.
Leipzig/Merseburg
Schönewerda
Ziegelroda
Leuna
Markranstädt
Sachsenburg
Heldrungen
Roßleben
Steigra
Mücheln/G.
Braunsbedra
Bad Dürrenberg
Markkleeberg
Finne
Nebra
Kindelbrück
Wiehe
Gleina
Lützen
Kitzen
Zwenkau
Lauchau
Freyburg/U.
Weissensee
Backleben
Billroda
Bad Bibra
Weißenfels
Kölleda
Pegau
Groitzsch
Frohndorf
Olbersleben
Naumburg /S.
Hohenmölsen
Sömmerda
Eckartsberga
Wethau
Naumburg
Teuchern
Profen
Lucka
Schloßvippach
Buttstädt
Bad Sulza
Prießnitz
Osterfeld
Könderitz
Buttelstedt
Pfiffelbach
Meineweh
Meuselwitz
Thüringen
Eckolstädt
Camburg
Zeitz
Berlstedt
Schkölen
Kleinmölsen
Dornburg
Wetterzeube
Kayna
Ilm
Apolda
Wetzdorf
Giebelroth
Weimar
Nohra
Umpferstedt
Isserstedt
Eisenberg
Pölzig
Lumpzig
Eichelborn
Mellingen
Bürgel
Bad Köstritz
Erfurt-Ost
Weimar
Apolda
JENA
Schöngleina
Bad Klosterlausnitz
Hermsdorfer Kr.
Rüdersdorf
Gera
Schmölln
Klettbach
Magdala
Lobeda
Jena-Lobeda
Teufelstal
Hermsdorf
Ronneburg
512
Bad Berka
Bucha
Quirla
GERA
Magdala
Schorba
Jena-Göschwitz
Stadtroda
Hermsdorf
Hermsdfr. Kreuz
Saara
Ronneburg
Blankenhain
Tröbnitz
Rückersdorf
Crimmitschau
Osthausen
Kranichfeld
Lengefeld
Reinstädt
Kahla
Neuensorga
Dienstedt
Neukirchen / Pl.
Teichel
Orlamünde
Großebersdorf
Weida
Langenbernsdorf
Stadtilm
Remda
Teichröda
Zeutsch
Hummelshain
Rodaborn
Berga/E.
Werdau

Treuenbrietzen
308
Jüterbog
309
Schönefldr. Kr.
Ha
Hb
Hc
Ia
AD Lübbenau
Zahna
Oehna
Hohen-ahlsdorf
Werbig
Heins-dorf
Dramsdorf
Rüdings-dorf
Duben
Lutherstadt Wittenberg
Seyda
Stolzen-hain
Dahme
Uckro
Stöbritz
Kemlitz
Luckau
Schaben-dorf
Elster /E.
Mügeln
Schönewalde
Lebusa
Wüster-marke
Riedebeck
Eutzsch
Schweinitz
Brandis
Drehna
Globig
Jessen/E.
Holzdorf
Hohenbucko
Kemberg
Rade
Schwarze Elster
Gahro
Annaburg
Kolochau
Schlieben
Hillmersdorf
Pretzsch/E.
Herzberg /E.
Sonnewalde
Groß Naundorf
Oelsig
Werenz-hain
Lindthal
Bad Schmiedeberg
Prettin
Finster-walde
Elbe
Söllichau
Dommitzsch
Dautzschen
Doberlug-Kirchhain
Lieskau
Langen-naundorf
Falken-berg
Trossin
Döbrichau
Uebigau
Sorno
Bad Düben/M.
Weidenhain
Zwethau
Wahren-brück
Oppelhain
Berg-heide
Wellaune
Torgau
Staupitz
Lönne-witz
Lauchhammer
Hohen-prießnitz
Mockrehna
Bad Lieben-werda
Hohen-leipisch
Lauchhammer-West
Audenhain
Koßdorf
Plessa
Senftenberg
Belgern
Elsterwerda
Eilenburg
Röcknitz
Schildau
Sitzenroda
Kröbeln
Prösen
Tettau
Mühlberg/E.
Gröditz
Frauendorf
Gröden
Thall-witz
Mulde
Ort-rand
Falkenhain
Lichtensee
Hirsch-feld
Ortrand
Zabeltitz-Treugeböhla
Taucha
Bennewitz
Wurzen
Strehla
Schönborn
Leipzig/Taucha
Kühren
Dahlen
Glaubitz
Röderau
Leipzig-Ost
Brandis
Folbern
Thiendorf
Luppa
Oschatz
Riesa
Burkartshain
Kleinpösna
Naunhof
Nünchritz
Sacka
Trebsen/M.
Wermsdorf
Großen-hain
Klinga
Freitels-dorf
Grimma
Pristewitz
Naunhof
Nerchau
Mutzschen
Stauchitz
Radeburg
Pomßen
Grimma
Mügeln
Wölkisch
Ostrau
Lommatzsch
Leisnig
Wein-böhla
Otterwisch
Großbothen
Bautzen
Marsdorf
Meißen
Moritz-burg
Kitzscher
Bad Lausick
Strocken
Döbeln-Nord
Meila
AD Dresden
Hoyerswerda
Leisnig
Coswig
Radebeul
Colditz
Döbeln-Ost
Soppen
Gauernitz
Dr.-Nord
Borna
Gerings-walde
Hartha
Döbeln
Nossen-Nord
Dr.-Neu-stadt
Altstadt
Prießnitz
Ebers-bach
Nossen-Ost
Wilsdruff
Görlitz
Waldheim
Roßwein
Nossen
Wilsdruff
Frohburg
Siebenlehn
AD Nossen
Geithain
Rochlitz
Schweikers-hain
Grumbach
DRESDEN
Pirna
Kohrensahlis
Windisch-leuba
Berbers-dorf
Greifendorf
Mohorn
Freital
Erlau
Hainichen
Tharandt
Altenburg
Mittweida
Possendorf
Nobitz
Großvoigts-berg
Hainichen
Rabenau
Langenleuba-Niederhain
Oberhain
Wiederau
Halsbrücke
Kreischa
Zwickauer Mulde
Claußnitz
Frankenberg
Naundorf
Klingen-berg
Ruppen-dorf
Dippoldis-walde
Burg-städt
Chemnitz-Ost
Frankenberg
Freiberg
Stausee Klingenberg
Hart-mannsdorf
Reinhardts-grimma
Walden-burg
Gößnitz
Flöha
Brand-Erbisdorf
Weißenborn
Schmirde-berg
Limbach-Oberfrohna
Röhrsdorf
Chemnitz-Nord
Glösa
Stausee Lehnmühle
Meerane
AD Chemnitz
CHEMNITZ
Oederan
Burkers-dorf
Glauchau
Rabenstein
Großhart-mannsdorf
Henners-dorf
Glauchau-W.
Wüstenbrand
Erdmannsdorf
Mulda
Hohenstein-Ernstthal
Chemnitz-Süd
Glauchau
Hohenstein-Ernstthal
Eppendorf
Nassau
Altenberg
Lugau /E.
Mittelsaida
Zinnwald-Georgenfeld
Lichten-stein/S.
Hohn-dorf
Burkhardts-dorf
Zschopau
Teplice
ZWICKAU
322
AD Bayer. Vogtland, Aue
Annaberg-Buchholz
Marienberg
Olbernhau
323
ČESKÁ REPUBLIKA

309
AK Schönefeld
Lübben (Lubin)
Guben
POLSKA
Spreewald
Ia
Ib
Ic
Ka
Lübbenau
Lubnjow
Lübbenau-W.
Boblitz
Stöbritz
Kittlitz
AD Lübbenau
Schlabendorf
Duben
Drachhausen
Hochoza
Fehrow
Prjawoz
Burg
Borkowy
Striesow
Strjažow
Peitz
Picnjo
Neuendorfer Teich
Dissenchen
Dešank
Willmersdorf
Rogozno
Dobbrick
Groß Gastrose
Grabice
Starosiedle
Grießen
Grötsch
Grožišćo
Koło
Brody
Górzyn
Chełm Zarski
Lubsko (Sommerfeld)
Jasień
Gassen
Mulknitz
Forst
Baršć
Zasieki
Bronice
Grężawa
Pietrzyków
Cielmów
Łużyckie
Lipinki
Klein Bademeusel
Bademeusel
Trzebiel
E 36
Wrocław
128
149
11
Calau
Kalawa
Vetschau
Wětošow
Werben
Wjerbno
Cottbus
Chóśebuz
Kolkwitz
Gołkojce
Limberg
Limbark
Cottbus-West
Cottbus-Süd
Kahren
Roggosen
Drehna
Gahro
Ogrosen
Casel
Drebkau
Groß Oßnig
Laubsdorf
Bagenz
Speicherbecken Spremberg
Döbern
Jerischke
66
Bronkow
Lindthal
Altdöbern
Jehserig
Neupetershain
Göllnitz
Lieskau
Großräschen
Sedlitz
Welzow
Wjelcej
Groß Luja
Graustein
Spremberg
Grodk
Tschernitz
Halbendorf
Brězowka
Bad Muskau
Łęknica
Niwica
Mielno
Sallgast
Bergheide
Klettwitz
Freienhufen
Senftenberg
Senftenberger See
Terpe
Blune
Schleife
Slepo
Spreewitz
Sprjejcy
Weißwasser
Běła Woda
Weißkeißel
Wuskidz
Sagar
Zagor
Pechern
Przewóz
Lauchhammer
Schwarzheide
Brieske
Dorf
Lauta Dorf
Laubusch
Lubuš
Burg
Bórk
Dobryzn
Lauchhammer West
Ruhland
Hosena
Lauta
Łuty
Hoyerswerda
Wojerecy
Weißkolln
Běły Chołmc
Boxberg
Hamor
Rietschen
Steinbach
Tettau
Frauendorf
Ruhlander Heide
Grünewald
Wittichenau
Kulow
Knappensee
Groß Särchen
Lohsa
Łaz
Reichwalde
Rychwałd
Bremenhein
Ortrand
Bernsdorf
Niedzichow
Oßling
Uhyst
Delni Wujězd
Kreba
Zeisholz
Königswartha
Rakecy
Mücka
Mikow
See
Rothenburg
Schwepnitz
Oberlausitz
Horka
Niesky
Niska
Thiendorf
Königsbrück
Kinspork
Neukirch
Piskowitz
Neschwitz
Njeswacidło
Milkel
Minakał
Kleinsaubernitz
Zuboŕnička
Speicherbecken Quitzdorf
Jänkendorf
Kodersdorf
Sacka
Kamenz
Kamjenc
Zerna
Crostwitz
Laußnitz
Reichenbach
Elstra
Stausee Bautzen
Nechern
Weißenberg
Wóspork
Melaune
Radeburg
Ottendorf-Okrilla
Pulsnitz
Połčnica
Uhyst
Göda
Hodźij
Bautzen
Budyšin
Görlitz
Moritzburg
Weixdorf
Ohorn
Burkau
Hochkirch
Bukecy
Reichenbach
Marsdorf
AD Dresden
Großröhrsdorf
Bischofswerda
Biscopicy
Gaußig
Huška
Großpostwitz
Budestecy
Sohland
Radebeul
Dresden
Radeberg
Putzkau
Neukirch
Wilthen
Cunewalde
Löbau
Lubij
Lawalde
Dr.-Nord
Dr.-Neustadt
Oppach
Bernstadt
Weißig
Stolpen
Neustadt
Šluknov (Schluckenau)
Dol. Poustevna
Jiříkov
Ebersbach
Eibau
Herrnhut
Ostritz
Freital
Graupa
Lohmen
Sächsische
Hohnstein
Sebnitz
Neugersdorf
Rumburk (Rumburg)
Seifhennersdorf
Niederoderwitz
Hirschfelde
Possendorf
Heidenau
Pirna
Elbsandstein-
Schweiz
Brtníky
Kreischa
Königstein
Festung Königstein
Bad Schandau
Hinterhermsdorf
Krásná Lípa
Varnsdorf
Großschönau
Zittau
Dippoldiswalde
Pravčická brána
Rybniště
Zittauer
Gebirge
Lausche 793
Kurort Jonsdorf
Hrádek
Reinhardtsgrimma
Liebstadt
Berggießhübel
Bielatal
gebirge
Hřensko (Herrnskretschen)
Jiřetín p. Jedlovou
Glashütte
Schmiedeberg
Hellendorf
Česká Kamenice (Böhm. Kamnitz)
Kamenický Šenov
Svor
Cvikov
Luftkurort Lückendorf
Rynoltice
Breitenau
Děčínský Sněžník 723
Děčín (Tetschen)
Markvartice
Nový Bor (Haida)
Jablonné v. Podještědí
Křižany
Lauenstein
Jílové
Libouchec
Benešov n. Ploučnicí (Bensen)
Altenberg
Zinnwald-Georgenfeld
Telnice
Boletice n.L. (Politz a.d.E.)
Mnichov
Žandov
Česká Lípa (Böhm. Leipa)
Valenice
Stráž p. Ralskem
Zákupy
Struznice
Teplice
Ústí n.L.
323
Praha
ČESKÁ REPUBLIKA
Elsterwerda
Luckau
AD Nossen, Meißen
Nassau

310
Aa
Ab
Ac
Ba
Kelmis
Aubel
Battice
Lichtenbusch
Hürtgenwald
Vettweiß
Gladbach
Erp
Weilerswist
Bornheim
Eupen
Roetgen
Verviers
Limbourg
Lammersdorf
Simmerath
Nideggen
Zülpich
Swisttal
Euskirchen
BONN
Heimbach
Kommern
Mechernich
Rheinbach
Meckenheim
Monschau
Schleiden
Kall
Bad Münstereifel
Bad Neuenahr-Ahrweiler
Hohes Venn
Belle Croix
Kalterherberg
Hellenthal
Spa
Francorchamps
Malmédy
Stavelot
Waimes
Bütgenbach
Büllingen
Trois-Points
Losheimergraben
Losheim
Blankenheim
Tondorf
Schmidtheim
Dahlem
Kronenburg
Stadtkyll
Hallschlag
Jünkerath
Amel
Sankt-Vith
Schoenberg
Vielsalm
Salmchâteau
Steffeln
Olzheim
Schneifel
Hillesheim
Bleialf
Winterspelt
Prüm
Büdesheim
Gerolstein
Daun
Dreis-Dockweiler
Kelberg
Adenau
Nürburgring
Habscheid
Pronsfeld
Lützkampen
Lünebach
Schönecken
Mürlenbach
Ulmen
Wemperhardt
Troisvierges
Lichtenborn
Arzfeld
Daleiden
Waxweiler
Clervaux
Marnach
Dasburg
Hosingen
Burbach
Seffern
Kyllburg
Manderscheid
Bad Bertrich
Wiltz
Neuerburg
Bitburg
Wittlich
Vianden
Diekirch
Ettelbruck
Echternach
Schweich
Bernkastel-Kues
Trier
Konz
Morbach
Mersch
Luxembourg
Saarburg
Hermeskeil
Nonnweiler
Remich
Hochwald
Schwarzwälder Hochwald
Mosel
324

Köln
AK Köln-Süd
310
AD St. Augustin
AD Heumar
311
AK Olpe-Süd
Weilerswist
Bornheim
Swisttal
St. Augustin
Hennef (Sieg)
Eitorf
Windeck
Herchen
Hamm
Roth
Wissen
Betzdorf
Neunkirchen
Herdorf
Burbach
Daaden
Gebhardshain
BONN
Bad Godesberg
Oberpleis
Uckerath
Weyerbusch
Königswinter
Siebengebirge
Logebachtal
Drachenfels
Aegidienberg
Asbach
Kircheib
Neitersen
Altenkirchen (Ww.)
Hachenburg
Kloster Marienstatt
Hoher Westerwald
Kirburg
Bad Marienberg (W.)
Rheinbach
Meckenheim
Grafschaft
Bad Honnef
Neustadt (W.)
Flammersfeld
Höchstenbach
Puderbach
Westerwald
Remagen
Unkel
Linz a. Rh.
Bad Neuenahr-Ahrweiler
Gelsdorf
Ahrgebirge
Radioteleskop
Effelsberg
Sinzig
Waldbreitbach
Gierend
Dierdorf
Herschbach
Freilingen
Langenhahn
Westerburg
Hahn a. See
Selters (W.)
Mayschoß
Altenahr
Ramersbach
Bad Breisig
Bad Hönningen
Rheinbrohl
Brohl-Lützing
Rengsdorf
Isenburg
Siershahn
Dornburg
Mutscheid
Schuld
Niederzissen
Burgbrohl
Leutesdorf
Neuwied
Ransbach-Baumbach
Boden
Hadamar
Dümpelfeld
Spessart
Kempenich
Andernach
Bendorf
Höhr-Grenzhausen
Montabaur
Elz
Adenau
Hohe Acht
747
Hohe Eifel
Kloster Maria Laach
Laacher See
Weißenthurm
Plaidt
Mülheim-Kärlich
Vallendar
KOBLENZ
Limburg a. d. L.
Ruine Nürburg
Döttingen
Mendig
Kruft
Schloß Bürresheim
Ochtendung
Hirschberg
Holzappel
Diez
Nürburgring
Virneburg
Monreal
Mayen
Dieblich
Winningen
Bad Ems
Lahnstein
Nassau
Lahn
Kelberg
Polch
Rübenach
Hahnstätten
Zollhaus
Kloster Arnstein
Marksburg
Dachsenhausen
Katzenelnbogen
Kaisersesch
Münstermaifeld
Ruine Thurandt
Boppard
Ulmen
Burg Eltz
Holzhausen a. d. Haide
Aarbergen
Büchel
Karden
Bad Salzig
Nastätten
Taunus
Vulkaneifel
Pulvermaar
Cochem
Mosel
Treis-
Lieg
Emmelshausen
St. Goar
St. Goarshausen
Loreley
Welterod
Bad Schwalbach
Gillenfeld
Lutzerath
Dommershausen
Beltheim
Mittelstrimmig
Manderscheid
Bad Bertrich
Senheim
Oberwesel
Kaub
Burg Gutenfels
Geroldstein
Schlangenbad
Hontheim
Kastellaun
Alf
Bullay
Burg Arras
Zell (Mosel)
Laubach
Kisselbach
Bacharach
Presberg
Rheingaugeb.
Wittlich
Ürzig
Kinderbeuern
Kappel
Rheinböllen
Burg Reichenstein
Lorch
Eltville a. Rh.
Oestrich-Winkel
Rüdesheim a. Rh.
Geisenheim
ehm. Festung Mont Royal
Simmern
Hunsrück
Tiefenbach
Bingerbrück
Bingen
Ingelheim a. Rh.
Moselberge
Maring-Noviand
Traben-Trarbach
Kirchberg (H.)
Stromberg
Gau-Algesheim
Klausen
Bernkastel-Kues
Büchenbeuren
Gemünden
Soonwald
Dalberg
Stadecken-Elsheim
Longkamp
Rhaunen
Wallhausen
Langenlonsheim
Gensingen
Sauhl
Trittenheim
Morbach
Hinzerath
Idarwald
Bundenbach
Winterbach
Seesbach
Bockenau
Bad Kreuznach
Gau-Bickelheim
Wörrstadt
Bruchweiler
Simmertal
Monzingen
Waldböckelheim
Sobernheim
Bad Münster a. St.
Frei-Laubersheim
Wöllstein
Thalfang
Kirn
Niederwörresbach
Nahe
Freilichtmuseum
Hochstätten
Alzey
Allenbach
Malborn
Schwarzwälder Hochwald
Fischbach
Weierbach
Hundsbach
Obermoschel
Alsenz
Wendelsheim
Schwollen
Idar-Oberstein
Meisenheim
Sien
Langweiler
Kriegsfeld
Flomborn
Hermeskeil
Brücken
Birkenfeld
Sperrgebiet
Waldgrehweiler
Kirchheimbolanden
Nonnweiler
Baumholder
Offenbach-Hundheim
Lauterecken
Dörrmoschel
Rockenhausen
Donnersberg
674
Marnheim
Türkismühle
Nohfelden
Burg Lichtenberg
Rathsweiler
Wolfstein
Niederkirchen
Dreisen
AK Saarbrücken
St. Wendel
AK Landstuhl
324
Neunkirchen
Winnweiler
Kaiserslautern
325

312
Kassel
Kirchhain
Ce
Da
Db
Marburg
Gladenbach
Dillenburg
Herborn
Alsfeld
Kirtorf
Homberg (Ohm)
Lauterbach
Herbstein
Gießen
Wetzlar
Aßlar
Solms
Braunfels
Weilburg
Linden
Lich
Grünberg
Laubach
Schotten
Hungen
Butzbach
Bad Nauheim
Friedberg (H.)
Nidda
Gedern
Usingen
Bad Camberg
Idstein
Friedrichsdorf
Bad Homburg v. d. H.
Oberursel
Karben
Nidderau
Büdingen
Wächtersbach
Gelnhausen
Bad Orb
Salmünster
Steinau a. d. Str.
Bad Soden-
Kronberg
Königstein i.T.
FRANKFURT
Bad Soden
Kelkheim (T.)
Hofheim a. T.
WIESBADEN
MAINZ
Bad Vilbel
Schöneck
Maintal
Hanau
OFFENB.
Neu-Isenburg
Dreieich
Rodgau
Dietzenbach
Rüsselsheim
Mörfelden-Walldorf
Langen
Rödermark
Babenhausen
Seligenstadt
Alzenau i. U.
Mömbris
Hösbach
Aschaffenburg
DARMSTADT
Groß-Gerau
Weiterstadt
Dieburg
Münster
Groß-Umstadt
Groß-Zimmern
Nierstein
Oppenheim
Riedstadt
Griesheim
Mühltal
Ober-Ramstadt
Reinheim
Pfungstadt
Seeheim-Jugenheim
Gernsheim
Bensheim
Lorsch
Heppenheim (B.)
Lampertheim
Worms
Bürstadt
Biblis
Odenwald
Reichelsheim (Odenw.)
Lindenfels
Michelstadt
Erbach
Bad König
Höchst i. Odenw.
Obernburg a. M.
Erlenbach a. M.
Klingenberg a. M.
Miltenberg
Amorbach
Wertheim
Spessart
Vogelsberg
Taufstein 773
Gr. Feldberg 879
326
Eberbach
Walldürn
AK Frankenthal
AK Ludwigshafen
Viernheimer Dreieck AK Weinheim

Kirchheimer Dreieck
312
Bad Hersfeld
Eisenach
313
Ea
Eb
Ec
Dc
14
15
16
17
18
Niederaula
Eitra
Bad Salzungen
Barchfeld
Pappenheim
Trusetal
Tambach-Dietharz
Ottrau
Rimberg
Breitenbach a. H.
Niederjossa
Grebenau
Eiterfeld
Buttlar
Stadtlengsfeld
Breitungen (W.)
Seligenthal
Kurort Schmalkalden
Großenmoor
Rasdorf
Dermbach
Burghaun
Schlitz
Hutzdorf
Hünfeld
Roßdorf
Niederschmalkalden
Kurort Steinbach-Hallenberg
Wasungen
Viernau
Zella-Mehlis
Suhl
Maar
Lauterbach
Angersbach
Bad Salzschlirf
Wartenberg
Schloß Eisenb.
Großenlüder
Lüdermünd
Nüsttal
Morles
Marbach
Hofbieber
Fulda-Nord
Lahrbach
Tann (Rhön)
Kaltensundheim
Kaltennordheim
Oepfershausen
Walldorf
Schwarza
Rohr
Dietzhausen
Eckweisbach
Hilders
Helmershausen
Meiningen
Marisfeld
Obermaßfeld-Grimmenthal
Bischofrod
Kleinlüder
Petersberg
Batten
Fulda
Künzell
Dipperz
Milseburg
Frankenheim/ Rh.
Fladungen
Henneberg
Themar
Hosenfeld
Giesel
Schloß Fasanerie
Eichenzell
Fulda/Eichenzell
Dietges
Wasserkuppe
Steinwand
Ehrenberg
Nordheim v. d. Rhön
Eußenhausen
Jüchsen
Hauswurz
Ebersburg
Neuhof
Döllbach
Thalau
Gersfeld (Rhön)
Oberelsbach
Ostheim v. d. Rh.
Mellrichstadt
Queienfeld
Dingsleben
Freiensteinau
Flieden
Kalbach
Uttrichshausen
Oberweißenbrunn
Motten
Bischofsheim a. d. Rhön
Unsleben
Römhild
Ulmbach
Wildflecken
Sperrgebiet
Kreuzberg
Sandberg
Heustreu
Höchheim
Simmershausen
Schlüchtern
Gundhelm
Rhön
Wülfershausen
Linden
Romsthal
Oberzell
Bad Brückenau/Volkers
Bad Neustadt a. d. S.
Grabfeld
Bad Königshofen i. Grabfd.
Trappstadt
Steinau a. d. Str.
Sinntal
Bad Brückenau
Riedenberg
Geroda
Steinach a. d. S.
Gompertshausen
Bad Soden-Salmünster
Zeitlofs
Unterleichtersbach
Burkardroth
Bad Bocklet
Münnerstadt
Althausen
Kleinbardorf
Obereßfeld
Mernes
Jossa
Großwenkheim
Haßberge
Mittelsinn
Neuwirthshaus
Bad Kissingen/Oberthulba
Oberthulba
Bad Kissingen
Stadtlauringen
Bundorf
Maroldsweisach
Burgjoß
Pfaffenhausen
Fellen
Wartmannsroth
Maßbach
Rannungen
Hofheim i. Ufr.
Flörsbach
Burgsinn
Gräfendorf
Hammelburg
Euerdorf
Oerlenbach
Flörsbachtal
Spessart
Rieneck
Fuchsstadt
Poppenhausen
Löffelsterz
Königsberg i. B.
Rupertshütten
Langenprozelten
Gemünden a. M.
Niederwerrn
Schweinfurt
Schonungen
Haßfurt
Frammersbach
Partenstein
Gauaschach
Schweinfurt/Niederwerrn
Gössenheim
Schweinfurt/Werneck
Gochsheim
Zeil a. M.
Neuhütten
Hundsbach
Lohr a. M.
Eußenheim
Arnstein
Werneck
Schweinfurt/Bergrheinfeld
Schwebheim
Grettstadt
Haßfurt/Theres
Knetzgau
Rothenbuch
Karlstadt
Steinfeld
Riedener Wald
Eßleben
Donnersdorf
Knetzgau/Haßfurt
Neustadt a. M.
Stadelhofen
Thüngen
Kolitzheim
Sulzheim
Unterschleichach
Rohrbrunn
Urspringen
Gramschatz
Schwanfeld
Michelau i. St.
Untersteinbach
Zimmern
Zellingen
Gramschatzer Wald
Bergtheim
Gerolzhofen
Rothenfels
Birkenfeld
Rimpar
Volkach
Prölsdorf
Marktheidenfeld
WÜ-Estenfeld
Prosselsheim
Ebrach
Neuses a. S.
Veitshöchheim
Prichsenstadt
Freizeitland Geiselwind
Steigerwald
Hasloch
Triefenstein
WÜRZBURG
AK Biebelried
Dettelbach
Schwarzach a. M.
Wiesentheid
Homburg a. M.
Uettingen
Höchberg
Würzburg
Haidt
Aschbach
Schlüsselfeld
Wertheim
Wertheim/Lengfurt
Helmstadt
Kitzingen/Schwarzach
Schweinfurt/Wiesentheid
Geiselwind
AD Würzburg-West
WÜ/Kist
Kitzingen
Reicholzheim
Altertheim
WÜ-Heidingsfeld
WÜ/Randersacker
Oberscheinfeld
Oberrimbach
Neunkirchen
Gerchsheim
Sommerhsn.
Iphofen
Hundheim
Gerchshm.
Kleinrinderfeld
Mainbernheim
Riedern
Külsheim
Werbach
Tauberbischofsheim
Ochsenfurt
Marktbreit
Markt Einersheim
Enzlar
Kirchheim
Giebelstadt
Markt Bibart
Scheinfeld
Mittelstein
Ob der Tauber
Wittighausen
Nenzenheim
Krassolzheim
Langenfeld
Hardheim
Grünsfeld
Euerhausen
Oberickelsheim
Sugenheim
Walldürn
AK Weinsberg
326
Bad Mergentheim
AK Feuchtwangen/Crailsheim
Neustadt a. d. Aisch
Reiskirchener Dreieck
Alsfeld
Langenselbolder Dreieck
Aschaffenburg
Seligenstädter Dreieck
Fulda
Werra
Main
Tauber
Frank. Saale

314
Erfurt
AK Hermsdorf
Gera
Fa
Fb
Fc
Ga
Crawinkel
Plaue
Reinsfeld
Stadtilm
Dienstedt
Teichel
Teichröda
Remda
Nahwinden
Zeutsch
Orlamünde
Hummelshain
Neustadt (Orla)
Rodaborn
Triptis
Groß-ebersdorf
Weida
Geraberg
Gräfinau Angstedt
Bad Blankenburg
Rudolstadt
Saale
Pößneck
Auma
Triebes
Ilmenau
Langewiesen
Rottenbach
Königsee
Unterwellenborn
Saalfeld (S.)
Schmorda
Dittersdorf
Zeulenroda
Gehren
Stützerbach
Sitzendorf
Kaulsdorf
Hohenwarte Stausee
Ziegenrück
Großbreitenbach
Oberweißbach
Reichmannsdorf
Hockeroda
Drognitz
Leutenberg
Lössau
Schleiz
Pausa/V.
Neustadt a. R.
Stausee Schönbrunn
Katzhütte
Probstzella
Liebschütz
Remptendorf
Mühltroff
Plauen
Erlau
Schleusingen
Gießübel
Neuhaus a. R.
Lippelsdorf
Lauenstein
Ludwigsstadt
Lehesten/Th. W.
Ebersdorf
Saalburg
Tanna
Talsperre Ratscher
Scheibe-Alsbach
Lauscha
Tettau
Steinheid
Wurzbach
Moorbad Lobenstein
Bleiloch Stausee
Saaldorf
Reuth
Hirschberg
Gefell
Hildburghausen
Brünn/Th.
Steinach
Steinbach a. W.
Eisfeld
Sachsenbrunn
Tschirn
Rudolphstein
Frankenwald
Töpen
Schalkau
Mengersgereuth Hämmern
Teuschnitz
Förtschendorf
Lichtenberg
Berg/Bad Steben
Rottenbach
Ahlstadt
Rothenkirchen
Pressig
Nordhalben
Bad Steben
Rodach b. C.
Neustadt b. C.
Sonneberg
Geroldsgrün
Naila
Selbitz
Gattendorf
Rödental
Neuhaus-Schierschnitz
Stockheim
Wilhelmsthal
Steinwiesen
AD Bayer. Vogtland
Hof
Wiesenfeld b. C.
Oeslau
Fürth a. Berg
Schwarzenbach a. W.
Oberkotzau
Ummerstadt
Veste
Coburg
Wallenfels
Marktrodach
Konradsreuth
Rehau
Mitwitz
Kronach
Presseck
Creidlitz
Ebersdorf b. C.
Sonnefeld
Helmbrechts
Münchberg-Nord
Münchberg
Schwarzenbach a. d. S.
Dietersdorf
Weißenbrunn
Rugendorf
Weißdorf
Sesslach
Küps
Marktleugast
Münchberg-Süd
Sparneck
Kirchenlamitz
Buch a. F.
Michelau i. Ofr.
Zettlitz
Kirchleus
Stadtsteinach
Untersteinach
Itzgrund
Kloster Banz
Lichtenfels
Burgkunstadt
Kulmbach
Kupferberg
Bauernhofmuseum Kleinlosnitz
Zell
Marktleuthen
Pfarrweisach
Kaltenbrunn
Vierzehnheiligen
Staffelstein
Altenkunst
Mainleus
Marktschorgast
Gefrees
Weißenstadt
Fichtel-
Ebern
Ebensfeld
Roth
Weismain
Trebgast
Bischofsgrün
Schneebg.
Röslau
Arnstein
Kasendorf
Himmelkron
B. Berneck i. F.
Bad Berneck i. F.
Ochsenkopf
Wunsiedel
Kleukheim
Fesselsdorf
Thurnau
Kulmbach/Bayreuth
Weißer Main
Fichtelberg
Tröstau
Rattelsdorf
Watterndorf
Schirradorf
Neudrossenfeld
AD Bayreuth/Kulmbach
Warmensteinach
Bad Alexandersbad
Zapfendorf
Stadelhofen
Bindlach
Bayreuth
Bayreuth-Nord
gebirge
Baunach
Breitengüßbach
AK BA
Scheßlitz
Burg Zwernitz Felsengarten
Eremitage
Weidenberg
Brand
Pullenreuth
Hallstadt
Memmelsdorf
Schloß Seehof
Königsfeld
Hollfeld
Eckersdorf
Kirchenpingarten
Immenreuth
Bamberg
BA-Ost
Litzendorf
Laibarös
Neuhaus
Mistelgau
Bayreuth-Süd
Sophienberg
Seybothenreuth
Kulmain
Lochau
Bamberg-Süd
Stegaurach
Strullendorf
Burggrub
Teuchatz
Aufseß
Waischenfeld
Plankenfels
Glashütten
Ahorntal
Freiahorn
Creußen
Speichersdorf
Kemnath
Hirschaid
Fränkische
Streitberg
Langenloh
Trockau
Neustadt a. Kulm
Schlammersdorf
Zessau
Frensdorf
Herrnsdorf
Buttenheim
Ebermannstadt
Behringersmühle
Pottenstein
Speinshart
Pressath
Schloß Weißenstein
Höchst.-Nord
Eggolsheim
Pretzfeld
Gößweinstein
Teufelshöhle
Pegnitz
Kirchenthumbach
Eschenbach i. d. OPf.
Bamberg
Adelsdorf
Willersdorf
FO-Nord
Schweiz
Pegnitz/Grafenwöhr
Grafenwöhr
Forchheim
Höchst.-Ost
Oberntrubach
Egloffstein
Veldensteiner Forst
Michelfeld
Auerbach i. d. Opf.
Sperrgebiet
Baiersdorf
FO-Süd
Gräfenberg
Betzenstein
Plech
Großdechsendorf
Effeltrich
Langensendelbach
Hiltpoltstein
Maximiliansgrotte
Neunkirchen a. Br.
Erlangen-West
Möhrendorf
Neuhaus a. d. P.
Velden
Königstein
Vilseck
Freihung
ER-Nord Erlangen
Hienberg
Hormersdorf
Forth
Simmelsdf.
Kohlberg
Weisendorf
327
AK Fürth/Erlangen
AK Nürnberg
Amberg
328
Weiden i. d. OPf.
Marktredwitz
Selb
AD Chemnitz

314
315
328
Gera
AD Chemnitz
Chemnitz
Hof
Schleiz
AD Bayer. Vogtland
Bad Berneck
Bayreuth
Eschenbach
AK Regensburg
Bernrieth
Domažlice
Gb
Gc
Ha
Hb
14
15
16
17
18
Großebersdorf
Weida
Berga/E.
Langenbernsdorf
Werdau
ZWICKAU
Mosel
Lichtenstein/S.
Hohndorf
Lugau/E.
Oelsnitz/E.
Burkhardtsdorf
Zschopau
Stollberg/E.
Lengefeld
Teichwolframsdorf
Lichtentanne
Wilkau-Haßlau
Reinsdorf
Zwickau-O.
Hartenstein
Thalheim/E.
Gelenau/E.
Thum
Triebes
Greiz
Naitschau
Neumark
Zwickau
Ehrenfriedersdorf
Zwönitz
Wolkenstein
Marienberg
Zeulenroda
Elsterberg
Reichenbach/V.
Zwickau-W.
Kirchberg
Lößnitz
Geyer
Thermalbad Wiesenbad
Dobia
Netzschkau
Reichenbach
Schneeberg
Aue
Annaberg-Buchholz
Steinbach
Pausa/V.
Lengenfeld
Bernsbach
Beierfeld
Königswalde
Stausee Pöhl
Treuen
Rodewisch
Zschorlau
Lauter/S.
Bockau
Schwarzenberg/E.
Mühltroff
Syrau
Crottendorf
Raschau
Auerbach
Jöhstadt
Bärenstein
Plauen
Plauen-O.
Ellefeld
Schönheide
Eibenstock
Breitenbrunn/E.
Rusová (Reischdorf)
Přísečnice
Bergen
Falkenstein (V.)
Fichtelbg. 1214
Kurort Oberwiesental
Horní Halže (Oberhals)
Reuth
Plauen-S.
Carlsfeld
Johanngeorgenstadt
Vernéřov (Wernsdorf)
Pirk
Oelsnitz
Muldenberg
963
1008
Boží Dar (Gottesgab)
Klínovec 1244
Klášterec n. O.
Pernink (Bärringen)
Vogtland
Erzgebirge
Krušné hory
Schöneck/V.
Klingenthal (S.)
991
Jáchymov (St. Joachimsthal)
Bobenneukirchen
Posseck
Damice
Korunní (Krondorf)
Kraslice
Nejdek (Neudeck)
Hroznětín
Doupovské hory
Sperrgebiet
Hof
Gattendorf
Adorf
Markneukirchen
Ostrov
Regnitzlosau
Jindřichovice (Heinrichsgrün)
Kyselka (Gießhübl.)
Oberkotzau
Rehau
Luby (Schönberg)
Krajková (Gossengrün)
Chodov
Karlovy Vary (Karlsbad)
Aš (Asch)
Bad Brambach
Plesná (Fleißen)
Horka
Ohře
934
Schwarzenbach a. d. S.
Schönwald
Andělská Hora (Engelhaus)
Schönberg
Skalná (Wildstein)
Sokolov (Falkenau)
Loket (Elbogen)
Pila
Selb
Elstergebirge
Horní Slavkov
Stanovice
Bochov (Buchau)
Vahaneč
Kirchenlamitz
Hazlov (Haslau)
Kaceřov (Katzengrün)
Kynšperk n. O. (Königsberg a. d. E.)
Javorná (Gabbern)
Marktleuthen
Eger
Františkovy Lázně (Franzensbad)
Třebeň (Trebendorf)
Krásno (Schönfeld)
Bečov n. T. (Petschau)
Žlutice (Luditz)
Fichtelgebirge
Thierstein
Schirnding
Skalka
Žlutice
Prameny (Sangerberg)
Toužim (Theusing)
Štědrá
Röslau
Thiersheim
644
Arzberg
Cheb (Eger)
Okrouhlá
Lazy
Mnichov (Einsiedl)
Wunsiedel
Jesenice
Lázně Kynžvart (Bad Königswart)
Wallfahrtskirche Kappel
Tröstau
Felsenlabyrinth
Bad Alexandersbad
Marktredwitz
Waldsassen
Mariánské Lázně (Marienbad)
Město Teplá
Chudeč (Kutsch)
Stará Voda (Altwasser)
Neualbenreuth
Úterý (Neumarkt)
Waldershof
Mittert.-Nord
Mitterteich
Helmbrechts
Velká Hleďsebe (Siehdichfür)
757
Brand
Pullenreuth
Fuchsmühl
Mittert.-Süd
946
Mähring
Lochau
Steinwald
Wiesau
Tirschenreuth
Wondreb
Chodský Újezd (Heiligenkreuz)
Kokašice
Kulmain
Friedenfels
Waldnaab
Griesbach
792
Planá (Plan)
Lestkov (Leskau)
Kemnath
Fichtelnaab
Falkenberg
Oberpfälzer Wald
Pernarec (Pernharz)
Erbendorf
Hracholusky
Černošín (Tschernoschin)
Zessau
Windischeschenbach
Schönficht
Barnau
Tachov (Tachau)
Plößberg
Svojšín (Schweißing)
Stříbro
Pressath
Flossenbürg
Lesná (Schönwald)
675
Floß
Bor (Haid)
Kladruby
Neustadt a.d. Waldn.
Neustadt a. d. Waldnaab
Grafenwöhr
Weiden-W.
Georgenberg
Rozvadov (Roßhaupt)
Přimda
Bonětice (Groß Wonetitz)
Weiden-Frauenricht
Weiden i. d. OPf.
Waldthurn
Waidhaus
Velký Malahov
Mantel
Weiden-Süd
Pirk
Vohenstrauß
Lohma
Železná (Eisendorf)
Bělá n. R. (Weißensulz)
Freihung
Luhe-Wildenau
Moosbach
Eslarn
Kohlberg
Böhmisch-bruck

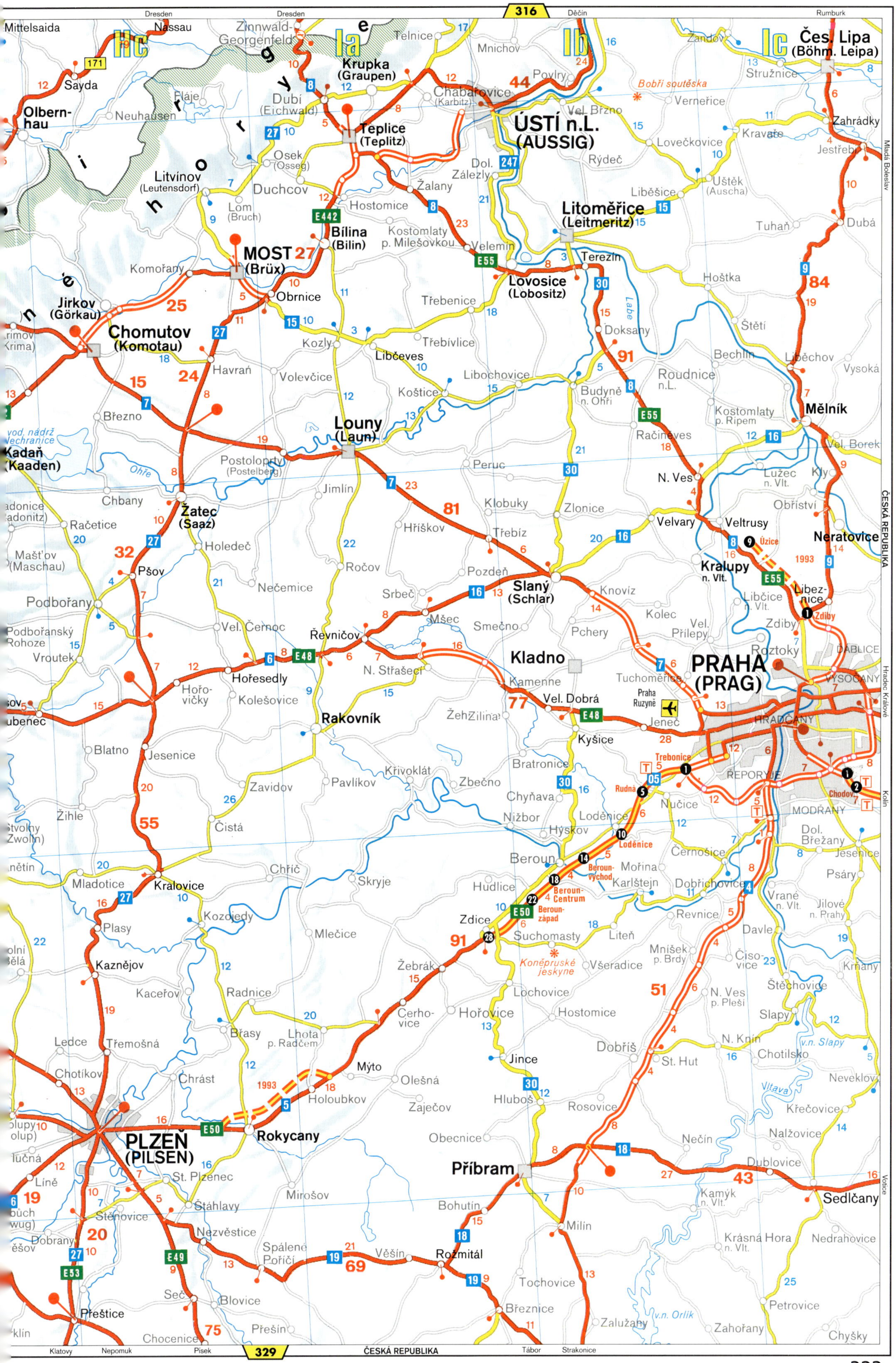

Dresden
Dresden
316
Děčín
Rumburk
Mittelsaida
Nassau
Zinnwald-Georgenfeld
Hc
Ia
Ib
Ic
Krušné hory
Telnice
Mnichov
Krupka (Graupen)
Sayda
Olbern-hau
Neuhausen
Flájе
Dubí (Eichwald)
Teplice (Teplitz)
Chabařovice (Karbitz)
Povrly
ÚSTÍ n.L. (AUSSIG)
Vel. Březno
Bobří soutěska
Zandov
Čes. Lipa (Böhm. Leipa)
Stružnice
Verneřice
Zahrádky
Kravaře
Jestřebí
Lovečkovice
Rýdeč
Osek (Osseg)
Litvínov (Leutensdorf)
Duchcov
Lom (Bruch)
Dol. Zálezly
Žalany
Hostomice
Úštěk (Auscha)
Liběšice
Litoměřice (Leitmeritz)
Tuhaň
Dubá
Mladá Boleslav
MOST (Brüx)
Bílina (Bilin)
Kostomlaty p. Milešovkou
Velemín
Komořany
Lovosice (Lobositz)
Terezín
Jirkov (Görkau)
Obrnice
Třebenice
Hoštka
Chomutov (Komotau)
Kozly
Třebívlice
Libčeves
Doksany
Štětí
Labe
Havraň
Volevčice
Bechlín
Liběchov
Vysoká
Roudnice n.L.
Libochovice
Koštice
Budyně n. Ohří
Březno
Kostomlaty p. Řípem
Mělník
vod. nádrž Nechranice
Kadaň (Kaaden)
Louny (Laun)
Račiněves
Vel. Borek
Postoloprty (Postelberg)
Ohře
Peruc
N. Ves
Lužec n. Vlt.
Kly
Jimlín
Chbany
Žatec (Saaz)
Klobuky
Zlonice
Obříství
Radonice (Radonitz)
Račetice
Hříškov
Třebíz
Velvary
Veltrusy
Neratovice
Úžice
ČESKÁ REPUBLIKA
Holedeč
Mašťov (Maschau)
Pšov
Ročov
Pozdeň
Slaný (Schlar)
Kralupy n. Vlt.
Knovíz
Libčice n. Vlt.
Libeznice
Zdiby
Nečemice
Srbeč
Podbořany
Mšec
Kolec
Vel. Přílepy
Podbořanský Rohozec
Vel. Černoc
Řevničov
Smečno
Pchery
Roztoky
ĎÁBLICE
Vroutek
Hořesedly
N. Strašecí
Kladno
PRAHA (PRAG)
VYSOČANY
Hradec Králové
Lubenec
Hořovičky
Kolešovice
Kamenné
Tuchoměřice
Praha Ruzyně
Vel. Dobrá
Žehrovice
Zilina
Jeneč
HRADČANY
Rakovník
Kyšice
Blatno
Jesenice
Bratronice
Třebonice
ŘEPORYJE
Křivoklát
Pavlíkov
Zbečno
Rudná
Zavidov
Chyňava
Chodov
Kolín
Nučice
Žihle
Nižbor
Loděnice
MODŘANY
Čistá
Hýskov
Dol. Břežany
Beroun
Černošice
Jesenice
Chříč
Beroun-východ
Mořina
Psáry
Mladotice
Kralovice
Skryje
Hudlice
Karlštejn
Dobřichovice
Vrané n. Vlt.
Beroun-Centrum
Jílové u Prahy
Beroun-západ
Kozojedy
Zdice
Revnice
Plasy
Mlečice
Suchomasty
Liteň
Davle
Mníšek p. Brdy
Čisovice
Kaznějov
Žebrák
Koněpruské jeskyně
Všeradice
Krňany
Kaceřov
Radnice
Lochovice
N. Ves p. Pleší
Štěchovice
Cerhovice
Hořovice
Hostomice
Slapy
Ledce
Třemošná
Břasy
Lhota p. Radčem
Jince
N. Knín
Chotilsko
v.n. Slapy
Chotíkov
Dobříš
St. Hut
Chrást
Mýto
Olešná
Neveklov
Holoubkov
Vltava
Hluboš
Rosovice
Křečovice
Zaječov
PLZEŇ (PILSEN)
Rokycany
Obecnice
Nečín
Nalžovice
St. Plzenec
Mirošov
Příbram
Dublovice
Votice
Sedlčany
Líně
Kamýk n. Vlt.
Šťáhlavy
Bohutín
Stěnovice
Milín
Nezvěstice
Krásná Hora n. Vlt.
Nedrahovice
Dobřany
Spálené Poříčí
Věšín
Rožmitál
Tochovice
Petrovice
Seč
Blovice
Přeštice
Březnice
v.n. Orlík
Zalužany
Přešín
Zahořany
Chocenice
Chyšky
Klatovy
Nepomuk
Písek
329
ČESKÁ REPUBLIKA
Tábor
Strakonice

Wasserbillig
Trier
317
AD Moseltal
Idar-Oberstein
Lauterecken
318
Ac
Ba
Bb
Bc
Trassem
Remich
Nennig
Römische Villa
Orscholz
Saarhölzbach
Mettlach
Perl
Borg
Gr. Saarschleife
Besseringen
Sierck-les-Bain
Waldwisse
Hilbringen
Merzig
Weiskirchen
Wadern
Losheim
Bergen
Nunkirchen
Primstal
Limbach
Schmelz
Thalexweiler
Lebach
Theley
Tholey
Oberthal
Namborn
St. Wendel
Nohfelden
Türkismühle
Birkenfeld
Baumholder
Rathsweiler
Burg Lichtenberg
Thallichtenberg
Freisen
Oberkirchen
Kusel
Altenglan
Wolfstein
Rothselberg
Konken
Theisbergstegen
Glan-Münchweiler
Weilerbach
Marpingen
Dirmingen
Eppelborn
Illingen
Ottweiler
Schiffweiler
Neunkchn./S.
Bexbach
Frohnhofen
Brücken/Pf.
Kübelbg.
Schönenbg.
Miesau
Waldmohr
Landstuhl
Bruchmühlbach
Queidersbach
Martinshöhe
Homburg
Käshofen
Wallhalben
Waldfischbach
Burgalben
Pfälzer Berg
Halstroff
Beckingen
Nalbach
Dillingen (S.)
Saarwellingen
Heusweiler
Colmen
Monneren
Wallerfangen
Bouzonville
Saarlouis
Freistroff
Ittersdorf
Riegelsberg
Quierschied
St. Ingbert
Spiesen-Elversberg
Kirkel
Einöd
Zweibrücken
Contwig
Bous
Püttlingen
Wadgassen
Völklingen
Sulzbach/S.
Téterchen
Boulay-Moselle
Creutzwald
Großrosseln
Forbach
Saarbrücken
Blieskastel
Aßwlr.
Pirmasens
Hornbach
Altheim
Bebelsheim
Gersheim
Breidenbach
Obersim
Eppenbrunn
Volmunster
Merlebach
Freyming
Kleinblittersdorf
Les Étangs
Courcelles-Chaussy
Longeville-lès-St-A.
Foulligny
St. Avold
Farébersviller
Welferding
Sarreguemines
Neunkirch-les-S.
Aoury
Cappel
Gros-Réderching
Bitche
Remilly
Faulquemont
Many
Han-s.-Nied
Brulange
Hellimer
Sarralbe
Etting
Rohrbach-lès-Bitche
Lemberg
Rahling
Philippsbourg
Plateau
Lucy
Morhange
Albestroff
Delme
Oron
Conthil
Bénestroff
Altviller
Sarre-Union
Diemeringen
Wingen-s.-M.
Reipertswiller
Niederbronn-les-Bains
Lemoncourt
Wimmenau
Obreck
Cutting
Mittersheim
Grand Étang de Mittersheim
Rothbach
Château-Salins
Lorraine
Drulingen
la P.ite-Pierre
Ingwiller
Pfaffenhoffen
Dieuze
Fénétrange (Finstingen)
Guermange
Moyenvic
Rauwiller
Veschheim
Dossenheim-s.-Z.
Bouxwiller
Étang de Lindre
Gélucourt
Fribourg
Sarraltroff
Phalsbourg
Dettwiller
Hochfelden
Étang du Stock
Étang de Gondrexange
Réméréville
Arracourt
Ley
Maizières-lès-Vic
Sarrebourg
Lutzelbourg
Saverne
Étang de Parroy
Lagarde
Heming
Canal de la Marne au Rhin
Moussey
Mouacourt
Réchicourt-le-Château
Einville-au-Jard
Lorquin
Nitting
Marmoutier
Maixe
Avricourt
Troisfontaines
Dabo Dagsburg
Willgottheim
Sionviller
Emberménil
Richeval
Hattigny
Abreschviller
Gondrexon
Luneville
Véhо
Marainviller
Blâmont
St. Quirin
Wangenbourg
Wasselonne
Marlenheim
Furdenheim
Strasbourg
Xerемaméni
Fraimbois
St. Clement
Herbéviller
Cirey-s.-Vezouze
Nonhigny
Val-et-Châtillon
Balbronn
Soultz-l.-B.
Hablainville
Vathiménil
Montigny
Oberhaslach
Molsheim
Aéroport Strasbourg International
Gerbéviller
Moyen
Azerailles
Badonviller
Raon-sur-Plaine
Wisches
Duttlenheim
Vacqueville
Neufmaisons
Allarmont
Schirmeck
Magnières
Baccarat
Vennezey
St. Pierremont
Bertrichamps
Celles-sur-Plaine
Rothau
Obernai
Klingenthal
Damas aux-Bois
Thiaville-s.-Meurthe
Raon-l'Étape
la Petite-Raon
Mont Ste-Odile
Goxwiller
Barr
Haillainville
Roville a.-Chenes
Ménil s.-B.
Poutay
le Hohwald
St. Dié
Epinal
Colmar
Luxembourg
Thionville
Metz
Nancy
FRANCE

319
Bad Kreuznach
Alzey
Monsheim
AK Alzey
Worms
Bürstadt
Darmstädter Kreuz
Ca
Cb
Cc
Da
Donnersbg.
Dreisen
Grünstadt
Lampertheim
Viernheim
Hemsbach
Wald-Michelbach
Winnweiler
Lohnsfeld
Eisenberg (Pf.)
Frankenthal (Pf.)
Birkenau
Weinheim
Abtsteinach
Alsenborn
Wattenheim
LUDWIGSHFN. a. Rh.
MANNHEIM
Heddesheim
Hirschberg a. d. B.
Enkenbach-Alsenborn
Otterbach
Schriesheim
Dossenheim
Heddesbach
Hirschhorn (N.)
Bad Dürkheim
Mutterstadt
Ladenburg
HEIDELBERG
Neckar
KAISERSLAUTERN
Hochspeyer
Frankenstein
Wachenheim a.d.W.
Weidenthal
Deidesheim
Limburgerhof
Eppelheim
Schönau
Neckarsteinach
Neckargemünd
Böhl
Schifferstadt
Brühl
Schwetzingen
Tripstadt
Elmstein
Lambrecht/Pf.
Meckenheim
Haßloch
Iggelheim
Ketsch
Leimen
Sandhausen
Pfälzer Wald
Neustadt a.d. Weinstr.
Holiday-Park
Hockenheim
Walldorf
Meckesheim
Johanniskreuz
Maikammer
Edenkoben
Speyer
Wiesloch
Waibstadt
Hofstätten
Geinsheim
Duden-hofen
Lußheim
Neckarbischofsheim
Leimen
Hainfeld
Freimersheim
Schwegenheim
Römerberg
Sinsheim
Rinnthal
Edesheim
Philippsburg
Kirrlach
Rauenbg.
Haardt
Münchweiler a.d.R.
Waghäusel
Kronau
Angelbachtal
Hinterweidenthal
Annweiler a. Trifels
Landau i. d. Pf.
Offenbach a.d.Qu.
Bellheim
Germersheim
Bad Schönborn
Östringen
Kraichgau
Eschbach
Lug
Herxheim
Dettenheim
Neudorf
Ubstadt-Weiher
Elsenz
Richen
Dahn
Klingenmünster
Rülzheim
Graben
Forst
Kraichtal
Bruchsal
Menzingen
Eppingen
Vorderweidenthal
Rheinzabern
Linkenheim-Hochstetten
Münzesheim
Bundenthal
Bad Bergzabern
Kandel
Jockgrim
Leopoldshafen
Gochsheim
Kürnbach
Dörrenbach
Wörth a. Rh.
Eggenstein-Leopoldshafen
Rhein
Weingarten (Baden)
Gondelsheim
Zaberfeld
Minfeld
Stutensee
Walzbachtal
Bretten
Oberderdingen
Sternenfels
Stromberg
Wissembourg
Hagenbach
Knittlingen
Maulbronn
Zaisersweiher
Lembach
KARLSRUHE
DURLACH
Pfinztal
Wössingen
Riedseltz
Forchheim
Königsbach-Stein
Illingen
Hunspach
Salmbach
Lauterbourg
Rheinstetten
Mörsch
Remchingen
Mühlacker
Soultz s.-F.
Wintzenbach
Waldbronn
Kämpfelbach
Ispringen
Vaihingen a. d. Enz
Surbourg
Niederroedern
Durmersheim
Ettlingen
Karlsbad
Niefern-Öschelbronn
Betschdorf
Hatten
Bietigheim
Malsch
Keltern
Wiernshm.
Forstfeld
Seltz
Rastatt
Muggensturm
Straubenhardt
Birkenfeld
PFORZHEIM
Mönsheim
Freiolsheim
Marxzell
Haguenau
Soufflenheim
Rountzenheim
Iffezheim
Schloß Favorite
Kuppenheim
Neuenbürg
Unterreichenbach
Tiefenbronn
Gaggenau
Schömberg
Rheinmünster
Baden-Baden
Bad Herrenalb
Bad Liebenzell
Heimsheim
Renningen
Bischwiller
Drusenheim
Stollhofen
Sinzheim
Calmbach
Gernsbach
Hilpertsau
Burg Eberstein
Wildbad i. Schw.
Hirsau
Weil der Stadt
Brumath
Weyersheim
Herrlisheim
Greffern
Bühl
Lichtenau
Bühlertal
Sprollenhaus
Calw
Althengstett
Hoerdt
Gambsheim
Freistett
Forbach
Zavelstein
Bad Teinach
Aidlingen
Rheinau
Ruine Altwindeck
Sand
Enzklösterle
Ottersweier
Neubulach
Gärtringen
Sasbach
Unterstmatt
Raumünzach
Martinsmoos
Achern
Kappelrodeck
Hornisgrinde
Murg
Nagold
Wildberg
Renchen
Besenfeld
Berneck
Herrenberg
Kehl
Willstätt
Ottenhöfen
Ruhestein
Seewald
Altensteig
Ammerbuch
Appenweier
Oberkirch
Klosterruine Allerheiligen
Erzgrube
Nagold
Entringen
Mitteltal
Pfalzgrafenweiler
Haiterbach
Goldscheuer
Baiersbronn
Bondorf
Ergenzingen
Neuried
Durbach
Knicbis
Waldachtal
Hochdorf
Offenburg
Oppenau
Altenheim
Schutterwald
Griesbach
Bad Rippoldsau
Freudenstadt
Dornstetten
Horb a. Neckar
Rottenburg a. Neckar
Bierlingen
Ichenheim
Hohberg
Gengenbach
Bad Peterstal
Glatten
330
Freiburg
Haslach
Alpirsbach
331
Rottweil
AD Bad Dürrheim

319
320
331
Erbach
Michelstadt
AD Würzburg-West
Würzburg
Amorbach
Schneeberg
Kirchzell
Hüttenthal
Hetzbach
Beerfelden
Wald-Michelbach
Hesseneck
Schöllenbach
Ernsttal
Mudau
Walldürn
Wald-stetten
Hardheim
Tauberbischofsheim
Tauberbischofshm.
Grünsfeld
Wittighausen
Euerhausen
Gerichtstetten
Buch a. A.
Lauda-Königshofen
Bernsfelden
Riedenheim
Aub
Buchen (O.)
Altheim
Kupprichhausen
Ahorn
Röttingen
Sechselbach
Igersheim
Weikersheim
Creglingen
Herrgotts Kirche
Eberbach
Hirschhorn (N.)
Neckar
Strümpfelbrunn
Wagenschwend
Waldhausen
Limbach
Götzingen
Schweigern
Boxberg
Ahorn-Berolzheim
Bad Mergentheim
Stuppach
Tauber
Neckarsteinach
Neckargerach
Robern
Oberschefflenz
Osterburken
Assamstadt
Herbsthausen
Niederstetten
Schwarzach
Elztal
Dallau
Schefflenz
Adelsheim
Krautheim
Dörzbach
Spielbach
Aglasterhausen
Obrigheim
Neckarelz
Mosbach
Billigheim
Schöntal-Bieringen
Kloster Schöntal
Schrozberg
Burg Hornberg
Jagsttal
Mulfingen
Waibstadt
Haßmersheim
Möckmühl
Götzenburg
Schöntal
Ingelfingen
Jagsthsn.
Buchenbach
Blaufelden
Neckarbischofsheim
Schloß Guttenberg
Gundelsheim
Neudenau
Sindringen
Forchtenberg
Niedernhall
Künzelsau
Brettheim
Sinsheim
Kraichgau
Bad Rappenau
Jagst
Neuenstadt a.K.
Langenburg
Rot a. S.
Michelbach a. d. L.
Sinshm.-Steinsfurt
B. Rappenau
Bad Wimpfen
Bad Friedrichshall
Neckarsulm
Öhringen
Neuenstn.
Hohenlohe
Kupferzell
Oberstein ach
Wallhausen
Kirchberg a. d. J.
Elsenz
HEILBRONN
HN/N'sulm
Bretzfeld
Neuenstein
Schwäbisch Hall
Braunsbach
Ilshofen/Wolpertshsn.
Ilshofen
Kirchberg
Crailsheim
Richen
HN/Untereisesheim
Weinsberg
AK Weinsberg
Pfedelbach
Untermünkheim
Großaltdorf
Eppingen
Schwaigern
Leingarten
Untergruppenbach
Affaltrach
Obersulm
Löwenstein
Maienfels
Schwäbisch Hall
Comburg
Sulzdorf
Nordheim
Brackenheim
Mainhardt
Michelfeld
Kürnbach
Zaberfeld
Güglingen
Lauffen a. N.
Ilsfeld
Unterheinriet
Neulautern
Wüstenrot
Vellberg
Gründelhardt
Jagstheim
Sternenfels
Kirchheim a. N.
Wunnenstein
Obersontheim
Bühlertann
Stromberg
Bönnigheim
Besigheim
Beilstein
Jagstzell
Zaisersweiher
Hohenhaslach
Mundelshm.
Großbottwar
Oberrot
Fichtenberg
Rosenberg
Bühlerzell
Gaildorf
Bietigheim-Bissingen
Pleidelshm.
Aspach
Sulzbach a. d. Murr
Oppenweiler
Murrhardt
Mühlacker
Illingen
Sachsenheim
Vaihingen a. d. Enz
Enz
Backnang
Marbach a. N.
Kaisersbach
Sulzbach-Laufen
Untergröningen
Ellwangen
Adelmannsfelden
Freiberg a. N.
LB-Nord
Markgröningen
Weissach i. Tal
Kirchenkirnberg
Gschwend
Kocher
Wiernshm.
Möglingen
Ludwigsburg
Remseck a. N.
Schwaikheim
Rudersberg
Eschach
Abtsgmünd
Hüttlingen
Mönsheim
Schwieberdingen
LB-Süd
Kornwestheim
Winnenden
Welzheim
Spraitbach
Schechingen
Münchingen
S-Zuffenhsn.
Waiblingen
Pfahlbronn
Heuchlingen
Leonberg
Korntal
Fellbach
Remshalden
Urbach
Mutlangen
Leinzell
Mögglingen
Aalen
S-Feuerb.
Heimsheim
Gerlingen
Bad Cannstatt
Kernen i. R.
Weinstadt
Schorndorf
Plüderhausen
Lorch
Schwäbisch Gmünd
Heubach
Essingen
Renningen
AD Leonberg
Weil der Stadt
STUTTGART
Aichwald
Wäschenbeuren
Bartholomä
Oberkochen
Esslingen a. N.
Ostfildern
Ebersbach a. d. F.
Ruine Hohenrechberg
Waldstetten
Königsbronn
Sindelfingen
AK Stuttgart
S-Degerloch
Denkendorf
Plochingen
Uhingen
Göppingen
Lautern stein
Albuch
Böbl./Sindelf.
Leinfdn.-Echterdingen
Esslingen
S-Flughafen
Stuttg.
Wernau (N.)
Eislingen/F.
Weißenstein
Steinheim a. A.
Aidlingen
Böblingen
BB-Hulb
Wendlingen a. N.
Süßen
Donzdorf
Gärtringen
Ehningen
Hildrizhausen
Filderstadt
Neuhausen a. d. F.
Kirchheim u. Teck
Bad Boll
Gingen a. d. F.
Böhmenkirch
Gussenstadt
Wendlingen
Aichelbg.
Schlat
Eybach
Schönbuch
Waldenbuch
Aichtal
Dettingen u. T.
Kirchheim (Teck)
Kuchen
Geislingen a. d. Steige
Gerstetten
Herrenberg
Nürtingen
Weilheim a. d. Teck
Gruibingen
Mühlhsn.
Deggingen
Bad Ditzenbach
Amstetten
Altheim (Alb)
Heuchlingen
Ammerbuch
Kloster Bebenhausen
Neckartenzlingen
Frickenhausen
Owen
Teck
Entringen
Pliezhausen
Ruine Hohenneuffen
Neuffen
Lenningen
Wiesensteig
Hohenstadt
Westerheim
Drackenstein
Nellingen
Lonetal
Weidenstetten
Nerenstetten
Westerstetten
Kusterdingen
Kirchentellinsfurt
Metzingen
Aichen
Merklingen
Merklgn.
Langenau
Tübingen
Wannweil
Eningen u. A.
Dettingen a. d. E.
Bad Urach
Römerstein
Laichingen
Rottenburg a. Neckar
Reutlingen
Pfullingen
Zainingen
Berghülen
Beimerstetten
Ulm-Ost
Dornstadt
Ulm-West
Elchingen
Düßlingen
Gomaringen
Würtingen
St. Johann
Sperrgebiet
Heroldstatt
Asch
Balingen
Engstingen
Blaubeuren
Ulm
AD Hittistetten
AK Walldorf
Heidelberg
Bretten
Pforzheim
AD Karlsruhe
Nagold
AD Bad Dürrheim
Da
Db
Dc
Ea
18
19
20
21
E50
E41
E52
A 81
A 6
A 8

Kitzingen
Höchstadt
AK Biebelried
AK Bamberg
321
AD Bayreuth/ Kulmbach
Ec
Fa
Fb
Fc
Nenzenheim
Krassolzheim
Markt Nordheim
Münchsteinach
Langenfeld
Sugenheim
Deutenheim
Neustadt a. d. Aisch
Weisendorf
Herzogenaurach
Erlangen West
Möhrendorf
Großdechsendf.
Neunkirchen a. Br.
ER-Nord
Erlangen
ER-Bruck
ERLANGEN
Eschenau
Forth
Simmelsdorf
Hienberg
Schnaittach
Uffenheim
Ergersheim
Dietersheim
Fränkisches Freilandmuseum
Emskirchen
Frauenaurach
AK Fürth/Erlangen
Tennenlohe
Heroldsberg
Bad Windsheim
Lenkersheim
Markt Erlbach
Veitsbronn
FÜRTH
Langenzenn
Eltersdf.
N-Nord
Röthenbach a. d. P.
Lauf a. d. P.
Lauf/Hersbruck
Hersbruck
Henfenfeld
Happurg
Uffenheim-Langensteinach
Ohrenbach
FÜ-Ronhof
Nürnberg
Burgbernheim
Marktbergel
Obernzenn
Neuhof a. d. Z.
Cadolzburg
Zirndorf
N/Fürth
NÜRNBERG
AK Nürnberg
Leinburg
AK Altdorf
Altdorf/Leinburg
Bad Windsheim
Seubersdorf
Oberdachstetten
Virnsberg
Flachslanden
Dietenhofen
Großhabersdorf
Oberasbach
Roßtal
Stein
N-Langwsr.
N-Hafen-O.
Feucht
Altdorf/Burgthann
Altdorf b. Nürnbg.
Rothenburg o. d. T.
Rothenburg ob d. Tauber
Gesla
Colmberg
Lehrberg
Kleinhaslach
Bruckberg
Müncherlbach
N-Zollhs.
AK Nürnbg.-S.
Schwarzenbruck
Burgthann
Oberölsbach
AK Nürnb.-O.
Heilsbronn
Schwabach
Wendelstein
Nürnb.-Feucht
AD N/Feucht
Berg b. N. i. d. O.
Schillingsfürst
Ansbach
Petersaurach
Neuendettelsau
SC-Süd
SC-West
Rednitzhembach
Schwanstetten
Postbauer-Heng
Neumarkt i. d. Opf.
Leutershausen
Elpersdf.
Lichtenau
Neuendettelsau
Main-Donau-Kanal
AK Feuchtwangen/Crailsheim
Aurach
Herrieden
Ansbach
Lichtenau
Windsbach
Abenberg
Roth
Allersberg
Allersbg
Herrieden
Altmühl
Merkendorf
Wolframs-Eschenbach
Georgensgmünd
Rednitz
Freystadt
Dorfgütingen
Frankenhöhe
Ornbau
Obererlbach
Hilpoltstein
Mühlhsn.
Feuchtwangen
Bechhofen
Spalt
Röttenbach
Hilpoltstein
Sulzkirchen
Wieseth
Burk
Großer Brombachsee
Igelsbachsee
Heideck
Höfen
Dürrwangen
Schopfloch
Unterwurmbach
Gunzenhausen
Pleinfeld
Thalmässing
Berching
Dinkelsbühl/Fichtenau
Ehningen
Unterschwaningen
Dornhausen
Dinkelsbühl
Wittelshofen
Dittenheim
Ettenstatt
Fichtenau
Wassertrüdingen
Ellingen
Weißenburg i. Bay.
Burgsalach
Greding
Weiltingen
Meinheim
Markt Berolzheim
Wört
Wilburgstetten
Ostheim
Heidenheim
Degersheim
588
Titting
Altdorf
Altmühltal
Kinding
Ellwanger Berge
Tannhausen
Hechlingen
Laubenthal
Kipfenberg
Ellwangen
Riepach
Fremdingen
Oettingen i. Bay.
Treuchtlingen
621
Pollenfeld
Unterschneidhm.
Killingen
Zöbingen
Polsingen
Wolferstadt
Pappenheim
Solnhofen
Eichstätt
Walting
Denkendorf
Aalen/Westhausen
Westhausen
Wallerstein
Ries
Wörnitz
Fränkische Alb
Böhmfeld
Lauchheim
Bopfingen
Nördlingen
Fessenheim
Wemding
Mörnsheim
Dollnstein
Hitzhofen
Gaimersheim
Aalen/Oberkochen
Härtsfeld
Huisheim
Monheim
Warching
Wellheim
Adelschlag
Eitensheim
Elchingen
Hohenaltheim
Möncheddeggingen
Harburg (Schwab.)
Kaisheim
Daiting
Gansheim
Ammerfeld
Nassenfels
Ohmenheim
Neresheim
Marxheim
Rennertshofen
Ingolstadt
Eglingen
Dischingen
Diemantstein
Bissingen
Donauwörth
Genderkingen
Rain
Burgheim
Oberhausen
Donau
Neuburg a. d. D.
Weichering
Nattheim
Heidenheim
Heidenheim a. d. Brenz
Tapfheim
Schwenningen
Mertingen
Oberndorf a. L.
Rohrenfels
Karlshuld
Karlskron
Donaumoos
Oberbechingen
Lutzingen
Sulz
Ehekirchen
Berg i. Gau
Brunnen
Herbrechtingen
Giengen a. d. Brenz
Wittislingen
Höchstädt a. d. D.
Dillingen a. d. Donau
Donauried
Zusam
Buttenwiesen
Baar (Schw.)
Langenmosen
Edelshausen
Paar
Giengen/Herbrechtingen
Charlottenhöhle
Niederstotzingen
Gundelfingen a. d. Donau
Lauingen (D.)
Wertingen
Nordendorf
Lech
Pöttmes
Schrobenhausen
Sontheim a. d. Br.
Binswangen
Meitingen
Thierhaupten
Inchenhofen
Aresing
Rammingen
Holzheim
Biberbach
Petersdorf
Hollenbach
Weilach
Gerolsbach
Gundremmingen
Offingen
Zusamzell
Langweid a. Lech
Affing
Schiltberg
Leipheim
Günzburg
Burgau
Welden
Gablingen
Gersthofen
Aichach
Adelsried
Mühlhausen
Obergriesbach
Klingen
Hilgertshausen
Jetzendorf
Krumbach
München
332
Augsburg
333
Sulzbach-Rosenberg
Amberg
AK Regensburg
Regensburg
Landshut
AD Holledau
München
Geisenfeld

AD Bayreuth/Kulmbach
321
Pegnitz
Wissau
Weiden
Plzeň
322
Fc
Ga
Gb
Gc
Simmelsdorf
Velden
Königstein
Hienberg
Schnaittach
Vilseck
Edelsfeld
Kohlberg
Luhe-Wildenau
Wernberg-Köblitz
Trausnitz
Moosbach
Eslarn
Bernrieth
Böhmisch-bruck
Tännesberg
Pullenried
Schönsee
Hirschbach
Eschenbach
Gebenbach
Hirschau
Schnaittenbach
Kemnath a. B.
Hersbruck
Sulzbach-Rosenberg
Happurg
Weigendorf
Haid
Poppenricht
Freudenberg
Pfreimd
Oberpfälzer Freilichtmuseum
Gaisthal
Teunz
Henfenfeld
Amberg
Nabburg
Guteneck
Niedermurach
Oberviechtach
Schönau
Tiefenbach
Alfeld
Altdorf/Leinburg
Ammerthal
AM-West
Kümmersbruck
AM-Süd
AM-Ost
Trisching
Stulln
Schwarzenfeld
Willhof
Schwarzach
Altenhof
Zangenstein
Winklarn
Hiltersried
Traunfeld
Altdorf b. Nürnbg.
Ursensollen
Theuern
Kemnath b. F.
Schwarzhofen
Rötz
Lauterhofen
Kastl
Heimhof
Ensdorf
Schwandorf-Nord
Neunburg v. Wald
Schönthal
Oberölsbach
Berg b. N. i. d. O.
Postbauer-Heng
Neumarkt/Opf.
Neumarkt i. d. Opf.
Prönsdorf
Dietkirchen
Hohenburg
Rieden
Schwandorf
Wackersdorf
Neukirchen-Balbini
Hansenried
Stamsried
Jura
Schmidmühlen
Vilshofen
Schwandorf-Süd
Steinberg
Bodenwöhr
Velburg
Sperrgebiet
Bruck i.d. Opf.
Deining
Freystadt
Hohenfels
Teublitz
Burglengenfeld
Fischbach
Mitterdorf
Roding
Maxhütte-Haidhof
Nittenau
Regen
Sulzkirchen
Mühlhausen
Seubersdorf i.d.O.
Parsberg
Beratzhausen
Kallmünz
Ponholz
Zell
Schorndorf
Michelsneukirchen
Höfen
Regenstauf
Bayerischer Wald
Berching
Kemnathen
Breitenbrunn
Neukirchen
Wolfsegg
Altenthann
Falkenstein
Wenzenbach
Laaber
R-Nord
R-Pfaffenstn.
Zeitlarn
Lappersdorf
R-Königswsn.
Greding
Dietfurt a.d.A.
Hemau
Nittendorf
Etterzhsn
REGENSBURG
Walhalla
Sulzbach a.d.D.
Wiesenfelden
Beilngries
Kinding
Paulushofen
Altmühl
Meihern
Painten
Nittendorf
Sinzing
AK Regensburg
Neutraubling
Rosenhof
Wörth a.d.D.
Geisling
Pfatter
Kirchroth
Donau
Altmühltal
Kipfenberg
Riedenburg
Schloß Prunn
Ihrlerstein
Essing
Kelheim
Bad Abbach
R-Burgw.
R-Ost
Pentling
Obertraubling
Köfering
Moosham
Parkstetten
Straubing
Denkendorf
Pondorf
Donaudurchbruch
Weltenburg
Kloster Weltenburg
Saal a. d. Donau
Dünzling
Schönach
Rain
Sünching
Alburg
Böhmfeld
Denkendorf
Mendorf
Altmannstein
Eining
Hausen
Aufhausen
Gr. Laaber
Stammham
Hitzhofen
Köschinger Forst
Kösching
Oberdolling
Neustadt a. d. Donau
Abensberg
Eggmühl
Schierling
Langquaid
Kl. Laaber
Geiselhöring
Salching
Hainsbach
Etting
Gaimersheim
Lenting
Ingolstadt
Großmehring
Pförring
Bachl
Rohr i. N.
Semerskirchen
Mallersdorf-Pfaffenberg
Laberweinting
Oberhaunstadt
Münchsmünster
Siegenburg
Neufahrn i. NB.
Weichshofen
Hailing
Mengkofen
Vohburg a. d. Donau
IN-Süd
Manching
Rottenburg a. d. Laaber
Bayerbach b. E.
Süßkofen
Großköllnbach
Weichering
Karlskron
Aiglsbach
Elsendorf
Lindkirchen
Ludmannsdorf
Türkenfeld
Ergoldsbach
Moosthenning
Geisenfeld
Mainburg
Pfeffenhausen
Hohenthann
Postau
Weng
Dingolfing
Reichertshofen
Langenbruck
Weihenstephan
Wörth a.d.I.
Wörth a. d. Isar
Brunnen
Pörnbach
Burgstall
Großgundertshausen
Neuhausen b. L.
Essenbach
LA/Essenb.
Niederaichbach
Hallertau
Wolnzach
Furth
LA-Nord
Ergolding
Mark kofen
Paar
AD Holledau
Au i. d. H.
Obermünchen
Gammelsdorf
Altdorf
Wendelskirchen
Pfaffenhofen a. d. Ilm
In der Holledau
Sünzhausen
Nandlstadt
Bruckberg
LA-West
Landshut
Kröning
Aresing
Mauern
Kumhausen
Dietelskirchen
Gerzen
Gerolsbach
Ilmmünster
Schweitenkirchen
Attenkirchen
Moosburg a. d. Isar
Tiefenbach
Oberttrennbach
Reichertshausen
Kirchdorf a.d.A.
Moosburg-Nord
Münchsdorf
Geisenhausen
Vilsbiburg
Hilgertshausen
Allershausen
Moosburg-Süd
Buch a. E.
Altfraunhofen
Gangkofen
Hohenkammer
Jetzendorf
Petershsn.
Zolling
Isar
Baierbach
Aich
Freising
Egglkofen
Freilichtmuseum
München AK Neufahrn
333
AK Flughafen-West
Taufkirchen
Erding
Altötting

ČESKÁ REPUBLIKA
Plzeň
Stod
Plzeň
Plzeň
Plzeň
323
Ha
Hb
Hc
Ia
Tábor
Přeštice
Blovice
Březnice
Bělá n. R. (Weißensulz)
Merklín
Lužany
Chocenice
Přešín
Radošice
Hvoždany
Staňkov (Stankau)
Bělčice
869
Poběžovice (Ronsperg)
Horšovský Týn (Bischofteinitz)
Ml. Smolivec
Koloveč
Švihov
Měčín
Nepomuk
Kasejovice
Lnáře
Drazenov
Lučice
Neurazy
Blatná
Klenči p. Č. (Klentsch)
Domažlice (Taus)
Defurovy Lažany
Kadov
E49
Klatovy
Plánice
Záboří
Sedlice
Písek
Wald-münchen
Kdyně
Bukovà
Vel. Bor
Česká Kubice
Mochtín
Všeruby (Neumarkt)
Třebohostice
Radomyšl
Gleißen-berg
Furth i. Wald
Strážov
Nalžovské Hory
Horaž-dovice
Kato-vice
Praha
Nýrsko (Neuern)
Kolinec
Rabí
Strakonice
Eschlkam
Čachrov
Velhartice
Želenov
Volenice
Waffen-brunn
Arnschwang
Neukirchen b.H.Bl.
1079
Weiding
Sušice
Javorná
Thenried
Rimbach
Petrovice
Strašín
Lam
Hohen-warth
Arrach
Strašin
Volyně
Chamerau
Kötzting
Regen
Hartmanice
Gerlova Huť (Gerlhütte)
Šumava
Vacov
Miltach
Kašperské Hory (Bergreichenstein)
Čkyně
Brennes
Železná Ruda
Arnbruck
1456 Großer Arber
Bayerisch-Eisenstein
Zdikovec
Pracken-bach
Vimperk (Winterberg)
Ratten-berg
Viechtach
Spiegelhütte
Srni
Horská Kvilda
ČESKÁ REPUBLIKA
Schwarzer Regen
Bodenmais
Stallwang
Teisnach
Ober-zwieselau
Zwiesel
Kvilda (Außergefild)
1048
Patersdorf
Lang-dorf
Gr. Rachel 1453
(Böhmerwald)
1024
Ascha
St. Englmar
Regen
Frauenau
Horní Vltavice
Mitterfels
Ruhmanns-felden
Rinchnach
Nationalpark Bayerischer Wald
Waldhäuser
Freilicht-museum
Volary
Bayerischer Wald
Schwarz-ach
Bern-ried
1114
Kirchdorf i.W.
Strážný
Bogen
Schwarzach
Bischofs-mais
Zell
Spiegelau
Mauth
Vltava
Kirch-berg
Bogen
Ndr.-winkling
Egg
Grafling
Neuschönau
Philippsreut
Innern-zell
Grafenau
Hohenau
Metten
Metten
Lalling
Haidmühle
1167
Irl-bach
Deggendorf
Schönberg
Schöfweg
Grainet
AK Deggendorf
Straß-kirchen
Natternberg
Freyung
Auer-bach
Zenting
Perles-reut
Alt-reichenau
Plattling-West
Plattling-Nord
Ober-schneiding
Hengersberg
Thurmans-bang
Röhrn-bach
Plattling
Hengersberg
Schöll-nach
Jandels-brunn
Klafferstraß
Wallersdf.-N
Museumsdorf Bayerischer Wald
Moos
Iggensbach
Tittling
Breiten-berg
Wald-kirchen
Wallers-dorf
Ober-pöring
Osterhofen
Eging a. See
Fürsten-stein
Außern-brünst
Wallersdf.-W
Landau a.d. Isar
Mitterndf.
Sonnen
Isar
Hof-kirchen
Garham
Jülbach
Landau a. d. Isar
Wallerfing
Künzing
Aicha v. Wald
Hutthurm
Rath-mannsdf.
Büchl-berg
Hauzenberg
Tiefen-bach
Koller-schlag
Win-dorf
Pell-stein i. M.
Vilshofen
Göttersdorf
Salz-weg
Wegscheid
Passau-Nord
Unter-griesbach
Eichen-dorf
Thyrnau
ÖSTERREICH
Passau
Haunersdorf
Walchsing
Vils
Donautal
Roß-bach
Aiden-bach
Aldersbach
Orten-burg
Passau-Mitte
Obern-zell
Arns-torf
Ober-kappel
Reisbach
Simbach
Beutels-bach
Fürsten-zell
Esternberg
Vichten-stein
Passau-Süd
Engel-hartszell
Habers-kirchen
Johannis-kirchen
Egglham
Scharden-berg
Sauwald
Donau
Malgers-dorf
Unter-zeitlarn
Haarbach
Münzkirchen
Schönau
Dieters-burg
Baum-garten
Schmidham
Kopfing
Waldkirchen a. d. E.
Falkenberg
Pocking
Schärding
Bad Griesbach i. R.
Ruhstorf a. d. R.
Pfarr-kirchen
Bad Birnbach
Neu-haus a. I.
Neukirchen a. Walde
Linz
Diersbach
Mitter-dorf
1993
1994
Neuhaus am Inn
Suben
Suben
Eggen-felden
Rott
Schwaim
Pocking
Unter-teufenbach
Eschenau i. Hausruckkr.
Triftern
Massing
Altötting
334
Altötting
KN Wels
Wels

324
325
Strasbourg
AD Karlsruhe
Offenburg
Oberkirch
Baden-Baden
Nagold
Bc
Ca
Cb
Vosges
Mont Ste-Odile
Goxwiller
le Hohwald
Barr
Andlau
St. Pierre
Erstein
Benfeld
Ichenheim
Schutterwald
Hohberg
Gengenbach
Griesbach
Bad Rippoldsau
Bad Peterstal-
Freudenstadt
Loßburg
Friesenheim
Oberharmersbach
Schapbach
Alpirsbach
Zell a. H.
Biberach
Reichenbach
Seelbach
Steinach
Lahr/ Schw.
Lahr
Schwanau
Boofzheim
Rhinau
Mahlberg
Kippenheim
Ettenheim
Schuttertal
Haslach i. Kinzigtal
Hausach
Wolfach
Oberwolfach
Schenkenzell
Schiltach
Freilichtmuseum Vogtsbauernhof
Gutach (Schwarzwaldbahn)
Fluorn-Winzeln
Aichhalden
Sulgen
Schramberg
Dunningen
Dambach-la-Ville
Villé
Steige
Liepvre (Leberau)
Châtenois
Sélestat
Sélestat (Schlettstadt)
Ebersheim
Muttersholtz
Haut Koenigsbourg
Kappel-Grafenhausen
Europa-Park
Rheinhausen
Herbolzheim
Kenzingen
Saasenheim
Weisweil
Marckolsheim
St Hippolyte
Guémar
Ribeauvillé
Riquewihr
Ostheim
Elsenheim
Kaysersberg
Turckheim
Houssen
Colmar
Sasbach
Riegel
Endingen
Malterdingen
Emmendingen
Freiamt
Gutach i. Br.
Waldkirch
Elzach
Winden i.E.
Oberprechtal
Hornberg
Schonach i.Schw.
Triberg i.Schw.
Wasserfall
St. Georgen i. Schw.
Königsfeld i. Schw.
Kaiserstuhl
Oberrotweil
Eichstetten
Vogtsburg i.K.
557
Teningen
Denzlingen
March
Gundelfingen
Glottertal
Simonswald
Altsimonswald
Furtwangen i.Schw.
Villingen-
Vöhrenbach
Brigachtal
Wintzenheim
Eguisheim
Kunheim
Neuf-Brisach
Breisach a. Rh.
Schauinsland
FR-Mitte
FR-Nord
FR-Süd
FREIBURG
St. Peter
St. Märgen
Gütenbach
Hammereisenbach-Bregenbach
Herrlisheim près-Colmar
St Croix-en-Pleine
Ndr. 'berghm./Ste Croix-en-Pl.
Oberhergheim
Rouffach
Meyenheim
Fessenheim
Bad Krozingen
Schallstadt
Breisgau
Ehrenkirchen
Kirchzarten
Buchenbach
Ravenna-schlucht
Höllental
Hinterzarten
Titisee-
-Neustadt
Eisenbach (Hochschw.)
Wolterdingen
Donaueschingen
Bräunlingen
Hüfingen
Merxheim
Hirtzfelden
Ensishm./Neuf-Brisach
Munchhouse
Grand Canal d'Alsace
Staufen i. Br.
Heitersheim
Münstertal/Schw.
Feldberg
1493
Feldberg (Schw.)
Lenzkirch
Löffingen
Bollwiller
Ensisheim
Wittenheim
Baldersheim
Illzach
Müllheim
Neuenburg a. Rh.
Sulzburg
Belchen 1414
Todtnau
Geschwend
Schluchsee
Wutachschlucht
Bonndorf i. Schw.
Mulhouse/Paris/Lyon
Usine Peugeot
Mulhouse-Centre
Rixheim
Ottmarsheim
Pfastatt
Thann
MULHOUSE (MÜLHAUSEN)
Badenweiler
Schliengen
Blauen
1164
Marzell
672
Zeller Blauen 1077
Schönau i. Schw.
Präg
Hochkopf 1263
1208
St. Blasien
Rothaus
Malsburg-
Bad Bellingen
Kandern
Tegernau
Mambach
Todtmoos
Häusern
Höchenschwand
Stühlingen
Kembs
Steinbrunn-les-Bas
Efringen-Kirchen
Ruine Rötteln
Steinen
Zell i. W.
Hausen
Wiesental
Herrischried
Görwihl
Waldkirch
Berau
Eggingen
Wutöschingen
Klettgau
Erzingen
Kappelen
Jettingen
Blotzheim
Aéroport de Bâle-Mulhouse
St. Louis
Weil a. Rh.
Lörrach
Schopfheim
Wehr
Rickenbach
Albbruck
Waldshut-Tiengen
Lauchringen
Küssaburg
Folgensbourg
Grenzach-Wyhlen
Rheinfelden (B.)
Rheinfelden
Bad Säckingen
Laufenburg (Baden)
Leibstadt
Koblenz
Zurzach
Rhein
Döttingen
Weiach
Glattfelden
Allschwil
BASEL
Muttenz
Pratteln
Reinach
Abzw. Augst
Eiken
Frick
Laufenburg
Stilli
Neerach
Ferrette
Flüh
Aesch
Liestal
Arisdorf
Sissach
Wegenstetten
Gelterkinden
Brugg
Baden
Wettingen
Dielsdorf
Grellingen
Seewen
Hölstein
Kienberg
963
844
Küttigen
Neuenhof
Dietikon
ZH-Affoltern
Kleinlützel
Laufen
Breitenbach
Reigoldswil
Oberdorf
Eptingen
Aarau
Mellingen
Lenzburg
Soyhières
Bretzwil
Passwang (943)
691
Unter-Hauenstein
Hunzenschwil
Wohlen
ZH-Altstetten
ZH-Hardturm
Delémont (Delsberg)
Courchapoix
Courrendlin
Langenbruck
Olten
Aarau-O
Aarau-W
Hallwil
Bremgarten
ZH-Brunau
Birmensdorf
ZH-Wollishofen
1302
1225
Ramiswil
Balsthal
Egerkingen
Oftringen
Kölliken
Schöftland
Unterkulm
Hallwiler See
Adliswil
Moutier (Münster)
Gänsbrunnen
Weissenstein 1284
Wiedlisbach
Klus
Oensingen
Gunzgen
Rothrist
Zofingen
Beinwil a. See
Ottenbach
Affoltern a. Albis
Muri
Court
Jura
Oensingen Niederbipp
Murgenthal
Reinach
Abzw. Luterbach
Kirchberg
Luzern
Sursee
SCHWEIZ · SUISSE · SVIZZERA
FRANCE
St. Dié
Cernay
Belfort, Cernay
Belfort
La Chaux-de-Fonds

326
Herrenberg
AK Stuttgart
Tübingen
Reutlingen
Bad Urach
Da
Db
Dc
Horb a. Neckar
Sulz a. Neckar
Empfingen
Bierlingen
Starzach
Bad Imnau
Haigerloch
Hechingen
Ofterdingen
Hirrlingen
Dußlingen
Gomaringen
Mössingen
Genkingen
Sonnenbühl
Pfullingen
Würtingen
Nebelhöhle
Schloß Lichtenstein
Lichtenstein
Bärenhöhle
Engstingen
St. Johann
Sperrgebiet
Münsingen
Gomadingen
Magolsheim
Berghülen
Herold-statt
Blautopf
Blaubeuren
Hütten
Schelklingen
Allmendingen
Mehrstetten
Hohenstein
Bernloch
Hohenstein-Buttenhausen
Gundelfingen
Granheim
Vöhringen
Oberndorf
Rosenfeld
Geislingen
Bisingen
Burg Hohenzollern
Jungingen
Stetten u. H.
Trochtelfingen
Pfronstetten
Hayingen
Ehingen (Donau)
Balingen
Burladingen
Gammertingen
Zwiefalten
Munderkingen
Albstadt
Bitz
Obermarchtal
Schömberg
Neckarburg
Tieringen
Straßberg
Winterlingen
Veringenstadt
Ittenhausen
Riedlingen
Oberstadion
Rottweil
Lemberg 1015
Obernheim
Meßstetten
Unterdigisheim
Gosheim
Wehingen
Langenenslingen
Uttenweiler
Schemmerhofen
Egesheim
Stetten a. k. M.
Bingen
Dürmentingen
Deißlingen
Aldingen
Spaichingen
Großer Heuberg
Schwäbische Alb
Hausen i. Tal
Thiergarten
Sigmaringen
Scheer
Ertingen
Federsee
Biberach a. d. Riß
Trossingen
Schwenningen
Dürbheim
Beuron
Burg Wildenstein
Donau
Sigmaringendorf
Herbertingen
Mengen
Bad Buchau
Wallfahrtskirche Steinhausen
Tuningen
Mühlheim a.d.D.
Fridingen a.d.D.
Rohrdorf
Krauchenwies
Hohentengen
Saulgau
Steinhausen
Bad Dürrheim
Wurmlingen
Donauversickerung
Meßkirch
Bad Schussenried
Oberessendorf
Tuttlingen
Worndorf
Immendingen
Neuhausen o. Eck
Krumbach
Ostrach
Geisingen
Emmingen
Sauldorf
Wald
Pfullendorf
Altshausen
Aulendorf
Bad Waldsee
Mühlingen
Hohenfels
Aach-Linz
Denkingen
Wilhelmsdorf
Oberschwaben
Engen
Eigeltingen
Stockach
Stockach-O.
Stockach-W.
Herdwangen
Schönach
Illmensee
Fronreute
Roßberg
Aach
Tengen
Blumenfeld
Heiligenberg
Hasenweiler
Bergatreute
Baienfurt
Wolfegg
Ludwigshafen
Owingen
AK Singen
Singen
Hilzingen
Bodman
Überlinger See
Salem
Leustetten
Wittenhofen
Weingarten
Vogt
Ravensburg
Thayngen
Singen (H.)
Radolfzell a. B.
Überlingen
Wallfahrtskirche Birnau
Wallhausen
Hefigkofen
Kofeld
Schaffhausen
Gottmadingen
Büsingen
Rielasingen
Worblingen
Allensbach
Insel Mainau
Pfahlbauten
Uhldingen-Mühlhofen
Eschach
Meckenbeuren
Bodnegg
Markdorf
Friedrichshafen
Tettnang
Neukirch
Rheinfall
Diessenhofen
Stein a. Rh.
Mittelzell
Insel Reichenau
Staad
Meersburg
Konstanz
Immenstaad a.B.
Friedrichshafen
Eriskirch
Jestetten
Steckborn
Tägerwilen
Kreuzlingen
Bodensee
Gisenhard
Herdern
Müllheim
Kressbronn a. Bodensee
Sigmarszell
Langenargen
Andelfingen
Frauenfd.-O
Frauenfd.-W
Weinfelden
Romanshorn
Hohenweiler
Lindau
Lochau
Flaach
Henggart
Forrenberg
Frauenfeld
Amriswil
Lindau (B.)
W.-Ohringen
Ober-W'thur
Attikon
Matzingen
Affeltrangen
Thur
Sulgen
W.-Wülflgn.
W.-Töss
Winterthur
Aadorf
Elgg
Münchwilen
Wil (SG)
Thurau
Bischofszell
Arbon
Rheineck
St. Margrethen
Bregenz
Rorschach
Fussach
Kloten
Flughafen
Kemptthal
Effretikon
Sirnach
Uzwil
Waldkirch
Wittenbach
SG-St. Fiden
SG-Kreuzbleiche
St. Margrethen
Lauterach
Weidach
Schwarzach
Opfikon-S
Brüttisellen
Turbenthal
Kirchberg
Flawil
Gossau
SG-Neudorf
Heiden
Margrethen
Lustenau
Wallisellen
Hegnau
Fehraltorf
Saland
SG-Winkeln
St. Gallen
Trogen
Heerbrugg
Dornbirn
Dübendorf
ZH-Milchbuck
Pfäffikon
Mühlrüti
Herisau
Hundwil
Altstätten
Diepoldsau
Dornbirn-S
Hohenems
Letten
Bauma
Waldstatt
Gais
Kriessern
Zürich
Zollikon
Uster
Pfäffikon See
Kempten
Bütschwil
Toggenburg
Ebnit
Maur
Greifensee
Steg
Altach
Götzis
Küsnacht
Wetzikon
Lichtensteig
St. Peterzell
Urnäsch
Appenzell
Oberriet
Hoher Freschen 2004
Thalwil
Hinwil
Wattwil
Brülisau
Klaus
Rankweil
Meilen
Esslingen
Zürichsee
Wald
Wasserauen
Bad Innerlaterns
Horgen
Rüti
Ricken
Sennwald
Laterns
Rapperswil
Gams
Chur
Bludenz
ÖSTERREICH
Ulm
Memmingen, Ulm
Wangen i. A.
Kempten
Immenstadt i. A.
Warth

326
AK Stuttgart, Geislingen/ St.
AK Feuchtwangen/ Crailsheim
Dillingen
327
Donauwörth
Ea
Eb
Ec
Fa
21
22
23
24
Ulm-Ost
Ulm-West
Leipheim
Günzburg
Burgau
Burgauer See
Zusmarshausen
Adelsried
Edenbergen
Lüftenberg
A-West
Dornstadt
Elchingen
Leipheim
Günzburg
Burgau
Gerstfhofen
Blaustein
Blaubeuren
Blautopf
ULM
Neu-Ulm
Nersingen
Hochwang
Kötz
Scheppach
Jettingen-
Zusmarshausen
Neusäß
Stadtbergen
AUGSBURG
Welden
Gablingen
Schelklingen
Ludwigsfeld
Oxenbronn
Kammeltal
Ettenbeuren
Ichenhausen
Diedorf
WIBLINGEN
Pfaffenhofen a. d. Roth
Ringingen
Erbach
Donau
Allmendingen
Oberdischingen
Senden
AD Hittistetten
Weißenhorn
Langenhaslach
Burtenbach
Dinkelscherben
Gesserthsn.
Neuburg a.d.K.
Ziemetshausen
Fischach
Öpfingen
Staig
Iller
Roggenburg
Thannhausen
Bobingen
Ehingen (Donau)
Rißtissen
Vöhringen
Langenneufach
Wehringen
Großaitingen
Laupheim
Burgrieden
Krumbach (Schw.)
Balzhausen
Illertissen
Obenhausen
Buch
Obergessertshsn.
Rot
Dietenheim
Oberstadion
Mietingen
Wain
Kirchheim i. Schwaben
Mindel
Schwabmünchen
Klosterlechfeld
Kettershausen
Mittelneufnach
Hiltenfingen
Schwendi
Schöneburg
Altenstadt
Illertal
Riß
Maselheim
Hürbel
Babenhausen
Breitenbrunn
Markt Wald
Zaisertshofen
Pfaffenhausen
Wertach
Kellmünz a.d.I.
Gutenzell
Oettingen
Pleß
Hausen
Tussenhsn.
Ettringen
Biberach a. d. Riß
Ochsenhausen
Erolzheim
Egg a.d. Günz
Boos
Wallfahrtskirche Steinhausen
Ummendorf
Kammlach
Mindelheim
Türkheim
Landsbg.-N.
Landsbg.-W.
Buchloe
Landsberg a. L.
Berkheim
Heimertingen
Holzgünz
Stadtzubr.
Bad Wörishfn.
Jengen/ Kaufbeuren
Jengen
Steinhausen
Rot a. d. Rot
Sontheim
Attenhausen
Dirlewang
Bad Wörishofen
Eberhardzell
Oberessendorf
AK Memmingen
MM-Ost
Memmingen
Unterdießen
Lauchdorf
Ellwangen
Waal
Hauerz
Aitrach
Memmingen-Süd
Unterschwarzach
Bad Waldsee
Woringen
Ottobeuren
Markt Rettenbach
Pforzen
Fuchstal
Oberostendorf
Denklingen
Baierz
Aichstetten
Bad Wurzach
Wolfertschwenden
Eggenthal
Neugablonz
Kaltental
Kaufbeuren
Grönenbach
Grönenbach
Friesenried
Osterzell
Roßberg
Arnach
Schloß Zeil
Legau
Allgäuer Tor
Bergatreute
Leutkirch i. Allgäu
Obergünzburg
Schwabsoien
Wolfegg
Biessenhofen
Bidingen
Dietmannsried
Aitrang
Marktoberdorf
Schongau
Peiting
Vogt
Kißlegg
Kimratshofen
Altusried
Kraftisried
Burggen
Urlau
Waltershfn.
Leubas
KE-Leubas
Kempten (Allgäu)
Kempten
Betzigau
Stötten a. Au.
Kofeld
Wangen-Nord
Ratzenried
Wangen-W.
Wangen i. Allgäu
Bodnegg
Isny i. Allg.
Buchenberg
Görisried
Wald
Bernbeuren
Steingaden
Argenbühl
Wengen
Durach
AD Allgäu
Lengenwang
Neukirch
Waltenhofen
Durach
Waltenhfn.
Seeg
Lechbruck
Wieskir
Hergatz
Eglofs
Heimenkirch
Weitnau
Oy-Mittelberg
Oy-Mittelberg
Nesselwang
Roßhaupten
Trauchgau
Grünenbach
Nesselwang
Forggensee
Lindenberg i. Allgäu
Auers
Missen-Wilhams
Wertach
Weißbach
(prov.)
Hohenweiler
Scheidegg
Sigmarszell
Lindau
Lochau
Scheffau
Oberreute
Bad Oberstaufen
Immenstadt i. Allgäu
Rettenberg
Grünten 1738
Pfronten
Jungholz
Weißensee
Füssen
Schwangau
Schloß Neuschwanstein
Schloß Hohenschwangau
Ammersattel (1118)
Ammergebirge
Lindau (B.)
Pfänder 1063
Aach i. Allg.
Blaichach
Sonthofen
Hindelang
Oberjoch (1180)
Kappl
Vils
Bregenz
Pfändertunnel 6,7 km
1832 Hochgrat
Balderschwang
Oberjoch
Haldensee
Reutte
Plansee
Lauterach
Weidach
Doren
Krumbach
Hittisau
Tannheim
Vilsalpsee
Gaichtpaß (1082)
Planseeau
Schwarzach
Alberschwende
Riedberg-(1420) paß
Fischen i. Allgäu
Außerfern
Weißenbach a. L.
Egg
Dornbirn-N
Sibratsgfäll
Tiefenbach
Nebelhorn 2224
Bichlbach
Schwarzenberg
Breitachklamm
Oberstdorf
Lermoos
Dornbirn
Berwang
Dornbirn-S
Hohenems
Hochvogel 2592
Stanzach
2376
Fernpaß (1210)
Bregenzerwald
Allgäuer Alpen
Hoher Ifen 2230
Riezlern
Namlos
Hohenems
Ebnit
Deutsches
Kleinwalsertal
Elmen
Mellau
Mittag Sp. 2095
Au
Mittelberg
Baad
Bschlabs
Lechtal
Lechtaler Alpen
Nassereith
Hoher Freschen 2004
Zollanschluß-gebiet
Häselgehr
Damüls
Bad Innerlaterns
Laterns
Furkapaß (1761)
Hochtannbergpaß (1675)
2599
Bach
Elbigenalp
Gramais
Warth
Steeg
ÖSTERREICH
Imst
Landeck
Bad Urach
Tuttlingen
Ravensburg
Friedrichshafen
St. Margrethen
Au
Feldkirch

Schrobenhausen
Ingolstadt
AD Holledau
328
AK Deggendorf
Landshut
Fb
Fc
Ga
Gb
Aichach
Schiltberg
Hilgertshausen
Jetzendorf
Hohenkammer
Petershsn.
Allershausen
Kirchdorf a. d. A.
Zolling
Moosburg-Süd
Buch a. E.
Altfraunhofen
Baierbach
Obergriesbach
Klingen
Wollomoos
Dasing
Friedberg
Adelzhsn.
Tödtenried
Altomünster
Markt Indersdorf
Kammerberg
Freising
Freising-Mitte
Freising-Ost
Erding
Massenhausen
FS-Süd
Fürholzen
München
Flghf.-West
Berglern
Eitting
Fraunberg
Hohenpolding
Langengeisling
Taufkirchen (V.)
Erdweg
Röhrmoos
Schwabhsn.
Fahrenzhausen
AK Neufahrn
Neufahrn b. Fr.
Oberding
Erding
Kirchasch
Dorfen
Odelzhausen
Sulzemoos
Ried
Lohhof
Eching
Oberschleißheim
Garching-N
Garching-S
Garching b. Mchn.
Moosinning
Altenerding
Mering
Oberschweinbach
Dachau
Oberschl'hm.
Dachau/Fürstenfeldbruck
Karlsfeld
AD Feldmoching
M-N'herbg.
AK M-Nord
Ismaning
Aschhm./Ismaning
Kirchhm. b.M.
Pastetten
Isen
St. Wolfgang
Althegnenberg
Mammendorf
Maisach
Olching
Gröbenzell
Langwieder See
M-Schwabing
Kirchheim i.M.
Forstinning
Markt Schwaben
Harthofen
Egling a. d. Paar
Moorenweis
Fürstenfeldbruck
MÜNCHEN
Eichenau
Puchheim
M-West
Gräfelfing
Feldkirchen
Anzing
Forstinning
Hohenlinden
Haag i. OB.
AK München-Ost
Parsdorf
Vaterstetten
Soyen
Geltendorf
Türkenfeld
Grafrath
Germering
U'pfaffenhfn.
Gilching
Krailling
Planegg
Ramersdf.
M-Perlach
Neubibg.
Haar
Zorneding
Kirchseeon
Ebersberg
Steinhöring
Grafing b. M.
Albaching
Wasserburg a. Inn
Greifenberg
Inning a. A.
O'pfaffenhfn.
Oberpfaffenhfn.
Gauting
Pullach i.I.
Unterhaching
Ottobr.
Hohenbrunn
Edling
Finning
Utting a.A.
Wörthsee
Seefeld
Breitbrunn a.A.
Grünwald
O'haching
Oberhaching
Ottobrunn
AK M/Brunnthal
Oberpframmern
Farrach
Rieden a.A.
Ammersee
Herrsching a. A.
Starnberg
Percha
AD Starnberg
Schäftlarn
Höhenkirchen-Siegertsbrunn
Aßling
Rott a. Inn
Griesstätt
Obermühlhausen
Kloster Andechs
Andechs
Pöcking
Berg
Hofoldinger Forst
Sauerlach
Glonn
Hohenthann
Tuntenhsn.
Vogtareuth
Dießen a. A.
Satelliten-Funkstation
Raisting
Feldafing
Starnberger See
Höhenrain
Endlhausen
Aying
Kreuzstr.
Beyharting
Schechen
Großkarolinenfeld
Prutting
Pähl
Tutzing
Wolfratshausen
Münsing
Egling
Ascholding
Holzkirchen
Feldkirchen-Westerham
Stephanskirchen
Bruckmühl
Weyarn
Rosenheim
Bad Aibling
Kolbermoor
Bernried
Dietramszell
Warngau
Irschenberg
Rosenhm.
Rohrdf.
Weilheim i. OB.
Peißenberg
Seeshaupt
Beuerberg
Geretsried
Königsdorf
Sachsenkam
Miesbach
AD Inntal
Bad Feilnbach
Au b. B. Aibl.
Raubling
Reischenhart
Huglfing
Penzbg./Iffeldf.
Waakirchen
Gmund a. T.
Hausham
Schliersee
Brannenburg
Degerndorf
Böbing
Rottenbuch
Sindelsdorf
Penzberg
Bad Tölz
Bad Heilbrunn
Tegernsee
Bad Wiessee
Fischbachau
Inntal
Uffing a.St.
Habach
Bichl
Benediktbeuern
Rottach-Egern
Gebühren pflichtig
Wendelstein
Echelsbacher Brücke
Staffelsee
Murnau/Kochel
Großweil
Lenggries
Wallberg
Bayrischzell
Oberaudorf
Kiefersfelden
Bad Kohlgrub
Murnau a.St.
Benediktenw.
Brauneck
Kochel a. See
Fleck
Kreuth
Gebührenpfl.
Gesperrt
Valepp
Ursprungpaß
Kiefersfelden
Ohlstadt
Kochelsee
Walchensee-Kraftwerk
Mangfallgebirge
Oberammergau
Unterammergau
Eschenlohe
Eschenlohe
Achenpaß
Jachenau
Sylvenstein-see
Landl
Kufstein
Kufstein-S
Walchensee
Achenwald
Weißach
Ettal
Oberau
Gebührenpfl.
Gebührenpflichtig
Vorderriß
Fall
Kirchbichl
Achenkirch
Rofangebirge
Farchant
Wank
Wallgau
Achensee
Söll
Garmisch-Partenkirchen
Krün
Angath
Knoten Wörgl
Wörgl-W
Brandenberg
Wörgl
Häring
Hopfgarten i. Br.
Grainau
Hinterriß
Hochriß
Kramsach
Wildschönau
Eibsee
Mittenwald
Achensee
Partnachklamm
Gebührenpflichtig
Pertisau
Maurach
Rattenberg
Auffach
Zugspitze
Kreuzeck
Großer Ahornboden
Jenbach
Alpbach
Kelchsau
Wettersteingebirge
Scharnitzpaß
Birkkarspitze
Eng
Strass i. Zillertal
Scharnitz
Leutasch
Achensee/Zillertal
Schwaz
Zillertal
Fügen
Karwendelgebirge
Schwaz
Nördliche Kette
Vomp
Weer
Seefeld i. T.
Seefelder Sattel
Wattens
Kitzbüheler A.
Telfs
Zirl
Richtung Innsbruck
INNSBRUCK
Absam
Hall i. T.
Amras
Ampasserhof
Wattens
Kaltenbach
Krondlhorn
Kreuzjoch
Gerlospaß
Telfs-W
Telfs-O
Pettnau
Knoten Zirl
Kranebitten
Innsbruck
Kematen
Tulfes
6Hall i.T.
Stams
Brennerpaß
ÖSTERREICH
Zell
Eggenfelden
Altötting
Wasserburg a. Inn
KN Salzburg
St. Johann i. Tirol

Landshut
328
Landau a.d.I.
329
Gb
Gc
Ha
Hb
21
22
23
24
25
Vilsbiburg
Gangkofen
Eggenfelden
Pfarrkirchen
Pocking
Bad Füssing
Triftern
Rotthalmünster
Freilichtmuseum
Neumarkt-St. Veit
Taufkirchen (V.)
Velden
Dorfen
Mühldorf a. Inn
Töging a. Inn
Neuötting
Altötting
Marktl
Simbach a. Inn
Braunau a. Inn
Altheim
Waldkraiburg
Burghausen
Haag i. OB.
Garching a. d. Alz
Klosterkirche Raitenhaslach
Mattighofen
Wasserburg a. Inn
Tittmoning
Trostberg
Altenmarkt a. d. Alz
Bauernhausmuseum
Obing
Straßwalchen
Traunreut
Laufen
Oberndorf b. Salzbg.
Waging a. See
Chiemsee
Kloster Frauenchiemsee
Schloß Herrenchiemsee
Rosenheim
Prien a. Ch.
Traunstein
Freilassing
Siegsdorf
Bernau a. Ch.
SALZBURG
Ruhpolding
Inzell
Bad Reichenhall
Grassau
Hohenaschau
Gletschergärten
Chiemgauer Alpen
Hallein
Berchtesgaden
Kufstein
Kiefersfelden
Kaisergebirge
Lofer
Loferer Steinberge
Reiter Alpe
Nationalpark Berchtesgaden
Watzmann
Steinernes Meer
Hagengeb.
Golling a. d. S.
Paß Lueg
Eisriesenwelt
Werfen
St. Johann i. Tirol
Wörgl
Kitzbühel
Leoganger Steinberge
Saalfelden a. St. Meer
Salzburger Kalkalpen
Bischofshofen
Kitzbüheler Alpen
Paß Thurn
Mittersill
Zell a. See
Bruck a. d. Gr.
St. Johann i. Pongau
Lichtensteinklamm
Großglockner-Hochalpenstraße
Pinzgau
Pongau
Innviertel
Salzach
Inn
ÖSTERREICH
Lienz
Felbertauern-Tunnel, Lienz
Badgastein, Tauernschleuse

# Autokennzeichen

A - Augsburg
AA - Ostalbkreis [Aalen]
AB - Aschaffenburg
ABG - Altenburg
AC - Aachen
AE - Auerbach
AIC - Aichach-Friedberg
AK - Altenkirchen (Westerw.)
AM - Amberg
AN - Ansbach
ANA - Annaberg
ANG - Angermünde
ANK - Anklam
AÖ - Altötting
APD - Apolda
ARN - Arnstadt
ART - Artern
AS - Amberg-Sulzbach
ASL - Aschersleben
AT - Altentreptow
AU - Aue
AUR - Aurich
AW - Ahrweiler
AZ - Alzey-Worms

B - Berlin
BA - Bamberg
BAD - Baden-Baden
BB - Böblingen
BBG - Bernburg
BC - Biberach
BED - Brand-Erbisdorf
BEL - Belzig
BER - Bernau
BGL - Berchtesgadener Land
BI - Bielefeld
BIR - Birkenfeld
BIT - Bitburg-Prüm
BIW - Bischofswerda
BL - Zollernalbkreis [Balingen]
BM - Erftkreis [Bergheim]
BN - Bonn
BNA - Borna
BO - Bochum
BOR - Borken
BOT - Bottrop
BRA - Wesermarsch [Brake (Unterweser)]
BRB - Brandenburg
BRG - Burg
BS - Braunschweig
BSK - Beeskow
BT - Bayreuth
BTF - Bitterfeld
BÜS - Konstanz, Gemeinde Büsingen
BÜZ - Bützow
BZ - Bautzen

C - Chemnitz
CA - Calau
CB - Cottbus
CE - Celle
CHA - Cham
CLP - Cloppenburg
CO - Coburg
COC - Cochem-Zell
COE - Coesfeld
CUX - Cuxhaven
CW - Calw

D - Düsseldorf
DA - Darmstadt, Darmstadt-Dieburg
DAH - Dachau
DAN - Lüchow-Dannenberg
DAU - Daun
DBR - Bad Doberdan
DD - Dresden
DE - Dessau
DEG - Deggendorf
DEL - Delmenhorst
DGF - Dingolfing-Landau
DH - Diepholz
DL - Döbeln
DLG - Dillingen a. d. D.
DM - Demmin
DN - Düren
DO - Dortmund
DON - Donau-Ries
DU - Duisburg
DÜW - Bad Dürkheim
DW - Dippoldiswalde
DZ - Delitzsch

E - Essen
EB - Eilenburg
EBE - Ebersberg
ED - Erding
EF - Erfurt
EH - Eisenhüttenstadt
EI - Eichstätt
EIL - Eisleben
EIS - Eisenberg
EL - Emsland
EM - Emmendingen
EMD - Emden
EMS - Rhein-Lahn-Kreis [Bad Ems]
EN - Ennepe-Ruhr-Kreis
ER - Erlangen
ERB - Odenwaldkreis [Erbach]
ERH - Erlangen-Höchstadt
ES - Esslingen a. N.
ESA - Eisenach
ESW - Werra-Meißner-Kreis [Eschwege]
EU - Euskirchen
EW - Eberswalde

F - Frankfurt a. Main
FB - Wetteraukreis [Friedberg (Hessen)]
FD - Fulda
FDS - Freudenstadt
FF - Frankfurt (Oder)
FFB - Fürstenfeldbruck
FG - Freiberg
FI - Finsterwalde
FL - Flensburg
FLÖ - Flöha
FN - Bodenseekreis [Friedrichshafen]
FO - Forchheim
FOR - Forst
FR - Freiburg i. Breisgau, Breisgau-Hochschwarzwald [Freiburg i. Br.]
FRG - Freyung-Grafenau
FRI - Friesland
FRW - Bad Freienwalde
FS - Freising
FT - Frankenthal (Pfalz)
FTL - Freital
FÜ - Fürth
FW - Fürstenwalde

G - Gera
GA - Gardelegen
GAP - Garmisch-Partenk.
GC - Glauchau
GDB - Gadebusch
GE - Gelsenkirchen
GER - Germersheim
GF - Gifhorn
GG - Groß-Gerau
GHA - Geithain
GHC - Gräfenhainichen
GI - Gießen
GL - Rheinisch-Bergischer Kreis [Bergisch Gladbach]
GM - Oberbergischer Kreis [Gummersbach]
GMN - Grimmen
GNT - Genthin
GÖ - Göttingen
GP - Göppingen
GR - Görlitz
GRH - Großenhain
GRM - Grimma
GRS - Gransee
GRZ - Greiz
GS - Goslar
GT - Gütersloh
GTH - Gotha
GUB - Guben
GÜ - Güstrow
GVM - Grevesmühlen
GW - Greifswald (Kreis)
GZ - Günzburg

H - Hannover
HA - Hagen
HAL - Halle
HAM - Hamm
HAS - Haßberge
HB - Hansestadt Bremen
HBN - Hildburghausen
HBS - Halberstadt
HC - Hainichen
HD - Heidelberg, Rhein-Neckar-Kreis [Heidelberg]
HDH - Heidenheim
HDL - Haldensleben
HE - Helmstedt
HEF - Hersfeld-Rotenburg
HEI - Dithmarschen [Heide]
HER - Herne
HET - Hettstedt
HF - Herford
HG - Hochtaunuskreis [Bad Homburg vor der Höhe]
HGN - Hagenow
HGW - Hansestadt Greifswald
HH - Hansestadt Hamburg
HHM - Hohenmölsen
HI - Hildesheim
HIG - Heiligenstadt
HL - Hansestadt Lübeck
HM - Hameln-Pyrmont
HN - Heilbronn
HO - Hof
HOL - Holzminden
HOM - Saarpfalz-Kreis [Homburg]
HOT - Hohenstein-Ernstthal
HP - Bergstraße [Heppenheim a. d. B.]
HR - Schwalm-Eder-Kreis [Homberg]
HRO - Hansestadt Rostock
HS - Heinsberg
HSK - Hochsauerlandkreis
HST - Hansestadt Stralsund
HU - Main-Kinzig-Kreis [Hanau]
HV - Havelberg
HWI - Hansestadt Wismar
HX - Höxter
HY - Hoyerswerda
HZ - Herzberg

IGB - Stadt St. Ingbert
IL - Ilmenau
IN - Ingolstadt
IZ - Steinburg [Itzehohe]

J - Jena
JB - Jüterbog
JE - Jessen

K - Köln
KA - Karlsruhe
KB - Waldeck-Frankenberg [Korbach]
KC - Kronach
KE - Kempten (Allgäu)
KEH - Kelheim
KF - Kaufbeuren
KG - Bad Kissingen
KH - Bad Kreuznach
KI - Kiel
KIB - Donnersbergkreis [Kirchheimbolanden]
KL - Kaiserslautern
KLE - Kleve
KLZ - Klötze
KM - Kamenz
KN - Konstanz
KO - Koblenz
KÖT - Köthen
KR - Krefeld
KS - Kassel
KT - Kitzingen
KU - Kulmbach
KÜN - Hohenlohekreis [Künzelsau]
KUS - Kusel
KW - Königs Wusterhausen
KY - Kyritz

L - Leipzig
LA - Landshut
LAU - Nürnberger Land [Lauf a. d. Pegnitz]
LB - Ludwigsburg
LBS - Lobenstein
LBZ - Lübz
LC - Luckau
LD - Landau i. d. Pfalz
LDK - Lahn-Dill-Kreis
LER - Leer (Ostfriesland)
LEV - Leverkusen
LG - Lüneburg
LI - Lindau (Bodensee)
LIB - Bad Liebenwerda
LIF - Lichtenfels
LIP - Lippe
LL - Landsberg a. Lech
LM - Limburg-Weilburg
LN - Lübben
LÖ - Lörrach
LÖB - Löbau
LSZ - Bad Langensalza
LU - Ludwigshafen am Rhein
LUK - Luckenwalde
LWL - Ludwigslust

M - München
MA - Mannheim
MAB - Marienberg
MB - Miesbach
MC - Malchin
MD - Magdeburg
ME - Mettmann
MEI - Meißen
MER - Merseburg
MG - Mönchengladbach
MGN - Meiningen
MH - Mülheim a. d. Ruhr
MHL - Mühlhausen
MI - Minden-Lübbecke
MIL - Miltenberg
MK - Märkischer Kreis
MM - Memmingen
MN - Unterallgäu [Mindelheim]
MOS - Neckar-Odenwald-Kreis [Mosbach]
MR - Marburg-Biedenkopf
MS - Münster
MSP - Main-Spessart-Kreis
MTK - Main-Taunus-Kreis
MÜ - Mühldorf a. Inn
MYK - Mayen-Koblenz
MZ - Mainz, Mainz-Bingen
MZG - Merzig-Waldem

N - Nürnberg
NAU - Nauen
NB - Neubrandenburg
ND - Neuburg-Schrobenhausen [Neuburg a. d. Donau]
NDH - Nordhausen
NE - Neuss
NEA - Neustadt a. d. Aisch-Bad Windsheim
NEB - Nebra
NES - Rhön-Grabfeld [Bad Neustadt a. d. Saale]
NEW - Neustadt a. d. Waldnaab
NF - Nordfriesland
NH - Neuhaus
NI - Nienburg (Weser)
NK - Neunkirchen/Saar
NM - Neumarkt i. d. Oberpfalz
NMB - Naumburg
NMS - Neumünster
NOH - Grafschaft Bentheim [Nordhorn]
NOM - Northeim
NP - Neuruppin
NR - Neuwied Rhein
NU - Neu-Ulm
NW - Neustadt a. d. Weinstr.
NY - Niesky
NZ - Neustrelitz

OA - Oberallgäu
OAL - Ostallgäu
OB - Oberhausen
OBG - Osterburg
OC - Oschersleben
OD - Stormarn [Bad Oldesloe]
OE - Olpe
OF - Offenbach a. Main
OG - Ortenaukreis [Offenburg]
OH - Ostholstein
OHA - Osterode a. Harz
OHZ - Osterholz
OL - Oldenburg (Oldbg.)
OR - Oranienburg
OS - Osnabrück
OVL - Obervogtland [Klingenthal und Oelsnitz]
OZ - Oschatz
P - Potsdam
PA - Passau
PAF - Pfaffenhofen a. d. Ilm
PAN - Rottal-Inn [Pfarrkirchen]
PB - Paderborn
PCH - Parchim
PE - Peine
PER - Perleberg
PF - Pforzheim, Enzkreis [Pforzheim]
PI - Pinneberg
PIR - Pirna
PK - Pritzwalk
PL - Plauen
PLÖ - Plön
PN - Pößneck
PS - Pirmasens
PW - Pasewalk
PZ - Prenzlau

QFT - Querfurt
QLB - Quedlinburg

R - Regensburg
RA - Rastatt
RC - Reichenbach
RD - Rendsburg-Eckernförde
RDG - Ribnitz-Damgarten
RE - Recklinghausen
REG - Regen
RH - Roth b. Nürnberg
RIE - Riesa
RL - Rochlitz
RM - Röbel/Müritz
RN - Rathenow
RO - Rosenheim
ROS - Rostock (Kreis)
ROW - Rotenburg (Wümme)
RS - Remscheid
RSL - Roßlau
RT - Reutlingen
RU - Rudolstadt
RÜD - Rheingau-Taunus-Kreis [Rüdesheim]
RÜG - Rügen
RV - Ravensburg
RW - Rottweil
RZ - Herzogtum Lauenburg [Ratzeburg]

S - Stuttgart
SAD - Schwandorf
SAW - Salzwedel
SB - Saarbrücken
SBG - Strasburg
SBK - Schönebeck
SC - Schwabach
SCZ - Schleiz
SDH - Sondershausen
SDL - Stendal
SDT - Schwedt
SE - Segeberg
SEB - Sebnitz
SEE - Seelow
SFA - Soltau-Fallingbostel
SFB - Senftenberg
SFT - Staßfurt
SG - Solingen
SGH - Sangerhausen
SHA - Schwäbisch Hall
SHG - Schaumburg [Stadthagen]
SHL - Suhl
SI - Siegen-Wittgenstein
SIG - Sigmaringen
SIM - Rhein-Hunsrück-Kreis [Simmern]
SK - Saalkreis [Halle]
SL - Schleswig-Flensburg
SLF - Saalfeld
SLN - Schmöln
SLS - Saarlouis
SLZ - Bad Salzungen
SM - Schmalkalden
SN - Schwerin
SO - Soest
SON - Sonneberg
SÖM - Sömmerda
SP - Speyer
SPB - Spremberg
SR - Straubing, Straubing-Bogen
SRB - Strausberg
SRO - Stadtroda
ST - Steinfurt
STA - Starnberg
STB - Sternberg
STD - Stade
STL - Stollberg
SÜW - Südliche Weinstraße
SU - Rhein-Sieg-Kreis [Siegburg]
SW - Schweinfurt
SZ - Salzgitter
SZB - Schwarzenberg

TBB - Main-Tauber-Kreis [Tauberbischofsheim]
TET - Teterow
TG - Torgau
TIR - Tirschenreuth
TÖL - Bad Tölz-Wolfratshausen
TP - Templin
TR - Trier, Trier-Saarburg
TS - Traunstein
TÜ - Tübingen
TUT - Tuttlingen

UE - Uelzen
UEM - Ueckermünde
UL - Ulm, Alb-Donau-Kreis [Ulm]
UN - Unna

VB - Vogelsbergkreis
VEC - Vechta
VER - Verden
VIE - Viersen
VK - Stadt Völklingen
VS - Schwarzwald-Baar-Kreis [Villingen-Schwenningen]

W - Wuppertal
WAF - Warendorf
WB - Wittenberg
WBS - Worbis
WDA - Werdau
WE - Weimar
WEN - Weiden i. d. OPf.
WES - Wesel
WF - Wolfenbüttel
WHV - Wilhelmshaven
WI - Wiesbaden
WIL - Bernkastel-Wittlich [Wittlich]
WIS - Wismar (Kreis)
WK - Wittstock
WL - Harburg [Winsen (Luhe)]
WLG - Wolgast
WM - Weilheim-Schongau
WMS - Wolmirstedt
WN - Rems-Murr-Kreis [Waiblingen]
WND - St. Wendel
WO - Worms
WOB - Wolfsburg
WR - Wernigerode
WRN - Waren
WSF - Weißenfels
WST - Ammerland [Westerstede]
WSW - Weißwasser
WT - Waldshut
WTM - Wittmund
WÜ - Würzburg
WUG - Weißenburg-Gunzenhausen
WUN - Wunsiedel i. Fichtelgeb.
WUR - Wurzen
WW - Westerwaldkreis
WZL - Wanzleben

Z - Zwickau
ZE - Zerbst
ZI - Zittau
ZP - Zschopau
ZR - Zeulenroda
ZS - Zossen
ZW - Zweibrücken
ZZ - Zeitz

# Ortsregister

Bielefeld **BI** 304-305 Cc 10
① ② ④ ⑤

Berneck *Altensteig 324-325 Cc 21
① ③ ④ ⑤

| | ① | ② | | ③ | ④ | ⑤ |
|---|---|---|---|---|---|---|
| D | Ortsname | Kreis | → S. 335 | Gemeindezugehörigkeit | Seitenzahl | Suchfeldangabe |
| GB | Place name | district | → p. 335 | Commune | pagenumber | Grid search reference |
| F | Localité | district | → p. 335 | Appartenance à la municipalité | N° de page | Coordonnées |
| NL | Plaatsnaam | district | → blz. 335 | Naam van de gemeente | Paginanummer | Zoekveld-gegevens |

## A


Aach **KN** 330–331 Da 23
Aach im Allgäu *Bad Oberstaufen 330–331 Ea 24
Aachen **AC** 310–311 Ab 14
Aach-Linz *Pfullendorf 330–331 Db 23
Aalen **AA** 326–327 Eb 20
Aarbergen **RÜD** 318–319 Cb 16
Abbach, Bad **KEH** 328–329 Gb 20
Abenberg **RH** 326–327 Fa 19
Abensberg **KEH** 328–329 Ga 20
Abtsgmünd **AA** 326–327 Eb 20
Abtshagen **HST** *Wittenhagen 296–297 Hb 4
Abtsteinach **HP** 324–325 Da 18
Achern **OG** 324–325 Cb 21
Achim **VER** 300–301 Db 7
Achternmeer *Wardenburg 298–299 Cb 7
Achtrup **NF** 294–295 Db 2
Adelebsen **GÖ** 312–313 Ea 12
Adelmannsfelden **AA** 326–327 Eb 20
Adelschlag **EI** 326–327 Fb 20
Adelsdorf **ERH** 320–321 Fa 17
Adelsheim **MOS** 326–327 Dc 18
Adelsried **A** 332–333 Fa 21
Adenau **AW** 317 Ba 15
Adendorf **LG** 300–301 Ec 7
Adenstedt **HI** 306–307 Ea 10
Adorf *Diemelsee 312–313 Da 12
Adorf **C** 314–315 Ha 14
Aegidienberg **SU** *Bad Honnef 318–319 Bb 15
Aerzen **HM** 304–305 Db 10
Affaltrach *Obersulm 326–327 Dc 19
Affing **AIC** 326–327 Fa 21
Affinghausen **DH** 304–305 Da 8
Aglasterhausen **MOS** 326–327 Da 18
Ahaus **BOR** 304–305 Bb 10
Ahlbeck **UEM** 302–303 Ib 5
Ahlbeck, Seebad **WLG** 302–303 Ib 5
Ahlen **WAF** 310–311 Ca 11
Ahlerstedt **STD** 300–301 Dc 6
Ahlhorn *Großenkneten 304–305 Cb 8
Ahlstadt *Meeder 320–321 Fa 15
Ahnatal **KS** 312–313 Dc 12
Ahorn **TBB** 326–327 Dc 18
Ahorntal **BT** 320–321 Fc 17
Ahrdorf *Blankenheim 317 Ba 15
Ahrensbök **OH** 294–295 Ec 4
Ahrensburg **OD** 300–301 Eb 5
Ahrweiler, Bad Neuenahr- **AW** 318–319 Bb 15
Aibling, Bad **RO** 332–333 Gb 23
Aich *Bodenkirchen 328–329 Gc 21
Aichach **AIC** 326–327 Fb 21
Aichhalden **RW** 330–331 Cc 22
Aichtal **ES** 326–327 Db 21
Aichwald **ES** 326–327 Dc 20
Aidenbach **PA** 328–329 Hb 21
Aidlingen **BB** 324–325 Da 20
Aiglsbach **KEH** 328–329 Ga 20
Ainring **BGL** 334 Ha 23
Aitrach **RV** 332–333 Eb 23
Aitrang **OAL** 332–333 Ec 23
Aken **KÖT** 314–315 Gb 11
Albaching *Pfaffing 332–333 Gb 22
Albbruck **WT** 330–331 Cb 24
Albersdorf **HEI** 294–295 Db 4
Albersloh *Sendenhorst 310–311 Ca 11
Albstadt **BL** 330–331 Db 22
Alburg *Straubing 328–329 Gc 20
Aldenhoven **DN** 310–311 Ab 14
Aldersbach **PA** 328–329 Hb 21
Aldingen **TUT** 330–331 Da 22
Alexandersbad, Bad **WUN** 322–323 Gb 16
Alexisbad **QLB** *Harzgerode 312–313 Fb 12
Alf **COC** 318–319 Bb 16
Alfeld **LAU** 328–329 Fc 18
Alfeld (Leine) **HI** 306–307 Ea 11
Alferde *Springe 306–307 Ea 10
Algermissen **HI** 306–307 Ea 10
Algesheim, Gau- **MZ** 318–319 Cb 17
Alheim **HEF** 312–313 Ea 13
Alkersum **NF** 294–295 Cc 2
Allenbach **BIR** 318–319 Bb 17
Allendorf *Sundern (Sauerland) 310–311 Ca 13
Allendorf, Bad Soden- **ESW** 312–313 Ea 13
Allensbach **KN** 330–331 Db 23
Allersberg **RH** 326–327 Fb 19
Allershausen **FS** 328–329 Fc 1
Allmendingen **UL** 330–331 Ea 21
Allstedt **SGH** 314–315 Fc 12
Alme *Brilon 312–313 Cc 12
Alpen **WES** 310–311 Ac 12
Alpirsbach **FDS** 330–331 Cc 21
Alsbach, Scheibe- **NH** 320–321 Fb 15
Alsdorf **AC** 310–311 Ab 14
Alsenborn, Enkenbach- **KL** 324–325 Ca 18
Alsenz **KIB** 318–319 Ca 17
Alsfeld **VB** 318–319 Db 14
Alsheim **AZ** 318–319 Cc 17
Alstätte *Ahaus 304–305 Ba 10
Altdöbern **CA** 316 Ib 12
Altdorf *Titting 326–327 Fb 20
Altdorf **LA** 328–329 Gb 21
Altdorf bei Nürnberg **LAU** 328–329 Fc 18
Altefähr **RÜG** 296–297 Hb 4
Altena **MK** 310–311 Bc 13
Altenahr **AW** 317 Ba 15
Altenau **GS** 312–313 Ec 11
Altenbeken **PB** 312–313 Da 11
Altenberg **DW** 316 Ia 14
Altenbüren *Brilon 310–311 Cc 12
Altenburg **ABG** 314–315 Gc 14
Altendorf **SAD** 328–329 Gb 18
Altenerding *Erding 332–333 Ga 22
Altenessen *Essen 310–311 Ba 12
Altenglan **KUS** 324–325 Bc 18
Altenhagen **AT** 302–303 Hb 5
Altenhagen **DBR** 296–297 Ga 4
Altenheim *Neuried 324–325 Ca 21
Altenhundem *Lennestadt 310–311 Cb 13
Altenkirchen **RÜG** 296–297 Hc 3
Altenkirchen (Westerwald) **AK** 318–319 Bc 14
Altenkrempe **OH** 294–295 Fa 4
Altenkunstadt **LIF** 320–321 Fb 16
Altenmarkt an der Alz **TS** 334 Gc 23
Altenmedingen **UE** 300–301 Ec 7
Altenoythe *Friesoythe 298–299 Ca 7
Altenstadt **FB** 318–319 Da 16
Altensteig **CW** 324–325 Cc 21
Altenthann **R** 328–329 Gb 19
Altentreptow **AT** 302–303 Hb 5
Altenweddingen **WZL** 306–307 Fc 11
Altertheim **WÜ** 320–321 Ea 17
Altfraunhofen **LA** 332–333 Gb 21
Altfriesack, Wusterau- **NP** 308–309 Ha 8
Altgarmssiel *Wangerland 298–299 Ca 6
Altglietzen **FRW** 308–309 Ib 8
Alt Golm **FW** 308–309 Ib 10
Althausen *Münnerstadt 320–321 Eb 16
Althegnenberg **FFB** 332–333 Fb 22
Altheim *Walldürn 326–327 Dc 18
Altheim (Alb) **UL** 326–327 Eb 21
Althengstett **CW** 324–325 Da 20
Alt Käbelich **SBG** *Leppin 302–303 Hc 6
Altkalen **TET** 302–303 Ha 5
Altlandsberg **SRB** 308–309 Ia 9
Altlewin **FRW** *Alttrebin 308–309 Ib 8
Altmannstein **EI** 328–329 Fc 20
Alt Meteln **SN** 300–301 Fc 5
Altötting **AÖ** 334 Gc 22
Altomünster **DAH** 332–333 Fb 21
Altona *Hamburg 300–301 Ea 6
Altreichenau *Neureichenau 328–329 Ia 20
Alt Ruppin **NP** 308–309 Ha 8
Alt Schadow **LN** 308–309 Ia 10
Alt Schönau **WRN** 302–303 Ha 6
Altshausen **RV** 330–331 Dc 23
Altsimonswald *Simonswald 330–331 Cb 22
Altusried **OA** 332–333 Eb 23
Altwarp **UEM** 302–303 Ib 5
Alverdissen *Barntrup 304–305 Db 10
Alveslohe **SE** 300–301 Ea 5
Alzenau in Unterfranken **AB** 318–319 Db 16
Alzey **AZ** 318–319 Cb 17
Amberg **AM** 328–329 Ga 18
Amelinghausen **LG** 300–301 Eb 7
Amelith *Bodenfelde 312–313 Dc 11
Amerang **RO** 334 Gb 23
Ammeloe *Vreden 304–305 Ba 10
Ammerbuch **TÜ** 324–325 Da 21
Ammerfeld *Rennertshofen 326–327 Fa 20
Ammerthal **AS** 328–329 Ga 18
Amorbach **MIL** 318–319 Db 18
Ampfing **MÜ** 334 Gc 22
Am Schlünder *Wickede (Ruhr) 310–311 Ca 12
Amstetten **UL** 326–327 Ea 21
Andechs **STA** 332–333 Fb 23
Anderlingen **ROW** 300–301 Db 6
Andernach **MYK** 318–319 Bc 15
Andisleben **EF** 312–313 Fa 13
Angelbachtal **HD** 324–325 Da 19
Angelburg **MR** 310–311 Cc 14
Angermünde **ANG** 302–303 Ib 7
Angern **WMS** 306–307 Ga 9
Angersbach *Wartenberg 320–321 Dc 15
Angstedt, Gräfinau- **IL** 320–321 Fb 14
Anklam **ANK** 302–303 Ia 5
Ankum **OS** 304–305 Ca 9
Annaberg-Buchholz **ANA** 322–323 Hb 15
Annaburg **JE** 314–315 Hb 11
Annweiler am Trifels **SÜW** 324–325 Ca 19
Anröchte **SO** 310–311 Cb 12
Ansbach **AN** 326–327 Ec 19
Anspach *Neu- Anspach 318–319 Cc 16
Anstedt *Scholen 304–305 Da 8
Anzing **EBE** 332–333 Ga 22
Apen **WST** 298–299 Ca 7
Apensen **STD** 300–301 Dc 6
Apolda **APD** 314–315 Fc 13
Appelhülsen *Nottuln 310–311 Bc 11
Appendorf *Lauter 320–321 Fa 17
Appenweier **OG** 324–325 Ca 21
Arendsee, Luftkurort **OBG** 306–307 Fc 8
Aresing **ND** 326–327 Fb 21
Argenbühl **RV** 330–331 Ea 23
Arkona **RÜG** *Putgarten 296–297 Hc 2
Arnach *Bad Wurzach 330–331 Ea 23
Arnbruck **REG** 328–329 Ha 19
Arneburg **SDL** 306–307 Gb 8
Arnis **SL** 294–295 Ea 3
Arnsbach, Hausen- *Neu-Anspach 318–319 Cc 16
Arnsberg **HSK** 310–311 Cb 12
Arnschwang **CHA** 328–329 Ha 19
Arnsdorf bei Penig **RL** 314–315 Ha 14
Arnstadt **ARN** 312–313 Fa 14
Arnstein *Weismain 320–321 Fb 16
Arnstein **MSP** 320–321 Ea 17
Arnstorf **PAN** 328–329 Ha 21
Arolsen **KB** 312–313 Db 12
Arsbeck *Wegberg 310–311 Ab 13
Artern **ART** 314–315 Fb 12
Artlenburg **LG** 300–301 Ec 6
Arzberg **WUN** 322–323 Gb 16
Arzfeld **BIT** 317 Ab 16
Asbach **NR** 318–319 Bc 15
Asch *Blaubeuren 332–333 Ea 21
Ascha **SR** 328–329 Gc 20
Aschaffenburg **AB** 318–319 Db 17
Aschau am Inn **MÜ** 334 Gc 22
Aschau im Chiemgau **RO** 334 Gb 23
Aschbach *Schlüsselfeld 320–321 Ec 17
Ascheberg **COE** 310–311 Bc 11
Ascheberg (Holstein) **PLÖ** 294–295 Ec 4
Aschendorf (Ems) *Papenburg 298–299 Bb 7
Aschersleben **ASL** 314–315 Fc 11
Ascholding *Dietramszell 332–333 Fc 23
Asendorf **DH** 304–305 Db 8
Aspach **WN** 326–327 Dc 20
Assamstadt **TBB** 326–327 Ea 18
Asseln *Lichtenau 312–313 Da 12
Aßlar **LDK** 318–319 Cc 15
Aßling **EBE** 332–333 Gb 23
Aßweiler *Blieskastel 324–325 Bb 19
Athenstedt **HBS** 306–307 Fa 11
Attendorn **OE** 310–311 Ca 13
Attenkirchen **FS** 328–329 Ga 21
Au bei Bad Aibling *Bad Feilnbach 332–333 Ga 23
Au in der Hallertau **FS** 328–329 Ga 21
Aua *Neuenstein 312–313 Dc 14
Aub **WÜ** 326–327 Eb 18
Audenhain **EB** 314–315 Ha 12
Aue **AU** 322–323 Ha 15
Auerbach **AE** 322–323 Gc 15
Auerbach **DEG** 328–329 Hb 20
Auerbach in der Oberpfalz **AS** 320–321 Fc 17
Auers **LI** *Lindenberg im Allgäu 330–331 Ea 24
Aufhausen **R** 328–329 Gb 20
Aufseß **BT** 320–321 Fb 17
Augsburg **A** 332–333 Fa 21
Augustdorf **LIP** 312–313 Da 11
Augustenhof *Heringsdorf 296–297 Fb 4
Aukrug **RD** 294–295 Ea 4
Aulendorf **RV** 330–331 Dc 23
Auma **ZR** 320–321 Ga 14
Aumenau *Villmar 318–319 Cb 15
Aurich **AUR** 298–299 Bc 6
Außerbrünst *Röhrnbach 328–329 Hc 20
Avendorf *Landkirchen auf Fehmarn 296–297 Fb 3
Aying **M** 332–333 Ga 23

# B

Baal *Hückelhoven 310–311 Ab 13
Baar (Schwaben) *Thierhaupten 326–327 Fa 21
Baarz **LWL** *Besandten 300–301 Fb 7
Babelkuhl 300–301 Fc 7
Babenhausen **DA** 318–319 Da 17
Babenhausen **MN** 332–333 Eb 22
Bacharach **MZ** 318–319 Ca 16
Bachl *Rohr in Niederbayern 328–329 Ga 20
Backenswarft *Hooge 294–295 Cc 3
Backleben *Großmonra 314–315 Fb 13
Backnang **WN** 326–327 Dc 20
Bad Abbach **KEH** 328–329 Gb 20
Bad Aibling **RO** 332–333 Gb 23
Bad Alexandersbad **WUN** 322–323 Gb 16
Bad Bellingen **LÖ** 330–331 Bc 23
Bad Bentheim **NOH** 304–305 Bb 10
Badbergen **OS** 304–305 Ca 9
Bad Bergzabern **SÜW** 324–325 Ca 19
Bad Berka **WE** 314–315 Fb 14
Bad Berleburg **SI** 310–311 Cc 13
Bad Berneck im Fichtelgebirge **BT** 320–321 Ga 16
Bad Bertrich **COC** 318–319 Bb 16
Bad Bevensen **UE** 300–301 Ec 7
Bad Bibra **NEB** 314–315 Fc 13
Bad Birnbach **PAN** 328–329 Hb 21
Bad Blankenburg **RU** 320–321 Fb 14
Bad Bocklet **KG** 320–321 Eb 16
Bad Boll *Boll 326–327 Dc 21
Bad Brambach **OVL** 322–323 Gb 16
Bad Bramstedt **SE** 300–301 Ea 5
Bad Breisig **AW** 318–319 Bb 15
Bad Brückenau **KG** 320–321 Ea 16
Bad Buchau **BC** 330–331 Dc 22
Bad Camberg **LM** 318–319 Cb 16
Bad Cannstatt *Stuttgart 326–327 Db 20
Baddeckenstedt **WF** 306–307 Eb 10
Bad Ditzenbach **GP** 326–327 Ea 21
Bad Doberan **DBR** 296–297 Ga 4
Bad Driburg **HX** 312–313 Db 11
Bad Düben **EB** 314–315 Gc 12
Bad Dürkheim **DÜW** 324–325 Cb 18
Bad Dürrenberg **MER** 314–315 Gb 13
Bad Dürrheim **VS** 330–331 Cc 22
Bad Ems **EMS** 318–319 Ca 15
Baden-Baden **BAD** 324–325 Cb 20
Bad Endbach **MR** 318–319 Cc 14
Bad Endorf **RO** 334 Gb 23
Badenweiler **FR** 330–331 Bc 23
Bad Essen **OS** 304–305 Cc 10
Bad Feilnbach **RO** 332–333 Gb 23
Bad Frankenhausen **ART** 312–313 Fb 12
Bad Freienwalde **FRW** 308–309 Ib 8
Bad Friedrichshall **HN** 326–327 Db 19
Bad Füssing **PA** 328–329 Hb 21
Bad Gandersheim **NOM** 312–313 Eb 11
Bad Godesberg *Bonn 318–319 Bb 14
Bad Gottleuba, Kurort **PIR** 316 Ia 14
Bad Griesbach im Rottal **PA** 328–329 Hb 21
Bad Harzburg **GS** 312–313 Ec 11
Bad Heilbrunn **TÖL** 332–333 Fc 23
Bad Herrenalb **CW** 324–325 Cc 20
Bad Hersfeld **HEF** 312–313 Ea 14
Bad Hönningen **NR** 318–319 Bb 15
Bad Homburg vor der Höhe **HG** 318–319 Cc 16
Bad Honnef **SU** 318–319 Bb 15
Bad Iburg **OS** 304–305 Cb 10
Bad Imnau *Haigerloch 330–331 Da 21
Bad Karlshafen **KS** 312–313 Dc 12
Bad Kissingen **KG** 320–321 Eb 16
Bad Kleinen **WIS** 300–301 Fc 5
Bad König **ERB** 318–319 Db 17
Bad Königshofen im Grabfeld **NES** 320–321 Ec 16
Bad Köstritz **G** 314–315 Gb 14
Bad Kohlgrub **GAP** 332–333 Fb 24
Bad Kreuznach **KH** 318–319 Ca 17
Bad Krozingen **FR** 330–331 Ca 23
Bad Laasphe **SI** 310–311 Cc 14
Bad Laer **OS** 304–305 Cb 10
Bad Langensalza **LSZ** 312–313 Ec 13
Bad Lauchstädt **MER** 314–315 Ga 12
Bad Lausick **GHA** 314–315 Gc 13
Bad Liebenstein **SLZ** 312–313 Ec 14
Bad Liebenwerda **LIB** 314–315 Hc 12
Bad Liebenzell **CW** 324–325 Da 20
Bad Lippspringe **PB** 312–313 Da 11
Bad Marienberg (Westerwald) **WW** 318–319 Ca 15
Bad Mergentheim **TBB** 326–327 Ea 18
Bad Münder am Deister **HM** 306–307 Dc 10
Bad Münster am Stein-Ebernburg **KH** 318–319 Ca 17
Bad Münstereifel **EU** 317 Ba 15
Bad Muskau **WSW** 316 Ka 12
Bad Nauheim **FB** 318–319 Da 15
Bad Nenndorf **SHG** 306–307 Dc 9
Bad Neuenahr-Ahrweiler **AW** 318–319 Bb 15
Bad Neustadt an der Saale **NES** 320–321 Eb 16
Bad Oberstaufen **OA** 332–333 Eb 24
Bad Oldesloe **OD** 300–301 Ec 5
Bad Orb **HU** 318–319 Dc 16
Bad Peterstal-Griesbach **OG** 330–331 Cb 21
Bad Pyrmont **HM** 304–305 Db 11
Bad Rappenau **HN** 326–327 Db 19
Bad Rehburg *Rehburg- Loccum 304–305 Db 9
Bad Reichenhall **BGL** 334 Ha 23
Bad Rippoldsau-Schapbach **FDS** 324–325 Cb 21
Bad Rothenfelde **OS** 304–305 Cb 10
Bad Saarow-Pieskow **FW** 308–309 Ib 10
Bad Sachsa **OHA** 312–313 Ec 12
Bad Säckingen **WT** 330–331 Ca 24
Bad Salzig *Boppard 318–319 Bc 16
Bad Salzschlirf **FD** 320–321 Dc 15
Bad Salzuflen **LIP** 304–305 Da 10
Bad Salzungen **SLZ** 312–313 Eb 14
Bad Sassendorf **SO** 310–311 Cb 12
Bad Schandau **PIR** 316 Ib 14
Bad Schmiedeberg **WB** 314–315 Ha 11
Bad Schönborn **KA** 324–325 Cc 19
Bad Schussenried **BC** 330–331 Dc 22
Bad Schwalbach **RÜD** 318–319 Cb 16
Bad Schwartau **OH** 300–301 Fa 5
Bad Segeberg **SE** 300–301 Eb 5
Bad Soden am Taunus **MTK** 318–319 Cc 16
Bad Soden-Salmünster **HU** 318–319 Dc 16
Bad Sooden-Allendorf **ESW** 312–313 Ea 13
Bad Steben **HO** 320–321 Fc 15
Bad Sülze **RDG** 296–297 Gc 4
Bad Sulza **APD** 314–315 Fc 13
Bad Teinach-Zavelstein **CW** 324–325 Da 20
Bad Tennstedt **LSZ** 312–313 Fa 13
Bad Tölz **TÖL** 332–333 Fc 23
Bad Urach **RT** 326–327 Dc 21
Bad Vilbel **FB** 318–319 Da 16
Bad Waldsee **RV** 330–331 Ea 23
Bad Wiessee **MB** 332–333 Ga 23
Bad Wildbad im Schwarzwald **CW** 324–325 Cc 20
Bad Wildungen **KB** 312–313 Db 13
Bad Wimpfen **HN** 326–327 Db 19
Bad Windsheim **NEA** 326–327 Ec 18
Bad Wörishofen **MN** 332–333 Ec 22
Bad Wurzach **RV** 330–331 Ea 23
Bad Zwischenahn **WST** 298–299 Cb 7
Baesweiler **AC** 310–311 Ab 14
Bagband *Großefehn 298–299 Bc 6
Bagenz **SPB** 316 Ic 12
Bahnhof Harle **FRI** *Wangerland 298–299 Ca 5
Baienfurt **RV** 330–331 Dc 23
Baierbach **LA** 334 Gb 21
Baiersbronn **FDS** 324–325 Cc 21
Baiersdorf **ERH** 320–321 Fb 18
Baierz *Bad Wurzach 330–331 Ea 23
Bakum **VEC** 304–305 Cb 8
Balbini, Neukirchen- **SAD** 328–329 Gc 19
Balderschwang **OA** 332–333 Eb 24
Balingen **BL** 330–331 Da 22
Balje **STD** 300–301 Db 5
Ballenstedt **QLB** 314–315 Fb 11
Baltrum **AUR** 298–299 Bc 5
Balve **MK** 310–311 Ca 12
Balzhausen **GZ** 332–333 Ec 22
Bamberg **BA** 320–321 Fa 17
Bandixwarft *Langeneß 294–295 Cc 3
Bansin, Seebad **WLG** 302–303 Ib 5
Barbis *Bad Lauterberg im Harz 312–313 Ec 12
Barby **SBK** 306–307 Ga 11
Barchfeld **SLZ** 312–313 Eb 14
Bardenitz **JB** 308–309 Ha 10
Bardowick **LG** 300–301 Ec 7
Barenburg **DH** 304–305 Da 9
Bargfeld-Stegen **OD** 300–301 Eb 5
Bargstedt **STD** 300–301 Dc 6
Bargteheide **OD** 300–301 Eb 5
Bark **SE** 300–301 Eb 5
Barkelsby **RD** 294–295 Ea 3
Barkhausen *Porta Westfalica 304–305 Da 10
Barlo *Bocholt 310–311 Ac 11
Barmbek *Hamburg 300–301 Eb 6
Barmen *Wuppertal 310–311 Bb 13
Barmstedt **PI** 300–301 Ea 5
Barnau **TIR** 322–323 Gc 17
Barneberg **OC** 306–307 Fb 10
Barnewitz **RN** 306–307 Gc 9
Barnstedt **LG** 300–301 Ec 7
Barnstorf **DH** 304–305 Cc 8
Barntrup **LIP** 304–305 Db 11
Barsbüttel **OD** 300–301 Eb 6
Barsinghausen **H** 306–307 Dc 10
Barßel **CLP** 298–299 Ca 7
Barth **RDG** 296–297 Ha 3
Bartholomä **AA** 326–327 Ea 20
Baruth **ZS** 308–309 Hc 10
Barwedel **GF** 306–307 Fa 9
Basbeck *Hemmoor 300–301 Db 5
Basdahl **ROW** 298–299 Da 6
Basedow **MC** 302–303 Ha 5
Bassum **DH** 304–305 Da 8
Batten *Hilders 320–321 Eb 15
Battenberg (Eder) **KB** 312–313 Cc 13
Baumbach, Ransbach- **WW** 318–319 Ca 15
Baumgarten *Dietersburg 328–329 Ha 21
Baumholder **BIR** 318–319 Bc 18
Baunach **BA** 320–321 Fa 17
Baunatal **KS** 312–313 Dc 13
Bautzen **BZ** 316 Ic 13
Bavendorf *Thomasburg 300–301 Ec 7
Bawinkel **EL** 304–305 Bc 9
Bayerbach bei Ergoldsbach **LA** 328–329 Gb 20
Bayerisch Eisenstein **REG** 328–329 Hb 19
Bayreuth **BT** 320–321 Fc 17
Bayrischzell **MB** 332–333 Gb 23
Bebelsheim *Mandelbachtal 324–325 Bb 19
Beberbeck *Hofgeismar 312–313 Dc 12
Bebertal I **HDL** *Bebertal 306–307 Fb 10
Bebra **HEF** 312–313 Ea 14
Bechtheim *Hünstetten 318–319 Cb 16
Beckeln **OL** 304–305 Cc 8
Beckingen **MZG** 324–325 Ba 18
Beckum **WAF** 310–311 Cb 11
Bedburg **BM** 310–311 Ac 14
Bedburg-Hau **KLE** 310–311 Ab 11
Bederkesa **CUX** 298–299 Da 6
Beedenbostel **CE** 306–307 Eb 9
Beelen **WAF** 310–311 Cb 11
Beelitz **P** 308–309 Ha 10
Beenz **TP** 302–303 Hc 7
Beerfelden **ERB** 324–325 Da 18
Beetzendorf **KLZ** 306–307 Fb 8
Behnsdorf **HDL** 306–307 Fb 10
Behren-Lübchin **TET** 296–297 Ha 4
Behringen *Bispingen 300–301 Ea 7
Behringen **LSZ** 312–313 Ec 13
Behringersmühle *Gößweinstein 320–321 Fc 17
Beidendorf **WIS** 300–301 Fc 5
Beidenfleth **IZ** 300–301 Dc 5
Beierfeld **SZB** 322–323 Ha 15
Beilngries **EI** 328–329 Fc 19
Beilstein *Greifenstein 318–319 Cb 15
Beilstein **HN** 326–327 Db 19
Beimerstetten **UL** 326–327 Ea 21
Belecke *Warstein 310–311 Cc 12
Belgern **TG** 314–315 Hb 12
Bella Woda = Weißwasser **WSW** 316 Ic 12
Bellheim **GER** 324–325 Cb 19
Bellingen, Bad **LÖ** 330–331 Bc 23
Bellnhausen *Fronhausen 318–319 Da 14
Belm **OS** 304–305 Cb 10
Belsen *Bergen 306–307 Ea 8
Beltheim **SIM** 318–319 Bc 16
Belzig **BEL** 306–307 Gc 10
Bendorf **MYK** 318–319 Bc 15
Benediktbeuern **TÖL** 332–333 Fc 23
Benneckenstein **WR** 312–313 Fa 11
Bennewitz **WUR** 314–315 Ha 12
Bennin **HGN** 300–301 Fa 6
Benninghausen *Lippstadt 310–311 Cb 12
Benrath *Düsseldorf 310–311 Ba 13
Bensberg *Bergisch Gladbach 310–311 Bb 14
Bensersiel *Esens 298–299 Bc 5
Bensheim **HP** 318–319 Cc 17
Benteler **GT** *Langenberg 310–311 Cb 11
Bentwisch **ROS** 296–297 Gb 4
Beratzhausen **R** 328–329 Ga 19
Berau *Ühlingen- Birkendorf 330–331 Cb 23
Berching **NM** 328–329 Fc 19
Berchtesgaden **BGL** 334 Ha 24
Berenbostel *Garbsen 306–307 Dc 9
Berg (Starnberger See) **STA** 332–333 Fc 23
Berg bei Neumarkt in der Oberpfalz **NM** 328–329 Fc 19
Berg im Gau **ND** 326–327 Fb 21
Berga **SGH** 312–313 Fb 12
Berga/Elster **GRZ** 322–323 Gb 14
Bergatreute **RV** 330–331 Ea 23
Berge **OS** 304–305 Ca 9
Berge **PER** 302–303 Ga 7
Bergedorf *Hamburg 300–301 Eb 6
Bergen *Losheim 324–325 Ba 18
Bergen **AE** 322–323 Gb 15
Bergen **CE** 306–307 Ea 8
Bergen **RÜG** 296–297 Hc 3
Bergen (Dumme) **DAN** 306–307 Fa 8
Berggießhübel, Kurort **PIR** 316 Ia 14
Berghausen *Bad Berleburg 310–311 Cc 13
Bergheide **CB** 316 Ia 12
Bergheim *Edertal 312–313 Db 13
Bergheim **BM** 310–311 Ac 14
Berghülen **UL** 326–327 Ea 21
Bergisch Gladbach **GL** 310–311 Bb 14
Bergkamen **UN** 310–311 Bc 12
Berglern **ED** 332–333 Ga 21
Bergneustadt **GM** 310–311 Bc 13
Bergtheim **WÜ** 320–321 Eb 17
Bergzabern, Bad **SÜW** 324–325 Ca 19
Beringstedt **RD** 294–295 Dc 4
Berka **ESA** 312–313 Eb 14
Berka, Bad **WE** 314–315 Fb 14
Berkatal **ESW** 312–313 Ea 13
Berkenbrück **FW** 308–309 Ib 9
Berkenthin **RZ** 300–301 Ec 5
Berkheim **BC** 332–333 Eb 22
Berkhof *Wedemark 306–307 Ea 9
Berleburg, Bad **SI** 310–311 Cc 13
Berlin **B** 308–309 Hc 9
Berlinchen **WK** 302–303 Gc 7
Berlstedt **WE** 314–315 Fb 13
Bernau **WT** 330–331 Cb 23
Bernau am Chiemsee **RO** 334 Gc 23
Bernau bei Berlin **BER** 308–309 Hc 8
Bernbeuren **WM** 332–333 Fa 23
Bernburg **BBG** 314–315 Ga 11
Berne **BRA** 298–299 Cc 7
Berneck *Altensteig 324–325 Cc 21
Berneck im Fichtelgebirge, Bad **BT** 320–321 Ga 16
Bernkastel-Kues **WIL** 318–319 Bb 17
Bernloch *Hohenstein 330–331 Db 21
Bernried **DEG** 328–329 Ha 20
Bernried **WM** 332–333 Fb 23
Bernrieth **NEW** *Leuchtenberg 328–329 Gb 18
Bernsbach **AU** 322–323 Ha 15
Bernsdorf **HY** 316 Ib 12
Bernsfeld *Mücke 318–319 Da 14
Bernsfelden *Igersheim 326–327 Ea 18
Bernstadt **LÖB** 316 Ka 13
Berolzheim *Ahorn 326–327 Dc 18
Bersenbrück **OS** 304–305 Ca 9
Berstadt *Wölfersheim 318–319 Da 15
Bertkow **OBG** 306–307 Ga 8
Bertrich, Bad **COC** 318–319 Bb 16
Berumerfehn *Großheide 298–299 Bc 6
Berwicke *Welver 310–311 Cb 12
Besenfeld *Seewald 324–325 Cc 21
Besigheim **LB** 326–327 Db 19
Besseringen *Merzig 324–325 Ac 18
Bestensee **KW** 308–309 Hc 10
Bestwig **HSK** 310–311 Cc 12
Bettenhausen *Dornhan 330–331 Cc 21
Betzdorf **AK** 310–311 Ca 14
Betzenstein **BT** 320–321 Fc 17
Beuerbach *Weil 332–333 Fa 22
Beuerberg *Eurasburg 332–333 Fc 23
Beuron **SIG** 330–331 Da 22
Beutelsbach **PA** 328–329 Hb 21
Bevensen, Bad **UE** 300–301 Ec 7
Bevergern *Hörstel 304–305 Bc 10
Bevern **HOL** 312–313 Dc 11
Beverstedt **CUX** 298–299 Da 6
Beverungen **HX** 312–313 Dc 11
Bexbach **HOM** 324–325 Bb 18
Beyharting *Tuntenhausen 332–333 Ga 23
Biberach **OG** 330–331 Cb 21
Biberach an der Riß **BC** 330–331 Ea 22
Biberbach **A** 326–327 Fa 21
Biblis **HP** 318–319 Cc 17
Bibra, Bad **NEB** 314–315 Fc 13
Bichl **TÖL** 332–333 Fc 23
Bickelheim, Gau- **AZ** 318–319 Cb 17
Bidingen **OAL** 332–333 Fa 23
Bidlach **BT** 320–321 Fc 17
Bieber *Biebergemünd 318–319 Db 16
Biebergemünd **HU** 318–319 Db 16
Biebersdorf **LN** 308–309 Ia 11
Biebertal **GI** 318–319 Cc 15
Biedenkopf **MR** 312–313 Cc 14
Biederitz **BRG** 306–307 Ga 10
Bielatal **PIR** 316 Ib 14
Bielefeld **BI** 304–305 Cc 10
Bienenbüttel **UE** 300–301 Ec 7
Biere **SBK** 306–307 Fc 11
Bieringen *Schöntal 326–327 Dc 18
Bierlingen *Starzach 324–325 Da 21
Biessenhofen **OAL** 332–333 Ec 23
Bietigheim **RA** 324–325 Cb 20
Bietigheim-Bissingen **LB** 326–327 Db 20
Bietikow **PZ** 302–303 Ia 7
Billerbeck **COE** 304–305 Bb 11
Billigheim **MOS** 326–327 Db 18
Billroda **NEB** 314–315 Fc 13
Bilshausen **GÖ** 312–313 Eb 12
Bindsachsen *Kefenrod 318–319 Db 15
Bingen **SIG** 330–331 Db 22
Bingen am Rhein **MZ** 318–319 Ca 17
Bingerbrück *Bingen 318–319 Ca 17
Binsfeld **WIL** 317 Ba 17
Binswangen **DLG** 326–327 Ec 21
Binz, Ostseebad **RÜG** 296–297 Hc 3
Bippen **OS** 304–305 Ca 9
Birkenau **HP** 324–325 Da 18
Birkenfeld **BIR** 318–319 Bb 18
Birkenfeld **MSP** 320–321 Ea 17
Birkenfeld **PF** 324–325 Cc 20
Birkenwerder bei Berlin **OR** 308–309 Hb 8
Birnbach, Bad **PAN** 328–329 Hb 21
Birstein **HU** 318–319 Db 15
Bischberg **BA** 320–321 Fa 17
Bischoffen **LDK** 318–319 Cc 14
Bischofrod **SHL** 320–321 Ec 15
Bischofsgrün **BT** 320–321 Ga 16
Bischofsheim an der Rhön **NES** 320–321 Eb 15
Bischofsmais **REG** 328–329 Hb 20
Bischofswerda **BIW** 316 Ib 13
Bischofswiesen **BGL** 334 Ha 24
Biscopicy = Bischofswerda **BIW** 316 Ib 13
Bisingen **BL** 330–331 Da 22
Bispingen **SFA** 300–301 Eb 7
Bissendorf *Wedemark 306–307 Ea 9
Bissendorf **OS** 304–305 Cb 10
Bissingen **DLG** 326–327 Ec 20
Bissingen, Bietigheim- **LB** 326–327 Db 20
Bitburg **BIT** 317 Ac 17
Bitterfeld **BTF** 314–315 Gb 12
Bitz **BL** 330–331 Db 22
Blaichach **OA** 332–333 Eb 24
Blankenburg **WR** 312–313 Fa 11
Blankenburg, Bad **RU** 320–321 Fb 14
Blankenese *Hamburg 300–301 Ea 6
Blankenhain **WE** 314–315 Fc 14
Blankenheim **EU** 317 Ac 15
Blatzheim *Kerpen 310–311 Ac 14
Blaubeuren **UL** 332–333 Ea 21
Blaufelden **SHA** 326–327 Ea 19
Blaustein **UL** 332–333 Ea 21
Bleckede **LG** 300–301 Fa 7
Bleddin, Globig- **WB** 314–315 Ha 11
Bleialf **BIT** 317 Ab 16
Bleicherode **NDH** 312–313 Ec 12
Blender **VER** 304–305 Db 8
Blieskastel **HOM** 324–325 Bb 19
Blievenstorf **LWL** 300–301 Fc 6
Blomberg **LIP** 312–313 Db 11
Blumberg **ANG** 302–303 Ib 7
Blumberg **BER** 308–309 Hc 9
Blumberg **VS** 330–331 Cc 23
Blumenfeld *Tengen 330–331 Da 23
Blumenthal *Bremen 298–299 Cc 7
Blumenthal **PK** 302–303 Gc 7
Blunk **SE** 294–295 Eb 4
Bluno **HY** 316 Ib 12
Bobenheim-Roxheim **LU** 324–325 Cc 18
Bobenneukirchen **OVL** 322–323 Gb 15
Bobingen **A** 332–333 Fa 22
Bobitz **WIS** 300–301 Fc 5
Boblitz **CA** 316 Ia 11
Bocholt **BOR** 310–311 Ac 11
Bochum **BO** 310–311 Bb 12
Bockau **AU** 322–323 Ha 15
Bockenau **KH** 318–319 Ca 17
Bockenem **HI** 306–307 Eb 10
Bockhorn **FRI** 298–299 Cb 6
Bockhorst **EL** 298–299 Bc 7
Bocklet, Bad **KG** 320–321 Eb 16
Bockswiese (Oberharz), Hahnenklee- *Goslar 312–313 Ec 11
Bockum-Hövel *Hamm 310–311 Ca 11
Boddin **HGN** 300–301 Fb 6
Boden **WW** 318–319 Ca 15
Bodenburg *Bad Salzdetfurth 306–307 Eb 10
Bodenheim **MZ** 318–319 Cb 17
Bodenkirchen **LA** 334 Gc 21
Bodenmais **REG** 328–329 Hb 19
Bodenteich **UE** 306–307 Fa 8
Bodenwerder **HOL** 312–313 Dc 11
Bodenwöhr **SAD** 328–329 Gb 19
Bodmann-Ludwigshafen **KN** 330–331 Db 23
Bodnegg **RV** 330–331 Ea 23
Böbing **WM** 332–333 Fa 23
Böblingen **BB** 326–327 Db 20
Böhl-Iggelheim **LU** 324–325 Cb 18
Böhmenkirch **GP** 326–327 Ea 20
Böhmfeld **EI** 328–329 Fc 20
Böhmischbruck *Vohenstrauss 328–329 Gc 18
Boek **NZ** *Rechlin 302–303 Ha 6
Böklund **SL** 294–295 Dc 3
Bönen **UN** 310–311 Ca 12
Bönnigheim **LB** 326–327 Db 19
Börger **EL** 304–305 Bc 8
Börgermoor *Surwold 298–299 Bc 7
Börm **SL** 294–295 Dc 3
Börnicke **NAU** 308–309 Ha 8
Börßum **WF** 306–307 Ec 10
Bösel **CLP** 298–299 Ca 7
Bösensell *Senden 310–311 Bc 11
Bösingfeld *Extertal 304–305 Db 10
Boffzen **HOL** 312–313 Dc 11
Bogen **SR** 328–329 Ha 20
Bohmstedt **NF** 294–295 Db 3
Bohmte **OS** 304–305 Cb 9
Boiensdorf **WIS** 296–297 Fc 4
Boitzenburg **TP** 302–303 Hc 7
Boitzenhagen *Wittingen 306–307 Fa 9
Boizenburg/Elbe **HGN** 300–301 Fa 6
Bokel, Vreschen- *Apen 298–299 Ca 7
Bokel *Halle (Westfalen) 304–305 Cb 10
Bokel **CUX** 298–299 Da 6
Boll, Bad *Boll 326–327 Dc 21
Bollendorf **BIT** 317 Ac 17
Bollingstedt **SL** 294–295 Dc 3
Boltenhagen, Ostseebad **GVM** 300–301 Fb 5
Bomlitz **SFA** 306–307 Dc 8
Bondorf **BB** 324–325 Da 21
Bonn **BN** 318–319 Bb 14
Bonndorf im Schwarzwald **WT** 330–331 Cc 23
Boock **PW** 302–303 Ib 6
Bookholzberg *Ganderkesee 298–299 Cc 7
Boos **MN** 332–333 Eb 22
Booßen **FF** *Frankfurt 308–309 Ic 9
Boostedt **SE** 294–295 Eb 4
Bopfingen **AA** 326–327 Ec 20
Boppard **SIM** 318–319 Bc 16
Borchen **PB** 312–313 Da 12
Bordesholm **RD** 294–295 Eb 4
Borg *Perl 324–325 Ac 18
Borgentreich **HX** 312–313 Db 12
Borgholzhausen **GT** 304–305 Cb 10
Borghorst *Steinfurt 304–305 Bc 10
Borken **BOR** 310–311 Ba 11
Borken (Hessen) **HR** 312–313 Db 13
Borkow **STB** 302–303 Ga 6
Borkum **LER** 298–299 Ba 6
Born **HDL** 306–307 Fc 9
Borna **BNA** 314–315 Gc 13
Bornheim **SU** 310–311 Ba 14
Bornhöved **SE** 294–295 Eb 4
Borstel **DH** 304–305 Da 8
Bosau **OH** 294–295 Ec 4
Boßdorf **WB** 308–309 Ha 11
Bossow **GÜ** *Krakow am See Kurort - 302–303 Gb 6
Bostelwiebeck *Altenmedingen 300–301 Ec 7
Bottenhorn *Bad Endbach 310–311 Cc 14
Bottrop **BOT** 310–311 Ba 12
Bous **SLS** 324–325 Ba 19
Bovenden **GÖ** 312–313 Ea 12
Boxberg **TBB** 326–327 Dc 18
Boxberg **WSW** 316 Ic 12
Brachstedt **HAL** 314–315 Gb 12
Brackel *Dortmund 310–311 Bc 12
Brackel **WL** 300–301 Eb 7
Brackenheim **HN** 326–327 Db 19
Brackwede *Bielefeld 304–305 Cc 11
Braderup **NF** 294–295 Da 2
Bräunlingen **VS** 330–331 Cc 23
Brake (Unterweser) **BRA** 298–299 Cc 6
Brakel **HX** 312–313 Db 11
Brambach, Bad **OVL** 322–323 Gb 16
Bramberg *Ebern 320–321 Fa 16
Bramfeld *Hamburg 300–301 Eb 6
Bramsche **OS** 304–305 Ca 9
Bramstedt *Bassum 304–305 Da 8
Bramstedt, Bad **SE** 300–301 Ea 5
Brand **TIR** 320–321 Ga 17
Brande-Hörnerkirchen **PI** 300–301 Ea 5
Brandenburg **BRB** 306–307 Gc 9
Brand-Erbisdorf **BED** 314–315 Hb 14
Brandis **HZ** 314–315 Hb 11
Brandis **WUR** 314–315 Gc 12
Brandlecht *Nordhorn 304–305 Bb 9
Brandoberndorf *Waldsolms 318–319 Cc 15
Brandshagen **GMN** 296–297 Hb 4
Brannenburg **RO** 332–333 Gb 23
Braunfels **LDK** 318–319 Cc 15
Braunlage **GS** 312–313 Ec 11
Braunsbach **SHA** 326–327 Ea 19
Braunsbedra **MER** 314–315 Ga 13
Braunschweig **BS** 306–307 Ec 10

Brechen **LM** 318–319 Cb 15
Breckerfeld **EN** 310–311 Bc 13
Breddenberg **EL** 304–305 Bc 8
Breddin **KY** 308–309 Gb 8
Breddorf **ROW** 300–301 Db 7
Bredelar *Marsberg 312–313 Da 12
Bredenbek **RD** 294–295 Ea 4
Bredenfelde **SBG** 302–303 Hc 6
Bredereiche **GRS** 302–303 Hb 7
Bredstedt **NF** 294–295 Da 3
Bregenbach, Hammereisenbach- *Vöhrenbach 330–331 Cb 22
Brehna **BTF** 314–315 Gb 12
Breidenbach **MR** 310–311 Cc 14
Breiholz **RD** 294–295 Dc 4
Breisach am Rhein **FR** 330–331 Bc 22
Breisig, Bad **AW** 318–319 Bb 15
Breitbrunn am Ammersee *Herrsching am Ammersee 332–333 Fb 22
Breitenau, Börnersdorf- 316 Ia 14
Breitenbach *Bebra 312–313 Ea 14
Breitenbach am Herzberg **HEF** 320–321 Dc 14
Breitenberg **PA** 328–329 Ia 20
Breitenbrunn **MN** 332–333 Ec 22
Breitenbrunn **NM** 328–329 Fc 19
Breitenbrunn **SZB** 322–323 Ha 15
Breitenfelde **RZ** 300–301 Ec 6
Breitengüßbach **BA** 320–321 Fa 17
Breitenhees *Stadensen 306–307 Ec 8
Breitenworbis **WBS** 312–313 Ec 12
Breitingen, Regis- **BNA** 314–315 Gc 13
Breitungen **SM** 320–321 Ec 14
Brekendorf **RD** 294–295 Dc 3
Breloh *Munster 300–301 Eb 7
Bremen *Ense 310–311 Ca 12
Bremen **HB** 298–299 Da 7
Bremenhain **NY** *Rothenburg 316 Ka 12
Bremerhaven **HB** 298–299 Cc 6
Bremervörde **ROW** 300–301 Db 6
Bremke *Eslohe (Sauerland) 310–311 Cb 13
Bremke *Gleichen 312–313 Eb 12
Bremsdorf **EH** 308–309 Ic 10
Brennes *Bayrisch Eisenstein 328–329 Hb 19
Brensbach **ERB** 318–319 Da 17
Bresewitz **RDG** *Pruchten 296–297 Ha 3
Brest **STD** 300–301 Dc 6
Bretten **KA** 324–325 Da 19
Brettheim *Rot am See 326–327 Eb 19
Bretzfeld **KÜN** 326–327 Dc 19
Breuberg **ERB** 318–319 Db 17
Breuna **KS** 312–313 Db 12
Brieselang **NAU** 308–309 Ha 9
Briesen **FW** 308–309 Ib 9
Briesen **KW** 308–309 Ia 10
Brieske Dorf **SFB** *Brieske 316 Ia 12
Brieskow-Finkenheerd **EH** 308–309 Ic 10
Briest **HV** *Wust 306–307 Gb 9
Brigachtal **VS** 330–331 Cc 22
Brilon **HSK** 312–313 Cc 12
Brinkum *Stuhr 298–299 Da 7
Britz **EW** 308–309 Ia 8
Brockel **ROW** 300–301 Dc 7
Brockhöfe *Wriedel 300–301 Eb 7
Brodersby **SL** 294–295 Ea 3
Brodfurth *Lohkirchen 334 Gc 22
Brodowin **EW** 308–309 Ia 8
Bröckel **CE** 306–307 Eb 9
Brohl-Lützing **AW** 318–319 Bb 15
Brokdorf **IZ** 300–301 Db 5
Brokstedt **IZ** 300–301 Ea 5
Brome **GF** 306–307 Fa 9
Bromskirchen **KB** 312–313 Cc 13
Bronkow **CA** 316 Ia 11
Brook **GVM** *Elmenhorst 300–301 Fb 5
Brotterode, Kurort **SM** 312–313 Ec 14
Brual *Rhede (Ems) 298–299 Bb 7
Bruchhausen-Vilsen **DH** 304–305 Db 8
Bruchköbel **HU** 318–319 Da 16
Bruchmühlbach-Miesau **KL** 324–325 Bc 18
Bruchsal **KA** 324–325 Cc 19
Bruchstedt **LSZ** 312–313 Fa 13
Bruchweiler **BIR** 318–319 Bb 17
Bruck in der Oberpfalz **SAD** 328–329 Gb 19
Bruckberg **AN** 326–327 Fa 18
Bruckberg **LA** 328–329 Ga 21
Bruckmühl **RO** 332–333 Ga 23
Brück **BEL** 308–309 Ha 10
Brücken **BIR** 318–319 Bb 18
Brücken (Pfalz) **KUS** 324–325 Bc 18
Brückenau, Bad **KG** 320–321 Ea 16
Brüel **STB** 300–301 Ga 5
Brügge **MK** *Lüdenscheid 310–311 Bc 13
Brüggen **HI** 306–307 Ea 10
Brüggen **VIE** 310–311 Ab 13
Brühl **BM** 310–311 Ba 14
Brühl **HD** 324–325 Cc 18
Brünen *Hamminkeln 310–311 Ba 11
Brünn **HBN** 320–321 Fa 15
Brüssow **PW** 302–303 Ib 6
Brunau **SAW** 306–307 Fc 8
Brunn **NB** 302–303 Hc 5
Brunnen **ND** 326–327 Fb 21
Brunsbüttel **HEI** 300–301 Db 5
Buch *Ahorn 326–327 Dc 18
Buch **NU** 332–333 Eb 22
Buch am Erlbach **LA** 328–329 Gb 21
Buch am Forst *Lichtenfels 320–321 Fb 16
Bucha **J** 314–315 Fc 14
Buchau, Bad **BC** 330–331 Dc 22
Buchbach **MÜ** 334 Gb 22
Buchen (Odenwald) **MOS** 326–327 Db 18
Buchenbach *Mulfingen 326–327 Ea 19
Buchenbach **FR** 330–331 Cb 23
Buchenberg **OA** 332–333 Eb 23
Buchholz **NDH** 312–313 Fa 12
Buchholz, Annaberg- **ANA** 322–323 Hb 15
Buchholz bei Treuenbrietzen **P** 308–309 Ha 10
Buchholz in der Nordheide **WL** 300–301 Ea 7
Buchhorst **KLZ** 306–307 Fb 9
Buchloe **OAL** 332–333 Fa 22
Buckow **SRB** 308–309 Ib 9
Budyšin = Bautzen **BZ** 316 Ic 13
Büchel **COC** 318–319 Bb 16
Büchen **RZ** 300–301 Ec 6
Büchenbeuren **SIM** 318–319 Bb 17
Büches *Büdingen 318–319 Db 16
Büchlberg **PA** 328–329 Hc 21
Bückeburg **SHG** 304–305 Db 10
Bücken **NI** 304–305 Db 8
Bückwitz **KY** 306–307 Gc 8
Büdelsdorf **RD** 294–295 Dc 4
Büdesheim **BIT** 317 Ac 16
Büdingen **FB** 318–319 Db 16
Bühl **RA** 324–325 Cb 20
Bühlertal **RA** 324–325 Cb 20
Bühlertann **SHA** 326–327 Ea 19
Bühlerzell **SHA** 326–327 Ea 19
Bülkau **CUX** 298–299 Da 5
Bülstedt **ROW** 300–301 Db 7
Bünde **HF** 304–305 Cc 10
Buer *Gelsenkirchen 310–311 Bb 12
Buer *Melle 304–305 Cc 10
Büren **PB** 312–313 Cc 12
Bürgel **EIS** 314–315 Ga 14
Bürgstadt **MIL** 318–319 Db 17
Bürstadt **HP** 318–319 Cc 18
Büsum **HEI** 294–295 Da 4
Bützow **BÜZ** 302–303 Ga 5
Buldern *Dülmen 310–311 Bc 11
Bullay **COC** 318–319 Bb 16
Bunde **LER** 298–299 Bb 7
Bundenbach **BIR** 318–319 Bc 17
Bundenthal **PS** 324–325 Ca 19
Bunderhammrich *Dollart 298–299 Bb 7
Bundorf **HAS** 320–321 Ec 16
Burbach **BIT** 317 Ac 16
Burbach **SI** 318–319 Cb 14
Burg **CA** 316 Ib 11
Burg **HY** 316 Ic 12
Burg (Dithmarschen) **HEI** 300–301 Db 5
Burg auf Fehmarn **OH** 296–297 Fb 3
Burg bei Magdeburg **BRG** 306–307 Ga 10
Burgalben, Waldfischbach- **PS** 324–325 Bc 19
Burgau **GZ** 326–327 Ec 21
Burgbernheim **NEA** 326–327 Eb 18
Burgbrohl **AW** 318–319 Bb 15
Burgdorf **H** 306–307 Eb 9
Burgebrach **BA** 320–321 Fa 17
Burggen **WM** 332–333 Fa 23
Burggrub *Heiligenstadt in Oberfranken 320–321 Fb 17
Burghaun **FD** 320–321 Ea 14
Burghausen **AÖ** 334 Ha 22
Burgheim **ND** 326–327 Fb 20
Burgjoß *Jossgrund 320–321 Dc 16
Burgkirchen an der Alz **AÖ** 334 Ha 22
Burgkunstadt **LIF** 320–321 Fb 16
Burglengenfeld **SAD** 328–329 Gb 19
Burgpreppach **HAS** 320–321 Ec 16
Burgrieden **BC** 330–331 Ea 22
Burgsalach **WUG** 326–327 Fb 19
Burgsinn **MSP** 320–321 Dc 16
Burgstädt **C** 314–315 Ha 14
Burgstall **PAF** *Wolnzach 328–329 Fc 21
Burgstall **WMS** 306–307 Ga 9
Burg Stargard **NB** 302–303 Hb 6
Burgsteinfurt *Steinfurt 304–305 Bb 10
Burgthann **LAU** 326–327 Fb 18
Burgwedel **H** 306–307 Ea 9
Burhafe *Wittmund 298–299 Ca 6
Burhave *Butjadingen 298–299 Cc 6
Burk **AN** 326–327 Ec 19
Burkardroth **KG** 320–321 Ea 16
Burkartshain **WUR** 314–315 Ha 13
Burkersdorf **BED** 314–315 Hc 14
Burkhardtsdorf **C** 322–323 Ha 14
Burladingen **BL** 330–331 Db 22
Burlage *Rhauderfehn 298–299 Bc 7
Burow **AT** 302–303 Hb 5
Burscheid **GL** 310–311 Bb 13
Bursfelde *Hann. Münden 312–313 Dc 12
Burtenbach **GZ** 332–333 Ec 21
Busdorf **SL** 294–295 Dc 3
Buseck **GI** 318–319 Da 15
Busenwurth **HEI** 294–295 Db 4
Butjadingen **BRA** 298–299 Cc 6
Buttelstedt **WE** 314–315 Fc 13
Buttenhausen *Münsingen 330–331 Dc 21
Buttenwiesen **DLG** 326–327 Fa 21
Buttlar **SLZ** 320–321 Ea 14
Buttstädt **SÖM** 314–315 Fc 13
Butzbach **FB** 318–319 Cc 15
Buxtehude **STD** 300–301 Ea 6
Byhusen *Farven 300–301 Db 6


# C


Cadenberge **CUX** 300–301 Db 5
Cadolzburg **FÜ** 326–327 Fa 18
Calau **CA** 316 Ia 11
Calbe **SFT** 314–315 Ga 11
Calden **KS** 312–313 Dc 12
Caldern *Lahntal 312–313 Cc 14
Calmbach *Bad Wildbad im Schwarzwald 324–325 Cc 20
Calvörde **HDL** 306–307 Fb 9
Calw **CW** 324–325 Da 20
Camberg, Bad 318–319 Cb 16
Cambs **SN** 300–301 Fc 5
Camburg **J** 314–315 Ga 13
Cammin **ROS** 302–303 Gc 5
Cannstatt, Bad *Stuttgart 326–327 Db 20
Canstein *Marsberg 312–313 Da 12
Cappel *Blomberg 312–313 Da 11
Carlow **GDB** 300–301 Fa 5
Carlsfeld **AU** 322–323 Gc 15
Carmzow **PZ** 302–303 Ib 6
Carolinensiel *Wittmund 298–299 Ca 5
Carpin **NZ** 302–303 Hb 6
Carwitz **NZ** *Feldberg 302–303 Hc 7
Casekow **ANG** 302–303 Ib 7
Casel **CB** 316 Ib 11
Castrop-Rauxel **RE** 310–311 Bb 12
Celle **CE** 306–307 Eb 9
Cham **CHA** 328–329 Gc 19
Chamerau **CHA** 328–329 Ha 19
Charlottenburg *Berlin 308–309 Hb 9
Charlottenfelde **LUK** *Petkus 308–309 Hb 11
Chemnitz **C** 314–315 Ha 14
Chieming **TS** 334 Gc 23
Chorin **EW** 308–309 Ia 8
Clarholz, Herzebrock- **GT** 310–311 Cb 11
Clauen *Hohenhameln 306–307 Eb 10
Claußnitz **C** 314–315 Ha 14
Clausthal-Zellerfeld **GS** 312–313 Ec 11
Clenze **DAN** 306–307 Fa 8
Cloppenburg **CLP** 304–305 Cb 8
Coburg **CO** 320–321 Fa 16
Cochem **COC** 318–319 Bb 16
Cölbe **MR** 312–313 Da 14
Coesfeld **COE** 310–311 Bb 11
Colbitz **WMS** 306–307 Fc 10
Colditz **GRM** 314–315 Ha 13
Colmberg **AN** 326–327 Ec 18
Colnrade **OL** 304–305 Cc 8
Contwig **PS** 324–325 Bc 19
Coppenbrügge **HM** 306–307 Dc 10
Cornberg **HEF** 312–313 Ea 13
Coswig **MEI** 314–315 Hc 13
Coswig **RSL** 314–315 Gc 11
Cottbus **CB** 316 Ic 11
Crailsheim **SHA** 326–327 Eb 19
Crawinkel **ARN** 312–313 Fa 14
Creglingen **TBB** 326–327 Eb 18
Creidlitz *Coburg 320–321 Fa 16
Cremlingen **WF** 306–307 Ec 10
Creußen **BT** 320–321 Fc 17
Creuzburg **ESA** 312–313 Eb 13
Crimmitschau **WDA** 314–315 Gc 14
Crivitz **SN** 300–301 Fc 6
Crostwitz **KM** 316 Ib 13
Crottendorf **ANA** 322–323 Ha 15
Crussow **ANG** 308–309 Ib 8
Cunewalde **LÖB** 316 Ic 13
Cunnersdorf, Freitelsdorf- **GRH** 316 Ia 13
Cuxhaven **CUX** 298–299 Da 5


# D


Daaden **AK** 318–319 Ca 14
Dachau **DAH** 332–333 Fc 22
Dachrieden **MHL** 312–313 Ec 13
Dachsenhausen **EMS** 318–319 Ca 16
Dänisch Nienhof *Schwedeneck 294–295 Eb 3
Dagebüll **NF** 294–295 Da 2
Dagebüll Hafen *Dagebüll 294–295 Da 2
Dahl *Hagen 310–311 Bc 13
Dahl *Paderborn 312–313 Da 11
Dahlem **EU** 317 Ac 15
Dahlen **OZ** 314–315 Hb 12
Dahlenburg **LG** 300–301 Fa 7
Dahme **LC** 314–315 Hc 11
Dahme **OH** 296–297 Fb 4
Dahn **PS** 324–325 Ca 19
Daiting **DON** 326–327 Fa 20
Dalberg **KH** 318–319 Ca 17
Daldorf **SE** 294–295 Eb 4
Daleiden **BIT** 317 Ab 16
Dalheim *Lichtenau 312–313 Da 12
Dallau *Elztal 326–327 Db 18
Dallgow **NAU** 308–309 Hb 9
Dallmin **PER** 302–303 Ga 7
Dalum *Geeste 304–305 Bb 9
Dalwitz **TET** *Walkendorf 302–303 Gc 5
Damgarten, Ribnitz- **RDG** 296–297 Gc 4
Damme **VEC** 304–305 Cb 9
Damp **RD** 294–295 Ea 3
Damp 2000 *Damp 294–295 Eb 3
Damsdorf **SE** 294–295 Eb 4
Dangast *Varel 298–299 Cb 6
Dannau **PLÖ** 294–295 Ec 4
Dannenberg (Elbe) **DAN** 300–301 Fb 7
Dannenwalde **GRS** 302–303 Hb 7
Darchau **HGN** *Haar 300–301 Fa 7
Dardesheim **HBS** 306–307 Fa 11
Dargelin **GW** 296–297 Hc 4
Dargun **MC** 302–303 Ha 5
Darmstadt **DA** 318–319 Cc 17
Dasburg **BIT** 317 Ab 16
Dasing **AIC** 332–333 Fb 21
Dassel **NOM** 312–313 Ea 11
Dassendorf **RZ** 300–301 Ec 6
Dassow **GVM** 300–301 Fa 5
Datteln **RE** 310–311 Bc 12
Dauer **PZ** 302–303 Ia 6
Daun **DAU** 317 Ba 16
Dautphe *Dautphetal 312–313 Cc 14
Dautphetal **MR** 312–313 Cc 14
Dautzschen **TG** *Großtreben 314–315 Hb 12
Deblinghausen *Steyerberg 304–305 Da 9
Dechsendorf *Erlangen 320–321 Fa 18
Dedeleben **HBS** 306–307 Fa 10
Dedelow **PZ** 302–303 Ia 6
Dedesdorf *Loxstedt 298–299 Cc 6
Degerndorf am Inn *Brannenburg 332–333 Gb 23
Degersheim *Heidenheim 326–327 Fa 19
Deggendorf **DEG** 328–329 Ha 20
Deggingen **GP** 326–327 Ea 21
Deidesheim **DÜW** 324–325 Cb 18
Deining **NM** 328–329 Fc 19
Deinste **STD** 300–301 Dc 6
Deißlingen **RW** 330–331 Cc 22
Delbrück **PB** 312–313 Cc 11
Delitzsch **DZ** 314–315 Gc 12
Delligsen **HOL** 312–313 Ea 11
Delmenhorst **DEL** 298–299 Cc 7
Demen **SN** 302–303 Ga 6
Demerthin **KY** 308–309 Gb 8
Demmin **DM** 302–303 Hb 5
Denkendorf **EI** 328–329 Fc 20
Denkingen *Pfullendorf 330–331 Db 23
Denklingen *Reichshof 310–311 Bc 14
Denklingen **LL** 332–333 Fa 23
Denkte **WF** 306–307 Ec 10
Densow **TP** 302–303 Hc 7
Denzlingen **EM** 330–331 Ca 22
Derenburg **WR** 312–313 Fa 11
Dermbach **SLZ** 320–321 Eb 14
Derne *Dortmund 310–311 Bc 12
Derneburg *Holle 306–307 Eb 10
Dersekow **GW** 296–297 Hb 4
Dessau **DE** 314–315 Gb 11
Detmerode *Wolfsburg 306–307 Fa 9
Detmold **LIP** 312–313 Da 11
Dettelbach **KT** 320–321 Eb 17
Dettenhausen **TÜ** 326–327 Db 21
Dettenheim **KA** 324–325 Cc 19
Dettingen an der Erms **RT** 326–327 Dc 21
Dettingen unter Teck **ES** 326–327 Dc 21
Dettmannsdorf **RDG** 296–297 Gc 4
Deutenheim *Sugenheim 326–327 Ec 18
Dieblich **MYK** 318–319 Bc 16
Dieburg **DA** 318–319 Da 17
Diedorf **A** 332–333 Fa 21
Diehlo **EH** 308–309 Ic 10
Diekholzen **HI** 306–307 Ea 10
Diemannskirchen *Geisenhausen 328–329 Gb 21
Diemantstein **DLG** *Bissingen 326–327 Ec 20
Diemelsee **KB** 312–313 Da 12
Diemelstadt **KB** 312–313 Da 12
Dienstedt-Hettstedt **ARN** 314–315 Fb 14
Diepholz **DH** 304–305 Cc 9
Dierberg **NP** 302–303 Ha 7
Dierdorf **NR** 318–319 Bc 15
Diesdorf **SAW** 306–307 Fa 8
Dießen am Ammersee **LL** 332–333 Fb 23
Diestedde *Wadersloh 310–311 Cb 11
Dietelskirchen *Kröning 328–329 Gc 21
Dietenheim **UL** 332–333 Eb 22
Dietenhofen **AN** 326–327 Fa 18
Dietersburg **PAN** 328–329 Ha 21
Dietersdorf *Seßlach 320–321 Fa 16
Dietfurt an der Altmühl **NM** 328–329 Fc 19
Dietges **FD** *Hilders 320–321 Ea 15
Dietharz, Tambach- **GTH** 312–313 Ec 14
Dietkirchen *Pilsach 328–329 Fc 19
Dietmannsried **OA** 332–333 Eb 23
Dietramszell **TÖL** 332–333 Fc 23
Dietzenbach **OF** 318–319 Da 16
Dietzhausen **SHL** 320–321 Ec 15
Diez **EMS** 318–319 Cb 15
Dillenburg **LDK** 318–319 Cb 14
Dillingen (Saar) **SLS** 324–325 Ba 18
Dillingen an der Donau **DLG** 326–327 Ec 21
Dingelstädt **WBS** 312–313 Eb 13
Dingelstedt am Huy **HBS** 306–307 Fa 11
Dingolfing **DGF** 328–329 Gc 21
Dingsleben **HBN** 320–321 Ec 15
Dinkelsbühl **AN** 326–327 Eb 19
Dinkelscherben **A** 332–333 Ec 21
Dinklage **VEC** 304–305 Cb 8
Dinslaken **WES** 310–311 Ba 12
Dipperz **FD** 320–321 Ea 15
Dippoldiswalde **DW** 316 Ia 14
Dirlewang **MN** 332–333 Ec 22
Dirmingen *Eppelborn 324–325 Bb 18
Dischingen **HDH** 326–327 Ec 20
Dissen am Teutoburger Wald **OS** 304–305 Cb 10
Dissenchen **CB** 316 Ic 11
Dittenheim **WUG** 326–327 Fa 19
Ditzenbach, Bad **GP** 326–327 Ea 21
Ditzum *Jemgum 298–299 Bb 7
Dobbertin **LBZ** 302–303 Gb 6
Doberan, Bad **DBR** 296–297 Ga 4
Doberlug-Kirchhain **FI** 314–315 Hc 12
Dobia **ZR** 322–323 Gb 15
Dobritz **ZE** 306–307 Gb 10
Dockweiler **DAU** 317 Ba 16
Dodenhausen *Haina (Kloster) 312–313 Db 13
Döbbrick **CB** 316 Ic 11
Döbeln **DL** 314–315 Hb 13
Döbern **FOR** 316 Ic 12
Döbrichau **TG** 314–315 Hb 12
Döllbach **FD** *Eichenzell 320–321 Ea 15
Döllstädt **EF** 312–313 Fa 13
Dömitz **LWL** 300–301 Fb 7
Dönges **SLZ** 312–313 Eb 14
Dörenthe *Ibbenbüren 304–305 Ca 10
Dörentrup **LIP** 304–305 Db 10
Dörpen **EL** 304–305 Bb 8
Dörpstedt **SL** 294–295 Dc 3
Dörrenbach **SÜW** 324–325 Ca 19
Dörrmoschel **KIB** 318–319 Ca 18
Dörverden **VER** 304–305 Db 8
Dörzbach **KÜN** 326–327 Ea 18
Dötlingen **OL** 304–305 Cc 8
Döttingen *Herresbach 318–319 Bb 15
Dohren **EL** 304–305 Bc 9
Dolberg *Ahlen 310–311 Ca 11
Dolgelin **SEE** 308–309 Ic 9
Dolle **WMS** 306–307 Fc 9
Dollern **STD** 300–301 Dc 6
Dollnstein **EI** 326–327 Fb 20
Dommershausen **SIM** 318–319 Bc 16
Dommitzsch **TG** 314–315 Ha 12
Donaueschingen **VS** 330–331 Cc 23
Donauwörth **DON** 326–327 Fa 20
Donnersdorf **SW** 320–321 Ec 17
Donzdorf **GP** 326–327 Ea 20
Dorfen **ED** 332–333 Gb 22
Dorfhagen *Hagen im Bremischen 298–299 Cc 6
Dorfmark *Fallingbostel 306–307 Ea 8
Dormagen **NE** 310–311 Ba 13
Dornburg **J** 314–315 Fc 13
Dorndorf **SLZ** 312–313 Eb 14
Dornhan **RW** 330–331 Cc 21
Dornhausen *Theilenhofen 326–327 Fa 19
Dornstadt **UL** 326–327 Ea 21
Dornstetten **FDS** 324–325 Cc 21
Dornum **AUR** 298–299 Bc 6
Dornumersiel **AUR** 298–299 Bc 5
Dorste *Osterode am Harz 312–313 Eb 11
Dorsten **RE** 310–311 Ba 12
Dortmund **DO** 310–311 Bc 12
Dorum **CUX** 298–299 Cc 5
Dossenheim **HD** 324–325 Da 18
Drachhausen **CB** 308–309 Ib 11
Drackenstein **GP** 326–327 Ea 21
Drage **WL** 300–301 Eb 6
Drahnsdorf **LC** 308–309 Hc 11
Drangstedt **CUX** 298–299 Da 6
Dransfeld **GÖ** 312–313 Ea 12
Dranske **RÜG** 296–297 Hb 3
Drebber **DH** 304–305 Cc 8
Drebkau **CB** 316 Ib 12
Dreggers **SE** 300–301 Ec 5
Dreieich **OF** 318–319 Da 16
Dreilingen *Eimke 306–307 Ec 8
Dreis *Dreis-Brück 317 Ba 16
Dreis **WIL** 317 Ba 17
Dreisen **KIB** 318–319 Cb 18
Drelsdorf **NF** 294–295 Db 3
Drense **PZ** 302–303 Ia 7
Drensteinfurt **WAF** 310–311 Ca 11
Drentwede **DH** 304–305 Cc 8
Dresden **DD** 316 Ia 13
Drewitz **BRG** 306–307 Gb 10
Driburg, Bad **HX** 312–313 Db 11
Driedorf **LDK** 318–319 Cb 15
Drievorden *Engden 304–305 Bb 9
Drochtersen **STD** 300–301 Dc 5
Drognitz **SLF** 320–321 Fc 15
Drolshagen **OE** 310–311 Ca 13
Dubrow **EH** *Müllrose 308–309 Ic 10
Ducherow **ANK** 302–303 Ia 5
Dudenhofen **LU** 324–325 Cc 19
Duderstadt **GÖ** 312–313 Eb 12
Düben, Bad **EB** 314–315 Gc 12
Dülken *Viersen 310–311 Ab 13
Dülmen **COE** 310–311 Bb 11
Dümpelfeld **AW** 317 Ba 15
Dünzling *Bad Abbach 328–329 Gb 20
Dürbheim **TUT** 330–331 Da 22
Düren **DN** 310–311 Ac 14
Dürkheim, Bad **DÜW** 324–325 Cb 18
Dürmentingen **BC** 330–331 Dc 22
Dürrenberg, Bad **MER** 314–315 Gb 13
Dürrheim, Bad **VS** 330–331 Cc 22
Dürrwangen **AN** 326–327 Ec 19
Düsseldorf **D** 310–311 Ba 13
Duhnen *Cuxhaven 298–299 Cc 5
Duisburg **DU** 310–311 Ba 12
Dunsum **NF** 294–295 Cc 2
Durach **OA** 332–333 Ec 23
Durbach **OG** 324–325 Cb 21
Durlach *Karlsruhe 324–325 Cc 20
Durmersheim **RA** 324–325 Cb 20
Dußlingen **TÜ** 326–327 Db 21
Duvenstedt *Hamburg 300–301 Eb 5


# E


Ebeleben **SDH** 312–313 Fa 13
Ebensfeld **LIF** 320–321 Fa 16
Eberbach **HD** 326–327 Da 18
Ebergötzen **GÖ** 312–313 Eb 12
Eberhardzell **BC** 330–331 Ea 22
Ebermannstadt **FO** 320–321 Fb 17
Ebern **HAS** 320–321 Fa 16
Ebernburg, Bad Münster am Stein- **KH** 318–319 Ca 17
Ebersbach **GHA** 314–315 Ha 13
Ebersbach (Habrachcicy) **LÖB** 316 Ic 13
Ebersbach an der Fils **GP** 326–327 Dc 20
Ebersberg **EBE** 332–333 Ga 22
Ebersburg **FD** 320–321 Ea 15
Ebersdorf **LBS** 320–321 Ga 15
Ebersdorf **ROW** 300–301 Db 6
Ebersdorf bei Coburg **CO** 320–321 Fb 16
Eberswalde-Finow **EW** 308–309 Ia 8
Ebrach *Pfaffing 332–333 Gb 22
Ebrach **BA** 320–321 Ec 17
Ebsdorf *Ebsdorfergrund 318–319 Da 14
Ebsdorfergrund **MR** 318–319 Da 14
Ebstorf **UE** 300–301 Ec 7
Eching **FS** 332–333 Fc 22
Echte *Kalefeld 312–313 Eb 11
Echterdingen, Leinfelden- **ES** 326–327 Db 20
Echternacherbrück **BIT** 317 Ac 17
Eckartsberga **NMB** 314–315 Fc 13
Eckernförde **RD** 294–295 Ea 3
Eckersdorf **BT** 320–321 Fc 17
Eckolstädt **APD** 314–315 Fc 13
Eckwarden *Butjadingen 298–299 Cb 6
Eckwarderhörne *Butjadingen 298–299 Cb 6
Eckweisbach *Hilders 320–321 Ea 15
Eddelak **HEI** 300–301 Db 5
Edelsfeld **AS** 328–329 Ga 18
Edelshausen *Schrobenhausen 326–327 Fb 21
Edemissen **PE** 306–307 Eb 9
Edenkoben **SÜW** 324–325 Cb 19
Edermünde **HR** 312–313 Dc 13
Edertal **KB** 312–313 Db 13
Edesheim **SÜW** 324–325 Cb 19
Edewecht **WST** 298–299 Ca 7
Edewechterdamm *Friesoythe 298–299 Ca 7
Edling **RO** 332–333 Gb 22
Effelsberg *Bad Münstereifel 317 Ba 15
Effeltrich **FO** 320–321 Fb 18
Efringen-Kirchen **LÖ** 330–331 Bc 23
Egeln **SFT** 314–315 Fc 11
Egern, Rottach- **MB** 332–333 Ga 23
Egesheim **TUT** 330–331 Da 22
Egestorf *Barsinghausen 306–307 Dc 10
Egestorf **WL** 300–301 Eb 7
Egg *Bernried 328–329 Ha 20
Egg an der Günz **MN** 332–333 Eb 22
Eggenfelden **PAN** 328–329 Ha 21
Eggenthal **OAL** 332–333 Ec 23
Eggersdorf bei Strausberg **SRB** 308–309 Ia 9
Eggesin **UEM** 302–303 Ib 5
Eggingen **WT** 330–331 Cc 23
Egglham **PAN** 328–329 Hb 21
Eglkofen **MÜ** 334 Gc 21
Eggmühl *Schierling 328–329 Gb 20
Eggolsheim **FO** 320–321 Fb 17
Eggstätt **RO** 334 Gc 23
Eging am See **PA** 328–329 Hb 20

Egling TÖL 332–333 Fc 23
Egling an der Paar LL 332–333 Fa 22
Eglingen *Dischingen 326–327 Ec 20
Egloffstein FO 320–321 Fb 17
Eglofs *Argenbühl 330–331 Ea 23
Ehekirchen ND 326–327 Fb 21
Ehingen AN 326–327 Ec 19
Ehingen (Donau) UL 330–331 Ea 22
Ehlershausen *Burgdorf 306–307 Eb 9
Ehra-Lessien GF 306–307 Fa 9
Ehrenberg (Rhön) FD 320–321 Eb 15
Ehrenburg DH 304–305 Da 8
Ehrenfriedersdorf ZP 322–323 Ha 15
Ehrenkirchen FR 330–331 Ca 23
Ehringshausen LDK 318–319 Cc 15
Eibau LÖB 316 Ic 14
Eibelshausen *Eschenburg 310–311 Cc 14
Eibenstock AU 322–323 Gc 15
Eibsee (Gasthaus) *Grainau 332–333 Fa 24
Eich AZ 318–319 Cc 17
Eichenau FFB 332–333 Fb 22
Eichenbarleben WMS 306–307 Fc 10
Eichenbühl MIL 318–319 Dc 17
Eichendorf DGF 328–329 Ha 21
Eichenzell FD 320–321 Ea 15
Eichhorst BER 308–309 Hc 8
Eichsen, Mühlen GDB 300–301 Fb 5
Eichstätt EI 326–327 Fb 20
Eichstetten FR 330–331 Ca 22
Eickendorf SBK 314–315 Ga 11
Eicklingen CE 306–307 Eb 9
Eifa *Alsfeld 318–319 Dc 14
Eigeltingen KN 330–331 Da 23
Eigenrieden MHL 312–313 Eb 13
Eikeloh *Erwitte 310–311 Cc 12
Eilenburg EB 314–315 Gc 12
Eilsleben WZL 306–307 Fb 10
Eilsum *Krummhörn 298–299 Bb 6
Eimke UE 306–307 Eb 8
Einbeck NOM 312–313 Ea 11
Eining *Neustadt an der Donau 328–329 Ga 20
Einöd *Homburg 324–325 Bb 19
Eisenach ESA 312–313 Eb 14
Eisenbach (Hochschwarzwald) FR 330–331 Cb 23
Eisenberg EIS 314–315 Ga 14
Eisenberg (Pfalz) KIB 324–325 Cb 18
Eisenhüttenstadt EH 308–309 Ic 10
Eisfeld HBN 320–321 Fa 15
Eishausen HBN 320–321 Fa 15
Eisleben, Lutherstadt EIL 314–315 Fc 12
Eislingen/Fils GP 326–327 Ea 20
Eitensheim EI 326–327 Fb 20
Eiterfeld FD 320–321 Ea 14
Eitorf SU 310–311 Bc 14
Eitra *Hauneck 312–313 Ea 14
Eitting ED 332–333 Ga 21
Elberfeld *Wuppertal 310–311 Bb 13
Elbergen *Emsbüren 304–305 Bb 9
Elbingerode WR 312–313 Fa 11
Elchingen NU 326–327 Eb 21
Elchingen auf dem Härtsfeld AA *Neresheim 326–327 Eb 20
Eldagsen *Springe 306–307 Dc 10
Eldena LWL 300–301 Fc 7
Eldingen CE 306–307 Ec 8
Elend WR 312–313 Fa 11
Ellefeld AE 322–323 Gc 15
Ellerau SE 300–301 Ea 5
Ellingen WUG 326–327 Fa 19
Ellrich NDH 312–313 Fa 12
Ellwangen *Rot an der Rot 330–331 Ea 23
Ellwangen (Jagst) AA 326–327 Eb 20
Elm *Bremervörde 300–301 Db 6
Elmenhorst OD 300–301 Eb 5
Elmshorn PI 300–301 Dc 5
Elmstein DÜW 324–325 Ca 18
Elpersbüttel HEI 294–295 Db 4
Elpersdorf *Ansbach 326–327 Ec 19
Elsdorf BM 310–311 Ac 14
Elsdorf ROW 300–301 Dc 7
Elsenfeld MIL 318–319 Db 17
Elsenz *Eppingen 324–325 Da 19
Elsfleth BRA 298–299 Cc 7
Elsheim, Stadecken- MZ 318–319 Cb 17
Elspe *Lennestadt 310–311 Cb 13
Elsterberg RC 322–323 Gb 15
Elsterwerda LIB 314–315 Hc 12
Elstorf *Neu Wulmstorf 300–301 Ea 6
Elstra KM 316 Ib 13
Eltmann HAS 320–321 Fa 17
Eltville am Rhein RÜD 318–319 Cb 16
Elversberg, Spiesen- NK 324–325 Bb 19
Elxleben EF 312–313 Fa 13
Elz LM 318–319 Cb 15
Elzach EM 330–331 Cb 22
Elze HI 306–307 Ea 10
Elztal MOS 326–327 Db 18
Embsen LG 300–301 Ec 7
Emden EMD 298–299 Bb 6
Emkendorf RD 294–295 Ea 4
Emlichheim NOH 304–305 Ba 9
Emmelshausen SIM 318–319 Bc 16
Emmendingen EM 330–331 Ca 22
Emmerich KLE 310–311 Ab 11
Emmerthal HM 306–307 Dc 10
Emmingen-Liptingen TUT 330–331 Da 23
Empfingen FDS 330–331 Da 21
Ems, Bad EMS 318–319 Ca 15
Emsbüren EL 304–305 Bb 9
Emsdetten ST 304–305 Bc 10
Emskirchen NEA 326–327 Fa 18
Emstal KS 312–313 Db 13
Emstek CLP 304–305 Cb 8
Emtinghausen VER 304–305 Da 8
Endingen EM 330–331 Ca 22
Endlhausen *Egling 332–333 Fc 23
Endorf, Bad RO 334 Gb 23
Engelsberg TS 334 Gc 22
Engelskirchen GM 310–311 Bc 14
Engen KN 330–331 Da 23
Enger HF 304–305 Cc 10
Enge-Sande NF 294–295 Da 2
Engstingen RT 330–331 Db 21
Engter *Bramsche 304–305 Cb 9
Eningen unter Achalm RT 330–331 Db 21
Enkenbach-Alsenborn KL 324–325 Ca 18
Ennepetal EN 310–311 Bc 13
Ennigerloh WAF 310–311 Cb 11
Ensdorf AS 328–329 Ga 18
Ense SO 310–311 Ca 12
Entringen *Ammerbuch 324–325 Da 21
Enzklösterle CW 324–325 Cc 20
Enzlar *Markt Bibart 320–321 Ec 17
Epe *Gronau (Westfalen) 304–305 Bb 10
Eppelborn NK 324–325 Ba 18
Eppelheim HD 324–325 Cc 18
Eppenbrunn PS 324–325 Bc 19
Eppendorf FLÖ 314–315 Hb 14
Eppensen, Tätendorf- *Barum 300–301 Ec 7
Eppertshausen DA 318–319 Da 17
Eppingen HN 324–325 Da 19
Erbach ERB 318–319 Db 18
Erbach UL 332–333 Ea 21
Erbendorf TIR 322–323 Gb 17
Erbisdorf, Brand- BED 314–315 Hb 14
Erda *Hohenahr 318–319 Cc 14
Erding ED 332–333 Ga 22
Erdmannsdorf FLÖ 314–315 Hb 14
Erdweg DAH 332–333 Fb 22
Erfde SL 294–295 Db 4
Erftstadt BM 310–311 Ba 14
Erfurt EF 312–313 Fb 14
Ergenzingen *Rottenburg am Neckar 324–325 Da 21
Ergersheim NEA 326–327 Eb 18
Ergolding LA 328–329 Gb 21
Ergoldsbach LA 328–329 Gb 20
Erharting MÜ 334 Gc 22
Eriskirch FN 330–331 Dc 24
Erkelenz HS 310–311 Ab 13
Erkenschwick, Oer- RE 310–311 Bb 12
Erkrath ME 310–311 Ba 13
Erlangen ER 326–327 Fb 18
Erlau RL 314–315 Ha 13
Erlau SHL *Sankt Kilian 320–321 Fa 15
Erlenbach am Main MIL 318–319 Db 17
Erlensee HU 318–319 Da 16
Ermershausen *Maroldsweisach 320–321 Ec 16
Ermsleben ASL 314–315 Fc 11
Erndtebrück SI 310–311 Cb 14
Ernsthausen *Burgwald 312–313 Da 14
Ernsttal *Mudau 326–327 Db 18
Ernstthal, Hohenstein- HOT 314–315 Ha 14
Erolzheim BC 332–333 Eb 22
Erp *Erftstadt 310–311 Ba 14
Ersrode *Ludwigsau 312–313 Dc 14
Ertingen BC 330–331 Dc 22
Erwitte SO 310–311 Cc 12
Erxleben HDL 306–307 Fb 10
Erzgrube *Seewald 324–325 Cc 21
Erzingen *Klettgau 330–331 Cc 23
Eschach *Ravensburg 330–331 Dc 23
Eschach AA 326–327 Ea 20
Eschau MIL 318–319 Db 17
Eschbach SÜW 324–325 Cb 19
Eschbronn RW 330–331 Cc 22
Esche NOH 304–305 Ba 9
Eschebrügge *Laar 304–305 Ba 9
Eschede CE 306–307 Eb 8
Eschenbach in der Oberpfalz NEW 320–321 Ga 17
Eschenau *Eckental 326–327 Fb 18
Eschenbach *Pommelsbrunn 328–329 Fc 18
Eschenburg LDK 310–311 Cc 14
Eschenlohe GAP 332–333 Fb 24
Eschenrod *Schotten 318–319 Db 15
Eschershausen HOL 312–313 Dc 11
Eschlkam CHA 328–329 Hb 19
Eschwege ESW 312–313 Eb 13
Eschweiler AC 310–311 Ab 14
Esens WTM 298–299 Bc 6
Esenshamm *Nordenham 298–299 Cc 6
Eslarn NEW 322–323 Gc 18
Eslohe (Sauerland) HSK 310–311 Cb 13
Espelkamp MI 304–305 Cc 9
Espenau KS 312–313 Dc 12
Esperstoft *Silberstedt 294–295 Db 3
Essen E 310–311 Bb 12
Essen (Oldenburg) CLP 304–305 Ca 8
Essen, Bad OS 304–305 Cc 10
Essenbach LA 328–329 Gb 21
Essern *Diepenau 304–305 Da 9
Essig *Swisttal 317 Ba 15
Essing KEH 328–329 Ga 20
Essingen AA 326–327 Eb 20
Eßleben *Werneck 320–321 Eb 17
Esslingen am Neckar ES 326–327 Dc 20
Esterholz *Wrestedt 306–307 Ec 8
Esterwegen EL 304–305 Bc 8
Estorf STD 300–301 Db 6
Etgersleben SFT 306–307 Fc 11
Ettal GAP 332–333 Fb 24
Ettenbeuren *Kammeltal 326–327 Ec 21
Ettenheim OG 330–331 Ca 22
Ettenstatt WUG 326–327 Fb 19
Etterzhausen *Nittendorf 328–329 Ga 19
Ettlingen KA 324–325 Cc 20
Ettringen MN 332–333 Ec 22
Euerdorf KG 320–321 Eb 16
Euerhausen *Giebelstadt 320–321 Ea 18
Euskirchen EU 317 Ba 15
Eußenhausen *Mellrichstadt 320–321 Eb 15
Eußenheim MSP 320–321 Ea 17
Eutin OH 294–295 Ec 4
Eutzsch WB 314–315 Gc 11
Evendorf *Egestorf 300–301 Eb 7
Everswinkel WAF 310–311 Ca 11
Ewersbach *Dietzhölztal 310–311 Cb 14
Extertal LIP 304–305 Db 10
Eybach *Geislingen an der Steige 326–327 Ea 21
Eydelstedt DH 304–305 Cc 8
Eystrup NI 304–305 Db 8

# F

Fahrenhorst *Stuhr 304–305 Da 8
Fahrenzhausen FS 332–333 Fc 21
Fahrland P 308–309 Hb 9
Falkenberg PAN 328–329 Ha 21
Falkenberg TIR 322–323 Gb 17
Falkenberg/Elster HZ 314–315 Hb 12
Falkenhain WUR 314–315 Ha 12
Falkensee NAU 308–309 Hb 9
Falkenstein AE 322–323 Gc 15
Falkenstein CHA 328–329 Gc 19
Falkenthal GRS 308–309 Hb 8
Fall *Lenggries 332–333 Fc 24
Fallingbostel SFA 306–307 Ea 8
Farchant GAP 332–333 Fb 24
Fargau *Fargau- Pratjau 294–295 Ec 4
Farge *Bremen 298–299 Cc 7
Farnroda ESA 312–313 Ec 14
Farrach *Pfaffing 332–333 Gb 22
Faßberg CE 306–307 Eb 8
Faulenrost MC 302–303 Ha 6
Fechenbach *Collenberg 318–319 Db 17
Fehrbellin NP 308–309 Ha 8
Fehrow CB 316 Ib 11
Feilnbach, Bad RO 332–333 Gb 23
Felchow ANG 302–303 Ib 7
Feldafing STA 332–333 Fb 23
Feldberg NZ 302–303 Hc 7
Feldberg (Schwarzwald) FR 330–331 Cb 23
Feldkirchen M 332–333 Ga 22
Feldkirchen-Westerham RO 332–333 Ga 23
Fellbach WN 326–327 Db 20
Fellen MSP 320–321 Dc 16
Felsberg HR 312–313 Dc 13
Ferchland GNT 306–307 Gb 9
Fernwald GI 318–319 Da 15
Fesselsdorf *Weismain 320–321 Fb 16
Fessenheim *Wechingen 326–327 Ec 20
Feucht LAU 326–327 Fb 18
Feuchtwangen AN 326–327 Eb 19
Fichtenau SHA 326–327 Eb 19
Fichtenberg SHA 326–327 Ea 20
Fickmühlen *Bederkesa 298–299 Da 6
Fiestel *Espelkamp 304–305 Cc 9
Filderstadt ES 326–327 Db 20
Filsum LER 298–299 Bc 7
Finkenheerd, Brieskow- EH 308–309 Ic 10
Finnentrop OE 310–311 Ca 13
Finning LL 332–333 Fb 22
Finowfurt EW 308–309 Ia 8
Finsterwalde FI 314–315 Ia 12
Fischach A 332–333 Ec 22
Fischbach *Nittenau 328–329 Gb 19
Fischbach BIR 318–319 Bc 17
Fischbach bei Dahn PS 324–325 Ca 19
Fischbachau MB 332–333 Ga 23
Fischbachtal DA 318–319 Da 17
Fischbek *Hamburg 300–301 Ea 6
Fischen im Allgäu OA 332–333 Eb 24
Fischerhude *Ottersberg 300–301 Db 7
Flachslanden AN 326–327 Ec 18
Flachstöckheim *Salzgitter 306–307 Ec 10
Fladungen NES 320–321 Eb 15
Flamersheim *Euskirchen 317 Ba 15
Flammersfeld AK 318–319 Bc 15
Flechtdorf *Diemelsee 312–313 Da 13
Flechtingen HDL 306–307 Fb 10
Fleck *Lenggries 332–333 Fc 24
Fleckeby RD 294–295 Ea 3
Flecken Zechlin NP 302–303 Ha 7
Fleetmark SAW 306–307 Fc 8
Flemendorf HST *Groß Kordshagen 296–297 Ha 4
Flensburg FL 294–295 Dc 2
Flensungen *Mücke 318–319 Db 15
Flessau OBG 306–307 Ga 8
Flieden FD 320–321 Dc 15
Flinsberg HIG 312–313 Eb 13
Flintbek RD 294–295 Eb 4
Flöha FLÖ 314–315 Hb 14
Flörsbach *Flörsbachtal 320–321 Dc 16
Flörsbachtal HU 320–321 Dc 16
Flomborn AZ 318–319 Cb 17
Florstadt FB 318–319 Da 16
Floß NEW 322–323 Gb 17
Flossenbürg NEW 322–323 Gc 17
Fluorn-Winzeln RW 330–331 Cc 22
Fockbek RD 294–295 Dc 4
Förderstedt SFT 314–315 Fc 11
Förste *Osterode am Harz 312–313 Eb 11
Förtschendorf *Pressig 320–321 Fc 15
Folbern GRH 314–315 Hc 13
Folmhusen *Westoverledingen 298–299 Bc 7
Forbach RA 324–325 Cc 20
Forchheim *Rheinstetten 324–325 Cb 20
Forchheim FO 320–321 Fb 17
Forchtenberg KÜN 326–327 Dc 19
Forlitz-Blaukirchen *Südbrookmerland 298–299 Bb 6
Forst FOR 316 Ic 11
Forst KA 324–325 Cc 19
Forsthaus Oderhaus 312–313 Ec 11
Forstinning EBE 332–333 Ga 22
Forth *Eckental 326–327 Fb 18
Frammersbach MSP 320–321 Dc 16
Frankenau KB 312–313 Da 13
Frankenberg HC 314–315 Hb 14
Frankenberg (Eder) KB 312–313 Da 13
Frankenhausen, Bad ART 312–313 Fb 12
Frankenheim MGN 320–321 Eb 15
Frankenstein KL 324–325 Ca 18
Frankenthal (Pfalz) FT 324–325 Cb 18
Frankershausen *Berkatal 312–313 Ea 13
Frankfurt/Oder FF 308–309 Ic 9
Frankfurt am Main F 318–319 Da 16
Franzburg HST 296–297 Ha 4
Frasdorf RO 334 Gb 23
Frauenau REG 328–329 Hb 20
Frauenhagen ANG 302–303 Ib 7
Fraunberg ED 332–333 Ga 21
Frechen BM 310–311 Ba 14
Freckenhorst *Warendorf 310–311 Ca 11
Fredeburg *Schmallenberg 310–311 Cb 13
Fredelsloh *Moringen 312–313 Ea 11
Freden (Leine) HI 312–313 Ea 11
Fredersdorf SRB 308–309 Ia 9
Freest WLG *Kröslin 296–297 Ia 4
Freiahorn *Ahorntal 320–321 Fc 17
Freiamt EM 330–331 Ca 22
Freiberg FG 314–315 Hc 14
Freiberg am Neckar LB 326–327 Db 20
Freiburg (Elbe) STD 300–301 Db 5
Freiburg im Breisgau FR 330–331 Ca 23
Freiensen *Laubach 318–319 Db 15
Freiensteinau VB 320–321 Dc 15
Freigericht HU 318–319 Db 16
Freihung AS 320–321 Ga 18
Freilassing BGL 334 Ha 23
Frei-Laubersheim KH 318–319 Ca 17
Freilingen WW 318–319 Ca 15
Freimersheim (Pfalz) SÜW 324–325 Cb 19
Freiolsheim *Gaggenau 324–325 Cc 20
Freisen WND 324–325 Bb 18
Freising FS 332–333 Ga 21
Freistett *Rheinau 324–325 Ca 20
Freital FTL 314–315 Hc 14
Freitelsdorf-Cunnersdorf GRH 316 Ia 13
Fremdingen DON 326–327 Ec 20
Frensdorf BA 320–321 Fa 17
Freren EL 304–305 Bc 9
Fretter *Finnentrop 310–311 Cb 13
Freudenberg AS 328–329 Ga 18
Freudenberg SI 310–311 Ca 14
Freudenberg TBB 318–319 Db 17
Freudenstadt FDS 324–325 Cc 21
Freyburg NEB 314–315 Ga 13
Freystadt NM 326–327 Fb 19
Freyung FRG 328–329 Hc 20
Frickenhausen ES 326–327 Dc 21
Fridingen an der Donau TUT 330–331 Da 22
Fridolfing TS 334 Ha 23
Friedberg AIC 332–333 Fa 21
Friedberg (Hessen) FB 318–319 Da 15
Friedeburg HET 314–315 Ga 12
Friedeburg WTM 298–299 Ca 6
Friedenfels TIR 322–323 Gb 17
Friedersdorf KW 308–309 Ia 10
Friedewalde *Petershagen 304–305 Da 9
Friedland BSK 308–309 Ib 10
Friedland GÖ 312–313 Ea 12
Friedland NB 302–303 Hc 5
Friedrichroda GTH 312–313 Ec 14
Friedrichsdorf HG 318–319 Cc 16
Friedrichshafen FN 330–331 Dc 23
Friedrichshall, Bad HN 326–327 Db 19
Friedrichskoog HEI 294–295 Da 4
Friedrichsrode SDH 312–313 Ec 12
Friedrichstadt NF 294–295 Db 3
Friedrichswalde EW 302–303 Ia 7
Friedrichswerth GTH 312–313 Ec 13
Frielendorf HR 312–313 Db 14
Frielingen *Garbsen 306–307 Dc 9
Friesack NAU 306–307 Gc 8
Friesenheim OG 330–331 Ca 21
Friesenried OAL 332–333 Ec 23
Friesoythe CLP 298–299 Ca 7
Fritzlar HR 312–313 Db 13
Fröndenberg UN 310–311 Ca 12
Frohburg GHA 314–315 Gc 13
Frohndorf SÖM 314–315 Fb 13
Frohnhofen KUS 324–325 Bb 18
Fronhausen MR 318–319 Da 14
Fronreute RV 330–331 Dc 23
Frontenhausen DGF 328–329 Gc 21
Fuchsmühl TIR 322–323 Gb 17
Fuchsstadt KG 320–321 Ea 16
Fuchstal LL 332–333 Fa 23
Füchtorf *Sassenberg 304–305 Cb 10
Fürstenau *Höxter 312–313 Db 11
Fürstenau OS 304–305 Ca 9
Fürstenberg *Wünnenberg 312–313 Da 12
Fürstenfeldbruck FFB 332–333 Fb 22
Fürstenstein PA 328–329 Hb 20
Fürstenwalde FW 308–309 Ib 9
Fürstenwerder PZ 302–303 Hc 6
Fürstenzell PA 328–329 Hb 21
Fürstlich Drehna LC 316 Ia 11
Fürth FÜ 326–327 Fa 18
Fürth HP 318–319 Da 18
Fürth am Berg *Neustadt bei Coburg 320–321 Fb 16
Füssen OAL 332–333 Fa 24
Füssing, Bad PA 328–329 Hb 21
Fuhlendorf RDG 296–297 Gc 3
Fuhrberg *Burgwedel 306–307 Ea 9
Fulda FD 320–321 Ea 15
Fuldabrück KS 312–313 Dc 13
Fuldatal KS 312–313 Dc 12
Furth LA 328–329 Gb 21
Furth im Wald CHA 328–329 Ha 19
Furtwangen im Schwarzwald VS 330–331 Cb 22

# G

Gablingen A 326–327 Fa 21
Gadebusch GDB 300–301 Fb 5
Gadow WK 302–303 Gc 7
Gärtringen BB 324–325 Da 21
Gaggenau RA 324–325 Cb 20
Gahro FI 314–315 Ia 11
Gaildorf SHA 326–327 Ea 19
Gaimersheim EI 328–329 Fc 20
Gaisthal *Schönsee 328–329 Gc 18
Gallin LBZ 302–303 Gb 6
Gammellund *Bollingstedt 294–295 Dc 3
Gammelsdorf FS 328–329 Ga 21
Gammertingen SIG 330–331 Db 22
Gamstädt EF 312–313 Fa 14
Ganacker *Pilsting 328–329 Ha 20
Ganderkesee OL 298–299 Cc 7
Gandersheim, Bad NOM 312–313 Eb 11
Gandesbergen NI 304–305 Db 8
Gangelt HS 310–311 Aa 14
Gangkofen PAN 328–329 Gc 21
Gansheim *Marxheim 326–327 Fa 20
Ganzlin LBZ 302–303 Gb 6
Garbsen H 306–307 Dc 9
Garching an der Alz AÖ 334 Gc 22
Garching bei München M 332–333 Ga 22
Gardelegen GA 306–307 Fc 9
Garding NF 294–295 Da 4
Garitz ZE *Bornum 308–309 Gb 11
Garlstedt *Osterholz-Scharmbeck 298–299 Da 7
Garlstorf *Bleckede 300–301 Ec 6
Garlstorf WL 300–301 Eb 7
Garmisch-Partenkirchen GAP 332–333 Fb 24
Garrel CLP 304–305 Cb 8
Gars am Inn MÜ 334 Gb 22
Garstedt WL 300–301 Eb 7
Gartow DAN 300–301 Fc 7
Gartz ANG 302–303 Ic 7
Garz PK *Hoppenrade 302–303 Gb 7
Garz RÜG 296–297 Hc 4
Garzau SRB 308–309 Ia 9
Gattendorf HO 320–321 Ga 16
Gau-Algesheim MZ 318–319 Cb 17
Gauaschach KG *Hammelburg 320–321 Ea 16
Gauernitz MEI 314–315 Hc 13
Gau-Odernheim AZ 318–319 Cb 17
Gaußig BZ 316 Ib 13
Gauting STA 332–333 Fc 22
Gebenbach AS 328–329 Ga 18
Gebesee EF 312–313 Fa 13
Gebhardshagen *Salzgitter 306–307 Ec 10
Gebhardshain AK 318–319 Ca 14
Gebra NDH 312–313 Ec 12
Gedern FB 318–319 Db 15
Geeste EL 304–305 Bb 9
Geestemünde *Bremerhaven 298–299 Cc 6
Geesthacht RZ 300–301 Ec 6
Gefell SCZ 320–321 Ga 15
Gefrees BT 320–321 Ga 16
Gehau *Waldkappel 312–313 Ea 13
Gehlenberg *Friesoythe 304–305 Ca 8
Gehrden H 306–307 Dc 10
Gehren IL 320–321 Fb 15
Geigant *Waldmünchen 328–329 Ha 19
Geilenkirchen HS 310–311 Ab 14
Geinsheim *Neustadt an der Weinstraße 324–325 Cb 19
Geiselhöring SR 328–329 Gc 20
Geiselwind KT 320–321 Ec 17
Geisenfeld PAF 328–329 Fc 20
Geisenhausen LA 328–329 Gb 21
Geisenheim RÜD 318–319 Ca 17
Geisingen TUT 330–331 Cc 23
Geisling *Pfatter 328–329 Gb 20
Geislingen BL 330–331 Da 22
Geislingen an der Steige GP 326–327 Ea 21
Geismar *Frankenberg (Eder) 312–313 Da 13
Geismar HIG 312–313 Eb 13
Geithain GHA 314–315 Ha 13
Gelbensande ROS 296–297 Gb 4
Geldern KLE 310–311 Ab 12
Gelenau ZP 322–323 Ha 14
Gelnhausen HU 318–319 Db 16
Gelsdorf *Grafschaft 318–319 Bb 15
Gelsenkirchen GE 310–311 Bb 12
Geltendorf LL 332–333 Fb 22
Gelting SL 294–295 Ea 2
Geltow P 308–309 Ha 9
Gemen *Borken 310–311 Ba 11
Gemünd *Schleiden 317 Ac 15
Gemünd BIT 317 Ab 17
Gemünden SIM 318–319 Bc 17
Gemünden (Felda) VB 318–319 Db 14
Gemünden (Wohra) KB 312–313 Da 14
Gemünden am Main MSP 320–321 Ea 16
Genderkingen DON 326–327 Fa 20
Gengenbach OG 330–331 Cb 21
Genkingen *Sonnenbühl 330–331 Db 21
Gensingen MZ 318–319 Ca 17
Gensungen *Felsberg 312–313 Dc 13
Genthin GNT 306–307 Gb 9
Georgenberg NEW 322–323 Gc 17
Georgensgmünd RH 326–327 Fb 19
Georgenthal GTH 312–313 Ec 14
Georgsdorf NOH 304–305 Bb 9
Georgsheil *Südbrookmerland 298–299 Bb 6
Georgsmarienhütte OS 304–305 Cb 10
Gera G 314–315 Gb 14
Geraberg IL 320–321 Fa 14
Geratsberg *Geratskirchen 328–329 Ha 21
Geratskirchen PAN 334 Gc 22
Gerbstedt HET 314–315 Fc 12
Gerchsheim *Großrinderfeld 320–321 Ea 17
Geretsried TÖL 332–333 Fc 23
Gerichtstetten *Hardheim 326–327 Dc 18
Geringswalde RL 314–315 Ha 13
Gerlingen LB 326–327 Db 20
Germering FFB 332–333 Fc 22
Germersheim GER 324–325 Cc 19
Gernrode QLB 312–313 Fb 11
Gernsbach RA 324–325 Cc 20
Gernsheim GG 318–319 Cc 17

Geroda **KG** 320–321 Ea 16
Geroldsgrün **HO** 320–321 Fc 15
Geroldstein *Heidenrod 318–319 Ca 16
Gerolsbach **PAF** 328–329 Fc 21
Gerolstein **DAU** 317 Ac 16
Gerolzhofen **SW** 320–321 Ec 17
Gersfeld (Rhön) **FD** 320–321 Ea 15
Gersheim **HOM** 324–325 Bb 19
Gerstetten **HDH** 326–327 Eb 21
Gersthofen **A** 332–333 Fa 21
Gerstungen **ESA** 312–313 Eb 14
Gerswalde **TP** 302–303 Ia 7
Gerzen **LA** 328–329 Gc 21
Geschendorf **SE** 300–301 Ec 5
Gescher **BOR** 304–305 Bb 11
Geschwend *Todtnau 330–331 Ca 23
Geseke **SO** 310–311 Cc 12
Geslau **AN** 326–327 Eb 18
Gessertshausen **A** 332–333 Fa 21
Gestorf *Springe 306–307 Ea 10
Getelo **NOH** 304–305 Ba 9
Gettorf **RD** 294–295 Ea 3
Gevelsberg **EN** 310–311 Bc 13
Geyer **ANA** 322–323 Ha 15
Giebelroth **ZZ** *Heuckewalde 314–315 Gb 14
Giebelstadt **WÜ** 320–321 Ea 18
Gieboldehausen **GÖ** 312–313 Eb 12
Giekau **PLÖ** 294–295 Ec 4
Gielow **MC** 302–303 Ha 5
Gielsdorf **SRB** 308–309 Ia 9
Giengen an der Brenz **HDH** 326–327 Eb 21
Gierend, Oberhonnefeld- **NR** 318–319 Bc 15
Gierstädt **EF** 312–313 Fa 13
Giesel *Neuhof 320–321 Dc 15
Gieselwerder *Oberweser 312–313 Dc 12
Giesen **HI** 306–307 Ea 10
Giesensdorf **BSK** 308–309 Ib 10
Gießen **GI** 318–319 Da 15
Gießübel **HBN** 320–321 Fa 15
Gifhorn **GF** 306–307 Ec 9
Gilching **STA** 332–333 Fb 22
Gildehaus *Bad Bentheim 304–305 Bb 10
Gillenfeld **DAU** 317 Ba 16
Gilserberg **HR** 312–313 Db 14
Gingen an der Fils **GP** 326–327 Ea 20
Gingst **RÜG** 296–297 Hb 3
Gladbach *Vettweiß 310–311 Ac 14
Gladbeck **RE** 310–311 Ba 12
Gladenbach **MR** 310–311 Cc 14
Glaisin **LWL** 300–301 Fc 7
Glambeck, Parlow- **EW** 302–303 Ia 7
Glandorf **OS** 304–305 Ca 10
Glan-Münchweiler **KUS** 324–325 Bc 18
Glasau **SE** 294–295 Ec 4
Glashütte **DW** 316 Ia 14
Glashütte **ZS** *Klasdorf 308–309 Hc 10
Glashütten *Hirzenhain 318–319 Db 15
Glashütten **BT** 320–321 Fc 17
Glatten **FDS** 324–325 Cc 21
Glaubitz **RIE** 314–315 Hc 13
Glauburg **FB** 318–319 Db 16
Glauchau **GC** 314–315 Gc 14
Glehn *Korschenbroich 310–311 Ac 13
Gleichen **GÖ** 312–313 Eb 12
Gleidorf *Schmallenberg 310–311 Cb 13
Gleina **NEB** 314–315 Ga 13
Gleißenberg **CHA** 328–329 Ha 19
Glewe, Neustadt- **LWL** 300–301 Fc 6
Glewitz **GMN** 296–297 Ha 4
Glienicke **BSK** 308–309 Ib 10
Glienicke/Nordbahn **OR** 308–309 Hb 9
Glinde *Oerel 300–301 Db 6
Glinde **OD** 300–301 Eb 6
Glissen *Binnen 304–305 Db 9
Globig-Bleddin **WB** 314–315 Ha 11
Glöwen **PER** 306–307 Gb 8
Glonn **EBE** 332–333 Ga 23
Glottertal **FR** 330–331 Ca 22
Glowe **RÜG** 296–297 Hc 3
Glücksburg (Ostsee) **SL** 294–295 Dc 2
Glückstadt **IZ** 300–301 Dc 5
Gmund am Tegernsee **MB** 332–333 Ga 23
Gnarrenburg **ROW** 300–301 Db 6
Gnissau *Ahrensbök 294–295 Ec 4
Gnoien **TET** 302–303 Ha 5
Goch **KLE** 310–311 Ab 11
Gochsheim *Kraichtal 324–325 Da 19
Gochsheim **SW** 320–321 Eb 16
Goddelsheim *Lichtenfels 312–313 Da 13
Godelheim *Höxter 312–313 Dc 11
Godensholt *Apen 298–299 Ca 7
Godesberg, Bad *Bonn 318–319 Bb 14
Göda **BZ** 316 Ib 13
Göhrde **DAN** 300–301 Fa 7
Göllnitz **FI** 316 Ia 12
Gölsdorf **JB** *Niedergörsdorf 308–309 Ha 11
Göppingen **GP** 326–327 Dc 20
Görisried **OAL** 332–333 Ec 23
Göritz **RSL** *Serno 308–309 Gc 11
Görke **ANK** *Postlow 302–303 Hc 5
Görlitz **GR** 316 Ka 13
Görmin **DM** 302–303 Hb 5
Görsroth *Hünstetten 318–319 Cb 16
Görwihl **WT** 330–331 Cb 24
Görzke **BEL** 306–307 Gc 10
Gössenheim **MSP** 320–321 Ea 16
Gößnitz **SLN** 314–315 Gc 14
Gößweinstein **FO** 320–321 Fc 17
Göttersdorf *Osterhofen 328–329 Ha 21
Göttingen *Lahntal 312–313 Da 14
Göttingen **GÖ** 312–313 Ea 12
Götzingen *Buchen (Odenwald) 326–327 Dc 18
Gokels **RD** 294–295 Dc 4
Goldbach **AB** 318–319 Db 16
Goldberg **LBZ** 302–303 Gb 6
Goldberg **WIS** *Passee 302–303 Ga 5
Goldelund **NF** 294–295 Db 2
Goldenbaum **NZ** *Carpin 302–303 Hb 7
Goldenstädt **SN** 300–301 Fc 6
Goldenstedt **VEC** 304–305 Cc 8
Goldscheuer *Kehl 324–325 Ca 21
Gollensdorf **OBG** 306–307 Fc 8
Gollin **TP** 302–303 Hc 7
Gollmitz **PZ** 302–303 Ia 7
Golssen **LC** 308–309 Hc 11
Golzheim *Merzenich 310–311 Ac 14
Golzow **BRB** 306–307 Gc 10
Golzow **SEE** 308–309 Ic 9
Gomadingen **RT** 330–331 Dc 21
Gomaringen **TÜ** 326–327 Db 21
Gommern **BRG** 306–307 Ga 10
Gompertshausen **HBN** 320–321 Ec 16
Gondelsheim **KA** 324–325 Cc 19
Gorgast **SEE** 308–309 Ic 9
Goritz **GÜ** *Wardow 302–303 Gc 5
Gorleben **DAN** 300–301 Fc 7
Gorlosen **LWL** 300–301 Fc 7
Gosheim **TUT** 330–331 Da 22
Goslar **GS** 312–313 Ec 11
Gotha **GTH** 312–313 Fa 14
Gottleuba, Kurort Bad **PIR** 316 Ia 14
Gottmadingen **KN** 330–331 Da 23
Graal *Seeheilbad Graal- Müritz 296–297 Gb 4
Graal-Müritz, Seeheilbad **ROS** 296–297 Gb 4
Graben-Neudorf **KA** 324–325 Cc 19
Grabenstätt **TS** 334 Gc 23
Grabow **LWL** 300–301 Fc 7
Grabowhöfe **WRN** 302–303 Gc 6
Gräben **BRB** 306–307 Gc 10
Gräfenberg **FO** 320–321 Fb 18
Gräfendorf **MSP** 320–321 Ea 16
Gräfenhainichen **GHC** 314–315 Gc 11
Gräfenroda **ARN** 320–321 Fa 14
Gräfinau-Angstedt **IL** 320–321 Fb 14
Gräningen **RN** 306–307 Gc 9
Grävenwiesbach **HG** 318–319 Cc 15
Grafenau **FRG** 328–329 Hc 20
Grafenhausen, Kappel- **OG** 330–331 Ca 22
Grafenwöhr **NEW** 320–321 Ga 17
Grafing bei München **EBE** 332–333 Ga 22
Grafling **DEG** 328–329 Ha 20
Grafrath **FFB** 332–333 Fb 22
Grafschaft **AW** 318–319 Bb 15
Grainau **GAP** 332–333 Fb 24
Grainet **FRG** 328–329 Hc 20
Grambow **PW** 302–303 Ic 6
Grambow **SN** 300–301 Fb 6
Gramkow **WIS** 300–301 Fb 5
Grammendorf **GMN** 296–297 Ha 4
Gramschatz *Rimpar 320–321 Ea 17
Grande **OD** 300–301 Ec 6
Granheim *Ehingen (Donau) 330–331 Dc 22
Gransee **GRS** 302–303 Hb 7
Granzin **LBZ** 302–303 Ga 6
Grasberg **OHZ** 298–299 Da 7
Grassau **TS** 334 Gc 23
Graupa **PIR** 316 Ia 13
Graustein **SPB** 316 Ic 12
Grebenau **VB** 318–319 Dc 14
Grebenhain **VB** 318–319 Db 15
Grebenstein **KS** 312–313 Dc 12
Greding **RH** 328–329 Fc 19
Greetsiel *Krummhörn 298–299 Bb 6
Greffern *Rheinmünster 324–325 Cb 20
Grefrath **VIE** 310–311 Ac 12
Greifenberg **LL** 332–333 Fb 22
Greifendorf **HC** 314–315 Hb 13
Greifenstein **LDK** 318–319 Cb 15
Greiffenberg **ANG** 302–303 Ia 7
Greifswald **GW** 296–297 Hc 4
Greiz **GRZ** 322–323 Gb 15
Grenzach-Wyhlen **LÖ** 330–331 Bc 24
Grenzhausen, Höhr- **WW** 318–319 Ca 15
Gresenhorst **RDG** 296–297 Gc 4
Gresse **HGN** 300–301 Fa 6
Grettstadt **SW** 320–321 Eb 17
Greußen **SDH** 312–313 Fa 13
Greven **HGN** 300–301 Fa 6
Greven **ST** 304–305 Bc 10
Grevenbroich **NE** 310–311 Ac 13
Grevenbrück *Lennestadt 310–311 Cb 13
Grevenkop **IZ** 300–301 Dc 5
Grevesmühlen **GVM** 300–301 Fb 5
Grieben **SDL** 306–307 Ga 9
Griebenow **GMN** 296–297 Hb 4
Griesbach *Mähring 322–323 Gc 17
Griesbach, Bad Peterstal- **OG** 330–331 Cb 21
Griesbach im Rottal, Bad **PA** 328–329 Hb 21
Griesen *Garmisch-Partenkirchen 332–333 Fa 24
Griesheim **DA** 318–319 Cc 17
Grießem *Aerzen 304–305 Db 10
Grießen **GUB** 316 Ic 11
Griesstätt **RO** 332–333 Gb 23
Grimma **GRM** 314–315 Ha 13
Grimmen **GMN** 296–297 Hb 4
Gródk = Spremberg **SPB** 316 Ic 12
Gröben **ZS** 308–309 Hb 10
Gröbenzell **FFB** 332–333 Fc 22
Gröbers **SK** 314–315 Gb 12
Gröbzig **KÖT** 314–315 Ga 11
Gröden **LIB** 314–315 Hc 12
Gröditsch **LN** 308–309 Ib 10
Gröditz **RIE** 314–315 Hc 12
Grömitz **OH** 294–295 Fa 4
Grönenbach **MN** 332–333 Eb 23
Gröningen **OC** 314–315 Fb 11
Grötsch **FOR** 316 Ic 11
Grohnde *Emmerthal 306–307 Dc 10
Groitzsch **BNA** 314–315 Gb 13
Gronau (Leine) **HI** 306–307 Ea 10
Gronau (Westfalen) **BOR** 304–305 Bb 10
Großaitingen **A** 332–333 Fa 22
Großalmerode **ESW** 312–313 Ea 13
Großalsleben **OC** 306–307 Fb 11
Großaltdorf *Vellberg 326–327 Ea 19
Groß Ammensleben **WMS** 306–307 Fc 10
Großbeeren **ZS** 308–309 Hb 9
Großbodungen **WBS** 312–313 Ec 12
Großbothen **GRM** 314–315 Ha 13
Großbottwar **LB** 326–327 Db 19
Großbreitenbach **IL** 320–321 Fb 15
Groß Briesen **BSK** 308–309 Ic 10
Großburlo *Borken 310–311 Ba 11
Groß Dölln **TP** 308–309 Hc 8
Großebersdorf **G** 314–315 Ga 14
Großefehn **AUR** 298–299 Bc 6
Großenaspe **SE** 300–301 Ea 5
Großenbrode **OH** 296–297 Fb 3
Großenehrich **SDH** 312–313 Fa 13
Großenhain *Lintig 298–299 Da 6
Großenhain **GRH** 314–315 Hc 13
Großenkneten **OL** 304–305 Cb 8
Großenlüder **FD** 320–321 Dc 15
Großenmarpe *Blomberg 312–313 Db 11
Großensee **OD** 300–301 Eb 6
Großenseebach **ERH** 320–321 Fa 18
Großenwiehe **SL** 294–295 Db 2
Groß Gaddau *Waddeweitz 306–307 Fa 8
Groß Gastrose **GUB** 308–309 Ic 11
Groß-Gerau **GG** 318–319 Cc 17
Groß Grönau **RZ** 300–301 Fa 5
Großgundertshausen *Volkenschwand 328–329 Ga 21
Großhabersdorf **FÜ** 326–327 Fa 18
Großhansdorf **OD** 300–301 Eb 6
Großharrie **PLÖ** 294–295 Eb 4
Großhartmannsdorf **BED** 314–315 Hb 14
Großheubach **MIL** 318–319 Db 17
Großkarolinenfeld **RO** 332–333 Gb 23
Groß Kiesow **GW** 296–297 Hc 4
Großköllnbach *Pilsting 328–329 Gc 20
Groß Köris **KW** 308–309 Hc 10
Groß Kreutz **P** 308–309 Ha 9
Groß Lafferde *Lahstedt 306–307 Eb 10
Großleinungen **SGH** 314–315 Fb 12
Groß Liebitz, Lamsfeld- **LN** 308–309 Ib 11
Groß Luja **SPB** 316 Ic 12
Groß Markow **TET** *Lelkendorf 302–303 Ha 5
Großmehring **EI** 328–329 Fc 20
Groß Mohrdorf **HST** 296–297 Ha 3
Groß Muckrow **BSK** 308–309 Ic 10
Groß Naundorf **JE** 314–315 Ha 11
Groß Neuendorf **SEE** 308–309 Ic 8
Groß Oesingen **GF** 306–307 Ec 9
Groß Oßnig **CB** 316 Ic 11
Großostheim **AB** 318–319 Db 17
Groß Pankow **PCH** *Siggelkow 302–303 Ga 6
Groß Pankow **PK** 302–303 Gb 7
Großpostwitz **BZ** 316 Ic 13
Groß Raden **STB** *Sternberg 302–303 Ga 5
Großräschen **SFB** 316 Ib 12
Großrechtenbach *Hüttenberg 318–319 Cc 15
Groß Rhüden *Seesen 312–313 Eb 11
Großröhrsdorf **BIW** 316 Ib 13
Großrosseln **SB** 324–325 Ba 19
Groß Särchen **HY** 316 Ib 12
Groß Sarau **RZ** 300–301 Fa 5
Großschönau **ZI** 316 Ka 14
Groß Schönebeck **BER** 308–309 Hc 8
Groß Strömkendorf **WIS** *Blowatz 300–301 Fc 5
Groß Twülpstedt **HE** 306–307 Fa 9
Groß-Umstadt **DA** 318–319 Da 17
Großvoigtsberg **FG** 314–315 Hb 14
Groß Warnow **PER** 300–301 Fc 7
Großweil **GAP** 332–333 Fb 23
Großwenkheim *Münnerstadt 320–321 Eb 16
Groß Werzin **PER** *Viesecke 302–303 Gb 7
Groß Wittensee **RD** 294–295 Ea 3
Groß Ziethen **EW** 308–309 Ia 8
Groß-Zimmern **DA** 318–319 Da 17
Grube **OH** 296–297 Fb 4
Grünberg **GI** 318–319 Da 15
Grünberg **PW** 302–303 Ib 6
Gründau, Hain- *Gründau 318–319 Db 16
Gründelhardt *Frankenhardt 326–327 Ea 19
Grünenbach **LI** 332–333 Eb 24
Grünenplan *Delligsen 312–313 Ea 11
Grünewald **SFB** 316 Ia 12
Grünheide **FW** 308–309 Ia 9
Grünholz *Sterup 294–295 Ea 2
Grünsfeld **TBB** 320–321 Ea 18
Grünstadt **DÜW** 324–325 Cb 18
Grünwald **M** 332–333 Fc 22
Grumbach **FTL** 314–315 Hc 13
Grundoldendorf *Apensen 300–301 Dc 6
Grunow **EH** 308–309 Ic 10
Grupenhagen *Aerzen 304–305 Db 10
Gschwend **AA** 326–327 Ea 20
Gstadt am Chiemsee **RO** 334 Gc 23
Guben **GUB** 308–309 Ka 11
Gudensberg **HR** 312–313 Dc 13
Gudow **RZ** 300–301 Fa 6
Güglingen **HN** 326–327 Da 19
Günterode **HIG** 312–313 Eb 12
Güntersberge **QLB** 312–313 Fa 12
Günzburg **GZ** 326–327 Eb 21
Günzerode **NDH** 312–313 Ec 12
Gürzenich *Düren 310–311 Ac 14
Güsten **SFT** 314–315 Fc 11
Güstrow **GÜ** 302–303 Gb 5
Gütenbach **VS** 330–331 Cb 22
Güterfelde **P** 308–309 Hb 9
Güterglück **ZE** 306–307 Ga 11
Gütersloh **GT** 310–311 Cc 11
Gützkow **GW** 302–303 Hc 5
Gummersbach **GM** 310–311 Bc 13
Gumtow **KY** 308–309 Gb 8
Gundelfingen *Münsingen 330–331 Dc 22
Gundelfingen **FR** 330–331 Ca 22
Gundelfingen an der Donau **DLG** 326–327 Ec 21
Gundelsheim **HN** 326–327 Db 19
Gundhelm *Schlüchtern 320–321 Dc 15
Gundremmingen **GZ** 326–327 Ec 21
Guntersblum **MZ** 318–319 Cc 17
Gunzenhausen **WUG** 326–327 Fa 19
Gusow **SEE** 308–309 Ic 9
Gussenstadt *Gerstetten 326–327 Ea 21
Gutach (Schwarzwaldbahn) **OG** 330–331 Cb 22
Gutach im Breisgau **EM** 330–331 Ca 22
Guteneck **SAD** 328–329 Gb 18
Gutenzell-Hürbel **BC** 330–331 Ea 22
Guxhagen **HR** 312–313 Dc 13
Gyhum **ROW** 300–301 Db 7


## H


Haag in Oberbayern **MÜ** 332–333 Gb 22
Haale **RD** 294–295 Dc 4
Haan **ME** 310–311 Ba 13
Haar **M** 332–333 Ga 22
Haarbach **PA** 328–329 Hb 21
Haaren *Wünnenberg 312–313 Da 12
Habach **WM** 332–333 Fb 23
Haberskirchen *Reisbach 328–329 Gc 21
Habrachcicy = Ebersbach **LÖB** 316 Ic 13
Habscheid **BIT** 317 Ab 16
Hachen *Sundern 310–311 Ca 12
Hachenburg **WW** 318–319 Ca 15
Hachmühlen *Bad Münder am Deister 306–307 Dc 10
Hadamar **LM** 318–319 Cb 15
Hademarschen, Hanerau- **RD** 294–295 Dc 4
Hadmersleben **WZL** 306–307 Fb 11
Hämmern, Mengersgereuth- **SON** 320–321 Fb 15
Hänigsen *Uetze 306–307 Eb 9
Häsewig **OBG** *Klein Schwechten 306–307 Ga 8
Häusern **WT** 330–331 Cb 23
Haffkrug *Scharbeutz 294–295 Fa 4
Hage **AUR** 298–299 Bb 6
Hagen *Neustadt am Rübenberge 306–307 Dc 9
Hagen **HA** 310–311 Bc 12
Hagen am Teutoburger Wald **OS** 304–305 Ca 10
Hagen im Bremischen **CUX** 298–299 Cc 6
Hagenbach **GER** 324–325 Cb 19
Hagenow **HGN** 300–301 Fb 6
Hahn *Taunusstein 318–319 Cb 16
Hahn am See **WW** 318–319 Ca 15
Hahnenklee-Bockswiese (Oberharz) *Goslar 312–313 Ec 11
Hahnstätten **EMS** 318–319 Cb 16
Haid *Neukirchen bei Sulzbach-Rosenberg 328–329 Fc 18
Haidhof-Maxhütte- **SAD** 328–329 Gb 19
Haiger **LDK** 318–319 Cb 14
Haigerloch **BL** 330–331 Da 21
Hailing *Leiblfing 328–329 Gc 20
Haina (Kloster) **KB** 312–313 Da 13
Hainburg **OF** 318–319 Da 16
Hainfeld **SÜW** 324–325 Cb 19
Hainichen **HC** 314–315 Hb 14
Hainsbach *Geiselhöring 328–329 Gc 20
Haiterbach **CW** 324–325 Cc 21
Hakenstedt **HDL** 306–307 Fb 10
Halbendorf **WSW** 316 Ic 12
Halberstadt **HBS** 312–313 Fb 11
Haldem *Stemwede 304–305 Cc 9
Haldensleben **HDL** 306–307 Fc 10
Haldern *Rees 310–311 Ac 11
Halenbeck **PK** 302–303 Gb 7
Halfing **RO** 334 Gb 23
Halle **HOL** 312–313 Dc 11
Halle **SK** 314–315 Ga 12
Halle (Westfalen) **GT** 304–305 Cc 10
Hallenberg **HSK** 312–313 Cc 13
Hallenberg, Kurort Steinbach- **SM** 320–321 Ec 14
Halle-Neustadt *Halle 314–315 Ga 12
Hallschlag **DAU** 317 Ac 15
Halsbrücke **FG** 314–315 Hc 14
Halsdorf *Wohratal 312–313 Da 14
Halstenbek **PI** 300–301 Ea 6
Haltern **RE** 310–311 Bb 11
Halver **MK** 310–311 Bc 13
Halverde *Hopsten 304–305 Ca 9
Hambergen **OHZ** 298–299 Da 7
Hambühren **CE** 306–307 Ea 9
Hamburg **HH** 300–301 Eb 6
Hamdorf **RD** 294–295 Dc 4
Hameln **HM** 306–307 Dc 10
Hamersleben **OC** 306–307 Fb 10
Hamm *Haltern 310–311 Bb 11
Hamm **HAM** 310–311 Ca 11
Hamm (Sieg) **AK** 310–311 Ca 14
Hammah **STD** 300–301 Dc 6
Hammelburg **KG** 320–321 Ea 16
Hammereisenbach-Bregenbach *Vöhrenbach 330–331 Cb 22
Hamminkeln **WES** 310–311 Ac 11
Hamweddel **RD** 294–295 Dc 4
Hanau **HU** 318–319 Da 16
Handeloh **WL** 300–301 Ea 7
Handewitt **SL** 294–295 Db 2
Handorf **LG** 300–301 Ec 6
Handrup **EL** 304–305 Bc 9
Hanerau-Hademarschen **RD** 294–295 Dc 4
Hankensbüttel **GF** 306–307 Ec 8
Hannover **H** 306–307 Ea 9
Hansenried *Neukirchen- Balbini 328–329 Gc 19
Hanshagen **GVM** 300–301 Fb 5
Hanstedt I **UE** 300–301 Ec 7
Hansühn *Wangels 294–295 Fa 4
Happurg **LAU** 328–329 Fc 18
Harb *Nidda 318–319 Da 15
Harber *Soltau 306–307 Ea 8
Harburg *Hamburg 300–301 Ea 6
Harburg (Schwaben) **DON** 326–327 Fa 20
Hardegsen **NOM** 312–313 Ea 12
Hardenbeck **TP** 302–303 Hc 7
Hardenberg, Nörten- **NOM** 312–313 Ea 12
Hardheim **MOS** 326–327 Dc 18
Hardt **RW** 330–331 Cc 22
Haren (Ems) **EL** 304–305 Bb 8
Harkerode *Sylda 314–315 Fc 11
Harmsdorf **RZ** 300–301 Fa 5
Harmstorf **WL** 300–301 Ea 6
Harnekop, Sternebeck- **FRW** 308–309 Ib 8
Harpstedt **OL** 304–305 Cc 8
Harrislee **SL** 294–295 Dc 2
Harsewinkel **GT** 304–305 Cb 11
Harsum **HI** 306–307 Ea 10
Hartenholm **SE** 300–301 Eb 5
Hartha **DL** 314–315 Ha 13
Harthofen *Pastetten 332–333 Ga 22
Hartmannsdorf **C** 314–315 Ha 14
Harzburg, Bad **GS** 312–313 Ec 11
Harzgerode **QLB** 312–313 Fb 12
Hasbergen **OS** 304–305 Ca 10
Haseldorf **PI** 300–301 Dc 6
Haselünne **EL** 304–305 Bc 8
Haselund **NF** 294–295 Db 3
Hasenweiler *Horgenzell 330–331 Dc 23
Haslach im Kinzigtal **OG** 330–331 Cb 22
Hasloch **MSP** 320–321 Dc 17
Hasloh **PI** 300–301 Ea 5
Hasperde *Bad Münder am Deister 306–307 Dc 10
Haßbergen **NI** 304–305 Db 8
Hassel (Weser) **NI** 304–305 Db 8
Hasselfelde **WR** 312–313 Fa 11
Haßfurt **HAS** 320–321 Ec 16
Haßlau, Wilkau- **Z** 322–323 Gc 14
Haßleben **TP** 302–303 Ia 7
Haßlinghausen *Sprockhövel 310–311 Bb 12
Haßloch **DÜW** 324–325 Cb 18
Haßmersheim **MOS** 326–327 Db 19
Hattingen **EN** 310–311 Bb 12
Hattorf am Harz **OHA** 312–313 Eb 12
Hattstedt **NF** 294–295 Db 3
Hatzfeld (Eder) **KB** 310–311 Cc 14
Hau, Bedburg- **KLE** 310–311 Ab 11
Hauerz *Bad Wurzach 330–331 Ea 23
Hauneck **HEF** 312–313 Ea 14
Haunersdorf *Simbach 328–329 Ha 21
Hausach **OG** 330–331 Cb 22
Hausen *Salgen 332–333 Ec 22
Hausen **KEH** 328–329 Gb 20
Hausen im Tal *Beuron 330–331 Db 22
Hausen im Wiesental **LÖ** 330–331 Ca 23
Hausham **MB** 332–333 Ga 23
Hauswurz *Neuhof 320–321 Dc 15
Hauzenberg **PA** 328–329 Hc 21
Havelberg **HV** 306–307 Gb 8
Havixbeck **COE** 304–305 Bc 11
Hayingen **RT** 330–331 Dc 22
Heber *Schneverdingen 300–301 Ea 7
Hechingen **BL** 330–331 Da 21
Hechlingen *Heidenheim 326–327 Fa 20
Hechthausen **CUX** 300–301 Db 6
Heckelberg **FRW** 308–309 Ia 8
Heddesbach **HD** 324–325 Da 18
Heddesheim **HD** 324–325 Cc 18
Hedemünden *Hann Münden 312–313 Ea 12
Hedersleben **ASL** 314–315 Fb 11
Heede **EL** 304–305 Bb 8
Heek **BOR** 304–305 Bb 10
Heemsen **NI** 304–305 Db 8
Heerstedt **CUX** 298–299 Da 6
Heeslingen **ROW** 300–301 Dc 7
Hefigkofen *Oberteuringen 330–331 Dc 23
Heide **HEI** 294–295 Db 4
Heideck **RH** 326–327 Fb 19
Heidelberg **HD** 324–325 Da 18
Heiden **BOR** 310–311 Ba 11
Heidenau **PIR** 316 Ia 14
Heidenheim **WUG** 326–327 Fa 19
Heidenheim an der Brenz **HDH** 326–327 Eb 20
Heidmühlen **SE** 300–301 Eb 5
Heikendorf **PLÖ** 294–295 Eb 3
Heilbad Heiligenstadt **HIG** 312–313 Eb 12
Heilbronn *Feuchtwangen 326–327 Ec 19
Heilbronn **HN** 326–327 Db 19
Heilbrunn, Bad **TÖL** 332–333 Fc 23
Heiligenberg **FN** 330–331 Db 23
Heiligendorf *Wolfsburg 306–307 Fa 9
Heiligengrabe **WK** 302–303 Gc 7
Heiligenhafen **OH** 294–295 Fa 3
Heiligenhaus **ME** 310–311 Ba 13
Heiligenstadt, Heilbad **HIG** 312–313 Eb 12
Heilsbronn **AN** 326–327 Fa 18
Heilshorn *Osterholz-Scharmbeck 298–299 Da 7
Heimbach **DN** 317 Ac 15
Heimboldshausen *Philippsthal (Werra) 312–313 Ea 14
Heimbuchental **AB** 318–319 Db 17
Heimenkirch **LI** 330–331 Ea 24
Heimertingen **MN** 332–333 Eb 22
Heimerzheim *Swisttal 317 Ba 14
Heimhof *Ursensollen 328–329 Ga 18
Heimsheim **PF** 324–325 Da 20
Heinebach *Alheim 312–313 Dc 13
Heinersdorf **FW** 308–309 Ib 9
Heinersdorf **SDT** *Schwedt 302–303 Ib 7
Heinkenborstel **RD** 294–295 Ea 4
Heinrichswalde **UEM** 302–303 Ia 6
Heinsberg **HS** 310–311 Ab 13
Heinsdorf, Niebendorf- **LUK** 308–309 Hc 11
Heitersheim **FR** 330–331 Bc 23
Helbra **EIL** 314–315 Fc 12

Heldburg **HBN** 320–321 Fa 16
Heldra *Wanfried 312–313 Eb 13
Heldrungen **ART** 314–315 Fb 13
Hellefeld *Sundern (Sauerland) 310–311 Cb 12
Hellenthal **EU** 317 Ac 15
Hellingen **HBN** 320–321 Fa 16
Hellwege **ROW** 300–301 Db 7
Helmbrechts *Waldershof 322–323 Gb 17
Helmbrechts **HO** 320–321 Ga 16
Helmershausen **MGN** 320–321 Eb 15
Helmighausen *Marsberg 312–313 Da 12
Helmstedt **HE** 306–307 Fa 10
Helsa **KS** 312–313 Ea 13
Helvesiek **ROW** 300–301 Dc 7
Hemau **R** 328–329 Ga 19
Hembsen *Brakel 312–313 Db 11
Hemdingen **PI** 300–301 Ea 5
Hemer **MK** 310–311 Ca 12
Hemmelte *Lastrup 304–305 Ca 8
Hemmendorf *Salzhemmendorf 306–307 Dc 10
Hemmern *Rüthen 310–311 Cc 12
Hemmingen **H** 306–307 Ea 10
Hemmingstedt **HEI** 294–295 Db 4
Hemmoor **CUX** 300–301 Db 5
Hemsbach **HD** 324–325 Cc 18
Hemslingen **ROW** 300–301 Dc 7
Henfenfeld **LAU** 328–329 Fc 18
Heng, Postbauer- **NM** 328–329 Fc 19
Hengersberg **DEG** 328–329 Hb 20
Hengsterholz *Ganderkesee 304–305 Cc 8
Henneberg **MGN** 320–321 Ec 15
Hennef (Sieg) **SU** 310–311 Bb 14
Hennersdorf **DW** 314–315 Hc 14
Hennickendorf **LUK** 308–309 Hb 10
Hennigsdorf **OR** 308–309 Hb 9
Henningen **SAW** *Langenapel 306–307 Fa 8
Hennstedt **HEI** 294–295 Db 4
Henstedt *Henstedt- Ulzburg 300–301 Eb 5
Henstedt-Ulzburg **SE** 300–301 Ea 5
Heppendorf *Elsdorf 310–311 Ac 14
Heppenheim (Bergstraße) **HP** 318–319 Cc 18
Herbern *Ascheberg 310–311 Bc 11
Herbertingen **SIG** 330–331 Dc 22
Herbertshausen *Bad Laasphe 310–311 Cc 14
Herbolzheim **EM** 330–331 Ca 22
Herborn **LDK** 318–319 Cb 14
Herbrechtingen **HDH** 326–327 Eb 21
Herbrum *Papenburg 298–299 Bb 7
Herbstein **VB** 318–319 Dc 15
Herbsthausen *Bad Mergentheim 326–327 Ea 18
Herchen *Windeck 310–311 Bc 14
Herdecke **EN** 310–311 Bc 12
Herdorf **AK** 310–311 Ca 14
Herdwangen-Schönach **SIG** 330–331 Db 23
Herford **HF** 304–305 Da 10
Hergatz **LI** 330–331 Ea 24
Heringen (Werra) **HEF** 312–313 Eb 14
Heringsdorf **OH** 294–295 Fa 4
Herleshausen **ESW** 312–313 Eb 13
Hermannsburg **CE** 306–307 Eb 8
Hermerode **HET** 314–315 Fb 12
Hermeskeil **TR** 317 Ba 17
Hermsdorf in Thüringen **SRO** 314–315 Ga 14
Herne **HER** 310–311 Bb 12
Heroldsberg **ERH** 326–327 Fb 18
Heroldstatt **UL** 326–327 Ea 21
Herrenalb, Bad **CW** 324–325 Cc 20
Herrenberg **BB** 324–325 Da 21
Herrieden **AN** 326–327 Ec 19
Herrischried **WT** 330–331 Ca 23
Herrmannshof **RDG** *Bartelshagen II 296–297 Gc 4
Herrnhut **LÖB** 316 Ka 13
Herrnsdorf *Frensdorf 320–321 Fa 17
Herrsching am Ammersee **STA** 332–333 Fb 23
Hersbruck **LAU** 328–329 Fc 18
Herschbach **WW** 318–319 Ca 15
Herschbach (Oberwesterwald) **WW** 318–319 Ca 15
Herscheid **MK** 310–311 Ca 13
Hersfeld, Bad **HEF** 312–313 Ea 14
Herten **RE** 310–311 Bb 12
Herxheim bei Landau/Pfalz **SÜW** 324–325 Cb 19
Herzberg **HZ** 314–315 Hb 11
Herzberg **NP** 308–309 Ha 8
Herzebrock-Clarholz **GT** 310–311 Cb 11
Herzfeld *Lippetal 310–311 Cb 11
Herzfelde **SRB** 308–309 Ia 9
Herzlake **EL** 304–305 Bc 8
Herzogenaurach **ERH** 326–327 Fa 18
Herzogenrath **AC** 310–311 Ab 14
Herzsprung **WK** 302–303 Gc 7
Hesedorf *Bremervörde 300–301 Db 6
Hesel **LER** 298–299 Bc 7
Hessen **HBS** 306–307 Fa 10
Hesseneck **ERB** 326–327 Db 18
Hessenthal *Mespelbrunn 318–319 Db 17
Hessisch Lichtenau **ESW** 312–313 Ea 13
Hessisch Oldendorf **HM** 304–305 Db 10
Heßlingen *Hessisch Oldendorf 304–305 Db 10
Hettstedt **HET** 314–315 Fc 12
Hettstedt, Dienstedt- **ARN** 314–315 Fb 14
Hetzbach *Beerfelden 326–327 Da 18
Hetzwege *Scheeßel 300–301 Dc 7
Heubach **AA** 326–327 Ea 20
Heuchelheim **GI** 318–319 Cc 15
Heuchlingen *Gerstetten 326–327 Eb 21
Heuchlingen **AA** 326–327 Ea 20
Heusenstamm **OF** 318–319 Da 16
Heustreu **NES** 320–321 Eb 15
Heusweiler **SB** 324–325 Ba 18
Heyrothsberge **BRG** *Biederitz 306–307 Ga 10
Hiddenhausen **HF** 304–305 Cc 10
Hiddensee **RÜG** 296–297 Hb 3
Hilbringen *Merzig 324–325 Ac 18
Hilchenbach **SI** 310–311 Cb 14
Hildburghausen **HBN** 320–321 Fa 15
Hilden **ME** 310–311 Ba 13
Hilders **FD** 320–321 Eb 15
Hildesheim **HI** 306–307 Ea 10
Hilgertshausen-Tandern **DAH** 332–333 Fc 21
Hilkerode *Duderstadt 312–313 Eb 12
Hille **MI** 304–305 Da 9
Hillerse **GF** 306–307 Ec 9
Hillesheim **DAU** 317 Ba 16
Hillmersdorf **HZ** 314–315 Hc 11
Hilpertsau *Gernsbach 324–325 Cc 20
Hilpoltstein **RH** 326–327 Fb 19
Hiltenfingen **A** 332–333 Fa 22
Hilter am Teutoburger Wald **OS** 304–305 Cb 10
Hiltersried *Schönthal 328–329 Gc 18
Hiltpoltstein **FO** 320–321 Fb 18
Hilzingen **KN** 330–331 Da 23
Himmelkron **KU** 320–321 Fc 16
Himmelpforten **STD** 300–301 Db 6
Hindelang **OA** 332–333 Ec 24
Hindenburg **OBG** 306–307 Ga 8
Hinte **AUR** 298–299 Bb 6
Hintersee **UEM** 302–303 Ib 6
Hinterweidenthal **PS** 324–325 Ca 19
Hinterzarten **FR** 330–331 Cb 23
Hinzerath *Morbach 318–319 Bb 17
Hirrlingen **TÜ** 330–331 Da 21
Hirsau *Calw 324–325 Da 20
Hirschaid **BA** 320–321 Fa 17
Hirschau **AS** 328–329 Ga 18
Hirschbach **AS** 328–329 Fc 18
Hirschberg *Warstein 310–311 Cb 12
Hirschberg **EMS** 318–319 Ca 15
Hirschberg **SCZ** 320–321 Ga 15
Hirschberg an der Bergstraße **HD** 324–325 Cc 18
Hirschfeld **LIB** 314–315 Hc 12
Hirschfelde **ZI** 316 Ka 14
Hirschhorn (Neckar) **HP** 326–327 Da 18
Hirschhorn/Pfalz **KL** 324–325 Ca 18
Hirzenhain **FB** 318–319 Db 15
Hitzacker **DAN** 300–301 Fb 7
Hitzhofen **EI** 326–327 Fb 20
Hochdonn **HEI** 294–295 Db 4
Hochdorf *Nagold 324–325 Da 21
Hochkirch **BZ** 316 Ic 13
Hochspeyer **KL** 324–325 Ca 18
Hochstetten, Linkenheim- **KA** 324–325 Cc 19
Hochwang *Ichenhausen 332–333 Eb 21
Hockenheim **HD** 324–325 Cc 19
Hockeroda **SLF** 320–321 Fc 15
Hodenhagen **SFA** 306–307 Dc 8
Höchberg **WÜ** 320–321 Ea 17
Höchenschwand **WT** 330–331 Cb 23
Höchheim **NES** 320–321 Ec 15
Höchst *Frankfurt am Main 318–319 Cc 16
Höchst im Odenwald **ERB** 318–319 Da 17
Höchstadt an der Aisch **ERH** 320–321 Fa 17
Höchstädt an der Donau **DLG** 326–327 Ec 21
Höchstenbach **WW** 318–319 Ca 15
Höfen *Freystadt 328–329 Fc 19
Höhenkirchen-Siegertsbrunn **M** 332–333 Ga 22
Höhnstedt **HAL** 314–315 Ga 12
Höhr-Grenzhausen **WW** 318–319 Ca 15
Hönningen, Bad **NR** 318–319 Bb 15
Hörgenau *Lautertal 318–319 Db 15
Hörnum (Sylt) **NF** 294–295 Cb 2
Hörstel **ST** 304–305 Bc 10
Hösbach **AB** 318–319 Db 16
Hoetmar *Warendorf 310–311 Ca 11
Hötzingen *Soltau 300–301 Ea 7
Hövelhof **PB** 312–313 Cc 11
Höxter **HX** 312–313 Dc 11
Hof **HO** 320–321 Ga 16
Hofbieber **FD** 320–321 Ea 15
Hofgeismar **KS** 312–313 Dc 12
Hofheim am Taunus **MTK** 318–319 Cc 16
Hofheim in Unterfranken **HAS** 320–321 Ec 16
Hofkirchen **PA** 328–329 Hb 20
Hofsgrund *Oberried 330–331 Ca 23
Hofstätten *Wilgartswiesen 324–325 Ca 19
Hohberg **OG** 324–325 Ca 21
Hohegeiß *Braunlage 312–313 Ec 11
Hohenahlsdorf **JB** 308–309 Hb 11
Hohenahr **LDK** 318–319 Cc 14
Hohenaltheim **DON** 326–327 Ec 20
Hohenaspe **IZ** 300–301 Dc 5
Hohenau **FRG** 328–329 Hc 20
Hohenbrunn **M** 332–333 Ga 22
Hohenbucko **HZ** 314–315 Hc 11
Hohenburg **AS** 328–329 Ga 19
Hoheneggelsen *Söhlde 306–307 Eb 10
Hohenfelde **PLÖ** 294–295 Ec 3
Hohenfels **KN** 330–331 Db 23
Hohenfels **NM** 328–329 Ga 19
Hohenfinow **EW** 308–309 Ia 8
Hohengandern **HIG** 312–313 Ea 12
Hohenhameln **PE** 306–307 Eb 10
Hohenhaslach *Sachsenheim 326–327 Db 19
Hohenhausen *Kalletal 304–305 Da 10
Hohenhorst *Haselau 300–301 Dc 6
Hohenkammer **FS** 328–329 Fc 21
Hohenkirchen *Wangerland 298–299 Ca 6
Hohenkirchen **GTH** 312–313 Fa 14
Hohenkörben (Kirchspiel Nordhorn) *Nordhorn 304–305 Bb 9
Hohenleipisch **LIB** 314–315 Hc 12
Hohenlimburg *Hagen 310–311 Bc 12
Hohenlinden **EBE** 332–333 Ga 22
Hohenlockstedt **IZ** 300–301 Dc 5
Hohenmocker **DM** 302–303 Hb 5
Hohenmölsen **HHM** 314–315 Gb 13
Hohennauen **RN** 306–307 Gc 8
Hohenpolding **ED** 332–333 Gb 21
Hohenprießnitz **EB** 314–315 Gc 12
Hohensaaten **FRW** 308–309 Ib 8
Hohenseeden **GNT** 306–307 Gb 10
Hohen Sprenz **GÜ** 302–303 Gb 5
Hohenstein **RT** 330–331 Db 21
Hohenstein-Ernstthal **HOT** 314–315 Ha 14
Hohentengen **SIG** 330–331 Dc 22
Hohenthann *Tuntenhausen 332–333 Ga 23
Hohenthurm **HAL** 314–315 Gb 12
Hohenwarth **CHA** 328–329 Ha 19
Hohenwestedt **RD** 294–295 Dc 4
Hohn **RD** 294–295 Dc 4
Hohndorf **STL** 322–323 Ha 14
Hohne **CE** 306–307 Ec 9
Hohnstein **SEB** 316 Ib 14
Hohnstorf (Elbe) **LG** 300–301 Ec 6
Hohwacht (Ostsee) **PLÖ** 294–295 Ec 4
Holdenstedt *Uelzen 306–307 Ec 8
Holdorf **VEC** 304–305 Cb 9
Holle **HI** 306–307 Eb 10
Hollen *Hollnseth 300–301 Db 6
Hollenbach **AIC** 326–327 Fb 21
Hollenbek **RZ** 300–301 Fa 6
Hollenstedt **WL** 300–301 Ea 6
Hollern-Twielenfleth **STD** 300–301 Dc 6
Hollfeld **BT** 320–321 Fb 17
Hollingstedt **SL** 294–295 Dc 3
Holm **PI** 300–301 Ea 6
Holnis *Glücksburg (Ostsee) 294–295 Dc 2
Holßel *Langen 298–299 Cc 5
Holste **OHZ** 298–299 Da 6
Holtenau *Kiel 294–295 Eb 3
Holtgast **WTM** 298–299 Bc 6
Holtsee **RD** 294–295 Ea 3
Holungen **WBS** 312–313 Ec 12
Holvede *Halvesbostel 300–301 Dc 6
Holzappel **EMS** 318–319 Ca 15
Holzdorf **JE** 314–315 Hb 11
Holzendorf **SBG** *Groß Miltzow 302–303 Hc 6
Holzgünz **MN** 332–333 Eb 22
Holzhausen *Bad Salzuflen 304–305 Da 10
Holzhausen am Hünstein *Dautphetal 310–311 Cc 14
Holzhausen an der Haide **EMS** 318–319 Ca 16
Holzheim **DLG** 326–327 Ec 21
Holzkirchen **MB** 332–333 Ga 23
Holzminden **HOL** 312–313 Dc 11
Holzthaleben **SDH** 312–313 Ec 12
Holzwickede **UN** 310–311 Bc 12
Homberg (Efze) **HR** 312–313 Dc 13
Homberg (Ohm) **VB** 318–319 Db 14
Homburg **HOM** 324–325 Bc 19
Homburg am Main *Triefenstein 320–321 Dc 17
Homburg vor der Höhe, Bad **HG** 318–319 Cc 16
Honigsee **PLÖ** 294–295 Eb 4
Honnef, Bad **SU** 318–319 Bb 15
Hontheim **WIL** 317 Ba 16
Hoogstede **NOH** 304–305 Ba 9
Hooksiel *Wangerland 298–299 Cb 6
Hopsten **ST** 304–305 Bc 9
Horb am Neckar **FDS** 324–325 Da 21
Horka **NY** 316 Ka 13
Hornbach **PS** 324–325 Bc 19
Hornberg **OG** 330–331 Cb 22
Hornburg **WF** 306–307 Ec 10
Horneburg **STD** 300–301 Dc 6
Horstedt **ROW** 300–301 Db 7
Horstmar **ST** 304–305 Bb 10
Horumersiel *Wangerland 298–299 Cb 5
Hosena **SFB** 316 Ib 12
Hosenfeld **FD** 320–321 Dc 15
Hoya **NI** 304–305 Db 8
Hoyerswerda **HY** 316 Ib 12
Hoym **ASL** 314–315 Fb 11
Hude (Oldenburg) **OL** 298–299 Cc 7
Hückelhoven **HS** 310–311 Ab 13
Hückeswagen **GM** 310–311 Bc 13
Hüfingen **VS** 330–331 Cc 23
Hüllhorst **MI** 304–305 Da 10
Hümme *Hofgeismar 312–313 Dc 12
Hünfeld **FD** 320–321 Ea 14
Hünfelden **LM** 318–319 Cb 16
Hünxe **WES** 310–311 Ba 12
Hüpstedt **MHL** 312–313 Ec 13
Hürbel, Gutenzell- **BC** 330–331 Ea 22
Hürth **BM** 310–311 Ba 14
Hüsten, Neheim- *Arnsberg 310–311 Ca 12
Hütten *Schelklingen 330–331 Dc 21
Hüttenberg **LDK** 318–319 Cc 15
Hüttenthal *Mossautal 318–319 Da 18
Hüttlingen **AA** 326–327 Eb 20
Huglfing **WM** 332–333 Fb 23
Hummelshain **J** 320–321 Fc 14
Hundeluft **RSL** 308–309 Gc 11
Hundheim *Külsheim 320–321 Dc 17
Hundheim, Offenbach- **KUS** 318–319 Bc 18
Hundsbach *Eußenheim 320–321 Ea 16
Hundsbach **KH** 318–319 Bc 17
Hungen **GI** 318–319 Da 15
Huntebrück *Berne 298–299 Cc 7
Huntlosen *Großenkneten 304–305 Cb 8
Huntorf *Elsfleth 298–299 Cc 7
Husum **NF** 294–295 Db 3
Husum **NI** 304–305 Db 9
Hutthurm **PA** 328–329 Hc 21
Hutzdorf *Schlitz 320–321 Dc 14
Hutzfeld *Bosau 294–295 Ec 4


## I


Ibbenbüren **ST** 304–305 Ca 10
Iburg, Bad **OS** 304–305 Cb 10
Ichenhausen **GZ** 332–333 Eb 21
Ichenheim *Neuried 324–325 Ca 21
Ichtershausen **ARN** 312–313 Fa 14
Idar-Oberstein **BIR** 318–319 Bb 17
Idsingen *Walsrode 306–307 Dc 8
Idstein **RÜD** 318–319 Cb 16
Iffezheim **RA** 324–325 Cb 20
Igel **TR** 317 Ac 17
Igersheim **TBB** 326–327 Ea 18
Iggelheim, Böhl- **LU** 324–325 Cb 18
Ihlienworth **CUX** 298–299 Da 5
Ihlow **AUR** 298–299 Bc 6
Ihrhove *Westoverledingen 298–299 Bc 7
Ilfeld **NDH** 312–313 Fa 12
Illertissen **NU** 332–333 Eb 22
Illingen **NK** 324–325 Bb 18
Illingen **PF** 324–325 Da 20
Illmensee **SIG** 330–331 Dc 23
Ilmenau **IL** 320–321 Fa 14
Ilmmünster **PAF** 328–329 Fc 21
Ilsede **PE** 306–307 Eb 10
Ilsenburg **WR** 312–313 Fa 11
Ilsfeld **HN** 326–327 Db 19
Ilshofen **SHA** 326–327 Ea 19
Imbsen *Niemetal 312–313 Ea 12
Immendingen **TUT** 330–331 Da 23
Immenhausen **KS** 312–313 Dc 12
Immenreuth **TIR** 320–321 Ga 17
Immenrode **SDH** 312–313 Fa 12
Immensen *Lehrte 306–307 Eb 9
Immenstaad am Bodensee **FN** 330–331 Dc 23
Immenstadt im Allgäu **OA** 332–333 Eb 24
Imnau, Bad *Haigerloch 330–331 Da 21
Inchenhofen **AIC** 326–327 Fb 21
Inden **DN** 310–311 Ac 14
Ingelfingen **KÜN** 326–327 Dc 19
Ingelheim am Rhein **MZ** 318–319 Cb 17
Ingolstadt **IN** 328–329 Fc 20
Innernzell **FRG** 328–329 Hb 20
Inning am Ammersee **STA** 332–333 Fb 22
Inzell **TS** 334 Ha 23
Inzmühlen *Handeloh 300–301 Ea 7
Iphofen **KT** 320–321 Eb 17
Ippinghausen *Wolfhagen 312–313 Db 13
Irl *Oberbergkirchen 334 Gc 22
Irlbach **SR** 328–329 Ha 20
Irlbrunn *Kelheim 328–329 Ga 20
Irrel **BIT** 317 Ac 17
Irschenberg **MB** 332–333 Ga 23
Isen **ED** 332–333 Gb 22
Isenburg **NR** 318–319 Bc 15
Iserlohn **MK** 310–311 Ca 12
Isernhagen **H** 306–307 Ea 9
Ismaning **M** 332–333 Ga 22
Isny im Allgäu **RV** 332–333 Eb 23
Ispringen **PF** 324–325 Cc 20
Isselburg **BOR** 310–311 Ac 11
Isselhorst *Gütersloh 310–311 Cc 11
Isserstedt **J** 314–315 Fc 14
Issum **KLE** 310–311 Ac 12
Istha *Wolfhagen 312–313 Db 13
Ittenhausen *Langenenslingen 330–331 Db 22
Itterbeck **NOH** 304–305 Ba 9
Itzehoe **IZ** 300–301 Dc 5
Ivenack **MC** 302–303 Ha 5
Ivenrode **HDL** 306–307 Fb 10


## J


Jabel **WRN** 302–303 Gc 6
Jachenau **TÖL** 332–333 Fc 24
Jade **BRA** 298–299 Cb 6
Jaderberg *Jade 298–299 Cb 6
Jägerbrück **UEM** *Torgelow 302–303 Ib 6
Jänickendorf **LUK** 308–309 Hb 10
Jänkendorf **NY** 316 Ka 13
Jännersdorf **PK** 302–303 Gb 6
Jagsthausen **HN** 326–327 Dc 19
Jagstheim *Crailsheim 326–327 Eb 19
Jagstzell **AA** 326–327 Eb 19
Jahnsfelde **SEE** 308–309 Ib 9
Jakobshagen **TP** 302–303 Hc 7
Jameln **DAN** 300–301 Fb 7
Jandelsbrunn **FRG** 328–329 Ia 20
Jarmen **DM** 302–303 Hc 5
Jastorf *Bad Bevensen 300–301 Ec 7
Jatznick **PW** 302–303 Ia 6
Jeddingen *Visselhövede 306–307 Dc 8
Jeggau **GA** 306–307 Fb 9
Jehserig **CB** 316 Ib 12
Jemgum **LER** 298–299 Bc 7
Jena **J** 314–315 Fc 14
Jengen **OAL** 332–333 Fa 22
Jerichow **GNT** 306–307 Gb 9
Jerischke **FOR** 316 Ka 12
Jerxheim **HE** 306–307 Fa 10
Jesberg **HR** 312–313 Db 13
Jesendorf **STB** 300–301 Fc 5
Jeserig **BEL** *Niederwerbig 308–309 Ha 10
Jeserig **BRB** 308–309 Ha 9
Jessen **JE** 314–315 Ha 11
Jeßnitz **BTF** 314–315 Gb 11
Jesteburg **WL** 300–301 Ea 7
Jettingen-Scheppach **GZ** 326–327 Ec 21
Jetzendorf **PAF** 332–333 Fc 21
Jevenstedt **RD** 294–295 Dc 4
Jever **FRI** 298–299 Ca 6
Joachimsthal **EW** 308–309 Ia 8
Jockgrim **GER** 324–325 Cb 19
Jördensdorf **TET** 302–303 Gc 5
Johanngeorgenstadt **SZB** 322–323 Ha 15
Johanniskirchen **PAN** 328–329 Ha 21
Johanniskreuz *Trippstadt 324–325 Ca 18
Joldelund **NF** 294–295 Db 3
Jonsdorf, Kurort- **ZI** 316 Ka 14
Jork **STD** 300–301 Ea 6
Jossa *Sinntal 320–321 Dc 16
Jübek **SL** 294–295 Dc 3
Jüchen **NE** 310–311 Ac 13
Jüchsen **MGN** 320–321 Ec 15
Jühnde **GÖ** 312–313 Ea 12
Jülich **DN** 310–311 Ac 14
Jünkerath **DAU** 317 Ac 15
Jürgenstorf **MC** 302–303 Ha 6
Jüterbog **JB** 308–309 Hb 11
Jütrichau **ZE** 314–315 Gb 11
Jugenheim, Seeheim- **DA** 318–319 Cc 17
Juist **AUR** 298–299 Ba 5
Jungingen **BL** 330–331 Db 21


## K


Kaarßen **HGN** 300–301 Fb 7
Kaarst **NE** 310–311 Ac 13
Kämpfelbach **PF** 324–325 Cc 20
Kärlich, Mühlheim- **MYK** 318–319 Bc 15
Käshofen **PS** 324–325 Bc 18
Kahl am Main **AB** 318–319 Db 16
Kahla **J** 314–315 Fc 14
Kahren **CB** 316 Ic 11
Kaisersbach **WN** 326–327 Dc 20
Kaisersesch **COC** 318–319 Bb 16
Kaiserslautern **KL** 324–325 Ca 18
Kaiser-Wilhelm-Koog **HEI** 298–299 Da 5
Kaisheim **DON** 326–327 Fa 20
Kakenstorf **WL** 300–301 Ea 7
Kakerbeck **GA** 306–307 Fb 8
Kaköhl *Blekendorf 294–295 Fa 4
Kalbach **FD** 320–321 Dc 15
Kalbe **GA** 306–307 Fc 9
Kaldenkirchen *Nettetal 310–311 Ab 13
Kalefeld **NOM** 312–313 Eb 11
Kalkar **KLE** 310–311 Ab 11
Kalkhorst **GVM** 300–301 Fb 5
Kall **EU** 317 Ac 15
Kallenhardt *Rüthen 310–311 Cc 12
Kallmünz **R** 328–329 Ga 19
Kaltenbrunn im Itzgrund *Itzgrund 320–321 Fa 16
Kaltenkirchen **SE** 300–301 Ea 5
Kaltennordheim **SLZ** 320–321 Eb 15
Kaltensundheim **MGN** 320–321 Eb 15
Kaltental **OAL** 332–333 Fa 23
Kalterherberg *Monschau 317 Ab 15
Kambs **BÜZ** *Vorbeck 302–303 Gb 5
Kamen **UN** 310–311 Ca 12
Kamenz **KM** 316 Ib 13
Kamjenc = Kamenz **KM** 316 Ib 13
Kammeltal **GZ** 332–333 Ec 21
Kammerberg *Fahrenzhausen 332–333 Fc 21
Kammlach **MN** 332–333 Ec 22
Kampe *Friesoythe 298–299 Ca 7
Kampen (Sylt) **NF** 294–295 Cc 2
Kamp-Lintfort **WES** 310–311 Ac 12
Kandel **GER** 324–325 Cb 19
Kandern **LÖ** 330–331 Bc 23
Kapellen *Geldern 310–311 Ac 12
Kappel **SIM** 318–319 Bc 16
Kappel-Grafenhausen **OG** 330–331 Ca 22
Kappeln **SL** 294–295 Ea 3
Kappelrodeck **OG** 324–325 Cb 21
Karben **FB** 318–319 Da 16
Karbow-Vietlübbe **LBZ** 302–303 Gb 6
Karby **RD** 294–295 Ea 3
Karden, Treis- **COC** 318–319 Bb 16
Karlsbad **KA** 324–325 Cc 20
Karlsburg **GW** 302–303 Hc 5
Karlsfeld **DAH** 332–333 Fc 22
Karlshafen, Bad **KS** 312–313 Dc 12
Karlshagen **WLG** 296–297 Ia 4
Karlshöfen *Gnarrenburg 300–301 Db 6
Karlshuld **ND** 326–327 Fb 20
Karlskron **ND** 328–329 Fc 20
Karlsruhe **KA** 324–325 Cc 19
Karlstadt **MSP** 320–321 Ea 17
Karnin **HST** 296–297 Ha 4
Karow **GNT** 306–307 Gb 9
Karow **LBZ** 302–303 Gb 6
Karstädt **PER** 302–303 Ga 7
Kasendorf **KU** 320–321 Fc 16
Kassel **KS** 312–313 Dc 12
Kassendorf **OH** 294–295 Fa 4
Kastellaun **SIM** 318–319 Bc 16
Kastl **AS** 328–329 Ga 18
Kattenvenne *Lienen 304–305 Ca 10
Katzenelnbogen **EMS** 318–319 Ca 16
Katzhütte **NH** 320–321 Fb 15
Kaub **EMS** 318–319 Ca 16
Kaufbeuren **KF** 332–333 Ec 23
Kaufering **LL** 332–333 Fa 22
Kaufungen **KS** 312–313 Dc 13
Kaulsdorf **SLF** 320–321 Fc 15
Kaunitz *Verl 312–313 Cc 11
Kayhude **SE** 300–301 Eb 5
Kayna **ZZ** 314–315 Gb 14
Kehl **OG** 324–325 Ca 21
Kehnert **SDL** 306–307 Ga 9
Kehrigk **BSK** 308–309 Ia 10
Keitum *Sylt- Ost 294–295 Cc 2
Kelberg **DAU** 317 Ba 16
Kelbra **SGH** 312–313 Fb 12
Kelheim **KEH** 328–329 Ga 20
Kelkheim (Taunus) **MTK** 318–319 Cc 16
Kell **TR** 317 Ba 18
Kellenhusen (Ostsee) **OH** 296–297 Fb 4
Kellinghusen **IZ** 300–301 Ea 5
Kellmünz an der Iller **NU** 332–333 Eb 22
Kelsterbach **GG** 318–319 Cc 16
Kemberg **WB** 314–315 Gc 11
Kemlitz **LC** 314–315 Hc 11
Kemnath **TIR** 320–321 Ga 17
Kemnath am Buchberg *Schnaittenbach 328–329 Gb 18
Kemnath bei Fuhrn *Neunburg vorm Wald 328–329 Gb 18
Kemnathen *Breitenbrunn 328–329 Fc 19
Kemnitz **GW** 296–297 Hc 4
Kemnitz **LUK** 308–309 Ha 10
Kempen **VIE** 310–311 Ac 12
Kempenich **AW** 318–319 Bb 15
Kempten (Allgäu) **KE** 332–333 Eb 23
Kenzingen **EM** 330–331 Ca 22
Kerken **KLE** 310–311 Ac 12
Kernen im Remstal **WN** 326–327 Db 20
Kerpen **BM** 310–311 Ba 14
Kerstlingerode *Gleichen 312–313 Eb 12
Kessel *Goch 310–311 Ab 11

Ketsch **HD** 324–325 Cc 18
Kettershausen **MN** 332–333 Eb 22
Kettwig *Essen 310–311 Ba 12
Keula **SDH** 312–313 Ec 12
Kevelaer **KLE** 310–311 Ab 12
Kiefersfelden **RO** 332–333 Gb 24
Kiel **KI** 294–295 Eb 3
Kienberg **TS** 334 Gc 22
Kierspe **MK** 310–311 Bc 13
Kietz **SEE** 308–309 Ic 9
Killingen *Ellwangen (Jagst) 326–327 Eb 20
Kimratshofen *Altusried 332–333 Eb 23
Kindelbrück **SÖM** 312–313 Fb 13
Kinderbeuern **WIL** 318–319 Bb 16
Kinding **EI** 328–329 Fc 19
Kinspork = Königsbrück **KM** 316 Ia 13
Kipfenberg **EI** 328–329 Fc 20
Kippenheim **OG** 330–331 Ca 22
Kirberg *Hünfelden 318–319 Cb 16
Kirburg **WW** 318–319 Ca 14
Kirchasch *Bockhorn 332–333 Ga 22
Kirchberg **REG** 328–329 Hb 20
Kirchberg **Z** 322–323 Gc 15
Kirchberg (Hunsrück) **SIM** 318–319 Bc 17
Kirchberg an der Jagst **SHA** 326–327 Ea 19
Kirchboitzen *Walsrode 306–307 Dc 8
Kirchdorf **WIS** *Insel Poel 300–301 Fc 5
Kirchdorf an der Amper **FS** 328–329 Fc 21
Kircheib **AK** 318–319 Bc 14
Kirchen (Sieg) **AK** 310–311 Ca 14
Kirchenkirnberg *Murrhardt 326–327 Ea 20
Kirchenpingarten **BT** 320–321 Ga 17
Kirchentamitz **WUN** 320–321 Ga 16
Kirchentellinsfurt **TÜ** 326–327 Db 21
Kirchenthumbach **NEW** 320–321 Ga 17
Kirchgellersen **LG** 300–301 Eb 7
Kirchhain **MR** 312–313 Da 14
Kirchhain, Doberlug- **FI** 314–315 Hc 12
Kirchham **PA** 334 Hb 21
Kirchhatten *Hatten 298–299 Cc 7
Kirchheilingen **LSZ** 312–313 Fa 13
Kirchheim **HEF** 312–313 Dc 14
Kirchheim **WÜ** 320–321 Ea 18
Kirchheim am Neckar **LB** 326–327 Db 19
Kirchheim in Schwaben **MN** 332–333 Ec 22
Kirchheim unter Teck **ES** 326–327 Dc 21
Kirchheimbolanden **KIB** 318–319 Cb 17
Kirchherten *Bedburg 310–311 Ac 13
Kirchhorst *Isernhagen 306–307 Ea 9
Kirchhundem **OE** 310–311 Cb 13
Kirchkimmen *Hude 298–299 Cc 7
Kirchlauter **HAS** 320–321 Fa 16
Kirchlengern **HF** 304–305 Cc 10
Kirchleus *Kulmbach 320–321 Fc 16
Kirchlinteln **VER** 304–305 Db 8
Kirchmöser Dorf **BRB** *Brandenburg 306–307 Gc 9
Kirchnüchel **PLÖ** 294–295 Fa 4
Kirchohsen *Emmerthal 306–307 Dc 10
Kirchroth **SR** 328–329 Gc 20
Kirchseeon **EBE** 332–333 Ga 22
Kirch Stück **SN** *Klein Trebbow 300–301 Fc 5
Kirchwalsede **ROW** 300–301 Dc 7
Kirchweidach **AÖ** 334 Gc 22
Kirchwistedt **CUX** 298–299 Da 6
Kirchzarten **FR** 330–331 Ca 23
Kirchzell **MIL** 318–319 Db 18
Kirkel **HOM** 324–325 Bb 19
Kirn **KH** 318–319 Bc 17
Kirrlach *Waghäusel 324–325 Cc 19
Kirtorf **VB** 318–319 Db 14
Kisselbach **SIM** 318–319 Bc 16
Kissing **AIC** 332–333 Fa 22
Kissingen, Bad **KG** 320–321 Eb 16
Kißlegg **RV** 330–331 Ea 23
Kittendorf **MC** 302–303 Ha 6
Kittlitz **RZ** 300–301 Fa 5
Kitzen **L** 314–315 Gb 13
Kitzingen **KT** 320–321 Eb 17
Kladrum **PCH** *Zölkow 302–303 Ga 6
Kläden **SDL** 306–307 Fc 9
Klafferstraß *Neureichenau 328–329 Ia 20
Klaistow **P** *Busendorf 308–309 Ha 10
Klanxbüll **NF** 294–295 Da 2
Klappholz **SL** 294–295 Dc 3
Klausdorf **HST** 296–297 Hb 3
Klausdorf **JB** *Bardenitz 308–309 Ha 10
Klausdorf **PLÖ** 294–295 Eb 4
Klausen **WIL** 317 Ba 17
Klausheide *Nordhorn 304–305 Bb 9
Klein Bademeusel **FOR** *Groß Bademeusel 316 Ka 11
Kleinbardorf *Sulzfeld 320–321 Ec 16
Klein Berßen **EL** 304–305 Bc 8
Klein Bünzow **ANK** 302–303 Hc 5
Kleinen, Bad **WIS** 300–301 Fc 5
Kleinern *Edertal 312–313 Db 13
Klein-Fredenbeck **STD** 300–301 Dc 6
Klein Fredenwalde **TP** *Groß Fredenwalde 302–303 Ia 7
Kleinhau *Hürtgenwald 310–311 Ac 14
Kleinheubach **MIL** 318–319 Db 17
Kleinjörl *Jörl 294–295 Db 3
Kleinlüder *Großenlüder 320–321 Dc 15
Kleinmölsen **EF** 312–313 Fb 13
Kleinostheim **AB** 318–319 Db 16
Klein Plasten **WRN** *Groß Plasten 302–303 Ha 6
Kleinrinderfeld **WÜ** 320–321 Ea 17
Klein Rodensleben **WZL** 306–307 Fc 10
Klein Rönnau **SE** 300–301 Eb 5
Kleinsaubernitz **BZ** 316 Ic 13
Kleinschmalkalden **SM** 312–313 Ec 14
Klein Sien **BÜZ** 302–303 Ga 5
Klein-Umstadt *Groß- Umstadt 318–319 Da 17
Klein Wittensee **RD** 294–295 Ea 3
Klein Wusterwitz **GNT** *Demsin 306–307 Gb 9
Klein Zecher **RZ** 300–301 Fa 6
Klempenow **AT** *Breest 302–303 Hb 5
Klenzau *Bosau 294–295 Ec 4
Klepzig **BEL** 306–307 Gc 10
Kleßen **RN** 306–307 Gc 8
Klettbach **EF** 314–315 Fb 14
Klettgau **WT** 330–331 Cc 24
Klettwitz **SFB** 316 Ia 12
Kletzke **PER** 306–307 Gb 8
Kleukheim *Ebensfeld 320–321 Fb 16
Kleve **HEI** 294–295 Db 4
Kleve **KLE** 310–311 Ab 11
Klietz **HV** 306–307 Gb 8
Klingen *Aichach 332–333 Fb 21
Klingenberg **FTL** 314–315 Hc 14
Klingenberg am Main **MIL** 318–319 Db 17
Klingenmünster **SÜW** 324–325 Cb 19
Klingenthal **OVL** 322–323 Gc 15
Klixbüll **NF** 294–295 Da 2
Klobikau **MER** 314–315 Ga 12
Klötze **KLZ** 306–307 Fb 9
Kloster **RÜG** *Hiddensee 296–297 Hb 3
Klosterlechfeld **A** 332–333 Fa 22
Klostermansfeld **EIL** 314–315 Fc 12
Kloster Oesede *Georgsmarienhütte 304–305 Cb 10
Klüß **GÜ** *Güstrow 302–303 Gb 5
Klüsserath **TR** 317 Ba 17
Klütz **GVM** 300–301 Fb 5
Kluis **RÜG** 296–297 Hb 3
Knesebeck *Wittingen 306–307 Fa 8
Knetzgau **HAS** 320–321 Ec 16
Kniebis *Freudenstadt 324–325 Cb 21
Knittlingen **PF** 324–325 Da 19
Koblenz **KO** 318–319 Bc 15
Kochel am See **TÖL** 332–333 Fc 24
Kodersdorf **NY** 316 Ka 13
Köblitz, Wernberg- **SAD** 328–329 Gb 18
Köfering **R** 328–329 Gb 20
Köhlen **CUX** 298–299 Da 6
Kölleda **SÖM** 314–315 Fb 13
Köln **K** 310–311 Ba 14
Könderitz **ZZ** 314–315 Gb 13
König, Bad **ERB** 318–319 Db 17
Königsbach-Stein **PF** 324–325 Cc 20
Königsberg in Bayern **HAS** 320–321 Ec 16
Königsbronn **HDH** 326–327 Eb 20
Königsbrück **KM** 316 Ia 13
Königsdorf **TÖL** 332–333 Fc 23
Königsee **RU** 320–321 Fc 15
Königsfeld **BA** 320–321 Fb 17
Königsfeld im Schwarzwald **VS** 330–331 Cc 22
Königshofen, Lauda- **TBB** 326–327 Ea 18
Königshofen im Grabfeld, Bad **NES** 320–321 Ec 16
Königslutter am Elm **HE** 306–307 Fa 10
Königssee *Schönau am Königssee 334 Ha 24
Königstein **AS** 328–329 Fc 18
Königstein **PIR** 316 Ib 14
Königstein im Taunus **HG** 318–319 Cc 16
Königswalde **ANA** 322–323 Hb 15
Königswartha **BZ** 316 Ib 13
Königswinter **SU** 318–319 Bb 14
Königs Wusterhausen **KW** 308–309 Hc 10
Könnern **BBG** 314–315 Ga 11
Köpenick **B** *Berlin 308–309 Hc 9
Köpernitz **NP** *Heinrichsdorf 302–303 Ha 7
Körle **HR** 312–313 Dc 13
Kösching **EI** 328–329 Fc 20
Köselitz **RSL** 308–309 Gc 11
Kösseln *Plötz 314–315 Ga 12
Kößlarn **PA** 334 Hb 21
Köstritz, Bad **G** 314–315 Gb 14
Köthel (Kreis Stormarn) **OD** 300–301 Ec 6
Köthen **KÖT** 314–315 Ga 11
Kötz **GZ** 332–333 Eb 21
Kötzting **CHA** 328–329 Ha 19
Kohlberg **NEW** 328–329 Gb 18
Kohlgrub, Bad **GAP** 332–333 Fb 24
Kohlgrund *Arolsen 312–313 Da 12
Kohren-Sahlis **GHA** 314–315 Gc 13
Kolbermoor **RO** 332–333 Gb 23
Kolitzheim **SW** 320–321 Eb 17
Kolkwitz **CB** 316 Ib 11
Kollmar **IZ** 300–301 Dc 5
Kollow **RZ** 300–301 Ec 6
Kolochau **HZ** 314–315 Hb 11
Kolpin **FW** 308–309 Ia 10
Kolrep **KY** 302–303 Gb 7
Kommern *Mechernich 317 Ac 15
Konken **KUS** 324–325 Bc 18
Konradsreuth **HO** 320–321 Ga 16
Konstanz **KN** 330–331 Db 23
Konz **TR** 317 Ac 17
Kopperby *Kappeln 294–295 Ea 3
Korbach **KB** 312–313 Da 13
Kordel **TR** 317 Ac 17
Korntal-Münchingen **LB** 326–327 Db 20
Kornwestheim **LB** 326–327 Db 20
Kosel **RD** 294–295 Ea 3
Koserow **WLG** 302–303 Ib 4
Kraftisried **OAL** 332–333 Ec 23
Kraftsolms *Waldsolms 318–319 Cc 15
Kraiburg am Inn **MÜ** 334 Gc 22
Kraichtal **KA** 324–325 Da 19
Krailling **STA** 332–333 Fc 22
Krakow am See, Kurort - **GÜ** 302–303 Gb 6
Krampfer **PER** 302–303 Gb 7
Kranenburg **KLE** 310–311 Ab 11
Kranichfeld **WE** 314–315 Fb 14
Krassolzheim *Sugenheim 320–321 Ec 18
Kratzeburg **NZ** 302–303 Ha 6
Krauchenwies **SIG** 330–331 Db 22
Krausnick **LN** 308–309 Ia 10
Krautheim **KÜN** 326–327 Dc 18
Krautsand *Drochtersen 300–301 Dc 5
Krefeld **KR** 310–311 Ac 12
Kreiensen **NOM** 312–313 Ea 11
Kreischa **FTL** 316 Ia 14
Krembz **GDB** 300–301 Fb 6
Kremmen **OR** 308–309 Hb 8
Krempe **IZ** 300–301 Dc 5
Kressbronn am Bodensee **FN** 330–331 Dc 24
Kreuth **MB** 332–333 Ga 24
Kreuzau **DN** 310–311 Ac 14
Kreuzburg **PER** *Retzin 302–303 Ga 7
Kreuznach, Bad **KH** 318–319 Ca 17
Kreuzstraße *Valley 332–333 Ga 23
Kreuztal **SI** 310–311 Ca 14
Kriegsfeld **KIB** 318–319 Ca 17
Krien **ANK** 302–303 Hc 5
Kröbeln **LIB** 314–315 Hc 12
Kröning **LA** 328–329 Gc 21
Kröpelin **DBR** 296–297 Ga 4
Krombach *Kreuztal 310–311 Ca 14
Kronach **KC** 320–321 Fb 16
Kronberg im Taunus **HG** 318–319 Cc 16
Kronenburg *Dahlen 317 Ac 15
Kronshagen **RD** 294–295 Eb 3
Kropp **SL** 294–295 Dc 3
Kroppenstedt **SFT** 314–315 Fb 11
Kropstädt **WB** 308–309 Ha 11
Krostitz **DZ** 314–315 Gc 12
Krün **GAP** 332–333 Fb 24
Kruft **MYK** 318–319 Bc 15
Krumbach *Sauldorf 330–331 Db 23
Krumbach (Schwaben) **GZ** 332–333 Ec 22
Krummesse **RZ** 300–301 Ec 5
Krummhörn **AUR** 298–299 Bb 6
Krumstedt **HEI** 294–295 Db 4
Krusendorf *Schwedeneck 294–295 Eb 3
Kuchen **GP** 326–327 Ea 21
Kübelberg, Schönberg- **KUS** 324–325 Bc 18
Kühlenhagen **GW** *Katzow 296–297 Hc 4
Kühlungsborn, Ostseebad **DBR** 296–297 Ga 4
Kühren **WUR** 314–315 Ha 12
Kühsen **RZ** 300–301 Ec 5
Küllstedt **WBS** 312–313 Eb 13
Külsheim **TBB** 320–321 Dc 17
Kümmersbruck **AS** 328–329 Ga 18
Künzell **FD** 320–321 Ea 15
Künzelsau **KÜN** 326–327 Ea 19
Künzing **DEG** 328–329 Hb 21
Küps **KC** 320–321 Fb 16
Kürnbach **KA** 324–325 Da 19
Kürten **GL** 310–311 Bb 13
Kues, Bernkastel- **WIL** 318–319 Bb 17
Küstrin-Kietz **SEE** 308–309 Ic 9
Kuhstedt *Gnarrenburg 298–299 Da 6
Kuhstorf **HGN** 300–301 Fb 6
Kulmain **TIR** 320–321 Ga 17
Kulmbach **KU** 320–321 Fc 16
Kumhausen **LA** 328–329 Gb 21
Kummer **LWL** 300–301 Fc 7
Kummerow **MC** 302–303 Ha 5
Kunow **ANG** 302–303 Ib 7
Kunow **KY** 306–307 Gb 8
Kunrau **KLZ** 306–307 Fb 9
Kupferberg **KU** 320–321 Fc 16
Kupferdreh *Essen 310–311 Bb 12
Kupferzell **KÜN** 326–327 Ea 19
Kuppenheim **RA** 324–325 Cb 20
Kupprichhausen *Boxberg 326–327 Dc 18
Kurort Bad Gottleuba **PIR** 316 Ia 14
Kurort Berggießhübel **PIR** 316 Ia 14
Kurort Brotterode **SM** 312–313 Ec 14
Kurort Jonsdorf **ZI** 316 Ka 14
Kurort Oberwiesenthal **ANA** 322–323 Ha 15
Kurort Schmalkalden **SM** 312–313 Ec 14
Kurort Steinbach-Hallenberg **SM** 320–321 Ec 14
Kurort Stolberg **SGH** 312–313 Fa 12
Kurort Wippra **HET** 314–315 Fb 12
Kusel **KUS** 324–325 Bc 18
Kusey **KLZ** 306–307 Fb 9
Kusterdingen **TÜ** 326–327 Db 21
Kutenholz **STD** 300–301 Db 6
Kyllburg **BIT** 317 Ac 16
Kyritz **KY** 306–307 Gc 8


# L


Laar **NOH** 304–305 Ba 9
Laase *Langendorf 300–301 Fb 7
Laaslich **PER** 302–303 Ga 7
Laasphe, Bad **SI** 310–311 Cc 14
Laatzen **H** 306–307 Ea 10
Laave **HGN** *Kaarßen 300–301 Fb 7
Laberweinting **SR** 328–329 Gb 20
Laboe **PLÖ** 294–295 Eb 3
Lachendorf **CE** 306–307 Eb 9
Ladbergen **ST** 304–305 Ca 10
Ladelund **NF** 294–295 Db 2
Ladenburg **HD** 324–325 Cc 18
Lägerdorf **IZ** 300–301 Dc 5
Lähden **EL** 304–305 Bc 8
Laer, Bad **OS** 304–305 Cb 10
Lage **LIP** 312–313 Da 11
Lage **NOH** 304–305 Ba 9
Lahde *Petershagen 304–305 Da 9
Lahn **EL** 304–305 Bc 8
Lahnstein **EMS** 318–319 Bc 16
Lahntal **MR** 312–313 Da 14
Lahr/Schwarzwald **OG** 330–331 Ca 21
Lahstedt **PE** 306–307 Eb 10
Laibarös *Königsfeld 320–321 Fb 17
Laichingen **UL** 326–327 Ea 21
Lalling **DEG** 328–329 Hb 20
Lambrecht (Pfalz) **DÜW** 324–325 Cb 18
Lamitsch **BSK** *Pfaffendorf 308–309 Ib 10
Lammersdorf *Simmerath 317 Ab 15
Lampertheim **HP** 324–325 Cc 18
Lamsfeld-Groß Liebitz **LN** 308–309 Ib 11
Lamspringe **HI** 312–313 Eb 11
Lamstedt **CUX** 300–301 Db 6
Landau an der Isar **DGF** 328–329 Ha 21
Landau in der Pfalz **LD** 324–325 Cb 19
Landefeld *Spangenberg 312–313 Ea 13
Landesbergen **NI** 304–305 Db 9
Landkirchen auf Fehmarn **OH** 296–297 Fb 3
Landsberg **HAL** 314–315 Gb 12
Landsberg am Lech **LL** 332–333 Fa 22
Landshut **LA** 328–329 Gb 21
Landstuhl **KL** 324–325 Bc 18
Langballig **SL** 294–295 Dc 2
Langdorf **REG** 328–329 Hb 19
Langeln **WR** 312–313 Fa 11
Langelsheim **GS** 312–313 Ec 11
Langen **CUX** 298–299 Cc 6
Langen **EL** 304–305 Bc 9
Langen **OF** 318–319 Da 17
Langenargen **FN** 330–331 Dc 24
Langenau **UL** 326–327 Eb 21
Langenberg *Velbert 310–311 Bb 12
Langenberg **GT** 310–311 Cb 11
Langenbernsdorf **WDA** 322–323 Gb 14
Langenbogen **SK** 314–315 Ga 12
Langenbrügge *Lüder 306–307 Fa 8
Langenburg **SHA** 326–327 Ea 19
Langeneichstädt **EIL** 314–315 Ga 12
Langenenslingen **BC** 330–331 Dc 22
Langenfeld **NEA** 320–321 Ec 18
Langenhagen **H** 306–307 Ea 9
Langenhahn **WW** 318–319 Ca 15
Langenhaslach *Neuburg an der Kammel 332–333 Ec 22
Langenholthausen *Balve 310–311 Ca 13
Langenholzhausen *Kalletal 304–305 Da 10
Langenhorn **NF** 294–295 Da 2
Langenleuba-Niederhain **ABG** 314–315 Gc 14
Langenleuba-Oberhain **GHA** 314–315 Gc 14
Langenloh *Waischenfeld 320–321 Fc 17
Langenlonsheim **KH** 318–319 Ca 17
Langenmosen **ND** 326–327 Fb 21
Langennaundorf **HZ** 314–315 Hc 12
Langenneufnach **A** 332–333 Ec 22
Langenpreising **ED** 332–333 Ga 21
Langenprozelten *Gemünden am Main 320–321 Dc 16
Langensalza, Bad **LSZ** 312–313 Ec 13
Langenselbold **HU** 318–319 Db 16
Langensendelbach **FO** 320–321 Fb 18
Langenweddingen **WZL** 306–307 Fc 10
Langenzenn **FÜ** 326–327 Fa 18
Langeoog **WTM** 298–299 Bc 5
Langerwehe **DN** 310–311 Ac 14
Langewiesen **IL** 320–321 Fa 14
Langgöns **GI** 318–319 Cc 15
Langhagen **GÜ** 302–303 Gc 5
Langholt *Ostrhauderfehn 298–299 Bc 7
Langquaid **KEH** 328–329 Gb 20
Langula **MHL** 312–313 Ec 13
Langwarden *Butjadingen 298–299 Cb 6
Langwedel **VER** 304–305 Db 8
Langweiler **KUS** 318–319 Bc 17
Lanke **BER** 308–309 Hc 8
Lappersdorf **R** 328–329 Gb 19
Lassahn **HGN** 300–301 Fa 6
Lassan **WLG** 302–303 Ia 5
Lassentin **HST** *Neu Bartelshagen 296–297 Ha 4
Lastrup **CLP** 304–305 Ca 8
Lathen **EL** 304–305 Bb 8
Laubach **GI** 318–319 Da 15
Laubach **SIM** 318–319 Bc 16
Laubenthal *Weißenburg in Bayern 326–327 Fb 20
Laubsdorf **CB** 316 Ic 11
Laubusch **HY** 316 Ib 12
Laucha **NEB** 314–315 Ga 13
Lauchdorf *Baisweil 332–333 Ec 23
Lauchhammer **SFB** 316 Ia 12
Lauchhammer West **SFB** *Lauchhammer 316 Ia 12
Lauchheim **AA** 326–327 Eb 20
Lauchstädt, Bad **MER** 314–315 Ga 12
Lauda-Königshofen **TBB** 326–327 Ea 18
Lauenau **SHG** 306–307 Dc 10
Lauenbrück **ROW** 300–301 Dc 7
Lauenburg/Elbe **RZ** 300–301 Ec 6
Lauenstein **DW** 316 Ia 14
Lauf an der Pegnitz **LAU** 326–327 Fb 18
Laufach **AB** 318–319 Db 16
Laufen **BGL** 334 Ha 23
Laufen, Sulzbach- **SHA** 326–327 Ea 20
Laufenburg (Baden) **WT** 330–331 Cb 24
Lauffen am Neckar **HN** 326–327 Db 19
Laupheim **BC** 330–331 Ea 22
Lauscha **NH** 320–321 Fb 15
Lausick, Bad **GHA** 314–315 Gc 13
Laußnitz **KM** 316 Ia 13
Lauta **HY** 316 Ib 12
Lauta Dorf **HY** *Lauta 316 Ib 12
Lautenthal *Langelsheim 312–313 Eb 11
Lauter **AU** 322–323 Ha 15
Lauterbach **RÜG** *Putbus 296–297 Hc 3
Lauterbach (Hessen) **VB** 318–319 Dc 15
Lauterberg im Harz, Bad **OHA** 312–313 Ec 12
Lauterecken **KUS** 318–319 Bc 18
Lauterhofen **NM** 328–329 Fc 18
Lauterstein **GP** 326–327 Ea 20
Lautertal (Odenwald) **HP** 318–319 Da 17
Lautertal (Vogelsberg) **VB** 318–319 Db 15
Lavelsloh *Diepenau 304–305 Da 9
Lavesum *Haltern 310–311 Bb 11
Lawalde **LÖB** 316 Ic 13
Lebach **SLS** 324–325 Ba 18
Lebehn **PW** 302–303 Ib 6
Lebrade **PLÖ** 294–295 Ec 4
Lebusa **HZ** 314–315 Hc 11
Lechbruck **OAL** 332–333 Fa 23
Leck **NF** 294–295 Da 2
Leer (Ostfriesland) **LER** 298–299 Bc 7
Leese **NI** 304–305 Db 9
Leezen **SE** 300–301 Eb 5
Legau **MN** 332–333 Eb 23
Lehe *Bremerhaven 298–299 Cc 6
Lehesten **LBS** 320–321 Fc 15
Lehmden *Rastede 298–299 Cb 7
Lehnin **BRB** 308–309 Ha 10
Lehrberg **AN** 326–327 Ec 18
Lehrte **H** 306–307 Ea 9
Leichlingen (Rheinland) **GL** 310–311 Bb 13
Leiferde **GF** 306–307 Ec 9
Leimen **HD** 324–325 Da 18
Leimen **PS** 324–325 Ca 19
Leinburg **LAU** 326–327 Fb 18
Leinefelde **WBS** 312–313 Eb 12
Leinfelden-Echterdingen **ES** 326–327 Db 20
Leingarten **HN** 326–327 Db 19
Leinzell **AA** 326–327 Ea 20
Leipheim **GZ** 326–327 Eb 21
Leipzig **L** 314–315 Gc 12
Leisnig **DL** 314–315 Ha 13
Lemathe *Iserlohn 310–311 Bc 12
Lembeck *Dorsten 310–311 Bb 11
Lembruch **DH** 304–305 Cc 9
Lemförde **DH** 304–305 Cc 9
Lemgo **LIP** 304–305 Da 10
Lemke *Marklohe 304–305 Db 9
Lemwerder **BRA** 298–299 Cc 7
Lengede **PE** 306–307 Eb 10
Lengefeld **MAB** 322–323 Hb 14
Lengefeld **WE** 314–315 Fc 14
Lengenfeld **RC** 322–323 Gc 15
Lengenwang **OAL** 332–333 Ec 23
Lengerich **EL** 304–305 Bc 9
Lengerich **ST** 304–305 Ca 10
Lenggries **TÖL** 332–333 Fc 23
Lenkersheim *Bad Windsheim 326–327 Ec 18
Lenklar *Werne 310–311 Bc 12
Lennep *Remscheid 310–311 Bb 13
Lennestadt **OE** 310–311 Cb 13
Lenningen **ES** 326–327 Dc 21
Lentföhrden **SE** 300–301 Ea 5
Lenzen **LWL** 300–301 Fc 7
Lenzkirch **FR** 330–331 Cb 23
Leonberg **BB** 326–327 Db 20
Leopoldshafen, Eggenstein- **KA** 324–325 Cc 19
Leopoldshagen **UEM** 302–303 Ia 5
Leopoldshöhe **LIP** 304–305 Da 10
Letschin **SEE** 308–309 Ic 9
Lette *Coesfeld 310–311 Bb 11
Letzlingen **GA** 306–307 Fc 9
Leubas *Kempten 332–333 Eb 23
Leun **LDK** 318–319 Cc 15
Leuna **MER** 314–315 Gb 13
Leussow **LWL** 300–301 Fb 7
Leustetten *Frickingen 330–331 Db 23
Leutenberg **SLF** 320–321 Fc 15
Leutershausen **AN** 326–327 Ec 19
Leutesdorf **NR** 318–319 Bc 15
Leuth *Nettetal 310–311 Ab 12
Leutkirch im Allgäu **RV** 332–333 Eb 23
Leverkusen **LEV** 310–311 Ba 13
Levern *Stemwede 304–305 Cc 9
Lichtenau **AN** 326–327 Fa 19
Lichtenau **PB** 312–313 Da 12
Lichtenau **RA** 324–325 Cb 20
Lichtenberg *Fischbachtal 318–319 Da 17
Lichtenberg **B** *Berlin 308–309 Hc 9
Lichtenborn **BIT** 317 Ab 16
Lichtenfels **KB** 312–313 Da 13
Lichtenfels **LIF** 320–321 Fb 16
Lichtenhorst *Steimbke 306–307 Dc 8
Lichtensee **RIE** 314–315 Hc 12
Lichtenstein **HOT** 314–315 Gc 14
Lichtenstein **RT** 330–331 Db 21
Lichtentanne **Z** 322–323 Gc 14
Liebenau **KS** 312–313 Db 12
Liebenau **NI** 304–305 Db 9
Liebenburg **GS** 306–307 Ec 10
Liebenstein, Bad **SLZ** 312–313 Ec 14
Liebenwalde **OR** 308–309 Hc 8
Liebenwerda, Bad **LIB** 314–315 Hc 12
Liebenzell, Bad **CW** 324–325 Da 20
Lieberose **BSK** 308–309 Ib 11
Liebertwolkwitz **L** 314–315 Gc 13
Liebschütz **LBS** 320–321 Fc 15
Liebstadt **PIR** 316 Ia 14
Lieg **COC** 318–319 Bc 16
Liepe **EW** 308–309 Ia 8
Liesborn *Wadersloh 310–311 Cb 11
Lieskau **FI** 316 Ia 12
Lietzen **SEE** 308–309 Ic 9
Lilienthal **OHZ** 298–299 Da 7
Limbach *Schmelz 324–325 Ba 18
Limbach **MOS** 326–327 Db 18
Limbach-Oberfrohna **C** 314–315 Ha 14
Limberg **CB** 316 Ib 11
Limburg an der Lahn **LM** 318–319 Cb 15
Limburgerhof **LU** 324–325 Cc 18
Limsdorf **BSK** 308–309 Ib 10
Lindau **RD** 294–295 Ea 3
Lindau **ZE** 306–307 Gb 10
Lindau (Bodensee) **LI** 330–331 Ea 24
Lindau, Katlenburg- **NOM** 312–313 Eb 11
Linden **GI** 318–319 Cc 15
Linden **HBN** 320–321 Ec 15
Lindenberg **BSK** 308–309 Ib 10
Lindenberg im Allgäu **LI** 330–331 Ea 24
Lindenfels **HP** 318–319 Da 17
Lindenhof **DM** *Metschow 302–303 Hb 5
Linderhof *Ettal 332–333 Fa 24
Lindern (Oldenburg) **CLP** 304–305 Ca 8
Lindkirchen *Mainburg 328–329 Ga 20
Lindlar **GM** 310–311 Bc 13
Lindow **NP** 308–309 Ha 8
Lindstedt **GA** 306–307 Fc 9
Lindthal **FI** 316 Ia 12
Lingen (Ems) **EL** 304–305 Bc 9
Linken **PW** *Bismark 302–303 Ic 6
Linkenheim-Hochstetten **KA** 324–325 Cc 19
Linnich **DN** 310–311 Ab 14
Linsengericht **HU** 318–319 Db 15
Linstow **GÜ** 302–303 Gc 6
Linswege *Westerstede 298–299 Ca 7
Lintfort, Kamp- **WES** 310–311 Ac 12

Lintig **CUX** 298–299 Da 6
Lintzel *Wriedel 306–307 Eb 8
Linz **NR** 318–319 Bb 15
Linz, Aach- *Pfullendorf 330–331 Db 23
Lippborg *Lippetal 310–311 Cb 12
Lippelsdorf **NH** 320–321 Fb 15
Lippetal **SO** 310–311 Cb 12
Lippspringe, Bad **PB** 312–313 Da 11
Lippstadt **SO** 310–311 Cc 11
Liptingen, Emmingen- **TUT** 330–331 Da 23
List **NF** 294–295 Cc 1
Littfeld *Kreuztal 310–311 Ca 13
Litzendorf **BA** 320–321 Fb 17
Lobeda *Jena 314–315 Fc 14
Lobenstein, Moorbad **LBS** 320–321 Fc 15
Loburg **ZE** 306–307 Gb 10
Loccum, Rehburg- **NI** 304–305 Db 9
Lochau *Pullenreuth 320–321 Ga 17
Lockstädt **PK** 302–303 Gb 7
Löbau **LÖB** 316 Ka 13
Löbejün **HAL** 314–315 Ga 12
Löbnitz **RDG** 296–297 Ha 4
Löcknitz **PW** 302–303 Ib 6
Lödderitz **SBK** 314–315 Ga 11
Lödingsen *Adelebsen 312–313 Ea 12
Löffelsterz *Schonungen 320–321 Ec 16
Löffingen **FR** 330–331 Cc 23
Löhlbach *Haina (Kloster) 312–313 Da 13
Löhnberg **LM** 318–319 Cb 15
Löhne **HF** 304–305 Da 10
Löningen **CLP** 304–305 Ca 8
Lönnewitz **LIB** *Koßdorf 314–315 Hb 12
Lörrach **LÖ** 330–331 Bc 24
Lössau **SCZ** 320–321 Ga 15
Lößnitz **AU** 322–323 Ha 15
Löwenberg **GRS** 308–309 Hb 8
Löwendorf *Marienmünster 312–313 Db 11
Löwenstedt **NF** 294–295 Db 3
Löwenstein **HN** 326–327 Dc 19
Löwitz **ANK** 302–303 Ia 5
Lohausen *Düsseldorf 310–311 Ba 13
Lohma *Pleystein 322–323 Gc 18
Lohmar **SU** 310–311 Bb 14
Lohmen **GÜ** 302–303 Gb 5
Lohmen **SEB** 316 Ia 14
Lohne (Oldenburg) **VEC** 304–305 Cb 9
Lohne, Schepsdorf- *Wietmarschen 304–305 Bb 9
Lohnsfeld **KIB** 324–325 Ca 18
Lohr am Main **MSP** 320–321 Dc 17
Lohra **MR** 318–319 Cc 14
Lohsa **HY** 316 Ic 12
Loitz **DM** 302–303 Hb 5
Lollar **GI** 318–319 Da 15
Lommatzsch **MEI** 314–315 Hb 13
Longkamp **WIL** 318–319 Bb 17
Loose **RD** 294–295 Ea 3
Lorch **AA** 326–327 Ea 20
Lorch **RÜD** 318–319 Ca 16
Lorsch **HP** 318–319 Cc 18
Lorup **EL** 304–305 Bc 8
Losheim *Hellenthal 317 Ac 15
Losheim **MZG** 324–325 Ba 18
Losheimergraben **EU** *Hellenthal 317 Ac 15
Loßburg **FDS** 330–331 Cc 21
Loxstedt **CUX** 298–299 Cc 6
Lubmin **GW** 296–297 Hc 4
Lucka **ABG** 314–315 Gb 13
Luckau **LC** 314–315 Ia 11
Luckenwalde **LUK** 308–309 Hb 10
Lucklum *Sickte 306–307 Fa 10
Ludmannsdorf *Pfeffenhausen 328–329 Ga 20
Ludwigsau **HEF** 312–313 Dc 14
Ludwigsburg **LB** 326–327 Db 20
Ludwigsdorf *Ihlow 298–299 Bc 6
Ludwigsfeld *Neu- Ulm 332–333 Eb 21
Ludwigsfelde **ZS** 308–309 Hb 10
Ludwigshafen, Bodmann- **KN** 330–331 Db 23
Ludwigshafen am Rhein **LU** 324–325 Cc 18
Ludwigshütte **MR** *Biedenkopf 310–311 Cc 14
Ludwigslust **LWL** 300–301 Fc 7
Ludwigsstadt **KC** 320–321 Fc 15
Lübars **BRG** 306–307 Gb 10
Lübbecke **MI** 304–305 Cc 10
Lübben **LN** 308–309 Ia 11
Lübbenau **CA** 316 Ia 11
Lübbow **DAN** 306–307 Fb 8
Lübchin, Behren- **TET** 296–297 Ha 4
Lübeck **HL** 300–301 Fa 5
Lübesse **SN** 300–301 Fc 6
Lübstorf **SN** 300–301 Fc 5
Lübtheen **HGN** 300–301 Fb 7
Lübz **LBZ** 302–303 Gb 6
Lüchow **DAN** 306–307 Fb 8
Lückendorf, Luftkurort **ZI** 316 Ka 14
Lückstedt **OBG** 306–307 Fc 8
Lüdenhausen *Kalletal 304–305 Db 10
Lüdenscheid **MK** 310–311 Bc 13
Lüderitz **SDL** 306–307 Ga 9
Lüdermünd *Fulda 320–321 Dc 15
Lüderode, Weißenborn- **WBS** 312–313 Ec 12
Lüdinghausen **COE** 310–311 Bc 11
Lüdingworth *Cuxhaven 298–299 Da 5
Lügde **LIP** 312–313 Db 11
Lünebach **BIT** 317 Ac 16
Lüneburg **LG** 300–301 Ec 7
Lünne **EL** 304–305 Bc 9
Lunzen *Schneverdingen 300–301 Ea 7
Lüssow **GW** 302–303 Hc 5
Lütgendortmund *Dortmund 310–311 Bc 12
Lüthorst *Dassel 312–313 Ea 11
Lütjenbrode *Großenbrode 296–297 Fb 3
Lütjenburg **PLÖ** 294–295 Ec 4
Lütjensee **OD** 300–301 Ec 6
Lütow **WLG** 296–297 Ia 4
Lütte **BEL** 306–307 Gc 10
Lüttringhausen *Remscheid 310–311 Bb 13
Lützel *Hilchenbach 310–311 Cb 14
Lützelbach **ERB** 318–319 Db 17
Lützen **WSF** 314–315 Gb 13
Lützing, Brohl- **AW** 318–319 Bb 15
Lützkampen **BIT** 317 Ab 16
Lützow **GDB** 300–301 Fb 6
Luftkurort Arendsee **OBG** 306–307 Fc 8
Luftkurort Lückendorf **ZI** 316 Ka 14
Lug **PS** 324–325 Ca 19
Lugau **STL** 322–323 Ha 14
Luhe-Wildenau **NEW** 328–329 Gb 18
Lumpzig **SLN** 314–315 Gb 14
Lunden **HEI** 294–295 Db 4
Lunow **EW** 308–309 Ib 8
Luppa **OZ** 314–315 Ha 12
Lutherstadt Eisleben **EIL** 314–315 Fc 12
Lutherstadt Wittenberg **WB** 314–315 Gc 11
Lutter am Barenberge **GS** 310–311 Eb 11
Lutzerath **COC** 318–319 Bb 16
Lutzingen **DLG** 326–327 Ec 21
Lychen **TP** 302–303 Hb 7

## M

Maar *Lauterbach (Hessen) 320–321 Dc 15
Maasholm **SL** 294–295 Ea 2
Mackenrode **HIG** 312–313 Eb 13
Mackenrode **NDH** 312–313 Ec 12
Mähring **TIR** 322–323 Gc 17
Märkisch Buchholz **KW** 308–309 Ia 10
Magdala **WE** 314–315 Fc 14
Magdeburg **MD** 306–307 Fc 10
Magolsheim *Münsingen 330–331 Dc 21
Mahlow **ZS** 308–309 Hc 9
Mahlsdorf **B** *Berlin 308–309 Hc 9
Mahlsdorf **SAW** 306–307 Fb 8
Maienfels *Wüstenrot 326–327 Dc 19
Maikammer **SÜW** 324–325 Cb 19
Mainbernheim **KT** 320–321 Eb 17
Mainburg **KEH** 328–329 Ga 21
Mainhardt **SHA** 326–327 Dc 19
Mainleus **KU** 320–321 Fc 16
Maintal **HU** 318–319 Da 16
Mainz **MZ** 318–319 Cb 17
Mainz-Kastel *Wiesbaden 318–319 Cb 16
Maisach **FFB** 332–333 Fb 22
Malborn **WIL** 317 Ba 17
Malchin **MC** 302–303 Ha 5
Malching **PA** 334 Hb 22
Malchow **WRN** 302–303 Gc 6
Malente **OH** 294–295 Ec 4
Malgersdorf **PAN** 328–329 Ha 21
Mallentin **GVM** 300–301 Fb 5
Mallersdorf-Pfaffenberg **SR** 328–329 Gb 20
Mallin **WRN** 302–303 Hb 6
Malliß **LWL** 300–301 Fb 7
Malsburg *Malsburg- Marzell 330–331 Ca 23
Malsburg-Marzell **LÖ** 330–331 Ca 23
Malsch **KA** 324–325 Cc 20
Malsfeld **HR** 312–313 Dc 13
Malterdingen **EM** 330–331 Ca 22
Mambach *Zell im Wiesental 330–331 Ca 23
Mammendorf **FFB** 332–333 Fb 22
Manching **PAF** 328–329 Fc 20
Mandelshagen **ROS** 296–297 Gc 4
Mandelsloh *Neustadt am Rübenberge 306–307 Dc 9
Manderscheid **WIL** 317 Ba 16
Mannheim **MA** 324–325 Cc 18
Manschnow **SEE** 308–309 Ic 9
Mansfeld **HET** 314–315 Fc 12
Marbach *Petersberg 320–321 Ea 15
Marbach am Neckar **LB** 326–327 Db 20
Marburg (Lahn) **MR** 312–313 Da 14
March **FR** 330–331 Ca 22
Margarethen *Bodenkirchen 334 Gc 21
Marienbaum *Xanten 310–311 Ac 11
Marienberg **MAB** 322–323 Hb 15
Marienberg (Westerwald), Bad **WW** 318–319 Ca 15
Marienfeld *Harsewinkel 310–311 Cb 11
Marienhafe **AUR** 298–299 Bb 6
Marienmünster **HX** 312–313 Db 11
Maring-Noviand **WIL** 317 Ba 17
Marisfeld **SHL** 320–321 Ec 15
Markdorf **FN** 330–331 Dc 23
Markgrafpieske **FW** 308–309 Ia 10
Markgröningen **LB** 326–327 Db 20
Markhausen *Friesoythe 304–305 Ca 8
Markkleeberg **L** 314–315 Gc 13
Marklkofen **DGF** 328–329 Gc 21
Markneukirchen **OVL** 322–323 Gb 16
Markoldendorf *Dassel 312–313 Ea 11
Markranstädt **L** 314–315 Gb 13
Marksuhl **ESA** 312–313 Eb 14
Marktbergel **NEA** 326–327 Ec 18
Markt Berolzheim **WUG** 326–327 Fa 19
Markt Bibart **NEA** 320–321 Ec 18
Marktbreit **KT** 320–321 Eb 17
Markt Einersheim **KT** 320–321 Eb 17
Markt Erlbach **NEA** 326–327 Ec 18
Marktheidenfeld **MSP** 320–321 Dc 17
Markt Indersdorf **DAH** 332–333 Fc 21
Marktl **AÖ** 334 Ha 22
Marktleugast **KU** 320–321 Fc 16
Marktleuthen **WUN** 320–321 Ga 16
Markt Nordheim **NEA** 326–327 Ec 18
Marktoberdorf **OAL** 332–333 Ec 23
Marktredwitz **WUN** 322–323 Gb 16
Markt Rettenbach **MN** 332–333 Ec 23
Marktrodach **KC** 320–321 Fc 16
Marktschorgast **KU** 320–321 Fc 16
Markt Schwaben **EBE** 332–333 Ga 22
Markt Wald **MN** 332–333 Ec 22
Marl **RE** 310–311 Bb 11
Marlishausen **ARN** 312–313 Fb 14
Marlow **RDG** 296–297 Gc 4
Marne **HEI** 300–301 Db 5
Marnheim **KIB** 318–319 Cb 18
Marnitz **PCH** 302–303 Ga 7
Maroldsweisach **HAS** 320–321 Ec 16
Marpingen **WND** 324–325 Bb 18
Marquartstein **TS** 334 Gc 23
Marschacht **WL** 300–301 Ec 6
Martensdorf **HST** *Niepars 296–297 Ha 4
Martfeld **DH** 304–305 Db 8
Martinshöhe **KL** 324–325 Bc 18
Martinsmoos *Neubulach 324–325 Cc 21
Marx *Friedeburg 298–299 Ca 6
Marxheim **DON** 326–327 Fa 20
Marxzell **KA** 324–325 Cc 20
Marzahna **JB** 308–309 Ha 10
Marzahne **BRB** 306–307 Gc 9
Marzell, Malsburg- **LÖ** 330–331 Ca 23
Maschen *Seevetal 300–301 Eb 6
Maselheim **BC** 330–331 Ea 22
Maßbach **KG** 320–321 Eb 16
Massenhausen *Neufahrn bei Freising 332–333 Fc 21
Massing **PAN** 334 Gc 21
Massow **RM** 302–303 Gc 7
Mastholte *Rietberg 310–311 Cc 11
Mauern **FS** 328–329 Ga 21
Maulbronn **PF** 324–325 Da 19
Mauth **FRG** 328–329 Hc 20
Maxhütte-Haidhof **SAD** 328–329 Gb 19
Mayen **MYK** 318–319 Bb 16
Mechernich **EU** 317 Ac 15
Meckenbeuren **FN** 330–331 Dc 23
Meckenheim **DÜW** 324–325 Cb 18
Meckenheim **SU** 318–319 Bb 15
Meckesheim **HD** 324–325 Da 19
Medebach **HSK** 312–313 Da 13
Medelby **SL** 294–295 Db 2
Meerane **GC** 314–315 Gc 14
Meerbusch **NE** 310–311 Ac 13
Meersburg **FN** 330–331 Db 23
Meggerdorf **SL** 294–295 Dc 3
Mehring **TR** 317 Ba 17
Mehrstetten **RT** 330–331 Dc 21
Meihern *Riedenburg 328–329 Fc 20
Meila **DL** *Beicha 314–315 Hb 13
Meine **GF** 306–307 Ec 9
Meinersen **GF** 306–307 Ec 9
Meinerzhagen **MK** 310–311 Bc 13
Meineweh **ZZ** 314–315 Ga 13
Meinheim **WUG** 326–327 Fa 19
Meinholz *Wietzendorf 306–307 Ea 8
Meiningen **MGN** 320–321 Ec 15
Meisburg **DAU** 317 Ba 16
Meisenheim **KH** 318–319 Ca 17
Meißen **MEI** 314–315 Hc 13
Meißendorf *Winsen (Aller) 306–307 Ea 8
Meitingen **A** 326–327 Fa 21
Melaune **GR** 316 Ka 13
Meldorf **HEI** 294–295 Db 4
Melle **OS** 304–305 Cc 10
Mellen **LWL** 300–301 Fc 7
Mellin **KLZ** 306–307 Fa 9
Mellingen **WE** 314–315 Fc 14
Mellrichstadt **NES** 320–321 Eb 15
Melsungen **HR** 312–313 Dc 13
Memmelsdorf **BA** 320–321 Fa 17
Memmingen **MM** 332–333 Eb 23
Menden (Sauerland) **MK** 310–311 Ca 12
Mendig **MYK** 318–319 Bb 15
Mendorf *Altmannstein 328–329 Fc 20
Mengen **SIG** 330–331 Db 22
Mengersgereuth-Hämmern **SON** 320–321 Fb 15
Mengerskirchen **LM** 318–319 Cb 15
Mengkofen **DGF** 328–329 Gc 20
Menz **GRS** 302–303 Hb 7
Menzingen *Kraichtal 324–325 Da 19
Meppen **EL** 304–305 Bb 8
Merenberg **LM** 318–319 Cb 15
Mergentheim, Bad **TBB** 326–327 Ea 18
Mering **AIC** 332–333 Fa 22
Merkendorf **AN** 326–327 Fa 19
Merklingen **UL** 326–327 Ea 21
Mernes *Bad Soden- Salmünster 320–321 Dc 16
Merseburg **MER** 314–315 Ga 12
Mertingen **DON** 326–327 Fa 21
Merxleben **LSZ** 312–313 Ec 13
Merzen **OS** 304–305 Ca 9
Merzenich **DN** 310–311 Ac 14
Merzig **MZG** 324–325 Ac 18
Meschede **HSK** 310–311 Cb 12
Mesekenhagen **GW** 296–297 Hb 4
Mesendorf **PK** *Kuhsdorf 302–303 Gb 7
Meßdorf **OBG** 306–307 Fc 8
Messingen **EL** 304–305 Bc 9
Messinghausen *Brilon 312–313 Da 12
Meßkirch **SIG** 330–331 Db 22
Meßstetten **BL** 330–331 Da 22
Mestlin **PCH** 302–303 Ga 6
Mesum *Rheine 304–305 Bc 10
Metelen **ST** 304–305 Bb 10
Metten **DEG** 328–329 Ha 20
Mettendorf **BIT** 317 Ab 17
Mettingen **ST** 304–305 Ca 10
Mettlach **MZG** 324–325 Ac 18
Mettmann **ME** 310–311 Ba 13
Metzingen *Göhrde 300–301 Fa 7
Metzingen **RT** 326–327 Db 21
Meuselwitz **ABG** 314–315 Gb 13
Meyenburg **PK** 302–303 Gb 7
Michelau im Steigerwald **SW** 320–321 Ec 17
Michelau in Oberfranken **LIF** 320–321 Fb 16
Michelbach *Alzenau in Unterfranken 318–319 Db 16
Michelbach an der Lücke *Wallhausen 326–327 Eb 19
Michelfeld *Auerbach in der Oberpfalz 320–321 Fc 17
Michelfeld **SHA** 326–327 Ea 19
Michelsneukirchen **CHA** 328–329 Gc 19
Michelstadt **ERB** 318–319 Db 17
Middels *Aurich 298–299 Bc 6
Midlum **CUX** 298–299 Cc 5
Miesau, Bruchmühlbach- **KL** 324–325 Bc 18
Miesbach **MB** 332–333 Ga 23
Miesenbach, Ramstein **KL** 324–325 Bc 18
Mieste **GA** 306–307 Fb 9
Miesterhorst **KLZ** 306–307 Fb 9
Mietingen **BC** 330–331 Ea 22
Mihla **ESA** 312–313 Ec 13
Mildstedt **NF** 294–295 Db 3
Milkel **BZ** 316 Ic 13
Milmersdorf **TP** 302–303 Hc 7
Milow **RN** 306–307 Gb 9
Milte *Warendorf 304–305 Ca 11
Miltenberg **MIL** 318–319 Db 17
Mindelheim **MN** 332–333 Ec 22
Minden **MI** 304–305 Da 10
Minfeld **GER** 324–325 Cb 19
Mirow **NZ** 302–303 Ha 7
Missen-Wilhams **OA** 332–333 Eb 24
Mistelgau **BT** 320–321 Fc 17
Mitte **B** *Berlin 308–309 Hc 9
Mittelberg, Oy- **OA** 332–333 Ec 24
Mittelneufnach **A** 332–333 Ec 22
Mittelort *Ovelgönne 298–299 Cc 7
Mittelsaida **BED** 314–315 Hb 14
Mittelsinn **MSP** 320–321 Dc 16
Mittelsteinach *Burgwindheim 320–321 Ec 17
Mittelsteinach *Münchsteinach 320–321 Ec 18
Mittelstenahe **CUX** 300–301 Db 6
Mittelsten Thüle *Friesoythe 304–305 Ca 8
Mittelstrimmig **COC** 318–319 Bb 16
Mitteltal *Baiersbronn 324–325 Cb 21
Mittelzell *Reichenau 330–331 Db 23
Mittenaar **LDK** 318–319 Cc 14
Mittenwalde **KW** 308–309 Hb 10
Mittenwalde **TP** 302–303 Hc 7
Mitterdorf *Roding 328–329 Gc 19
Mitterfels **SR** 328–329 Ha 20
Mitterndorf *Winzer 328–329 Hb 20
Mitterskirchen **PAN** 334 Ha 21
Mitterteich **TIR** 322–323 Gb 17
Mittweida **HC** 314–315 Ha 14
Mittweide **BSK** 308–309 Ib 10
Mitwitz **KC** 320–321 Fb 16
Mixdorf **EH** 308–309 Ic 10
Mocherwitz **DZ** *Hohenroda 314–315 Gc 12
Mockrehna **EB** 314–315 Ha 12
Möckern **BRG** 306–307 Ga 10
Möckmühl **HN** 326–327 Dc 18
Mögglingen **AA** 326–327 Ea 20
Möglingen **LB** 326–327 Db 20
Möhlau **GHC** 314–315 Gc 11
Möhnesee **SO** 310–311 Cb 12
Mölkau **L** 314–315 Gc 13
Möllenbeck **NZ** 302–303 Hc 6
Mölln **RZ** 300–301 Fa 6
Mömbris **AB** 318–319 Db 16
Mömlingen **MIL** 318–319 Db 17
Mönchengladbach **MG** 310–311 Ac 13
Mönchsdeggingen **DON** 326–327 Ec 20
Mönkebude **UEM** 302–303 Ia 5
Mönkebüll *Langenhorn 294–295 Da 2
Mönsheim **PF** 324–325 Da 20
Mörfelden-Walldorf **GG** 318–319 Cc 17
Mörlenbach **HP** 324–325 Da 18
Mörnsheim **EI** 326–327 Fb 20
Moers **WES** 310–311 Ac 12
Mörsch *Rheinstetten 324–325 Cb 20
Mörshausen *Spangenberg 312–313 Dc 13
Mössingen **TÜ** 330–331 Db 21
Mohorn **FTL** 314–315 Hc 13
Moisburg **WL** 300–301 Ea 6
Moitin **DBR** *Kamin 300–301 Ga 5
Molbergen **CLP** 304–305 Ca 8
Molfsee **RD** 294–295 Eb 4
Molschleben **GTH** 312–313 Fa 13
Molzen *Uelzen 300–301 Ec 7
Monheim **DON** 326–327 Fa 20
Monreal **MYK** 318–319 Bb 16
Monschau **AC** 317 Ab 15
Monsheim **AZ** 318–319 Cb 18
Montabaur **WW** 318–319 Ca 15
Monzingen **KH** 318–319 Bc 17
Moorausmoor *Stinstedt 298–299 Da 6
Moorbad Lobenstein **LBS** 320–321 Fc 15
Moordorf *Südbrookmerland 298–299 Bc 6
Moorenweis **FFB** 332–333 Fb 22
Moorhusen *Südbrookmerland 298–299 Bc 6
Moormerland **LER** 298–299 Bc 7
Moos **DEG** 328–329 Ha 20
Moosbach **NEW** 322–323 Gc 18
Moosburg an der Isar **FS** 328–329 Ga 21
Moosham *Mintraching 328–329 Gb 20
Moosthenning **DGF** 328–329 Gc 20
Morbach **WIL** 318–319 Bb 17
Moringen **NOM** 312–313 Ea 11
Moritzburg **DD** 316 Ia 13
Morles *Nüsttal 320–321 Ea 15
Morsbach **GM** 310–311 Ca 14
Morschen **HR** 312–313 Dc 13
Morsleben **HDL** 306–307 Fb 10
Morsum *Sylt- Ost 294–295 Cc 2
Mosbach **MOS** 326–327 Db 18
Mosel **Z** 314–315 Gc 14
Motten **KG** 320–321 Ea 15
Motzen **KW** 308–309 Hc 10
Much **SU** 310–311 Bc 14
Mucheln **PLÖ** 294–295 Ec 4
Mudau **MOS** 326–327 Db 18
Mudersbach **AK** 310–311 Ca 14
Mücheln **MER** 314–315 Ga 13
Mücka **NY** 316 Ka 13
Mücke **VB** 318–319 Db 15
Müden (Aller) **GF** 306–307 Ec 9
Mügeln **JE** 314–315 Hb 11
Mügeln **OZ** 314–315 Hb 13
Mühlacker **PF** 324–325 Da 20
Mühlberg **GTH** 312–313 Fa 14
Mühlberg **LIB** 314–315 Hb 12
Mühldorf am Inn **MÜ** 334 Gc 22
Mühlen Eichsen **GDB** 300–301 Fb 5
Mühlhausen *Affing 332–333 Fa 21
Mühlhausen **ERH** 320–321 Fa 17
Mühlhausen **NM** 328–329 Fc 19
Mühlhausen, Thomas-Müntzer-Stadt **MHL** 312–313 Ec 13
Mühlheim am Main **OF** 318–319 Da 16
Mühlheim an der Donau **TUT** 330–331 Da 22
Mühlhofen, Uhldingen- **FN** 330–331 Db 23
Mühlingen **KN** 330–331 Db 23
Mühltal **DA** 318–319 Da 17
Mühltroff **PL** 320–321 Ga 15
Mülheim *Warstein 310–311 Cb 12
Mülheim an der Ruhr **MH** 310–311 Ba 12
Mülheim-Kärlich **MYK** 318–319 Bc 15
Müllheim **FR** 330–331 Bc 23
Müllrose **EH** 308–309 Ic 10
Mülverstedt **LSZ** 312–313 Ec 13
Münchberg **HO** 320–321 Ga 16
Müncheberg **SRB** 308–309 Ib 9
Münchehagen *Rehburg-Loccum 304–305 Db 9
Münchehofe **KW** 308–309 Ia 10
München **M** 332–333 Fc 22
Müncherlbach *Heilsbronn 326–327 Fa 18
Münchham *Ering 334 Hb 22
Münchhausen **MR** 312–313 Da 14
Münchingen, Korntal- **LB** 326–327 Db 20
Münchsdorf *Vilsheim 328–329 Gb 21
Münchsmünster **PAF** 328–329 Ga 20
Münchsteinach **NEA** 320–321 Ec 18
Münchweiler, Glan- **KUS** 324–325 Bc 18
Münchweiler an der Alsenz **KIB** 324–325 Ca 18
Münchweiler an der Rodalb **PS** 324–325 Ca 19
Münder am Deister, Bad **HM** 306–307 Dc 10
Münnerstadt **KG** 320–321 Eb 16
Münsing **TÖL** 332–333 Fc 23
Münsingen **RT** 330–331 Dc 21
Münster **DA** 318–319 Da 17
Münster **MS** 310–311 Bc 11
Münster am Stein-Ebernburg, Bad **KH** 318–319 Ca 17
Münstereifel, Bad **EU** 317 Ba 15
Münstermaifeld **MYK** 318–319 Bc 16
Münstertal/Schwarzwald **FR** 330–331 Ca 23
Münzesheim *Kraichtal 324–325 Da 19
Müritz *Seeheilbad Graal- Müritz 296–297 Gb 4
Müsch **AW** 317 Ba 15
Muggensturm **RA** 324–325 Cb 20
Mukran **RÜG** *Saßnitz 296–297 Hc 3
Mulda **BED** 314–315 Hc 14
Muldenberg **OVL** 322–323 Gc 15
Mulfingen **KÜN** 326–327 Ea 18
Mulknitz **FOR** 316 Ic 11
Mulmshorn *Rotenburg 300–301 Db 7
Munderkingen **UL** 330–331 Dc 22
Munkbrarup **SL** 294–295 Dc 2
Munster **SFA** 306–307 Eb 8
Murchin **ANK** 302–303 Ia 5
Murnau am Staffelsee **GAP** 332–333 Fb 23
Murrhardt **WN** 326–327 Dc 20
Muskau, Bad **WSW** 316 Ka 12
Mustin **RZ** 300–301 Fa 5
Mutlangen **AA** 326–327 Ea 20
Mutscheid *Bad Münstereifel 317 Ba 15
Mutterstadt **LU** 324–325 Cc 18
Mutzschen **GRM** 314–315 Ha 13

## N

Nabburg **SAD** 328–329 Gb 18
Nachrodt-Wiblingwerde **MK** 310–311 Bc 13
Nadrensee **PW** 302–303 Ic 7
Nagold **CW** 324–325 Da 21
Nahe **SE** 300–301 Eb 5
Nahwinden **ARN** 320–321 Fb 14
Naila **HO** 320–321 Ga 16
Naitschau **GRZ** 322–323 Gb 15
Nalbach **SLS** 324–325 Ba 18
Namborn **WND** 324–325 Bb 18
Nandlstadt **FS** 328–329 Ga 21
Nassau **BED** 314–315 Hc 14
Nassau **EMS** 318–319 Ca 16
Nassenfels **EI** 326–327 Fb 20
Nassenheide **OR** 308–309 Hb 8
Nastätten **EMS** 318–319 Ca 16
Natendorf **UE** 300–301 Ec 7
Natternberg *Deggendorf 328–329 Ha 20
Nattheim **HDH** 326–327 Eb 20
Natzungen *Borgentreich 312–313 Db 12
Nauen **NAU** 308–309 Ha 9
Naumburg **KS** 312–313 Db 13
Naumburg **NMB** 314–315 Ga 13
Naundorf **FG** 314–315 Hc 14
Naunhof **GRM** 314–315 Gc 13
Nebel **NF** 294–295 Cc 3
Nebra **NEB** 314–315 Fc 13
Nechern **BZ** *Wurschen 316 Ic 13
Neckarbischofsheim **HD** 324–325 Da 19
Neckarelz *Mosbach 326–327 Db 18
Neckargemünd **HD** 324–325 Da 18
Neckargerach **MOS** 326–327 Db 18
Neckarsteinach **HP** 326–327 Da 18
Neckarsulm **HN** 326–327 Db 19
Neckartenzlingen **ES** 326–327 Db 21
Nedlitz **ZE** 306–307 Gb 10
Neermoor *Moormerland 298–299 Bc 7
Neersen *Willich 310–311 Ac 13
Neerstedt *Dötlingen 304–305 Cc 8
Neetze **LG** 300–301 Ec 7
Neetzow **ANK** 302–303 Hc 5
Negenborn *Wedemark 306–307 Dc 9
Neheim-Hüsten *Arnsberg 310–311 Ca 12
Nehringen **GMN** *Grammendorf 302–303 Ha 5
Neindorf *Wolfsburg 306–307 Fa 10
Neitersen **AK** 318–319 Bc 14
Nellingen **UL** 326–327 Ea 21
Nenndorf, Bad **SHG** 306–307 Dc 9
Nennig *Perl 324–325 Ac 18
Nentershausen **HEF** 312–313 Ea 13
Nenzenheim *Iphofen 320–321 Eb 18
Neppermin **WLG** 302–303 Ib 5
Nerchau **GRM** 314–315 Ha 13
Nerenstetten **UL** 326–327 Eb 21
Neresheim **AA** 326–327 Ec 20

Nersingen **NU** 332–333 Eb 21
Neschwitz **BZ** 316 Ib 13
Nesselwang **OAL** 332–333 Ec 24
Neßmersiel *Nesse 298–299 Bc 6
Netphen **SI** 310–311 Cb 14
Netra *Ringgau 312–313 Eb 13
Nette *Bockenem 306–307 Eb 10
Nettelsee **PLÖ** 294–295 Eb 4
Nettersheim **EU** 317 Ac 15
Netzschkau **RC** 322–323 Gb 15
Neualbenreuth **TIR** 322–323 Gc 17
Neuastenberg *Winterberg 310–311 Cc 13
Neubeckum *Beckum 310–311 Cb 11
Neubensdorf **BRB** *Bensdorf 306–307 Gc 9
Neubiberg **M** 332–333 Fc 22
Neubörger **EL** 304–305 Bc 8
Neubrandenburg **NB** 302–303 Hb 6
Neubruchhausen *Bassum 304–305 Da 8
Neubukow **DBR** 296–297 Ga 4
Neuburg an der Donau **ND** 326–327 Fb 20
Neuburg an der Kammel **GZ** 332–333 Ec 22
Neu Darchau **DAN** 300–301 Fa 7
Neudenau **HN** 326–327 Db 19
Neudietendorf **EF** 312–313 Fa 14
Neudorf *Uplengen 298–299 Ca 6
Neudorf, Graben- **KA** 324–325 Cc 19
Neudrossenfeld **KU** 320–321 Fc 16
Neu-Eichenberg **ESW** 312–313 Ea 12
Neuenahr-Ahrweiler, Bad **AW** 318–319 Bb 15
Neuenbürg **PF** 324–325 Cc 20
Neuenburg *Zetel 298–299 Ca 6
Neuenburg am Rhein **FR** 330–331 Bc 23
Neuendettelsau **AN** 326–327 Fa 19
Neuendorf **RÜG** *Hiddensee 296–297 Hb 3
Neuendorf am Damm **GA** 306–307 Fc 9
Neuendorf bei Wilster **IZ** 300–301 Db 5
Neuenfelde *Hamburg 300–301 Ea 6
Neuengroden *Wilhelmshaven 298–299 Cb 6
Neuenhagen bei Berlin **SRB** 308–309 Ia 9
Neuenhain *Bad Soden am Taunus 318–319 Cc 16
Neuenhaus **NOH** 304–305 Ba 9
Neuenheerse *Bad Driburg 312–313 Da 11
Neuenkirchen *Melle 304–305 Cc 10
Neuenkirchen *Schwanewede 298–299 Cc 7
Neuenkirchen **CUX** 298–299 Da 5
Neuenkirchen **OS** 304–305 Ca 9
Neuenkirchen **SFA** 300–301 Ea 7
Neuenkirchen **ST** 304–305 Bc 10
Neuenkirchen (Oldenburg) **VEC** 304–305 Cb 9
Neuenrade **MK** 310–311 Ca 13
Neuensorga *Lederhose 314–315 Ga 14
Neuenstadt am Kocher **HN** 326–327 Db 19
Neuenstein **HEF** 312–313 Dc 14
Neuenstein **KÜN** 326–327 Dc 19
Neuental **HR** 312–313 Db 13
Neuenwalde *Langen 298–299 Da 5
Neuerburg **BIT** 317 Ab 16
Neufahrn bei Freising **FS** 332–333 Fc 22
Neufahrn in Niederbayern **LA** 328–329 Gb 20
Neufeld **HEI** 300–301 Db 5
Neuffen **ES** 326–327 Dc 21
Neugablonz *Kaufbeuren 332–333 Ec 23
Neugersdorf **LÖB** 316 Ic 14
Neuhammer **AB** *Dammbach 318–319 Db 17
Neuhardenberg **SEE** 308–309 Ib 9
Neuharlingersiel **WTM** 298–299 Ca 5
Neuhaus *Aufseß 320–321 Fb 17
Neuhaus (Oste) **CUX** 300–301 Db 5
Neuhaus/Elbe **HGN** 300–301 Fa 7
Neuhaus am Inn **PA** 334 Hc 21
Neuhaus am Rennweg **NH** 320–321 Fb 15
Neuhaus an der Pegnitz **LAU** 320–321 Fc 18
Neuhaus im Solling *Holzminden 312–313 Dc 11
Neuhausen **MAB** 322–323 Hc 14
Neuhausen auf den Fildern **ES** 326–327 Db 20
Neuhausen bei Landshut *Weihmichl 328–329 Ga 21
Neuhausen ob Eck **TUT** 330–331 Da 23
Neuhaus-Schierschnitz **SON** 320–321 Fb 16
Neuheede *Heede 298–299 Bb 7
Neuhof *Taunusstein 318–319 Cb 16
Neuhof **FD** 320–321 Dc 15
Neuhof an der Zenn **NEA** 326–327 Ec 18
Neuhütten **MSP** 320–321 Dc 16
Neu-Isenburg **OF** 318–319 Da 16
Neukalen **MC** 302–303 Ha 5
Neu Kaliß **LWL** 300–301 Fb 7
Neukieritzsch **BNA** 314–315 Gc 13
Neukirch **BIW** 316 Ib 13
Neukirch **FN** 330–331 Ea 24
Neukirch **KM** 316 Ia 13
Neukirchen *Hemau 328–329 Ga 19
Neukirchen *Quern 294–295 Ea 2
Neukirchen **HR** 312–313 Dc 14
Neukirchen **NF** 294–295 Da 2
Neukirchen **OBG** 306–307 Ga 8
Neukirchen **OH** 296–297 Fb 4
Neukirchen **WDA** 314–315 Gc 14
Neukirchen bei Heilig Blut **CHA** 328–329 Hb 19
Neukirchen-Balbini **SAD** 328–329 Gc 19
Neukloster **WIS** 300–301 Ga 5
Neulautern *Wüstenrot 326–327 Dc 19
Neu Lübbenau **LN** 308–309 Ia 10
Neumarkt in der Oberpfalz **NM** 328–329 Fc 19
Neumarkt-Sankt Veit **MÜ** 334 Gc 21
Neumünster **NMS** 294–295 Ea 4
Neunburg vorm Wald **SAD** 328–329 Gc 18
Neunkirchen **MIL** 320–321 Dc 17
Neunkirchen **NK** 324–325 Bb 18
Neunkirchen **SI** 310–311 Ca 14
Neunkirchen am Brand **FO** 320–321 Fb 18
Neunkirchen-Seelscheid **SU** 310–311 Bb 14
Neuötting **AÖ** 334 Ha 22
Neupetershain **CA** 316 Ib 12
Neuried **OG** 324–325 Ca 21
Neuruppin **NP** 308–309 Ha 8
Neusäß **A** 332–333 Fa 21
Neuschönau **FRG** 328–329 Hc 20
Neuses am Sand *Prichsenstadt 320–321 Ec 17
Neuss **NE** 310–311 Ba 13
Neustadt **KY** 306–307 Gc 8
Neustadt **PN** 320–321 Ga 14
Neustadt (Hessen) **MR** 312–313 Db 14
Neustadt (Wied) **NR** 318–319 Bc 15
Neustadt, Titisee- **FR** 330–331 Cb 23
Neustadt am Kulm **NEW** 320–321 Ga 17
Neustadt am Main **MSP** 320–321 Dc 17
Neustadt am Rübenberge **H** 306–307 Dc 9
Neustadt an der Aisch **NEA** 326–327 Ec 18
Neustadt an der Donau **KEH** 328–329 Ga 20
Neustadt an der Saale, Bad **NES** 320–321 Eb 15
Neustadt an der Waldnaab **NEW** 322–323 Gb 17
Neustadt an der Weinstraße **NW** 324–325 Cb 18
Neustadt bei Coburg **CO** 320–321 Fb 16
Neustadt in Holstein **OH** 294–295 Fa 4
Neustadt in Sachsen **SEB** 316 Ib 13
Neustadt-Glewe **LWL** 300–301 Fc 6
Neustrelitz **NZ** 302–303 Hb 6
Neutraubling **R** 328–329 Gb 20
Neutrebbin **SEE** 308–309 Ib 9
Neu-Ulm **NU** 332–333 Eb 21
Neuwied **NR** 318–319 Bc 15
Neuwirthshaus *Wartmannsroth 320–321 Ea 15
Neuzelle **EH** 308–309 Ic 10
Neu Zittau **FW** 308–309 Ia 9
Neverin **NB** 302–303 Hc 6
Neviges *Velbert 310–311 Bb 13
Nichtinghausen *Eslohe (Sauerland) 310–311 Cb 13
Nidda **FB** 318–319 Db 15
Niddatal **FB** 318–319 Da 16
Nidderau **HU** 318–319 Da 16
Nideggen **DN** 317 Ac 14
Niebendorf-Heinsdorf **LUK** 308–309 Hc 11
Nieblum **NF** 294–295 Cc 2
Niebüll **NF** 294–295 Da 2
Nieby **SL** 294–295 Ea 2
Niedenstein **HR** 312–313 Db 13
Niederaichbach **LA** 328–329 Gb 21
Niederaula **HEF** 320–321 Dc 14
Niederbergheim *Warstein 310–311 Cb 12
Niedereisenhausen *Steffenberg 310–311 Cc 14
Niedereschach **VS** 330–331 Cc 22
Niederfinow **EW** 308–309 Ia 8
Niederhain, Langenleuba- **ABG** 314–315 Gc 14
Niederhörne *Elsfleth 298–299 Cc 7
Niederhone *Eschwege 312–313 Eb 13
Niederjossa *Niederaula 320–321 Dc 14
Niederkirchen **KL** 324–325 Ca 18
Niederklein *Stadtallendorf 312–313 Da 14
Niederkrüchten **VIE** 310–311 Ab 13
Niederlangen **EL** 304–305 Bb 8
Niedermurach **SAD** 322–323 Gc 18
Niedernhall **KÜN** 326–327 Dc 19
Niederoderwitz **ZI** 316 Ka 14
Nieder-Olm **MZ** 318–319 Cb 17
Niederschmalkalden **SM** 320–321 Ec 14
Niederselters *Selters (Taunus) 318–319 Cb 15
Niederstetten **TBB** 326–327 Ea 18
Niederstotzingen **HDH** 326–327 Eb 21
Niederwerrn **SW** 320–321 Eb 16
Niederwinkling **SR** 328–329 Ha 20
Niederwörresbach **BIR** 318–319 Bc 17
Niederzier **DN** 310–311 Ac 14
Niederzissen **AW** 318–319 Bb 15
Niefern-Öschelbronn **PF** 324–325 Da 20
Nieheim **HX** 312–313 Db 11
Niemegk **BEL** 308–309 Ha 10
Niemetal **GÖ** 312–313 Ea 12
Nienburg **BBG** 314–315 Ga 11
Nienburg (Weser) **NI** 304–305 Db 9
Nierstein **MZ** 318–319 Cc 17
Niesen *Willebadessen 312–313 Db 12
Niesky **NY** 316 Ka 13
Nieste **KS** 312–313 Ea 13
Niestetal **KS** 312–313 Dc 13
Nieukerk *Kerken 310–311 Ac 12
Nindorf **HEI** 294–295 Db 4
Niska = Niesky **NY** 316 Ka 13
Nittenau **SAD** 328–329 Gb 19
Nittendorf **R** 328–329 Ga 19
Nobitz **ABG** 314–315 Gc 14
Noer **RD** 294–295 Ea 3
Nördlingen **DON** 326–327 Ec 20
Nörten-Hardenberg **NOM** 312–313 Ea 12
Nörvenich **DN** 310–311 Ac 14
Nöthen *Bad Münstereifel 317 Ba 15
Nohfelden **WND** 318–319 Bb 18
Nohra **WE** 314–315 Fb 14
Nonnweiler **WND** 317 Ba 18
Nordborchen *Borchen 312–313 Da 11
Norddeich *Norden 298–299 Bb 6
Norddorf **NF** 294–295 Cb 2
Norden **AUR** 298–299 Bb 6
Nordendorf **A** 326–327 Fa 21
Nordenham **BRA** 298–299 Cc 6
Norderhafen *Nordstrand 294–295 Da 3
Norderney **AUR** 298–299 Bb 5
Norderstapel **SL** 294–295 Db 3
Norderstedt **SE** 300–301 Ea 5
Nordhalben **KC** 320–321 Fc 15
Nordhastedt **HEI** 294–295 Db 4
Nordhausen **NDH** 312–313 Fa 12
Nordheim **HN** 326–327 Db 19
Nordheim vor der Rhön **NES** 320–321 Eb 15
Nordholz **CUX** 298–299 Cc 5
Nordhorn **NOH** 304–305 Bb 9
Nordkirchen **COE** 310–311 Bc 11
Nordstemmen **HI** 306–307 Ea 10
Nordstrand **NF** 294–295 Da 3
Nordwalde **ST** 304–305 Bc 10
Nordwohlde *Bassum 304–305 Da 8
Northeim **NOM** 312–313 Ea 11
Nortorf **RD** 294–295 Ea 4
Nossen **MEI** 314–315 Hb 13
Nossentiner Hütte **WRN** 302–303 Gc 6
Nottuln **COE** 310–311 Bc 11
Noviand, Maring- **WIL** 317 Ba 17
Nümbrecht **GM** 310–311 Bc 14
Nünchritz **RIE** 314–315 Hc 13
Nürnberg **N** 326–327 Fb 18
Nürtingen **ES** 326–327 Dc 21
Nüsttal **FD** 320–321 Ea 15
Nunkirchen *Wadern 324–325 Ba 18
Nunsdorf **ZS** 308–309 Hb 10
Nusse **RZ** 300–301 Ec 6

# O

Obenhausen *Buch 332–333 Eb 22
Oberammergau **GAP** 332–333 Fb 24
Oberasbach **FÜ** 326–327 Fa 18
Oberau **GAP** 332–333 Fb 24
Oberaudorf **RO** 332–333 Gb 24
Oberaula **HR** 312–313 Dc 14
Oberaurach **HAS** 320–321 Ec 17
Oberbechingen *Bachhagel 326–327 Ec 21
Oberbergkirchen **MÜ** 334 Gc 22
Oberbrügge *Halver 310–311 Bc 13
Oberdachstetten **AN** 326–327 Ec 18
Oberderdingen **KA** 324–325 Da 19
Oberding **ED** 332–333 Ga 22
Oberdischingen **UL** 330–331 Ea 22
Oberdolling **EI** 328–329 Fc 20
Oberdorla **MHL** 312–313 Ec 13
Oberelsbach **NES** 320–321 Eb 15
Obererlbach *Haundorf 326–327 Fa 19
Oberessendorf *Eberhardzell 330–331 Ea 23
Obereßfeld *Sulzdorf an der Lederhecke 320–321 Ec 16
Obergessertshausen *Aichen 332–333 Ec 22
Obergriesbach **AIC** 332–333 Fb 21
Obergünzburg **OAL** 332–333 Ec 23
Oberhaching **M** 332–333 Fc 22
Oberhain, Langenleuba- **GHA** 314–315 Gc 14
Oberharmersbach **OG** 330–331 Cb 21
Oberhausen **ND** 326–327 Fb 20
Oberhausen **OB** 310–311 Ba 12
Oberhof **SHL** 320–321 Fa 14
Oberhonnefeld-Gierend **NR** 318–319 Bc 15
Oberickelsheim **NEA** 326–327 Eb 18
Oberjoch *Hindelang 332–333 Ec 24
Oberkirch **OG** 324–325 Cb 21
Oberkirchen *Freisen 324–325 Bb 18
Oberkochen **AA** 326–327 Eb 20
Oberkotzau **HO** 320–321 Ga 16
Obermarchtal **UL** 330–331 Dc 22
Obermaßfeld-Grimmenthal **MGN** 320–321 Ec 15
Obermoschel **KIB** 318–319 Ca 17
Obermühlhausen *Dießen am Ammersee 332–333 Fb 23
Obermünchen *Obersüßbach 328–329 Ga 21
Obernau *Aschaffenburg 318–319 Db 17
Obernburg am Main **MIL** 318–319 Db 17
Oberndorf **CUX** 300–301 Db 5
Oberndorf am Lech **DON** 326–327 Fa 20
Oberndorf am Neckar **RW** 330–331 Cc 22
Obernheim **BL** 330–331 Da 22
Obernkirchen **SHG** 304–305 Db 10
Oberntudorf *Salzkotten 312–313 Cc 12
Obernzell **PA** 328–329 Hc 21
Obernzenn **NEA** 326–327 Ec 18
Oberostendorf **OAL** 332–333 Fa 23
Oberpfaffenhofen *Weßling 332–333 Fb 22
Oberpframmern **EBE** 332–333 Ga 22
Oberpleis *Königswinter 318–319 Bb 14
Oberpöring **DEG** 328–329 Ha 20
Oberprechtal *Elzach 330–331 Cb 22
Ober-Ramstadt **DA** 318–319 Da 17
Oberreute **LI** 330–331 Ea 24
Oberrimbach *Burghaslach 320–321 Ec 17
Oberröblingen **SGH** 314–315 Fb 12
Oberrot **SHA** 326–327 Dc 19
Oberrotweil *Vogtsburg im Kaiserstuhl 330–331 Bc 22
Oberschefflenz *Schefflenz 326–327 Db 18
Oberscheinfeld **NEA** 320–321 Ec 17
Oberschledorn *Medebach 312–313 Da 13
Oberschleißheim **M** 332–333 Fc 22
Oberschneiding **SR** 328–329 Gc 20
Oberschweinbach **FFB** 332–333 Fb 22
Obersgegen *Körperich 317 Ab 17
Obersimten **PS** 324–325 Bc 19
Obersontheim **SHA** 326–327 Ea 19
Oberspier **SDH** 312–313 Fa 13
Oberstadion **UL** 330–331 Ea 22
Oberstaufen, Bad **OA** 332–333 Eb 24
Oberstdorf **OA** 332–333 Eb 24
Oberstein, Idar- **BIR** 318–319 Bb 17
Obersteinach *Ilshofen 326–327 Ea 19
Obersulm **HN** 326–327 Dc 19
Obersunzing *Leiblfing 328–329 Gc 20
Obertaufkirchen **MÜ** 334 Gb 22
Oberteisendorf *Teisendorf 334 Ha 23
Oberthal **WND** 324–325 Bb 18
Oberthulba **KG** 320–321 Ea 16
Obertiefenbach *Beselich 318–319 Cb 15
Obertraubling **R** 328–329 Gb 20
Obertrennbach *Gangkofen 328–329 Gc 21
Oberursel (Taunus) **HG** 318–319 Cc 16
Oberviechtach **SAD** 328–329 Gc 18
Oberweißbach **NH** 320–321 Fb 15
Oberweißenbrunn *Bischofsheim an der Rhön 320–321 Ea 15
Oberwesel **SIM** 318–319 Ca 16
Oberwetz *Schöffengrund 318–319 Cc 15
Oberwiesenthal, Kurort **ANA** 322–323 Ha 15
Oberwolfach **OG** 330–331 Cb 22
Oberzell *Sinntal 320–321 Ea 15
Oberzwieselau *Lindberg 328–329 Hb 19
Obing **TS** 334 Gc 23
Obrigheim **MOS** 326–327 Db 18
Ochsenfurt **WÜ** 320–321 Eb 17
Ochsenhausen **BC** 330–331 Ea 22
Ochtendung **MYK** 318–319 Bc 15
Ochtrup **ST** 304–305 Bb 10
Ockenhausen *Uplengen 298–299 Ca 6
Ockholm **NF** 294–295 Da 3
Odelzhausen **DAH** 332–333 Fb 22
Odenthal **GL** 310–311 Bb 13
Oderberg **EW** 308–309 Ib 8
Odernheim, Gau- **AZ** 318–319 Cb 17
Odersberg *Greifenstein 318–319 Cb 15
Odisheim **CUX** 298–299 Da 5
Oebisfelde **KLZ** 306–307 Fa 9
Oederan **FLÖ** 314–315 Hb 14
Oederquart **STD** 300–301 Db 5
Oeding *Südlohn 310–311 Ba 11
Oehna **JB** 308–309 Hb 11
Öhringen **KÜN** 326–327 Dc 19
Oelde **WAF** 310–311 Cb 11
Oelsig **HZ** 314–315 Hc 11
Oelsnitz **OVL** 322–323 Gb 15
Oelsnitz **STL** 322–323 Ha 14
Oepfershausen **MGN** 320–321 Eb 15
Öpfingen **UL** 330–331 Ea 22
Oer-Erkenschwick **RE** 310–311 Bb 12
Oerlenbach **KG** 320–321 Eb 16
Oerlinghausen **LIP** 312–313 Cc 11
Oerzen *Embsen 300–301 Eb 7
Oesede *Georgsmarienhütte 304–305 Cb 10
Oeslau *Rödental 320–321 Fb 16
Oestereiden *Rüthen 310–311 Cc 12
Oestinghausen *Lippetal 310–311 Cb 12
Oestrich-Winkel **RÜD** 318–319 Cb 16
Östringen **KA** 324–325 Da 19
Oetmannshausen *Wehretal 312–313 Ea 13
Oettingen in Bayern **DON** 326–327 Ec 20
Oeversee **SL** 294–295 Dc 2
Oeynhausen, Bad **MI** 304–305 Da 10
Offenbach am Main **OF** 318–319 Da 16
Offenbach an der Queich **SÜW** 324–325 Cb 19
Offenbach-Hundheim **KUS** 318–319 Bc 18
Offenburg **OG** 324–325 Ca 21
Offensen *Uslar 312–313 Ea 12
Offingen **GZ** 326–327 Ec 21
Ogrosen **CA** 316 Ib 11
Ohl *Wipperfürth 310–311 Bc 13
Ohlendorf *Salzgitter 306–307 Ec 10
Ohlstadt **GAP** 332–333 Fb 24
Ohmenheim *Neresheim 326–327 Ec 20
Ohne **NOH** 304–305 Bb 10
Ohrdruf **GTH** 312–313 Fa 14
Oker *Goslar 312–313 Ec 11
Olbersleben **SÖM** 314–315 Fc 13
Olching **FFB** 332–333 Fb 22
Oldenbüttel **RD** 294–295 Dc 4
Oldenburg (Oldenburg) **OL** 298–299 Cb 7
Oldenburg in Holstein **OH** 294–295 Fa 4
Oldendorf *Borgholzhausen 304–305 Cb 10
Oldendorf *Melle 304–305 Cb 10
Oldenhütten **RD** 294–295 Ea 4
Oldenswort **NF** 294–295 Da 3
Oldersum *Moormerland 298–299 Bc 7
Oldesloe, Bad **OD** 300–301 Ec 5
Oldsum **NF** 294–295 Cc 2
Olfen **COE** 310–311 Bc 11
Olpe **OE** 310–311 Ca 13
Olsberg **HSK** 310–311 Cc 12
Olvenstedt **MD** *Magdeburg-Mitte 306–307 Fc 10
Olzheim **BIT** 317 Ac 16
Opladen *Leverkusen 310–311 Bb 13
Oppach **LÖB** 316 Ic 13
Oppelhain **FI** 314–315 Hc 12
Oppenau **OG** 324–325 Cb 21
Oppenheim **MZ** 318–319 Cc 17
Oppenwehe *Stemwede 304–305 Cc 9
Oppenweiler **WN** 326–327 Dc 20
Oranienbaum **GHC** 314–315 Gc 11
Oranienburg **OR** 308–309 Hb 8
Orb, Bad **HU** 318–319 Dc 16
Ording *Sankt Peter- Ording 294–295 Cc 4
Orlamünde **J** 314–315 Fc 14
Ornbau **AN** 326–327 Ec 19
Orscholz *Mettlach 324–325 Ac 18
Ortenberg **FB** 318–319 Db 15
Ortenburg **PA** 328–329 Hb 21
Orth *Westfehmarn 296–297 Fb 3
Ortrand **SFB** 316 Ia 12
Oschatz **OZ** 314–315 Hb 13
Oschersleben **OC** 306–307 Fb 10
Osdorf **RD** 294–295 Eb 3
Osnabrück **OS** 304–305 Cb 10
Ossendorf *Warburg 312–313 Db 12
Oßling **KM** 316 Ib 12
Ostbevern **WAF** 304–305 Ca 10
Ostenfeld (Husum) **NF** 294–295 Db 3
Ostenfelde *Ennigerloh 310–311 Cb 11
Ostenholz *Osterheide 306–307 Ea 8
Osterburg **OBG** 306–307 Ga 8
Osterburken **MOS** 326–327 Dc 18
Osterby **RD** 294–295 Ea 3
Ostercappeln **OS** 304–305 Cb 9
Osterfeld **ZZ** 314–315 Ga 13
Osterhausen **QFT** 314–315 Fc 12
Osterhever **NF** 294–295 Da 3
Osterholz-Scharmbeck **OHZ** 298–299 Da 7
Ostermarsch *Norden 298–299 Bb 6
Osterode am Harz **OHA** 312–313 Eb 11
Oster-Ohrstedt **NF** 294–295 Db 3
Osterrade **HEI** 294–295 Dc 4
Ostertimke *Kirchtimke 300–301 Db 7
Osterwieck **HBS** 312–313 Fa 11
Osterzell **OAL** 332–333 Fa 23
Ostfildern **ES** 326–327 Db 20
Ostgroßefehn *Großefehn 298–299 Bc 6
Osthausen-Wülfershausen **ARN** 312–313 Fb 14
Ostheim *Westheim 326–327 Fa 19
Ostheim vor der Rhön **NES** 320–321 Eb 15
Osthofen **AZ** 318–319 Cb 17
Ostrach **SIG** 330–331 Dc 23
Ostrau **DL** 314–315 Hb 13
Ostrhauderfehn **LER** 298–299 Bc 7
Ostritz **GR** 316 Ka 13
Ostseebad Binz **RÜG** 296–297 Hc 3
Ostseebad Boltenhagen **GVM** 300–301 Fb 5
Ostseebad Göhren **RÜG** 296–297 Ia 3
Ostseebad Kühlungsborn **DBR** 296–297 Ga 4
Ostseebad Nienhagen **DBR** 296–297 Ga 4
Ostseebad Rerik **DBR** 296–297 Fc 4
Ostseebad Wustrow **RDG** 296–297 Gc 3
Ostseebad Zingst am Darß **RDG** 296–297 Ha 3
Ostseebad Zinnowitz **WLG** 296–297 Ia 4
Otersen *Kirchlinteln 306–307 Dc 8
Ottendorf-Okrilla **DD** 316 Ia 13
Ottenhöfen im Schwarzwald **OG** 324–325 Cb 21
Ottenstein **HOL** 312–313 Dc 11
Otterbach **KL** 324–325 Ca 18
Otterberg **KL** 324–325 Ca 18
Otterndorf **CUX** 298–299 Da 5
Ottersberg **VER** 300–301 Db 7
Ottersleben **MD** *Magdeburg 306–307 Fc 10
Otterstedt *Ottersberg 300–301 Db 7
Ottersweier **RA** 324–325 Cb 20
Otterwisch **GRM** 314–315 Gc 13
Ottobeuren **MN** 332–333 Eb 23
Ottrau **HR** 312–313 Dc 14
Ottweiler **NK** 324–325 Bb 18
Ovelgönne *Buxtehude 300–301 Ea 6
Ovelgönne **BRA** 298–299 Cc 6
Overath **GL** 310–311 Bb 14
Owen **ES** 326–327 Dc 21
Owschlag **RD** 294–295 Dc 3
Oxenbronn *Ichenhausen 332–333 Eb 21
Oyten **VER** 300–301 Db 7

# P

Paderborn **PB** 312–313 Da 11
Padingbüttel **CUX** 298–299 Cc 5
Pähl **WM** 332–333 Fb 23
Päwesin **BRB** 308–309 Ha 9
Painten **KEH** 328–329 Ga 20
Palenberg, Übach- **HS** 310–311 Ab 14
Palling **TS** 334 Gc 23
Pampow **PW** 302–303 Ib 6
Pansdorf *Ratekau 300–301 Fa 5
Papenburg **EL** 298–299 Bc 7
Pappenheim **WUG** 326–327 Fa 20
Parchen **GNT** 306–307 Gb 9
Parchim **PCH** 302–303 Ga 6
Parey **GNT** 306–307 Ga 9
Parkstetten **SR** 328–329 Gc 20
Parsau **GF** 306–307 Fa 9
Parsberg **NM** 328–329 Ga 19
Parsdorf *Vaterstetten 332–333 Ga 22
Parstein **EW** 308–309 Ib 8
Partenkirchen, Garmisch- **GAP** 332–333 Fb 24
Partenstein **MSP** 320–321 Dc 16
Parum **GÜ** *Gülzow 302–303 Gb 5
Parum **HGN** 300–301 Fb 6
Pasewalk **PW** 302–303 Ia 6
Passau **PA** 328–329 Hc 21
Passow **ANG** 302–303 Ib 7
Passow **LBZ** 302–303 Gb 6
Pastetten **ED** 332–333 Ga 22
Patersdorf **REG** 328–329 Ha 19
Pattensen *Winsen (Luhe) 300–301 Eb 7
Pattensen **H** 306–307 Ea 10
Patzetz *Zuchau 314–315 Ga 11
Paulushofen *Beilngries 328–329 Fc 19
Pausa **PL** 322–323 Ga 15
Pechern **WSW** 316 Ka 12

Peckeloh *Versmold 304–305 Cb 10
Peckelsheim *Willebadessen 312–313 Db 12
Peenemünde **WLG** 296–297 Ia 4
Peffingen **BIT** 317 Ac 17
Pegau **BNA** 314–315 Gb 13
Pegnitz **BT** 320–321 Fc 17
Peine **PE** 306–307 Eb 10
Peißenberg **WM** 332–333 Fb 23
Peiting **WM** 332–333 Fa 23
Peitz **CB** 316 Ic 11
Pelkum *Hamm 310–311 Ca 12
Pellingen **TR** 317 Ba 17
Pemfling **CHA** 328–329 Gc 19
Penkun **PW** 302–303 Ib 7
Penzberg **WM** 332–333 Fc 23
Penzing **LL** 332–333 Fa 22
Penzlin **WRN** 302–303 Hb 6
Perach **AÖ** 334 Ha 22
Perleberg **PER** 302–303 Ga 7
Perlesreuth **FRG** 328–329 Hc 20
Pessin **NAU** 306–307 Gc 9
Petersaurach **AN** 326–327 Fa 19
Petersberg **FD** 320–321 Ea 15
Petersdorf **AIC** 326–327 Fb 21
Petersdorf auf Fehmarn *Westfehmarn 296–297 Fb 3
Petersdorf bei Briesen **FW** 308–309 Ic 9
Petershagen **MI** 304–305 Da 9
Petershagen **SEE** 308–309 Ic 9
Petershagen **SRB** 308–309 Ia 9
Petershausen **DAH** 332–333 Fc 21
Peterskirchen *Tacherting 334 Gc 22
Peterstal-Griesbach, Bad **OG** 330–331 Cb 21
Petkum *Emden 298–299 Bb 6
Petting **TS** 334 Ha 23
Pewsum *Krummhörn 298–299 Bb 6
Pfaffenberg, Mallersdorf- **SR** 328–329 Gb 20
Pfaffendorf *Maroldsweisach 320–321 Fa 16
Pfaffenhausen *Jossgrund 320–321 Dc 16
Pfaffenhausen **MN** 332–333 Ec 22
Pfaffenhofen an der Ilm **PAF** 328–329 Fc 21
Pfaffenhofen an der Roth **NU** 332–333 Eb 21
Pfahlbronn *Alfdorf 326–327 Ea 20
Pfalzgrafenweiler **FDS** 324–325 Cc 21
Pfarrkirchen **PAN** 328–329 Ha 21
Pfarrweisach **HAS** 320–321 Fa 16
Pfatter **R** 328–329 Gc 20
Pfedelbach **KÜN** 326–327 Dc 19
Pfeffenhausen **LA** 328–329 Ga 21
Pfiffelbach **APD** 314–315 Fc 13
Pfinztal **KA** 324–325 Cc 20
Pförring **EI** 328–329 Ga 20
Pforzen **OAL** 332–333 Ec 23
Pforzheim **PF** 324–325 Da 20
Pfreimd **SAD** 328–329 Gb 18
Pfronstetten **RT** 330–331 Dc 22
Pfronten **OAL** 332–333 Ec 24
Pfullendorf **SIG** 330–331 Db 23
Pfullingen **RT** 326–327 Db 21
Pfungstadt **DA** 318–319 Cc 17
Philippsburg **KA** 324–325 Cc 19
Philippsreut **FRG** 328–329 Ia 20
Philippsthal (Werra) **HEF** 312–313 Eb 14
Pieskow **BSK** 308–309 Ib 10
Pieskow, Bad Saarow- **FW** 308–309 Ib 10
Pilsting **DGF** 328–329 Gc 20
Pinneberg **PI** 300–301 Ea 6
Pinnow **ANG** 302–303 Ib 7
Pinnow **GUB** 308–309 Ic 11
Pirk **NEW** 322–323 Gb 18
Pirmasens **PS** 324–325 Bc 19
Pirna **PIR** 316 Ia 14
Plaaz **GÜ** 302–303 Gc 5
Plaidt **MYK** 318–319 Bc 15
Planegg **M** 332–333 Fc 22
Plankenfels **BT** 320–321 Fb 17
Plattling **DEG** 328–329 Ha 20
Plau **LBZ** 302–303 Gb 6
Plaue **ARN** 320–321 Fa 14
Plaue **BRB** *Brandenburg 306–307 Gc 9
Plauen **PL** 322–323 Gb 15
Plech **BT** 320–321 Fc 18
Pleinfeld **WUG** 326–327 Fa 19
Pleiskirchen **AÖ** 334 Gc 22
Pleß **MN** 332–333 Eb 22
Plettenberg **MK** 310–311 Ca 13
Pliezhausen **RT** 326–327 Db 21
Plochingen **ES** 326–327 Dc 20
Plön **PLÖ** 294–295 Ec 4
Plößberg *Selb 322–323 Gb 16
Plößberg **TIR** 322–323 Gb 17
Plüderhausen **WN** 326–327 Dc 20
Pockau **MAB** 322–323 Hb 14
Pocking **PA** 328–329 Hb 21
Podelzig **SEE** 308–309 Ic 9
Pöcking **STA** 332–333 Fb 23
Pölzig **G** 314–315 Gb 14
Pönitz *Scharbeutz 294–295 Fa 4
Pörnbach **PAF** 328–329 Fc 21
Pößneck **PN** 320–321 Fc 14
Pöttmes **AIC** 326–327 Fb 21
Poggendorf **GMN** 296–297 Hb 4
Pohlheim **GI** 318–319 Da 15
Pohlitz **EH** 308–309 Ic 10
Polch **MYK** 318–319 Bb 16
Polle **HOL** 312–313 Dc 11
Pollenfeld **EI** 326–327 Fb 20
Polnica = Pulsnitz **BIW** 316 Ib 13
Polsingen **WUG** 326–327 Fa 20
Pomßen **GRM** 314–315 Gc 13
Pondorf *Altmannstein 328–329 Fc 20
Poppenhausen **SW** 320–321 Eb 16
Poppenricht **AS** 328–329 Ga 18
Porta Westfalica **MI** 304–305 Da 10
Poseritz **RÜG** 296–297 Hb 4
Posseck **OVL** 322–323 Gb 15
Possendorf **FTL** 316 Ia 14
Postau **LA** 328–329 Gb 21
Postbauer-Heng **NM** 328–329 Fc 19
Posthausen **VER** *Ottersberg 300–301 Db 7
Potsdam **P** 308–309 Hb 9
Pottenstein **BT** 320–321 Fc 17
Potzlow **PZ** 302–303 Ia 7
Prackenbach **REG** 328–329 Ha 19
Präg *Todtmoos 330–331 Ca 23
Pramort *Zingst 296–297 Ha 3
Pratjau *Fargau-Pratjau 294–295 Ec 4
Preetz **PLÖ** 294–295 Eb 4
Premnitz **RN** 306–307 Gc 9
Prenzlau **PZ** 302–303 Ia 7
Presberg *Rüdesheim am Rhein 318–319 Ca 16
Pressath **NEW** 320–321 Ga 17
Pressig **KC** 320–321 Fb 15
Prettin **JE** 314–315 Ha 12
Pretzfeld **FO** 320–321 Fb 17
Pretzsch **WB** 314–315 Hb 11
Preußisch Oldendorf **MI** 304–305 Cc 10
Prezelle **DAN** 306–307 Fc 8
Prichsenstadt **KT** 320–321 Ec 17
Prien am Chiemsee **RO** 334 Gc 23
Prieros **KW** 308–309 Ia 10
Prießnitz **GHA** 314–315 Gc 13
Prießnitz **NMB** 314–315 Ga 13
Priestewitz **GRH** 314–315 Hc 13
Prisser **DAN** *Dannenberg (Elbe) 300–301 Fb 7
Prittriching **LL** 332–333 Fa 22
Pritzerbe **BRB** 306–307 Gc 9
Pritzier **HGN** 300–301 Fb 6
Pritzwalk **PK** 302–303 Gb 7
Probsteierhagen **PLÖ** 294–295 Eb 3
Probstzella **SLF** 320–321 Fc 15
Prölsdorf *Rauhenebrach 320–321 Ec 17
Prönsdorf *Velburg 328–329 Fc 19
Prösen **LIB** 314–315 Hc 12
Pröttlin **LWL** 300–301 Fc 7
Prötzel **SRB** 308–309 Ia 9
Profen **BNA** 314–315 Gb 13
Prohn **HST** 296–297 Hb 3
Pronsfeld **BIT** 317 Ac 16
Pronstorf **SE** 300–301 Ec 5
Prora **RÜG** *Ostseebad Binz 296–297 Hc 3
Prosigk **KÖT** 314–315 Gb 11
Prosselsheim **WÜ** 320–321 Eb 17
Prüm **BIT** 317 Ac 16
Prüzen **GÜ** 302–303 Gb 5
Prutting **RO** 332–333 Gb 23
Puchheim **FFB** 332–333 Fc 22
Pudagla **WLG** 302–303 Ib 5
Puderbach **NR** 318–319 Bc 15
Pürgen **LL** 332–333 Fa 22
Püsselbüren *Ibbenbüren 304–305 Bc 10
Püttlingen **SB** 324–325 Ba 19
Puffendorf *Baesweiler 310–311 Ab 14
Pulheim **BM** 310–311 Ba 13
Pullenreuth **TIR** 320–321 Ga 17
Pullenried *Oberviechtach 328–329 Gc 18
Pulsnitz **BIW** 316 Ib 13
Pustleben *Wipperdorf 312–313 Ec 12
Putbus **RÜG** 296–297 Hc 3
Putlitz **PK** 302–303 Gb 7
Puttgarden **OH** *Bannesdorf auf Fehmarn 296–297 Fb 3
Putzkau **BIW** 316 Ib 13
Pyrmont, Bad **HM** 304–305 Db 11

## Q

Quadenschönfeld **SBG** *Möllenbeck 302–303 Hc 6
Quakenbrück **OS** 304–305 Ca 8
Qualitz **BÜZ** 302–303 Ga 5
Quedlinburg **QLB** 312–313 Fb 11
Queidersbach **KL** 324–325 Bc 18
Queienfeld **MGN** 320–321 Ec 15
Queis **SK** 314–315 Gb 12
Quellendorf **KÖT** 314–315 Gb 11
Querenhorst **HE** 306–307 Fa 9
Querfurt **QFT** 314–315 Fc 12
Quickborn *Gusborn 300–301 Fb 7
Quickborn **HEI** 294–295 Db 4
Quickborn **PI** 300–301 Ea 5
Quierschied **SB** 324–325 Bb 19

## R

Rabber *Bad Essen 304–305 Cc 10
Rabenau **FTL** 314–315 Hc 14
Rabenau **GI** 318–319 Da 14
Rade *Neu Wulmstorf 300–301 Ea 6
Rade **IZ** 294–295 Ea 4
Rade **JE** 314–315 Ha 11
Radeberg **DD** 316 Ia 13
Radebeul **DD** 314–315 Hc 13
Radeburg **DD** 316 Ia 13
Radegast **DBR** 302–303 Ga 5
Radegast **KÖT** 314–315 Gb 12
Radensdorf **LN** 308–309 Ia 11
Radevormwald **GM** 310–311 Bc 13
Radmühl *Freiensteinau 320–321 Dc 15
Radolfzell am Bodensee **KN** 330–331 Da 23
Raduhn **PCH** 300–301 Ga 6
Rägelin **NP** 302–303 Gc 7
Raesfeld **BOR** 310–311 Ba 11
Rätzlingen **HDL** 306–307 Fb 9
Raguhn **BTF** 314–315 Gb 11
Rahden **MI** 304–305 Cc 9
Rain **DON** 326–327 Fa 20
Rain **SR** 328–329 Gc 20
Rainau **AA** 326–327 Eb 20
Raisdorf **PLÖ** 294–295 Eb 4
Raisting **WM** 332–333 Fb 23
Rakow **GMN** 296–297 Hb 4
Ralingen an der Sauer **TR** 317 Ac 17
Rambin **RÜG** 296–297 Hb 3
Ramersbach *Bad Neuenahr-Ahrweiler 318–319 Bb 15
Rammingen **UL** 326–327 Eb 21
Ramsau bei Berchtesgaden **BGL** 334 Ha 24
Ramsbeck *Bestwig 310–311 Cc 13
Ramsel *Lingen (Ems) 304–305 Bc 9
Ramsloh *Saterland 298–299 Ca 7
Ramstein-Miesenbach **KL** 324–325 Bc 18
Rangsdorf **ZS** 308–309 Hc 10
Rankwitz **WLG** 302–303 Ia 5
Rannungen **KG** 320–321 Eb 16
Ransbach-Baumbach **WW** 318–319 Ca 15
Ranstadt **FB** 318–319 Da 15
Rantrum **NF** 294–295 Da 3
Rantum (Sylt) **NF** 294–295 Cb 2
Ranzig **BSK** 308–309 Ib 10
Rappenau, Bad **HN** 326–327 Db 19
Rappin **RÜG** 296–297 Hc 3
Raschau **SZB** 322–323 Ha 15
Rasdorf **FD** 320–321 Ea 14
Rastatt **RA** 324–325 Cb 20
Rastdorf **EL** 304–305 Ca 8
Rastede **WST** 298–299 Cb 7
Ratekau **OH** 300–301 Fa 5
Rathebur **ANK** 302–303 Ia 5
Rathenow **RN** 306–307 Gc 9
Rathsdorf **FRW** 308–309 Ib 8
Rathsmannsdorf *Windorf 328–329 Hb 21
Rathsweiler **KUS** 318–319 Bc 18
Ratingen **ME** 310–311 Ba 13
Rattelsdorf **BA** 320–321 Fa 16
Rattenberg **SR** 328–329 Ha 19
Ratzdorf **EH** 308–309 Ka 10
Ratzeburg **RZ** 300–301 Fa 5
Ratzenried *Argenbühl 330–331 Ea 23
Raubling **RO** 332–333 Gb 23
Rauen **FW** 308–309 Ib 9
Rauenberg **HD** 324–325 Da 19
Raumünzach *Forbach 324–325 Cc 21
Raunheim **GG** 318–319 Cc 16
Rauschenberg **MR** 312–313 Da 14
Rauxel, Castrop- **RE** 310–311 Bb 12
Raven *Soderstorf 300–301 Eb 7
Ravenhorst **HST** 296–297 Ha 4
Ravensburg **RV** 330–331 Dc 23
Rechlin **NZ** 302–303 Ha 6
Recke **ST** 304–305 Ca 9
Reckendorf **BA** 320–321 Fa 16
Recklinghausen **RE** 310–311 Bb 12
Redefin **HGN** 300–301 Fb 6
Rednitzhembach **RH** 326–327 Fb 19
Rees **KLE** 310–311 Ac 11
Reetz **BEL** 306–307 Gc 10
Reetz **PER** *Baek 302–303 Ga 7
Regen **REG** 328–329 Hb 20
Regensburg **R** 328–329 Gb 19
Regenstauf **R** 328–329 Gb 19
Regis-Breitingen **BNA** 314–315 Gc 13
Regnitzlosau **HO** 322–323 Gb 16
Rehau **HO** 322–323 Gb 16
Rehberg **HV** *Kamern 308–309 Gb 8
Rehburg, Bad *Rehburg-Loccum 304–305 Db 9
Rehburg-Loccum **NI** 304–305 Db 9
Reher **IZ** 294–295 Dc 4
Rehna **GDB** 300–301 Fb 5
Reichelsheim (Odenwald) **ERB** 318–319 Da 17
Reichelshofen *Steinsfeld 326–327 Eb 18
Reichenbach *Lahr/Schwarzwald 330–331 Ca 21
Reichenbach **KM** 316 Ia 13
Reichenbach **LSZ** 312–313 Ec 13
Reichenbach/Oberlausitz **GR** 316 Ka 13
Reichenbach/Vogtland **RC** 322–323 Gb 15
Reichenberg **SRB** 308–309 Ib 9
Reichenhall, Bad **BGL** 334 Ha 23
Reichertshausen **PAF** 328–329 Fc 21
Reichertshofen **PAF** 328–329 Fc 21
Reichmannsdorf **NH** 320–321 Fb 15
Reicholzheim *Wertheim 320–321 Dc 17
Reichshof **GM** 310–311 Bc 14
Reichwalde **WSW** 316 Ic 12
Reinbek **OD** 300–301 Eb 6
Reinberg **GMN** 296–297 Hb 4
Reinfeld (Holstein) **OD** 300–301 Ec 5
Reinhardshagen **KS** 312–313 Dc 12
Reinhardtsgrimma **DW** 316 Ia 14
Reinheim **DA** 318–319 Da 17
Reiningen **MI** *Stemwede 304–305 Cb 9
Reinsdorf **Z** 322–323 Gc 14
Reinsfeld **ARN** 320–321 Fa 14
Reinsfeld **TR** 317 Ba 17
Reinstädt **J** 314–315 Fc 14
Reinstorf **LG** 300–301 Ec 7
Reinstorf **WIS** *Zurow 300–301 Fc 5
Reisbach **DGF** 328–329 Gc 21
Reischach **AÖ** 334 Ha 22
Reiskirchen **GI** 318–319 Da 15
Reit im Winkl **TS** 334 Gc 23
Reken **BOR** 310–311 Bb 11
Relliehausen *Dassel 312–313 Ea 11
Rellingen **PI** 300–301 Ea 6
Remagen **AW** 318–319 Bb 15
Remchingen **PF** 324–325 Cc 20
Remda **RU** 320–321 Fb 14
Remels *Uplengen 298–299 Ca 7
Remptendorf **LBS** 320–321 Fc 15
Remscheid **RS** 310–311 Bb 13
Remseck am Neckar **LB** 326–327 Db 20
Remsfeld *Knüllwald 312–313 Dc 13
Remshalden **WN** 326–327 Dc 20
Renchen **OG** 324–325 Cb 21
Rendsburg **RD** 294–295 Dc 4
Rengsdorf **NR** 318–319 Bc 15
Rennerod **WW** 318–319 Cb 15
Rennertshofen **ND** 326–327 Fb 20
Renningen **BB** 324–325 Da 20
Rentweinsdorf **HAS** 320–321 Fa 16
Renzendorf *Schwalmtal 318–319 Db 14
Rerik, Ostseebad **DBR** 296–297 Fc 4
Resse *Wedemark 306–307 Dc 9
Rethem (Aller) **SFA** 306–307 Dc 8
Rettenberg **OA** 332–333 Eb 24
Retzin **PW** *Ramin 302–303 Ib 6
Reuden **ZE** 306–307 Gb 10
Reuterstadt Stavenhagen **MC** 302–303 Ha 5
Reuth **PL** 320–321 Ga 15
Reutlingen **RT** 326–327 Db 21
Revenahe *Sauensiek 300–301 Dc 6
Rhade **ROW** 300–301 Db 7
Rhauderfehn **LER** 298–299 Bc 7
Rhaunen **BIR** 318–319 Bc 17
Rheda-Wiedenbrück **GT** 310–311 Cb 11
Rhede **BOR** 310–311 Ba 11
Rhede (Ems) **EL** 298–299 Bb 7
Rheinau **OG** 324–325 Ca 20
Rheinbach **SU** 317 Ba 15
Rheinberg **WES** 310–311 Ac 12
Rheinböllen **SIM** 318–319 Ca 16
Rheinbrohl **NR** 318–319 Bc 15
Rheine **ST** 304–305 Bc 10
Rheinfelden (Baden) **LÖ** 330–331 Ca 24
Rheinhausen **EM** 330–331 Ca 22
Rheinmünster **RA** 324–325 Cb 20
Rheinsberg **NP** 302–303 Ha 7
Rheinstetten **KA** 324–325 Cb 20
Rheinzabern **GER** 324–325 Cb 19
Rheurdt **KLE** 310–311 Ac 12
Rheydt *Mönchengladbach 310–311 Ac 13
Rhinow **RN** 306–307 Gc 8
Rhoden *Diemelstadt 312–313 Db 12
Ribbeck **NAU** 308–309 Ha 9
Ribnitz-Damgarten **RDG** 296–297 Gc 4
Richelsdorf *Wildeck 312–313 Eb 14
Richen *Eppingen 324–325 Da 19
Richstein *Bad Berleburg 310–311 Cc 14
Richtenberg **HST** 296–297 Ha 4
Rickenbach **WT** 330–331 Ca 24
Rickling **SE** 294–295 Eb 4
Ried **AIC** 332–333 Fb 22
Riedebeck **LC** *Goßmar 314–315 Ia 11
Rieden **AS** 328–329 Ga 19
Rieden am Ammersee *Dießen am Ammersee 332–333 Fb 23
Riedenberg **KG** 320–321 Ea 16
Riedenburg **KEH** 328–329 Ga 20
Riedenheim **WÜ** 326–327 Ea 18
Riedern *Eichenbühl 320–321 Dc 17
Riedlingen **BC** 330–331 Dc 22
Riegel **EM** 330–331 Ca 22
Riegelsberg **SB** 324–325 Ba 19
Rielasingen-Worblingen **KN** 330–331 Da 23
Rieneck **MSP** 320–321 Dc 16
Riepach *Tannhausen 326–327 Eb 20
Riepe *Ihlow 298–299 Dc 6
Riesa **RIE** 314–315 Hb 13
Rieseby **RD** 294–295 Ea 3
Riesenbeck *Hörstel 304–305 Bc 10
Riestedt **SGH** 314–315 Fc 12
Rietberg **GT** 310–311 Cc 11
Riethnordhausen **SGH** 314–315 Fb 12
Rietschen **WSW** 316 Ka 12
Rimbach **CHA** 328–329 Ha 19
Rimbach **HP** 318–319 Da 18
Rimbach **PAN** 328–329 Gc 21
Rimpar **WÜ** 320–321 Ea 17
Rinchnach **REG** 328–329 Hb 20
Ringgau **ESW** 312–313 Eb 13
Ringingen *Erbach 332–333 Ea 21
Rinnthal **SÜW** 324–325 Ca 19
Rinteln **SHG** 304–305 Db 10
Rippoldsau-Schapbach, Bad **FDS** 324–325 Cb 21
Rischenau *Lügde 312–313 Db 11
Rispel *Wittmund 298–299 Ca 6
Rißtissen *Ehingen (Donau) 330–331 Ea 22
Ritterhude **OHZ** 298–299 Da 7
Ritterode **HET** 314–315 Fc 12
Rittersdorf **BIT** 317 Ac 16
Ritzleben **SAW** *Binde 306–307 Fc 8
Rixwarft *Langeneß 294–295 Cc 3
Robern *Fahrenbach 326–327 Db 18
Rochlitz **RL** 314–315 Ha 13
Rod an der Weil *Weilrod 318–319 Cc 15
Rodach bei Coburg **CO** 320–321 Fa 15
Rodalben **PS** 324–325 Bc 19
Rodenbach **HU** 318–319 Db 16
Rodewald **NI** 306–307 Dc 8
Rodewisch **AE** 322–323 Gc 15
Roding **CHA** 328–329 Gc 19
Röbel **RM** 302–303 Gc 6
Röblingen am See **EIL** 314–315 Ga 12
Röcknitz **WUR** 314–315 Ha 12
Rödental **CO** 320–321 Fb 16
Röderau **RIE** 314–315 Hb 13
Rödinghausen **HF** 304–305 Cc 10
Rögnitz **GDB** 300–301 Fb 6
Röhrmoos **DAH** 332–333 Fc 22
Röhrnbach **FRG** 328–329 Hc 20
Römerberg **LU** 324–325 Cc 19
Römhild **MGN** 320–321 Ec 15
Rönkhausen *Finnentrop 310–311 Ca 13
Röslau **WUN** 320–321 Ga 16
Röspe *Erndtebrück 310–311 Cb 13
Rösrath **GL** 310–311 Bb 14
Roetgen **AC** 317 Ab 15
Röthenbach an der Pegnitz **LAU** 326–327 Fb 18
Röttingen **WÜ** 326–327 Ea 18
Rötz **CHA** 328–329 Gc 18
Rövershagen **ROS** 296–297 Gb 4
Rogäsen **BRB** 306–307 Gc 10
Rogätz **WMS** 306–307 Ga 10
Roggenburg **NU** 332–333 Eb 22
Roggendorf **GDB** 300–301 Fb 5
Roggentin **NZ** 302–303 Ha 6
Rohr **SHL** 320–321 Ec 15
Rohr in Niederbayern **KEH** 328–329 Ga 20
Rohrberg **KLZ** 306–307 Fb 8
Rohrdorf *Meßkirch 330–331 Db 22
Rohrenfels **ND** 326–327 Fb 20
Rollwitz **PW** 302–303 Ia 6
Rommerskirchen **NE** 310–311 Ba 13
Romrod **VB** 318–319 Db 14
Romsthal *Bad Soden-Salmünster 318–319 Dc 16
Ronneburg **G** 314–315 Gb 14
Ronnenberg **H** 306–307 Dc 10
Ronshausen **HEF** 312–313 Ea 14
Rorup *Dülmen 310–311 Bb 11
Rosbach *Windeck 310–311 Bc 14
Rosbach vor der Höhe **FB** 318–319 Da 16
Rosche **UE** 306–307 Fa 8
Rosdorf **GÖ** 312–313 Ea 12
Rosenberg **AA** 326–327 Eb 19
Rosenberg, Sulzbach- **AS** 328–329 Ga 18
Rosenfeld **BL** 330–331 Da 22
Rosengarten **WL** 300–301 Ea 6
Rosenheim **RO** 332–333 Gb 23
Rosenow **AT** 302–303 Hb 6
Rosenthal **KB** 312–313 Da 14
Rosien **HGN** *Neuhaus 300–301 Fa 7
Roßbach **PAN** 328–329 Ha 21
Roßberg *Ebsdorfergrund 312–313 Da 14
Roßberg *Wolfegg 330–331 Ea 23
Roßdorf *Amöneburg 312–313 Da 14
Roßdorf **DA** 318–319 Da 17
Roßdorf **SM** 320–321 Eb 14
Roßhaupten **OAL** 332–333 Fa 24
Roßla **SGH** 312–313 Fb 12
Roßlau **RSL** 314–315 Gb 11
Roßleben **ART** 314–315 Fc 13
Rossow **PW** 302–303 Ib 6
Rossow **WK** 302–303 Gc 7
Roßtal **FÜ** 326–327 Fa 18
Roßwein **DL** 314–315 Hb 13
Rostock **HRO** 296–297 Gb 4
Rot *Burgrieden 330–331 Ea 22
Rot am See **SHA** 326–327 Eb 19
Rot an der Rot **BC** 332–333 Eb 22
Rotenburg (Wümme) **ROW** 300–301 Dc 7
Roth *Lichtenfels 320–321 Fb 16
Roth **AK** 310–311 Ca 14
Roth **RH** 326–327 Fb 19
Rothaus *Grafenhausen 330–331 Cb 23
Rothemühl **UEM** 302–303 Ia 6
Rothenbuch **AB** 320–321 Dc 17
Rothenburg/Oberlausitz **NY** 316 Ka 13
Rothenburg ob der Tauber **AN** 326–327 Eb 18
Rothenfelde, Bad **OS** 304–305 Cb 10
Rothenfels **MSP** 320–321 Dc 17
Rothenkirchen *Pressig 320–321 Fb 15
Rothenmoor **TET** *Dahmen 302–303 Gc 6
Rothenschirmbach **QFT** 314–315 Fc 12
Rothselberg **KUS** 324–325 Bc 18
Rott **LL** 332–333 Fa 23
Rott am Inn **RO** 332–333 Gb 23
Rottach-Egern **MB** 332–333 Ga 23
Rottenbach *Lautertal 320–321 Fa 15
Rottenbach **RU** 320–321 Fb 14
Rottenbuch **WM** 332–333 Fa 23
Rottenburg am Neckar **TÜ** 324–325 Da 21
Rottenburg an der Laaber **LA** 328–329 Gb 20
Rotthalmünster **PA** 334 Hb 21
Rottleberode **SGH** 312–313 Fa 12
Rottorf *Winsen (Luhe) 300–301 Eb 6
Rottstock **BEL** *Brück 308–309 Ha 10
Rottweil **RW** 330–331 Cc 22
Roxheim, Bobenheim- **LU** 324–325 Cc 18
Rubow **SN** 300–301 Fc 5
Rudersberg **WN** 326–327 Dc 20
Rudolstadt **RU** 320–321 Fb 14
Rudow *Berlin 308–309 Hc 9
Rüber **MYK** 318–319 Bc 16
Rüdersdorf bei Berlin **FW** 308–309 Ia 9
Rüdesheim am Rhein **RÜD** 318–319 Ca 17
Rüdingsdorf **LC** *Gießmannsdorf 308–309 Ia 11
Rüdnitz **BER** 308–309 Hc 8
Rühen **GF** 306–307 Fa 9
Rühle *Meppen 304–305 Bb 8
Rülzheim **GER** 324–325 Cb 19
Rüsselsheim **GG** 318–319 Cc 16
Rütenbrock *Haren (Ems) 304–305 Bb 8
Rüthen **SO** 310–311 Cc 12
Rüting *Grömitz 294–295 Fa 4
Rugendorf **KU** 320–321 Fc 16
Ruhestein *Baiersbronn 324–325 Cb 21
Ruhla **ESA** 312–313 Ec 14
Ruhmannsfelden **REG** 328–329 Ha 20
Ruhpolding **TS** 334 Gc 23
Ruhstorf an der Rott **PA** 328–329 Hb 21
Runkel **LM** 318–319 Cb 15
Ruppendorf **DW** 314–315 Hc 14
Ruppertenrod *Mücke 318–319 Db 15
Ruppertshütten *Lohr am Main 320–321 Dc 16
Ruppichteroth **SU** 310–311 Bc 14
Rusbend *Bückeburg 304–305 Db 10
Rysum *Krummhörn 298–299 Bb 6

## S

Saal **RDG** 296–297 Gc 4
Saal an der Donau **KEH** 328–329 Ga 20
Saalburg **SCZ** 320–321 Ga 15
Saaldorf **LBS** *Moorbad Lobenstein 320–321 Ga 15
Saalfeld **SLF** 320–321 Fc 15
Saara **G** 314–315 Ga 14
Saarbrücken **SB** 324–325 Bb 19
Saarburg **TR** 317 Ac 18
Saarhölzbach *Mettlach 324–325 Ac 18
Saarlouis **SLS** 324–325 Ba 19
Saarow-Pieskow, Bad **FW** 308–309 Ib 10
Saarwellingen **SLS** 324–325 Ba 18
Sachrang *Aschau im Chiemgau 334 Gb 23
Sachsa, Bad **OHA** 312–313 Ec 12
Sachsenberg *Lichtenfels 312–313 Da 13
Sachsenbrunn **HBN** 320–321 Fa 15
Sachsenburg 314–315 Fb 13
Sachsenhagen **SHG** 304–305 Db 9
Sachsenhausen *Waldeck 312–313 Db 13
Sachsenheim **LB** 326–327 Db 20
Sachsenkam **TÖL** 332–333 Fc 23
Sacka **GRH** 316 Ia 13
Säckingen, Bad **WT** 330–331 Ca 24
Saerbeck **ST** 304–305 Bc 10
Sagar **WSW** 316 Ka 12
Sagard **RÜG** 296–297 Hc 3
Sahlenburg *Cuxhaven 298–299 Cc 5
Sahlis, Kohren- **GHA** 314–315 Gc 13
Sahrendorf *Egestorf 300–301 Eb 7
Salching **SR** 328–329 Gc 20
Salem **FN** 330–331 Db 23
Salem **MC** *Gorschendorf 302–303 Ha 5

Sallahn *Küsten 300–301 Fa 7
Sallgast **FI** 316 Ia 12
Salmtal **WIL** 317 Ba 17
Salmünster, Bad Soden- **HU** 320–321 Dc 16
Salzbergen **EL** 304–305 Bc 10
Salzdetfurth, Bad **HI** 306–307 Eb 10
Salzgitter **SZ** 306–307 Ec 10
Salzgitter Bad *Salzgitter 306–307 Ec 10
Salzhausen **WL** 300–301 Eb 7
Salzhemmendorf **HM** 306–307 Dc 10
Salzig, Bad *Boppard 318–319 Bc 16
Salzkotten **PB** 312–313 Cc 11
Salzmünde **HAL** 314–315 Ga 12
Salzschlirf, Bad **FD** 320–321 Dc 15
Salzuflen, Bad **LIP** 304–305 Da 10
Salzungen, Bad **SLZ** 312–313 Eb 14
Salzwedel **SAW** 306–307 Fb 8
Salzweg **PA** 328–329 Hc 21
Samtens **RÜG** 296–297 Hb 3
Sandau **HV** 306–307 Gb 8
Sandberg *Gersfeld (Rhön) 320–321 Ea 15
Sande *Enge- Sande 294–295 Da 2
Sande **FRI** 298–299 Cb 6
Sandersdorf **DZ** 314–315 Gb 12
Sandersleben **HET** 314–315 Fc 11
Sandhausen **HD** 324–325 Cc 18
Sandkrug **EW** 308–309 Ia 8
Sandstedt **CUX** 298–299 Cc 6
Sangerhausen **SGH** 314–315 Fb 12
Sanitz **ROS** 296–297 Gc 4
Sankt Andreasberg **GS** 312–313 Ec 11
Sankt Augustin **SU** 310–311 Bb 14
Sankt Blasien **WT** 330–331 Cb 23
Sankt Englmar **SR** 328–329 Ha 20
Sankt Georgen im Schwarzwald **VS** 330–331 Cb 22
Sankt Goar **SIM** 318–319 Ca 16
Sankt Goarshausen **EMS** 318–319 Ca 16
Sankt Ingbert **IGB** 324–325 Bb 19
Sankt Johann **RT** 330–331 Dc 21
Sankt Märgen **FR** 330–331 Cb 22
Sankt Margarethen **IZ** 300–301 Db 5
Sankt Michaelisdonn **HEI** 300–301 Db 5
Sankt Peter **FR** 330–331 Cb 22
Sankt Peter-Ording **NF** 294–295 Cc 4
Sankt Tönis *Tönisvorst 310–311 Ac 13
Sankt Veit, Neumarkt- **MÜ** 334 Gc 21
Sankt Wendel **WND** 324–325 Bb 18
Sankt Wolfgang **ED** 332–333 Gb 22
Sarnow **ANK** 302–303 Hc 5
Sarstedt **HI** 306–307 Ea 10
Sasbach **EM** 330–331 Bc 22
Sasbach **OG** 324–325 Cb 21
Sassenberg **WAF** 304–305 Cb 11
Sassenburg **GF** 306–307 Ec 9
Sassendorf, Bad **SO** 310–311 Cb 12
Saßnitz **RÜG** 296–297 Hc 3
Saterland **CLP** 298–299 Ca 7
Satow **DBR** 302–303 Ga 5
Satrup **SL** 294–295 Dc 2
Sauensiek **STD** 300–301 Dc 6
Sauerlach **M** 332–333 Fc 23
Sauldorf **SIG** 330–331 Db 23
Saulgau **SIG** 330–331 Dc 22
Saulgrub **GAP** 332–333 Fb 23
Saulheim **AZ** 318–319 Cb 17
Sayda **BED** 322–323 Hc 14
Schaafheim **DA** 318–319 Db 17
Schadeleben **ASL** 314–315 Fc 11
Schäftlarn **M** 332–333 Fc 23
Schafflund **SL** 294–295 Db 2
Schafstädt **MER** 314–315 Ga 12
Schafstedt **HEI** 294–295 Db 4
Schale *Hopsten 304–305 Bc 9
Schalkau **SON** 320–321 Fb 15
Schalkholz **HEI** 294–295 Db 4
Schalksmühle **MK** 310–311 Bc 13
Schallstadt **FR** 330–331 Ca 23
Schandau, Bad - **PIR** 316 Ib 14
Schapbach, Bad Rippoldsau- **FDS** 330–331 Cb 21
Schapen **EL** 304–305 Bc 9
Scharbeutz **OH** 294–295 Fa 4
Scharfenberg *Brilon 310–311 Cc 12
Scharnebeck **LG** 300–301 Ec 7
Scharrel *Eydelstedt 304–305 Cc 8
Scharrel (Oldenburg) *Saterland 298–299 Ca 7
Schechen **RO** 332–333 Gb 23
Schechingen **AA** 326–327 Ea 20
Scheer **SIG** 330–331 Db 22
Scheeßel **ROW** 300–301 Dc 7
Scheffau *Scheidegg 330–331 Ea 24
Schefflenz **MOS** 326–327 Db 18
Scheibe-Alsbach **NH** 320–321 Fb 15
Scheidegg **LI** 330–331 Ea 24
Scheinfeld **NEA** 320–321 Ec 17
Schelklingen **UL** 332–333 Ea 21
Schellerten **HI** 306–307 Eb 10
Schemmerhofen **BC** 330–331 Ea 22
Schenefeld **IZ** 294–295 Dc 4
Schenefeld **PI** 300–301 Ea 6
Schenkenzell **RW** 330–331 Cc 22
Schenklengsfeld **HEF** 312–313 Ea 14
Scheppach, Jettingen- **GZ** 332–333 Ec 21
Schepsdorf-Lohne *Wietmarschen 304–305 Bb 9
Scherfede *Warburg 312–313 Db 12
Schermbeck **WES** 310–311 Ba 11
Schernsdorf **EH** 308–309 Ic 10
Scheßlitz **BA** 320–321 Fb 17
Schieder-Schwalenberg **LIP** 312–313 Db 11
Schierensee **RD** 294–295 Ea 4
Schierling **R** 328–329 Gb 20
Schierschnitz, Neuhaus- **SON** 320–321 Fb 16
Schiffdorf **CUX** 298–299 Cc 6
Schifferstadt **LU** 324–325 Cc 18
Schiffweiler **NK** 324–325 Bb 18
Schildau, Gneisenaustadt - **TG** 314–315 Ha 12
Schilksee *Kiel 294–295 Eb 3
Schillig *Wangerland 298–299 Cb 5
Schillingen **TR** 317 Ba 18
Schillingsfürst **AN** 326–327 Eb 19
Schiltach **RW** 330–331 Cc 22
Schiltberg **AIC** 326–327 Fb 21
Schirnding **WUN** 322–323 Gb 16
Schkeuditz **L** 314–315 Gb 12
Schkölen **EIS** 314–315 Ga 13
Schkopau **MER** 314–315 Ga 12
Schlabendorf **LC** 316 Ia 11
Schladen **WF** 306–307 Ec 10
Schlagsdorf **GDB** 300–301 Fa 5
Schlammersdorf **NEW** 320–321 Ga 17
Schlangen **LIP** 312–313 Da 11
Schlat **GP** 326–327 Ea 21
Schledehausen *Bissendorf 304–305 Cb 10
Schleiden **EU** 317 Ac 15
Schleife **WSW** 316 Ic 12
Schleiz **SCZ** 320–321 Ga 15
Schlepzig **LN** 308–309 Ia 10
Schleswig **SL** 294–295 Dc 3
Schleusingen **SHL** 320–321 Fa 15
Schlieben **HZ** 314–315 Hc 11
Schliengen **LÖ** 330–331 Bc 23
Schlierbach *Neuental 312–313 Db 14
Schliersee **MB** 332–333 Ga 23
Schlitz **VB** 320–321 Dc 14
Schloß Holte-Stukenbrock **GT** 312–313 Cc 11
Schloß Neuhaus *Paderborn 312–313 Da 11
Schloßvippach **EF** 312–313 Fb 13
Schlotheim **MHL** 312–313 Ec 13
Schluchsee **FR** 330–331 Cb 23
Schlüchtern **HU** 320–321 Dc 15
Schlüsselfeld **BA** 320–321 Ec 17
Schlüttsiel *Ockholm 294–295 Da 2
Schlutup *Lübeck 300–301 Fa 5
Schmalkalden, Kurort **SM** 320–321 Ec 14
Schmallenberg **HSK** 310–311 Cb 13
Schmarsau *Lemgow 306–307 Fc 8
Schmatzfeld **WR** 312–313 Fa 11
Schmatzin **ANK** 302–303 Hc 5
Schmelz **SLS** 324–325 Ba 18
Schmerlecke *Erwitte 310–311 Cb 12
Schmetzdorf **RN** *Zollchow 306–307 Gb 9
Schmidham *Ruhstorf an der Rott 328–329 Hb 21
Schmidmühlen **AS** 328–329 Ga 19
Schmidt *Nideggen 317 Ac 15
Schmidtheim *Dahlem 317 Ac 15
Schmiedeberg **ANG** 302–303 Ia 7
Schmiedeberg **DW** 316 Ia 14
Schmiedeberg, Bad **WB** 314–315 Ha 11
Schmiedefeld am Rennsteig **IL** 320–321 Fa 15
Schmilau **RZ** 300–301 Fa 5
Schmitten **HG** 318–319 Cc 16
Schmölau **SAW** *Holzhausen 306–307 Fa 8
Schmölln **PZ** 302–303 Ib 7
Schmölln **SLN** 314–315 Gc 14
Schmorda **PN** 320–321 Fc 15
Schnackenburg **DAN** 300–301 Fc 7
Schnaittach **LAU** 328–329 Fc 18
Schnaittenbach **AS** 328–329 Gb 18
Schneeberg **AU** 322–323 Gc 15
Schneeberg **MIL** 318–319 Db 18
Schneeren *Neustadt am Rübenberge 304–305 Db 9
Schneiderkrug *Emstek 304–305 Cb 8
Schneidlingen **SFT** 314–315 Fc 11
Schneizlreuth **BGL** 334 Ha 23
Schneverdingen **SFA** 300–301 Ea 7
Schobüll *Großenwiehe 294–295 Db 2
Schöffengrund **LDK** 318–319 Cc 15
Schöfweg **FRG** 328–329 Hb 20
Schöllenbach *Hesseneck 326–327 Db 18
Schöllkrippen **AB** 318–319 Db 16
Schöllnstein *Iggensbach 328–329 Hb 20
Schömberg **BL** 330–331 Da 22
Schömberg **CW** 324–325 Cc 20
Schönach *Mötzing 328–329 Gc 20
Schönach, Herdwangen- **SIG** 330–331 Db 23
Schönau *Tiefenbach 328–329 Gc 18
Schönau **HD** 324–325 Da 18
Schönau **PAN** 328–329 Ha 21
Schönau am Königsee **BGL** 334 Ha 24
Schönau im Schwarzwald **LÖ** 330–331 Ca 23
Schönbeck **SBG** 302–303 Hc 6
Schönberg **FRG** 328–329 Hb 20
Schönberg **GVM** 300–301 Fa 5
Schönberg **OVL** 322–323 Gb 16
Schönberg (Holstein) **PLÖ** 294–295 Ec 3
Schönberger Strand *Schönberg 294–295 Ec 3
Schönborn, Bad **KA** 324–325 Cc 19
Schöndorf **TR** 317 Ba 17
Schönebeck **PK** 302–303 Gb 7
Schönebeck **SBK** 306–307 Ga 10
Schönebürg *Schwendi 330–331 Ea 22
Schöneck **HU** 318–319 Da 16
Schöneck **OVL** 322–323 Gc 15
Schönecken **BIT** 317 Ac 16
Schöneiche bei Berlin **FW** 308–309 Ia 9
Schönenberg-Kübelberg **KUS** 324–325 Bc 18
Schönermark **PZ** 302–303 Ia 7
Schönewalde **HZ** 314–315 Hb 11
Schönfeld **BER** 308–309 Ia 8
Schönfeld **PZ** 302–303 Ia 6
Schönfelde **FW** 308–309 Ib 9
Schöngleina **SRO** 314–315 Ga 14
Schönhagen *Brodersby 294–295 Eb 3
Schönhagen *Uslar 312–313 Dc 11
Schönhausen **HV** 306–307 Gb 9
Schönheide **AU** 322–323 Gc 15
Schöningen **HE** 306–307 Fa 10
Schöninghsdorf *Twist 304–305 Bb 8
Schönkirchen **PLÖ** 294–295 Eb 3
Schönram *Petting 334 Ha 23
Schönsee **SAD** 328–329 Gc 18
Schöntal **KÜN** 326–327 Dc 18
Schönthal **CHA** 328–329 Gc 18
Schönwald **WUN** 322–323 Gb 16
Schönwalde **BER** 308–309 Hc 8
Schönwalde am Bungsberg **OH** 294–295 Fa 4
Schöppenstedt **WF** 306–307 Fa 10
Schöppingen **BOR** 304–305 Bb 10
Schollene **HV** 308–309 Gb 8
Schonach im Schwarzwald **VS** 330–331 Cb 22
Schongau **WM** 332–333 Fa 23
Schonungen **SW** 320–321 Eb 16
Schopfheim **LÖ** 330–331 Ca 24
Schopfloch **AN** 326–327 Eb 19
Schora *Moritz 306–307 Gb 10
Schorndorf **CHA** 328–329 Gc 19
Schortens **FRI** 298–299 Ca 6
Schotten **VB** 318–319 Db 15
Schramberg **RW** 330–331 Cc 22
Schraplau **EIL** 314–315 Ga 12
Schrecksbach **HR** 312–313 Db 14
Schriesheim **HD** 324–325 Da 18
Schrobenhausen **ND** 326–327 Fb 21
Schrozberg **SHA** 326–327 Ea 18
Schüttorf **NOH** 304–305 Bb 10
Schuld **AW** 317 Ba 15
Schulzendorf **FRW** 308–309 Ib 8
Schulzendorf **GRS** 302–303 Hb 7
Schussenried, Bad **BC** 330–331 Dc 22
Schuttertal **OG** 330–331 Ca 22
Schutterwald **OG** 324–325 Ca 21
Schwaan **BÜZ** 302–303 Gb 5
Schwabach **SC** 326–327 Fb 18
Schwabhausen **DAH** 332–333 Fc 22
Schwabmünchen **A** 332–333 Fa 22
Schwabsoien **WM** 332–333 Fa 23
Schwabstedt **NF** 294–295 Db 3
Schwäbisch Gmünd **AA** 326–327 Ea 20
Schwäbisch Hall **SHA** 326–327 Ea 19
Schwagstorf *Fürstenau 304–305 Ca 9
Schwagstorf *Ostercappeln 304–305 Cb 9
Schwaikheim **WN** 326–327 Dc 20
Schwaim *Bad Griesbach im Rottal 334 Hb 21
Schwalbach, Bad **RÜD** 318–319 Cb 16
Schwalmstadt **HR** 312–313 Db 14
Schwalmtal **VB** 318–319 Db 14
Schwalmtal **VIE** 310–311 Ab 13
Schwanau **OG** 330–331 Ca 21
Schwanbeck **NB** 302–303 Hc 5
Schwanebeck **HBS** 306–307 Fb 11
Schwaneberg **PZ** *Schmölln 302–303 Ib 7
Schwanewede **OHZ** 298–299 Cc 7
Schwanfeld **SW** 320–321 Eb 17
Schwanheide **HGN** 300–301 Fa 6
Schwanstetten **RH** 326–327 Fb 19
Schwante **OR** 308–309 Hb 8
Schwarme **DH** 304–305 Db 8
Schwarmstedt **SFA** 306–307 Dc 8
Schwartau, Bad **OH** 300–301 Ec 5
Schwartau, Bad, Bad Schwartau **OH** 300–301 Fa 5
Schwarz **NZ** 302–303 Ha 7
Schwarza **SHL** 320–321 Ec 15
Schwarzach **MOS** 326–327 Da 18
Schwarzach **SR** 328–329 Ha 20
Schwarzach am Main **KT** 320–321 Eb 17
Schwarzach bei Nabburg **SAD** 328–329 Gb 18
Schwarzenbach am Wald **HO** 320–321 Fc 16
Schwarzenbach an der Saale **HO** 320–321 Ga 16
Schwarzenbek **RZ** 300–301 Ec 6
Schwarzenberg **SZB** 322–323 Ha 15
Schwarzenborn **HR** 312–313 Dc 14
Schwarzenborn **WIL** 317 Ba 16
Schwarzenbruck **LAU** 326–327 Fb 18
Schwarzenfeld **SAD** 328–329 Gb 18
Schwarzheide **SFB** 316 Ia 12
Schwarzhofen **SAD** 328–329 Gc 18
Schwebheim **SW** 320–321 Eb 17
Schwedt **SDT** 302–303 Ib 7
Schwegenheim **GER** 324–325 Cb 19
Schweiburg *Jade 298–299 Cb 6
Schweich **TR** 317 Ba 17
Schweigern *Boxberg 326–327 Ea 18
Schweighausen *Schuttertal 330–331 Ca 22
Schweikershain **RL** 314–315 Ha 13
Schweinfurt **SW** 320–321 Eb 16
Schweinitz **JE** 314–315 Hb 11
Schweinrich **WK** 302–303 Gc 7
Schweinsberg *Stadtallendorf 318–319 Da 14
Schweitenkirchen **PAF** 328–329 Fc 21
Schwelm **EN** 310–311 Bb 13
Schwemsal **GHC** 314–315 Gc 12
Schwendi **BC** 330–331 Ea 22
Schwenningen **DLG** 326–327 Ec 21
Schwenningen, Villingen- **VS** 330–331 Cc 22
Schwerin **SN** 300–301 Fc 6
Schwerstedt **SÖM** 312–313 Fa 13
Schwerte **UN** 310–311 Bc 12
Schwesing **NF** 294–295 Db 3
Schwetzingen **HD** 324–325 Cc 18
Schwichtenberg **NB** 302–303 Ia 5
Schwieberdingen **LB** 326–327 Db 20
Schwienau **UE** 306–307 Ec 8
Schwindegg **MÜ** 334 Gb 22
Schwindkirchen *Dorfen 332–333 Gb 22
Schwittersdorf *Beesenstedt 314–315 Ga 12
Schwollen **BIR** 318–319 Bb 17
Schwüblingsen *Uetze 306–307 Eb 9
Schwülper **GF** 306–307 Ec 9
Sebnitz **SEB** 316 Ib 14
Sechselbach *Creglingen 326–327 Eb 18
Seckenhausen *Stuhr 304–305 Da 8
Sedelsberg *Saterland 298–299 Ca 7
Sedlitz **SFB** 316 Ib 12
See **NY** *Niesky 316 Ka 13
Seebad Ahlbeck **WLG** 302–303 Ib 5
Seebad Bansin **WLG** 302–303 Ib 5
Seebruck, Seeon- **TS** 334 Gc 23
Seedorf **RZ** 300–301 Fa 6
Seefeld *Stadland 298–299 Cc 6
Seefeld **BER** 308–309 Ia 9
Seefeld **STA** 332–333 Fb 22
Seeg **OAL** 332–333 Ec 24
Seehausen **JB** 308–309 Ha 11
Seehausen **OBG** 306–307 Ga 8
Seehausen **PZ** 302–303 Ia 7
Seehausen **WZL** 306–307 Fb 10
Seeheilbad Graal-Müritz **ROS** 296–297 Gb 4
Seeheim-Jugenheim **DA** 318–319 Cc 17
Seelbach **OG** 330–331 Ca 22
Seelow **SEE** 308–309 Ic 9
Seeon-Seebruck **TS** 334 Gc 23
Seesbach **KH** 318–319 Bc 17
Seeshaupt **WM** 332–333 Fb 23
Seestermühe **PI** 300–301 Dc 5
Seewald **FDS** 324–325 Cc 21
Seffern **BIT** 317 Ac 16
Segeberg, Bad **SE** 300–301 Eb 5
Sehestedt **RD** 294–295 Ea 3
Sehlde **WF** 306–307 Eb 10
Sehlem **WIL** 317 Ba 17
Sehnde **H** 306–307 Ea 10
Seifhennersdorf **ZI** 316 Ic 14
Seigertshausen *Neukirchen 312–313 Dc 14
Selb **WUN** 322–323 Gb 16
Selent **PLÖ** 294–295 Ec 4
Seligenstadt **OF** 318–319 Da 16
Seligenthal **SM** 320–321 Ec 14
Sellin, Ostseebad - **RÜG** 296–297 Ia 3
Sellstedt *Schiffdorf 298–299 Da 6
Selm **UN** 310–311 Bc 11
Selmsdorf **GVM** 300–301 Fa 5
Selow **BÜZ** 302–303 Ga 5
Selsingen **ROW** 300–301 Db 6
Selters *Ortenberg 318–319 Db 15
Selters (Taunus) **LM** 318–319 Cb 15
Selters (Westerwald) **WW** 318–319 Ca 15
Semerskirchen *Herrngiersdorf 328–329 Gb 20
Semmenstedt **WF** 306–307 Fa 10
Senden **COE** 310–311 Bc 11
Senden **NU** 332–333 Eb 22
Senftenberg **SFB** 316 Ib 12
Sengwarden *Wihelmshaven 298–299 Cb 6
Senheim **COC** 318–319 Bb 16
Seppenrade *Lüdinghausen 310–311 Bc 11
Seßlach **CO** 320–321 Fa 16
Seubersdorf *Dietenhofen 326–327 Fa 18
Seubersdorf in der Oberpfalz **NM** 328–329 Fc 19
Seulingen **GÖ** 312–313 Eb 12
Sewekow **WK** 302–303 Gc 7
Seybothenreuth **BT** 320–321 Ga 17
Seyda **JE** 314–315 Ha 11
Sickte **WF** 306–307 Ec 10
Sieber *Herzberg am Harz 312–313 Ec 11
Siedenbrünzow **DM** 302–303 Hb 5
Siedenburg **DH** 304–305 Da 8
Siedlinghausen *Winterberg 310–311 Cc 13
Siedlung Spreetal **FW** *Hangelsberg 308–309 Ia 9
Siegadel **LN** 308–309 Ib 10
Siegburg **SU** 310–311 Bb 14
Siegen **SI** 310–311 Cb 14
Siegersleben **WZL** *Ovelgünne 306–307 Fb 10
Siegertsbrunn, Höhenkirchen- **M** 332–333 Ga 22
Siegsdorf **TS** 334 Gc 23
Sielbek *Eutin 294–295 Ec 4
Sien **BIR** 318–319 Bc 17
Siershahn **WW** 318–319 Ca 15
Siethwende *Sommerland 300–301 Dc 5
Sievern *Langen 298–299 Cc 6
Sievershütten **SE** 300–301 Eb 5
Sigmaringen **SIG** 330–331 Db 22
Sigmaringendorf **SIG** 330–331 Db 22
Silberhütte *Sankt Andreasberg 312–313 Ec 11
Silberstedt **SL** 294–295 Dc 3
Silschede *Gevelsberg 310–311 Bc 12
Simbach **DGF** 328–329 Ha 21
Simbach am Inn **PAN** 334 Hb 22
Simmelsdorf **LAU** 320–321 Fc 18
Simmerath **AC** 317 Ab 15
Simmern **WW** 318–319 Ca 15
Simmern/Hunsrück **SIM** 318–319 Bc 17
Simmershausen **HBN** 320–321 Ec 15
Simmertal **KH** 318–319 Bc 17
Simonsberg **NF** 294–295 Da 3
Simonswald **EM** 330–331 Cb 22
Sindelfingen **BB** 324–325 Da 20
Sindringen *Forchtenberg 326–327 Dc 19
Singen (Hohentwiel) **KN** 330–331 Da 23
Sinn **LDK** 318–319 Cb 15
Sinntal **HU** 320–321 Dc 16
Sinsheim **HD** 324–325 Da 19
Sinspelt **BIT** 317 Ab 17
Sinzheim **RA** 324–325 Cb 20
Sinzig **AW** 318–319 Bb 15
Sinzing **R** 328–329 Gb 20
Sistig *Kall 317 Ac 15
Sittensen **ROW** 300–301 Dc 7
Sitzendorf **RU** 320–321 Fb 15
Sitzenroda **TG** 314–315 Ha 12
Sobernheim **KH** 318–319 Bc 17
Soden am Taunus, Bad **MTK** 318–319 Cc 16
Soden-Salmünster, Bad **HU** 318–319 Dc 16
Soderstorf **LG** 300–301 Eb 7
Sögel **EL** 304–305 Bc 8
Söhlde **HI** 306–307 Eb 10
Söhrewald **KS** 312–313 Dc 13
Söllichau **GHC** 314–315 Gc 12
Sömmerda **SÖM** 312–313 Fb 13
Sörup **SL** 294–295 Dc 2
Soest **SO** 310–311 Cb 12
Sohland am Rotstein **GR** 316 Ka 13
Solingen **SG** 310–311 Bb 13
Solms **LDK** 318–319 Cc 15
Solnhofen **WUG** 326–327 Fa 20
Soltau **SFA** 306–307 Ea 8
Soltendieck **UE** 306–307 Fa 8
Somborn *Freigericht 318–319 Db 16
Sommerfeld **OR** 308–309 Hb 8
Sommerhausen **WÜ** 320–321 Eb 17
Sommerland **IZ** 300–301 Dc 5
Sommersdorf **PW** 302–303 Ib 7
Sondershausen **EF** 312–313 Fa 12
Sonneberg **SON** 320–321 Fb 15
Sonnefeld **CO** 320–321 Fb 16
Sonnen **PA** 328–329 Ia 20
Sonnenbühl **RT** 330–331 Db 21
Sonnewalde **FI** 314–315 Hc 11
Sonsbeck **WES** 310–311 Ac 12
Sontheim **MN** 332–333 Ec 22
Sontheim an der Brenz **HDH** 326–327 Eb 21
Sonthofen **OA** 332–333 Eb 24
Sontra **ESW** 312–313 Ea 13
Sooden-Allendorf, Bad **ESW** 312–313 Ea 13
Sophienthal **SEE** 308–309 Ic 9
Soppen **MEI** *Krögis 314–315 Hc 13
Sorno **FI** 314–315 Ia 12
Sottrum **ROW** 300–301 Db 7
Soyen **RO** 334 Gb 22
Spahnharrenstätte **EL** 304–305 Bc 8
Spaichingen **TUT** 330–331 Da 22
Spalt **RH** 326–327 Fa 19
Spangenberg **HR** 312–313 Dc 13
Spantekow **ANK** 302–303 Hc 5
Sparneck **HO** 320–321 Ga 16
Speck **WRN** *Kargow 302–303 Ha 6
Speicher **BIT** 317 Ac 17
Speichersdorf **BT** 320–321 Ga 17
Speinshart **NEW** 320–321 Ga 17
Spelle **EL** 304–305 Bc 9
Spenge **HF** 304–305 Cc 10
Sperenberg **ZS** 308–309 Hc 10
Spessart **AW** 318–319 Bb 15
Speyer **SP** 324–325 Cc 19
Spiegelau **FRG** 328–329 Hc 20
Spiegelhütte *Lindberg 328–329 Hb 19
Spielbach *Schrozberg 326–327 Eb 18
Spiesen-Elversberg **NK** 324–325 Bb 19
Spohle *Wiefelstede 298–299 Cb 7
Spraitbach **AA** 326–327 Ea 20
Sprakensehl **GF** 306–307 Ec 8
Spreeau **FW** 308–309 Ia 9
Spreenhagen **FW** 308–309 Ia 9
Spreewitz **HY** 316 Ic 12
Spremberg **SPB** 316 Ic 12
Sprenge *Schwedeneck 294–295 Eb 3
Springe **H** 306–307 Dc 10
Sprockhövel **EN** 310–311 Bb 12
Sprötze *Buchholz in der Nordheide 300–301 Ea 7
Sprollenhaus *Bad Wildbad im Schwarzwald 324–325 Cc 20
Staakow **GUB** 308–309 Ic 11
Staakow **LN** 308–309 Ia 10
Staberdorf *Bannesdorf auf Fehmarn 296–297 Fb 3
Stackelitz **RSL** 306–307 Gc 10
Stade **STD** 300–301 Dc 6
Stadecken-Elsheim **MZ** 318–319 Cb 17
Stadelhofen *Karlstadt 320–321 Ea 17
Staden **FB** *Florstadt 318–319 Da 15
Stadland **BRA** 298–299 Cc 6
Stadlern **SAD** 328–329 Gc 18
Stadorf *Schwienau 306–307 Ec 8
Stadtallendorf **MR** 312–313 Db 14
Stadtbergen **A** 332–333 Fa 21
Stadthagen **SHG** 304–305 Db 10
Stadtilm **ARN** 320–321 Fb 14
Stadtkyll **DAU** 317 Ac 15
Stadtlauringen **SW** 320–321 Ec 16
Stadtlengsfeld **SLZ** 320–321 Eb 14
Stadtlohn **BOR** 304–305 Ba 11
Stadtoldendorf **HOL** 312–313 Dc 11
Stadtroda **SRO** 314–315 Ga 14
Stadtsteinach **KU** 320–321 Fc 16
Stadum **NF** 294–295 Db 2
Staffelstein **LIF** 320–321 Fa 16
Stahlbrode **GMN** *Reinberg 296–297 Hb 4
Stahle *Höxter 312–313 Dc 11
Stahnsdorf **P** 308–309 Hb 9
Staig **UL** 330–331 Ea 22
Stallwang **SR** 328–329 Gc 19
Stammham **AÖ** 334 Ha 22
Stammham **EI** 328–329 Fc 20
Starkshorn *Eschede 306–307 Eb 8
Starnberg **STA** 332–333 Fc 22
Starzach **TÜ** 330–331 Da 21
Staßfurt **SFT** 314–315 Fc 11
Stauchitz **RIE** 314–315 Hb 13
Staufen im Breisgau **FR** 330–331 Ca 23
Staufenberg **GI** 318–319 Da 15
Staupitz **FI** 314–315 Ia 12
Stavenhagen, Reuterstadt **MC** 302–303 Ha 5
Stavern **EL** 304–305 Bc 8
Stechow **RN** 306–307 Gc 9
Steckelsdorf **RN** 306–307 Gb 9
Steffenberg **MR** 310–311 Cc 14
Stegelitz **BRG** 306–307 Ga 10
Steigra **QFT** 314–315 Fc 13
Steimbke **NI** 306–307 Dc 9
Stein **FÜ** 326–327 Fb 18
Steinach **OG** 330–331 Cb 22
Steinach **SON** 320–321 Fb 15
Steinach an der Saale *Bad Bocklet 320–321 Eb 16
Steinau an der Straße **HU** 320–321 Dc 16
Steinbach **ANA** 322–323 Hb 15
Steinbach **NY** *Lodenau 316 Ka 12
Steinbach am Wald **KC** 320–321 Fc 15
Steinbach-Hallenberg, Kurort **SM** 320–321 Ec 14
Steinbeck **FRW** 308–309 Ia 8
Steinberg **SAD** 328–329 Gb 19
Steinberg **SL** 294–295 Ea 2
Steinen **LÖ** 330–331 Ca 24

Steinfeld (Oldenburg) **VEC** 304–305 Cb 9
Steinfurt **ST** 304–305 Bc 10
Steinhagen **GT** 304–305 Cc 10
Steinhagen **HST** 296–297 Ha 4
Steinhausen *Bad Schussenried 330–331 Ea 22
Steinhausen **WIS** *Neuburg-Steinhausen 300–301 Fc 5
Steinheid **NH** 320–321 Fb 15
Steinheim **HX** 312–313 Db 11
Steinheim am Albuch **HDH** 326–327 Eb 20
Steinhöfel **FW** 308–309 Ib 9
Steinhöring **EBE** 332–333 Gb 22
Steinhude *Wunstorf 306–307 Dc 9
Steinkirchen **STD** 300–301 Dc 6
Steinsdorf **EH** 308–309 Ka 10
Steinsfeld **AN** 326–327 Eb 18
Steinwiesen **KC** 320–321 Fc 16
Stelle **WL** 300–301 Eb 6
Stemwede **MI** 304–305 Cc 9
Stendal **SDL** 306–307 Ga 9
Stephanskirchen **RO** 332–333 Gb 23
Steppach *Pommersfelden 320–321 Fa 17
Sterley **RZ** 300–301 Fa 6
Sternberg **STB** 302–303 Ga 5
Sternebeck-Harnekop **FRW** 308–309 Ib 8
Sternenfels **PF** 324–325 Da 19
Sterup **SL** 294–295 Ea 2
Stetten am kalten Markt **SIG** 330–331 Db 22
Stetten unter Holstein *Burladingen 330–331 Db 21
Steuden **SK** 314–315 Ga 12
Stickhausen *Detern 298–299 Bc 7
Stockach **KN** 330–331 Db 23
Stockelsdorf **OH** 300–301 Ec 5
Stockheim **KC** 320–321 Fb 16
Stockstadt am Rhein **GG** 318–319 Cc 17
Stöberitz, Willmersdorf- **LC** 316 Ia 11
Stöcken **WDA** *Langenbernsdorf 314–315 Gb 14
Stötten am Auerberg **OAL** 332–333 Fa 23
Stoetze **UE** 300–301 Fa 7
Stolberg (Rheinland) **AC** 310–311 Ab 14
Stolberg, Kurort **SGH** 312–313 Fa 12
Stollberg **STL** 322–323 Ha 14
Stollhamm *Butjadingen 298–299 Cc 6
Stollhofen *Rheinmünster 324–325 Cb 20
Stolpe **ANG** 308–309 Ib 8
Stolpe **KY** *Kyritz 306–307 Gc 8
Stolpen **SEB** 316 Ib 13
Stolzenau **NI** 304–305 Db 9
Stolzenhain **HZ** 314–315 Hb 11
Storkow **BSK** 308–309 Ia 10
Stotel *Loxstedt 298–299 Cc 6
Stotternheim **EF** 312–313 Fb 13
Straach **WB** 308–309 Gc 11
Strackholt *Großefehn 298–299 Bc 6
Straelen **KLE** 310–311 Ab 12
Stralsund **HST** 296–297 Hb 4
Strande **RD** 294–295 Eb 3
Strasburg **SBG** 302–303 Ia 6
Straßberg **BL** 330–331 Db 22
Straßberg **QLB** 312–313 Fb 12
Straßkirchen **SR** 328–329 Ha 20
Straubenhardt **PF** 324–325 Cc 20
Straubing **SR** 328–329 Gc 20
Straupitz **LN** 308–309 Ib 11
Strausberg **SRB** 308–309 Ia 9
Straußfurt **SÖM** 312–313 Fa 13
Strehla **RIE** 314–315 Hb 12
Streitberg *Wiesenttal 320–321 Fb 17
Striesow **CB** 316 Ib 11
Strodehne **RN** 308–309 Gb 8
Ströhen *Wagenfeld 304–305 Da 9
Stromberg *Oelde 310–311 Cb 11
Stromberg **KH** 318–319 Ca 17
Strücklingen *Saterland 298–299 Ca 7
Strümpfelbach *Backnang 326–327 Dc 20
Strümpfelbrunn *Waldbrunn 326–327 Db 18
Strullendorf **BA** 320–321 Fa 17
Struvenhütten **SE** 300–301 Eb 5
Stubben **RZ** 300–301 Ec 5
Stüdenitz **KY** 308–309 Gb 8
Stühlingen **WT** 330–331 Cc 23
Stülpe **LUK** 308–309 Hb 10
Stützerbach **IL** 320–321 Fa 15
Stuhr **DH** 298–299 Da 7
Stukenbrock, Schloß Holte- **GT** 312–313 Cc 11
Stulln **SAD** 328–329 Gb 18
Stuppach *Bad Mergentheim 326–327 Ea 18
Stutensee **KA** 324–325 Cc 19
Stuttgart **S** 326–327 Db 20
Suderburg **UE** 306–307 Ec 8
Südbrookmerland **AUR** 298–299 Bb 6
Süderbrarup **SL** 294–295 Ea 3
Süderhafen *Nordstrand 294–295 Da 3
Süderhastedt **HEI** 294–295 Db 4
Süderheistedt **HEI** 294–295 Db 4
Süderlügum **NF** 294–295 Da 2
Süderneuland II *Osteel 298–299 Bb 6
Süderschmedeby *Sieverstedt 294–295 Dc 3
Südlohn **BOR** 310–311 Ba 11
Sülfeld **SE** 300–301 Eb 5
Sülze *Bergen 306–307 Eb 8
Sülze, Bad, Bad Sülze **RDG** 296–297 Gc 4
Sünching **R** 328–329 Gc 20
Sünzhausen *Schweitenkirchen 328–329 Fc 21
Süpplingenburg **HE** 306–307 Fa 10
Süßen **GP** 326–327 Ea 20
Süßkofen *Mengkofen 328–329 Gc 20
Süstedt **DH** 304–305 Da 8
Sugenheim **NEA** 326–327 Ec 18
Suhl **SHL** 320–321 Fa 15
Suhlendorf **UE** 306–307 Fa 8
Sulgen *Schramberg 330–331 Cc 22
Sulingen **DH** 304–305 Da 8
Sulz *Münster 326–327 Fa 21
Sulz am Neckar **RW** 330–331 Cc 21
Sulza, Bad **APD** 314–315 Fc 13
Sulzbach **SB** 324–325 Bb 19
Sulzbach am Main **MIL** 318–319 Db 17
Sulzbach an der Donau *Donaustauf 328–329 Gb 19
Sulzbach an der Murr **WN** 326–327 Dc 19
Sulzbach-Laufen **SHA** 326–327 Ea 20
Sulzbach-Rosenberg **AS** 328–329 Ga 18
Sulzburg **FR** 330–331 Ca 23
Sulzdorf *Schwäbisch Hall 326–327 Ea 19
Sulzemoos **DAH** 332–333 Fb 22
Sulzheim **SW** 320–321 Ec 17
Sulzkirchen *Freystadt 328–329 Fc 19
Sundern (Sauerland) **HSK** 310–311 Cb 13
Surwold **EL** 304–305 Bc 8
Swisttal **SU** 317 Ba 14
Sydow **EW** *Grüntal 308–309 Ia 8
Syke **DH** 304–305 Da 8
Sylt-Ost **NF** 294–295 Cc 2
Syrau **PL** 322–323 Gb 15

# T

Tacherting **TS** 334 Gc 22
Tännesberg **NEW** 328–329 Gb 18
Tätendorf-Eppensen *Barum 300–301 Ec 7
Talheim **TUT** 330–331 Cc 22
Talkau **RZ** 300–301 Ec 6
Tambach-Dietharz **GTH** 312–313 Ec 14
Tammensiel *Pellworm 294–295 Da 3
Tandern *Hilgertshausen-Tandern 332–333 Fc 21
Tangendorf **PER** *Baek 302–303 Ga 7
Tangerhütte **SDL** 306–307 Ga 9
Tangermünde **SDL** 306–307 Ga 9
Tangstedt **OD** 300–301 Eb 5
Tankenrade *Ahrensbök 300–301 Ec 5
Tann **PAN** 334 Ha 22
Tann (Rhön) **FD** 320–321 Eb 15
Tanna **SCZ** 320–321 Ga 15
Tanne **WR** 312–313 Fa 11
Tannhausen **AA** 326–327 Ec 20
Tantow **ANG** 302–303 Ic 7
Tarmstedt **ROW** 300–301 Db 7
Tarp **SL** 294–295 Dc 3
Tauberbischofsheim **TBB** 320–321 Ea 18
Taucha **L** 314–315 Gc 12
Tauer **GUB** 308–309 Ic 11
Taufkirchen **MÜ** 334 Gc 22
Taufkirchen (Vils) **ED** 332–333 Gb 21
Taunusstein **RÜD** 318–319 Cb 16
Tecklenburg **ST** 304–305 Ca 10
Tegel *Berlin 308–309 Hb 9
Tegernau **LÖ** 330–331 Ca 23
Tegernsee **MB** 332–333 Ga 23
Teichel **RU** 314–315 Fb 14
Teichröda **RU** 320–321 Fb 14
Teichwolframsdorf **GRZ** 322–323 Gb 14
Teisendorf **BGL** 334 Ha 23
Teisnach **REG** 328–329 Ha 19
Teistungen **WBS** 312–313 Eb 12
Teldau **HGN** 300–301 Fa 7
Telgte **WAF** 304–305 Ca 11
Tellingstedt **HEI** 294–295 Db 4
Temmen **TP** 302–303 Ia 7
Tempelhof *Berlin 308–309 Hc 9
Templin **TP** 302–303 Hc 7
Tengen **KN** 330–331 Cc 23
Teningen **EM** 330–331 Ca 22
Tennstedt, Bad **LSZ** 312–313 Fa 13
Terpe **SPB** *Schwarze Pumpe 316 Ib 12
Tessin **ROS** 296–297 Gc 4
Tessin bei Wittenburg **HGN** 300–301 Fb 6
Tetenhusen **SL** 294–295 Dc 3
Tettau **KC** 320–321 Fb 15
Tettau **SFB** 316 Ia 12
Tettnang **FN** 330–331 Dc 23
Teublitz **SAD** 328–329 Gb 19
Teuchatz *Heiligenstadt in Oberfranken 320–321 Fb 17
Teuchern **HHM** 314–315 Gb 13
Teunz **SAD** 328–329 Gc 18
Teuschnitz **KC** 320–321 Fc 15
Teutleben **GTH** 312–313 Ec 14
Teutschenthal **SK** 314–315 Ga 12
Tewel *Neuenkirchen 300–301 Dc 7
Thalau *Ebersburg 320–321 Ea 15
Thale **QLB** 312–313 Fb 11
Thalexweiler *Lebach 324–325 Ba 18
Thalfang **WIL** 317 Ba 17
Thalheim **STL** 322–323 Ha 14
Thallichtenberg **KUS** 324–325 Bc 18
Thallwitz **WUR** 314–315 Ha 12
Thalmässing **RH** 326–327 Fb 19
Thamsbrück **LSZ** 312–313 Ec 13
Thannhausen **GZ** 332–333 Ec 22
Tharandt **FTL** 314–315 Hc 14
Thedinghausen **VER** 304–305 Db 8
Theeßen **BRG** 306–307 Gb 10
Theisbergstegen **KUS** 324–325 Bc 18
Theley *Tholey 324–325 Bb 18
Thelkow **ROS** 296–297 Gc 4
Themar **HBN** 320–321 Ec 15
Thenried *Rimbach 328–329 Ha 19
Thermalbad Wiesenbad **ANA** 322–323 Hb 15
Theuern *Kümmersbruck 328–329 Ga 18
Thiendorf **GRH** 316 Ia 13
Thiergarten *Beuron 330–331 Db 22
Thierhaupten **A** 326–327 Fa 21
Thiersheim **WUN** 322–323 Gb 16
Thierstein **WUN** 322–323 Gb 16
Thiessow **RÜG** 296–297 Ia 4
Thören *Winsen (Aller) 306–307 Ea 8
Tholey **WND** 324–325 Bb 18
Thüle *Salzkotten 312–313 Cc 11
Thüngen **MSP** 320–321 Ea 17
Thürkow **TET** 302–303 Gc 5
Thum *Kreuzau 317 Ac 14
Thum **ZP** 322–323 Ha 14
Thurmansbang **FRG** 328–329 Hb 20
Thurnau **KU** 320–321 Fc 16
Thyrnau **PA** 328–329 Hc 21
Tiefenbach *Oberstdorf 332–333 Eb 24
Tiefenbach **CHA** 328–329 Gc 18
Tiefenbach **LA** 328–329 Gb 21
Tiefenbach **PA** 328–329 Hc 21
Tiefenbach **SIM** 318–319 Bc 17
Tiefenbronn **PF** 324–325 Da 20
Tiefensee **FRW** 308–309 Ia 8
Tiengen, Waldshut- **WT** 330–331 Cb 24
Tieringen *Meßstetten 330–331 Da 22
Timmel *Großefehn 298–299 Bc 6
Timmendorfer Strand **OH** 300–301 Fa 5
Titisee-Neustadt **FR** 330–331 Cb 23
Titting **EI** 326–327 Fb 20
Tittling **PA** 328–329 Hc 20
Tittmoning **TS** 334 Ha 22
Titz **DN** 310–311 Ac 13
Toba **SDH** 312–313 Fa 13
Todenbüttel **RD** 294–295 Dc 4
Todendorf *Panker 294–295 Ec 3
Todesfelde **SE** 300–301 Eb 5
Todtmoos **WT** 330–331 Ca 23
Todtmoos-Au **WT** *Todtmoos 330–331 Ca 23
Todtnau **LÖ** 330–331 Ca 23
Tödtenried *Sielenbach 332–333 Fb 21
Töging am Inn **AÖ** 334 Gc 22
Tölz, Bad **TÖL** 332–333 Fc 23
Tönisvorst **VIE** 310–311 Ac 13
Tönning **NF** 294–295 Da 4
Tönnishäuschen *Ahlen 310–311 Ca 11
Töpchin **KW** 308–309 Hc 10
Töpen **HO** 320–321 Ga 15
Törpin **DM** *Sarow 302–303 Hb 5
Tötensen *Rosengarten 300–301 Ea 6
Toitz **DM** *Nossendorf 302–303 Ha 5
Tolk **SL** 294–295 Dc 3
Tondorf *Nettersheim 317 Ba 15
Torgau **TG** 314–315 Ha 12
Torgelow **WRN** 302–303 Ha 6
Tornau vor der Heide **BTF** 314–315 Gb 11
Tornesch **PI** 300–301 Ea 5
Tostedt **WL** 300–301 Ea 7
Trabelsdorf *Lisberg 320–321 Fa 17
Traben-Trarbach **WIL** 318–319 Bb 17
Traitsching **CHA** 328–329 Gc 19
Tramnitz **KY** *Schönberg 306–307 Gc 8
Trampe **EW** 308–309 Ia 8
Trappenkamp **SE** 294–295 Eb 4
Trappstadt **NES** 320–321 Ec 16
Trarbach, Traben- **WIL** 318–319 Bb 17
Trassem **TR** 317 Ac 18
Trauchgau *Halblech 332–333 Fa 24
Traunfeld *Lauterhofen 328–329 Fc 18
Traunreut **TS** 334 Gc 23
Traunstein **TS** 334 Gc 23
Trausnitz **SAD** 328–329 Gb 18
Travemünde *Lübeck 300–301 Fa 5
Trebbin **LUK** 308–309 Hb 10
Trebgast **KU** 320–321 Fc 16
Trebsen **GRM** 314–315 Ha 13
Trebus **FW** 308–309 Ib 10
Treffurt **ESA** 312–313 Eb 13
Treia **SL** 294–295 Db 3
Treis-Karden **COC** 318–319 Bb 16
Trendelburg **KS** 312–313 Dc 12
Trennewurth **HEI** 300–301 Db 5
Treppeln **EH** 308–309 Ic 10
Treuchtlingen **WUG** 326–327 Fa 20
Treuen **AE** 322–323 Gb 15
Treuenbrietzen **JB** 308–309 Ha 10
Treugeböhla, Zabeltitz- **GRH** 314–315 Hc 12
Treysa *Schwalmstadt 312–313 Db 14
Triangel *Sassenburg 306–307 Ec 9
Triberg im Schwarzwald **VS** 330–331 Cb 22
Tribsees **HST** 296–297 Ha 4
Triebes **ZR** 320–321 Gb 14
Triefenstein **MSP** 320–321 Dc 17
Trier **TR** 317 Ba 17
Triftern **PAN** 328–329 Hb 21
Triglitz **PK** 302–303 Gb 7
Trippigleben **KLZ** *Wenze 306–307 Fb 9
Trippstadt **KL** 324–325 Ca 18
Triptis **PN** 320–321 Ga 14
Trisching *Schmidgaden 328–329 Gb 18
Trittau **OD** 300–301 Ec 6
Trittenheim **WIL** 317 Ba 17
Trochtelfingen **RT** 330–331 Db 22
Tröbnitz **SRO** 314–315 Ga 14
Tröstau **WUN** 320–321 Ga 16
Troisdorf **SU** 310–311 Bb 14
Trossin **TG** 314–315 Ha 12
Trossingen **TUT** 330–331 Cc 22
Trostberg **TS** 334 Gc 22
Trusetal **SM** 312–313 Ec 14
Tschernitz **SPB** 316 Ic 12
Tschirn **KC** 320–321 Fc 15
Tucheim **GNT** 306–307 Gb 10
Tübingen **TÜ** 326–327 Db 21
Tüchen **PK** 302–303 Gb 7
Türkenfeld *Hohenthann 328–329 Gb 20
Türkenfeld **FFB** 332–333 Fb 22
Türkheim **MN** 332–333 Ec 22
Türkismühle *Nohfelden 318–319 Bb 18
Tüttleben **GTH** 312–313 Fa 14
Tussenhausen **MN** 332–333 Ec 22
Tuttlingen **TUT** 330–331 Da 23
Tutzing **STA** 332–333 Fb 23
Twist **EL** 304–305 Bb 9
Twistetal **KB** 312–313 Da 12
Twistringen **DH** 304–305 Cc 8
Tyrlaching **AÖ** 334 Gc 22

# U

Ubstadt-Weiher **KA** 324–325 Cc 19
Uchte **NI** 304–305 Da 9
Uchtspringe **SDL** 306–307 Fc 9
Uckerath *Hennef (Sieg) 318–319 Bc 14
Uckro **LC** 314–315 Hc 11
Udenheim **AZ** 318–319 Cb 17
Uder **HIG** 312–313 Eb 12
Übach-Palenberg **HS** 310–311 Ab 14
Überlingen **FN** 330–331 Db 23
Uebigau **HZ** 314–315 Hb 12
Ueckermünde **UEM** 302–303 Ib 5
Uedem **KLE** 310–311 Ab 12
Ueffeln *Bramsche 304–305 Ca 9
Uehlfeld **NEA** 320–321 Fa 17
Uelsen **NOH** 304–305 Ba 9
Uelvesbüll **NF** 294–295 Da 3
Uelzen **UE** 306–307 Ec 8
Uentrop *Hamm 310–311 Ca 11
Uerdingen *Krefeld 310–311 Ac 12
Uetersen **PI** 300–301 Ea 5
Uettingen **WÜ** 320–321 Ea 17
Uetze **H** 306–307 Eb 9
Uffenheim **NEA** 326–327 Eb 18
Uffing am Staffelsee **GAP** 332–333 Fb 23
Uhingen **GP** 326–327 Dc 20
Uhldingen-Mühlhofen **FN** 330–331 Db 23
Uhyst **HY** 316 Ic 12
Ulfen *Sontra 312–313 Eb 13
Ulm **UL** 332–333 Ea 21
Ulmbach *Steinau an der Straße 320–321 Dc 15
Ulmen **COC** 317 Ba 16
Ulsnis **SL** 294–295 Ea 3
Ulzburg, Henstedt- **SE** 300–301 Ea 5
Ummendorf **BC** 330–331 Ea 22
Ummerstadt **HBN** 320–321 Fa 16
Umpferstedt **WE** 314–315 Fc 14
Undeloh **WL** 300–301 Ea 7
Unkel **NR** 318–319 Bb 15
Unna **UN** 310–311 Ca 12
Unsleben **NES** 320–321 Eb 15
Unterammergau **GAP** 332–333 Fb 24
Unterdießen **LL** 332–333 Fa 23
Unterdietfurt **PAN** 334 Gc 21
Unterdigisheim *Meßstetten 330–331 Da 22
Untergeiersnest *Schondra 320–321 Ea 16
Untergriesbach **PA** 328–329 Hc 21
Untergröningen *Abtsgmünd 326–327 Ea 20
Untergruppenbach **HN** 326–327 Db 19
Unterhaching **M** 332–333 Fc 22
Unterheinriet **HN** *Untergruppenbach 326–327 Db 19
Unterjettenberg *Schneizlreuth 334 Ha 23
Unterlüß **CE** 306–307 Eb 8
Untermünkheim **SHA** 326–327 Ea 19
Unterneukirchen **AÖ** 334 Gc 22
Unterreichenbach **CW** 324–325 Da 20
Unterreit **MÜ** 334 Gb 22
Unterschleichbach *Oberaurach 320–321 Ec 17
Unterschneidheim **AA** 326–327 Ec 20
Unterschwaningen **AN** 326–327 Ec 19
Unterschwarzach *Bad Wurzach 330–331 Ea 23
Untersteinach **KU** 320–321 Fc 16
Untersteinbach *Rauhenebrach 320–321 Ec 17
Unterstmatt *Ottersweier 324–325 Cb 21
Unteruhldingen *Uldingen-Mühlhofen 330–331 Db 23
Unterwellenborn **SLF** 320–321 Fc 15
Uplengen **LER** 298–299 Ca 7
Urach, Bad **RT** 326–327 Dc 21
Urbach **WN** 326–327 Dc 20
Urlau *Leutkirch im Allgäu 332–333 Eb 23
Ursensollen **AS** 328–329 Ga 18
Urspringen **MSP** 320–321 Ea 17
Usadel **NZ** *Blumenholz 302–303 Hb 6
Usedom **WLG** 302–303 Ia 5
Usingen **HG** 318–319 Cc 15
Uslar **NOM** 312–313 Dc 12
Usseln *Willingen (Upland) 312–313 Cc 13
Utecht **GDB** 300–301 Fa 5
Utersum **NF** 294–295 Cc 2
Uthlede **CUX** 298–299 Cc 7
Uttenweiler **BC** 330–331 Dc 22
Utting am Ammersee **LL** 332–333 Fb 22
Utzedel **DM** 302–303 Hb 5

# V

Vaale **IZ** 300–301 Dc 5
Vacha **SLZ** 312–313 Eb 14
Vadenrod *Schwalmtal 312–313 Db 15
Vaihingen an der Enz **LB** 324–325 Da 20
Vallendar **MYK** 318–319 Bc 15
Varchentin **WRN** 302–303 Ha 6
Varel **FRI** 298–299 Cb 6
Varrel **DH** 304–305 Da 9
Varrelbusch *Garrel 304–305 Cb 8
Vastorf **LG** 300–301 Ec 7
Vaterstetten **EBE** 332–333 Ga 22
Vechta **VEC** 304–305 Cb 8
Veelböken **GDB** 300–301 Fb 5
Vegesack *Bremen 298–299 Cc 7
Veitsbronn **FÜ** 326–327 Fa 18
Veitshöchheim **WÜ** 320–321 Ea 17
Velbert **ME** 310–311 Bb 12
Velburg **NM** 328–329 Ga 19
Velden **LA** 334 Gb 21
Velden **LAU** 320–321 Fc 18
Veldhausen *Neuenhaus 304–305 Ba 9
Velen **BOR** 310–311 Ba 11
Velgen *Hanstedt 300–301 Ec 7
Vellahn **HGN** 300–301 Fa 6
Vellberg **SHA** 326–327 Ea 19
Vellmar **KS** 312–313 Dc 12
Velten **OR** 308–309 Hb 8
Verchen **DM** 302–303 Ha 5
Verden (Aller) **VER** 304–305 Db 8
Veringenstadt **SIG** 330–331 Db 22
Verl **GT** 310–311 Cc 11
Verne *Salzkotten 312–313 Cc 11
Versmold **GT** 304–305 Cb 10
Vetschau **CA** 316 Ib 11
Vettweiß **DN** 310–311 Ac 14
Viechtach **REG** 328–329 Ha 19
Vielbrunn *Michelstadt 318–319 Db 17
Vienenburg **GS** 312–313 Ec 11
Vierhöfen **WL** 300–301 Eb 7
Viernau **SHL** 320–321 Ec 14
Viernheim **HP** 324–325 Cc 18
Vierraden **ANG** 302–303 Ib 7
Viersen **VIE** 310–311 Ac 13
Vietlübbe, Karbow- **LBZ** 302–303 Gb 6
Vilbel, Bad **FB** 318–319 Da 16
Vilgertshofen **LL** 332–333 Fa 23
Villingen-Schwenningen **VS** 330–331 Cc 22
Villip *Wachtberg 318–319 Bb 15
Villmar **LM** 318–319 Cb 15
Vilsbiburg **LA** 328–329 Gc 21
Vilseck **AS** 320–321 Ga 18
Vilsen, Bruchhausen- **DH** 304–305 Db 8
Vilshofen *Rieden 328–329 Ga 19
Vilshofen **PA** 328–329 Hb 21
Vinzelberg **SDL** 306–307 Ga 9
Viöl **NF** 294–295 Db 3
Virneburg **MYK** 318–319 Bb 15
Virnsberg *Flachslanden 326–327 Ec 18
Visbek **VEC** 304–305 Cb 8
Visselhövede **ROW** 306–307 Dc 8
Vlotho **HF** 304–305 Da 10
Vöhl **KB** 312–313 Da 13
Vöhrenbach **VS** 330–331 Cb 22
Vöhringen **NU** 332–333 Eb 22
Vöhringen **RW** 330–331 Cc 21
Völkersen *Langwedel 300–301 Db 7
Völklingen **VK** 324–325 Ba 19
Völschow **DM** 302–303 Hc 5
Voerde (Niederrhein) **WES** 310–311 Ba 12
Vörden *Marienmünster 312–313 Db 11
Vörden *Neuenkirchen (Oldenburg) 304–305 Cb 9
Vogelsang **EH** 308–309 Ka 10
Vogelsang **GRS** 302–303 Hc 7
Vogt **RV** 330–331 Ea 23
Vogtareuth **RO** 332–333 Gb 23
Vohburg an der Donau **PAF** 328–329 Fc 20
Vohenstrauß **NEW** 322–323 Gc 18
Vohwinkel *Wuppertal 310–311 Bb 13
Volkach **KT** 320–321 Eb 17
Volkmarsen **KB** 312–313 Db 12
Vollersode **OHZ** 298–299 Da 7
Vollerwiek **NF** 294–295 Da 4
Voltlage **OS** 304–305 Ca 9
Vorderiß *Lenggries 332–333 Fc 24
Vorderweidenthal **SÜW** 324–325 Ca 19
Vorsfelde *Wolfsburg 306–307 Fa 9
Vorst *Straelen 310–311 Ab 12
Vorst *Tönisvorst 310–311 Ac 13
Voslapp *Wilhelmshaven 298–299 Cb 6
Vrees **EL** 304–305 Ca 8
Vreschen-Bokel *Apen 298–299 Ca 7

# W

Waabs **RD** 294–295 Ea 3
Waakirchen **MB** 332–333 Ga 23
Waal **OAL** 332–333 Fa 22
Wabern **HR** 312–313 Dc 13
Wachenheim an der Weinstraße **DÜW** 324–325 Cb 18
Wachtum *Löningen 304–305 Ca 8
Wacken **IZ** 294–295 Dc 4
Wackersdorf **SAD** 328–329 Gb 19
Wadern **MZG** 324–325 Ba 18
Wadersloh **WAF** 310–311 Cb 11
Wadgassen **SLS** 324–325 Ba 19
Wächtersbach **HU** 318–319 Db 16
Wäschenbeuren **GP** 326–327 Ea 20
Waffenbrunn **CHA** 328–329 Gc 19
Wagenfeld **DH** 304–305 Cc 9
Wagenschwend *Limbach 326–327 Db 18
Waghäusel **KA** 324–325 Cc 19
Waging am See **TS** 334 Ha 23
Wahlen *Kirtorf 312–313 Db 14
Wahlsburg **KS** 312–313 Dc 12
Wahlstedt **SE** 300–301 Eb 5
Wahrenberg **OBG** 306–307 Ga 8
Wahrenbrück **LIB** 314–315 Hc 12
Wahrenholz **GF** 306–307 Ec 9
Waiblingen **WN** 326–327 Db 20
Waibstadt **HD** 324–325 Da 19
Waidhaus **NEW** 322–323 Gc 18
Wain **BC** 332–333 Eb 22
Walbeck *Geldern 310–311 Ab 12
Walbeck **HDL** 306–307 Fb 10
Walburgskirchen *Tann 334 Ha 21
Walchensee *Kochel am See 332–333 Fb 24
Walchum **EL** 304–305 Bb 8
Wald **OAL** 332–333 Ec 23
Wald **SIG** 330–331 Db 23
Waldachtal **FDS** 324–325 Cc 21
Waldaschaff **AB** 318–319 Db 17
Waldböckelheim **KH** 318–319 Ca 17
Waldbreitbach **NR** 318–319 Bc 15
Waldbröl **GM** 310–311 Bc 14
Waldbronn **KA** 324–325 Cc 20
Waldbrunn (Westerwald) **LM** 318–319 Cb 15
Waldeck **KB** 312–313 Db 13
Waldems **RÜD** 318–319 Cc 16
Waldenbuch **BB** 326–327 Db 21
Waldenburg **GC** 314–315 Gc 14
Waldershof **TIR** 322–323 Gb 17
Waldfeucht **HS** 310–311 Aa 13
Waldfisch **SLZ** 312–313 Eb 14
Waldfischbach-Burgalben **PS** 324–325 Bc 19
Waldgrehweiler **KIB** 318–319 Ca 17
Waldhausen *Buchen (Odenwald) 326–327 Db 18
Waldheim **DL** 314–315 Hb 13
Waldkappel **ESW** 312–313 Ea 13
Waldkirch *Waldshut-Tiengen 330–331 Cb 23
Waldkirch **EM** 330–331 Ca 22
Waldkirchen **FRG** 328–329 Hc 20
Waldkraiburg **MÜ** 334 Gc 22
Wald-Michelbach **HP** 324–325 Da 18
Waldmohr **KUS** 324–325 Bc 18
Waldmünchen **CHA** 328–329 Ha 18
Waldrach **TR** 317 Ba 17
Waldsassen **TIR** 322–323 Gb 16
Waldsee, Bad **RV** 330–331 Ea 23
Waldshut-Tiengen **WT** 330–331 Cb 24
Waldsieversdorf **SRB** 308–309 Ib 9
Waldsolms **LDK** 318–319 Cc 15

Waldstetten *Höpfingen 326–327 Dc 18
Waldstetten **AA** 326–327 Ea 20
Waldthurn **NEW** 322–323 Gb 17
Walkenried **OHA** 312–313 Ec 12
Walldorf **HD** 324–325 Cc 19
Walldürn **MOS** 326–327 Dc 18
Wallendorf **MER** 314–315 Gb 12
Wallenfels **KC** 320–321 Fc 16
Wallenhorst **OS** 304–305 Cb 9
Wallerfangen **SLS** 324–325 Ba 19
Wallerfing **DEG** 328–329 Ha 20
Wallersdorf **DGF** 328–329 Ha 20
Wallerstein **DON** 326–327 Ec 20
Wallgau **GAP** 332–333 Fb 24
Wallhalben **PS** 324–325 Bc 19
Wallhausen *Konstanz 330–331 Db 23
Wallhausen **KH** 318–319 Ca 17
Wallhausen **SHA** 326–327 Eb 19
Wallsbüll **SL** 294–295 Db 2
Wallstawe **SAW** 306–307 Fb 8
Walow **RM** 302–303 Gc 6
Walsrode **SFA** 306–307 Dc 8
Waltenhofen **OA** 332–333 Eb 23
Waltershausen **GTH** 312–313 Ec 14
Waltershofen *Kißlegg 330–331 Ea 23
Walting **EI** 326–327 Fb 20
Waltrop **RE** 310–311 Bc 12
Walzbachtal **KA** 324–325 Cc 19
Wamckow **STB** *Kobrow 302–303 Ga 6
Wanderup **SL** 294–295 Db 2
Wandlitz **BER** 308–309 Hc 8
Wandsbek *Hamburg 300–301 Eb 6
Wanfried **ESW** 312–313 Eb 13
Wangels **OH** 294–295 Fa 4
Wangen im Allgäu **RV** 330–331 Ea 23
Wangerland **FRI** 298–299 Ca 6
Wangerooge **FRI** 298–299 Ca 5
Wangersen *Ahlerstedt 300–301 Dc 6
Wankendorf **PLÖ** 294–295 Eb 4
Wanna **CUX** 298–299 Da 5
Wanne-Eickel *Herne 310–311 Bb 12
Wannweil **RT** 326–327 Db 21
Wanzleben **WZL** 306–307 Fc 10
Warburg **HX** 312–313 Db 12
Warching *Monheim 326–327 Fa 20
Wardenburg **OL** 298–299 Cb 7
Waren **WRN** 302–303 Ha 6
Warendorf **WAF** 310–311 Ca 11
Warin **STB** 300–301 Ga 5
Warlin **NB** 302–303 Hc 6
Warmenau *Wolfsburg 306–307 Fa 9
Warmensteinach **BT** 320–321 Ga 17
Warmsen **NI** 304–305 Da 9
Warnemünde **ROS** *Rostock 296–297 Gb 4
Warngau **MB** 332–333 Ga 23
Warsow **SN** 300–301 Fb 6
Warstein **SO** 310–311 Cc 12
Warthe **WLG** *Rankwitz 302–303 Ia 5
Wartmannsroth **KG** 320–321 Ea 16
Wasbek **RD** 294–295 Ea 4
Wassenberg **HS** 310–311 Ab 13
Wasserburg am Inn **RO** 334 Gb 22
Wassertrüdingen **AN** 326–327 Ec 19
Wasungen **MGN** 320–321 Ec 14
Wattendorf **BA** 320–321 Fb 16
Wattenheim **DÜW** 324–325 Cb 18
Wattenscheid *Bochum 310–311 Bb 12
Waxweiler **BIT** 317 Ac 16
Waygaard *Dagebüll 294–295 Da 2
Weberin **STB** *Wendorf 300–301 Fc 6
Weddingstedt **HEI** 294–295 Db 4
Wedel (Holstein) **PI** 300–301 Ea 6
Wedemark **H** 306–307 Ea 9
Weende *Göttingen 312–313 Ea 12
Weener **LER** 298–299 Bc 7
Weenzen **HI** 306–307 Ea 10
Weertzen *Heeslingen 300–301 Dc 7
Weeze **KLE** 310–311 Ab 12
Weferlingen **HDL** 306–307 Fb 10
Wegberg **HS** 310–311 Ab 13
Wegeleben **HBS** 314–315 Fb 11
Wegenstedt **HDL** 306–307 Fb 9
Wegeringhausen *Drolshagen 310–311 Ca 13
Wegscheid **PA** 328–329 Ia 21
Wehingen **TUT** 330–331 Da 22
Wehningen **HGN** *Tripkau 300–301 Fb 7
Wehr **WT** 330–331 Ca 24
Wehrbleck **DH** 304–305 Da 9
Wehretal **ESW** 312–313 Ea 13
Wehrheim **HG** 318–319 Cc 16
Wehringen **A** 332–333 Fa 22
Weibersbrunn **AB** 318–319 Dc 17
Weichering **ND** 326–327 Fb 20
Weichshofen *Mengkofen 328–329 Gc 20
Weida **G** 314–315 Gb 14
Weiden in der Oberpfalz **WEN** 322–323 Gb 17
Weidenberg **BT** 320–321 Ga 17
Weidenhain **TG** 314–315 Ha 12
Weidenhausen *Gladenbach 310–311 Cc 14
Weidenstetten **UL** 326–327 Ea 21
Weidenthal **DÜW** 324–325 Ca 18
Weiding **CHA** 328–329 Ha 19
Weierbach *Idar-Oberstein 318–319 Bc 17
Weigendorf **AS** 328–329 Fc 18
Weihenstephan *Hohenthann 328–329 Gb 21
Weiher, Ubstadt- **KA** 324–325 Cc 19
Weikersheim **TBB** 326–327 Ea 18
Weil **LL** 332–333 Fa 22
Weil am Rhein **LÖ** 330–331 Bc 24
Weilach *Gachenbach 326–327 Fb 21
Weilbach **MIL** 318–319 Db 17
Weilburg **LM** 318–319 Cb 15
Weilerbach **KL** 324–325 Bc 18
Weilerswist **EU** 317 Ba 14
Weilheim in Oberbayern **WM** 332–333 Fb 23
Weilmünster **LM** 318–319 Cc 15
Weilnau *Weilrod 318–319 Cc 16
Weilrod **HG** 318–319 Cc 15
Weiltingen **AN** 326–327 Ec 19
Weimar **MR** 318–319 Da 14
Weimar **WE** 314–315 Fb 14
Weinbach **LM** 318–319 Cb 15
Weinböhla **MEI** 314–315 Hc 13
Weingarten **RV** 330–331 Dc 23
Weingarten (Baden) **KA** 324–325 Cc 19
Weinheim **HD** 324–325 Da 18
Weinsberg **HN** 326–327 Db 19
Weinstadt **WN** 326–327 Dc 20
Weisendorf **ERH** 320–321 Fa 18
Weiskirchen **MZG** 324–325 Ba 18
Weismain **LIF** 320–321 Fb 16
Weissach im Tal **WN** 326–327 Dc 20
Weißbach *Pfronten 332–333 Ec 24
Weißdorf **HO** 320–321 Ga 16
Weißenberg **BZ** 316 Ic 13
Weißenborn **ESW** 312–313 Eb 13
Weißenborn **FG** 314–315 Hc 14
Weißenborn-Lüderode **WBS** 312–313 Ec 12
Weißenbrunn **KC** 320–321 Fc 16
Weißenburg in Bayern **WUG** 326–327 Fa 19
Weißenfels **WSF** 314–315 Ga 13
Weißenhäuser Strand *Wangels 294–295 Fa 4
Weißenhorn **NU** 332–333 Eb 22
Weißensee *Füssen 332–333 Ec 24
Weißensee **SÖM** 312–313 Fb 13
Weißenstadt **WUN** 320–321 Ga 16
Weißenstein *Lauterstein 326–327 Ea 20
Weißenthurm **MYK** 318–319 Bc 15
Weißewarte **SDL** 306–307 Ga 9
Weißig **DD** 316 Ia 13
Weißkeißel **WSW** 316 Ka 12
Weißkollm **HY** 316 Ic 12
Weißwasser **WSW** 316 Ic 12
Weisweil **EM** 330–331 Ca 22
Weitendorf **GÜ** 302–303 Gb 5
Weiterstadt **DA** 318–319 Cc 17
Weitin **NB** *Wulkenzin 302–303 Hb 6
Weitnau **OA** 332–333 Eb 24
Weixdorf **DD** 316 Ia 13
Welden **A** 326–327 Ec 21
Wellaune **EB** 314–315 Gc 12
Welle **WL** 300–301 Ea 7
Wellen **TR** 317 Ac 17
Wellheim **EI** 326–327 Fb 20
Wellingholzhausen *Melle 304–305 Cb 10
Welplage *Bohmte 304–305 Cb 9
Welschbillig **TR** 317 Ac 17
Welsede *Emmerthal 306–307 Dc 10
Welsleben **SBK** 306–307 Fc 10
Weltenburg *Kelheim 328–329 Ga 20
Welterod **EMS** 318–319 Ca 16
Welver **SO** 310–311 Ca 12
Welzheim **WN** 326–327 Dc 20
Welzow **SPB** 316 Ib 12
Wemding **DON** 326–327 Fa 20
Wendeburg **PE** 306–307 Ec 10
Wendelsheim **AZ** 318–319 Ca 17
Wendelskirchen *Loiching 328–329 Gc 21
Wendelstein **RH** 326–327 Fb 18
Wenden **OE** 310–311 Ca 14
Wendisch Baggendorf **GMN** 296–297 Ha 4
Wendisch Rietz **FW** 308–309 Ib 10
Wendlingen am Neckar **ES** 326–327 Dc 20
Wendorf **BÜZ** *Baumgarten 302–303 Ga 5
Wengen *Weitnau 332–333 Eb 23
Wennemen *Meschede 310–311 Cb 12
Wennigsen (Deister) **H** 306–307 Dc 10
Wenningstedt (Sylt) **NF** 294–295 Cb 2
Wentorf (Amt Sandesneben) **RZ** 300–301 Ec 5
Wentorf bei Hamburg **RZ** 300–301 Eb 6
Wenzenbach **R** 328–329 Gb 19
Werbach **TBB** 320–321 Dc 17
Werbellin **EW** 308–309 Ia 8
Werben **CB** 316 Ib 11
Werben **OBG** 306–307 Ga 8
Werbig **JB** 308–309 Hb 11
Werdau **WDA** 322–323 Gc 14
Werder **AT** 302–303 Hc 5
Werder **P** 308–309 Ha 9
Werdohl **MK** 310–311 Ca 13
Werdum **WTM** 298–299 Ca 6
Werenzhain **FI** 314–315 Hc 12
Werl **SO** 310–311 Ca 12
Werlte **EL** 304–305 Ca 8
Wermelskirchen **GL** 310–311 Bb 13
Wermsdorf **OZ** 314–315 Ha 13
Wernau (Neckar) **ES** 326–327 Dc 20
Wernberg-Köblitz **SAD** 328–329 Gb 18
Werne **UN** 310–311 Bc 11
Werneck **SW** 320–321 Eb 17
Werneuchen **BER** 308–309 Ia 9
Wernigerode **WR** 312–313 Fa 11
Wersen *Lotte 304–305 Ca 10
Wershofen **AW** 317 Ba 15
Wertach **OA** 332–333 Ec 24
Wertheim **TBB** 320–321 Dc 17
Wertingen **DLG** 326–327 Fa 21
Weseke *Borken 310–311 Ba 11
Wesel **WES** 310–311 Ac 11
Weselberg **PS** 324–325 Bc 18
Wesenberg **NZ** 302–303 Ha 7
Wesendorf **GF** 306–307 Ec 9
Wesselburen **HEI** 294–295 Da 4
Wesselburenerkoog **HEI** 294–295 Da 4
Wesseling **BM** 310–311 Ba 14
Wesseloh *Schneverdingen 300–301 Ea 7
Wessobrunn **WM** 332–333 Fb 23
Westbevern *Telgte 304–305 Ca 10
Westen *Dörverden 304–305 Db 8
Westendorf *Glandorf 304–305 Ca 10
Westenholz *Delbrück 310–311 Cc 11
Westensee **RD** 294–295 Ea 4
Westerau **OD** 300–301 Ec 5
Westerburg **WW** 318–319 Ca 15
Westerdeich *Nordstrand 294–295 Da 3
Westerham, Feldkirchen- **RO** 332–333 Ga 23
Westerhausen **QLB** 312–313 Fb 11
Westerheim **UL** 326–327 Dc 21
Westerhever **NF** 294–295 Cc 3
Westerholt *Herten 310–311 Bb 12
Westerholt **WTM** 298–299 Bc 6
Westerholz **SL** 294–295 Dc 2
Westerkappeln **ST** 304–305 Ca 10
Westerland **NF** 294–295 Cb 2
Westermarkelsdorf *Westfehmarn 296–297 Fb 3
Westermühle *Pellworm 294–295 Cc 3
Westernbödefeld *Schmallenberg 310–311 Cc 13
Westerode *Duderstadt 312–313 Eb 12
Westerscheps *Edewecht 298–299 Ca 7
Westerstede **WST** 298–299 Ca 7
Westerstetten **UL** 326–327 Ea 21
Westervesede *Scheeßel 300–301 Dc 7
Westhausen **AA** 326–327 Eb 20
Westhausen **GTH** 312–313 Fa 13
Westheim *Marsberg 312–313 Da 12
Westhofen **AZ** 318–319 Cb 17
Westkirchen *Ennigerloh 310–311 Ca 11
Westladbergen *Saerbeck 304–305 Ca 10
Westoverledingen **LER** 298–299 Bc 7
Westrhauderfehn **LER** *Rhauderfehn 298–299 Bc 7
Westurfeln *Calden 312–313 Db 12
Wesuwe *Haren (Ems) 304–305 Bb 8
Weterschütting *Pellworm 294–295 Cc 3
Wettelrode **SGH** 314–315 Fb 12
Wettenberg **GI** 318–319 Cc 15
Wetter (Hessen) **MR** 312–313 Da 14
Wetter (Ruhr) **EN** 310–311 Bc 12
Wetterzeube **ZZ** 314–315 Gb 13
Wettin **HAL** 314–315 Ga 12
Wettringen **ST** 304–305 Bb 10
Wetzdorf **EIS** 314–315 Ga 13
Wetzlar **LDK** 318–319 Cc 15
Wewelsfleth **IZ** 300–301 Dc 5
Weyerbusch **AK** 318–319 Bc 14
Weyhausen *Eschede 306–307 Ec 8
Wiblingen *Ulm 332–333 Ea 21
Wiblingwerde, Nachrodt- **MK** 310–311 Bc 13
Wichmannshausen *Sontra 312–313 Ea 13
Wieck am Darß **RDG** 296–297 Gc 3
Wiedenbrück, Rheda- **GT** 310–311 Cb 11
Wiedensahl **SHG** 304–305 Db 9
Wiefelstede **WST** 298–299 Cb 7
Wiehl **GM** 310–311 Bc 14
Wiehlmünden **GM** *Engelskirchen 310–311 Bc 14
Wiek **RÜG** 296–297 Hb 3
Wielečin = Wilthen **BZ** 316 Ic 13
Wienhausen **CE** 306–307 Eb 9
Wiepke **GA** 306–307 Fb 9
Wiepkenhagen **RDG** *Trinwillershagen 296–297 Gc 4
Wiernsheim **PF** 324–325 Da 20
Wies *Steingaden 332–333 Fa 23
Wiesau **TIR** 322–323 Gb 17
Wiesbaden **WI** 318–319 Cb 16
Wiesbaum **DAU** 317 Ba 15
Wiesede *Friedeburg 298–299 Ca 6
Wiesedermeer *Friedeburg 298–299 Ca 6
Wiesen **AB** 318–319 Dc 16
Wiesenbad, Thermalbad **ANA** 322–323 Hb 15
Wiesenburg **BEL** 306–307 Gc 10
Wiesenfeld bei Coburg *Meeder 320–321 Fa 16
Wiesenfelden **SR** 328–329 Gc 19
Wiesens *Aurich 298–299 Bc 6
Wiesensteig **GP** 326–327 Dc 21
Wiesentheid **KT** 320–321 Ec 17
Wieseth **AN** 326–327 Ec 19
Wiesloch **HD** 324–325 Da 19
Wiesmoor **AUR** 298–299 Ca 6
Wiesmühl bei Tittmoning *Tittmoning 334 Ha 22
Wiessee, Bad **MB** 332–333 Ga 23
Wietmarschen **NOH** 304–305 Bb 9
Wietze **CE** 306–307 Ea 9
Wietzen **NI** 304–305 Db 8
Wietzendorf **SFA** 306–307 Ea 8
Wietzetze *Hitzacker 300–301 Fa 7
Wilburgstetten **AN** 326–327 Ec 19
Wildbad im Schwarzwald, Bad **CW** 324–325 Cc 20
Wildberg **CW** 324–325 Da 21
Wildberg **NP** 306–307 Gc 8
Wildbergerhütte *Reichshof 310–311 Ca 14
Wildeck **HEF** 312–313 Ea 14
Wildenau, Luhe- **NEW** 328–329 Gb 18
Wildeshausen **OL** 304–305 Cc 8
Wildflecken **KG** 320–321 Ea 15
Wildungen, Bad **KB** 312–313 Db 13
Wilhelmsdorf **RV** 330–331 Dc 23
Wilhelmshaven **WHV** 298–299 Cb 6
Wilhelmsthal **KC** 320–321 Fc 16
Wilkau-Haßlau **Z** 322–323 Gc 14
Willersdorf *Hallerndorf 320–321 Fa 17
Willich **VIE** 310–311 Ac 13
Willingen (Upland) **KB** 312–313 Cc 13
Willingshausen **HR** 312–313 Db 14
Willmersdorf **CB** 316 Ic 11
Willmersdorf-Stöbritz **LC** 316 Ia 11
Willstätt **OG** 324–325 Ca 21
Wilnsdorf **SI** 310–311 Cb 14
Wilsdruff **FTL** 314–315 Hc 13
Wilsnack, Bad **PER** 306–307 Ga 8
Wilstedt **ROW** 300–301 Db 7
Wilster **IZ** 300–301 Dc 5
Wilsum **NOH** 304–305 Ba 9
Wilthen **BZ** 316 Ic 13
Wiltingen **TR** 317 Ac 17
Wimmelburg **EIL** 314–315 Fc 12
Wimpfen, Bad **HN** 326–327 Db 19
Wincheringen **TR** 317 Ac 18
Windeck **SU** 310–311 Bc 14
Winden *Weilrod 318–319 Cc 15
Winden im Elztal **EM** 330–331 Cb 22
Windheim *Petershagen 304–305 Db 9
Windischeschenbach **NEW** 322–323 Gb 17
Windischleuba **ABG** 314–315 Gc 13
Windorf **PA** 328–329 Hb 21
Windsbach **AN** 326–327 Fa 19
Windsheim, Bad **NEA** 326–327 Ec 18
Winhöring **AÖ** 334 Gc 22
Winkel, Oestrich- **RÜD** 318–319 Cb 16
Winklarn **SAD** 328–329 Gc 18
Winnenden **WN** 326–327 Dc 20
Winnert **NF** 294–295 Db 3
Winningen **ASL** 314–315 Fc 11
Winningen **MYK** 318–319 Bc 16
Winnweiler **KIB** 324–325 Ca 18
Winsen (Aller) **CE** 306–307 Ea 8
Winsen (Luhe) **WL** 300–301 Eb 6
Winterbach **KH** 318–319 Bc 17
Winterfeld **SAW** 306–307 Fb 8
Winterlingen **BL** 330–331 Db 22
Winterstein **GTH** 312–313 Ec 14
Winzeln, Fluorn- **RW** 330–331 Cc 22
Wipperfürth **GM** 310–311 Bc 13
Wippra, Kurort **HET** 314–315 Fb 12
Wirdum **AUR** 298–299 Bb 6
Wisch **PLÖ** 294–295 Eb 3
Wischhafen **STD** 300–301 Db 5
Wismar **HWI** 300–301 Fc 5
Wissen **AK** 310–311 Ca 14
Wittdün **NF** 294–295 Cc 3
Wittelshofen **AN** 326–327 Ec 19
Witten **EN** 310–311 Bc 12
Wittenberge **PER** 306–307 Ga 8
Wittenborn **NB** 302–303 Hc 6
Wittenburg **HGN** 300–301 Fb 6
Wittenhofen *Deggenhausertal 330–331 Dc 23
Wittibreut **PAN** 334 Ha 22
Wittichenau **HY** 316 Ib 12
Wittighausen **TBB** 320–321 Ea 18
Wittingen **GF** 306–307 Fa 8
Wittislingen **DLG** 326–327 Ec 21
Wittlich **WIL** 317 Ba 17
Wittmund **WTM** 298–299 Ca 6
Wittorf *Visselhövede 300–301 Dc 7
Wittower Fähre **RÜG** *Wiek 296–297 Hb 3
Wittstock **WK** 302–303 Gc 7
Witzenhausen **ESW** 312–313 Ea 12
Wjelcej = Welzow **SPB** 316 Ib 12
Wöbbelin **LWL** 300–301 Fc 6
Wöhrden **HEI** 294–295 Da 4
Wölfersheim **FB** 318–319 Da 15
Wölkisch **MEI** *Zehren 314–315 Hc 13
Wöllstadt **FB** 318–319 Da 16
Wöllstein **AZ** 318–319 Ca 17
Wörishofen, Bad **MN** 332–333 Ec 22
Wörlitz **GHC** 314–315 Gc 11
Wörrstadt **AZ** 318–319 Cb 17
Wört **AA** 326–327 Eb 19
Wörth am Rhein **GER** 324–325 Cb 19
Wörth an der Donau **R** 328–329 Gc 19
Wörthsee **STA** 332–333 Fb 22
Wössingen *Walzbachtal 324–325 Cc 19
Wohlde **SL** 294–295 Db 3
Wohlerst *Brest 300–301 Dc 6
Wohra *Wohratal 312–313 Da 14
Wohratal **MR** 312–313 Da 14
Wojerecy = Hoyerswerda **HY** 316 Ib 12
Wokuhl **NZ** 302–303 Hb 7
Wolde **AT** 302–303 Hb 5
Woldegk **SBG** 302–303 Hc 6
Wolfach **OG** 330–331 Cb 22
Wolfegg **RV** 330–331 Ea 23
Wolfen **BTF** 314–315 Gb 12
Wolfenbüttel **WF** 306–307 Ec 10
Wolferstadt **DON** 326–327 Fa 20
Wolfertschwenden **MN** 332–333 Eb 23
Wolframs-Eschenbach **AN** 326–327 Fa 19
Wolfratshausen **TÖL** 332–333 Fc 23
Wolfsberg **SGH** 312–313 Fb 12
Wolfsburg **WOB** 306–307 Fa 9
Wolfsegg **R** 328–329 Ga 19
Wolfskehlen **GG** *Riedstadt 318–319 Cc 17
Wolfstein **KUS** 324–325 Bc 18
Wolgast **WLG** 296–297 Ia 4
Wolkenstein **ZP** 322–323 Hb 15
Wolkramshausen **NDH** 312–313 Fa 12
Wollersheim *Nideggen 317 Ac 14
Wolletz **ANG** 302–303 Ia 7
Wollin **BRB** 306–307 Gc 10
Wollomoos *Altomünster 332–333 Fb 21
Wollschow **PW** 302–303 Ib 6
Wolmirstedt **WMS** 306–307 Fc 10
Wolnzach **PAF** 328–329 Fc 21
Wolsfeld **BIT** 317 Ac 17
Wolterdingen *Donaueschingen 330–331 Cc 23
Woltersdorf **ANG** 302–303 Ib 7
Woltersdorf **DAN** 306–307 Fb 8
Woltmershausen *Bremen 298–299 Da 7
Woltorf *Peine 306–307 Eb 10
Worbis **WBS** 312–313 Ec 12
Worblingen, Rielasingen- **KN** 330–331 Da 23
Woringen **MN** 332–333 Eb 23
Worms **WO** 318–319 Cc 18
Worndorf *Neuhausen ob Eck 330–331 Da 23
Worpswede **OHZ** 298–299 Da 7
Wredenhagen **RM** 302–303 Gc 7
Wriezen **FRW** 308–309 Ib 8
Wrist **IZ** 300–301 Ea 5
Wrohm **HEI** 294–295 Dc 4
Wülfershausen, Osthausen- **ARN** 312–313 Fb 14
Wülfershausen an der Saale **NES** 320–321 Ec 15
Wülfrath **ME** 310–311 Bb 13
Wümme *Wistedt 300–301 Dc 7
Wünnenberg **PB** 312–313 Da 12
Wünsdorf **ZS** 308–309 Hc 10
Würtingen *Sankt Johann 326–327 Dc 21
Würzburg **WÜ** 320–321 Ea 17
Wüstenrot **HN** 326–327 Dc 19
Wüstermarke **LC** 314–315 Hc 11
Wulfen *Dorsten 310–311 Bb 11
Wulfen **KÖT** 314–315 Ga 11
Wulfskuhl **HGN** *Camin 300–301 Fb 6
Wulften **OHA** 312–313 Eb 12
Wulkau **HV** 306–307 Gb 8
Wunsiedel **WUN** 320–321 Ga 16
Wunstorf **H** 306–307 Dc 9
Wuppertal **W** 310–311 Bb 13
Wurmannsquick **PAN** 334 Ha 21
Wurmlingen **TUT** 330–331 Da 22
Wursterheide *Nordholz 298–299 Cc 5
Wurzach, Bad **RV** 330–331 Ea 23
Wurzbach **LBS** 320–321 Fc 15
Wurzen **WUR** 314–315 Ha 12
Wust **HV** 306–307 Gb 9
Wusterhausen **KY** 306–307 Gc 8
Wustermark **NAU** 308–309 Ha 9
Wustrau-Altfriesack **NP** 308–309 Ha 8
Wustrow, Ostseebad **RDG** 296–297 Gc 3
Wutöschingen **WT** 330–331 Cc 23
Wybelsum *Emden 298–299 Bb 6
Wyhlen, Grenzach- **LÖ** 330–331 Ca 24
Wyk auf Föhr **NF** 294–295 Cc 2

## X

Xanten **WES** 310–311 Ac 12

## Z

Zabelsdorf **GRS** 302–303 Hb 7
Zabeltitz-Treugeböhla **GRH** 314–315 Hc 12
Zaberfeld **HN** 324–325 Da 19
Zahna **WB** 314–315 Ha 11
Zahrenthien *Rosche 300–301 Fa 7
Zainingen *Römerstein 326–327 Dc 21
Zaisersweiher *Maulbronn 324–325 Da 19
Zaisertshofen *Tussenhausen 332–333 Ec 22
Zangberg **MÜ** 334 Gc 22
Zangenstein *Schwarzhofen 328–329 Gb 18
Zapfendorf **BA** 320–321 Fa 16
Zarpen **OD** 300–301 Ec 5
Zarrentin **HGN** 300–301 Fa 6
Zavelstein, Bad Teinach- **CW** 324–325 Da 20
Zechin **SEE** 308–309 Ic 9
Zechlinerhütte **NP** 302–303 Ha 7
Zehdenick **GRS** 308–309 Hc 8
Zehlendorf **OR** 308–309 Hc 8
Zeil am Main **HAS** 320–321 Ec 16
Zeisholz, Cosel- **KM** 316 Ia 12
Zeitlarn **R** 328–329 Gb 19
Zeitlofs **KG** 320–321 Ea 16
Zeitz **ZZ** 314–315 Gb 13
Zell *Kirchberg 328–329 Hb 20
Zell **CHA** 328–329 Gc 19
Zell **HO** 320–321 Ga 16
Zell (Mosel) **COC** 318–319 Bb 16
Zell am Harmersbach **OG** 330–331 Cb 21
Zell im Wiesental **LÖ** 330–331 Ca 23
Zella-Mehlis **SHL** 320–321 Fa 15
Zellerfeld, Clausthal- **GS** 312–313 Ec 11
Zellingen **MSP** 320–321 Ea 17
Zemitz **WLG** 302–303 Ia 5
Zemmer **TR** 317 Ba 17
Zempow **WK** 302–303 Ha 7
Zenting **FRG** 328–329 Hb 20
Zerbst **ZE** 308–309 Gb 11
Zerf **TR** 317 Ba 18
Zerna **KM** *Rosenthal 316 Ib 13
Zerpenschleuse **BER** 308–309 Hc 8
Zessau *Trabitz 320–321 Ga 17
Zetel **FRI** 298–299 Ca 6
Zettlitz *Marktzeuln 320–321 Fb 16
Zeulenroda **ZR** 320–321 Ga 15
Zeutsch **RU** 320–321 Fc 14
Zeven **ROW** 300–301 Db 7
Zickhusen **SN** 300–301 Fc 5
Ziddorf **TET** *Dahmen 302–303 Gc 5
Ziegelroda **QFT** 314–315 Fc 12
Ziegendorf **PCH** 302–303 Ga 7
Ziegenhain *Schwalmstadt 312–313 Db 14
Ziegenrück **SCZ** 320–321 Fc 15
Ziemetshausen **GZ** 332–333 Ec 22
Zierenberg **KS** 312–313 Db 12
Ziesar **BRB** 306–307 Gb 10
Ziesendorf **ROS** 302–303 Gb 5
Ziethen **ANK** 302–303 Ia 5
Ziltendorf **EH** 308–309 Ic 10
Zimmern *Marktheidenfeld 320–321 Dc 17
Zinndorf **SRB** 308–309 Ia 9
Zinnowitz, Ostseebad **WLG** 296–297 Ia 4
Zinnwald-Georgenfeld **DW** 314–315 Ia 14
Zirchow **WLG** 302–303 Ib 5
Zirndorf **FÜ** 326–327 Fa 18
Zittau **ZI** 316 Ka 14
Zöbingen *Unterschneidheim 326–327 Eb 20
Zörbig **BTF** 314–315 Gb 12
Zollchow **PZ** *Röpersdorf 302–303 Ia 7
Zollhaus **EMS** *Hahnstätten 318–319 Cb 16
Zolling **FS** 328–329 Ga 21
Zorneding **EBE** 332–333 Ga 22
Zossen **ZS** 308–309 Hc 10
Zschopau **ZP** 314–315 Hb 14
Zschorlau **AU** 322–323 Gc 15
Zschornewitz **GHC** 314–315 Gc 11
Zudar **RÜG** 296–297 Hc 4
Züllichendorf **LUK** 308–309 Hb 10
Zülpich **EU** 317 Ac 14
Züsow **WIS** 300–301 Ga 5
Züssow **GW** 302–303 Hc 5
Zusmarshausen **A** 332–333 Ec 21
Zweibrücken **ZW** 324–325 Bc 19
Zwenkau **L** 314–315 Gb 13
Zwethau **TG** 314–315 Hb 12
Zwickau **Z** 322–323 Gc 14
Zwiefalten **RT** 330–331 Dc 22
Zwiesel **REG** 328–329 Hb 19
Zwingenberg **HP** 318–319 Cc 17
Zwischenahn, Bad **WST** 298–299 Cb 7
Zwochau **DZ** 314–315 Gb 12
Zwönitz **AU** 322–323 Ha 15

# Entfernungen

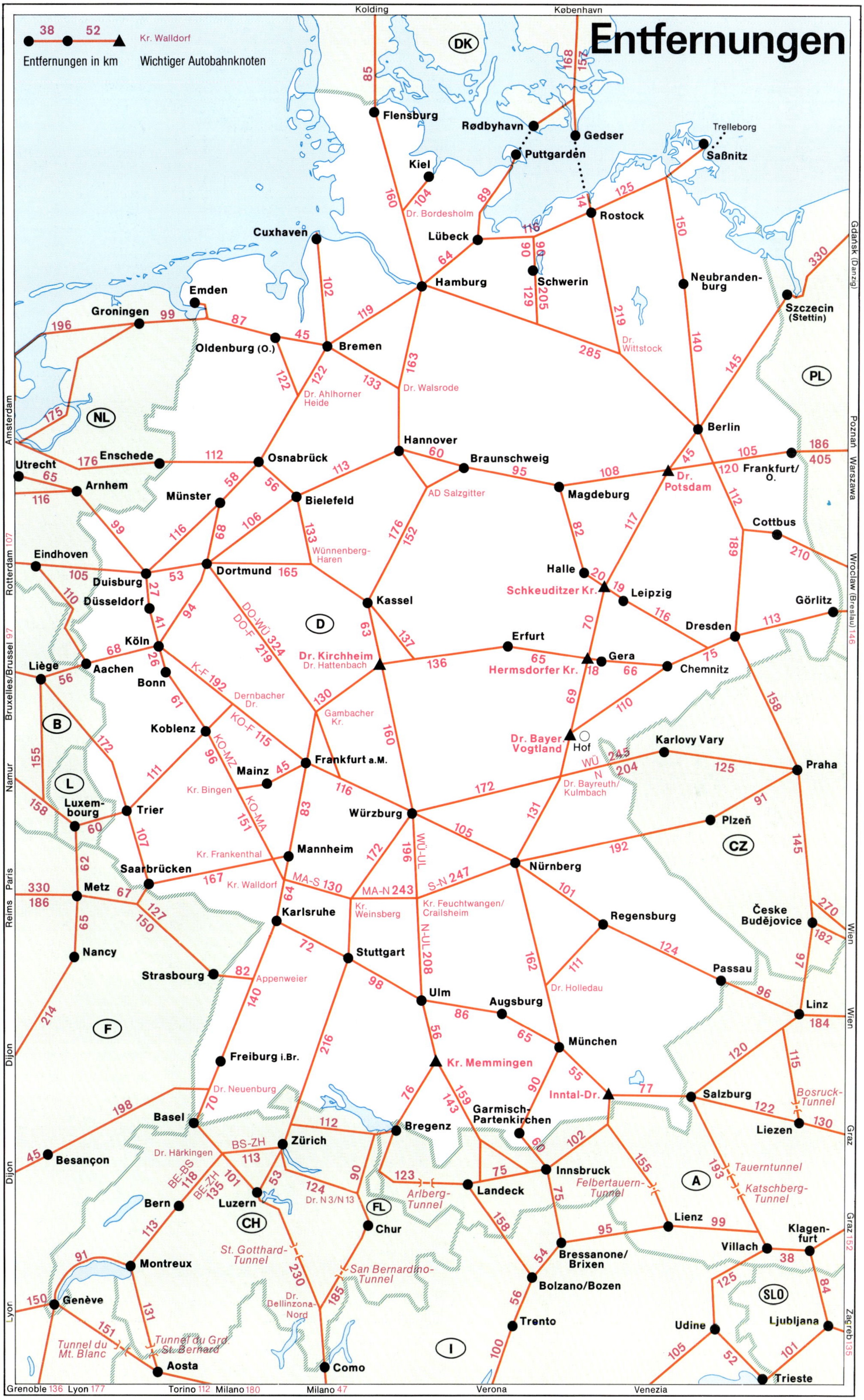

N O R D S E E
N O R T H
S E A
Deutsche Bucht
Helgoland
Ostfriesische I.n
U N I T E D
K I N G D O M
N E D E R L A N D
B E L G I Q U E
B E L G I Ë
F R A N C E
Baie de la Seine
I. of Wight
Scarborough
Thirsk
Bridlington
Skipton
YORK
BRADFORD
Burnley
LEEDS
KINGSTON UPON HULL
MAN-CHESTER
Doncaster
Grimsby
SHEFFIELD
Newark
Lincoln
DERBY
Skegness
NOTTINGHAM
Boston
LEICESTER
King's Lynn
Cromer
WALSALL
BIRMINGHAM
NORWICH
COVENTRY
Kettering
Peterborough
Great Yarmouth
NORTHAMPTON
Lowestoft
Stratford on Avon
Newmarket
Bedford
CAMBRIDGE
IPSWICH
LUTON
OXFORD
Felixstowe
Harwich
Colchester
READING
Newbury
Windsor
SOUTHEND-ON-SEA
LONDON
Basingstoke
Guildford
Maid-stone
Canterbury
Ramsgate
Winchester
SOUTHAMPTON
PORTSMOUTH
Worthing
BRIGHTON
Newhaven
Folkestone
Dover
Hastings
Eastbourne
Euro-Tunnel
Calais
Dunkerque
Oostende
BRUGGE
Vlissingen
GENT
Kortrijk
ROUBAIX
LILLE
BRUXELLES/BRUSSEL
Aarschot
Hasselt
MAASTRICHT
AACHEN
KÖLN
Düren
BONN
LIÈGE
NAMUR
CHARLEROI
Mons
Valenciennes
Douai
Arras
Cambrai
St.-Quentin
Boulogne-s.-M.
Montreuil
Abbeville
AMIENS
Dieppe
LE HAVRE
Deauville
Bayeux
CAEN
St.-Lô
ROUEN
Neufchâtel-en-Bray
Poix
Beauvais
Compiègne
Laon
Soissons
REIMS
Charleville-Mézières
Sedan
la Capelle-e.-Th.
Marche-en-Famenne
Bastogne
Wittlich
LUXEMBOURG
Ettelbruck
Arlon
Luxembourg
Trier
Longuyon
Thionville
Verdun
METZ
SAARBRÜCKEN
KAISERSLAUTERN
LUDWIGSHAFEN
Landau
Pirmasens
KARLSRUHE
Haguenau
Sarrebourg
STRASBOURG
NANCY
Toul
Lunéville
St.-Dié
Épinal
Colmar
FREIBURG
MULHOUSE
BASEL
Delémont
Olten
Biel/Bienne
BERN
Luzern
Neuchâtel
Fribourg
Thun
LAUSANNE
Montreux
GENÈVE
Sion
Martigny
Brig
Annecy
le Fayet
Mt. Blanc
Matterhorn
St. Bernard
Simplon
Belfort
Montbéliard
BESANÇON
Vesoul
Langres
Pontarlier
Poligny
Dôle
DIJON
Beaune
Chalon-s.-S.
Mâcon
Bourg-en-Br.
LYON
St.-Claude
Feurs
St.-Étienne
Grenoble
Roanne
Thiers
CLERMONT-FERRAND
Ussel
Vichy
Moulins
Digoin
Blanzy
Autun
Saulieu
Nevers
Clamecy
Auxerre
Tonnerre
Châtillon-s.-S.
Chaumont
Joinville
Neufchâteau
St.-Dizier
Troyes
Nogent-s.-S.
Sézanne
Châlons-s.-M.
Sens
Montargis
Gien
ORLÉANS
Fontainebleau
Melun
Etampes
PARIS
Versailles
Meaux
Creil
Pontoise
Evreux
Dreux
Chartres
Nogent-le-Rotrou
Alençon
Argentan
Flers
Laval
LE MANS
la Flèche
Châteaudun
Vendôme
ANGERS
TOURS
Blois
Bléré
Saumur
Vierzon
Bourges
Châtellerault
Châteauroux
Poitiers
Parthenay
Argenton-s.-Cr.
la Châtre
St.-Amand-Mont-Rond
Montluçon
la Souterraine
Bellac
Guéret
Confolens
Aubusson
LIMOGES
Angoulême
Cognac
Creuse
Den Helder
Alkmaar
ZAANSTAD
AMSTERDAM
LEIDEN
'S-GRAVENHAGE DEN HAAG
ROTTERDAM
UTRECHT
Amersfoort
APELDOORN
ARNHEM
NIJMEGEN
's-Hertogenbosch
BREDA
TILBURG
EIND-HOVEN
Roosendaal
ANTWERPEN
VENLO
Roermond
Wesel
MÖNCHEN-GLADBACH
DÜSSELDORF
LEVER-KUSEN
DUISBURG
ESSEN
GELSEN-KIRCHEN
BOCHUM
DORTMUND
HAGEN
WUPPERTAL
SIEGEN
KOBLENZ
Limburg
WIESBADEN
Bad Kreuznach
Leeuwarden
GRONINGEN
Assen
Emmen
Meppel
Zwolle
Almelo
ENSCHEDE
Lingen
Rheine
OSNABRÜCK
Cloppenburg
OLDENBURG
Emden
Leer
WILHELMSHAVEN
IJsselmeer
Thames
Seine
Marne
Moselle
Maas
Rhein
Ems
Léman
Lac de Neuchâtel
Rhône
Humber
Liverpool
Bristol
Plymouth
Rennes
Nantes
Bordeaux

O S T S E E
Pommersche Bucht
B U N D E S
R E P U B L I K
D E U T S C H L A N D
P O L S K A
Č E S K Á
R E P U B L I K A
Ö S T E R R E I C H
M A G Y A R O R S Z Á G
R. SLOVENIJA
R. HRVATSKA
HAMBURG
BREMEN
KIEL
LÜBECK
ROSTOCK
SCHWERIN
HANNOVER
BRAUNSCHWEIG
WOLFSBURG
HILDESHEIM
SALZGITTER
PADERBORN
GÖTTINGEN
KASSEL
MAGDEBURG
DESSAU
HALLE
LEIPZIG
BERLIN
POTSDAM
COTTBUS
DRESDEN
CHEMNITZ
ZWICKAU
GERA
JENA
ERFURT
WÜRZBURG
ERLANGEN
NÜRNBERG
REGENSBURG
HEILBRONN
STUTTGART
AUGSBURG
MÜNCHEN
ULM
INNSBRUCK
SALZBURG
LINZ
WIEN
GRAZ
BRATISLAVA
PRAHA
PLZEN
BRNO
OLOMOUC
SZCZECIN
STETTIN
POZNAŃ
POSEN
WROCŁAW
BRESLAU
WAŁBRZYCH
OPOLE
GDYNIA
GDAŃSK
DANZIG
BYDGOSZCZ
TORUŃ
LJUBLJANA
ZAGREB
UDINE
TRENTO
BOLZANO/BOZEN
STEIN
LIECHTENSTEIN
Århus
Ostrava
Milano
Verona
Venezia
Trieste
Rijeka
Beograd

Entdecken Sie Deutschland
RAST AUF REISEN
54 Erlebnisrouten in Deutschland
Großer Serviceteil - Essen, Trinken, Übernachten, Camping- und Wohnmobil-Informationen.
Mit Autoatlas.
RV VERLAG
54 Erlebnisrouten, großer Serviceteil - Essen, Trinken, Übernachten. Mit Autoatlas 1: 500 000
DM 39.-
IFA - BILDERTEAM / Jochem